庆祝马克垚先生90九十华诞论文集

北京大学历史学系世界古代史教研室 编

创于1897
商务印书馆
The Commercial Press

图书在版编目(CIP)数据

庆祝马克垚先生九十华诞论文集／北京大学历史学系世界古代史教研室编 .—北京：商务印书馆，2023
ISBN 978–7–100–22516–8

Ⅰ.①庆⋯ Ⅱ.①北⋯ Ⅲ.①马克垚—纪念文集 Ⅳ.① K825.81-53

中国国家版本馆 CIP 数据核字（2023）第 095223 号

权利保留，侵权必究。

庆祝马克垚先生九十华诞论文集
北京大学历史学系世界古代史教研室　编

商 务 印 书 馆 出 版
（北京王府井大街36号　邮政编码100710）
商 务 印 书 馆 发 行
北京中科印刷有限公司印刷
ISBN 978–7–100–22516–8

2023年6月第1版　　　开本 710×1000　1/16
2023年6月北京第1次印刷　印张 53 插页 2
定价：236.00 元

马克垚先生

第一届北京大学世界古代史研究论坛及餐叙合影（2021年5月29日）

前　言

　　2021年5月29日，为了庆祝马克垚先生九十寿辰，北京大学历史学系特地举办世界古代史学术会议。来自北京的部分世界古代史研究同仁、北京大学历史学系的诸多同事和马克垚先生的部分学生一起，在燕园探讨马先生的学术思想、检视世界古代史的学术现状、展望中国的世界古代史学科发展前景。会议非常成功，与会学者提交了高质量的学术论文，做了富有启发性的发言。向克服疫情前来与马先生会面并发表高见的同仁致谢！会议的举办还得到了学校和院系领导的大力支持，我们感谢全国政协副主席刘新成老师、北京大学校长郝平老师、历史学系主任王奇生老师、书记徐健老师！历史学系的范鸿老师和侯亚杰老师带领会务组师生承担了繁重琐细的会务，为会议的成功举办奔前跑后，衷心地感谢他们！

　　会议结束之后，我们就开始邀请与会代表和部分外地的同仁，共襄盛举，编订贺寿论文集。在繁忙的教学科研之余，受邀请的学者们笔走龙蛇，都顺利地在截止日期之前完成并提交了论文。可惜的是，由于论文集篇幅的限制，本书只能收录其中的部分文章，而且也不得不再次烦扰论文较长的作者，请他们尽量修改并压缩文章。感谢所有论文的作者，特别是为了满足我们有些过分的请求、为此而所做长时间细致修改的作者。你们辛苦了！

　　马先生的朋友很多，马先生的学术涉及的面很广，从封建经济到世界史，马先生都留下了深刻的学术印迹。为这样的一位马先生编辑贺寿论文集，似乎不难，我们收到了数量众多的高质量文章！但是，平心而论，这也使得论文集的编订，似乎成了"烦恼的喜事"。这么多朋友，邀不胜邀；这么广泛的议题，很难做到主题集中。十年前，当我们编辑《多元视角下的封建主义》论文集的时候，马先生刚刚完成《封建政治经济概论》，我们就已遇到了类似的挑战。

前　言

马先生又先后出版了《古代专制制度考察》《汉朝与罗马》等专著，影响了更多的学术领域。所以，集中主题的压力也就无形中更大了一些。为了体现马先生近年的学术兴趣和探索，我们将论文集的主题集中于封建、制度与中西比较。为此，我们也硬着头皮，烦请部分作者改易文章。谢谢他们的宽宏大度！

但是，细心的读者自不难发现，这些论文尽管风格各异，无论是偏反思性的文章抑或对个案的研究，都散发着某种强烈的学术一致性，一言以蔽之，或许即为马先生所追求的"创建自己的体系"。从对古代波斯专制制度的分析到对中美建交的反思，从汉代分封到第一次大革命失败的国际因素，无不基于扎实的文献史料、独特的观察视角，得出富有启迪的结论。解释这种学术一体性的最好方式，莫过于谈一谈我们对于马先生学术的粗浅了解。机缘凑巧，在编订论文集的时候，我们无意中得到了一份三十年前的访谈，这是1990级北大历史系的部分学生对马先生的专访。以这份感情真挚的访谈作为线索，大大方便了我们的言说。我们感谢赵伟同学采写这篇访谈，谢谢叶炜教授提供访谈原文。

马先生是谦逊长者。他手不释卷，博览群书，围着书案"苦周旋"。但是，他总是自谦说自己"不懂"和"胡说"。从访谈中，我们才得以恍然大悟，既因为他发乎其上、取乎其中；也因为他在"弯道超车"。例如他认为自己和同行是一个个拓荒者。拓荒者，"比喻探索和开拓新领域"者也。拓荒是为了"建立自己的体系"，因为"要走自己的路"，所以需要拓荒以及拓荒者。西方学术界的研究业已非常细致，我们的起步又比人家落后了许多年。跟在人家的后面跑，永远也不会赶上人家。因此，为了建立自己的体系而拓荒，是为了平等地参与国际学术对话。拓荒、手不释卷和建立自己的体系，马先生不知老之将至！

拓荒是为了让历史研究的根基稳固。在马先生和其他先生的拓荒之下，三十年来中国的世界古代史研究突飞猛进。本论文集收录了两篇拉丁文文献的汉译，作者几乎都扎扎实实地阅读了原始文献。希腊文、拉丁文、德语、法语等多语种文献在注释中交相辉映。如当年马先生所期望的，作者们不仅"能够利用目录学的知识知道到哪里去查找资料"，而且内部考证与外部考证相结合，以"绣花针"的功夫，作了精细的文本分析，其中不乏对抄本的细腻解读。所谓"功夫之养成"，斯之谓矣！用马先生的话来说，就是"登堂入室"也。

　　文献史料都是零散的历史见证，也是历史遗留下来的"碎片"。不仅如此，文献史料多为文化人所做的文化产品，它们不仅指向历史发生过的各种现象，更是"作者"对历史现象所做的各自表述，往往还是带有各种意图的一家之言。因此，如何通过文献史料研究，发现文献所欲表达的历史现象，揭示文献产生背后的思想活动，则是对历史学家更大的挑战。马先生服膺马克思主义，不满足于将历史学仅仅视为"史料学"，而是通过文献史料来发掘其所反映的历史社会现象。因此，马先生既研究文献，更探究历史社会现象。惟其如此，研究历史碎片而不至于历史碎片化。

　　不惟如此，通过关注历史现象，马先生更加意识到文献的"思想色彩"或者说"理想色彩"。在梳理封建社会研究的学术史之时，马老师跟随前贤的足迹，从法制史入门。窥其堂奥之后，马先生看到，界定和总结法权的（法律）文献更多反映的是文献产生之时人们对土地制度的一种带有思想色彩的描述，也从而具有相当的理想性，与实际存在的土地拥有和土地所有权现状并不一定特别吻合，或者说，法权理论与土地所有权的历史现实之间存在着一定的差异。借助于这一思想，马先生得以突破西方的法制史传统，以唯物主义的立场，去揭示法权背后的社会历史现实。或许这就是马先生在那一次访谈中缘何要对年轻一代学子加以提醒："历史和现实有非常密切的联系，要了解历史就要了解社会。"

　　在文献史料之中，又跳出文献史料之外，则可以更好地提出新问题。换言之，功夫之养成，是为了"能够发现问题、提出问题，然后就应该试着去解决这个问题"，即现代史学所追求的"问题意识"。借助于中国史学深厚的制度史研究传统，马先生在分析封建社会之时，围绕一系列具体而关键性的概念，提出问题，展开探究。这种方法曾被朱孝远老师总结为"中观考察"，也颇类同于自然科学的方法。马先生将封建社会加以析分，挑选出核心的有机组成元

前　言

素，如庄园、农奴、城市、封建化等，逐一考镜源流，辨章学术；并在社会现象与文献史料之间搭起了制度的桥梁，将观念、制度与社会现象三者融通而观，发现了一个多元而复杂的古代社会。

　　一个多元而复杂的古代社会，与学术界流行的经典理论解释，多少有些格格不入。所以，马先生能破除各种经典理论的经典性。封建社会的农奴似乎并不必定占人口的多数，中世纪的城市也带有浓厚的封建色彩，等等。在社会结构之内，马先生感受到理论与实际之间的张力；在西方文明之外，通过宏阔的视野，凭借着对中古亚欧大陆各主要文明的经验材料的熟悉，马先生以客观冷静的研究态度，从各个层次发现了经典封建理论的非经典性。用海德格尔的话来说，马先生的研究特别能够"去蔽"，在破除经典理论对历史的遮蔽之后，展现的是古代世界的鲜活多姿。

　　面对这样一个鲜活的古代世界，马先生意识到中西二元对立模式的局限性。东西方历史之间异中有同，也同中有异，而非彼此对立的两种文化模式。因此，我们不能说西方古代是民主的，东方是专制的；西方的城市是生产型的，而东方古代城市则是消费型的，等等。东西方历史不仅都充满了多元性，也处在历史变动之中；而且东西方历史共同构成了古代历史世界，它们之间存在广泛的共通性和交往性，从而演化出充满世界性的壮丽历史图景。各种具体多元的因素如何在特定的历史背景之下组合结构，则需要史家依据文献史料，进行细致的具体分析。中国是世界史的一个有机组成部分。或许这就是陈寅恪先生所谓"学者通人"耶？

　　在书房中的马先生，惟创新是务，不断地挑战陈说。所以，身处斗室，马先生学术敏锐，富有批判性。如他对年轻学者的告诫那样："对老师的话不要盲从，应当批判地接受。没有自己的见解，没有自己的劳动，那是学不好的。"书房中的马先生，以其"严谨的求学态度"，展示了学者的"方"与"智"。但是，在年轻学子面前坐着的马老师又是"宽厚的长者之风"。他对年轻的学生们和同事们总是充满了"热情的关怀和帮助"。从待人处世而言，马老师又是那么宽和，或者如他经常所说的"稀里糊涂"？我们难辨真伪，但我们感受到，

前 言

生活中的马老师是"圆"与"神"的。

马老师并不糊涂，他是幽默，而且是非常专业的那种。在讲笑话的时候，他自己的表情甚至很严肃。这是真幽默！来自于洞达人生、学贯中西的豁达大度。所以当马先生在吟诵他最为欣赏的东坡诗句"也无风雨也无晴"的时候，竟然是面露笑容！

北京大学历史学系世界古代史教研室

目 录

中国制度史

古爵漫谈：从爵本位到官本位（阎步克）……………………………（003）
吕后新分封的政治平衡（李开元）……………………………………（015）
唐代文书胥吏的群体意识与官吏分途（叶炜）………………………（021）
信息渠道的通塞：从宋代"言路"看制度文化（邓小南）……………（034）
唐宋变革与宋代财政国家（刘光临 关棨匀）………………………（065）
试论黄宗羲的民主主义思想（黄健荣）………………………………（103）
中国典籍所载女人国传说研究（张绪山）……………………………（114）
权力机制与联络技术：莫斯科与中共早期革命（王奇生）…………（137）
制度下的权变：美国对华冷战政策的渐进探索与铺垫（牛大勇）…（168）

外国制度史

从异质多样性到命运共同体——亚洲文明的地缘板块与历史走向（哈全安）…（211）
波斯帝国的总督与"中央集权"（晏绍祥）……………………………（218）
希腊文明的早期扩张——兼谈重建早期希腊历史框架的可能性（黄洋）……（238）
中世纪与欧洲文明元规则（侯建新）…………………………………（252）
查理曼《庄园敕令》新译释（李云飞）………………………………（284）
洗礼誓弃与查理曼基督教帝国的道德改革（刘寅）…………………（307）
《加洛林书信集》版本考（张楠）……………………………………（330）

目 录

封建，势也：加洛林分国制度新论（李隆国）……………………（342）
中古前期英格兰变态封建主义起源的多维历史审视（金德宁）……（364）
上帝武士与虔诚暴力：第一次十字军形象塑造（王向鹏）…………（394）
《大宪章》1225年版译注（蔺志强）………………………………（409）
英国历史中的《大宪章》（施诚）……………………………………（440）
英国诺曼王朝的西部边疆政策与早期威尔士边区（汪鹏）…………（454）
《亨利五世行止》及其史学价值（温灏雷）…………………………（468）
活着的传统与传统的遗迹——西欧"封建"概念与现代
　史学的"事实"寻求（荆腾）………………………………………（490）
福蒂斯丘与英法封建君主制比较（徐浩）……………………………（510）
15世纪后期英国王朝鼎革中的献策——约翰·福蒂斯丘
　政治学说解析（朱文旭）……………………………………………（525）
永恒的在场——但丁《神曲》在文艺复兴时期的多元接受
　路径（周施廷）………………………………………………………（539）
英国的"胡焕庸线"是怎样变化的？——历史上英格兰
　经济的板块化演变（刘景华）………………………………………（561）
私人法权的介入：中世纪英格兰的城镇化（谢丰斋）………………（576）
略论德意志中世纪市民的生长（王亚平）……………………………（602）
托马斯·莫尔《乌托邦》：一个哲学的国度（刘城）………………（624）
16世纪德意志诸侯领地国家的发展（朱孝远）……………………（630）
"和谐政治"：弗里德里希二世及18世纪普鲁士的开明专制（徐健）…（644）
论豪斯霍费尔的地缘政治说（李维）………………………………（662）

中西比较

中西历史比较研究是否可行？——由刑罚的宽免说到
　"专制主义中央集权"的可疑（彭小瑜）……………………………（685）
比较史学的发展与演变（夏继果　王文生）…………………………（697）

当代中国史学界的中西历史比较研究述略（刘林海）……………（709）
"国家之大"与"地方之积"：中古中国和早期近代英格兰的
　　比较研究（杜勇涛）…………………………………………（732）
构建具有中国特色的全球史（刘新成）……………………………（765）

马克垚先生之学术

马克垚先生的一个特殊"现象"（陈志强）…………………………（771）
马克垚先生封建经济史研究的理论建构（顾銮斋）………………（776）
政治史研究的新贡献——读马克垚先生的新著《古代专制
　　制度考察》（孟广林）………………………………………（804）
化"主义"为"制度"——读马克垚先生《古代专制制度考察》（黄春高）…（821）

马克垚著述编年 ……………………………………………………（834）

中国制度史

古爵漫谈：从爵本位到官本位

阎步克（北京大学历史学系）

放眼世界，仍有二十多个国家保留着爵位，主要是君主制国家，如英国、丹麦、荷兰等。2014年初，澳大利亚总理阿博特恢复了爵制，还向英国女王伊丽莎白二世的丈夫菲利普亲王授予骑士爵位。不过同年9月，后任总理特恩布尔就把爵制给废除了，宣称"内阁认为爵士与女爵不适合现代的荣誉制度"。而菲利普亲王毕竟由此多了一个头衔："澳大利亚勋位骑士"（Knight of the Order of Australia）。在此之前他的爵号与勋位已颇为壮观了，如"菲利普亲王殿下"（HRH The Prince Philip）、"爱丁堡公爵"（Duke of Edinburgh）、"梅里奥尼思伯爵"（Earl of Merioneth）、"格林威治男爵"（Baron of Greenwich）、"嘉德勋位骑士"（Knight of the Garter）、"蓟勋位骑士"（Knight of the Thistle）、"功勋勋位"（Order of Merit）、"英帝国勋位的首席骑士"（Knight Grand Cross of the Order of the British Empire），等等。

至于国人，早已对爵位失去了兴趣。据报道，2006年广东有专家建议"根据对国家的贡献和长期表现，恢复爵位制，以激励公民的荣誉感"。不过随后的社会反响并不认可这个建议。还有人调侃说，若然，雷锋该追封公爵还是侯爵呢？当然谁都知道传统社会并不如此。"冯唐易老，李广难封""忽见陌头杨柳色，悔教夫婿觅封侯""一万年来谁著史？三千里外欲封侯"……涉及"封侯"的这类诗文，都表明"爵"曾为古人汲汲以求。

在历代各色品级秩等中，"爵"独具特色。特色之一，便是其超常稳定性与连续性。"爵"约在东周初具形态，此后各朝代几乎都设有爵列，直到袁世凯的"中华帝国"。1915年袁世凯颁《锡爵令》，算是中国史上的最后一次大批量封爵。这样算来，"爵"的生命史长达27个世纪以上。中国皇帝制度延续了22个世纪,已称奇迹了,而爵制更胜一筹。帝制与爵制都是"中国历史连续性"的体现,很难在别处找到类似制度长期延绵的例子。

特色之二,便是爵的贵族性。《周礼》列有驭制臣民的"八柄","爵"赫然居首:"一曰爵,以驭其贵。"①其时的爵命高下,不仅决定着土地与人民的占有,而且进及生活中的一切。又如《周礼》所言:"其宫室、车旗、衣服、礼仪各视其命之数。"②明人王鏊有论:"爵以定崇卑,官以分职务,阶以叙劳,勋以叙功。"③若拿古代的各种位阶相比,就能看到"爵"是用来"定崇卑"的,它所赋予个人的,乃是一种贵族式的荣耀。

当然在漫长历史上,爵制也在不断变化。一滴水尚可以见太阳,像爵制这么重要的制度,其每一个变化,都能折射出体制变迁以至社会变迁来。各朝爵制,学者都已深耕熟耘了,值此之时,对历代爵制做通贯性的观照,便既有必要,也有条件了。"爵"是如何演生出来的,在各朝如何一脉相承,又发生了哪些变化,相信很多具有政治意义与技术意义的未知线索,会在通观、鸟瞰中展现出来。所谓"草色遥看近却无"。

在这时候,方法论的问题便无法绕行了,如:界定研究对象,确定观察点,拟定具有分析效力的概念,建构理论框架,等等。

首先可以明确,"爵"属于"品位"。什么是"品位"呢?任何组织都拥有两大结构:职位结构与人员结构。给职位分等分类,是为"职位分等"(position classification);给人员分等分类,称"品位分等"(personnel rank classification)。所以"品位"就是个人级别,用以标示个人的身份、资历、薪俸、待遇。比如唐制之下,职、阶、勋、爵有别。"职"即官职,它对应着一个职称,进而是一份事务、权力、资源和报酬;而阶级、勋级、爵级三者都是面向个人的,具有个人属性,因而都在"品位"范畴之内。

---

① 《周礼·太宰》。
② 《周礼·典命》。
③ [明]王鏊:《震泽长语·官制》。

阶级、勋级、爵级三者，彼此又有不同。阶级通过考课来晋升，是所谓"阶以叙劳"；勋官用来奖酬军功，是所谓"勋以叙功"（后来也用来奖酬文职的事功）。相形之下，阶、勋更具行政意味，"爵"则重在人之尊卑。所以，若某时代"爵"的分量较重，即可断言那时政治体制的贵族色彩较为浓重，若某时代"爵"的分量较轻，则那时政治体制的贵族气息较为淡薄。由此一个观察视角浮现了："行政性 vs. 贵族性"。进一步考虑爵是在周代封建土壤中滋生出来的，而在战国秦汉间，发生了一场集权官僚制转型，那么在观察爵制时，还可考虑这样一对概念：官僚性 vs. 封建性。当然，不同时代，"爵"本身也在变化，也可能呈现出行政性、官僚性来。

值得关注的，除了"爵"的政治意义，还有其技术意义，即其背后所隐藏的人际关系与人际互动的等级原理。许多前现代传统社会，因其体制过于简陋原始，所以既等级森严，位阶又很简单。而西方现代社会，尤其是美国社会，因其"平等程度"相当之高，管理身份的位阶便相当简略，甚至阙如（例如美国历史上从无爵制），其行政学、组织学的研究重心是提升效率，而不是安排身份。在这地方，本土特色就显示出来了：由于构建制度的卓越能力，因此既等级森严，位阶又精致复杂，存在着繁复的级别设置、细密的升降规则。相应地，爵秩品阶方面的史料亦格外丰富。有此优越条件，中国学者理应从中发掘出更多的人类社会的品位奥秘，包括爵的奥秘。

首先，就连"爵"这个字本身都潜藏着奥秘。比如说吧，"爵"字本义是酒爵。那么饮酒之爵与命秩之爵，为何使用同一个"爵"字呢？对此古人已有解说了："古人行爵有尊卑贵贱，故引申为爵禄。"[①]日人西嶋定生进而提出：周代乡饮酒礼上的席次与爵次，严格依照长幼尊卑；这种体现了长幼尊卑的席次与爵次，就是原初意义的爵列、爵序。一语道破天机，酒之爵与人之爵，就呈现出了内在的联系。由执爵而饮的坐席构成的空间等差，我称它为"席位爵"；相应地，王朝命秩就可以称为"品位爵"了。"品位爵"是由"席位爵"发展

---

① 朱骏声:《说文通训定声》。

而来的,其生成机制如下。

乡饮酒礼非常古老,它起源于氏族的会食共饮礼俗。氏族社会的基本结构,就是"父老-子弟"体制。这个体制影响到了会食共饮礼俗,就形成了三等"席位爵":子弟在堂下西阶立饮,父老在堂上坐饮,两个酒尊之东则是族长、元老之席。参看下图:

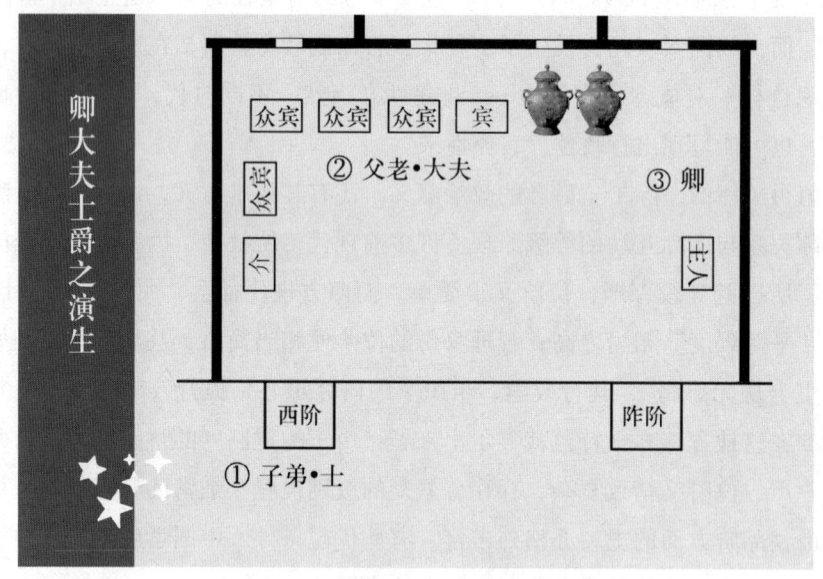

饮酒礼三等坐席示意(来自笔者课件)

堂下子弟属于"士",男子二十加冠即称为"士";堂上父老等于"大夫","大夫"的本义同于"大人"(用段志洪说);主持典礼的族长可以称"卿"(用杨宽说),元老也应在"卿"之列。也就是说,卿、大夫、士本是饮酒礼上的三等身份之称,也是三等席位之名。随政治体制进化,王朝官吏逐渐分化为执政官、高官、卑官三个层级。在乡饮酒礼及国君主持的燕礼上,执政官在卿席就坐,高官在大夫之席就坐,卑官在堂下士位站立。由此,卿、大夫、士就逐渐变成了执政官、高官、卑官三层级之称,进而发展为三等贵族官员之称了。三等"席位爵"变成了三等"品位爵"。这个发展,大约是两周之间发生的事情。

我确信，先秦凡是称"爵"的品位，都同使用酒爵的饮酒礼有关。公侯伯子男这个爵列称"爵"，也是如此，王臣与诸侯在饮酒礼上欢聚一堂，遂使公、伯、子与侯、男这些尊号融汇为一套爵列了。至于二十等爵，西嶋定生已有解说，推测赐爵的本意，就是饮酒礼本身：在汉廷向民间普赐爵时，往往同时赐"百户牛酒"，目的是让一里百户举行饮酒礼，获爵者得以在新的坐席就坐，由此宣示了他的更高社会地位——人在世上奋斗，不就是为了在人群中被众星拱月么？（一笑）再看西欧中世纪的爵列，无论称 peerage、称 rank of nobility 或称 title of nobility 等，都说不上有什么微言大义。中国爵列独独以酒器为名，因为它是在古老的饮酒礼的摇篮中诞生的，深深扎根于日常礼俗之中。顺便说，尊卑之"尊"也同饮酒礼相关，来自酒尊。乡饮酒礼的坐席规则是"统于尊"，即：离两个酒尊越近，则坐席越尊（参看插图），在酒尊附近就坐者，即是"尊者"。

各级爵号，其得名也值得推敲。周朝的公侯伯子男爵称，大多来自人称、亲称。最早注意到这一点的竟是洪仁玕，现代学者亦有论列：

> 1. 洪仁玕：盖公、侯、伯、子、男等字是家人儿子之称，以之名官，实属糊混不雅之至。[1]
>
> 2. 傅斯年：公、伯、子、男，皆一家之内所称名号，初义并非官爵，亦非班列。侯则武士之义，此两类皆宗法封建制度下之当然结果，盖封建宗法之下之政治组织，制则家族，政则戎事。[2]
>
> 3. 斯维至：五等爵，除侯以外，公、伯、子、男原来都是家族称谓。这样，等级起源于血缘关系亦可证明。[3]

---

[1] 洪仁玕：《英杰归真》。
[2] 傅斯年：《论所谓五等爵》，载《历史语言研究所集刊》，第一本第一分，民国十七年（1928年）版。
[3] 斯维至主编：《中国通史》第3卷上册，上海人民出版社1999年版。

周朝实行宗法封建制，所以才会有"等级起源于血缘关系"这种事情。宗法、家族在社会生活中的重要性，让亲称呈现出演化为爵称的更大潜力。

至于欧洲史上的爵号来源，学者也有考察。13 世纪，西欧贵族制逐渐成熟了，爵制便跟着完善起来了。被译为公、侯、伯、子、男的 duke、marquis、earl、viscount、baron，各有来源。duke 被认为最初是部落首领之号，marquis 本为边防长官，earl 是镇守一方、管理数郡的地方行政首长，viscount 原指高级贵族侍从，baron 原是若干骑士领地的拥有者。在各语种中，它们都不是家族亲称。中西爵称来源相比较，周爵的宗法色彩自成一格，尤其耀眼。

着眼于级别的命名原理，还能发掘出更多东西。战国秦汉的二十等军功爵，其各级爵名，如大庶长、驷车庶长、大上造、少上造之类，大抵来自军职。这跟周爵的爵称多来自人称一点，大不相同了，所展示的是其功绩制性质。又，秦汉职官的级别以俸禄额度命名，即如二千石、六百石、一百石之类。这种秩级，明明就是被"按劳取酬"塑造的——不是个人身份，而是职责轻重、事务简繁所对应的谷禄多少，构成了高下尺度。魏晋官品，则是从朝堂班位发源的。九品官品对应着朝会时的不同站位，当各色官贵欢聚一堂时，其爵号、军阶、秩级的相对高下，就在朝堂队列中一体化了。赘言之——

> 周爵多为亲称，属宗法性品位，重身份。
> 军爵源于军职，属军事化品位，重军功。
> 禄秩源于俸额，属行政化品位，重职事。
> 官品源于朝礼，属礼制化品位，重地位。

这样的差异比较开拓了分析的空间，进而提示：周爵之后军功爵继之而起，则爵制本身的历代变异应综合考虑；爵制之外又发展出了禄秩、官品，则其他各种等级样式也应综合考虑。

上述第一点，即爵制的历代变异，令使通贯性的考察成为必要。在这时候，确定若干具体事项，用为着眼点，就便于历代比较了。例如如下事项：

1. 爵号来源与爵列结构。
2. 授民授疆土。
3. 官属设置。
4. 颁授对象或条件。
5. 传袭范围。
6. 爵禄丰薄。
7. 特权大小。
8. 是否构成官资。

可供对历代比较的事项，若继续推敲，当然还能列出更多。我在自己开设的"中国古代官僚等级管理制度"这门课上，就是围绕这些着眼点，择要提示的。

关于第1条爵号爵列，方才已讨论了周爵与秦汉军功爵。战国秦汉时军功爵排挤了周爵，在六个多世纪中占据了历史舞台的中心。二者分别构成了爵列发展的两大阶段。魏晋以降五等爵卷土重来，此后约十一个世纪中，"王＋五等爵"成了爵列的主干，是为第三阶段。第四阶段是明清时期，其时宗室封爵与军功封爵一分为二、各成一列了。这种分化，既可以说是一种"合理化"，同时也彰显了龙子龙孙的一枝独秀。爵列的构成，大致以"五等爵"为本（明朝只用公侯伯三级），再截取了前朝的军阶、勋级，搭配而成。赘言之，五等爵、军阶、勋官被熔铸一炉了。综述各时期的爵列的"主干样式"，则有：

1. 周代：五等爵＋公卿大夫士爵。
2. 秦汉：二十等军功爵。
3. 魏晋南北朝唐宋：新五等爵。
4. 明宗室封爵：王＋军阶；功臣封爵：三等爵（＋勋官）
5. 清宗室封爵：满式爵＋军阶；功臣封爵：五等爵＋勋官。

随后就该探讨这些变化的意义了。像魏晋时五等爵的死灰复燃，就同汉唐间的"古礼复兴运动"息息相关,这时期好多制度都在向"周礼"靠拢。

第2条"授民授疆土"一项,也能推动我们把很多史实连缀起来。周朝的诸侯拥有国土,大夫拥有采邑,而"天子、诸侯及卿大夫有地者,皆曰君"①,有地者即可以称"君",不但天子是"君"、诸侯是"君",就连大夫也是"君"。这种体制,可以命名为"封建等级君主制"。大夫立家,没有建立社稷的资格;诸侯建国,拥有"社稷",就可以宣战、可以立法、可以铸币了。汉代情况有变,列侯虽然称"国",却已不能受茅土、建社稷、立宫室了,刘家的宗室诸王才可以。魏晋以降制度复古,被认为是"周礼"的"茅土"之礼再度用于诸侯,"五等诸侯……例受茅土"②。然而这只是象征性的,诸侯并不真正拥有"社稷"。朝廷开始禁止王国属官向国王称"臣",这意味着王侯们已被剥夺了"君"的身份。"茅土"之礼至隋而止,到唐代就废弛了。

汉以来获得封爵者,被授予封户,"封若干户"象征着"授民",实则并无治权,"衣食租税而已"。至唐前期,"实封家"仍然可以派出自己的征封使者,会同州县官,向封户征收属于自己的那一份租赋。武后、玄宗之时,就改为国家征收、国家支付了,割断了封家对封户的骚扰;至唐后期,所谓"实封"进一步向赐钱赐物演变了。宋代的"食实封若干户",不过是每户每月折钱25文钱,随月俸发放而已。司马光一度"食实封二百户",其时每年多得60贯钱,等于是一份"政府特殊津贴"。迄《资治通鉴》成书,司马光已"食实封一千户"了,每年可以多得300贯。南宋理宗把食实封每户25文之法也给废了。"实封"名存实亡,"封户"实已不存。

又自汉至明,爵号的主流结构是"地名+爵级",地名象征着"授疆土"。清廷则决意向"号拟山河"说再见,爵号不用地名而用嘉名。所谓"嘉名",即忠襄公和珅的"忠襄"、毅勇侯曾国藩的"毅勇"、恪靖侯左宗棠的"恪靖"、肃毅伯李鸿章的"肃毅"之类。多者四字,少者一字。清朝的公、侯、伯,与

---

① 《仪礼·丧服》郑玄注。
② 王安泰:《再造封建:魏晋南北朝的爵制与政治秩序》,台湾大学出版中心2013年版。

周代的公、侯、伯早已名同实异，所谓"授民授疆土"在形式上也无迹可寻了。

本文只是"散论"而已，所以只是用爵号爵列、授民授疆土来示例，"蜻蜓点水"地说明"鸟瞰"可以提供"全景"而已。努力把种种事项综合起来，由此而呈现出来的"全景"，我打算用"从爵本位到官本位"来题名。"爵本位"与"官本位"的性质之异，大约是这样的：

爵本位：封闭性，凝固性，贵族性。
官本位：功绩制，流动化，行政性。

周代是"爵本位"，爵号面向特定阶层，很少变动升降，通常世代传袭，维系着贵族的生生不息。这是一种"先赋性地位"（ascribed status），凭世袭而得。"官本位"体制下的各种品秩勋阶，则用以维系官僚行政，按劳依功晋升，频繁变动升降。虽然"官"也是一种显赫的地位，但至少在理论上它属于"自致性地位"（achieved status），是凭奋斗或业绩赢得的。

在理论上，"爵本位"与"官本位"构成两极：在现实中，两极之间则存在着大量的中间色层，及各种变异。周代的爵号世袭罔替，理论上"百世不斩"，无疑是贵族性的；二十等爵以军功为封授条件，这是功绩制的；所获爵号却是"拟贵族"的，可传袭。但依传袭之法，某人若获得了第18—10级的爵位，所袭爵级须逐代下降，到第五代孙降至平民，变成"五世而斩"了。汉朝的男子还可以通过普赐，甚至通过购买而获得爵级。朝廷还为爵级买卖设有定价，辅以促销措施。"买爵"以财力为条件，而财力系个人经营所得，这样想来，买来的爵级，多少也算一种 achieved status 了。

无独有偶，17世纪的西欧，社会流动加速，王室卖爵与富绅富商买爵，也成了一道亮丽的风景线。1606年，克兰菲尔德花了373镑1先令8便士，从朋友手中购得6名骑士的封授权。1611年，商人贝宁用1 500镑买了一个从男爵。由于爵位泛滥，从男爵的单价在1622年跌至220镑。男爵、子爵、伯爵……也陆续投放市场。西欧的大批量卖爵发生在现代前夜。中国的卖爵却发生却在帝制之初。世入魏晋，爵级买卖便止步刹车了。

魏晋以降，门阀士族及十六国北朝的部落贵族，变成政坛主角。爵制的相应变化，一是"家族化"。秦汉封爵是面向个人的，魏晋以降，各种回封、传封、别封、分邑推恩之法，却使整个家族变成了封爵的受惠者。另一个变化是"文官化"。汉代异姓封侯，主要以军功封，故以武人居多；魏晋南北朝时，文职官僚群体成了封爵的主体（用杨光辉、顾江龙、王安泰说）。

至唐，"家族化"趋势被遏止，爵号逐渐不能传给子孙了，宗室袭爵一时依然故我："至唐，则臣下之封公侯者，始止其身，而无以子袭封者。然亲王则子孙袭封如故。"到了宋代，传袭的限制就波及宗室了："皇子之为王者，封爵仅止其身，而子孙无问嫡庶，不过承荫入仕。"（马端临：《文献通考》）封爵"文官化"的趋势则高歌猛进，五品以上官几乎人人有爵。皇帝时不时地"泛授"阶级、勋级、爵级，让百官笑逐颜开。这时候的"爵"等于是一种荣誉制度和津贴制度，服务于"官本位"体制，也可以说成是"行政化"的。

明清爵制又有重大变化。朱元璋拍板定策："非社稷军功不得封。"这么一弄，文职官僚只好同封爵洒泪惜别了，除非战争年代。唐宋五品以上官几乎人人有爵的盛况，至明清骤然一变，文臣有爵者寥若晨星了，"封爵文官化"的进程由此反转。对文臣的等级管理，主要依赖职官、品级、学历，而非爵位，而职官、品级、学历都不是世袭的。在这种情况下，文臣若想世代蝉联冠冕，就得督促子孙去读书、去拼搏，否则就会被挤出精英队伍。这让人联想到这一论述：世袭贵族一向短命，而采用选任的组织却能维持百年千年；寡头政体的关键不是父子相传，它所关心的只是本身的永存，等级结构不变[①]。

明清时的"爵"无论作为一种高贵身份，还是作为品位利益，都已同文职官僚无缘。宗室封爵则稳如磐石。在帝制时代，一个无任期限制的元首及其家族，仍是整个体制的压舱石。宗室封爵凸显了皇族的高不可攀，进而是皇权的至高无上，以此为"家天下"的巨轮维稳。功臣封爵在唐宋是大批量的，然

---

① 〔英〕乔治·奥威尔：《一九八四》，傅惟慈、董乐山译，上海译文出版社2003年版。

而几乎不能传袭；至清朝功臣获封者人数剧减，传袭反而大大强化。民世爵二十七等，自云骑尉以上，爵每高一等，则多传袭一代，爵至一等公，可以传承二十六代，每代寿命若以 50 岁计，则可传承一千三百年！唐宋的"官本位"与明清的"官本位"，无可置疑地各成一格，划开了政治体制的两大阶段。总之，从"爵本位到官本位"路线并不是笔直的。

由此还能看到，研讨爵制，还得把更多的等级样式纳入视野，将"爵"置于"品位结构"或"位阶体制"之中。所谓"品位结构"或"位阶体制"，指的是同期并存的爵、秩、品、阶、勋、衔号等的结构关系，以及它们的互动机制。每一历史阶段的"品位结构"都必然有其独特性。

在现今的政治制度史研究中，"品位结构"的研究模式，只是刚刚起步而已。偶然回望百余年前，却意外发现，近现代之交的两位思想伟人，康有为、章太炎，在此已有筚路蓝缕之事、首发原创之功了。

康有为提出了一个"虚爵"概念，此概念与现代"品位"定义，已相当接近了。对宋代的官（即寄禄官）、职（即学士之类的加号）、勋、阶，他一律视为"虚爵"，进而为数千年的"虚爵"变迁，初次勾画出了一条简要的线索：

1. 周代公、卿、大夫、士为爵。"大夫无数，而任职者无几人。"

2. 战国秦汉，职官之外有军功爵，"亦官、爵并用之义也"。

3. 六朝官、爵合一，以"门族之人望为爵位"。

4. 唐创检校、行、守、试之法。宋之"差遣"相当于职务，"其所谓官也、职也、勋也、阶也、爵也，皆爵位也"，其法最善。

5. 蒙古入主，尽罢宋制，有官无爵，勋、阶皆随官位而授之。"唐宋以来官爵并行之良法美意，皆扫尽矣。"

6. 明"无官、爵并行之法，而酷类汉制"。

7. 清"因元、明之旧，全无三代、唐、宋官、爵并行之法"，"累百代之弊"，"于是无可救药矣"。①

---

① 康有为：《官制议》。

康有为所勾勒出的变迁线索，可称"历代虚爵论"，是历代品伦结构的初次总结。在许多关键点上的评述，都富卓识。例如，元朝构成了从唐宋到明清的品位结构转折点，对这一点张帆、李鸣飞有系统论证，而百余年前，康有为已创"蒙古入主，尽罢宋制"之说了。又如，我论定秦汉与明清的位阶体制特点相近，都具"职位分等"色彩，而百余年前，康有为已有了明朝"无官、爵并行之法，而酷类汉制"之说了。

稍后不久，章太炎又揭举"官统"之义，由此提出"周秦二家说"：

> 官统之异，大别不过周、秦二家。自汉及讫江左，多从秦；宇文、杨、李以下，多法周。非谓其执务也，谓其等秩阶位之分矣。

"执务"即执掌与事务，这是官制研究的传统内容，可说是一种"功能视角的官职研究"；而从"等秩阶位之分"看官制，则属于"品位视角的官制研究"了。"官统"特指历代等秩阶位的演化线索。在此章氏发现，周制、秦制构成了两种不同样式，此后两千年的"官统"变迁主线，就是"法周"与"从秦"两大系的交错演进。[①] 这一论点，亦极具灼见。

康氏、章氏的品位研究，随后即成绝响，无人问津。对其创获及得失我已另有评述。在此要说的，是康氏的"虚爵说"、章氏"官统说"早已显示，除了对各朝爵制做断代研究，除了对各期秩、品、阶、勋等等分别研究之外，它们之间的结构关系与互动机制，本身也可以构成一个努力方向，由此就可以把历代形形色色的位阶连缀起来，编织为一条连贯的线索。

——谨以此稿恭贺马克垚先生九十华诞并颂康乐

2022 年 1 月 10 日

[①] 章太炎：《检论》。

吕后新分封的政治平衡

李开元（日本就实大学）

自高帝十年以来，汉朝的副丞相、御史大夫一职，一直由江邑侯赵尧担任。赵尧本为一员普通御史，他之所以飙升为御史大夫，出于皇帝刘邦的破格提拔。缘由嘛，是因为他为刘邦策划了保护赵王如意的密谋，任命御史大夫周昌为赵国相国，甚得刘邦赏识。[①]

这件事情，吕后一直耿耿于怀，隐忍未发。如今大权在握，功高望重的萧何、曹参已经不在，骨鲠戆直的王陵也闭门不出，往事就要放手一一清理了。对于赵尧，不但罢免了他御史大夫的职务，而且交有司追究前罪，褫夺了他的爵位。

新任命的御史大夫任敖，沛县人，本是秦沛县监狱的小吏。刘邦担任泗水亭长时，任敖是其县吏朋友圈中的小兄弟之一。刘邦亡命芒砀山，成为被政府通缉的盗贼，妻子吕雉被逮捕入狱，受到不善的待遇，任敖为大哥两肋插刀，出手痛打主管吕雉的狱吏，保护吕雉少吃了不少苦头。[②]这件事情，吕雉一直感激在心，报答之念，在将来早晚。

沛县起兵，任敖也参加了"革命"。尔后，随刘邦军团转战各地，积功积劳，爵封广阿侯，官拜上党太守。御史大夫的官职，不但以副丞相之尊，主管监察和司法，也是勾通宫廷和政府的紧要中介。罢免了赵尧，发泄了仇怨之后，吕雉马上想到了任敖，记起了多年前的旧恩，一道诏令下去，将任敖从上

[①] 参见拙著《汉兴》第四章第一节"戚夫人母子的悲惨命运"，生活·读书·新知三联书店2021年版。

[②] 参见拙著《秦崩》第二章第二节"泗水亭长和他的哥儿们"，生活·读书·新知三联书店2015年版。

党召进长安，委以御史大夫的重任。真所谓是一报还一报，倒也是人情民风。

王陵辞职免相，任命陈平为右丞相、郦食其为左丞相、任敖为御史大夫，皆在高后元年十一月。十二月，吕后如愿以偿，颁布诏令，追封亡父故临泗侯吕公为吕宣王，亡兄故周吕侯吕泽为悼武王。从此以后，"非刘氏不王"的约规被打破，开启了封吕氏为王的端绪，汉帝国政权，进入了女皇吕后的新时代。

四月，吕后的长女——鲁元公主去世。吕后以此为契机，对于王国和侯国，做了一次大规模的分封调整。一个月内，设置了四个王国，分封了四位国王，建立了十个侯国，分封了十位列侯，可谓是刘邦去世以来未曾有过的大动作。

鲁元公主的丈夫是赵王张敖。张敖是张耳的儿子。张耳，是刘邦游侠时代的大哥，与刘邦同时被项羽封王的战友，楚汉相争中结了儿女亲家。[1]高帝九年，第二代赵王张敖被卷入臣下密谋刺杀刘邦的案件，被褫夺了王位，降为宣平侯。鲁元公主，也从赵国王后变成了宣平侯夫人。这件事情，吕后一直耿耿于怀，却也不便于推倒重来。

女儿去世，作为母亲，吕后自然是十分悲痛。不过，吕后是杰出的政治家，在谋臣们的协助之下，她借用这个契机，打出了一组丧事喜事并举的组合拳，既纠正旧过，也开创新篇。

吕后诏令：一、从楚国的领土中分割出薛郡，加上鲁元公主的汤沐地城阳郡，设置鲁国，封张敖与鲁元公主的儿子——外孙张偃为鲁王，赐予刚刚去世的鲁元公主以鲁元太后的谥号。[2]二、从齐国分割出济南郡（原博阳郡），设

---

[1] 参见拙著《楚亡》第二章第二节"张耳来归"，生活·读书·新知三联书店2015年版。

[2] 关于张偃之鲁国封立的时间，《史记·吕太后本纪》《史记·汉兴以来诸侯王表》，皆系于高后元年四月。《汉书·高后纪》系于高后元年五月。同一事，《史记》和《汉书》之《张耳传》皆系于吕后六年。我在《汉帝国的建立与刘邦集团》中，从列传，系于吕后六年。出土之《张家山汉简·二年律令》是吕后二年以前的律令抄件，其《津关令》中已有鲁国。从而，张偃鲁国之封立时间，当从《史记》本纪和表，在吕后元年四月，与吕后同时封四王十侯的大事之事理相合。其详细，我置于《秦崩楚亡汉兴考异》中考证论述。

置吕国，封长兄吕泽的嫡子——周吕侯吕台为吕王。三、从赵国分割出恒山郡，设置恒山国，封惠帝的庶子刘不疑为恒山王。四、从已经收属汉朝的领土中，割出陈郡，恢复淮阳国，封惠帝的庶子刘强为淮阳王。

张偃之鲁国的城阳郡，本是齐国的领土，惠帝二年，齐王刘肥遭遇吕后毒杀的险境，为了脱身，被迫献出城阳郡作为鲁元公主的汤沐地。以母亲的汤沐地分封儿子，合情合理，也没有领土的纠纷。而薛郡则不同。薛郡是楚国的领土，楚王刘交，是刘邦的弟弟。吕后是如何说服他，拿出一郡之地分给侄孙的，史书上虽然没有记载，却可以想象是相当复杂而强势的举动。这件事情，对于汉朝与诸侯王国，吕氏外戚与刘氏皇族间的关系，应当有相当深远的影响。不过，仅就新建鲁国这件事情而言，不但完满地决定了鲁元太后的谥号，也恢复了女婿一家被褫夺的王位，不可不谓是相当巧妙的政治举措。

吕台之吕国的济南郡，本是齐国的博阳郡，此时的齐王，是第二代王刘襄。吕后对于刘邦与外妇曹氏间的私生子刘肥，本来就没有好感，对于领土广阔富足丰饶的齐国，也是觊觎已久。刘肥献出城阳郡，一时缓解了她的恨意，并未满足她的私心，她借这次调整之机，又强势地从齐国分割出博阳郡来，分封给自己的侄子。原本拥有七郡之地的齐国，如今只剩下临淄、济北、胶东、胶西、琅邪五郡了。新封的吕王吕台，刚刚被拜为将军，统领皇宫警卫部队之南军，他身在长安，遥领吕国。

刘不疑之常山国的恒山郡，本是赵国的领土，此时的赵王，是刘邦的儿子刘友。刘友于高帝十一年被封为淮阳王，惠帝元年，徙封为赵王，接替被吕后毒杀的赵王如意。割出恒山郡后，原本拥有四郡之地的赵国，只剩下邯郸、清河、河间三郡了。

刘强之淮阳国的陈郡，本是淮阳王刘友的领土。刘友徙封为赵王以后，淮阳国被废除，领有的陈郡和颍川郡收归汉朝，成为直辖郡。吕后借这次调整之机，将陈郡从汉朝直辖郡割出，恢复了淮阳国。

在新建四个王国，新封四位国王的同时，吕后又新建十个侯国，新封十位列侯，他们分别是：1.封惠帝子刘山为襄成侯。2.封惠帝子刘朝为轵侯。3.封惠帝子刘武为壶关侯。4. 封（吕后的二哥吕释之的庶子）吕种为沛侯。5. 封（吕后的大姐吕长姁之子）吕平为扶柳侯。6. 封（吕后的大哥吕泽的少子）吕产为郊侯。7. 封大中大夫张买为南宫侯。8. 封郎中令冯无择为博成侯。9. 封齐国丞相齐受为平定侯。10. 封阳城延为梧侯。

新封的四位国王，恒山王刘不疑和淮阳王刘强是惠帝的庶子、刘邦的孙子，他们封王建国，在刘氏封王的旧约之中。鲁王张偃是吕后的外孙，吕王吕台是吕后的侄子，算是吕氏外戚，他们封王建国，应了诸吕封王的新规。四位新王的分封，体现了刘氏皇族与吕氏外戚间的政治平衡。

新封的十位列侯中，襄成侯刘义、轵侯刘朝、壶关侯刘武，都是刘氏的王孙，沛侯吕种、扶柳侯吕平、郊侯吕产，都是吕氏的子孙，三对三的比例，又是刘氏与吕氏的对等。

余下的四位新封列侯中，博城侯冯无择，沛县起兵就参加了"革命"，是丰沛元从集团的成员之一。不过，在元老功臣中，冯无择另有一重身份，他是吕后的大哥吕泽的亲信，始终在吕泽手下转战南北，深得吕氏信任。冯无择封侯时，官任郎中令，掌握着宫廷近卫武官团，是吕氏宫廷的重臣。南宫侯张买，是一位功二代，他的父亲是刘邦手下的骑兵将领，他本人也早年跟随父亲参加了"革命"，后来得到吕氏的信任，官任太中大夫，在幼帝身边担任要职。张买于吕后八年，被定为吕氏一党而被诛杀。

与吕氏一党的冯无择和张买不同，平定侯齐受和梧侯阳城延，都是劳苦功高的高祖功臣。又是二对二的比例，不能不让人感到，又是一种平衡。

平定侯齐受，在汉初功臣列侯中排名第五十四，地位相当高。齐受是泗水郡留县一带人，于二世二年正月参加刘邦集团，以驾驭车马的技能，担任刘邦的车马吏。楚汉战争中，齐受升任骑兵将领，担任骁骑都尉，作为骑将灌婴的部下，随同韩信攻魏、破赵、下燕、灭齐，曾有擒获楚军楼烦将的功绩。占领齐国后，齐受留下来，辅佐齐相曹参镇抚齐国。惠帝二年，曹参升任汉朝丞相，举荐齐受继任。曹参临行前有关黄老治齐的传授，不要干预刑狱和市场的

吕后新分封的政治平衡

叮嘱,就是讲给他的。①

齐受先后担任齐王刘肥和刘襄的丞相,同曹参一样,位高权重,奉行黄老之学。刘肥献城阳郡给鲁元公主时,曹参是齐相国,主持齐国政务,他在这件事情中的态度,因为史书没有记载,我们已经不能知道。不过,从他不久顺利接任萧何出任汉朝相国的事情来看,他肯定没有反对,甚至是促成了这件事。吕后割齐国之济南郡建立吕国时,深受曹参影响的齐受,也没有反对。想来,齐受在这个时候被吕后封为平定侯,与他在分割齐国问题上的合作不无关系。

梧侯阳城延,是一位少见的专家型功臣列侯,汉帝国的新都长安城之父。阳城延当是秦颍川郡人,二世三年四月,刘邦军攻入颍川,阳城延以军匠的身份加入刘邦军团,成为刘邦军中工匠的领班。刘邦做了汉王,阳城延被任命为少府,以九卿大臣之任,掌管宫廷内务,负责所有的基建和工程项目。长安新都的规划、长乐宫的改造、未央宫的新建,名义上由相国萧何领衔,具体的工作,概由阳城延负责施行。惠帝五年,在阳城延的主持下,长安城的城墙修筑提前完工,历时十二年之久的新都建设,终于大功告成。吕后封阳城延为列侯,正是为了褒奖他的土建之功。

我整理历史到这里,不禁有所感慨。吕后在一个月内,新建了四个王国,分封了十位列侯。为了分封四个王国,她从汉朝割出了淮阳郡,从楚国割出了薛郡,从齐国割出了济南郡,从赵国割出了恒山郡,如此巨大的政治举措,竟然没有引起公开的反对和抵抗,如愿顺利施行,不可不谓是相当的成功。在这个成功当中,处处可以看到政治平衡的讲究:刘氏皇族与吕氏外戚并行,开国功臣与皇室姻亲共进。在这种政治平衡的背后,我处处感受到陈平身影的晃动,想起他年轻时主持乡社分肉的往事,记起他那句响亮的名言:"如果由我来宰割天下,也会如此公正。"

《黄帝四经》第一篇为《经法》,其《道法》章说:"应化之道,平衡而止。"强调以平衡的方式,应对物事的变化。《黄帝四经》之第三篇为《称》。"称"

---

① 参见拙著《汉兴》第四章第七节"萧规曹随"。

之字义，就是"秤"，引申为权衡。这篇文章，强调通过权衡做出正确的选择。想当年，陈平分肉用秤，衡量轻重取得公平，获得父老兄弟的欢喜，维系了乡里的长幼尊卑秩序。看如今，陈平辅佐吕后执政用"称"，平衡各方以应对变化，调整吕氏刘氏关系，节度旧臣新人进退，处处显露出黄老思想的智慧，堪称善于顺势应变的一代名臣。

唐代文书胥吏的群体意识与官吏分途

叶炜（北京大学历史学系）

一

中国古代，长期存在着胥吏制度，经过南北朝隋唐之际的制度变革，随着三省制的确立，胥吏系统建立并逐步规范。胥吏群体相当庞大，据杜佑《通典》的统计，唐中期，官和胥吏共有 368 668 人，而其中官只有 18 805 人，[①]官员仅占官吏总数的 1/20。整天忙里忙外，奔来跑去的都是胥吏。胥吏大体包括在中央和地方官府中专门经办各类文书、处理具体事务的人员和从事技术性工作或其他杂务的一般小吏两部分，虽然在品级上，唐代胥吏包括少量低阶中央流内官、中央流外官及地方无品杂任、杂职，品级构成较为复杂，但是在唐朝士大夫的观念中，他们都属于"胥吏"。本文关注的，主要是从事文书工作的胥吏，他们占据了胥吏群体的顶层。历史上的文书胥吏又常常被叫作"刀笔吏"，书刀是纸张普及以前的物品，用于修改简牍上的误笔。魏晋南北朝以后，纸质文书逐渐替代简牍文书，书刀的使用日益减少，但"刀笔吏"的名称却保留了下来，原因就是其形象、确切地反映了胥吏"行文书"的工作性质。

大约到了隋唐之际，国家回归统一，各种制度重新进行规范，如三省制在隋朝确立，三省之间、省部之间、六部与寺监之间分工关系得以明确，与三省制相适应的中央文书胥吏系统也初步形成。这个系统在唐朝进一步扩大并规范化，到唐玄宗开元（713—741 年）时期，以文书胥吏所在机构的工作性质区

[①]《通典》卷40《职官二十二·秩品五》，中华书局1988年版，第1106页。

别为基础，形成了"主事、令史、书令史"，"府、史"，"书令史、书吏"三个基本文书胥吏职位序列。这构成了与官员系统相呼应的比较完备的中央文书胥吏系统。文书的书写载体已从木竹完全过渡为纸张，文书书写与传递的便捷，为中央更加严格地控制地方提供了技术支持，从"委任责成，岁终考其殿最"，"其所具僚，则长官自辟"，到"大小之官，悉由吏部，纤介之迹，皆属考功"。大量的行政文书成为中央指挥、控制、监督地方的工具。由此，朝廷对胥吏的需要量也大为增加。《隋书》卷75《刘炫传》所谓"今令史百倍于前"，便是一个重要证据。

日常行政工作中文书增加了，对胥吏的需求量也增加了，但引人注目的是，他们的政治、社会地位反而下降了。在汉代，胥吏和官员只有官职高低的差别，社会身份并无差别，由胥吏升任官员也没有受到特别的歧视和限制。南北朝后期到唐代，胥吏不论是中央的还是地方的，都在制度中处于不利地位，地方胥吏没有品级，中央胥吏中的绝大多数成为品官之下的一个独立品级系统（流外官），地位最高的中央高级胥吏在制度上虽然位于品官之中（流内官），但在唐人观念中也被看不起，与流外差不多。武则天统治时期，胥吏的升迁开始受到明确限制，某些职位明确规定不能由胥吏出身者充当[①]。唐宪宗元和二年（807年），规定"曾任州县小吏"者，"虽有辞艺，长吏不得举送"，胥吏出身者无法参加科举[②]，这也是中国古代史上，明确限制胥吏参加科举的第一份诏书。胥吏出身的人在官场上实在是没有什么前途的。

虽然没有远大的仕途前景，但胥吏群体却越发产生并感知自身的群体利益。这由于他们的共性而生发，并通过群体行为表现出来，也就是唐代胥吏群体意识的形成。下面试述之。

[①] 《唐会要》卷67《伎术官》，武周"神功元年（697年）十月三日敕：……有从勋官、品子、流外、国官参佐、亲品等出身者，自今以后，不得任京、清要、著望等官"，上海古籍出版社1991年版，第1399页。

[②] 《旧唐书》卷14《宪宗纪上》，中华书局1975年版，第423页。

二

隋唐官僚制的发展，形成了"四等官"的机制，用来明确和规范机构内各种职务的不同权力与责任，其目的是在等级化中，使官职的具体任务规范化、行政运作程序化。在"四等官"制度下，数量庞大的胥吏是"主典"，其职责也得以进一步规范。在各行政机构中，文书胥吏的职责基本相同，就是协助官员处理日常公务。如在判案中，胥吏需要将涉及这一案件、事务的相关资料（包括适用的法律条文、判例等）收集齐全，整合成文书，呈送官员，供其参考、决断。相同的工作性质，也造就了文书胥吏具有长于书写、计算并熟练掌握法律条例的共同知识结构。此外，唐代胥吏还具有相似的家庭背景，考察目前发现的五十余方唐代中央机构文书胥吏的墓志，在胥吏的父亲中，有三分之一以上根本没有当过官，其中还有部分为祖、父两代都未曾入仕者。在曾经入仕的胥吏父亲中，近五分之四所任，都是七品以下官，甚至只有低级散官、勋官衔号而没有曾任实职的记录。

总之，在与官不同的以职位管理为中心的管理制度下，唐代文书胥吏具有类似的家庭背景、知识结构、工作性质、职业前途，在官府中的地位也颇为一致。因此，胥吏之间的联系、交往以及他们之间的共同语言都势必增多与加深。在此背景下，史料中出现了一系列前所罕见的现象，表明唐代文书胥吏的群体意识正在形成，胥吏作为官与民之间一个阶层的独立性获得显著增强。其中胥吏群体意识的出现，充分表达了他们这个阶层的社会存在。

这首先表现于工作中文书胥吏与官员对立的群体行为。例如：唐高祖武德时，尚书左丞崔善为工作能力强，"甚得誉"。但作为文书吏的诸曹令史"恶其聪察"，崔善为其身材矮小还有些驼背，令史们便"嘲之曰：崔子曲如钩，随例得封侯。髆上全无项，胸前别有头"。[①] 又如武周长安年间，尹思贞任司府

[①] 《旧唐书》卷191《方伎·崔善为传》，第5088页。《大唐新语》卷7（转下页）

中国制度史

少卿，"时卿侯知一亦厉威严，吏为语曰：'不畏侯卿杖，只畏尹卿笔。'"①。以上二例官员的严谨、干练和威严引起本曹胥吏的反感。而官员的笨拙、行政能力低下则又会遭到本曹文书胥吏的嘲笑。武则天时期，陈希闵任司刑司直（大理司直），他"以非才任官，庶事凝滞。司刑府史目之为'高手笔'，言秉笔支额，半日不下，故名'高手笔'。又号'按孔子'，言窜削至多，纸面穿穴，故名'按孔子'"②。又中宗神龙年间，祝钦明任礼部尚书，他"颇涉经史，不闲时务，博硕肥腯，顽滞多疑，台中小吏号之为'媪'"③。

如果说以上事件不过是胥吏们凑在一起，品评上司，说说风凉话，那么下面则是吏部令史们弹冠相庆的具体行为了。《旧唐书》卷91《崔玄暐传》：崔玄暐在武周"长安元年（701年），超拜天官侍郎（吏部侍郎），每介然自守，都绝请谒，颇为执政者所忌。转文昌左丞。经月余，则天谓曰：'自卿改职以来，选司大有罪过。或闻令史乃设斋自庆，此欲盛为贪恶耳。今要卿复旧任。'又除天官侍郎"。吏部令史"设斋自庆"，是胥吏们自发组织的聚餐。这种聚餐行为，吃饭是仪式性的，有增加团体的团结力，引起同仇敌忾心情的意味。④

唐玄宗以后出现的胥吏利用职务之便，相互勾结、集体违法，是他们群体行为的另一种表现。玄宗天宝初年，李林甫就曾经"遣人评出兵部铨

（接上页）《容恕第十五》也记载此事，但时间系于高宗时，刘肃撰：《大唐新语》，许德楠、李鼎霞点校，中华书局1984年版，第105页。根据《唐会要》卷38《服纪下·夺情》第805页，高祖武德二年（619年）时，崔善为是尚书左丞。又《唐会要》卷63《史馆上·修前代史》第1287页记，武德五年时，崔善为任大理卿。参崔善为本传所记其迁转过程，《大唐新语》误。

① 《新唐书》卷128《尹思贞传》，中华书局1975年版，第4459页。
② 张鷟撰：《朝野佥载》卷6，赵守俨点校，中华书局1979年版，第132页。《唐六典》卷18《大理寺》"大理卿"条注：大理寺"光宅元年（684年）改为司刑寺，神龙元年（705年）复故"，中华书局1992年版，第502页。因此陈希闵任司刑司直当为武则天时期。
③ 《朝野佥载》卷4，第90页。祝钦明任礼部尚书的时间，参见严耕望《唐仆尚丞郎表》，中华书局1986年版，第107、826页。
④ 参见费孝通《生育制度》，天津人民出版社1981年版，第3页。

曹主簿事令史六十余人伪滥事"①。文宗大和二年（828年），吏部"南曹令史李寳等六人，伪出告身签符，卖凿空伪官，令赴任者六十五人，取受钱一万六千七百三十贯"，事情败露后，他们还共同凑钱二千贯，向吏部员外郎的下属胥吏"厅典"温亮行贿，"求不发举伪滥事迹"。②又中晚唐时，朱冲和游历杭州，偶然发现了临安监吏"盗分官钱，约数千百万"的违法行为，并拿走了作为证据的"私历一道"。这使得临安监吏们"众情危惧"，并"愿以白金十笏赎之"。③

以上都是唐代胥吏在工作中的群体行为。在日常生活中，也同样可以看到胥吏的群体行为。洛阳龙门石窟1805龛有《诸行文昌台主事造像记》：

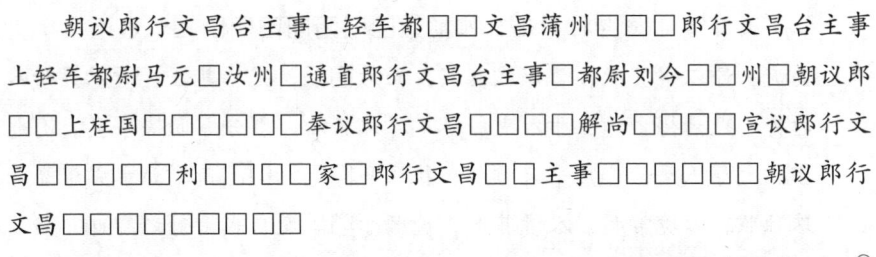

朝议郎行文昌台主事上轻车都□□文昌蒲州□□□郎行文昌台主事上轻车都尉马元□汝州□通直郎行文昌台主事□都尉刘今□□州□朝议郎□□上柱国□□□□□□奉议郎行文昌□□□□解尚□□□□宣议郎行文昌□□□□□利□□□家□郎行文昌□□主事□□□□□朝议郎行文昌□□□□□□□□

□□元年□月八日④

此题名除系年外共135字，由郡望、散官、职事官、勋官构成的结衔大约在17—20字之间，因此这个造像有七位左右的文昌主事题名。唐尚书省在光宅元年（684年）与长安三年（703年）之间称为文昌台⑤，尚书省六部分别

---

① 《旧唐书》卷186下《酷吏下·吉温传》，第4854页。
② 《旧唐书》卷176《杨虞卿传》，第4563页。
③ 刘崇远撰：《金华子杂编》卷下，夏婧点校：《奉天录（外三种）》，中华书局2014年版，第292页。
④ 刘景龙、李玉昆：《龙门石窟碑刻题记汇录》，中国大百科全书出版社1998年版，第590页，第2694号。
⑤ 《唐六典》卷1《尚书都省》"尚书令"条注，第6页。

中国制度史

改称天、地、春、夏、秋、冬六官。此造像记漫漶不清，录文缺字较多，为了便于理解，可以参考同时期的其他两方造像记。武周天授二年（691年）"陕州陕县通直郎行文昌考功主事成仁感为亡考妣敬造观音像"；天授元年"□州□□县朝□郎行文昌□□主事王□□敬造"。① 从这两方录文相对完整的造像记看，"文昌"与"主事"之间的两个字，很可能是六部下属某司之名。那么，《诸行文昌台主事造像记》题名中的几个"行文昌台主事"可能为尚书都省主事，而"行文昌□□主事"则是六部诸司主事。因此，这方造像当为尚书省内不同部门之主事在日常生活中的一次自发的群体活动。

再举一例，玄宗天宝元年（742年）九月《吏部南曹石幢》：

> 天官曹乩征辟材，选任庶职，□□□□□□□也。求而聚之，谓之会府，铨以审其能，曹以核其实，而后□□，寔难其任。所以置卅人，皆时秀干理者得之。至于人吏殷凑，考课繁积，则分掌而决事矣。有濮阳挚宗、太原王彦升、广平宋希朝、扶风马□□□□□倩、天水尹谦光等。意珠独照，心境常明。人贵其旧，德顺于□。发自我清静之智也，与同人朗彻之性也。善起真念，福生愿力。相率以道，相应以义。将以为善之于人也，劝石之为物也。□善可常住石可不坏□□□□□□□以成之。建幢题经，依教护法。②

题记中有"天官曹乩征辟材""置卅人，皆时秀干理者"等，唐尚书省吏部曾名天官，《唐六典》卷2《尚书吏部》与两唐书职官志均记吏部之吏部司设令史三十名，所以此题名中天官曹诸人极有可能皆为吏部令史。③ 五人郡望

---

① 分见陆增祥撰《八琼室金石补正》卷32《龙门山造像九十段》，文物出版社1985年版，第211页；《龙门石窟碑刻题记汇录》，第553页，第2547号。
② 王昶辑：《金石萃编》卷66，中国书店1985年版。
③ 参洪颐煊《平津读碑记》卷6，《石刻史料新编》第1辑，第26册，台北：新文丰出版公司1982年版，第19414页；毛凤枝《关中金石文字存逸考》（转下页）

各异，共建经幢，其联系、交往的基础应是他们在同一机构内，且有着共同的职业和身份。

类似的还有武周长安四年（704年）《李延祚董□□造像铭文》："令史李延祚董□哲马承□□礼马灵运□敬造阿弥陀佛。"① 参照上引两方造像，这可能也是令史们的一次集体造像活动。

唐玄宗改政事堂为中书门下，中书门下成为唐后期的宰相机构。中书门下设有吏房、枢机房、兵房、户房、刑礼房等五房，堂后官是其中重要的胥吏。南唐尉迟偓《中朝故事》卷上记：唐后期"中书政事堂后有五房，堂后官共十五人，每岁都酿醽钱十五万贯，秋间于坊曲税四区大宅，鳞次相列，取便修装，遍栽花药。至牡丹开日，请四相到其中，并家人亲戚，日迎达官，至暮娱乐。教坊声妓，无不来者。恩赐酒食，亦无虚日。中官驱高车大马而至，以取金帛优赏，花落而罢。"② 堂后官们每年凑钱举办花会，是他们结交外朝宰相、内朝权宦的手段，也是胥吏们的群体行为。宋朝的"京师百司胥吏，每至秋，必醵钱为赛神会，往往因剧饮终日"③，这可能就和唐朝堂后官办花会有渊源关系，不过其范围更大，胥吏群体行为的性质更为明显罢了。建造像、经幢、办花会等活动，都可视为以职业为纽带的胥吏在日常生活中的集体行为。

胥吏在日常生活中的集体行为，除了职业纽带之外，还有一点值得注意，即长安和洛阳中央机构胥吏的居所地点。我们知道，宋朝中央胥吏有所谓"集居法"，在宋神宗时，曾令枢密院主事以下胥吏集中居住，统一管理。④ 目前尚未发现唐代有类似的规定，不过，宪宗时有人提出"在城百官，皆有曹局，

（接上页）卷6，《石刻史料新编》第2辑，第14册，台北：新文丰出版公司1979年版，第10516页；王昶辑《金石萃编》卷66等诸家按语。

① 毛凤枝：《金石萃编补遗》卷2，《石刻史料新编》第2辑，第2册，台北：新文丰出版公司1979年版，第1561页。

② 尉迟偓：《中朝故事》卷上，《奉天录（外三种）》，第223页。

③ 叶梦得撰：《石林燕语》卷5，宇文绍奕考异、侯忠义点校，中华书局1984年版，第68页。

④ 参穆朝庆《宋代中央官府吏制述论》，《历史研究》1990年第6期。

惟王府寮吏，独无公署"的问题，同时指出王府"胥徒散居，难于管辖"。①王府之胥吏"散居"，是否意味着中央机构的胥吏并非"散居"？我们不得而知。但通过墓志，可看出在大体同时期内，确实存在胥吏居住于同一里坊的情况。如武周时凤阁主书（中书主书）皇甫君和刑部比部主事张君的家都在洛阳思恭坊，稍早些高宗时的兰台书手丁范也住于此地。②神龙三年去世的吏部主事黄靓住在长安崇仁坊，他的父亲黄义曾任中书主书，父子二人都曾任文书吏职，不知是否为子承父业、父子同居，但高宗时任流外官的刘守忠的确也是住在崇仁坊的。③若把时间延长，此后玄宗时吏部主事任楚璿的家也是在"西京崇仁里"④。传奇小说中有"岐州佐史尝因事至京，停兴道里。……移居崇仁里"的记载，⑤无独有偶，其所移居之处还是"崇仁里"。而且，岐州佐史首先住过的兴道里，也是有其他胥吏居住的地方。⑥由于时空差异以及住址的复杂性，我们还不能以此推断唐代胥吏是否存在集居制。但以上现象提示，这可能也是增进胥吏相互来往、促进其日常生活中集体行为的有利条件之一。

在以上背景之下，唐代胥吏渐渐地感到了他们之间所存在的共同利益，而胥吏为了维护自身利益，采取与官员对抗的集体行动，是其群体自我意识高涨的充分体现。《册府元龟》卷481《台省部·谴责》记：

---

① 《唐会要》卷67《王府官》，第1386页。
② 分见周绍良主编《唐代墓志汇编》天授○二六，上海古籍出版社1992年版，第811页；洛阳市第二文物工作队，乔栋、李献奇、史家珍编著《洛阳新获墓志续编》，科学出版社2008年版，第360页；《唐代墓志汇编》垂拱○一○，第735页。
③ 分见《洛阳新获墓志续编》，第367页；《唐代墓志汇编》咸亨一一○，第589页。
④ 中国文物研究所、千唐志斋博物馆编：《新中国出土墓志》河南（叁）千唐志斋（壹）下册，文物出版社2008年版，第133页。
⑤ 《太平广记》卷334《鬼十九·岐州佐史》引《广异记》，中华书局1961年新1版，第2656页。
⑥ 《太平广记》卷345《鬼三十·郭承嘏》引《尚书谈录》，第2730页；李绰：《尚书故实》略同，丛书集成初编本，中华书局1985年版，第14页。

裴郁为兵部员外郎，郁褊狭但独见自是，因征本曹厨利钱苛细寡恕，令史凡四十人并曹而逃，信宿招绥，乃复。诏移郁闲官，乃左授太子洗马。罪令史之首恶者笞四十。

　　此事大致发生在德宗贞元年间。①《唐六典》卷5《尚书兵部》记兵部兵部司令史为三十七人，两唐书职官志均记为三十人。可见，"令史凡四十人并曹而逃"的罢工，正是兵部司全部令史的集体对抗行为，其结果是令史们维护了自身利益。与之类似，代宗时，"国学胥吏以餐钱差舛，御史台按问"，结果使国子司业归崇敬"坐贬饶州司马"。②代宗宝应元年（762年），时任县小吏的袁晁在浙东起义，历时近一年，众至二十万，对唐朝震动较大。因此韩滉任浙江东、西观察使，镇海军节度使时，管理胥吏十分严酷，"时里胥有罪，辄杀无贷"。其原因就是他吸取了袁晁起义的教训，防止发生地方胥吏"哨聚其类"，既而"挠村劫县"的极端事件。③

　　上举诸例中，无论工作或日常生活，大都是一个机构内胥吏群体的共同行为。实际上，不同机构的胥吏之间也有不少交往。玄宗开元初，吕太一"迁户部员外。户部与吏部邻司，吏部移牒户部，令墙宇悉竖棘以防令史交通。太一牒报曰：'眷彼吏部，铨综之司。当须简要清通，何必竖篱插棘。'省中赏其俊拔"④。"竖棘以防令史交通"，这正从反面说明了不同机构之间胥吏存在相互交

---

① 《册府元龟》未记此条之具体时间，其上、下条分别是德宗、宪宗时事。由《旧唐书》卷117《赵宗儒传》第4361页、《旧唐书》卷26《礼仪志六》第1001页可知，裴郁德宗贞元六年时任尚书左丞，贞元七年后任太常卿。
② 《旧唐书》卷149《归崇敬传》，第4019页。《新唐书》卷164《归崇敬传》第5038页作"史给廪钱不实"。
③ 《新唐书》卷126《韩滉传》，第4435页。王谠撰：《唐语林校证》卷1《政事上》，周勋初校证，中华书局1987年版，第62页。
④ 《大唐新语》卷8《文章第十八》，第125页。《太平广记》卷494《杂录二·吕太一》第4055页引《御史台记》略同。《唐会要》卷58《尚书省诸司中·左右司员外郎》第1177页记开元五年时吕太一为户部员外郎。

往、勾结的现象。

墙垣阻挡不了胥吏们的联络，当其共同利益受损时，胥吏们更会打破机构的界限而以一个整体的方式表达他们的意见。对中央胥吏来说，流外入流是其仕途的一个重要环节。唐初，有一些流内职位是专为流外入流者提供的，但是其中的一些职位渐渐被士人所垄断，如"旧良酝署丞、门下典仪、大乐署丞，皆流外之任。国初，东皋子王绩始为良酝丞。太宗朝，李义甫始为典仪府。中宗时，余从叔〔封〕希颜始为大乐丞。三官从此并为清流所处"①，流外入流的出路渐窄。

在此背景下，玄宗天宝年间的进士封演所撰《封氏闻见记》卷三《铨曹》记："开元中，河东薛据自恃才名，于吏部参选，请授万年县录事。吏曹不敢注，以咨执政，将许之矣"，此时，为了维护切身利益，不同机构的胥吏们一致行动，"诸流外共见宰相诉云：'酝署丞等三官，皆流外之职，已被士人夺却。惟有赤县录事是某等请要，今又被进士欲夺，则某等一色之人无措手足矣。'于是遂罢。"唐朝"京都所治为赤县"，赤县是唐代等级最高的县。②赤县的数量是有所变动的，开元中后期的赤县有"万年、长安、河南、洛阳、奉先、太原、晋阳"等七县。③从九品下阶的赤县录事职位很被流外入流者看中，赤县录事数量本来就很少，如果再被士人挤占，流外入流者的出路就更为狭窄了。因此胥吏们采取了"共见宰相"的集体行动，并且获得了胜利。此后，有郭玉"数任流外职，初拜长安录事"④；流外入流的夏侯思泰"解褐河南录事"、徐元

---

① 封演撰：《封氏闻见记校注》卷3《铨曹》，赵贞信校注，中华书局1958年版，第21页；太宗朝太常丞吕才《王无功文集序》："贞观初……时有太乐府史焦革，家善酿酒，冠绝当时。君（王绩）苦求为太乐丞，选司以为非士职，不授。……卒授之……由是太乐丞为清流。"王绩：《王无功文集五卷本会校》，韩理洲校点，上海古籍出版社1987年版，第4页。王定保撰：《唐摭言校证》卷12《自负》，陶绍清校证，中华书局2021年版，第524页略同。
② 《通典》卷33《职官十五·州郡下》"县令"条，第920页。
③ 《唐六典》卷30《三府督护州县官吏》，第750页。
④ 《唐代墓志汇编》天宝97，第1599页。

唐代文书胥吏的群体意识与官吏分途

隐"出践洛阳县录事"①。这些实例以及吏部令史马游秦、麴思明入流担任赤县之一昭应县录事的故事，②都表明开元中胥吏的群体行动取得了成功，维护了其共同利益。

若稍稍放宽视野，便可以看到五代、北宋时胥吏作为群体，与官员之间发生的冲突事件。《册府元龟》卷333《宰辅部·罢免二》：

> 后唐末帝"用〔刘〕昫代〔王〕玫，昫性初疾恶，又惧诃谴，及搜索簿书，命判官高延赏钩③计穷诘，乃积年残租或主务不急，诘之不已，屡迁岁时。计司主典，利其所系，不欲搜摘，至是藏盖彰露，昫具条奏，可征者急督之，无以偿者以籍进。韩昭备言繇是逋者咸蠲除之。穷民相与歌咏，唯主典④怨沮，乃谋伪书昫名差务官，昫疑不繇已，诘之。狱成，云：自昫别室内弟。御史陈观鞫讯，遣吏取公文，昫曰：'吾一病妻，比无别室，御史见凌，亦须循理。'观仍遣吏不已。及罢相之日，群吏携三司印，复萃月华门外，闻宣昫罢，乃相贺快活矣"。

---

① 分见《唐代墓志汇编》开元474，第1483页；同书天宝26，第1548页。夏侯思泰、徐元隐后来分别担任尚书职方主事、尚书水部主事，根据《唐六典》卷1《尚书都省》"主事"条注，唐朝尚书省主事"并用流外入流者补之"。因此，二人当为流外入流以后担任河南、洛阳二赤县录事。

② 分见钟辂《前定录·马游秦》，丛书集成初编本，中华书局1991年版，第13页；《太平广记》卷149《定数四·麴思明》引《会昌解颐》，第1070页。《唐会要》卷70《州县改置上》第1472页，"〔天宝〕四载十月二十八日，以会昌为赤县，以薛融为县令。七载十二月一日，改会昌为昭应县"。因此，昭应县录事亦为赤县录事。

③ 中华书局1960年影印明本《册府元龟》第3939页原作"昫"，文渊阁四库本《册府元龟》作"钩"，即"钩计穷诘"；《旧五代史》卷89《晋书·刘昫传》作"计穷诘勾"，中华书局1976年版，第1173页。从文意"钩"更佳，今据改。

④ 原作"王典"，《旧五代史》卷89《晋书·刘昫传》作"主典"，是；《册府元龟》此段上文有亦"计司主典"之句。今据改。

在此例中，由于刘昫"钩计穷诘"，断了"计司主典"等胥吏的财路，胥吏们便一道诬陷刘昫，致使刘昫被罢免。罢免之日，群吏"相贺快活"。此例突出反映了胥吏为了维护自身群体利益，联合起来对抗官员，并取得胜利的情况。北宋仁宗时，苏舜钦论地方胥吏云："州县之吏，多是狡恶之人……设有强明牧宰，督察太严，则缔连诸曹，同日亡命；或狱讼未具，遂停鞫劾；赋税起纳，无人催驱。"[①]"缔连诸曹，同日亡命"与唐代胥吏的"并曹而逃"如出一辙，是为了维护自身群体利益的激烈行动。

文书胥吏的群体行为，特别是唐代开始的采取一致行动争取共同利益的行动，表明其群体自我意识的形成，是胥吏内部群体自觉的表现。而这种共同"意识"的产生，意味着胥吏作为官和民之间的一个社会身份阶层在唐代的形成，官吏之间的身份等级差别与行政等级、道德等级差别一道，构成中国古代官吏分途的重要内容。

三

学界有一种观点认为，中国古代的官吏分途现象，与西方国家政务官与事务官的分化近似。其实这种类比并不准确，与中国古代官吏分途可以比较的，是在西方文官制度发展过程中作为事务官的公务员内部的分化，即高级公务员与低级公务员的划分。1860年，英国公务员进一步分化为高低两级。高级者须受过大学教育，担任行政领导及判断工作；低级者无须受高等教育，但永远不能升入高级职位。此后，公务员又再细分为四个等级，分别是行政级、执行级、文书级、助理文书级。其中文书级人员的职责是：依照一定的法规、指示或一般原则去处理特定事务；按照规定的格式承担记录、统计资料等工作；做简单的文书草拟，搜集并提供资料以为上级（行政级、执行级）做行政决定与

---

① 苏舜钦：《苏舜钦集编年校注》卷6《论五事》，傅平骧、胡问涛校注，巴蜀书社1991年版，第425页。

判断的参考。助理文书级人员则承担缮印、记录、速写等助理文书工作。[①] 在 20 世纪 70 年代实行"结构开放"之前，四类文官都只能在自身所处类别中发展变动，而且类别终身不能改变，[②] 如"文书级"人员只能在秘书文书官、文书官、高级文书官等职位构成的渠道内迁转。与英国"文书级"人员有类似特点的，还有德国永业公务员内高级、上级、中级和低级职四级之中的"中级职"；还有法国常任事务官内 A、B、C、D 四个职类中的"C 职类"。[③] 从"文书级"人员的职责及其升迁受到严格限制、难以跳出自身职位类别的情况看，他们和中国隋唐以后的文书胥吏是颇为相似的。普鲁士高级官员与中、低级官员之间，有"人格的贵贱之分"，低级官员被视为"缺少教养的那一类"。[④] 这也含有一定身份、道德分层的意味。

中国古代的官吏分途与西方文官制度发展过程中，高级公务员与低级公务员的划分，虽然在时间与空间上差距巨大，但是在现象上多有相似之处。从世界官僚制度发展的角度看，在政务处理程式化程度提高的背景下，简单任务与复杂任务逐步脱离，随着行政分工的发展，官僚机构内部组织人员的分类、分层与专业化是许多国家官僚制发展历程中的普遍现象。

---

① 参张金鉴《各国人事制度概要》第三章，三民书局 1981 年第 5 版；周凯敏《当代资本主义国家的文官制度》，福建人民出版社 1996 年版，第 157 页。
② 参姜海如《中外公务员制度比较》，商务印书馆 2003 年版，第 127、135、308 页。
③ 参张金鉴《各国人事制度概要》第六章；姜海如《中外公务员制度比较》，第 308 页。
④ 参徐健《近代普鲁士官僚制度研究》，北京大学出版社 2005 年版，第 55 页。

信息渠道的通塞：从宋代"言路"看制度文化

邓小南（北京大学历史学系）

信息是历朝历代决策的依据，在国家政治事务中更是如此。对于信息的搜集、处理、掌控、传布，统治者从来不曾掉以轻心。在历代史料中，我们都会注意到相关的制度化举措，以及君臣之间长期持续的若干"热点"议题。其中，有关防范壅蔽、穷尽实情、言路通塞等话题，始终处于聚焦的中心。

所谓"言路"，广义上是指传统社会实现下情上达的制度化渠道，狭义则特指官员上呈消息、意见的途径。就宋代朝廷而言，获取信息并在此基础上决策，进而下达、反馈，是一复杂系统；牵涉到整体的层叠式布局、内外机构的设置、相关人员的选用、政务文书的运行、多途消息的汇总核验、文牍邸报的散发、上下之间的互动沟通，等等。种种表象背后，关系到施政者的意图、官僚体系运转的内在机制；制度运作的实态，也让观察者注意到当时的"制度文化"氛围。

宋人将制度视为"纲纪"。应该说，在章奏、面奏等历代类似的制度安排下，宋代对于信息的搜集汇聚方式有其独特之处。例如百司官员的"转对""轮对"，对地方官员在任表现的巡视"按察"，强调实地调查的"察访"闻奏，鼓励多方询访体问的"访闻"，专人专项覆实事由的"体量"，比对核验信息的"会问""照勘"，等等。此外，君主御用的渠道及伺察手段愈益广泛，诸如扼守信息沟通要路的通进制度与阁门司，亲从近臣掌控、在京师侦伺讥察的皇城司，宦官任职、传递内廷信息的御药院，作为"廉访使者"、按刺物情的走马承受，博访外事的军校、密探，登闻鼓检院的设置；亦有帝王出行时偶然兴起与民庶的接触……诸如此类，无不反映出帝王面对政事民情的渴求与焦虑。

对于上述内容,学界已经有所研究。[①]本文关注的重点在于:(1)作为重要信息通进渠道的宋代"言路"建设,(2)"言路"上的活动与滞碍,(3)言路通塞与制度文化的关联。

一、信息与言路:防范壅蔽的努力

(一)中古时期的"信息"

中古时期的"信息沟通",发生于当时各类人际交往活动中,包括君臣之间、朝廷与地方、官方与民间、敌对势力之间、各类关系网络内部及相互之间的往复传达,消息探访、递送与交换。可以说,信息是时人思考的依据和产物,也是一切政务决策的基础。

说到"信息",需要注意的至少有两层含义:首先是指音信,指命令、消息、数据、符号等传递的内容与包含的知识;其次,信息大多具有时效性、流动性,凡提及"信息",大多与"通""塞""传递""隔绝"相关联,显示出其沟通传播的本性及渠道途径的重要。[②]

在中古时期,"信息"一词作为音信、消息的概括语,至少在唐代已经频频出现。类似的说法,宋代则更为常见。臣僚章奏、官府文书、私人信函诗作中,常有"信息浓""信息稀""信息疏""无信息"一类表述。[③]当时人对于

[①] 参见朱瑞熙《决策的依据和信息传递渠道》,《中国政治制度通史·宋代卷》,社会科学文献出版社 2011 年版,第 102—121 页;〔日〕平田茂树《宋代政治结构试论——以"对"和"议"为线索》,《宋代政治结构研究》,林松涛、朱刚等译,上海古籍出版社 2010 年版,第 161—189 页;邓小南主编《政绩考察与信息渠道》,北京大学出版社 2008 年版。

[②] 参见邓小南《宋代信息渠道举隅:以宋廷对地方政绩的考察为例》,《历史研究》2008 年第 3 期。

[③] 参见《苏轼文集》卷 53《与王元直二首(黄州)》,孔凡礼点校,中华书局 1986 年版,第 1587 页;赵彦卫撰《云麓漫钞》卷 14,引李清照《上韩公枢(转下页)

信息的渴盼,予人以深刻印象。信息承载的既是音讯,也是周边畅通与隔绝的表征;信息的沟通对于民情抚慰具有重要意义,而渠道的封闭阻断,则是人身禁锢或环境动荡的体现。学界通常讨论的社会网络,正是由有形的人群、观察可见的人际关系和无形的信息流动脉络组合而成。网络中的活动,既有物品人情的往来,也有大量消息、言论、品评的交流;网络中心,往往就是信息旋涡议论场。

对于国家政治而言,信息更具有特殊重要的意义,历代朝廷对于军政信息、社情民意动向都十分关注。[①]熙宁十年(1077年)五月,宋神宗亲笔批示,令前线指挥战事的李宪"候董毡有信息,及措置鬼章见得次第,发来赴阙"[②]。元丰七年(1084年)正月辛亥,神宗手诏李宪,再度流露出对于前方"信息不通"的深切担忧。[③]靖康年间,东京"信息不通",内外困敝,人心惶惑。[④]凡此种种,都证明了军政活动中信息通塞关系攸重。

宋代的疆域,是中国历史上主要王朝中最为拘狭的;而其统治所达到的纵深程度,却是前朝所难于比拟的。宋人在颂扬本朝集权成就时,称道"本朝之法,上下相维,轻重相制,如身之使臂,臂之使指"[⑤];而连结这"身"——

(接上页)密诗"只乞乡关新信息",傅根清点校,中华书局1996年版,第246页;王庭珪《卢溪先生文集》卷16《辰州僻远乙亥十二月方闻秦太师病忽蒙恩自便始知其死作诗悲之》,四川大学古籍整理研究所编《宋集珍本丛刊》,线装书局2004年影印本,第34册,第593页下栏b—第594页上栏a;《杨万里集笺校》卷36《寄陆务观》,辛更儒笺校,中华书局2007年版,第1866页;等等。

① 在《中国政治制度通史·宋代卷》(第102—121页),朱瑞熙先生专门辟出"决策的依据和信息传递渠道"一节,对此予以讨论。
② 李焘:《续资治通鉴长编》(以下简称《长编》)卷282,熙宁十年五月辛未条,中华书局2004年版,第6918页。
③ 李焘:《长编》卷342,元丰七年正月辛亥条,第8222—8223页。
④ 徐梦莘:《三朝北盟会编》卷81,靖康二年二月十八日条,上海古籍出版社1987年影印本,第609页下栏b。
⑤ 范祖禹:《太史范公文集》卷22《转对条上四事状》,四川大学古籍整理研究所编:《宋集珍本丛刊》,第24册,第276页下栏b。

"臂"—"指"的脉络神经，显然包括流淌在其中的信息。朝廷对于实际权力的把握，对于地方官员的督飭，对于民间动态的掌控，都是围绕着对信息的控制而展开的。①

渠道通塞，包括上下双向甚至多向流通的顺畅或阻滞；本文关注的"言路"，主要指信息的向上汇聚渠道，尤其是官员的进言途径。

（二）戒惕壅蔽的"言路"

中国古代文献中，无论政书会要、编年史籍还是人物传记，对于臣僚"言事"的记载史不绝书。宋人向有"好谏纳言者，自是宋家家法"②之说。好谏纳言，历来被认为是君主政治开明的反映，而其背后的深层关切，则在于防范壅蔽。所谓"防范壅蔽"，不仅是防范基层信息收集不及时不畅通，更是戒备高层臣僚的选择性报告或揽权阻塞。唐初魏徵向唐太宗解释"兼听"意义时，明确地说："人君兼听纳下，则贵臣不得壅蔽，而下情必得上通也。"③话语中所指的戒惕对象，应该说十分清楚。④

宋王朝生于忧患，长于忧患，始终承受着来自北方的沉重压力。从培根植本、防患未然的意义出发，宋人对于开广言路尤为重视。孝宗朝名臣罗点曾说：

> 祖宗立国以来，言兵不如前代之强，言财不如前代之富；惟有开广

---

① 参见邓小南《关于宋代政绩考察中的"实迹"：要求与现实》，《李埏教授九十华诞纪念文集》，云南大学出版社2003年版，第118—132页。
② 晁说之：《嵩山文集》卷1《元符三年应诏封事》，《四部丛刊》续编本，上海书店出版社1985年版，第41叶b。
③ 吴兢：《贞观政要》卷1《君道》，上海师范大学古籍整理组点校，上海古籍出版社1978年版，第2页。
④ 北宋中期欧阳修、宋祁《新唐书》之《魏徵传》（卷97，中华书局1975年版，第3869页）中，此处表述作"君能兼听，则奸人不得壅蔽，而下情通矣"。从"贵臣"到"奸人"，显然是有意的更动：从道德判断上看，是缩小了圈子，划定了范围；从人员层次上看，不再限于"贵臣"，则扩大了警惕的对象面。

言路，涵养士气，人物议论足以折奸枉于未萌，建基本于不拔，则非前代所及。①

南宋后期，张端义曾比较历代治政特点，称"周隋尚族望，唐尚制度文华，本朝尚法令议论"②。相对而言，宽容议论、鼓励进言，确实是宋代治国特点之一。欧阳修在其《镇阳读书》诗作中，自称"平生事笔砚，自可娱文章；开口揽时事，论议争煌煌"③。"言路之通塞，系乎人材之消长"④，这样的意见成为朝野共识。尽管后世有"（宋之）儒者论议多于事功"之讥，⑤而在当时，这既是士大夫报效社稷、建树风采的途径，也是君主宣导下情、补益聪明的方式。

吕中在《类编皇朝大事记讲义》中说：

> 祖宗纪纲之所寄，大略有四：大臣总之，给舍正之，台谏察内，监司察外。⑥

这种纪纲，很大程度上是靠言责来维持的。从执政臣僚、给舍、台谏到各路监司，对于朝政得失、官员臧否、内外物情，无疑都负有言责，这具有监察

---

① 袁燮：《絜斋集》卷12《签书枢密院事罗公（点）行状》，《丛书集成》初编排印聚珍版丛书本，中华书局1985年版，第189页。
② 张端义：《贵耳集》卷中《古今治天下各有所尚》，《丛书集成》初编影印津逮秘书本，中华书局1985年版，第41页下。
③ 《欧阳修全集》卷2《古诗·镇阳读书》，李逸安点校，中华书局2001年版，第35页。
④ 楼钥：《攻媿集》卷31《荐沈端叔王度札子》，《丛书集成》初编排印聚珍版丛书本，中华书局1985年版，第418页。
⑤ 《宋史》卷173《食货志·总序》，中华书局1977年版，第4157页。
⑥ 吕中：《类编皇朝大事记讲义》卷22《徽宗皇帝》"小人创御笔之令"，张其凡、白晓霞整理，上海人民出版社2014年版，第372页。

意义，也是朝廷信息来源所在。①民意的把握、政策的制订、制度的调整，正应以此为据。

尽管历代都强调官员言责，但"言路"一说的集中出现，是在宋代。宋代的进言渠道应该说是多层多途的，也有各类临时性加急性的特别处置。南宋后期魏了翁曾回顾说：

> 所谓宰辅宣召、侍从论思、经筵留身、翰苑夜对、二史直前、群臣召归、百官转对轮对、监司帅守见辞、三馆封章、小臣特引、臣民扣匦、太学生伏阙、外臣附驿、京局发马递铺，盖无一日而不可对，无一人而不可言。②

这段话常被学者用来证明宋代君臣沟通的途径，所列举的方式，在历史上确实都能寻得例证。诸如御前会议、近臣宣召、官员入对、书疏章奏、经筵咨询、私下访谈，都提供了君主了解外情的机会，也都曾行之有效；但这并不意味着"无一日而不可对，无一人而不可言"。魏了翁这一说法，即便在宋人引以为傲的"祖宗朝"，也是"非常"现象；他出于对下情不通的忧虑，才以集萃的方式将"祖宗旧典"合并托出。

进言渠道中，首当其冲的言事者，应该是宰辅、侍从等，也就是吕中所说"大臣"。正因为如此，真宗朝的"圣相"李沆，才因其寡言而被批评为"无口匏"。③一般来说，宰辅进言、与皇帝对话，会有当时的记录；像王安石的熙宁奏对《日录》、曾布的《遗录》、李纲的《建炎时政记》、史浩所记《圣语》、周

---

① 有关宋代多层多途的信息处理机制，参看邓小南《多面的な政治业绩と调查宋代の情报处理システム》，平田茂树等编《宋代社会の空间とコミュニケーション》，东京：汲古书院2006年版，第97—130页。
② 魏了翁：《重校鹤山先生大全文集》卷18《应诏封事》，四川大学古籍整理研究所编：《宋集珍本丛刊》，第76册，第758页下栏b。
③ 《宋史》卷282《李沆传》，第9540页。

必大的《思陵录》《奉诏录》等，都是宰辅近臣对于政务对话情境、往复进言及皇帝旨意的笔录。"论思献纳，侍从之职"①，侍从臣僚亦"于事无不可言"②。我们在宋代史册中看到，每逢重要的人、事调整，政策变更之际，往往有这些大臣的若干章疏及连篇累牍的君臣对谈。

不过，在宋代，"言路"一说有其特指。所谓"言路"，是指官员向皇帝进言的专有途径，也是指担负言职的机构及官员。时人通常会说，"言路，台谏给舍也"③，这可以说是狭义或曰严格意义上的言路官职。所谓"台谏"，是宋代监察部门御史台、谏诤部门谏院的合称。有关二者的职任区分与关联，学界已有许多研究，④今不赘。就其突出的"言事"功能来说，二者责任有所区分，谏官职在论奏谏正，而台官则是弹举纠正。⑤所谓"给舍"，则是指从属于宰相机构中书省、门下省，担当草拟诏旨与审覆封驳职责的中书舍人与给事中。北宋元丰年间官制改革之后，二者分处两省，职事既有分工合作，亦有先后程序中相互防察处。中书舍人"掌行命令为制词……事有失当及除授非其人则论奏，封还词头"⑥；给事中"掌读内外出纳之事。若政令有失当，则论奏而驳正

---

① 《宋史》卷348《赵遹传》，第11045页。
② 《苏轼文集》卷36《司马温公行状》，第487页。有关宋代侍从官员的范围，可参看王宇《试论宋代"侍从"内涵与外延的变化》，《浙江学刊》2011年第2期；张祎《宋代侍从官的范围及相关概念》，《国学研究》第34卷，北京大学出版社2014年版。
③ 赵升编：《朝野类要》卷2《称谓》，王瑞来点校，中华书局2007年版，第48页。
④ 参见贾玉英《宋代监察制度》，河南大学出版社1996年版；刁忠民《宋代台谏制度研究》，巴蜀书社1999年版；虞云国《宋代台谏制度研究》，上海社会科学院出版社2001年版。对于言路上信息的来源问题、相关机构设置、言路官的选任及考核等问题，亦可参见这几部著述。
⑤ 参见徐松辑《宋会要辑稿》职官3之55，崇宁二年八月条，刘琳等点校，上海古籍出版社2014年版，第3074页。
⑥ 《宋史》卷161《职官志（一）》，第3785页。

之"①。给舍的缴驳通常伴随进言,"先其未行而救正其失"②,给舍之言常被视为"公论之气"的代表。③

元丰后即常见给舍、台谏并提:

> 朝廷者,命令之所自出也。设为给舍、台谏之官,以封驳、论列为职,所以弥缝其阙,纠正其非,归于至当也。④

也就是说,给舍掌管封驳,台谏职在论列。就时人心目中的理想状态而言,给舍、台谏在言路上发挥着前赴后继的接力递补作用:

> 政事归于庙堂,而言路通于天下。庙堂之有所失,给舍得言;给舍之有所不及,台谏得言;台谏之有所不能言,天下能言之矣。⑤

给舍与台谏,是性质不同的两类官员;前者位于行政体制之中,后者则属于监察规谏体系。⑥二者得以并提,与宋代"言路"的运行机制相关,既反映出二者在政治运作过程中的职能互补,也凸显出这些部门共有的进言作用,强调在其位者针对朝政发表意见的权利。朝廷重大事务的运行链条,离不开出

---

① 谢维新撰:《古今合璧事类备要》后集卷20《给舍门》"给事中",引《神宗正史·职官志》,景印文渊阁《四库全书》,台湾商务印书馆1986年版,第939册,第698页上栏a。
② 徐松辑:《宋会要辑稿》职官1之80,引《宋续会要》,第2981页。
③ 高斯得:《耻堂存稿》卷2《经筵进讲故事》"七月二十八日进",《丛书集成初编》排印聚珍版丛书本,中华书局1985年版,第28页。
④ 袁燮:《絜斋集》卷6《策问·封驳》,第71页。
⑤ 林駉、黄履翁编:《新笺决科古今源流至论》别集卷2"君权(揽权不必亲细务)",台北:新兴书局1970年版,第994页。
⑥ 元丰改制后,谏官曾经分属中书、门下两省,"自中兴建炎间,诏谏院不隶两省"(徐松:《宋会要辑稿》职官1之78,引《宋续会要》,第2980页),恢复为独立的言事机构。

令—审覆—执行—监督的关键环节。中枢决策形成过程中，给舍若有不同意见，或封还词头，或封驳诏令，是其进言机会；颁出的政策内容失当或朝政措置疏舛，台谏可以规谏廷辩。这些做法，既是为减少决策过程失误，也对居于"庙堂"之高的君王宰执构成某种牵制。

我们经常看到官员"极言时政""极论阙失"之类说法，一般是指不惮风险竭力陈说。宋人常说，"任言责者，知无不言，言无不尽"①。事实上，位于言路之上的官员，有刚劲者，亦有猥懦者。②谏说之难，自古已然。③司马光曾经比较裴矩在隋炀帝、唐太宗时期的表现，评议说：

> 古人有言，君明臣直。裴矩佞于隋而忠于唐，非其性之有变也。君恶闻其过，则忠化为佞；君乐闻直言，则佞化为忠。是知君者表也，臣者景也，表动则景随矣。④

总体上讲，宋代朝野风气相对开放，士人意识到对于国家社会的责任，亦追求清誉，当时"虽庸庸琐琐之流，亦为挺挺敢言之气"，以致"失在谏垣，救在缙绅"。⑤即便不在言路的官员，像翰林学士、六曹长贰，也是"职在论思"，"虽非言责，亦未尝不因事献言也"；⑥其他官员也会利用朝廷求言、轮对等机会进言。士人间的清议评骘，亦是朝廷得知外情的途径。

为防范来自"在位者"之壅蔽，宋代帝王容忍甚至鼓励朝廷上"异论相

---

① 林駉：《古今源流至论》续集卷六"谏垣"，台北：新兴书局1970年版，第814—815页。
② 参见《资治通鉴》卷237，元和二年十一月，李绛语，中华书局2011年版，第7768页。
③ 洪迈撰：《容斋随笔》卷13《谏说之难》，孔凡礼点校，中华书局2005年版，第165页。
④ 《资治通鉴》卷192，武德九年末，第6142页。
⑤ 林駉：《古今源流至论》续集卷6"谏垣"，第815页。
⑥ 魏了翁：《重校鹤山先生大全文集》卷18《应诏封事·贴黄》，四川大学古籍整理研究所编：《宋集珍本丛刊》，第76册，第754页下栏a。

搅"。①绍圣四年（1097年）五月，枢密院奏事时，亲政数年却仍涉世不深的哲宗，询问知枢密院事曾布："大臣所见，岂可不言？言之何害？"老于官场世故的曾布，顺势谈起"先帝"神宗皇帝的御臣之术：

> 臣自初秉政即尝奏陈，以谓先帝听用王安石，近世罕比。然当时大臣异论者不一，终不斥逐者，盖恐上下之人与安石为一，则人主于民事有所不得闻矣。此何可忽也！……愿陛下以先帝御安石之术为意。②

按照这一逻辑，允许上下之人持有"异论"，是为避免"人主于民事有所不得闻"。

尽管如此，广开言路在宋代并非自然而然、顺理成章。政争中控制言路，封锁消息；灾伤时"递相蒙蔽，不以上闻"；③日常事务中大事化小，敷衍应对……利益驱动使得官员们瞒报虚报的动力从来不曾缺乏；君王态度的好恶，更成为群僚窥伺的焦点。围绕言路通塞问题，朝廷之上始终呈现着拉锯战般的状态。元符三年（1100年），面对登极伊始的徽宗，目睹多年朝政翻覆的晁说之带有几分激愤地说：

> 言路之通塞，岂一夫独鸣之力哉！臣愿陛下询诸廷之臣，其由谏诤而进者几人，其以面折庭诤称者几人，其博古今、达治体、善议论者几人，其骨鲠谅直、不反覆变改者又几人？④

南宋初建，被召为宰相的李纲，回顾北宋末年的情形，也指出："靖康间

---

① 李焘：《长编》卷213熙宁三年七月壬辰条，第5169页。
② 李焘：《长编》卷488，绍圣四年五月，曾布语，第11581—11582页。
③ 张田编：《包拯集》卷7《请差灾伤路分安抚》，中华书局1963年版，第84页。
④ 晁说之：《嵩山文集》卷1《元符三年应诏封事》，第44叶a。

虽号开言路，然议论鲠峭者皆远贬，其实塞之也。"[1]

（三）广植"耳目"的努力

信息征集背后，是控制效力的问题。无论从君主或是朝廷的角度，掌控信息来源都是严峻的挑战。以朝廷君王为体，"耳目"作为视听的器官与途径，成为与信息沟通分不开的关键词。广植耳目成为"明目达聪"的重要方式，即仁宗所说"善治之主不自任其聪明，以天下耳目为视听"。[2]

不仅"台谏给舍皆耳目之任"[3]，执政、侍从、讲读官与京都长官等，都被视为帝王耳目。元祐三年（1088年），时任翰林学士兼侍读的苏轼，苦口婆心地提醒太皇太后与哲宗：

> 自祖宗以来，除委任执政外，仍以侍从近臣为耳目，请间论事殆无虚日。今自垂帘以来，除执政、台谏、开封尹外，更无人得对。惟有迩英讲读，犹获亲近清光，若复瘖默不言，则是耳目殆废。[4]

两年之后，苏辙陈诉本朝故事说：

> 每当视朝，上有丞弼朝夕奏事，下有台谏更迭进见；内有两省、侍从、诸司官长以事奏禀，外有监司、郡守、走马承受辞见入奏。凡所以为上耳目者，其众如此。然至于事有壅蔽，犹或不免。[5]

---

[1] 李心传：《建炎以来系年要录》卷6，建炎元年六月甲子条，胡坤点校，中华书局2013年版，第172页。
[2] 《宋大诏令集》卷194《政事（四七）》"诫约台谏诏"，司义祖整理，中华书局1962年版，第712页。
[3] 李焘：《长编》卷489，绍圣四年七月甲寅条，曾布语，第11609页。
[4] 李焘：《长编》卷414，元祐三年九月戊申条，第10057页。
[5] 苏辙：《栾城集》卷45《论用台谏札子》，曾枣庄、马德富点校，上海古籍出版社2009年版，第995页。

除台谏外，兄弟二人先后列举了宰执、在内两省、侍从、诸司官长，在外监司、郡守、走马承受等众多的君主耳目。这些耳目，遍布朝廷、地方。

"耳目"服务的对象不言而喻。当政者都利用耳目，也控制耳目。宋人会在章奏中提醒皇帝，言路乃圣上耳目之官，不能作执政鹰犬之用。① 实际上，言路不仅可能是执政鹰犬，更是君主鹰犬，挟主上之势纵威逞虐，攻击不肯驯顺之人。宋代党禁等政治整肃中，此类事例颇多。君主不愿意直接出面罢斥臣下时，也会诱使台谏官上言。英宗授意傅尧俞弹劾蔡襄、哲宗授意陈次升再劾章惇，② 尽管并未如愿，仍可看出，言路的作用绝非限止于"耳目"，帝王意欲用作喉舌、鹰犬。而此类作用的强化，必然会打破君主—行政体制—监察体制之间的制衡关系，③ 使制度沦为权势意志的附庸。

南宋蔡戡曾经说，"夫监司者，号为外台，耳目之寄"④；其沟通内外的功能，不仅在于入奏之际。来自地方路级监司、州郡长贰的上报讯息，对于地方事务、地方官员"访察""体量"的消息呈递，都是事实上的言路。官方的民政系统、巡视、探报、邮递进奏，都围绕信息上传下达而有所建设。

帝王御用的"耳目"，并不限于体制之内、"言路"之上的正规职任。"掌宫城出入之禁令"⑤的皇城司，"每遣人伺察公事，民间细务一例以闻"⑥，以致被呼为"察子"⑦。仁宗年间，臣僚进奏称，"皇城司在内中最为繁剧，祖宗任

---

① 参见李焘《长编》卷437，元祐五年正月己丑条，第10538页。
② 参见《杨时集》卷11《语录·余杭所闻》，林海权校理，中华书局2018年版，第324页；李焘《长编》卷510，元符二年五月戊辰条，第12148页。
③ 王夫之鉴于明代亡国教训，曾经回溯宋代中叶的上书言事，愤懑批评"以赏劝言之害，较拒谏而尤烈"。(《读通鉴论》卷10，舒士彦点校，中华书局2013年版，第303页。)
④ 蔡戡：《定斋集》卷2《乞选择监司奏状》，王德毅主编：《丛书集成续编》，台北：新文丰出版社1989年版，第22页下栏a。
⑤ 《宋史》卷166《职官志(六)》"皇城司"，第3932页。
⑥ 徐松辑：《宋会要辑稿》职官34之21，天禧元年八月十五日，第3860页。
⑦ 吴曾：《能改斋漫录》卷2《事始》"探事察子"，上海古籍出版社1979年新1版，第21页。

为耳目之司"①。宦官入内内侍省,"通侍禁中,役服亵近"②,亦会通进讯息。仁宗曾问入内内侍省都知王守忠,

> 曰:"卿出入中外,闻有甚议论?"守忠曰:"皆言陛下仁慈圣德;但朝廷好官美职及清要差遣,皆是两府亲旧方得进用,陛下不曾拔擢一孤寒之臣置于清近。又曰天下事皆由宰相,陛下不得自专。"上默然良久。③

在宫廷中"掌按验秘方,以时剂和药品以进御及供奉禁中之用"的御药院,④搜讨进呈消息、沟通内外,⑤"素号最亲密者"⑥。此外,太祖太宗朝信用的史珪、丁德裕、柴禹锡、赵镕等军校亲随、藩府旧僚,伺察外事,侦人阴私,也被用作耳目之职、鹰犬之任。孝宗朝,士大夫曾经强烈批评皇帝对侧近佞臣的宠遇,事实上,这正与他对此类私人消息渠道的倚信有关。

历代都有许多敏感信息是靠正式体制之外的方式,靠皇帝"私人"打探传递的。貌似繁复重叠的信息来源各有其特殊意义。这些讯息通常不经正式途径,不公之于众,类似清代的秘密奏折,是皇帝个人的"直通"信息渠道。这类情形之所以在宋代被视为正常,如苏辙所说:

> 盖人君居高宅深,其势易与臣下隔绝。若不务广耳目,则不闻外事,无以豫知祸福之原。⑦

---

① 李焘:《长编》卷162,庆历八年正月,第3913页。
② 《宋史》卷166《职官志(六)》"入内内侍省",第3939页。
③ 张纲:《华阳集》卷22《进故事》,景印文渊阁《四库全书》,第1131册,第135页下栏a。
④ 徐松辑:《宋会要辑稿》职官19之13"御药院",引《两朝国史志》,第3553页。
⑤ 参见友永植《御药院考》,《别府大学短期大学部纪要》第6号,1987年;程民生《宋代御药院探秘》,《文史哲》2014年第6期。
⑥ 李心传:《建炎以来系年要录》卷146,绍兴十二年八月丙子条,第2755页。
⑦ 李焘:《长编》卷448,元祐五年九月丁卯条,苏辙语,第10767页。

"广耳目"以"闻外事",随其意旨拓宽信息来源,看上去是人君特有的地位优势;而实际上,"居高宅深"决定着他们在信息获取中根本性的劣势,也迫使他们多方寻求获得外情的机会。

(四)召对咨访与经筵赐坐

从面对面"询访"与"进言"的角度来看,宋代的百官转对轮对无疑是富有特色的制度。参与转对轮对者并非严格意义上的"言官",这种进言的途径在宋代亦不被直接归为"言路";但其议政意义却不容小觑。学界对此已有不少研究,① 本文不赘。在常程制度之外,宋代君王与臣僚的面谈,也是值得注意的现象。

就帝王而言,侍从近臣皆系亲擢,"时赐召对,从容讲论,以尽下情"② 理应是常态,时间、场合亦不受限制。但君臣之间"从容讲论"的情形,显然并非普遍。从留至目前的材料来看,北宋的太祖、太宗、神宗,南宋的孝宗、理宗等,与臣僚直接讲论较多;谈话的对象,包括宰辅之外的切近臣僚。政事得失、外廷是非、民间情伪……凡皇帝牵念系怀而在庙堂之上未便公开从容议论之事,往往利用各类机会探询。宰辅重臣无不关注这些对话内容,对话者通常也有所记录,以便留此存照。

孝宗赵昚,是南宋历史上最为注意君臣沟通的帝王。不仅正式上朝理政与臣属直接对话,晚间也会个别宣召咨访。③ 胡铨绍兴年间因力主抗金被贬,孝

---

① 例如〔日〕平田茂树《宋代政治结构试论——以"对"和"议"为线索》,《宋代政治结构研究》,第161—189页;陈晔《北宋政情、政风下的转对制》,《史学月刊》2010年第11期;徐东升《从转对、次对到轮对——宋代官员轮流奏对制度析论》,《厦门大学学报》2009年第5期;朱瑞熙《中国政治制度通史·宋代卷》,第110—112页。
② 魏了翁:《重校鹤山先生大全文集》卷17《封事奏体八卦往来之用玩上下交济之理以尽下情(七月二日)》,四川大学古籍整理研究所编:《宋集珍本丛刊》,第76册,第748页下栏a。
③ 相关情况参见王化雨《宋朝的君臣夜对》,《四川大学学报》2010年第3期。

宗即位后召回。在其《经筵玉音问答》中，详悉记载了隆兴元年（1163年）五月三日晚"侍上于后殿之内阁"的情形。孝宗优渥礼遇，嘱其修订答金人书稿，当晚赐酒宴唱曲词，谈话直至凌晨。次日胡铨对朋友称，有"归自天上"之感。① 乾道年间，胡铨再以侍讲夜对，孝宗嘱咐他说："卿直谅，四海所知，且留经筵。事无大小，皆以告朕。"② 反复叮咛，让人感觉到君王心中难以排解的隐忧。翰林侍读学士刘章夜对时，

> 上（孝宗）从容问曰："闻卿监中有人笑朕所为者。"公初不知端倪，徐对曰："圣主所为，人安敢笑！若议论不同，则恐有之。"上意顿解，亦曰："止是议论不同耳。"③

对于信息阻滞的警惕，对于外朝讥笑的担心，成为孝宗"访问不倦"的动力。楼钥在为其舅父汪大猷写的行状中，说到汪大猷乾道年间兼权给事中的时候，君臣间"造膝启沃"的情形：

> 孝宗厉精民事，访问不倦。宿直玉堂，夜宣对选德殿，赐坐，从容导公使言。……公首以一言移主意。自尔每遇夜对，上多访以时事。尝曰："卿为侍从，天下之事无所不当论。朕每厌宦官女子之言，思与卿等款语，正欲知朝政阙失、民情利病，苟有所闻，可极论之。"公悉进所欲陈者，奏对明白，曲尽情伪，上多耸听而行之。④

---

① 胡铨：《澹庵文集》卷2《经筵玉音问答》，景印文渊阁《四库全书》，第1137册，第25页下栏b—第29页下栏b。
② 周必大：《文忠集》卷30《资政殿学士赠通奉大夫胡忠简公神道碑》，景印文渊阁《四库全书》，第1147册，第337页下栏b。
③ 楼钥：《攻媿集》卷77《跋刘资政游县学留题》，第1049页；《宋史》卷390《刘章传》，第11959页。
④ 楼钥：《攻媿集》卷88《汪公行状》，第1194页。

君王对于政务的急切,对于臣僚的赏识及笼络,产生了明显的回馈效应。理宗朝,吴泳曾经回顾孝宗"故事",不无渲染地说:

> 故事,禁从讲读官及掌制学士更直递宿,以备咨访。或问经史,或谈时事,或访人才,或及宰执所奏,凡所蕴蓄靡不倾尽。……恩意浃密则就澄碧殿锡燕,职业修饬则上清华阁赐诗,从容造膝过于南衙面陈,先事献言加于路朝显谏。①

当时的兵部尚书宇文价、中书舍人陈骙、直学士倪思、侍讲金安节、马骐、侍御史周操等人,都曾经在夜对时就朝政提出建议。由于君王特示宠渥,场合比较随意,彼此态度放松,对话也相对从容深入。当时即有人援引李贺的诗句,称进言者"帝前动笏移南山"。②尽管如此,对话中的引导者显然是君主,君主意旨所向,常在臣僚观察揣摩之中。

宋代的经筵讲读,也是君臣沟通的机会。③讲读官并非严格意义上的"言官",但经筵进读完毕后,通常"复坐赐汤而从容焉"。④真宗咸平时,置翰林侍读侍讲学士,"日给尚食珍馔,夜则迭宿,多召对询访,或至中夕焉"⑤,利用此类机会"亲近老成"。杨亿在杨徽之的行状中描述讲读时的情景,说:

---

① 吴泳:《鹤林集》卷19《论今日未及于孝宗者六事札子》,景印文渊阁《四库全书》,第1176册,第181页上栏a—b。
② 楼钥:《攻媿集》卷77《跋刘资政游县学留题》,第1049页。
③ 有关宋代经筵及经筵官人选等问题的研究,可参看朱瑞熙《宋朝经筵制度》,钱伯城主编《中华文史论丛》第55辑,上海古籍出版社1996年版;邹贺《宋朝经筵制度研究》,博士学位论文,陕西师范大学,2010年。
④ 邹浩:《道乡集》卷39《苏公行状》,景印文渊阁《四库全书》,第1121册,第522页下栏b。
⑤ 陈均编:《皇朝编年纲目备要》卷6,咸平二年七月"置翰林侍读侍讲学士"条,许沛藻等点校,中华书局2006年版,第120页。

中国制度史

  执经待问，前席畴咨。上从容言天下事甚众，借筯之画莫非沃心，更仆之谈或至移晷。然奏稿多削，温树不言，其慎密也如此。①

  看来君臣之间的谈话内容既深且广，有涉机密者。
  其后的君主，也经常利用经筵之机询访讲读官员的意见。宝元年间，李淑在经筵，仁宗皇帝即"访以进士诗赋策论先后，俾以故事对"②。南宋建炎时，高宗接受翰林学士朱胜非的建议，允许侍读官"读毕具札子奏陈"。③光宗时，黄度进言，"乞令侍从讲读官反覆议论治忽所系"④。淳祐年间徐元杰在经筵讲读《论语》，赐茶之后，理宗与其一番对话，君臣之间的问答往复达47次之多。⑤

  司马光的《手录》中，保留着他与宋神宗谈话的原始记录。熙宁元年至三年，司马光任翰林学士兼侍读学士、知审官院，在迩英阁为神宗讲授《资治通鉴》。课后，神宗经常征询他对于朝廷事务的意见，不仅问及擢用台谏州县官、赈灾、郊赉等事，也常问及对于新法乃至对当政诸臣的意见，甚至"历问群臣"，询问"朝廷每更一事，举朝汹汹，何也"；司马光应对无所顾忌，甚至当面指教皇帝说：

  此等细事皆有司之职所当讲求，不足以烦圣虑。陛下但当择人而任

---

① 杨亿：《武夷新集》卷11《杨徽之行状》，四川大学古籍整理研究所编：《宋集珍本丛刊》，第2册，第300页下栏a。
② 《宋史》卷155《选举志（一）》，第3612页。
③ 李心传：《建炎以来系年要录》卷11，建炎元年十二月丙子条，第292页。绍兴十二年以后，秦桧把持朝政，"每除言路，必兼经筵"成为其控制进言途径的举措。参见李心传《建炎以来朝野杂记》乙集卷13《官制一》"祖宗时台谏不兼经筵"，徐规点校，中华书局2000年版，第716页。
④ 袁燮：《絜斋集》卷13《龙图阁学士通奉大夫尚书黄公行状》，第212页。
⑤ 参见徐元杰《楳埜集》卷1《进讲日记》"四月十二日进讲"，四川大学古籍整理研究所编《宋集珍本丛刊》，第83册，第667页上栏a—第669页上栏a。

之，有功则赏，有罪则罚，此乃陛下职耳。①

有学者认为"他们之间的谈话十分坦率、诚恳，简直像朋友一样"。②

南宋后期留至今日的相关材料更多。目前存世的曹彦约《昌谷集》、真德秀《西山集》、魏了翁《鹤山集》、刘克庄《后村集》、徐元杰《楳野集》、姚勉《雪坡集》等，记录了大量的君臣对话，场景栩栩如生。即如真德秀文集中，不仅有任职地方时的章奏，有应诏所上封事，也有面对君主直接上呈的上殿奏札、轮对奏札、内引札子、直前奏事札子、朝辞奏事札子、召还上殿奏札，更有与皇帝对话的记录（如"得圣语申省状""得圣语申后省状""奏对手记"等）。对话时，包括前线战事、敌使礼仪、地方安危、官员选任、财用窘困、军籍虚额、福建盐法、楮币得失，乃至诚意正心等等，都在君臣议题之中。端平初，真德秀在讲筵进读四书章句并进呈故事，随后理宗问及与蒙古议和事：

> 赐茶毕，上问"虏人议和未可轻信"，奏曰："臣适尝言之矣。"李侍御奏："臣得杨恢书，云在襄阳闻虏首元不晓'和'字，只是要人投拜，而其臣下乃将投拜之语改为讲和。"其说颇详。上然之。奏云："朝见一节如何？"上曰："且候使人到来商量，待从吉后引见。"李奏："虏兵已取蔡了，忽然都去；攻急方急，亦忽然都去；其情叵测。"奏云："此臣所谓鸷鸟将击之形也。"遂退。③

---

① 参见司马光《手录》"吕惠卿讲咸有一德录"，李裕民、佐竹靖彦编《增广司马温公全集》卷1，东京：汲古书院1993年版，第27页下栏a；罗从彦《遵尧录·司马光》，《罗豫章集》卷7，《丛书集成初编》排印正谊堂全书本，中华书局1985年版，第79页。
② 李裕民：《司马光日记校注》，中国社会科学出版社1994年版，前言，第11页。
③ 真德秀：《西山先生真文忠公文集》卷18《讲筵进读手记（二十六日）》，四川大学古籍整理研究所编：《宋集珍本丛刊》，第76册，第94页下栏a。

这些对话，明显体现出身居九重的帝王之深切忧虑。当时的经筵讲读，似乎并非君臣着意的重点，反而是读毕之后的赐茶对谈，才反映出皇帝关注的重心，也是讲读臣僚期待进言的时分。

二、端点与关节：滞碍的关键

在帝制社会中，帝王显然高居于权力顶端，制度设计、人事安排、官员驱策，无不围绕这一核心构成。而正因其处于"顶端"，相对明智的帝王自有"高处不胜寒"的感觉。政治上的独尊，并不能保证充分的知情与驾御。信息通进的路径不断增加，技术手段愈益多样，投注的心思缜密繁复，但沟通中阻滞仍旧，渠道通塞不常。

进言渠道的延展卯合方式，大体上契合于帝国时期的行政与信息网络。[1]网络中的次第关节控御着开闭的可能，位于不同位置的言者，有活动有顾忌，从中亦可观察到当时的政治秩序与权力格局。南宋程珌曾经说，"今天下利害所当施置罢行者，人皆能言之；所患者在于其言未必上闻，闻之未必下行耳"[2]。前一"未必"，滞碍出在言路关节，九重之内的君主最终获取的信息，实际上是次第筛选的结果；而后一"未必"，则显示出君主的态度与抉择。这里需要关注的是，这"筛选"与君主态度是否相关，渠道自下向上的滞碍究竟如何形成。

---

[1] 有关宋廷与进言渠道相关的行政与信息网络设置，可参看朱瑞熙《决策的依据和信息传递渠道》，《中国政治制度通史·宋代卷》，第101—121页；以及邓小南《略谈宋代对于地方官员政绩之考察机制的形成》，《邓广铭九十华诞祝寿论文集》，河北教育出版社1997年版，第239—247页；邓小南《"访闻"与"体量"：宋廷考察地方的路径举例》，《邓广铭教授百年诞辰纪念论文集》，中华书局2008年版，第900—924页；邓小南《从"按察"看北宋制度的运行》，柳立言主编《近世中国之变与不变》，台北：“中央研究院”2013年版，第53—104页。

[2] 程珌：《洺水集》卷13《上执政书》，景印文渊阁《四库全书》，第1171册，第398页下栏b—第399页上栏a。

信息渠道的通塞：从宋代"言路"看制度文化

（一）制度与人事

王安石在为《周礼义》所做序言中，说"制而用之存乎法，推而行之存乎人"[①]。也就是说，制度规定与人事操作二者密不可分。这里的"人事"，是指人的主观作用，包括君主的意向，官员对君主旨意的领略、对朝廷趋向的忖测，以及官场交际网络对于制度的影响。进言制度是否能够按照设想实施，除去必要的机会安排与技术手段外，起作用的重要因素，是官员面对可能的效果与风险之考虑；更有许多情况下的制度变异失灵，并非由于贪鄙者作弊、怠惰者失职，而是朝廷政治取向、官僚层级操控下的必然结果。

朝廷能够得到的信息，显然并非完全；在很多情形下，也并非真实。考虑到信息上达带来的效应，各层官署、官僚从来不乏欺瞒的动力。例如，财物账目稽违侵隐；[②]"内外之官虽有课历，率无实状"[③]；"法出奸生，令下诈起"[④]；各级官员利害相关，上司巡视，下级"刷牒"，因而"检按失实"。[⑤]军机要事，同样有此类情形。韩侂胄北伐前派陈景俊使金，本为审敌虚实，金人强硬告诫"不宜败好"，陈自强却窥探上峰意志，"戒使勿言"。[⑥]

平田茂树在《宋代的言路》一文中，曾经讨论以言路官为中心形成的政治势力作为"政治促进者"的作用，他认为"几乎可以明确以宰相、言路官为政

[①] 王安石：《临川先生文集》卷84《周礼义序》，四川大学古籍整理研究所编：《宋集珍本丛刊》，第13册，第695页上栏b。

[②] 李心传：《建炎以来系年要录》卷70，绍兴三年十一月癸亥条，第1363页。

[③] 庞籍：《上仁宗答诏论时政》，赵汝愚编：《宋朝诸臣奏议》卷146，北京大学中国中古史研究中心校点整理，上海古籍出版社1999年版，第1666页。

[④] 张方平：《乐全先生文集》卷22《论点选河北强壮事》，四川大学古籍整理研究所编：《宋集珍本丛刊》，第5册，第498页下栏b—第499页上栏a。

[⑤] 监司按察本路州县时，经常事先通知下属即将"按行""指摘""点检"的事由，号称"刷牒"。州县官吏接到通报，必然预先做好准备，这就为下级敷衍上级按察造成了方便。

[⑥] 《宋史》卷394《陈自强传》，第12035页。

治之两极,以两者的结合为核心形成的元祐时代政治结构"。① 这两极之间的互动,确实是值得关注的问题。研究者通常注意到宋代台谏对于宰相的牵制,而所谓牵制,从来都不是单方单向的。宋人对庆历、元祐的言路评价甚高,回顾本朝故事会说"本朝给舍台谏,庆历元祐时实赖其力"。② 而求诸史事,欧阳修庆历时批评"朝廷欲人不知以塞言路","聋瞽群听,杜塞人口";③ 元祐年间苏辙更说:"今陛下深处帷幄,耳目至少","惟有台谏数人"却"又听执政得自选择,不公选正人而用之"。④ 如此看来,言路官得以独立进言的机会,即便庆历、元祐也非寻常;言路受到干预限制、政治运行"不正常"的状态,帝制时期反而属于常态。

南宋淳熙十一年(1184年),时任敕令所删定官的陆九渊在轮对时,精心准备了五份奏札,阐述个人建议,其中直截了当地批评孝宗:

> (陛下)临御二十余年,未有(唐)太宗数年之效。版图未归,仇耻未复,生聚教训之实可为寒心。⑤

进言之时,君臣之间有从容的对话,陆九渊感觉甚好。后来他对友人说:

> 去腊面对,颇得尽所怀。天语甚详,反复之间不敢不自尽。至于遇合,所不敢必,是有天命,非人所能与也。⑥

---

① 〔日〕平田茂树:《宋代的言路》,《宋代政治结构研究》,第67—75页。
② 袁燮:《絜斋集》卷13《黄公(度)行状》,第219页。
③ 欧阳修:《上仁宗论台谏论列贵在事初》,赵汝愚编:《宋朝诸臣奏议》卷51《百官门》,第561页。
④ 苏辙:《栾城集》卷45《论用台谏札子》,第996页。
⑤ 《陆九渊集》卷18《删定官轮对札子》,钟哲点校,中华书局1980年版,第221页。
⑥ 《陆九渊集》卷7《与詹子南》,第96页。

两年之后的十一月，陆九渊又近转对之日，忽被改命为将作监丞，因而失去了面奏的机会。对于此事，陆九渊自己后来说：

> 某去冬距对班数日，忽有匠丞之除。王给事遂见缴。既而闻之，有谓吾将发其为首相爪牙者，故皇惧为此，抑可怜也。①

预先将可能不利于己的进言者调离，恰恰是当政者密切关注既往信息，予以及时反应的结果，通向君主的信息链条由此阻断。正如南宋史家李心传在其《建炎以来朝野杂记》"百官转对"条所说：

> 士大夫不为大臣所喜者，往往俟其对班将至，预徙它官。至有立朝踰年而不得见上者。盖轮其官而不轮其人，此立法之弊。②

执掌朝政"大臣"的这种做法，利用了制度法规的漏洞，手段颇为高明。某些骨鲠敢言的臣僚因此失去了面奏机会，而当政者刻意壅蔽的努力，却被遮掩在制度如常、轮对依旧的表象背后。

（二）"玉音"与"玉色"

谈及信息的"壅蔽"，不能只将问题归咎于逐级官僚。"防范壅蔽"说法的潜在前提，显然预设君主和朝廷是真正希望了解各类实情的——无论"信息"带来的是喜是忧。但事实上，君主与朝廷的执政倾向，可能助成或者说导致了某些实情的滞碍乃至隐瞒。宋人文集、笔记中，有大量关于君主言谈（"玉音""圣语"）、神情（"玉色"）的细致描述，反映出臣僚的小心观望。

早在建隆三年（962年）二月，太祖就曾表示"渴听谠言，庶臻治道"，

---

① 《陆九渊集》卷10《与李成之》，第129页。
② 李心传：《建炎以来朝野杂记》甲集卷9《百官转对》，第170页。

要求百官"无以逆鳞为惧"。① 真宗天禧元年（1017年）二月的诏书中，也明确表示，谏官奏论、宪臣弹举时，"虽言有过当，必示曲全"；并且安抚群僚说："是为不讳之朝，岂有犯颜之虑。"② 这样的说法，被包拯、刘随、陈次升等人多次征引，称颂的同时，是希望"圣朝广开言路，激昂士气，不以人言失当为虑，而患在人之不言也"。③

"言路通塞，天下治乱系焉。"④ 多数情况下，君主出于对信息的关注、对舆论风向的在意，会表示容受意见的姿态；但对臣僚影响更为直接的，显然是姿态背后君主对于进言的实际态度。征诸史实，即便勤政如太宗者，当田锡任职谏垣时，也在其章奏《论军国要机朝廷大体》中批评说，今来谏官寂无声影，御史不敢弹奏，给事中不敢封还，"给谏既不敢违上旨，遗补又不敢贡直言"；中书舍人于起居之日，"但见其随班而进，拜舞而回，未尝见陛下召之与言，未尝闻陛下访之以事"。⑤ 仁宗朝的谏官也曾批评"陛下虽喜闻谏争，然考其施用，其实无几"⑥。

君主初政或是政策调整之际，常有"诏求直言"之举。元符末年，徽宗即位，下诏求言，而"时上书及廷试直言者俱得罪。京师有谑词云：'当初亲下求言诏，引得都来胡道。人人招是骆宾王，并洛阳年少。'"⑦ 政治取向逆转导致的高层态度翻覆，不仅在当时直接阻塞了言路，而且示后来者以忌讳。

---

① 徐松辑：《宋会要辑稿》职官60之1，第4665页。
② 刘随：《上仁宗缴进天禧诏书乞防泄漏》注文，赵汝愚编：《宋朝诸臣奏议》卷51，第556页；又见《宋会要辑稿》职官3之51，第3068页。
③ 陈次升：《谠论集》卷1《上哲宗乞留正言孙谔疏》，景印文渊阁《四库全书》，第427册，第331页下栏a。
④ 彭龟年：《止堂集》卷1《论优迁台谏沮抑忠直之弊疏》，《丛书集成初编》排印聚珍版丛书本，中华书局1985年版，第13页。
⑤ 田锡撰：《咸平集》卷1《上太宗论军国要机朝廷大体》，罗国威点校，巴蜀书社2008年版，第12页。
⑥ 徐松辑：《宋会要辑稿》职官55之7，至和二年，知谏院范镇言，第4500页。
⑦ 龚明之：《中吴纪闻》卷5《陆彦猷》，孙菊园校点，上海古籍出版社1986年版，第112页。

信息渠道的通塞：从宋代"言路"看制度文化

军政情势紧张时，君王对于信息的焦虑更为突出。但这种渴求并不等于对进言内容、通进渠道的真正重视。靖康年间，金军围困开封，钦宗"屡下求言之诏，事稍缓，则复沮抑言者。故当时有'城门闭，言路开；城门开，言路闭'之谚"①。一"开"一"闭"的状态，活脱勾勒出君王面对言路的复杂抉择。

孝宗朝是政治相对清明的阶段。乾道初，针对中书舍人洪适的缴奏，孝宗明确表示："如有出自朕意，事不可行者，卿但缴来。"②而时至淳熙，罗点还是痛切地指出：

> 国无尽心瘁力之臣则事不济，今皆悦夫背公营私者矣；国无危言极论之臣则德不进，今皆悦夫偷合苟容者矣；国无仗节死义之臣则势不强，今皆悦夫全身远害者矣。③

光宗朝，秘书省著作郎卫泾批评"言路尚壅"，"听纳虽广，诚意不加，始悦而终违，面从而心拒"。④理宗时的殿中侍御史杜范批评皇帝"外有好谏之名，内有拒谏之实"⑤，表面崇奖台谏，实际阻抑直言。这正如刘子健先生在《南宋君主和言官》一文中指出的，南宋君主对于言官，除去控制之外，常用拖延敷衍的手段，或是调护、抑言奖身，虚伪应付；意欲利用言官名望，却不听从合理主张，结果是上下相蒙，人心涣散。⑥

帝制时期，尽管有对于信息渠道的建设，有对于纲纪制度的强调，但归根

---

① 陈均编：《皇朝编年纲目备要》卷30《靖康元年春正月朔诏求言》，第771—772页。
② 徐松辑：《宋会要辑稿》职官3之19，乾道元年五月一日条，第3037页。
③ 袁燮：《絜斋集》卷12《签书枢密院事罗公（点）行状》，第189页。
④ 卫泾：《后乐集》卷10《辛亥岁春雷雪应诏上封事》，景印文渊阁《四库全书》，第1169册，第603页下栏a。
⑤ 《宋史》卷407《杜范传》，第12282页。
⑥ 刘子健：《南宋君主和言官》，《两宋史研究汇编》，台北：联经出版事业公司1987年版，第11—19页。

结底,"纪纲总于人主之威权"①。言路为人主所需,其"建设"必定要服从人主与官方的期待;言路既无法超越君主威权,"独立"言事、"开广"范围,必定有其限制。南宋后期,吕中在讨论台谏职任轻重时,指出差异的关键在于"以天下之威权为纪纲",还是"以言者之风采为纪纲"。②

统治者历来警惕言路批评"过度",更不容其站到君王意志的对立面。台谏官员常有畏葸避事者,不敢"论天下第一事",而"姑言其次",借以塞责。③言官"沽名""陵犯",皆涉大忌。仁宗亲口告诫御史中丞王拱辰说:"言事官第自举职,勿以朝廷未行为沮己,而轻去以沽名。"④绍兴八年(1138年)宋金议和,枢密院编修官胡铨等人出面抗议,朝廷下诏严厉指责说:

> 初投匦而未出,已誊稿而四传。导倡陵犯之风,阴怀劫持之计。倘诚心于体国,但合输忠;惟专意于取名,故兹眩众。⑤

引惹高宗、秦桧不满的原因,既是胡铨对和议的抵制,也是由于文稿四传,导致"陵犯之风",触犯了朝廷忌讳。孝宗历来被认为是励精图治的君主,但他对于"议论群起"的警惕,与高宗如出一辙。隆兴元年,时任中书舍人的周必大、给事中金安节,因论列近臣龙大渊、曾觌等,被宰相呼召至都堂,

> 宣示御札,大略谓给舍论大渊等,并为人鼓惑,议论群起,在太上时岂敢如此。⑥

---

① 吕中:《类编皇朝大事记讲义》卷8《仁宗皇帝》"正纪纲 抑内降",第171页。
② 吕中:《类编皇朝大事记讲义》卷9《仁宗皇帝》"台谏",第189页。
③ 《宋史》卷387《杜莘老传》,第11894页。
④ 《宋史》卷318《王拱辰传》,第10360页。
⑤ 李心传:《建炎以来系年要录》卷124,绍兴八年十二月丙辰条,第2327页;罗大经:《鹤林玉露》丙编卷5《胡忠简上书》,王瑞来点校,中华书局1983年版,第327页。
⑥ 参见周必大《文忠集》卷165《归庐陵日记》、卷99《同金给事待罪状》,景印文渊阁《四库全书》,第1148册,第778页下栏b、75页上栏a。

信息渠道的通塞：从宋代"言路"看制度文化

就统治者看来，即便需要"言路"，这进言的路径也只能是通向他们一端；若有溢出，则被认为是鼓惑眩众。这种戒惕，较之"壅蔽"，毋宁说更为切近肌肤，刻骨铭心。

言事禀承上司意图、人主风旨，本是台谏之戒忌。宋高宗曾经告诫张九成，台谏不可承宰相风旨；九成回答说："以臣观之，非特不可承宰相风旨，亦不可承人主风旨。"① 而事实上，御史"承望要人风指，阴为之用"的情形十分普遍，② 台谏往往"取旨言事"。③ 在宋代史料中，常会看到官员由于"领会"上意、"体恤"上情而刻意迎合，乃至隐瞒实情的做法。朱熹曾经说：

> 今日言事官欲论一事一人，皆先探上意如何，方进文字。④

逢迎谄佞、畏缩不言之例皆非鲜见。更可喟叹的是，一些忠于职守的官员，也会出于避免朝廷困扰的立场，倾向于回避实情。哲宗元祐中地方财政吃紧，朝廷派员调查，范祖禹出面反对：

> 臣伏见近遣户部郎官往京西会计转运司财用出入之数。自来诸路每告乏，朝廷详酌应副，其余则责办于外计。今既遣郎官会计，必见阙少实数。若其数不多，则朝廷可以应副；若其数浩大，不知朝廷能尽应副邪？⑤

他主张让地方自行处理，朝廷不宜过问"实数"，以免面对实际窘困带来

---

① 谢采伯：《密斋笔记》卷1《张子韶在经筵》，《丛书集成初编》排印琳琅秘室丛书本，中华书局1985年版，第8页。
② 《司马光集》卷76《太子太保庞公墓志铭》，李文泽、霞绍晖校点整理，四川大学出版社2010年版，第1542页。
③ 《宋史》卷247《宗室·赵子崧传》，第8744页。
④ 黎靖德编：《朱子语类》卷112《论官》，王星贤点校，中华书局1986年版，第2733页。
⑤ 范祖禹：《太史范公文集》卷15《论封桩札子》，四川大学古籍整理研究所编：《宋集珍本丛刊》，第24册，第237页下栏a—b。

尴尬。

乾道时江西水灾，孝宗全不知情，事后追问，参政蒋芾解释说：

> 州县所以不敢申，恐朝廷或不乐闻。闻今陛下询访民间疾苦，焦劳形于玉色，谁敢隐匿！①

这就是说，在众多消息之中，地方官员选择"上传"的内容，取决于他们对君主"玉色"及朝廷态度的揣摩。这种对于"玉色""玉音"的小心观察与测度，记载中比比皆是。凡当奏闻之事引惹"上变色不悦"时，通常"同列皆止之"。②真德秀在《讲筵进读手记》中，曾经记录下他读"汉成帝荒淫一节"时，对于理宗态度的观察："敷陈之间语颇峻切，仰瞻玉色略无少忤。"③而遇到皇帝"玉音峻厉""玉色怫然"④之际，则少有敢于坚持进言的官员。

这种情形不能简单归结于官员个人素质问题，而是由制度周边的整体氛围、由深入脊髓的"奉上""唯上"文化所导致。尽管说"天视自我民视，天听自我民听"，制度设计的核心、官员取舍的依据、冲突周旋的落脚，却是效忠君主，顺从上峰。这是官僚文化根深蒂固的选择倾向。

余论：信息通塞与"制度文化"

信息渠道的路向、制度的针对性及运作形式，显然受到政治局势左右。宋

---

① 徐松辑：《宋会要辑稿》食货68之127，乾道四年六月四日条，第8030页。
② 高斯得：《耻堂存稿》卷2《经筵进讲故事》"七月二十三日进"，第27页。
③ 真德秀：《西山先生真文忠公文集》卷18《讲筵进读手记（初八日）》，四川大学古籍整理研究所编：《宋集珍本丛刊》，第76册，第95页上栏b。
④ 参见岳珂《桯史》卷8《袁孚论事》、卷9《黑虎王医师（继先）》，吴企明点校，中华书局1981年版，第89、109页；楼钥《攻媿集》卷88《汪公行状》"玉色不悦"，第1198页。

信息渠道的通塞：从宋代"言路"看制度文化

代日常治理体系下有百官轮对转对，有给舍台谏进言、监司郡守禀报，庆历熙宁等变法活动期间则会集中出现成规模的按察巡视，不同方式并存互补。而信息的通达与否，并不仅仅在于是否有相应的输送呈递渠道；即便渠道设置周全，亦不意味着信息沟通流畅。①

一般说来，高踞于臣民之上的"人君"，明白居高宅深的不利，开广言路是其延展视听的重要手段；当政宰辅亦须了解内外信息，以便施政。有关"直言朝廷阙失"的表态及相应规定，正是在这种背景下出台。但从现实中，我们看到，宋代既有"养臣下敢言之气"②的呼吁，也有对言者"沽名卖直"的反感；既有敢批逆鳞而得青睐的事例，也有言事忤旨遣谪贬斥的情形；既有"谏官御史为陛下耳目，执政为股肱；股肱耳目必相为用"的说法，也有"言事者数与大臣异议去"的状况；③既有"明目张胆"的危言正论，也有专意迎合的欺瞒诞谩；帝王与朝廷，既为信息焦虑，又惧怕面对"不乐闻"的现实……凡此种种，构成了一幅幅盘根错节的万象图。

信息渠道本身无所谓"通""塞"，造成通塞的是其中发挥作用的"人事"。渠道不畅、信息不实，当然与国家的实际能力有关，既有技术层面的原因，例如交通条件差、讯息收集传递不便等；也有措置安排的原因，例如言者得知讯息的途径有限、处理人手数量资质不足等。更值得注意的是，在纵横交错的等级体制下，渠道层级的接卯处或曰权力枢纽处，都是信息的筛选流失处。

本文讨论的"言路"活动，涉及各层级官员对态势消息的解读、对政策方针的建议。其中传递的信息，通常经过筛选提炼加工，以供决策。构成这一路径的诸多环节上，少有原始消息，多是经由处理的信息；既有信息收集

---

① 孔飞立针对清代"叫魂"事件，对于清政府"内部通讯体系"进行了分析，见〔美〕孔飞立《叫魂：1768年中国妖术大恐慌》，陈廉、刘昶译，上海三联书店2012年版；社会学意义上的相关讨论，可参考周雪光《运动型治理机制：中国国家治理的制度逻辑再思考》，《开放时代》2012年第9期。
② 楼钥：《攻媿集》卷27《缴林大中辞免权吏部侍郎除直宝文阁与郡》，第382页。
③ 《宋史》卷311《吕公弼传》，第10213页。

迟滞片面、缺漏模糊带来的影响，又是特定制度环境下官员主观抉择造成的结果。言路的阻滞、信息的扭曲，往往并非出于忽视，反而出于官员对其重要性的体认；不仅来自权相佞臣，也来自顾及仕宦前途的各层级官员。庸散不职者、作伪蒙蔽者、奉承逢迎者，无不在信息申报选择上下功夫。判断抉择与官员追求相关，仕途生涯的选拔任免虽有规矩准绳，而长官举荐、君相赏识无疑起着关键作用；前程既然操控在上，规避个人风险自然要向上窥伺。

有关言路的规定，提供着施行的可能性，一定程度上制约着事态的走势；而施行的实态，则受到多种因素的影响。设计者通常希望制度便于把控，而任何制度一经推出，其弹性空间，其内在罅隙，都会在施行过程中逐次显现，其溢出效应与潜在风险可能是制度推出者始料不及的。史籍记载所呈现的，往往是被当作"国家之典法"被记录的应然状态，希望以此"垂劝戒、示后世"，[①]我们不能仅依据条目规定及二三范例，就认为制度实施有效；同时，也不能因为制度的扭曲，就以"具文"一语草率交代。制度实施的"万象图"，应该说与环绕制度的政治文化氛围直接相关。

环绕制度的政治文化氛围，或可径称为"制度文化"。[②] 笔者所谓"制度文化"，不是单纯指特定时代创制的规范体系，而是指制度实施的环境，指多种因素互动积淀产生的综合状态。观察制度文化，不能忽视制度设计者、执行者、干预者、漠视者、抵制者的意识、态度、行为与周旋互动。朝廷意志并非唯一的决定因素，围绕言路有着不同的认知与多方实践。张力与转圜的结果，可能深化制度的影响力，可能消解制度的权威性和执行力，也可能导致制度的更新。从这一角度，或许能观察到影响制度走向的多种因素。一方面，特定制度的实施会影响到文化的趋向，制度上包容言者，台谏才会养

[①]《欧阳修全集》卷111《论史馆日历状》，第1687页。
[②] 参见柳立言对于"动态的法律文化"的界定与说明，见氏著《宋代的社会流动与法律文化：中产之家的法律？》，《唐研究》第11卷，北京大学出版社2005年版，第117—158页。本节讨论受其启发。

成"元气";另一方面,制度也为"制度文化"所包裹,例如对于进言利害的认知、进言者的声望、纳言者的公信力、以往进言的影响等因素,都左右着制度的预期和运行的结果。制度文化可以说是一种弥漫性的政治生态环境,浸润渗透于制度之中、影响着制度的生成及其活动方式。纵观历史上的各个时期,几乎没有任何制度按照其设计模式原样施行;调整修正甚至于变异走形,大致是其常态。或许可以说,制度面临的生态环境,决定着制度实施的基本前景。真正有意义的问题,不在于当时是否制订过相关的制度,而是被称作"制度"的那套规则和程序,在现实中如何实践并且发挥作用;当时的官僚体系如何执行(或曰对待)这套制度,当时的社会人群如何感知这套"制度"。

中国古代的制度文化显然是与官场文化交叉迭合的。"官场"是制度相关者集中活动的场合,是官僚文化存在的载体和基本空间。与官僚制度、官僚生存状态相关的惯例习俗、潜在规则,其特有的能量气息、风气的浸染与传播方式,都体现出官场作为"场"的辐射及感应特征。

信息制度的建设,无疑是政治权衡的结果;利害取舍、轻重缓急,取决于判断与抉择。制度注重程序,而许多背离流程的逆向措置,可能被包装在顺势的外表中。即便被认为成功的制度,其路径中亦可能有诸多变形,可能看上去端点与初衷形似,也可能勉强达致表面目标而伤及深层。有些看似被制度"防范"的做法,事实上可能是体制习用而不可或缺的运行方式。对于某些制度的"空转",观察者批评其"空",体制内注重其"转";今天的研究者批评其渠道不畅,当年的操控者在意这系统格套俱在,可供驱使。

官方"言路"的节点留有层级式的阀门,掌握开关者,既有不肯尽职甚至刻意壅蔽者,也有忠于体制小心行事者。即便是后者,对于节门启闭的方式程度无疑也需要斟酌,除去触逆鳞带来的风险之外,上下之间失察不报是风险,打破安宁平衡同样是风险。其间深层的考虑往往在于预期的"政治秩序"(尽管实际上可能带来民情不安甚至社会动荡);而这些判断与抉择,正与抉择者身处的制度文化环境相关。

进言事,从来被认为是"朝政之大者"。①宋廷有关言路建设的意向不乏清晰表述,但作为加强专制皇权的手段,这"建设"的指向性十分明显。言路承载着言论开放与意见进呈的特定方式,是士大夫政治参与的重要途径;但根本上讲,其运行从属于政权的需求。研究者会注意到,宋代官员的进言活动及其效应,有明显的运行曲线,其波峰高下与政治生态环境密切相关。②当轴者关切的,主要是控御的维系及朝政的安宁;作为言路及其延展,如给舍台谏之封驳进言,轮对、经筵等君臣对话机会,按察、体量等信息搜讨途径,节门启闭、开放程度,都被制约在这一限度之内。有制有度,这正是"制度"一语的另一方面意义所在。

(本文原载《中国社会科学》2019年第1期)

---

① 楼钥:《攻媿集》卷99《端明殿学士致仕赠资政殿学士黄公墓志铭》,第1390页;《宋史》卷393《黄裳传》第12005页作"朝廷之大者"。
② 参见虞云国《宋代政治生态视野下台谏监察信息渠道的通塞》,北京大学人文社会科学研究院"菊生学术论坛:7至16世纪信息沟通与国家秩序"主题报告,北京,2017年11月4日。

唐宋变革与宋代财政国家

刘光临（香港岭南大学）

关棨匀（北京师范大学珠海校区人文与社会科学高等研究院）

  唐宋变革时代的中国文明发生了许多影响深远的变化，就社会经济史研究角度而言，这包括了社会生活的商业化和城镇化、财政体系的货币化以及军事动员的市场化。[①]宋朝国家财政制度以间接税为主要收入来源，摆脱了对土地税的依赖。安史之乱以后战争市场化与经济货币化两种趋势的高度结合，是这种新型的财政体制来源。其在当时出现及以后飞跃式发展，无疑印证了宋朝在近代欧洲之前就走上了熊彼特（Joseph A. Schumpeter）所说的税收（财政）国家道路。

  所谓财政国家，就是指一种国家体制能够从市场源源不绝地大量汲取财政资源。熊彼特把 14 至 16 世纪的西欧近代历史视为由领地国家向税收国家的转化过程，指出封建君主在面临财政危机时广开财源，无所不用其极，税收国家应运而生。熊彼特学说的精髓在于明确指出国家能力和市场经济之间的动态关系。[②]近年来学界对熊彼特学说的线性发展阶段假设提出修正，认为近世西方

[①] 关于唐中叶以后中国经济和社会的转变，参见 Robert M. Hartwell, "Demographic, Political, and Social Transformation of China, 750–1550", *Harvard Journal of Asiatic Studies,* Vol. 42, No.2 (1982), pp.365–394。

[②] Joseph A. Schumpeter, "The Crisis of the Tax State", *International Economic Papers,* No.4(1954), pp.99–140; R.A. Musgrave, "Schumpeter's Crisis of the Tax State: An Essay in Fiscal Sociology", *Journal of Evolutionary Economics,* Vol.2, No.2(1992), pp.89–113. 宫崎市定稍后提出的宋代近世财政国家说似乎呼应了熊彼特的学说，详见宫崎市定，『中国史』『宫崎市定全集』第 1 卷，岩波书店，1992 年，60–70 页。

诸国在国家形成的道路上存在多种不同路径，强调在 1815 年英国达到财政国家的阶段以前，一些欧洲国家也曾成为税收国家。① 不过，新说也未能关照西欧以外国家的历史经验。毫无疑问，宋朝以高度货币化的赋税结构为国家权力基础，符合税收国家的定义。要发展成为财政国家，必定以可持续性增长为前提，并且符合以下五项条件：（1）国家财政收入必须高度货币化；（2）间接税（包括消费税、过税、坑冶矿课）在税收结构中占主要份额；（3）具流通性的债务票据在公共财政中扮演重要角色；（4）财政管理体制高度集权化和专业化；（5）政府公共开支足以支持国家政策对市场（如通货膨胀、投资和实质工资）发挥直接显著的作用。②

宋代税收国家的兴起（包括财政收支结构以及国家体制的变化），与市场扩张息息相关。以上提及的首三项条件，包括赋税货币化程度、对以城市为基础的消费税的依赖，以及可流通债务票据的增长，都凸显出宋朝政府高度介入民间私人经济。第四项条件，即财政机构的集权化和专业化，体现出国家组织在征收、转移和分配税收资源的效能和技术。本文通过阐释第二、三、四项条件，揭示宋朝国家如何对一个正在蓬勃发展的市场经济有效地征税。

一

对工业化时代以前国家财政模式与经济制度之间关系的学术关注，可以追溯至熊彼特于 20 世纪 30 年代写作的名篇《税收国家的危机》。此文详细阐述了领地国家至税收国家之间的过渡，是封建制度演变至资本主义制度的核心

---

① Richard Bonney and W.M. Ormrod, "Introduction", in W.M. Ormrod, Mark Bonney and Richard Bonney eds., *Crises, Revolutions and Self-sustained Growth: Essays in European Fiscal History, 1130–1830*, Stamford: Paul Watkins Publishing, 1999, p.11.
② Richard Bonney and W.M. Ormrod, "Introduction", in W.M. Ormrod, Mark Bonney and Richard Bonney eds., *Crises, Revolutions and Self-sustained Growth: Essays in European Fiscal History, 1130–1830*, pp.18–20.

部分。^①在熊彼特看来，国家陷入财政窘境的主因，在于佣兵兴起导致不断腾升的战争花费，而近代西欧国家诞生的直接原因就是要应付庞大数目的财政需求。蒂利进一步将欧洲霸权的崛起解释为"战争创造了国家，国家也创造了战争"，以描述 1500—1980 年期间组织化和货币化的军事动员和军事冲突如何催生了近代西方国家；^②西方学者没有注意到类似的故事早在中国发生：军费开支飞涨所引发的财政危机，也是推动宋朝国家公共财政体制变革的最大动力。^③

在安史之乱爆发以前，唐朝军事体制以大规模劳役军事动员和实物经济为核心，据《太白阴经》记，一个普通唐兵的行军待遇标准，包括"一年一人支绢布一十二匹"及每人每日"支米二升"。^④自 7 世纪以来，唐代创造了一个横跨东北亚至西域的庞大军事帝国，而参与帝国扩张的主体是府兵与内附边地城傍的周边游牧部落兵。^⑤军事费用作为国家财政的最主要支出，绝大部分支付形式是布帛。以天宝元年（742 年）为例，唐朝 49 万边兵军费开支涉及 1 000

---

① Joseph A. Schumpeter, "The Crisis of the Tax State", *International Economic Papers,* No.4 (1954), pp.90–116; Karl-Heinz Schmidt, "Schumpeter and the Crisis of the Tax State", in Jürgen Backhaus ed., *Joseph Alois Schumpeter: Entrepreneurship, Style and Vision,* New York: Kluwer Academic Publishers, 2003, pp.342–344; E. Ladewig Petersen, "From Domain State to Tax State: Synthesis and Interpretation", *Scandinavian Economic History Review,* Vol. 23, No. 2 (1975), pp.116–148.

② Charles Tilly, *Coercion, Capital, and European States, AD 990–1992,* Wiley-Blackwell, 1993, chapter 3, pp.67–95.

③ 宫崎市定第一个使用"财政国家"一词来描绘宋朝的财政制度，并且把安史之乱以后国家财政的货币化的原因归结于战争的市场化。不过，他却没有对"财政国家"给出明确的定义或具体的解释，见宫崎市定，『中国史』『宫崎市定全集』第 1 卷，68–70 页。

④ 李筌：《太白阴经》卷 5《人粮马料篇》及《军资篇》，中国兵书集成编委会编：《中国兵书集成》第 2 册，解放军出版社、辽沈书社 1988 年版，第 558—561 页。

⑤ 李锦绣：《"城傍"与大唐帝国》，李锦绣：《唐代制度史略论稿》，中国政法大学出版社 1998 年版，第 256—294 页。

余万匹段衣赐和190万石军食，①其中钱币在军费支出中几乎不见踪影，可见唐前期军事开销呈现出去货币化模式。正如表1所见，唐代租庸调制度以实物租税和力役为主要特点。唐前期的动员体制以劳役为特色，适应了当时以精骑进行速战速决的战略。例如景龙四年（710年）苏颋《命吕休璟等北伐制》提及为应对突厥，征发北庭、朔方兵募、健儿和城傍兵等合计逾50万兵力组成行军的情况，其中绝大部分都是当地以骑兵为核心的内附蕃部城傍兵。②由于城傍兵不占正规兵额、征行时自备鞍马以及不用唐朝供给行赐，③兵募和府兵也非职业常备军，只是在临时征行时才编入行军，④故唐朝的军费开支自然得以压缩。

战争动员的市场化刺激了国家财政收入的货币化。从天宝十四载（755年）安史之乱爆发至建隆元年（960年）北宋立国期间，随着唐王朝的衰落，取而代之的是长达二百多年的藩镇军阀内战，期间催生了以金钱维系的军事动员体制。毫无疑问，新型军事动员体制的崭露头角，与安史之乱所引发的财政危机可谓息息相关。从天宝十四载（755年）至广德元年（763年）间，安史叛军与唐军之间的城市攻防战次数不下于55次，当中不乏睢阳之战、太原保卫战等旷日持久、讲求组织和攻守器具技术的战役，与骑战技艺无甚关系。⑤攻守双方在争逐过程中不惜延揽技术人才、以物质条件招募大量步兵，因而产生对金钱和技术的庞大需求，推动了动员体制的职业化。至大历年间，藩镇军队兵

---

① 胡宝华：《唐代天宝年间军费开支蠡测》，中华书局编辑部编：《文史》第33辑，中华书局1990年版，第163—170页。按：胡氏以为从唐高宗开始，伴随着府兵制的崩溃，"募兵逐渐取代了府兵"，成为镇守边疆的边兵主力，但玄宗天宝一朝军费开支"比较以前均有一定程度的减少"，且仍旧以布帛和粮食为主。胡宝华：《唐代天宝年间军费开支蠡测》，第164、167—168页。
② 宋敏求编：《唐大诏令集》卷130，中华书局2008年版，第706页。
③ 李锦绣：《"城傍"与大唐帝国》，李锦绣：《唐代制度史略论稿》，第277—282页。
④ 孙继民：《唐代行军制度研究》，文津出版社1995年版，第83—111页。
⑤ 关棨匀：《中晚唐五代十国时期城市攻防战研究（755—979）》，博士学位论文，北京大学，2018年，第18—26页。

员已经变成享有春冬衣每季各3匹、每年支身粮7石2斗等基本待遇，出界作战时获度支供给出界粮的职业雇佣兵。①军队的职业化无疑代表着国家财政承受着沉重的负担。比如长庆元年（821年）唐朝发诸道方镇兵马对付成德，企图同时发兵解围深州城和围攻下博城，双方继而陷入僵持局面。当时白居易在《论行营状》中就揭示参战的魏博军队一个月的开支接近28万贯，并且忧虑"茶盐估价，有司并已增加，水陆关津，四方多请率税。不许，即用度交阙；尽许，则人心无憀"。②唐后期募兵制度的兴起与养兵费用上涨之间的关系可谓不言而喻。

五代和宋代时期的动员体制继续在职业化道路上迈进。随着唐末五代时期再度陷入长期战争，当时主要割据军阀对职业雇佣兵越加依赖，③也因此承受着沉重的财政压力。比如作为当时华北平原最为瞩目的汴晋战争，在30年间涉及不少于46次城市攻防战，当中包括战争双方反复对潞州、德胜等城市逐城据守，④其中晋军甚至在战争末期陷入对魏博五州"竭民而敛，不支数月"的窘境。⑤而取代五代后周政权的宋代，也承继了唐末五代遗留的募兵制度。北宋禁军享有月俸钱、月粮、春冬衣等基本待遇。⑥在11世纪中期，北宋全国禁厢军数量高达120万，当时一个开封禁军步卒的标准待遇为每年约50贯，则养兵费用占当时国家财政岁入的70%至80%。⑦唐宋时期军事制度职业募佣

---

① 张国刚：《唐代健儿制度考》《唐代藩镇行营制度》，张国刚：《唐代政治制度研究论集》，文津出版社1994年版，第68—73、186—191页。
② 《白居易集》卷60《奏状三》，中华书局1979年版，第1270—1273页。
③ 杜文玉：《五代十国制度研究》，人民出版社2006年版，第424—428页。
④ 关荣匀：《晚唐五代时期城防战探索——兼论五代后唐灭梁战争的致胜因素》，《中华文史论丛》2017年第1期；关荣匀：《中晚唐五代十国时期城市攻防战研究（755—979）》，博士学位论文，北京大学，2018年，第156—163、196—204页。
⑤ 《新五代史》卷24《郭崇韬传》，中华书局2015年版，第281页。
⑥ 王曾瑜：《宋朝兵制初探》，中华书局1983年版，第216—219页。
⑦ 邓广铭：《北宋的募兵制度及其与当时积弱积贫和农业生产的关系》，《邓广铭全集》第7卷，河北教育出版社2005年版，第317—325页。

中国制度史

兵化过程，无疑为当时的财政制度带来前所未有的压力。

随着唐宋变革时期国家财政支出的货币化，赋税结构也加快了往间接税方向迈进的步伐。尽管在这个历史过程中战争频生，长途贸易的发展却依然取得瞩目的发展，[①]使国家课税基础不再限于田赋。国家因军用迫蹙而对盐、酒、茶等大宗消费品征收消费税，最终成为增加国家财政收入的最有效手段。从表1所见，天宝年间和熙宁十年（1077年）之间税收的深刻变化，正好反映唐宋税收结构的巨大差异。

表1　唐宋税收与货币情况比较

	户数（万户）	平均亩数[1]（亿亩）	岁入粟[2]（万石）	岁入布绢绵（万匹）	税钱（万贯）	间接税（万贯）	估算总计（万贯）
天宝年间	890	6.44	2 500（800）[3]	2 700（1 350）	200	0	2 350
熙宁十年	1 424.5	4.62—6.66	1 788.7（1 252.1）[3]	267（133.6）	564.6	4 248.4	6 198.7[4]

资料来源：D. C. Twitchett, *Financial Administration under the T'ang Dynasty*, Cambridge: Cambridge University Press, 1970, pp.153-156；包伟民：《宋代地方财政史研究》，上海古籍出版社2001年版，第318页；Chao Kang, *Man and Land in Chinese History: An Economic Analysis*, Stanford: Stanford University Press, 1986, p.89；吴松弟：《中国人口史》第3卷《辽宋金元时期》，复旦大学出版社2000年版，第347页。

说明：括号内为实物收入折算后的价值。

注：1. 唐代依赖对人户的控制以获得物质资源和劳役服务，因此缺少耕地面积数据的相关记录。据杜佑《通典》卷2《食货二·田制下》（中华书局1988年版，第32页）估算，天宝计账户数约890余万，以平均每户所垦田数不超过70亩估算（D. C. Twitchett, *Financial Administration under the T'ang*

[①] Denis Twitchett, "The T'ang Market System", *Asia Major: A British Journal of Eastern Studies*, n.s., Vol.12, No.2(1966), pp.230-243; Denis Twitchett, "Merchants, Trade and Government in Late T'ang", *Asia Major: A British Journal of Eastern Studies*, n.s., Vol.14, No.1(1968), pp.74-95；李伯重：《唐代江南农业的发展》，中国农业出版社1990年版，第217—221页。

Dynasty, p.153），天宝垦田数合计约 6.2 亿余亩。不过，以上根据杜佑粗略估算的数据和唐亩实际面积似乎尚存疑问。为方便比较，本文根据赵冈的假设，即以上述每户垦田 70 亩是以汉亩计算，即相等于 100 唐亩或 81 市亩，这也许会对于 8 世纪中国耕地总亩数过于高估。宋代的数据乃根据熙宁五年土地清丈所得，即约 4.62 亿亩。赵冈把宋代总亩数调整为 6.66 亿亩（详见 Chao Kang, *Man and Land in Chinese History: An Economic Analysis*, pp.79-80, 87）。

2. 天宝年间全国每年岁入粟 2 500 余万石，布绢绵 2 700 余万端屯匹。另外，以当时每户征税钱 250 文计，则全国岁入钱 200 余万贯。

3. 天宝年间税物价值折算率如下：绢平均匹估 500 文（0.5 贯），粟斗估 32 文（0.032 贯）。至于熙宁年间税物换算值，绢匹估 500 文（0.5 贯），米斗估 70 文（0.07 贯）。详见〔日〕池田温《中国古代物价初探——关于天宝二年交河郡市估案断片》，韩昇译，池田温《唐研究论文选集》，中国社会科学出版社 1999 年版，第 122—189 页；李锦绣《唐代财政史稿》（上），北京大学出版社 1995 年版，第 796—797 页；包伟民《宋代地方财政史研究》，第 318 页。

4. 估算只包括熙宁十年夏秋二税主要税物收入。以税草为例，熙宁十年岁入约 1 765 万束，折算约 35.3 万贯，约占当时斛斗收入的 3%，对表中所示岁入税务总额而言微不足道。因此此处所载熙宁十年总岁入略低于表 2 所示 6269.7 万余贯。

从表 1 所见，宋代熙宁时期税收货币化程度远超唐天宝年间。在安史之乱以前，租庸调收入中的纺织品收入占国家财政岁入份额最大，达 2 700 万匹（折算约 1 350 余万贯）。当时绢帛被广泛用于纳税和其他公共开支，可被视为具有货币地位的流通手段。户税是唐前期唯一的货币税收来源，以每户 250 文计，天宝年间全国户税岁入 200 余万贯，① 大概只是绢布收入的 15%。相较之下，熙宁十年货币收入达 4 800 万贯，接近当时实物税物价值的 4 倍。

表 1 亦反映出唐宋时期国家财政体制由人头税和以劳役为主的实物税收结构转向以间接税为基础的趋势。北宋政府所征收的间接税项目，大部分源自安史之乱以后随着战争动员体制的市场化、唐朝中央和地方政府因军用迫蹙而临时创

---

① 《通典》卷 6《食货六·赋税下》，第 110—111 页。

制之举。唐朝政府为增加岁入而推行榷盐，在大运河沿途及江淮主要城市设置巡院，并以专业税务官吏管理。宋代间接税制度尤为发达，在熙宁十年（1077年）所征收的4 800万贯货币收入中，九成来自于间接税收入，远超土地税所得税钱。

间接税成为财政体制中的主要收入，无疑标志着宋代是一个成熟的税收国家。所谓税收国家，就是指国家能通过在农业部门以外扩充税基，随着货币经济的增长而相应增加税收。宋朝的货币化收入一直在稳定增长：北宋太宗至道三年（997年），宋代间接税收入有1 167.7万贯钱，约占岁入约32.7%；至真宗天禧五年（1021年）增至2 670余万贯，约占岁入一半；熙宁十年则达4 248余万贯，约占全部岁入三分之二。[①] 消费税是唐安史之乱以后至北宋三百年间增长最为显著的间接税，它发端于盐榷制度的确立，本是唐朝为应付安史叛军而筹措军费的一时之举。早在唐肃宗时期，在河北抗击安史大军的平原太守颜真卿，为筹措军费，就"收景城盐，使诸郡相输，用度遂不乏"。[②] 后来第五琦任盐铁使，继承其法，在全国建立亭户和监院制度，实行官收官运官销的盐专卖制度；唐代宗时期，主持东南财政的刘晏，实施商运商销就场专卖制，创置十三巡院制度，以专业化机构和官吏管理盐销售、转运和缉私等业务，故大历末年东南盐利一度达600余万贯。[③] 与此同时，唐朝也开展茶和酒的专卖。其中在德宗贞元时期，就开始在茶产地和贩茶必经之路置税场对茶课征从价税。[④] 而唐后期的榷酒则包括官榷、酒户特许经营、榷曲等专卖方式。[⑤] 至大中年间（847—859年）包括盐利、茶钱、酒钱等间接税收益，占国家1 540万贯岁入当中的四成半，[⑥] 其中盐利占当时间接税收入比例最高，其次

[①] 包伟民：《宋代地方财政史研究》，第316—319页。
[②] 《新唐书》卷153《颜真卿传》，中华书局1975年版，第4856页。
[③] 吴丽娱：《隋唐五代的盐业》，郭正忠主编：《中国盐业史（古代篇）》，第131—139页。
[④] 孙洪升：《唐宋茶业经济》，社会科学文献出版社2001年版，第268—276页。
[⑤] 丸亀金作，「唐代の酒の専売」『東洋学報』第40卷第3号，1957年，66-112頁。
[⑥] 李锦绣：《唐代财政史稿》（下），北京大学出版社2001年版，第1299页。

才是来自于茶、酒专卖。①紧随其后的是唐代农业税的改革。建中元年（780年）唐德宗正式推行按人户资产为征税基础、以征收铜钱为特色的两税法，以取代原有的租庸调制。随着人口增长和城市化的稳步发展，宋代国家的专卖收入也水涨船高：徽宗大观三年（1109年），宋代东南七路茶息钱岁入达到125万余贯，而茶引钱也将近60万贯；元丰（1078—1085年）以后，川蜀茶息钱岁入接近100万贯铁钱。②11世纪下半叶，北宋全国茶叶年产量就介乎9 000万至1亿斤，其中约3 700万斤流入南北长途贸易。③宋朝政府榷盐收入增长亦相当可观，由太宗至道三年（997年）的300余万贯增至熙宁十年1 200余万贯。④至于酒课收入，单是熙宁十年的岁入就有786万余贯。⑤因此唐中叶至北宋三百年间国家的间接税收入增长显著，由8世纪中晚期的五六百万贯激增至11世纪晚期的2 200余万贯。

表2　熙宁十年赋税收入

税种	岁入（万贯）	百分比（%）
两税（税钱）	558.6	8.9
两税（实物）	1 462.7	23.3

---

① 大中年间每年盐利收入400余万贯；相较之下，唐朝在大和八年（834年）的全年榷酒总收入才156万贯，只是当时盐利的六分之一，其中成本占三分之一，而自贞元九年（793年）起，每年茶税收入约40万贯，仅为当时盐利的12%。详见D. C. Twitchett, *Financial Administration under the T'ang Dynasty*, pp.58-65。
② 汪圣铎：《两宋财政史》，中华书局1995年版，第709—717页。
③ 贾大泉、陈一石：《四川茶业史》，巴蜀书社1989年版，第38—84页；刘春燕：《对北宋东南茶叶产量的重新推测》，《中国社会经济史研究》2000年第3期。
④ 郭正忠：《宋辽夏金时期的盐业》，郭正忠主编：《中国盐业史（古代编）》，人民出版社1997年版，第284—285页。榷盐收入的名义增长超越盐产量增长，但在加入通货膨胀的因素后，两者实质增长一致。
⑤ 李华瑞：《宋代酒的生产和征榷》，河北大学出版社1995年版，第352—353页；包伟民：《宋代地方财政史研究》，第318页。

续表

税种	岁入（万贯）	百分比（%）
盐、茶、酒税	2 192.4	35.0
商税	868.8	13.9
市易	133.2	2.1
坊场钱	602.7	9.6
市舶	54	0.9
金、银、铜税	397.3	6.3
总计	6 269.7	100

资料来源：据包伟民《宋代地方财政史研究》第318页相关内容整理。

从表2所见，熙宁十年赋税收入里，两税收入仅占国家赋税收入三分之一。除了两税以外，大部分赋税收入税额都是以货币交纳。即使就两税而言，当中也有三分之一至一半的税额以货币交纳，这意味着北宋财政结构在熙宁十年时已经高度货币化。与此同时，间接税占国家赋税收入达三分之二，其中消费税收入更占国家赋税收入逾三成，是间接税的主要内容。总括而言，11世纪的宋朝中央所掌握的财政收入已经高度且大部分来自于间接税，基本符合西方学界所定义的税收国家。[①]

城市是征收间接税的基础。以消费税为例，其主要征收对象是城市消费和长途贸易，主要收入来源是盐、茶、酒征榷。茶、盐产地远离其消费地，故茶、盐税的征收依托于贸易路线。反之，酒的酿造和消费以本地为主，故酒课以城市居民为负担主体，农村户则被允许私酿。宋代酒榷的情况正好说明城镇

[①] 理查德·鲍尼和马克·奥尔默德提出历史上的欧洲国家可以分为贡赋国家、领地国家、税收国家及财政国家等四类国家财政体制。Richard Bonney, "Introduction", in Richard Bonney ed., *The Rise of the Fiscal State in Europe, c.1200–1815*, Oxford: Oxford University Press, 1999, p.13.

消费是消费税征收的基础。酒务和榷酒收入分布揭示了城市化与消费税的征敛息息相关。熙宁十年以前，北宋全国官酒务有1 861处，其中大部分集中在城市，只有少数位处镇市。李华瑞从《咸淳临安志》《嘉定赤城志》《宝庆四明志》等南宋方志中辑录出两浙路47处府县酒务，其中只有4处不在城内，而且也仅离府、县城不到十里之距。① 从地理分布来看，在当时经济最为发达的两浙路，酒务显然是以城市为导向。熙宁十年，两浙路户数逾178万，大部分居于农村地区，并非酒课的主要征收对象，而酒务有116处，其中69处都集中在府州县城内。②

酒务的地理分布凸显了大城市对宋代征榷收入的重要性。南宋方志就提供了相关的官酒利数据。以明州庆元府（今宁波）为例，据《宝庆四明志》记载，庆元府界内实行两种榷酒方式：官酒务主要负责在府城、县城内酒的产销，至于市镇和府内属县农村地区则实行买扑制度，让商人承包坊场经营。庆元府府城及其下诸县贡献了全府酒利约78%的净息钱，而诸县123处买扑坊场酒息钱才占总额不到四分之一。③

宋代财政体制之所以仰赖城市，在于城市化发展有助于消费集中，长途贸易的发展也因此获益。由于消费在城市集中，宋朝政府得以在非农业部门以外展开征税。熙宁十年商税征课的情况，刚好揭示了间接税额与城市规模的关联。宋代商税制度由税率2%的过税（流转税）和税率3%的住税（销售税）组成。商税课额的盈缩，当反映长途贸易和城市消费的兴衰。熙宁十年商税数据揭示了北宋市场经济的两大特色：一是发达的全国性水运网络；二是以城市为中心的市场体系。

表3揭示了大城市在商税中的地位。大部分市镇的商税税额一般在1 000贯以下，大约五分之四县城的商税税额在5 000贯以下。④ 相较之下，商税额

---

① 李华瑞：《宋代酒的生产和征榷》，第142—146页。
② 李华瑞：《宋代酒的生产和征榷》，第161—162页。
③ 李华瑞：《宋代酒的生产和征榷》，第205页。
④ 《文献通考》卷14《征榷考一》，中华书局2011年版，第403—406页。

达到1万贯以上的城市有127座，绝大部分属于府州军监这类大城市，而其商税额合计高达324万贯，约占该年商税总额的42.2%。大部分州军监类城市构成中等城市的主干，其所贡献税额远超于县城。全国1 132座县城，当中只有44座的商税额在1万贯以上。[①] 由此可见，接近一半的府州军监类城市属于当时全国城市消费和长途贸易的集中地。如果从宋代城镇体系和商税的关系而言，这意味着上述127座的城市合计的商税额，几乎能抵得上其余1 933座城镇商税额的总和，可见大城市在商税征收体制的重要性远超其余城镇。

表3　熙宁十年城市商税等级和分布

城市等级		商税院务场数	商税税额（万贯）	百分比（%）
全国府州军监		2 060	768.6	100
全国五等大城市	一等（10万—40万以上）	1	40.2	5.2
	二等（5万—10万）	7	42.0	5.5
	三等（3万—5万）	20	72.8	9.5
	以上合计	28	155.1	20.2
	四等（2万—3万）	26	63.9	8.0
	五等（1万—2万）	73	104.9	14.0
	以上合计	99	168.9	22.0
	总计	127	324.0	42.2

资料来源：据郭正忠《两宋城乡商品货币经济考略》第233页相关数据整理。

为阐释城市化与商税税额的关系，刘光临曾把熙宁十年总商税额达1.9万贯以上的城市的具体名录、税额和区域分布加以比较研究，根据其计算，熙宁

[①] 关于这44座县城，参见郭正忠《两宋城乡商品货币经济考略》，经济管理出版社1997年版，第229页。元丰七年（1085年）北宋的府州军监城治数为297座，县城为1 132座。

十年商税税额在1.9万贯以上的城市合计71座，总计贡献商税260万贯，占商税总额的三分之一，其中61座为府城（府州军监级的治所），只有10座城市为县城或镇市。① 这61座城市人口介乎2万至10万之间，可被视为大城市。开封人口逾100万，其贡献商税就占全国5%，其余商税税额达5万贯以上的大城市有秦、楚、庐、真、苏、杭等六州。长江下游地区中有21座城市的商税税额在1.9万贯以上，可见其城市化程度最高，也是宋代工商业发展最为核心的区域。②

目前学界关于中国城市史的研究都表明，8世纪中叶安史之乱以后中国城市的变革，与南北之间长途贸易以及基层市场的兴起如影随形。③ 作为北宋首都的开封，是中国历史上第一个由于其水运和贸易枢纽地位而被选为全国政治中心的都城。④ 同样地，杭州在成为南宋首都以前，即为重要的商业城市。杭州府户数从唐玄宗开元十七年（726年）的8万户增长至宋理宗宝庆元年

---

① William Guanglin Liu, "The making of a fiscal state in Song China", *Economic History Review*, Vol. 68, Issue 1 (Feb., 2015), pp.77-78. 这10座城镇分别为涛洛场、赵岩口、高苑、傅家岸、盐山（以上均在山东）、涟水、高邮（今日江苏）、湖口（江西）、蕲口（湖北）及固镇（甘肃）。

② 关于11世纪宋代中国的城市化，参见斯波义信，「宋代の都市化を考えに」『東方学』第102卷，2001年，1-19頁。

③ Denis Twitchett, "The T'ang Market System", *Asia Major: A British Journal of Eastern Studies*, n.s., Vol.12, No.2(1966), pp.230-243; Denis Twitchett, "Merchants, Trade and Government in Late T'ang", *Asia Major: A British Journal of Eastern Studies*, n.s., Vol.14, No.1(1968), pp.74-95; Mark Elvin, *The Pattern of the Chinese Past: A Social and Economic Interpretation*, Stanford, California: Stanford University Press, 1973, pp.164-178.

④ 全汉昇：《北宋汴梁的输出入贸易》，全汉昇：《中国经济史论丛》第1册，新亚研究所1972年版，第87—199页；青山定雄，『唐宋時代の交通と地誌地図の研究』，吉川弘文館，1969年；E. A. Kracke Jr., "Sung K'ai-feng: Pragmatic Metropolis and Formalistic Capital," in John Winthrop Haeger ed., *Crisis and Prosperity in Sung China*, Tucson: University of Arizona Press, 1975, pp.49-77；周宝珠：《宋代东京研究》，河南大学出版社1992年版，第18—25页。

中国制度史

（1225年）的39万户，五百年间足足增加了近4倍。① 开封与杭州的崛起显示了唐宋变革之际城市化的持续发展。史念海指出，在北宋以前，中唐至五代十国时期21座城市在贸易发展中扮演重要角色，② 这21座城，基本都见于前面所比较的城市群中，只有5座的商税税额少于1.9万贯。这种高度重合性，清楚显示出唐宋城市化的发展为宋代国家商税体制奠定了基础。

回到上文提及的问题，即宋代这种新型的货币化财政体系是否有可持续性？其关键在于，一个以间接税为基础的财政系统和当时货币经济之间是否存在密切关系，尤其是其与城市经济的发展是否互相支持。从城市化的长期趋势和涉及盐、茶、酒等专卖品的贸易活动来看，答案显然是肯定的。唐宋变革期城市化的急速推进以及唐代坊市制度的瓦解，促进城乡之间的商品交换，城乡关系因而改变。12、13世纪的宋金战争与宋蒙战争，蹂躏了华北和华中地区的城市与水道交通。与此同时，淮河以南地区的城市化却继续发展。中央政府在长江下游地区广设场、监、务等各式征榷税务机构，构成了宋廷间接税中最大部分的收入来源。有谓宋代征税过重导致城市化进程倒退，③ 但上述的论证显然并不支持这种看法，否则长江下游地区理应被重税拖垮而率先衰落。然而，这些地区人口却持续增长，城镇长期繁荣景气。④ 宋代征税体制对城市消

---

① Robert, M. Hartwell, "Demographic, Political, and Social Transformations of China, 750–1550", *Harvard Journal of Asiatic Studies,* Vol.42, No.2 (1982), table 8, pp.392–393.

② 史念海：《隋唐时期运河和长江的水上交通及其沿岸的都会》，史念海：《唐代历史地理研究》，中国社会科学出版社1998年版，第313—328页。

③ Paul J. Smith, *Taxing Heaven's Storehouse: Horses, Bureaucrats, and the Destruction of the Sichuan Tea Industry 1074–1224,* Cambridge, Mass.: Harvard University, 1991, pp.306–308, 312.

④ 宋晞：《南宋地方志中有关两浙路商税史料之分析研究》，宋晞：《宋史研究论丛》第2辑，台北："中国文化学院"出版部1980年版，第78—81页；Jacques Gernet, *Daily Life in China, on the Eve of the Mongol Invasion, 1250–1276,* H. M. Wright trans., Stanford, Calif.: Stanford University Press, 1962, p.77；斯波義信，『宋代江南経済史の研究（訂正版）』，汲古書院，2001年，148—152、158頁。（转下页）

费和长途贸易的长期影响也显而易见。如上所述，宋代国内长途贸易的主要商品是茶、盐、纺织品等产品。如果间接税对这些商品的流转有所窒碍，在贸易量和生产量等具体指标中理应有直接体现，但现存史文所载数据却反映间接税的征收并未对当时的贸易活动造成打击。

宋朝榷卖体制将某些垄断性的商品和广泛的市场流通紧密结合起来，构建了一个官商合作的不完全竞争市场。在这个市场里面，官府通过拍卖特许经营权以及对特许商品的流通、销售环节征税而谋取大额税收，商人则通过将税额变为商品价格的一部分而把因榷卖所产生的垄断成本完全转嫁到普通消费者头上，同时还获得政府在运输和经营方面提供的便利，也所获不菲。这种建立在垄断性经营之上的官商合作也必然广启官商勾结的腐败之门，严重损害了消费者利益。但是宋代贸易数据说明专卖商品的产量一直居高不下，即使明清时期也瞠乎其后。榷茶是宋代财政的主要收入来源。治平三年（1066年），宋朝政府征得的茶商税钱逾80万贯。①如前所述，当时全国茶叶年产量就介乎9 000万至1亿斤，当中约3 700万斤流入长途贸易。宋代榷茶产量显然要等到19世纪才被超越。②宋代盐榷税钱和盐业年产量的数据就更为明晰：盐钱岁入由至道三年300余万贯剧增至熙宁十年的1 200余万贯以及淳熙二年（1175年）的3 000余万贯；全国盐年产量从宋初2.11亿余斤上涨至熙丰年间的3.64亿余斤和乾道年间的4亿余斤。③至于绢帛情况，可以通过估算绢帛和米价比价的长期变动推测。通过折算可知，10世纪晚期1匹绢帛折合约值3.3公斤米，

（接上页）最近，万志英关于地方市场网络和长江下游城镇的研究也有类似的观察，详见Richard von Glahn, "Towns and Temples: Urban Growth and Decline in the Yangzi Delta, 1100–1400", in Paul Jakov Smith and Richard von Glahn eds., *The Song-Yuan-Ming Transition in Chinese History*, Leiden, The Netherlands: Brill, 2003。

① 汪圣铎：《两宋财政史》，第709—717页。
② 贾大泉、陈一石：《四川茶业史》，第38—84页；刘春燕：《对北宋东南茶业产量的重新推测》，《中国社会经济史研究》2000年第3期。
③ 郭正忠：《宋代盐业经济史》，人民出版社1990年版，第647、674—679页。

迄至13世纪初却回落至0.91公斤米。[1] 上述的变化显示了商品生产和运输成本长期下降，是手工业部门蓬勃的一个重要的特征。尽管目前证据零碎，但也足以表明间接税并没有窒碍贸易的发展，而宋代消费经济的蓬勃扩张又掩盖或抵消了垄断经营的弊病。

二

宋代中国走上税收国家道路的背景在于当时战争动员方式改变而带来的全面持久的财政危机，而其成立的关键则在于采取以间接税为基础、并能够通过中央集权减低对市场征税成本的管治体制。我们在上节展示若干宏观数据来论证宋朝国家体制如何成功地对市场（尤其是城市消费）征税，本文对宋朝财政体制的考察也表明，税收国家的形成相当依赖于专业税收机构的发展。对于熟悉熊彼特关于近世欧洲税收国家形成的理论范式的人来说，将宋代财政国家的确立归因于全面危机这一时代背景也是容易理解的。辨明间接税的作用，是凭借熊彼特理论框架理解财政体制发展路径的"最不可或缺的因素"。[2] 再者，在熊彼特的论断中，由领地国家至税收国家之间的过渡，实质上就是从实物经济至货币经济之间的演化。不过从近代欧洲崛起的历史经验来看，具有复杂税收结构和先进信用工具的国家体制，理应更容易产生在威尼斯的城邦国家以及尼德兰那些城市居民占全国人口比例较高、便于参与国际贸易的小国。

但是，像宋朝中国这样一个幅员广阔的大陆国家，专业税收机构是如何

---

[1] 折算数据，主要根据彭信威提供的米价和绢价，详见彭信威《中国货币史》，上海人民出版社1965年版，第370—372页。

[2] Joseph A. Schumpeter, "The Crisis of the Tax State", *International Economic Papers*, No.4 (1954), p.21. 费维恺（A. Feuerwerker）试图通过比较近世中国与近世欧洲，以考察中国的财政能力，却在推算宋代国家收入时未能考虑间接税在当中的作用和规模，因此对宋朝收入为何高于其他历史时期而大惑不解。A. Feuerwerker, "The State and the Economy in Late Imperial China", *Theory and Society*, 13 (1984), pp.299–300。

有效地运作尚需要考察。尽管北美主流学界确认了传统中国的市场活力,却未有正确指出在中国历史上曾经存在一个这样的全国性间接税税收机制。施坚雅(G. William Skinner)通过跨朝代的比较,断言传统中国由于技术困难,无法发展出一套复杂的税收机制。他认为规模是当中的一大关键:尽管有市场动力与城市发展,但在一个疆域堪比整个欧洲的传统中国土地上,数量庞大的农民家庭和分散的农业生产,注定排除了熊彼特式发展道路的可能性,而国家财政能力的发展无论如何也追赶不上庞大人口增长和市场扩张的速度,因此从唐代以后迄至明清时期,中国国家能力走向衰落的趋势已成必然。如果此说成立,则宋代已经处于无法逆转的衰弱道路之上。[1] 施坚雅模型所描绘的静态模式是以明清时期为基础,忽略了在唐宋变革时期国家与社会之间的动态和复杂的关系,更想象不到宋朝政府在垄断、监管和整合财政资源方面充当着积极的角色。因此,本节从制度方面考察宋代税收体制与市场经济之间的关系,并且扼要地阐述宋代和其他朝代在国家财政体制方面的异同。

在主流政治经济学研究中,一般假设土地税是传统王朝的主要收入来源。由于土地税是以广大农村户为对象的征税目标,其征收必然存在各种不可逾越的困难。因此长远而言,以土地税为本的政权会碍于高昂的征税成本,难以持续增加财政收入。无可否认,施坚雅模型在这一点上自有其道理,而宋朝国家在以农业人口为对象的两税征收方面同样效率低下。为防止逃税,宋朝政府为每个地方的田赋收入从低订立定额,不过面对持续的人口流动、天灾、腐败等因素,这种较低定额仍难以维持。位处长江下游核心区域的苏州,其主户数由

---

[1] G. William Skinner, "Introduction", in G. William Skinner ed., *The City in Late Imperial China*, Stanford, Calif: Stanford University Press, 1977, p.20. 施坚雅模型把传统中国分为两个等级:(1)社会和经济;(2)官僚。社会与经济层面通过市场化由下至上构筑,而官僚层面则通过帝国权力由上往下施加。施坚雅模型完全颠倒了欧洲中心范式。前工业化时代的中国,被认为由于生产剩余和分工被落后的科技和交通手段等因素制约,导致只能支撑一个有限的管治工具。于是,中国国家体制能力被假设为一个固定变量。几乎统治阶级任何因应人口增长与市场化扩张而试图扩充官僚的举措,都可能会"超出陆上帝国能力的极限"。

太平兴国五年（980年）的35 195上涨至淳熙三年的20万余；与此同时，秋苗实征额却由10世纪晚期的70万石下降至绍兴十二年（1142年）的20万石。①绍兴十二年，两浙路转运副使李椿年提出全国推行经界法，并举苏州（当时已升为平江府）为例，把秋苗税额的下跌归咎于地主、胥吏和地方政府欺瞒漏税、官吏无能、户口流失和战争的影响。然而，苏州秋苗税额在重新丈量后才增加了10万石，仅仅恢复至元丰年间的水平。②斛斗和匹段是田赋中主要征收的形式，是国家岁入里难以货币化的部分。从宋初至庆元年间，田赋占全国财政收入比例以及实物税收占田赋岁入比例持续下降，总体财政收入货币化在12世纪末达到异常的高水平。

宋代国家是中国历史上唯一财政收入来源依赖于非农业部门税收的政权。在其他朝代，田赋都是国家最主要的财政收入来源。例如明初国家岁入在3 000万至4 000余万石之间浮动；嘉靖十年（1531年）则估计约2 200余万石；清代乾隆三十一年（1766年）则介乎1 800万至2 400万余石。③相较之下，11世纪宋代两税实物收入介乎1 200万至1 500万石之间。如果同时包括税钱和匹帛收入，两税收入也不过1 900万石。④熙宁十年，宋代全国人口逾8 000万，其中四分之三依靠农业部门生活。而全国主客户数由太平兴国五年的6 418 500剧增至元丰元年的16 402 631。⑤然而两税在中央财政结构中所

---

① 据《吴郡图经续记》，元丰年间苏州秋苗额约34.9万余石。朱长文纂修：《吴郡图经续记》卷上《户口》，《宋元方志丛刊》第1册，中华书局1990年版，第642页。
② 范成大纂修：《吴郡志》卷1《户口租税》，《宋元方志丛刊》第1册，中华书局1990年版，第700—701页；斯波義信，『宋代江南経済史の研究（訂正版）』，233页；包伟民：《宋代地方财政史研究》，第207页。
③ 军屯收入约900万石。另外，嘉靖十年田赋岁粮约27%折银，而乾隆三十一年税粮收入只占田赋总额的比重不足34%。详见唐文基《明代赋役制度史》，中国社会科学出版社1991年版，第54页；吴慧《明清（前期）财政结构性变化的计量分析》，《中国社会经济史研究》1990年第3期。
④ 包伟民：《宋代地方财政史研究》，第316—318页。熙宁十年田赋折钱和布帛收入约76 920贯，以宋代1石折700文钱算，则折合约109 886宋石米。
⑤ 吴松弟：《中国人口史》第3卷《辽宋金元时期》，第346—348页。

占比重由至道三年 67% 下降至熙宁十年约 32%（见表 2），13 世纪后期更下降至 15% 至 20% 之间。[1]

在论及传统中国国家体制如何征收田赋以后，我们转到分析宋代财经体系这个作为宋朝有效管治的制度基础。一个有效率、以服务中央政府为目的的税务体系，首先要包含专门化的征税组织，对控制机构人员成本、征税过程的审计，以及由征税至输纳中央等不同程序有着直接的控制。只有如此，中央政府才能够避免官僚体制特别是具体经手的基层官吏蚕食大部分税利，得以把资金投放在国防、经济发展、赈灾等方面。宋代中央集权财政体制之所以成功，在于推行了以下四项在其他历史时期并未成功的政策：（1）能够维持市场稳定的宏观货币政策；（2）具备一整套涉及财富如何在传统社会生产、流通和分配的财经概念；（3）发展出以文官精英管治为基础的庞大官僚体制；（4）拥有某种专业化程度的管理技术、知识与方法。

正如熊彼特所言，税收国家的兴起，实质上与经济制度由半实物经济至货币经济的过渡息息相关。充足的货币供应，是一个稳定市场与一个具有持续性的货币化公共财政体制的前提。唐宋变革时期，一个以间接税为财政体制基础的中央集权政府在其崛起的过程中，必然面临货币供应匮乏、不能满足社会经济商业化要求的难题。在汉唐时期，私铸、盗铸铜钱泛滥，特别是唐朝中后期规定赋税以铜钱形式支付情形下，盗铸、私铸必然会困扰赋税体制。宋朝政府大规模铸币以满足市场的交易需求，在太平兴国四年统一全国后，就在南方设立矿监大规模铸币，三十年内钱监岁铸总额增长高达 10 倍，达到 80 万贯，至北宋晚期年均铜钱铸额增长到每年 280 万贯，而其间神宗朝成为铸钱高峰，曾

---

[1] 漆侠：《宋代经济史》，上海人民出版社 1987 年版，第 346—348 页。关于南宋赋税结构，见郭正忠《南宋中央财政货币岁收考辨》，中国社会科学院历史研究所宋辽金元史研究室编《宋辽金史论丛》第一辑，中华书局 1985 年版，第 169—191 页。

达到年均450万贯。[1] 当时六大钱监都分布于南方地区，每监年均铸钱额或达20万贯，但各钱监铸额多有突破，又常添设新监。以仁宗皇祐元年（1049年）设立的韶州永通监为例，大观年间（1107—1110年）的铸钱量达到83万贯。[2]

北宋国家钱监铸钱量突飞猛进，实质上标志着国内市场的庞大需求。在11世纪铜钱流通量就已经翻倍，特别是在熙宁七年至元丰八年王安石变法时期，全国岁铸额维持在450万贯的历史新高。北宋一百五十年间，全国各地钱监累计铸钱额就高达2.62亿贯。此外，宋朝政府在四川和西北大量铸造仅限于当地流通的铁钱，加之前朝铜钱继续在市场流通，因此，在12世纪北宋末年，铜钱流通总量估计不少于3亿贯。[3] 充足的货币供应有助于商品在市场的流通，从而促进了间接税的征课。赋税铜钱收入由太平兴国末的1 600万贯剧增至熙丰年间的4 800万贯。而在熙丰时期，赋税收入主要来自于酒、盐专卖和商税等间接税（见表1及表2）。也就是说，宋朝有足够的能力获得不断增长的货币收入。

宋朝统治精英对传统社会市场经济结构有着深刻的了解，以贸易和城市作为征收货币税收的对象，而不是局限于田赋那些不容易货币化的税种。这并非宋朝士大夫自身发明，安史之乱以后的唐朝政府就已采取务实的策略，把税务基础扩充至传统社会中的市场。而随后的唐末五代时期，各地军阀和统治者为竞争和生存，招募和供养大规模的募兵，并实行盐、茶征榷以配合养兵之需。在征榷制度下，商人通过对政府支付榷税获得茶、盐的销售权。统治者从消费

---

[1] 现存文献披露出当时主要钱监的铸造量，足以对当时北宋的流通铜钱的总规模有一个估算基础，现代学者彭信威、日野开三郎均有估测。最新研究见高聪明《宋代货币与货币流通研究》，河北大学出版社2000年版，第103页。

[2] 汪圣铎：《两宋货币史》，社会科学文献出版社2003年版，第81—85页。

[3] 高聪明：《宋代货币与货币流通研究》，第103页；彭信威《中国货币史》第330页推算元祐元年以前宋朝铜钱流通量约2.5亿贯。宫泽知之推测从太平兴国七年（982年）至宣和七年（1125年）之间，铜钱和铁钱铸造总量约3亿贯，详见宫沢知之，『宋代中国の国家と経済——財政・市場・貨幣』，創文社，1998年，204页。

税和其他各种形式的间接税中得以筹措用于大规模养兵的经费。[1]在10世纪中期以后以开封为中心的财政军事政权的诞生,实际上就是以征收和调配财政资源的中央权力的形成,随之而来的是一个能管理专卖和商税的政府组织迅速扩张取代旧官僚体制,于是税务和税场等税务组织应运而生,在全国各地负责征收消费税和商税等间接税。

由于间接税以城市消费和长途贸易为征税对象,政府首先要建立能够覆盖全国各级城市和重要贸易路线的大量税场。间接税的征收取决于当地税务机关的效率以及是否因天灾导致运输延缓等因素。一般而言,对粮食、纺织品等普通商品的征课成本远高于茶、盐、酒等生产和消费更为集中的专卖品。因此,间接税的征收始于对茶、盐的专卖。例如宋太宗于淳化五年(994年)颁布诏书,明确要求全国各地税务场监公开"当算之物"清单和税率,诸如"布帛、什器、香药、宝货、羊豕、民间典卖庄田、店宅、马、牛、驴、骡、橐驼及商人贩茶",皆征税。显然,整个商税政策针对长途贸易和城市消费,而不以普通民众和小商贩的日常细碎交易为征课对象。[2]这套对流通商品的监管、保护和征课的商税制度,也被宋人视为赵宋"家法"。[3]

宋朝的商税制度(包括税率、章程等全部组织)在宋初就相当整齐,即

---

[1] 宫崎市定观察到宋代君主对于军事有着相当直接的控制,并且能够维持一支由中央直接供养和统辖的常备军。详见宫崎市定,『中国史』『宫崎市定全集』第1卷,61–63页。有关西方学界对唐宋变革时期国家角色的讨论,参见 Joshua A. Fogel, *Politics and Sinology: The Case of Naitō Konan (1866–1934)*, Cambridge, Mass.: Council on East Asian Studies, Harvard University, 1984, pp.179–182, 195–199, 201–210; Robert M. Hartwell, "Demographic, Political, and Social Transformation of China, 750–1550", *Harvard Journal of Asiatic Studies,* Vol. 42, No.2 (1982), pp.397–405; Richard von Glahn, "Imaging pre-modern China", in Paul Jakov Smith and Richard von Glahn eds., *The Song-Yuan-Ming Transition in Chinese History*, pp.59–67。

[2] 徐松等辑:《宋会要辑稿》食货17之13,上海古籍出版社2014年版,第6351页。

[3] 陈傅良指出宋朝中央政府对商税的征收有着严密的控制,包括制定详细列明商税则例,详见《文献通考》卷14《征榷考一》,第401页。

使是则例中的细微修订，也需要三司审批。① 传世文献中留下了熙宁十年全国2 060处商税税务、税场及其相应税额。② 这些大多设于城市的税务、税场构成一个可以对全国流通商品贸易网络进行监控的庞大商税征收体系。宋朝以后税务机构收缩，直接导致包括商税在内的间接税征收数额急剧下降。比如在万历十三年（1585年），明代全国各地负责征收商税的税课司、局共有125处，仅是熙宁十年所有税务、税场总数的6%。③ 迄晚清时期，税务机构的数量才追上北宋的规模。同治元年（1862年），全国18省征收厘金的局卡数逾2 500处，超过北宋熙宁十年的税务、税场数目，④ 这是由于应对太平天国运动和军事变革的需要，造成财政支出急剧上涨，清政府被迫开展对商业贸易的征税，从而导致税务机构数量的膨胀。⑤

作为一个幅员广阔的陆地国家，宋朝政府实施商税制度，就意味着需要发展出一套专业税收管理服务，包括大量招募税务人员、指定全国划一的税率、可执行的奖惩纪律、制订各地税务、税场的税额、设立对长途贩运货品的流转进行监督的公引制度等。这些需要周详规划和具体执行细节的措施，在有宋一代三百多年间得到付诸实行。宋朝的历史经验，验证了郝若贝（Robert Hartwell）论说所主张的只有专业化的财政管理才足以改变传统中国的官僚体制。易言之，政府只有在具备足够手段征税和以财政资源挹注公共项目时，才

---

① 《文献通考》卷14《征榷考一》，第401页。
② 郭正忠：《两宋城乡商品货币经济考略》，第233页。
③ 陈高华：《元代商税初探》，《中国社会科学院研究生院学报》1997年第1期；李龙潜：《明代税课司、局和商税的征收——明代商税研究之二》，《中国经济史研究》1997年第4期；Fan I-chun, "Long-distance trade and Market integration in the Ming-Ch'ing Period 1400–1850", PhD diss., Stanford University, 1992, pp.83–84。
④ 罗玉东：《中国厘金史》（上），商务印书馆1936年版，第81页。
⑤ 必须指出的是，晚清全国局卡厘务机构并非中央集权税收政策的产物，实多出于各省督抚督办，详见罗玉东《中国厘金史》（上），第72—91页；Susan Mann, *Local Merchants and the Chinese Bureaucracy, 1750–1950,* Stanford: Stanford University Press, 1987, pp.110–112。

称得上能以金钱实行统治。

三司由盐铁、户部、度支三部组成，是宋朝政府理财体制中居于主导地位的中央财政机构，其根据理财业务设有二十四案，分隶于三部，除了入品官以外，有吏千余人，人员规模庞大。[①]而作为三司长官的三司使，则每年向中央政府汇报政府财政收支情况，通过编制《会计录》安排财政预算。[②]三司也负有审计地方财政收支的职能，勾校地方所申钱粮账籍，以防止地方营私舞弊。宋神宗熙宁二年，苏辙就曾经批评三司机构过于庞大臃肿，云"举四海之大，而一毫之用必会于三司"，认为应该把三司部分职能转移至地方转运使，"而使三司岁揽其纲目，既使之得优游以治财货之源，又可颇损其吏，以绝乱法之弊"。[③]随着国家财政集权化的进一步发展，随之而来的是三司自我监管的问题，即使是在三司属下掌财政监察、勾稽内外经费账籍的勾院，似乎都无法完全解决积弊。

宋朝财政体制也发展出一套以财税收入多寡为依归的官员选拔制度。不论选任、考课、奖惩，都以他们理财方面课绩殿最为基准。官吏凡在其任上能增加间接税场务课利者，其升迁机会明显较高。[④]不仅如此，财经能力更是宋朝高级官僚获得提拔的一项重要指标，据郝若贝的统计，北宋时期75%曾任宰

---

① 汪圣铎：《两宋财政史》，第585—590页。
② Philip Fu, "K'uai-Chi Lu and Other Special Report in the Sung Dynasty", *Chung Chi Journal,* Vol.8, No. 2 (May, 1969), pp.78-90. 目前学界所知最早的《会计录》是景德四年（1007年）由当时三司使丁谓主持编撰的《景德会计录》。实际上，毕仲衍《中书备对》不仅详列《会计录》所载的赋税岁入等财政收支数字，更包括胪列中央政府主要收入来源、坊场河渡分布和相应税额以及地方层级的具体户口、垦田、两税额等具体数据。参见毕仲衍撰《〈中书备对〉辑佚校注》，马玉臣辑校，河南大学出版社2007年版。
③ 苏辙：《栾城集》卷21《上皇帝书》，《苏辙集》，中华书局1990年版，第371—372页。
④ Robert M. Hartwell, "Financial Expertise, Examinations, and the Formulation of Economic Policy in Northern Sung China", *The Journal of Asian Studies,* Vol.30, No. 2 (1971), pp.286-291.

辅的官员,都有在财政机关任职的经历。①除了这种依据过往考课劳绩的升迁模式,这群官僚精英也具备行政能力、算术、财经原理分析、对传统中国经济思想有深刻理解等素质。宋朝亦要求刚入仕和中下级官僚具备一定财经知识水平。涉及理财钱谷的考题被渗入至科举考试的内容。负责掌茶、盐、酒专卖、商税场务和仓场库务的监官管库,肩负着管理财经部门的基层工作。在11世纪中期,他们分布在全国盐、酒和商税场务达5 000余处,是宋代官僚系统中的重要部分。②这支庞大的监官队伍和知州、巡检等亲民官一样都是中央直接委任的官吏,尽管在序资和评价上不如后者。③在全国地方各州县,这些监官数量少则有20员,多则逾40员,甚至超越当地的其他文武官员总数。④根据最新发现的定州开元寺题名碑记,像定州这类州府级衙门在北宋中期所设下属财经机构即有勾院、磨勘司,以及粮草、户口、差科、商税、兵、胄、修造等诸按,而县级衙门也有士、户、仪、兵、刑、工(功)、仓、苗诸按的功能分别,并有勾司房和商税务之设置,而商税务吏员设置尤其众多。⑤

  宋朝税收国家有赖于专业的税收管理人员帮助有效地控制税收,其有效

---

① Robert M. Hartwell, "Financial Expertise, Examinations, and the Formulation of Economic Policy in Northern Sung China", *The Journal of Asian Studies,* Vol.30, No. 2 (1971), p.293.
② 场务的资料保存于《宋会要辑稿》。至于场务总数,日本学者幸彻把当中的商税场务和史籍里有记录的榷卖场务加总而成。详见幸彻,「北宋时代の盛时における监当官の配置状态について」『東洋史研究』第 23 卷第 2 号,1964 年,167 页。
③ 赵冬梅:《文武之间:北宋武选官研究》,北京大学出版社 2010 年版,第 166—170 页。
④ 苗书梅:《宋代监当官初探》,漆侠、李埏主编:《宋史研究论文集》,云南民族出版社 1997 年版,第 1—24 页;雷家圣:《宋代的监当官及其对经济的影响》,《逢甲人文社会学报》(台中)第 11 期(2005 年 12 月)。据幸彻的估算,11 世纪中期配置在全国各地各种场务的监官至少有 2 500 人,详见幸彻,「北宋时代の盛时における监当官の配置状态について」『東洋史研究』第 23 卷第 2 号,1964 年,167 页。
⑤ 梁松涛:《定州塔题名碑记所见北宋州县机构及吏人考述》,《河南大学学报》(社会科学版)2020 年第 2 期。

范围主要限于城市。而在这个范围内，宋朝税收体系的有效性主要体现在三方面：标准的则例、专业化、务实的策略。在此有效范围以外，宋朝也采用买扑法以平衡课利与征课成本。特别是在某些地方由于专业税吏不足，中央政府直接遣官监临的成本高昂，于是允许把当地收税权授予以高价竞争的私人承包者，谓之买扑。①买扑的承买者向政府认纳一定数额的课利后赚取余下的利润。天圣三年（1025年）和四年（1026年），三司两次指示各地转运使，把年额不及500贯至1 000贯的乡村酒务和税场，包括了各州军县的"乡、镇、村、道、店并自来人户相承买扑去处"，都可体量检详并报转运使后，"许人认定年额买扑，更不差官监管，别无妨碍"。②显然，宋朝政府通过买扑法可以节省行政成本，只不过与此同时把大部分税利拱手相让于承买人。

通过比较熙宁九年买扑收入与消费税及商税课额，不难发现城市与乡村以及两种税法之间的分野。买扑制收入多来自于乡村地区市场的贸易。乡村市场的数量远超城市，然而买扑坊场收入只是城市消费税与商税收入的五分之一。正如表4所示，熙宁九年（1076年）全国府界诸路总计27 607处坊场河渡，共收入420万余贯，即平均每处仅约152贯，其中乡村墟市收入约84万贯，③仅是熙宁十年2 000多个城市税场、税务所贡献商税的九分之一。由于农村地区买扑收入如此微薄和分散，恰好证明政府直接派员征收成本高昂，并不划算。正如施坚雅所指出，人口增长与乡村市场扩张并没有为国家带来更多征税的机会。④不过，这些税收数据表明税收管理体系有效运转，足以让宋代税收

---

① 买扑也常见于河桥津渡、酒坊等修建方面与坑冶业。买扑承买者负责以私人资本（有时候由政府补贴）承建，或按一定课额向政府交纳课利，然后通过征收过税和经营专卖自偿。有关买扑的讨论，详见裴汝诚、许沛藻《宋代买扑制度略论》，《中华文史论丛》1984年第1辑。
② 《宋会要辑稿》食货54之3，第7236页。
③ 有关府界诸路买扑坊场河渡的收入分布，详见汪圣铎《两宋财政史》，第270—272页；李华瑞《宋代酒的生产和征榷》，第202—203页。
④ G. William Skinner, "Cities and the Hierarchy of Local Systems", in G. William Skinner ed., *The City in Late Imperial China*, pp.275-346.

国家在以城市为基础的市场经济中维持。

表 4　商税和买扑收入分布

税收来源	税场数量	岁入（万贯）	平均每处收入（贯）	百分比（％）[2]
城市	2 060	769	3 733	90%
乡村地区	27 607	420[1]（84）	152	（10%）

资料来源：据毕仲衍撰、马玉臣辑校《〈中书备对〉辑佚校注》第 80—210 页相关数据整理。

说明：括号内的数据来自买扑墟市收入。

注：1. 买扑收入达 420 万贯钱，主要来自于河渡、酒务坊场以及墟市等三种收入。
　　2. 总数包括商税和买扑乡村墟市（主要来自于部分墟市的住税），后者与商税类似，但其份额却少于酒务坊场收入。粗略估计，乡村墟市占买扑总收入不超过五分之一，即 84 万贯。

三

随着 12 世纪宋朝财政制度由税收公共财政演变至债务财政，宋朝亦逐步由税收国家步向财政国家。正如理查德·鲍尼和马克·奥尔默德所强调，政府举债能力和公债与税收的关系，是近世国家财政力量的真正考验。[①] 尽管熊彼特没有从这方面进一步阐述税收国家，然而对中国财政史研究而言，依然值得探讨。不同于欧洲历史的发展，帝制中国以农业和农民为对象的税收体系在其早期就已发展成熟，且长期以劳役和实物支付的形式存在，即实物财政，罕见信用手段。在安史之乱爆发以前的几百年里，佛教寺院在信贷市场扮演重要角

[①] Richard Bonney and W.M. Ormrod, "Introduction", in W.M. Ormrod, Mark Bonney and Richard Bonney eds., *Crises, Revolutions and Self-sustained Growth: Essays in European Fiscal History, 1130–1830*, p.12.

色,①政府偶尔才涉足其间。②安史之乱以后信用手段方面的新发展堪称中国历史上的金融创新。在宋代发展出利用公债手段以前,统治精英首先向商人学会使用信用工具。当然,在宋代信贷与纸币的界限并非泾渭分明,特别是宋朝政府会通过货币和税务政策把政府债务货币化,继而引起恶性通货膨胀。宋代以后纸币的流通情况与宋代有着明显的差异,元明政府推行的纸币政策与金融市场无关,政府以强制的手段把宝钞作为法定货币,亦因此对市场造成严重损害。③

交引制度的出现,标志着宋代中国公债市场的兴起。在10世纪晚期,宋朝政府推行入中法,以加饶利润鼓励商人搬运粮草至镇戍边地前线。④商业借贷既是入中法的基础,也因为受入中法实施的刺激而得到进一步发展。商人赴沿边入纳刍粟等军需品,政府偿以茶盐等禁榷品,对前者发给用以换取相应价值茶盐的交引,商人持交引赴指定州军场务兑取茶盐后贩卖获利。国家在向商人发出交引后至商人获得禁榷商品补偿的过程中,成了入中商人的债权人。尽管政府所偿还的茶盐保证了商人丰厚的利润,但由于运输路途遥远,贩卖茶盐

---

① Yang Lien-sheng, "Buddhist Monasteries and Four Money-raising Institutions in Chinese History", *Harvard Journal of Asiatic Studies,* Vol.13, No. 1-2 (1950), pp.176-177; Jacques Gernet, *Buddhism in Chinese Society: An Economic History from the Fifth to the Tenth Centuries*, Franciscus Verellen trans., New York: Columbia University Press, 1995, pp.153-191.

② 唐前期为支付京官及外官俸钱,置公廨本钱,由捉钱吏放债生息取利,在开元末至天宝初年,全国府州县公廨本钱约169万贯。详见罗彤华《唐代官方放贷之研究》,台北:稻乡出版社2008年版,第55—61页。除此以外,目前没有证据显示中央政府在安史之乱已有任何向市场举债的举动。

③ 明代推行的大明宝钞,实质上是14世纪国家实行计划经济下的一种支付手段。明初朱元璋曾禁止民间以银、钱交易,一切易之以钞,并且强令商人和地主把手中的贵金属按照官方汇价向政府出售。有关明初货币政策的探讨,详见檀上宽,「初期明王朝の通货政策」『明朝専制支配の史的構造』,汲古書院,1995年,115-150頁。

④ 早在宋太宗发动两次对辽战役时,前南唐进士刘式就倡议宋廷招诱商人赴沿边入纳粮草,以江淮茶盐等专卖品作为报酬。入中法的具体流程是:当商人向指定边区入纳粮草和其他军需品时,地方政府经估价后对入纳的商人发出凭据,商人领凭据赴开封榷货务领交引,然后商人凭交引至指定地点换取茶盐。

的商人不仅需要雄厚的财力，也需要以了解市场动态为前提，故入中绝非普通中小商人所能轻易涉足。因此，宋朝政府允许入中商人在开封交引铺转售。[①]于是，随着交引这种具有短期信用票据的流通，催生出一个让商人投机的公债市场。当时一部分开设交引铺的大商人垄断交引市场，通过交引买卖价格差额获得丰厚的利润。[②]从正史和方志材料所透露的有限信息，可知让这些大贾赖以致富的营质库、金银铺、绢帛铺等商业经营，本身就与长途贸易息息相关，与商业信用存在瓜葛。比如宋徽宗崇宁元年（1102年），六七个经营交引铺的巨商向蔡京请求把手上持有价值370万贯的交引兑现，可见这些交引铺经营者资本之雄厚。[③]北宋末年，开封的金融市场积累着庞大的资本，城内至少有1万家质库，其流动资产估计至少达5 000万两银。[④]

交引的发行和流通造就了中国历史上第一个政府证券市场。[⑤]不过，北宋政府始终可以维持收支平衡的局面，即所谓"平衡预算"，并没有到达为了筹措战争费用而高度仰赖证券工具的地步。毕竟，对金融市场的高度介入和支持，就必然意味着国家无法回避由投机所必然带来的市场风险，除非军费开支的大增导致国家财政陷入绝境，否则宋朝政府不会贸然介入金融市场。因此，

---

① 日野開三郎，「宋代の貨幣と金融（上）」『日野開三郎東洋史学論集』第6卷，三一書房，1983年，144–225頁。
② 缪坤和：《宋代信用票据研究》，云南大学出版社2002年版，第145页。
③ 陈均编、许沛藻等点校：《皇朝编年纲目备要》卷26，中华书局2006年版，第668页。
④ 有关质库数量，据徐梦莘《三朝北盟会编》卷67（上海古籍出版社1987年版，第507页）载，靖康元年（1126年）闰十一月金兵攻城期间，张师雄曾提出"请括在京质库户，每家出备十人绵袄、绵袴、绵袜、纳袄、纳袜，除鞋外，并不得用麻，如敝损不堪及绵薄之类，皆重作行遣，一万家可得十万人衣服"。而质库资产价值，据丁特起《靖康纪闻》（许沛藻整理，上海师范大学古籍整理研究所编：《全宋笔记》第4编，第4册，大象出版社2008年版，第112页）"靖康元年十二月十四日条"记载："朝廷又命开封府及使臣等于交质库、金银匹帛诸铺家，至户到摊认拘籍，一铺动以千万两计。"另见日野開三郎，『宋代の貨幣と金融（上）』『日野開三郎東洋史学論集』第6卷，152–153頁。
⑤ 980年以后，随着北宋与西夏战争的持续，交引市场在开封城内迅速发展。

信用工具在北宋时期只限作为税收以外的补充手段。尽管宋朝君主成功建立起一个以间接税为基础的财政体系，但北宋末期对金战争引致军费支出急剧上涨，庞大的财政压力远超宋廷原来的预期。面临前所未见的财政危机，政府被迫通过公共债务的手段解决。

随着12世纪公共债务的不断增长，宋朝迅速由税收国家过渡至财政国家。由于与女真、蒙古等游牧民族的战争，南宋堪称是中国历史上兵祸最烈的时代之一。南宋境内多山川丘壑，有利于南宋军队进行逐城据守的要塞战。这种战争方式要求双方在城垣寨壕、攻守器具、弓弩、火箭等军事技术方面的大规模应用，可谓不折不扣的资本密集型战争。

南宋政府的军费开支浩大，又未能从赋税方面增加财政收入，难免预算赤字，[①] 于是决定通过发行信用票据筹措资金。四川是南宋公共金融政策取得突破性发展的地方。在宋金战争前期，南宋千方百计从所有可征税的资源增加收入，但从赋税方面增加财政收入并不顺利。[②] 建炎四年（1130年），任总领四川财赋的赵开为解决当时的财政危机，在当地大量发行钱引。赵开在川蜀所推行的财政改革之所以值得注意，是因为这标志着宋代财政政策转向公共债

---

① 12世纪晚期，南宋榷茶岁入约200万至400万贯，榷盐2 000万贯。考虑到战时财政政策因素，榷盐实质收入因通货膨胀而大量流失。在12世纪50年代，榷酒岁入1 400万贯，不及宋金战争以前的收入水平。详见刘光临《市场、战争和财政国家——对南宋赋税问题的再思考》，《台大历史学报》第42期（2008年）；戴裔煊《宋代钞盐制度研究》，中华书局1981年版，第326—342页。有关硬通货短缺导致通缩问题以及宋朝被迫发行会子的情况，详见 Richard von Glahn, "The Origins of Paper Money in China", in William N. Goetzmann and Geert Rouwenhorst eds., *The Origins of Value: The Financial Innovations That Created Modern Capital Markets*, New York: Oxford University Press, 2005, p.75.
② 李心传：《建炎以来朝野杂记》甲集卷17《财赋四》，中华书局2000年版，第380页。

务。① 赵开的改革包括两个部分。首先，他到任后变易茶、酒、盐法，取消严格的官营榷卖，而立通商法，允许商人参与榷卖。② 开放市场，允许商人参与其中，政府即可通过城市消费获得稳定的间接税收入。第二，从盐、茶、酒榷法所得收入，用于支持钱引的信用。12 世纪钱引的成功，大抵可归结为两个原因：第一是钱引能够被政府赎回，有如其前身——交子；第二是钱引是当局承认的合法支付手段。南宋士兵把政府所发的钱引工资在市场消费，而农民和商人以钱引纳税。钱引发展为在市场流通的楮币，从而增加在市场流通的通货总量。

建炎四年（1130 年）以后，政府大举举债，钱引成为政府赡川陕军队的主要支付手段。淳熙五年（1178 年），在蜀钱引增至 4 500 余万贯，远远超过四川总领所税收岁入。① 实际上绍兴三十一年（1161 年）所发钱引已接近 4 200 万贯，足足是北宋时期发行量的 17 倍。④ 随着钱引的成功，南宋政府继而发行会子这种同样具有流通性的债务票据，以应付东南地区军费腾升所引发的财政赤字。迄至宁宗嘉定年间，会子的流通量已经远超当时南宋赋税收入的总量（见表 5）。南宋政府的债券成为筹措军费的主要手段，标志着宋代完成了由税收国家过渡至财政国家的阶段。

尽管钱引和会子实质上都具备纸币的功能，但依然具有一些信用证券的

---

① 随着北宋的灭亡，川蜀对北方和中亚的茶马贸易中断。国内茶马贸易市场由于成本问题，成效成疑，特别是埠际贸易比国际贸易更难监督。因此，宋廷在建炎二年（1128 年）任命赵开为开都大提举川陕茶马事。

② 据《宋史》卷 374《赵开传》第 11597—11599 页载，赵开首先罢官买官卖茶法，行合同引法，建炎四年的川蜀茶引息钱已经达 170 余万贯。在新法实施后，商人必须在官方设立的合同场与茶户交易，"交易者必由市"，而且政府规定茶户"十或十五共为一保"，并"籍定茶铺姓名"，以防漏税私贩问题，从而减低管理成本；至于北宋时期作为财政收入大宗的盐法，其改革亦与茶法改革类同，置合同场盐市。赵开亦同时改革酒法，实行隔槽法，允许酿户"各以米赴官场自酿"。

① 李埏、林文勋：《宋金楮币史系年》，《李埏文集》第 3 卷，云南大学出版社 2018 年版，第 85 页；《宋史》卷 374《李迨传》，第 11594 页。

④ 李埏、林文勋：《宋金楮币史系年》，《李埏文集》第 3 卷，第 82 页。

特色，与金融市场有着密切的联系。第一，铜钱（不管是合法还是实质流通的）大体上依然是南宋境内的基础货币，[1] 南宋政府无意以政府债券来取代铜钱。第二，政府许诺钱引和会子在到期（一般两年）换界时兑现。第三，南宋政府允许钱引或会子持有人可以在交引铺和质库出售，意味着钱引和会子可以在二手市场交易。[2] 会子和钱引等纸钞的流通能促进长途贸易的发展，自然也受到茶盐商人的青睐。比如，据淳熙五年湖北总领所反映，每年行商从长江下游地区搬运价值数百万贯的官盐赴湖北江陵、鄂州等地贩卖，由于湖北会子不允许出界，因此"多将会子就买茶引，回往建康、镇江等处兴贩"。[3] 第四，当钱引或会子的市场价格大幅贬值，南宋政府试图通过榷税收入等方式实行回收以挽救其信用。由于南宋士兵工资以会子等纸钞形式发放，如果这些纸钞大幅贬值，士兵生活水准必然受到严重冲击，因此南宋政府对这些纸钞与铜钱的市场兑换率保持相当敏锐性。淳熙二年（1175年），南宋政府为稳住会子价格，就首次以金钱从市场中回收会子，当时会子总量估计不多于1 200万贯，其中一半是通过征收赋税回收，而南宋政府则决定以金银来换收依然在百姓手中的600万贯会子。政府的回收行动使会子的市场价格大幅上涨，会子持有人亦因此不愿意把手中的会子转售，因此行商也难以从市场上获取会子。于是淮东、淮西总领所向中央政府请求重新印造数量更多的会子，以便利于行旅的往来贸易。[4]

---

[1] 从乾道六年（1170年）以后，南宋中央政府允许赋税输纳以会子、现钱中半。铜钱在12至13世纪依然是被广泛使用的货币，南宋政府也继续铸造铜钱，尽管铜钱的铸造量明显下跌。详见汪圣铎《两宋货币史》，第392—395页。
[2] 《宋史》卷374《赵开传》，第11598页。
[3] 《文献通考》卷9《钱币考二》，第252页。另可参见汪圣铎编《两宋货币史料汇编》，中华书局2004年版，第418页。
[4] 李埏、林文勋：《宋金楮币史系年》，《李埏文集》第3卷，第143—146页。

表5　南宋赋税收入与会子发行额　　　　　　　　　　　单位：万贯

时间	赋税收入（A）	会子发行量（B）	价格指数	A/B	实际赋税收入	实际赋税收入指数
绍兴三十二年（1162年）	6 000	2 800	100	2.14	6 000	100
乾道年间（1165—1173年）	5 000—5 500	2 000—2 400	70	2.08—2.75	7 100—7 900	118—132
淳熙十六年（1189年）	6 530	4 800	85	1.36	7 700	128
绍熙五年（1194年）	6 530	6 200—8 000	125	0.82—1.05	5 200	87
嘉泰、开禧年间（1201—1207年）	8 000	8 400—13 900	220	0.58—0.95	3 600	60
淳祐年间（1241—1252年）	9 000	64 000	1 000—2 500	0.14	360—900	6—15

资料来源：刘光临：《市场、战争和财政国家——对南宋赋税问题的再思考》，《台大历史学报》第42期（2008年），表5，第235页。关于表中数据来源，见郭正忠《南宋中央财政货币岁收考辨》，中国社会科学院历史研究所宋辽金元史研究室编《宋辽金史论丛》第一辑，第191页；包伟民《宋代地方财政史研究》，第89页；汪圣铎《南宋各界会子的起讫、数额及会价》，中华书局编辑部编《文史》第25辑，中华书局1985年版，第129—144页。

政府赎回钱引和会子在内的债务票据，实质上为当时金融市场提供发展机遇。钱引和会子的发行并不涉及固定的利率，但公债市场的存在，尤其是允许投机行为，使这些纸钞出现面值和市值之间的差价。当会子发行量增大引起市场价格大幅下跌时，交引铺通过大量倒买会子牟取暴利。当然这会招致国库收入的流失，特别是当政府计划以十四、十五界大幅贬值的会子兑收第十一至十三界旧会子时，就引起国库的巨大损失。从开禧元年（1205年）至开禧三年（1207年），三界会子的发行额估计达1.4亿贯，会子的市场价格在数年间下挫近半,市场和不少商人对会子失去信心。嘉定三年(1210年),南宋政府为了稳住会价,采取大规模的称提措施,包括动用乳香、诸路没官田、金银、官诰、度牒等官方可支配的资源(合计约1.18亿贯)回笼会子,会价也随即回升,却也导致南宋财政陷入窘困的境地。

嘉定三年代价高昂的称提措施暴露了会子流通的弊病:当国家承认会子作为一种支付手段并确保其在市场流通时,百姓迅速接受并用于纳税和购买商品。大量会子和其他纸钞大量涌入流通环节,加大货币存量,甚至引致通货膨胀。为了维持会子的信用,政府只能公允"换界",在两三年后发行一批新会子来取代旧会子,以求沿袭会子的短期信用功能,却无法在此基础上把会子改造成具有长期债券性质的信用工具。[①]12世纪初,特别是在嘉定十三年(1220年)以后抵御蒙古的战争加剧情况下,南宋政府为支付飞涨的军费发行了大量会子,超出了市场的承受能力。蒙古灭宋战争前两年的淳祐十二年(1252年),会子发行额达6.4亿贯,是赋税收入的7倍(见表5),最终导致粮食价格暴涨10倍。[②]南宋后期大量发行会子导致恶性通货膨胀,以致动摇了整个市场经济。

四

本文指出,宋代中国率先以间接税为国家财政体制的基础,是世界史上第一个可持续的税收国家。[③]11世纪中国税收国家的兴起,无疑展示了一种以间

---

① 在嘉定三年的大规模称提措施后,南宋政府尝试推行按照田产或资产强制民户藏会的措施,却在长江下游和福建地区遭遇极大阻力。详见汪圣铎《两宋货币史》,第711—714、718—720页。

② 有关会子价格的涨跌趋势,参阅汪圣铎《南宋各界会子的起讫、数额及会价》,中华书局编辑部编《文史》第25辑,第142—144页。彭信威《中国货币史》第486—490页讨论了南宋时期粮食价格上升的趋势。

③ 西方学界关于财政国家的讨论集中于对欧洲财政史的研究,可参见 Ormrod & Bonney, "Introduction", *Crises, Revolutions and Self-sustained Growth,*(转下页)

接税为基础的财政制度模式，大大丰富了熊彼特学说的内容。一国军事动员的货币化，对整个国家根本模式的形成有着决定性影响。安史之乱以后的两百多年是中国财政史上最具创意的时代，各种制度创新因应危机救助的需要而生。北宋定都开封，为孕育以开封为中心的全国性市场整合奠定基础，而军费的压力也推动北宋政府全面推行重商主义经济政策。① 农业是宋代经济中的主要经济活动，但却不一定是宋朝复杂的税收机制的基础。当宋朝政府发现官商合作能长期为政府带来比其他权宜之计更稳定的财政收入时，就对间接税越加依赖，成为世界上第一个以非农业部门税收为主要收入来源的国家。正是这种税务基础的改变，使宋朝国家财政收入能保持增长。相较之下，英格兰都铎王朝政府（1485—1603年）的间接税收入占赋税总收入才不过三分之一至二分之一。在拿破仑战争的前夕，消费税才开始成为英格兰财政岁入的主要来源。② 而作为近世欧洲另一个税收国家的尼德兰，1650年至1790年间，间接税也就

（接上页）pp.1-21。除了威尼斯等城邦，英格兰是欧洲第一个以间接税为主要财政收入的国家，详见 W.M. Ormrod, "England in the Middle Ages", in Richard Bonney ed., *The Rise of the Fiscal State in Europe, c.1200–1815*, pp.41-42。该方面经济学者最新研究，参见 K. Kivanç Karman and Şevket Pamuk, "Different Paths to the Modern State in Europe: The Interaction Between Warfare, Economic Structure, and Political Regime", *The American Political Science Review*, Vol. 107, No. 3 (August, 2013), pp.603-626。就中国史而言，西方学者多视以土地税为主体的明代财政为传统中国的基本模式，但最近也有经济学者提及宋朝财政模式与明清的差异及重要意义，见 Loren Brandt, Debin Ma, and Thomas G. Rawski, "From Divergence to Convergence: Reevaluating the History behind China's Economic Boom", *Journal of Economic Literature*, Vol. 52, No. 1 (March, 2014), pp.66-68。

① 宮崎市定，『五代宋初の通貨問題』，星野書店，1943年，106-185頁。
② Patrick O'Brien and Philip A. Hunt, "Excises and the Rise of a Fiscal State in England, 1586-1688", in W.M. Ormrod, Mark Bonney and Richard Bonney eds., *Crises, Revolutions and Self-sustained Growth: Essays in European Fiscal History, 1130–1830*, table 8.1, p.204.

占国家财政总收入约 40%。①

钱穆在《国史大纲》中认为宋朝是中国历史上对外积弱不振、对内积贫难疗的积贫积弱时代，而所谓冗兵、冗吏（冗官）正是宋代财用之蠹。② 上述评价无疑是 20 世纪中国学者关于宋朝历史最有影响的论断，揭示了宋朝历史的一些重要表象，故值得后来财政史研究者加以反复关注。钱穆特别阐明军事动员和政府财用两者之间的关系，强调了宋朝中央政府实质上总括两者而集权过甚："宋代的政制，既已尽取于民，不使社会藏富，又监输之于中央，不使地方有留财，而中央尚以厚积闹穷，宜乎靖康蒙难，心脏受病，而四肢便如瘫痪不可复起。"③

其实，宋朝士大夫对于宋代军事财政体制也多有批评之声，甚至以为危机重重，但这些尖锐的批评并不是从根本上完全否定宋朝立国体制而以为其致朽亡为必然。④ 有意思的是，在分析"税收国家"这一概念时，熊彼特就特意将"危机"和"税收国家"连在一起，将其文章名为《税收国家的危机》，而他在文中一开始就强调之所以有中央集权型政府，特别是税收国家出现，是因为其君主面对持久的财政危机和沉重的债务负担才被迫不断尝试创新，最终导致了西方后来的现代国家崛起；他还特别强调，研究者要区分制度运作的事件性崩溃（即偶然原因所致失败）和制度运行原则的内在冲突导致的必然性失败，才不至于将税收国家的进步和作为其成立背景和演进动力的全面性财政危机混淆

---

① Van der Ent, et al., "Public Finance in the United Provinces of the Netherlands in the Seventeenth and Eighteenth Centuries", in W.M. Ormrod, Mark Bonney and Richard Bonney eds., *Crises, Revolutions and Self-sustained Growth: Essays in European Fiscal History, 1130–1830*, table 10.12, p.289.
② 钱穆：《国史大纲》，商务印书馆 1994 年版，第 527、533—540 页。
③ 钱穆：《国史大纲》，第 551—552 页。
④ 以南宋浙东学派代表叶适为例，其对南宋军事财政制度的激烈批评仍是以肯定宋朝立国原则为前提，参阅刘光临《天下之虑与今世实谋：论叶适的保守主义思想》，陈来主编《精神人文主义论文集》第 1 辑，人民出版社 2020 年版，第 237—254 页。

在一起。① 未来学者的研究任务应该充分结合钱穆和熊彼特这两位大师的不同视野而追求一种宏大通达的诠释，笔者学力未逮，只就中国历史变迁的背景之下在这里做一粗浅的回顾式比较。

毫无疑问，宋代职业化、市场化的军事动员方式一开始就对国家财政产生了巨大压力，而愈到后期这一体制的内在性矛盾就愈明显，到南宋后期财政压力的痼疾已成为无法摆脱的危机。叶适曾概括这一历程，"以财少为患之最大而不可整救，其说稍出于唐之中世，盛于本朝之承平，而其极甚乃至于今日"②。叶适的危机观也是当时士人精英的普遍看法，但是叶适所谓"以财少为患之最大"的深入诊断，绝不可以简单理解为宋代财政体系已经穷途末路。即使危机论提倡者（如叶适）也并未谋求用宋朝以前的府兵制度，或者任何兵农合一的方略作为解决财政危机的主要对策。稍早于叶适而专重于道德生命之学的朱熹，却深信先"要复［宋］太祖兵法，方可复中原"，在和弟子们谈到募兵而带来的财政问题时更明确主张遵行宋太祖制定的"教阅""拣练"，通过练兵汰选士卒的做法来节省军费，却不愿意对推行井田制这一理想方案稍作尝试。③ 但是，后来历史的变化远远超过南宋道学家和经世学派的想象。稍习中国历史者都晓得，作为南宋国家权力基础的货币化军事财政体制在后来的历史变迁中居然消失了，以劳役和土地税为主体的实物财政体制在明朝洪武年间得到全面树立。虽然道学在其后的朝代中获得统治者尊崇而成为正统，但是因为募兵制的突然中断而结束了国家体制对市场的依赖这一状况，却超脱出南宋政治精英的设想。这一军事财政制度史上的巨大转折起始于蒙古对南宋的征服而跨越了元明时期，又以元末明初群雄竞逐最为重要，而其关键点则在于朱元璋势力确立的战时军需财政方式，至于其具体进程和重大变化，就要留待未来研

---

① Joseph A. Schumpeter, "The Crisis of the Tax State", *International Economic Papers*, No.4 (1954), pp.8–16.
② 叶适：《财总论一》，《水心别集》卷11，《叶适集》第3册，中华书局1961年版，第771页。
③ 黎靖德编：《朱子语类》卷110《论兵》，岳麓书社1997年版，第2436—2437页。

究来解答。

我们也应该注意,宋代财经政策的核心特色和官员在某一时期推行的竭泽而渔的理财之术是有所区别的。从公共财政角度看,在某一时段内,宋朝募兵制引发的国家在公共财政领域的扩张也许是过度的,但是和税收货币化特别是榷卖制度并行而来的财政危机往往是国家能力创新的必要背景。晚清财政改革乃至20世纪80年代以来的改革开放都有类似的表现,即改革往往肇因于政府缺钱,而改革越成功、政府收入越多,财政缺口越大就愈感缺钱。典型的例证即是现代发达国家诸如经合组织(OECD)诸国,它们的税收占国民收入的份额领先发展中国家,而且都身负巨额国债。经过近四十年的改革开放,中国彻底告别了贫困,走向富裕之路,而国家税收增长也伴随经济扩张而快速增长。中央政府牢固建立了以消费税为基础的完整税收体系,此外又不忘将垄断性经营嵌入市场流通以确保诸如烟草、能源、高速公路、航空等某些重要行业的收入,这是当代中国民富且国强的关键经验,其实和宋朝独特的榷卖体制相近。而地方政府财政尤其依赖房地产市场,更是将宋朝财经政策发扬光大,可冠以"榷房"二字以诠释其官商合作的垄断性市场特色。至于其他类似政策,还有重视货币流通,国家举债以资建设,鼓励民众落户城市以刺激消费、增固税基,鼓励海外贸易等,不胜枚举。我们不妨尝试总结说,今日中国改革开放正是向宋代财政国家道路的回归,而且就市场与国家财政的关系建构而言,可谓青出于蓝而远胜于蓝。

[本文重要观点已在2015年以英文发表在《经济史评论》(*Economic Historical Review*),后为参加《中国经济史》编辑部在2021年组织的专题讨论又对原文加以增补,并请关棨匀博士翻译为中文并在第一节中添写了有关唐代军事动员转变的内容。本文缘起可上溯自20世纪80年代我在燕园求学之时,适逢新启蒙运动,作为理论重镇的北京大学师生中流行现代化思潮,对推动改革开放颇有意义,惟其功利考虑过甚,恰和民国初年提倡西化的前贤一样,所失在于过分关注1900年以后工业化时期中国的落后局面,夸大了中国

和西方之间制度和文化差别，不利于综合缜密、且以长时段为基础的宏观历史研究。马克垚教授长期从事西欧中世纪研究并致力于中西封建社会（或曰传统社会）的比较，他首先指出中国和西方在工业革命发生以前都是农业社会，以农业为主要经济部门，相似性远大于差异性，后来他又在《英国封建社会研究》一书中指出，由于其基础落后，中古西方政治制度缺乏规范，发展缓慢，而即使其中领先者如英国王权发达，但整体也落后于当时的中国王朝。我有幸聆听马克垚师讲课并追随其研究，才明悟制度和政府在文明发展中的重要性，而就一国集权性中央政府的出现，中国开创的帝王将相模式无疑是早期最成熟的政体，也是走向现代文明的制度前提之一，而欧洲要到15、16世纪才开启了这一中央集权制的国家制度建设高潮，可以说西方如果没有"帝王将相"也不会有后来的发达君主国家乃至走上世界霸权。我在本文中特意强调了宋朝是世界历史上第一个财政国家，以货币化税收为国家财政基础并懂得如何向市场收税。惟此税收目的之要求，宋朝君臣以发展经济为己任，不仅是为了民生，更是壮大国库之必需，由此开创了金钱和权力的相生相伴之模式，也是资本主义的先声。从全球史的角度而言，我们或许可以说，现代化首先是中国化，或更准确地说，中国化是全球现代化的序章，这是我在马克垚师的教诲激励下试图对北京大学启蒙主义史学及其描绘的中国近代化进程所做的一个反思。

刘光临谨志于 2021 年 12 月 30 日]

试论黄宗羲的民主主义思想

黄健荣（南京大学政府管理学院）

一

黄宗羲的民主主义思想，主要体现在他的政治专著《明夷待访录》中。这部中国17世纪的政治理论著作，在当时曾引起了巨大的反响。先进的思想家为之振奋，如顾炎武"读之再三，于是知天下未尝无人，百王之敝可以复起，三代之治可复……"[①]。但是清代理学家则攻之为"异端"，他们惊呼："夫学之废久矣，……浙以东则黄君梨洲坏之；燕赵间则颜君习斋坏之。……二君以高名耆旧为之倡，立程朱为鹄的，同心于破之，浮夸之士，皆醉心焉。"[②]

黄宗羲对暴君政治的揭露深深地刺痛了清王朝统治者，而人们对于黄宗羲鲜明的民主主义主张的"醉心"更使他们惶恐不安。《明夷待访录》自1663年成书后，即被列为禁书，直到一百多年以后，才有初刻本印行，但仍然"多嫌讳，弗尽出"，尚非足本，数量也极少。

先进思想武器的光辉不是封建专制的黑幕所能遮盖的。两百年后，《明夷待访录》成了资产阶级改良派声讨封建专制制度的檄文。19世纪末，当旧民主主义革命兴起时，《明夷待访录》被秘密刊印大量散布，对于传播民主主义

[①] 黄宗羲：《南雷文定》附录。（此文写于较早时期，当时期刊并无标示所引文之书目相关出版信息的明确要求，作者亦尚无此意识，故尔注释中无索引文献出版社与出版年份等信息。现难以找到当年所用书目的版本，相关信息只能付之阙如。余同。）

[②] 方苞：《望溪先生文集》卷六《再与刘拙修书》。

思想起了极大的作用。梁启超说："我们当学生时代，(《明夷待访录》)实为刺激青年最有力之兴奋剂。我自己的政治活动，可以说是受这部书的影响最早而最深！""此书……光绪年间我们一班朋友曾私印许多送人，作为宣传民主主义的工具。"[①] 而当梁启超、谭嗣同等人倡民权共和之说鼓吹变法维新时更"将其书节钞，印数万本，秘密散布"，结果"于晚清思想之骤变，极有力焉"。[②] 后来又"窃印《明夷待访录》等书加以案语，秘密分布，传播革命思想，信转者日众，于是湖南新旧派大哄！"[③] 这时，黄宗羲的民主主义思想已经成了资产阶级改良派手中的重要武器，对旧民主主义革命的发展起了推波助澜的作用。

黄宗羲以其激进的民主主义思想，不仅成为我国最杰出的早期启蒙思想家，而且在世界启蒙思想史上也占有重要的地位。他的《明夷待访录》，比卢梭的名著《社会契约论》成书还要早一百多年。虽然，作为资产阶级最卓越的启蒙思想家，卢梭所提出的民主主义思想比黄宗羲更为彻底，更为系统，但是，黄宗羲的思想在一些主要的方面——如反君主专制、主权在民、要求人权平等等等，都达到或者接近了卢梭的思想水平，而在某些方面，甚至比卢梭更为先进，例如黄宗羲已经有了初步的代议思想，而卢梭在当时却是反对代议制的。

二

恩格斯指出："每一种新的进步都必然表现为对某一神圣事物的亵渎，表现为对陈旧的、日渐衰亡的、但为习惯所崇奉的秩序的叛逆。"[④] 黄宗羲的民主主义思想，首先体现在他对旧世界的批判上。他以犀利的笔锋，对封建君主专

---

① 梁启超：《中国近三百年学术史》。
② 梁启超：《清代学术概论》。
③ 梁启超：《清代学术概论》。
④ 恩格斯：《路德维希·费尔巴哈和德国古典哲学的终结》，《马克思恩格斯选集》第4卷。

制制度进行了猛烈的抨击。

    1. 揭露君主专制的罪恶，痛斥君主是"天下之大害"。

    自从中国进入阶级社会以后，君主就作为剥削阶级的总头目渐渐被抬到至高无上的地位。为了维护君主专制制度，剥削阶级的卫道士竭力制造舆论，用"王者承天意以从事"，①"受命之君，天意之所予"②等谎言给君主涂上神圣的油彩。秦汉以后这种"君权神授"的荒诞神话就成了封建社会的正统思想，成了桎梏人民的精神枷锁和封建君主任意奴役人民的护身符。黄宗羲以大无畏的勇气，扫掉了笼罩在君主头上的神圣光环，论证了君主的起源和实质。他认为，君主最初是为着给人们兴"公利"释"公害"而在世人中产生的，他应该是人民的公仆——"此其人之勤劳，必千万于天下之人"③。（以下引文，除特别注明出处外，皆出自《明夷待访录》。）黄宗羲的君主起源说，固然还是远悖科学的，但它剥下了"君权神授"的外衣，破坏了对于所谓"真命天子"的偶像崇拜，这就为他批判以暴君专制为中心的封建制度奠定了理论基础。基此，黄宗羲提出了"天下为主，君为客"的思想。他认为，君主既然是因为人民的需要而产生的，那么"为天下""毕世而经营"就是君主的职责。这可以说已经是"主权在民"思想的萌芽。在辛亥革命前二百多年，这种思想的确是进步的。

    黄宗羲关于君主起源和职责的描述，采用了托古的手法。他在"三代"的外衣之下，以饱蘸着理想色彩之笔，尽清倾注他对民主的追求和向往。他通过"古者"和"今者"的对比，对"后之人君"的倒行逆施深恶痛绝。他揭露封建君主是"以天下之利尽归于己，以天下之害尽归于人"的最大的自私自利者和最贪婪残暴的剥削者，并义正词严地指出：他们为夺取作为"私产"的国家权力，为了霸占更多的地盘，不惜"屠毒天下之肝脑，离散天下

---

① 董仲舒：《春秋繁露·尧舜汤武》。
② 董仲舒：《春秋繁露·深察名号》。
③ 黄宗羲：《明夷待访录·原君》。

之骨肉",并无耻地宣称这是"为子孙创业",而在其权欲得到满足后,又"敲剥天下之骨髓,离散天下之子女",以供其一人淫乐,还美其名曰:"此我产业之花息。"

千百年来,正是这些封建独裁者,在劳动人民的尸骨上建立起一座座私家王朝的金銮宝殿,然而,君主专制的卫道士却竭力给他们涂上"王道""仁政""礼乐教化"之类的脂粉。而黄宗羲则蔑视清初专制统治的淫威,愤然写道:"为天下之大害者,君而已矣",直言不讳地指出君主乃天下之罪魁,充分表现了他卓越的胆识和先进的思想。

黄宗羲不仅痛斥君主专制,而且进一步提出"向使无君"的假设。他认为,只有取消君位,人们才能"各得自私""各得自利"。他提出的这种社会追求,实际上反映了新兴市民阶层的利益和要求。虽然,黄宗羲最后没有能从根本上反对君主制度,但他对君主专制的批判,无疑是已达到了前人不可企及的高峰。

2. 批判封建官僚制度,抨击"君臣之义"。

"君为臣纲",是封建官僚制度的核心和理学的根本教条。韩愈认为:"君者出令者也。臣者行君之令而致民者也。""君不出令,则失其所以为君。""臣不行君之令而致之民,则失其所以为臣。"[①]朱熹则更认为这样的封建纲常永恒不变:"君臣父子,定位不易,事之常也。君令臣行,……道之经也。"[②]"三纲之要,五常之本,人伦天理之至,无所逃于天地之间。"[③]而黄宗羲首先否定这种所谓"万年不磨"的君臣隶属关系。他认为,官吏是"分身之君","臣之与君,名异而实同",他们是"分治"天下的平等关系,而不是主仆关系。因此,臣的职责是"为天下,非为君也;为万民,非为一姓也"。黄宗羲还强调指出:"天下之治乱,不在一姓之兴亡,而在万民之忧乐"。如果为臣者"不以天下万

---

① 韩愈:《原道》。
② 朱熹:《晦庵先生朱文公文集》卷14《甲寅行宫便殿奏札一》。
③ 朱熹:《晦庵先生朱文公文集》卷13《癸未垂拱奏札二》。

民为事",则只不过是"君之仆妾",因而也就违背了"臣道"。黄宗羲冲破纲常名教的藩篱,把位尊荣极的君主的浮沉兴亡,只作为是一身一姓的小事而睥睨之,并大声疾呼为臣者要以"万民之忧乐"为重,充分表现了他强烈的"叛逆"精神。他嘲骂那些认为"臣为君而设","君臣之义无逃于天地之间"的御用学者,不过是迂腐不堪的"规规小儒"。他非常鄙视愚忠,反对臣为君主的一身一姓报以死节。他认为,君主如果"不以天下万民为事",而为臣者却"从君而亡","杀身以事君",这只不过是"宦官宫妾之心","私昵者之事",并不是为臣之道。

黄宗羲从根本上否定"君为臣纲"的理学教条,这就为批判封建官僚提供了理论依据。他揭露封建官僚"昧于"君道,为君主"奔走服役",是君主"敲剥"天下的帮凶。这些官僚"视天下人民为人君囊中之物",他们所做的一切,都是为了巩固君主的地位和满足君主的私欲,而"四方之劳扰,民生之憔悴",则被他们视为"纤芥之疾",不屑一顾。黄宗羲辛辣地讥讽了这些"跻身于仆妾之间,而以为当然"的官僚卖身求荣、为虎作伥的卑劣行径,深刻地批判了封建官僚的昏聩腐朽。

3. 揭露封建无公法,抨击封建法制是"非法之法"。

封建君主不仅竭力使自己神格化,好让世人虔诚地顶礼膜拜不息,而且还乞灵于刑律的法力,以维护君主的正统地位。然而,他们的法律究竟是什么样的东西呢?韩愈作了赤裸裸的说明:"民者,出粟、米、麻、丝、作器皿,通货财以事其上者也,……民不出粟、米、麻、丝、作器皿,通货财以事其上者也,则诛。"①黄宗羲一针见血地指出,这种刮民骨髓的严刑峻法,不过是君主"唯恐其作命之不长也,子孙之不能保有也,思患于未然,以为之法"。这样的法律只是"一家之法而非天下之法",这就揭露了封建法制出于皇权,维护皇权的反动本质。

他进一步论证,这种私家王法以"桎梏天下人之手足"为前提,"利不欲

---

① 韩愈:《原道》。

其遗于下，福必欲其敛于上"，因而是"非法之法"。由于这样的法制以天下人为敌，所以"法愈密而天下之乱即生于法之中"，人民的反抗就更为猛烈。在这里，黄宗羲对处在"非法之法"之下的人民给予了深切的同情，彻底地否定了封建法制。

三

黄宗羲以锐不可当之势，在反理学的战场上纵横捭阖，对封建专制制度进行了猛烈的抨击，并从多方面阐发了他的初步的民主主义思想。但是，由于历史条件的限制，他还不可能从对暴君政治的批判中引出根本否定封建制度的结论。因此，他最终是企图通过政治改良的办法来达到"修齐治平"的目的。他在对旧世界进行批判的同时，以奔放的激情朦胧地描绘了闪耀着民主主义光华的理想王国。这个大胆的政治设计方案主要有如下内容：

1. 以恢复相权来限制君主权力。

"天子之所是未必是，天子之所非未必非"。这是黄宗羲限制君主权力思想的基本出发点。他认为，如果让君主独断独行，恣意妄为，就必定不能治好国家。他从总结明朝的历史经验中得出结论："有明之无善治，自高皇帝罢丞相始也。"在中国漫长的封建社会，从设相到罢相的一千三百年间，是中央集权形成、巩固和最后走向皇权专制顶峰的过程。其间，皇权与相权的权力之争，这一统治阶级内部矛盾一直持续不断。时而异常尖锐，时而较为缓和。在大多数情况下，相权的稳定有利于封建政权内部各种力量的平衡，使国家有相对的安定；而在相权旁落的时候，往往就是君主昏庸和宦官乱政作为并发症出现贻害天下。汉、唐、宋等封建王朝所发生的宦官之祸，都曾为害惨烈。尽管如此，到了明初，醉心极权的朱元璋还是罢黜了宰相，从而以皇权的胜利结束了这场由来已久的权力之争。此后，明王朝中央政令的发布就常由皇帝口述，司礼秉笔太监记录后交内阁首辅拟成诏谕，再由皇帝核准颁布。这个出令的过程，不但使皇帝得以更加专权，而且也为宦官擅权提供了方便条件。明朝皇帝的昏庸，使野心勃勃的阉宦可以矫诏横行，为所欲为，即使是内阁首辅，也只能听命于阉宦，中央六部就更成了"阉宦奉行之具"。于是，宦官弄权的闹剧不仅在明朝重演，而且由于其特务组织的猖獗，"群凶煽虐，毒痛海内"，[①]使之发展到了登峰造极的地步。

　　黄宗羲深知此问题的利害关系，极力主张恢复相权。他认为，要根除"大权自宫奴出"之患，宰相就不能有名无实，而应有职有权，能和皇帝共议国事，制定政令。他还主张，宰相须以选贤为条件，如果天子不贤，则"赖宰相传贤足相补救"，让有职有权的宰相去管理一切。他又主张设立"政事堂"，下设五房，"使四方上书言利弊者……皆集焉，凡事无不得达"。这样一个以宰相领导下的责任内阁来主持国政的设想，显然是有进步意义的。这些主张，是在批判明王朝的腐朽政治的基础上提出来的，其要害在于不仅使宰相有辅佐君主的职权，而且要以相权分君权，限制君主的权力，防止君主独裁专制，后来资产阶级所主张的虚君共和制，正是取法于这样的设想。

　　2. 以学校作为代议和监督机构。

　　黄宗羲基于"天下之议论不可专一"的认识，十分推崇清议。清议之说由来已久。明清之际的进步思想家围绕反对君主专制，也都力倡清议。然而，黄宗羲所主张的清议，已跳出了陈说的窠臼，不再是"仅仅议一议"，而是一种代议制思想的萌芽。他认为，学校应当成为政府的清议机构，而不能单是作为"养士"之地，"必使治天下之具，皆出于学校"，治理天下的大政方略，都须由学校议出。显然，这样的"清议"，就颇具立法的意义。

　　黄宗羲还赋予学校以监督君主和政府的权力：天子须"公其是非于学校"，天子、宰相、六卿、谏议等都要定期到太学"就弟子之列"，听祭酒（就像是"议长"）讲学。祭酒评议国事，"政有缺失，直言不讳"。各地的学校，对地方官吏亦可"各以疑义相质难，……郡县之政事缺失，小则纠绳，大则伐鼓号于众"。这样的设想是十分新颖的。以前君主和达官贵人也有到寺庙听讲经的，

---

① 《明史》卷 305《魏忠贤传》。

但这不过是他们欲借倡佛道之说来愚弄和麻醉人民,讲经者自然不会去触动他们。董仲舒曾阐发他的天谴思想,企图通过解释天降灾异来对人君的行为进行警告,以防其不行仁义。这其中包含着对君主有所限制的意思,但他是借助神灵,用"天人感应"的神话来婉转地阐述,并不失其对君主敬畏之心。而黄宗羲所主张的对君主"直言不讳"的批评,使君主"不敢自为是非",则是直截了当地反对君主独断专行、滥用权力,并给予监督,就很具有积极的、进步的意义。黄宗羲这些以代议和监督机构来限制君主权力和监督政府的设想,是他的政治学说中最为激进的、最富于民主主义思想的精华。在中国,他是提出这种思想的第一人。

3. 以公立法,实现人权平等和政治平等。

针对封建法制是君主的"一家之法",黄宗羲提出建立"天下之法"来取而代之。他论证以公立法的重要性,提出了"有治法而后有治人"的先进的法治观点。他认为,只有建立像"三代"那样"藏天下于天下者"的公法,才有利于治理国家,才能使各级官吏无"法外之意存乎其间;其人是也,则可以无不行之意;其人非也,亦不至深刻罗网,反害天下",从而能为社会兴利除弊。

黄宗羲认为,封建法制由于没有权利和义务的平等,无论它怎样变化,万变不离其宗,都不过是剥削者"敛于上"的依据。因此,"天下之法"必须有"贵不在朝廷,贱不在草莽"的政治平等。这样,黄宗羲从要求"各得自私""各得自利"的人权平等,进而推到要求政治的平等和法律的平等。这在17世纪中叶的中国,无疑是一股十分清新的启蒙气息。

由于黄宗羲还不能认识法制属于上层建筑的范畴,它的性质是由经济基础决定的,不改变封建的经济基础,就谈不上建立"天下之法",因而他只能从抽象的概念出发来区分两种不同的法律,不能指出法律的实质。尽管如此,我们仍应看到,他对法制重要性的认识,对于人人平等的"天下之法"的向往和追求,在当时是难能可贵的。

四

"人们的观念、观点和概念,一句话,人们的意识,随着人们的生活条件,人们的社会关系,人们的社会存在的改变而改变"。[①] 黄宗羲的民主主义思想,是明清之际社会进步思潮的卓越代表。它的产生,有着深刻的社会根源和历史根源。

明清之际,社会矛盾异常尖锐。农民阶级与地主阶级的矛盾,封建统治阶级内部的矛盾,满洲贵族与汉族地主阶级的矛盾,从宋元以来盛行数百年之久与日渐衰微的反动理学与新兴的社会进步思潮的矛盾,……错综复杂地反映在政治、军事、经济和思想文化各个领域里,使整个社会处在大动荡之中。这就是黄宗羲的杰出思想所赖以产生的广阔的历史背景。正是在这样的环境中,他汲取政治营养,孕育、产生了崭新的批判精神。

明王朝后期是极其腐朽的。这种腐朽,不仅表现在统治者的骄奢淫逸、昏庸无能,也不仅表现在他们贪婪横暴,残酷地奴役和压榨人民,而且还表现在统治者内部矛盾重重,宦官擅权,政治黑暗。黄宗羲早在青年时代就对此深有感受。波澜壮阔的明末农民大起义,推翻了貌似强大的明王朝的统治,沉重地打击了宋明理学的精神枷锁,用武器的批判,深刻地暴露了封建专制制度的腐朽性。这种武器的批判,更促进了黄宗羲的民主主义思想产生。1644年满洲贵族入主中原,实行野蛮的民族压迫,使民族矛盾迅速激化。在这种"社稷沦亡,天下陆沉"的情况下,黄宗羲的思想极为复杂:既有由于明王朝覆灭所引起的汉族士大夫阶级的"亡国"之恨和怅惘之情,又有对于明王朝的腐朽和农民大起义的威力的认识;既有地主阶级反对派对明王朝的专制统治所积郁的愤懑之慨,更有对于满洲贵族入主中原的强烈的反抗情绪。他在痛苦的思索中终于迸发出勇猛的批判精神,以雄劲的笔力,炽烈的感情,写出了洋溢着民主精

[①] 马克思、恩格斯:《共产党宣言》,《马克思恩格斯选集》第1卷。

神的重要理论著作《明夷待访录》。这部书，实际上是他从思想上总结明亡教训的产物，同时，也在一定程度上反映了代表着新的经济关系的思想意识对旧世界的批判和声讨。因此，它集中地、尖锐地批判了腐朽的封建专制制度。这就是黄宗羲积极的、进步的民主主义思想产生的主要原因。

明末，资本主义的萌芽对黄宗羲民主思想的形成，也有重要的意义。他生长在浙江余姚，活动在东南地区，这些地区的商品经济发达，资本主义萌芽较早。这种新的经济因素，给予他的影响是明显的。他对于人权平等，对于人们"各得自私""各得自利"的自由发展的追求，代表了资本主义萌芽初期一般市民的利益和要求。

黄宗羲的思想，又是对中国古代进步思想的继承和发展。我国古代，有着朴素唯物主义思想的传统。还在很早以前，就产生了可贵的"民本"思想，后来又有无神论、"天人相分"论以及起义农民在斗争中所提出的平等思想等。由于宋元以来唯心主义理学的泛滥，使之几乎湮灭不彰，明末农民大起义武器的批判和明末李贽等先进思想家用批判的武器所进行的斗争，为明清之际进步思潮的产生准备了条件。黄宗羲的民主主义思想，也就在长期被压抑而几乎黯然窒息的清初思想界爆发出来。

此外，黄宗羲思想的产生，还有他在主观方面的若干条件。他的父亲黄尊素，是明末东林党中的重要人物，平生见义勇为，敢于抨击时政，而且又是一位历史学家。父亲对他的教育和影响，使他很早就孕育了"守正不阿"的思想。其父后因弹劾魏忠贤阉党被害死狱中，这样的深仇大恨，使他更憎恶封建专制主义的统治。

黄宗羲一生的奋斗经历，对他的思想形成和发展有重要作用。他早年继东林余绪，从事反抗封建专制的斗争。清兵南下后，他毁家纾难，投身抗清斗争，苦战十余年。失败以后，隐居乡间，专事讲学著述，多次拒绝了清政府的征聘。此时，他用自我批判的精神总结东林、复社思想，进一步确立了反对君主专制的政治思想。在这样的坎坷经历中，他有机会接触社会实际和下层人民，大大开阔了眼界，丰富了研究的领域，从而使他的民主主义思想的产生，有了坚实的基础。

　　黄宗羲又是一位严谨的学者。他不尚空谈，注重实践，他的学识渊博，不仅在史学上有突出的建树，而且在数学、天文、历法等自然科学领域中也都有很深的造诣，从而使他易于摆脱理学教条和迷信思想的束缚，能用比较求实和比较科学的方法来观察分析社会政治问题。这也是他的先进思想所能形成的重要条件之一。

　　黄宗羲所处的时代，铸就了他的思想的利剑，同时，也就必然地给他这柄思想之剑打上时代的烙印。正如列宁所指出的那样，在马克思主义产生以前，"社会学家不善于往下探究像生产关系这样简单和这样原始的关系，而径直着手探讨和研究政治法律形式，一碰到这些形式是由于当时人类某种思想产生的事实就停留下来，结果似乎社会关系是由人们自觉建立起来的"[①]。黄宗羲自然无法逃脱这样的局限。他虽然也着手研究了一些诸如"田制""财计"之类的问题，但他不可能认识和分析生产关系这样的本质问题，从而引出科学的结论。另外，黄宗羲的民主主义思想还是在远没有足够的物质基础和阶级力量的社会土壤中产生的。清初反动统治的沉重压迫，使得从明代嘉靖、万历年间发展起来的资本主义萌芽受到了极大的摧残，新的经济关系和新兴市民阶级的力量仍然极为薄弱，这就必然使他的眼光受到限制。由于这些原因，黄宗羲的民主主义思想还是不够彻底的。自然，这是阶级和历史的局限，我们不应当苛求。

　　黄宗羲的民主主义思想，是近代中国民主思想的先驱。它在清初高压统治禁锢下的中国思想界异军突起，沉重地打击了桎梏天下的封建专制思想体系，推动了清初社会进步思潮的兴起，并对中国封建社会后期反封建专制的斗争和旧民主主义革命的兴起，起了重要的促进作用。今天，在批判和肃清封建主义残余的斗争中，它仍有可资借鉴之处。

---

① 列宁：《什么是"人民之友"》，《列宁全集》第1卷。

中国典籍所载女人国传说研究

张绪山（清华大学历史系）

女人国传说是见诸华夏典籍的众多传说之一，历来受到学者们的关注。在以往众多研究成果中，有两种明显的倾向，一是将包括中国女人国传说在内的世界各国不同渊源的女人国传说视为一个体系，试图从中提炼出一条规则，其结果是方枘圆凿，不得要领；一是认为"中外关于女国者之纷说甚多，实皆子虚乌有，殆姑妄而听之也"，不可深究，[1]实际上是放弃对它进行深入研究。在世界范围内，女人国传说见诸一些民族，其起源颇为不同，各自拥有独特体系。就目前所掌握的资料看，具有较完备体系的女人国传说至少有三：中国、希腊与印度。这三大体系之间虽间或有所交叉，但结构明显有异，流传范围不同；混同研究不仅难度极大，而且往往顾此失彼，难以深入。本文以中国古代有关女人国的传说为独立研究对象，而将希腊与印度渊源的女人国传说作为潜在的比较对象，具体的研究则于另文进行。

一、唐代以前的女人国传说

中国古代有关女人国（或女儿国）的传说起源甚早。在早期传说中，女人国是居于"域外"的族群，位于华夏之西。《山海经·海外西经》云："女子国，在巫咸北，两女子居，水周之。""轩辕之国在此穷山之际，其不寿者八百岁。在女子国北。"同时又提及"男人国"："丈夫国在维鸟北，其为人衣冠带剑。"《山海经·大荒西经》亦云："大荒之中……有女子之国……有丈夫之国。"

---

[1] 赵汝适：《诸蕃志校释》，杨博文校注，中华书局1996年版，第131页。

《山海经》所记多取东夷传说，[1]女人国传说乃东夷族人对西方"域外"的一些女性族群的认识。其他记载亦可为佐证。《淮南子·地形训》记海外三十六国，西北至西南方诸国中，有"女子民，丈夫民"，东汉高诱注："女子民，其貌无有须，皆如女子也。丈夫民，其状皆如丈夫，衣黄衣冠，带剑。皆西方之国。"

郭璞注《山海经》"水周之"条："有黄池，妇人入浴出，即怀妊矣。若生男子，三岁辄死。周犹绕也。"郭注表明，感水而孕之说在晋代以前早已形成，其后袭用。梁元帝萧绎所撰《金楼子·志怪篇》云："女国有横池水。妇人入浴，出则孕，若生男子，三年即死。"《太平御览》卷395引《外国图》云："方江之上，暑湿。生男子，三年而死。有黄水，妇人入浴，出则乳矣。去九嶷二万四千里。"

除了女人国位于西方这一地理方位特点，女人国传说之雏形（prototype）有三个重要特点：一是女人国"居于水中"，与"男人国"并立。此一环境元素在后来的传播中演化为海岛，目的是凸显女人国与外部世界隔绝所形成的封闭性。二是感水而孕，无性繁殖。三是生男婴不能生存，故其"纯女"特点得以保持。在这三个特点中，无性繁殖之说尤为重要，是中国传统女人国传说中一以贯之的核心元素，与古希腊传统的女人国传说形成鲜明对照。[2]在希腊传统中，无性繁殖虽有记载，[3]但不居主导地位。中国渊源的女人国传说在后来

---

[1] 见刘宗迪《失落的天书》，商务印书馆2006年版，第553—563页。

[2] 希腊渊源的女人国传说亦有三个主要元素：一是女人国妇女尚武与好战；二是女人国妇女与邻近群体的男子结合以繁衍后代；三是所生后代只留养女婴而不留男婴。中国与希腊两种女人国传说虽在构架上泾渭分明，但相同的特点是，在流传过程中，其中某一特点可能被突出出来，总体特点始终保持不变。见张绪山《希腊"女人国"传说在欧亚大陆的流传》（待刊稿）。

[3] 如公元1世纪的罗马作家梅拉（Pomponius Mela）曾记载一地"女子独居，全身有毛，浴海而孕，其俗蛮野，为人所捕者，用绳缚之，尚虞其逃走"。唐代杜环在751年怛罗斯之战被阿拉伯人俘虏，与地中海东部世界游历十年后回国，写成《经行记》，其中说："又闻（拂菻国）西有女国，感水而生。"依夏德的看法，杜环所说的意思可能是"生于水"，如塞浦路斯岛流行的维纳斯崇拜（Venus Anadyomene of Cyprus）。F. Hirth, *China and the Roman Orient: Kesearches into*（转下页）

的流传演化中,基本上由这三个主要素构成其核心。女人国独特的习惯风俗与华夏族人所熟悉的"域内"形成对照。

自战国时代以来,东夷地区即流行颇多域外传说。《史记·封禅书》云:"自(齐)威、宣、燕昭使人入海求蓬莱、方丈、瀛洲。此三神山者,其传在渤海中,去人不远;患且至,则船风引而去。盖尝有至者,诸仙人及不死之药皆在焉。"秦崛起于河西,初并力西向,与西戎争霸,及并吞六国,始勠力东向,东夷神仙传说,渐为始皇所迷。《史记·封禅书》曰:"及至秦始皇并天下,至海上,则方士言之不可胜数。始皇自以为至海上而恐不及矣,使人乃赍童男女入海求之。"随着秦始皇的海上寻仙行动,东海虚无缥缈之传说逐渐风靡。但作为域外之族的"女人国"则在西方,没有进入"神仙"传说系列。

两汉及三国时期,朝鲜半岛北部处于中原政权控辖之下,成为"域内"之地,半岛以远的地区成为华夏族人关注的"域外",逐渐与"女人国"结缘。女人国于何时转移到东海,不可确知,但就文献记载而言,可溯源至《三国志》。《三国志·魏志·东夷传》记载,"纯女无男"的女人国位于沃沮国东界的海岛上:

> 毋丘俭讨句丽,句丽王宫奔沃沮,遂进师击之。沃沮邑落皆破之,斩获首虏三千余级,宫奔北沃沮。北沃沮一名置沟娄,去南沃沮八百余里,其俗南北皆同,与挹娄接。挹娄喜乘船寇钞,北沃沮畏之,……王颀别遣追讨宫,尽其东界。问其耆老:"海东复有人不?"耆老言国人尝乘船捕鱼,遭风见吹数十日,东得一岛,上有人,言语不相晓,其俗常以七月取童女沉海。又言有一国亦在海中,纯女无男。

(接上页)*Their Ancient and Mediaeval Relations as Repressented in Old Chines Records*, Münich: Kelly & Walsh, 1885, p.204。如此,则与女人国无关。

毌丘俭《? —255年》是曹魏后期的重要将领，河东闻喜（今山西闻喜县）人。正始五年（244年）至正始六年（245年）两次率兵征讨高句丽。正史记载："正始中，俭以高句骊数侵叛，督诸军步骑万人出玄菟，从诸道讨之。句骊王宫将步骑二万人反，俭大破之。六年，复征之，宫遂奔买沟，俭遣玄菟太守王颀追之。"《三国志·魏志》将"女人国传说"与历史记载相混杂，一并镶入东海这一背景中，完成了地理方位上的转移。

女人国被置于东海的"海岛"之上，其社会封闭性与海岛地理的封闭性，与《山海经》所记女人国"水周之"的环境统一起来；其"纯女无男"的特性，蕴含着两层意义：一是成年男子的不存在，二是男婴的不成活，即《山海经》所谓"生男三岁则死"之意。但对于东海女人国如何做到"纯女无男"，《三国志·魏志》没有交代。《后汉书·东夷列传》对同一事件做出了说明："又有北沃沮，一名置沟娄，去南沃沮八百余里。其俗皆与南同。界南接挹娄……（其耆老）又说海中有女国，无男人。或传其国有神井，窥之辄生子云。……其域皆在沃沮东大海中。"所谓"窥井生子"虽与"感水而孕"稍有不同，但均与"水"有联系，属于同一范畴。可以说这一时期"东大海"中"纯女无男"的女人国，乃是《山海经》女人国的翻版，只是背景舞台随地域上的变化发生了转移。

两汉三国时期，沃沮部落居于朝鲜半岛北部，分为北沃沮与南沃沮，南沃沮即东沃沮。《后汉书·东夷列传》："东沃沮在高句骊盖马大山之东，东滨大海"；"武帝灭朝鲜，以沃沮地为玄菟郡，后为夷貊所侵，徙郡于高句骊西北，更以沃沮为县，属乐浪东部都尉，至光武罢都尉官，后皆以封其渠帅，为沃沮侯"，"又有北沃沮，一名置沟娄，去南沃沮八百里"。东沃沮大致位于今朝鲜的咸镜道，北沃沮大致位于图们江流域。由此而言，沃沮耆者所说的海岛女人国传说的舞台应是日本。在日本古代的"邪马台国"时期，2世纪末发生内乱，各国推立女子卑弥呼为王。卑弥呼女王治下的邪马台国是30多个倭人国家的盟主。这种女人做主的情况以及相关传说，可能有助于女人国传说的

中国制度史

形成。①

魏晋南北朝时期，女人国传说的内涵变得芜杂起来，其主要变化有二：一是一些似是而非的内容被纳入其中，二是背景舞台不是确定于一个方向，而是呈现多样化分布。《梁书·东夷传》记载：

> 慧深又云："扶桑东千里，有女国，容貌端正，色甚洁白，身体有毛，发长委地。至二三月，竞入水则妊娠，六七月产子。女人胸前无乳，项后生毛，根白，毛中有汁，以乳子，一百日能行，三四年则成人矣。见人惊避，偏畏丈夫。食咸草如禽兽。咸草叶似邪蒿，而气香味咸。"（《南史》卷79，《太平御览》卷784，《太平寰宇记》卷175转录。）

慧深是南朝梁人，《梁书》所载乃其499年前后的叙述。慧深所记"女国"并非传统上流传之"女人国"，因其国中亦有丈夫存焉；其"食咸草如禽兽"的所谓女人，也并非真实的女人，而是海狮，所食之"咸草"即海带。② 慧深所述扶桑究为何地，虽久有聚讼，但迄今未定论，③ 故其东千里的女人国究指何地，亦难以确知。但无可怀疑的是，慧深所记与传统女人国传说多不相符，唯

---

① 《三国志·魏志·倭人传》记载：卑弥呼死后，"更立男王，国中不服，更相诛杀，当时杀千余人，复立卑弥呼宗女壹与，年十三，为王，国中遂定"。据此可以认为，当时部落中男子地位尚不及女子，男性为王掌权就会造成"国中不服"，女性为王则"国中遂定"，13岁的女孩因为是前任女王的"宗女"，也可以为王。可知母女继嗣的女系原则在当时还深入人心。

② G. Schlegel, Problémes géographiques: Les Peuples Étrangers Chez Les Historiens Chinois, III: Niu kouo, Le Pays Des Femmes, *T'oung Pao* 3 (1892), pp.495-510；译文见〔法〕希勒格撰《中国史乘中未详诸国考证》，冯承钧译《西域南海史地考证译丛》第三卷，商务印书馆1999年版，第297—306页。

③ 扶桑国之考证历来聚讼纷纭，有日本说、美洲墨西哥说、澳大利亚说，等等。早期的研究者希勒格认为慧深所指乃千岛群岛的情况。"慧深既未至千岛，仅据蝦夷之传闻，故其说中事实与神话兼有之。"〔法〕希勒格撰：《中国史乘中未详诸国考证》，冯承钧译：《西域南海史地考证译丛》第三卷，第297—306页。

一相符合者仅在所谓二三月间"入水则妊娠"一节，实际上是将殊方异域之奇说与中原固有的女人国传说联系起来。但此时的背景舞台仍在东海这个方向上。

此类将某动物附会于人类的记载也见于其他民族史册。如公元1世纪的罗马作家梅拉（Pomponius Mela）曾记载一地"女子独居，全身有毛，浴海而孕，其俗蛮野，为人所捕者，用绳缚之，尚虞其逃走"[1]。10世纪左右的阿拉伯作家伊卜拉希姆·本·瓦西夫（Ibrahim Bin Wasif）所著《印度珍异记述要》也记载："海女种族，被称之为水中之女。她们具有女性之外表，发长而飘动，有着发达的生殖器，乳房突起，讲一种无法听懂的语言，伴有笑声。一些海员说，他们被大风抛到一个岛上，岛上有森林和淡水河川。在岛上，他们听到叫喊声和笑声，便偷偷靠近她们，没有被发现，他们当场捉住两个，并把她们捆绑起来，和她们生活在一起。海员们去看望她们，并从她们身上享受到快感。其中一个人相信了自己的女伴，为其解开捆绳，她便立即逃到海中，从此再也没有看见她。被捆的另一个则一直呆在其主人身边，她怀了孕，并为其主人生下一男孩。海员把她和孩子一起带到海上，看到她和孩子在船上无法逃跑，便有点怜悯之情，于是给她松了绑，但她却立刻离开孩子，逃进大海。第二天，她出现在海员面前，扔给他一个贝壳，贝壳里有一颗贵重的珍珠。"[2] 以此例彼，可认为慧深所言只是对女人国传说的牵强附会。

东晋南迁以后，南朝各代仍以正统自居，但疆域局促，与外部交通不甚畅通，所获消息多属道听途说，本属于华夏边缘"故事"的女人国传说，与四面八方获得的消息附会结合，衍化出新的说法。《梁四公记》记南梁杰公与诸儒论方域之事，所论女人国遍布华夏边缘地域，其方位更加复杂：

---

[1] F. Hirth, *China and the Roman Orient*, p.204.
[2] 见〔法〕费琅《阿拉伯波斯突厥人东方文献辑注》上册，耿昇、穆根来译，中华书局2001年版，第156—157页。

以今所知，女国有六，何者，北海之东，方夷之北，有女国，天女下降为其君，国中有男女，如他恒俗。西南夷板楯（四川东部）之西，有女国，其女悍而男恭，女为人君，以贵男为夫，置男为妾媵，多者百人，少者匹夫。昆明东南，绝徼之外，有女国，以猿为夫，生男类父，而入山谷，昼伏夜游，生女则巢居穴处。南海东南有女国，举国惟以鬼为夫，夫致饮食禽兽以养之。勃律山之西，有女国，方百里，山出台虺之水，女子浴之而有孕，其女举国无夫，并蛇六矣。昔狗国之南有女国，当汉章帝时，其国王死，妻代知国，近百年，时称女国，后子孙还为君。若犬夫猿夫鬼夫水之国，博知者已知之矣，故略而不论。

《梁四公记》为小说体裁，据信为唐代张说所作。张说（667—730/731 年），字道济，一字说之，洛阳人。睿宗至玄宗时三度为相，封燕国公，诗文皆显名。《梁四公记》记载的"女人国"大略有三类：一是以女子为君长，或女尊男卑的氏族、部落或国家（如北海之东、方夷之北、板楯之西的女国）；二是以猿猴、鬼、蛇为夫的群体（如昆明东南之绝徼、南海东南）；三是纯女无夫的聚落（如勃律山之西浴水而孕）。此一时期南朝记载中的女人国变得五光十色，光怪陆离，不乏道听途说的谣言故事，但有一点是恒定不变的：与女人国相关的族群都是华夏族人眼中的"蛮夷"。

隋唐两代是中原王朝对外交往的繁盛时期，典籍所记诸"女人国"基本上是现实存在的国家，与中原王朝存在朝贡关系。《隋书·文帝纪》：开皇四年（584 年），"是岁靺鞨及女国并遣使朝贡"。靺鞨，隋唐时代居于我国东北之黑水白山间，此处"女国"与靺鞨并列，其地显在东方。《旧唐书·太宗纪下》：贞观八年（634 年），"是岁，龟兹、吐蕃、高昌、女国、石国遣使朝贡"。此"女国"与西域诸国相提并论，明显位于西方。由于隋唐时期中原王朝之疆域经营的重心在西域，对西域女人国的记载更为详细。

此一时期之西域女人国有二，其一位于葱岭之南。隋炀帝经略西域，裴矩主其事，当时西域诸蕃多至张掖交市，裴矩诱令诸商胡，言其国俗山川险易，撰《西域图记》三卷，记西域 44 国风土人情，其中即有女人国之消息。《西域图记》序称："发自敦煌，至于西海，凡为三道，各有襟带。……其三道诸国，亦各自有路，南北交通。其东女国、南婆罗门国等，并随其所往，诸处得达。"《西域图记》已佚失，但其材料多为《隋书·西域传》所取，[①] 云女国"在葱岭之南"，又于《于阗传》云："南去女国三千里。"玄奘《大唐西域记》云："此国（婆罗吸摩补罗国）境北大雪山中，有苏伐剌拿瞿呾罗国（唐言金氏）。出上黄金，故以名焉。东西长，南北狭，即东女国也。世以女为王，因以女称国。夫亦为王，不知政事。丈夫唯征伐、田种而已。土宜宿麦，多畜羊马。气候寒烈，人性躁暴。东接吐蕃国，北接于阗国，西接三波诃国。"以其地理位置论，女国应在喜马拉雅山以北，于阗以南，拉达克以东。[②] 唐道宣《释迦方志》曰："（婆罗吸摩补罗）国北大雪山，有苏伐剌挐瞿呾罗国（言金氏也），出上黄金。东西地长，即东女国。非印度摄，又即名大羊同国。东接吐蕃，西接三波诃，北接于阗。其国世以女为王，夫亦为王，不知国政。"[③]《释迦方志》明言即"大羊同国"，所述地理位置与《大唐西域记》同。此"女国"位于中原之西，却被称为"东女国"，是因为唐人从中亚民族获知西方世界有"女人

[①] 《隋书》卷 83《列传》："女国，在葱岭之南，其国代以女为王。王姓苏毗，字末羯，在位二十年。女王之夫，号曰金聚，不知政事。国内丈夫唯以征伐为务。山上为城，方五六里，人有万家。王居九层之楼，侍女数百人，五日一听朝。复有小女王，共知国政。其俗贵妇人，轻丈夫，而性不妒忌。……其女王死，国中则厚敛金钱，求死者族中之贤女二人，一为女王，次为小王。……开皇六年，遣使朝贡，其后遂绝。"任乃强：《隋唐之女国》，《任乃强民族研究文集》，民族出版社 1990 年版，第 213 页。

[②] 玄奘：《大唐西域记校注》上，季羡林等校注，中华书局 2000 年版，第 408—409 页；吕思勉亦认为："其地明在今后藏。"见《吕思勉读史札记》，上海古籍出版社 1982 年版，第 1079 页；任乃强："婆罗吸摩补罗国，在恒河上游，当今尼泊尔西境，德里之东北。以喜马拉雅山脉与女国为界，即所谓大雪山是。玄奘游印时，吐蕃国西界达冈底斯，与女国接。……北接于阗，当系以昆仑山为界。"任乃强：《隋唐之女国》，《任乃强民族研究论文集》，第 215 页。

[③] 道宣：《释迦方志》，中华书局 2000 年版，第 37 页。

国"，故以方位区别，称之为"东女国"。①

另一女国则位于川西。②《旧唐书·南蛮西南蛮传》："东女国，西羌之别种，以西海中复有女国，故称东女焉。俗以女为王。东与茂州、党项接，东南与雅州接，界隔罗女蛮及白狼夷。其境东西九日行，南北二十日行。"隋唐史册记载的这些西域"女国"，并非传统意义上的"女人国"。《隋书·西域传》："其国代以女为王。……女王之夫，号曰金聚，不知政事。国内丈夫唯以征伐为务。……其俗贵妇人，轻丈夫，而性不妒忌。"《大唐西域记》："世以女为王，因以女称国。夫亦为王，不知政事。丈夫唯征伐田种而已。"《释迦方志》卷上《遗迹四》："其国世以女为王。夫亦为王不知国政。男夫征伐种田而已。"这些国家只是盛行女子当政掌权、女子地位高于男子的女权社会，不同于传统所说的浴水而孕、"纯女无男"的女人国。吕思勉认为，隋唐史籍混淆了两种"女国"，"以有女自王，而称女国，则杜撰史实矣"。③断言这些国家乃出乎"杜撰史实"，显然不妥。母权制社会的存在是历史事实，但将它们称作"女国"显然是僭用传说中的"女人国"之名。隋唐时代的"女人国"以如此面貌呈现，是女人国传说随时代与地域变迁而意涵演变的明证。

二、宋代的女人国传说

南宋以后，中国经济重心南移，中原华夏族人与南海的联系增多，目光

---

① 任乃强：《隋唐之女国》，《任乃强民族研究文集》，第 216—217 页。玄奘记载中既有希腊罗马世界的"西女国"，也知道印度传说中的"西大女国"（见下文）。
② 《新唐书·东女国传》："（东女国）东与吐蕃、党项、茂州接，西属三波诃，北距于阗，东南属雅州罗女蛮、白狼夷。东西行尽九日，南北行尽二十日。"吕思勉认为，此种记载实际上是"揉两说为一，而不悟其地之相去数千里也"。见《吕思勉读史札记》，第 1079 页。有学者认为，《新唐书》所记"东女国"实际上是葱岭之南摆脱吐蕃政府威力而迁徙到青海东南、四川西北的苏伐剌拿瞿呾罗国。见张云《吐蕃丝绸之路》，江苏人民出版社 2017 年版，第 62—65 页。
③ 吕思勉：《吕思勉读史札记》，第 1083—1084 页。

遂转向南海。中原王朝迁都汴梁以后,长安失其首都地位,加之西夏阻其梗塞,联系西域的陆路交通衰落;与此同时发生的重大变化是海路的日渐兴盛,尤其是指南针之应用,更为海上交通增势。在海路呈现繁荣,阿拉伯商旅进入中国贸易规模扩大的环境中,女人国传说的背景舞台与情节也开始转移至南海。

12世纪中后期,周去非《岭外代答》卷2"海外诸蕃国"条:"三佛齐之南,南大洋海也。海中有屿万余,人莫居之,愈南不可通矣。阇婆之东,东大洋海也,水势渐低,女人国在焉。愈东则尾闾之所泄,非复人世。"[1]"东南海上诸杂国"条:"东南海上有沙华公国。其人多出大海劫夺,得人缚而卖之阇婆。又东南有近佛国,多野岛,蛮贼居之……又东南有女人国,水常东流,数年水一泛涨,或流出莲肉长尺余,桃核长二尺,人得之则以献于女王。昔尝有舶舟飘落其国,群女携以归,数日无不死。有一智者,夜盗船亡命得去,遂传其事。其国女人,遇南风盛发,裸而感风,咸生女也。"[2]

赵汝适《诸蕃志》"是其提举福建路市舶时所作,宋已南渡,诸蕃惟市舶仅通,故所言皆海国之事"。《诸蕃志》材料多采周去非《岭外代答》,可与《岭外代答》对观。其"阇婆国"条:"又名莆家龙,于泉州为丙巳方;率以冬月发船,盖藉北风之便,顺风昼夜行,月余可到。东至海,水势渐低,女人国在焉。"[3]"海上杂国"条:"沙华公国,其人多出大海劫夺,得人缚而卖之阇婆。又东南有野岛,蛮贼居之……又东南有女人国,水常东流,数年水一泛涨,或流出莲肉,长尺余,桃核长二尺,人得之,则以献于女王。昔常有舶舟,飘落其国,群女携以归,数日无不死,有一智者,夜盗船亡命,得去,遂传其事。

---

[1] 周去非:《岭外代答校注》,杨武泉校注,中华书局1999年版,第74—75页;校注者以阇婆之东的"东大洋海"指澳大利亚以北海域,与下文"女人国"条不符。
[2] 周去非:《岭外代答校注》,杨武泉校注,第111页。
[3] 赵汝适:《诸蕃志校释》,杨博文校释,第54页。

其国女人遇南风盛发，裸而感风，即生女也。"①

南宋以后的女人国故事，与此前颇为不同。其地域的转换自不待说。三佛齐，唐代称室利佛逝，乃 Srivijaya 之对音，在今之苏门答腊东南部；阇婆即爪哇岛。沙华公国在加里曼丹岛，或即 Sawaku 岛之古名，或即 Sembakurq 之对音。②如此，则其东的女人国应在苏拉威西岛。③依《岭外代答》、《诸蕃志》所记，更应注意者有三点：一是感风而孕，不同于此前中国传统女子"感水而孕"之说；二是外来船舶飘落其国的男子，被"群女携以归，数日无不死"；三是落难于其国的智者盗船亡去，遂使女人国之风俗传播于外的传奇。此前未见记载的这些细节均非传统说法。

这些新增加的元素，已见于稍早时期的阿拉伯文献，与之遥相呼应。阿拉伯人伊卜拉希姆·本·瓦西夫（Ibrahim Bin Wasif，10世纪左右）著《印度珍异记述要》，其中记载"女人岛"："该岛位于中国海最边缘。据说全部岛民皆女人，由风受精繁殖，而且只生女孩；又传说，女人们因吃一种果实而受精。还传说，在该岛上，金子向竹子一样生长，呈杆状，岛民以金子为食。有一次，一个男子落入她们之手，女人们要杀死他，但其中的一个可怜他，把他拴在一根梁上，投入大海，海浪和海风一直把他带到了中国。他去见中国国王，向国王谈起该岛的情况。国王随即派船前去寻找；但是航行了三年，却没

---

① 《诸番志》附记"西女国"："西海亦有女国，其地五男三女，以女为国王，妇人为吏职，男子为军士。女子贵，则多有侍男，男子不得有侍女。生子从母姓。气候多寒，以射猎为业。出与大秦、天竺博易，其利数倍。"赵汝适：《诸蕃志校释》，第130页。《三才图会》："又东南有女人国，水常东流，数年水一泛涨……昔常有舶舟飘落其国，群女携以归，无不死者。有一智者，夜盗船得去，遂传其事。女人遇南风，裸形而感风而生。"显系取自《诸番志》。
② 周去非：《岭外代答校注》，第112页；赵汝适：《诸蕃志校释》，第129页。
③ 有学者列出两说，或指苏拉威西岛布吉斯（Bugis）人居住地，或在澳大利亚北部。陈佳荣、谢方、陆峻岭：《古代南海地名汇释》，中华书局2002年版，第454页。前说是，后说非。

有找到，连一点踪迹也没有。"① 中国海在哪里呢？据作者说："过了占婆海，就是中国海。"② 占婆、阇婆，同名异译，即爪哇。很显然，中国海即中国文献中的"南洋"覆盖的海域。阿拉伯人虽然在此一时期主导了东西方海上贸易，但"南洋"仍是一个有所了解但总体上陌生的"边缘"地区。

在赵汝适（1170—1231 年）及其随后的时代，这个版本的女人国传说在阿拉伯世界仍在流行。卡兹维尼（Kazwini，1203—1283 年）《世界奇异物与珍品志》中记载："中国海中的女儿岛。人们发现那里都是女子，绝无任何男子的踪影。姑娘们靠风受孕，生下来的也是和她们一样的女子。还有传说认为，她们是靠吃一种树的果子而受孕的，而这种树就生长在本岛之内。她们吃果受孕之后也生育女儿。有一位水手叙述说，他有一次曾被大风吹向了此岛。他说：'我发现到处都是女子，没有一个男子和她们生活在一起。我还看到此岛的黄金如泥土一样丰富，金芦苇长得如同竹子一般。她们想把我杀死，但其中之一把我藏了起来，然后又置我于一块木板上，放在海中任其漂荡。大风将我吹向了中国海岸，我向中国皇帝报告了有关此岛的情况并对岛中遍地是黄金的景象作了禀奏。中国皇帝便派人前往探险，走了三年也未能找到该岛，只好一无所得地空手败兴而归。'"③ 伊本·瓦尔迪（Ibn al-Wardi）的《奇迹书》（1340 年左右），④ 及 15 世纪初巴库维（Bākuwi）《关于考证强大国王古迹和奇

---

① 〔法〕费琅：《阿拉伯波斯突厥人东方文献辑注》（上册），耿昇、穆根来译，第155、175 页。
② 〔法〕费琅：《阿拉伯波斯突厥人东方文献辑注》（上册），耿昇、穆根来译，第163 页。
③ 〔法〕费琅：《阿拉伯波斯突厥人东方文献辑注》（上册），耿昇、穆根来译，第340 页。
④ "女儿岛是一个大岛。据传闻，岛上从来没有男人。传说这里的女人是靠风受孕的。怀孕后，她们也生下和自己一样的女子。某些人还声称这个岛上有一种树，女人吃了这种树上的果实以后即怀孕。……相传，有一个男子受天命支配而来到这个岛上，岛中的女子们想将他杀死，但其中一位顿生怜悯之心，将他装在一艘小船上抛到海里。他逐浪颠波而漂泊到中国的一个岛上。他向岛上的国王讲述了本人在女儿岛上的所见所闻，讲到了岛上的居民以及丰富的黄金。于是（转下页）

迹的书》，①都叙述了同样的"女人岛"故事。16世纪初麦哲伦环球航行时，他的参加者皮戛费特在航海记录里也记载了这个传说。1522年，他们从马鲁古海抓来一个做领航员的当地老人，告诉他们说，在爪哇岛后面有一个阿洛岛，岛上的妇女就是由风受孕的；如果有男人胆敢登上这个岛，女人就会杀死他。②各方传说均指向"南洋"这个地区，说明人们将这个传说与这个地区存在一些符合女人国传说的事实联系起来，将女人国传说的背景舞台转移到这一地区了。

不过，有一点需要指出的是，无论中国记载还是阿拉伯记载，其中所谓的"男人至其岛辄死"一节，似乎染有印度传说成分。这个情节最典型地见于印度流行的"僧伽罗传说"。这个传说讲述的是：古印度僧诃劫波城有一位名叫僧伽罗的商人，带领500名随从来到名为"宝岛"的斯里兰卡。登岸后，被住在一座铁城中的女妖（罗刹女）所诱惑。这些女妖化作妩媚的妇女，把他们当作丈夫看待，并准备不久后把他们吃掉。僧伽罗得到神的警告和指点，不为所动。但他的同伴迷恋女色，不相信会有杀身之祸，结果被罗刹女全部吃掉。僧伽罗只身逃回僧诃劫波城。罗刹女王怀抱一名婴儿追寻而来，向国王告状，要求僧伽罗与她破镜重圆。国王不但不听僧伽罗的申诉，反而被罗刹女王的妖艳所倾倒，将她收入后宫。罗刹女于夜晚召来其他女妖，把王宫内的人全部吃掉。民众推选僧伽罗登基为王。僧伽罗率军剿灭女妖，并在岛上定居下来。他们的后代称为僧伽罗人。此传说亦为玄奘《大唐西域记》

（接上页）该国王就派遣了一些船只及一部分人（包括此人在内）前往。为了寻找女儿岛，他们在海里航行了许久，却始终未见踪影。"见〔法〕费琅《阿拉伯波斯突厥人东方文献辑注》下册，耿昇、穆根来译，第464—465页。显然取自同样的资料来源。

① "女儿岛。它与中国毗邻，岛上只住有女子。传说这里的女子是以风受孕，或者是吃岛上的某种树的果实而怀胎。"见〔法〕费琅《阿拉伯波斯突厥人东方文献辑注》下册，耿昇、穆根来译，第517页。

② 〔苏〕Ю.Н.谢苗诺夫：《婚姻和家庭的起源》，蔡俊生译、沈真校，中国社会科学出版社1983年版，第160—161页。

卷11所载。①

自唐代以来，海上交通之主导势力为波斯人，宋代则为阿拉伯人。南宋以后，陆上交通梗塞，阿拉伯人东来皆循海路。印度、南海岛屿为阿拉伯人必经之地，阿拉伯人往来东西方从事的贸易，规模空前。阿拉伯人集合印度、阿拉伯传说，成为阿拉伯典籍及《岭外代答》《诸蕃志》等此一时期中国典籍域外材料的主要供给者。周去非、赵汝适所记与阿拉伯传说两两相对，遥相呼应，清楚地表明二者之间的联系。

不过，宋元两代中国典籍在记载传自南海的女人国传说的同时，仍保持着对中原传统女人国传说的记忆。北宋刘斧撰《青琐高议》，其卷3《高言》记一人"杀友人走窜诸国"的故事。在这个故事中，外逃的杀人者北走漠北，南及海外，游历大食及其南面的林明国，林明国南又有一国，其国东南有"女子国"，云："闻东南有女子国，皆女子，每春月开自然花，有胎乳石、生池、望孕井，群女皆往焉。咽其石，饮其水，望其井，即有孕。生必女子。"②《青琐高议》乃小说家言，所言域外之事，多异想天开，其实不过串缀旧典与时闻之域外异闻。在我国史书中，"大食"是阿拉伯的称号，自唐代与中国交通渐多，频频见诸中国典籍。所谓大食国之南有林明国，林明国之南又一国，其国东南有"女子国"，这类地理次序完全出自臆想；所谓"女人国"故事，"望井而孕"云云，都是旧典旧说，并无新获材料。

南宋末年建州崇安（今属福建）人陈元靓撰《事林广记》记载："女人国，居东北海角，与奚部小如者部抵界。其国无男，每视井即生也。"元代汪大渊《岛夷志略》"异闻类聚篇"："他如女人国，视井而生育。"这些作品中所谓"照井而生"的说法沿袭了汉代以后"入水而娠""窥井生子"的传统说法。

周致中《异域志》的记载则显示了对新旧知识的混合，其"女人国"条云：

---

① 玄奘：《大唐西域记校注》下，季羡林等校注，第873—875页；慧立、彦悰：《大慈恩寺三藏法师传》，第88—89页。
② 刘斧：《青琐高议》，古典文学出版社1958年版，第27页。

"其国乃纯阴之地,在东南海上,水流数年一泛,莲开长尺许,桃核长二尺。若有舶舟飘落其国,群女携以归,无不死者。有一智者,夜盗船得去,遂传其事。女人遇南风,裸形感风而生。"① 这显然是宋代新获之知识,与周去非《岭外代答》及赵汝适《诸蕃志》所记同出一辙,但同时也提到:又云与奚部小如者部抵界,其国无男,照井而生,曾有人获至中国。奚部本称库莫奚,源出鲜卑宇文部,后简称奚,南北朝时自号库莫奚,隋唐简称为奚。奚人初居于土河(今老哈河)上游一带,隋唐之际,奚扩散到今山西、河北北部地区,臣服于突厥。小如者部见于《通典》、新旧《唐书》,为室韦之一部,居于嫩江流域以北。

三、明代作为小说题材的女人国传说

元代以后,"女人国"传说不再作为域外的社会现实为涉外史籍所关注,而成为新发展起来的杂剧、小说等文学形式表现的重要主题之一。元末明初杨讷(约1333—?)②杂剧《西游记》所叙主题,是唐僧西天取经路经女人国的故事,故事中的女人国是"千年只照井泉生,平生不识男儿像"。其中第5本第17折《女王逼配》以女王本人口吻介绍其国情形:"俺一国无男子,每月满时,照井而生。俺先国王命使,汉光武皇帝时入中国,拜曹大家为师,授经书一车来国中。至今国中妇人,知书知史。立成一国,非同容易也呵!"③ 这种说法有两点值得注意:一是沿袭了《后汉书·东夷列传》所谓东海女人国"其国有神井,窥之则生子云"的传统;二是介绍了女人国与中原王朝的历史渊源,

---

① 周致中:《异域志》,陆峻岭校注,中华书局2000年版,第54页。
② 杨讷,原名暹,字景贤,一字景言,号汝斋。一生所作杂剧近20部,今存《刘行首》《西游记》两种。其中《西游记》记唐僧西天取经的故事,长达6本24折,是吴承恩所著《西游记》小说的一个重要依据。现存万历四十二年(1614年)题《杨东来先生批评西游记》。参见张祝平《〈西游记〉之西梁女国与海上女国》,《淮海工学院学报》(社会科学版)2006年第4期,第24页。
③ 杨讷:《西游记》,郑振铎主编《古本戏曲丛刊·初集》,商务印书馆1954年版。

上溯至汉代的班昭（曹大家），承认所受中原文明之影响，显示出中原中心主义的叙事原则——这是中原华夏族人的族群意识的一种本能反应，故在说明域外女人国"蛮夷族性"之特征的同时，不忘说明他们对"天朝上国"的倾慕以及攀附心态。

将同一主题发扬光大、使之成为一个遐迩闻名、脍炙人口的故事的，当推明代吴承恩（约1500—1583年）所著《西游记》。《西游记》所展示的中原视角更为明显。对女人国的描述首先是突出中国传统女人国传说所固有的封闭性。其中第48回的描述是：大雪封河面之后，三藏与一行人到了河边，勒马观看，见路口上有人行走。三藏问道："施主，那些人上冰往那里去？"陈老道："河那边乃西梁女国，这起人都是做买卖的。我这边百钱之物，到那边可值万钱；那边百钱之物，到这边亦可值万钱。利重本轻，所以人不顾生死而去。常年家有五七人一船，或十数人一船，飘洋而过。见如今河道冻住，故舍命而步行也。"去往女人国需要"飘洋而过"的说法，实际上是《山海经》以来女人国"水周之"之说的曲笔。

其次是将传统的"感水而孕"改造成"饮水而孕"。《西游记》第53、54回描述：唐僧师徒四人来到西梁女国，唐僧与八戒饮了子母河之水而感觉肚疼，遇见几个半老不老的妇人，向她们说明情况，希望找些热水喝。几个妇人望着玄奘"洒笑"。孙悟空大怒，催逼老婆子去烧热水。那老婆子惊吓之余解释说："我这里乃是西梁女国。我们这一国尽是女人，更无男子，故此见了你们欢喜。你师父吃的那水不好了，那条河唤做子母河，我那国王城外，还有一座迎阳馆驿，驿门外有一个照胎泉。我这里人，但得年登二十岁以上，方敢去吃那河里水。吃水之后，便觉腹痛有胎。至三日之后，到那迎阳馆照胎水边照去。若照得有了双影，便就降生孩儿。你师吃了子母河水，以此成了胎气，也不日要生孩子，热汤怎么治得？"幸赖悟空到解阳山取得"落胎泉"之水，化解了二人的怀胎危机。[①]

---

① 吴承恩：《西游记》，人民文学出版社1992年版，第390—404页。

中国制度史

　　在西梁女国，虽然"农士工商皆女辈，渔樵耕牧尽红妆"，但男人仍被视为人口繁衍的一种途径。一个事实可说明这个问题：当女人们看到走在街道上的唐僧师徒时，一齐鼓掌欢笑道："人种来了！人种来了！"很显然，在这国中，男人仍被视为繁育后代的"种子"之源。所以女人国女王听说唐僧前来，不曾见面早已是"满心欢喜"，芳心暗许，对众女官说道："我国中自混沌开辟之时，累代帝王，更不曾见个男人至此。幸今唐王御弟下降，想是天赐来的。寡人以一国之富，愿招御弟为王，我愿为后，与他阴阳配合，生子生孙，永传帝业，却不是今日之喜兆也？"众女官闻听女王说法，也是个个"拜舞称扬，无不欢悦"。最终多亏悟空施计，四人方才走脱。在传说中，西梁女国"阴阳配合，生子生孙"这条暗线已经脱离了传统"女人国"故事的构架，显示出印度女人国故事影响的痕迹。① 这是以往研究者通常所不注意的元素。

　　明代罗懋登《三宝太监西洋记通俗演义》基本上沿袭《西域记》的套路。其中第46回写郑和下西洋的船队经过女儿国，元帅郑和乔装打扮后，前往王宫讨要降书与降表、通关牒文，被女王看中欲行匹配，无奈郑和乃太监之身，难遂其愿，女王羞恼成怒，监禁郑和。郑和麾下刘先锋领兵50人前往搜寻，路过一座大桥时，向桥下一泓清水观望，觉得肚疼，以为是中了瘴气，便舀了桥下清澈的流水来喝，肚子随之大了起来。一位当地的女百姓被兵士捉到，领到军中王爷面前，告诉明军："我这国中都是女身，不能生长。每年到八月十五日，上自天子，下至庶人，都到这个桥上来照。依尊卑大小，站在桥上，照着桥下的影儿，就都有娠。故此叫做影身桥。王爷道：'那桥底下的河，叫

---

① 还有一些征象说明印度故事的影响。西梁女国设有接待外国使者的"迎阳馆驿"，唐僧师徒四人在子母河附近的村舍投宿时，曾被老婆子取笑道："还是你们造化，来到我家！若到第二家，你们也不得囫囵了！"八戒哼哼："不得囫囵，是怎么的？"婆婆道："我一家儿四五口，都是有几岁年纪的，把那风月之事尽皆休了，故此不肯伤你。若还到第二家，老小众大，那年小之人，哪个肯放过你去！就要与你交合。假如不从，就要害你性命，把你们身上肉，都割了去做香袋儿哩。"见吴承恩《西游记》，第395页。"假如不从，就要害你性命"——说明西梁女国里存在"虐杀男子"的习俗，这与印度僧伽罗传说相同。

做甚么河？'女百姓道：'叫做子母河。'王爷道：'甚么叫子母河？'女百姓道：'我这国中凡有娠孕的，子不得离母，就到这桥下来，吃一瓢水，不出旬日之间，子母两分。故此叫做子母河。'"明朝官员从百里外山中的"顶阳洞"取得圣母泉水，才化解了危机。①

如果说《西游记》中的"饮水而孕"是传统"感水而孕""窥井生子"的演化，则《西洋记》所谓"照泉怀胎，喝水生子"之说，则应是中原传统"窥井生子"传说与"饮水而孕"之说的结合。如果说在《西游记》中，"照泉"这一因素只是辅助性的因素（证明是否怀胎），那么在《西洋记》中则被提高到主导地位，而喝水则被改造成辅助（助产）因素。如果说《西游记》利用了唐代玄奘印度巡礼的背景舞台（西域），《西洋记》则借助同时代（明代）郑和下西洋的背景舞台（南洋）。但无论如何，无性繁殖这一主线仍然历历可见。②可以说，无性繁殖是远东"女人国"传说中最传统且固定的元素。③

四、女人国传说的文化意涵

从起源上讲，"女人族传说"的出现，乃是华夏文明圈内族众与边缘区部族社会交流互动的产物。它所反映的是华夏族人对边缘区部族社会的认识，或者说，是周边部族社会的信息通过某种渠道，袅袅缕缕地传播到华夏文明中

---

① 罗懋登：《三宝太监西洋记通俗演义》上册，上海古籍出版社1985年版，第600—606页。
② 清代李汝珍所著《镜花缘》也描写了一个"女儿国"的故事，但这个"女儿国"与《西游记》中的"女儿国"有所不同，其中有男人存在，只是在这个"女儿国"中阴阳反背、男女颠倒，女人是社会的主导，处于强势地位，从国王到各级官员都是女人，而男人则居于从属地位。这个类型与隋唐女人国传说框架相同，脱离了传统"女人国"传说。见《镜花缘》，傅成校点，上海古籍出版社2011年版。
③ 关于唐代"女国"的讨论，见 Jennifer W. Jay, "Imagining Matriarchy: 'Kingdom of Woman' in Tang China", *Journal of the American Oriental Society*, 116. 2 (1996), pp.220–229。

心区后，在华夏族人心中形成的带有想象性的"知识图景"（或曰心理认知痕迹）。这种"知识图景"逐渐演化为一种标识性的族群符号，为华夏文明圈内的族众所接受，又反过来被用来标识新的边缘部族，自身边缘的"他者"。随着华夏族人活动重心的变化，其所关注的域外族群也发生变化，"女人族传说"的背景舞台也随之发生相应的转移，有关女人族的"知识图景"也随之发生转移。因此，"女人族传说"所代表的是他们对边缘区部族的"他者"异己性的认知，对边缘区部族的身份"认定"。

女人国的最大特点，是封闭性的女性群体的存在；与这种女性群体并立的，还有独立的男性群体。《山海经·海外西经》云，有"女子国"与"丈夫国"；《山海经·大荒西经》云："大荒之中……有女子之国……有丈夫之国。"《淮南子·地形训》所记海外36国，西北至西南方诸国中，有"女子民，丈夫民"。在传统的女人国传说中，"丈夫国"始终是一个隐形的存在；但随着时间的推移，女人国传说中的这个隐形元素逐渐退居幕后。

女人国传说中的女性单性别群体的存在，反映的是初民社会一定阶段上的生存状态。这种生存状态源于原始人类的"禁忌"。在关乎原始群体生存的禁忌中，最重要的禁忌之一，是进行生产时的"性禁忌"，尤以狩猎活动过程中的"性禁忌"最为重要。[①] 在原始群体中，最初的狩猎具有自发性质，但后来有组织的狩猎成为决定群体生存的重要活动；能否使狩猎活动有效，狩猎群体的组织和准备至关重要；需要完全戒除和禁止一切成员之间的摩擦、冲突，而冲突的主要根源往往是非规范的性关系。为了避免冲突的发生，当时唯一可采取的办法，就是节制性关系，即狩猎以及准备期间严禁性关系的发生；禁止男女间的交往，违者被处死。在性禁忌规范要求下，由全体成年男子组成的狩猎队在远征前离群索居，并且时间越来越长。这一"禁忌"使原始群体逐渐呈现出两个独立存在的性别群体：一是包括全体成年男子，一是包括女人与孩子；

[①] 〔苏〕Ю.Н.谢苗诺夫：《婚姻和家庭的起源》，蔡俊生译、沈真校，第78—84页。

男子外出从事狩猎，妇女从事其他生产活动。①一些原始族群的捕鱼活动也有同样的风俗存在。无论是捕鱼还是狩猎，一般都有很长的季节。这种风俗习惯本来出于生产活动的实用目的，但在长期发展中逐渐演变成为宗教性禁忌，从而获得顽强生命力。②

当氏族内婚姻被禁止而进入两合氏族婚姻后，不仅不同氏族的男人与女人分开居住，而且同氏族的男人与女人也分开居住。于是原始群内形成彼此隔离的男人群体与女人群体。一个氏族内的男、女群体与另一个氏族的异性群体形成经常的、巩固的婚姻关系；而本氏族成员之间却完全隔断了性与婚姻关系。如鄂温克人中，一个氏族分成男女两个部分，男人群体称作 Kul（苦鲁），女人群体称作 Mu（木），男女两个群体不通婚，其丈夫、妻子属于另外无血缘关系的氏族，这个氏族同样分成男女两个群体。③在这两种情况下，两个群体生活上被隔离开来，发展为居住地上的分离状态。这种独立的女性群体的存在，构成了中原华夏族人中流传的"女人国"传说的基础，女人国传说反映了这种现实。

窥井而孕、感水而孕、感风而孕等相关传说，属于感生神话的范畴。感生神话是初民社会的基本思维特点之一。在初民社会的思维中，世界呈混沌朦胧状态，人与自然紧密交织在一起，万物融为一体，人神互感、天人相感、物我相感，通过直接或间接、整体或局部的交感而孕育生命。对于一切生命而言，水与气是两种不可或缺的基本元素。一年四季中春季雨水带来的万物复苏，植物随雨水而成长，生物随雨水的降临而出现，很容易让初民社会的人类认为水中蕴藏着生命的种子。对于个体生命而言，气的存在是"生"的征象，没有了气，生命便告结束；对于采摘草木果实的民族，春风带来的草木复苏，也必然

---

① 〔苏〕Ю.Н.谢苗诺夫：《婚姻和家庭的起源》，蔡俊生译、沈真校，第136—139页。
② 渔猎活动开始前限定的时间内，不仅要禁绝与妇女发生性关系，而且要彻底同异性隔绝。这在未开化民族中是常见现象，被称为"猎人和渔夫的禁忌"。见〔英〕詹·乔·弗雷泽《金枝》，赵阳译，安徽人民出版社2012年版，第275—278页。
③ 吕光天：《论古代鄂温克人的群婚家族与及氏族的产生》，《考古》1962年第8期。

中国制度史

使人产生风与生命关系的联想；对于农耕民族而言，农作物在春天发芽，夏天中成长，秋天中收获，冬天中储藏，都与时令变化、四季风向密切关联。季节变换下的风向变动与植物生长、成熟的密切联系，使人类产生联想，认为人类生命随风而来。这种感风而孕的传说，至今在我国云南楚雄彝族女儿国神话中仍完整地保留着。①将生命的孕育与水、风联系起来，是初民原始思维中的"生殖联想"。

窥井而孕、感水而孕、感风而孕等感生神话，显然也曾经存在于中原族人中，但在父权制确立以后就完全消失了。②《山海经》郭璞注"妇人入（黄池）浴而孕"是往昔观念的遗存。女人国传说所反映的，是父权制原则下的华夏族人对早已消逝了的社会习俗的记忆，但由于这种社会习俗在华夏社会早已没有对应的实际存在，故而将这种习俗当作周边异族的奇异特征。在华夏族人对域外的活动中，一旦发现边缘地区或域外的某个族群呈现出某个特征与女人国传说的某个重要元素相符合时，存在于华夏族人记忆中的这种格式化的传说便被激活，运用到他们身上。不同时期出现的女人国传说的地域上的变迁，在根本上反映了中原王朝对域外族群关注点的变化。

女人国传说之不断见诸华夏典籍，源于"华夷观念"支配下的华夏族人对边疆异族的持续关注。华夏族人从很早就有强烈的"华夷"情感，"华夷之别"可谓中华族人源远流长的强大意识之一。中华古人自称"中国""华夏""中华""九州""神州"等，与此相对应的是"四夷"，即东夷、南蛮、西戎、北狄。③春秋时代华夏族人的"四夷"意识已很明确，诸侯争霸的口号是"尊王

---

① 《搓日阿补征服女儿国》流传于云南省楚雄彝族自治州，其中讲到：在女人国的女人们于每年三月，跑到花顶山上，迎风站几天，回来就怀孕，生孩子。见李子贤《东西方女儿国神话之比较研究》，《思想战线》1986年第6期，第41—48页；又见李子贤编《云南少数民族神话选》，云南人民出版社1990年版，第38—55页。
② 黄帝母见雷电绕北斗身感有孕；禹为其母吞食神珠薏苡而生；天命玄鸟降而生商；周之的先祖乃其母踏巨人足迹而生，等等，可能是这种感生神话的衍化。
③ 当然，中华族人的华夷观念的发展倾向是重文化过于种族，即韩愈《原道》所谓"用夷礼则夷之，夷之进于中国者，则中国之"。

攘夷"；管仲说："戎狄豺狼，不可厌也，诸夏亲昵，不可弃也。"由这种内外之别的"华夷"观念构成的华夏意识，包含两个方面，一是自我族群意识，一是基于自认族群意识的异族观念。

华夏族人的族群认同，集中表现在由文教礼仪制度为核心的族群优越感上。《战国策·赵策》云："中国者，聪明睿知之所居也，万物财用之所聚也，贤圣之所教也，仁义之所施也，诗书礼乐之所用也，异敏技艺之所试也，远方之所观赴也，蛮夷之所义行也。"唐代为中国历史上的黄金时代，气魄恢弘，胸襟开阔，有海纳百川的气度，但"华夷"观念仍很清晰。孔颖达对"华夏"的诠释是："夏，大也。中国有礼仪之大，故称夏；有服章之美，谓之华。华、夏一也"；杜佑虽承认"古之中华，多类今之夷狄"，但仍坚持华夏文明、四夷荒蛮的观念，认为四夷"其地偏，其气梗，不生贤哲，莫革旧风。浩训之所不可，礼义之所不及。外而不内，疏而不戚。来则御之，去则备之"（《通典·边防一》）。唐太宗谓："自古帝王虽平定中夏，不能服戎、狄；朕才不逮古人而成功过之。……朕所以能及此者……自古皆贵中华，贱夷、狄，朕独爱之如一，故其种落皆依朕如父母。"[①]（《资治通鉴》卷 198）唐太宗是否做到了"爱之如一"，平等对待华夏与夷狄，姑且不论，但自古华夏族人"贵中华，贱夷狄"，则是不争的事实。"华夏"与"蛮夷"的对照与对立，是华夏族人族群认同感的极重要的媒介元素；华夏族人的自我认同在这种对立中得到强化。

这种"华夷"意识在根本是"内外"观念，"内外"观念在地域上表现"域内"与"域外"。女人国传说所表达的"异族"特质，属于华夏族群传统意识中的"夷狄"特征，与华夏族的族性特征形成对照。所以，我们看到的一个一以贯之的现象是，历史上的"女人国"总是被置于"域外"——华夏文明圈的外围。从春秋战国时代以后，诸如《山海经》《穆天子传》之类充满异域传说的作品，以及正史中专涉中原与外族交往及域外知识的"四夷传"，固然反映了中原族人与域外交通的事实，以及对周围世界的强烈探求欲，但更蕴含

[①] 《资治通鉴》（五），黄山书社 1997 年版，第 26 页。

着一个文化现象，即通过对华夏文化圈边缘区族群异质性的"蛮夷特征"的刻画，凸显中原族人的同一性，强化中原族人对这种族性同一性的认同。"女人国"是中原华夏族人记载的域外族群之一，属于"蛮夷"族群范畴，其"纯男无女""感水而孕""感风而孕"等生育方式属于与华夏迥然不同的"奇风异俗"，属于蛮夷族群的特征。对华夏族而言，"女人国"的存在是一个异己性的"他者"的存在，这种"他者"存在的客观作用之一，是凸出华夏族人与之不同的族群意识。

在春秋战国到汉代华夏边缘的形成、扩张中，被包含在"边缘"中的各地中国人虽然逐渐凝聚许多共同性，然而在文化上仍有相当的差异，他们需要强调"异质化"的边缘，来强调在此边缘内人群间的共性。域外的"珍贵土产"及异族的"奇风异俗"被用来强化与凸出域内人群的同质性与一体性，是惯常的做法。春秋至汉代出现或流行的许多作品，如《逸周书·王会》《淮南子·坠形》《山海经》以及史书中的四夷传等，都是以他族的异质性来突出域内的统一性。[①]所以，只要华夏族人的自我认同过程存在，作为参照物而与之相伴随外族的异质性就不可能消失。随华夏族人的活动重心不同，表现"域外"不同地区的族权异质性的女人国传说被一再提起，这一事实所反映的是华夏族人自我认同的需要。明代以后女人国传说被纳入杂剧、小说等，以更为通俗的流播，可谓与时俱进，使华夷观念更广泛地深入民众意识。女人国传说在中华典籍上绵延不绝，斑斑可稽，原因在此。

（本文原刊于《中华文史论丛》2020 年第 3 期［总第 139 期］）

[①] 王明珂：《华夏边缘——历史记忆与族群认同》，社会科学文献出版社 2006 年版，第 204 页。

权力机制与联络技术：莫斯科与中共早期革命

王奇生（北京大学历史学系）

共产国际与中共革命的关系，学术界的既有研究多关注莫斯科的政策路线对中共革命的影响。本文试从"权力机制"与"联络技术"的角度，对莫斯科及其驻华代表与中共之间，自决策、执行至信息传递等问题有所解析。要知共产国际并非各国共产党的联盟组织，而是"一个全世界的统一的共产党"，参加共产国际的各国共产党只是它的"支部"。[①] 设于莫斯科的共产国际执行委员会如同"总参谋部"。参加国际的各国共产党被设想为共产主义世界革命的"师"，必须受总参谋部的支配。共产国际章程赋予执行委员会"指导共产国际的全部工作"，它的指示"对所有参加共产国际的政党都具有约束力"。[②] 试想这样一个高度集权的国际组织，同时领导数十个不同国家和地区的共产党开展革命，[③] 从莫斯科总部向世界各国共产党发号施令，在当时的交通和通讯条件下，在各国国情千差万别而革命形势又千变万化的情况下，这部巨无霸式的"革命机器"是如何运转的？就其对中共革命的领导而言，莫斯科如何根据中国国情进行决策，决策依据的情报如何收集，莫斯科的驻华代表扮演了何种角色，中共对莫斯科指令的接收与实施情况如何？在此过程中，莫斯科的

---

① 〔奥地利〕尤利乌斯·布劳恩塔尔:《国际史》第 2 卷，杨寿国等译，上海译文出版社 1986 年版，第 201 页。
② 同上书，第 202 页。
③ 1928 年共产国际书记处报告称，它所属的政党共有 44 个，上引《国际史》第 2 卷，第 381 页。1935 年共产国际的统计，它有 66 个支部，见〔西班牙〕费南德·克劳丁《共产主义运动——从共产国际到共产党情报局》第 1 卷，方光明、秦永立等译，福建人民出版社 1982 年版，第 7 页。

"遥制"达到了何种程度，中共中央还有多大的自主空间，莫斯科的世界革命理论与中国革命的具体实践之间如何调协？诸如此类，均值得深入细致的探讨。

共产国际与苏联的复杂关系，直接影响了莫斯科的对华政策。就莫斯科而言，其政策与策略的出台，既有基于国际共产主义运动的考量，又有基于苏俄国家利益的盘算。而就1924—1927年的中国而言，既有作为共产国际支部的中国共产党，又有作为苏俄盟友的中国国民党，还有与苏俄建立了外交关系的北京政府以及其他政治力量。随着形势的变化，莫斯科与中国各方力量的关系也势必随之调整。两国多方的互动与瞬息万变的局势，使20世纪20年代的中俄关系呈现出极为错综复杂且充满矛盾与紧张的态势。

本文主要梳理莫斯科与早期中共的关系。由于多方联动的缘故，在梳理莫斯科与中共关系时，不得不适当兼顾莫斯科与国民党的关系。又由于共产国际与苏联关系的特殊性，在叙述分析时，有时很难厘清两者之间的权力关系。之所以以"莫斯科"代称，也是基于这样一种考虑。

一、"世界革命司令部"

共产国际成立之初，即宣告其目的在于"利用一切可以利用的手段（包括武装斗争），为推翻国际资产阶级而进行斗争，为建立一个……国际苏维埃共和国而进行斗争"。与第二国际松散的联合会式的组织形式不同，共产国际的自我定位"是一个独一无二的世界性的共产党；在各国进行工作的党只是它的独立支部而已"。[1] 共产国际的组织结构是以俄国共产党为蓝本，按照布尔什维克的模式塑造各国支部，把共产国际打造成一个严格实行中央集权、铁的纪

---

[1] 《共产国际第二次代表大会所通过的共产国际章程》（1920年8月4日），〔英〕珍妮·德格拉斯选编：《共产国际文件》第1卷（1919—1922），北京编译社译，世界知识出版社1963年版，第205页。

律、能够迅速和高效行动的统一的世界性的共产党。①"第二国际无权干涉加入该国际的政党的纲领和活动,而第三国际则与第二国际不同,它是高度集中和具有高度纪律性的组织……"②共产国际的最高权力机关,是隶属于共产国际的一切政党和组织所组成的世界代表大会。由世界代表大会选出共产国际执行委员会。执行委员会只对世界代表大会负责。如同俄共将不受限制的权力集中在中央委员会一样,共产国际也赋予其执行委员会以不受限制的权力。世界代表大会每年召开一次,在代表大会休会期间,由执行委员会指导共产国际的全部工作。执行委员会发布的指示对所有参加共产国际的政党和组织都具有约束力。执行委员会有权要求各国共产党开除违反国际纪律的团体或个人,也有权将违反世界代表大会决定的政党从共产国际开除出去。③

除了章程之外,共产国际第二次代表大会还通过了加入共产国际的条件。条件规定,凡是愿意加入共产国际的党都应该称为"某某国家的共产党(共产国际支部)",而且必须在最短期间内按照共产国际决议的精神修改它们的纲领,报请共产国际代表大会或执行委员会批准。共产国际代表大会及其执行委员会的一切决议,所有加入共产国际的党都必须执行。④

1921年7月共产国际第三次代表大会为了进一步加强各国党的组织结构的一致性,通过了《关于各国共产党组织结构及其工作方法和内容的提纲》,内中规定共产国际的中央领导机构在任何时候都有权要求一切共产党组织、它

---

① 〔俄〕维克托·乌索夫:《20世纪30年代苏联情报机关在中国》,赖铭传等译,解放军出版社2013年版,第5页。
② 《共产国际第二次代表大会所通过的共产国际章程》(1920年8月4日),〔英〕珍妮·德格拉斯选编:《共产国际文件》第1卷(1919—1922),北京编译社译,第202页。
③ 《共产国际第二次代表大会所通过的共产国际章程》(1920年8月4日),〔英〕珍妮·德格拉斯选编:《共产国际文件》第1卷(1919—1922),北京编译社译,第206—207页。
④ 《共产国际第二次代表大会所通过的加入共产国际的条件》(1920年8月6日),〔英〕珍妮·德格拉斯选编:《共产国际文件》第1卷(1919—1922),北京编译社译,第214—215页。

们的附属机构和党员个人作详细汇报:"共产国际所属各国政党必须毫不迟延地执行共产国际的决议,即使在要到执行以后才能对现行党章和党的决议作必要的修改的情况下,也必须执行。"① 第三次代表大会还对共产国际执行委员会的组织形式作了补充规定,除了要求共产国际所属各党必须竭力同执行委员会保持最密切和积极的联系,经常向执行委员会提供可靠情报外,"执行委员会可以派遣特派代表到各支部去,以便有效地协助全世界的无产阶级建立一个进行日常的共同斗争的真正国际"。②

1922年11月共产国际第四次代表大会对改组共产国际执行委员会及其工作又形成新的决议,更加强化了共产国际的集权体制。共产国际主席季诺维也夫在代表大会开幕时撰文说,执行委员会不应被看作调解委员会,执行委员会必须"干涉"每一个党的事务。③ 在此以前,共产国际执行委员会的委员都是直接由成员党选派的。此次大会规定,执行委员会的委员改由代表大会选举产生,这意味着取消了各党派遣自己满意的代表和随意召回代表的权利。④ 这样做的目的,是防止执行委员听命于各国支部。⑤ 另外,会议还决定执行委员会要派代表到各国支部去加强工作,并授予特派代表以最广泛的权力,授权特派代表着重监督各国党执行共产国际各项决议的情况;各国党的中央委员会必须

---

① 《共产国际第三次代表大会通过的关于各国共产党组织结构及其工作方法和内容的提纲》(节录,1921年7月12日),〔英〕珍妮·德格拉斯选编:《共产国际文件》第1卷(1919—1922),北京编译社译,第341—342页。
② 《共产国际第三次代表大会所通过的关于共产国际执行委员会的组织的决议案》(节录,1921年7月12日),〔英〕珍妮·德格拉斯选编:《共产国际文件》第1卷(1919—1922),北京编译社译,第346—347页。
③ 《共产国际第四次代表大会关于改组共产国际执行委员会及其今后工作的决议》(1922年12月),〔英〕珍妮·德格拉斯选编:《共产国际文件》第1卷(1919—1922),北京编译社译,第560页。
④ 〔奥地利〕尤利乌斯·布劳恩塔尔:《国际史》第2卷,杨寿国等译,第314页。
⑤ 《共产国际第四次代表大会关于改组共产国际执行委员会及其今后工作的决议》(1922年12月),〔英〕珍妮·德格拉斯选编:《共产国际文件》第1卷(1919—1922),北京编译社译,第561页。

将一切会议记录按时送交共产国际执行委员会。会议还特别规定各国党的代表大会应在世界代表大会结束以后召开,并明确说明这一规定的好处是:第一,可以消除各国党代表带着强行委托书来参加世界代表大会的做法,这种做法在某些问题上可能使世界代表大会难以达成一致;第二,如果世界代表大会作出的决议和某国党代表大会的决议有分歧,就会造成困难;这时,有关党不是遵守纪律而取消本党决议,就是同共产国际发生抵触。[1] 这一规定意味着排除了各成员党对国际代表大会决议施加影响的可能性。这样一来,各成员党就不可能事先讨论将要在国际代表大会上辩论的问题并对问题表态。共产国际代表大会就失去了自由讨论会的性质,因为在自由讨论中各党的观点可以对决议产生作用。[2] 共产国际第二次代表大会通过的章程还允许成员党有一定限度的自主权,而第四次代表大会通过的改组决议在理论上,特别是在实践上取消了它们仅存的所有自主权。[3]

1924年6—7月,共产国际第五次代表大会对共产国际章程又有所修改,如规定在每一个国家内,只可以有一个加入共产国际的共产党。这样,就使共产主义运动内部的任何反对派都无法建立反对共产国际领导而行使共产党权利的组织。另外还规定各国支部只有在取得共产国际执行委员会同意后,方能召开全国代表大会。共产国际执行委员会有权撤销或修改各支部中央机构和代表大会的决定,并作出各中央机构必须加以执行的决定。[4]

---

[1] 《共产国际第四次代表大会关于改组共产国际执行委员会及其今后工作的决议》(1922年12月),〔英〕珍妮·德格拉斯选编:《共产国际文件》第1卷(1919—1922),北京编译社译,第562—566页。
[2] 《共产国际第四次代表大会关于改组共产国际执行委员会及其今后工作的决议》,〔英〕珍妮·德格拉斯选编:《共产国际文件》第1卷(1919—1922),北京编译社译,第480页。
[3] 〔奥地利〕尤利乌斯·布劳恩塔尔:《国际史》第2卷,杨寿国等译,第314页。
[4] 《第五次代表大会通过的共产国际章程》(1924年7月),〔英〕珍妮·德格拉斯选编:《共产国际文件》第2卷(1923—1928),北京编译社译,世界知识出版社1964年版,第164—171页。

中国制度史

在人事任免方面，共产国际执行委员会有权罢免经各党党员选举产生的主要领导人，而代之以由它选定的领导人。在共产国际看来，这一权力正是由章程赋予执行委员会的"所有其他权力的必要的物质保证"。"如果执行委员会没有罢免领袖的权力，它的决定怎么可能具有必要的权威和约束力呢？"① 共产国际第五次代表大会进一步规定，不允许各国党中央委员会个别委员辞职或集体辞职。辞职被看作是"瓦解共产主义运动的行动"；"共产党的一切领导职位都属于共产国际而不属于任职者"；"党中央委员会未经共产国际执行委员会同意而批准的辞职均无效"。② 之所以采取这一规定，据说是为了结束这种弊病："党的领导同志……一旦他们不同意国际的这项或那项决议……就对党或国际掼乌纱帽……"③

1928年8月共产国际第六次代表大会通过的新章程，进一步集中和强化了国际共产主义运动的领导权。章程宣布各党必须严格遵守国际党纪的条款，如"共产国际各支部必须服从并毫不迟疑地执行共产国际执行委员会的各项决议。各支部有权就共产国际执行委员会的决议向世界代表大会提出申诉。但在世界代表大会作出决定之前，仍须继续执行该项决议"。另外，共产国际驻各支部的全权代表的权力，比上一个版本扩大了。这些全权代表只对共产国际执行委员会负责，遇支部中央委员会的路线违背共产国际执行委员会的指示时，全权代表可以在该支部的代表大会、代表会议和临时会议上发言反对该支部的中央委员会。④

从以上共产国际所颁布的章程、指导原则与相关条例中可以看出，共产国

---

① 〔奥地利〕尤利乌斯·布劳恩塔尔：《国际史》第2卷，杨寿国等译，第202页。
② 《第五次代表大会通过的共产国际章程》(1924年7月)，〔英〕珍妮·德格拉斯选编：《共产国际文件》第2卷（1923—1928），北京编译社译，第170页。
③ 〔奥地利〕尤利乌斯·布劳恩塔尔：《国际史》第2卷，杨寿国等译，第313—314页。
④ 《第六次代表大会通过的共产国际章程》(1928年8月29日)，〔英〕珍妮·德格拉斯选编：《共产国际文件》第2卷（1923—1928），北京编译社译，第641—647页。

际是一个权力高度集中的国际性政党,而且在其建立之后十余年间,其权力有日趋强化的趋势。第一国际和第二国际都不曾给各成员党规定严密的组织形式和固定的政治运动方式,而共产国际则以铁的纪律来"塑造"加入国际的各政党——它们的组织形式、它们的斗争方法和它们的革命目标,强调各国共产党对共产国际的绝对从属关系。

　　从一开始,共产国际就把"各国运动的利益必须服从世界革命的共同利益",作为必须遵循的基本原则。共产国际的每次大会都重申了这一原则。正如第六次代表大会通过的共产国际纲领所强调的:"帝国主义把整个世界束缚在财政资本主义的锁链下,用饥饿和铁血作手段,把桎梏强加在一切国家、一切民族和一切种族的无产阶级身上。""无产阶级世界革命"的最终目的,是以世界共产主义制度来代替世界资本主义制度。这一目标和任务,迫使各国工人紧密地团结为一支不分国界,不分民族、文化、语言、性别与职业的无产阶级国际大军。鉴于革命目标、性质、任务和革命力量的高度同一性,必须有统一而集中的国际政党来协调和指导。共产国际就是这支"部队"的组织者和领袖,是这支"部队"的总司令部。它的历史任务是:精心制订和实施规定无产阶级这支世界部队在各国"支队"的活动的总战略。不仅如此,"国际无产阶级必须有国际的阶级纪律";"这种国际共产主义的纪律必须表现为:局部的、特殊的利益服从革命运动的共同的、长远的利益,共产国际领导机构的一切决定得到无条件地执行"。纲领还特别强调,第二国际的政党只服从本国的纪律,而共产国际各支部则与之相反,"只承认一种纪律,即世界无产阶级的纪律"。①

　　探讨共产国际与中共革命的关系时,必须首先深切了解共产国际的"世界革命"目标及其组织模式和权力机制。共产国际与中共的关系,只是共产国际与各国共产党关系的一个缩影。列宁主义关于世界革命进程的理论要求建立一

---

① 《共产国际第六次代表大会通过的共产国际纲领》(1928年9月1日),〔英〕珍妮·德格拉斯选编:《共产国际文件》第2卷(1923—1928),北京编译社译,第650、708—709页。

个"世界党",这个党在世界范围内以铁的纪律和严格的统一的思想高度地集中起来。共产国际给各国共产党规定了一条清一色的路线。各国共产党必须绝对服从共产国际统一而集中的领导。

另一方面,我们还必须充分了解共产国际与苏俄的关系。表面上共产国际被认为是独立的集体的国际共产党人组织,而实际上在思想上、政治上、组织上和财政上都处在联共(布)中央政治局的严密控制之下。共产国际的所有重大政治举措和干部任命事先都得经联共(布)中央政治局讨论批准。[①] 名义上,"所有问题都是由共产国际执行委员会或者是主席团决定的;但实际上,却是由苏联共产党政治局,说得更准确一点是由这个局的书记处决定的"[②]。各国共产党和共产国际本身也公开承认苏联共产党是共产国际的"领导党"。[③] 共产国际执行委员会设在莫斯科,这个机构的技术和财政来源也主要依靠苏俄。共产国际的章程特别规定,执行委员会的主要工作由执行委员会所在地的"该国共产党承担"。该国共产党在执行委员会内可指派享有充分表决权的代表五人。另外十到十三个最重要的共产党,各派享有充分表决权的代表一人参加执行委员会;其他参加共产国际的组织和政党仅有权各派享有发言权的代表一人参加执行委员会。[④] 这意味着俄国共产党在共产国际执行委员会中享有特殊地位。

这种特殊地位的形成,是多种因素造成的。俄国革命的胜利,俄国共产党成为唯一统治着一个国家的革命党,也是国际中力量最强大、声誉最显赫、经验最丰富的革命党。布尔什维克自然成为马克思主义革命党的普遍样板。各国

---

① 《联共(布)、共产国际与中国国民革命运动(1920—1925)》,中共中央党史研究室第一研究部译,北京图书馆出版社1997年版,第2页。
② 《共产国际第六次代表大会通过的共产国际纲领》,〔英〕珍妮·德格拉斯选编:《共产国际文件》第2卷(1923—1928),第626页。
③ 〔西班牙〕费南德·克劳丁:《共产主义运动——从共产国际到共产党情报局》第1卷,方光明、秦永立等译,第112页。
④ 《共产国际第二次代表大会所通过的共产国际章程》(1920年8月4日),〔英〕珍妮·德格拉斯选编:《共产国际文件》第1卷(1919—1922),北京编译社译,第206—207页。

革命者对之感到由衷钦佩乃至崇拜,使他们容易不加辨别地接受俄国的教导。而列宁建立共产国际的思想,是在世界范围内实现他在俄国已经实现的事情,创造一个进行世界革命的布尔什维克的世界工具。[1] 布尔什维克领导人在其他国家共产党人的心目中享有巨大的理论上和政治上的威望,因而得以担任共产国际执行委员会的主要负责职位,并得以任意运用后者所具有的特别权力。可以说,一个主要以俄国共产党为基础的国际组织不可避免地置于俄国布尔什维克领导之下。另一方面,也是世界革命理论的变化所致。在1914年欧战前,列宁已确定了世界革命战略纲要的主要部分,根据这一纲要,社会主义社会只能在世界上经济最先进地区革命胜利的基础上方能完全实现。俄国革命只是西方社会主义革命和东方资产阶级民主革命的序幕和两者之间的纽带。十月革命胜利后,尽管巩固苏联的无产阶级专政被认为是一项很重要的任务,但直到逝世前,列宁仍认为这个任务是从属于先进国家无产阶级所进行的斗争的。尽管俄国革命无比重要,但充其量也只能作为世界革命关键阶段的"序幕"。列宁最后一次参加共产国际代表大会(1922年第四次)时,还重申了马克思主义的基本原理:无产阶级革命永远不可能在单独一国内取得胜利,它只能汇合成为世界革命在国际范围内取得胜利。然而,列宁逝世后,斯大林提出了社会主义可能在一国范围内取得完全胜利的思想。这一理论很快变成了共产国际的官方教条,成为世界革命观念的基础。由于这个修正,"在苏联建设社会主义"也因此变成世界革命的关键因素,苏联革命在世界革命中具有绝对的优先权,苏维埃国家的安全被看成是世界革命的头等要事,各国运动的利益要服从苏联的国家利益,各国的革命运动都被置于从属的地位。共产国际绝对服从苏联在理论上也就有了正当理由。共产国际和各国共产党不得不主要根据苏联的政策来决定他们的战略和战术。[2] 尤其当世界革命处于低潮时,当其他国家的共产

---

[1] 〔奥地利〕尤利乌斯·布劳恩塔尔:《国际史》第2卷,杨寿国等译,第191页。
[2] 〔西班牙〕费南德·克劳丁:《共产主义运动——从共产国际到共产党情报局》第1卷,方光明、秦永立等译,第61—66、81—82页。

党人愈是感到夺取政权的前景渺茫时，就愈加不能不紧密地团结在苏联的周围，也不得不把他们的希望集中寄托于苏联。①

二、"支部"与"国际"

如同第一国际、第二国际一样，共产国际建立之初，不可避免地存有"欧洲中心主义"的思想。列宁最初将世界革命的重心也放在欧洲，认为世界革命必须由西方无产阶级担任领导。共产国际第一次代表大会清楚地表达了西方马克思主义者头脑中根深蒂固的传统思想："殖民地的解放只能与宗主国的工人阶级的解放连结在一起才有可能。"但是，在第一次和第二次代表大会之间的一段时间里发生了三件事情。这三件事情终于使"民族和殖民地问题"受到共产国际的关注并成为其重要议题之一。一是西方无产阶级革命的前景变得黯淡；二是东方反帝民族解放运动掀起了一个高潮；三是苏俄内部已经尖锐地出现了民族和殖民地的问题。②共产国际第二次大会批准了一项重要的理论建议，其措辞的要点是："在先进国家无产阶级的帮助下，落后国家可以不经过资本主义发展阶段而过渡到苏维埃制度，然后经过一定的发展阶段过渡到共产主义。"虽然如此，西方问题仍然是共产国际关注的重心。在共产国际所"隶属"的世界革命的等级体制中，殖民地和附属国的解放运动处在阶梯的最低一级。③在很长一段时间里，欧洲发达国家的共产党不仅人数众多，并且深深扎根于工人阶级之中，组织也最完善，共产国际也自然成为一个以欧洲为中心的组织。据1924年共产国际的统计，各大洲会员人数分布如下：欧洲为

---

① 〔奥地利〕尤利乌斯·布劳恩塔尔：《国际史》第2卷，杨寿国等译，第308页。
② 〔西班牙〕费南德·克劳丁：《共产主义运动——从共产国际到共产党情报局》第1卷，方光明、秦永立等译，第258—259页。
③ 〔西班牙〕费南德·克劳丁：《共产主义运动——从共产国际到共产党情报局》第1卷，方光明、秦永立等译，第272—273页。

659 090，美洲为 19 500，亚洲为 6 350，大洋洲为 1 100。①此时的中国共产党还只有 800 名党员。中共是 1922 年 6 月召开的第二次全国代表大会上正式决定加入共产国际的。相对于欧洲国家共产党和俄国共产党而言，中共只是东方落后国家一个十分幼稚的党。

对幼稚的中共而言，能被共产国际接纳并得到其指导和援助，自然感到是一件幸事。在很长时间里，中共颇以自己是共产国际组织的支部而自得，亦以"中国革命是世界革命的一部分"而自豪。如国共合作之初，部分国民党人主张，中共党员既加入国民党，中共即可取消。对此，李大钊在国民党"一大"上回应称：

> 我们加入本党，是一个一个的加入的，不是把一个团体加入的，可以说我们跨党，不能说是党内有党。因为第三国际是一个世界的组织，中国共产主义的团体是第三国际在中国的支部，所以我们只可以一个一个的加入本党，本［不］能把一个世界的组织纳入一个国民的组织。中国国民党只能容纳我们这一班的个人，不能容纳我们所曾加入的国际的团体。我们可以加入中国国民党去从事国民革命的运动，但我们不能因为加入中国国民党，便脱离了国际的组织。②

与此同时，陈独秀在《向导》周报发表文章亦称："以一个革命的党要取消别个革命的党，已经是不应该，何况中国共产党是共产国际一个支部！中国国民党若认真因为中国共产党党员加入了国民党之故，便要取消中国共产党；并且中国共产党若也因此自己承认取消，这岂非中国人在世界革命史上要闹出特别新奇的笑话！"③依李、陈之意，中共作为共产国际的支部，即是一个国际政党，而国民党只是一个国内政党，后者没有资格容纳前者。作为国际组织且

---

① 〔西班牙〕费南德·克劳丁：《共产主义运动——从共产国际到共产党情报局》第 1 卷，方光明、秦永立等译，第 116—117 页。
② 李大钊：《北京代表李大钊意见书》，《中国国民党周刊》第 10 期，1924 年 3 月 2 日。
③ 陈独秀：《我们的回答》，《向导》周报第 83 期，1924 年 9 月。

以世界革命为目标的中共，自我感觉比国内政党而以国民革命为目标的国民党要高出一筹。

不过，莫斯科的看法有所不同。在列宁看来，殖民地半殖民地工人阶级在数量上、经济上和思想上都极弱的话，它在一个长时期内都不能在民族解放运动中起主导作用。列宁提及东方革命时，并不是指社会主义革命，而是指资产阶级民主革命，这种革命在转变为社会主义革命前，必须经历一段很长的路程。[①]事实上，在共产国际创立的头几年里成立的殖民地半殖民地国家的共产党，全部都是由青年学生和知识分子组成，后来才有少数工人参加。而领导干部则几乎是清一色的知识分子。然而，共产国际却将这种知识分子的优势视为殖民地半殖民地共产党的主要弱点。[②]在早期中共处于知识分子主导且力量弱小的情况下，莫斯科主张先进行资产阶级民主革命，并将希望主要寄托在以国民党为代表的"民族资产阶级"身上。莫斯科强制中共加入国民党并与国民党一道从事国民革命，正是基于这样的考量。当然，莫斯科强制中共与国民党合作，与苏俄的国家利益具有更直接的关系。新生的苏维埃政权在受到列强的包围和孤立的形势下，迫切希望与之相邻的中国建立一个对苏俄友好和亲近的中央政权。在反复考察和权衡中国各方政治势力之后，莫斯科认为孙中山领导的国民党是未来中国最有希望的一支政治力量，故而决定同国民党联盟，并全力支持国民党。[③]

当莫斯科建议中共加入国民党时，自然不可能将自己的政治意图向中共和盘托出。中共在未能充分了解莫斯科的理论主张与决策缘由的情况下，仅

[①]〔西班牙〕费南德·克劳丁：《共产主义运动——从共产国际到共产党情报局》第1卷，方光明、秦永立等译，第59—60页。

[②]〔西班牙〕费南德·克劳丁：《共产主义运动——从共产国际到共产党情报局》第1卷，方光明、秦永立等译，第281页。

[③]参见拙著《国共合作与国民革命》，中国社会科学院近代史研究所编、张海鹏主编《中国近代通史》第七卷，江苏人民出版社2006年版，第10—11页。

从"主义"立场和国内政局考虑，最初几乎一致反对加入国民党。① 据1922年4月陈独秀写给莫斯科的信函，反对的理由主要有两点：一是两党"革命之宗旨及所据之基础不同"；二是国民党的某些政策"和共产主义太不相容"。值得注意的是，陈独秀还以中共地方组织的名义相抵制："广东北京上海长沙武昌各区同志对于加入国民党一事，均已开会议决绝对不赞成，在事实上亦已无加入之可能。"② 这说明当时以陈独秀为首的中共党人，对于与共产国际的权力关系尚无充分的认知，尤其是对共产国际要求绝对服从的军事化纪律没有深切体会，试图与莫斯科"讨价还价"，提出自己的不同政见和主张。共产国际执委会于1923年1月就中国共产党与国民党的关系问题专门作出决议，明确告知中共："中国唯一重大的民族革命集团是国民党"；中国独立的工人运动尚不强大，中国革命的中心任务是反帝反封建的民族革命，年轻的中国共产党与国民党合作是必要的。③ 随后在6月召开的中共第三次全国代表大会上，陈独秀根据共产国际的决议起草的《关于国民运动及国民党问题的决议案》，仅以5票的优势通过（21票赞成，16票反对），反映了中共党内对这一决议的强烈反对态度。④ 中共"三大"上对加入国民党所产生的激烈争论，亦说明此时中共党内对共产国际的决议并非百依百顺。

加入共产国际之后的最初一两年间，中共领导人与莫斯科之间还有一个相互"磨合"的过程。不过，"磨合"的结果是莫斯科越来越强势，而中共不

---

① 陈独秀："当时中共中央五个委员：李守常、张特立、蔡和森、高君宇及我，都一致反对此提议。"《告全党同志书》（1929年12月10日），任建树主编：《陈独秀著作选编》第4卷，上海人民出版社2014年版，第415页。
② 《陈独秀致吴廷康的信》（1922年4月6日），中共中央档案馆编：《中共中央文件选集》（一），中共中央党校出版社1982年版，第15页。
③ 《共产国际执行委员会关于中国共产党与国民党的关系问题的决议》（1923年1月12日），中共中央党史研究室第一研究部编：《共产国际、联共（布）与中国革命文献资料选辑（1917—1925）》，北京图书馆出版社1997年版，第436页。
④ 《联共（布）、共产国际与中国国民革命运动（1920—1925）》，中共中央党史研究室第一研究部译，第177页。

得不表示尊重与服从。莫斯科越来越强调集权和铁的纪律，作为支部的中共只有亦步亦趋。本文不拟对这一过程作细致的描述，仅引用陈独秀在1929年12月10日发表的《告全党同志书》为例证。陈独秀在文中描述自己作为党的领袖期间在有关国共关系问题上多次与莫斯科意见不一而又不得不"尊重国际纪律"和"服从国际命令"的经过。自1922年8月西湖会议"中共中央为尊重国际纪律遂不得不接受国际提议"同意加入国民党之后，还有以下数次：

（1）1925年10月，在北京召开的中共中央扩大会议上，针对戴季陶的反共小册子，陈独秀认为是国民党企图控制共产党而走向反动的表现，提议中共"即时退出国民党而独立"，受到共产国际代表和其他中央负责同志的严厉反对。

（2）1926年3月蒋介石发动中山舰事件和随后提出整理党务案后，中共中央"主张准备独立的军事势力和蒋介石对抗"，但共产国际代表不赞成，并且还继续极力武装蒋介石；陈独秀在给共产国际的报告中，主张由党内合作改为党外联盟，受到莫斯科的严厉批评。

（3）北伐开始后，陈独秀在《向导》周报上发表批评国民党的文章，并在中央扩大会议上提议：虽然可以与国民党合作，但要夺取革命的领导权。但共产国际远东部代表一致反对。

（4）北伐军占领上海后，陈独秀等主张"决定进攻蒋军的计划"，而共产国际却"电令我们将工人的枪械埋藏起来，避免和蒋介石军队冲突"。

（5）马日事变后，陈独秀两次在政治局会议上提议退出国民党，但莫斯科不允许。[①]

陈独秀与莫斯科之间的意见分歧，姑且不论谁对谁错，此处想表达的是，作为领导人的陈独秀以及以他为首的中共中央，其实是没有多大自主决策的空间的。作为新文化运动的领军人物，陈独秀本是一位特立独行、极具自由个性

[①] 陈独秀：《告全党同志书》（1929年12月10日），任建树主编：《陈独秀著作选编》第4卷，第414—418页。

权力机制与联络技术：莫斯科与中共早期革命

的革命者，"不喜欢苏俄人太多干涉中共内部的事务"①自在情理之中，但在莫斯科的遥制和强控下，只能按指令行事。陈独秀自述，每次与莫斯科的分歧，最终均"服从国际命令""尊重国际纪律"而未能坚持自己的意见。陈坦承："我自始至终都未能积极的坚持我的提议"，直到马日事变后，"实在隐忍不下去了，才消极的向中央提出辞职书"，辞职的主要理由是说："国际一面要我们执行自己的政策，一面又不许我们退出国民党，实在没有出路，我实在不能继续工作。"②

张国焘晚年的回忆，对当时中共中央与共产国际的关系，也有同样的感慨：

> 一九二六年一月下旬，我回到上海后，深感中共中央在政治上处于进退两难的困境，多半为留在国民党内这一政策所桎梏了。列宁曾说过"人不如鸡"，当鸡被置在一个粉笔所画的圈子内，它会自己跑出来；但人却往往会站在自己用粉笔所画的圈子里，跳不出来；以这个譬喻来形容当时中共中央的处境，实在贴切不过。
>
> ……中共中央自始就有尊重莫斯科的传统，对此似也只好安之若素了。中共中央不能根据自己所了解的情况，独立自主的速决速行，而要听命于远在莫斯科、对中国实情又十分隔阂的共产国际；这是一切困难的主要根源。③

张国焘还描述当时另一位中央领导人瞿秋白讥讽陈独秀是"秀才"气味的"家长"，指责陈独秀的政治领导不够泼辣：既不能独行其是，坚持退出国民党的主张，又不愿迁就共产国际代表鲍罗廷的做法，表现得犹豫不定和软弱无

---

① 张国焘：《我的回忆》第2册，东方出版社1991年版，第10页。
② 陈独秀：《告全党同志书》(1929年12月10日)，任建树主编：《陈独秀著作选编》第4卷，第418页。
③ 张国焘：《我的回忆》第2册，第90—92页。

151

力。而在张国焘看来，其实瞿秋白的书生气更甚，对共产国际代表鲍罗廷更顺从。[①] 而张国焘本人则对陈独秀的做法十分同情和理解："陈独秀先生和我虽曾在中共中央会议上痛陈必须退出国民党的利害得失，但讨论结果，我们大多数人仍不得不主张遵从共产国际的指示。"[②]

中共"四大"至"五大"期间，中央实际负责的是陈独秀、瞿秋白与彭述之三人。[③] 在彭述之的记忆中，"中国共产党在第二次革命[④]中，从头到尾，没有经过重大的争论或抵抗，便执行了共产国际的政策"；"党内一般成员从来没有机会参与对最重要的问题的，直率和自由的辩论"；"民主集中制的运行是真正被扼阻，而有利于绝对集中制，即是有关共产国际的训令。"[⑤] 彭述之晚年回忆时还表示，"我们的行动方针，大体上由共产国际的代表们筹划好了"；每次中央全会召开之前，共产国际代表就已"孜孜不倦地写成了全部完整的指示。这些指示包装在众多的决议案里，……这些很难消化的决议案摆在眼前，我们全会的代表不得不生吞硬嚼，没有经过讨论，广泛地接受了"。[⑥]

当时中共中央对莫斯科的情形所知非常有限，既不熟悉共产国际的决策理念与政策背景，更不了解俄共高层的权力斗争内幕。彭述之回忆说："我接触较多的是魏金斯基。他态度很好，有友情，也谈谈闲话。但是关于俄国的斗争，他从来不提，也没谈过。因此对俄国狂风暴雨式的斯大林派与反对派的斗

---

① 张国焘：《我的回忆》第2册，第96页。
② 张国焘：《我的回忆》第2册，第128页。
③ 瞿秋白在中共"六大"上说："第四次大会后至第五次大会前，中央实际负责的是独秀、秋白、述之三人，平山、大钊等在外工作，国焘亦常被派出外，各事总由三人打理。"《六大代表政治谈话会的材料》（1928年6月），中共中央党史研究室、中央档案馆编：《中国共产党第六次全国代表大会档案文献选编》上卷，中共党史出版社2015年版，第108页。
④ 彭述之所称的"第二次革命"，当指辛亥革命为第一次，国民革命为第二次。
⑤ 程映湘编撰：《彭述之回忆录》下卷：中国第二次革命和托派运动，高达乐、程映湘译，香港：天地图书有限公司2016年版，第108、158、159页。
⑥ 程映湘编撰：《彭述之回忆录》下卷：中国第二次革命和托派运动，高达乐、程映湘译，第152页。

争一无所知。"① 彭还特别提醒说：

> 当时中共党人，差不多全部，连中央领袖在内，根本不知道在苏联党内发生严酷的斗争，在共产国际的核心内发生严重的分歧。他们还相信共产国际依然是列宁创建的那样。他们无力公开对抗莫斯科下来的命令。……上面的决议下来，一般党员就无法进行讨论；在没有抗议和矛盾的情况下，我党才达到跟随共产国际机会主义政策的"一致性"。这种政治上和组织上的扼阻，越来越对我们思想的开展，对于我们的公开宣示以及我们的革命家的行为，产生恶劣影响。……我沉痛地感到我党精神上的蜕变，而我已成了它的囚徒……②

彭述之承认，当时中共党人即使在中上层，更多的是对共产国际的无限信任乃至盲目崇拜，那时"第三国际的威望实在太重大"。③ 而中共领导层除陈独秀外，大多是一帮"五四"知识青年，政治上虽然忠诚英勇，但理论修养不足，革命历练不深，不能形成自己独立而深入的见解，相信共产国际的指导不会错，进而对莫斯科和共产国际代表唯命是从，④ 以至于在中共中央的会议上，多数委员对国际指示通常情况下是无异议地接受。也就是说，中共早期对莫斯科的"绝对服从"，除了共产国际的铁的纪律所致，也是中共自身积极配合的结果。陈独秀也承认：

---

① 程映湘编撰：《彭述之回忆录》下卷：中国第二次革命和托派运动，高达乐、程映湘译，第185页。
② 程映湘编撰：《彭述之回忆录》下卷：中国第二次革命和托派运动，高达乐、程映湘译，第159—160页。
③ 程映湘编撰：《彭述之回忆录》下卷：中国第二次革命和托派运动，高达乐、程映湘译，第150页。
④ 程映湘编撰：《彭述之回忆录》下卷：中国第二次革命和托派运动，高达乐、程映湘译，第107—109、160页。

中国幼稚的无产阶级所产生之幼稚的共产党，本来就没有相当时期的马克思主义和阶级斗争的锻炼，一开始便遇着大革命的斗争，只有在国际正确的无产阶级政策指导之下，才可望不至发生很大的根本错误。[①]

党自身的幼稚，是心甘情愿地接受国际指导的主观因素。这一点与欧洲一些国家由社会民主党分化出来的共产党不尽相同。后者与共产国际的关系，部分经历了一个由"抵制"到"服从"的过程。如德国共产党的左右两翼，尽管在战术和战略问题上存在着种种分歧，但从建党一开始就抱有比较明确的共同愿望，即独立地制定和执行党的政策，而不受外来的控制。他们不愿只充当为苏联党控制下的国际中心发来的各项命令的执行者。但是德国共产党建立没有几年，这一"共同愿望"被迫放弃了。因为，来自莫斯科的模式以日益不可阻挡之势被生搬硬套地弄到了党内，对于共产国际所提出的战略战术只能无条件地接受。[②] 在意大利，社会党多数派领袖塞拉蒂也一度抵制共产国际的指导原则，不承认"可以在离开很远的地方作出绝对的和不容更改的指示，而无需深入了解当地的情况和事情的过程"，认为革命时机取决于"紧急时刻的具体历史条件和心理条件"，而不可能同世界各国社会主义政党"事先约定"，因此主张加入共产国际的各政党必须拥有自身行动上的"相对的自主权"。[③]

而在中共早期，从来没有过类似这样对共产国际的抵制言论。张国焘在1928年6月中共"六大"发言中，针对布哈林所认为的"中国同志和共产国际之间存在着分歧和各种误会"的看法，表示并不认同：

中国同志和共产国际之间的关系是最好的，比共产国际同世界上其他

---

① 陈独秀：《告全党同志书》(1929年12月10日)，任建树主编：《陈独秀著作选编》第4卷，第419页。
② 〔西班牙〕费南德·克劳丁：《共产主义运动——从共产国际到共产党情报局》第1卷，方光明、秦永立等译，第153—154页。
③ 〔奥地利〕尤利乌斯·布劳恩塔尔：《国际史》第2卷，杨寿国等译，第235—236页。

权力机制与联络技术：莫斯科与中共早期革命

兄弟党的关系好得多。共产国际在中国共产党这里享有极高的威望，近于迷信。共产国际代表在中国有很高的威信。因此中国同志和共产国际之间的关系不可能有问题。但有不足之处。第一，共产国际代表的权力太大。此外，中国同志和共产国际之间的任何关系都不是直接的，而是通过共产国际代表，共产国际代表也是一种中间人。①

王若飞在中共"六大"上也表达了类似的看法：

> 一些同志说，中国共产党对共产国际执委会不够信任，但实际上中国共产党是过于相信共产国际执委会的代表的，哪怕是共产国际执委会代表有时从兜里掏出图纸或其他什么东西，中国同志都认为这是很宝贵的东西，因为这是从共产国际执委会代表兜里掏出来的。共产国际执委会代表说这是共产国际执委会的指示，或者说这是列宁的话，我们不了解，只有服从。②

至少在长征以前，共产国际一直具有崇高的威望。直至延安整风，中共党内才大张旗鼓地批判忠实执行莫斯科路线的教条主义。

三、三驾马车

莫斯科自然明白，向遥远、陌生而情形不同的国家的共产党发号施令，并

---

① 《中共六大前夕由布哈林主持召开的部分代表座谈会发言记录》（1928年6月14、15日），中共中央党史研究室、中央档案馆编：《中国共产党第六次全国代表大会档案文献选编》上卷，第50页。

② 《中共六大前夕由布哈林主持召开的部分代表座谈会发言记录》（1928年6月14、15日），中共中央党史研究室、中央档案馆编：《中国共产党第六次全国代表大会档案文献选编》上卷，第66页。

强制其执行，难免力不从心，也难免不出差错。为了更有效地传达指令并监督执行，也为了实地掌握各国革命的具体情况，莫斯科一开始就派遣代表前往各国指导其成员党。中共更是从建党起就得到了莫斯科所派代表的直接指导。这里想检讨的是，这些莫斯科的驻外代表在莫斯科与成员党之间到底起到了何种作用？

最初阶段，莫斯科向中国派遣代表的制度尚未常规化，所派代表也多是临时性的。1922年有一位俄国代表给共产国际执委会的报告中写道：

> 最近一个时期，共产国际执委会只有一个同志（指马林。——引者）负责整个中国的工作，这是很不正常的。在中国没有这样的统一的党，其领导权可以集中在中央局的一位全权代表手中。在中国，有一些正在探索前进的地方共产主义小组，至少在北京、上海和广州的三个共产主义小组中，完全有必要设东方部的全权代表。①

1923年底以后，情况就大为不同了。1924—1927年间，莫斯科派赴中国的各类代表与顾问人数众多，而主要人物有三位：加拉罕、鲍罗廷和维经斯基。他们各驻在一个地区中心：北京、广州、上海，实际代表苏联在中国的三大目标；三大目标之间有分工，有协作，也有分歧。

加拉罕以驻华大使的资格驻扎北京，代表苏联政府与北京政府打交道，但他也担负推动中国尤其是北方地区革命运动的任务。冯玉祥发动北京政变后，加拉罕更以全力影响、推动国民军，使之和南方的国民党接近，反对北方军阀和帝国主义，负责苏联给冯玉祥一切物质上的援助（如军火等）工作；对李大钊主导的中共北方区的党务工作也多有指导。

---

① 《利金就在华工作情况给共产国际执委会远东部的报告》(1922年5月20日)，《联共（布）、共产国际与中国国民革命运动（1920—1925）》，中共中央党史研究室第一研究部译，第96页。

鲍罗廷在广州，其身份是苏联特派到国民党政府的政治顾问，主要负责苏联对国民党的工作。苏联对国民党的相关指导、联络与物质援助（军火、金钱等），均由他主持。苏联派遣到广东国民党及其政府和军队中工作的所有政治和军事顾问，都要受他节制。此外，他也是苏联共产党和共产国际的代表。以陈延年为首的中共广东区委及其领导下的工农运动亦直接受他指挥。

维经斯基在上海，名义上和实际上都是共产国际驻华代表，主要负责与中共中央打交道，传递共产国际给中共中央的训令，并把后者的意见或请求转呈共产国际，以及向共产国际报告中共中央活动的情形。他对于加拉罕在北方的一切政治军事活动，和鲍罗廷在广东援助国民党及其政府的活动，都不过问。

可以说，三人代表了莫斯科指导中国革命运动的三个中心。三人的主要职责不同，立场与主张亦不尽一致。陈独秀在《告全党同志书》中说过这样一段话：

> 国际始终承认国民党是中国民族民主革命的主体。"国民党的领导"这句话，在史大林口中叫得异常响亮（见《中国革命问题中反对派的错误》），所以始终要我们屈服在国民党组织之内，用国民党的名义、国民党的旗帜领导群众。①

这一倾向表现在莫斯科对华政策的各个方面，而鲍罗廷则是这一政策的忠实执行者。冯玉祥发动北京政变后，莫斯科又对北方的国民军寄以厚望并加以拉拢，而由加拉罕负责执行。1926年2月下旬，中共中央委员会在北京召开了一次特别会议，据彭述之回忆，这次会议主要是中央与两大国际代表交换意见。其中在中共中央的驻址问题上发生了分歧：鲍罗廷主张为了推进国民党北伐，必须将中央迁往广州；而加拉罕则认为北京控制在国民军之手，为推进北

---

① 陈独秀：《告全党同志书》（1929年12月10日），任建树主编：《陈独秀著作选编》第4卷，第418页。

方的群众运动，应将中央迁往北京。在彭述之看来，从这次会议"可以看出鲍罗廷和加拉罕所代表的倾向：他们把中国革命的主要力量寄托在南方的国民党和北方的国民军之上"；"有关我党中央长期驻地的争执，反映了鲍罗廷和加拉罕之间存在的权力竞争"。①

与鲍罗廷和加拉罕相比，在上海负责与中共中央打交道的维经斯基权力最小。鲍罗廷与加拉罕除了各自负责的国民党与国民军事务外，还"顾问"和干涉中共事务，而维经斯基则对鲍罗廷在国民党政府及军队中的计划和活动，以及加拉罕在北方的一切政治军事活动则不过问。同样，对鲍罗廷在南方和加拉罕在北方的活动，上海的中共中央也知道得很少。据彭述之回忆，"关于苏联援助冯玉祥军队的计划和目的及其实际情形，我们中央委员会从未得到国际的通知或国际代表的报道，只是模糊地听说有些苏联顾问在那里工作。"②当彭述之从一位苏联驻华大使馆武官的偶然交谈中第一次得悉苏联派遣了大批顾问在冯玉祥军队中工作，并供给了大量的军火的情况后，深有感慨："认为苏联共（产）党对援助冯玉祥军队这种有关中国整个革命运动的重要措施，事先既毫不征求我党的意见，事后又不把情形告诉我们，只是命令我们共（产）党在宣传上支持冯玉祥和国民军，未免太蔑视我党的意见了。"③

三位国际代表的不同地位，也在某种程度上反映出莫斯科对华政策的重心所在。如陈独秀所言，"国际始终承认国民党是中国民族民主革命的主体"，负责国民党工作的鲍罗廷拥有的权力也最大。在鲍罗廷的指挥下，中共广东区委的"一切工作都围绕于国民党的周围，一切活动甚至在工人和农民群众的活动都用国民党的名义，直接执行国民党的命令，宣传孙中山的三民主义。这便最

---

① 程映湘编撰：《彭述之回忆录》下卷：中国第二次革命和托派运动，高达乐、程映湘译，第71—72页。
② 程映湘编撰：《彭述之回忆录》下卷：中国第二次革命和托派运动，高达乐、程映湘译，第73页。
③ 程映湘编撰：《彭述之回忆录》下卷：中国第二次革命和托派运动，高达乐、程映湘译，第74页。

露骨地表现共产党完全居于国民党的附属地位,表现共产党人是国民党在工农群众中的代理人"。因为在鲍罗廷看来,"共产党人应当做国民党的苦力"。①

由于鲍罗廷和加拉罕在南方和北方的特殊地位,导致中共在广东和北京的地方组织更多听命于两位苏联代表,而不大听命于上海中央。张国焘即称:

> 在中共内部,北京、广东两个区委会,历来有些独立自主的倾向;它们有时候甚至不尊重中央的指示,而根据当地的实况,或者经加拉罕(在北京)、鲍罗庭(在广州),直接获知共产国际的意向,作出与中央指示并不完全一致的决定。尤其是广东区委在"五卅"后向中央的报告中,往往以鲍罗庭的意见,作为不尊重中央指示的根据。这引起了陈独秀先生的不快。他常在会议上表示:广东区委似乎有了鲍罗庭的意见,就可以不尊重中央了。②

苏兆征 1928 年在中共"六大"上的发言,对广东区委与上海中央的关系也有类似看法,虽然他是从广东区委"抵制"陈独秀的"机会主义"的角度说的:

> 广州的领导同志陈延年经常与鲍罗廷同志讨论问题。实际上中央束缚了广东区委的行动,广州的同志便逐渐有意识地站出来同机会主义作斗争。陈延年同志很注意倾听基层同志的声音,同鲍罗廷讨论过许多问题。鲍罗廷很了解上层情况,所以他们两人工作接触不少,所有问题都得到了很认真的解决。……当时陈延年同中央的方针进行了很坚决的斗争。要知道,在家庭情况的影响下,他的态度是相当坚决的。他给父亲陈独秀写

---

① 程映湘编撰:《彭述之回忆录》下卷:中国第二次革命和托派运动,高达乐、程映湘译,第75页。
② 张国焘:《我的回忆》第2册,第10页。

信，用"下跪"的字样表示抗议。……当然，确有改动中央指示的情况，不让《向导》周报在广州发行。这都是事实。[1]

张国焘认为，鲍罗廷在中国最能代表斯大林的意旨。[2] 在张国焘眼中，鲍罗廷的身份有点"四不像"：

> 他虽不是苏俄驻广州的大使或专使，但却是苏俄政府非正式的代表，而且真能代表政府发言；他在国民党中，既非党员，又是外国人，职位也不过是政府顾问，但其发言却具有决定性的力量；他是一个重要的共产党员，但又不受共产国际在中国的代表的指挥。他利用他的地位，左右逢源，发挥他的个人手腕。……鲍罗庭往往直接受到斯大林的指导，这点对于中国革命的发展，是有着重要关系的。他能通天，加拉罕管他不了，共产国际和中共中央也不在他的眼里，因而广东的一切政务，鲍罗庭都是干了再说。中共中央及其属下的组织，在政治上不过是随着他所造成的既成事实，事后应付而已。[3]

在中共"六大"上，布哈林也承认，"我们派出的代表，这些代表中首先说是鲍罗廷，是有许许多多过错的。这些过错首先就是在于把我们这里寄到中国的训令没有告诉中共中央的政治局。我们曾调查过这回事，这是绝对的事实"。[4]

---

[1] 《中共六大前夕由布哈林主持召开的部分代表座谈会发言记录》（1928年6月14、15日），中共中央党史研究室、中央档案馆编：《中国共产党第六次全国代表大会档案文献选编》上卷，第74页。
[2] 张国焘：《我的回忆》第2册，第212页。
[3] 张国焘：《我的回忆》第2册，第57页。
[4] 《中国革命与中共的任务——共产国际代表布哈林在中国共产党第六次全国代表大会上的政治报告》（1928年6月19日），中共中央党史研究室、中央档案馆编：《中国共产党第六次全国代表大会档案文献选编》上卷，第243页。

权力机制与联络技术：莫斯科与中共早期革命

与强势的鲍罗廷不同，维经斯基与上海中共中央的关系比较融洽。彭述之和张国焘的回忆都证实了这一点。在彭述之眼中，维经斯基性格谨慎而温和：

在政治上，他缺乏独立的观察能力，对于新发生的事变及其所引起的重要问题，他都不能形成自己的意见，只是忠实地执行共产国际的训令。因而在国际训令之外的重要问题，尤其关于实际的策略问题，他并无成见；宁可说，他是常常同意我们中央常务委员会的多数人的意见的。也正因为如此，我们的中央常务委员会具有较大的自由，不像广东中共的省党部，深受鲍罗廷的束缚。①

张国焘也回忆说：

威金斯基与中共中央合作得很好，我们与他之间从未发生政策上的严重争执。其实，中共中央政策的制定，威金斯基具有甚大的影响力。他也小心翼翼的根据共产国际的决议和指示行事，决不任意自作主张。但他的权力有限，不能左右在北京的加拉罕和在广州的鲍罗庭，因为他们直接受苏俄政府的指挥，而威金斯基在苏俄政府中并无地位；所以他不得不仆仆于莫斯科与北京之间，进行协商。

威金斯基负担着中共中央与莫斯科之间的联络责任，我们不通过他就无法与共产国际接触。在"五卅"前后，他多半居住上海。他的工作组织得很好，有几位助手帮忙他处理日常事务，他自己则专心考虑政策问题。……②

---

① 程映湘编撰：《彭述之回忆录》下卷：中国第二次革命和托派运动，高达乐、程映湘译，第75页。
② 张国焘：《我的回忆》第2册，第9页。

从张国焘的回忆可知，维经斯基虽然不如鲍罗廷强势，与中共中央的合作也比较融洽，但有两点仍很关键：一是中共中央政策的制定，维经斯基具有甚大的影响力；二是维经斯基担负着中共中央与莫斯科之间的联络责任，不通过他，中共中央就无法与共产国际接触。在中共"六大"上，王若飞即抱怨说："所有材料，我们党中央的汇报和共产国际执委会的指示，都在维经斯基同志的兜里，所以我们把他看做是垄断者。"[1]项英在"六大"发言中也有类似看法："我们党和共产国际之间的关系是不够健康的。共产国际执委会驻上海的代表没有注意中国同志的意见。可是如果中国同志不同意他们的意见，他们就不给钱。"[2]经费的依赖，也是中共中央不得不听命于共产国际的重要因素。

四、情报收集与信息传递

共产国际有一个非常庞大的组织机构。1920年初，共产国际执行委员会在莫斯科的工作人员就有736名，在彼得堡还有120名。[3]虽然如此，对一个履行世界党职能的组织而言，仍时有人才不足之感。随着加入共产国际的党越来越多，地区越来越广，共产国际所面对的革命形势也越来越复杂。世界各地情形千差万别，而莫斯科对各地情形的了解却十分有限。共产国际的重心原本在欧洲，其执委会委员绝大多数是西方人，他们很少有人到过东方，对东方国家的历史、语言、文化以及政治、经济情形所知极为有限。当时的俄国，不仅政界，连学界有关东方国家的研究也近乎空白。精通中国的汉学家更是凤毛麟

---

[1] 《中共六大前夕由布哈林主持召开的部分代表座谈会发言记录》（1928年6月14、15日），中共中央党史研究室、中央档案馆编：《中国共产党第六次全国代表大会档案文献选编》上卷，第66页。

[2] 《中共六大前夕由布哈林主持召开的部分代表座谈会发言记录》（1928年6月14、15日），中共中央党史研究室、中央档案馆编：《中国共产党第六次全国代表大会档案文献选编》上卷，第68页。

[3] 〔俄〕维克托·乌索夫：《20世纪30年代苏联情报机关在中国》，赖铭传等译，第4页。

角。即将来华的俄国顾问们想找一本介绍中国的俄文书看都不易找到。从莫斯科的决策层至来华的全权代表与顾问，几乎没有一人会汉语。书面与口头的交流与沟通都必须靠翻译。鲍罗廷在华期间主要靠张太雷做翻译。维经斯基在华期间主要靠瞿秋白做翻译。莫斯科与中共中央之间的往来函电文件更要靠翻译。有一位苏联来华工作人员承认："应该记住，我们如今是在中国工作，可是我们完全不了解中国，不掌握汉语，只有3—4个懂汉语的译员。仅仅这一种情况就应该促使我们的全权代表机关在特别重要的工作中十分谨慎，做到深思熟虑。"①

除了国情相互隔膜之外，交通与通讯的不便也影响情报信息的交流，进而影响决策的执行效率，甚至决策与瞬息万变的革命形势脱节。那时中俄之间虽可通电报，但国际商业电报费用高昂。② 共产国际与中共中央之间只有紧急要件才发电报，一般情况下多用信件。而信件传递，单程需要一个月左右，往返则需数月。中共中央从上海寄给莫斯科的报告，经莫斯科高层辗转审阅批示后，再反馈到上海中央手中，通常都需两三月乃至更长时间。在此期间，情况往往会发生重大变化，决策与执行机关却不可能顾及这些变化。苏俄驻华全权代表越飞在1923年1月27日致列宁的信中痛苦地承认，长距离缓慢地传递情报和文件，有害于革命事业。他在信中写道：

---

① 〔俄〕维克托·乌索夫：《20世纪20年代苏联情报机关在中国》，赖铭传等译，第92页。

② 如越飞在发给加拉罕的电报中写道："发电报太贵，最好同丹麦电讯公司签订总的协议。"沿中东铁路的电报线路（伊尔库茨克—北京）及俄国与国外联络的部分其他线路（东亚有上海—长崎—符拉迪沃斯托克）早在1906年就已租让给"丹麦北方电报公司"。按照丹麦公司当时的价格，莫斯科共产国际执行委员会远东局根据自己的预算，每年只能拍发15页电报（每页30行，每行8个单词）。除此以外，该局每年只得24个小时利用"直通电报线"与其驻西伯利亚和远东的分支机构进行交谈。见《越飞给加拉罕的电报》（1922年8月25日），《联共（布）、共产国际与中国国民革命运动（1920—1925）》，中共中央党史研究室第一研究部译，第109页。〔俄〕维克托·乌索夫：《20世纪20年代苏联情报机关在中国》，赖铭传等译，第261页。

中国制度史

> 我们好几个月没有收到莫斯科发来的任何东西了，没有收到训令，没有收到指示，甚至连新闻性的重要消息都没有收到。我往莫斯科发送内容详尽的电报消息后，常常收到通知，说这些意见很宝贵，但是应该撤销了。我通常依靠信使传递有关中国的情报，只是在极个别情况下才发电报。考虑到中国毕竟在经历一场革命，这里的各种事件极其迅速地演变，由于这一切而造成了互相完全隔绝。在此情况下，我依靠信使上报的那些事件，经常是在您收到我的报告时，已经发生了变化，并且已经被其他往往与之相反的事件所代替，而您时隔好久才得到的是对已经不复存在的事件的看法。对此应该补充一点，您经常就涉及中国政治的问题发出一些指示，但不是发给我，而是发给远东局，发给远东革命委员会，而这些指示同我在这里实行的政策相矛盾，更常常同您本人以前下达的指令相矛盾。①

同年7月26日驻华代表维尔德从上海写给莫斯科的维经斯基的信称："虽然我也知道您至少一个月后才能收到这封信。您6月18日寄给陈独秀名下的附有对中国共产党代表大会的指示的信，我于7月18日，即在代表大会闭幕后才收到的。"② 6月18日的信，是共产国际执委会发给中国共产党第三次全国代表大会的指示信，由于在代表大会闭幕后收到，自然不可能对代表大会的工作产生影响。

1928年6月在莫斯科召开的中共"六大"上，张国焘多次提到武汉政府时期莫斯科与中共中央之间通讯不畅所导致的问题：

> 在武汉政府时期，罗米那兹同志向我们转交了共产国际的电报，其中

---

① 〔俄〕维克托·乌索夫：《20世纪20年代苏联情报机关在中国》，赖铭传等译，第33页。
② 《维尔德给维经斯基的信》（1923年7月26日），《联共（布）、共产国际与中国国民革命运动（1920—1925）》，中共中央党史研究室第一研究部译，第263页。

说，共产国际已经几次警告中国共产党，如果它的指示不被理会的话，共产国际将公开批评中国共产党。可是我们从未见过共产国际的指示。当给罗米那兹同志指出这个情况时，他则以沉默来回避这个问题。也许，这是因为联络不畅，中央的报告和共产国际的指示没有全部传达到，而如果收得到了，那也是为时很晚。①

除了通讯延误之外，莫斯科对华决策需要收集中国方面的情报，但20世纪20年代下半叶苏联在中国的情报工作经常引起联共中央的不满。苏联在华军事情报员和国家政治保安局分属不同系统，双方工作人员在中国常常平行开展工作，互不通信息，相互隐瞒所获资料，情报资料常常耽搁好长时间才能送达中央机关。而送到莫斯科的材料又常常以那些零星的、偶然的、未经查证的情况为依据。②其次，苏联在华各情报部门工作人员之间经常发生摩擦。相互间的闲言碎语不但从北京，而且从其他地方不断传到上面。如有关蒋介石及其最亲近者加紧准备北伐的情报，通过多种渠道由广州源源不断地传到莫斯科。对于北伐顺利进行的可能性，苏联驻华工作人员的看法互相矛盾。鉴于这一切，1926年初联共中央成立了专门的"在华侦察情报工作委员会"。该委员会检查工作后认为，苏联情报部门对中国局势的侦察和报知明显不能令人满意。其原因是资金短缺和组织有缺陷。为了加强对中国局势的研究，委员会建议，在驻华全权代表机关组建研究机构，全面研究中国的政治经济形势。但是，全权代表机关的情报对时事的阐述（全权代表机关简报）总是迟误一个半月到两个月。③

---

① 《中共六大前夕由布哈林主持召开的部分代表座谈会发言记录》（1928年6月14、15日），中共中央党史研究室、中央档案馆编：《中国共产党第六次全国代表大会档案文献选编》上卷，第50页。
② 〔俄〕维克托·乌索夫：《20世纪20年代苏联情报机关在中国》，赖铭传等译，第86页。
③ 〔俄〕维克托·乌索夫：《20世纪20年代苏联情报机关在中国》，赖铭传等译，第87—88、93页。

据说契切林曾不止一次地说，1927年苏联的（首先是共产国际的）对华政策是错误的，而导致政策错误的一个重要原因是来自中国的虚假情报。① 俄国的历史学者在研判当年留存下来的相关档案后也得出结论说："来自中国情况的通报是多么复杂，有时互相矛盾，而莫斯科就是根据这些情况通报作出这样或那样的决定。"② 相关情报的相互矛盾乃至虚假，自然会影响莫斯科对华政策的作出。

五、结论

共产国际对中共早期革命的帮助与贡献自不可否定。但1927年革命的失败，共产国际具有不可推卸的责任。在这一过程中，共产国际与各成员党之间的权力机制与联络技术直接影响了各国革命的进行。共产国际从其诞生之日起，其体制本身便充满了张力：高度集权的体制与各国革命情况千差万别之间的矛盾；日益从属于苏联国家利益与世界革命、各国革命的各种目标之间的矛盾；各国瞬息万变的革命形势与信息传递和联络技术之间的矛盾。各国历史发展道路不同，政治社会制度不同，经济发展水平不同，还有工人的觉悟和组织程度不同，都决定了各国革命所面临的问题不同。而莫斯科却一味强调无产阶级不分国界，不分民族、文化、语言、性别与职业的区别，强调世界革命的统一行动路线，强调集中领导的军事化纪律，不顾及不同国家与民族之间的差异，不允许各成员党主动制定出最符合各国国情的方针，加之将苏联国家利益绑架在共产国际的战车上，将共产国际变为联共中央政治局下属的为苏联外交政策服务的执行机构，将俄国经验与模式强行套用于各成员党的革命实践中，使各成员党不得不根据苏联的政策来决定他们的战略和战术，导致大多数成员

---

① 〔俄〕维克托·乌索夫：《20世纪20年代苏联情报机关在中国》，赖铭传等译，第241页。
② 《联共（布）、共产国际与中国国民革命运动（1920—1925）》，中共中央党史研究室第一研究部译，第15页。

党陷入危机、停滞或衰落与失败的困境。另一方面，当时的通讯联络技术与莫斯科的高度集权之间无法协调也是不容忽视的因素。莫斯科与上海中央之间的通讯不畅以及相关情报的相互矛盾乃至虚假，势必导致莫斯科的决策失误和中共中央执行上的困难。到1920年代末，国际共产主义运动几乎普遍停滞不前。[①]1927年中共革命的失败不过是其中一个个案而已。

当某国革命失败，莫斯科为了维持共产国际的权威与体面，往往将失败责任委过于各成员党领导。"共产国际把失败的原因归咎于吃败仗的党犯了策略性错误和领袖们的个人缺点，事实上每受一次挫折就更换一套领导班子";[②]同时进一步将那些最愿意顺从莫斯科意志的人选拔到新的领导岗位上，导致各成员党对莫斯科更加唯命是从，不敢如实反映新情况，提出新问题。"由于各国和地方组织唯命是从变得日益普遍，渐渐地他们递交给共产国际执行委员会的消息和报道都反映了上级本身对事物的观点。……久而久之，在共产国际各级组织中，从党的基层组织直至执行委员会本身，也包括各国支部的领导在内，政治性和理论性的讨论（后者变得越来越罕见）就退化为一种仪式。"[③]1927年中共革命失败之后的情形即是如此。

抗战时期中国共产党的发展壮大，其因素固然是多方面的，其中以毛泽东为首的中共中央逐渐疏离共产国际的领导而更多地从中国的国情出发制定自身的政策发挥了重要作用，当然也和莫斯科在共产国际"七大"以后逐渐放松控制乃至最终将共产国际解散直接相关。

（本文原刊于《民国档案》2021年第2期）

---

① 〔奥地利〕尤利乌斯·布劳恩塔尔:《国际史》第2卷，杨寿国等译，第392、400页。
② 〔奥地利〕尤利乌斯·布劳恩塔尔:《国际史》第2卷，杨寿国等译，第409页。
③ 〔西班牙〕费南德·克劳丁:《共产主义运动——从共产国际到共产党情报局》第1卷，方光明、秦永立等译，第118—119页。

制度下的权变：美国对华冷战政策的渐进探索与铺垫

牛大勇（北京大学历史学系）

一、美国对外决策的一般制度和运转机制

美国对外政策的制定程序，有一套行之久远的制度和机制。总统是对外政策的最高决策人，无论有何种意见，从平民百姓到各级官员尽可自由表达和争论，但最终负责拍板定案者，只能是总统。在这种意义上讲，总统似乎拥有"至高无上"的权威。然而，这不等于总统可以乾纲独断，为所欲为。按照美国"三权分立"的国体，拥有立法权的国会参众两院，可以通过特定的法案，对美国的某项对外政策，划定某些原则和界限，法案会规定拥有行政权的美国政府和总统，不得逾越某些被划定的底线而做决策。国会甚至可以发起专项的听证会和审议会，对政府的政策进行质询、论证、牵制，以施加影响。国会也会授权美国总统，可以对某个事项，相机自行决断，甚至就此事决定开战。政府和总统对国会的这类法案，只能遵循，不能逾矩。而国会一般也只是以法案划定原则界限，给政府和总统留有在这种规范内进行具体决策的空间。国会不代行具体的决策，也不允许政府"越线"。美国行政和立法的相互牵制，就是通过这种制度性的安排来实行的。

这种制度安排的法理原因，是国家大政的决策权必须有所制衡，不能由行政部门及其首脑在某种自以为是的理念或利益认知的驱使下，罔顾各方意见，独断专行，脱离在法理上代表着广泛民意的国民立法机构的约束。国会两院的议员们都是由各州公民直接选举出来的，无论参议员还是众议员，都会比行政首脑们更经常、更广泛地同选民们保持接触，以不同方式、不同渠道了解选民们的诉求和意见。因而，对决策的核心要素"国家利益"的认识，对制定政策

的根本依归"民众意愿"的体察,国会两院被赋予更权威的地位,在大政方针的决策过程中,有"定法度""立规矩"的权利。

在美国国会的运作制度中,议员们通过走访以选区为中心的各地,同从精英分子到普通选民的各界人士、各利益集团保持日常接触,关注媒体舆情。他们在办公室内外、上下班的走廊以及途中接待来信来访,接受各方来说,调阅海量的国会图书馆和各级政府的档案资料来源,借助各种各样的智库和自己助理们进行殚精竭智的调查研究,召集各种咨询会、研讨会,甚至举行国会专题听证会,以种种方式构造关于国家大政方针的议案。再争取通过众议院、参议院的审议程序,达成法案或修正案。于是,从民间草根到国会高层的立法制度,就这样得以实现,并持续下来。

就美国对外(包括对华)政策的制定过程而言,美国国会众议院和参议院都设有专门的对外关系委员会。它们的运作,对政策的形成,影响非常重大,是各方利益集团游说的重点。其中,资本巨鳄的影响力是无可否认的。可惜,我们对国会及其对外关系委员会的具体运作情况,研究非常薄弱,更没有上升为常规制度问题的层面上予以应有的重视。在研究美国对华政策问题时,把关注的重点放在美国行政系统方面,固然不错,但也需要注意美国国会的相关情况,以求理解相关政策的政治制度的背景。

另一方面,我们对美国政府部门和总统的外交决策制度和机制的研究,其实也只是浅尝辄止,不深不细。本文在此也只能略述一二。

总统之下的行政系统涉及对外决策的几个部门,分别是国家安全委员会(简称"国安会")、国务院、国防部、财政部、中央情报局和军队情报部门、新闻总署。它们之间的分工与合作,构成了决策的协调和运行机制。

这几个部门的首长围绕总统和副总统,构成了美国对外政策的"核心决策层"。他们的副手和次级领导人,连同他们领导的司局级研究机构,构成了"辅助决策层"。在他们的外围,还更广泛地于体制内外存在着众多大大小小的智囊机构。这些机构往往既从政府也从社会各类基金会获得研究资助。即使是体制内的智囊机构,也鲜有完全吃"皇粮"的。当然,研究课题是得到资助者青睐或认可的，但申请的方式则不一定是由资助者单方面指定、招标或委托，而往往是申请者和资助者之间多种方式的互动过程。这些智囊机构在不同程度上分享着政府和社会各种渠道提供的资源和信息，但产出的研究成果则自有主见、不拘一格，以供辅助决策层和核心决策层加以考量和选取。对它们来说，一旦丧失了卓尔不群的独立主见，则意味着丧失了对国家决策的参考价值。

杜鲁门执政时期打破了国务院对外交大政的独家辅助权，设立的国家安全委员会，负责对国家利益攸关的战略问题和重大事项加以评审并提供决策意见。总统是委员会首脑，副总统是副首脑，日常工作牵头人是总统的国家安全事务特别助理（可简称"国安特助"）。上述几个部门的一把手如国务卿、国防部长和三军参谋长联席会议主席、财政部长、司法部长、中情局局长等人都是国安会成员，还有总统特别指定的高级官员参与其间。国安会定期和不定期地开会，在充分交流情报和意见的基础上，由总统拍板决策，写成相关的决议或备忘录，再交由有关部门负责贯彻执行。

国安会设有自己的研究团队和独立的幕僚人员，还分设由不同的跨部门高官们组成的分委员会或工作小组，在总统和国安特助的直接领导下，研究问题，提供建议，直达"天庭"。国安特助几乎每日都有机会与总统面谈，其频度多于国务卿，对总统的对外决策拥有巨大的辅助作用。在20世纪60年代，国安会和国务院在对外决策方面的影响力呈现出此消彼长的不同趋势：在杜鲁门和艾森豪威尔时代，国务卿在对外政策制定中的影响力大于国安特助。在肯尼迪和约翰逊时代，国务卿与国安特助的影响力已差不多并驾齐驱了。人们在60年代美国对以苏联为首的社会主义阵营、古巴导弹危机、越南战争和中国台湾地区问题的决策中，都可以看到总统国安特助邦迪和罗斯托的活跃身影，甚至在关键决策中他们的重大作用。而保守的国务卿腊斯克（Dean Rusk）有时就难免相形见绌。到了尼克松时代，足智多谋的学者型国安特助基辛格在总统对外决策方面的影响力就已超越了循规蹈矩的官僚型国务卿贝克，在对苏、对华、对欧等重要领域，可谓一言九鼎。虽然尼克松、基辛格甩开国会和国务院，大搞秘密外交的做法饱受诟病，然而，自此以后，国安特助、国务卿与总统之间的关系，差不多就这样定格了。

国务院实际上是个外交部。英文直译而来的"国务院"，和中文语境并不匹配。它只管外交事务，管不了政府的其他部门，只是统领国务院内设的各司局和驻外使领馆，负责调查研究各国各区域的情况，酝酿和提供外交对策和方案，贯彻执行总统拍板的有关决策。由于中美两国不同的政治制度，美国国务卿在美国政治中的地位高于中国外交部部长在中国政治中的地位，位于美国内阁成员之首，比其他的内阁部长地位高。而且，根据美国宪法，国务卿还是美国总统职位的第四顺位继承人。国务卿虽然地位显要，但必须处理大量的日常外交事务和各司局使领馆的运转，不像国安特助那般超脱庶务，有更充分的时间和精力思考大战略问题，因而往往由富有外交经验并熟悉制度运作的人士来担任。

国防部和参谋长联席会议在国家对外战略问题上的角色不言而喻。美国对外战略追求的是对政治、军事、经济、文化、意识形态等要素综合考量，并有世界视野。军方和国务院等部门的分工和侧重有所不同，拿到国安会上和总统面前的意见与方案也常有分歧，这恰恰是国安会和总统在决策机制和决策程序中需要权衡和协调的主要内容。而在军方由文职人员担任的国防部长和资深上将担任的参谋长联席会议主席之间，也会需要各有主见，需要协调意见。原则来说，参联会主席（即总参谋长）更具军事素养和专业素质，但国防部长在对外决策机制中的地位更高，毕竟军事是贯彻政治的一种方式，战略决策首先是一种政治决策。

信息的搜集和研判是决策的基础，所以国安特助牵头的国家情报委员会及其特别工作组，在制定对外政策的程序中扮演着重要的制度角色。其中，中央情报局是核心的情报信息单位，经常就各方面的情报分析向国安会和总统提交专项报告。它和国务院情报研究局、三军各情报部门、国家新闻总署、联邦调查局等部门组成国家情报委员会，综合协调各方面的情报分析，提交综合或专题性的国家情报分析报告。在报告中，要注明个别（往往是军方的某个）情报部门对某项研判的结论有保留意见，并注明以内政事务为专职的联邦调查局的代表，虽然参与了国家情报委员会的这次讨论，但不负责签署这份以对外事务为主题的报告。

对外战略和政策都包含意识形态斗争，美国政府在冷战时期称之为"心理战""舆论战"。所以美国新闻总署和中央情报局一样，在对外决策中扮演着不可或缺的角色，构成国安会的必要成员。同样，经济、金融、贸易也是对外关系的重要内容，所以财政部的角色不容忽视，首先还不是对外战略和政策要用钱的问题。

司法部及联邦调查局是国家安全的捍卫者，但在对外政策制定机制中的作用至少看来并不起眼，一般不出席决定对外政策问题的国安会议。但也有例外：肯尼迪的弟弟、司法部长罗伯特·肯尼迪就在长兄主持的国家安全委员会的外交决策中颇为活跃，特别是在处理"古巴导弹危机"的紧要关头，这位司法部长的表现光彩夺目，作用非凡。

以上各机构、各部门在美国对外决策运转机制的角色位置，粗略而论，大致如此。当然因笔者学识有限，疏漏的角色在所难免。这些林林总总的角色在前述美国对外决策制度下相互啮合、运转，就构成了一个世界强国颇有特色和效率的决策机制。总而言之，虽可说"没有制度不成方圆"，然而世间诸事，往往又因"事在人为"而各有特点。常规虽在，总有例外。美国对华决策制度和运转机制也大抵如此。现以某一特定时期美国对华政策的演变情况，试做个案分析如下。

二、渐变与突变

第二次世界大战后开始形成两大阵营对峙的冷战格局。美国杜鲁门政府对新中国实行敌对、围堵和孤立的政策。艾森豪威尔政府延续和发展了这种政策，但在20世纪50年代中期恢复了同新中国的对话。1961年肯尼迪上台后，面临世界新力量兴起和中苏分裂的新形势，感到对外关系需要调适，对华政策也应有所调整。曾酝酿过一些新对策，但实际上没有什么明显的动作。其后的约翰逊政府也发出过调整对华政策的信号，却又将美国带入越南战争的深渊，

制度下的权变：美国对华冷战政策的渐进探索与铺垫

使中美两国在战争边缘剑拔弩张，关系极为紧张。尼克松竞选总统获胜后，逐步从越战泥沼中脱身，并毅然在中美苏战略三角关系中作出新的选择，缓和了中美之间的紧张关系。随后，历经福特、卡特两届政府，中美终于实现了关系正常化，正式建交。

从以上半个世纪中美关系发展的大趋势来看，美国对新中国的态度从敌对、恶化走向缓和，再转为建交与战略合作，是一个从渐变到突变的漫长过程。以往人们对尼克松时期的戏剧性突变很感兴趣，精心地琢磨其间的每一细节。但对此前缓慢冗长的渐变过程，往往止步于宏观概论，忽略细节，不能回答美国何以在外交制度和决策程序尚无变化的条件下，却能酝酿对华政策的逐步改变。今天看来，20世纪60年代美国肯尼迪政府的对华政策，显然是这个渐变过程的拐点，但当时却很不起眼，以致人们常会争论这时期的美中关系究竟是一个持续恶化的低谷，还是走向缓和的开端？它和步其后尘的约翰逊政府对华政策，是否有某种引领作用？对随后尼克松政府对华关系的突变是否有铺垫之功？深入研究这期间的问题，无疑有助于我们进一步探究美国对华政策演变中制度与权变的内在机理，更理性地认识外交事务的内幕和变化规律。

我国对20世纪60年代初期美国对华政策演变的研究，无论就历史学还是国际关系研究领域而论，都缺乏深层次的专题研究成果。同人们对罗斯福、杜鲁门和第一届艾森豪威尔政府的大量研究相比，对肯尼迪、约翰逊总统任期内的对华政策，研究成果仍显薄弱和粗犷。其中一个重要原因，可能是美国政府这一时期外交档案的开放比较迟缓，数量也较少。其系列档案文献丛书 *Foreign Relations of the United States*（中译名应为《美国对外关系文件集》）[①]

[①] Department of State, *Foreign Relations of the United States,* the U.S. Government Printing Office, Washington (hereafter cited as *FRUS*)，中文常被译为《美国外交文件》。笔者认为，"foreign relations"比"diplomacy"（外交）具有更丰富的含义，而且英文为复数，此丛书原副标题为"Diplomatic Papers"，也是复数，译为《美国对外关系文件集》比较贴切。我国现在较多学者将译名写为《美国外交文件》，不妥帖。

中国制度史

的对华关系分卷，在1986年出版了1954—1957年即第二届艾森豪威尔政府初期的文件后，就戛然停止，十年中没有继续出版1958年以来的文件。[①] 而外交史学界的惯例，是在未能看到深层次的档案资料的情况下，不肯贸然发表意见。

20世纪末，美国政府已逐步加快开放20世纪50年代末和60、70年代的外交档案。1996年出版了实际上已于1986年编成的《美国对外关系文件集》1958—1960年的中国分卷，[②] 1997年出版了该丛书1961—1963年肯尼迪时期的中国分卷，[③] 紧接着又于1998年末出版了1964—1968年约翰逊时期的中国分卷。[④] 美国国家档案馆和相关的总统图书馆档案也适度开放了一些。进入21世纪以后，在美中关系逐步正常化的大环境下，美国国务院公共事务局史学专家处也以渐趋正常的速率解密对华关系档案，并陆续选编和出版了尼克松、福特和卡特等届政府的对华关系文件集。于是，各国的国际关系史学者开始利用这一条件，来研究第二届艾森豪威尔政府以来的美国对华政策问题，新成果随之源源问世。

在这种形势下，中国学者应当抓住时机，充分利用正在披露中的档案史料，突入冷战国际关系史学界的新前沿。相对美国和西方学术界已有的丰厚研究成果而言，我们需要改变粗线条地泛泛而论的治学习惯，从中国视角出发，更深入地逐一剖析某个特定时期美国对华决策的过程及影响其决策的各种因

---

① 主要原因是从这一年起，美国深深地卷入中国1958年8月炮击金门事件和1959年西藏叛乱事件。美国政府出于对自己和台湾、西藏流亡势力的"安全"因素的考虑，不肯及时解密这批高度敏感的文件。参见 FRUS, 1958—1960, Vol. 14, China, pp. III—XII.

② FRUS, 1958—1960, Vol. 14, China. 该卷实际上于1986年即已编成。

③ FRUS, 1961—1963, Vol. 22, Northeast Asia. 该卷原计划于1993年出版，因涉及1962年美国阻止台湾当局反攻大陆、肯尼迪向蒋介石作出将于必要时否决新中国进入联合国的秘密保证，以换取台湾不阻碍蒙古加入联合国等事情，故延迟了四年才出版。

④ FRUS, 1964—1968, Vol. 30, China.

素，具体而细致地探讨每一届美国政府对华政策各个基本方面的问题。只有这样，我们才有可能总结出更深刻更真切的历史经验，逐渐弥补以往对中美关系史研究得不深不透的缺陷。可以说，这样的研究具有更重要的学术价值和现实意义。

本文研究的重点，是从基本不变的制度下献替不断的美国外交决策层次探讨：肯尼迪政府内部有没有真正设想过对华政策的调整？如有设想，那么调整的意愿是怎么产生的？又体现在哪些方面的哪些步骤？它准备把双边关系调整到什么程度？是一个足以使长期敌对僵持的中美关系发生变化、产生良性互动的程度吗？它所酝酿的对策，有什么新的内容？这些步骤和内容是否付诸实行？如果实行过，效果怎样？如果没实行，原因为何？肯尼迪生前为什么没能把对华关系调整下去？是制度格禁？动力不足？幅度不够？条件有限？环境不可？还是中方未作出适当的反应？中国方面对肯尼迪政府的有关现行持什么态度？对其调整关系的试探作出过怎样的回应？而美方又是怎样领悟中方的回应的？这一切对尼克松时期美国国际战略的调整和美中关系正常化，有什么影响？总而言之，需要弄清：肯尼迪政府的一系列对华政策是怎样形成的？推动决策的主观愿望和客观因素是什么？各种因素起了什么作用？他执政期间的对华政策目标和内容有哪些改变？或者没有哪些改变？对1971年两国关系的突然解冻有怎样的联系和影响？

遗憾的是，中国方面的相关档案还没有开放，已有的中方史料资源在深度和广度方面远远不足以同美方的史料资源相对照，畅言评论20世纪60年代中国对外政策的学术环境和史料条件尚不够成熟。幸而有牛军教授长期坚持不懈地从决策层次上探讨中国当年对美政策，佳作迭出，成就不凡。[1] 本文则侧重在探讨美国对华政策，也少许补充中国方面对美国政策的各种反应。

---

[1] 牛军：《冷战时代的中国战略决策》，世界知识出版社2019年10月版；牛军：《战后东亚秩序》，世界知识出版社2021年10月版；牛军：《1962：中国对外政策"左转"的前夜》，《历史研究》2003年第3期；牛军：《论60年代末中国对美政策调整的历史背景》，《当代中国史研究》2000年第1期。

三、变革对华政策的呼声

肯尼迪是以变革美国的内外政策，开拓"新边疆"为竞选口号而获胜上台的。这位以美国史上朝气蓬勃、敢作敢为而著称的年轻总统，当政时间不长，但外交上颇有建树，成就辉煌。① 他恰当地应对了柏林墙危机和古巴导弹危机，避免了引发热战。随后同苏联达成部分禁止核试验条约，把冷战局势从核大战的边缘引向缓和。对非洲国家争取民族独立的非殖民化运动采取了顺应的姿态，使原本认同于反帝反殖的多数非洲国家，在美苏两大阵营之间保持着"不结盟"的立场。他在刚果事件中并没有追随比利时和法国的立场，而支持联合国出面解决。在拉丁美洲巩固了亲美的联盟。甚至在东南亚也通过谈判，同苏联和中国等国达成了一项和平解决老挝问题的国际协议。唯独在对华关系上似乎依然僵局如故。直至他遇刺身亡，中美两国关系还是表现得那么冰冷和敌对。② 在这些表面现象的背后，其政府内部的动向是什么？促进和制约其调整对华政策的因素有哪些？这些都是需要详加探索的问题。

20世纪50年代末60年代初，新中国的巩固已经是铁一般的事实，连最不愿意看到这个局面的人，也不得不正视现实了。美国国内原先反共反华一边倒的舆论，这时开始发生一些变化，其特点是想在不"抛弃"台湾当局的前提下，适当改变对中国大陆政策。从只承认"中华民国"，滑向"两个中国"。这

---

① 参见 Timothy P. Maga, *John F. Kennedy and New Frontier Diplomacy,* Krieger Publishing, 1994;〔美〕小阿瑟·施莱辛格《一千天——约翰·菲·肯尼迪在白宫》，仲宜译，生活·读书·新知三联书店1981版。

② 一个生动的对照是，世界各国包括苏联等社会主义国家都对肯尼迪遇刺表示悼念，中国报纸则刊登肯尼迪栽在地上的漫画，嘲讽"肯尼迪嘴啃泥"。台湾也只派出低级别的代表去参加这位总统的葬礼。

制度下的权变：美国对华冷战政策的渐进探索与铺垫

方面的探讨越来越多，各种类型的方案纷纷出笼。①

肯尼迪在担任参议员期间，很少就对华政策公开提出什么批评建议。但他在1957年10月的《外交事务》季刊上发表过一篇文章：《一个民主党人对外交政策的看法》。他认为世界结构正从美苏两极对抗转化为多极鼎立，中国和欧洲正在形成新的政治力量中心。美国的政策对这种变化中的大国关系没有作出及时的反应。他批评美国对华政策过分强硬和僵化，要求重新估价对华政策。但他也认为美国不承认新中国，是"迫不得已"的选择。②

1959年9月，拥有众多学术人才的美国民间智囊机构"康隆学社"（Conlon Associates），受参议院对外关系委员会的委托，提出一份咨询报告。其关于亚洲政策的建议，主要由加州伯克利大学教授斯卡拉皮诺（Robert A. Scalapino）执笔，要点有：（1）取消对中国大陆的贸易禁运；（2）赞成中国进入联合国；（3）建立"台湾共和国"；（4）提议中国为联合国安理会常任理事国，台湾为联合国普通成员国；（5）重申美国协防台湾的义务不变；（6）台湾军队撤出金门、马祖；（7）"台湾国"成立后，"大陆难民"若愿离台，美国可协助解决；（8）与中国订立贸易条约，予以事实上的承认；等等。报告还提出分阶段实行的步骤，建议首先同中国交流新闻记者，继之交流学者和商业代表，再通过民间杰出人士和团体同中国领导人讨论问题。这个报告没有被艾森豪威尔政府采纳，也不可能被台海两岸接受。但它在舆论界、学术界，甚至政界都打破了麦卡锡（Joseph MaCarthy, Senator）时代造成的中国问题禁区，为后任政府变革政策提供了重要的思路。③

---

① Background Papers: Differences in Sino-Soviet Approach to the Conference, Conference on Laos, Geneva, Tab J, May 12, 1961, Papers of President Kennedy (Hereafter cited as PPK), Trips and Conferences, Box 244, Folder: Secretary of State, Geneva Conference on Laos, John F. Kennedy Presidential Library (Hereafter cited as JFKPL), Boston.

② Kennedy, John F., "A Democrat Looks at Foreign Policy", *Foreign Affairs*, Vol. 35, No.4, October 1957.

③ Conlon Associates, Ltd., *United States Foreign Policy: Asia*. Washington: Government Printing Office, 1959.

在此前后，洛克菲勒基金会在腊斯克主持下也网罗精英，集思广益，就美国外交政策进行研讨。从自由派代表鲍尔斯（Chester A. Bowles）到保守派代表《时代》周刊发行人卢斯（Henry Luce），以至哈佛知名教授基辛格（Henry A. Kissinger）等人，都参与过这项讨论。他们要求注意利用已现端倪的中苏分歧，沿着"两个中国"的路子重新考虑对华政策。研究报告于1960年12月发表，并出版了专集。① 腊斯克后来被肯尼迪聘为主管外交事务的国务卿。

鲍尔斯1960年担任肯尼迪竞选班子的外交顾问后，发表了《中国问题的再思考》一文。文章指出中国政权已经稳固地控制中国大陆，要阻止它对东南亚的扩张，实现世界性的裁军，就要与之打交道，而美国目前这样同中国各执己见的谈判很难收效。美国应承认中国，劝台湾撤离金门、马祖，另建一个"中台国"（Sino-Formosa Nation），文化上是中国，治理者是台湾人。他认为中苏关系不是僵硬的，不是坚如磐石的，也不是不可改变的。② 鲍尔斯当过参议员、州长、驻外大使，有丰富的政治经验。为肯尼迪助选成功后，他被任命为主管远东事务的副国务卿。

长期担任民主党领袖并两度竞选总统的史蒂文森（Adlai E. Stevenson）也撰文拥护台湾在联合国监督下，通过全民投票决定自己的命运。③ 他随后被肯尼迪任命为美国驻联合国大使。

哈佛大学的著名中国问题专家费正清（John King Fairbank）教授的提议则与"两个中国""一中一台"这一类略有不同。他主张美国在原则上承认中华人民共和国对台湾拥有"宗主权"，台湾保持自治，有权经营自己的防务和

---

① Rockefeller Brothers Fund, *Prospect for America: The Rockefeller Panel Reports*, Garden City, N.Y., 1961.
② Chester Bowles, "The 'China Problem' Reconsidered", *Foreign Affairs*, Vol.38, No.3, 1960.
③ Adlai E. Stevenson, "Putting First Things First: A Democratic View", *Foreign Affairs*, Vol. 38, No.2, 1960.

外交。^① 1962年肯尼迪政府将他请到华盛顿，参加对华政策的咨询会议，这是麦卡锡时代以来这位老资格的中国问题专家第一次有机会直接对政府有所献替。

严格说来，政策的"变更"或"变革"，同政策的"调整"，在性质的界定上是有区别的。前者是指划阶段甚至划时代的质变，后者是指在一定阶段内逐渐发生的量变。另外，美国对华政策也分为不同的维度，例如，对中国大陆，对台湾当局，对中国在联合国的代表权等，这些是互相关联但又有区别的几个问题。人们这时所探讨的，主要是可能引起变革的调整，这些调整既包括美国对中国大陆的政策，也包括对台湾和联合国中国代表权的政策。

总之，肯尼迪上台后，其政府内外不乏变革对华政策的建议。新班子面临着一系列已经提上日程的紧迫问题：

（1）应否继续同中华人民共和国进行大使级会谈，怎样确定保持这种接触的目标？

（2）对中国大陆遭遇的粮荒采取何种立场？

（3）应否继续秘密支持藏人流亡势力反抗中国政府的游击战、情报战？

（4）应否同蒙古人民共和国谈判建交并任其加入联合国，从而为同亚洲共产党国家的关系树立新的模式？

（5）是否在联合国改变对中国代表权问题的策略？

（6）从美国利益着想，对正在发生的中苏分歧应取什么态度？

（7）怎样对待中国正在进行的核武器研制？

（8）是否给流亡日本的"台独"运动领导人廖文毅发访美签证？

（9）怎样对付台湾当局把美国卷入反攻大陆和防御沿海岛屿的企图？

（10）要不要出版多年前已经编好的1943年美国对外关系系列文件集的中国卷？其中涉及当年美国官方对国民党政权的大量批评。

---

① Roderick MacFarquhar, ed., *Sino-American Relations, 1949–1971*, Praeger, 1972, pp.189–191.

怎样处理这些具体的实际问题，涉及是否需要调整原有的对华政策，并关系到进一步变革的方向。

四、调整政策的设想和试探

据已经解密的美国政府档案来看，肯尼迪政府上台之初对新中国的政策，大体上说，是想继续保持华沙会谈的接触渠道，并试图通过解决老挝问题的日内瓦会议，稍微扩大一点接触，伺机把中国拉入控制核武器的大国谈判。在粮食贸易、记者交流这类问题上也可以放松限制。但在这种"略微开门"的限度之外，他至少在第一届任期内尚未打算采取任何可能导致改善两国关系的重大步骤。对于台湾，则继续遵守1954年订立的共同防御条约及其换文，大力援助台湾的经济社会发展，承诺武力防台的义务。同时也试图劝蒋撤出东南亚和靠近大陆的沿海岛屿。在联合国等国际组织中，则一面维持台湾当局的席位，一面探索实行"两个中国席位"的可能性，但首要目标是近期内尽可能阻止新中国进入联合国。①

肯尼迪入主白宫之初，确实曾想探寻一下调整乃至变更对华政策的可能性。他的谋臣策士为此出了不少点子。国务院和国防部都认为美国不能继续悍然不承认新中国，但又都感到承担不起缓和对华关系所引起的国内政界的攻击，真是左右为难。盟国当中也存在着要改善对华关系的压力。肯尼迪向他的

---

① Position Paper, July 27, 1961, PPK, National Security Files (Hereafter cited as NSF), Countries, Box 26, Folder: China, Subjects, JFKPL; Memorandum for the National Security Council, January 15, 1962, PPK, NSF, Meetings and Memoranda, Box 313, Folder: NSC Meetings, JFKPL; Memorandum of Conversation, Washington, February 3, 1961, *FRUS, 1961–1963*, Vol. 22, pp.4-5; Memorandum of Conversation, Washington, March 14, 1961, *FRUS, 1961–1963*, Vol. 22, pp.29-32; Memorandum of Conversation, Washington, March 17, 1961, *FRUS, 1961–1963*, Vol. 22, pp.34-35; Memorandum of Conversation, Washington, April 5, 1961, *FRUS, 1961–1963*, Vol. 22, pp.43-45.

僚属们表示，他更愿与中国修好，但政治现实不允许这样做，所以应当约束盟国同中国和解的倾向，这是一个很困难的任务。当时的澳大利亚总理孟席斯（Robert G. Menzies），就是带着其国内和一些英联邦国家要求对华和解的巨大压力前来请教的。①

1961年3月初，肯尼迪还向新西兰总理霍利约克（K. J. Holyoake）透露：他是从美国国家利益的角度来考虑中国问题的，在对华关系的难题上，并不特别拘守于法律条文和理论。他对此问题是带着比较开放的头脑来上任的，曾准备采取可能缓和紧张气氛的步骤，使双方有探索发展关系的某种可能性。如果他发现确实有这种可能性，愿在全国范围内着手解决像"百万人委员会"②这样的团体造成的根深蒂固的情绪化的反对。他觉得如果能够显示新的步骤是符合国家利益的，这些步骤就会最终被大家所接受，就是应取的正确步骤。③

新任国务卿腊斯克3月4日为中美大使会谈下达的指示，基本精神也是缓和气氛，改善对话，设法探寻改善双边关系的可能性。他指示美国代表比姆（Jacob D. Beam）：会谈中应表示尽管双方存在深刻分歧，尽管莫斯科会议宣言和中国官方最近对美国新政府加以抨击，美方仍愿不计较这些言论，愿通过会谈程序来讨论分歧，促进和平，避免相互责难。希望中方采取适当步骤，以符合双方最高利益的方式谈判具体问题。美国准备对释放在华美囚和实现记者互访等事项提出具体建议，还准备当中方提到粮荒并谴责美国就此进行的宣传时，表示美方愿考虑允许中方购买美国粮食，并且无意利用此事进行宣传。在台湾问题上，美国将再次申明从未试图迫使中国放弃对台湾的要求，只是试图

---

① Briefing Material: Prime Minister Menzies Visit-China Discussions, February 22-24, 1961, President Office Files, Box 111, JFKOL, Boston.
② 这是一个支持蒋介石的美国民间团体。
③ Memorandum of Conversation, Washington, March 3, 1961, *FRUS, 1961-1963*, Vol. 22, p.21.

获得中方同意以和平方式实现自己的要求。①

以后的几次中美大使会谈,美国代表均奉命采取低调姿态来阐述立场,避免陷入争论。美方企图先绕开从台湾撤军问题,提出一些解决具体问题,逐步改善关系的建议。但是中方坚持中美关系的根本障碍是台湾问题,应先解决这个根本问题,才好解决其他枝节问题。双方的立场相距甚远,致使会谈继续处于马拉松途中跑的状态。②

酝酿调整对新中国的政策,必然牵涉到对台湾的政策,也必然引起台湾方面的担忧。

这种"小步试探"的态度,在某种程度上反映了辅助决策层的僚属们意见不一。他们彻底检讨了一番对华政策,即使对于主张变革的人来说,阻力也要比他们想象的大得多,来自台湾的坚决反对倒还不是妨碍他们下决心同新中国接近的唯一原因。

国家安全委员会的高级幕僚科莫（Robert W. Komer）建议肯尼迪乘履新之机,大幅度地刷新对华政策,应正视新中国的存在,"尽可能巧妙地同对华政策无效益的方面脱钩"。在联合国改取"两个中国"的政策,相机实现使台湾军队撤离沿海岛屿。③

副国务卿鲍尔斯上任后不断地发动关于对华政策问题的探索,希望能有所作为,至少能说服海峡两岸结束内战状态,以免把美国卷进去。他和另一位副

---

① Telegram From the Department of State to the Embassy in Poland, March 4, 1961, *FRUS, 1961–1963*, Vol. 22, pp.22-24.
② Telegram From the Embassy in Poland to the Department of State, April 18, 1961, *FRUS, 1961–1963*, Vol. 22, pp.51-52; Telegram From the Embassy in Poland to the Department of State, June 29, 1961, *FRUS, 1961–1963*, Vol. 22, pp.85-86.
③ Memorandum From Robert W. Komer of the National Security Council Staff to the President's Special Assistant for National Security Affairs (Bundy), March 1, 1961, *FRUS, 1961–1963*, Vol. 22, pp.19-20; Memorandum From Robert W. Komer of the National Security Council Staff to the President's Special Assistant for National Security Affairs (Bundy), May 4, 1961, *FRUS, 1961–1963*, Vol. 22, pp.53-54.

国务卿鲍尔（George W. Ball）、美国驻印度大使加尔布雷斯（Galbraith, John Kenneth）等都认为，长远来看，美国应把印度和日本作为遏制和抗衡中国的主要力量，不必因为高估台湾的作用而不敢对蒋介石的要求说"不"。①

但是，以国务院政策规划委员会副主任摩根（George A. Morgan）和远东司的一些官员认为：中国大陆和台湾都不会接受类似"两个中国"的政策。既然新中国对美国的敌视是"命中注定"之事，他们倾向于利用中国的困难施加压力。同时，确保台海双方不发动战争："我们应该集中力量谋求确保双方不以大规模的动武来实现其目标，而不是谋求不现实的目标，劝说双方放弃其愿望。"②

中国当时在国内经济和国际共运中的困难处境，在美国政治家眼中是一个调整对策的机会，只是方向不易确定：是缓和关系？还是加强压力？美国情报部门在充分评估中国面临的困难后，对这些困难可能造成的后果，持很谨慎的态度。中央情报局和国务院、参谋长联席会议、陆海空三军、国家安全局等部门的情报机构合作，不定期地就中国情报作出分析，以国家情报评估（NIE）或特别国家情报评估（SNIE）的方式上报决策部门参考。4月4日对中国经济形势的特别国家情报评估认为，"中共政权正面临着在大陆巩固其权力以来最严重的经济困难"。"'大跃进'和苏联技术专家的撤离所造成的混乱，打断了中国的工业化计划"，"群众的情绪，尤其在城镇中，几乎低落到中共掌权以来的最低点"，"但是，即便在这种情况下，群众的不满也不可能威胁到现领导对中国的继续控制。"分析还认为，即使饥荒广泛蔓延，中国政府也不会接受美国提供的粮食，却可能促使中国暂不采取同莫斯科恶化关系的行动。③

---

① Draft Memorandum for the President From Komer, July 27, 1961, PPK, NSF, Countries, China, General, Box 22. JFKPL.
② Memorandum From the Deputy Under Secretary of State for Political Affairs (Johnson) to Acting Secretary of State Bowles, May 10, 1961, *FRUS, 1961–1963*, Vol. 22, pp.56–57.
③ Special National Intelligence Estimate (SNIE13-61), April 4, 1961, *FRUS, 1961–1963*, Vol. 22, pp.40–41.

美国军方也不乏加强对中国施加压力，甚至设法引发中国内乱的呼声。负责"特种作战"的副助理国防部长4月3日向部长麦克纳马拉（Robert S. McNamara）提出：阿兰·杜勒斯（Allen W. Dulles，1961年11月为止担任中央情报局局长）"最近关于中国内部麻烦的强烈建议应该引起我们全体政策制定者的充分注意"，"现在可能正是在中国内部发起某种行动，并保持对华压力的时候"。他批评："踌躇不敢批准在中国内部的探索行动，觉得我们的第七舰队只不过是外交上的棋子，或被周恩来的政治手腕所迷惑，当今可能都是完全错误的事情。中国的威胁在亚洲一直沉重地压在我们头上，也许在1961年开始改变这种态势，恰逢良机。"①

但辅助决策层中有更多人认为，新政府不宜甫一上任，就"造成一个将有对华新政策的糟糕信号"。此外，前总统艾森豪威尔（D. D. Eisenhower）、共和党人、国会和副总统约翰逊（Lyndon B. Johnson）都是保守意见的代表，公众中反对变革的呼声也相当大。②

尽管肯尼迪和僚属们实际上还在继续探寻不同程度的政策调整，但最终还是保守倾向占了上风。肯尼迪没有像台湾担心的那样变更对华政策。相反，他

---

① Memorandum From the Deputy Assistant for Special Operations to the Secretary of Defense (Lansdale) to Secretary of Defense McNamara, April 3, 1961, *FRUS, 1961–1963*, Vol. 22, pp.38–39.

② Letter from Chiang Kai-shek to L. B. Johnson, June 9, 1961, Papers of the President Kennedy, National Security Files, Counties, Box 26, Folder: China Subjects: Chiang Kai-shek Correspondence, JFKPL; Editorial Note, *FRUS, 1961–1963*, Vol. 22, p.3; Memorandum of Conversation, February 3, 1961, *FRUS, 1961–1963*, Vol. 22, pp.7–8; Memorandum From Robert W. Komer of the National Security Council Staff to the President's Special Assistant for National Security Affairs (Bundy), March 1, 1961, *FRUS, 1961–1963*, Vol. 22, p.19; Memorandum From Robert W. Komer of the National Security Council Staff to the President's Special Assistant for National Security Affairs (Bundy), May 4, 1961, *FRUS, 1961–1963*, Vol. 22, pp.53–54.

就职后经过一段考虑，决定暂时不变动美国的政策。①

美国国务院 6 月 16 日通电各驻外使馆，否认新政府将急速实质性地变更对华政策。②

五、暂不变更政策的原因

肯尼迪暂不变更对华政策的原因，可从内政外交两方面寻找。就其国内情况而言，美国政界和舆论起着牵制作用，使他不敢立即作出一些哪怕是很有限度的调整。就外交情况而言，除了台湾方面的种种纠缠以外，中国大陆对外宣传持续表达的对美国甚至对肯尼迪个人的强烈敌意，也使他难以转圜去说服国内的反华派，营造美中关系的良性互动。这里有一个中西方政治文化差异造成的原因：尽管中国有意对肯尼迪新政府观察一段时间，但媒体报刊上仍对美国火力全开，言辞激烈，而且习惯于对"美帝国主义"的首脑加以个人抨击；西方文化传统则是要尽量避免对政敌进行人身攻击，以尊重个人的政治权利和尊严。

肯尼迪在同新西兰总理的上述谈话中讲过想探索改善对华关系的可能性，随即又解释，形势很快表明中共对他的新政府同对前任政府一样憎恨，并且对他个人进行了攻击。"他们的态度表明，他们不愿意同我们改善关系，宁愿保持不妥协的立场。因此，上述可能性似乎就很有限了。这样，美国的立场就不能有实质性的变更，当然也就根本谈不上外交承认问题了。"③

腊斯克发表对外谈话，也把中美关系不能正常化的原因归结为北京极端敌

---

① Editorial Note, *FRUS, 1961–1963*, Vol. 22, p.4; Memorandum of Conversation, Washington, March 3, 1961, *FRUS, 1961–1963*, Vol. 22, pp.21–22.

② Telegram From the Commander in Chief, Pacific (Felt) to the Joint Chiefs of Staff, July 10, 1961, *FRUS, 1961–1963*, Vol. 22, pp.92–93.

③ Memorandum of Conversation, Washington, March 3, 1961, *FRUS, 1961–1963*, Vol. 22, pp.21–22.

对的立场和台湾问题的障碍。①

把不能改善双边关系的主要原因完全推脱给中共，也有开脱自己之意。如前所述，肯尼迪实际上想做的"改善"只是很有限的调整，而且是中国大陆和台湾都不能接受的类似于"两个中国"的方案。再说，中共方面尽管在宣传舆论上没有停止过对他的抨击，但也通过一些渠道向美国新政府表达了希望改善关系的信号。例如，在3月7日中美第103次华沙会谈中，中方代表王炳南就表示，这是肯尼迪新政府上任后同中国进行的第一次会谈，希望新政府现在能提出新的建设性方案。会谈后，中方还宣布释放在押的美国人麦肯（Robert E. McCann）。②

肯尼迪收到了这些信号，但未做积极回应。他私下里承认，不能立即变更对华政策的主要原因还是在国内。

早在2月24日，肯尼迪就向澳大利亚总理孟席斯透露，尽管中共对美国新政府持敌视态度。但如果不是因为受到美国国内的强烈压力，新中国加入联合国便是一个相对无关紧要的事。没人能从中国目前的孤立中得到好处。③

如果这是真心话，即美国排斥新中国恢复联合国席位的主要原因在于其国内的反共压力，也就是说，中共对美国的敌视虽然构成肯尼迪决策改善双边关系的障碍，使其缺乏动力说服国内的反对，但决策的主要顾虑还是国内阻力太大。

在与新西兰总理的那次谈话中，肯尼迪也曾强调，美国要确保台湾当局

---

① Memorandum of Conversation, Washington, February 3, 1961, *FRUS, 1961–1963*, Vol. 22, pp.21–22. Memorandum of Conversation, Washington, March 14, 1961, *FRUS, 1961–1963*, Vol. 22, p.28.

② Telegram From the Embassy in Poland to the Department of State, March 7, 1961, *FRUS, 1961–1963*, Vol. 22, pp.25–26; Telegram From the Embassy in Poland to the Department of State, April 18, 1961, *FRUS, 1961–1963*, Vol. 22, pp.51–52；参见本文第三部分。

③ Memorandum of Conversation, Washington, February 24, 1961, *FRUS, 1961–1963*, Vol. 22, pp.14–15.

在联合国的席位，主要是为了避免三个害处：如果中共入联，联合国会失去美国人的支持；美国国内会引起深刻分歧；美国在国际上的威信和领导地位会削弱。①

肯尼迪的辩解时有矛盾，未必由衷。例如阻挠新中国恢复联合国合法席位，他说主要顾虑是国内政治因素，又说主要顾虑是国外一些反共同盟国的牵制。他还说在这个问题上，要看结果是否符合美国的国家利益，尤其是对台湾和亚洲的影响。如果值得做，他愿应付国内的困难问题，主要是国会议员的强烈情绪。说来说去，似乎如果国际战略上对美国有利，国内障碍是可以克服的。②

六、决策人的私房话

一面感到需要调整对华政策，一面又认为暂不宜也不能做明显的变更，这种矛盾心理集中表露在两位最高决策者的私下谈话中。

据国务卿腊斯克回忆，1961年5月初，肯尼迪和他有一次单独的谈话。他问肯尼迪是否想让国务院探讨变更对华政策的可能性。两人大致排列出这样一些政策选择：(1)承认中国的两个政权，采取所谓"两个中国"的方针；(2)幕后悄悄活动，谋求北京与台北之间的妥协；(3)稳坐不动，静观事态发展。他们都认识到，多年来的美国对华政策实际上没有反映亚洲的现实情况。尽管如此，肯尼迪还是排除了美国对华政策的任何变更。他向这位心腹透露，原因在于自己作为民主党候选人在不久前的大选中仅以极微弱的优势获胜，使他觉得没有获得美国人民强有力的授命，所以对一些可能在国内导致政治大论争的问题必须小心翼翼。而对华政策上的任何变更，都会成为这种大论争的导

---

① Memorandum of Conversation, Washington, March 3, 1961, *FRUS, 1961–1963*, Vol. 22, p.21.

② Memorandum of Conversation, Washington, March 3, 1961, *FRUS, 1961–1963*, Vol. 22, p.21.

火线。共和党总统艾森豪威尔在卸任前曾警告肯尼迪，尽管他大体上会支持肯尼迪的对外政策，但是将强烈反对新政府承认北京或接纳北京加入联合国，必要时他将站出来说话。①

从肯尼迪和腊斯克之间的私下谈话中可以看出，美国国内政治因素确实是他们不敢变更对华政策的首要顾虑。正是出于这种顾虑，对华政策的变更被推延到以后再说。但是，为了把理由说得更为冠冕堂皇一些，正如腊斯克所宣扬的那样："我们同北京的现有接触并无进展之希望。恰好证明中共似乎没有兴趣改善中美关系。那么，就肯尼迪而言，采取更现实的对华政策，就成为以后的事，而非当务之急了。他断定，不值得为更现实的对华政策可能带来的好处去冒一场严重政治冲突的风险。他可能在政治上被中国说客、共和党人和许多国会议员撕成碎片。我们如果实行'两个中国'的政策，会有极大的困难。"②

肯尼迪特别叮嘱对这次谈话要保密，不要让报界获悉国务院正在考虑变更对华政策。因此腊斯克从来没有向任何人透露过总统的真实想法。但由于他了解总统内心深处的想法，所以一再对僚属们研讨变更对华政策的成果迟迟不予上传，也不积极跟进，更不在国务院发动导向变更的探索。他给人造成的印象是一个只会把部下有创意的新政策建议锁进抽屉，数月后再退回作者去重新修订的典型的官僚主义者。③

七、冷战格局的制约

除了现实的政治考虑之外，冷战地缘战略的需要，意识形态和社会制度的两极对立，也束缚着肯尼迪的作为。以自由主义标榜的肯尼迪，实际上深受

---

① 据肯尼迪约见记录，他和腊斯克这年5月初有一次单独会见。Editorial Note, *FRUS*, 1961–1963, Vol. 22, pp.54–55。
② Dean Rusk, *As I saw It, As Told to Richard Rusk*, New York, W. W. Norton, 1990, pp.282–284. "中国说客"是指台湾维系的国会游说集团"China Lobby"。
③ Interview Record with James C. Thomson, by Dayong Niu.

制度下的权变：美国对华冷战政策的渐进探索与铺垫

冷战时期反共意识形态的影响。在柏林危机、古巴吉隆滩事件中都表现了这一点，对中国问题的立场也不例外。长期以来美国对华政策目标是围堵中国。至肯尼迪就任总统时，美国同台湾早已签订了共同防御条约，承担了用武力防御台湾的责任。这一立场当时不仅得到国内的广泛支持，而且适合美国在亚洲的冷战需要。腊斯克承认："我们的这种立场并非仅仅因公众意见所造成，而且也是基于战略形势和远东盟友的态度所使然。我们认识到这一立场本身构成了同北京关系正常化的障碍。"①

如果不能突破这种格局，美国在改善对华关系方面所能做的事情很有限，至多也不过是朝着"两个中国"的方向做一些试探。而其出发点之一是要把台湾作为一个"民主化""现代化"的样板，同社会主义中国竞争。肯尼迪确曾向蒋介石讲解过实现其冷战战略目标的根本手段："长远地看，自由世界能够通过增强民主制度并使其更适应世界人民之愿望，来最好地应付共产主义的挑战。"②

但在对华策略上，肯尼迪又比较讲究灵活性。例如：试图在联合国中变更策略，把不加入联合国的责任推卸给中国自身；考虑在"人道主义"的旗号下给中国灾民提供粮食；注意在美中双边关系上消除不必要的挑衅，要求美军飞机军舰尽量避免进入中国的领海领空，虽然其前提是并不承认中国主张的领海线和领空线，努力保持谈判沟通的渠道，但在根本问题上不作让步；企图利用中苏之间的分裂，对苏适当缓和，对华适度强硬，以此加剧中苏矛盾；保护中国的周边国家，遏制中国的"扩张"；在军控与核武问题上，或拉中国加入谈判，或向中国施加压力。凡此种种，不一而足。③

---

① Memorandum of Conversation, Washington, March 14, 1961, *FRUS, 1961–1963*, Vol.22, p.29.
② Letter from President Kennedy to President Chiang, April 17, 1961, PPK, NSF, Countries, China, JFKPL.
③ Memorandum from Robert W. Komer of the National Security Council Staff to the President's Special Assistant for National Security Affairs (Bundy), March 1, 1961, *FRUS, 1961–1963*, Vol. 22, pp.19–20; Draft Paper Prepared in the Policy Planning Council, October 26, 1961, *FRUS, 1961–1963*, Vol. 22, p.163.

八、敌对中的"开启门缝"

据美国情报委员会1961年9月28日预测：十年后中国大陆仍然处于统一而对美国深怀敌意的共产党领导之下。中国作为世界重要势力中心之一的地位将大为增强，将继续保持世界上最大的常备军和军事机器，煤、铁、电产量可跻身于世界前三名，可能拥有中等程度的核武器储备，能生产短程、中程导弹，甚至可能产出可载热核弹头的洲际弹道导弹。中苏关系将有更多麻烦，中国将更不受拘束地采取独立于苏联的政治或军事行动。但是对共产主义事业的共同责任，特别是对反共世界的共同仇恨，将使中苏保持充分的团结，在反对西方的行动上协调一致。①

那么怎么对待这样一个深怀敌意而又充满发展潜力的中国呢？

近一个月后，国务院政策规划委员会提出了一个"开启门缝"的政策建议："我们对大陆中国采取的总政策是要谋求：（1）使其大门开着一道缝，以便建立更令人满意的对美关系；（2）将我方的敌意隐忍不发；（3）将发生敌意的责任推给中共方面；（4）同时建立更有效的屏障，遏制中苏集团在亚洲扩张。"在具体政策上，应"显示对中国人民的人道主义关心"，即"循序放开出口到共产党中国的粮食（包括面粉）和药品的禁运"，把对华贸易限制放宽到对苏贸易那般程度。还可考虑"通过电讯或其他手段持续提供我方气象卫星探测到的包括台风警报在内的气象情报"。另一方面，应尽量消除美国和台湾地区的"不必要的挑衅行为"。②

这意味着适当地缓和紧张关系，尚不意味着对华政策有根本变更。政策规划委员会主张继续不承认中国，阻挡中国进入联合国；同时应与中国谈判沟

---

① Special National Intelligence Estimate (SNIE13-2-61), September 28, 1961, *FRUS, 1961–1963*, Vol.22, pp.138-140.
② Draft Paper Prepared in the Policy Planning Council, October 26, 1961, *FRUS, 1961–1963*, Vol.22, pp.162-163.

制度下的权变：美国对华冷战政策的渐进探索与铺垫

通，保持大使级会谈，研究一旦情况（例如中共的行为、目标、对于同美国建交的态度）发生变化时，在什么条件下可以承认中国；研究客观上不能再排斥中国于联合国之外时，可供选择的目标、策略和行动时机；还建议考虑怎样把中国吸收到美苏裁军和禁止核试验的谈判中去，至少要由中共方面来承担不参加这些谈判的责任。这些谋士还建议，继续通过美国记者接触中国，争取在有安全保障的限度内使美国的观察家、科学家、学者甚至商人得以进入中国，以便给缓和关系开辟道路；还可利用中方的和平共处五项原则这类有自我制约作用的宣言，动员各国敦促中共恪守诺言。①

鉴于中国即将拥有核武器，他们建议使亚洲各国预做心理准备，以减少届时中共核爆成功所造成的震撼。美国要一面加强在这一地区的常规武装力量，一面分别同亚洲各国商定对付"中国核威胁"的双边措施，包括在各国设置核导弹，训练各国军队使用美国的核武器，在日本设置海上舰载核导弹。也应设法将核武器从临近中国的美军基地转移到更远的美国占领地。应帮助日本发展独立的军事能力，让其承担地区性防御的责任，以减少美国在这里的军事存在。②

该委员会还建议对中国的周边特别是东南亚各国妥为保护，以美援促使这些国家改革内政，改善国际关系，防止共产主义在这里蔓延成功。对于台湾地区，美国要施加影响，给予援助，促进变革，设法熄灭国共内战，促蒋撤离沿海岛屿。还要准备应付中国大陆发动更咄咄逼人但仍未达到战争程度的突然事件。另外，出于变更对华政策的前景的需要，也应向公众揭露台湾当局极力在美国民意机构和媒体施加影响的各种事实。③

---

① Draft Paper Prepared in the Policy Planning Council, October 26, 1961, *FRUS, 1961–1963*, Vol.22, p.164.
② Draft Paper Prepared in the Policy Planning Council, October 26, 1961, *FRUS, 1961–1963*, Vol.22, p.165.
③ Draft Paper Prepared in the Policy Planning Council, October 26, 1961, *FRUS, 1961–1963*, Vol.22, pp.165-166.

这个考虑周密的政策草案在国务院高级官员和有关部门中传阅，具有重要的影响，美国政府采纳了其中的许多建议，但是基本上仍在沿着以中国为敌的思路运作，距离化敌对为合作的根本转变还很遥远。

美国政府这时关心的另一个问题是中国近期的能力和在远东的意图，以及这种能力和意图受哪些因素制约。美国情报委员会1961年11月30日对此作出判断："共产党中国几乎肯定无意在本评估涉及的时期内对远东任何国家进行公开的军事征服"，但是"共产党中国的领导人相信他们可以用共产主义政治战的战术，以小得多的代价和风险来最终实现其目标。当北京认为环境许可时，将致力于向北京支持和指导的本地势力进行的游击战和恐怖活动提供更常规方式的政治战"，"无论如何，共产党中国都会抓住一切机会破坏美国在远东的立足，促发反美情绪。他们将努力在该地区亲西方的国家里煽动不满和动乱"。台海和东南亚是可能激化中美矛盾的两个热点。中国可能在台海采取有限军事行动，以测验国民党人的防御，试探美国的决心，唤起世界对美国侵占中国领土的关注。而对美国报复的担心将使他们不试图武力攻占台湾和沿海岛屿。但如果"北越"或老挝北部遭到威胁，中国可能出兵全面介入。美国情报机构此时对中苏关系的进一步恶化产生了新的希望，认为中苏如果公开分裂，将削弱中国的政治军事能力，并影响到亚洲各国共产党的分裂。①

为了加强有关中国大陆事务的工作，给进一步的调整铺路，美国国务院决定将中国大陆事务同台湾事务分开办公。12月26日，中国事务处（the Office of Chinese Affairs）与东北亚事务处合并为东亚处，下辖中国大陆（含港、澳）事务科（the Section for Mainland China Affairs）、日本科、朝鲜科、台湾科。这意味着中国大陆事务的专家意见更难越级直接上报决策高层。②

但腊斯克还是着手加强了对中国大陆的情报研究工作。他指示新任国务院

---

① Special National Intelligence Estimate (SNIE13-3-61), November 30, 1961, FRUS, 1961–1963, Vol.22, pp.172–174.

② Draft Paper Prepared in the Policy Planning Council, October 26, 1961, FRUS, 1961–1963, Vol.22, p.167, footnote1.

情报研究局局长的小希尔斯曼（Roger Hilsman Jr.）重新整合情报研究工作，保证及时地将高质量的研究直接贡献于对外政策的形成。在重组中，特别加强了对中国问题的研究，聘请著名中国问题专家惠廷（Allen Whiting）来情报局任首席研究员。他同学术界的前沿学者保持着经常的联系，推动他们研究国务院所需要的课题。政府部门向这些专家开放大量的原始情报、研究报告和个人经验等，向六十多家图书馆提供美国新闻署对所获中国信息的研究报告和翻译品，并从香港订购中国大陆出版物，分发给一些学者和图书馆。国务院设立了新的院外研究项目，每年以数十万美元资助院外的学者专家们研究一些"具体而迫切的问题"。在1961年初资助的42位院外专家中，有12人专门研究"共产党中国"问题。这些项目逐年扩大。而政府内研究中共情报的专职人员有35人（研究苏联情报的专职人员有46人）。另外，国务院专门办理"亚洲共产党"（主要是中国）事务的工作人员有15人（办理苏联事务的有29人）。还另有33人专门办理"中苏事务"。各部门不仅注意协调彼此的研究，而且积极参与并引导学术界的研究活动，从而在对华情报研究方面更为充分地利用了美国的雄厚学术资源。①

九、"胡萝卜加大棒"

1962年是中国内忧外患比较严重的一年。美国对中国的内外政策动向十分关注。在拖延蒋介石集团反攻大陆的行动的同时，美国力求对中国的形势与意向作出准确的判断。情报委员会5月2日对中国前景的评估认为："经济困难造成广泛的理想幻灭和随之而起的不满，但我们认为不可能发展出对该政权有组织的反抗。无论什么情况下，该政权所拥有的军队、组织和交通工具可能

---

① Letter From Assistant Secretary(Frederick G. Dutton) to Chairman of Committee on Foreign Relations, U.S. Senator, J.W. Fulbright, February 23, 1962, PPK, NSF, Countries, China, General, Box 23, Folder: 4/62-5/62, JFKL.

足以粉碎任何初起的变乱","我们相信在未来数年内共产党中国将遵循最近制定的相对稳健而理性的政策,收成转好的可能性和对西欧、日本贸易的增加,将部分地弥补苏联经济和技术合作的锐减。因此我们认为其最可能的前景是缓慢的复苏,并逐渐恢复经济增长","我们相信中共将在这个年代末期拥有有限的核武与导弹能力"。就对外关系而言,"我们相信美国将继续面对一个敌视我们的共产党中国,它在不断探测我们的弱点,试图将美国赶出西太平洋,并在一切有可能的地方制造麻烦。与此同时,中国也许会继续提高自己是一个强大而和平的国家的形象,暗中却力所能及地向亚、非、拉左派革命运动提供战术指导和物资援助","虽然共产党中国几乎肯定愿在'北越'、朝鲜,也许还有老挝等地采取军事行动保卫共产主义利益,但几乎肯定不打算在本评估所涵盖的时期内对任何远东国家进行公开的军事征服"。①

尽管看到事实上中国在致力于自己的复兴,不会对哪个邻国实行了"侵略",但是美国仍然认为中国威胁着它的"国家安全"和地区安全,继续把政策基点放在预防和遏制中国的"侵略"上。

由于国际风云的复杂变化,也由于台湾当局制造的海峡紧张局势制约了美国政策上的选择余地,1962年年中美国对中国的立场转趋僵硬了。

这年上半年,美国国务院政策规划委员会在新主任的罗斯托（Walt W. Rostow）的主持下,拟制了一系列针对中国问题的文件草案,题为《基本国家安全政策》。这些草案一个也没有获得批准,但反映了对华政策设计者们的思路。署期为6月22日的最后一稿长达185页,基本精神是要用"胡萝卜加大棒"来对付中国。它主张:"无论哪里发生中共的军事侵略或间接侵略,我们都要用武力遏制或对付;我们自己却不要首先发动对共产党中国的侵略";又主张:"目前,我们应略略微开启同共产党中国扩展商务、文化和其他联系的可能性,但要澄清共产党中国同美国建立更为正常的关系的障碍,在于它根

---

① National Intelligence Estimate (NIE13-2-62), *FRUS, 1961–1963*, Vol.22, pp.221–223.

本不愿修改目前的侵略政策。"①

这表明美国政策的辅助决策层一面主张适当开启同中国交往的门户，一面又坚持要远涉重洋，在中国的大门口插手进行"反侵略"的活动。

最贴近大陆前沿的香港总领事馆认为，当前中国的经济困难不会威胁到中共的执政地位，但使其难以对外采取全面军事行动。美国应该继续制止台湾当局反攻大陆，同时要坚持围堵中国的总态势。罗斯托不仅赞成这种估计，而且主张乘机加强对东南亚的干涉。他请总统的军事代表向肯尼迪讲清楚："20世纪60年代的共产党中国不会成为一个主要工业和军事大国"，"中国的形势应加强我们不许'南越'、泰国和老挝在明确的未来落入共产党人之手的意志。我们应充满自信地实行这一政策。"②

就这样，20 世纪 60 年代的美国，在与中国对抗的心理的驱动下，把中国面临困难和力量弱化的时期当成了加强围堵中国和扩大干涉东南亚的良机。

十、中国表达的和平立场

中国领导人这时在国际上继续高举反帝的大旗，在外交实践中特别是处理国与国的关系上，仍然坚持和平共处的原则，利用机会向美国转达和平的意向。

夏季发生台湾海峡的紧张局势后，美国立即获悉，中国外交部长陈毅 7 月中旬在日内瓦同英国代表团团长麦克唐纳（Malcolm MacDonald）进行了长时间的谈话，解释中国的内外政策。

美方的信息来源显示：陈毅坦率地讲到中国政府和人民面临的困难，强调中国人民一定能够克服这些困难。他说：中国政府希望世界和平，这样才能实行改善人民生活和发展国家的各项工作。虽然有人认为中国想侵略这个或那个

---

① Editorial Note, *FRUS, 1961–1963*, Vol.22, p.271.

② Letter From the Counselor of the Department of State (Rostow) to the President's Military Representative (Taylor), July 31, 1962, *FRUS, 1961–1963*, Vol.22, pp.298–299.

邻国，但中国并没有这种想法。中国必须调动一切力量进行国内建设，所以不愿被拖入大大小小的战争。中国欢迎关于老挝问题的协定，希望这将导致东南亚其他地区形势的改善。中国人民答应援助正在为独立而斗争的各国人民，但将通过和平的方式提供援助。中国劝告一切尚未获得独立的人民，通过政治或外交谈判等和平渠道来努力实现自己的目标。

陈毅特意谈到中美关系，指出老挝问题会议的成功，表明耐心的外交谈判可以解决国际问题。中美双方代表在协定上签字，是改进中美关系的一步。关于最近台湾海峡的紧张局势，北京赞赏美国不支持蒋介石进攻大陆的保证，希望美国进一步放弃对蒋介石政权的支持，中国有耐心等待台湾问题的解决。

美方从英方获知：陈毅在批评了美国某些政策以后，表示理解美国政府不能不顾及国会等处的敌视中国的游说势力和利益集团，以及美国人对共产主义中国的强烈反感。中国方面愿意谅解和忍耐。麦克唐纳指出，肯尼迪政府在一些国际问题上已经修改了前任政府的政策。陈毅也倾向于认为美国现政府在对外政策上的一些修改是有诚意的。中国应理解美国政府的政策和困难，耐心地希望两国关系逐渐得到改善。麦克唐纳指出，在某些问题上，是中国的政策驱使整个西方特别是美国走到强烈反对的地步，中国应有所作为，让美英等国感受到和平诚意。陈毅对此没有直接回应，只是边听边点头。

无论陈毅是否有意，关于这番谈话的报告马上就从英国传给了腊斯克和肯尼迪。①

中国继续向美国传递信息。麦克唐纳11月初访华后，向美国通报了他的亲身观察，以及他和周恩来、陈毅的长时间谈话的内容。他相信中国领导人在国内建设上，已经通过痛苦的反思，吸取了教训，变得更实际、更耐心。但由于美国在中国周边地区到处驻军，包围中国，使中共领导人对自己国家的安全极为紧张。他们并不排除在平等互惠的条件下安排中美学者、记者交流的可能

---

① Telegram From the Department of State to the Embassy in the Republic of China, Washington, July 28, 1962, *FRUS, 1961-1963*, Vol.22, pp.296-298.

性。周恩来表示，华沙会谈已经七年，没有结果，他准备再谈它七年。关于台湾问题，中国领导人给麦克唐纳的印象是，台湾当局与中共之间存在秘密接触，中共政治解决的方针是不"接管"台湾，允许国民党作为少数派政治团体继续存在，等等。周恩来表示有耐心等待，不打算以武力解决台湾问题，无意进攻台湾。另一方面，也不容外国干涉台湾事务。①

美国对中方的这些信息并没有及时作出适当回应，却对中国领导人的接班问题格外关心，留意向访问中国的外国政要们收集这方面的情报。麦克唐纳访问北京后来到香港，美国驻香港领事馆即向他打听中国领导人的情况。他说没有见到毛泽东，但从电影上看，毛泽东似乎老了。美国官员询问继承人，他说周恩来、陈毅和"他们那一派"占支配地位。虽然他也知道刘少奇等领导人，但没有机会接触，也不愿评论。②

十一、以压促变

美国政府的辅助决策层越来越意识到，中国面临严重的经济困难，对苏关系恶化，领导层因年龄老化而凸现出继承问题等，这些因素有可能导致方向性、政策性的变化。美国应该准备调整政策以应变，而且应争取促进这种变化。他们中有争议的问题在于：一个完全"民族主义"的共产党中国是否比一个服从苏联影响的中国对美国更有利？对中国的经济全貌是否看得太悲观了？对中苏妥协的可能性是否估计不足？中共到底有多大对外军事扩张的可能性？③

以罗斯托为首的国务院政策设计委员会，组织跨部门的研究，费时数月，

---

① Telegram From the Consulate at Singapore to the Department of State, Singapore, November 13, 1962, FRUS, 1961–1963, Vol.22, pp.322–325.
② Telegram From the Consulate General at Singapore to the Department of State, November 13, 1962, FRUS, 1961–1963, Vol.22, pp.324–325.
③ Memorandum From W.W. Rostow to Members of the Planning Group, November 28, 1962, PPK, NSF, Countries, China, General, Box 23, Folder: 9/62-12/62, JFKPL.

几易其稿，再经国务院高级官员讨论，终于在1962年11月30日提出一个长篇对华政策建议。其精髓可概括为"以压促变"四个字。

他们认为美国对华基本政策所要求的是："避免、并设法引导其他国家一道避免那些会减轻该政权身上已有和将有的压力的行动，也要避免会迫使中国和苏联重新紧密结盟的行动"，"在这一要求的限度内，保持足够的灵活性，使我们能够鼓励和利用中国内部可能发生的任何走向重大有利的变化的动向。"这种变化的标志包括：缓和对美国和非共产党世界的敌对态度，在对美宣传上降调，在民族解放问题上降温，改变对台立场，在国内战线降低斗争性，发生反毛泽东的政变，或毛泽东的继承人有变更政策的愿望等。促成变化的具体做法有：保持同中国的沟通渠道，以便送达美方政策和意向信号，并能收到中国内部可能发出的信号。对于有利的变化迹象要以鼓励的方式作出回应。但在北京没改变政策的明显表现之前，不仅不要减轻压力，而且要继续以政治围堵、军事对峙、贸易歧视等手段来施压。①

这是一种要使中国在压力下先发生变化，美国再予以回应的政策。它虽然想要美国保持反应的灵活性，但实际上还是使美国政策缺乏选择的灵活性。如果中国在压力下没有变化，美国怎么办？长期敌对下去对美国有什么好处？政策设计委员会没有回答这些问题，可能想都没想过。从杜勒斯到罗斯托，美国对华政策设计者中一脉相传的典型思路是不须采取任何主动缓和的步骤，单靠高压就会使中国屈服。这种强国霸权心态，妨碍了美国方面主动把对华关系及早转向更有利于两国人民与世界和平的方向。

十二、"坚定而不敌对"

进入1963年后，美国辅助决策层继续追踪观察中国内外政策的演变，又

---

① Paper Prepared in the Policy Planning Council, November 30, 1962, *FRUS, 1961–1963*, Vol.22, pp.326–328.

有了新的看法。

国务院2月下旬评估了中国的现状及未来两三年的内外政策动向，认为中国已经度过一场危机，正在调整，可能出现新的增长，政治上是稳定的。北京将着重致力于国内事务，虽然表面上主张咄咄逼人的"革命外交"，并继续在军事方面制造"形象工程"，但顾虑到苏联无意支持，美国有意对抗，故未来数年内仍将谋求谨慎而温和的对外政策，增强同日本和欧洲的贸易关系，避免与美国发生军事冲突。中国不会进攻台湾或沿海岛屿，也不会出兵东南亚，除非自己的边界受到直接威胁。即使获得有限的核能力，中国也还是会清醒地认识到自己同美国在远东的巨大的战略性军事差距。它将继续推进"和平解放台湾"的纲领，通过与台湾当局的谈判实现统一。①

美国情报委员会1963年5月1日对中国的政策趋向得出相同的看法，认为中国已经采取比较稳健务实的政策，未来两年内经济可能恢复。未来五年的关键在于领导层能否在强烈的意识形态下维持务实的路线。中国的对外政策可能保持相对的谨慎，虽然会激昂地反美，努力削弱美国在东亚的地位，但是不可能进行大的冒险。除了保卫边界或同印度发生领土争端以外，中国也许不会公然使用军事力量。中国在东南亚将继续或明或暗地支持当地的革命，并在更有限的程度上支持亚、非、拉的革命。②

中美华沙会谈自1962年中期以后，由于台海局势的紧张，一直陷入你来我往唇枪舌剑的是非之辩中。至1963年下半年，鉴于中苏分歧的扩大，美国国务院曾考虑在华沙会谈中采取更为和解的调门，看看是否能得到中方的回应。谈判代表卡伯特（John M. Cabot）虽然看不到中方积极回应的迹象，但认为应根据全面情况来判断改变会谈气氛是否值得一试。他奉命在9月11日第117次中美大使会谈中宣称，美国对中国打算"保持坚定而不敌对的态度"，

---

① Research Memorandum From INR(Roger Hilsman) to the Secretary(Rusk), February 26, 1963, PPK, NSF, Countries, China, General, Box 24, Folder: 1/63-3/63, JFKPL.

② National Intelligence estimate (NIE13-63), May 1, 1963, *FRUS, 1961–1963*, Vol.22, pp.365-367.

并准备耐心等待直至中方愿意合作缓和紧张。[1]

然而，中方尚未来得及对这话的含义仔细研究并回应，11月初，发生了台湾当局派遣美制U-2高空侦察机被击落于大陆一事。到了11月13日双方约定的下一次大使会谈时，围绕这一事件展开抗议与反抗议，王炳南把美方刚刚表达的"坚定而不敌对"的对华新立场斥责为"谎言"。[2]

实际上，美国的政策设计者已经认识到，中苏分裂的深化已造成世界冷战格局走向多极化，中国不久会成为核国家，军备控制将遇到反弹，中国的经济问题将给美国带来危险或者机会。这都需要美国重视中国问题，为长期的对华政策铺设基础。国务院远东局10月间建议设立亚洲共产党事务处，负责加强对华政策的调研和执行，并处理亚洲其他共产党国家的事务。该处于当年11月组建，对华政策在美国政府内更受重视了。[3]

1963年11月14日在美国总统的新闻发布会上有记者问：在什么情况下美国将同中国恢复某种贸易关系？肯尼迪回答："鉴于红色中国奉行的政策，我们尚不打算同红色中国贸易，什么时候红色中国表示愿意与美国，也与其他周边国家和平相处，美国届时显然将重新估价自己的政策。我们并不墨守对红色中国的敌对政策。"[4]

这是肯尼迪生前最后一次公开阐述他的对华政策。一个星期后，他在达拉斯遇刺身亡。

---

[1] Telegram From the Embassy in Poland to the Department of State, September 11, 1963, *FRUS, 1961–1963*, Vol.22, pp.392, 394.

[2] Telegram From the Embassy in Poland to the Department of State, November 13, 1963, *FRUS, 1961–1963*, Vol.22, pp.405–408.

[3] Paper Prepared in the Bureau of Far Eastern Affairs, Washington, undated, *FRUS, 1961–1963*, Vol.22, pp.397–399.

[4] Public Papers of the Presidents of the United States: John F. Kennedy, 1963, pp.845–846.

十三、对中国开放门户

然而对华政策继续沿着某种惯性在发展。

12月13日,经国务院一批负责中国事务的官员们草拟和修改,已经升任远东事务助理国务卿的小希尔斯曼,在旧金山发表了对华政策讲演。这是1957年6月28日前国务卿杜勒斯在同一城市发表著名的强硬反华演说以来,国务院的高级官员第一次向公众全面而系统地重新阐述对华政策。据小希尔斯曼解释,这次演说的主要意义在于把美国这些年来一直奉行的对中国的政策明确表达出来。实际上,这是对肯尼迪任内对华政策演变的总结。他把美国对华政策概括为所谓的"坚定、灵活、理性"。"坚定"系指对台湾的承诺,"抵抗中共各种形式的侵略",即防御的坚定性。"灵活"系指美国"对于回应北京政权行为方面的重要变化持灵活态度",实际是指当中国对外政策有所变化时,美国也准备作出相应改变。"理性"系指"以冷静客观的分析取代陈旧观念和偏颇论点",实际是要修正杜勒斯时代僵硬的对华政策理念。[1]

他在演说中引人注目地提出一个对新中国的"开放门户"政策:"假如我可以将我们过去的一条经典原则转用一下的话,我们今天对共产党中国追求的是一种开放门户的政策;我们决心对变化的可能性保持门户开放,而不是砰然一声关闭门户,把可能增进我们国家利益、造福自由世界、裨益中国人民的任何进展拒之门外。"他所指的中共方面的变化,主要一点是"尊重"美国与台湾当局的"亲密友好关系"。"只要北京坚持以破坏这种关系作为我们与共产党中国的关系根本改善的前提条件,则没有实现这种改善的前景。"但是,"说到底,我们也不忽视已经在大陆稳固建立的共产党的领导。我们时常同他们会

---

[1] Letter From the Assistant Secretary of State for Far Eastern Affairs (Hilsman) to the Representative to the United Nations (Stevenson), December 19, 1963, *FRUS, 1961–1963*, Vol.22, pp.411–412.

晤，例如我们驻华沙大使之间的定期会谈。"针对杜勒斯关于中共早晚会垮台的名言，小希尔斯曼宣称："我们没有理由相信共产党政权现在有可能被推翻。"①

讲演一发，舆论大哗。人们普遍把它看作是变更对华政策的一个信号，尤其是美国要对新中国"开放门户"的提法，引起国内政界和台湾当局的追究。不少质问纷至沓来。小希尔斯曼穷于应付，只好辩称讲话的本意是说美国政策没有改变。这真是"此地无银三百两"，只要把杜勒斯六年前的讲话拿来一比，就可以看出对美国政策的诠释已经有了多少变化：从遏制封锁，到"开启门缝"，再到"开放门户"。②

十四、是建立联系还是继续围堵

然而，辅助层对华政策设计者的新思路未必符合白宫新主人推行的亚洲新战略。肯尼迪开始的一些调整，在新总统约翰逊的任期内，随着越南战争的升级，最终没有能够延续下去。

法国总统戴高乐1963年12月16日同腊斯克的会谈，表明了两国政策制定者对中国看法的巨大差异。美方表示担心的是中国崇尚暴力革命，中苏论战就表明中国的这个倾向。还有中印的边界战争，中国对执行老挝问题国际协定的"抵制"，推动苏加诺在印尼实行激进路线，支持拉丁美洲革命运动，特别是支持卡斯特罗领导的古巴革命。现在周恩来又去访问非洲。这些在腊斯克眼里都是西方应以强硬态度"围堵"中国的理由。戴高乐却在考虑同中国建交。他同样认为中国现在比苏联更激进，正在担任促进"世界革命"的角色，然而，"问题是西方怎样促其好转呢？最好的办法是完全孤立中国呢？还是有一定的联系呢？"他觉得西方过去同苏联有联系，结果是有益的。腊斯克却不认

---

① Department of State, *Bulletin*, January 6, 1964, pp.11–17.

② Letter From the Assistant Secretary of State for Far Eastern Affairs (Hilsman) to the Representative to the United Nations (Stevenson), December 19, 1963, *FRUS, 1961–1963*, Vol.22, pp.411–412；另见 *FRUS, 1955–1957*, Vol. 3, pp.558–566。

为苏联态度的转变是受了同西方联系的影响。他坚信西方军事力量的对峙，才是促成苏联态度变化的原因。再说，印度同中国有极为友好的联系，日本同中国有更多的非官方联系，却没有迹象表明它们对促进中国"好转"产生了什么影响。美国政策制定者心中有一个戒律：让中国人或他们的共产党盟友以为他们那种政策会得好报，是一个极大的错误。法国政策制定者却反对一味强硬地对峙。戴高乐质问：如果让对方除了战争以外别无选择，他们是否会更好地行事？他坚信建立联系一定不会毫无益处。印度和日本是两个资源贫乏的国家，不能给中国提供什么。如果西方将来同中国建立了联系，情况就是另一样了。腊斯克搬出华沙会谈为例，说美中虽然有联系，却看不到中国有兴趣改善关系，除非西方抛弃台湾。没想到，并不把台湾当包袱背上的戴高乐意味深长地回答：台湾将不得不被西方所牺牲。腊斯克探询法国何时将与中国建立关系。戴高乐推说这是将来的事情，他当时没法回答。[①]

然而仅仅一个月后，法国就宣布承认中华人民共和国。根据同中国的谈判协议，法国并没有宣布断绝同台湾当局的外交关系。台湾当局2月10日宣布与法国断交，撤回大使。美国对法中这种建交模式感到有兴趣。[②]

那么，中国领导人当年对缓和中美关系，同美国和西方更多国家建立联系，持什么态度呢？其实是立足于斗，不急于建交。

这一时期，中国正值多事之秋，为内忧外患所困扰。国内天灾人祸交相作用，粮食连年饥荒，周边关系频频告急，危机四伏。老挝、越南革命形势激化，美国加强了对这些地区的军事介入，驻泰国的美军也增加了力量配置。印度推行"前进政策"，蚕食中国领土，终于引起中印边界战争。台湾当局伺机反攻大陆，西藏叛乱势力也蠢蠢欲动。中国同以苏联为首的社会主义阵营开始分裂，从两党关系波及国家关系，从意识形态领域扩大到经济军事合作，甚至

---

① Telegram From Secretary of State Rusk to the Department of State, Paris, December 16, 1963, *FRUS, 1961–1963*, Vol.22, pp.409–410.

② Arthur Waldron, "From Nonexistent to Almost Normal: U.S.-China relations in the 1960s", *Kunz*, pp.234–235.

发生了新疆伊犁、塔城地区数万边民被苏联官员策动外逃的事件。①

面对周边环境的恶化,中国领导人以"独有英雄驱虎豹,更无豪杰怕熊罴"的气概来对付。②

早在1960年1月,毛泽东针对美国正逐步削弱台湾当局国际地位的动向,在一期内部刊物上批示:我们在三年、五年甚至十年内,对一切国际组织,毫不在乎,要美就我,我不就美。最后一定要美国服从我们。③

从这个批语来看,中国领导人的想法是中美关系最终还是应该得到改善,但是,需要经过五年到十年(或许更长)的对峙,使美国从中国的冷淡和斗争态度中领悟到中国无求于人,不会屈服,而不得不向中国让步。

所以,尽管这时期的中美关系出现了略微改善的机会,但是从中国方面来说,对这种机会却并未看重。随着同周边关系的紧张(越南、老挝、印度、苏联),中国的安全感降低,斗争性增强,对美国策动战争的危险性估计较高。中苏之间围绕着世界形势、时代特征、革命战略、帝国主义性质等问题展开激烈的大论战。随着观点和立场的尖锐化,中国越来越汲汲于在国际共产主义运动中"举旗"和"领头",几乎没有在这个当口同美国妥协的余地。美国即使这时能对中国作稍许让步,也很难引起中国方面的积极回应。

结　语

在常规制度之下,政策的制定却在不断变化或演绎,这是一个时常流动并会偶尔打破常规的运行过程。美国政府内部渐进调整对华关系的一些细节,已

---

① 李丹慧:《对1962年新疆伊塔事件起因的历史考察——来自中国新疆的档案材料》,李丹慧主编:《北京与莫斯科:从联盟走向对抗》,广西师范大学出版社2002版,第480—509页。
② 毛泽东:《七律·冬云》,1962年12月26日。
③ 毛泽东:《在关于国际情况的一期简讯上的批语》,1960年1月6日,《建国以来毛泽东文稿》第九册,中央文献出版社1996年版,第4、6页。详见本文第六部分末。

经叙述如上。它当时遇到的一个巨大障碍，是自朝鲜战争以来形成的敌视中国的气氛已经根深蒂固，一时难以扭转。美国朝野在没有得到越战失败的教训和其他强国的强硬挑战之前，很难对自己的亚洲政策进行深刻的反省。另一个障碍是由于没有外交关系，远隔重洋的美中两国之间几乎没有人员往来和任何形式的交流。美国只能在中国周边地区观察了解中国。这样得来的有限情报，尽管经过一流的分析家的评估，仍然不能给政策的制定和转变提供足够可靠的依据。美国决策人头脑里的中国，不时呈现为"是一个充满发展潜力的可怕敌人"的形象，在这种阴影下要想取得对华政策的突破性进展，谈何容易。当然，中国对美国的了解可能更有局限，转变对美政策也绝非易事。

若就此后成为推动美国改善对华关系的主要因素"美中苏战略三角关系"而论，当时中苏之间的不和刚刚显露，它们的争吵究竟是暂时的分歧，还是不可逆转的分裂？美国怎样利用这种分歧？还是根本不要试图利用，以免引起两个共产党巨人的警觉而重新团结起来共同对敌？美国政府当年对此作了大量研究，但很难得出结论，因为中苏关系究竟走向何方，尚属未定之数。借用中国来抗衡苏联，这种战略可能性在当时还显得很不明朗。

艾森豪威尔-杜勒斯政府已经采取对苏缓和、对华强硬的战略，用以分化中苏关系。肯尼迪既然把中国看作是比苏联更激进、更危险，也更难以妥协的敌人，继续沿用其前任的战略也就顺理成章。[1]

然而，从本文论列的情况来看，肯尼迪政府在短短的三年中始终在考虑对华关系的调整问题，不甘墨守成规，也随时分析判断眼前的中苏分裂究竟能发展到什么程度，以及这种分裂对美国有什么政策意义。可以说，同其前任相比，他至少为对华关系提供了更多的变革思路和调整空间，并且从对中国的遏制封锁政策转为"保持门缝"，从而最终走向了"开放门户"。如果假以时日，这位颇有作为的年轻总统没有猝然遇刺身亡，而能顺利连任，也许对华政策会

---

[1] 详见 Gordon H. Chang, *Friends and Enemies: The United States, China, and the Soviet Union, 1948–1972*, Stanford University Press, 1990, chapter 6。

发生更大力度的调整。

促使美国调整政策的主要原因,是它必须面对新中国政权已经稳固,国际地位不断上升的事实,看到新中国即使暂时遭遇到各种困难,仍然不可动摇。如果继续无视新中国的存在,并不能给美国自己带来什么实际利益。因此美国国内要求调整政策的呼声越来越高,政府内的有识之士也主张摆脱这种无效益的政策。但当时制约其政策调整的因素显得更为强大。美国政界包括国会和政府内部都有强烈的反对变更对华政策的声浪。美国政府不能作出大幅度对华政策的调整,主要原因在于国内政治的掣肘,其次是台湾和一些亚洲反共盟国的反对。其政策调整的最大限度,也不过是类似"两个中国"的方案,这是根本行不通的。

冷战国际格局所限定的中美对立和美台结盟的关系,也有力地牵制了美国的决策。在冷战格局和冷战思维制约下,肯尼迪把中国的核武器研制当作最危险的事态,谋划制止的方案,并继续支持台湾和西藏叛乱势力在中国周边小打小闹的窜扰活动。

另一方面,中国领导层这个时候虽然向美国表达过改善关系的愿望,但并没有主动采取切实有效的步骤实现同美国的和解。相反,美国武装支持古巴流亡者偷袭吉隆滩的事件,使中国对肯尼迪政府得出一个判断:它在反共冷战方面比前任更富于侵略冒险性。毛泽东1961年4月27日在接见亚非著名人士时指出:"美帝国主义迫不及待地进攻古巴,再一次在全世界面前揭露了它的真面目,说明了肯尼迪政府只能比艾森豪威尔政府更坏些,而不是更好些。"[1]至此,中国领导层对肯尼迪政府的观察告一段落,对一个比艾森豪威尔政府还坏的政府,当然更谈不上主动和解了。

两国关系总是一个双向互动的过程。就中国方面而言,这时在世界冷战格局中已经选择了站在苏联为首的社会主义阵营一边。尽管当时同苏联有分歧,

---

[1] 毛泽东:《同亚非外宾的谈话》,1961年4月27日,《建国以来毛泽东文稿》第九册,第477页。

制度下的权变：美国对华冷战政策的渐进探索与铺垫

但还自认为是社会主义阵营的一员，希望总有一天能和苏联重新团结起来。这就从国际战略格局上限制了中美关系的发展。而且，这一时期中国的对外政策，给美国决策人的整体印象，似乎是一个比苏联更激进更可怕的国际共产主义运动的代表：最坚决地同"美帝国主义"斗争，最积极地担任"世界革命"旗手。所以对美国来说，遏制这个似乎没有妥协余地的敌手，关系其世界战略的成败。[1]

中国仍然置身于苏联阵营之中，并担任着最积极的反对帝国主义、支援世界革命的角色，在对美关系上不急于取得突破性进展，拒绝先易后难、小步微调的办法，而在宣传上又有毛泽东后来所讥评的"放空炮"及攻击个人的倾向。这种反应当然也不利于促使双边关系的改善。

然而，中国对美政策的转变，如后来所见，更有其对外决策的常规体制下的突变性甚至戏剧性，是一种打破常规，转变航向的结果。但是如果细细品味，又在当时中国特有的制度下，有其合乎情理的逻辑。当然，这已经属于另一个重大的研究课题了，本文仅此点到为止。

---

[1] State Department Report: "China Policy and Contingency Planning for Possible Reviewed Chinese Communist Attack on the Offshore Island", July 10, 1961, State Department Files, Box 141, JFKPL.

外国制度史

从异质多样性到命运共同体
―― 亚洲文明的地缘板块与历史走向

哈全安(天津师范大学欧洲文明研究院)

一、地缘形态与人种族群

如若从宏观的视野俯瞰东半球,可见亚非欧三大洲呈现出不同的地缘形态。欧洲大陆内部鲜有难以穿越的自然障碍,西起大西洋沿岸东至乌拉尔山的广袤区域呈现为相对单一的地理单元。在非洲大陆,人迹罕至的撒哈拉沙漠横亘东西,形成巨大的天然屏障,撒哈拉沙漠的南北两侧呈现为二元的地缘结构。相比之下,亚洲大陆明显有别于欧洲大陆和非洲大陆,其地缘形态可谓三分天下。帕米尔高原和喜马拉雅山以及兴都库什山余脉宛若巨大的天然屏障,将亚洲大陆分割为形态各异的三大地缘板块。帕米尔高原绵延于东亚的西侧,构成东亚与中亚、西亚之间的重要地理分界线。喜马拉雅山以及兴都库什山余脉则耸立于南亚的北侧,长期阻隔南亚与外部世界的陆路交往,南亚次大陆由此而俨然成为亚洲大陆的孤岛。

亚洲大陆是人类文明的重要发源地,也是世界三大人种之欧罗巴人种和蒙古利亚人种诸多族群的共同家园。欧洲大陆的人种族群,从上古时代的希腊人和拉丁人到中古时代的日耳曼人和斯拉夫人,所操语言皆属印欧语系。非洲大陆以撒哈拉沙漠为界,撒哈拉沙漠以北的人种族群所操语言属于闪含语系,撒哈拉沙漠以南的人种族群所操语言属于班图语系。相比之下,在漫长的历史进程中,肤色各异的闪含语系、印欧语系、突厥阿尔泰语系和汉藏语系不同分支,皆曾在亚洲的土地上留下了深刻的文明印记。西亚和中亚作为亚洲大陆三大地缘板块之一，分布着闪含语系、印欧语系和突厥阿尔泰语系的诸多族群，其中阿拉伯人、波斯人、突厥人、库尔德人和普什图人数量最大，皆属欧罗巴人种的不同分支，所操语言分别属于闪含语系、印欧语系和突厥阿尔泰语系。南亚次大陆最重要的土著先民是达罗毗荼人，所操语言的起源和归属至今不详；继达罗毗荼人之后移入南亚次大陆进而构成南亚次大陆主体居民的雅利安人，亦系欧罗巴人种的分支，所操语言属印欧语系。生活在东亚的众多人口，大都系蒙古利亚人种，所操语言属于汉藏语系；至于在东亚语言中占据一席之地的日语和朝鲜语，常被学界视作突厥阿尔泰语系的分支，迄今尚无定论。

二、神灵崇拜与世俗信仰

　　亚洲大陆不仅是人类文明的重要发源地以及欧罗巴人种和蒙古利亚人种诸多族群的共同家园，也是三大世界宗教以及包括犹太教和印度教在内诸多宗教的诞生地，在世界宗教发展史上占据举足轻重的地位。

　　西亚素有一神崇拜的信仰传统，可谓一神信仰的摇篮所在。自从大约三千年前起，一神信仰在地中海东岸渐露端倪，缘起于巴勒斯坦的犹太教首开一神信仰的先河。此后相继登上历史舞台的基督教和伊斯兰教亦以一神信仰而著称于世，其诸多神学理念一脉相承，神学内涵如出一辙。犹太教独尊之耶和华、基督教独尊之上帝和伊斯兰教独尊之安拉，皆被各自的信众视作唯一的造物主和主宰世界的唯一超自然力量。位于巴勒斯坦的古城耶路撒冷，俨然是犹太教、基督教和伊斯兰教共同的信仰坐标。起源于伊朗高原的琐罗亚斯德教，内含一神信仰的神学元素，作为古代波斯文化的标志和象征，亦曾在西亚和中亚产生过深远的影响。阿拉伯帝国统治时期，伊斯兰教逐渐东传，直至成为中亚诸地的主要宗教。

　　不同于西亚之一神信仰的宗教传统，南亚次大陆可谓多神崇拜的沃土。婆罗门教形成于雅利安人移入南亚后的所谓吠陀时代，相信万物皆有神灵，具有泛神论的明显特征；在婆罗门教诸多神灵中，战神因陀罗和火神阿耆尼倍受尊崇。笈多王朝时期，婆罗门教演变为印度教，印度教亦称新婆罗门教，崇拜梵天、湿婆和毗湿奴三大主神，笃信转世轮回的宗教理念。诞生于南亚的佛教，以思考人生作为出发点，以苦集灭道即所谓的四谛作为基本教义，具有主观唯心色彩，强调无我和众生平等的信仰原则，孔雀王朝时期曾经风行一时，然而或许由于与种姓制度的社会传统不符，7世纪后逐渐淡出南亚次大陆。

纵观西亚和南亚板块的文明历程，宗教与社会长期处于共生状态，教权与俗权错综交织，宫廷与寺庙交相辉映，教俗合一俨然成为西亚、中亚之伊斯兰世界的醒目标志，印度教亦是种姓制度得以在南亚长期延续的信仰基石。相比于西亚、中亚和南亚文明板块的浓厚宗教传统，东亚文明板块独具鲜明的特色。春秋战国可谓东亚文明的文化奠基时代，诸子百家无不表现出浓厚的世俗色彩，鲜有神灵崇拜和神学理念，宗教元素微乎其微。自秦汉至明清，世俗皇权主义始终在意识形态层面占据至高无上且不可动摇的主导地位，四书五经和程朱理学俨然是民众信仰的经典学说，皇权崇拜可谓民众信仰的集中体现，所谓教权抑或神权则无从谈起，世俗社会、世俗政治、世俗理念、世俗尊崇和世俗文化无疑构成东亚板块的文明底色。

在人类漫长的历史长河中，西亚文明和南亚文明皆表现出浓厚的宗教色彩，神灵作为超自然力量倍受世人尊崇，以至于达到无以复加的程度。相比之下，在东亚世界，所谓的上天作为至尊的神灵业已被世人虚化而徒具虚名，皇帝作为天之子而处于至高无上的地位，倍受万民景仰和敬畏。意识形态层面的一神信仰和皇权崇拜，折射出西亚和东亚之帝国传统的政治生态，而盛行于南亚的多神崇拜则与古代印度支离破碎的政治生态相辅相成，亦与种姓制度主导下的社会现实相得益彰。

三、三足鼎立的文明板块

众所周知，古代文明诞生于四大发源地，而亚洲大陆坐拥其三。幼发拉底河—底格里斯河流域、印度河—恒河流域以及黄河—长江流域，堪称西亚文明、南亚文明和东亚文明缘起的温床。在传统文明的漫长岁月里，亚洲文明呈现西亚文明、南亚文明与东亚文明之三足鼎立的基本格局。三大文明板块各具鲜明特色，交相辉映，异彩纷呈。

由于特定的地理位置和地貌构造，西亚文明自古以来呈现相对开放的态势，与地中海沿岸的北非、南欧交往不断。上古时代的西亚诸地，与希腊罗马世界联系颇为紧密，共同奠定了爱琴海—地中海文明的历史基础，直至形成辐射周边广大区域的环地中海文明圈。波斯希腊战争和其后的亚历山大东征，特别是缘起于西亚的一神信仰即基督教在欧洲的沃土生根发芽，可谓上古时代西亚与欧洲交往的三大历史坐标。进入中古时代，所谓的环地中海文明圈发生裂变，曾经的希腊罗马元素和西亚元素分别融入欧洲文明和伊斯兰文明，西亚诸地成为伊斯兰文明的核心区域。此间西亚延续与欧洲的频繁交往，战争成为西亚与欧洲相互交往的首要形式，阿拉伯帝国的扩张、十字军东征和奥斯曼帝国的圣战则是中古时代西亚与欧洲之间相互交往的新坐标。位于亚洲腹地的中亚，虽从空间维度堪称亚洲大陆的十字路口，却因帕米尔高原和兴都库什山余脉的阻隔，其与东亚和南亚之间少有大规模和常态性的交往，历史长河中表现出明显的西向传统，进而构成西亚文明的东向延伸地带。长期称雄西亚的波斯帝国和阿拉伯帝国，在其鼎盛时期皆曾将广袤的中亚大地纳入各自的版图疆域。伊斯兰教在中亚的广泛传播和突厥人屡次自中亚入主西亚，则是不争的历史事实。近代晚期滥觞于奥斯曼帝国的泛伊斯兰主义思潮，亦曾席卷西亚和中亚诸地，成为信仰伊斯兰教的各民族反抗西方殖民主义和争取民族解放的重要舆论武器。此外，西亚和中亚的主要语言波斯语、土库曼语、库尔德语、普什图语和俾路支语皆采用阿拉伯字母作为书写形式，土耳其语亦曾采用阿拉伯字母作为书写形式，直至凯末尔时代改用拉丁字母，可见西亚和中亚作为亚洲三大文明板块之一的内在共性和语言同文性。

南亚古代文明的特征，在于多神崇拜、种姓社会和支离破碎的政治形态。种姓制度作为南亚文明特有的社会制度，与婆罗门教同时缘起于雅利安人移入印度河—恒河流域后的吠陀时代。社会成员划分为婆罗门、刹帝利、吠舍和首陀罗四大种姓,种姓身份世袭不变,职业各有分工,位于四大种姓之下的社会最底层是被剥夺种姓身份的贱民阶层,亦称不可接触者。而西亚和东亚素有帝国的历史传统,波斯帝国、阿拉伯帝国和奥斯曼帝国相继登场,在西亚的历史长河中延续长达两千余年,东亚的华夏世界自秦汉帝国到明清帝国,大一统的政治格局亦贯穿始终。相比之下,南亚次大陆的政治形态长期处于支离破碎的局面,直至进入最后的封建王朝莫卧儿帝国时期,但支离破碎的政治格局依然难有实质性的改观。此外,南亚传统文明具有顽强的生命力和强大的同化力,雅利安人之后的历代入侵者皆未能延续自身的文化而销声匿迹,即便域外穆斯林建立的德里苏丹国和莫卧儿帝国统治印度长达六百余年,伊斯兰文明的渗透和冲击亦难以撼动印度传统文明的悠久底色。

相比于西亚文明的外向混合性,东亚文明与南亚文明同属内生土著的文明形态,而华夏世界作为东亚文明的主体区域,其特有属性在于世俗色彩、中央集权、帝国传统和一而惯之的延续性抑或非断裂性,社会结构和国家体制历经王朝更迭却始终未见明显的变革迹象,忠君理念经久不衰,皇权俨然是维系社稷江山的标志,官方意识形态从孔孟儒学到程朱理学而一脉相传。周边诸多族群虽屡屡入侵直至深入华夏腹地,但皆被同化于炎黄子孙的汪洋之中。不仅如此,华夏世界与其周边区域的历史进程具有密切的内在关联性;华夏世界无疑首开东亚文明的先河,包括中央集权的官僚体制和均田制在内的诸多文明元素自华夏世界延伸到地处周边区域而起步相对较晚的朝鲜半岛和日本列岛。东亚文明板块中的汉字,可比西亚文明板块中的阿拉伯字母;朝鲜语和日语虽与汉语分属不同语系,却长期借鉴汉字作为各自语言的书写形式。华夏世界的儒学思想在朝鲜半岛和日本列岛传播由来已久,影响甚广。华夏世界的屡次重大历史变动,亦曾不同程度上波及包括朝鲜半岛和日本列岛在内的周边区域。然而,东亚文明板块并非浑然一体,日本自大化改新到明治维新数百年间经历皇权与幕府的转换,直至走上军国主义的道路,政治生态明显有别于华夏世界和朝鲜半岛,可谓东亚奇葩。

如果说西亚、南亚和东亚构成亚洲文明的三大原生板块,则东南亚地处东亚与南亚之间，系东亚文明与南亚文明两大板块的过渡区，兼有东亚文明与南亚文明的双重元素，在人种层面可见马来人、印度雅利安人、炎黄子孙诸多族群混居，其所操语言分别属于南岛语系、印欧语系和汉藏语系，在意识形态层面可见印度教、佛教、伊斯兰教、儒学并举，在历史传统层面可见东亚文明与南亚文明的二元底色，却鲜有凝聚社会的向心元素，可谓亚洲文明的次生板块。此外，东南亚涵盖中南半岛和马来群岛，地处太平洋与印度洋的接合部，不仅延续农耕文明的悠久传统，而且表现出海洋文明的浓厚色彩，易于汇聚形形色色的外来元素，语言种类纷乱庞杂，有别于植根于农耕传统而相对封闭的东亚文明和南亚文明。

四、亚洲命运共同体：从国运沦丧到百年复兴梦

纵观世界历史，古代文明发源于东方，中古时代东方文明与西方文明交相辉映，而现代文明则滥觞于西方世界的率先崛起。大约自1500年起，现代化进程在亚欧大陆西端始露端倪，进而自西向东在欧洲蔓延，欧洲诸国随之崛起，此时亚洲大陆依然停滞于中古时代，发展水平明显落伍，与欧洲之间形成巨大的历史落差。此后数百年间，缘起于西方的现代文明冲击着东方古老的土地，特别是进入19世纪，亚洲大陆成为西方殖民主义的牺牲品，传统秩序的根基益趋崩坏，三大文明板块相继经历主权日渐沦丧的衰败国运，共同面对西方飞扬跋扈的傲慢，经受西方列强肆意践踏的屈侮和凌辱，民族尊严尽失。殖民主义时代，西方列强的统治和压迫引发亚洲诸国民族主义的高涨，反抗西方列强的主宰和争取国家的主权独立成为亚洲人民拯救国运于危亡的首要任务。至"二战"结束后，殖民主义落下历史帷幕，亚洲各国相继摆脱西方列强的支配和主宰，诸多新兴的主权国家亦由此登上国际舞台，现代化进程随之步入新的历史阶段。

进入20世纪，亚洲诸国的现代化呈现加速度的发展态势，政治、经济、社会和文化各个层面均有长足进步，传统秩序与现代秩序错综交织而此消彼

长，发展进程表现出相当程度的内在同步性。爆发于20世纪初的伊朗立宪运动、青年土耳其党革命和中国辛亥革命，在西亚和东亚遥相呼应，均表现出以现代政治体制取代传统政治秩序的强烈诉求，倡导民众广泛的政治参与；中华民国和土耳其共和国的相继建立，首开亚洲共和制政体的先河。与此同时，工业化进程瓦解着传统时代之农本社会的基础，土地改革成为否定乡村农业之封建根基的历史杠杆，城市化进程提供了现代文明之不可或缺的温床，乡村人口涌入城市的历史潮流已然不可逆转。进口替代的经济发展战略一度成为亚洲诸多新兴国家保护民族工业和国内市场的重要举措，国家主义风行一时。至20世纪后期，亚洲诸国相继推行新经济政策，构建外向型的开放模式，进而进一步融入国际市场，国际化程度明显提高。

西方冲击下启动的现代化进程，大都表现出浓厚的西化色彩，而现代化进程中的所谓西化普遍具有殖民主义时代西方中心和西方至上的地缘政治倾向，其逻辑结果则是导致西化国家在全球化时代的依附地位。所谓的西化并非等同于现代化，而是特定历史条件下现代化进程的途径。亚洲诸多国家的现代化进程，在早期阶段通常在不同程度上表现为西化的模式，试图复制西方国家的现代化之路。20世纪后期，许多亚洲国家逐渐尝试摆脱西化模式，寻求适合各自国情的现代化模式，表现为从西化到去西化的转变，现代化进程的本土化日渐彰显。

从全球史的视角审视亚洲文明，相比于西亚与欧洲之间自古以来绵延不息的战火烽烟，西亚、南亚与东亚之间鲜有大规模征战，争奇斗艳却相安无事可谓传统时代亚洲大陆三大文明板块之间的历史常态。另一方面，地势的阻隔、人种的差异、信仰的多样化和文明传统的各具特色，无法改变近代以来亚洲诸国命运相通的客观现实。从主权沦丧的屈辱到艰辛坎坷的复兴之路，可见亚洲诸国近代以来的历史轨迹。进入新世纪，亚洲各国大都前行在振兴之路，展示出崭新的国际形象，亚洲的重新崛起已然成为不可否认的时代现实，构建亚洲命运共同体乃至世界范围的人类命运共同体则是历史走向繁荣昌盛的方向所在，多元包容、和睦相处与合作共赢势在必行。

波斯帝国的总督与"中央集权"

晏绍祥（首都师范大学历史学院）

关于波斯帝国中央集权的争论

在不少中国世界古代史学者的观念中，至少从大流士改革后，波斯帝国是一个典型的专制主义王权统治的国家。《世界上古史纲》认为，大流士改革的基本目标，是"加强中央集权，实现专制统治"，并且把省作为"专制君主对被征服地区实行直接统治和压迫剥削的单位"。[①]李铁匠从波斯人历史发展的角度解释波斯帝国的专制。在评价巴尔迪亚被杀和大流士改革时，认为那时"波斯已经越过部落联盟的藩篱，成为囊括整个古代近东的奴隶制大帝国。原先的行政管理机构是注定要灭亡的。加强中央集权的改革，绝不会因为巴尔迪亚被杀而停止"。"大流士通过改革国家的行政机构，把全国的行政、军事、监察、司法大权都集中到国王一人手中，加强了中央集权的统治。"[②]吴于廑、齐世荣总主编的《世界史》（古代史编·上卷）也认为，大流士的改革"确立了君主专制，加强了国王的权力，调整了国王与贵族的关系"。[③]吴欣最近对波斯时

---

① 《世界上古史纲》编写组：《世界上古史纲》上册，人民出版社1979年版，第226—227页。
② 李铁匠：《伊朗古代历史与文化》，江西人民出版社1993年版，第89、100—101页。
③ 吴于廑、齐世荣总主编，刘家和、王敦书主编：《世界史》古代史编·上卷，高等教育出版社1995年版，第185页。由齐世荣总主编，杨共乐、彭小瑜主编的《世界史》（古代卷，高等教育出版社2006年版）大体继承了这个看法，认为大流士改革"加强王权，确立了君主专制的统治形式"（该书第88页）。

期中亚的考察,也证明中亚地区聚落和宗教建筑的分布、遗址内部结构等,都完全融入了波斯的统治体系。①笔者本人也曾认为,波斯帝国是一个典型的专制主义中央集权的帝国。②

  应当承认,有关古代波斯专制集权的一般印象,并不只是从近代开始。在某种程度上,它是古代波斯和希腊人留给我们的遗产。波斯国王们自己就曾宣称,他们是帝国的统治者和立法者,军队和行政权都隶属于国王,政令通行全国。大流士在自己的铭文中就宣称:"我统治他们,他们向我交纳贡赋。凡我对他们所下的命令,他们都执行;凡我制定的法律,他们也都遵守。"他的儿子兼王位继承人薛西斯的说法几乎一字不差。③早在公元前5世纪前期,埃斯库罗斯的悲剧《波斯人》就已经把波斯大王薛西斯的专制政体与希腊城邦的民主政体作为性质完全不同的两种制度对立起来。希罗多德的《历史》多次把那场冲突作为波斯的奴役与希腊人的自由、责任之间的对抗。在大流士政变后讨论波斯应当采用何种政体的辩论中,大流士支持的君主制,也以国王一人独揽大权为特征。④虽然据此强调希腊人的东方主义不免赋予古人过多的现代色彩,⑤但在希腊人心目中,波斯的统治确实以君主专制为基本特征。亚里士多德关于蛮族较希腊人富于奴性,而亚洲人尤其富于奴性的说法,很大程度上以他对波斯帝国的印象为基础。近代以来,黑格尔有关东方只有一人自由、希腊和罗马部分人自由的理论,以及西方的殖民主义传统,更让波斯专制集权,相

---

① 吴欣:《帝国印记:波斯阿契美尼德王朝在中亚的统治》,《历史研究》2021年第3期。
② 晏绍祥:《世界上古史》,中国人民大学出版社2009年版,第107页。
③ 李铁匠选译:《古代伊朗史料选辑》,商务印书馆1992年版,第51、56页。
④ 晏绍祥:《西方历史中的古典民主与共和传统》上册,北京大学出版社2013年版,第85—86页。
⑤ 黄洋:《古代希腊罗马文明的东方想象》,《历史研究》2006年第1期;吕厚量:《古希腊史学中帝国形象的演变研究》,中国社会科学出版社2021年版,第37—156页。

外国制度史

应地应当受到批判和鄙薄并且必然会走向衰落的观念，深入人心。①

可是，此类说法在当代西方学者中似乎并不流行。奥姆斯特德的《波斯帝国史》长期是西方学术界关于波斯帝国的标准著作。虽然作者在书中多次论及波斯国王的权威，但似乎没有强调波斯中央集权的性质。库克一定程度上承认波斯国王的专制，但他似乎并不认为波斯帝国能够实行中央集权的统治，反而强调作为一个范围广大的帝国，波斯政治的日常运作，必然以对地方习俗的高度宽容为特征。② 布里昂承认波斯国王权力至高无上，但国王的权力到总督为止。作为一个帝国，他更重视波斯作为军事行政联合体的特性，从语言、习俗、法律的多样性等多个方面，强调波斯统治的基本特征，是对被征服地区习俗和制度的高度尊重。波斯后来的失败，也与波斯帝国的拼盘式体制有关。③ 例外的是库尔特。她明确宣布："国王是一个绝对君主：所有人都臣服于他的权力和他的法律。但那并不意味着他用专断的方式行使权力。"④ 作为证据，她提到波斯国王对贵族和总督的权力，认为他们都是国王的仆人（bandaka），而且这种关系不只是存在于观念上，而是存在于实际中。同理，总督对于行省中共同体的权力，如同国王对于总督的权威，是绝对的。因此，对于那些以强调波斯尊重被征服地区习俗而否认波斯是统一的集权帝国的观点，库尔特明显抱着怀疑态度。她指出，虽然波斯的统治很大程度上依靠波斯人与地方掌权者的合作，但行省内部政治结构的多样性，并不意味着"波斯人满足于安坐在他们的总督府中，接受贡金，让当地的统治者几乎不受干涉地管理他们自己"，实

---

① 关于西方的东方主义观念的起源和发展，见马克垚《古代专制制度考察》，北京大学出版社2017年版，第2—10页。

② 〔美〕A.T.奥姆斯特德：《波斯帝国史》，李铁匠、顾国梅译，上海三联书店2010年版。其中第九—十五章讨论了波斯王权的方方面面，但并未给出一个确定的答案。J. M. Cook, *The Persian Empire*, London: J. M. Dent and Sons, 1983, p.76.

③ Pierre Briant, *From Cyrus to Alexander*, translated by Peter T. Daniels, Winona Lake, Indianna: Eisenbrauns, 2002, pp.165-511.

④ Amelie Kuhrt, *The Ancient Near East*, Vol. 2, London and New York: Routledge, 1995, p.681.

际情形正好相反，当地统治者依赖波斯总督的支持，一旦他们的权威威胁到波斯的统治，权力就会被剥夺。因此，波斯人对当地传统的利用，是为了"更灵活地行使权力，而且他们与自己的臣民互动频繁"。① 然而，她的目标是希望解构因重视波斯尊重地方传统导致的视波斯帝国软弱不堪的错误印象，因此不免有以强调波斯人的整合能力来夸大帝国统一与强盛的嫌疑，"波斯帝国巨大的社会－文化多样性，不应误导我们把它作为一个软弱而不稳定的结构。它生存的时间长度本身，以及亚历山大的继承人、塞琉古王朝（公元前311—前146年）能够利用阿契美尼王朝的制度来控制他们自己庞大的领土，是波斯国王们演化出来的制度成功的标尺"。②

西方学者的讨论提醒我们，在东西方有关专制主义的概念中，存在着些微差异。在西方，专制主义主要指国王大权独揽。从这个意义上说，波斯是一个专制主义国家。而在中国学者的概念中，专制主义不但表示君主独裁，更与中央集权联系在一起。似乎古代所有的大帝国，不仅是专制的，而且都是中央集权的。然而，就波斯帝国而论，国人关于波斯专制和中央集权的印象，主要来自所谓的大流士改革。可是，今天的学术已经表明，传统归于大流士的某些措施，可能是后来的虚构。有些实际存在的措施，在政治现实中的实践可能也更为复杂。本文的意图，是希望通过对波斯国王与总督关系的探讨，勾勒出波斯帝国行省治理的大体轮廓，进而对古代帝国实现其统治的方式提出某些初步认识。

国王对总督的控制

按照色诺芬的说法，波斯的总督制始于开国君主居鲁士。"当居鲁士再次来到巴比伦的时候，他觉得，如果任命一些总督，将他们派到那些已被征服的

---

① Amelie Kuhrt, *The Ancient Near East*, Vol. 2, pp.697, 699.
② Amelie Kuhrt, *The Ancient Near East*, Vol. 2, p.701.

部落去，也许会比较好一些。不过，他也不想让要塞中的指挥官以及负责防卫部队的将领受到任何制约。"但总督要负责为驻军提供给养。[1]然而，希罗多德给人的印象，首创总督制的是波斯国王大流士。这位奠定波斯制度的国王把全国划分为20个总督辖地，并规定了各地应当缴纳的贡赋数额。[2]虽然色诺芬有关居鲁士的说法有多少历史真实性非常令人怀疑，但在这个具体问题上，现代学者大体支持了色诺芬的观点。毕竟希罗多德本人提供的证据，证明至少在居鲁士和冈比西斯时代，波斯的某些地区已经存在总督。例如，在大流士联合波斯贵族发动政变之前，他的父亲叙斯塔斯佩斯已经是波斯本土的总督；萨狄斯和达斯库利翁的总督，可能也在居鲁士时代已经指定。[3]贝希斯敦铭文也多次提及大流士派遣已经在任的总督率领军队平叛。[4]波斯和希腊的文献，都证明总督制远早于大流士。可能的情况是，总督制虽非大流士首创，但在镇压了全国性的暴动后，他对总督区进行了重新划分，并据此确定了各省应当缴纳的贡赋。

布里昂的研究表明，波斯最初任命的总督，像帝国初期的军事将领一样，除极少数米底人外，大多为波斯贵族。[5]古典作家有关小亚细亚地区总督的记载，也表明到波斯帝国后期，总督们仍然都是波斯人。[6]也就是说，从中央到

---

[1] 〔古希腊〕色诺芬：《居鲁士的教育》，沈默译，华夏出版社2007年版，第466—467页。
[2] 〔古希腊〕希罗多德：《历史》上册，王以铸译，商务印书馆2005年版，第236页。
[3] 〔古希腊〕希罗多德：《历史》上册，王以铸译，第227、247页。
[4] 他明确提到的有巴克特里亚总督达达尔希什和阿拉霍西亚总督维瓦纳。见李铁匠选译《古代伊朗史料选辑》，第43、44页；并请见 Ilya Gershevitch, ed., *The Cambridge History of Iran*, Vol. 2, Cambridge: Cambridge University Press, 1985, p.268。
[5] Pierre Briant, *From Cyrus to Alexander*, p.351.
[6] 公元前334年在格拉尼科斯河统兵抵抗亚历山大的总督，如阿萨米斯、罗米色瑞斯、帕提尼斯、尼法提斯、斯皮色瑞达提斯和阿西提斯等，都是波斯人。参见 Pierre Briant, *From Cyrus to Alexander*, p.339；〔古罗马〕阿里安：《亚历山大远征记》，李活译，商务印书馆1979年版，第28页。

波斯帝国的总督与"中央集权"

地方，真正掌握实权的，都是波斯人。有些希腊人，或者埃及人，有可能得到国王的恩宠，有时还可能获得与国王共餐的殊荣，但他们的作用，始终是局部的。希斯提埃伊欧斯、地米斯托克利、戴马拉托斯这些逃亡波斯的希腊人，有可能得到国王的宠幸，但除极偶然的情况外，主要限于处理与希腊人的关系。① 这个帝国，从始至终确实都是波斯人的。

整个帝国时代，波斯人如欲获得总督职位，只能通过国王。最初的总督无疑都由国王任命，并且在国王认为不合适时，会加以撤换或者直接处死。驻萨狄斯总督欧洛伊特斯因为藐视国王大流士的命令，有叛乱的嫌疑，被国王派人处死，家产也被没收。② 后来有些总督实际上成为世袭，但仍受到国王的控制。赫勒斯滂的弗里吉亚的总督最为典型。就目前我们所知，该省第一任总督为米特罗巴特斯，时约公元前525年。约公元前493年，总督变成了欧伊巴莱斯。从名字判断，两人都是波斯人，但并非出生于同一家族。从公元前479年开始，该省总督为阿塔巴佐斯。他家世显赫，是大流士的堂兄弟，曾参与公元前480年对波斯的远征，可能因在普拉提亚战役中的功劳被任命为总督。他在任时间相当长，直到公元前449年雅典人在西门率领下进攻塞浦路斯时，他仍是与雅典周旋的波斯将领之一。当波斯大王准备与雅典缔结和约时，还是阿塔巴佐斯和同僚派出使节与雅典接洽，并商谈了和平条件。③ 可能在他死后，法尔纳巴佐斯继任了该省总督，他又把总督职位传给了自己的儿子法尔纳凯斯。大概在《大王和约》签订后，法尔纳凯斯被召回波斯宫廷。但该家族在赫勒斯滂的弗里吉亚的统治并未中断，一直到马其顿亚历山大入侵亚洲时，该家族的阿西提斯仍作为弗里吉亚总督，在格拉尼科斯河战役中率领波斯人作战，战败后

---

① 关于希斯提埃伊欧斯和戴马拉托斯，见〔古希腊〕希罗多德《历史》下册，王以铸译，第395—396、463—464页；关于地米斯托克利，见〔古希腊〕普鲁塔克《希腊罗马名人传》上册，黄宏煦等译，商务印书馆1999年版，第267页。
② 〔古希腊〕希罗多德：《历史》上册，王以铸译，第249—251页。
③ Diodorus Siculus, *Library of History*, IV, 12, 3-4, translated by C. H. Oldfather, Cambridge, Mass.: Harvard University Press, 2002, pp.379-383.

他逃回弗里吉亚,旋即自杀,该家族在赫勒斯滂的弗里吉亚的统治才告终。[1]

这样的事例,连同部分地区总督的长期在任和父子相继,暗示国王们默许总督职位世袭。公元前5世纪中期以后西部行省总督的不断反叛,特别是公元前4世纪中期的所谓总督大叛乱,似乎有理由让人们认为,波斯大王对总督的控制权力有限。[2] 不过,总督大叛乱的规模和影响也许被夸大了,某些省份总督职位的世袭,可能是例外。只要总督保持对国王的忠诚,并且按时上缴税收,世袭并不是根本性的威胁,也并非王权衰弱的征兆。毕竟总督对行省统治的维持,需要依靠波斯国王的直接支持。除非总督自身受到威胁,否则发起公开反叛,对于总督并无直接好处。同时,总督职位的世袭,可能也得到国王某种程度的同意。事实上,就赫勒斯滂的弗里吉亚总督情况而论,在阿塔巴佐斯家族掌管该省期间,尽管他们可能与萨狄斯或者伊奥尼亚总督产生过这样那样的矛盾,但并无挑战王权的企图,更无独立自为的打算。[3] 因此,有些总督在任时间较长,偶尔有世袭的情况,并不表明国王丧失了对总督的控制,也不表示他们对国王不够忠诚。相反,不少总督都表示,在采取重大行动之前,他们需要请示国王。当米利都僭主阿里斯塔戈拉斯打算攻击那克索斯而去请求波斯驻萨狄斯总督提供100条船时,总督阿尔塔普列涅斯的回答是:"你(即阿里斯塔戈拉斯)所提出的这个计划对于王室是有利的。除去船数这一点之外,你的意见完全是好的。当春天来到时,不是一百只,而是二百只船为你准备着。不过国王自己也必须同意这一点。"[4] 公元前4世纪初,当希腊使者频繁出使波斯,并通过波斯驻小亚细亚总督与波斯国王接洽时,总督们可能也

---

[1] Pierre Briant, *From Cyrus to Alexander*, p.339.
[2] 关于总督大叛乱,见〔美〕A.T.奥姆斯特德《波斯帝国史》,李铁匠、顾国梅译,第495—511页。
[3] Amelie Kuhrt, *The Ancient Near East*, Vol. 2, p.676;〔美〕奥姆斯特德《波斯帝国史》第508—509页提到,瓦解总督大叛乱的,可能正是该家族的阿塔巴佐斯。
[4] 〔古希腊〕希罗多德:《历史》下册,王以铸译,第357页。

波斯帝国的总督与"中央集权"

会把希腊人的意见提交给国王，等待国王裁决。[①] 在详尽分析了总督的任免之后，布里昂指出，总督"个人依附于国王，他必须表现得如同一个忠诚的仆人（bandaka）。此外，他还受到中央权威的严密监督"。[②]

按照色诺芬的看法，波斯大王控制总督的方法主要是两个，一是军政分治，一是王之耳目。用居鲁士本人的话说："在我们所征服的城市里有一些我们的驻防部队和指挥人员：我将他们留在那里，只要求他们驻守城防，而不希望他们去干涉任何其他事情。现在，我希望他们能够按这样的命令去做，因为他们都很恪尽职守。不过，我还要指派另外一些人去做总督，去管理原来居住在那里的人，接受他们的供奉，让他们为驻军提供粮饷，履行他们应该履行的职责。"据说居鲁士如此安排的目的，是考虑到"如果哪个总督因为自己富庶或者自己身后臣民众多就想独立或者图谋不轨的话，那么，他马上会现场遭遇反击"。[③]

所谓王之耳目，在色诺芬看来，并非专门针对总督，而是所有的臣民。据说居鲁士通过慷慨的赏赐，创造了一支庞大的"国王的耳目"队伍，而且对于这些人，国王特别乐于倾听，"不管什么人，只要声称自己听到或者看到了值得注意的情况，国王都会去听一听"。由于他们的存在，所有人都感到自己被国王监督，因此全国无一人敢说国王的坏话。[④]

然而，色诺芬的说法是否属实，在学者中存在不少争议。《居鲁士的教育》不过是一篇历史小说，并非真正的历史。就色诺芬个人的写作动机来说，他希望通过描绘波斯开国君主居鲁士创造一个理想君主的形象。因此，色诺芬从来没有宣布，他说的都符合波斯历史的实际。此外，波斯历史长达两百余年，总

[①] D. M. Lewis, *Sparta and Persia*, Leiden: E. J. Brill, 1977, ch. 4-5; John Boardman et al., eds., *The Cambridge Ancient History*, Vol. 6, 2nd ed., Cambridge: Cambridge University Press, 1994, chs., 4, 6, 7.

[②] Pierre Briant, *From Cyrus to Alexander*, p.340.

[③] 〔古希腊〕色诺芬:《居鲁士的教育》，沈默译，第 466—467 页。译文有改动。

[④] 〔古希腊〕色诺芬:《居鲁士的教育》，沈默译，第 422—423 页。

督与驻军指挥官的关系在此过程中是否存在变化，也需要进一步厘清。

首先，有关王之耳目的说法，虽然研究波斯历史的学者们花费了不少精力，却并未在古代伊朗文献中发现任何踪迹，因此当今学者们普遍认为，这样的一支队伍，也许只存在于色诺芬的想象中。而想象的来源，可能是希腊城邦僭主们的做法。① 其次，关于驻军与总督之间的关系，恐怕远较色诺芬的记载表面看上去复杂。色诺芬本人在这个问题上似乎也不一致，他实际上承认，有些总督有统率军队的权力，或者手中直接掌握着军队，"每位总督都要不断提高由波斯人和那些跟随他的盟军组成的骑兵部队以及战车部队的作战能力"。"居鲁士提出这些要求后，又给每位总督派去了一支部队。"② 当亚历山大入侵小亚细亚时，统兵抵抗的，是当地的总督。公元前4世纪中期参与反叛的那些总督，肯定掌握着军队。公元前5世纪末和公元前4世纪初小居鲁士担任小亚细亚地区总督时，同时兼任"集结在卡司特卢斯平原所有军队的司令官"。后来，他以自己与提萨弗奈斯有争议为由，招募军队，并以萨狄斯驻军长官是他的下属却对他开战为由，把后者处死。③ 如果我们进一步往前追溯，则会发现，早在大流士时代，波斯总督实际已经取得统兵权。贝希斯敦铭文中出现的大流士的将领，有些就同时是行省总督。④ 我们前面提到的阿里斯塔戈拉斯在打算进攻那克索斯时，曾前往总督阿尔塔普列涅斯处提出请求，后者在尚未征求国王同意的情况下，直接答应提供军队。如果波斯总督不能掌握军队的调动，则阿尔塔普列涅斯断不会作出这样的承诺。同样是在大流士时代，当萨狄斯总督表现出反叛波斯大王的苗头时，希罗多德说他所以如此，是因为这位总督

---

① Simon Hornblower, *Mausolus*, Oxford: Clarendon Press, 1982, pp.149-150; Pierre Briant, *From Cyrus to Alexander*, p.344.
② 〔古希腊〕色诺芬：《居鲁士的教育》，沈默译，第468—469页。
③ 〔古希腊〕色诺芬：《长征记》，崔金戎译，商务印书馆1985年版，第1—2、20—22页。
④ 如米底总督阿尔塔瓦希尔、帕提亚总督叙斯塔斯佩斯（大流士的父亲）、阿拉霍西亚总督维瓦那等。见周一良、吴于廑主编《世界通史资料选辑》上古部分（林志纯主编），商务印书馆1974年版，第183—187页。

有 1 000 名波斯兵组成的亲卫队，又是吕底亚、伊奥尼亚和弗里吉亚的总督。[①]它们表明，也许从波斯总督产生之时，就已经获得了统率军队的权力，尽管在使用军队时，他需要取得国王的认可或批准。一般认为应当存在的驻军长官与总督相互告发的案例，在波斯历史上并不多见。倒是有例证表明，驻军长官有时和总督是亲戚，甚至是兄弟。[②]

如果这两点都不能成立，那么，波斯大王除任用族人和波斯人担任总督，以共同利益和赏赐维系忠诚外，是否还有其他手段？答案当然是有。从国王的立场来说，总督的军事行动一般需要得到国王批准。前引阿尔塔普列涅斯对阿里斯塔戈拉斯的言论，已经表明了这一点。修昔底德和色诺芬有关公元前 5 世纪末到公元前 4 世纪初希腊人与波斯人的外交联络，虽然很多时候是通过波斯驻小亚细亚的总督们，但他们的谈判也需要取得国王的同意。这里再次体现了波斯权力的特征：国王直接与总督发生联系。总督与国王之间的关系，是国王以官职和赏赐维系总督的忠诚，总督则以忠诚回报国王。[③]当然，忠诚有时并不完全可靠，所以，国王也会动用部分其他手段，尽管这些手段并非完全是制度性的，而具有随意性和个人特征。在总督的属员中，有些人如王室秘书等，有着王室背景。他们的地位很大程度上仰赖于国王的支持。总督的下属们也都清楚，他们不仅为总督工作，更为国王工作。所以，当巴该欧斯前往萨狄斯处置意图谋反的欧洛伊特斯时，他首先用国王的书信试探包括王室秘书在内的总督府职员们和卫兵们的态度。在获得他们的支持后，他轻松除掉了欧洛伊特斯。[④]此外，不同地区的总督之间会相互监督和告发。当小居鲁士打算靠武力争夺王位时，首先向国王阿塔薛西斯提出警告的，并非居鲁士的任何下属，而

---

① 〔古希腊〕希罗多德：《历史》上册，王以铸译，第 250 页。
② Ilya Gershevitch, ed., *The Cambridge History of Iran*, Vol. 2, p.268; Pierre Briant, *From Cyrus to Alexander*, p.345.
③ Pierre Briant, *From Cyrus to Alexander,* pp.324-338.
④ 〔古希腊〕希罗多德：《历史》上册，王以铸译，第 250—251 页。

外国制度史

是与之早有嫌隙的邻省总督提萨弗奈斯。① 考虑到波斯总督区相互连接，一旦某个总督有所异动，首先受到威胁的就是相邻地区的总督。于是，邻近地区的总督就会率先告发。达塔麦斯的事例表明，虽然中央政府中似乎并无专职监察总督行为的机关，也缺乏定期审计总督行为的制度，但仍有其他近臣出于不同动机，向国王告发总督的行为。个别时候，总督的属员或者亲属会向国王告发。② 总体上看，波斯大王对总督的监督虽不能说完全成功，但在很多情况下，它确实有效。

总督的独立性

另一方面，我们必须看到，虽然总督人身依附于国王，权力来自国王，并且受到国王的监管，但这并不意味着总督在所有事务上都听命于国王。在自己的总督辖区内，他仍拥有非常大的独立性和权力。

这种独立性首先表现在军事上。虽然名义上总督所有的军事行动都需要取得国王的认可，但在某些情况下，总督肯定会拥有独立行动的权力。仍然以阿里斯塔戈拉斯对阿尔塔普列涅斯的请求为例，后者事实上已经作出了判断，并且答应提供军队，规定了军队的数量（200条战船），不过需要报告国王批准，而且他相信，国王会批准。公元前4世纪初，当斯巴达入侵小亚细亚时，总督们为了对抗，不大可能把所有的军事行动都向国王报告。当总督们在自己的辖区内需要对付某些不大顺从的当地人部落或城市时，也会享有类似的自主权。公元前4世纪初西部的总督如奥隆特斯、提利巴佐斯、阿布罗科马斯等，都曾经未经请示发动过一些小规模的行动。③ 同样，当小居鲁士和提萨弗奈斯发生纠纷时，色诺芬明确提到，虽然波斯大王将沿海城市赐予提萨弗奈斯，这些城

---

① 〔古希腊〕色诺芬：《长征记》，崔金戎译，第2、4页。
② 如达塔麦斯被自己的儿子检举，见〔古罗马〕奈波斯《外族名将传》，刘君玲译，上海人民出版社2005年版，第135—137页。
③ Simon Hornblower, *Mausolus*, pp.146-147.

市却大多投奔居鲁士,只有米利都例外,于是提萨弗奈斯处死了一些人,流放了一批人,以保证对该城的控制。可是,"居鲁士把这些流放的人收归部下加以保护,征集成军,从陆、海两路围攻米利都,力图使这些流放者复归原城。"色诺芬尤其提到,"阿塔薛西斯并不反对他们两方交战,特别是因为居鲁士还经常把他管的原属提萨弗奈斯的城市的进贡品解送给国王,这就使他更不在意了。"① 双方的这类行动,不管是居鲁士,还是提萨弗奈斯,不大可能每次都向国王报告,而会自主决定。而国王关心的,不过是总督缴纳的贡赋。似乎只要总督们履行自己纳贡的责任,则他们之间偶尔发生冲突,并不为国王关注。

其次,总督的行政管理基本独立。古代文献中留下了不少国王直接干预地方事务的记载,② 但总体上看相当有限。如霍恩布洛尔指出的,波斯帝国的统治方式可能与罗马帝国差别不大,只有在地方事务发生某种异常情况时,国王才会以书信形式提供直接指导或干预。日常的大部分活动,可能由总督独立完成。作为证据,霍恩布洛尔提到,毛索鲁斯似乎在未经国王同意的情况下,完成了对卡利亚地区的统一,将首府先迁到米拉萨,后迁到哈利卡那苏斯;部分总督自己指定所辖城市的长官,免除某些城市的税收;在司法上,总督在辖地内基本拥有自主权力;在财政上,总督很可能拥有独立征收或免除某些城市贡赋的权力。偶然情况下,总督也可能独立与帝国之外的共同体发生联系,指定某些人为他本人或者他的臣民的代理人,或者卷入某些军事行动。③ 尽管霍思布泽尔的例证主要来自西部总督区,很大部分属于形势比较特殊的公元前4世纪中前期,而且涉及的主要人物是毛索鲁斯,但是他提出的问题,有些在公元

---

① 〔古希腊〕色诺芬:《长征记》,崔金戎译,第2页。
② 如耶路撒冷圣殿的修建、小亚细亚希腊人城市的政体,都是在国王直接过问下进行的。见 John Boardman et al., eds., *The Cambridge Ancient History*, Vol. 6, 2nd ed., pp.272-279, 211-213;〔古希腊〕希罗多德《历史》下册,王以铸译,第418—419页;〔古希腊〕普鲁塔克《希腊罗马名人传》上册,黄宏煦等译,第266页。
③ Simon Hornblower, *Mausolus*, pp.141-157.

前5世纪末的伯罗奔尼撒战争末期已经出现。

最后，总督对外交往基本自主。这里仅以伯罗奔尼撒战争末期小亚细亚总督为例略作说明。公元前413年，雅典远征西西里的军队全军覆没，斯巴达加紧与波斯联系，波斯大王也决定趁火打劫，命沿海地区的总督提萨弗奈斯和法尔纳凯斯负责。两人之中提萨弗奈斯更加活跃，据修昔底德，"因为雅典人的缘故，他（即提萨弗奈斯）不能向希腊人的城市征收贡款，所以他没有钱交给波斯国王。"为此，他积极与斯巴达人合作，以图削弱雅典人的势力。此时他显然并未明确得到波斯大王的指令，而是自主行动，因为修昔底德提到，如果他能煽动沿海城市叛离雅典，将那些地区并入他的总督区，则"他会促使斯巴达和波斯国王订立同盟；这样，他就可以依照波斯国王的命令，把正在领导卡利亚暴动的阿摩基斯（匹苏斯尼的私生子）不是活捉，就是杀死"。根据他与斯巴达签订的协定，提萨弗奈斯给斯巴达舰队的水手按照每天一个德拉克马发放了薪水，并且私自做主将随后的薪水减少到每天三奥波尔（半德拉克马），理由是他和国王商量后，如果国王同意，他会补足一个德拉克马。也就是说，当提萨弗奈斯与斯巴达人谈判并订立第一个同盟条约时，他尚未明确获得国王的授权。当伯罗奔尼撒同盟的军队表示不满时，他又在未请示国王的情况下，答应每月再付30塔兰特。[①]

可是，提萨弗奈斯与斯巴达人的合作并不顺利。同年冬天，斯巴达人觉得双方第一次协定对提萨弗奈斯有利，要求修改，于是双方订立第二次协议。这次协议中，斯巴达对波斯大王的要求，特别是经济方面的要求更加苛刻，而且可以相信，提萨弗奈斯仍然没有请示国王，却仍能以国王代表的名义，与斯巴达签订条约。恰在此时，雅典人阿克比阿德斯因为得罪斯巴达国王，逃亡到提萨弗奈斯处。他要求提萨弗奈斯不要急于支持斯巴达人，而采取更加主动的坐山观虎斗政策，居然说动提萨弗奈斯，于是他"刻薄地给予伯罗奔尼撒人的军

---

① 〔古希腊〕修昔底德：《伯罗奔尼撒战争史》下册，谢德风译，商务印书馆2004年版，第640—649、657页。

饷，反对他们在海上作战"，极大地影响了斯巴达人及其盟友作战的士气。稍后，双方再次就条约开始谈判，因斯巴达代表利卡斯拒绝承认亚细亚乃波斯大王领土，导致提萨弗奈斯拂袖而去。但是后来提萨弗奈斯觉得，如果对斯巴达人过于苛刻，则可能导致雅典人的优势，于是他再度慷慨资助斯巴达人，并且和他们订立第三次条约。由于此前修昔底德提到，波斯国王曾经与提萨弗奈斯在一起，我们可以相信，第三次条约得到了国王的认可，其中的关键条款，是明确亚细亚为波斯大王的领土。不过提萨弗奈斯需要给斯巴达舰队提供充足的薪水，而且明确规定波斯大王与斯巴达人联合进行战争。[①]

上述事实表明，尽管波斯大王将沿海地区封给了提萨弗奈斯，实际占领那个地区，却需要提萨弗奈斯自谋出路。为此，提萨弗奈斯主动与当时正与雅典人作战的斯巴达人寻求结盟。这个盟约虽然有利于波斯大王，而且可以相信，波斯大王会同意与斯巴达结盟，但具体的条款以及谈判的细节，提萨弗奈斯肯定需根据具体情况临时决定。在此过程中，提萨弗奈斯为履行义务，不仅动用军队，使用大笔资金，并且为达到目的，在雅典和斯巴达之间来回摇摆，让斯巴达人及其同盟者颇为不满。然而有一点是清楚的：尽管在大的问题上总督可能需要请示国王，但只要在国王授权的范围之内，总督的权力仍然相当自主，颇类一个全权将军和大臣。[②] 后来出任小亚细亚地区总督和统帅的小居鲁士固然执行着波斯国王支持斯巴达的政策，但在对待斯巴达不同将领的问题上，他仍具有相当自主权。他曾经慷慨资助吕桑德统率的斯巴达舰队，也可以让同为伯罗奔尼撒海军统帅的卡利克拉提达斯在总督府的门外白白候上两日却一无所获，还可以在吕桑德重新出山后，在居鲁士本人离开小亚细亚时将所有资金交给这位斯巴达统帅随意使用。[③] 当居鲁士打算发动对兄长阿塔薛西斯的战争时，他在不曾请示任何人的情况下，付给自己的朋友、色萨利人阿里斯提鲁斯

---

① 〔古希腊〕修昔底德：《伯罗奔尼撒战争史》下册，谢德风译，第 671—678 页。
② 〔古希腊〕色诺芬：《长征记》，崔金戎译，第 97 页。
③ Xenophon, *Hellenica*, I, translated by Carleton L. Brownson, Cambridge, Mass.: Harvard University Press, 1918, I.5.1–8, II.1.8–15.

4 000人六个月的军饷。① 似乎在没有通知国王的情况下，居鲁士处死了他的两个下属，而且是两个地位显赫的下属（他姑姑的两个儿子），理由不过是两人不曾对他行国王般的礼节。② 同样，毛索鲁斯也可以在未得波斯大王许可的情况下，统一卡利亚，并且在雅典人与其同盟者的战争中，主动介入，导致雅典第二同盟瓦解。而当波斯大王要求毛索鲁斯对付反叛的塞浦路斯君主埃瓦戈拉斯时，毛索鲁斯居然阳奉阴违，暗中支持埃瓦戈拉斯的扩张。所有这些事实都表明，作为"王国的保卫者"，总督在自己的辖区受到侵犯时（包括同为波斯总督的同僚的侵犯）需要自卫，在辖区被侵占时需要出兵夺回；在辖区不安静时需要出兵平定（如小居鲁士出兵皮西狄亚）。在这些时候，总督势必要动用自己掌握的所有资源，在有关辖区的行政、司法、财政、军事以及对外交往中，总督必然享有非常大的自主权；有些时候，与一个独立的君主无异。③

波斯帝国的专制与集权

前文的主要资料来自希腊人的记载，除少数铭文和书信外，很少运用波斯人自己的编年史和相关记载。所涉及的地区，几乎全部限于西部行省。同时我们必须认识到，波斯帝国疆域广大，历史悠久，抛开那些从未设立总督的地区不论，即使同为行省，不同时代和不同地区，情况必然也存在众多不同。④ 公元前5世纪中期以后，随着地方总督世袭变得越来越普遍，总督的独立性有所增强，最终对王权发起了严重挑战，引起波斯全帝国的大动荡。

---

① 〔古希腊〕色诺芬:《长征记》，崔金戎译，第3页。
② Xenophon, *Hellenica*, I.2.1, 8–9.
③ 李铁匠:《伊朗古代历史与文化》，第99页;〔英〕D.M.刘易斯等编:《剑桥古代史》第6卷，晏绍祥、李永斌、崔丽娜译，中国社会科学出版社2020年版，第297—322页。
④ 参看吴欣《帝国印记：波斯阿契美尼德王朝在中亚的统治》的论述。不过波斯统治的影响，不一定意味着存在强大的中央集权。

波斯帝国的总督与"中央集权"

这幅图景给人的感觉，其最突出的地方，是波斯帝国的统治好像一个矛盾的集合体。一方面，波斯国王掌握着对总督的任命，通过赏赐和忠诚，控制着他们。通过遍布帝国境内的道路、通信系统，①国王不断派出信使，以书信指导、控制着地方总督的事务。那些不忠诚的总督要遭到国王或早或晚的惩罚。在波斯帝国的一些关键地区，例如西里西亚关口，肯定驻有王室的军队。当地方总督反叛之时，他们会第一时间报告国王，并且成为阻止叛乱的基本力量。有些本来处于总督统率下的军官，可能也会成为国王的耳目，报告总督的情况并设法阻挠总督的行动。小居鲁士起兵反叛其兄长之时所做的一件重要工作，就是处死那个与他作对的军队长官。在帝国内拥有封地的波斯贵族们，以及其他国家和地区得到波斯庇护的流亡者，因为他们地位的维持倾赖于国王，肯定也会为国王提供这样那样的相关情报，让国王了解地方总督的作为与施政。②大流士致加达塔斯的书信表明，国王可以对地方总督非常具体的行政行为（移栽果树和对阿波罗的土地征税）进行干涉。总督多年来的顺从和忠诚，暗示国王对地方的控制大体有效。

可是，波斯大王对地方的控制，也有明显的弱点。首先是在中央缺乏帮助他管理国家的专门机关。用布隆特的话说，是"阿契美尼德王朝的国王们凭借他们伟大的神灵阿胡拉马兹达进行专制统治，但他们还不曾发展出任何完善的官僚和军事体系支撑他们的权力。"③国王权力的行使，很大程度上取决于国王个人的意愿和能力。"我们所讨论的专制主义，显然是一个专制君主个人意

---

① Jack Martin Balcer, *Sparda by the Bitter Sea*, pp.177-178; N. G. L. Hammond, "The Expedition of Xerxes", in John Boardman et al, eds., *The Cambridge Ancient History*, Vol. 4, 2nd ed., Cambridge: Cambridge University Press, 1988, pp.526-527, 538-539.

② 〔古希腊〕希罗多德：《历史》上册，王以铸译，第237页；〔古希腊〕色诺芬：《长征记》，崔金戎译，第7页；Jack Martin Balcer, *Sparda by the Bitter Sea*, pp.179-180。

③ P. A. Brunt, "Introduction", in Arrian, *Anabasis of Alexander*, translated by P. A. Brunt, Vol. 1, Cambridge, MA: Harvard University Press, 2004, p. lxiv.

见重要的体系,大量决定仰赖于国王本人的性格和偏好。"① 这种以个人权力为基本特征的专制统治,可以表现得非常专制,中央官员的任免和荣辱,取决于他们与国王的关系和国王个人的喜好。而在处理与地方的关系时,国王的权力主要体现为对总督的任免,以及偶尔直接介入地方共同体事务。在日常活动中,总督则在自己的行省内享有政治、司法、军事和外交近乎自主的权力。总督府的宫廷,虽然无法与苏撒或者波斯波利斯的宫殿相提并论,但同样豪华而热闹,是王庭的微型版。② 地方反叛者攻击的第一目标,是夺取总督府所在的城市。

这种矛盾,让我们有理由怀疑所谓波斯的中央集权到底能达到什么程度。波斯帝国所统治的,是从印度河到巴尔干、从多瑙河到尼罗河瀑布,且政治传统、经济状况和宗教、文化传统都差异巨大的大帝国。国王为了强化对地方的控制,采取了多种措施。然而,要实现从中央到地方一条龙的统治,并使自己的统治深入到村社基层,在古代那种交通和通讯条件下,是不可能完成的任务。勉强为之,势必代价太大。一个简单的问题:统治如此庞大的帝国,该需要多少大小官僚!在古代那种生产条件下,那等于让太多的人脱离直接生产,并对直接生产者进行竭泽而渔式的剥削。较之波斯帝国,亚述帝国的规模不仅小得多,对地方的控制也相对严密。然而,亚述帝国的屠杀与人口迁移政策,除了在历史上留下骂名外,并没有能够让他们的帝国延续更长时间。亚述的继承者,如米底和新巴比伦等,也不比亚述人更加成功。作为这两大帝国的继承者,而且相对于被征服人口处于绝对少数的波斯人,其开国君主采用了更加开明,也更加实际的宽容政策,即在征服这些地区之后,"地方政府形态、经济组织、政治结构和法律,只要其运作不与帝国的需要冲突,就让其原封不动地保留",在政治实践中,这大概是唯一的选择,"一个庞大的帝国,除尽可能精明地利用宽容作为统治形式外,可能没有什么选择"。③ 根据如此原则确立的

---

① David M. Lewis, *Sparta and Persia*, p.25.
② Amelie Kuhrt, *The Ancient Near East*, Vol. 2, pp.690-692.
③ John Boardman et al., eds., *The Cambridge Ancient History*, Vol. 4, 2nd ed., pp.103-104.

波斯帝国的总督与"中央集权"

波斯帝国的专制统治，如社会学家曼所说，"与其说是现实的，不如说是体制性的"。即从制度上说，特别是就国王对总督的权力而论，它确实是专制的。但从现实的立场看，欲维持统治，只能容忍总督的权力，"总督制的基础结构在很大程度上容易造成统治的分权化"。① 宫廷中发生的事情，不一定会在行省发生。除少数波斯人占据行省高位并控制地方部分土地外，各地仍大体保持着自己的法律、宗教、语言和习俗。波斯帝国的官方文书，到公元前4世纪，仍需要以帝国境内多种文字发布。② 只有这样，波斯统治的运行成本才能大大降低。国王的专制权力并未伴随着我们通常所说的中央集权。政治的实际运作，毋宁说地方自主乃主流。

总督很大程度的自治所以可能，还与波斯作为一个征服者的帝国有关。从本质上说，波斯帝国是波斯人的帝国，大权始终掌握在波斯人手中。从中央到行省、从军事到民政，最高权力一般都掌握在波斯人手中，外族虽有可能担任某些官职，但只能是相对次要而且是基层的官吏，因此，"只要国王能够保持对最高层事务的控制，帝国的事业就足以实现"。③ 由此造成了国王在中央高度集权与地方总督和共同体高度分权自治这个看似矛盾的特征。不管是霍恩布洛尔援用的柏克"明智以及有益的忽略"策略，还是库克所说的尽可能宽容的统治政策，都意在表明，波斯国王明智地选择了尽可能少地干预总督和地方共同体的事务，总督则尽可能少地插手更基层共同体与城市的事务，以最大限度地降低帝国维持常规运行的成本。仍然借用社会学家迈克尔·曼的话说："这种专制主义的基础权力结构远比不上希腊城邦。他们动员和协调其臣民投入战斗的能力是低下的。尽管广泛权力的范围要广大许多，但他们在深入权力方面却相当低劣。与希腊公民相比，波斯臣民能够更加有效地躲避他或她的国家。

---

① 〔英〕迈克尔·曼:《社会权力的来源》（第一卷）：从开端到1760年的权力史，刘北成、李少军译，上海人民出版社2007年版，第306—307页。

② Amelie Kuhrt, *The Persian Empire: A Corpus of Sources from the Achaemenid Period*, pp.859-862, 849-857.

③ John Boardman et al., eds., *The Cambridge Ancient History,* Vol. 4, 2nd ed., p.105.

外国制度史

在某种意义上,波斯人是'更加自由的'。"[1]它虽然让波斯帝国看起来更像一个专制国王统治下的大拼盘,却正是波斯帝国统治得以长期稳定的一个重要因素。[2]国王的专制统治,与所谓的中央集权,在波斯帝国被割裂了。我们甚至可以说,对地方权力的尊重,变成了波斯国王能够稳固统治的前提。彭小瑜对专制主义中央集权的质疑,在波斯帝国身上具有了相当程度的真理性:"民主化和以相当程度的中央集权为特征的高效率政府是政治现代化的两个主要方面,二者相辅相成。在人类历史上,真正有效率的中央集权政府要到近现代才出现,其稳定形态是民主政府。"他借用索撒尔的理论,指出"前现代国家在'仪礼'的层次上可以是统一的、中央集权的,在'政治行为'的层次上是地方自治的、分裂的,即具体的、实际的行政管理主要是各地自理的,不受中央太多牵制"。彭小瑜尤其告诫我们,且不可把对于近代民族国家的思考套用于古代社会,"把古代历史现代化"。[3]

那么,如何理解波斯不断强调国王的无上权威,或者说波斯国王不断宣扬的自己乃王中之王,天下四方共主的论调?这需要我们考虑古代国家进行统治的意识形态。要维持波斯庞大帝国的统一,需要国王的无上权威,也需要大一统观念的存在:它是国王体现自己对全国至高无上权力的理论前提,有助于保持中央政府政令的施行,更是庞大帝国存在的思想和文化基础,"大一统中央集权观念在传统社会长盛不衰,并且成为前现代政治文化的核心,是因为统治阶级实现其统治的需要,——传统政治既有赖于比中央政府更有效率的地方自治,又离不开在很大程度上是虚设的中央集权"。因此,"传统社会政治文

---

[1] 〔英〕迈克尔·曼:《社会权力的来源》(第一卷):从开端到1760年的权力史,刘北成、李少军译,第307页;〔古希腊〕希罗多德:《历史》下册,王以铸译,第505页。

[2] John Boardman et al., eds., *The Cambridge Ancient History*, Vol. 6, p.51; Vol. 4, p.104.

[3] 彭小瑜:《中西历史比较研究是否可行?——由刑罚的宽免说到"专制主义中央集权"的可疑》,《史学月刊》2005年第1期。

化的特点是通过极力肯定大一统中央集权的正当性来强化政治统治本身的正当性"。[①] 波斯大王不断强调他作为天下四方之王的地位,并且通过多种途径,把自己打扮成天下第一公正与伟大之人,一方面固然是自苏美尔时代以来的传统,[②] 另一方面,确实是需要给那个政治形态、经济结构与文化传统都颇为不同的庞大帝国,创造一个所有人都可以接受的共主形象,宣扬帝国的声威,保持帝国名义上和实际上的统一。波斯国王登基之时,不但要在波斯人传统的登基地帕撒加戴举行仪式,而且要到巴比伦或者埃及分别加冕为巴比伦王和埃及王,同时又要自称"众王之王""各省之王",也让我们在他们极力强调的大一统中,看到了地方因素的作用。这种矛盾的统一体,也许是古代不少帝国的共同特征。虽然彭小瑜的主要假想论敌是传统中国的中央集权论者,但如果应用到波斯帝国,大概同样是正确的。

(本文原刊于《古代文明》2014年第3期,收录本书时做了删节。)

[①] 彭小瑜:《中西历史比较研究是否可行?——由刑罚的宽免说到"专制主义中央集权"的可疑》,《史学月刊》2005年第1期。
[②] 杨达悟、杨炽:《美索不达米亚王权的兴起》,施治生、刘欣如主编:《古代王权与专制主义》,中国社会科学出版社1995年版,第58页;James B. Pritchard, *Ancient Near Eastern Texts Related to the Old Testament*, 3rd ed., Princeton: Princeton University Press, 1969, p.267。

希腊文明的早期扩张

——兼谈重建早期希腊历史框架的可能性*

黄洋（复旦大学历史学系）

对于我国的古希腊史研究者而言，一个基本的出发点应该是清醒地意识到，现有关于希腊史的知识体系是西方学者建立起来的。毫无疑问，这一知识体系是一代又一代西方学者以严谨的、客观求实的，乃至科学的方法精心研究汇集起来的结果。然而即便如此，它也不可避免地融入了西方人的价值、想望，甚至偏见。这是因为在传统上，西方人把古希腊文明看作现代西方文明的根源，尤其是现代性的奠基。对于西方人而言，古代希腊文明承载了他们诸多的想望，是一个激起强烈情感的文化故乡，而不单纯是一个冷静的、从旁而观的研究对象。[①] 正因为如此，我们必须抱着批判的态度，审慎地对待现有的希腊史知识体系。

从这一思想出发，本文试图重新检视现有希腊史知识框架中对早期希腊人迁移活动的解释，在此基础上探讨重建早期希腊史知识框架的可能性。本文将这里所说的早期希腊人的迁移活动界定为公元前13世纪末迈锡尼文明崩溃之后直至公元前550年左右希腊人的迁移活动。

现有希腊史知识体系对早期希腊人迁移活动的论述，是在时空双重割裂的

---

* 本文系 2021 年 10 月 31 日应张新刚教授邀请，在山东大学所做"地中海视野下的希腊殖民扩张"基础上撰成。晏绍祥教授对初稿提出了有益的修改建议。2022 年 9 月 16 日参加复旦大学历史学系世界古代史读书会的师生提出了有益的批评意见，惜因时限未能一一采纳。

① 参见拙文《古典希腊理想化——作为一种文化现象的 Hellenism》，《中国社会科学》2009 年第 2 期，第 52—67 页。

希腊文明的早期扩张

框架下进行的。从时间上而言，现有希腊史知识框架将早期希腊历史划分成爱琴文明、"黑暗时代"和"古风时代"。爱琴文明也称希腊历史的青铜时代，它又分为前期的米诺斯文明（约公元前1900—前1375年）和后期的迈锡尼文明（约公元前1600—前1200年）。西方学者认为，在公元前1200年左右迈锡尼文明遭受毁灭性打击之后，希腊社会逐渐退步到了一个较为原始的状态，因而把约公元前1100—前750年的时期称为"黑暗时代"（Dark Age）。到公元前750年左右，希腊城邦兴起，这标志着希腊文明的重生（renaissance），或曰"公元前8世纪革命"，①从此希腊历史迈入古风时代（Archaic Period）。这是众所周知的和学术界深信不疑的。

在这样的分析框架之下，早期希腊人的迁移活动被解释为三次互不相关的运动。第一次是所谓"多里安人入侵"。虽然缺乏直接而可靠的证据，但是学者们相信，"多里安人"是希腊人的一支，原本居住在希腊西北部地区，他们于公元前1200年左右大举迁移，进入迈锡尼文明的腹地。学者们进一步认为，"多里安人"的迁移并非一次性的，而是一波又一波的。②从后来希腊"多里安方言区"的地域分布来看，"多里安人"在占据伯罗奔尼撒半岛之后，进一步向东和向南迁移，直至占据了爱琴海中部部分岛屿、小亚细亚南部部分地区以及爱琴海南部的克里特岛。

希腊人的第二次迁移则是在所谓"黑暗时代"。结合希腊文献传统中所说的希腊人（有时特指雅典人）移民小亚细亚的伊奥尼亚之说，学者们相信，希腊人在公元前1050年左右迁移到了爱琴海诸岛和小亚细亚，并在此定居下来。虽然没有什么确切的依据，但西方学者将希腊人的这次迁移定性为"移民"

---

① 相关分析见拙文《迈锡尼文明、"黑暗时代"与希腊城邦的兴起》，《世界历史》2010年第3期，第32—41页。
② 参见 Margalit Finkelberg, *Greeks and Pre-Greeks: Aegean Prehistory and Greek Heroic Tradition*, Cambridge: Cambridge University Press, 2006, pp.143-149。芬克伯格（Finkelberg）合理地认为，所谓"多里安人入侵"，应是边缘地区混杂的人群进入迈锡尼文明的中心地区。

（migration）。

　　西方学者认为希腊人的第三次迁移从公元前8世纪中后期开始，一直延续到公元前550年左右。这次迁移的规模最大，延续时间最长，参与的希腊人群体也最为广泛，希腊本土大部分的地区和城邦都参与了这次迁移。在这次运动中，希腊人迁移到了包括地中海西部的意大利南部、西西里岛、撒丁岛和科西嘉岛、今西班牙东部沿海和法国东南沿海、亚得里亚海东部沿海、地中海南部的今利比亚沿海地区、地中海东部的爱琴海北部沿海、博斯普鲁斯海峡沿海、普罗旁提斯海沿岸和黑海沿岸的广大地区。西方学者把希腊人的这次大规模迁移称为"殖民运动"（colonization），但强调用这一概念并不贴切，因为殖民活动特指近代以来欧洲列强带有帝国主义特征的对外征服活动（见后文的分析）。

　　从空间上而言，现有框架倾向于在希腊历史的范围内解释早期希腊人的迁移活动，较少考虑地中海东部世界历史进程的总体背景，因而在空间维度上是一种割裂的理解。然而如果我们将早期希腊人的这些迁移活动放在时空联系的视野下来理解，情况又如何呢？

　　我们先来看空间联系的视野，即把早期希腊人的迁移活动放在地中海东部世界更广阔的历史视野下来考察。大量的考古学材料充分证明，公元前1200年左右迈锡尼文明的毁灭并非孤立的事件，而是地中海东北部世界普遍遭遇的情形。首先，位于小亚细亚西北角的城市特洛伊在同一时期被摧毁。如果像希腊人所说的，它是阿伽门农率领的希腊盟军所摧毁的，那么这支希腊军队应该来自于迈锡尼文明的地区。但摧毁特洛伊的迈锡尼人却难逃其城池同样遭受破坏的命运。其次，占据了安纳托利亚半岛东北部地区的赫梯帝国在约同一时期遭到严重破坏，其主要城市均被摧毁，导致赫梯帝国的崩溃。再次，叙利亚和黎凡特北部沿海地区，以及塞浦路斯岛的城市也遭到破坏。这个时期地中海东北部地区遭受的破坏是如此之广泛，程度是如此之重，以至于考古学界称之为"青铜时代末期的崩溃"（Collapse of the Late Bronze Age）。

　　对于导致这次大规模崩溃的根源，学者们并未找到确切而直接的证据。但

希腊文明的早期扩张

同一时期埃及的历史记录中记载了来自海外的大规模侵袭。先是埃及法老美尔内普塔（Merneptah）在卡纳克的铭文记载了他击败入侵诸族的情况，[1] 接着拉姆西斯三世位于美迪尼特·哈布（Medinet Habu）的祭庙墙上的铭文又简要记载了来自海上的再次入侵：

> 诸外邦在他们的岛屿上密谋。很快各地均在战争中遭到蹂躏和涂炭。没有国家能够抵抗他们的武力，从卡特（Katte）、科德（Qode）、卡尔克米希（Carchemish）、阿尔扎瓦（Arzawa）到阿拉希亚（Alashiya），均遭破坏……他们向埃及推进，燃起战火。他们的联盟包括佩勒色特人（Peleset）、提耶克尔人（Tjekker）、谢克勒什人（Shekelesh）、达努那人（Danuna）以及威谢什人（Weshesh），联合了众邦。[2]

接着，拉姆西斯三世记叙了埃及军队击败这些入侵者的情景。在一份命名为"哈里斯莎草纸文献"（Papyrus Harris）的记录中，拉姆西斯三世再次重申，他击败了来犯之敌：

> 我击败了从他们的国度来犯的敌人。我在达努那人的群岛上屠杀了他们，提耶克尔人和佩勒色特人化为灰烬。海上的夏尔达那人（Shardana）和威谢什人，他们被消灭，一些被俘虏，作为俘虏被带到埃及，就像岸上的沙子。[3]

---

[1] J. H. Breasted, *Ancient Records of Egypt*, Urbana: University of Illinois Press, 1906 (reprinted in 2001), Volume 3, pp.241, 243, 249.

[2] J. Wilson, "The War against the Peoples of the Sea", in J. Pritchard ed., *Ancient Near Eastern Texts Relating to the Old Testament*, 3rd edition with Supplement, Princeton, NJ: Princeton University Press, 1969, pp.262–263.

[3] J. H. Breasted, *Ancient Records of Egypt*, Urbana: University of Illinois Press, 1906 (reprinted in 2001), Volume 4, p.201.

外国制度史

  对于铭文中提到的遭到入侵和破坏的地方，学者们大体能够确定，它们包括安纳托尼亚半岛和叙利亚北部的地区以及塞浦路斯岛，其中"卡特"指赫梯帝国的领土。① 但对于入侵这些地区的不同人群的来源和具体身份，学者们则不得而知，因而把他们合称为"海上民族"（Sea Peoples）。然而近来一些依据考古学和图像学证据的研究表明，"海上民族"起源于爱琴海地区，② 甚至有可能是以迈锡尼文明的居民为主的多族群混合体。③ 希腊早期考古的专家勒莫斯从另一个方面支持了这样的结论。在综合分析了这一时期的考古材料之后，她指出，文献传统、语言学以及考古学证据都表明，在迈锡尼文明末期和后迈锡尼时期，爱琴地区出现了人口流动的情况，人们迁移到了远至西里西亚和塞浦路斯的地方。④ 在地中海东部沿海，所谓的非利士丁人于公元前12世纪出现在了黎凡特南部（古代迦南）地区。他们历来被认为是"海上民族"的主要一支。⑤ 尤其值得注意的是，在非利士丁人的多个中心定居地都发现了大量属于迈锡尼文明晚期风格（考古学家分类为"迈锡尼 IIIC:1"）的陶器，而且属于这些定居地的早期考古层，在时间上属于公元前12世纪早期。之后非利士

---

① 本部分论述参见 Eric H. Cline, *1177 B.C.: The Year Civilization Collapsed*, Princeton, NJ: Princeton University Press, 2014, pp.2-8。

② Philip P. Betancourt, "The Aegean and the Origin of the Sea Peoples", in Eliezer D. Oren ed., *The Sea Peoples and Their Worlds: A Reassessment*, Pennsylvania: University of Pennsylvania Press, 2000, pp.297-304.

③ Shelley Wachsmann, "Were the Sea Peoples Mycenaeans? The Evidence of Ship Iconography", in Stuart Swiny, Robert L. Hohlfelder and Helena Wylde Swiny eds., *Res Maritimae: Cyprus and the Eastern Mediterranean from Prehistory to Late Antiquity*, Atlanta: Scholars Press, 1997, pp.339-356.

④ I. S. Lemos, *The Protogeometric Aegean: The Archaeology of the Late Eleventh and Tenth Centuries BC*, Oxford: Oxford University Press, 2002, p.193.

⑤ 对非利士丁人的较新综合讨论，参见 Ann E. Killebrew and Gunnar Lehmann eds., *The Philistines and Other "Sea Peoples" in Text and Archaeology*, Atlanta: Society of Biblical Literature, 2013。

丁人改用受迈锡尼风格影响，但却有着自己特色的陶器（单色陶或双色陶）。① 这些考古学证据使得越来越多的学者相信，在青铜时代末期，迈锡尼文明的居民迁移到了黎凡特地区，他们后来可能受当地文化同化，融合为非利士丁人。② 同时晚近的考古发掘也证实，在黎巴嫩和叙利亚沿海也发现了属于公元前 12 世纪的迈锡尼文明晚期风格的陶器，在以色列北部则发现了进口自爱琴地区的迈锡尼文明晚期陶器。③ 所有这些证据都表明，继多里安希腊人向南和向东侵袭和迁移之后，迈锡尼希腊人也向地中海东部和南部侵袭和迁移。也就是说，即使所谓"青铜时代末期的崩溃"不是不同分支的希腊人导致的，这一崩溃的局面也导致了希腊人向外迁移。这种迁移带有侵略和扩张的性质，则是显而易见的。到公元前 11 世纪中期，希腊人占据了小亚细亚沿海地区，在这里建立起永久的家园。

如此看来，地中海东部"青铜时代末期的崩溃"给希腊人带来了向外扩张的契机。虽然希腊本土部分地区遭受重创，但东部尤卑亚地区的发展并未中断，并且至迟于公元前 9 世纪开始向外拓展。在叙利亚北部奥隆托斯（Orontos）河口发现的阿尔·米那（Al Mina）遗址以及在附近发现的一些遗址表明，到公元前 9 世纪后期，尤卑亚人在这一带建立了据点。晚近的考古发现表明，甚至在此之前，至迟到公元前 9 世纪，希腊人已经拓展到爱琴海北

---

① 相关考古发现综述，参见 Trude Dothan and David Ben-Shlomo, "Mycenaean IIIC:1 Pottery in Philistia: Four Decades of Research", in Ann E. Killebrew and Gunnar Lehmann eds., *The Philistines and Other "Sea Peoples" in Text and Archaeology*, pp.29–35。

② Margalit Finkelberg, *Greeks and Pre-Greeks: Aegean Prehistory and Greek Heroic Tradition*, pp.152–160.

③ Trude Dothan and David Ben-Shlomo, "Mycenaean IIIC:1 Pottery in Philistia: Four Decades of Research", in A. E. Killebrew & G. Lehmann (eds.), 2013, *The Philistines and other 'Sea People' in Text and Archaeology* [Archaeological and Biblical Studies 15] Atlanta/Georgia, pp.29–35.

部，在卡尔基迪克（Chalkidike）半岛建立了一系列永久性据点。①动荡的局面同时也给居住在黎凡特地区的腓尼基人提供了向外扩张的契机。他们甚至早于希腊人，在公元前10世纪至公元前9世纪就开始向叙利亚、塞浦路斯、克里特岛等地扩张。随后在公元前8世纪，这两个人群不约而同地展开了地中海大殖民。腓尼基人主要的目标指向了地中海西部的南部沿海、西西里岛西部等地，而希腊人的殖民活动持续了长达两个世纪以上（公元前750年以前至公元前550年），他们先是在意大利南部、西西里岛东部和南部以及亚得里亚海东部沿海建立起一系列殖民地，然后回过头在爱琴海北部、赫勒斯滂海峡、博斯普鲁斯海峡两岸、黑海沿岸进行广泛殖民，最后将殖民的范围扩大到包括西起今西班牙东部和法国东南部、东至黑海东岸，北起黑海北岸、南至北非今利比亚沿海的广大地区。

因此如果把公元前13世纪末以后的希腊历史放在东部地中海区域大背景下联系起来考察，我们会看到，尽管希腊本土一些地方也遭到破坏，但不同分支的希腊人实际上利用地中海东部世界动荡局面造成的契机，开始了漫长的向外扩张的进程。这个进程尽管是时断时续的，但却是阶段性扩大，稳步向更广阔地区拓展的。而如果这么理解的话，那么传统的迈锡尼文明衰落、希腊进入"黑暗时代"、再到公元前8世纪中期城邦文明兴起的框架就不能成立了。首先，这个框架难以解释在所谓"黑暗时代"希腊人殖民小亚细亚的事实。②考

---

① A. M. Snodgrass, "The Euboeans in Macedonia: A New Precedent for Westward Expansion", *Annali di Archeologia e Storia Antica*, n.s. 1 (1994), pp.87–93, 收入氏著 *Archaeology and the Emergence of Greece: Collected Papers on Early Greece and Related Topics (1965–2022)*, Edinburgh: Edinburgh University Press, 2006, pp.144–157。

② 事实上，英语世界通行的希腊史教科书对在所谓"黑暗时代"希腊人殖民小亚细亚一事语焉不详。例如，Robin Osborne, *Greece in the Making, 1200–479 BC*, London and New York: Routledge, 2009, second edition, pp.47–51 花了相当的篇幅力图说明，古典文献传统关于多里安人入侵和希腊人"移民"小亚细亚的说法是虚构的，但却没有进一步说明希腊人是何时以及如何殖民小亚细亚的。

古材料说明，希腊人殖民小亚细亚的时间是在公元前 11 世纪。①其次，这个框架也难以解释尤卑亚地区社会发展的延续性，以及那里的居民至迟从公元前 9 世纪起即开始向爱琴海北部，并在随后向叙利亚一带扩张的事实。为了自圆其说，这个框架的信奉者不得不对希腊人的扩张进行细致的区分，把优卑亚人在叙利亚沿海建立的阿尔·米那等据点说成是"贸易站"（emporion）或者是"前殖民地"据点，而不是殖民地。②到公元前 8 世纪前半期，希腊人已经在意大利南部建立起皮特库萨（Pithekoussai）和库迈（Kyme）两个殖民地。这又给传统希腊史框架造成了解释的难题，因为按照这个框架，城邦是在公元前 8 世纪中期才兴起的，而希腊人的殖民运动则是紧接着城邦兴起而进行的。为此，学者们又不得不解释说，皮特库萨是个"贸易站"乃至一个"前殖民地定居地"（pre-colonial establishment）。③这类的说法显然是难以令人信服的。

另一方面，即便是对公元前 8 世纪中期开始的希腊殖民运动，西方学者对于使用"殖民活动"（colonization）和"殖民地"（colony）这类词汇，也常常耿耿于怀，认为这个词明显带有近代欧洲殖民征服的意味，因而不适用于古代希腊人的对外拓展活动。④因此博德曼关于希腊人殖民地的经典著作回

---

① 米利都是最有说服力的遗址之一，其青铜时代遗址在遭遗弃之后，于公元前 1050 年左右重新出现了希腊的陶器。学者们综合考古和文献资料，认为希腊人殖民米利都的时间是在公元前 1050 之前到公元前 1000 年间。见 Vanessa B. Gorman, *Miletos, the Ornament of Ionia: A History of the City to 400 B.C.E.*, Ann Arbor: University of Michigan Press, 2001, p.41; Alan M. Greaves, *Miletos: A History*, London and New York: Routledge, p.77。

② A. M. Snodgrass, "The Nature and Standing of the Early Western Colonies", in Gocha R. Tsetskhladze and Franco De Angelis eds., *The Archaeology of Greek Colonisation: Essays Dedicated to Sir John Boardman*, Oxford: Oxford University Committee for Archaeology, 1994, pp.1-10, 收录氏著 *Archaeology and the Emergence of Greece*, pp.290-303, 尤见 pp.296-298。

③ David Ridgway, *The First Western Greeks,* Cambridge: Cambridge University Press, 1992, p.32。

④ 例如希腊殖民运动研究专家大卫·里奇韦（David Ridgway）撰写的《牛（转下页）

外国制度史

避了"殖民地"或"殖民者"这类词语，而冠之以《海外希腊人》的主标题，新近出版的一本希腊史教科书则干脆用"希腊人的离散"（A Greek Diaspora）来表述古风时代的殖民运动。① 颇有影响的古代史家尼科拉斯·佩瑟尔甚至断言，"'希腊殖民活动'和青铜时代的母系制一样无法成立"，因为它"指的在根本上是一个所有一切都依据其他'殖民活动'（尤其是16世纪至20世纪欧洲人的殖民活动）的时代错乱的建构"。② 在一项更为精细的分析中，罗宾·奥什邦提出，希腊人在公元前8世纪至公元前7世纪建立的海外定居地不同于古典时期建立的殖民地，就是说，它不是通过国家力量采取的行动，而是"私人的进取"（private enterprise）。由此他得出结论说："只有在早期希腊的著作中根除掉'殖民活动'的章节，才有可能合理地理解历史。"③ 这里姑且不论奥什

（接上页）津古典辞书》第4版"希腊殖民活动"（colonization, Greek）词条的开头说："'殖民活动'是用从前的霸权力量的语言对约公元前734—前580年希腊人大扩张这一过程有点误导性的定义。"见 Simon Hornblower and Antony Spawforth eds., *The Oxford Classical Dictionary*, Oxford: Oxford University Press, p.348。参见 Gocha R. Tsetskhladze, "Revisiting Ancient Greek Colonisation", introduction to R. Tsetskhladze ed. *Greek Colonisation: An Account of Greek Colonies and Other Settlements Overseas*, Volume One, Leiden: Brill, 2006, 尤见 pp.xxv-xxviii。

① John Boardman, *The Greeks Overseas: Their Colonies and Trade*, London and New York: Thames & Hudson, 1980, New and Enlarged Edition, first published in 1964; Jeremy McInerney, *Ancient Greece: A New History*, London and New York: Thames & Hudson, 2018, pp.108-110.

② Nicholas Purcell, "Review of Gocha R. Tsetskhladze & Franco De Angelis (ed.). *The Archaeology of Greek Colonisation: Essays Dedicated to Sir John Boardman*", *Antiquity*, 71 (1997), pp.500-502, 引文见 p.501。

③ Robin Osborne, "Early Greek Colonization? The Nature of Greek Settlement in the West", in Nick Fisher and Hans van Wees eds., *Archaic Greece: New Approaches and New Evidence*, London: Duckworth, 1998, pp.251-269, 引文见 pp.268, 269。乔纳森·M. 霍尔（Jonathan M. Hall）的态度虽非如此鲜明，但其结论的意味同样明确："当我们不受源自后来的殖民活动的预设妨碍，检视证据时，呈现出来的情景是在几代人的时间里，不同的人群为着不同的原因而开展的不那么官方的、不那么正式的、更为无计划的迁移。"见氏著 *A History of the Archaic Greek*（转下页）

邦提出的证据如西部定居地里陶器和金属器类型的多样性、定居地规划的前后变化是否能够证明他的观点,即便像他所说的确实是"私人的进取",似乎也难以改变希腊人殖民扩张的性质。毕竟希腊人不是像历史上中国人漂洋过海到海外谋生,以个体或者最多以家族形式侨居到当地社会中那样,而是采取合作行动,驱赶或者征服了当地居民,建立起自己的城市。值得注意的是,在坚持公元前8世纪至公元前7世纪的定居点是"私人的进取"的同时,奥什邦也不得不承认:"在所有这些定居地中,定居者之间一定程度的合作,甚至高度合作,是可以证明的。因为无论当地居民是多么友好,定居者不是在没有相互合作的情况下到达的,而且如果不保持这样的合作的话,也不可能生存下去。"[①]想象当地居民可能会抱着友好态度对待这些入侵者,不能不说是一厢情愿的。奥什邦所说的定居者在到达时和之后需要保持的"高度合作"只能是武力夺取当地人的土地,并且继续压制他们。

在此我们清楚地看到,在论述希腊殖民扩张时,西方学者如何表现出根深蒂固的殖民主义思想,即站在一个"高级文明"的立场,认为"高级文明"的人群向"低级文明"区域殖民是自然的和天经地义的。笔者相信,这种殖民主义思想是下意识地和不自觉流露出来的。然而正因为它不知不觉地渗透进了希腊殖民扩张的叙事,才更值得我们警觉和反思。这种殖民主义叙事首先把希腊人殖民小亚细亚说成是"移民"(migration),继而试图淡化古风时期希腊人扩张的殖民性质。在此希腊文献对希腊人殖民活动的记载提供了方便。希腊人千篇一律地把他们向外殖民的活动称为ἀποικέω,字面意思为"在远处建立家园",建立的殖民地则称为ἀποικία,字面意思为"远离家乡的家园"或者"远离家乡的定居地"。显而易见,这是一种美化的说法,代表了希腊人文献记载的倾向性。史料的这种倾向性原本是轻而易举就能为训练有素的史家所识破

(接上页)*World, ca. 1200–479 BCE*, Malden, MA: Wiley Blackwell, 2014, second edition, pp.123-124.

① Robin Osborne, "Early Greek Colonization? The Nature of Greek Settlement in the West", p.261.

的，然而在此，因为史料的这种说法正好符合了殖民主义的理解，所以西方学者不加批判地加以利用。①

　　实际上，希腊人的殖民活动远非文献表述的那样单纯，因为这几乎无一例外涉及从当地居民手中夺取优越的位置，要么是肥沃的土地，要么是优越的贸易港口。只有最为天真的历史学家才会假设，在公元前8世纪至公元前6世纪，在希腊人大举来到意大利南部、西西里岛，或者地中海或黑海沿岸任何地理位置优越的地方的时候，那里是无人定居的。也就是说，希腊人的殖民活动必然涉及武力征服和掠夺。希腊文献虽然系统地忽略或是掩饰了希腊殖民者如何对待当地居民的情形，但偶尔也有所反映。公元前7世纪诗人阿吉洛科斯（Archilochos）的诗歌提供了难得的希腊人殖民活动的第一手描述。他幸存下来的诗歌残篇第五篇叙事的背景是其母邦帕罗斯（Paros）在靠近色雷斯沿海的塔索斯岛的殖民活动。诗人显然参加了这一殖民活动。他在诗歌中描述了自己丢盔弃甲的情形：

　　　　某个萨亚人为（获得）我的盾牌满心欢喜，它是件无可挑剔的武器，
　　　　我把它丢弃在了丛林旁，这本非我所愿。
　　　　但我救了自己，那盾牌于我又算什么？
　　　　让它去吧，我会再备一副丝毫不差的。②

　　这段残篇生动地反映了希腊人以武力征服从事殖民活动的情况。萨亚人应

---

① 例如 Robin Osborne, "Early Greek Colonization? The Nature of Greek Settlement in the West", p.252。

② Archilochus, fr. 5 (West): "ἀσπίδι μὲν Σαΐων τις ἀγάλλεται, ἣν παρὰ θάμνωι, ἔντος ἀμώμητον, κάλλιπον οὐκ ἐθέλων·αὐτὸν δ' ἐξεσάωσα. Τί μοι μέλει ἀσπὶς ἐκείνη; ἐρρέτω·ἐξαῦτις κτήσομαι οὐ κακίω. 参见 Laura Swift, *Archilochus: The Poems. Introduction, Text, Translation, and Commentary*, Oxford: Oxford University Press, 2019, p.70。

为色雷斯人的一支,帕罗斯岛人最终显然也是以武力夺取塔索斯岛的。在关于阿吉洛科斯诗歌反映的希腊殖民历史的讨论中,阿吉洛科斯诗歌最新的整理、翻译与评注者斯威夫特的一段论述颇能说明希腊文献的偏向以及希腊人殖民活动的历史真实:

> 关于殖民活动的文献记叙通常回避这个令人难堪的事实,即殖民者据为己有的土地业已为其他人群所定居,因此阿吉洛科斯对色雷斯人的兴趣是不常见的。在一定程度上这可能反映阿吉洛科斯的倾向,那就是呈现当时事件的真实而令人沮丧的面貌,这和对新殖民地浪漫化的描绘不同,后者用唤起黄金时代风景的语言,把新殖民地描绘成空旷却肥沃的领土。塔索斯并非唾手可得的,而是需要同当地人对抗和谈判。①

当然也还有一些其他的例证。在对希腊人殖民西西里岛的历史记叙中,修昔底德说,先前腓尼基人在西西里岛沿海建立了一系列据点,以和当地居民西克尔人(Sikels)进行贸易。但当大批希腊人从海上到达的时候,腓尼基人放弃了大部分的定居地,集中到距离岛屿西部的埃吕米亚人(Elymians)较近的地方。修昔底德解释说,腓尼基人这么做的一个原因是他们依靠和埃吕米亚人的同盟关系。②也就是说,腓尼基人感受到了希腊人的武力威胁。接下来,希腊人在科林斯人阿吉阿斯(Archias)的带领下建立了叙拉古殖民地,修昔底德说,他们先是从俄尔图吉亚岛(Ortygia)"驱逐了西克尔人",该岛后来成为叙拉古的内城。在叙拉古建立后的第五年,修克勒斯率卡尔吉斯人从纳克索斯出发,"以武力驱赶走了西克尔人",建立了勒昂提尼(Leontini)和卡塔纳(Catana)。③希罗多德的记载透露,特拉岛人在利比亚建立的殖民地库列涅

---

① Laura Swift, *op. cit*., p.32.
② Thucydides, Ⅵ. 2.
③ 相关希腊文原文,分别见 Thucydides, Ⅵ. 3.2: "Σικελοὺς ἐξελάσας πρῶτον ἐκ τῆς νήσου…"; Ⅵ. 3.3: "…τε πολέμῳ τοὺς Σικελοὺς ἐξελάσαντες…"。

外国制度史

（Cyrene）于第三任统治者巴图斯在位期间，随着新的殖民者的加入，人口大量增加，因此而向利比亚人的领土上扩张，引起利比亚人的怨恨，他们被迫和埃及结盟，以保卫自己的领土，但仍然被库列涅人击败。①

我们无需罗列更多的证据，因为很明显，这不是个证据是否充分的问题，而是个立场问题。古代希腊的文献系统忽略或掩饰了希腊殖民者对当地居民的武力征服和镇压，任何训练有素的历史学家都不难看到这一点，然而这恰恰被许多西方学者有意或无意地忽视了。可喜的是，最近有学者开始从后殖民主义视角，反思希腊人殖民的问题。在最近一本旗帜鲜明地采用后殖民主义视角讨论希腊古典时代殖民活动的著作中，作者尖锐地指出，"在一般层面，底层和被殖民群体在建构可以被称之为公元前5世纪和公元前4世纪古典希腊的'主导叙事'中没有起到主要作用"。②作者的分析虽然限于古典时期，但也完全适用于古风时期乃至之前的希腊史。如果将殖民地被侵略、被征服的当地居民充分考虑进来，那么希腊早期历史的面貌就和通行的"主导叙事"大相径庭了。我们看到的是希腊人不断向外扩张和征服的历史。

至此我们或可略作些总结了。如果从地中海东部世界的历史背景总体考察从迈锡尼文明后期到公元前6世纪中后期的希腊历史，我们会发现，希腊文明经历了一个长达六个多世纪的向外殖民扩张的过程，这个过程尽管是时断时续、有起有伏的，但总的趋势是十分明显的。同时如果我们从后殖民主义的视角来反思希腊人的对外扩张，也不难看到，希腊人的对外扩张虽然不同于古代大帝国金戈铁马式的大规模战争方式，但实际上也是以武力方式进行的，其实这也是为什么希腊最早的文学作品"荷马史诗"如此讴歌战争，歌颂武士精神的原因。如果我们给予被征服者更多的重视，将他们纳入早期希腊历史的叙事，我们会更清楚地看到，早期希腊人的所谓迁移实质上是一个逐渐向外征服

---

① Herodotus, IV.
② Gabriel Zuchtriegel, *Colonization and Subalternity in Classical Greece: Experience of the Nonelite Population*, Cambridge: Cambridge University Press, 2018, p.2.

的过程。如此看来，则希腊文明和古代世界其他主要文明的发展历程呈现出更多的相似性，而不是特殊性。大体而言，这些古代文明在各自的中心区域发展起来，继而逐渐向四周扩张，达到一定广阔的区域，为自身的繁荣奠定坚实的基础。实际上，这似乎是古代世界高度成功的文明通常所走的道路。

　　西方学者从一开始即将古代希腊文明置于一个特殊的地位，将它孤立起来加以考察和研究，结果建构了一个局部看似有依据和说服力，同时又符合西方价值取向的早期希腊史解释框架。这个框架的核心是突出希腊城邦文明的特殊性。从局部而言，在迈锡尼文明崩溃之后希腊文明发展遭遇的挫折正好将以王权为特征的迈锡尼文明和后来的城邦文明分割开来，因而被解释成是一个"黑暗时代"。这样就形成了一个青铜时代、"黑暗时代"和古风时期的三阶段框架。一旦这一框架确立起来，西方学者就不得不把这三个阶段希腊人向外迁移的活动分割开来，放在各自的阶段内理解。然而越来越多的考古证据表明，在所谓"黑暗时代"，希腊社会尽管经历了迈锡尼文明崩溃所带来的结构性变化，但仍然表现出顽强的韧性和新的发展迹象，这也使越来越多的学者相信，所谓"黑暗时代"之说是越来越站不住脚的了。[①] 也许到了我们从根本上重新理解和解释早期希腊历史的时候。

[①] 例如，杰里米·麦金纳尼新近出版的教科书《新古希腊史》抛弃了"黑暗时代"的说法，见 Jeremy McInerney, *Ancient Greece: A New History* Thames & Hudson, 2018。早期希腊考古专家艾琳·S. 莱莫斯（Irene S. Lemos）对所谓"黑暗时代"的考古材料进行了较为综合的分析，这使她得出结论说："和此前及此后的情况相比，不能再认为这一时期是'黑暗的'，只能说是不同的。"见氏著 "The 'Dark Age' of Greece", in Edward Bispham, Thomas Harrison and Brian A. Sparkes eds., *The Edinburgh Companion to Ancient Greece and Rome*, Edinburgh: Edinburgh University Press, 2006, pp.87-91, 引文见 p.90。

中世纪与欧洲文明元规则

侯建新(天津师范大学欧洲文明研究院)

文明如同生命体一样,也有产生、成长和成形的过程。成形后的文明意味着文明的内核已经长成,其特征更加鲜明和确定,其中最基本、最具全局性影响的特征,本文称之为文明"元规则"(meta-rules)[①]。元规则在本文中的定义是:某种特定文明的首要、起始和关键的规则,被社会广泛认同并被明确定义,成为社会生活的基本准则,以至渗入法律和政治制度层面;它们是决定规则的规则。文明元规则的内涵高度稳定,外在表现形式随着不同文明的交流和借鉴而变换,更随着时代和空间变换而变换,有时看上去甚至面目全非,然而仔细观察就会发现每一种文明都保留着其独有的原始特征。不同文明有着不同的元规则,对这些元规则的锁定和剖析,无疑是我们探索特定文明本质的关键着力点。

一、欧洲文明的时空维度

"文明"的定义相当繁复,"文明"与"文化"的关系也论述颇多。在此本文不纠缠复杂的定义,关于文明与文化之间的关系仅强调两点:其一,文化与文明有着极为密切的关系,然而文化不等同于文明。其二,文明是达到一定历史阶段的高级文化,文明有国际学界公认的标准,例如具备了金属冶炼技术,

---

[①] "元规则"是借用宪法经济学等学科的一个概念,例如,在宪法经济学里,"元规则"意为公认的、决定规则的规则。参见 Geoffrey Brennan and James M. Buchanan, *The Reason of Rules: Constitutional Political Economy*, Cambridge: Cambridge University Press, 1985, p.105。

出现了城池和文字等。有文字的历史才是文明史,之前的历史则被称作"史前史"。关于文明与文化的关系,一个世纪前就有学者指出,"文明是文化的不可避免的归宿……文明是一种发展了的人类所能做到的最表面和最人为的状态"。① 有学者说得更为简练明确:"文明是放大了的文化","文明是最广泛的文化实体"。②

先从西方文明的时间维度说起,这是一个没有完全形成共识的话题,在国内尤其这样。历史学家认为,最初的文明诞生于五千年到六千年之前,自此人类历史上曾先后出现数十种文明形态,其中有上古时代基本独立形成的文明,被称为"原生型文明"。随着时光的流逝,一些文明凋零了,一些文明得以延续或再生,当今世界的主要文明不过七八家,其中再生文明居多,它们又被称为"次生型文明"。次生型文明采纳一种或若干种原生型文明的某些成分,但已然是不同质的文明。笔者认为西方文明是次生型文明,与古希腊罗马文明有本质不同,尽管与它们有着某种联系。

然而,西方学界曾长期将西方文明与古典文明混为一谈。15世纪初,处于中世纪末期与资本主义社会临界点的人文主义者,对强势的基督教教会及其文化深感压抑,希望获得更自由的空间;随着更多希腊罗马古籍被发现,他们被其典雅富丽的文风所吸引,希望早已衰败湮没的古典文化得以"复兴","文艺复兴"(Renaissance)由此得名。其实,人文主义者对古典世界缺乏深刻认识,也没有能力把握罗马灭亡后的社会演化性质,殊不知,他们所处时代已是传统社会的尾声。他们自觉或不自觉地误判时代,将罗马覆亡后的历史认定为千年沉睡与愚昧,直到文艺复兴时人文精神才重新觉醒,因此"黑暗时代"(Dark Ages)、"中世纪"(Medieval Ages)等词汇,一时大行其道,形成一套话语体系。尽管该话语高调持续五百年后出现拐点,然而对全球学界的影响却

---

① 〔德〕奥斯瓦尔德·斯宾格勒:《西方的没落》上册,齐世荣等译,商务印书馆1991年版,第54页。
② 〔美〕塞缪尔·亨廷顿:《文明的冲突与世界秩序的重建》,周琪等译,新华出版社1998年版,第24—26页。

不可小觑。中国史学界亦不例外，但也有不同声音。据笔者所知，最早提出不同观点的国内学者是雷海宗先生，他在20世纪30年代即指出，欧西文化自公元5世纪酝酿期开始直至今日，是"外表希罗内质全新之新兴文化"。[1] 近期我国也有学者明确指出，西方文明不是古典世界衣钵的承袭与延伸，而是新生文明。[2] 当下国际学界，传统看法依然存在，然而文艺复兴时期的话语不断被修正、被颠覆！尤其进入20世纪后，越来越多的学者认为，西方是中世纪的产物，它与古典文明是两个不同的个体。

活跃在19世纪中晚期的法国学者弗朗索瓦·皮埃尔·基佐是早期代表人物之一，他在《欧洲文明史》中明确切割了欧洲文明与古典文明，而且作了至今看来也不失深刻的分析。基佐敏锐地发现中世纪形成的欧洲文明有着"独特的面貌"，不同于古典文明，也不同于世界上的其他文明。[3] 与基佐大约同时代的黑格尔和稍晚的马克思都明确表达了相近观点。黑格尔的《历史哲学》，将西方文明称为"日耳曼世界"，"有着一个崭新的精神，世界由之而必须更生"。[4] 马克思则把西方文明称为"日耳曼的"，与"亚细亚的""古典古代的"等并列，都是独立的文明。[5] 让这样的历史观进入职业历史学家领域，早期史学家当属斯宾格勒和汤因比。在他们那里，古典文明和西方文明都是独特的、等值的、自我本位的，斯宾格勒特别指出"西方文明是最年轻的文明"，是中

---

[1] 雷海宗：《西洋文化史纲要》，王敦书整理导读，上海古籍出版社2001年版，第3页。

[2] 参见侯建新《欧洲文明不是古典文明的简单延伸》，《史学理论研究》2014年第2期；侯建新《交融与创生：西欧文明的三个来源》，《世界历史》2011年第4期；侯树栋《断裂，还是连续：中世纪早期文明与罗马文明之关系研究的新动向》，《史学月刊》2011年第1期；田薇《关于中世纪的"误解"和"正名"》，《清华大学学报》2001年第4期。

[3] 〔法〕基佐：《欧洲文明史》，程洪逵、沅芷译，商务印书馆1998年版，第20—40页。

[4] 〔德〕黑格尔：《历史哲学》，王造时译，上海书店出版社2001年版，第339—340页。

[5] 《马克思恩格斯全集》第30卷，人民出版社1995年版，第465—510页。

世纪形成的新生文明。

约20世纪中叶以后,西方文明始于中世纪的观点得到更多的认可。一批历史教科书系统性恢复了早期欧洲文明的历史原貌,布罗代尔撰写的《文明史纲》是代表作之一。该书出版于1963年,不仅是一部教科书,亦是堪称经典的学术著作。布罗代尔是法国年鉴学派——20世纪最重要史学流派的集大成者,其以一系列奠基性研究成果蜚声世界。他在该书的"欧洲文明"部分,首个黑字标题即是"欧洲发展成形:5到13世纪"。他认为,欧洲的空间是在一系列战争和入侵过程中确定下来的,成形于5到13世纪;其中他特别重视欧洲封建制的确立。他认为,封建制的确立和推广使欧洲成为欧洲,以至于称早期欧洲文明为"封建文明"。布罗代尔说:"封建主义(Feudalism)打造了欧洲。11世纪和12世纪,在封建王朝的统治下,欧洲达到了它的第一个青春期,达到了它的第一个富有活力的阶段。这种封建统治是一种特别的和非常具有原创性的政治、社会和经济秩序,建立在一个业已经过第二次或第三次发酵的文明之上。"①

同样问世于20世纪中叶广受欢迎的,由时任美国历史学会主席C.沃伦·霍利斯特主编的教科书,至2006年,已再版10次,成为美国数百所大学的通用教材。该教材最新版本的开篇标题醒目而明确:"欧洲的诞生,500—1000年"。作者认为新的欧洲文明在公元1000年左右臻于成熟,欧洲文明与古罗马文明有着亲属关系,然而却是"迥然不同"的文明。②布莱恩·蒂尔尼等学者在其再版六次的大学教材中指出:"'罗马帝国的衰亡'不仅仅可以被视为一种古代文明的终结,而且还可以被视为一种新文明的开端。"它与罗马时期的社会图景完全不一样,先前的经济、宗教和政府管理体制都瓦解了,一去

---

① 〔法〕费尔南·布罗代尔:《文明史纲》,肖昶等译,广西师范大学出版社2003年版,第294页。

② 〔美〕朱迪斯·M.本内特、C.沃伦·霍利斯特:《欧洲中世纪史》第10版,杨宁、李韵译,上海社会科学院出版社2007年版,第5—7页。

不复返。① 塞缪尔·亨廷顿是当代政治学家，因其世界文明研究而名噪一时，他确认西方文明诞生于中世纪，是再发酵的文明，他说，古典文明"已不复存在"，如同美索不达米亚文明、埃及文明、拜占庭文明等文明一样消失了。② 比利时历史学家亨利·皮雷纳，终生探求西方文明的形成时间与条件，因而这个问题被国际学界称为"皮雷纳命题"（the Pirenne Thesis）。他确认古典文明是地中海文明，西方文明终结了古典文明，不过新文明的形成和旧世界的衰退皆为一个历史过程。而且，皮雷纳强调伊斯兰世界对西方文明诞生的刺激作用。③ 不止皮雷纳，不少西方学者都看到了伊斯兰世界对西方文明形成的刺激作用，如《西方文明简史》作者杰克逊·斯皮瓦格尔指出："在700年到1500年之间，与伊斯兰世界的冲突帮助西方文明界定自身。"④ 哈佛大学哈罗德·伯尔曼教授是著名法律史学家，他最重要的贡献是出色地论证了西方法律传统的形成，深入辨析了西方文明与其他文明的关系。伯尔曼认为，人们习惯上将西方文明看作古希腊罗马全部文化继承者，实为一种误读。他指出："西方作为一种历史文化和文明，不仅区别于东方"，而且区别于"以色列""古希腊"和"古罗马"，它们是不同质的文明。⑤

至于"欧洲"一词，据奥地利历史学家希尔考证，最早见于罗马帝国后期："最初，它只是用以表明一种区别。"罗马历史学家卡修斯发现，罗马皇帝的军队中，"来自帝国西部的'欧罗巴人'与东方的'叙利亚人'有显著不同"。甚至5世纪初的《奥古斯都历史》中还在交替使用"欧罗巴人"和"欧罗巴人军

---

① 〔美〕布莱恩·蒂尔尼、西德尼·佩因特：《西欧中世纪史》（第六版），袁传伟译，北京大学出版社2011年版，第2、79、131页。
② 〔美〕塞缪尔·亨廷顿：《文明的冲突与世界秩序的重建》，周琪等译，第29页。
③ Henri Pirenne, *Mohammed and Charlemagne*, New York: Meridian Books, 1959, p.234.
④ Jackson J. Spielvogel, *Western Civilization: A Brief History*, Vol. I, Wadsworth: Cengage Learning, 2010, preface, p.xxiv.
⑤ 〔美〕哈罗德·J. 伯尔曼：《法律与革命（第一卷）：西方法律传统的形成》，贺卫方等译，法律出版社2008年版，第2—3页。

队"这两个词。这是"欧洲"一词能查到的最早的文献记载。① 随着蛮族入侵，先后出现了一系列蛮族王国，法兰克是蛮族王国的主要代表。加洛林王朝开始正式使用"欧洲"这个概念。布罗代尔认为，751年法兰克王国建立的加洛林王朝就是第一个"欧洲"，标示为"欧罗巴，加洛林王朝的统治"（Europa, vel regnum Caroli）。加洛林王朝的著名统治者查理大帝，被后来的宫廷诗人赞誉为"欧洲之父"（pater Europae）。② 后来十字军东征，在与阿拉伯穆斯林的冲突中，"欧洲"概念也曾浮出水面。不过，一直到文艺复兴初期，该词仍然很少出现在人文主义者的笔下。"欧洲"一词进入欧洲所有的语言并且较频繁地出现，则是15—16世纪的事情了。

欧洲人统一的身份意识，似乎比"欧洲"一词的普遍使用更早地进入中世纪生活。公元1000年以后，欧洲发展进入关键时期，到12世纪，封建采邑制遍布欧洲大地。伴随着社会秩序的相对稳定，人口、贸易和文化复苏，城市和大学逐渐兴起。当时绝大多数人都生活在庄园－村庄共同体内，有着相近的经历和感受，诉说着同样的话题，诚如布罗代尔所描述的那样，"在欧洲文明和文化中出现了一种聚合"。他说：

> 一位到圣地朝圣的香客或为了贸易四处走动的人，在吕贝克像在巴黎那样，在伦敦像在布鲁日那样，在科隆像在布尔戈斯、米兰或威尼斯那样，都有一种在家的感觉。道德、宗教和文化的价值，以及战争、爱情、生活和死亡的准则，在各地都是一模一样的，从一个采邑到另一个采邑，不管那里出现了什么样的争执、反叛和冲突，都没有什么区别……出现了一个真正的单一的基督教民族和基督教世界。③

---

① 〔奥〕弗里德里希·希尔：《欧洲思想史》，赵复三译，广西师范大学出版社2007年版，第1页。戴奥·卡修斯（Dio Cassius），2—3世纪罗马著述家。
② 〔法〕费尔南·布罗代尔：《文明史纲》，肖昶等译，第294—295页。
③ 〔法〕费尔南·布罗代尔：《文明史纲》，肖昶等译，第294、296页。

关于西方文明的空间维度，也有复杂性一面，其边界有明显的时间性，随文化而变动。西欧无疑是欧洲文明的核心地区，地理与文化是重叠的；南欧、中欧和北欧大体亦然。然而，一部分东欧国家以及俄罗斯，虽然地处欧洲却不被认为属于这个意义上的欧洲国家。西欧个别地区也是这样，如阿拉伯人长期统治的西班牙半岛。罗伯特·罗伊指出，很难说土耳其或俄国以及"东欧"属于真正的欧洲；西班牙被穆斯林统治11个世纪，其间西班牙的穆斯林统治者从不认为自己是欧洲人。[①] 所谓欧洲，基本是文化意义上的欧洲，近代以来更加明显。"大航海"以后欧洲移民在美洲和大洋洲建立起来的国家如美国、加拿大、澳大利亚和新西兰等被认为是西方国家，虽远离欧洲本土，依然同根相连，叶枝相牵。很明显，西方文明的空间维度有一定的迁动性和扩张性，未必与自然地理上的欧洲合一，虽然其文化边界是确定的。

二、采纳、改造与创生

西方文明诞生于中世纪，它虽然采纳和改造其他文明包括古典文明的某些元素，却很难说承袭了哪个特定文明。伯尔曼指出，西方文明与古典文明之间不是继承关系，"主要的不是通过一个保存或继承的过程，而是通过采纳的过程，即：西方把它们作为原型加以采纳。除此，它有选择地采用了它们，在不同时期采用了不同部分"。[②] 他又说，不难发现，某些罗马法幸存于日耳曼习惯法之中，幸存于教会法律中，希腊哲学也是一样，不过即使某些古典学问没有被打断而存活下来，"这种学问也不可避免地要受到改造"。人们可能看到，12世纪意大利比萨自由市的法律制度，采用了一些罗马法的规则，可是，"相同的准则具有极不同的含义"。所以，西方不是指古希腊、罗马和以色列民

[①] Robert Royal, "Who Put the West in Western Civilization?", *The Intercollegiate Review*, Vol.33, No. 2 (Spring, 1998), p.5.

[②] 〔美〕哈罗德·J. 伯尔曼：《法律与革命（第一卷）：西方法律传统的形成》，贺卫方等译，第2—3页。

族，而是西欧诸民族吸收古典世界的一些文化元素，并且予以改造的结果，并且"以会使原作者感到惊异的方式"予以改造。①伯尔曼用平实、贴切的语言明辨了西方文明与古典文明的关系，具有融会贯通的穿透力。麦奇特里克也指出，探究早期中世纪社会，重要的不是争辩不同文化元素的来源，而是具体考察各种元素怎样整合成一种新文明。②

欧洲采纳的对象不单单有古典文明，还有以色列，更有日耳曼和基督教文化元素。西方文明不可能与古典文明衔接，一个最基本事实是文明主体变更，有着不同传统文化的日耳曼人，踏着罗马帝国的废墟入主欧洲，如萨拜因说，从此"西欧的政治命运永远地转移到了日耳曼侵略者之手"③。

日耳曼人来自欧洲北部多雾的海边，分为不同的部落，却有着大致相近的传统和制度，最重要的是马尔克（Mark）村社制度。在整个中世纪，它浸透了全部的公共生活，如同孟德斯鸠所指出的，欧洲一些优良的制度"是在森林中被发现的"④。人们通常认为庄园是乡村社会的唯一中心，近几十年来欧洲学者认为村庄组织更重要。笔者认为，二者都不可忽略，事实上，中世纪乡村社会实行庄园—村庄双重管理结构。⑤也就是说，即使在庄园农奴制下，村庄也没有丧失集体行为，一些村庄共同体还有自己的印章、标识，节日场合还悬挂当地旗帜。⑥庄园法庭明显地保留了日耳曼村民大会的古老遗风。一切重大安排、村民诉讼以及与领主的争端，都要由这样的法庭裁决。在乡村公共生活

---

① 〔美〕哈罗德·J.伯尔曼：《法律与革命（第一卷）：西方法律传统的形成》，贺卫方等译，第3页。
② R. McKitterick, ed., *The Early Middle Ages: Europe 400–1000*, Oxford: Oxford University Press, 2001, p.27.
③ 〔美〕乔治·霍兰·萨拜因著、托马斯·兰敦·索尔森修订：《政治学说史》上册，盛葵阳等译，商务印书馆1986年版，第242页。
④ 〔法〕孟德斯鸠：《论法的精神》上册，张雁深译，商务印书馆1995年版，第165页。
⑤ 侯建新：《西欧中世纪乡村组织双重结构论》，《历史研究》2018年第3期。
⑥ Werner Rösener, *The Peasantry of Europe*, trans. by Thomas M. Barker, Cambridge, Mass: Blackwell, 1994, p.160.

中,"村规"享有很高的权威,长期保持旺盛的生命力,受到乡村社会的高度认同。[1] 上层统治架构也深受日耳曼传统的影响。按照日耳曼人的观念,政府的唯一目标就是保障现存的法律和权利。[2] 德国学者科恩指出,中世纪的政治思想与其说是中世纪的,不如说是古代日耳曼的,后者也是欧洲封建制得以创建的重要政治资源。[3] 即使法律本身也导源于日耳曼传统,生活中的惯例在法律中具有排他性和独占性。不难发现,不论是乡镇基层还是上层政治架构,日耳曼的法律、制度与历史为早期西方提供了社会组织胚胎。

基督教是塑造欧洲文明的重要力量,但它也必须经过中世纪的过滤和演化,才能使其潜在要素得以显现。首先,它以统一的一神信仰,凝聚了基督教世界所有人的精神,这一点对于欧洲人统一的身份意识、统一的精神归属意识,具有无可替代、空前重要的意义。而这样的统一意识,对于欧洲人的身份自觉、文明自觉,又发挥了重大作用。"在欧洲的整个历史上,基督教一直是其文明的中心。它赋予文明以生命……一个欧洲人,即使他是无神论者,也仍是深深植根于基督教传统的一种道德伦理和心理行为的俘虏。"[4] 其次,它为欧洲人提供了完整的、具有显著的文明高度的伦理体系。基督教早期是穷人的宗教,其所谓"博爱"观念在理论上(在实际上受很多局限)突破了家庭、地域、身份、种族、国家的界限。耶稣的殉难,以及他在殉难时对迫害他、杀死他的人的宽恕,成为所谓"博爱"精神的象征。"博爱"精神既为信徒追求大的超越、神圣,实现人生价值、生命意义提供了舞台,也为信徒践行日常生活中的道德规范提供了守则。基督教出现之后,千百年来折磨人、迫害人、摧残人、杀戮人的许多暴虐传统,才遭遇到从理论到实践的系统的反对、谴责和抵

---

[1] J. A. Raftis, *Tenure and Mobility: Studies in the Social History of the Medieval English Village*, Toronto: Pontifical Institute of Mediaeval Studies, 1981, pp.111-112.

[2] Fritz Kern, *Kingship and Law in the Middle Ages*, translated with an introduction by S. B. Chrimes, New York: Harper & Row, 1970, p.185.

[3] Fritz Kern, *Kingship and Law in the Middle Ages*, Introduction, p. xviii.

[4] 〔法〕费尔南·布罗代尔:《文明史纲》,肖昶等译,第311页。

制，以对苦难的同情为内容的人道主义才开始流行。它广泛分布的教会组织，对中世纪动荡、战乱的欧洲社会秩序的重建，对于无数穷人苦难的减缓，起过无可替代的作用。最后，它关于"上帝面前人人平等"的观念，包含无论高贵者还是低贱者皆有"原罪"的理念，势必导致对世俗权力的怀疑，为以后的代议制度孕育预留了空间。权力制衡的实践在罗马时代已出现，但基督教的原罪说才提供了坚实的理论依据，开辟了真正广阔的前景。上帝救世说中，个人是"原罪"的承担者，而灵魂得救也完全是个人行为，与种族、身份、团体无关；个人的宗教和道德体验超越政治权威，无疑助长个体观念的发展。[①]这些是古典世界所不曾发生的，梅因说："'古代法律'几乎全然不知'个人'，它所关心的不是'个人'而是'家族'，不是单独的人而是集团。"[②]

中世纪基督教会的消极影响也无可讳言，他们在相当长的时间里、相当严重的程度上用愚昧的乌云遮蔽了理性的阳光，诸如焚烧女巫运动，对"异端"的封杀，对"地心说"的顽固坚持，等等。自身的腐败是教会更为严重的问题，随着教会政治、经济势力的膨胀，教会也不能避免权力和财富的侵蚀，甚至较政府权力部门过之而无不及。作为近代早期宗教改革的重要成果之一，基督教会卸载其社会管理功能，淡出世俗，完全回归到心性与精神领域。

古典文明最终走向衰落，然而它的一些文化元素却为西方文明提供了一定的资源。古典文明的理性思考，对中世纪神学和经院哲学产生深刻影响。雅典无疑开创了多数人民主的先河，不过也应清楚地看到雅典民主有以众暴寡的倾向，[③]不具备现代民主的气质。古典时代没有个体的独立，看不到个人权利成长的轨迹，个体融于城邦整体中，最终融于帝国中。古罗马对于欧洲文明最重要的贡献是罗马法。高度发达、极其精致的罗马法律体系与日耳曼民俗法差

---

① R. W. Carlyle and A. J. Carlyle, *A History of Medieval Political Theory in the West*, Vol. 3, London: W. Blackwood, 1928, p.8.
② 〔英〕梅因：《古代法》，沈景一译，商务印书馆1996年版，第146页。
③ 英国史学家阿克顿称其有"多数人的暴政"的倾向，参见〔英〕阿克顿《自由与权力——阿克顿勋爵论说文集》，侯健、范亚峰译，商务印书馆2001年版，第38—40页。

异极大，距罗马最后一位皇帝被废黜很久以前，"罗马文明在西部就已经被哥特人、汪达尔人、法兰克人、撒克逊人以及其他日耳曼人的原始部落文明所取代"[①]。12世纪欧洲出现了罗马法的复兴和传播，助力于欧洲文明的成形。罗马法的主要贡献是为欧洲法律提供许多概念和范式，罗马法在被采纳过程中也被改造，气质大变，所谓12世纪欧洲罗马法复兴就是这样一场运动。人们对罗马法复兴充满热情，[②]但与其说是复兴，不如说是再造。教会法学家热衷于探讨罗马法的真谛和有价值的基本元素，尤其是更新了罗马法中的个人权利概念，功莫大焉。表面上他们在不停地考证、厘清罗马法的本意；其实也在不断输入当时的社会共识，表达一种全新的见解。意大利的博洛尼亚大学作为引领性的研究中心，格外引人注目，法学家伊尔内留斯等人的研究成果，被认为"代表着中世纪欧洲学术和知识分子最杰出的成就，甚至是唯一成就"[③]。人们发现，在他们的《注释集》里，罗马法的思想原则、精神内核发生了很大变化。特别值得注意的是，"权利"本来是罗马私法中的概念，现在则进入公法领域，逐渐彰显个体权利和自然权利，为建构欧洲文明的政治框架提供了重要元素。

欧洲文明表现出了人类各个文明都有的精华与糟粕并存的特征。无论如何，5世纪罗马帝国覆亡特别是8世纪以后，上述文明的各种元素熔于一炉，或者一拍即合，或者冲撞不已，更多是改造和嫁接，形成了一种新的文明源泉。罗马帝国千年演化过程不会戛然而止，西方文明形成要比通常认为的时间晚得多，其过程也漫长得多。经过长期痛苦的磨合，至中世纪中期，西方文明内核基本孕育成形。

中外学者不断努力，试图对西方文明内核作出概括性阐释。例如，亨廷顿

[①] 〔美〕哈罗德·J. 伯尔曼:《法律与革命（第一卷）：西方法律传统的形成》，贺卫方等译，第117页。

[②] J. H. Burns, *The Cambridge History of Medieval Political Thought c.350–c.1450*, Cambridge: Cambridge University Press, 1988, p.47.

[③] Hastings Rashdall, *The Universities of Europe in the Middle Ages*, Vol. I, Oxford: Clarendon Press, 1895, p.255.

认为西方文明的主要特征是：古典文明的遗产，天主教和新教，欧洲语言，精神权威和世俗权威的分离，法治，社会多元主义，代议机构和个人主义。[①] 西方文明所有重要的方面，他几乎都涉及了，不过这些"特征"似乎不在一个平面上，因果混淆，而且一部分是现代西方的外部特征，未能揭示西方何以成为西方的根本所在。梅因注重文明形成期研究，他认为每一种文明都有其不变的根本，他称之为"胚种"，一旦成形，它的规定性是穿越时空的。他说："因为现在控制着我们行动以及塑造着我们行为的道德规范的每一种形式，必然可以从这些胚种当中展示出来。"[②] 欧洲文明是不断变化的，然而也有不变的东西："胚种"是不变的，它所具有的原始特征，从初始到现今，反复出现，可是万变不离其宗。奥地利学者、欧洲思想史学家希尔指出了同样的道理，他说："最值得注意的一些思想在欧洲的精神地图上像重叠的光环那样铺开。……这些题目在欧洲历史中反复出现，直到今天，还未失去它们的意义。"他这句话说得更明了：如果哪位读者首次看到它们时，它们已经穿着现代服装，那么我们不难辨认它们在历史上早已存在，虽然穿着那个时代的服装。[③]

笔者认为，理解西方文明的钥匙就在中世纪，中世纪中期形成的"元规则"乃是西方文明不变的内核，而主体权利（subjective rights）则是其文明之魂，[④] 大概也就是梅因所说的"胚种"。自然权利在一定意义上相当于主体权利，只是角度不同而已。人们通常认为自然权利观念"如同内燃机一样是现代社会的产物"[⑤]，所幸 20 世纪中叶后西方学界不断推出的研究成果正在刷新

[①] 〔美〕塞缪尔·亨廷顿：《文明的冲突与世界秩序的重建》，周琪等译，第 60—63 页。

[②] 〔英〕梅因：《古代法》，沈景一译，第 69 页。

[③] 〔奥〕弗里德里希·希尔：《欧洲思想史》，赵复三译，"作者前言"，第 1 页。

[④] 参见侯建新《从主体权利看中西传统社会之异同》，侯建新《社会转型时期的西欧与中国》，济南出版社 2001 年版，第 7 章；侯建新《论题：主体权利与西欧中古社会演进》，《历史教学问题》2004 年第 1 期；侯建新《"主体权利"文本解读及其对西欧史研究的意义》，《史学理论研究》2006 年第 1 期。

[⑤] Kenneth Pennington, "The History of Rights in Western Thought", *Emory Law Journal*, Vol. 47, 1998, p.239.

传统结论，将其追溯到14世纪。20世纪末叶，以布赖恩·蒂尔尼为代表的学者则追溯得更远，认为自然权利观念产生于12世纪，其作品因其杰出贡献而获嘉奖。① 在那个时期，"自我意识的成长的确从独立的个人扩展到了社会本身。……从民众心灵深处产生的观念，与神职人员的虔诚追求交汇在一起"②。基于多元的文化交流和灵动的现实生活，在上至教皇、教会法学家、中世纪思想家，下至普通乡镇教士踊跃参与的讨论中，欧洲社会形成了颇有系统的权利话语及其语境，阐明了一系列权利观念，被称为一场"语义学革命"（semantic revolution）。③12世纪早期一位意大利教士格拉提安（Gratian），将罗马法注释学家的成果以及数千条教会法法规汇编成册，后人把它称作《格拉提安教令集》（Decretum of Gratian，简称《教令集》）。在这部《教令集》中，格拉提安重新解释了罗马法中ius的概念，启动了这一概念中主体、主观的含义阐释。④ 继而，12世纪若干法学家不断推进，教会法学家鲁菲努斯（Rufinus）是自然权利语言发展的关键人物，大约1160年他指出："ius naturale是一种由自然灌输给个人的力量，使其趋善避恶。"⑤ 当时关于自然权利的这种定义变得很普遍。被称为12世纪最伟大的教会法学家休格西奥（Huguccio）也指出："ius naturale是一种行为准则……在其最初的意义上始终是个人的一种属

---

① Brian Tierney, *The Idea of Natural Rights: Studies on Natural Rights, Natural Law, and Church Law, 1150–1625*, Cambridge: Scholars Press, 1997. 该书获美国2001年度哈斯金斯（Haskins）勋章。
② Marc Bloch, *Feudal Society: The Growth of Ties of Dependence*, Vol. I, New York: Routledge, 1989, pp.106–107.
③ Takashi Shogimen, *Ockham and Political Discourse in the Late Middle Ages*, Cambridge: Cambridge University Press, 2007, pp.30, 154.
④ Brian Tierney, *The Idea of Natural Rights: Studies on Natural Rights, Natural Law, and Church Law, 1150–1625*, pp.62, 66, 178.
⑤ Brian Tierney, *The Idea of Natural Rights: Studies on Natural Rights, Natural Law, and Church Law, 1150–1625*, p.62.

性,'一种灵魂的力量',与人类的理性相联系。"[1] 至此,自然权利概念逐渐清晰起来。这场革命,第一次确认了自然权利(natural rights)和实在法权利(positive rights)两大法律体系的并立。进入14世纪,著名学者奥卡姆的威廉(William of Ockham)明确将罗马法中的 ius 阐释为个体的权能(potestas),并将这种"源于自然"的权利归结于个体,因此被誉为"主体权利之父"。他说:"这种权利永远不能被放弃,因为它实际上是维持生命之必需。"[2] 自然权利的出现,突破了以往单一的法律体系,在各个领域产生广泛影响,成为深层次的社会规则系统生成的原点。

在欧洲中世纪语境下,"自然权利"无异于"生而自由",因为中世纪书面语言拉丁文中的"权利"(libertas)既表示权利也表示自由,中世纪的"自由"有特殊含义,它相对于拘禁的、依附的状态而言,具有摆脱束缚、实现自己意志的指向。[3] 因此,剑桥大学布雷特教授认为,从法律思想史而非神学意义上,自然权利可以被解释为"生而自由"。[4] 总之,元规则是权利,也是自由,而且是消极自由。同样值得关注的是,中世纪"语义学革命"产生的自然权利被归结于个人——不是普遍的、抽象的人,而是具体的、单个的人,正是在这个意义上,自然权利又被称为主体权利。一般认为,"个人"与近代、"市场经济"或资本主义联系在一起,可事实是,到资本主义在欧洲产生并形成强大社会冲击力之前,权利和自然权利已形成一定的话语体系,并且对其研讨已达数世纪之久。早在中世纪中期,在人们通常认为的传统社会里,他们却已经在"试探

---

[1] Kenneth Pennington, "The History of Right in Western Thought", *Emory Law Journal*, Vol. 47, 1998, p.243.

[2] Brian Tierney, *The Idea of Natural Rights: Studies on Natural Rights, Natural Law, and Church Law, 1150–1625*, p.122.

[3] R. E. Latham, D. R. Howlett and R. K. Ashdowne, eds., *Dictionary of Medieval Latin from British Sources*, Fascicule. V, Oxford: British Academy, 1997, pp.1600–1601.

[4] Annabel S. Brett, *Liberty, Right and Nature: Individual Rights in Later Scholastic Thought*, Cambridge: Cambridge University Press, 1997, Introduction.

性地表达权利,并首先聚焦于个体",颇为独特。彭宁顿指出,由此可见,主体权利不是资本主义社会的产物,它早已是西方思想的一部分。[1] 这也颇令蒂尔尼感叹,他说,"所有早期文明社会无不珍视正义和合理秩序,然而他们通常不会以个人自然权利(individual natural right)概念来表达他们的理想",欧洲中世纪形成的这些观念"难道不是西方文化的独特产物吗?"[2] 一些欧洲学者对此并不感到惊讶,艾伦·麦克法兰将英国及西欧个人主义追溯到1200年;[3] 戴尔认为,英国自13世纪就启动了向现代社会的"转型",诸如从共同体中心到个人本位等。[4] 他们的研究与蒂尔尼等自然权利追踪者的探索似殊途同归。这些在古典世界都不曾发现,在那里"几乎全然不知'个人'"[5]。

三、作为欧洲文明内核的"元规则"

自然权利是西方文明出发点。12世纪仅是权利语言演化的一部分,如同埋下胚种,一定会开枝散叶一样,12世纪和13世纪法学家们创造出许多源自自然权利的权利,发展出一种强有力的权利话语体系,构成西方文明内核。这个体系包含五个方面的基本内容,即"财产权利""同意权利""程序权利""自卫权利"和"生命权利"等,它们是欧洲公共生活中深层次、始基性规则系统。这些元规则根植于自然权利,不可剥夺,也不可让渡;并且明确而透明,有着广泛的社会共识,从而奠定了西方文明的基础,使西方成为西方。元规则是应然权利,消极自由权利,却深刻影响着社会走向,一旦转化为实在法权利

---

[1] Kenneth Pennington, "The History of Right in Western Thought", p.240.
[2] Brian Tierney, T*he Idea of Natural Rights: Studies on Natural Rights, Natural Law, and Church Law 1150–1625*, pp.1-2.
[3] A. Macfarlane, *The Origins of English Individualism*, Oxford: Basil Blackwell, 1978.
[4] Christopher Dyer, *An Age of Transition? Economy and Society in England in the Later Middle Ages*, Oxford: Clarendon Press, 2005.
[5] 〔英〕梅因:《古代法》,沈景一译,第146页。

即受到法律保障,因此与实际生活过程并非无关。到中世纪中期,法律具有高于政治权威的至高性这一观念被普遍接受,"虽然直到美国革命时才贡献了'宪政'一词,但自12世纪起,所有西方国家……在某些重要的方面,法律高于政治这种思想一直被广泛讲述和经常得到承认"。①

(1)财产权利(rights to property)

国际学界近几十年的研究表明,基于自然权利的西方财产权理论产生于中世纪中期。②随着罗马法复兴,教会和法学界人士掀起了一场关于财产权的讨论,而且财产权分析总是与自然权利联系在一起。方济各会"使徒贫困"的讨论,引发了私人财产权的话题。13世纪初方济各会在意大利创建,他们仿效基督,宣称放弃一切财产,衣麻跣足,托钵行乞,周济穷人,一反之前教会的严厉面孔,实为一次早期教会改革。教皇英诺森三世察觉该做法对教会有一定的冲击,但考虑抑制奢侈之风,改善传教方式,还是批准了该会资格。其后历届教皇一直鼓励方济各会的修为,但是约翰二十二世成为罗马教皇后,却公开挑战"使徒贫困"论的合理性。他认为,方济各标榜放弃一切所有权是不可能的,行不通的,当一位方济各使徒吃下一片面包,说他对这片面包没有权利是不可理喻的,换言之,如果他消费了什么物品,他一定要有相应的法定权利。显然,该教皇只是从实在法权利角度否定"使徒贫困"理论,他无视的是,方济各会虽然放弃了实在法意义上的财产权,但是仍然拥有自然权利意义上的财产权。③不久,约翰二十二世颁布法令,将那些认为基督及其使徒一无所有的说法视为异端,实际上推翻了"使徒贫困"的原则,遭到方济各会士的激烈反对。奥卡姆,这位在西方历史上第一个勾勒出主体权利的思想家,热情为方

---

① 〔美〕哈罗德·J.伯尔曼:《法律与革命(第一卷):西方法律传统的形成》,贺卫方等译,第9页。
② 侯建新:《思想和话语的积淀:近代以前西欧财产观的嬗变》,《世界历史》2016年第1期。
③ Brian Tierney, *The Idea of Natural Rights: Studies on Natural Rights, Natural Law, and Church Law, 1150–1625*, pp.94–96.

外国制度史

济各会士辩护。奥卡姆虽是英格兰人，但长期旅居德意志，正是在慕尼黑的住所里，阐发了他的财产权观念。奥卡姆承认会士们不具备实在法权利，但是他们有来自上帝的自然权利，即不可放弃的主体权利，因此他们可以享用和消费必需生活品，不管这些物品是否属于他所有。① 结果，奥卡姆成功地捍卫了"使徒贫困"原则，维护了方济各会的合法性，同时彰显了财产观念中的自然权利。

教会法学家的自然权利观念不是孤立的。《爱德华三世统治镜鉴》(Speculum Regis Edwardi Ⅲ)是一部劝诫统治者的作品，写于14世纪上半叶，作者帕古拉的威廉(William of Pagula)反复强调一个原则：财产权是每个人都应当享有的权利，任何人不能违背他的意志夺走其物品，这是"一条普遍的原则"，即使贵为国王也不能违反。国王在世间有足够的权威，有可能对普通人的财产权形成最大威胁，故此告诫国王不得染指他人财物，否则"必将受到现世和来世的惩罚"。② 社会底层人的财产权最易受到侵害，所以威廉认为，王室官员强买贫苦老农妇的母鸡是更严重的犯罪。作者排除侵权行为的任何华丽借口，"不存在基于共同福祉就可以违反个人主体权利的特殊情况"③；一旦侵犯臣民财产，统治者必须承担臣民反抗的全部后果。④ 这里提及了臣民的合法抵抗权，可见西方文明元规则是相通的。

伴随主体权利和独立个体的普遍发展，臣民财产权利保护的观念进入实际生活。13世纪初的《大宪章》是一份权利清单，其中超过一半的条款直接关涉臣民的财产权利，其余条款大多关于臣民的人身权利。财产权利条款，主要

---

① Brian Tierney, *The Idea of Natural Rights: Studies on Natural Rights, Natural Law, and Church Law, 1150–1625*, pp.121–122.

② Cary J. Nederman, "Property and Protest: Political Theory and Subjective Rights in Fourteenth-Century England", *The Review of Politics*, Vol. 58, No. 2, 1996, p.332.

③ Cary J. Nederman, "Property and Protest: Political Theory and Subjective Rights in Fourteenth-Century England", p.343.

④ Cary J. Nederman, "Property and Protest: Political Theory and Subjective Rights in Fourteenth-Century England", p.341.

规范国王的税收和军役，严禁随意增负，严禁任何形式的权利侵夺；另一边则明确规定，任何自由人，如未经依法审判，皆不得被逮捕、监禁、没收财产。财产权与人身权互为依傍，如果没有人身不受侵犯和免于恐惧的权利，就不可能存在不可侵犯的财产权。

《大宪章》里的臣民不包括普通佃农，然而，在实际生活中，佃农的土地权利并非空白，即使农奴也依照保有条件拥有一定的土地权利，并且受到习惯法保护。佃户对土地的占有权如此稳定，已超出一般意义上的"占有"（hold），以至于创造了 seisin 一词来表示，被译为"依法占有"。保有土地的佃户对任何"侵占"其土地的人甚至他的领主，都享有一种诉权。伯尔曼评论说："西方封建财产产权体系在其有关各种对抗的权利的相互关系的概念上却是独一无二的。"① 所以我们看到：因某个采邑的归属，伯爵可以与国王对簿公堂；普通农民即使是农奴，如果领主试图非法剥夺他的持有地，他也可以凭借法庭有效对抗领主；同样，国王未经允许不能踏进其他领主的庄园，也不能拿走一便士。在《拿破仑法典》宣布私人财产神圣不可侵犯的五百年前，不论在话语体系还是在实际生活中，法定的私人财产权已经有了几分"神圣"的味道。有保障的臣民财产权，有利于社会财富的普遍积累。到中世纪晚期平民中产生"第三等级"，并逐渐形成现代产权体系，不是偶然的。

17世纪中叶，以英国立法废除封建采邑制为标志，土地所有权取得了纯粹经济的形式，导致严格的私人所有权（absolute ownership）的确立。现代私人财产权利，不仅仅是原告针对被告的权利，而且是对整个世界都有效的权利，一种严格的、不妥协的权利。② 1804年的《拿破仑法典》，标志着现代欧洲私人所有权的最终确立。

（2）同意权利（rights to consent）

---

① 〔美〕哈罗德·J. 伯尔曼：《法律与革命（第一卷）：西方法律传统的形成》，贺卫方等译，第307页。
② W. S. Holdworth, *A History of English Law*, Vol. VII, London: Methuen, 1925, p.458.

外国制度史

"同意"作为一个独立词汇开始出现在法律文献中，大约在罗马帝国晚期，后来作为"格言"收入《查士丁尼法典》，成为罗马法的私法原则，"关涉大家的事要得到大家的同意"（quod omnes tangit, ab omnibus approbetur）。[1] 进入中世纪，"同意"概念被广泛引申到公法领域，发生了质的变化，成为西方文明极为重要的元规则。

其一，"同意"概念进入日常生活话语，表明社会正在普遍接受这样的观念。进入12世纪，出现了对个人意愿、个人同意的关注，由于婚姻在个人生命中的特殊含义，婚姻同意的原则成为典型。按照日耳曼传统，合法的婚姻首先要经过父母同意，但至12世纪中期，年轻男女双方同意更为重要，并且成为一条基督教教义。大约12世纪80年代，这些教义也传入挪威、冰岛等北欧王国。现存挪威古老法律档案表明，男子欲娶妻，需征求女子父母的同意，更要紧的是必须询问女子本人的意愿。[2] 时任教皇的尼古拉斯强调："缺少男女任何一方的同意，都不可缔结婚约。同理，为摇篮里的孩子订婚是一种恶习，即使父母同意也无效。"[3] 同意原则高于一切，以至于冲破更深层次的社会禁忌：以往蛮族法和罗马法都严禁自由人与奴隶缔结婚姻，但当时的教会婚姻法规定，只要男女双方同意，上述婚姻就有效，奴隶之间的婚姻亦然。德国大诗人海涅不无欣喜地说："在他们（指中世纪日耳曼诸蛮族。——引者）过于暴烈的野蛮身躯里，注入了基督教的精神；于是欧洲文明开始诞生。"[4]

其二，"同意"原则被广泛延伸到公法领域，成为公权合法性的重要依据。

---

[1] *Justinian's code* (5, 59, 5, par, 2-3), 转引自 M. V. Clarke, *Medieval Representation and Consent: A Study of Early Parliaments in England and Ireland, with Special Reference to the Modus Tenendi Parliamentum*, New York: Russell & Russell, 1964, p.264.

[2] Angeliki E. Laiou, ed., *Consent and Coercion to Sex and Marriage in Ancient and Medieval Societies*, Washington, D. C.: Dumbarton Oaks Research Library, 1993, pp.276-277.

[3] Emily Amt, ed., *Women's Lives in Medieval Europe: A Source Book*, New York: Routledge, 1993, p.80.

[4] 〔德〕海涅：《论浪漫派》，张玉书选编：《海涅文集·批评卷》，人民文学出版社2002年版，第13页。

日耳曼诸蛮族入主欧洲后，颁布新法典，无不经过一定范围的协商或同意程序。法兰克王国著名的《萨利克法典》、盎格鲁－撒克逊诸王国法律，都须经过国王与贵族、主教等相关人士的协商和表决过程，梅特兰说，未经贤人会议以及相关人士的同意，国王不能独断立法。[1]加之教会法学家推波助澜，"同意权利"成为欧洲文明的政治元规则。中世纪思想家也有专门论述，特别要指出的是意大利的马西略（Marsilius，约1275—1342年），他"强调了民众同意的原则，以此作为所有合法政府——无论是世俗的还是教会的——的基础"[2]。他们认为，上帝授予人类拥有财产和选择统治者的双重权利，因此，皇帝或教皇的权力，都要受到臣民同意权利的限制。11世纪教廷颁布的《教皇选举条例》，13世纪规定教皇拥立须经一定范围内多数人同意，13、14世纪之交又产生"收回同意"的权利，等等，无不渗透着这样的理念。虽然教皇经过信众推举，但是如果教皇成为异端，他一样要受到基督教世界主教会议的审判。[3]世俗君主亦然。只有借助相关人士的同意，国王才能具有足够的权威和合法性。英王亨利一世加冕后再次承诺保障封臣的权利，他在写给安塞姆主教的信中说："承蒙你和其他人的忠告，我已经向自己与英格兰王国人民作出承诺，我是经过男爵们普遍同意而加冕的。"[4]对国王的忠告是封臣的义务，也是权利，其中蕴含着同意的原则。最后，同等重要的是，司法审判并非王家独揽，国王可能是原告也可能成为被告，发生诉讼时国王也要接受相关法院的裁决，所以国王或国王代理人出庭受审并败诉的案例绝非罕见。[5]显然，"同意"规则不仅在观念上被

---

[1] F. W. Maitland, *The Constitutional History of England*, Cambridge: Cambridge University Press, 1946, p.6.

[2] 〔美〕哈罗德·J. 伯尔曼:《法律与革命（第一卷）：西方法律传统的形成》，贺卫方等译，第269页。

[3] Paul E. Sigmund, *Nicholas of Cusa and Medieval Political Thought*, Cambridge: Harvard University Press, 1963, p.97.

[4] Austin Lane Poole, *From Domesday Book to Magna Carta 1087-1216*, Oxford: Oxford University Press, 1993, p.10, notes 2-3.

[5] 参见 Fritz Kern, *Kingship and Law in the Middle Ages*, pp.189-192。

广泛接受,在实践上也得到一定范围、一定程度的实施。

乡村基层社会亦如此,庄园领主不能独断专行。佃户们定期举行村民会议,讨论村庄共同体中的相关问题,任命或罢免村官,而且不断颁布新村规,历史学家沃伦·奥特称这些"村规"为"共同同意的村规"(Village By-laws by Common Consent)。[1]庄园领主宣布决定或法庭判决时,一定宣明业已经过佃户全体同意,以彰显权威,而这些过程确实有佃户的参与。原始文献中总是以下列词语开头,口气不容置疑:"所有领主的佃户,不论自由佃户还是惯例佃户,同意……";"全体土地所有者一致同意……";"领主和佃户达成协议,命令……"或"所有佃户意见一致并命令……";等等。[2]

其三,特别值得关注的是,在确立同意原则的同时,提出对"多数人同意"的限制。由于同意元规则因个人主体权利而生发,因此该规则有这样的内涵:多数人同意不能以损害个人或少数人合法利益为代价,至少理论上是这样的。其表述相当明确:"民众持有的整体权利不比其个体成员的权利更高";还进一步指出,对个人权利的威胁可能来自统治者,也可能就来自共同体内的多数派,[3]这实际上排拒了"多数人暴政"。中世纪即发出这样的警示难能可贵,不过实践起来却实属不易,所以该规则确立伊始就不平静。以特鲁瓦教堂案例为证。根据惯例,每一个教士享有平等的生活津贴,可13世纪初该教堂多数派教士发动一场"财政政变",试图强占少数派的葡萄园,少数派多为新来的教士。结果,多数派的这一做法遭到教皇英诺森三世的否定,"多数票决不能剥夺教士共同体中少数派的个人权利(individual rights)"。该原始文献的旁注

---

[1] Warren O. Ault, "Village By-laws by Common Consent", *Speculum*, Vol. 29, No.2 (Apr., 1954), pp.378-394.

[2] W. O. Ault, *Open-field Farming in Medieval England: A Study of Village By-Laws*, London: Allen and Unwin, 1972, pp.81-144; Mark Bailey, *The English Manor: c.1200-c.1500*, Manchester: Manchester University Press, 2002, pp.70-74; J. Z. Titow, *English Rural Society: 1200-1350*, London: Allen and Unwin, 1969, pp.145-150.

[3] Brian Tierney, *The Idea of Natural Rights: Studies on Natural Rights, Natural Law, and Church Law, 1150-1625*, p.184.

进一步阐明这一观点:"多数人的票绝不是无条件的。"①由此可见,"同意"规则的精髓,不仅是一种民主程序,更是个人权利,后者不可让渡。读罢这桩中世纪的案例,让现代人不无惊骇,不过这并不意味着西方已经解决了"同意"规则中的悖论,即如何坚持民主又限制多数人的权威。

(3)程序权利(rights to procedure justice)

西方法学家把坚持正当程序看作一个具有独立价值的要素,在他们的各种权利法案中,程序性条款占据了法律的中心地位。威廉姆·道格拉斯指出,程序性条款占据了权利法案的中心,其意义绝不可低估,法律程序地位的高低是法治与人治之间的基本区别。②西方学者发现,西方的法律规则大多产生于中世纪中期,法学家梅特兰盛赞12世纪欧洲法律,称该世纪是"一个法律的世纪"。③当古代罗马法范式与中世纪封建法、教会法程序结合在一起,形成"程序正义"元规则时,人们没有意识到正当程序对西方文明的前途竟有如此重大的意义。通常所说的法律程序,主要包括选举、立法、审判等类型,其中最通常、最典型的是审判程序。

正当审判程序原则最早见于1215年英国《大宪章》。《大宪章》规定:对于国王的封臣,如未经审判,皆不得被逮捕、监禁、没收财产、流放或加以任何其他损害。《大宪章》还决定推举25名贵族组成委员会,监督国王恪守《大宪章》,并对国王的违法行为作出制裁。这些高度权威性的法条,从程序上明确规约政府公权力,使臣民免于被随意抓捕、监禁的恐惧,体现了程序正义的本质,与《大宪章》其他内容一起筑起西方法治的基石。元规则一旦确立就有

---

① Brian Tierney, *The Idea of Natural Rights: Studies on Natural Rights, Natural Law, and Church Law, 1150–1625*, p.184.

② "Justice William O. Douglas's Comment in Joint Anti-Facist Refugee Comm. v. Mcgrath", *United States Supreme Court Reports (95 Law. Ed. Oct. 1950 Term)*, New York: The Lawyers Co-operative Publishing Company, 1951, p.858, 转引自季卫东《程序比较论》,《比较法研究》1993年第1期。

③ P. Pollock and F. W. Maitland, *The History of English Law before the Time of Edward I*, Vol.1, Cambridge: Cambridge University Press, 1923, p.111.

外国制度史

无限蔓延之趋势，下一个世纪的1354年，另一法律文件《伦敦自由律》规定，审问中须有被告的辩护过程，从而进一步完善审判程序。程序正义的规则与法律实践结合在一起，其实质在于防止政府专制。

学界普遍认为，英国实行陪审制的普通法，更有利于"程序正义"要素的落实。原因是刑事审判属于"不完全的程序正义的场合"，换言之，正当程序不一定每次都导致正当的结果，作为弥补，引入陪审制成为必要的举措。据此，陪审制被称作"一种拟制的所谓半纯粹的程序正义"，成为英美法系和大陆法系差别的重要标志[1]。陪审团一般由12人组成，他们与被告人身份相当，即"同侪审判"；罪与非罪以及犯罪性质全由陪审团判定，而且必须全体陪审员一致通过，法官不过根据陪审团作出的性质判定量刑而已。陪审团是真正的法官。英语jury一词本义是"审判团"，而且是终审裁决，当事人只能就量刑问题提起上诉。陪审制几经变化，使程序不断规范。最初起诉和审判一体化，后来控、审分离，另成立一个陪审团，称大陪审团，专门负责起诉。大约14世纪初，在程序上又经历了知情证人和陪审员的分离，陪审团不再负责查证取证，成为更加超然和专一的审判机构。[2] 笔者认为，陪审团（jury）可称为"法官团"，他们来自普通民众，针对特定案例临时组成，审判后解散；判决后的案例（case）却成为此后类似案件审理的依据，所以他们不仅是法官而且还是创造法条的法学家！陪审制使得一部分司法权保留在社会手中，司法与民情始终保持同步有效沟通，减少了司法权的官僚化和法律的僵硬化。

中世纪英国的"令状制"也有强化司法程序的功能。令状是国王发布的一种书面命令，经历了从行政化到司法化过程，梅特兰说，"令状的统治即法的统治"，因为令状的基本性质是程序性的，法官必须按照既定程式审案，因而

---

[1] 在纯粹的程序正义的场合，如赌博，只要游戏规则不偏向某一赌客且被严格遵守，那么无论结果如何都被认为是公正的。John Rawls, *A Theory of Justice*, Cambridge, M. A.: The Belknap Press of Harvard University Press, 1999, pp.73-77.
[2] Julius Stone, *Evidence: Its History and Policies*, London: Butterworths, 1991, pp.19-20.

培育了普通法注重程序的气质。例如，在12世纪末的一份令状中，国王知会郡长：原告指控某人，"在我上次去诺曼底旅行期间，我在某村庄的自由持有地被剥夺了，未经任何法律程序"，据此，国王命令郡长首先复归土地原状，再开庭审理，以论曲直。令状还要求，审理后12名陪审员须查验现场，并将结果禀报王室。[1] 这就是所谓"程序先于权利"。

在欧洲大陆，审判程序也趋向理性化，逐渐形成规范的诉答制度和完整证据制度，被称作纠问制（inquisitorial system）。法官是"纠问制"的中心，在采取证据和听取法庭审讯后，法官决定案件性质和如何处罚。在13世纪以后的三四个世纪，该制度逐渐走向成熟，产生了代表国王行使公诉权的检察官制度，理由是刑事犯罪侵害个人，同时也威胁公共安全。另一个重要发展是，进一步规范纠问制程序，如法官如何讯问、法庭上如何对质、书记员如何制作记录以及刑讯实施条件等。为防止滥用逮捕权，他们不断强化程序上的种种限定，例如，不允许在被告个人住所实施逮捕，除非重罪或在公众场合犯罪；未获无条件逮捕令不能实施逮捕。后又作出补充，只要在白天并有证人在场，不使用过分暴力，避免屋内财产损失，"也可以在其住所逮捕"[2]。这不是说欧洲中世纪法庭没有暴力，纠问制法庭的暴力倾向尤其明显。由于僵硬的证据要求，为获取口供以弥补证据不足，刑讯逼供成为法官的重要选项，法官权力又较多，其残忍程度不逊于宗教裁判所。总的来看，欧洲大陆纠问制诉讼同样体现着正当程序的一般观念，如实施惩罚必须通过审判、判决必须以证据为基础、审判主要为解决纠纷而不仅仅为惩罚等。一些案例，如遇重要犯罪判决，还有征求一定数量的庭外资深人士意见的惯例。

尽管大陆法系颇受诟病，比之普通法系，二者并非云泥之别，它们取自同样的文化资源，都不同程度地秉持程序正义的理念，所以近代以后有逐渐接近

---

[1] Joshua C. Tate, "Ownership and Possession in the Early Common Law", *The American Journal of Legal History*, Vol. 48, No. 3 (Jul., 2006), p.297.

[2] A. Esmein, *A History of Continental Criminal Procedure*, trans. by John Simpson, Boston: Little, Brown and Company, 1913, p.151.

的趋向。当然,英格兰法系影响更大。"程序正义"从程序上排拒权力的恣意,强调"看得见的正义"、最低限度的正义以及"时效的正义"等,对当事人而言则是最基本的、不可让渡的权利。程序权利规则不断地提示我们,人们往往热衷于结果的正义,而真正的问题在于如何实现正义以及实现正义的过程。

(4)自卫权利(rights to self-defense)

自卫权,即防御强权侵害的权利,在中世纪,一般指臣民或弱势一方依据某种法律或契约而抵抗的权利,一种名副其实的消极自由权。自卫权观念主要萌芽于日耳曼人传统中。鉴于中世纪早期西欧王权的软弱、分散,科恩指出,该时期"国王和日耳曼村社首领之间没有天壤之别,仅仅是程度上的差异"。抵抗权利观念可谓中世纪最有光彩的思想之一,也与古代日耳曼人的惯例无法分割。那时人们就认为,有权利拒绝和抗拒违反法规的部落首领。[1]

笔者认为,自卫权作为西方文明元规则的确立,是与欧洲封建制连在一起的。[2] 欧洲封建制的核心是领主附庸关系。附庸为领主提供军役和劳役,领主为附庸提供土地和安全,其中的政治行为不仅取决于物质利益,也取决于普遍奉行的规则和理念。[3] 西方学者普遍认为,封君封臣之间相互的权利与义务关系,含有契约因素。梅因写道:"把封建制度和原始民族纯粹惯例加以区分的主要东西是'契约'在它们中间所占的范围。"[4] 在这种"准契约"关系中,"与

---

[1] Fritz Kern, *Kingship and Law in the Middle Ages*, Introduction, p. xviii.
[2] 侯建新:《抵抗权:欧洲封建主义的历史遗产》,《世界历史》2013年第2期。
[3] J. L. Watts, "Ideas, Principles and Politics", in A. J. Pollard, ed., *The Wars of the Roses*, Basingstoke: Macillan, 1995, pp.234-247; Anthony Musson and W. M. Ormrod, *The Evolution of English Justice: Law, Politics and Society in the Fourteenth Century*, Basingstoke: Macmillan, 1999; Anthony Musson, *Medieval Law in Context: The Growth of Legal Consciousness from Magna Carta to the Peasants' Revolt*, Manchester: Manchester University Press, 2001.
[4] 〔英〕梅因:《古代法》,沈景一译,第205页。

其臣属一样，封建主也负有义务，违背这些义务同样构成一种重罪"。[1]

这不是说欧洲封建制没有奴役和压迫，而是说奴役和压迫受到一定限制；双向的权利与义务不仅有道德说教，更有法律约束。布洛赫指出："附庸的臣服是一种名副其实的契约，而且是双向契约。如果领主不履行诺言，他便丧失其享有的权利。"[2] 自己有权利，才有维护权利的抗争。附庸的权利得到法律认定，逻辑上势必导致附庸的合法自卫权，后者是检验附庸权利真伪的试金石。801—813 年法兰克国王的一份敕令明确规定，如果证明领主有下列罪行之一，附庸可以"背弃他的领主"：领主不公正地奴役他；领主谋害他的性命；领主与他的妻子通奸；领主主动拔剑杀害他；附庸委身于领主，领主却未能提供保护义务；等等。[3] 文字虽然粗陋，内容却明确而具体。四个多世纪后即 13 世纪后半期，法兰西王国颁布的《圣路易斯法令》重申上述规定并指出，如果领主拒绝执行法庭判决，那么附庸将免于义务，并可继续持有他的封地。[4] 很明显，附庸对领主的约束并非一纸空文。倘若一方没有履约，另一方可以解除关系，即"撤回忠诚"（diffidatio）。撤回忠诚是从 11 世纪开始西方封建关系法律特性的关键之一。[5] 人们普遍接受这样的理念，领主不能为所欲为，效忠是有条件的。许多表面看来似乎只是偶然的起义，包括针对国王的起义，其实是基于一条具有广泛社会共识的原则，即人们拥有合法自卫权。附庸离弃恶劣领主的权利，是欧洲著名"抵抗权"的最初表达，被认为是个人基本权利的起

---

[1] 〔加〕查尔斯·泰勒：《市民社会的模式》，邓正来、J. C. 亚历山大编：《国家与市民社会》，中央编译出版社 1999 年版，第 12 页。

[2] Marc Bloch, *Feudal Society: Social Classes and Political Organization*, Vol. II, New York: Routledge, 1989, p.451.

[3] David Herlihy, ed., *The History of Feudalism: Selected Documents*, London: Macmillan, 1970, p.87.

[4] R. W. Carlyle and A. J. Carlyle, *A History of Medieval Political Theory in the West*, Vol. 3, p.62.

[5] 〔美〕哈罗德·J. 伯尔曼：《法律与革命（第一卷）——西方法律传统的形成》，贺卫方等译，第 301—302 页。

点。自卫权规则没有终结暴力,然而它却突破了单一的暴力抗争模式,出现了政治谈判和法庭博弈,从而有利于避免"零和游戏"的社会灾难,有利于社会良性积累和制度更新。英国《大宪章》运动是典型例证。1215年英国《大宪章》运动是贵族抵抗王权的斗争,最终导致第一次等级会议召开,它所开创的政治协商范例影响英国乃至欧洲数百年。

自卫权规则旨在约束统治者的权力,正是在这个意义上布洛赫说:"西欧封建主义的独创性在于,它强调一种能够约束统治者的契约观念;因此,欧洲封建主义虽然压迫穷人,但它确实给我们的文明留下了我们现在依然渴望拥有的某种东西。"[①] 进入近代后,这一西方文明元规则依然被保留下来,并且不断得到重申。美国1776年的《独立宣言》,对抵抗权均有明文确认和经典表述,其后,法国以《人权宣言》、欧洲其他重要国家以宪法性文件形式,反复强调人民的这一重要权利。

(5)生命权利(rights to life)

生命权之不可剥夺是近代启蒙学者的重要议题,然而生命权命题同样产生于中世纪。方济各会"使徒贫困"问题,一方面产生财产权利的讨论,另一方面也引发了生命权话题。方济各会士是虔诚的基督徒,自成立以来,一直受到历届教皇的鼓励,例如,教皇英诺森四世和尼古拉斯三世等都同情方济各会士放弃所有法定财产权利,同时支持他们继续获得维持生命的必需品。[②] 他们同声相应,显然都在为生命权利观背书。进入14世纪,教会法学家更加明确指出,人们可以放弃实在法权利,但不可放弃源自上帝的自然权利,这是人人皆应享有的权利,所以方济各会士有权利消费生活必需品,不管是否属于他所有。[③] 奥卡姆为方济各会合法性辩护,正是从自然权利的高度阐释生命源于自

---

① Marc Bloch, *Feudal Society: Social Classes and Political Organization*, Vol. II, p.452.

② Brian Tierney, *The Idea of Natural Rights: Studies on Natural Rights, Natural Law, and Church Law, 1150–1625*, pp.94-95.

③ Brian Tierney, *The Idea of Natural Rights: Studies on Natural Rights, Natural Law, and Church Law, 1150–1625*, pp.121-122.

然和上帝，不可剥夺，从而成功驳斥了教皇约翰二十二世。奥卡姆的胜利也从一个方面证明生命权观念当时已经具有较广泛的社会共识。

生命权观念进入中世纪民众实际生活，通常表现在对贫困人口的帮扶和救济。关于穷人捡拾麦穗权利一事，中世纪一位神学家安托里诺表达了这样的理念，他说："滴水观世界……当你收割你土地上的庄稼时，不要齐根割断；不要采集留在地上的麦穗，也不要拾起掉在你葡萄园地上的葡萄串，而把它们留给那些穷人和陌生的外来人。"① 庄稼收割之后，贫苦小农被允许进入他人条田捡拾庄稼的权利，被记载在许多中世纪村庄的习惯法中：那些年幼的、年老的以及那些体弱多病又没有工作能力的人，在秋收时节，当地里的所有庄稼被运走后，他们可以去捡拾。② 而有劳动能力的人，即便一天仅赚取一两个便士，也不能去捡拾庄稼。类似的村规相当普遍，在各地庄园被不断重申，一些地区延续至近代。法官古尔德认为，穷人拾穗权是习俗，也源自《圣经》的影响，后来进入实在法权利。古尔德在另一处则明确指出，"拾穗权是一项维持生存的权利"，并引用希尔、布莱克斯通以及吉尔伯特等大法官的观点加以佐证。③

生命权观念，以及生命权衍生的穷人权利，为社会捐献和社会救济提供了最广泛的思想基础，后者又与基督教的财产观密切相关。基督教财产观具有双重性，一方面承认私人财产权利，另一方面认为这样的财产权利是相对的、有时效性的，世人匆匆皆"过客"，上帝才是一切财产的终极所有者。因此，人

---

① Bede Jarrett, *Social Theories of the Middle Ages 1200–1500*, Westminster: The Newman Book Shop, 1942, p.127.

② W. O. Ault, "Some Early Village By-laws", *The English Historical Review*, Vol. 45, No.178 (Apr. 1930), pp.214–217.

③ Henry Blackstone, *Reports of Cases Argued and Determined in the Court of Common Pleas and Exchequer Chamber, from Easter Term 28th George III. 1788, to Trinity Term 31st George III. 1791*, Vol. I, London: A. Strahan and W. Woodfall, 1791, pp.53–55. 参见陈立军《惯例权利与私有产权的博弈——近代早期英国拾穗权之争》，《经济社会史评论》2018 年第 2 期。

们的财富占有不应该过于悬殊,《圣经》中的"禧年",① 表明基督教均贫富的思想。出于这样的理念,基督教对待穷人有一种特殊的礼遇。无论多么边缘化的人,在上帝的眼中,没有什么根本区别。甚至,可以原谅因贫穷而犯下的过错。他劝诫富者捐赠穷人,提倡财物的分享,那样才是"完全人"。② 基督教对物质生活"轻看"和"知足"的心态,深刻地影响欧洲社会如何对待穷人,激励了人们帮助穷人的义务感。捐赠不仅是慈善,更是做人的义务。12世纪《格拉提安教令集》就有多篇文章为穷人权利声张,法学家休格西奥宣称,根据自然法,我们除保留必需之物外,余裕的部分应由需要的人分享,以帮助他人渡过饥荒,维持生命。14世纪的奥卡姆写道:"忽略这种普遍的权利(common rights),是一种罪过。"③

我们可以发现,主体权利观念内涵丰富,它主张财产权,同时并非单向度地、僵硬地强调物主权益。当17世纪约翰·洛克写下"慈善救济使每个人都有权利获得别人的物品以解燃眉之需"④ 的时候,其生命权规则在欧洲已经走过了若干世纪。1601年,欧洲出台了现代历史上第一部《济贫法》以救济贫困和失业劳动者,它不是教会也不是其他民间组织的慈善行为,而是政府颁布的法律文件。生命权元规则已外化为政府职能和政策。近代以来普遍、系统的社会福利制度得到极大发展,没有广泛和深入的社会共识是不可想象的。而它肇始于中世纪,其基本规则也确立于中世纪,托尼认为:"它使穷人不只在道德上,更是在法律上获得维持生存的权利,这是行将就木的中世纪向现代国家馈赠最后的也是最重要的遗产。"⑤

此外,生命权也是穷人革命的温床。在生命权利元规则之下,13世纪教

---

① 每五十年应该有一个"禧年",这一年,人们可以无条件地收回典卖过的产业。
② 《新约·马太福音》19:21。
③ Kenneth Pennington, "The History of Right in Western Thought", p.248.
④ Kenneth Pennington, "The History of Right in Western Thought", p.245.
⑤ R. H. Tawny, *The Agrarian Problem in the Sixteenth Century*, New York: Harper & Row, 1967, p.266.

会法学家们还提出在必要时穷人有偷窃或抢劫粮食的"权利",其时学者霍斯蒂恩西斯(Hostiensis)评论道,在实施这种行动时如此理直气壮,"一个苦于饥饿的人似乎只是在使用他的权利而不是谋划一次偷窃"[1]。他们同时反对穷人的过度索取,更不能让索取对象无法生活下去,否则"就叫暴力掠夺"[2]。在极端饥寒交迫的情况下,蒙难者采取非常手段获得特殊物品,如"面包"或其他可以果腹的东西,或者"几块用来生火取暖的木头",是可以原谅的。[3] 也就是说穷人权利有一定的限度,仅限于维持生命的必要索取。可是如何分辨"必要索取"与"暴力掠夺",在实践上很难界定。另一个悖论是,穷人的权利主张在现实生活中未必行得通,因为它们往往与法庭法律发生冲突。穷人为生存可以抢劫,这是自然权利使然;但按照实在法他们就是犯罪,要受到法庭制裁。中世纪法学家似乎给予自然权利更神圣的地位,他们认为,在法官眼里抢劫者是一个盗贼,可能被绞死,但在上帝眼里他仍然可以被原谅。也就是说,他们的主体权利是无法废除的权利、绝对的权利,即使法律上禁止,主体权利本身仍然不可剥夺。[4] 自然权利观念及其内含的平等观是如此坚韧!欧洲是资本主义的策源地,殊不知它也是社会主义的故乡,发源于近代欧洲的空想社会主义思想,其核心就是平等。不难看出,主体权利观对西方文明的影响既深远又复杂。

四、余论

本文并未详尽无遗地列出西方文明的所有元规则,也不意味着这些元规则总是存在并总是通行于西方社会。实际上,一些元规则所涵盖的基本权利最初

---

[1] Kenneth Pennington, "The History of Right in Western Thought", p.245.
[2] Kenneth Pennington, "The History of Right in Western Thought", p.244.
[3] 〔法〕若兹·库贝洛:《流浪的历史》,曹丹红译,广西师范大学出版社 2005 年版,第 30 页。
[4] Bede Jarrett, *Social Theories of the Middle Ages 1200–1500*, p.123.

只在有限的人群范围内和有限的程度上实行,尽管享有这些基本权利的人群的范围在不断扩大,中世纪甚至整个西方历史都可以看作这个进程的一部分。中世纪有农奴制,大部分农民丧失了一定的人身自由,那是领主对佃农的奴役。还有国王对臣民的奴役,宗教信徒对其他宗教信徒的奴役,男人对女人的奴役,无论其范围大小、程度轻重,作为曾经长期存在于西方历史上的现象,无疑是消极、阴暗的。作为平等对立面的形形色色的特权,贯穿于西方历史,曾经严重阻碍社会的进步。进入近代,还有殖民者对殖民地人民的残忍和奴役,这些事实都铭刻在西方文明历史上。显然,西方文明元规则没有使西方变成一片净土。

此外,这些元规则本身也有内在的深刻矛盾,使西方至今不能摆脱自身世界不断冒出的挑战。第二次世界大战结束后不久,时任德国历史学家学会主席格哈德·里特尔出版了《欧洲与德国问题》一书,认为普通德国人也是纳粹主义的受害者,他把德国的"极权主义"归结于法国大革命中出现的"乌合之众",是法国大革命以来群氓政治病变的结果。[①] 里特尔无意否定法国革命,而是追踪群氓政治病变的历史轨迹,反思"多数人暴政"。后者显然是西方"同意"元规则的副产品。尽管中世纪的法学家早已发出警告,可是,单个人权利或少数人权利受到多数派胁迫乃至剥夺的情况时有发生。"文明"与"野蛮"往往一步之遥,如何辨别"好民主"和"坏民主",在实践上总是难以界定。多数人民主与个人权利的关系,还有平等与自由的关系等,在西方的理论与实践中长期得不到妥善解决,反而随着民粹主义和民族主义的泛滥而更加复杂化。美国学者斯皮瓦格尔说:"政治自由的概念,对于个人的基本价值的确认,建基于逻辑体系和分析思考之上的一种理性观念,这些被许多历史学家视作西方文明的独有特点。当然,西方也见证了对于自由、个人主义和理性的可

---

① 参见 Gerhard Ritter, *Europa und die deutsche Frage*, Muenchen: Müncherf Verlag, 1948, pp.194-195,转引自张倩红《战后德国史学界对纳粹大屠杀罪行的反思》,《世界历史》2014 年第 4 期。

怕的否定。种族主义、奴役制度、暴力、世界大战、极权主义政权——这些同样构成了西方文明的复杂故事的一部分。"① 又如，依照"生命权"元规则，政府建立健全社会福利制度，全民温饱无虞，因道德层面的自然权利向实在法权利迈进而广受褒奖，另一方面，低效率、高成本的"欧洲病"②等问题又随之产生。至于西方文明其他元规则如财产权、程序权和自卫权等，也出现不少新情况、新问题，它们的积极作用同样不是无条件的。即使"天赋人权"旗帜下的主体权利，也不是推之百世而不悖的信条。历史证明，过度放纵的社会和过度压抑的社会，同样是有害的。

（本文原刊于《历史研究》2020年第3期，收录本书时有改动。）

---

① Jackson J. Spielvogel, *Western Civilization: A Brief History*, Vol. I, preface.
② "欧洲病"，指西方国家由于过度发达的社会福利而患上的一种社会病，其结果是经济主体缺乏积极性，低增长、低效率、高成本，缺乏活力。

查理曼《庄园敕令》新译释

李云飞（暨南大学文学院历史学系）

敕令概述

查理曼在 794 年到 813 年之间发布的《庄园敕令》（Capitulare de Villis）[1]是研究中世纪早期经济社会史的重要文献。其现存抄本只有一种，保存在德国的沃尔芬比特尔（Wolfenbüttel）图书馆。与该敕令装订在一起的是罗马教宗利奥三世（Leo III，795—816 年在任）在 808 年到 814 年间写给查理曼的信件以及《教会和王家领地产业登记范本》（Brevium Exempla ad Discribendas Res Ecclestiaticas et Fiscales）[2]。目前国外学界已有《庄园敕令》的多种拉丁文编印本，已有英语、法语、德语、意大利语等语种的译文，甚至同一语种的译文也有多种，比如德文译本就至少有三种。这反映了该敕令在欧洲中世纪史早期史研究中的重要史料价值。半个多世纪前，我国学者耿淡如先生就将其译成

---

[1] 该文件全文收录于《日耳曼历史文献集成》中的《法兰克诸王条令集》，参见 Alfred Boretius, ed., *Capitularia Regum Francorum, Monumenta Germaniae Historica* (abbr. *MGH*), Tomus 1, Hannover: Hahn, 1883, no. 32, pp.83-91。本文在引用《法兰克诸王条令集》的具体条文时，采用缩略格式，比如 Capit. I, no. 20, c. 21, p.51，即表示第 1 卷，第 20 种条令，第 21 条，第 51 页。本文在引用《庄园敕令》条文时，直接用括号注明条文号，不再标注页码信息。

[2] Capit. I, no. 128, pp.250-256. 这一文件与《庄园敕令》的关系是学者们讨论的重要问题之一。前辈学者已经选译了该文件的部分内容，参见齐思和、耿淡如、寿纪瑜选译《中世纪初期的西欧》，商务印书馆 1962 年版，第 150—152 页。

了中文，①使之成为我国学者讨论西欧庄园制度和封建化问题的重要参考。齐思和、马克垚等老一辈学者也对该史料做过详细分析。②

国外学界对它的发布时间和发布者主要有三种不同的观点。早期的学者，如基奥尔格·海因里希·佩茨（Georg Heinrich Pertz）和卡尔·奥古斯特·埃克哈特（Karl August Eckhart）均将它定年于811—813年之间。他们的理由主要有三个方面。其一，与该敕令存于一起的另外两种文献，即利奥三世的书信和《教会和王家领地产业登记范本》，均被定年于这一时期。其二，包含有类似内容的《关于施行公义的敕令》（Capitulare de Iustitiis Faciendis）也被定年于同一时期。③其三，最重要的是，敕令本身包含有红色大写标题"INCIPIT CAPTITULARE DE VILLIS ET CURTIS IMPERIALIBUS"（意思是"兹为关于皇家庄园和庄宅的敕令"）④，而在查理曼于公元800年圣诞节（被）加冕为皇帝之后，"imperialis"这一形容词的使用才具有合法性。

19世纪中后期，本杰明·盖哈尔（Benjamin Guérard）等学者提出了不同的看法。他们认为，当时有很多敕令都是在教务会议或皇帝召集的大集会上确定的，但是保存下来的敕令文本却产生于若干年之后。因此，《庄园敕令》完全可能产生于查理曼加冕之前，而标题应该是在他加冕之后，某位抄写员在抄存敕令时添加的，并在添加时根据查理曼的新名号采用了"imperialis"一词。

---

① 这是耿淡如所译中世纪早期系列史料的一部分。耿淡如：《查理曼关于管理庄园的诏令》，《历史教学》1957年第9期，第39—43页。在今天看来，耿淡如先生的中译文存在不少不准确的地方，这很可能是从俄文转译造成的。

② 齐思和：《西欧中世纪的庄园制度》，《历史教学》1957年第7期，第33—56页；马克垚：《西欧封建经济形态研究》，人民出版社2001年版，第157—159页。

③ 该敕令第7条规定，"不仅主教、修道院长、修女院长、伯爵、朕的家臣的采邑，而且朕的王领都应予以调查登记，以便朕能知晓朕在他们各自的辖区拥有多少东西"（Ut non solum beneficia episcoporum, abbatum, abbatissarum atque comitum sive vassallorum nostrorum sed etiam nostri fisci describantur, ut scire possimus quantum etiam de nostro in uniuscuiusque legatione habeamus）。Capit. I, no. 80, c. 7, p.177.

④ 该文件的手稿已经数字化，见 http://diglib.hab.de/wdb.php?dir=mss/254-helmst&image=000016。访问日期：2021年12月29日。

他们进而提出，这份文件应该产生于 800 年 6 月之前。① 主要的理由是，文件第 16、27 和 58 条中都提到了"王后"（regina），强调了王后在宫廷内府和王室庄园管理方面的作用，可见敕令产生时查理曼应该有妻子，而查理曼的最后一任妻子辞世于公元 800 年 6 月 4 日，此后直到 814 年去世，查理曼再未娶妻。不过，这种观点也受到了一些学者的质疑。质疑者提出，敕令是针对一般情况制定的，因此即使当时王后已经亡故，也应根据惯例描述她的相应职责。②

在 20 世纪初期，德国学者阿方斯·多普什（Alfons Dopsch）、法国学者马克·布洛赫（Marc Bloch）等人虽然接受了敕令发布于公元 800 年之前的观点，但是提出它并非查理曼本人发布，而是由他的儿子、阿奎丹国王路易（即后来的皇帝虔诚者路易）于 794 年左右制定的。他们的理由有三个方面。物候方面，文书中提到的一些草木（特别是第 70 条），多为南欧所特有。方言方面，敕令中的一些语词，如第 28 条中将棕树主日称为"osanna"日，在他们看来属于阿奎丹地区的特有用法。历史方面，794 年路易的确以阿奎丹国王的身份，采取了一些强化王室领地管理的措施，而敕令中的"regina"一词可以解释为阿奎丹国王路易的妻子。③ 后来比利时学者阿德里安·威胡尔斯特（Adriaan Verhulst）提出，在 792—793 年间，阿奎丹发生过一场严重饥荒，而《庄园敕令》的发布就是当时阿奎丹国王路易应对饥荒的措施之一。④

---

① 本杰明·盖哈尔在 1853 年发表了连载文章，逐条评注了《庄园敕令》的条文和意旨。Benjamin Guérard, "Explication du Capitulaire de Villis", *Bibliothèque de l'École des Chartes*, 1853, Tome 14, pp.201-247, 313-350, 546-572. 这里引自 p.203。

② 伊丽莎白·马格诺-诺提埃在 1998 年重新对该敕令进行了逐条翻译和评注。Elisabeth Magnou-Nortier, "Capitulaire '*De villis et curtis imperialibus*' (vers 810-813). Texte, traduction et commentaire", *Revue Historique*, T. 300, Fasc. 3, no. 607, 1998, pp.643-689. 这里引自 p.667。

③ 这些观点后来集中体现在 Walther von Wartburg, "The Localization of the Capitulare de Villis", *Speculum* Vol. 15, No. 1 (Jan., 1940), pp.87-91。

④ Adriaan Verhulst, "Karolingische Agrarpolitik: Das Capitulare de Villis und die Hungersnöte von 792/93 und 805/06", *Zeitschrift für Agrargeschichte und Agrarsoziologie*, Band 13, 1965, S. 182-187.

查理曼《庄园敕令》新译释

20世纪50年代以后，学者们逐渐放弃了这种将敕令限定于阿奎丹的观点。比如比利时学者弗朗索瓦·路易·冈绍夫（François Louis Ganshof）就经过一番考证，说明"osanna"一词当时并非仅在阿奎丹地区采用。[①] 克劳斯·费海因（Klaus Verhein）则经过逐一考证，否定了敕令中的一些草木为南欧（尤其是法国南部）所特有，而敕令中的语词也不能被限定为阿奎丹地区的方言。[②] 近来伊丽莎白·马格诺-诺提埃（Elisabeth Magnou-Nortier）将《庄园敕令》译成法语，重新评注，强调它发布于810年到813年间，主要的理由是敕令中没有一处用到"rex"这个词，因此不可能早于公元800年。[③] 最近的研究者则是达瑞尔·坎贝尔（Darryl Campbell）。他提出，敕令产生于794年左右，旨在应对查理曼越来越多地居留于亚琛所带来的宫廷物资供应困难。[④] 总体来看，大多数学者将敕令归之于查理曼，只是在其发布年份方面争议尚存，最早的定年在794年，而最晚的在813年。

《庄园敕令》反映出，当时王室庄园的管理分为三个层次。宫廷中的国王、王后、府内总管和膳食总管构成了王室庄园管理的高层。他们的各种指令是各地管家、庄头管理庄园的依据。王室庄园管理的中层是诸多管家，每位管家负责某一片区的若干庄园，为此需要定期巡察和指挥辖区内的各个庄园。单个庄园内部的庄头、护林员、马夫、保管员、监工、收费员、工匠等，则构成了王室庄园管理的底层组织。在这套复杂的管理体系中，上层通过信函、指令、巡察等方式指挥下层，在生产任务、物资运输、产品售卖等方面向下层下达具体

[①] François Louis Ganshof, "Observations sur la localization du Capitulare de Villis", *Le Moyen Age*, Vol. 55, 1949, pp.201-223.

[②] Klaus Verhein, "Studien zu den Quellen zum Reichsgut der Karolingerzeit", *Deutsches Archiv für Erforschung des Mittelalters*, Band 10, 1953/1954, S. 313-394.

[③] Elisabeth Magnou-Nortier, "Capitulaire '*De villis et curtis imperialibus*' (vers 810-813). Texte, traduction et commentaire", p.668.

[④] Darryl Campbell, "The *Capitulare de Villis*, the *Brevium Exempla*, and the Carolingian Court at Aachen", *Early Medieval Europe*, Vol. 18, No. 3, 2010, pp.243-264. 这里引自 p.264。

指标,下层则通过记账、汇报方式向上反映情况或作出解释。

庄园上的居民包括自由人、占有公田的人、占有庄园份地的依附农、常驻庄宅的农奴或长工,等等。他们根据身份和所占土地的不同,承担地租、劳役、杂费、捐献等各种赋役,并接受管家的审判、指挥和惩处。

庄园生产的首要目标是满足王室的消费需求,无论这种需求是国王光临庄园直接消费还是运送各种物资到王宫。在满足国王消费的情况下,庄园剩余的产品也往往向市场上售卖,同时庄园也需要从市场上采买种子等。庄园除了生产农畜产品外,还有各种工匠,生产手工产品或农副产品。因此,庄园并非自给自足的自然经济体,而是与集市密切联系的。《庄园敕令》还规定了王室庄园的诸多军事功能,比如饲养、挑选和训练战马,配备战车,制备兵器,运送军粮,看管战俘或人质,甚至疗养伤员,等等。除了经济和军事功能外,王室庄园是国王狩猎或接待宾客的地方,有各种奇异草木和珍稀飞禽彰显国王的"尊荣",因此具有政治或文化的功能。

从内容来看,《庄园敕令》条文并非分门别类、次序谨严。有的学者据此主张,该敕令并非一次形成,而是多个先后出现的相似敕令的混合版本。另外的学者则予以反驳,强调敕令的内在统一性。[①]

《庄园敕令》所针对的究竟是少数还是全部王室庄园,这也是学者们热烈争论的问题之一。有的学者认为,该敕令是由阿奎丹国王路易发布的,仅计划在阿奎丹地区的王田上执行。有的学者认为它针对的是距离王宫较为近便的王室庄园,而非偏远地区的庄园。有的学者认为,它所针对的是国王"新近"建立的庄园。还有的学者强调,敕令只是为了应对791—793年的大饥荒而发布的紧急措施,过于严格、太理想化、难以执行。不过,即使敕令中的一些规定来源于管理王宫附近庄园的实践,即使敕令的发布受了大饥荒的促发,我们也不能否定该敕令的重要意义。国王并未明确将其限定在特定的王室庄园,而是

[①] C. H. Tylor, "The Unity of the Capitulare de Villis", *Revue Belge de Philologie et d'Histoire*, T. 3, Fasc. 4, 1924, pp.759-768.

希望所有的王室庄园都能按照敕令的要求严格管理。

如前所述,在《庄园敕令》同一时期,还产生了《教会和王家领地产业登记范本》。该文件详细登记并罗列了王室(或教会)田产上各种资产及其价值,而且明确声称它们可以用作其他领主庄园管理的"范本"(exampla)。的确,在9世纪以后加洛林帝国涌现出了很多主教或修道院院长的地产调查清册,学术界称之为"polyptychs"。这些文献的产生,应该存在一个内在的逻辑和历史联系。就像《教会和王家领地产业登记范本》一样,《庄园敕令》在当时应该并非一纸空文,而是应该对王室和其他教俗领主的庄园管理产生了积极而深远的影响。[1] 国王很可能希望《庄园敕令》也成为其他领主管理地产的榜样。这体现了国王和王廷垂范世人的治国理想和政治实践。

该敕令已有多种现代语言译本或译注本。其中,本杰明·盖哈尔的评注(以下简称"盖哈尔注")、伊丽莎白·马格诺-诺提埃(以下简称"诺提埃译注")、意大利学者芭芭拉·福伊斯·埃纳斯(Barbara Fois Ennas,以下简称"埃纳斯译注")以及亨利·罗伊斯通·罗因(Henry Royston Loyn)和约翰·佩西瓦尔(John Percival)共同完成的英译本(以下简称英译),[2] 都对它有逐条评注或翻译。但是,由于《庄园敕令》不少条文表达并不清晰明了,存在多种解释的可能,因此上述译文和评注存在不少分歧,值得我们关注。六十多年前耿淡如先生的译文虽然在很长时间内嘉惠学界,但由于他是从俄文转译的,译文中不少地方与拉丁原文的意思有偏差,甚至错漏。因此,我们有必要从拉丁文本重新翻译该敕令,并结合其他语种的译文和评注,对它深入研读。十年前,在祝贺马克垚老师80岁生日的会议上,我撰写了小文《查理曼〈庄园敕令〉探析》,那时就翻译了该敕令,意在方便自己研读。现不揣浅陋,重

---

[1] 国内学界近来对该敕令的详细考察,参见李云飞《查理曼〈庄园敕令〉探析》,北京大学历史学系世界古代史研究室主编《多元视角下的封建主义》,社会科学文献出版社2013年版,第401—427页。

[2] H. R. Loyn and J. Percival, *The Reign of Charlemagne. Documents on Carolingian Government and Administration*, London: Edward Arnold, 1975, pp.64-73.

外国制度史

新修订，略加注释，罗列于此，供学界同仁批判，同时再次向曾经深入研究过中世纪早期庄园制度的马老师致敬。

敕令全文

兹为关于皇家庄园和庄宅的敕令。

第1条 朕希望，朕[①]为服务自己用度而建立[②]的庄园[③]，应完全[④]服务于朕而非他人。

第2条 朕的庄民[⑤]应受妥善维持，任何人不得使他们陷入贫困[⑥]。

---

① 这里指的是专属于国王的庄园。除了王室庄园外，还有属于其他显贵、教会组织的庄园；属于公爵、伯爵等职位的官田（作为对这些官员履职的补偿）以及用于公共开支的公田（fiscus）等。

② 有学者认为，此处的"institutas habemus"是特指查理曼新近建立的庄园，而其他庄园不在该敕令的规定范围内。还有的学者认为，这句话表明，本敕令所针对的只是查理曼"为服务自己用度而建立的庄园"，也就是说，查理曼还有一些不以满足自己需要为目的的庄园。笔者认为，此处"quas"所引导的从句是解释而非限定先行词"朕的庄园"的，因此所有的王室庄园都是"朕为服务自己用度而建立的庄园"，也就是说本敕令针对的是所有王室庄园而非某些特定的王室庄园。

③ "villa"的含义颇为广泛。它既可以指庄园主在乡村的宅院和住所，还可以指庄园主的田产，也可以指附属于该庄园的各种依附民及其所占有的份地。"诺提埃译注"就主张将它翻译为"les terroirs villageois"，即乡村田产。

④ 此处拉丁文为"sub integritate"，"诺提埃译注"将其理解为保持庄园的完整和不受分割。

⑤ 这里的"familia"并非仅仅指国王的眷属，而是包括国王的各种府邸人员和仆佣、王室庄园上的各种依附民。但是，依据下文第4条，居住在庄园上的自由民（"franci"）并不算作"朕的人"。

⑥ 不少学者据此认为，本敕令的发布与791—792年的大饥荒有密切的联系，是对大饥荒的一种应对措施。在794年的法兰克福大会议上，国王查理曼曾制定法令，要求各地显贵关照和赈济各自的依附民，若有余力则赈济其他人，并大力限制物价。参见 Synodus Franconofurtensis, Capit. I, no. 28, pp.73-78。

290

第 3 条　各位管家①不得斗胆役使朕的庄民，不得强迫他们服劳役②、砍柴③，或以其他形式为他们自己做事，亦不得收受他们的礼物，譬如马匹、耕牛、奶牛、猪、羊、小猪、羔羊以及其他东西，唯有饮品④、蔬菜、水果、小鸡、鸡蛋不在此限。

第 4 条　朕的庄民倘若因犯下应当向朕交纳罚金的抢劫或其他不轨之事，应全额交纳罚金⑤；若犯下其他事，则可以接受鞭挞，以代替法律（所要求的惩罚）；但若犯下杀人或纵火，则还应交纳罚金。对于其他人，管家应当依据法律的规定，施与应有的惩处。如朕所言，朕的庄民应接受鞭挞，以代替交纳罚金，但是在公田（fiscis）⑥或朕的庄园上居住的自由民，应依据他们的法律⑦，对他们所犯的侵害作出赔偿，而他们所交纳的罚金，无论是金钱还是其他形式

---

① "iudex" 本意是指裁断者、法官。这里指的是受国王或宫廷总管派遣，负责某一地区若干庄园的管家。他的主要职责是督促辖区内庄园的管理、向国王或王宫输送物资和收入、记账和汇报、裁决所辖庄园内的纠纷，并惩处辖区内庄园的违法乱纪者。

② 该词源于 "curvando"，是法语 "corvée" 的词源，本意是指需要奔波出行的劳役，但这一时期已经泛指各种劳役。

③ 此处拉丁文 "materia cedere" 既可以指砍柴用于烧饭取暖，也可以指伐木用于修建房屋。

④ 此处拉丁文 "buticulas" 本意是指各种盛水的容器，这里借指各种饮品，比如水、果汁、啤酒等。

⑤ 此处赔偿的方式是 "in caput"。"caput" 指的是人头。它既可以指按人头逐一赔偿，也可以指以人头（即性命或偿命金）赔偿。考虑到这里受惩罚者所犯的是 "抢劫"等严重的罪行，所以后一种理解似乎更为可信，即此处指的是在自己偿命金的范围内足够赔偿。

⑥ "fiscus" 最初指罗马共和国和帝国时期的公田。出租或经营公田的收入，用于城市的公益或财政。罗马帝国的税收制度在一定程度上延续到了中世纪早期。"公田"上的居民不同于王室或教俗显贵私人地产上的依附民。他们属于国家的纳税民，称为 fisccalis。公田常常是由公爵、伯爵等地方官员代为管理的。

⑦ 在加洛林帝国，存在多种族群法，比如法兰克人的《萨利克法》和《利普阿尔法》。阿勒曼尼人、勃艮第人、巴伐利亚人、罗马人也都有各自的法律。侵害者对受害人的赔偿，不同的族群适用各自不同的法律。

的，均应归朕所用。①

第5条 朕的各位管家在完成播种、耕地、收割庄稼、晾晒干草、收集葡萄等事宜时，必须注意在适当的时节，在适当的地点，以应该办理的方式予以安排，以便一切能妥善办理。如果管家不在其乡②，或无法到达劳作之地，应从朕的庄民中选择忠实代办，或选任其他可靠之人，代为监督，以便一切事宜能妥善办理。管家应谨慎行事，确保所委派的监督者忠实可靠。

第6条 朕希望，朕的诸位管家将各种物产的什一税③全额交给朕的公田内的教堂，而不能将朕的什一税交给其他人的教堂，除非此乃古有之制；除了来自朕的宫廷教堂或朕的府邸的教士外，其他教士不得占有这些教堂。

---

① 这一条中包含了三重原则。其一，按照犯事者身份的不同，区分为"朕"的"家人"、居住在公田和"朕"的庄园上的自由民。"朕的家人"即庄园属民犯事，以家法论处；居住在公田或朕的庄园上的自由民犯事，则按照他们各自的族群法律予以论处。其二，按照所犯罪行的不同，区分为杀人、纵火或抢劫等较为严重的罪行和性质较轻的一般罪行。国王的庄民若犯下较重的罪行，则必须交纳罚金，如同其他自由民犯下同类罪行一样。国王的庄民若犯下较轻的罪行，可以适用家法，以鞭挞代替交纳罚金。其三，犯事之后的惩罚包括两种，犯事者除了赔偿受害人所受的伤害和损失外，还应当向国王交纳因破坏国王的和平而必须交纳的罚金。国王的庄民在犯下轻微罪行时可以用接受鞭挞代替交纳罚金，存在两种原因。一方面，这是国王施与其依附民的一种特殊恩惠，是国王吸引更多依附民的手段之一；另一方面，理论上讲国王的庄民是属于国王的，他们的财产也自然是属于国王的，那么迫使他们向国王交纳罚金意义并不大，不过只是国王的财产从左口袋转移到右口袋而已。与此不同，自由民应当向国王交纳的罚金则不可减免。

② 此处拉丁语为"patria"，既可以指国家，也可以指地区，还可以指家乡。根据上下文，这里应该指的是管家不在其辖区。由于其辖区包括若干庄园，范围不可能大于 provincia、pagus 或 regio 这些概念，故而此处将其翻译为"乡"。

③ 加洛林王朝取代墨洛温王朝的过程，伴随着王权与罗马教廷和教会组织的进一步结盟合作，伴随着法兰克王国的进一步基督教化。矮子丕平和查理曼都发布过强化什一税征收的法令。关于加洛林王朝时期什一税和地租的关系，参见 G. Constable, "Nona et Decima. An Aspect of Carolingian Economy", *Speculum*, Vol. 35, No. 2 (Apr., 1960), pp.224-250。

第7条　各位管家应依据自己得到的指令，提供充分的劳役。若有紧急之事，致使其应当额外服役，则应考虑是增加服役（的人手）还是（服役的）天数。①

第8条　朕的各位管家应接管位于其辖区内的各个葡萄园，妥善经营，将酒储存于上好的酒坛，谨慎行事，以免运送时破损。②他们还应花钱采买其他品种的酒，以供应朕的庄园。除应当置办到庄园的酒之外，如果他们要置办更多的酒，则应禀告朕，以便朕将朕的意旨告知他。他们还应当将朕的葡萄园中的藤条送来为朕所用③；应作为贡品④从朕的庄园收取的酒，亦应送交朕的酒窖。

第9条　朕希望，各位管家在其辖区内备有莫迪和绥克斯塔尔⑤的量具，能容八绥克斯塔尔的坛子，且其大小形状⑥应与朕在王宫⑦中所用的一致。⑧

---

① 此处拉丁文为"noctes"。日耳曼人习惯于用黑夜而非白昼来计算时间。参见〔古罗马〕凯撒《高卢战记》，任炳湘译，商务印书馆1982年版，第141页。
② 这里的拉丁文"naufragatum"，本意是指船只破损，即船运事故。这里应该是泛指一般的运输事故，即防止在将酒运送到王宫的过程中酒坛破损。
③ 指烧柴取暖。
④ 这里的拉丁文"censa"，既可以指地租、年金，也可以指贡品。这里取后一义项。
⑤ "sextarium"相当于后世的品脱，用于度量酒等液体；"modius"为度量干货的量具。大约一莫迪相当于16绥克斯塔尔。
⑥ 这里的"corborum"，是"corporum"的误写。
⑦ 虽然这里宫廷"palatium"用的是单数，但是实际上加洛林王朝有很多王宫。或者说，由于没有固定的都城，每一处王宫都可以说是行宫。
⑧ 在789年的法令《广训》(Admonitio Generalis)中，查理曼就援引圣经语句，表达了对各地度量器具大小各异的憎恶。在794年的法兰克福会议上，查理曼在发布的法令中对谷物和面包的最高售价作了限制，并规定了度量衡方面的统一标准。宫廷存放标准器具，各地器具应当与宫廷保持一致。参见 Capit. I, no. 28, cc. 4-5, p.74。

外国制度史

第10条　朕的诸位庄头①、护林员②、马夫③、保管员④、监工⑤、通行费收费员⑥以及其他职员，都应承担耕田劳役⑦，为他们占有的份地⑧而交纳猪，应竭

---

① 庄头（maior）与管家不同，往往来自庄园本地，与其他庄民一样身份是不自由的，由管家从庄民中选任或者由庄民推举产生。
② 这里从其词根和本意，将其翻译为护林员，即负责看管庄园周边树林，防止庄民恣意砍伐林木、毁林垦荒、过度放牧等。也有的学者认为，该词不仅指护林员，也可以指一般的看田员，即看护田地，防止有人偷盗庄稼、破坏田界，或防止牲畜闯入庄稼地的人。参见"埃纳斯译注"，第59—60页。
③ 马夫不仅负责驾驭马车，还负责饲养和训练马匹、挑选战马等。参见"埃纳斯译注"，第63—64页。
④ 保管员负责照看庄宅中储存的各种农具和物品，并依据需要向庄民发放使用，或依据指令向王宫运送。
⑤ 该词原本在罗马的兵制中指百人队队长。它在此处指负责分派劳役，监督庄民劳作的人。
⑥ 该词源于"telonea"，指各种通行费，即过路、过桥、渡河等的费用。"telonarius"本意是指通行费的收费员。也有学者认为，它还可以指庄园上向庄民收取各种地租、杂费、捐纳的人。参见"埃纳斯译注"，第65—66页。
⑦ 这里的"rega faciant"，英译为"regular service"，"诺提埃译注"为"corvée de labour"，"埃纳斯译注"理解为耕田的劳役，耿淡如译为种田的工作。这里 rega 指的是耕田。由于翻耕土地的劳作量大，而且往往需要在短期内迅速完成，需要大量人手，因此这里规定管理人员虽然可以免除普通的劳役（每周的劳役），但是不能免除耕田劳役。
⑧ 此处拉丁文为"mansis"。份地（mansus）是加洛林王朝农民占有土地的基本单位，农民所承担的地租、赋税、劳役都是以"份地"来计算的。原本每个农户占有一份地，但是随着人口的增加和土地的流转，农民占有半份地、四分之一份地的情况越来越多。最初占有份地并承担赋役的是自由农民，但是后来越来越多的奴仆也成为份地的占有者。从空间上看，份地制度源于塞纳河和卢瓦尔河之间法兰克王国的核心地区，后随着加洛林帝国的扩张而拓展到更广泛的地方。此外，包含多少份地也是衡量王室庄园和世俗显贵大地产富裕程度的重要指标，因此份地制度与庄园制度密切相关。参见 D. Herlihy, "The Carolingian Mansus", *The Economic History Review*, New Series, Vol. 13, No. 1 (1960), pp.79-89; Adriaan Verhulst, *The Carolingian Economy*, Cambridge: Cambridge University Press, 2004, pp.9-60。

力履行职责以代替自己的劳役。占有采邑①的庄头，应安排一位代工者，代其完成手工劳作或其他劳役。

第 11 条 任何管家或其猎犬都不得在朕的庄民家中住宿，亦不得从林苑中带走任何东西。②

第 12 条 任何管家都不得调遣③在朕的庄园上的朕的人质④。

---

① "beneficium" 是歧义颇多，但却十分重要的语词。它既可以泛指一般意义上的恩惠，也可以特指一块国王出于恩惠而授予臣下或庄民的土地，还可以指一笔薪俸。当 beneficium 表示采邑时，它不同于一般的土地，本质上是属于国王的，只是国王授予臣下，允许臣下从该土地获取收益，理论上国王可以随时将其收回或转授他人。国王为了防止臣下减损采邑，经常派出钦差调查分配给臣下的采邑是否状态良好，是否保值增值，臣下是否将其私自转让。如果将加洛林时期文献中每一处 beneficium 都理解为采邑，那么就容易造成当时封君封臣关系，即冈绍夫所说的封建关系普遍形成和发展的印象。但是，如果将该词更多理解为宽泛的恩惠，则我们可以说加洛林时期封君封臣关系或者说采邑制并没有冈绍夫所说的那么普遍。参见 E. Lesne, "Les Diverses Acceptions du Terme « Beneficium » du VIIIe au XIe Siècle", *Revue historique de droit français et étranger*, Quatrième série, Vol. 3, 1924, pp.5-56; F. L. Ganshof, "Benefice and Vassalage in the Age of Charlemagne", *The Cambridge Historical Journal*, Vol. 6, No. 2, 1939, pp.147-175。

② 盖哈尔将 "in forestes" 理解为在护林员家中住宿，或向护林员索取东西。英译者则认为，"forestes" 指的是在国王的地产以外居住的人，将其理解为管家或其猎犬既不得在国王的庄民家中过夜，也不得在国王地产之外的民众家中过夜。这一条旨在保障国王的狩猎特权，因此这里采取了盖哈尔的理解。

③ 此处拉丁文 "commendare" 一词有多种可能的含义。其一，管家不得使唤人质；其二，管家不得接受人质作为自己的附庸；其三，管家不得将人质释放并获取赎金；其四，管家不得将应由其负责看管的人质转交给他人看管。盖哈尔认为，第四种解释更合理，其理由是 commendare 一词在本敕令的其他地方出现时含义都是"保管"。

④ 耿淡如先生的译文此处有误。盖哈尔认为，"obsidem" 反映了当时人质或政治担保的重要性和普遍性。加洛林统治者常常将战争中获得的战俘扣押，在等待对方交纳赎金的时候，将战俘分派各个庄园看管服役；或者，为了确保被降服者不再反抗，强迫被降服者提供人质。另外，将人质分散在各地，也有助于防止人质结伴反抗或逃跑。关于加洛林时期的人质问题，参见 Adem J. Kosto, "Hostages in the Carolingian World (714-840)", *Early Medieval Europe*, Vol. 11, No. 2, 2002, pp.123-147。

外国制度史

　　第 13 条　他们（管家们）应细心照料牡马，即种马，不得使其因在一地滞留太久而被惯坏。若有种马不够健壮、过于衰老，或濒于死亡，应在送其进入母马群的时节到来之前，适时禀告朕。

　　第 14 条　他们应悉心照料母马，适时地将马驹分开。如果小母马增殖较多，应将他们分出来，组成独立的一群。

　　第 15 条　他们应设法在圣马丁节①将马驹送到朕的冬季行宫②。

　　第 16 条　朕希望，无论朕或王后③命令各位管家任何事情，或者朕的臣下如府内总管或膳食管家④代朕或王后之言传令各位管家，管家们均应严格遵照指令行事。任何管家因疏忽未能执行命令，都应从他收到（惩罚）通知起，不

---

① 该节日为 11 月 11 日，是中世纪传统的屠宰节。在入冬之时宰杀牲畜，一方面可以利用天然的冰冻储藏肉食，另一方面可以避免牲畜因冬季草料缺乏而减重甚或死亡，反而损失肉食。
② 耿淡如和盖哈尔此处均理解为冬季圣马丁节，英译者正确地认为是冬季的行宫。在公元 800 年前后，查理曼逐渐将冬季行宫稳定在亚琛。尽管圣马丁节在西方被称为屠宰节，但这里将马驹在圣马丁节送往宫廷，并不是为了屠宰，而是为了更好地饲养和照料，使其顺利越冬。
③ 本敕令这一条以及第 27 条和第 58 条都提到了"regina"（王后），并且强调了王后在宫廷内府管理和王室庄园管理方面的重要作用。是否可以由此推断本敕令发布的时间，参见前边对敕令的概述。
④ 这里"sinescalus"源于"senex"这个表达"尊者""老者"的词，指的是负责国王宫廷或显贵府邸日常管理的人，故而译为府内总管。"butticularius"源于butticula，与法语词 bouteille 和英语词 bottle 同源，本意是指照看酒器的官员，因此耿淡如先生将其翻译为"献杯者"，也有的学者翻译为"侍酒官"。笔者以为，就该官职在敕令中的重要性来看，他不仅负责侍酒，很可能统管膳食，负责为国王或其眷属准备膳食，安排筵席，接待宾客，故而译为"膳食总管"。兰斯大主教在 882 年间撰写的《论宫廷管理》(*De Ordine Palatii*) 就提及了府内总管和膳食总管的职责。参见 Hinkmar von Reims, *De Ordine Palatii*, hrsg. und übersetzt von Thomas Gross und Rudolf Schieffer, Hannover: Hahnsche Buchhandlung, 1980, cc. 22-23, S. 72-76。

得饮酒①,直至他前来面见朕或王后,请求朕解除其(惩罚)。倘若管家参与军务、站岗放哨、受命出使,或有其他要务,他的属员接受了命令却未能执行,则其属员应徒步前来,不得饮酒吃肉,直到他们解释清楚未能执行(命令)的原因。随后,他们应接受惩罚,或被鞭打背部,或以朕或王后中意的其他方式受罚。

第 17 条 各管家在其辖区内有多少庄园,就应安排多少人负责管理供朕所用的蜂群。②

第 18 条 管家们应在朕的磨坊养鸡和鹅,其数量应当适合磨坊的规模,或者尽可能多养。③

第 19 条 在各中心大庄园的谷仓④,他们应养至少 100 只鸡和至少 30 只鹅;

---

① 学术界对此处的"a potu se abstineat"和后一句中的"a potu vel carne se abstineant"有不同的理解。一种观点认为,这里的 potus 指一般的水或饮品,条文内容是禁止管家在去往宫廷作出解释前喝水,目的在于迫使管家尽快到宫廷作出解释。持有这种观点的人以此为据,认为一个人不能较长时间不喝水,因此管家应该很快就可以到达宫廷,也就是说本敕令所针对的庄园是那些距离王宫很近的庄园。另一种观点认为,后一句中管家的属员不仅不得喝"potus",还不得吃肉,因此与肉相应的,potus 应该指的是酒,即管家及其属员只是不能喝酒而已,并非不能喝水。第三种观点认为,无论是管家还是其属员,因其职责,都有酒和肉的配给,但是若其玩忽职守,则将被暂时剥夺其酒肉配给。笔者此前曾倾向于将其翻译为"禁饮禁食",但是考虑到这似乎过于严厉,应该说,将上述第二种和第三种理解结合起来,可以更好地解释本条的意旨,特此修正。参见李云飞《查理曼〈庄园敕令〉探析》,北京大学历史学系世界古代史研究室主编《多元视角下的封建主义》,第 406 页,注释 3。

② 耿淡如先生译为"庄园内有多少人在其支配之下,就应该提供多少人"照管蜜蜂,有误。这里的意思应该是指每个庄园都应该专门安排一位养蜂员。

③ 耿淡如先生译为"不论怎样的磨坊"欠妥。磨坊加工面粉时遗落的谷粒、加工面粉后剩余的麸皮等适合于养鸡养鹅,故有此条规定。

④ 盖哈尔认为,这里的 scuras 不是谷仓,而是专门养殖家禽的基地,参见盖哈尔注,第 231 页。

在较小的庄园上，则应养至少 50 只鸡和 12 只鹅。[1]

第 20 条　各管家应确保（树木的）果实[2]一整年都能充足地送往府邸。为此，他应（每年）巡视各庄园三次、四次或更多次。

第 21 条　如果在朕的府邸上原本有鱼池，各管家应继续维持；若能增加，则应增加；在原本没有鱼池的地方，若可新建，则应新建。

第 22 条　拥有葡萄园的管家，应当至少有三四季葡萄。[3]

第 23 条　管家们在每一个庄园上，都应拥有尽可能多的牛棚、猪舍、绵羊圈和山羊圈，决不可一个都没有。他们应在畜棚中有可供朕的奴仆[4]役使的耕牛，以便他们完成劳作，但是决不可因耕种领主自营地的劳作而使耕牛或犁队有任何减损。当给劳作的奴仆们提供肉食时[5]，应选择（宰杀）跛足的牛而非健壮的牛、没有疥癣的牛、马或其他健康的牲畜。总之，如朕所说，不能因此而使耕牛或犁队受损。

第 24 条　各管家在向朕的餐桌供应其辖区内的任何产品时，应注意所供之物（味道）良好，品质上乘，且一切置备得整齐洁净。各管家在为朕置办膳

---

[1] 中心大庄园和小庄园分别为 villis capitaneis 和 mansioniles。中心大庄园应该位于交通便利、人口较多的地方，可能是管家常驻，并收取各种地租、汇总各种农畜产品的地方。管家辖区内的其他较小的庄园可能附属于中心大庄园。这很好地反映了管家辖区内不同庄园的关系。

[2] 此处拉丁文为"fructa"。诺提埃认为，应理解为树木的果实。不过，盖哈尔认为它指的是前一条所规定的家禽的产出，即蛋类。

[3] 有学者认为，这里"coronas de racemis"指的是葡萄藤做成的花冠，在宗教节日游行时用。不过盖哈尔注释说，coronas 指的是葡萄的生长周期，因此将其理解为各葡萄园中应该有成熟时节各不相同的三四种葡萄，以便主人在不同时节前来庄园时都能有葡萄食用。笔者采用了这一理解。

[4] 此处拉丁文为"servos"，关于中世纪早期的奴隶、奴仆及其不同的语词，参见李云飞《法兰克王国范本文书中奴隶、农奴解读》，《经济社会史评论》2016 年第 4 期，第 56—78 页。

[5] 此处不是耿淡如先生所说的"牲畜的饲草"，而是指奴仆劳作时吃的肉食。奴仆（servus）在有些劳作中可以吃到肉，只是不能为此宰杀那些力役牲畜。这反映了当时主人对奴仆的安抚或犒劳。参见盖哈尔注，第 236 页。

食时，可从谷物中得到每日两餐之量为其所用。① 其他消费品，无论面粉还是肉类，同样都应品质良好。

第 25 条　他们应在 9 月 1 日汇报是否有饲草或饲料②。

第 26 条　庄头所辖区域，不应超过他一天之内所能周巡视察的范围。

第 27 条　朕之庄宅，应炉火不熄，岗哨不停，以确保安全。钦差或其代办往来（朕之）宫廷，不得在庄宅中住宿，除非朕或王后特别有令。伯爵依据其职责，或者其他人按照习惯，如果应当照料钦差或其代办，应当一如从前，依例为他们提供乘骑和各种必需之物，以便他们往来宫廷时能从容、体面。③

第 28 条　朕希望，每年大斋节期间的棕枝主日，或称奥萨纳日④，各管家须在朕得知当年（庄园）收入多寡后，依朕之令，上交（出售）产品（所获）

---

① 其隐含的意思是，管家置备膳食时，每天只能消耗两餐之量的谷物，不可更多，而不是说管家在置备膳食时可额外得到一日两餐的谷物作为他本人的食物。耿淡如先生此处理解为"用谷物养肥的两只（母鸡）"，应当有误。

② 英译者、盖哈尔的评注、耿淡如先生均将"pastio"理解为猪饲料，即秋季到来时放猪入林，捡食树上落下的坚果等。如果庄民进入领主的林苑牧猪，则应向领主交费，据此管家汇报的就是各庄园是否有这种收入。笔者以为，必须结合 9 月首日汇报这一要求来理解。由于 9 月过后天气转冷，很快冬季到来，冰雪覆盖时牲畜饲草（或饲料）短缺，这是困扰中世纪农业的一大瓶颈。此条规定所针对的正是这一问题。不过，冬季饲草或饲料的问题，并不限于所养的猪，也关乎其他牲畜。

③ 国王的钦差是秉承国王的权威或指令外出调查、处理、执行有关事宜的人，其所承担的职责乃是国务，因此不能在国王的私家庄园中食宿，而应由各地的伯爵或其他人接待。关于查理曼统治时期的钦差巡察，参见李云飞：《钦差巡察与查理曼的帝国治理》，《中国社会科学》2017 年第 8 期，第 178—202 页。

④ 圣枝主日（Palm Sunday）是复活节前的星期日。该节日纪念耶稣进入耶路撒冷，受到手持棕榈枝的民众的欢迎。此处条文补充说明，圣枝主日也被人称为"Osana"日。由于奥萨纳日是阿奎丹地区，或者说法兰克王国南部地区表达圣枝主日的语词，所以，有的学者据此认为，本敕令是由查理曼的第三位儿子阿奎丹王路易在阿奎丹地区制定和发布的。不过，冈绍夫曾对这种观点作过系统的驳斥。参见 Walther von Wartburg, "The Localization of the Capitulare de Villis", pp.87–91; F. L. Ganshof, "Observations sur la localization du Capitulare de Villis", *Le Moyen Age*, Vol. 55 (Jan., 1949), pp.201–223。

的钱款。

第29条　朕的庄民中有提起诉讼者，各管家应注意勿使其无奈向朕伸冤，亦不得纵容其因疏忽而错过应服役的时日。若朕之奴仆在外（人）（领）地起诉伸冤，其管理人应尽其所能，为他争取公正。若他在某地不能伸张正义，其管理人切莫使其受困于此，而是应亲自或派代办就此向朕禀告。

第30条　朕希望，他们从各自的收入中分出应当送给朕使用的物资，随后同样分出应当送往军营的物资，清楚此种物资的数量，并派庄民或牧马人驾车送去。①

第31条　他们每年还应以同样方式分出应给予食客和女佣的物资，且应适时、足额分发，切莫忘记禀告朕这些物资从何处得来，作何所用。

第32条　各管家应通过购买或其他方式，留意置备尽可能良好的种子。

第33条　一切产出中除去所有这些分发、播种和消费掉的，所剩余的应等待朕的意旨，以便依朕之令出售或贮藏。

第34条　他们应极其仔细地监督，确保各种手工制作而成的东西，诸如脂肪油、烟熏肉、火腿、腌肉、白酒、醋、梅果酒、蒸馏酒、鱼酱油、芥末（油）、奶酪、黄油、麦芽酒、啤酒、蜂蜜酒、蜂蜜、蜂蜜蜡、面粉等，一切都置备得整齐洁净。

第35条　朕希望，他们从（宰杀的）肥羊或肥猪身上制作脂肪，且在每个庄园上至少应养有两头肥牛，以便在各庄园上制作脂肪，或者向朕运送。

第36条　朕的树林和林苑应妥善照看，需开垦之地应予开垦，不能让树林滋生扩展；需为森林之地，不得过度砍伐，不得受损。朕在林苑中的走兽应予妥善照看，应确保猎鹰和隼鹰为朕所用。各项林苑杂费，应尽力征收。无论

---

① 有的学者认为，此处并非区分不同的物资，而是区分不同的劳役，即被国王在庄园上使用的劳役和为军队运输物资的劳役，而且将"per domos quam et per pastores"翻译成每户应服多少劳役，每个庄园管理者负责多少劳役。不过，诺提埃不同意这种观点，将"conlaboratu"理解为从庄园劳作中所获得的收入。笔者采用了后一种理解。

管家、庄头还是庄头的属员，若在朕的林苑中牧放其猪以图增加脂肪，都应缴纳十分之一的收入税，并应首先交纳，树立表率，以便随后其他人也足额交纳该项十分之一的收入税。

第 37 条　他们应妥善维护休耕地和耕地，在妥当之时照看河滩草地。

第 38 条　他们应当养鹅和鸡，供朕所用。无论供朕（在驾临时直接）食用还是向朕送交，都应数额足够。

第 39 条　朕希望，他们应收取奴仆或持有份地的佃户①每年所交纳的小鸡和鸡蛋，倘若不供（朕）食用，则应出售。

第 40 条　各管家应当在每个庄园上都养有天鹅、孔雀、野鸡、鸭子、鸽子、山鹑和斑鸠，以显（朕之）尊荣。②

第 41 条　朕之庄园宅院中的房屋以及围绕宅院的栅栏，应予妥善照管。畜棚、厨房、面包房、葡萄压榨房均应精心布置，以便朕之管事能妥善、洁净地完成他们各自的差事。

第 42 条　各庄园在其仓库中应备有床、床垫、枕头、床褥、桌布、椅垫，铜、铅、铁或木头做的餐具，柴架、勾锅架、扁斧、斧头、钻头、砍刀以及其他各种工具，免得无奈从别处获取或借用。他们应将用于打仗③的铁器妥善保管，使其质量良好，并在用后放入仓库。

第 43 条　他们应依令在女佣房中按时置备各种材料，诸如亚麻、羊毛、靛蓝染料、朱红染料、茜草红染料、羊毛梳、起绒工具、肥皂、油画颜料、容器等其他女佣房中用得着的小器具。

---

① 这里的"mansuarius"源于前述"mansus"（份地），表示占有份地的佃户。
② 饲养孔雀等稀有禽类，目的在于彰显国王的"尊荣"（dignitas）。这充分体现了庄园在满足国王消费的经济功能、保障军需供应的军事功能之外，还有明显的政治功能。
③ 有学者认为，此处的"hostis"不是指普通农民拿着棍棒或农具参加的、在当地履行的民兵役，而是指参加贵族上层所组织的、长期在外行军打仗的军役。参见 Bernard S. Bachrach, "Military Organization in Aquitaine under the Early Carolingians", *Speculum*, Vol. 49, No. 1 (Jan., 1974), pp.1-33。

第44条 大斋节期间的食物中，（三份中的）两份应送交朕用，诸如蔬菜、鱼、奶酪、黄油、蜂蜜、芥末、醋、粟子、小米（稷）、干的或绿的香草、小萝卜、芜菁、蜜蜡、香皂以及其他小东西，并如前所述，书面向朕禀告所剩之物，决不可像过去那样遗漏，因为正是通过送交的这两份，朕才能知晓剩下的那第三份（有多少）。

第45条 各管家应在其辖区有手艺精湛的各种工匠，诸如铁匠、金匠、银匠、鞋匠、陶工、木匠、盾牌匠、捕鱼人、养鹰人、肥皂制作人、酿造工，即懂得如何酿造啤酒、果汁、梨酒和其他上好饮料的人；为朕制作面包的面包工，结网工即能结出用于狩猎、捕鱼、捕鸟的结实的网的人，以及不胜枚举的其他工匠。①

第46条 他们应细心维护并及时修缮朕的有围墙的果园，即人们俗称的布罗吉里（brogili），决不可因观望而耽误，致使不得不重新修建。其他各种建筑也同样依此办理。

第47条 经常出入朕的宫廷办事的猎人、养鹰人以及其他当差者，当朕或王后通过书面命令安排他们为朕办理其他事务时，或府内总管、膳食总管以朕的名义命令他们办理其他事务时，均应在朕的庄园中得到协助。②

第48条 朕在各庄园上的葡萄压榨坊均应妥当经管，管家应确保任何人不得（在压榨葡萄时）用脚踩踏朕的葡萄，一切都应洁净、妥当。

第49条 朕的女佣房应当井井有条，即应包括厅堂、炉火房、起居室，且周围应有结实的栅栏和大门，以便她们能为朕完成各项杂务。

第50条 各管家须确定各马棚中有多少匹马，能有几位牧马人照料马匹。这些牧马人中身份自由且在其管区内占有采邑者，应当依靠这些采邑生活。同样，公田佃户（fiscalini）若占有份地，应当依靠份地生活；若无份地，则应

---

① 盖哈尔在评注中（第329页）认为，庄园上的各种工匠不只是为领主做工，他们很可能占有并耕种份地，为其他庄民提供手工业服务。
② 这些国王的私人臣仆与前述第27条中所说的从事国务的钦差不同，需要在王室庄园上食宿。这说明当时并非完全没有公、私之分。

当从领主自营地中得到供养。

第 51 条　各管家应留心,决不可让欺瞒者把朕的种子藏匿于地下或其他地方,致使收成不足。同样,对其他劣行,管家也应注意,杜绝其发生。

第 52 条　朕希望,对各种不同的人,即居住于朕的公田或庄园上的朕的公田佃户、奴仆或自由人,管家们应施与其应得之完满、充分的权益。

第 53 条　各管家应确保其辖区内的民众不能犯盗窃或其他劣行。

第 54 条　各管家应确保朕的庄民勤恳劳作而不是到集市上闲逛。

第 55 条　朕希望,管家们应在一本账簿中记录他们送交朕、被朕消费和为朕所用的一切,在另一本账簿中记录他们所花销的,并书面向朕汇报所剩余的东西。①

第 56 条　各管家应在其辖区内经常听审断诉,确保朕之庄民安居乐业。

第 57 条　针对有关朕的事务,倘若朕的奴仆中有人想要检举其长官,则不得阻拦其前来见朕。若管家知道其属员们欲到宫廷控诉他,则该管家应到宫廷对他们提出驳斥,免得朕因听取他们的控诉而烦扰。②朕想以此方式知晓他们前来究竟是出于无奈还是借故滋事。

第 58 条　受命为朕饲养幼犬的管家,应以自家之物饲养它们。或者,其属员,即庄头、教士、库房保管员,在受命饲养它们时,同样应以各自的东西悉心饲养它们,除非朕或王后下令让他们在朕的庄园上用朕的物资饲养。若是如此,则管家应派(专)人负责此事,让其悉心喂养它们,并为此拨出谷物,以免此人必须每天前往谷仓(领取谷物)。

第 59 条　各管家侍奉(朕)时,需每日送来 3 磅蜜蜡,8 绥克斯塔尔肥

---

① 这里很清楚地列出了庄园农畜产品的三种用途:(1)被国王直接消费的,即送交国王、被国王前来庄园时消费掉或被国王以其他方式用掉的;(2)作为庄园日常开销的;(3)剩余的。

② 盖哈尔在评注中(第 339 页)认为,这是文书员抄写时的疏漏,正确拼写为"tunc ipse judex faciat deducere contra eos rationes veniendi ad palatium",并将其理解为"该管家应解释他们为何到宫廷伸冤"。

皂；此外在圣安德鲁节①，无论朕和家人在何处，管家都应送来6磅蜜蜡；大斋节期间同样如此。

第60条 庄头决不能从豪强中选任，而应从忠实可靠的中等庄民中选任。

第61条 各管家在侍奉（朕）时，应送麦芽到宫廷；一并前来的还应有负责在那里酿造上好啤酒的师傅。

第62条 朕的所有收入，（包括）从朕的耕夫所用之耕牛，从负担耕地（劳役）的份地、从猪、从地租、从担保物和（诉讼）罚金，从未经朕的允许便擅自进入朕的林苑中狩猎的罚金以及其他各种罚金、从磨坊、从林苑、从田地、从桥、从船、从自由人和隶属于朕的公田的百户区民兵、从集市、从葡萄园、从交纳酒作为地租的人、从干草、从柴薪和火把、从板木或其他木材、从荒地、从蔬菜、从粟子和稷、从羊毛、从亚麻和大麻、从（各种）水果树、从（各种）大小坚果、从各种嫁接的树、从花园、从芜菁、从鱼池、从皮革、从兽皮、从兽角、从蜂蜜和蜜蜡、从（植物）油、脂肪油和香皂、从桑葚酒、从蒸馏酒、从蜂蜜酒和醋、从啤酒和新旧白酒、从新旧谷物、从小鸡、鸡蛋和鹅、从捕鱼人、从铁匠、从盾牌匠和鞋匠、从揉面槽、盆子和箱子、从陶工和马具工、从铸造匠和矿场——采铁矿、铅矿以及其他矿的工棚、从纳贡者、从小母马和小公马所获得的收入，等等，各庄头每年应在圣诞节时，将朕的所有这些收入，分成不同项目，清晰标示，次序分明地向朕汇报，以便朕能知晓每一项中各有什么，有多少。②

第63条 在朕索取上述所有这些（收入）时，朕的管家不能觉得为难③，因为朕希望，管家们也应同样向他们的属员索取所有这些而丝毫不会冒犯（其属员），每个人在其家中或庄园上应有的一切东西，朕的管家在朕的庄园上也应有。

---

① 11月30日。
② 盖哈尔在评注中（第342页）强调，不仅收入项目没有按照类型罗列，而且本敕令其他条款中谈到的项目，很多并未列入。
③ 英译者在此处的翻译意思是"不能让朕为难"，与拉丁原文不符。

查理曼《庄园敕令》新译释

第 64 条 朕作为战车用于军中的马车应造得结实，车篷应以皮革制成，（皮革）应缝制得紧密结实，以免在（马车）必须漂流过河时篷内所载物资遭到水浸。如朕所言，朕的物资应能安然无恙地渡过河。朕希望，每辆运送面粉供朕所用的马车，都能按照朕（所确定的）莫迪，装载 12 莫迪的面粉；运送酒的马车，则应装载 12 莫迪的酒，且每辆马车均应配有一个盾牌、一把长矛、一张弓和一个箭筒。

第 65 条 朕的鱼池中（捕捞）的鱼，一些应该出售，另一些应该放回鱼池，确保总是有鱼。不过，当朕不驾临庄园时，各位管家应将鱼出售，从中为朕获取收益。

第 66 条 管家们应向朕报告（宰杀的）公羊、母羊、它们的羊角和羊皮，每年将新腌制的肥羊肉给朕送来。

第 67 条 至于闲置的份地和新得的奴隶，倘若管家们拥有的多于他们能够处置的，则向朕禀告。

第 68 条 朕希望，各管家送到军中或宫廷的木桶应以铁皮箍紧，莫以皮革制作瓶囊。

第 69 条 各管家应随时告知朕他们捕获了多少匹狼，并将狼皮送交朕。5 月份时，他们应搜寻幼狼，并用毒药、钩子、陷阱和猎犬加以捕捉。

第 70 条 朕希望，他们在花园中种植各种花草树木[①]，诸如百合、玫瑰、葫芦巴、艾菊、鼠尾草、芸香、青蒿、黄瓜、南瓜、葫芦、芸豆、孜然芹、迷迭香、香菜、鹰嘴豆、海葱、剑兰、龙蒿、茴芹、苦西瓜、菊苣、阿米（ammi）、生菜、蜘蛛兰、芝麻菜、园艺水芹、牛蒡、薄荷、毒参、西芹、芹

---

① 如下七十多种花草树木的名称，实在超出了译者的知识储备。这里虽然借鉴了英译文的译法，但是很难说这些植物学的名称是否能对应得上，仅供读者参考。有学者强调，这些花草树木中不少具有药用价值，进而强调王室庄园具有疗养伤员的军事后勤功能。有学者专门研究了本敕令中的拉丁文植物名称所对应的现代英语名称，参见 https://wyrtig.com/EarlyGardens/Continental/PlantsCapitulare.htm。访问日期：2020 年 4 月 22 日。

菜、拉维纪草、刺柏、小茴香、甜茴香、苣荬菜、白藓、白芥末、香薄荷、水薄荷、园艺薄荷、野生薄荷、菊蒿、猫薄荷、矢车菊、园艺罂粟、甜菜、榛树苗、药蜀葵、锦葵、胡萝卜、防风草、榆钱菠菜、菠菜、大头菜、卷心菜、洋葱、细洋葱、韭菜、小萝卜、青葱、金狗毛蕨、大蒜、茜草、起绒草、蚕豆、豌豆、芫荽、山萝卜、刺山果、香紫苏。园丁应在其庭院中种植石莲花。至于树木，朕希望，他们应有各种苹果树、梨树、李子树、山梨树、山楂树、栗子树、桃树、温柏树、榛树、杏树、桑树、月桂树、松树、无花果树，以及各种坚果树和樱桃树。苹果树应有 gozmaringa, geroldinga, crevedella, spirauca[①]，其中应有甜的、苦的、易保存的、需及时吃的、成熟期早的。梨树也应有三四种，包括易保存的、甜的、烹饪用的、成熟期晚的。

---

① 这四种苹果树，笔者查阅了互联网和相关的评注书籍，但依然不知如何翻译，故而保留拉丁文，未予译出。

洗礼誓弃与查理曼基督教帝国的道德改革[*]

刘寅（浙江大学历史学院）

公元 811 年，63 岁的法兰克国王和皇帝查理曼（768—814 年在位），遣使向治下的主教递送了一份备忘录（简称"条令 71"）。主教们需要根据这份文件准备好在即将召开的集会上与查理曼做一对一的单独谈话。珍妮特·尼

---

[*] 本文为作者的英文论文 "Baptismal Renunciation and the Moral Reform of Charlemagne's Christian Empire", *Traditio: Studies in Ancient and Medieval History, Thought, and Religion* 76 [2021]: 17-155 的中文版。在此衷心感谢该文版权所有者剑桥大学出版社和原载刊物编辑部对本文中文版刊行的慷慨应允。由于篇幅所限，本文缩减了部分内容，并省去了注释中的所有拉丁引文。本文得到国家社会科学基金青年项目"查理曼改革文献考释与实践机制研究"（项目号：21CSS025）的资助。

为避免重复，本文将通篇使用以下缩写：CSEL = *Corpus scriptorum ecclesiasticorum latinorum*; CCSL = *Corpus Christianorum: Series latina*; Du Cange = Du Cange, Favre, Henschel, *Glossarium mediae et infimae latinitatis*; PL = Migne, *Patrologia latina*; MGH = *Monumenta Germaniae historica*; BAV= Biblioteca Apostolica Vaticana; BnF = Paris, Bibliothèque nationale de France; Water and the Word = Susan Keefe, *Water and the Word, Volume II: Baptism and the Education of the Clergy in the Carolingian Empire: Editions of the Texts* (Notre Dame, IN: University of Notre Dame Press, 2002)，根据文献编号和页码引用；*Capitula tractanda* (Capitulary 71) = *Capitula tractanda cum comitibus episcopis et abbatibus*, ed. Alfred Boretius, MGH, *Capitularia regum Francorum* 1 (Hanover: Hahn, 1883), 161-162 (No. 71)，根据节号和页码引用；*Capitula de causis* (Capitulary 72) = François-Louis Ganshof, "Note sur les 'Capitula de causis cum episcopis et abbatibus tractandis' de 811", *Studia Gratiana* 13 (1967): 1-25，根据节号和页码引用。

本文中的《圣经》经节划分和中译主要参考"和合本修订版"，必要时参考"思高本禧年版"，但根据武加大本拉丁经文或史料中的实际引文有所调整。如无特别说明，中译均出自本文作者。

尔森提出，我们可以从条令 71 中听到查理曼本人的声音。[1] 条令中列出的议题介于意在寻求解答的实际疑问和意在引发反省的修辞性设问之间，涉及当时棘手的政治、制度和道德问题。其中有两项关于洗礼仪式："每位基督徒在洗礼中说什么以及弃绝什么。追随什么或忽视什么，会使一位基督徒的弃绝（renunciatio vel abrenunciatio）失效。"[2]

在基督教传统入门圣事中，候洗者在正式接受洗礼前，须宣誓弃绝魔鬼（abrenunciatio，下文中简称"誓弃"）。早期基督教的誓弃程式多样，但弃绝魔鬼是洗礼的必要且重要的环节，是古代教会的共识。[3] 拉丁教父作家对誓弃提供了多种描述。[4] 根据记录了 6 世纪罗马入门圣事的《葛拉修圣事书》，主礼与候洗者在誓弃中作如下问答："你弃绝撒旦吗？答：我弃绝。以及他的全

---

[1] Janet L. Nelson, "The Voice of Charlemagne", in *Belief and Culture in the Middle Ages: Studies Presented to Henry Mayr-Harting*, ed. Richard Gameson and Henrietta Leyser (Oxford: Oxford University Press, 2001), 76–88.

[2] *Capitula tractanda* (Capitulary 71) 6–7, ed. Boretius, 161.

[3] J. D. C. Fisher, *Christian Initiation Baptism in the Medieval West: A Study in the Disintegration of the Primitive Rite of Initiation* (London: SPCK, 1965), 12, 31, 50; Hans Kirsten, *Die Taufabsage: Eine Untersuchung zu Gestalt und Geschichte der Taufe nach den altkirchlichen Taufliturgien* (Berlin: Evangelische Verlagsanstalt, 1960); Henry Kelly, *The Devil at Baptism: Ritual, Theology, and Drama* (Ithaca: Cornell University Press, 1985), 94–105.

[4] Tertullian, *De corona* 3, ed. Emil Kroymann, CCSL 2 (Turnhout: Brepols, 1954), 1042; Ambrose, *De mysteriis* 2.5, ed. Otto Faller, CSEL 73 (Vienna: Verlag der Österreichischen Akademie der Wissenschaften, 1955), 90; Salvian, *De gubernatione Dei* 6.6.31, ed. Franciscus Pauly, CSEL 8 (Vienna: Verlag der Österreichischen Akademie der Wissenschaften, 1883), 133; Pseudo-Maximus, *Tractatus II de baptismo*, PL 57, col. 775B; *Epistola Iohannis Diaconi ad Senarium* 3–4, ed. André Wilmart, "Un florilège carolingien sur la symbolisme des ceremonies du baptême, avec un Appendice sur la lettre de Jean Diacre", in idem, *Analecta Reginensia: Extraits des manuscrits latins de la reine Christine conserves au Vatican*, Studi e Testi 59 (Vatican City: Biblioteca apostolica Vaticana, 1933), 153–179, at 171–73; Martin of Braga, *De correctione rusticorum*, ed. Claude W. Barlow, *Martini Episcopi Bracarensis Opera Omnia* (New Haven: Yale University Press, 1950), 197;（转下页）

部作为？答：我弃绝。以及他的全部浮华？答：我弃绝。"[1]罗马礼仪在加洛林时期获得法兰克政权推广。教宗哈德良于786年赠与查理曼的《格里高利圣事书》中对弃绝仪程的记录与《葛拉修圣事书》中完全一致。[2]查理曼的亲信学者阿尔昆把"弃绝恶灵以及他的所有有害的浮华"列为慕道者接受洗礼的第一步。[3]

近年来的多项研究从不同角度阐释了洗礼对查理曼的"基督教帝国/基督教统治"（imperium christianum）的宗教－政治理念和实践的重要意义。[4]但是，这位皇帝为什么会对洗礼誓弃产生特别的兴趣呢？查理曼又是出于何种考虑，在条令71中提出本文开篇引述的那两个问题呢？事实上，不同类型的相关文献（洗礼释义、君主条令、书信和布道辞）表明，誓弃议题在查理曼统治

（接上页）Caesarius, *Sermones de diversis et de Vetere Testamento* 12.4, ed. Germain Morin, CCSL 103 (Turnhout: Brepols, 1953), 60; Isidore, *De ecclesiasticis officiis* II.25.5, ed. Christopher W. Lawson, CCSL 113 (Turnhout: Brepols, 1989), 104–105.

[1] *Sacramentarium Gelasianum* I.xlii, ed. Henry Wilson, *The Gelasian Sacramentary: Liber sacramentorum Romanae ecclesiae* (Oxford: Clarendon Press, 1894), 79.

[2] *Le sacramentaire grégorien: Ses principales formes d'après les plus anciens manuscrits* 1, *Le sacramentaire, le supplément d'Aniane*, ed. Jean Deshusses (Fribourg: Éditions universitaires, 1992), 183.

[3] *Water and the Word*, no. 9, 240.

[4] Susan Keefe, *Water and the Word: Baptism and the Education of the Clergy in the Carolingian Empire*, 2 vols. (Notre Dame, IN: University of Notre Dame Press, 2002); Peter Cramer, *Baptism and Change in the Early Middle Ages, c. 200–c.1150* (Cambridge: Cambridge University Press, 1993); Glenn Byer, *Charlemagne and Baptism: A Study of Responses to the Circular Letter of 811/812* (San Francisco: International Scholars Publications, 1999); Owen Phelan, *The Formation of Christian Europe: The Carolingians, Baptism, and the* Imperium Christianum (Oxford: Oxford University Press, 2014); Michel Rubellin, "Entrée dans la vie, entrée dans la chrétienté, entrée dans la société: Autour du baptême à l'époque carolingienne", in *Les entrées dans la vie: Initiations et apprentissages. XIIe Congrès de la Société des historiens médiévistes de l'Enseignement supérieur public* (Nancy: Presses universitaires de Nancy, 1982), 31–51.

外国制度史

晚期与对基督徒生活作风问题的探讨之间关系密切。相关话语的形成和传播服务于由查理曼发动、教会施行的以改善基督教政治体的宗教敬拜与道德风俗的加洛林改革运动。本文将首先检讨，主教在回答查理曼关于洗礼仪式的问询时如何阐释誓弃，以及相关道德教导如何在此后的教士教育中得到强化；其次，探究查理曼如何在811年的两部条令中利用洗礼誓弃表达对教会人士的道德状况的关切，以及里昂大主教莱德拉德如何向皇帝作出回应；最后，讨论布道辞所示与洗礼誓弃相关的道德训示向基督教民众的传布。作为道德改革实践的一部分，对依托誓弃的道德话语的历史分析揭示了加洛林皇帝权威与教会体系的互动和交流如何促成了道德改革在查理曼统治后期的推行。

一、阐释魔鬼的作为和浮华

在条令71发布之前，查理曼已在一封给治下大主教的通函中表达出对洗礼誓弃的兴趣。查理曼"希望了解你和你的隶属主教（suffraganei）是如何向上帝的司铎和托付于你的民众教授和指导洗礼圣事的"。① 查理曼要求大主教们书面回复他提出的十余个洗礼相关问题，誓弃位列其间："关于对撒旦、他的全部作为与浮华的弃绝，什么是弃绝？什么是魔鬼的作为和浮华？"②

除了答复，查理曼还要求大主教们反思"是否做到了如此理解和宣讲，以及是否恪守了自己所宣讲的"③。与查理曼关系亲密的奥尔良主教提奥多尔夫提醒自己的大主教马格努斯："君上提出这些问题，并非是因为他自己需要学习，而是想要教导；并非为了通过这些问题的解答而被教授一些尚不知晓之事，而

---

① *Water and the Word*, no. 14, 262. 关于这封通函，参见 Phelan, *Formation of Christian Europe*, 164-171。学界倾向于将通函定年于811—812年，但在811年颁布条令71时，查理曼应当已经收到至少部分通函回复了。详见本文后文。
② *Water and the Word*, no. 14, 262-263.
③ *Water and the Word*, no. 14, 263.

是为了其他人能因这些问题的解答而从昏懵的迷梦中醒来。"① 查理曼希望确保，他治下的教会领袖们理解洗礼圣事中蕴含的宗教和伦理教诲，并竭力向他们的属民提供这种教导。

洗礼释义在此后的大量涌现见证了君主意志的实际推动。大主教向查理曼的署名复函有五封传世，分别来自于特里尔大主教阿玛拉、米兰大主教奥迪尔贝特、里昂大主教莱德拉德、森斯大主教马格努斯和阿奎利亚大主教马克森提乌斯。② 此外还有两封不具名的回函，其中之一的作者很可能是科隆大主教希尔德巴德；另一封的作者可能是某位高卢地区的主教或大主教。③ 此外，马格努斯显然要求他的隶属主教们针对查理曼的问题作答，奥尔良主教提奥多尔夫和另一位森斯教省的隶属主教的回答得以传世。④

就誓弃而言，希尔德巴德提供的释义（本身抄自一份更古老的选集）引用了伊西多尔和执事约翰。⑤ 希尔德巴德所提供的对洗礼誓弃的阐释引用了阿尔昆，并附上了一段针对魔鬼的浮华的高地德语弃绝词。⑥ 除这两篇之外，其他所有现存的由（大）主教编撰以回应查理曼提问的洗礼释义，都将誓弃阐释为对罪过和不当行径的弃绝。尽管每篇释义中的具体表达殊异，但均体现出明确的道德化阐释倾向。

根据马格努斯，所有人在洗礼前都是罪的奴隶，"【基督徒】弃绝魔鬼，即罪恶之君，和他的全部作为和全部浮华，即罪过，以拒绝他的统治。"⑦ 马克森提乌斯表示，伊甸园中的初人因魔鬼的作为和浮华而堕落，誓弃意味着

---

① *Water and the Word*, no. 16, 281.
② Phelan, *Formation of Christian Europe*, 171–189.
③ *Water and the Word*, no. 41, 53.
④ Susan Keefe, "An Unknown Response from the Archiepiscopal Province of Sens to Charlemagne's Circulatory Inquiry on Baptism", *Revue bénédictine* 96 (1986): 48–93.
⑤ *Water and the Word*, no. 1, 163–164.
⑥ *Water and the Word*, no. 41, 543.
⑦ *Water and the Word*, no. 15, 268.

对"异教和偶像崇拜的谬误"的弃绝。① 提奥多尔夫把魔鬼的作为阐释为七罪宗，把魔鬼的浮华阐释为"野心、傲慢、虚荣和其他源生于骄傲的同类【罪过】"。②

阿玛拉将魔鬼的作为分为"关乎属肉的欲念"的罪与"因魔鬼而当道但无关肉欲"的罪。淫乱、拜偶像、邪术、凶杀、醉酒和荒宴属于前者，骄傲、嫉妒、仇恨、争竞、忌恨、恼怒、争斗、分派和结党属于后者。③ 除了骄傲，阿玛拉所枚举的所有罪目都取自《加拉太书》第五章第19—21节所罗列的导致人不得承受上帝的国的"属肉的作为"。阿玛拉将魔鬼的浮华阐释为"虚无的炫耀、世俗的荣耀、消磨基督徒精力的音乐旋律、不堪而无谓的表演等"。④ 与阿玛拉的阐释类似，莱德拉德列举"表演、虚无的享乐、无耻的欢愉以及各种恶毒感受的折磨"阐述魔鬼的浮华。同时，他将魔鬼的作为释为"首先是奉献给偶像的渎神仪式，其次是凶杀、偷盗、劫掠、欺诈、伪证、通奸、仇恨、不和、恼怒、争斗、分派和其他同类罪过"，其中的大量罪目同样呼应了《加拉太书》第五章第19—21节。⑤

对同一圣经经节的明确援用同样见于森斯教省的不具名主教的洗礼注释，魔鬼的作为在其中被界定为"不洁、偶像崇拜和使徒所描述的类似罪过"，将魔鬼的浮华描述为"【魔鬼】因之堕落并使人类每日堕落的骄傲"。⑥ 此外，另一位高卢不具名（大）主教的洗礼释义也声称魔鬼的作为是"使徒命名为属肉的作为的那些东西"，魔鬼的浮华则是"此世中虚无而致命的欢愉、有害的欲望和偶像崇拜"。⑦

---

① *Water and the Word*, no. 33, 464.
② *Water and the Word*, no. 16, 298-299.
③ *Water and the Word*, no. 23, 346.
④ *Water and the Word*, no. 23, 346.
⑤ *Water and the Word*, no. 25, 362.
⑥ *Water and the Word*, no. 17, 324.
⑦ *Water and the Word*, no. 53, 601.

上述文献排比揭示，查理曼治下的主教们有一种共识，即洗礼中的弃绝礼意味着基督徒对不道德或亵渎性的思想和行为的宣誓告别。与同时代的其他很多理念一样，这种观念本身并非加洛林时代的原创，而是对教父阐释传统的有意识接续。例如，莱德拉德在他的洗礼释义中声称"我们知道古代教父曾就规避魔鬼的浮华向信仰者宣道"，并从5世纪的迦太基主教阔吾德乌斯的布道辞中摘取抨击"疯狂的表演、激情的陷阱和羞耻的快乐"以及将魔鬼的浮华界定为"不当欲求"的段落。① 即便如此，查理曼的主教作者如何发挥能动性，向他们的皇帝表达洗礼誓弃的道德意涵，不啻为兼具统一性和多样性、传统与创新的加洛林思想风格的一个鲜活例证。

至少四部加洛林主教洗礼释义都援引《加拉太书》第五章第19—21节以枚举罪目，这个现象没有任何明确的教父先例。这段经节将洗礼释义与查理曼789年颁布的改革运动宣言、著名条令《广训》关联在一起。《广训》的最后部分是关于讲道的。需向所有人布道的那些"导致人与魔鬼一道遭受永罚的罪业"，正是通过全文引用《加拉太书》第五章第19—21节（"上帝的教会的伟大布道者【即保罗】所逐一枚举的"）来界定的。②

与（大）主教们的洗礼释义中相同的誓弃道德神学建构，同样见于一批不具名的9世纪洗礼释义。这类洗礼释义多为出于教士教育的目的编撰的选集（florilegia）。一部以司铎为目标受众的释义称，魔鬼的作为彰显了隐秘的魔鬼的浮华，"所有的罪恶起源于恶意的浮华"。释义的作者进一步阐述了四种大罪（骄傲、嫉妒、欲念和贪婪）和由它们衍生出的多种罪过。③ 一部北意大利的洗礼主题选集在"魔鬼的作为"的标题下收录了多段文献，其中之一摘自奥古

---

① *Water and the Word*, no. 25, 362–363. 对照 Quodvultdeus, *De symbolo* I.1 and II.1, ed. René Braun, CCSL 60 (Turnhout: Brepols, 1976), 307, 335。

② *Die Admonitio Generalis Karls Des Grossen*, ed. Hubert Mordek, Klaus Zechiel-Eckes, and Michael Glatthaar, MGH, *Fontes iuris Germ. ant.* 16 (Hanover: Hahn, 2012), 236.

③ *Water and the Word*, no. 8.1, 235.

外国制度史

斯丁的《论基督徒的奋进》，号召弃绝"不当的欢愉、浮华和危险的好奇"。①一部来源不明的礼仪选集（现存残篇）根据查理曼的洗礼问题辑录多段相关圣经经文或教父论述，其中一段（错误地）归于奥古斯丁名下，将魔鬼的作为和浮华释为"偶像、占兆、卜筮、偷窃、欺诈、淫乱、醉酒和说谎"。②一部源自巴伐利亚的选集中的一段摘录在论及魔鬼的邪恶作为时枚举了"崇拜和偶像、占兆和卜筮、演出和剧场、偷窃和欺诈、凶杀和淫乱、骄傲和炫耀、恼怒和贪婪、荒宴和醉酒、燕乐和谎言"。③一部以洗礼程式为主题的问答体作品（源自北意大利或南高卢）将魔鬼的浮华阐释为"自大、卜筮、炫耀，或他的全部恶意、泥塑偶像和吹嘘"，魔鬼的作为则是淫乱、不洁、凶杀、通奸、伪证以及其他使人不得承受上帝的国的罪业，"正如使徒所述"。④

这些地方教会的洗礼释义和主教为查理曼编撰的释义中对誓弃的道德阐释高度一致。这并不令人意外。查理曼在通函中明确提醒大主教和他们的隶属主教"向上帝的司铎和托付于你的民众教授和指导洗礼圣事"。⑤洗礼释义的两种类型（主教的和地方教会的）体现了加洛林改革中以主教为中轴的双向交流机制。受君权推动、通过教阶体系自上而下缔造的围绕誓弃形成的道德话语，以及这套话语在实践教牧关怀的地方教士中的传播，均应被视为这个交流机制的运作效果。推广这套话语的明确证据可见于图尔教务会议（813年根据查理

---

① Jean-Paul Bouhot, "Un florilège sur le symbolisme du baptême de la seconde moitié du VIIe siècle", *Recherches Augustiniennes* 18 (1983): 151–182, at 164. 对照 Augustine, *De agone christiano* 6.6, ed. Cyril Lambot, CCSL 41 (Turnhout: Brepols, 1961), 108。

② *Water and the Word*, no. 51, 592. 对照 *Tractatus de rectitudine catholicae conversationis*, PL 40, col. 1170。

③ *Water and the Word*, no. 34, 470. 这部选集另有两个版本存世，参见 *Water and the Word*, nos. 35 and 36, 483 and 519; Jean-Paul Bouhot, "Alcuin et le 'De catechizandis rudibus' de saint Augustin", *Recherches augustiniennes et patristiques* 15 (1980): 205–230, at 223。

④ *Water and the Word*, no. 54.1, 608。

⑤ *Water and the Word*, no. 14, 262。

曼的命令在法兰克五地同时召开的五场改革主题的教务会议之一）的决议中：

> 主教们应当格外重视向他们的司铎教授洗礼圣事，以及，在圣事中需要弃绝和相信什么。所弃绝的是魔鬼和他的作为。因为魔鬼的作为应当被理解为属肉的作为，即凶杀、淫乱、通奸、醉酒和其他类似的罪过，显然是在魔鬼的怂恿下，它们先是在思想中产生，后在作为中付诸实施。魔鬼的浮华是骄傲、炫耀、自大、虚荣、傲慢以及其他很多从它们产生的罪过。[1]

表达上的惊人相似，包括对《加拉太书》第五章第 19—21 节的援引，反映了查理曼的教会将洗礼誓弃的道德阐释正式纳入教士教育的尝试。

二、追问誓弃的失效

在 811 年的两部君主条令中（MGH 博莱提乌斯条令编校本编号分别为 71 和 72），查理曼提出了洗礼誓弃失效的问题。[2] 这两部条令相继出现在有两份抄本存世的一部条令集中。[3] 已有研究认为，这部条令集源自森斯教会的档案（下文中简称"森斯条令集"）。[4] 801—818 年的森斯大主教马格努斯因此极有可能是这两部条令的最初接收人之一。包括马格努斯在内的大主教回复查理曼

---

[1] *Concilium Turonense* 18, ed. Albert Werminghoff, MGH *Concilia* 2.1 (Hanover: Hahn, 1906), 288-289.

[2] *Capitula tractanda* (Capitulary 71); *Capitula de causis* (Capitulary 72). 弗朗索瓦-路易·冈绍夫的条令 72 校勘本优于博莱提乌斯编校本 MGH, *Capitularia regum Francorum* 1 ed. Alfred Boretius (Hanover: Hahn, 1883), 162-164。

[3] Mordek, *Bibliotheca Capitularium*, 562-578, 780-797.

[4] Arnold Bühler, "Capitularia Relecta: Studien zur Entstehung und Überlieferung der Kapitularien Karls des Großen und Ludwigs des Frommen", *Archiv für Diplomatik* 32 (1986): 369-372.

通函的现存洗礼释义全然没有涉及誓弃失效的问题。由此推测，这两部条令的颁布更有可能在大主教们向查理曼提交洗礼释义之后而非之前。实际的情况很可能是，查理曼基于他收到的主教释义中对洗礼誓弃的道德阐释，反过来利用弃绝失效问题批评教会人士的失德。

条令71在森斯条令集中的标题是"皇帝大人在第11年的查问"，应是811年（查理曼称帝的第11年）向一次全国集会的参会主教提前发放的准备材料。① 查理曼在条令中先后列举了十一项他的追问。首先是四项社会和道德问题：人们为何在边区、军队中和保卫祖国时不愿意互相帮助；为何总对同辈拥有的东西持觊觎之心；为何收留他人的出逃家奴；教会人士和平信徒为何妨碍彼此履行职务；教会人士和平信徒应当在何种限度内被允许介入彼此领域的事务。查理曼特别要求他的主教们好好思考圣保罗的训诫"上帝的兵士莫让世俗事务缠身"（《提摩太后书》第二章第4节）。紧随其后的就是本文开篇提到的两个与洗礼誓弃相关的问题："每位基督徒在洗礼中说什么以及弃绝什么。追随什么或忽视什么，会使一位基督徒的弃绝失效。"② 查理曼进一步地上升到基督徒认同的根本问题："认为自己可以蔑视上帝的戒律而不受惩罚者，以及蔑视上帝的威吓，认为威吓不会成真者，并非真（vere）信仰上帝。"③ 皇帝要求每个人扪心自问"我们是否真（vere）是基督徒"，通过公开讨论生活作风（conversatio）检讨"我们的生活和举止"（vita et mores）。④ 接下来的条目聚焦于"我们的牧者即主教的生活和举止"。身为使徒保罗所言的"我的效法者"《腓立比书》第三章第17节，主教需要在言传和身教中做上帝之民的好榜样。教士团教士（canonici）和修士应当如何生活的问题亦被简短地提出。

在条令71的末尾，查理曼要求主教们遵守他的指示，并表示，如果自己对这些议题又有新想法，会进一步向他们通知和写信。森斯条令集中紧随条令

---

① *Capitula tractanda* (Capitulary 71), ed. Boretius, 161.
② *Capitula tractanda* (Capitulary 71) 6-7, ed. Boretius, 161.
③ *Capitula tractanda* (Capitulary 71) 8, ed. Boretius, 161.
④ *Capitula tractanda* (Capitulary 71) 9, ed. Boretius, 161.

71 的条令 72 应当便是皇帝在集会召开前追加传达给教会人士的备忘材料。同样的经节引用（《提摩太后书》第二章第 4 节、《腓立比书》第三章第 17 节）证实了两部条令之间的紧密联系。① 条令 72 开篇提到"去年所做的三轮三日斋戒"，与美因茨大主教里库尔福 810 年的一通书信残篇互参，印证了这部条令的发布时间也是在 811 年。② 条令 72 在森斯条令集中的标题是"为了我们所有人的共同利益，我想要与我忠实的主教们和修道院院长们谈论并告诫他们的条目简录"。③ 查理曼首先请教会人士们回忆前一年如何通过斋戒"祈祷上帝屈尊启示我们，应当如何在他面前改正（emendari）我们的作风。如今，我想要将此付诸实践"。④ 整部条令扩展并深化了条令 71 中的批判和检省。皇帝要求主教和修道院长们向自己解释"他们应当如何生活的问题"，为的是"使我能够知道他们中的哪些人值得称道、哪些人需要加以约束"。他要求了解"教会人士……在多大程度上可以被允许涉身世俗事务……使我可以仅在他们合理行事的范围之内差遣他们，而他们中的任何人都不得向我求取我不应认可他们的事"。⑤ 更具体地，查理曼要教会人士解释他们在什么意义上做到了"抛下尘世"，除了不能携带武器和不公开结婚，他们如何区分于"仍然追随尘世之人"。⑥ 查理曼激烈地谴责了教会人士如何以上帝或圣徒的名义侵夺平信徒的祖产，同时，"受攫取欲念驱使"，花钱雇人做假誓和伪证。⑦ 在这种道德批判的语境中，条令 71 中关于洗礼誓弃失效的问题以更尖锐的方式被再次提出：

---

① *Capitula de causis* (Capitulary 72) 3, ed. Ganshof, 21.
② *Capitula de causis* (Capitulary 72) 1, ed. Ganshof, 21. 对照 *Rihcolfi archiepiscopi ad Eginonem epistola*, ed. Alfred Boretius, MGH, *Capitularia regum Francorum* 1 (Hanover: Hahn, 1883), 249。
③ *Capitula de causis* (Capitulary 72), ed. Ganshof, 21.
④ *Capitula de causis* (Capitulary 72) 1, ed. Ganshof, 21.
⑤ *Capitula de causis* (Capitulary 72) 2, ed. Ganshof, 21.
⑥ *Capitula de causis* (Capitulary 72) 4, ed. Ganshof, 22.
⑦ *Capitula de causis* (Capitulary 72) 5-6, ed. Ganshof, 22.

每个人在洗礼中向基督承诺和弃绝的是什么？尽管每位基督徒都应当思考这个问题，教会人士尤其应当对之深究，因为他们必须在自己的生活中为平信徒做出承诺和弃绝的范例。必须极为认真地考虑和极为细致地辨析，追求什么或忽视什么会导致我们每一个人的承诺和弃绝维持或失效。我们在洗礼中弃绝了其作为和浮华的那位撒旦或敌人是谁？这必须考察清楚，以免我们中的任何人因为行恶而追随我们在洗礼中早就弃绝的撒旦。①

基于对教会人士的道德状况的特别关切，查理曼宣称"不完美的唱诗相比不完美的生活作风更可以忍受"，"匡正德行"（morum emendatio）更胜建造教堂。道德改革已然成为了迫切的要务："如果要在教会的操行中追随基督、使徒和那些使徒的真正追随者，我们必须在很多事务上对迄今为止的作为作出改变，需要改掉我们的很多习俗和惯例，还要做到很多至今没有做到的事。"②

在所有现存的加洛林洗礼释义中，只有提奥多尔夫的释义提到了誓弃失效的问题。③提奥多尔夫是奉他的大主教马格努斯之命，针对查理曼提出的洗礼问题作答的。马格努斯本人呈交给查理曼的洗礼释义从他的这位隶属主教那里多有借鉴，但却不包括论誓弃失效的上述段落。尽管如此，这段阐释还是出现在了816年由查理曼的皇位继承者虔诚者路易在亚琛召集的全国教务会议决议中。这折射出提奥多尔夫的洗礼释义和对誓弃失效的阐释在帝国层面的传播和影响力。④考虑到提奥多尔夫与查理曼之前密切的联系，查理曼是否有可能也收到了他的洗礼释义，进而触发了811年的两部条令中所体现的对誓弃失效问题的追问呢？尽管这属于猜测，但无疑，查理曼和他的宫廷利用并深化了不久

---

① *Capitula de causis* (Capitulary 72) 9, ed. Ganshof, 23.
② *Capitula de causis* (Capitulary 72) 11, ed. Ganshof, 24
③ *Water and the Word*, no. 16, 300.
④ *Institutio canonicorum Aquisgranensis* 114, ed. Albert Werminghoff, MGH, *Concilia* 2.1 (Hanover: Hahn, 1906), 396–397.

前被广泛讨论的洗礼誓弃道德话语，以配合中央的道德改革运动，而首当其冲的改革对象恰恰就是塑造并传播了誓弃道德话语的群体：查理曼治下的教会领袖们。

尽管没有 811 年集会的会议记录存世，里昂大主教莱德拉德（798—816年）应查理曼的要求，专门针对洗礼誓弃问题编撰的一部书信体作品《论洗礼誓弃》，可以帮助我们观察教会人士如何回应他们的皇帝强烈的道德革新诉求。莱德拉德一方面认同皇帝的忧虑，强调洗礼誓弃体现的道德皈依需要通过持之以恒的道德努力来恪守；另一方面，则对查理曼针对教会人士操行作风的严厉批评表达了异见。这反映了教士阶层与中央政权在复杂的改革交流中，对洗礼誓弃的道德话语的使用。①

三、宣讲誓弃

查理曼和他的教会人士就洗礼誓弃交换意见，是以他们共同认为弃绝魔鬼代表了受洗者应当在思想和行为上遵守的一系列道德标准为前提的。我们已经看到这套道德话语如何被整合进地方教士教育之中。那么，地方教士如何将同样的道德改革讯息传递给普通平信徒呢？② 根据阿玛拉和马克森提乌斯的洗礼释义，弃绝魔鬼是洗礼考核（scrutiniy）的主题之一。③ 但我们并不清楚，考核礼是否涉及对候洗者或代父母的具体道德教诲和查问，如果是，又是如何操作的。与之相比，关于洗礼誓弃的道德话语通过民众布道在查理曼帝国内传

---

① 让·马比隆（Jean Mabillon）对这封书信的编校本被雅克-保罗·米涅（Jacques-Paul Migne）收录于 PL 99, cols. 873B-84C。由于篇幅所限，对莱德拉德与洗礼誓弃的讨论在本文中略去。详细讨论可参考本文的英文版。

② 对自上而下的加洛林改革的地方实践的研究、挑战以及当下学界相对积极的评价，参见 Carine van Rhijn, "Charlemagne's *Correctio*: A Local Perspective", in *Charlemagne: Les temps, les espaces, les hommes. Construction et déconstruction d'un règne*, ed. Rolf Grosse and Michel Sot (Turnhout: Brepols, 2018), 43-60。

③ *Water and the Word*, no. 23, 345-346; 33, 463-464.

播，我们拥有更多的证据。[1]

中世纪学界倾向于区分主要服务于知识精英个人灵修生活的讲经辞（homily）和以普通基督徒为受众、以教义和伦理教诲为主要内容的民众布道辞（ad populum sermon）。根据托马斯·阿摩斯在20世纪80年代的统计，撰写于750—950年的布道辞现存超过900篇。更多的新布道辞在后来的研究中陆续被发掘和研究。[2]但是，这个体量庞大的文献群在被作为史料使用时，却存在一些先天的困难。首先，大多加洛林布道辞是以不具作者姓名的形态保存在现有抄本中的。其次，绝大多数布道辞是被作为超越特定历史情境、足堪反复使用的布道模板得到传抄保存的，因此在内容上往往缺乏历史辨识度。上述两个原因决定，对单篇加洛林布道辞的编撰时间作精确的判定，往往极为困难，甚至不可能。即便存在一定的推测性，查理曼统治后期一系列以教导基督教生活为主题的布道辞，也见证了洗礼誓弃的道德改革话语在普通平信徒中的传播。

早在789年，查理曼已在条令《广训》中宣称主教和司铎有义务向基督徒民众布道，宣讲"导致人与魔鬼一道遭受永罚的罪业"，圣三位一体、救世主、

---

[1] 加洛林时代的民众布道，参见 Thomas Amos, "The Origin and Nature of the Carolingian Sermon" (Ph.D. diss., Michigan State University, 1983); James McCune, "The Preacher's Audience, c. 800–c. 950", in *Sermo doctorum: Compilers, Preachers and their Audiences in the Early Middle Ages*, ed. Maximilian Diesenberger, Yitzhak Hen, and Marianne Pollheimer (Turnhout: Brepols, 2013), 283–338。更集中于查理曼统治时期的研究，参见 Maximilian Diesenberger, "Karl der Grosse und die Predigt", in *Charlemagne: Les temps, les espaces, les hommes. Construction et déconstruction d'un règne*, ed. Rolf Grosse and Michel Sot (Turnhout: Brepols, 2018), 81–99。

[2] Thomas Amos, "Preaching and the Sermon in the Carolingian World", in *De Ore Domini: Preacher and Word in the Middle Ages*, ed. Thomas Amos, Eugene A. Green, and Beverly Mayne Kienzle (Kalamazoo, 1989), 46。新发现的加洛林布道辞，参见 Clare Woods, "Six New Sermons by Hrabanus Maurus on the Virtues and Vices", *Revue bénédictine* 107 (1997): 280–306; Stephen Pelle, "An Edition of an Unstudied Early Carolingian Sermon Collection", *Journal of Medieval Latin* 23 (2013): 87–160。

末世的教义,以及使人得享上帝之国的德性和善功。810 年从亚琛发出的两份条令中,查理曼要求他的钦差保证每一位司铎致力于向他们的民众布道,并规定每一个教区都须执行。① 813 年,查理曼下令就"改进教会状况"的议题在高卢五地(兰斯、图尔、美因茨、索恩河畔沙隆和阿尔)召开教务会议。要求教会领袖持有布道辞并向民众布道的条款,见于兰斯、图尔、沙隆和阿尔的会议决议和整理后呈送查理曼的会议摘录。② 例如,根据图尔会议决议第 18 条:

> 每位主教都须持有布道辞,其中要包括教导属民所需的训示,即属民足以理解的大公信仰、好人将得到的永恒奖赏和坏人将得到的永恒惩罚、未来的复活和最终的审判,以及,什么样的作为会让人获得至福的生命、什么样的作为会让人无法获得。每位主教须致力于用罗曼俗语或条顿语宣讲这些布道,以便于所有人都能理解布道的内容。③

下文的考察将揭示,不少布道辞依托洗礼誓弃来表达针对《广训》中所谓"导致人与魔鬼一道遭受永罚的罪业"和图尔会议所谓"什么样的作为会让人无法获得【至福的生命】"的道德训诫。

一篇被现代编校者称作"查理曼时代的范例布道辞"的布道辞现存于至

---

① *Capitulare missorum Aquisgranense primum* 6, ed. Alfred Boretius, MGH, *Capitularia regum Francorum* 1 (Hanover: Hahn, 1883), 153 (no. 64); *Capitulare missorum Aquisgranense secundum* 2, ed. Alfred Boretius, MGH, *Capitularia regum Francorum* 1 (Hanover: Hahn, 1883), 154 (no. 65).

② *Concilium Turonense* 17, ed. Werminghoff, 288; *Concilium Arelatense* 10, ed. Albert Werminghoff, MGH, *Concilia* 2.1 (Hanover: Hahn, 1906), 251; *Concilium Remense* 14-15, ed. Albert Werminghoff, MGH, *Concilia* 2.1 (Hanover: Hahn, 1906), 255; *Concilium Cabillonense* 14, ed. Albert Werminghoff, MGH, *Concilia* 2.1 (Hanover: Hahn, 1906), 276; *Karoli magni capitula e canonibus excerpta* 14, ed. Albert Werminghoff, MGH, *Concilia* 2.1 (Hanover: Hahn, 1906), 296.

③ *Concilium Turonense* 17, ed. Werminghoff, 288.

外国制度史

少四部9世纪抄本中。① 有学者认为这篇布道辞是在美因茨大主教里库尔福（787—813年在任）的授意下编撰的。② 在查理曼统治后期坚持规范民众布道的语境中定位该布道辞，可能更为稳妥。布道辞由三部分构成。第一部分是对圣经中创世、基督生平和未来末日审判的叙述。第三部分列举了使人进入永恒王国的德性，包括爱上帝、谦逊、正义与各种仁慈的善功。③ 中间的第二部分罗列了"使人堕入毁灭和地狱的恶行"，包括各种形式的渎神与凶杀、通奸、淫乱、偷盗、劫掠、伪证、假誓、诽谤、欲念、骄傲、嫉妒、虚荣、醉酒等大罪。④ 布道辞作者将这些恶行称为"基督徒在洗礼中弃绝的撒旦的作为"，进而生动地描绘，撒旦一旦在将死之人身上找到它们，就会如何将死者拖入地狱以承受永罚。⑤

编撰于同一时代的一些类似性质的布道辞，将誓弃与洗礼中许下的承诺并举。抄本 Vatikan, BAV, Pal. Lat. 485 是860—875年制作于洛尔什（Lorsch）修道院的一部用于教士教育的手册。除历算、弥撒释义、洗礼释义、祝福辞、信经、悔罪规章、主教法令等多类宗教文献外，抄本还载有一篇以"布道"（PREDICATIO）为红墨标题的布道辞，附于奥尔良主教提奥多尔夫（798—816/817年在任）的"第一主教法令"之后。本文中简称"洛尔什布道辞"。⑥ 该布道辞的一个增订版被误导性地称作第十五篇伪卜尼法斯布道辞。洛尔什抄本中所载的原版未署作者，被学者定年在8世纪晚期或9世纪初。⑦

---

① Wilhelm Scherer, "Eine lateinische Musterpredigt aus der Zeit Karls des Großen", *Zeitschrift für deutsches Altertum und deutsche Literatu*r 12 (1865): 436-446.
② Scherer, "Musterpredigt", 442-444.
③ Scherer, "Musterpredigt", 440-441.
④ Scherer, "Musterpredigt", 439.
⑤ Scherer, "Musterpredigt", 440.
⑥ 洛尔什布道辞的编校本和英译，参见 H.W. M. van den Sandt and David Flüsser, *The Didache: Its Jewish Sources and its Place in Early Judaism and Christianity* (Minneapolis, 2002), 102-103。
⑦ Bouhot, "Alcuin", 185.

洛尔什布道辞由两部分构成。第一部分的起句是"要听好，弟兄们，且用心考虑，你们已在洗礼中弃绝了什么。你弃绝了魔鬼和他的全部作为。"① 与很多加洛林洗礼释义一样，该布道辞作者对魔鬼的作为的枚举大致根据《加拉太书》第五章第19—21节，不过最后四项比较特殊：问卜恶灵、妄信狼人、违抗主人以及佩戴咒符。② 布道辞敦促听众不但要在心中和行事时弃绝这些恶行，还要"通过告解和恰当的悔罪自我改正"。③ 提奥多尔夫在他的洗礼释义中表示，犯下魔鬼的作为和浮华的基督徒唯有通过告解罪行、改正品行和履行悔罪方可化解。④ 查理曼时代涌现了大量的悔罪规则书及其抄本。⑤ 以洗礼誓弃之名谴责的道德过犯在地方教牧关怀中可以通过其中的规制悔罪。例如，当时最流行的《卡米安悔罪书辑录》（Excarpsus Cummeani）就是以罪和过犯组织章节安排的。并非偶然的是，洛尔什布道辞原版的唯一抄本 Vatican, BAV, Pal. Lat. 485 同样收录有完整的《卡米安悔罪书辑录》。

洛尔什布道辞的第二部分是关于"你们已在洗礼中承诺而理应遵守的事项"。除基本的基督教教义外，还全面列举了宗教和道德义务。⑥ 现有研究倾向于认为，该布道辞中关于善举和恶行的二元道德训示源出于早期基督教文献

---

① Sandt and Flüsser, *Didache*, 102.
② Sandt and Flüsser, *Didache*, 102.
③ Sandt and Flüsser, *Didache*, 102.
④ *Water and the Word*, no. 16, 299.
⑤ Rob Meens, *Penance in Medieval Europe, 600–1200* (Cambridge, 2014), 111-123.
⑥ Sandt and Flüsser, *Didache*, 102-103. 注意：尽管洛尔什布道辞显然以平信徒为对象，但此处枚举的诸项德性应援引自《本笃章程》第四章。新近的一项研究指出了《本笃章程》第四章运用于加洛林时代教牧关怀的若干案例，认为将《本笃章程》用于教牧关怀之人最有可能包括提奥多尔夫在内的一批"在教会职业生涯之前曾在修道院学校中受过训练的高级教士"。参见 Scott G. Bruce, "Textual Triage and Pastoral Care in the Carolingian Age: The Example of the Rule of Benedict", *Traditio: Studies in Ancient and Medieval History, Thought, and Religion* 75 (2020): 127-141, at 131。洛尔什布道辞在抄本中与附于提奥多尔夫的"第一主教法令"是否完全是巧合？

外国制度史

《十二使徒遗训》（Didache）中的前六章"生死两道"。[1]但《遗训》中并没有与"洗礼中所弃绝的"和"洗礼中所承诺的"相类的表述。洛尔什布道辞中的这种对举更有可能与条令72中查理曼的问询"每个人在洗礼中向基督承诺和弃绝的是什么"和对教会人士"必须在自己的生活中为平信徒作出承诺和弃绝的范例"的要求有关。"洗礼承诺"的礼仪原型可能是洗礼中以背诵或问答信经和基本教义为形式的信仰告白，在仪程中往往与誓弃毗邻。[2]然而，无论在查理曼的条令还是洛尔什布道辞中，与洗礼弃绝对应的洗礼承诺显然具有很强的道德意涵。

"洗礼承诺—誓弃"在民众布道中作为修辞框架还体现在一篇以士兵（"每日可见地与其敌人作战者"）为对象的布道辞中。[3]载有布道辞的抄本Munich, Bayerische Staatsbibliothek, Clm 14410是一部9世纪初制作于巴伐利亚、供主教使用的教牧手册，包括洗礼、罪过和悔罪等主题。布道辞开篇呼吁反思"基督徒的名号"（nomen christianum）和其中蕴含的宗教和伦理义务：

> 我最亲爱的弟兄们，心怀神圣的敬畏思虑我们所持有的基督徒的名号是有益的，以使我们的这个名号在我们的恰当品行（digni mores）中生辉。基督徒的名号最初得自基督，因为我们在洗礼中向基督我们的主许诺，并弃绝魔鬼、他的全部作为和他的全部浮华，我们因此完全应当以最大的努力和虔敬实现我们向基督的承诺，同时，既然已经弃绝了魔鬼，我们就不该受属肉的欲望的诱惑，像狗一样转过来吃自己所吐的，而是应当

---

[1] Sandt and Flüsser, *Didache*, 104-107.

[2] 例如马格努斯的洗礼释义中，*Water and the Word*, no. 15, 268。信仰告白礼的早期发展，参见Paul F. Bradshaw, "The Profession of Faith in Early Christian Baptism", *Evangelical Quarterly* 78 (2006): 101-115。东方基督教洗礼仪式中与"弃绝魔鬼"（apotaxis）相对的"忠于基督"（syntaxis）在西方拉丁礼仪中并不使用。

[3] Albert M. Koeniger, *Die Militärseelsorge der Karolingerzeit: Ihr Recht und ihre Praxis* (Munich: Lentner, 1918), 68-72, at 69.

严守对真正信仰的宣誓,果决地列身基督的阵线,勇敢地作战,以获得大胜、幸福地获得加冕。①

布道辞作者敦促听众常作告解,因为"无人知晓自己此生的终点何时到来"。出于同样的原因,每个人都应该勤于践行"神圣事功"(operibus sanctis):"克服属肉的欲念,尽可能多地进行神圣的斋戒",同时行诸种仁慈之事。②他们要憎恶渎神、凶杀、对邻人的仇恨、淫乱、假誓、伪证、欺诈、劫掠、嫉妒、恼怒、羞辱、分派、诽谤、争竞、争斗和不和。③

传统观点认为这篇布道辞的原初受众是 8 世纪 90 年代参与阿瓦尔战争的法兰克士兵,但似乎并无确实证据。④并未受到足够关注的是,这篇布道辞在内容和用词上与 800—813 年的《巴伐利亚主教法令》(Capitula Bavarica)第 2 章十分相似。后者不但要求司铎训导"基督徒民众在各个方面勤于遵守他们在洗礼中接受的神圣生活(sanctitatem vite)",而且还强调了及时"在神圣教会中、在司铎面前向上帝告解他们的罪过"的必要性,"这是因为无人知晓死期何时到来"。⑤强化此种关联的是,载有这部士兵布道辞的现存唯一抄本同样也是载有《巴伐利亚主教法令》的现存唯一抄本,而且《巴伐利亚主教法令》在抄本中紧随布道辞之后。因此,有理由推测,这篇布道辞是查理曼统治后期巴伐利亚地方教会改革的产物。

一篇现存于两部条令抄本的布道辞则体现出帝国中央政权在民众布道中推广"洗礼承诺—誓弃"修辞框架中扮演的角色。这篇布道辞的两支独立的传抄

---

① Koeniger, *Militärseelsorge*, 68–69.
② Koeniger, *Militärseelsorge*, 70.
③ Koeniger, *Militärseelsorge*, 70–71.
④ Joseph M. Heer, *Ein Karolingischer Missions-Katechismus: Ratio de cathecizandis rudibus und die Tauf-Katechesen des Maxentius von Aquileia und eines Anonymous im Kodex Emmeram. xxxiii saec. ix* (Freiburg: Herder, 1911), 60–62.
⑤ *Capitula Bavarica* 2, ed. Rudolf Pokorny, MGH, *Capitula Episcoporum* 3 (Hanover: Hahn, 1995), 195.

传统，均明确表现出与查理曼及其在 800 年称帝之后的立法活动的关联。现存加洛林布道辞中仅此一例。本文故简称之为查理曼的"钦定布道辞"。[①] 布道辞首先向听众教导的是一整套的信仰教义，从三位一体、道成肉身，到教会外无拯救、洗礼和悔罪圣事、永生和永罚。此后，布道辞以一句过渡转向有关伦理生活的训导："以上是我们的信仰，通过它你们将会获得拯救，只要你们恪守它并在善功中实践它，因为没有作为的信仰是死的，而没有信仰的作为，就算本身是好的，也不能令上帝欢喜。"首先是对所有基督徒的普遍道德要求，具体内容类似于洛尔什布道辞。钦定布道辞的作者表示：

> 犯错是人的行为，改正是天使的行为，而拒不改过是魔鬼的行为。要守护上帝的教会并为教会的事业出力，上帝的祭司们会因此为你们祈祷。要铭记你们在洗礼中对上帝的承诺和对魔鬼的作为的弃绝，切莫回到那些你弃绝的东西，而是要如你所承诺的，崇奉上帝的意愿，要爱创造了你们的上帝，你们拥有的所有善好皆源于他。

布道辞接下来要求"每个人都须在其所处的身份中（in eo ordine）侍奉上帝"，随即列举了妻子、丈夫、儿子、教士、修士和世俗统治阶层（公爵、伯爵和法官）各自的行为规范。钦定布道辞结尾营造的紧迫感在上文中分析的巴伐利亚士兵布道辞中似曾相识："此生短促，死期不定。我们除了永远做好准备，又还能做什么呢？"钦定布道辞提供了一种带有末世色彩的基督教共同体想象，其中不同身份的人凝聚于由洗礼誓弃和承诺铸就的共同信仰和道德认同之中。

上述分析的这些布道辞（很可能都成文于称帝后的查理曼统治时期）均为向普通基督教民众提供宗教和道德要则而做。它们彼此之间在内容、结构和

---

① 该布道辞的学术史、抄本状况、编校史和中译，参见刘寅《查理曼的钦定布道辞——"德意志文献集成"〈法兰克王国条令〉第 121 号译释》，《世界历史评论》2021 年第 1 期。本文对这篇布道辞的引用都出自这个译本。

修辞上具有惊人的家族相似性，这其中就包括对洗礼誓弃的道德话语的共同运用。它们应当是同一场由查理曼发动的道德改革运动的产物。

本文意图分析的最后一篇加洛林布道辞（被学者们惯称为"神圣布道辞"）被定年于 800 年前后或 9 世纪初，存于一部 9 世纪末的法律抄本中。① 与上面讨论的布道辞相似，神圣布道辞以对基督徒应有的生活作风、道德改正、告解和悔罪的敦促为核心主题。该布道辞一开篇就清楚地引入洗礼中的弃绝魔鬼和信仰告白，以讨论基督徒的宗教和道德责任。② 布道辞进一步阐述洗礼承诺、誓弃和魔鬼的作为的段落，依托于阿拉曼尼传教士皮尔明（753 年去世）编撰的布道—教理手册《教义拾遗》（Scarapsus）。③ 文献比对显示，神圣布道辞的作者特意在《教义拾遗》原文的基础上，通过编辑制造了洗礼誓弃与承诺对举，同时，增补了与同时代的洗礼释义和其他布道辞中相似的罪过枚举。编辑和增补的内容通过加大字号标识：

弟兄们请看，我们对魔鬼作出了何种弃绝，又作了何种宣信，对圣父、圣子耶稣基督和圣灵承诺了何种契约，我们以圣父、圣子和圣灵之名被洗礼为信仰者，被宽恕一切罪业。因此，弟兄们，**接受了洗礼、否认了魔鬼并向上帝承诺了信仰**的我们，理应服从上帝的命令，遵守他的戒律，抛弃魔鬼的作为。正如圣灵通过先知所训示我们的："你们要远离恶，要行善"。(《诗篇》第 33 章第 15 节)。"远离恶"难道指的不就是抛弃魔鬼和他的所有作为，而践行基督的作为吗？这些是我们所弃绝的魔鬼的作为：**欲念、贪食、淫邪、愤怒、伤悲、懒惰、虚荣和骄傲**。这是八

---

① 神圣布道辞的最好编校本，参见 Giles Constable, "The Anonymous Early Medieval Homily in MS Copenhagen GKS 143", in *Ritual, Text, and Law: Studies in Medieval Canon Law and Liturgy Presented to Roger E. Reynolds*, ed. Kathleen Cushing and Richard Gyug (Aldershot: Ashgate, 2004), 161-170。

② Constable, "Anonymous Early Medieval Homily", 166.

③ 尽管存在一定争议，《教义拾遗》的最新校勘本肯定了作者是皮尔明，见 Pirmin, *Scarapsus*, ed. Eckhard Hauswald, MGH, *Quellen zur Geistesgeschichte des Mittelalters* 25 (Hanover: Hahn, 2010), xix。

项大罪，从中又衍生出下列罪过：偷窃、伪证、假誓、贪欲、暴食、醉酒、妄言（即不当而羞耻的演说）、靡靡之音、凶杀、丑闻、争端（即伤害、嫉妒、仇恨、怨念、诽谤和争斗）。①

这段前加洛林文本的"加洛林化"正体现在神圣布道辞的编撰者所添加的这些话语框架之中。同样引人注目的是布道辞作者对听众的进一步追问："如果我们行这些作为并对它们习以为常，我们又怎么能说真的做到了洗礼中对魔鬼和他的作为的弃绝呢？如果我们不行基督的作为，我们空持基督徒的名号又有何益呢？"②这不禁让人想起查理曼在条令71中的叩问："追随什么或忽视什么，会使一位基督徒的弃绝失效……我们需要扪心自问，我们是否真是基督徒。"如果说这部条令保存了查理曼的声音，我们或许可以从神圣布道辞和本文中研讨的其他布道辞中，听到皇帝的声音在他的基督教帝国中的回声。

"作为个体入门的洗礼如今也是一种加洛林帝国中的成员身份的仪式。他【查理曼】对'那些上帝托付给他统治'的基督徒属民有一种个人责任意识"③。聚焦于基督徒应有的生活方式的洗礼誓弃道德话语不仅被用于界定这种成员身份，而且被用于敦促基督教帝国成员的道德改正。它属于查理曼帝国修辞的一部分，同时，由多方参与的各种交流模式——从皇帝到主教（体现在洗礼通函中）、从主教到皇帝（体现在主教洗礼注释中）、教会体制的上下层级之间（体现在地方洗礼释义和教务会议决议中）、从精英到基督教民众（体现在布道辞中）——使之成为了一套改革的总体性话语。④查理曼和他的教会人士在如何

---

① Constable, "Anonymous Early Medieval Homily", 166-167. 对照 Pirmin, *Scarapsus* 12-3, ed. Eckhard Hauswald, 40, 42-43。

② Constable, "Anonymous Early Medieval Homily", 167.

③ Janet L. Nelson, "Religion in the Age of Charlemagne", in *The Oxford Handbook of Medieval Christianity*, ed. John H. Arnold (Oxford: Oxford University Press, 2014), 493.

④ "帝国修辞"（rhetoric of empire）和"总体性话语"（totalizing discourse）的概念都借自 Averil Carmeron, *Christianity and the Rhetoric of Empire: The Development of Christian Discourse* (Berkeley: University of California Press, 1991).

洗礼誓弃与查理曼基督教帝国的道德改革

理解和如何施行改革上有意见分歧，但他们用同一套洗礼誓弃的话语来交换意见（体现在两部811年君主条令和莱德拉德的《论洗礼誓弃》中）。洗礼誓弃作为查理曼道德改革话语的形成和传布的故事，同时也是改革如何在查理曼的基督教帝国中获得动员的故事。

同样重要的是，尽管洗礼誓弃在教父作家的时代已被与基督徒的道德生活相关联，但它只在查理曼统治后期才突然成为了整个拉丁基督教世界道德改革的总体性话语。这本身就是一项特别的历史症候。"晚年查理曼"值得被当做一个独特的历史时段进行更深入的研究。这个时段的主题，并非冈绍夫所理解的查理曼的"失败"（échec）和他所开创的加洛林体制的"瓦解"（décomposition），也并非如海因里希·费希特瑙所描述的"皇帝的两个身体"的暮年挽歌，而是之前三十余年间在教会制度、文教和司法领域的改革运动向道德伦理改造的更深层转向，以及对欧洲基督教帝国更根本的宗教—统治基础的探寻。①

---

① François-Louis Ganshof, "The Last Period of Charlemagne's Reign: A Study in Decomposition" and "Charlemagne's Failure", in idem, *The Carolingians and the Frankish Monarchy: Studies in Carolingian History*, trans. Janet Sondheimer (Ithaca: Cornell University Press, 1971), 240–255, 256–272; and Heinrich Fichtenau, *The Carolingian Empire: The Age of Charlemagne*, trans. Peter Munz (New York: Harper and Row, 1964), 177–188.

《加洛林书信集》版本考

张楠（郑州大学历史学院）

《加洛林书信集》（Codex epistolaris Carolinus）是法兰克国王查理曼于791年[①]在雷根斯堡巡行之际下令誊抄的书信汇编，收录了739年至791年间来自罗马教宗的99封书信。这部教宗书信集涵盖的内容十分广泛，除了请求法兰克人帮助反抗伦巴德人的入侵和拜占庭帝国的欺压以外，还涉及教会法汇编、领地管理和异端惩治等问题。教宗在书信还中时常将加洛林统治者与旧约国王或基督徒皇帝君士坦丁大帝相提并论，不断称颂其对神圣教会的捍卫之功，是体现双方政教联盟的有力证据。该书信集是考察8世纪罗马教宗与法兰克王国、伦巴德王国和拜占庭帝国等诸多政治体之间相互关系的核心史料。在不少问题上，该文献甚至是唯一的史料来源，具有相当高的史料价值，而且与之相关的问题属于国际学界存在重大争议的前沿问题。

1. 9世纪单一抄本 ÖNB, Cod. 449

《加洛林书信集》仅有一份中古抄本幸存于世，现藏于维也纳的奥地利国家图书馆（Österreichische Nationalbibliothek），在1864年出版的馆藏抄

[①] 关于《加洛林书信集》的编写时间，查理曼宫廷的编者在开篇序言中指出是耶稣基督道成肉身的第791年，也即查理曼统治王国的第23年，故791年是学界通认说法。德国学者阿奇姆·托马斯·哈克（Achim Thomas Hack）给出更为具体的编写时间，即790年12月至791年8月。Achim Thomas Hack, *Codex Carolinus: Päpstliche Epistolographie im 8. Jahrhundert*, Bd. 1, Päpste und Papsttum 35, Stuttgart: Anton Hiersemann, 2006, S. 61-62.

本目录中编号为449号（缩写为ÖNB, Cod. 449）。[1]这份抄本的保存十分完好，原本采用木质封皮装订，18世纪后以牛皮重新包裹木壳予以加固。抄本正面内封上黑色大写字母标明"大主教维利伯特之书"（LIBER VVILLIBERTI ARCHIEPI (SCOPI)）字样。这一字条是从原抄本上截取下来，粘贴在新的封面内页之上；封底上同样用黑色小写字母写着"维利伯特之书"（Liber uuilliberti）。17世纪学者根据这一提示，认定该抄本为虔诚者路易时代鲁昂大主教维利伯特（Willibert，800—828年在任）所有，其在查理曼死后获得此书。但19世纪校勘者菲利普·雅菲（Philipp Jaffé，1819—1870年）否定此说，认为署名者应为东法兰克王国日耳曼人、路易时代的科隆大主教维利伯特（Willibert，870—889年在任），而且这位维利伯特不仅是所有者，很可能就是委托制作该抄本的人。因为该抄本使用的羊皮纸几乎是正方形尺寸，只有最后一页的下部被裁掉约四分之一，这一特征与同一时期产自科隆的抄本相吻合。抄本封面和封底的署名字迹来自抄本产生的年代，甚至有学者断定这就是

---

[1] 编号449的书目信息为：*Codex epistolaris dictus Carolinus, continens romanorum pontificum Gregorii VII, Zachariae, Stephani III, Pauli I, Stephani IV, Hadriani I et pseudo-papae Constantini epistolae nonaginta et novem ad principes et reges Francorum Carolum Martellum, Pippinum et Carolum Magnum.* 其中格里高利七世（Gregory VII，1073—1085年在任）可能是编者的讹误，实际应为格里高利三世（Gregory III，731—741年在任）。而斯蒂芬三世和斯蒂芬四世，在现代梵蒂冈官方出版的《宗座年鉴》中的名号为斯蒂芬二世（Stephen II，752—757年在任）和斯蒂芬三世（Stephen III，768—772年在任）。这是因为752年，有一位同样名为斯蒂芬的司铎虽然当选教宗，但三天后就去世了，尚未举行祝圣礼仪。因而，这位斯蒂芬是否能称为教宗的合法性存疑，大多数情况下未被纳入正统教宗的序列之中，而以小一号字体插录在名单之间。Academia Caesarea Vindobonensis ed., *Tabulae codicum manu scriptorum, praeter graecos et orientales in Bibliotheca Palatina Vindobonensi asservatorum*, Vol. I: Cod. 1–2000, Wien, 1864, p.74. 该抄本可从奥地利国家图书馆官网全文查看：https://digital.onb.ac.at/RepViewer/viewer.faces?doc=DTL_4591184&order=1&view=SINGLE。访问日期：2020年4月30日。*Annuario Pontificio per l'anno 2020*, Città del Vaticano: Libreria Editrice Vaticana, 2020.

外国制度史

科隆大主教维利伯特亲笔所写。该抄本自完成后可能一直保存在科隆大教堂图书馆，在整个中古时期鲜有使用痕迹。

近来，德国学者阿西姆·托马斯·哈克大致勾勒出该文献从雷根斯堡到科隆的流传迹象：791年，查理曼在雷根斯堡下令汇编教宗书信。母本完成之后，可能跟随查理曼被带回位于亚琛的宫廷图书馆。811年，查理曼立下遗嘱，死后卖掉图书，接济穷人。814年，查理曼去世，时任宫廷教长的科隆大主教希尔德巴尔德（Hildebald，787—818年在任）最有可能获得此书母本。但是，833年科隆大教堂图书馆图书目录，并没有 Codex epistolaris Carolinus 这一条目。因而，科隆大教堂可能晚于833年之后才获得母本，至维利伯特时期重新抄写副本。然而，由于史料信息匮乏，学者们很难完整地重建这份抄本的流传史。目前，学界普遍赞同雅菲的观点，将抄本归名于科隆大主教维利伯特。[1]

该抄本共98张羊皮纸，正反两面书写，每页大约画线29—30行。为了节省空间，整本书稿几乎没有分段和空行。下一封信的标题紧接着上一封信正文的结尾，在标题结束后则另起一行书写正文，通过颜色和大小写作出明显区分。若信中包含附录，则以红色大写字母标记"EMBOLUM"，附录的正文内容另起一行常规书写。哈克推测，这份抄本可能出自四位抄写者之手。因为，有几页字体较大，后来又变小，平均而言字母显得较为宽圆。墨水颜色不同，大部分深棕色，有些地方颜色较浅，之后又变黑。[2] 总体而言，该抄本主要包含以下两部分内容：

其一，教宗书信的汇编，用黑色墨水以加洛林小写体写成，主要包括739—791年教宗格里高利三世（2封）、扎迦利（1封）、对立教宗君士坦丁二世（2封）、斯蒂芬二世（6封）、保罗一世（31封）、斯蒂芬三世（5封）和哈

---

[1] Achim Thomas Hack, *Codex Carolinus: Päpstliche Epistolographie im 8. Jahrhundert*, Bd. 1, S. 80-83.

[2] Achim Thomas Hack, *Codex Carolinus: Päpstliche Epistolographie im 8. Jahrhundert*, Bd. 1, S. 83.

德良一世（46封）七位教宗写给加洛林王朝早期四位重要的统治者——宫相查理·马特、国王丕平三世（即矮子丕平）、查理曼和卡洛曼的书信93封。此外，该书信集还收录斯蒂芬二世致法兰克王国诸位公爵的书信1封和托名圣彼得致全体法兰克人的书信1封、保罗一世以罗马元老院和民众的名义写给丕平的书信1封以及哈德良一世写给西班牙主教的书信3封，共计99封。其中98封完整，1封因与上一封书信内容雷同，抄写者将其省略，仅提供详细摘要。

其二，法兰克编者的序言和书信提要，用红色墨水以罗马方块大写体写成，清晰醒目，强调意味明显，也便于索引查询。序言主要记录编者应查理曼之命整理教宗书信的具体情况。从抄本整体来看，编者原本计划为每封书信撰写提要，以同样的程式列出寄信人、收信人、送信人和书信内容等简明信息。但其中有4封书信开头虽然留出空白，但未书写内容；有1封书信开头因前面书信提要重复而失去书写空间。因而，抄本中共计94份书信提要。但19世纪的校勘者并未重视这部分原始文本，将其放入脚注之中，而在每封书信前代之以自己所撰写的更为符合近代学术研究之需的内容简介。直到2014年《加洛林书信集》的英译者之一、荷兰学者多利尼·范·艾斯佩罗（Dorine van Espelo）的博士论文才重新强调这部分文本的史料价值，并将这部分单独整理出版。[1]2017年，拉丁德语对照译本正式将书信提要作为文本的一部分，同书信正文一起完整译出。

综上可见，这份抄本所承载的文献本质上为罗马教宗和法兰克编者双方共同写就的作品，而其形成却源自查理曼的意图。法兰克编者在序言中阐明，当时有很多莎草纸上书写的信件因保存不善而受到损坏，甚至已经不慎遗失。因而，查理曼下令将书信誊抄到更易保存的羊皮纸上。从数量上来看，8世纪上半叶留存下来的教宗书信的确较少，二十年间仅存3封，而

---

[1] Dorine van Espelo, *A Testimony of Carolingian Rule. The Codex epistolaris Carolinus as a Product of its Time* (Dissertation), Utrecht University, 2014.

外国制度史

754年斯蒂芬二世与矮子丕平缔结法兰克—教宗联盟之后书信逐渐增多,保罗一世和哈德良一世最为丰富。此外,编者还透露说,查理曼汇编书信的目的还在于使"他的后继者不至于缺失来自神圣教会的有利见证"[1]。在中世纪早期,教宗书信大多是由签发者收集汇编,如格里高利一世、约翰八世、格里高利七世等,而《加洛林书信集》是由收信人汇编而成,这在中世纪早期是很少见的。

同时,该书信集还是加洛林时代最早的书信汇编之一。但抄本中所收录的99封书信并没有给出具体的书写时间,其排序大致遵循加洛林家族世系和教宗任期顺序。但有些地方并不符合教宗的任期顺序,也不符合书信产生的时间顺序。例如,斯蒂芬二世的2封书信就放在其前任扎迦利之前,扎迦利之后是斯蒂芬二世的另外6封书信;而对立教宗君士坦丁二世的2封书信放在整部抄本的最后;保罗一世和哈德良一世诸多书信的抄写顺序也显得颇为杂乱,与信中涉及历史事件的发展顺序并不吻合。笔者推测,抄本中书信编排存在依据书信对于加洛林王室之重要性来排序的内在逻辑。如斯蒂芬二世的2封书信,即抄本第3封信是以圣彼得名义致法兰克国王丕平和全体法兰克人,第4封信是致法兰克国王丕平和全体法兰克贵族,而第5封扎迦利致丕平的书信,还称丕平为宫相。从标题来看,编者解释丕平名号的变化,显然是非常清楚扎迦利和斯蒂芬二世的任期顺序,却故意将斯蒂芬二世放在扎迦利之前,又特地对丕平名号作出解释,以免产生误导。对立教宗君士坦丁二世的2封书信因其非法身份而被置于书信集的最后,标题中称其为"俗人教宗"。教宗哈德良一世将查理曼类比为"新君士坦丁"的书信被排在其名下46封书信之首。也即是说,法兰克编者对教宗书信的价值有着清醒的认知,存在刻意利用教宗证词来提升加洛林君主形象的倾向。

---

[1] "ut nullum penitus testimonium sanctae ecclesiae profuturum suis deesse successoribus videatur." *Cod. Carol.*, p.476.

2. 16 世纪对中古抄本的重新发现和应用

16 世纪上半叶,哈布斯堡王朝的外交官和人文主义者卡斯帕·冯·尼德布鲁克(Kaspar von Niedbruck,1525—1557 年)[①]到访科隆。他从科隆大教堂图书馆发现这份抄本,并将其带到雷根斯堡。[②]尼德布鲁克死后,该抄本被收藏到维也纳哈布斯堡家族的皇家宫廷图书馆(Kaiserliche Hofbibliothek),也就是现在的奥地利国家图书馆。

16 世纪下半叶,新教学者马提亚斯·弗拉奇乌斯(Matthias Flacius,1520—1575 年)在马格德堡编撰《教会史》(*Ecclesiastica Historia*)之时曾受到尼德布鲁克的大力资助,还借用到其所收藏的上述抄本。弗拉奇乌斯收录抄本中前 8 封书信的完整文本,对其他剩余书信则进行简要地摘编处理,使得这批教宗书信第一次为世人所知。[③]很快,为了回击新教改革派带有强烈反教宗色彩的

[①] 尼德布鲁克出生于洛林地区的新教贵族家庭,自幼年起就在欧洲各地受到非常良好的人文主义教育,在意大利获得法学博士学位。他追随父亲效力于哈布斯堡家族,因精通各国语言而成为皇帝费迪南一世的外交官和皇储马克西米连二世的顾问。作为学者,尼德布鲁克利用外交职务便利,遍访欧洲各大图书馆和档案馆,广泛搜罗古代文献用于学习和研究,撰写了不少法学和语文学方面的文章。作为新教徒,他曾在斯特拉斯堡听过加尔文布道,后来在埃尔福特和维滕堡结识了菲利普·梅兰希通(Philipp Melanchthon,1497—1560 年)和马提亚斯·弗拉奇乌斯等路德派宗教改革者。

[②] 尼德布鲁克还带回另外一份同时代抄本,收录有卜尼法斯书信、新约经文、奥古斯丁布道辞等神学相关内容。这份抄本被命名为《神学汇编》(*Theologische Sammelhandschrift*),编号为 751。Academia Caesarea Vindobonensis ed., *Tabulae codicum manu scriptorum, praeter graecos et orientales in Bibliotheca Palatina Vindobonensi asservatorum*, p.126. 该抄本亦可全文查看:https://digital.onb.ac.at/RepViewer/viewer.faces?doc=DTL_7949538&order=1&view=SINGLE。访问时间:2020 年 5 月 2 日。

[③] 这部《教会史》因一个世纪一卷的编撰方式,也被称《马格德堡世纪》(*Magdeburg Centuries*)。相关史料介绍可参见王晴佳、李隆国《外国史学史》,(转下页)

《教会史》,罗马教廷的枢机主教凯撒·博洛尼乌斯(Kardinal Caesar Baronius,1538—1607年)开始着手编撰基于天主教立场的《教会年代记》(Annales Ecclesiastici)。这部大型年代记采用一年一记的传统方式进行编撰,即按照每一任教宗在任期间历史事件的发展顺序来编排史料,其中同样用到《加洛林书信集》中的部分教宗书信。博洛尼乌斯将这些书信与其他同时代史料相互结合,按照自己的理解编入各自的产生年份和历史叙事之中,首次对教宗书信作出具体的编年排序。①

3. 17—18世纪对中古抄本的修订

17世纪初,时任皇家宫廷图书馆馆长的塞巴斯蒂安·腾纳格尔(Sebastian Tengnagel, 1563—1636年)聘请德国学者耶稣会士雅克布·格里特瑟尔(Jakob Gretser, 1562—1625年)对书信抄本进行全面整理。但格里特瑟尔并没有亲自到维也纳查看抄本,而只是收到腾纳格尔为其制作的一份副本。为了制作这份副本,腾纳格尔在原始抄本上作出大量修订。他对正文的缩写词汇进行补充,对文本内容也作出大量修改,甚至掩盖抄本原本的字迹,致使印刷本和后世校勘本大多都自觉或不自觉地吸纳了他的"文本"。腾纳格尔所作的修订,虽然有助于使文本符合时人的阅读习惯,但这种对待珍贵抄本不够谨慎的

(接上页)北京大学出版社2017年版。该《教会史》的电子文本可从德意志历史文献研究所和慕尼黑大学合作项目——中世纪晚期史料汇编(Quellen zur Geistesgeschichte des Spätmittelalters)的官网全文查看 http://www.mgh-bibliothek.de/digilib/quellen.htm。访问日期:2020年5月3日。对马提亚斯·弗拉奇乌斯的专门研究,可参见 Martina Hartmann, Humanismus und Kirchenkritik. Matthias Flacius als Erforscher des Mittelalters (Beiträge zur Geschichte und Quellenkunde des Mittelalters. Bd. 19), Stuttgart: Thorbecke, 2001。

① Caesar Baronius, Annales ecclesiastici a Christo nato ad annum 1198, Vol. 12 (680-761), 1742(修订版)。

行为，遭到后世学者激烈批评，也引发不少学术争议。[①] 1613 年，格里特瑟尔在因戈尔施塔特（Ingolstadt）出版维也纳抄本的第一份完整版印刷本，冠名为《罗马教宗书信集》（*Volumen Epistolarum quas Romani Pontifices*）。[②] 格里特瑟尔在序言中简要概述了抄本的产生、用途和流传等问题。在正文中，他自觉遵循腾纳格尔的编排方式，即抄本的抄写顺序。虽然，格里特瑟尔并没有就书信的编年和排序问题展开具体的学术研究，但他还是按照当时的旁注惯例，在书信正文的开头处标出该信在弗拉奇乌斯《教会史》和博洛尼乌斯《教会年代记》等相关著作中对应的位置及编年信息。

17 世纪 70 年代，腾纳格尔之后的馆长彼得·兰贝克（Peter Lambeck，1628—1680 年）在出版皇家宫廷图书馆藏品目录时，将这份抄本简称为《加洛林书信集》（*Codex Carolinus*），强调抄本与查理曼之间的关系。此后，《加洛林书信集》（*Codex Carolinus* 或 *Codex epistolaris Carolinus*）这一名称一直沿用至今。格里特瑟尔版的教宗书信集在面世之后，一直深受欧洲知识界的普遍欢迎，先后被全文收录或部分摘编到当时颇具影响的各大史料汇编之中。如，法国学者安德烈·杜申（André Duchesne，1584—1640 年）在巴黎出版的《法兰克历史作家集成》（*Historiae Francorum Scriptores*, III, 701—827, 1641）[③]、法国耶稣会士菲利普·拉贝（Philippe Labbé, 1607—

[①] 瑞士文献学家汉斯·弗斯特（Hans Foerster，1885—1966 年）指出，腾纳格尔不仅损坏了原始文本，而且对现代校勘本也造成灾难性影响。Hans Foerster, Codex epistolaris Carolinus, in *Archivalische Zeitschrift* 59, 1963, S. 160-161.

[②] Clemens Gantner, *Freunde Roms und Völker der Finsternis: Die päpstliche Konstruktion von Anderen im 8. und 9. Jahrhundert*, Wien Köln Weimar: Böhlau Verlag, 2014, S. 39.

[③] 安德烈·杜申是 17 世纪法国的历史学家和地理学家，也被普遍视为"法国史学之父"。因为，他是第一个以近代史学批判方法收集、整理和出版法国民族史学的历史学家。他的《法国历史作家集成》原计划囊括 24 卷全面系统的法国民族史学，但最终只出版 5 卷，其中后 3 卷出自其子弗朗西斯·杜申（François Duchesne，1616—1693 年）之手。

外国制度史

1667年）和加布里尔·科斯阿特（Gabriel Cossart，1615—1674年）共同编校的《宗教会议·王室补编版》（*Sacrosancta Concilia ad regiam editionem exacta*, VI, 1671）、意大利学者路德维克·安东尼奥·穆拉托里（Lodovico Antonio Muratori, 1672—1750年）编校的《意大利历史作家集成》（*Rerum Italicarum Scriptores*, III. 2, cols. 73-282, 1734）[1]和法国学者多姆·马丁·布凯（Dom Martin Bouquet, 1685—1754年）在巴黎出版的《高卢和法兰克历史作家汇编》（*Recueil des Historiens des Gaules et de la France*, V, 485-591, 1744）[2]，等等。

1760年，罗马教廷的教会学者加塔诺·切尼（Gaetano Cenni，1698—1762年）在汇编《教宗文献集成》（*Monumenta Dominationis Pontificiae*）时，并没有简单机械地采用格里特瑟尔的版本。他结合当时文献学和历史学的专业知识，推断出每封书信的产生年代，对格里特瑟尔版，也即原抄本的编排顺序作出修订。他按照自己推算的书信产生的时间顺序重新编目，并列出表格与抄本进行参照。[3]例如，他将扎迦利的书信提到斯蒂芬二世之前，将对立

---

[1] 穆拉托里是18世纪意大利著名历史学家和文艺理论家，曾受命于米兰大主教卡洛·博罗梅奥担任安布罗斯图书馆馆长。他对历史、哲学、法学、文学均有深入研究，用拉丁文、意大利文撰写了古代史和中世纪史专著多部，其中以12卷本的《意大利编年史》（*Annali d'Italia*）最为著名，为意大利现代历史学研究奠定了基础。

[2] 布凯出版的《高卢和法兰克历史作家汇编》第五卷没有收录格里高利三世和扎迦利的书信。Dom Martin Bouquet, ed., *Recueil des Historiens des Gaules et de la France*, Vol. 5, Paris, 1744, p.485. 布凯所开启的史料汇编工作可以视为安德烈·杜申的延续，而布凯去世，他的工作又断断续续由其他学者接手。1904年，《高卢和法兰克历史作家汇编》的最后一卷第24卷出版，宣告这项漫长的史料汇编工程最终完成。2005年，法国国家图书馆（Bibliothèque nationale de France）开放该汇编的电子版可供查看。

[3] Gaetano Cenni, ed., *Monumenta dominationis pontificiae sive Codex Carolinus*, Rom, 1760, p.LIV.

教宗君士坦丁二世的书信提到斯蒂芬三世之前。① 切尼的编排虽然符合历史顺序，但与抄本顺序差异较大，在一定程度上掩盖了抄本制作者，甚至是查理曼对教宗书信的编排意图。19世纪德国学界的两个校勘本都采用切尼的编排方式，但在编年问题上仍然存在争议。事实上，抄本之中的编年顺序和抄本背后查理曼、编写者或科隆大主教维利伯特的编排用意，长期以来始终是学界争论的焦点。19世纪，法国神父雅克－保罗·米涅（Jacques-Paul Migne，1800—1875年）将切尼的版本收录于《教父大全·拉丁编》（Corpus Corporum, Patrologia Latina, 98, cols. 9-458, 1862）之中，使之广为流传。

4. 19世纪的两份校勘本及其存在问题

1867年，出生于波兹南的德国犹太学者菲利普·雅菲将《加洛林书信集》（Codicis Carolini epistolae）收录他所编校的《日耳曼史事文库》（Bibliotheca rerum Germanicarum）的第四卷《加洛林集成》（Monumenta Carolina）之中。② 从序言来看，雅菲特地从维也纳皇家图书馆借来馆藏抄本，并依据抄本重新对切尼版进行校勘和注释。雅菲的精校精注本受到当时德语学界普遍积极的评价，还为德国大型通史系列《德国历史年鉴》（Jahrbücher der Deutschen

---

① Donald Bullough, "The Dating of Codex Carolinus Nos. 95, 96, 97, Wilchar and the Beginnings of the Archbishopric of Sens", Deutsches Archiv für Erforschung des Mittelalters, 1962, S. 223-230; Hans Foerster, "Codex epistolaris Carolinus", Archivalische Zeitschrift, Bd. 59 (1963), S. 159-165. 最新的研究动态和目录整理，可参见德译本的导言部分。Florian Hartmann, Tina B. Orth-Müller, Codex epistolaris Carolinus: Frühmittelalterliche Papstbriefe an die Karolingerherrscher, Darmstadt: Wissenschaftliche Buchgesellschaft, 2017, S. 11-28.

② Philipp Jaffé, ed., Codicis Carolini epistolae, in Bibliotheca rerum Germanicarum IV, Monumenta Carolina, Berlin: 1867, S. 1-306.

外国制度史

Geschichte）的撰写奠定了史料基础。[1]但是，奥地利文献学家提奥多·冯·西克尔（Theodor von Sickel，1826—1908年）也指出雅菲版存在的不足之处。如，腾纳格尔对抄本的添加和修改的不少内容，被雅菲当做"原文"采纳到校勘本之中；而雅菲对一些书信产生年代的判断并不完全可信，且在文书学上也犯下一些疏忽和错误。[2]

1892年后，应德意志史料集成研究所（Monumenta Germaniae Historica，简称为MGH）整理911年前墨洛温和加洛林时代传世书信这一专项工程的需要，德国学者维尔海姆·古德拉赫（Wilhelm Gundlach，1859—1907年）承担其中《加洛林书信集》的校勘工作。他在完成校勘任务之后，撰写长文进一步解说自己的校勘本。其中提到，时任维也纳皇家图书馆馆长的恩斯特·比尔克（Ernst Birk，1810—1891年）拒绝将价值连城的抄本寄送柏林。因而，他并没有亲自查验抄本，而是采用MGH前任主席格奥尔格·佩茨（Georg Pertz，1795—1867年）于1820年在维也纳出差时参照抄本所修订的切尼版。但佩茨也没有校勘完，还剩下哈德良一世的两封长信。古德拉赫还给当时身处维也纳的同事米歇尔·谭格尔（Michael Tangl，1861—1921年）寄去一张问题列表，尤其是佩茨与雅菲之间的差异问题，请其查验抄本并予以解答。最终，他大部分采取佩茨和谭格尔的意见，对雅菲疏忽大意造成的错误进行修订，但没有超出常规的校对工作。[3]古德拉赫版刚一出版就受到德国学界的普遍重视，但很快遭到MGH研究所同事、后来成为主席的保罗·F. 科尔（Paul F. Kehr，1860—1944年）的尖锐批评。科尔指出，古德拉赫并没有重新考订维也纳抄本，也没有深入了解西克尔对雅菲版的评论，没有解决西克

---

[1] Achim Thomas Hack, *Codex Carolinus: Päpstliche Epistolographie im 8. Jahrhundert*, Bd. 1, S. 42.

[2] Theodor von Sickel, "Rezension von Monumenta Carolina", *Historische Zeitschrift*, Bd. 19 (1868), S. 182-190.

[3] W. Gundlach, "Über den Codex Carolinus", *Neues Archiv der Gesellschaft für ältere deutsche Geschichtskunde*, Bd. 17 (1892), S. 527-566.

尔提出的问题。他认为古德拉赫版充其量只是对雅菲的"改良性重复",甚至称其为"一部失败之作"。①之后,科尔还对校勘本中保罗一世书信的编年问题提出具体意见。②事实上,虽然古德拉赫版对学术的推进十分有限,但因较之雅菲版更加细致规范而成为学界通行版本。

1962年,奥地利艺术史家弗兰茨·乌特克里彻(Franz Unterkircher,1904—1989年)将奥地利国家图书馆馆藏抄本(ÖNB, Cod. 449)予以影印出版并撰写导言。乌特克里彻的影印本为雅菲版和古德拉赫版中有争议的问题,尤其是腾纳格尔的修订痕迹提供了可供检验的确切信息。③

5. 21世纪现代语译本

2017年,德国亚琛工业大学弗洛里安·哈特曼(Florian Hartmann)教授和拜仁州立图书馆的缇娜·B. 奥瑟－穆勒(Tina B. Orth-Müller)博士合作推出《加洛林书信集》的拉丁语-德语对照译注版。④该译本又重新遵循抄本顺序进行排列,并给出古德拉赫校勘本中相对应的序号和系年。除德语学界之外,在剑桥大学罗萨蒙德·麦克特里克(Rosamond Mckitterick)教授的推动下,该文献集的英译本于2021年5月出版。可见,国际学界对这份文献的重视程度和研究兴趣与日俱增。

---

① Paul F. Kehr, "Rezension von Wilhelm Gundlach (ed.), Codex Carolinus", *Göttingische Gelehrte Anzeigen*, Bd. 155 (1893), S. 871-898.

② Paul F. Kehr, Über die Chronologie der Briefe Papst Pauls I. im Codex Carolinus, in *Nachrichten von der Gesellschaft der Wissenschaften zu Göttingen. Philologisch-Historische Klasse*, 1896, S. 102-157.

③ Franz Unterkircher, *Codex Epistolaris Carolinus: Österreichische Nationalbibliothek, Codex 449*, Ganz: Akademische Druck- u. Verlagsanstalt, 1962.

④ Florian Hartmann, Tina B. Orth-Müller, *Codex epistolaris Carolinus: Frühmittelalterliche Papstbriefe an die Karolingerherrscher*, 2017.

封建，势也：加洛林分国制度新论[*]

李隆国（北京大学历史学系）

1978年，马克垚先生发表《学习马克思恩格斯论东方古代社会的几点体会》，开始了反思和分析中西古代社会的新探索。1985年出版的《西欧封建经济形态研究》，是这一探索的重要成果。在这部名著中，马先生辨章学术、考镜源流，系统地梳理了学术界阐释前现代社会经济和政治特征的基本学术流派，并基于更加丰富广泛的历史经验现象彻底反思了封建社会。此后经过比较封建时代各个主要文明的经验材料，马先生发表了《英国封建社会研究》（1992年）、《封建政治经济概论》（2010年）以及《古代专制制度考察》（2017年），形成了具有中国学者特色的封建社会理论。四十余年后的今天，我们发现，马先生的学术探索不仅启发了中国学者，也是全世界范围内封建制度学术大协奏曲中的重要和声。

借助于马先生的理论反思和研究，本文拟首先对近年来国内外学术界有关封建制度的讨论作一个总结。在此基础之上，以加洛林王朝的分国历史作为案例，利用本土资源，即中国古代的封建理论加以分析。所谓他山之石，可以攻玉。不确之处，请马先生和各位方家不吝指教！

一、争鸣封建制

世纪之交，中国的历史学家们对中国古代的封建制度或者封建社会展开了

---

[*] 本文曾得到马克垚、赵进中、杜勇涛、刘群艺、李云飞、刘寅以及王晴佳老师主持的文章以及诸位年轻学者的批评和建议。谢谢他们的学术帮助。

激烈的争鸣。争鸣的焦点是冯天瑜先生的《"封建"考论》一书。在这一册出版于 2006 年的作品中，通过梳理"封建社会"这一概念在汉语中的演变，对照西方中古封建制度和马克思恩格斯的相关论述，作者认为存在一种概念使用上的"泛化"。"在 20 世纪初叶之前中国传统经史语汇中'封建'一词与'郡县'相对，专指封邦建国，语义明确。19 世纪后半叶以降，日本及中国启蒙学者以'封建'对译西语之'feudalism'，基本恰当。20 世纪 30 年代以来，'封建'之义在中国发生了重大变异，日趋泛化。这种'泛化封建观'，与马克思主义的封建社会原论、中国传统文化的经史原义、中日启蒙学者的早期原译'名实错位，形义脱节'。"① 他主张恢复中国古代狭义的、与郡县相对的封建话语。

与此同时，世界史研究者也在探究中古西欧的封建制与中国古代封建制的异同，质疑这一西方的历史学术话语是否可以适用于中国历史。1991 年，中国学者林志纯先生从中西古典比较学的角度开始质疑封建制度作为历史分析范畴的"普世性"。1991 年他发表《"封建主义"问题（论 FEUDALISM 百年来的误译）》，认为中国西周时期的封建是殖民封邦，"当然不是中世纪西方的 Feudalism"。将封建主义对应于中国西周的封建制度，是误译。② 1996 年，林先生进一步认为中国并没有欧洲那样的中世纪和封建社会。③ 2005—2006 年，侯建新教授发表《"封建主义"概念辨析》和《"封建主义"——概念错位的原委及应对》，积极参与围绕封建话语的学术争鸣，得出了更为激进的结论："西欧 Feudalism 是欧洲历史发展的产物，只属于欧洲；中国的先秦是封建制，唯其符合中文'封建'之本义；秦代至清代是皇权专制制度。它们本是三个不

---

① 隋唐:《〈"封建"考论〉暨"封建社会"再认识学术研讨会在武汉举行》,《社会科学论坛》2006 年第 11 期。

② 日知:《"封建主义"问题（论 FEUDALISM 百年来的误译）》,《世界历史》1991 年第 6 期。

③ 张强:《日知先生与"封建主义"问题研究》,《东北师大学报》（哲学社会科学版）2005 年第 3 期。

同的概念，谁也不能涵盖谁，就中西中古社会而言则属于前近代时期不同的社会形式，不应简单对译，混为一谈。"①

2008年，中国社会科学院中国古代史研究所、中国社会科学院经济研究所和中国社会科学杂志社《历史研究》编辑部从这些争鸣文章中，选择了一部分加以编辑出版，是为《"封建"名实问题讨论文集》。论文集比较客观全面地反映了这一次学术争鸣的基本面貌。面对学术挑战，中国学术界经典的广义封建社会学说，在争鸣中得到了进一步的阐发。2010年，马克垚教授的《封建政治经济概论》的出版，是对这一学术争鸣的积极回应。在这部重要的作品中，马先生试图回答如下三个问题：中国古代是否存在封建社会；如果存在，这种封建社会是否也能够被纳入到马克思主义的封建社会体系中并进行比较研究；最后，这种比较研究又能揭示出一个怎样的封建社会。②通过分析，《封建政治经济概论》系统论证了以大土地所有制和小农经济相结合的封建经济社会形态，具有"普世性"。

在这次讨论中，黄春高教授发表了多篇介绍和分析文章，除了收录上述论文集中的《"封建主义的悖论"与中古西欧封建国家》，按照发表时间的先后，还有《有关封建主义研究的新动向——苏珊·雷诺兹的〈封土与封臣〉及其他》《追寻中世纪"权力的历程"——托马斯·N.比森的权力史研究》以及《走向领主权：中世纪欧洲史研究的新趋势》等。③通过这些作品，中国学者们意识到，围绕封建主义发生的名实之辨不仅仅是中国学术界的独特现象，也是世界范围内封建主义大争鸣的一个有力和声。回到传统的狭义的封建话语与

---

① 侯建新：《"封建主义"——概念错位的原委及应对》，《历史教学》2006年第1期。
② 马克垚主编：《中西封建社会比较研究》，学林出版社1997年版，第1页；马克垚：《封建政治经济概论》，人民出版社2010年版。
③ 黄春高：《有关封建主义研究的新动向——苏珊·雷诺兹的〈封土与封臣〉及其他》，《世界历史》1999年第5期；黄春高：《追寻中世纪"权力的历程"——托马斯·N.比森的权力史研究》，《历史研究》2008年第5期；黄春高：《走向领主权：中世纪欧洲史研究的新趋势》，北京大学历史学系编：《北大史学》，北京大学出版社2014年版。

封建，势也：加洛林分国制度新论

封建主义的"泛化"构成了当下封建主义大争鸣光谱的两极。

在分析国际学术界的大争鸣之前，有必要对国内学术界的讨论略作评述。顾名思义，这场围绕封建名实展开的讨论，是讨论词与物的关系，旨在重估封建主义作为历史分析术语的时空适用性。讨论的具体所指为西方狭义的封建主义理论、中国古代的封建观念以及当下的马克思主义封建社会形态学说，三者之间是否具有可通约性。由于前两者都是从政治法制的角度来分析，而马克思主义的封建学说则是着眼于社会经济，因此，争论的核心其实在于：作为政治法制的封建之制与作为社会经济分析范畴的封建社会学说之间的关系。① 因此，毫不奇怪，讨论的焦点是中国古代的封建话语与当下流行的封建话语之间的可通约性。争论双方似乎侧重于强调两种封建话语的不同之处，而对它们之间的共通性有所忽略。

自秦行郡县，汉代魏晋皆郡县封建并行，到唐五代时期，郡县和封建作为两种维护王朝传承的治理模式，不仅经历了长期的实践，而且在理论上也发生着争议。元代学者马端临的《封建考》对此作了系统的总结："秦既并天下，丞相绾请分王诸子，廷尉斯请罢封建，置郡县，始皇从之。自是诸儒之论封建、郡县者，历千百年而未有定说，其论之最精者，如陆士衡、曹元首则主绾者也；李百药、柳宗元则主斯者也。二说互相排诋，而其所发明者，不过公与私而已。曹与陆之说曰：'唐、虞、三代公天下以封建诸侯，故享祚长；秦私天下以为郡县，故传代促。'柳则反之曰：'秦公天下者也。'眉山苏氏又从而助之曰：'封建者，争之端、乱之始、篡杀之祸，莫不由之。李斯之论当为万世法。'而世之醇儒力诋之，以为二氏以反理之评、诡道之辨而妄议圣人。然则后之立论者，宜何从以封建为非耶？是帝王之法，所以祸天下后世也。以封建为是耶？则柳、苏二子之论，其剖析利害，指陈得失，莫不切当，不可废

---

① 因此，本文仅仅将封建话语区分为两种：狭义的封建主义和广义的封建主义。政治法制意义上的封建制度即狭义的封建主义；广义的封建制度等于社会经济意义上的封建社会，包括马克思主义封建社会形态学说在内。

也。愚尝因诸家公私之论而折衷之曰:"封建、郡县皆所以分土治人,未容遽曰此公而彼私也。然必有公天下之心,然后能行封建,否则莫如郡县;无公天下之心,则欲行封建,是授之以作乱之具也。"①

中国古代讨论封建之制的出发点为"公"与"私"。对于封建和郡县,哪一种更加能够实现公天下的政治理想,说法不一。柳宗元、苏轼等人认为郡县制方可实现天下为公;但其他儒家的代表人物,则认为封建制才是实现公天下的最佳模式。马端临支持后者。他认为,所谓封建,即封土建国,是王(皇)权的分享机制。理想的封建制需要有两个条件,一是制度理念上,人主有彻底的公天下之心,真正选贤与能,信任受封者;二是要靠良好的法制来维系,所谓上下相维,依法治理,互相约束,方可达成。封建之制离公天下的理想最为接近;如果良好的封建制无法实现,那么就只能退而求其次,选择郡县制了。郡县制则是将天下视为天子之私产的结果。从历史进程而言,自周朝以后,封建制名存实亡。这是因为历代人主为了防止诸侯坐大,处心积虑,处处设防,限制诸侯,从实封到虚封;从分享土地到分享税收。故徒有封建之名,而无封建之实。

尽管马端临客观地说明了封建之制的演化趋势,但是,因为拘泥于儒家的道德评判,执着于"公天下"之理想,他并不能客观地评价柳宗元等人的封建观。柳宗元认为,封建制是人类历史上的必然现象,代表了政治共同体逐渐扩大地理范围过程之中的一种伴生状态,即人类最初存在多个竞争性的政治共同体。所以,他说"封建,势也",即不得不发生的历史趋势。但是随着政治共同体之间的竞争加剧,最终会实现某种统一,由此而实现由封建到郡县的转变。与世袭传承、家族垄断的封建之制相比较,郡县制更加接近于公天下的政治理想。从这个角度,柳宗元对封建制进行了批评:"封建非圣人意",即封建

---

① 马端临:《文献通考》卷265《封建考》6。

不是圣人制作的结果。①

　　柳宗元的封建论,属于政治法制的封建话语,也与西方的类似封建理论存在高度一致的思维逻辑。从国家和公权力的演变史而言,它们都指出了类似的历史发展趋势:封建之后是王权的强大以及相应的官僚制度,封建世袭垄断权力将被官僚权力所取代。但是,从公私权力的角度,从封建到郡县,到底是进步抑或退化？通过选拔而实现的官僚制固然具有强烈的公天下色彩,但是,这一制度所服务的君主制却以私天下为根本特征。所以,君主制最终会受到宋元大儒们的怀疑,因为他们认为封建是理想的公权力分享制度,郡县制是皇权的分享制度。

　　封建名实大讨论表面上是古今中外三种封建话语之间的对话,实质上则是政治法制型封建之制与社会经济意义上的封建社会之间的分与合。一方坚持广义的封建理论,从社会经济的层面来研究中国古代历史；另一方主张回到古代的或狭义的封建话语。同样是从名实的角度来反思封建话语,国际学术界的讨论路径似乎又略有不同。

二、封土、封臣与封建革命②

　　如同中国古代封建话语一样,西方最初的封建理论是围绕法制而形成

---

① 古典文献教研室:《〈封建论〉译注》,《北京大学学报》(哲学社会科学版)1973年第4期。

② 限于篇幅,这一部分并没有专门介绍马克思主义封建社会理论的学术动态,因为比森认为马克思主义的封建理论对实证史家缺乏吸引力,见 Thomas Bisson, "Review of Jürgen Dendorfer and Roman Deutinger (eds.), Das Lehnswesen im Hochmittelalter: Forschungskonstrukte-Quellenbefunde-Deutungsrelevanz", *German Historical Institute London Belletin*, Vol. 33, No. 1 (2011), pp.104-112。而苏珊·雷诺兹则认为马克思主义的封建理论简单明了,没有那么多的漏洞,见 Susan Reynolds, "The History of the Idea of Lehnswesen", *German Historical Institute London Belletin*, Vol. 39, No. 2 (Nov., 2017), pp.3-20。

的，是以12世纪神圣罗马帝国境内的《封土之律》为主要史料进行的总结。到启蒙时代，启蒙主义者出于批判现实之需，研究历史，逐渐将封建话语泛化，如孟德斯鸠等，将封建作为与当时专制君主制相对立的一套政治制度。①19世纪初，圣西门开始彻底泛化封建之制。他将"神学封建体系"视为欧洲历史发展的一个漫长阶段，处在当下的社会组织体系，即科学实业体系，与古代希腊罗马的"社会"之间。②此后，马克思、恩格斯等人进一步将封建制与奴隶制和资本主义相对而论。马克思主义在苏联被广泛地引入到历史研究中，封建制度作为一种社会经济形态话语正式确立。1939年法国学者马克·布洛赫基于法国的经验材料和学术传统，从土地占有与人身依附关系的角度，撰成《封建社会》一书，从社会的角度来理解封建主义。《封建社会》成为西方史学界广义封建主义的代表性作品，③作为应对，比利时学者弗朗索瓦·冈绍夫在德国学者海因里希·米泰斯的研究成果之上，基于封土与封臣之结合，写作了《何为封建主义》，以卢瓦尔河和莱茵河之间的地区为个案，重视加洛林时代的重要性，对诸家学说提要勾玄。《何为封建主义》是狭义封建主义的代表作。④

法国学者乔治·杜比以区域研究发展了马克·布洛赫的经典理论，于1953年发表《11至12世纪马孔地区的社会》。利用克吕尼修道院和圣文森特修道院的档案材料，杜比解释了10世纪80年代—11世纪30年代突然发生的社会大变动，即后来成为新解释范式的"封建革命"说。⑤20世纪70年代，

---

① 〔法〕孟德斯鸠：《论法的精神》，许明龙译，商务印书馆2012年版；马克垚：《封建政治经济概论》，人民出版社2010年版；〔奥〕奥托·布鲁纳：《"封建主义"概念史》，黄艳红译，《经济社会史评论》2012年第5辑。
② 〔法〕圣西门：《适用于十九世纪的几个哲学论点》，《圣西门选集》第2卷，董果良译，商务印书馆1962年版，第251—278页。
③ 〔法〕马克·布洛赫：《封建社会》（上下卷），张绪山等译，商务印书馆2004年版。
④ 〔比〕弗朗索瓦·冈绍夫：《何为封建主义》，张绪山、卢兆瑜译，商务印书馆2016年版。
⑤ F.L. Cheyette, "Georges Duby's Maconnais after fifty years: reading in then and now", *Journal of Medieval History*, 28 (2002), pp.291-317.

皮耶尔·图贝尔对拉齐奥地区、皮耶尔·博纳西对加泰罗尼亚地区、让-皮耶尔·波里对普罗旺斯地区的个案研究，使得杜比的理论突破成长为一种新的封建主义新范式。J.-P·波里和E.布赫纳泽尔于1980年出版《公元一千年的革命》，这一新学说正式得名。波里和布赫纳泽尔从学术史的角度，总结了"封建革命"的基本学术特征：封建主义并非仅仅是一套政治制度，它下以10世纪的乡村经济复兴为依托，上以集体想象作为意识形态支持，是10世纪末突然产生，并延续至13世纪的具有总体性的社会制度。[①] 美国学者托马斯·比森则将皮耶尔·博纳西于1978年出版的《从奴隶制向封建制过渡的西南欧洲》视为"封建革命"这一提法的最早表达。[②]

封建革命说正是随着比森的学术活动而影响到英语世界。20世纪60年代，美国学术界对封建话语存在着广泛的质疑，1968年弗里德里克·切耶特编订的《中古欧洲的领主权与共同体文选》，围绕封建主义话语展开，但是书名中不见任何蛛丝马迹。[③]1973年，比森在美国中世纪协会举办的年会上发表了《中古和平运动的制度结构》，宣称自己还不想与封建主义理论有任何瓜葛，因为在研究具体史事和现象的时候，可以暂时不涉及封建主义等大理论。坐在台下听讲的伊丽莎白·布朗则有了更加大胆的想法，"比森的困惑肯定来自于封建主义，以及不那么容易被纳入到这一解释框架中的文献"[④]。次年她发表长

---

① Jean-Pierre Poly, Eric Bournzel, *The Feudal Transformation: 900–1200*, trans. Caroline Higgitt, New York: Holmes & Meier, 1991, pp.1-5.

② Thomas Bisson, "The 'Feudal Revolution'", *Past & Present*, No. 142 (Feb., 1994), pp.6-42.

③ 编者在前言中提到：最近的研究尝试避免这些术语，而使用"领主权"或者"结群"等，更少地依赖于封建主义等话语。Fredric L. Cheyette ed., *Lordship and Community in Medieval Europe: Selected Reading*, New York: Holt, Rinehart & Winston, 1968, p.4.

④ Elizabeth A. Brown, "The Tyranny of a Construct: Feudalism and Historians of Medieval Europe", *American Historical Review*, Vol. 79, No. 4 (Oct., 1974), pp.1063-1088.

文,通过梳理封建主义的概念史,指出封建主义业已成为一种"话语专制"。她认为,封建主义的话语来自于文艺复兴时期,并非中古时期;而且不断地有学者质疑该概念的有效性,因此她很困惑,"学者们如何能如此长期地容忍这个术语呢?"有鉴于此,就有必要消灭历史教科书中的封建主义。

布朗的文章发表之后,引发了广泛的争议。1979年,密歇根州的卡拉马佐,在一年一度的美国中世纪年会上,专门有一个分论坛,讨论中古史研究中的三个专门术语:宫廷爱情、哥特式和封建主义。在"中世纪史家不得使用封建主义一词吗?"这一分组会议上,对话的双方分别为布朗(代表"是的")和比森(代表"不是")。次年,比森发表《12世纪加泰罗尼亚的封建主义》一文,借鉴法国学者的研究成果,结合档案资料,梳理了加泰罗尼亚地区封建主义的发展历程。

封建革命中的封建制度,是广义的封建社会。用杜比的话来说,"在各种封建结构中,首要的一点是某个社会集团所具有的完全的优越地位:组成这个集团的成员因其军事职业和出身而享有被认可的特权。依靠贫贱者的劳动得以生活在闲暇中,承担封臣和封土的义务。准确来讲,封建制是指权威分裂为众多的割据点,在这些地点中,有老爷即领主以其私人的名义掌握着发号施令和惩罚之权,就像处置自己的家产一样。此种封闭状态尤其适合于比较原始的农业社会的政治和社会关系"。①

所谓封建革命(mutation feodale),又称"公元一千年之变"。随着加洛林中央政权的瓦解,伯爵等贵族也逐渐丧失对辖地的有效治理。在公元一千年前后,随着欧洲经济的复兴,兴起了地方堡主(新的骑士阶层)。他们以暴力手段强占土地、修建城堡、蓄养武士、控制周围的农民,使之农奴化。为了确保领主权的顺利传承,新兴的领主们以长子继承制取代分割继承,并排斥女性

---

① 〔法〕乔治·杜比主编:《法国史》上卷,吕一民等译,商务印书馆2010年版,第九章"封建主时代",第314页;Georges Duby ed., *Histoire de la France: Des origines a nos jours*, Paris: Larousse, 1999. p.204。译文略有改动。

封建，势也：加洛林分国制度新论

的继承权，从而成功地维持了领主权，使得它成为最有成效的土地统治方式。堡主们具有很强的独立性，挑战着以伯爵和主教为代表的高级贵族的统治。经过长达半个世纪左右的血雨腥风，伯爵等高级贵族最终在11世纪重新确立或者巩固了自己的领主权。他们迫使堡主们发誓效忠，提供兵役和协助，参加自己主持的仪式；作为交换，堡主们参与分享收入，获得了城堡、骑士以及对农民的领主权。在这一封建革命之后，国王也仿效伯爵们的治理方式治理王国，最终完成封建化。[1]

在20世纪90年代，"封建革命说"也遭到了部分法国学者的反对。对封建社会的提法他们并无太大的异议，他们所反对的是"革命"。换言之，他们并不认为在加洛林时代与封建主时代之间存在着剧变，而愿意使用"公元一千年的调整"（L'ajustement de l'an mil）表明这一时期的历史演变。1991年，波里和布赫纳泽尔的《公元一千年的革命》再版，多米尼克·巴托罗谬撰写书评文章：《可曾发生过封建革命？》，系统地阐发了自己的诘难。[2] 加洛林时代的敕令给人留下的印象似乎是，它们以强大的政府力量作后盾抑制豪强，但也从另一个方面说明当时实际上流行着暴力；其次，跟马克·布洛赫的封建两个阶段论相比，杜比的历史分期不一样；复次，自由农的消失无法得到确证，各种奴役身份也需要进行更加细致的区分；最后，骑士阶层的兴起也并非必然意味着封建制度。因此，所谓"革命"之说无法成立，加洛林时代与中古盛期之间的历史断裂说难以成立。

面对质疑，杜比修订了原来的"革命"说，在主编《法国史》的时候，选择了更为折衷的立场。"在整个中世纪早期，法国农村已经处于一小群贵族的控制之下，他们周围簇拥着家内侍从卫队，在他们广阔的领地上，他们实际上

---

[1] Thomas N. Bisson, "Feudalism in Twelfth-Century Catalonia", *Publications de l'Ecole Francaise de Rome*, No. 44, 1980, pp.173-192；黄春高：《追寻中世纪"权力的历程"——托马斯·N. 比森的权力史研究》，《历史研究》2008年第5期。

[2] Dominique Barthélemy, « La mutation féodale a-t-elle eu lieu? » *Annales. Histoire, Sciences Sociales*, 47e Année, No. 3 (May-Jun., 1992), pp.767-777.

对依附于自己的农民享有无限的权力。我们在 11 世纪之初看到个人服从关系的规则，不过这种服从关系很久就在私人领域、在加洛林公共制度的外衣下确立起来了。而加洛林制度的崩溃则使得这些关系显露出来。"①

但是，比森则更加坚持革命说的立场。1994 年，他对巴托罗谬的观点进行系统的总结和反驳，写成《封建革命》一文，进一步从心态的角度，尤其利用文献中对暴力滥用的广泛指责，鲜明地维护了封建革命观。比森的文章引发了大规模的学术争鸣，巴托罗谬、斯蒂芬·怀特、克里斯·魏可汉、提摩西·罗伊特等人参与，延续与断裂之争难分高下。②

封建革命争鸣中的正反双方围绕暴力对封建社会形成的助产作用，争论加洛林时期流行的司法程序及其所代表的公权力结构是否延续到封建盛期。封建革命说通过地方史研究，一方面从普通人的日常生活、婚姻制度安排以及心态世界中坐实了封建主义，使得封建主义"总体史化"，成为从阁楼到地窖的总体社会；③另一方面，则大大缩短了其寿命。无论是广义抑或狭义的封建主义都是从 9 世纪一直延续到 13 世纪。加洛林封建主义代表了封建主义的第一阶段，中古盛期则流行着经典的封建主义。封建革命说完全取消了一个多世纪的加洛林封建主义。

总体史化的尝试，使得历史细节与宏观抽象之间的张力大为增加。普通历史学家，对历史研究的理论化和社会科学化存在着不同的估计和接受程度，对于封建革命说的态度也就非常不同。伊丽莎白·布朗和托马斯·比森都是研究法国中古史的美国学者，面对法国兴起的封建革命说，她们的态度代表了反应的两极。有趣的是，最终将布朗的不满，以专著的方式，通过考证有关封土和

---

① 〔法〕乔治·杜比主编：《法国史》上卷，吕一民等译，第九章"封建主时代"，第 314 页。
② 法语学者的相关争鸣，参见黄艳红《千年之变：一种西欧封建社会解释的兴衰》，《史学理论研究》2018 年 2 期。
③ 李云飞对此问题有细致的介绍和深入的分析，见其《自愿委身与十一世纪法国底层社会的依附关系》，《中国社会科学》2012 年第 10 期。

封臣的相关文献系统批判封建话语的，是英国历史学家苏珊·雷诺兹。

1986年，当业已退休的英国中学女教师、地方史学家苏珊·雷诺兹决定续接布朗的理论反思工作之时，她将伊丽莎白·布朗接到伦敦，准备共同开展这一学术大业。但是一年之后，她们两人分道扬镳，雷诺兹继续独自完成了这一影响深远的挑战工作。[①]1994年，针对冈绍夫的《何为封建主义》，她发表《封土与封臣：中古史料重释》，批判狭义的封建主义理论。雷诺兹认为12世纪之前史料中出现的"封臣""封土"等概念具有相当复杂的所指，但被冈绍夫简单地以论带史，用封建理论套牢，产生片面化的解释。这些术语之间的结合没有冈绍夫所想的那么早，那么多，也尚未结成固定的关系。因此，12世纪之前没有封建制，12世纪之后的封建制则也并非唯一的经济和政治关系。流行的封建制度很大程度上是近代学者们的建构。[②]

《封土与封臣》的出版，引发了西方学术界的地震。从方法论的角度而言，雷诺兹的主张得到了历史学家的广泛响应，历史学家们在解释史料和应用封建话语的时候，更加慎重了。尽管极端如约翰·弗里德者甚至主张取消所有的现代话语，全面采用中古文献中的话语；[③]但德国学者普遍倾向于采用更加具体的制度术语，如"封土制度"（采邑制度），以便取代"封建制度"。[④]从技术层面而论，这部书的影响则颇为是非糅杂。雷诺兹研究的是英国地方史，但她检讨的地理范围涉及英、法、德、意地区；雷诺兹擅长社会史，但她挑战的是政治法制的封建主义，分析集中于法律文书和法学术语；这些错位使得她的许

[①] Interview with Susan Reynolds, https://archives.history.ac.uk/makinghistory/resources/interviews/Reynolds_Susan.html. 访问日期：2021年12月31日。

[②] Susan Reynolds, *Fiefs and Vassals : The Medieval Evidence Reinterpreted*, Oxford: Oxford University Press, 1994；黄春高：《有关封建主义研究的新动向——苏珊·雷诺兹的〈封土与封臣〉及其他》，《世界历史》1999年第5期。

[③] Johannes Fried, "Susan Reynolds, Fiefs and Vassals: the Medieval Evidence Reinterpreted", *German Historical Institute London Belletin*, Vol. 19. No.1 (May, 1997), pp.28-41.

[④] Steffen Patzold, *Das Lehnswese*n, Muenchen: C.H. Becker, 2012.

外国制度史

多具体分析都遇到了专家的挑战。[1]

《封土与封臣》最为成功之处，在于破坏了加洛林封建主义。冈绍夫从中古盛期的封建主义出发，逆向回溯，探究制度渊源，通过757年塔西洛对矮子丕平履行效忠仪式，876年秃头查理出兵意大利之前颁布的、允许封地父子继承的敕令等经典案例，构建了加洛林封建主义，并作为封建主义的第一阶段。雷诺兹迎合了回到史料、回归话语之历史语境的史学潮流，通过破坏首尾完具的宏大制度叙事，揭示了加洛林封建主义所依凭的那些经典案例中的后见之明。从此历史学家在谈论封建制度渊源之时，不得不警惕后见之明的干扰。然而，加洛林封建主义的消失，客观上彰显了"封建革命说"的合理性。2014年由德国贝克出版社出版的《封土制》，续接《何为封建主义》。不再使用"封建主义"作为标题的《封土制》认为：公元1000年前后，封土制率先在意大利北部发生，然后向弗兰德斯、法国南部和加泰罗尼亚地区传播，并随后进一步扩散到整个欧洲。

从这个角度而言，《封土与封臣》挑战狭义的封建制度，却实际上迎合了广义封建主义的新范式——封建革命说。同样是挑战现代话语建构，回到史料、回到历史术语的语境，但雷诺兹的挑战针对的是政治法制的封建主义，而中国类似的学术潮流却是批评广义的封建主义。

"封建革命说"不仅消灭了广义封建主义的第一个阶段，而且还凸显了王权强大与封建制度之间的巨大制度分野。如法国学者迈伊雅所言，888年西法兰克王国的贵族们选举卡佩王朝的祖先尤多为王，那是因为他强大有力，足以保护法兰克人；而当987年推选卡佩为王之时，那是因为他软弱可欺了。[2]但是，中国传统的封建话语则充分表明皇（王）权与封建之间的关系，要远为复杂。封建并不必然意味着公权力的私有化，而皇（王）权也被一些醇儒认为是

---

[1] E. Magnou-Nortier, "La féodalité en crise. Propos sur « Fiefs and Vassals » de Susan Reynolds", *Revue Historiaue*, Oct.-Déc. 1996, T. 296, Fasc. 2, pp. 253–348.

[2] Marie-Céline Isaïa, *Histoire des Carolingiens. VIIIe–Xe Siècle*, Paris: Édition Points, 2014, pp.350–351.

最大程度的公权力私有化。他山之石，可以攻玉，我们不妨将分封（封建）视为一种皇（王）权的权力分享形式，来重新审视加洛林王朝的分国制度。

前文业已提及，严复率先将西欧的封建制度（feudalism）翻译为汉语的封建之制。不管学者们对此译法如何评价，该译法远非批评者所想象的那样，是一种非常偶然的发生。严复可能是第一个这么译的汉译者，但是，在他之前，在中国发行的英文杂志中，就有文章专门讨论中国古代的封建制，并将这一制度与欧洲中古的封建制等同起来。这篇文章的题目就是《封建制度》，文章的匿名作者将中国先秦的政治制度等同于中古欧洲的封建制度。不仅如此，作者还推测，欧洲的封建制度源自于中国。随着匈奴西迁，处在其控制之下的日耳曼人将这一制度传入中古西欧。[1] 这一历史渊源提醒我们，中西封建制度之间可以存在更多的联系。

三、加洛林分国：自上而下的封建之制

自诛杀诸多同宗王，击败西哥特王、罗马王之后，临终前（511年），克洛维在自己的后裔中推行分国制度，诸子分国，分享王权。[2] 这其实就是封邦建国的活动，是封建制的一种类型。为了保护弱小的王子，创立所谓长发王制度。墨洛温王室的男性后裔凡长发披肩者，即可拥有王权。长发王其实是一种维护王权分享、实现分而和平的制度。因此，都尔的主教格雷戈里会说，国王的所有儿子都是国王。[3] 但对于这种制度的运作，我们所知不多，我们更多地

---

[1] "The Feudal System", *The North-China Herald and Supreme Court & Consular Gazette*, 1885, 5 June, pp.643-644.

[2] 有关墨洛温王朝的分国问题及其评价，参见陈文海、王文婧《墨洛温王朝的"国土瓜分"问题》，《历史研究》2014年第4期。

[3] "Ignorans, quod, praetermissis nunc generibus feminarum, regis vocaitantur liberi, qui de regibus fuerant procreati." Bruno Krusch & William Levison eds., *Gregorii Episcopi Turonensis Historiarum Libri X*, lib. V. 20, MGH., SS rer. Merov. Tomi I pars I, Hannover: Hahn, 1951. p.228.

外国制度史

是从历史叙事中才得以窥其一豹。史源上的这一限制提醒我们，我们真正能够了解到的，可能只是这种制度的意识形态化表述。

这种封建制度，很令拜占庭史家羡慕。6世纪中叶的阿加提亚斯在续接普罗柯比的史书中，推许法兰克分国制度是最为理想的和平分享权力机制。"尽管过去和现在他们的王国三分甚至分得更细，但从来就不曾因此引发内战，也不曾为了国土而杀戮亲人。即便在大国对峙之时，傲慢和不妥协的态度必然会随之而来，争斗似乎也在所难免，对领土的贪欲和其他的欲望是滋生不和与动乱的温床，但是，不管王国如何细分，此类情形从未发生在他们那里。即使在罕见的情形下，诸王纷争，陈兵于野，似乎要用武力决个高下，但是当军队面对面地列阵完毕，他们就会抛弃不公，互相谅解，坐在一起进行协商，以免在战场上孤注一掷。因为他们认为这是不对的，或者认为要保持先辈天下为公的原则，以免由于个人的意气之争而带来伤害和动荡。结果他们立即罢兵休战，恢复和平与安宁，定期派遣使者进行沟通以避免战争的隐患。"[1]

阿加提亚斯的评价并不一定反映了历史真实。但是，它可以说明法兰克王国的分国制度与拜占庭所继承的古代罗马帝国的帝国传承原则迥异。与之形成鲜明对照的，则是6世纪晚期写作的都尔主教格雷戈里，他描写了诸王纷争，并深恶痛绝法兰克诸王之间的争斗。

7世纪中期以后，墨洛温王朝形成了纽斯特里亚、勃艮第和奥斯特里亚三个王国并存、父王或者长兄王与子王或者弟王一对一搭配的惯例。这一现象的发生可能与基督教教会推行一夫一妻制有关。尽管墨洛温王室的婚姻情况比较混乱，有些国王侍妾较多，但是，到7世纪之后，教会对王室婚姻的干预逐渐加强。科伦班派修士，甚至积极干预王室的婚姻和继承问题。例如，奥斯特拉西亚的著名王太后布隆希尔德试图请爱尔兰来的圣徒科伦班祝福两位王孙，却因为婚姻不洁，而遭到圣徒的拒绝。随后布隆希尔德的后裔都没有能够保住王

---

[1] Agathias, *The Histories*, trans. Joseph D. Frendo, Berlin: De Gruyter, 1975, pp.10–11.

位,《科伦班传》遂说,圣徒的预言得以实现。①

721年左右,加洛林家族的查理·马特作为宫相,控制了法兰克王国全境。741年他去世的时候,查理将疆土一分为三,法兰克王国由同父异母的三兄弟:卡洛曼、矮子丕平和格利佛分享。751年,矮子丕平称王,建立起加洛林王朝。754年他请罗马教宗斯蒂芬二世为自己、妻子和两个儿子加冕,将王权垄断在自己的嫡系后裔之中。768年,他将疆土平分,分别由儿子查理曼和卡洛曼继承,771年卡洛曼去世,查理曼遂剥夺了侄子们的继承权,独自占有了法兰克王国。这种兄终弟及的继承模式,有利于王国的统一,并将成为查理曼安排帝国传承的基本原则之一。

775年查理曼攻灭了伦巴第王国,781年他决定实行分封,将两位年幼的王子路易和丕平(原名为卡洛曼)由罗马教宗哈德良施洗并分别膏立为阿奎丹王和意大利王。② 加洛林王朝从此开始了新一轮的分封模式。这一次分封的新鲜之处,在于查理曼不是在临终之前分国,而是自己春秋正盛的时候,通过封建方式与两位王子共治天下,形成了伯爵与分封王国的共治模式。我姑且将这种由王室推动的封建之制称为自上而下的封建制,以便与封建革命发生之后的封建制相区别,10、11世纪之交由城堡主等骑士阶层推动的封建制可以被称为自下而上的封建制。

800年圣诞节,查理曼在罗马称帝。因为称帝,他改变了名号,由原来的三个名衔"法兰克王、由于上帝的恩典、也是伦巴第王和罗马国老"改为新的三个名衔:"统治罗马帝国的皇帝、奥古斯都、由于上帝的恩典、也是法兰克

---

① E. Duemmler ed., "Vitae Columbani abbatis discipulorumque eius", lib. I, c. 29, Bruno Krusch ed., *Passiones Vitaeque sanctorum aevi Merovingici*. MGH, Hannover: Hahn, 1902, p.106; Alexander O'Hara & Ian Wood, trans., *Jonas of Bobbio, Life of Columbanus, Life of John of Reome, and Life of Vedast*, Liverpool: Liverpool University Press, 2017.

② 有关加洛林分国制度,参见李云飞的系统研究:《加洛林王朝代际更替中的疆土分治与王国一体》,《历史研究》2021年第2期。

王和伦巴第王"。这个名号兼用帝名和王名，反映了他治下的三块统治区域并列的政治现实。一个人，同时享有三种名衔，分立之中也兼具统一性。806年，《806年分国诏书》颁布。如果说此前的分封都还只是历史现象，那么从此开始，围绕分封的制度建设斑斑可考。查理曼正式将疆域三分，将阿奎丹王路易和意大利王丕平的份额加以适当扩充，而由法兰克王小查理享有家族的世袭疆土，大于路易和丕平所占份额的总和。① 为了确保诸分国（regnum）之间的和平，查理曼不仅鼓励各个王国建设自己的认同性和独立性，而且制订了诸多条文为此提供制度保障。例如，任何王国内的人不得抛弃自己的主人，不得改投他国和其他主人，不得从其他王国接受恩地，作为遗产的不动产不得跨王国转移，等等。② 以确保各个分国划清彼此的界限，排除彼此纠纷的因由。

在封建的同时，查理曼的分国方案也确保帝国一体。首先，分国方案采取了大小不均的原则，偏离了父辈的平分传统。帝国牢固地以法兰克人为权力核心，法兰克王小查理疆土最广、国力最为强盛。其次，诏书强调了教会的统一性，教会的地产转移不受王国限制。三兄弟要联合保护教会。再次，为了克服阿尔卑斯山天险，每个王国拥有一条以上的阿尔卑斯山山口通道，以方便兄弟王国之间协作，联合作战。复次，以兄弟之爱和父亲之威，维系人主与受封者之间的秩序并维护帝国的和平，以便确保分而和平的封建原则。

最后，帝国一体的诉求更依靠以终弟及为主的继承模式，而辅之以父死子继原则。按照预定的方案，兄弟之中如果有人去世，其他两位兄弟则分割继承他的份额。因此，帝国分封之后预计的发展结果是最终走向再次统一。810年意大利王丕平去世，811年法兰克王小查理去世，尽管帝国的合法继承人只剩下虔诚者路易一人，但查理曼还是将在富尔达修道院求学的孙子、意大利王丕平之子伯纳德立为意大利王。814年，查理曼去世，虔诚者路易继位。819

---

① 李隆国：《806年分国诏书》，陈莹雪、李隆国主编：《西学研究》第3辑，商务印书馆2020年版，第70—86页。
② 李隆国：《806年分国诏书》，第6—11条，陈莹雪、李隆国主编：《西学研究》第3辑，第80页。

年意大利王丕平之子伯纳德被以大逆罪处死。帝国再次处在一位皇帝的绝对控制之下。伯纳德事件表明兄终弟及模式与父死子继的继承原则存在着一定的冲突。

追求帝国一体的诉求，在虔诚者路易继承帝位之后，一度得到了进一步的强化，但这种趋势仍是在封建制的范畴之内，通过进一步调整分封原则来实现。817 年的《帝国御秩》更加明确地建立起一套 "帝—王" 分封一体制度。在这种体系之下，作为皇帝的虔诚者路易和共治皇帝、长子罗退尔，既享有至高无上的公共权威，也在兄弟之爱的基础上拥有父兄之威。所谓 "如同臣民服从皇帝、儿子服从父亲那样" 地服从皇帝。而诸多条文都力图通过朝觐（长兄）制度等建立起一套分封一体的制度。①

但是，好景不长，由于家族政治的变动，829 年家族内乱之后，831 年虔诚者路易再次颁行分国诏书。虽然这一次的分国诏书依然在很大程度上延续了此前两次分国诏书的基本规定，例如确保各个封建王国的稳定和王国之间和平而规定的各种具体措施；但是，这次分封也有少量创新之处，如回到均分的传统。可能最为重要的变化是各分王国将主要采取父死子继的传承方式，在没有儿子的前提下，才会援引兄终弟及的规定。"如果这位兄弟没有男孩，那么我希望，他所拥有的这部分王国，将在幸存的兄弟之间进行均分。"② 正是这一原则使得封建的王国最终得以克服统治者代际更替之际的断裂，实现世袭传承，形成更加悠久的家族统治。在此原则之下，帝国一体的诉求逐渐丧失了封建制度方面的支持，而主要依靠教会来维系。统一的帝国最终让位于封建的王国各自独立的局面，在 840 年虔诚者路易去世之后，慢慢地出现了法兰克王国一分

---

① 李云飞:《817 年虔诚者路易的〈帝国御秩〉》，陈莹雪、李隆国主编:《西学研究》第 4 辑，第 88—107 页；李云飞:《诸子均分与帝国一体：817 年虔诚者路易的传国计划》，王晴佳、李隆国主编:《断裂与转型：帝国之后的欧亚历史与史学》，上海古籍出版社 2017 年版，第 121—151 页。

② 李隆国:《831 年分国诏书》，第 1 条，陈莹雪、李隆国主编:《西学研究》第 4 辑，商务印书馆 2021 年版，第 103 页。

外国制度史

为九个封国的现象，形成封国林立的政治局面。

但是，封国林立的局势并不意味着加洛林王权的急剧衰落。[①] 分而和平的原则将加洛林早期、中期和晚期紧密地联络起来。分国并不必然意味着王朝的衰落，这是加洛林王室可以追求的王权传承和实现方式。其宗旨在于维持加洛林王室成员之间和平地分享权力，并以和平方式解决分王国之间的纠纷。为此，对内，会议政治、巡行驻跸制度和各地的王宫仍然使得国王处于政治中心，成为政治合法性的重大来源；对外，诸分王国的统治者定期会晤，协商统一行动、解决王国之间的纠纷。如果有合法的继承人，则各分王国的传承基本受到尊重。弱肉强食的局面往往只有在缺乏合法继承人的时候才会上演。教会仍然是维持和平的重要力量。破坏和平、以武力追求统一的意图受到以教会为首的大贵族集团的有力抵制。终于，885 年帝国再一次在胖子查理手中和平地实现了统一。

在加洛林统治时期，教会开始不断地严格化一夫一妻制。矮子丕平一生一个妻子，查理曼一生妻妾较多，有 10 位左右的儿子。但他依然在 8 世纪 80 年代将受封者限定为一位妻子的男性后裔，806 年将帝国封授给三位王子。而此后诸侯王因为没有合法男性继承人而失国的例子并非鲜见，而最为著名者为罗退尔二世（855—869 年在位），为了确保自己的唯一私生子获得合法继承资格，他不惜离婚，引发轩然大波，最后身死于奔走申诉的途中。

887 年胖子查理被废，帝国会议推举私生子出身的阿努尔夫、胖子查理的侄子继位。这些事件的发生，表明随着加洛林王室的人员凋零，在同宗男性之间分享加洛林王权业已变得不那么现实。在分而和平的原则之下，加洛林女性开始起到传承王权的纽带作用，通过迎娶加洛林王室女性，异姓男性开始获得合法性并分享王权。普罗旺斯的波索、斯波莱托公爵兰贝特、弗留利公爵贝伦加尔等，借机登上王位。由于加洛林王朝根深蒂固的选举制度，以及教会通过

[①] Charles West, "Lordship in ninth-century Francia: The case of Bishop Hincmar of Laon and its followers", *Past & Present*, No. 226 (Feb., 2015), pp.3-40.

膏立加冕礼赋予王位以合法性，加洛林王权的向下弥散加速进行。"（胖子）查理死后（888年），服属于他的诸王国，因为缺乏合法的继承者而四分五裂了，诸王国不再期待加洛林家族的领导者，而是在各自的王国内拥立国王。这就带来了大的战乱。这种局面的产生并非源自于缺乏在身份、实力和智慧上足以统治王国的法兰克王侯，而是因为他们彼此在慷慨大方、名位和权威上势均力敌，没有人能超迈同侪，故徒增不和，不能令其他人心悦臣服。"[1]

四、封建革命：从自上而下的封建制到自下而上的封建制

加洛林晚期诸侯相争的局面是在维持和平局面下的纷争，并没有导向诸侯用武力实现大一统。在东法兰克王国，王室不仅是名义上的最高政治权威，而且有力地巡行着，直到962年奥托一世通过与加洛林王室女性联姻，控制意大利，进而称帝，恢复帝国。东法兰克王国仍然遵循加洛林旧制，但统治者换了姓氏。同样是沿着分而和平的道路发展，西法兰克王国的加洛林王室逐渐有名无实，或许这是加洛林王室得以延续得比东法兰克王国更加久长的原因之一。王室的软弱使得这里率先发生封建革命。复兴的经济、增长的人口所导致的新增劳动剩余，催生了底层的城堡主（普通人和大商人）的大量兴起，从而引发了封建革命。为了驯服新兴的小贵族，伯爵、主教和修道院院长们使用一切手段，加以控制，以便确保资源和收入的流入。经过10、11世纪之交的半个世纪，城堡主们被收服，通过缔结封君封臣关系，实现自下而上的封建制度，加洛林时期自上而下的封建制度转化为中古盛期自下而上的封建制度。自上而下的封建制带有强烈的宗法色彩，而自下而上的封建制则保持其开放性，多发生在异姓之间。

---

[1] Frideric Kurze ed., *Reginonis abbatis Prumiensis Chronicon cum continuation Treverensi, A. 888*, MGH., SS. Rer. Germ. in usum scholarum, Hannover: Hahn, 1890, p.129.

外国制度史

中间联络的阶层是既可以代表王室利益亦可以代表地方利益的大贵族，即伯爵（公爵）、主教（大主教）和修道院院长们。在自上而下的封建制度中，他们更多地协助帝王们，分享资源，维持分而和平的原则。查理曼临终前立下遗嘱，将所有的个人财产全都变卖，包括王冠、图书等，出卖所得用于慈善，分配给贵族们。贵族们的臣服和教会的祝福，即所谓推举，有力地维护着加洛林王权。

当东法兰克王国实质性地延续加洛林王朝的政治传统之时，西法兰克王国却因诺曼人的入侵等外因日渐衰落，加洛林王室深入人心，王室成员幼弱，使得加洛林王权长期名存实亡，贵族各自为政，逐渐牢固地控制加洛林王室在辖地内的资源，9世纪末10世纪初，诸侯的威势业已令人不敢冒犯，加洛林帝王不得不大规模地赏赐土地，王室手中的土地资源业已不多。[①] 以伯爵、主教和修道院院长为代表的贵族集团占据了大量的资源，独立地维护领地的安危，并享受复兴的经济利益。面对以骑士和商人为代表的底层势力的兴起，他们起而保护并加以控制，最终通过缔结封君封臣关系，建立起维持地方和平的封建秩序。大贵族处在分享新兴劳动剩余的最佳位置，而加洛林王室无与焉。为了驯服新兴的堡主们，其过程被以各种方式载入到文献之中，于是乎文献的变化反映出一个封建革命的发生，以及新的封建秩序的诞生。

从加洛林王朝自上而下的封建之制转向中古盛期自下而上的封建之制，尽管在西欧各地发生的时间不尽同步，[②] 但总体而言，这一转变并没有走向依靠官僚制的王权重振，因为加洛林分而和平的原则、加洛林王权长期有名无实，贵族诸侯之间没有尝试用武力统一。当加洛林王室消失之后，他们又通过封建

---

① 〔法兰克〕艾因哈德、圣高尔修道院僧侣：《查理大帝传》，戚国淦译，商务印书馆1979年版。
② Lorenzo Tabarrini, "The 'Feudal Revolution' after all? A Discussion on Four Recent Books", *Storicamente: Laboratorio di Storia*, Vol. 15-16 (2019-2020), Dibatiiti, pp.1-29. https://storicamente.org/sites/default/images/articles/media/2137/tabarrini-the-feudal-revolution.pdf. 访问日期：2021年12月31日。

封建，势也：加洛林分国制度新论

革命，进一步巩固了自己的地位和权势，迫使卡佩王室也模仿诸侯贵族，采用新兴的封建制度维持王国领地的治理，步入自下而上的封建君主制时期。这一历史曲折使得原加洛林王朝辖域内的王权长期不振，地方利益长期得到维持和保护。到中古晚期，当王权最终借助于武力征服超越封建君主制重振之时，尽管依靠官僚制推行中央集权，但也不得不充分尊重地方利益，最终形成等级君主制。

中古前期英格兰变态封建主义起源的多维历史审视

金德宁(中国社会科学院大学历史学院)

自 20 世纪 40 年代以来,随着麦克法兰对变态封建主义概念的重新诠释,"变态封建主义"成为西方史家诠释中古英格兰政治社会史的基本范式。在过去的七八十年间,集中连续性地产生了大批优质学术著作。可以说,"中世纪晚期英格兰生活的诸多方面都与变态封建主义交织在一起","变态封建主义已被多数人视为中古政治社会结构中的自然组成部分"[1]。

"变态封建主义"一词是由"宪政"史学阵营的普朗摩尔提出的。[2] 在摒弃"宪政"史学思维之后,结合唯物主义史学和庇护制度的双重视角,麦克法兰重新界定了变态封建主义的概念,并用其诠释中古后期英格兰政治史的演变。[3] 在他看来,变态封建主义就是与封建主义相对立的社会形态,它以"庇护制"和"扈从契约"为主要特征,即领主与扈从签订书面契约,并规定扈从要做好随时为领主效劳的准备,扈从会得到金钱、官职等非土地形式的赏赐。因此,变态封建主义的核心正是货币取代土地成为联结领主与扈从的媒介,本

---

[1] John G. Bellamy, *Bastard Feudalism and the Law*, London: Routledge, 2014, p.1; M. 阿莫诺、蔺志强:《英国中古政治史研究的学术系谱与模式转换》,《史学史研究》2013 年第 3 期,第 79 页。

[2] John Fortescue, Sir, Charles Plummer, *The Governance of England: Otherwise Called the Difference Between an Absolute and a Limited Monarchy*, Oxford: Clarendon Press, 1885. 普朗摩尔将中古后期贵族招募私家军队的现象称为变态封建主义,用其解释玫瑰战争期间英国社会秩序的混乱,并着重强调变态封建主义是封建主义的退化。

[3] K. B. McFarlane, "Bulletin of the Institute of Historical Research 'Bastard Feudalism'", *Historical Research*, Volume 20, Issue 61 (May, 1945), pp.161-180.

质上具有商品交易的属性。这得到大部分学者的认可,"在将领主与扈从结合在一起的诸多胡萝卜和大棒中,以定期性的货币支付最为重要"①。基于此,在窥探变态封建主义的起源时,学界往往基于主扈关系之间的非土地媒介,着重从其所具有的商品交易属性上予以追溯。

国内有学者对变态封建主义起源进行过系统研究,尤其是孟广林教授曾对变态封建主义兴起的社会概况作了系统诠释,主要侧重于变态封建主义的影响,尤其是变态封建主义下王权和世俗贵族的关系。②相对而言,关注此问题的西方学者颇多。作为最早对变态封建主义进行系统诠释的学者,麦克法兰认为,战争是"变态封建主义"的起源的重要因素,并将其追溯至爱德华一世与威尔士、苏格兰、爱尔兰的战争。③鉴于封建制的衰落,难以提供足够的兵力,爱德华一世便借助契约这种新方式,变态封建主义随之产生。麦克法兰的军事起源论影响颇大,后世学者往往以此为依据分析中古后期英格兰的社会演变。不过,麦克法兰的军事起源论也存在不少争议,尤其是,不少学者指出,在爱德华一世之前,契约军队就已经成为王室军队的重要构成。④为解决这一冲突,部分学者从其他视角予以诠释。

诸如,普拉克内特(T. F. T. Plucknett)、霍姆斯(George Holmes)和刘易斯(P. S. Lewis)等学者就否定变态封建主义的军事溯源,选择基于1290

---

① M. A. Hicks, *Bastard Feudalism*, London; New York: Longman, 1995, p.1.
② 参见孟广林《英国"宪政王权"论稿:从〈大宪章〉到"玫瑰战争"》,人民出版社2017年版。
③ K. B. McFarlane, "Bulletin of the Institute of Historical Research 'Bastard Feudalism'", *Historical Research*. Volume 20, Issue 61, May 1945, pp.161–180.
④ 有关爱德华一世之前,英格兰契约军队的相关概况,见H. G. Richardson and G. O. Sayles, *The Governance of Medieval England from the Conquest to Magna Carta*, Edinburgh: Edinburgh University Press, 1963, pp.463–465; P. R. Coss, "Bastard Feudalism Revised", *Past & Present*, No.125(Nov., 1989); S. D. Lloyd, *English Society and the Crusade, 1216–1307*, Oxford: Clarendon Press; New York: Oxford University Press, 1988, pp.113–154。

年的《禁分封法》(Quia Emptores) 予以分析。[1] 在他们看来，土地占有的非关联性是变态封建主义的特性，而《禁分封法》的颁布恰恰保证了土地占用的非关联性。不过，他们的这一观点影响不大，尤其是，对于《禁分封法》下仍存在次分封的问题，他们并未提出足有说服力的解释。

金雀花王朝的司法改革也是值得注意的视角，代表学者有科斯（P. R. Coss）和大卫·卡朋特（D. A. Carpenter）。[2] 在他们看来，变态封建主义的起源与安茹王朝的司法改革密切相关。其原因在于，经过卓有成效的司法改革，国王和自由民（特别是乡绅）之间建立了直接的统治关系，进而出现了大贵族以雇佣的形式向公权渗透的现象。总体而言，他们的观点未得到过多支持，尤其是科斯，更是"受到了来自多方的攻击"[3]。其原因在于，在对变态封建主义的理解上，科斯和其他学者有着根本分歧。在科斯看来，变态封建主义的核心不在于金钱纽带，而在于贵族向公权体系的渗透。基于此，科斯追溯变态封建主义的起源。这对学界来说，显然是不能接受的。对于麦克法兰和他的学生，以及该领域的其他学者而言，并"不存在根本性的学术分歧"，即他们对变态封建主义的理解大都基于金钱纽带、扈从契约。[4] 这对于注重学术传承的英国学界而言，科斯对变态封建主义概念的重新诠释势必是不能接受的。

---

[1] Theodore Frank, Thomas Plucknett, *Legislation of Edward I*, Oxford: Clarendon Press, 1949, pp.102-108; George Holmes, *The Estates of the Higher Nobility in Fourteenth-century England*. Cambridge University Press, 1957, pp.78-84; P. S. Lewis, "Decayed and Non-Feudalism in Later Medieval France", *Historical Research*, Vol.37, No.96 (1964), pp.157-184.

[2] P. R. Coss, "Bastard Feudalism Revised", *Past & Present*, No. 125 (Nov., 1989), pp.27-64; David Crouch and D. A. Carpenter, "Debate Bastard Feudalism Revised", Past & Present, No. 131 (May, 1991), pp.165-189.

[3] David Crouch and D. A. Carpenter, "Debate Bastard Feudalism Revised", Past & Present, No. 131 (May, 1991), pp.165-189.

[4] John G. Bellamy, *Bastard Feudalism and the Law*, p.1.

当然，科斯的观点未能引起足够重视，还有其他原因。其中，在其文章发表的同时，学界出现了对变态封建主义进行系统性诠释的重量著作，尤其是比恩和希克斯（M. A. Hicks）①。可以说，有关变态封建主义起源上，他们的看法也反映了学界在这个问题上的最新动态。他们选择从贵族内府层面来窥探变态封建主义的起源，并得到辛普金（David Simpkin）等学者的支持。② 希克斯着重基于贵族内府在军事层面的变化，并追溯至11世纪，认为军事内府是亨利一世、亨利二世、亨利三世，甚至征服者威廉所倚重的力量；其他学者则着重基于领主在内府中对军事、行政、司法、经济等综合职能的需要，并着重强调契约扈从与内府侍从在本质上没有什么区别，当领主逐渐以契约的形式招募内府侍从之外的群体时，可以视为内府的进一步拓展。在这一理路的背后，是学界对于领主需求的更加注重，显然不足以从整个社会层面上揭示政治、经济等各层次的变化。

鉴于此，单一视角的解释模式也引起了不少学者的反思，克里斯汀（Christine Carpenter）的观点尤其值得注意。③ 她明确指出，作为一种复杂社会

---

① J. M. W. Bean, *From Lord to Patron: Lordship in Late Medieval England*. Manchester, UK: Manchester University Press, 1989; M. A. Hicks, *Bastard Feudalism*. London; New York: Longman, 1995.

② David Simpkin, *The English Aristocracy at War: From the Welsh Wars of Edward I to the Battle of Bannockburn*, Martlesham: The Boydell Press, 2017-2008, pp.113-117, 136. 除此之外，格里斯佩（James L. Gillespie）也倾向于从贵族内府层面窥探主扈关系的起源，但并没有系统性的梳理和分析，见 James L. Gillespie, "Richard II's Cheshire Archers", *Transactions of the Historic Society of Lancashire and Cheshire for the year 1974*, Liverpool: Historic Society of Lancashire and Cheshire, 1975; "Medieval Multiple Biography: Richard II's Cheshire Archers", *Historian*, Vol. 40, No. 4 (1978); "Richard II's Archers of the Crown", *The Journal of British Studies*, Vol. 18, No. 2 (Spring, 1979), pp.14-29.

③ Christine Carpenter, *Locality and Polity: A Study of Warwickshire Landed Society, 1401-1499*, Cambridge: Cambridge University Press, 2009; Christine Carpenter, "Bastard Feudalism in England in the Fourteenth Century", in Stephen 1 Boardman, Julian Goodare, and Jenny Wormald (eds.), *Kings, Lords and Men*（转下页）

结构和政治体系的简称,变态封建主义不应被视为因特定原因产生并具有某种属性的制度。因此,她就不再执着于从具体层面上溯源,而是倾向分析总结成熟阶段下的变态封建主义特征,并将其作为是否进入变态封建主义阶段的重要评判标准。基于此,她非常注重变态封建主义的影响,尤其是对于地方政治运行的影响。

可以说,克里斯汀的理路反映了近年来学界对变态封建主义的认识,即学界逐渐倾向将其视为一种具有复杂结构和体系的社会制度。那么,作为一种社会制度,其产生背后势必是一系列政治、经济、社会等各层面的变化。鉴于此,单一视角显然不足以有力地揭示其产生和演变的过程。

当然,克里斯汀确实基于多维的历史视角来诠释变态封建主义的起源。但是,作为一名中古后期的政治社会史学者,克里斯汀主要聚焦于14—15世纪,通过对15世纪时业已完善的变态封建社会特征进行总结,来辨别14世纪英格兰社会的性质。不过,就变态封建主义的起源上,无论学界存在多少争议,但从爱德华一世与转包契约人所签署的契约来看,英格兰最迟于13世纪初期就已经发展出相对成熟的形态。[①] 这就意味着有必要从中世纪前期英格兰社会各层面的变化上来窥探和追溯变态封建主义的起源。

基于此,在立足于现有学术成果,并对其概念和时间进行界定的基础之上,本文试从中古前期英格兰政治、经济、社会、军事等各层面来窥探这种载有商品交易属性的制度起源,以便强化和加深对中古英格兰社会政治演变脉络的认识。

(接上页) *in Scotland and Britain, 1300–1625: Essays in Honour of Jenny Wormald*. Edinburgh: Edinburgh University Press, 2014, pp.59–92.

① 爱德华一世时的扈从契约状况,见 J. M. W. Bean, *From Lord to Patron: Lordship in Late Medieval England*, pp.40-66。

一、商品经济的发展和骑士征召的困难

13世纪以来，商品经济的发展为英格兰带来了有史以来的第一次通货膨胀，这使得中小骑士阶层陷入经济危机，进而迫使贵族不得不通过分封之外的其他方式来弥补骑士军役制的不足，也进一步促发了变态封建主义的萌发。

中世纪早期，英格兰的商品经济就非常活跃。以对外贸易为例，英国所处的地理位置使其非常适合在西北欧洲的贸易中担任重要角色。事实上，在中世纪大部分时期内，英格兰一直供应羊毛、谷物、矿产品等其他欧洲国家和地区所缺乏的原材料，尤其是随着诺曼征服，反而加强了英格兰与欧洲的这种商业联系。

在这其中，英格兰的羊毛业尤其发达。可以说，它是能够把英格兰与欧洲中部、广大地中海地区相联系的唯一商品，在相当长时期内占据了英国出口的大部分份额，并在某种程度上奠定了英格兰与欧洲大陆的贸易基础。10世纪末，以毛纺织品出名的佛兰德斯因自身产能问题就已经开始从英格兰进口羊毛；12世纪晚期到13世纪初，英格兰羊毛集市已经处于一个非常高的水平，并开始取代其他竞争者而逐渐主导欧洲的羊毛市场；13世纪末到14世纪初，英格兰某些地区的羊毛更是闻名并畅销于欧洲大陆，"如果没有英格兰的羊毛，欧洲那些高度工业化的毛纺织社区可能就不复存在"[①]。可以说，发达的羊毛业滋养了英格兰的诸多地区，"乌兹河沿岸的圣·易弗斯集市、温契斯特的圣吉尔、斯托布里奇、波士顿的圣·波多尔弗、韦斯特明斯特、诺桑普敦、布里斯

[①] 〔比〕亨利·皮朗：《中世纪欧洲经济社会史》，乐文译，上海人民出版社2001年版，第33页。"1297年，在一份由高级教士和男爵提交的奏章中，令人确信地提到英格兰的羊毛相当于整个大陆产量的一半"，见〔英〕M.M.波斯坦等主编《剑桥欧洲经济史》第二卷："中世纪的贸易和工业"，钟和等译，经济科学出版社2004年版，第152—153页；M. M. Postan, *Mediaeval Trade and Finance*, Cambridge: Cambridge University Press, 1973, p.343.

外国制度史

托尔"就以羊毛贸易而繁荣。①

当这些商业活动成为正常的和经常的事务时,"从来也不曾消失过的货币流动就与贸易齐头并进了",并逐渐取得了"它作为价值尺度和交换工具的地位"。②在盎格鲁－撒克逊时期,因为商品经济的繁荣,英格兰实行了较为严密的货币政策,整个英格兰更是开始使用一种统一的货币,只有在地区间有着微小的差别。③诺曼征服之后,正是在商品经济的刺激下,国王逐渐收回铸币权,并实施一些更为积极的货币政策。亨利二世时,"放弃了恢复货币每隔三年变化一次的规定,而是着手制定固定的、公开的、能持续很多年的货币体系";爱德华一世时,面对货币严重磨损、货币削减等问题,"增加了铸币中合金的比重"作为补充,进而使货币能够维系固定的价值。④如此,在1344—1351年的第一次货币改造之前,英格兰所流行的银便士的含银量一支保持不变。⑤这使得中世纪的英格兰货币享有很高的声誉,进而与商品经济的发展形成了良性的循环效应,促生了更为先进的社会结构和经济结构。

货币广泛使用使得货币量增加,有利于自然经济的瓦解。"12和13世纪时的货币流通量,比起从9世纪到10世纪末这个时期是大得多了。"⑥在生产力水平基本不变的情形下,货币增加的结果必然是物价上涨。对于贵族而言,维持与其社会地位相符的生活成本也必然大幅度增加。但是,在以固定劳役

---

① 〔意〕奇波拉主编:《欧洲经济史》(中世纪时期),徐璇译,吴良健校,商务印书馆1988年版,第225页;〔比〕亨利·皮朗:《中世纪欧洲经济社会史》,乐文译,第146页。

② 〔比〕亨利·皮朗:《中世纪欧洲经济社会史》,乐文译,第75页。

③ 〔英〕M.M.波斯坦等主编:《剑桥欧洲经济史》第三卷:"中世纪的经济组织和经济政策",周荣国、张金秀译,经济科学出版社2002年版,第504—505页。

④ 〔英〕M.M.波斯坦等主编:《剑桥欧洲经济史》第三卷:"中世纪的经济组织和经济政策",周荣国、张金秀译,第505页;崔洪建:《英王爱德华一世的货币改革及影响》,《西南大学学报》(社会科学版)2011年第4期。

⑤ 〔英〕M.M.波斯坦等主编:《剑桥欧洲经济史》第三卷:"中世纪的经济组织和经济政策",周荣国、张金秀译,第505页。

⑥ 〔比〕亨利·皮朗:《中世纪欧洲经济社会史》,乐文译,第75页。

地租为特征的庄园体制之下,贵族的收入却是维持原状。基于对土地的合理使用,一些大贵族选择出租一小块的土地。这是因为,"这块土地上预期的地租比产品出售会获得更多的利润"。① 这一经营模式的转变在 13 世纪之前就已经开始,在 12 世纪的调查中,"所能得到的 15 个或 16 个大田产中的 8 个或 9 个"就发生了转变;在 13 世纪下半叶,随着"土地的价值和地租以比谷物价格上升更高的速率上涨",这一转变过程就更快了。② 其结果便是封建庄园的领主制不断衰落,传统的劳役地租大都被新的终身租赁所代替。领主制的衰落则又反过来促进了商品经济的发展,进一步瓦解了"以物易物"的自然经济。③

但是,在物价大幅度上涨而导致的经济危机之下,并不是所有的土地所有者都能够顺利转型。"世俗的和教会的大地主显然是比较能够经得起这个危机",而较小的地主消费了自己领地产品的大部分,"不能从波动的农产品市场中得到完全的利润"。④ 也就是说,当时的经济形势"对于小地产特别是小修道院、地位低下的骑士和弗兰科拉尼(francolani)来说则是不太有利的"。⑤ 对于贵族而言,"总是愿意置身于符合他社会地位的奢侈生活或者至少是舒适的环境中",但在"生活费用虽然增加,收入却是维持原状"的情形下,自然也就出

---

① 〔英〕M. M. 波斯坦主编:《剑桥欧洲经济史》第一卷:"中世纪的农业生活",郎立华等译,经济科学出版社 2002 年版,第 500 页。
② 〔英〕M. M. 波斯坦主编:《剑桥欧洲经济史》第一卷:"中世纪的农业生活",郎立华等译,第 500—501 页。
③ 亨利·皮朗曾指出,领主制的衰落和商业的发展是成比例地发展,在那些出现大城市和大商业的地方,如伦巴第、多斯肯尼、法兰西北部、法兰德斯或莱茵河两岸,领主制度的衰落,就比在德国中部或英格兰迅速得多。参见〔比〕亨利·皮朗《中世纪欧洲经济社会史》,乐文译,第 78 页。
④ 〔比〕亨利·皮朗:《中世纪欧洲经济社会史》,乐文译,第 76 页;〔英〕M. M. 波斯坦主编:《剑桥欧洲经济史》第一卷:"中世纪的农业生活",郎立华等译,第 507 页。
⑤ 〔英〕M. M. 波斯坦主编:《剑桥欧洲经济史》第一卷:"中世纪的农业生活",郎立华等译,第 507—508 页。

现了诸多中小贵族陷入经济窘境的局面。①

进一步分析，中小土地所有者的经济窘境还和大贵族的挤压有关。对于贵族阶层而言，对于土地本来就有强烈的占有欲。在经济危机之下，一些大贵族更是渴望通过扩大土地规模的形式来缓解经济压力。这些"世俗富豪和几乎所有大修道院的地产的扩大，是以小地主的损失为代价的"，而"普通贵族的家族失去了他们的土地，并且在该国的部分地区逐渐消失"。②亨利三世时期的"罚金卷轴"中有关中小骑士"新近侵占诉讼令"（assize of novel disseisin）的大量记载就是大贵族大肆侵占骑士阶层土地的有力证据。③

在这种情形下，自然也就出现了骑士征召困难的现象。在以土地授封为基础的封建骑士军役制下，国王将土地授封给直接封臣，并令其根据所占有土地的多少来提供相应的骑士。这些直接封臣或"将封地的一部分分成若干块分封给骑士，让他们直接组成军队待召"，或"将封地分封给次级封臣，后者再行分封给骑士来提供军役"。④自然，这些服役的骑士需要自备随从、马匹、铠甲、兵器，并承担其他所需费用。但是，在经济陷入困境的情形下，相当一部分骑士往往难以承担服役所需费用。更何况，在物价大幅度上涨的情形下，服役所需的费用又往往高于往常。诸如，在当时，"买一匹好的战马要花30镑至100镑，而养一匹战马也要花50多先令，是喂养一头壮牛费用的五倍。若加上兵甲衣粮及随从的费用，则从征的经济负担更重"，"仅最初的装备开支，就

---

① 〔比〕亨利·皮朗：《中世纪欧洲经济社会史》，乐文译，第76页。
② 〔英〕M. M. 波斯坦主编：《剑桥欧洲经济史》第一卷："中世纪的农业生活"，郎立华等译，第508—509页。
③ "新近侵占诉讼令"是有关中小贵族的自由保有地产在遭受他人（尤其以大贵族为主）侵占后而发起的诉讼令状，在亨利三世时期的"罚金卷轴"中已经大量出现。详情可参考 Henry III Fine Rolls Project, http://www.finerollshenry3.org.uk/content/information/project_info.html。访问时间：2018年6月1日。
④ 孟广林：《英国封建王权论稿——从诺曼征服到大宪章》，人民出版社2002年版，第343页。

要花掉一个骑士一年的土地收入"。① 这无疑更是加大了骑士服役的难度，逃避兵役的情形也就可想而知。"暂缓受封骑士令"（respite from knighthood）是中小贵族难以承担受封骑士后所承担费用而向国王申请的暂缓受封骑士的令状。在亨利三世时期"罚金卷轴"中，它的大量出现无疑是中小骑士难以承担其兵役负担的有力证据。②

更有力的证据则是对于有关作战前夕骑士征召情况的统计。据朗德统计，威廉一世时期所能征召的骑士约为 5 000 人。③ 但是，基于以上种种情形，服役骑士的人数不断减少。1172 年，"国王从诺曼底的 1 500 个骑士役领中，仅征集到 581 人服役"；1196 年 4 月"理查德王曾令宰相召集所有拥有骑士的总封臣到诺曼底服役，准备来一次远征。但没有一个人带有七名以上骑士，有的甚至一名也没带"；到约翰王时，国王能征召到大陆服役的骑士仅在 300 至 400 名之间。④ 在当时商品经济繁荣发展的情形下，国王不得不通过货币支付等其他方式来补充封建骑士数量的不足，这也就促进了"变态封建主义"的萌发。

二、王田减少和货币封土的出现

在封建制下，封臣向封君尽效忠、建议等各种义务都是基于领有土地。威廉一世以后，随着王田（royal demesne）的不断减少，国王部分放弃了土地授封这一形式，转而实行货币封土或职位封土的新方式，也在客观上刺激了变态封建主义的萌发。

---

① 孟广林：《英国封建王权论稿——从诺曼征服到大宪章》，第 345 页。
② Henry III Fine Rolls Project, http://www.finerollshenry3.org.uk/content/information/project_info.html. 访问日期：2018 年 6 月 1 日。
③ John Horace Round, *Feudal England: Historical Studies on the Eleventh and Twelfth Centuries*, Greenwood Press Reprint, 1979, pp.229-230.
④ 孟广林：《英国封建王权论稿——从诺曼征服到大宪章》，第 345 页。

外国制度史

在《末日审判书》中，王田被称为 terra regis，意为 "the king's land"（国王的土地）。从名字上可得知，王田为国王本人所有，原不用于分封，由国王派管家直接管理或任命地方郡守代为管理。诺曼征服后，威廉一世拥有数量庞大的王田，除了继承原盎格鲁-撒克逊的王室田产，又没收了一些贵族的土地。大约来说，王田约占全国耕地的七分之一或五分之一。[①]威廉一世去世时，这些通过征服而获得的土地大体上保持完整；威廉二世和亨利一世在位时，继续持有这些王田，并扩大了其面积。[②]

但是，自史蒂芬王起，王田开始被国王视为赏赐旧臣或分封新臣的重要资源。史蒂芬时期，基于争夺王位或巩固统治的需要，大量的王田被分离出去。许多贵族"不知羞耻地向国王索要城堡、土地及其他感兴趣的东西"，当被国王拒绝时，"他们便愤怒起来，加固城堡予以反抗，并从王田上掠走大量战利品"。[③]在此情形下，史蒂芬也只得妥协，王田也由此急剧减少。除此之外，为了应付玛蒂尔达的王位之争，"史蒂芬还创建了许多伯爵爵位，并向他们授予与爵位相符的土地和租金，这些爵位都是此前不存在的，土地和租金也应属国王所有"，而且"他们越是贪婪，国王就越慷慨地给予"。[④]在当时人看来，正是"由于史蒂芬的慷慨，国王变得穷困潦倒"。[⑤]

也就于此，王田基本瓜分殆尽，据弗兰克·巴洛（Frank Barlow）考证，

[①] 马克垚：《英国封建社会研究》，北京大学出版社 2005 年版，第 60—61 页。

[②] R. B. Pugh, *The Crown Estate: An Historical Essay*, London: H.M.S.O., 1962, p.3; William Stubbs, *The Constitutional History of England: In its Origin and Development*, Vol. 2, Oxford: Clarendon Press, 1903-1906, pp.584-585.

[③] William, of Malmesbury, John Sharpe, J. A. Giles, *William of Malmesbury's Chronicle of the Kings of England*, London, H. G. Bohn, 1847, p.496.

[④] William, of Malmesbury, John Sharpe, J. A. Giles, *William of Malmesbury's Chronicle of the Kings of England*, London, H. G. Bohn, 1847, pp.496-497.

[⑤] William, of Malmesbury, John Sharpe, J. A. Giles, *William of Malmesbury's Chronicle of the Kings of England*, London, H. G. Bohn, 1847, pp.497-498.

"到1200年时，国王所控制的王田只有征服者威廉继位时的三分之一"①。亨利二世即位后，加强了王田的管理，收回了许多被史蒂芬分封出去的土地，尤其是待其王位稳固后，"从上述伯爵手里收回了史蒂芬时获得的王田，并将这些伯爵赶出英格兰"。②尽管如此，史蒂芬将王田作为赏赐或争取支持者的做法仍为后世国王所效仿。究其原因，直到13世纪中期，王田仍可以作为赏赐或分封的有效土地来源。其他资源诸如无主继承地等并不稳定，只是作为偶然性的事件出现，这就为上述做法提供了可能性。

尽管国王可以通过没收叛乱者的土地、无主继承地等手段来增加王田的数量，但它毕竟不是一种"取之不竭，用之不尽"的资源。亨利二世之后，经过狮心王理查和约翰王时的浪费，王田数量又变得岌岌可危。③待亨利三世幼年继位，在休伯特（Hubert Walter）等朝臣的辅佐下，王田的数量再度恢复。不过，成年后的亨利三世，也像约翰王一样肆意的挥霍和浪费，包括王田在内的大量土地被赏赐给亨利三世所宠信的萨伏伊人（Savoyards）和普瓦图人（Poitevins）。据统计，在当时的英格兰，萨伏伊成员不少于170名，"从国王这里领取土地的有39人，还有40人每年至少享有100马克的收入"。④可以说，英格兰是萨伏伊人的天堂，土地、婚姻等几乎是有求必应。作为亨利三世同母异父的半亲兄弟，普瓦图人更是深得亨利三世的恩宠。"他们约有100人，三分之二为世俗贵族"。⑤亨利许诺，"将为他们提供漂亮的礼物和足够的财

---

① Frank Barlow, *The Feudal Kingdom of England*, London: Longmans, 1961 [1962], p.329.
② William, of Malmesbury, John Sharpe, J. A. Giles, *William of Malmesbury's Chronicle of the Kings of England*, p.498.
③ William Stubbs, *The Constitutional History of England: In its Origin and Development*, Vol. 2, Oxford: Clarendon Press, 1903–1906, p.585.
④ Michael Prestwich, *Plantagenet England 1225–1360*, Oxford: Oxford University Press, 2005, pp.93–94.
⑤ Michael Prestwich, *Plantagenet England 1225–1360*, p.94.

外国制度史

富",并"切实地履行了承诺,甚至超出了承诺"。[1] 于是,又有大量土地落入了普瓦图人手中。但是,英格兰并不能为国王的施惠提供源源不断的土地,此时的亨利"比前代任何国王都穷"[2]。尤其是到了13世纪40年代,王田已经被大量挥霍掉,可供继承的土地呈现出更加紧张的局面。为了继续施惠于所宠信的上述朝臣,亨利三世不得不把注意力转向了爱尔兰,"从1248年起,爱尔兰的大量土地被分封出去",但爱尔兰并没有被完全征服,其所分封的土地"大多处于半臣服的状态"。[3] 从亨利三世在爱尔兰进行分封的尝试中,更能得知英格兰境内确实已经没有多余的土地进行授封。

在这种情形下,诺曼王朝和金雀花王朝统治下的英王们逐渐采用"货币封土"的方式来笼络大大小小的封臣。顾名思义,货币封土就是指没有领土的一种收入,可能是封君"给予封臣一笔钱,封臣用这笔钱去获得可以带来固定收入的一块土地或一个职位";或指"来自具体资源的收入";又或者说它"并不固定于一种特定的收入来源,付款只是来自封君的财库"。[4] 在本质上,它异于以封地为基础的封土授封制,可以说是货币关系在君臣关系中的反应。有证据表明,早在征服者威廉时期,英格兰就出现了有关"货币封土"的记载,"瓦斯于1160年前后写作了《卢传奇》,其中记述了征服者威廉对追随他远征之人的慷慨奖励,值得注意的是,他区分了许诺给陪臣的金钱封土与保留给男爵的'荣誉地'"[5]。不过,真正规模化、系统化地使用"货币封土"的则是在金雀花王朝统治下的君主们。其中,亨利三世时期因为保留下较为健全的王室档案,以及当时封地的紧缺,尤为我们留下了翔实的史料。

---

[1] Matthew Paris, *Matthew Paris's English History from the Year 1235 to 1273,* Vol. ii. trans. by J. A. Giles, William Rishanger. London, H.G. Bohn, 1852–1854, p.229.

[2] William Stubbs, *The Constitutional History of England: In its Origin and Development,* Vol. 2, p.585.

[3] Michael Prestwich, *Plantagenet England 1225–1360*, p.95.

[4] 〔比〕弗朗索瓦·冈绍夫:《何为封建主义》,张绪山、卢兆瑜译,第144—146页。

[5] 〔比〕弗朗索瓦·冈绍夫:《何为封建主义》,张绪山、卢兆瑜译,第150页。

自 13 世纪 40 年代起，亨利三世的妹妹埃莉诺（Eleanor）和新任丈夫蒙福尔（Simon de Montfort）就一直试图索回被其他贵族占有的寡妇产。但是，当寡妇产的重要部分被亨利三世转交给所宠信的同母异父兄弟威廉·瓦朗斯后，这种解决方案也就不能付诸实践了。①1244 年 5 月，亨利向蒙福尔夫妇承诺，可以在他处为其提供等价值的土地。但是，鉴于土地资源的紧张，蒙福尔夫妇不得不排队等候。由此，亨利"允许列斯特伯爵蒙福尔和他的妻子，每年在财政署领取 500 马克，直到为他们提供价值 500 马克的土地为止"②。这其实就是"货币封土"的典型例证。大量的史实证明，蒙福尔夫妇并不是唯一。此后，在可分封的土地出现之前，亨利的另一位同母异父的兄弟杰弗里也不得不接受"货币封土"的形式，在国王未向其提供所许诺的价值 200 英镑的土地前，不会把爱尔兰的土地或无主继承地赏赐给任何人。③1259 年 11 月，当比内尔（Alan Burnel）被国王授封为骑士后，因为没有可分封的土地，亨利不得不让他暂时每年在财政署领取 20 马克，直到亨利能够为他提供等价值的土地为止。④1260 年 6 月，在御前会议的建议下，亨利允许阿拉德（Alard de Shemmingham）每年从财政署领取的年金由先前的 20 马克上升到 60 马克，直到国王能够向他提供同等价值的土地。⑤1260 年 8 月，亨利允许罗杰（Roger

---

① H. W. Ridgeway, "Valence, William de, earl of Pembroke (d. 1296)", *Oxford Dictionary of National Biography*, Oxford University Press, 2004; online edn, Jan 2008. [http://www.oxforddnb.com/view/article/29481. 访问日期：2016 年 9 月 27 日]; Matthew Paris, *Matthew Paris's English History from the Year 1235 to 1273*, Vol. ii. trans. by J. A. Giles, p.230.

② Great Britain Public Record Office, *Calendar of the Charter Rolls Preserved in the Public Record Office (CCR)*, Vol. 1. Henry III, A. D. 1227-1257. H.M. Stationery Office, 1908. p.278.

③ Great Britain Public Record Office, *Calendar of the Patent Rolls Preserved in the Public Record Office (CPR)*, Vol. 1. Henry III, A. D. 1247-1258. H.M. Stationery Office, 1911. p.249.

④ *CPR, 1258–1266*, p.63.

⑤ *CPR, 1258–1266*, p.79.

de Mortuo Mari）以采邑的名义每年从财政署领取60马克，直到国王能够为他提供同等价值的土地为止。① 而且，通过对13世纪中期公函卷轴的解读，还可发现亨利三世的弟弟康沃尔的理查、同母异父的威廉·瓦朗斯等人也货币封土的名单中。②

除"货币封土"之外，"职位封土"（fiefs de dignite）也是诺曼王朝和金雀花王朝的君主们用以作为可分封王田不足的重要补充。"职位封土"就是以封土形式从国王那里持有职位，其目的在于获得职位的薪金。鉴于其无封地和领取薪金的特征，"职位封土"在本质上也可以被视为"货币封土"的一个变异。"职位封土"的产生时间并不明确，但金雀花王朝时期的英格兰已经大量存在。格雷（Richard de Grey）就是其典型例证。约翰王末年，格雷获得了休谟斯（John de Humez）等一些反对约翰王的贵族封地，还以列斯特伯爵蒙福尔的封臣身份在北安普敦郡领有封地。③ 这些土地大都是在13世纪初格雷因战功所得。④ 当然，可分封土地的宽松也是格雷能够获得大量封土的重要原因。不过，随着13世纪40年代土地资源日趋紧张，赏赐也由土地变为重要职位和金钱。1258年4月的牛津会议上，在贵族会议的建议下，格雷被任命为多佛城堡的治安官（constable of Dover Castle）。⑤ 随后，作为对其担任多佛城堡治安官一职的报酬，亨利许诺将在下个米迦勒节的第八天向他支付500马克。⑥

---

① *CPR, 1258–1266*, p.89.
② *CPR, 1247–1258,* p.195.
③ Robert C. Stacey, "Grey, Richard de (d. before 1272)", in Colin Matthew, ed., *The Oxford Dictionary of National Biography*, Vol. 23, Oxford University Press, 2004, pp.875–876. [http://www.oxforddnb.com/view/10.1093/ref:odnb/9780198614128.001.0001/odnb-9780198614128-e-11554?rskey=gTJP25&result=1. 访问日期：2017年11月21日]
④ 诸如，之所以能够获得休谟斯等人的土地，就是因为他对约翰王的支持，见 *Robert C. Stacey*, "Grey, Richard de (d. before 1272)", in Colin Matthew, ed., *The Oxford Dictionary of National*, Vol. 23, Oxford University Press, 2004, pp.875–876。
⑤ *CPR, 1258–1266*, p.42.
⑥ *CPR, 1258–1266*, p.42.

因为在客观上超出了封地所承载的量，这部分义务被封君以金钱的形式作为补偿。在这种情形下，封臣不完全基于封地而向封君尽忠，而是在客观上向封君领取酬劳。由此，封君封臣关系中出现了以货币为媒介的商品交易关系，其商品则体现为封臣的效忠。这其实也可以作为"变态封建主义"萌发的迹象。

三、行政机构的建立和完善

诺曼征服以后，随着行政机构的建立和完善，贵族不得不以雇佣的形式招募大量的专职人员，这就进一步促进了以扈从关系为重要构成的变态封建主义的萌发。

为建立卓有成效的统治，征服者威廉仿效盎格鲁-撒克逊时期的管理机制，建立起初步的行政架构。彼时，行政机构仍然非常简陋，各种职能部门混淆在一起，因需伴随国王出游而被学界称为"巡游王权"。[1] 不过，随着王国政务的繁杂，逐渐在威斯敏斯特等地设置固定的行署，并开始向"行政王权"过渡，国库、财政署、锦衣库（wardrobe）等机构也分离出来。与此同时，各机构也发展和完善内部的组织架构，沿用雇佣制，以金钱换取专职化的酬劳，锦衣库就是一典型的例证。

锦衣库原来只是王廷中保管国王行李的地方，并兼管现金收支和各种公文档案的存放。约翰王时，由于国王继续保持巡游的习惯，已固定在温切斯特的财政署不能像以往那样方便国王支取。在这种情形下，约翰王转而倚重锦衣库。于是，锦衣库的地位日益重要。但是，此时的锦衣库仍然只是宫室

---

[1] 关于英格兰王权由"巡游王权"和"行政王权"的概念，以及"巡游王权"向"行政王权"过渡的概况，见孟广林《英国封建王权论稿——从诺曼征服到大宪章》，第280—287页。

外国制度史

（Chamber）的从属机构。亨利三世时期，锦衣库更加受到重用。[①] 亨利三世幼年，"锦衣库不但完全取代了宫室原来的作用，而且更进一步地拓展了权力范围"；亨利三世成年后，"也不急于恢复宫室以前的职能，而是以锦衣库彻底取代了它"。[②] 于是，锦衣库发展为独立的国家财政机构，健全了自身的组织，并招募了大批具有管理和财政才能的职员。

就当时的组织情况来看，锦衣库长（Keeper of the Wardrobe）是首席官员，有时同时担任国库长（Treasurer），主要负责包括国王本人在内的王室各项开支；接收并贮存国王所接收的现金、珠宝等物品；记录王室每天的所有交易，并将相关记录提交至财政署。锦衣库长之下较为重要的职位有锦衣库审计官（Controller of the Wardrobe）和锦衣库临时代理（Cofferer of the Wardrobe）。锦衣库审计官的地位仅次于锦衣库长，主要负责核查锦衣库长和国库长的开支，后来发展为核查王室内府诸多部门的开支，并掌管象征国王私权的王玺（Privy Seal）。锦衣库临时代理的地位又次于锦衣库审计官。他是国库长的代表，当国库长忙于要务无法亲自参与锦衣库的相关事务时，就派遣锦衣库临时代理和锦衣库长一同处理锦衣库事宜。除了上述主要官职之外，锦衣库还设置诸多采购员（buyer），负责采购王室的各种日常所需，如铁、蜡、布、木材、黄金、鞋子、无花果等。[③]

可以肯定的是，亨利三世时期，锦衣库的大部分职员都属于专职化的官僚

[①] 受重用原因，见 Thomas F. Tout, *Chapters in the Administrative History of Mediaeval England: The Wardrobe, the Chamber and the Small Seals*, Vol. 2, Manchester: Univ. Press [u.a.], 1967, pp.102-103; G. M. Trevelyan, *History of England*, London: Longmans, Green and Co. Ltd., 1926, pp.198-199。

[②] 蔺志强：《亨利三世时代的英国王权研究》，北京大学博士论文，2001年。

[③] 采购员为王室购买货物的种类，参见 Creat Britian Public Record Office, *Calender of the Liberate Rolls, Preserved in the Public Record Office (CLR)*, Vol. IV, Henry III, A. D. 1251-1260, H. M. Stationery Office, 1959, p.687。此外，基于下文所提及萨尔科所采购的物品种类，可推测，此时采购员并未发展到按照物品门类进行分工的地步，同一采购员可能会负责采购不同的物品。

阶层，往往以领受薪水为目的。萨尔科（John de Suwerk）就是典型的例证。他是亨利三世的国王职员（king's clerk）。1250 年，亨利三世承诺，只要萨尔科偿还所欠某些商人的债务，就免除他在锦衣库任职期间的渎职罪。[1]由此可知，最迟在此时，萨尔科已经在锦衣库任职。1255 年 3 月份的令状中，将萨尔科称为"国王的采购员"[2]。由此，明确了萨尔科在锦衣库中所担任的具体职务。在 1254 年到 1255 年间，萨尔科较受国王重用。一方面，期间保存下来诸多萨尔科为国王采购物品的记录，所涉物品种类繁多几乎囊括了王室日常的全部所需，包括铁、木材、缆绳、绳索、钢、干草、黄金饰品、酒、蜡、帆布、锚等物品；[3]另一方面，1255 年 3 月，为准备当年的圣诞节，亨利三世还特意命令安塞（William de Assewy）和林顿（Robert de Lynton）将所购买的牛、猪、鸟、野兔、野鸡、山鹑、丘鹬等大批物品交给萨尔科和另一位同事，由他们在圣诞节前送往国王所在的坎特伯雷。[4]在其去世前，萨尔科可能一直在锦衣库中任职。[5]可以说，萨尔科属于专职化的官僚，专门负责采购国王日常生活的必需品，并把此作为谋生的职业。从一份有关其遗嘱的文件中可知，他很可能只有一座位于伦敦的房子，并无土地等相关的可继承不动产。[6]有关其薪水的情况，公函令状中有所反映。1254 年，亨利授予萨尔科每年 30 马克的圣俸。[7]可以说，这 30 马克的圣俸正是萨尔科担任采购员一职所得到的报酬。

---

[1] *CPR, 1247–1258*, p.67.

[2] *CLR, 1251–1260*, p.198.

[3] *CPR, 1247–1258*, pp.348–349; *CLR, 1251–1260*, pp.211, 212, 232, 217, 225, 288, 398, 462.

[4] *CLR, 1251–1260*, p.198.

[5] 萨尔科于 1257 年左右去世，在其去世前可能一直在锦衣库担任采购员的职务。主要依据：1257 年 9 月，出现了有关萨尔科遗嘱的令状，可知萨尔科大约在此之前去世；又通过 1257 年 10 月的一份令状中可知，萨尔科很可能在此前向维斯（Peter Weltehes）为国王购买价值 26 英镑的铁。见 *CPR, 1247–1258*, pp.577, 583.

[6] *CPR, 1247–1258*, p.577.

[7] *CPR, 1247–1258*, p.310.

外国制度史

除此之外，鉴于萨尔科的尽职，亨利三世还曾赏赐过萨尔科数十马克。1255年，亨利命令伦敦的郡守从伦敦市的农场中取出50马克，支付给包括萨尔科在内的5人，作为国王对他们的赏赐。①

除萨尔科之外，更确凿的证据来自萨尔科的同事普勒塞特（William de Plessetis）。在1247—1258年，普勒塞特曾担任司宫，并同时在锦衣库任职。②令状中并未记载普勒塞特在锦衣库中的具体职务，不过从为国王采购黄金饰品、蜡、布等物品的记录来看，他应该担任采购员一类的职务。③而且，我们得知普勒塞特在锦衣库的地位高于萨尔科。④令状中并无明确记载普勒塞特的薪俸几何。但是，1257年5月的一份令状中记载，亨利允许普勒塞特从其年金中扣除所欠国王的6英镑13盎司10便士税款。⑤由此可知，普勒塞特从国王这儿的确领有薪俸。鉴于普勒塞特所从事的工作，这些薪俸很可能正是他在锦衣库等部门劳动所得。

值得指出的是，除国王之外，其他大贵族也在各自内府中建立了锦衣库。如，在1251—1260年间的令状卷轴中，就保存了多条有关王后埃莉诺锦衣库的令状。⑥尽管在专职化的水平上可能比不上国王锦衣库，但其内部的主要机构和人员设置应该和国王锦衣库大致不离，都设有锦衣库长、锦衣库审计官、锦衣库临时代理、采购员等职位。而且，这些职位也都是领有薪俸的专业化职员。

---

① *CLR, 1251–1260*, p.234.
② *CPR, 1247–1258*, pp.35, 67; *CLR, 1251–1260*, p.2. 普勒塞特在锦衣库中任职的证据有二：其一，1250年6月的一份公函令状中指明普勒塞特是萨尔科的上司，而萨尔科则是锦衣库的成员；其二，1250年10月的一份令状中指出，向奥格（William Auger）偿还因普勒塞特为国王所购买黄金饰品而产生的12英镑14盎司债务，该令状的署证人为查斯伯克（P. Chacepork），而查斯伯克在此期间担任锦衣库长，更说明了普勒塞特是锦衣库的职员。
③ *CLR, 1251–1260*, pp.2, 25, 58, 102.
④ *CPR, 1247–1258*, p.67. 该令状中明确指出萨尔科是普勒塞特的属下。
⑤ *CPR, 1247–1258*, p.556.
⑥ *CLR, 1251–1260*, pp.282, 310, 398.

当然，锦衣库只是当时诸多机构中的一例，其他机构的发展也大致如此。诸如，亨利一世在位后期，中书省的首脑为中书令，中书令以下为文书长（Master of writing office）率四名文书负责公文的拟写；亨利二世时，中书省的组织架构进一步发展，设立了诸多书记官（Cursitors），负责起草必备令状，即诉讼开始令状；亨利三世时期，经过尼维尔（Ralph Nevill）的改革，中书省更加专门化，如新增文件筐部（Hanaper Department），其长官为文件筐保管人，专门负责"收取御玺的使用费，支付中书省的开销，并把他的管理账目上呈锦衣库查验"①。再如，财政署的发展情况也大致相同。亨利一世时期，财政署虽然有一定的发展，但尚不能称为专门的财政机构，这一称谓直到亨利三世时期才能实现；亨利三世时期，财政署上层的那些高官也极少参加财政署会议，更多的是派遣有财政专长的代表，这些人日益成为职业的"财政署男爵"。②其中，主持财政署簿记的中书令属员逐渐发展为"财政署署长"（Chancellor of the Exchequer），负责掌管财务章（Seal of the Exchequer），并在检查财税账目上享有司法职权。新设"财务纪事官"（Remembrancer）负责簿记工作。③

---

① 孟广林：《英国封建王权论稿——从诺曼征服到大宪章》，第 300 页；蔺志强：《亨利三世时代的英国王权研究》，北京大学博士论文，2001 年。
② 蔺志强：《亨利三世时代的英国王权研究》，北京大学博士论文，2001 年。
③ 财政署曾经有三种财务纪事官：王室财务纪事官（the King's Remembrancer）、财务大臣事务纪事官（the Lord Treasurer's Remembrancer）和首年捐赠金事务官（the Remembrancer of the First Fruits）。王室财务纪事官主要负责征收应向王室缴纳的罚金、欠款等，保存涉及王室地产交易的文书，并在签署衡平法令状（bill inequity）方面也有一些职能；财务大臣事务纪事官主要负责核查郡守、复归财产管理官（escheator）、涉讼财产管理人（receiver）、副司法行政官（bailiff）等官员的相关账目，负责核查财产卷宗（pipe rolls）记录的所欠国王的债务；首年捐赠金事务官负责征收所有封地的首年捐赠金，并对拒绝捐赠者发起诉讼。可参见薛波主编《元照英美法词典》，法律出版社 2003 年版，第 1177 页；Stewart Rapalje, Robert Linn Lawrence, *A Dictionary of American and English Law*, Vol. ii, F. D. Linn & Company, 1883, p.1096。

随着这些机构的健全和发展，其内部基于货币支付的雇佣关系，也就逐渐成为封君封臣关系之外的一种社会关系。

四、盾牌钱和雇佣军的征召

盾牌钱（scutage）是早期变态封建主义在军事上的重要体现。盾牌钱就是取代封建兵役的一种税收，即在封建关系下，封君向封臣提供封地，封臣则必须向封君提供与其封地数量相符的骑士。但在诺曼时期的英格兰，直属封臣可以向封君缴纳一笔钱以替代对国王服兵役的义务，这笔钱就是盾牌钱。

可以说，盾牌钱的出现是多方面的。其中，封建骑士军役难以满足兵力需求无疑是较为重要的因素。威廉一世时，盎格鲁-撒克逊贵族的叛乱所引起的战争，在规模上相对较小，持续时间也较短。[1] 亨利一世时期的王位之争、亨利二世时期的边界之争，战争的规模越来越大，持续时间也越来越长。在这种情形下，因受限于40天或两个月的服役期限，封建兵役制就不太适合长时间的作战。除此之外，战争规模对兵力数量也提出较高的要求，在封建兵役不能满足要求的情况下，国王不得不招募雇佣军，也同时对国王财政提出了较高需求。[2] 鉴于上述情形，在国家税收体系尚未健全的情况下，为适应战争扩大化的情形，国王要求某些封臣将应服兵役折合成一定的现金，盾牌钱由此诞生，并在此后相当长时期内成为国王重要的倚重手段。

一般而言，盾牌钱的税率由单个骑士的日工资、服役天数所决定。19世

---

[1] 普利斯维奇（J. O. Prestwich）曾对盎格鲁-诺曼时期英格兰的骑士数量做过估计，认为其数目不会超过5 000名，见 J. O. Prestwich, "War and Finance in the Anglo-Norman State", *Transactions of the Royal Historical Society*, Vol. 4 (1954), pp.19-43。

[2] 普利斯维奇就指出，亨利一世时期，对财政有着更高的需求，而士兵工资方面的开支显然是其主要的财政支出，见 J. O. Prestwich, "War and Finance in the Anglo-Norman State", *Transactions of the Royal Historical Society*, Vol. 4 (1954), pp.19-43。

纪末以来，学界一般认为盾牌钱的税率为两马克，即 8 便士的骑士日工资与 40 天的兵役之乘积。① 但是，随着新史料的不断发现，这一结论开始受到质疑。霍利斯特就指出，鉴于骑士的日工资和年服役期限是不断变化的，两马克的税率只是存在于历史的某一时刻，即仅有 1159 年和 1161 年的盾牌钱。② 霍利斯特的观点得到不少学界同仁的认可，如著名史家霍尔特就指出，亨利二世时期，盾牌钱的征收就存在"一马克、一英镑和两马克"三种不同税率。③

就盾牌钱的产生时间而言，维多利亚时期的不少史家认为，盾牌钱是亨利二世的创举。诸如，斯塔布斯就指出，"亨利二世继位的第二年开始征收盾牌钱，每个骑士邑征收 20 先令"，接着在 1159 年，"因图卢兹战争而征收了更大税率的盾牌钱"，"自此之后，'盾牌钱'这个词语开始拥有以货币取代封建兵役的新含义，并被频繁地使用"。④ 弗里曼（Edward A Freeman）也直截了当地指出，"招募雇佣兵并不是什么新的举措，但是用盾牌钱向他们支付报酬

---

① 朗德较早探讨了骑士的日工资问题，亨利二世时的骑士日工资为 8 便士，1159 年因讨伐图卢兹而征收的 2 马克正是 8 便士的日工资乘以 40 天兵役天数，见 John Horace Round, *Feudal England: Historical Studies on the Eleventh and Twelfth Centuries*, pp.271-272。以此为基础，鲍德温（James F. Baldwin）则肯定了骑士的年服役期限，"一个骑士每年服役的期限为 40 天"，"12 世纪时的骑士日工资为 8 便士，2 马克的盾牌钱正是日工资乘以 40 天的服役期限"，James Fosdick Baldwin, *The Scutage and Knight Service in England*, University of Chicago Press, 1897, p.12。时至今日，朗德和鲍德温有关盾牌钱税率的结论影响仍然很大。

② C. Warren Hollister, "The Significance of Scutage Rates in Eleventh and Twelfth-Century England", *The English Historical Review*, Vol. 75, No. 297 (Oct., 1960), pp.577-588. 霍利斯特还着重指出，即使在 1161 年的盾牌钱征收中，也不是所有的采邑都按照两马克的税率，不少世俗领地按照一马克的税率。

③ J. C. Holt, "Feudalism Revisited", *The Economic History Review*, New Series, Vol. 14, No. 2 (1961), pp.333-340. 但霍尔特并不认同盾牌钱的税率是由日工资和年服役期限所决定的，他认为盾牌钱的税率也会受到政治上的权衡、领主和封臣之间的讨价还价等非经济性因素的影响。

④ William Stubbs, *The Constitutional History of England: In its Origin and Development*, Vol. i, Oxford: Clarendon Press, 1880, p.623.

是亨利二世和托马斯的创举"。① 其实，这一观点主要是基于《财政署红皮书》（*Red Book of the Exchequer*）中的陈述。② 但是，鉴于作者斯威福德（Alexander de Swereford）所接触的卷轴有限，自然未能发现亨利一世征收盾牌钱的史实。③ 因此，其结论也就有一定的不确定性。正如史家所述，我们可以"接触他所能翻阅的所有卷轴"，并且还可以"充分利用他所不能接触的资料"。④ 因此，这一观点不断得到纠正。

早在19世纪末，鲍德温就指出，亨利一世时，盾牌钱便以某种形式存在。⑤ 朗德则进一步考证到，盾牌钱起源于亨利一世允许封地内的英格兰教会用货币取代兵役的方式中。⑥ 之后，莫里斯（W. A. Morris）将时间向前追溯至1100年。⑦ 是年，刚即位的亨利一世向刘易斯的克吕尼修道院（the Cluniac priory of Lewes）颁布的豁免令状（charter of immunities）中，就含有盾牌钱的记载。在令状中，亨利一世将免除修道院所能免除的一切役务，其中就着重提及免除他们的盾牌钱。至此，盾牌钱产生于亨利一世时期的观点为学界诸多

---

① Edward A. Freeman, *The History of the Norman Conquest of England: Its Causes and its Results,* Vol. v, Oxford: Clarendon Press, 1876, p.451.

② 亚历山大·德·斯威福德（1176?—1246年），在1234年到1246年间担任财政署伯爵（baron of the Exchequer）这一职位，并在1234年之前所成《财政署红皮书》一书，目的在于为王室封臣的义务和责任留下永久的记录，但实际上还包括了有关国王财产的文件、令状格式、程序规则指示、国家官员宣誓等，成为仅次于《末日审判书》的权威数据。尽管如此，此书仍有很多的不实之处。有关不实之处的论证，见 John Horace Round, *Feudal England: Historical Studies on the Eleventh and Twelfth Centuries,* pp.263-267。

③ James Fosdick Baldwin, *The Scutage and Knight Service in England,* p.3.

④ John Horace Round, *Feudal England: Historical Studies on the Eleventh and Twelfth Centuries,* p.263.

⑤ James Fosdick Baldwin, *The Scutage and Knight Service in England,* p.2.

⑥ John Horace Round, *Feudal England: Historical Studies on the Eleventh and Twelfth Centuries,* pp.268-270.

⑦ W. A. Morris, "A Mention of Scutage in the Year 1100", *The English Historical Review,* Vol. 36, No. 141 (Jan., 1921), pp.45-46.

同仁认可。

迄今为止，有关亨利一世时期盾牌钱的史料总计十一条。[①]在这些史料中，

---

① 第1条　1100年，应萨里伯爵瓦伦的威廉（William of Warenne, earl of Surrey）的请求，亨利一世免除刘易斯的克吕尼修道院包括盾牌钱在内的一切所能免除的役务。令状原文见 W. A. Morris, "A Mention of Scutage in the Year 1100", *The English Historical Review*, Vol. 36, No. 141 (Jan., 1921), pp.45-46。
第2条　1107—1108年，亨利一世向伊夫舍姆的教会（church of Evesham）征收盾牌钱。令状原文见 H. W. C. Davis, "An early mention of scutage", *Vierteljahrschrift für Sozial- und Wirtschaftsgeschichte*, 5. Bd., H. 3 (1907), pp.467-468。
第3条　1105—1109年，亨利一世向诺维奇的赫伯特主教（Herbert bishop of Norwich）征收60英镑的盾牌钱。令状部分原文见 John Horace Round, *Feudal England: Historical Studies on the Eleventh and Twelfth Centuries*, p.270。
第4条　1105—1109年，布伦公爵尤斯塔斯（Eustace Count of Boulogne）在英格兰向他的骑士征收盾牌钱。令状原文见 John Horace Round, *Studies on The Red book of the Exchequer*, p.6。
第5条　1122年，斯坦福德的尼古拉斯（Nioholas de Stafford）免除凯尼尔沃思小修道院（Kenilworth Priory）的盾牌钱。令状原文见 Staffordshire Record Society, *Collections for a History of Staffordshire*, Volume ii, Birmingham: Houghton & Co. Scotland-passage, 1881, p.195。
第6条　1123年之前，亨利一世免除伦敦的克赖斯特彻奇小修道院（Christchurch Priory）包括盾牌钱在内的某些债务。令状原文见 John Horace Round, *Studies on The Red book of the Exchequer*, p.6。
第7条　1123年之前，亨利一世免除威斯敏斯特修道院和僧侣的相关封地盾牌钱的令状。令状部分原文见 John Horace Round, *Studies on The Red book of the Exchequer*, p.6。
第8条　1124年，亨利一世将伊利主教（bishop of Ely）应缴纳的盾牌钱税额从100英镑降为60英镑。令状原文见 John Horace Round, *Feudal England: Historical Studies on the Eleventh and Twelfth Centuries*, p.269。
第9条　1125年，亨利一世免除雷丁修道院（Reading Abbey）包括盾牌钱在内的某些役务。令状原文见 W. A. Morris, "A Mention of Scutage in the Year 1100", *The English Historical Review*, Vol. 36, No. 141 (Jan., 1921), pp.45-46。
第10条　1121—1129年，切斯特伯爵伦道夫的查特（Charter of Randulf, earl of Chester）向圣埃夫鲁尔修道院（Abbey of Saint-Evroul）赠予自由教役（转下页）

外国制度史

七条是有关亨利向封臣征收盾牌钱的记载（即第1、2、3、6、7、8、9条）；四条则是有关封臣向次级封臣征收盾牌钱的记载（即第4、5、10、11条）。其中，有关封臣向次级封臣征收盾牌钱的多次记载意味着，盾牌钱在亨利一世时期已经为封君和封臣所熟知。而在第8条令状中，当亨利一世降低伊利主教的盾牌钱税率时，曾着重提及"quando scutagium currebat per terram meam Anglie"[1]则更进一步证实了上述推测。再考虑到可能存在部分史料遗失的情形，我们有理由相信，亨利一世时期，盾牌钱的征收已经成为一种惯常。[2]

不过，总体来看，亨利一世时期的盾牌钱仍存在一定的局限性。其一，其征收对象主要限于教会贵族；其二，盾牌钱征收主要是一种"个人对个人"的行为，尚未成为一种普遍性的税收。这种局限性意味着，亨利一世时期，盾牌钱的发展是有限的，未发展成一种普遍的现象。但在战争等因素作用下，盾牌钱在亨利二世时期迎来进一步的发展。

（接上页）保有地（frankalmoign），其中的1卡勒凯特（carucata）土地被免除了盾牌钱和其他捐税。令状原文见 Great Britain. Public Record Office, *Calendar of Documents Preserved in France: Illustrative of the History of Great Britain and Ireland: A.D. 918–1206*, London: H.M.S.O., 1899, pp.222–223。

第11条 1125—1135年，布伦公爵怀特·史蒂芬（While Stephen）免除柯彻斯特的圣约翰修道院（St. John's Abbey, Colchester）的盾牌钱。令状原文见 John Horace Round, *Studies on The Red book of the Exchequer*, p.6。

[1] 这句拉丁语可大致翻译为："当盾牌钱在英格兰王国盛行时"。

[2] 曾有学者指出，盾牌钱很可能在征服者威廉和威廉二世时期就已经出现，如朗德指出，"货币取代兵役"这一盾牌钱的核心准则早在征服者威廉时代就已经存在；莫里斯在分析1100年的盾牌钱的令状时，指出鉴于这份令状颁布于亨利一世加冕的七个星期内，盾牌钱很可能在威廉一世时期就已经出现。假定如此，但尚未发现征服者威廉和威廉二世时期有关盾牌钱的任何文字记录，亨利一世时期却留下了诸多盾牌钱征收的相关记载。在王室档案机制的发展水平相当的情况下，可以推测，亨利一世时期的盾牌钱发展程度比前代更高。John Horace Round, *Feudal England: Historical Studies on the Eleventh and Twelfth Centuries*, p.270；W. A. Morris, "A Mention of Scutage in the Year 1100", *The English Historical Review*, Vol. 36, No. 141 (Jan., 1921), pp.45–46。

亨利二世时，先后征收了八次大规模的盾牌钱，即1156年的盾牌钱、1159年的"图卢兹盾牌钱"、1161年的盾牌钱、1162年的盾牌钱、1165年的"威尔士盾牌钱"、1168年的盾牌钱、1172年的"爱尔兰盾牌钱"和1187年的"加洛韦盾牌钱"。① 相对亨利一世时期，亨利二世盾牌钱的发展主要呈现为：盾牌钱逐渐

---

① a. 1156年的盾牌钱，征收标准为每个骑士邑20先令，征收对象仅限于为教会贵族。
b. 1159年的"图卢兹盾牌钱"，即因征伐图卢兹而得名，征收标准为每个骑士邑2马克，征收对象为教俗贵族两个群体，世俗贵族群体仅限于中小贵族，大贵族都是选择亲自服役，主要用于图卢兹的战争中。其重要特征：同盾牌钱一同征收的还有其他各项税收，而盾牌钱在总税收中比例并不大；这是盾牌钱第一次成为面向世俗贵族的普遍税收。
c. 1161年的盾牌钱，每个骑士邑2马克，其征收对象为教俗贵族两个群体，并开始出现大贵族缴纳盾牌钱的先例，但比例不大，且盾牌钱在税收总额所占比例仍不太大。其具体用途不详，但据鲍德温考证，主要适用于英法之间战争，"图卢兹战役后，英法之间经历了一段短暂的和平，不久，亨利和路易之间战争又起。从财政部档案来看，亨利在佩文西聚集了一支军队"。James Fosdick Baldwin, *The Scutage and Knight Service in England*, p.22.
d. 1162年的盾牌钱，每个骑士邑1马克，其征收对象为教俗贵族两个群体，但范围比上述两次要小不小，总额降到975英镑。其具体用途不详，但鲍德温考证，主要用于英法之间的战争，即英法在1162年也发生了一场战役。James Fosdick Baldwin, *The Scutage and Knight Service in England*, p.27.
e. 1165年的"威尔士盾牌钱"，因征伐威尔士而征收，每个骑士邑1马克，征收对象囊括了教俗贵族两个群体。据鲍德温考证，亨利二世于该年向威尔士发起了两次讨伐行动，即征收了两次盾牌钱，但早期的征伐过于仓促且规模小，盾牌钱的额度也非常小。James Fosdick Baldwin, *The Scutage and Knight Service in England*, pp.29-30.
f. 1168年，亨利二世嫁女而向封臣征收的包括盾牌钱在内的协助金，盾牌钱的征收标准为每个骑士邑1马克，征收对象囊括了教俗贵族两个群体。其重要特征：所有封臣都必须缴纳盾牌钱，而没有亲自服役的选择权；盾牌钱开始在税收总额中占有较大的比例。
g. 1172年的"爱尔兰盾牌钱"，即因征伐爱尔兰而征收的盾牌钱，其征收标准为每个骑士邑20先令，征收对象为教俗贵族两个群体。其重要特征：该次盾牌钱的征收中并没有伴随其他封建税收；大部分世俗大贵族开始选择缴纳盾牌钱而不是亲自服兵役。

（转下页）

外国制度史

拥有了固定的名称,即以所用于的战争来命名;盾牌钱成为一种普遍性的税收,其征收对象不再仅局限于教会封臣;盾牌钱在税收中所占的比重逐渐上升。

这种发展态势和亨利二世时的封臣频繁叛乱有密切关系,尤其是诸子因王位继承、领地受封等问题而频繁掀起叛乱。1173年,亨利的长子小亨利公开反叛,得到了母亲埃莉诺、弟弟理查德、杰弗里,以及法王菲利普的支持,战争大约持续了两年;①1176年,因亨利试图解除与埃莉诺的婚姻,小亨利、理查德、杰弗里再次掀起叛乱;②1181年,因亨利二世对理查德的未婚妻爱丽丝(Alice)有不轨行为,理查德与小亨利结盟反叛;③1183年,亨利二世要求理查德、杰弗里因布列塔尼和阿基坦公爵领向小亨利效忠,在遭到两人的强烈拒绝后,亨利二世派遣小亨利予以征讨;④1183—1186年,小亨利去世后,因王位继承再次掀起战争;⑤1189年,理查德再次掀起叛乱,并与法王结盟,亨利二世几乎被俘,最终被迫签署合约。⑥尤其是最后一次叛乱,给予亨利二世沉重的打击,以至于亨利二世在理查德耳边发誓,"上帝作证,在未向你复仇前,我绝不会死去"。

封臣临阵倒戈的事件频繁发生,亨利二世时期尤其如此。如1157年,在

(接上页)h. 1187年的"加洛韦盾牌钱",因征伐苏格兰的加洛韦(Galway)而得名,其征收标准为每个骑士邑20先令,征收对象囊括了教俗贵族两个群体。

① Roger of Wendover, Matthew Paris, *Roger of Wendover's Flowers of History. Comprising the History of England from the Descent of the Saxons to A.D. 1235* (以下简称 *Flowers' history*), Vol. ii, London: H. G. Bohn, 1849, pp.24-25.
② ODNB, "Henry II (1133-1189)"; *Flowers' history*, Vol. ii, p.33.
③ William Toone, *The Chronological Historian, or, A Record Events, Historical, Political, Biographical, Literary, Domestic and Miscellaneous*, London: Longman, Rees, Orme, Brown, and Green, 1828, p.36.
④ *Flowers' history*, Vol. ii, pp.52-53.
⑤ ODNB, "Richard I (1157-1199)"; ODNB, "Geoffrey, duke of Brittany (1158-1186)"; ODNB, "Henry II (1133-1189)".
⑥ *Flowers' history*, Vol. ii, pp.72-73, 73; ODNB, "Henry II (1133-1189)". 理查德叛乱的原因及详细情况,见 *Flowers' history*, Vol. ii, pp.63-64, 70, 72-75。

征伐威尔士的科尔斯希尔战役（the battle of Coleshill）中，亨利（Henry of Essex）掉转戈头，抛弃国王的旗帜，进而犯下了叛逆的重罪。①此后，在诸子的叛乱中，基于私家权欲的考量，这种现象更为突出。1173—1174 年，仅罗杰（Roger of Wendover）就记载了三次影响较大的封臣叛变事件。1173 年，在小亨利的叛乱中，"罗伯特（Robert earl of Leicester）、威廉（William de Tankerville）和其他诸多公爵伯爵背弃了亨利，转而投奔小亨利"②。同年，发生了更大规模的背叛。当亨利率军驻扎在卢昂（Rouen）时，"那些从早年就一直追随他的封臣纷纷离开了他。他们认为，作为王位继承人的小亨利比父亲更有前途"③。1174 年，"罗杰（Roger de Mowbray）拒绝再向老国王效忠，并修补了位于阿克斯霍姆岛（the island of Axiholme）上的一座废弃城堡"与国王对抗。④

可以推测，在叛乱频繁的情形下，封君封臣之间的关系遭到破坏便不可避免，封君不可能再像以前那样无条件地信任封臣，封君可能优先选择雇佣军而不是封臣。这可能使得封建兵役制的地位有所下降。这一推测在不少史家那里可以得到证明。斯通注意到，诺曼时期，只能发现封臣履行骑士役（knight-service）的些许史实。⑤普尔（A. L. Poole）则注意到，早在 12 世纪末和 13 世纪初，封建兵役就已经构不成卓有成效的武装力量。⑥在这种情形下，对雇佣军依赖的增强便成为自然之事。

与此同时，雇佣军的职业素养有一定保证，相关史实可以追溯至亨利一世时期，罗伯特（Robert of Belleme）反叛亨利一世的战役就可以作为典例。

---

① *Flowers' history*, Vol. i, pp.538-539.
② *Flowers' history*, Vol. ii, p.24.
③ *Flowers' history*, Vol. ii, pp.24-25.
④ *Flowers' history*, Vol. ii, p.29.
⑤ J. O. Prestwich, "War and Finance in the Anglo-Norman State", *Transactions of the Royal Historical Society*, Vol. 4 (1954), pp.19-43.
⑥ Austin Lane Poole, *Obligations of Society in the XIIth and XIIIth Centuries*, Westport, Conn.: Greenwood Press, 1946, pp.3-4.

1102年，罗伯特将布里奇诺斯（Bridgnorth）城堡和市镇交由他的三个领队，并派遣80名雇佣骑士予以协助。亨利一世向守军威胁，如果三天之内拒不投降，将绞死所有俘虏。在这种情形下，三位首领和市议员决定投降。但是，80名雇佣军拒不合作。于是，他们不得不将这些雇佣军拘禁。鉴于这些雇佣军的信守，国王决定他们有权自由离开，当这些雇佣军"因被市议员和首领的诡计所骗而忧伤。为避免因此给其他雇佣军带来耻辱，他们选择把这些人的诡计公之于众"[①]。

可以说，具备高度职业素养的雇佣兵和频繁叛乱的封臣形成了鲜明对比，这往往使得前者赢得国王认同。在战争频繁的情形下，国王宁愿选择雇佣军，而不是征召封臣。基于此，他们将封臣的兵役以骑士日工资和服役天数为标准折合成现金，也就是此处所提到的盾牌钱，以便支付雇佣兵的薪酬。正因为此，亨利二世时期，盾牌钱呈现出大幅度的发展态势。盾牌钱的出现不仅促进了封建社会内部货币关系的进一步发展，还为当时英格兰社会内部由封建关系转换为货币关系提供了新的渠道。

五、余论

自麦克法兰以来，变态封建主义逐渐成为中古政治社会史研究的基本范式。虽然过于重视物质因素而轻视思想原则的理路遭到不少学者的批判，但这并不足以动摇它在学界的地位。大量学术著作和专题研究的涌现，继续彰显着它强大的生命力。鉴于在运用变态封建主义进行专题研究时，其起源往往是必须阐释的问题，由此，它也一直为学界所关注。受麦克法兰的影响，军事因素仍然是不少学者的聚焦点。尽管有不少学者窥探其他因素的作用，但总体上还

[①] Ordericus Vitalis, Thomas Forester, François Guizot, Léopold Delisle, *The Ecclesiastical History of England and Normandy*, Vol. 4, London: H.G. Bohn, 1853–1856, pp.173–175, 引自 J. O. Prestwich, "War and Finance in the Anglo-Norman State", *Transactions of the Royal Historical Society*, Vol. 4 (1954), pp.19–43。

是倾向于单一视角的解释模式。不过，作为一种社会制度，单一视角显然不能有力地诠释社会发展和变迁的整体态势。而且，对单一视角的过于强调，有着造成史学碎片化的倾向，并对中世纪的基本制度和观念缺乏宏观观察和总结。尤其是近年来侧重于整体史观的复苏，纠正这种历史碎片化的倾向也就更具有现实意义。鉴于此，基于多维历史视角的考察，不仅有助于避免可能产生的上述倾向，还能强化对变态封建主义概念的认识，更能深化对中世纪英格兰政治社会变迁的整体认识。

上帝武士与虔诚暴力：第一次十字军形象塑造

王向鹏（河北师范大学）

第一次十字军是 11 世纪末教皇乌尔班二世鼓动发起的一场以东方塞尔柱突厥势力为主要对手的军事远征。第一次十字军是整个东方十字军战争期间的第一次，也是历史上东进进程中唯一一次完全性胜利，成功在东方拓殖、开疆拓土，西欧封建领主首次占领耶路撒冷圣城，建立起以耶路撒冷王国为首的拉丁东方。这样的重大胜利是连教皇乌尔班二世本人都未能预料亲历的。[1] 因此，这场战争引发了当世欧洲乃至整个中世纪人们的强烈关注，西方基督教史家连篇累牍反复记载，广为传诵。同时，随着拉丁东方的建立和稳固，东方拓殖形成一种时代风潮和趋势，十字军的理念在 12 世纪到 13 世纪间萌发并成形。[2] 十字军的概念是后发的，是在"第一次十字军"的军事实践以后人为加工、理论化、提升凝练的结果。[3]

---

[1] 乌尔班二世在十字军攻占耶路撒冷城不久后就已辞世，至死未收到最终胜利的消息。

[2] 在最早的亲历者的文献记载，以及 12 世纪早期的记载中，对这支军队并没有一个明确的概念界定，更多是采用朝圣、征伐及旅程等措辞形容概括。直到 12 世纪中期以后，随着以伯纳德为代表的一批教会神学家的有意识塑造，这场东方战争的形象才逐渐向理论化方向发展，并在 12 世纪后期，演化为以十字架为显著标志，与朝圣者的形象明确区分开来，"十字军"概念方才应时而生。

[3] 从 20 世纪 30 年代至 50 年代起，西方学界开始关注十字军概念的溯源问题，并为此后相当长时期的研究指明了方向。德国学者卡尔·埃德曼（Carl Erdmann）的《十字军思想的起源》（*Die Enstehung des Kreuzzugsgedankens*）是十字军理论研究的奠基之作，该书着重强调了教会塑造十字军形象及宗教战争的渐进发展过程，他将知识史传统与史料批判的严谨训练紧密结合的研究思路，迄今仍对该领域研究有着重要影响。乔纳森·赖利-史密斯（Jonathan Riley-Smith）所著（转下页）

上帝武士与虔诚暴力：第一次十字军形象塑造

作为十字军理念的起源，第一次十字军在最初的西方史料记载中，作为12世纪早期书写过程中形象塑造的意义显得尤为重要。实际上，早在教皇格里高利七世时，为了应对来自德意志亨利四世的军事压力，教会就已经开始探讨宗教与暴力之间的合理联系，尝试实现宗教暴力合理化及合法化构建，为教会动员"神圣战争"提供理论支撑。这一初步构架的宗教战争理念在乌尔班二世时期得以实践，并随着当世以阿尔伯特、福尔彻、罗伯特等人为主的教会史家的记载、编纂、美化，实现了初步完整的理念构建，对这次战争及主体参与者封建武士的形象进行了重新塑造。这种塑造是由教会主导并实现的，既有实践，也有构想，虚实结合，回归于原典，实现了从目标、身份、到结果的全面改造。塑造的目的是与既往封建军队和战争实现完全区分和切割，塑造"正义战争"及"基督武士"等新概念，客观上，为将来军事修会的产生奠定理论基础。在最初尚未以"十字军"定名这支军事力量的记述时期，教会史家们是如何围绕着上帝武士这个基本定位，实现虔诚暴力的相契合，从多方面着手塑造其形象，达到了一个相对完善的文本话语范式，是值得阐释和分析的。[①]

一、军事目标和理想的神圣化

无疑，第一次十字军的主要参与者，以西方权贵为首的封建军事武人集团，在这场战争中有着自己的现实追求，一般是在东方创建新疆域和领土采邑的现实需求，这样的追求是封建性的。但是，在教会的视域下，从宗教层面需要为这场战争寻求一个合理源头，既要在理论上符合基督教教义与道义，又要切实能够激发起世俗界的共鸣，获得普遍认同，形成一个以宗教神圣为制高点的基本诉求，成为塑造整个第一次十字军形象的关键一环。这个宗教理想并不

（接上页）《第一次十字军与十字军思想》(*The First Crusade and the Idea of Crusading*) 继续对十字军问题进行溯源研究，强调了复杂多元化概念被不断提炼、升华、凝练，并成形的理论发展过程。迄今，十字军理论的研究已经趋向多元化、多领域结合，更为深入复杂，但并未形成新的标志性突破。

外国制度史

是简单性的，而是复合的，是要以异教的塞尔柱突厥人为敌，捍卫基督教世界的安全和完整，帮助拜占庭东方教会抵御伊斯兰势力在小亚的入侵，乃至夺回主的圣墓，夺取耶路撒冷圣地。西方教会的基督教史家们，围绕这样多重的目标理想作了神圣化塑造。

首先，是需要为战争树立一个适当的对手，对基督教世界构成威胁的共同异教之敌形象：塞尔柱突厥人。11世纪中期以来，塞尔柱突厥人入主巴格达，成为两河及西亚北部地区的主要势力，建立起大塞尔柱苏丹政权。1071年，在曼兹克特战役击败并俘虏拜占庭皇帝罗曼努斯四世，引发了叙利亚北部及小亚格局震荡，并一度从法蒂玛埃及手中夺占了耶路撒冷城。塞尔柱突厥势力是当世伊斯兰世界中最强势的政治力量，撼动了拜占庭存续的根基。一定程度上讲，这个威胁是现实的，但它并非迫近。拜占庭进入科穆宁朝后逐步恢复了稳定和秩序，成功应对了诺曼和佩彻涅格人双向入侵，也在酝酿收复小亚西部沿海失地和领土，而所谓罗姆突厥政权也是在阿列克修斯的事实承认和默许下建立起来的，[1]并成为了塞尔柱苏丹中央权力的主要对手。1092年苏丹马立克沙和维齐尔尼扎姆·莫尔克先后遇刺身亡，塞尔柱苏丹政权陷入持续内乱，与地方割据势力进入长期冲突阶段，客观上不具备整合、集权、继续扩张能力。小亚塞尔柱力量此时也尚未建立起成熟稳固制度政权，尚处在乡村部落转向城市中心的过渡期。拜占庭尽管在11世纪90年代以来向西方发出吁请，主要是希望能够获得规模可控的雇佣兵团支持，驻防小亚及巴尔干一带前线，缓解兵源不足的军事压力。这样的有限目标与教皇乌尔班二世及当世基督教史家布道宣传的抵御塞尔柱突厥人对基督教世界大举入侵的宏大理想并不相符。

作为第一次十字军的亲历者，教士福尔彻将第一次十字军的缘起清晰定位为教皇乌尔班二世之首倡，直指抵抗强大塞尔柱敌人入侵，保卫基督教世界的东方边界的目标，"罗姆腹地，突厥人支配了基督徒，残忍进攻，皆被邪恶征

---

[1] Alexander Daniel Beihammer, *Byzantium and the Emergence of Muslim-Turkish Anatolia, ca. 1040–1130*, Routledge, 2017, p.227.

服"①。在支援东正教会，缓解东西方教会关系，乃至实现和解的宗旨下，乌尔班二世及教会定下了共同协力抵御塞尔柱突厥入侵基督教世界的基调。福尔彻记载，教皇宣讲呼吁"尽快上路，须帮助你们东方的兄弟，他们需要你们的支援""事关你们和上帝之事""突厥人占领越来越多的基督徒之地，经七次大战，征服、杀死、俘虏他们，摧毁教堂，蹂躏上帝之国。再侧首旁观，上帝信众将被更进一步征服"。②经过这样的渲染，塞尔柱突厥人已成为威胁基督教世界存续的紧迫问题，必须即刻解决。乌尔班二世强调必须上下齐心，不分贫富贵贱，全员参与，以"主的谦卑祷文""或骑兵或步兵，或富人或穷人""竭力施援手，将邪恶种族逐出基督土地"。③

在抵近现实层面的抵御基督教之敌，保卫基督教世界东部疆土这个前置目标之上，教会另塑造了一个神圣化理想：解放耶路撒冷圣城，夺回主之圣墓。耶路撒冷是基督教圣地，阿拉伯征服以来数百年间一直由伊斯兰世界支配，穆斯林始终奉行开放及宗教宽容态度，一直相安无事，保持着和平往来。至11世纪末塞尔柱突厥支配期，因权力更迭频繁，叙利亚和巴勒斯坦军事动荡持续，秩序不稳，对耶路撒冷城内的基督教会及朝圣者造成了一定的影响或损害。其间的一些负面效应被西方教会适时放大，极力夸张，形成更具鼓动性的宗教动因。这其中，主要发声者是隐修士彼得，并被阿尔伯特记为第一次十字军的首倡者和主要布道者。依照阿尔伯特的说法，彼得朝圣耶路撒冷期间亲历了塞尔柱人的种种不公之举，目睹圣所被污损，朝圣者受虐待，悲愤不已。在这里，阿尔伯特着墨甚多，刻画了一幅受尽屈辱不公的生动场景："目睹不公和邪恶事，受感圣灵愤怒咆哮""圣所被玷污，供奉被夺走，教堂成为畜舍，

---

① Edward Peters, *The Chronicle of Fulcher of Chartres and Other Source Materials*, Philadeplhia: University of Pennsylvania Press, p.49.
② Edward Peters, *The Chronicle of Fulcher of Chartres and Other Source Materials*, pp.52–53.
③ Edward Peters, *The Chronicle of Fulcher of Chartres and Other Source Materials*, p.53.

基督徒受毒打，朝圣者受勒索，压迫之下苦不堪言"。①

经过这样一番渲染后，圣地、圣所、基督徒遭遇的极端不公和侮辱成为了西方教会史家的文本中战争爆发的根本原因。夺回主的圣墓成为战争的最高愿景，正如彼得所言，"上帝恩泽，解放汝等，净化圣所"②。为此，阿尔伯特还专门记载了彼得在显圣中受耶稣基督启示，"揭露罪及不公，激发信众之心，净化耶路撒冷圣所，恢复圣仪"③。为耶路撒冷和主的圣墓而战的理念被有意识地建立了起来，"向圣墓远征"④的口号为这场战争奠定了宗教层面的正当性与神圣性。

同时，教会也回归原典，在宗教道德层面寻找到了适当的，能够规诫俗世人东进的经典根据。富尔彻记载，乌尔班二世在布道中，引用了圣经中对不作为者的惩戒，"若因汝等粗心疏忽，恶狼夺去了羊，汝等必将失去主的奖赏"⑤，"若不去帮助那些同你一样信仰基督之人，众多罪恶将被主归咎与你"⑥（《约翰福音》10:12—16）。修士罗伯特在这个层面上更进一步，实现了宗教理想与神圣战争观念的合一，"持剑开辟道路，根除万恶，占领耶路撒冷"⑦，"以神威之命，由法兰克人施报复于汝等脖颈。让那些一无所知的人清楚，帝王藉我坐国位。君王藉我定公平"⑧（《箴言》8:15）。

于是，西方教会史家们成功塑造了塞尔柱突厥这样一个强大基督教之敌的

---

① Albert of Aachen, *Historia Ierosolimitana, History of the Journey to Jerusalem*, ed. and trans. Susan B.Edgington, New York: Oxford University Press, 2007, p.4.
② Albert of Aachen, *Historia Ierosolimitana, History of the Journey to Jerusalem*, p.4.
③ Albert of Aachen, *Historia Ierosolimitana, History of the Journey to Jerusalem*, p.6.
④ Albert of Aachen, *Historia Ierosolimitana, History of the Journey to Jerusalem*, p.8.
⑤ Edward Peters, *The Chronicle of Fulcher of Chartres and Other Source Materials*, pp.50–51.
⑥ Edward Peters, *The Chronicle of Fulcher of Chartres and Other Source Materials*, p.53.
⑦ Robert The Monk, *Robert The Monk's History of The First Crusade*, trans. Carol Sweetenham, Aldershot & Burlington: Ashgate, 2005, p.138.
⑧ Robert The Monk, *Robert The Monk's History of The First Crusade*, p.137.

对立形象。驰援东方教友，抵御异教强敌入侵，捍卫基督教世界东方边界成为了战争的既定目标，而夺回主之圣墓，恢复圣仪，收复耶路撒冷圣城，则成为了这场战争的终极理想。在这个逻辑下，凭着原典的教义支持，教会实现了第一次十字军目标和理想的双重神圣化塑造，从根本上与世俗的封建战争作出了区分和切割。尽管封建军队的实际组织和领导体系都没有发生明显变化，但其性质发生了根本转变，为虔诚暴力，上帝武士理念的形成提供了坚实且能够解释的理念支撑。

二、暴力神圣与基督武士形象塑造

在教会的叙事体系中，第一次十字军已然因神圣化的目标和理想，从源起就发生了根本性变化，截然区别于一般的封建武士。这种观念层面的形象重塑是多方位的。在这一过程中，引入了"圣战"概念，表达了虔诚暴力，即暴力神圣的主张，实现了宗教与军事的自然结合。其中，基督武士形象的塑造与11世纪教会试图"规矩"封建内战，有意识引导战争方向，适当介入军事，向世俗权力渗透修道价值观念的诉求是相关的。从长时段看，这种将暴力与宗教的自然结合是成功的。

封建制度产生的世俗封建军事力量，在西欧8至10世纪的各类规模的内外军事战争和冲突中不断发展，并逐渐衍生出"骑士"概念下的乡绅武人群体，趋向于职业化；贵族阶层也趋向于军事化，无论是国王集权，还是地方大封臣，都在这个时期凭着封建军事役积聚起可观军事力量。如何限制、引导、利用这种封建军事力量，成为包括教会在内的社会各方的主要关切。9世纪，教会最初的解决方案是限制为主，以上帝和平运动和上帝休战来约束封建私斗和混战，但作用有限。11世纪，在克吕尼改革的大背景下，格里高利七世因与亨利四世主教叙任权之争，陷入严重对立，教会开始主动寻求如何引导封建军事力量为己所用，寻求宗教与军事结合的合理路径，以卢卡的安塞姆（Anselm of Lucca）为首的宗教理论家们，从以圣奥古斯丁（St Augustine of

Hippo）为主的早期教父经典中找到了充足理论支撑，阐发神圣暴力保卫教会，教皇授权的宗教法主张。① 大致从这个时期开始，教会转变了思维，从约束限制为主转向了对封建军事的有意识引导和利用，如勒高夫评价：

> 他们寄望于将蔓延在西方的战争转化为正义事业，变为对不信者的斗争。他们想要清除基督教同宗间争斗丑闻，为堪称封建世界特征的争斗热情提供一个值得称赞的发泄途径。②

因而，"圣战"理念的引入是必要的，有必要形成一种性质与旧封建内战相区别的新战争形式。战争对手是以塞尔柱突厥人为主的东方穆斯林，是对异教的战争，塑造的是拱卫基督教世界的神圣正义，使用的是神圣暴力。在教会史家们构架的"圣战"中，所使用的暴力是神圣化的，体现的是宗教虔诚，在此，教会史家们同样到原典中去寻求根据支撑。修士罗伯特杜撰了科布哈的母亲的一段告诫，借这样的一种表述，阐明了当世西方教会对这场战争性质的主张：

> 我使人死，我使人活。我损伤，我也医治，并无人能从我手中救出来。我向天举手说，我凭我的永生起誓，我若磨我闪亮的刀，手掌审判之权，就必报复我的敌人，报应恨我的人。我要使我的箭饮血饮醉，就是被杀被掳之人的血。我的刀要吃肉，乃是仇敌中首领之头的肉。③

"圣战"理念的引入，在根本改变了战争性质的同时，也深刻改变了参战

---

① Jonathan Riley-Smith, *The First Crusade and the Idea of Crusading*, London: Continuum, 2003, pp.5–6.
② Jacques Le Goff, *Medieval Civilization: 400–1500*, trans., by Julia Barrow, Oxford: Blackwell Publishing, 1988, p.69.
③ Robert The Monk, *Robert The Monk's History of The First Crusade*, pp.154–155.

主体，也就是以骑士为主的武人集团的性质。教会试图塑造一支新军，这与他们的作战组织、战术形式、武器装备没有直接关系，是文本构建和阐释层面的性质转变，是企图实现宗教与军事的彻底调和。在经过宣誓后，第一次十字军就成为了"献身于战争和上帝的人"[1]。按照教会所创建的逻辑体系，在这场所谓"圣战"中，他们出于宗教虔诚使用神圣暴力，秉持保卫基督教世界的目标和夺回主之圣墓的理想，在宣誓后就成为了上帝的武士，基督的骑士，如罗伯特所记："他们乃上帝优秀战士，他赋予他们勇气，他们的力量因他而强固，因他而受赐良多。"[2]阿尔伯特记载，戈德弗里认为："我们是永生上帝、主耶稣基督的追随者，为上帝之名服此军役。"[3]教会塑造的第一次十字军的新形象实现了与封建武士的彻底切割，其战争成为值得称颂、鼓励和倡导的事业。福尔彻记载中，乌尔班二世如是布道：

> 让那些惯于徒劳于私斗，乃至与信者同室操戈的人们，去参加一场现在应参与的，并会胜利的战争，去抵御那些不信者。就是现在，让那些迄今一直作为劫掠者存在的人成为基督的战士；就是现在，让那些从前与兄弟、亲友争斗的人秉持正义，对野蛮人战斗；就是现在，让那些近来为了一点钱财而受雇佣的人，去赢得他们永恒的奖赏。让那些为了伤害身体和灵魂而疲于奔命的人，为了双倍的荣耀而辛劳。[4]

在"圣战"理念的支持下，第一次十字军既然是上帝的武士，教皇自然成

---

[1] Ralph of Caen, *The Gesta Tancredi of Ralph of Caen: A History of the Normans on the First Crusade*, trans., by Bernard S. Bachrach and David S. Bachrach, Aldershot: Ashgate, 2005, p.53.

[2] Robert The Monk, *Robert The Monk's History of The First Crusade*, p.155.

[3] Albert of Aachen, *Historia Ierosolimitana, History of the Journey to Jerusalem*, pp.234-232.

[4] Edward Peters, *The Chronicle of Fulcher of Chartres and Other Source Materials*, p.53.

外国制度史

为了这支军队在现世的最高宗主，授予它法理上的正当性及合法性。诺曼集团首领博希蒙德在写给教皇的信件中直陈："若您能前来，共同完成这场您所开创的事业，整个世界皆服从于您。"① 教皇的代理人、勒普伊主教阿泰马尔是军队的精神领袖和主要领导人之一，享有不可替代的特殊威望，是战争决策的主要参与者，经常参与到作战的实际指挥中，在多利拉埃姆之战，② 以及安条克的决战中，③ 阿泰马尔都被塑造为战争胜负的关键指挥者，突出了其武功和作战才能，与骑士形象趋同，"勒普伊主教穿戴胸甲头盔，持圣矛"④。在教会的书写中，教士武装与骑士形象重叠，有力佐证了宗教暴力结合的合理性，体现了教会对战争的领导权的宣称。

在教士被武装化塑造的同时，教会对以贵族为首的骑士武人形象作了重塑，将教会价值和修道观念嵌入其中，意图建立起"上帝武士"的理想形象。其一，他们被描绘为一个拥有共同信仰的基督教兄弟，是团结的、无间隙的。罗伯特记载，"皆是兄弟，因相同的精神、相同的爱联合起来"⑤，阿尔伯特形容他们是"和睦融洽"⑥。其二，突出勇武与高尚精神的结合，刻画一副恪守骑士精神的高贵武士形象。譬如，阿尔伯特评价博希蒙德，"是诺曼人，心灵崇高，超常才能，是有着全部尚武特性之人"⑦。其三，有意识地将宗教虔诚等宗教品德赋予贵族。罗伯特称赞戈德弗里，"相貌英俊，贵族气派，雄辩，品德高贵，为人宽容，近似修士一般，战斗时英勇无畏，似怒吼雄狮，无人可

---

① Edward Peters, *The Chronicle of Fulcher of Chartres and Other Source Materials*, p.84.
② Robert The Monk, *Robert The Monk's History of The First Crusade*, p.110.
③ Albert of Aachen, *Historia Ierosolimitana, History of the Journey to Jerusalem*, p.330.
④ Robert The Monk, *Robert The Monk's History of The First Crusade*, p.173.
⑤ Robert The Monk, *Robert The Monk's History of The First Crusade*, p.169.
⑥ Albert of Aachen, *Historia Ierosolimitana, History of the Journey to Jerusalem*, p.2.
⑦ Albert of Aachen, *Historia Ierosolimitana, History of the Journey to Jerusalem*, p.94.

挡"①。阿尔伯特在戈德弗里成为耶路撒冷"圣墓守护者"之后，对他作出了一段近乎圣徒的赞誉，塑造了一个教士国王的形象，"公爵是上帝选出的，并被安排成基督军队的领袖、王公和统帅。他比其他所有贵族都要优秀，他的行动、胜利、主张都受到上帝更多的庇佑，信仰和虔诚完美无瑕"②。阿尔伯特刻意设计耶路撒冷城破之际，众人皆忙于杀戮和劫掠时候，戈德弗里却褪去铠甲，赤脚进城，在主的圣墓哭泣祈祷，赞美上帝的场景，突出了他的宗教虔诚形象。③

教会史家们将第一次十字军的形象塑造趋向于理想化，着力实现宗教道德和价值标准的品性塑造。在这样的理想中，上帝武士俨然已经克服了世俗粗鄙武人的劣性和缺陷，接近于"完人"形象。教会有意识地为上帝武士奠定道德基调，将修士精神和宗教虔诚融入其中。教士武装和武人修士化，使得宗教与军事两种身份部分重叠，有意识将边界模糊化，产生了虔诚暴力这样的同时具备战争和宗教功能的理想和结果，"既是虔诚，也是军事，虔诚战争理念下的军事役可等同于祈祷"④。

三、武装朝圣与战争赎罪观

教会及其编年史家、理论家在最初的形象塑造过程中，既有理论概念层面的创造性改造，又有着因循形势的因势利导，采取了为社会层面更便于接受接纳的外在形式。第一次十字军与当时的宗教朝圣热潮有着直接联系，武装朝

---

① Robert The Monk, *Robert The Monk's History of The First Crusade*, p.84.
② Albert of Aachen, *Historia Ierosolimitana, History of the Journey to Jerusalem*, p.436.
③ Albert of Aachen, *Historia Ierosolimitana, History of the Journey to Jerusalem*, p.446.
④ Jonathan Riley-Smith, ed., *The Oxford History of the Crusades*, New York: Oxford University Press, 1999, p.78.

圣成为了一种合理而适当的形式载体。在此基础上，教会创造了武装朝圣概念，为第一次十字军的上帝武士和暴力神圣化形象塑造提供了现实路径及形式载体。

经陆路向耶路撒冷圣地朝圣是中世纪早期以来基督教世界的传统，11世纪朝圣热潮达到高峰，规模经常达到上千人，1064—1065年德意志主教组织的一支大型朝圣队伍人数过万。① 在耶路撒冷和主的圣墓这个宗教理想下，无论从陆路的路径上，还是外在形式上，第一次十字军都与朝圣概念自然联系起来，"耶路撒冷这个目标令十字军成为了朝圣"②。基督教会史家普遍将他们定位为朝圣者，阿尔伯特称之为"献身于上帝的朝圣者"③，是前往耶路撒冷的朝圣之旅，拉尔夫称之为"基督的朝圣者"④，福尔彻将权贵们称为"朝圣者的领袖"⑤，博希蒙德也自称为"耶稣基督的朝圣者"⑥。可见，这支军队的朝圣者形象应该是为当世人所接受的。第一次十字军的庞大人数，复杂的人员构成，也造就了这样一种集体朝圣的印象，如阿尔伯特所记，

> 因他一直以来的训诫及号召，主教、修道院长、教士、修士；显贵俗人、各国王公；全体大众平民、与虔诚者同样多的罪人：杀人犯、盗贼、伪誓者、强盗；也就是说，各种信仰基督的人，事实上，还有女性，受悔

---

① Kenneth M. Setton and Marshall W. Baldwin, eds., *A History of the Crusades,* Vol. 2, Madison: University of Wisconsin Press, 1969, p.76.
② Jonathan Riley-Smith, *The First Crusade and the Idea of Crusading*, p.22.
③ Albert of Aachen, *Historia Ierosolimitana, History of the Journey to Jerusalem*, p.272.
④ Ralph of Caen, *The Gesta Tancredi of Ralph of Caen*, p.103.
⑤ Edward Peters, *The Chronicle of Fulcher of Chartres and Other Source Materials*, p.57.
⑥ Edward Peters, *The Chronicle of Fulcher of Chartres and Other Source Materials*, p.81.

悟引导，喜悦地成群结队涌向这次旅程。①

在教会的叙事中，如宗教与暴力的结合一样，武装朝圣也不可避免地要得到合理化阐释。因为虔诚暴力是对塞尔柱突厥人的"圣战"，施暴者也成为了上帝的武士，按照这样的逻辑，暴力就变得神圣化，具有了奉献性质，再附和上朝圣的形式，就有了自我放逐的意义，如阿尔伯特所记："他们离开家乡、亲人、妻子、儿女、城堡、城市、土地、王国和世上所有甜蜜，抛弃安逸，追求动荡无常，奉耶稣之名寻求放逐。"②随之，教会适当地为这场战争赋予了救赎的功能，这样的新阐释可以说是开创性的。在中世纪的宗教理论中，救赎是最具有吸引力的主题之一。堕落被罚入地狱的结果是基督教徒最大的恐惧，按照13世纪方济各修士、雷根斯堡的伯特霍尔德的主张，罚入地狱的几率是100 000∶1，真正得救入天国的机会可谓微乎其微。③加入第一次十字军，踏上前往耶路撒冷的朝圣旅程，凭着武装力量就能够被赎罪，获得救赎，这是极具吸引力，能够引起整个西方基督教社会共鸣的宗教新主张。阿尔伯特开篇明义，所记载的隐修士彼得获得神启，就明确了这样的救赎观念，"天国之门现在要向受召唤、被选中之人敞开了"④。

顺理成章，在武装被同朝圣结合起来，具有同祈祷一样的赎罪功能后，战争中的死亡也被塑造为牺牲，同殉教、天国拯救联系在一起。阿尔伯特设计了一次显圣，其中，借圣徒、米兰主教安布罗斯之口对这场战争的性质及死后救赎功能作了详细阐释：

你不要以为这次旅程的开启是不重要或无意义的，它是被无所不能的

---

① Albert of Aachen, *Historia Ierosolimitana, History of the Journey to Jerusalem*, pp.3-4.
② Albert of Aachen, *Historia Ierosolimitana, History of the Journey to Jerusalem*, p.2.
③ Acques Le Goff, *Medieval Civilization: 400 – 1500*, p.325.
④ Albert of Aachen, *Historia Ierosolimitana, History of the Journey to Jerusalem*, p.6.

外国制度史

上帝所安排的，你应知道，毫无疑问，任何在这次的旅途中死去，因耶稣之名成为了被流放者，因上帝的爱而保留着纯洁、无罪之心，戒除贪婪、偷盗、通奸、私通的人，都会被计入、写入、幸福地加冕到天国厅堂里的基督的殉教者之中。[1]

从阿尔伯特的逻辑表述来看，牺牲救赎是有条件的，需要参与到这场"圣战"中，坚持到底没有半途而废，并死于其间，并且没有犯过偷盗通奸等罪行，是可以等同于殉教者，可获赎罪，进入天国的。阿尔伯特随后作了概括："在这次的远征中献出生命的人，会同圣徒一样，被冠以天国的荣耀。"[2] 不过，在教会史家的叙事中，有关牺牲救赎的道德要求并非必要，更多被有意识忽略，更强调战争救赎概念。福尔彻所记教皇乌尔班二世的布道如是表述："前往彼方的人在陆地或渡海时，或在同异教徒的战斗中，若其受束缚的生命被终结了，他们的罪过将会被赦免。这是上帝赐予我的，我将之授予那些前行之人。"[3]

这种武装朝圣，以军事换取赎罪，死亡意味着牺牲救赎，视为殉教，换得永生的战争赎罪观，将教会史家对第一次十字军的形象塑造提升到了新高度，试图实现的是战争与殉教观的统一，从根本上将这场战争及其参战者纳入到教会的宗教逻辑和阐释体系里。阿尔伯特在记载中，反复使用类似的范式语言表达其主张，"现在，永恒的生命就在你们眼前，死于这场战斗的人都会被冠以殉教的荣耀。毫不犹豫地去进攻这些反对永生上帝的敌人，上帝恩赐，今天你

---

[1] Albert of Aachen, *Historia Ierosolimitana, History of the Journey to Jerusalem*, pp.306-308.

[2] Albert of Aachen, *Historia Ierosolimitana, History of the Journey to Jerusalem*, p.308.

[3] Edward Peters, *The Chronicle of Fulcher of Chartres and Other Source Materials*, p.53.

们将取得胜利"①,"基督最为虔诚的战士们,你们不是为了尘世的报酬而冒这样的危险,而是在期待着他的奖赏,在现在的死之后,他会赐予他的永恒生命"②。

这种对东方作战即可以得救、赎罪,牺牲便可进入天国,等同于殉教的战争赎罪观念,以近似于诡辩的方式将教会布道、宣传战争暴力变得合理、正当且合法,并创造了一个在 12 世纪到 14 世纪间普遍被实践和利用的话语逻辑体系:以教皇为首的西方基督教会主导着对东方异教徒的战争,凡是被纳入到这场战争中的一切军事人员都等同于自我放逐的上帝武士;正当合法地组织和使用暴力,无论成功失败与否,都能够获得教会精神救赎的宗教承诺。阿尔伯特曾以勒普伊主教名义如是阐述:"死去的人会比活人更快乐,他将接受永恒喜悦,替代尘世生命。活下来的人战胜敌人,得到财富,不受困窘之苦……上帝将东方财富给了你们,确实放到了你们手中。"③这种解释范式和叙事逻辑意味着,教会必须在东进拓殖的军事浪潮中占得一席之地,具有策划、宣传、发动军事的功能,战争也必然要与宗教相关联,教会必然要以合理且适当的方式介入其中,发挥现实作用。从根本上讲,这也是 12 世纪以后,直至 1291 年间的这场东方战争的基本特征,一定程度上证明了这种形象塑造的成功,以及对后世历史进程走向的驱动作用。

四、结语

12 世纪初教会对第一次十字军的形象塑造,是一种理念构建,与发生的现实有着本质差别,很大程度上是脱离且不符合现实的。这种形象塑造,既是

---

① Albert of Aachen, *Historia Ierosolimitana, History of the Journey to Jerusalem*, p.106.
② Albert of Aachen, *Historia Ierosolimitana, History of the Journey to Jerusalem*, p.276.
③ Robert The Monk, *Robert The Monk's History of The First Crusade*, p.169.

一种文本层面的书写范式，更是一种理论层面的构建，其影响和作用随着时间的推移而愈发显著。教会在文本中的上帝武士与虔诚暴力的形象塑造，随着时代的推进，逐渐为西方基督教世界所接纳，成为一种共识，为大众所接受，受到普遍欢迎。十字军成为符号及标志性象征，继而脱颖而出，从理念变为现实。形象塑造并非是改变历史事实本身，而是重新整合、构建文本概念和叙事体系，达到认知观念改变的结果。它所着力改造的是阐释方式和解释的路径，达到了修订和重塑社会普遍概念，影响后世社会历史发展进程的现实目的。十字军概念的产生是来自于教会的文本范式和概念塑造，最后与拉丁东方及东方的法兰克战争深刻结合在一起，形成了宗教与军事深度结合的时代浪潮，它产生了以圣殿和医院为代表的军事修会新制度下的"新骑士"形式，乃至于一定程度上达到12世纪到15世纪的所谓"十字军时代"的历史高度。从这个视角去思考，重新审视"十字军"这个主题和研究领域方向，可以得到更为广阔的研究前景，简单的知识线性阐述显然无法与该领域的发展趋势相匹配，它客观上要求做到理论建构和格局认知层面的提升，无疑，这为这一历久弥新的历史问题增设了更多的可能性探索路径。

《大宪章》1225年版译注

蔺志强（暨南大学文学院历史学系）

一、译注说明

《大宪章》被称为中世纪西欧最著名的文件。《大宪章》1215年版已有多个中文译本，但1225年版尚未见完整的中文本。不过，常被认为只是比1215年版缩减了一些条款的《大宪章》1225年版是否值得重视呢？以下稍作说明。

1.《大宪章》1225年版才是《大宪章》的"正式版"。

内外交困之下，约翰王被迫让步，1215年6月15日在拉尼米德草地签署《大宪章》。但之后不到三个月约翰王便否认了《大宪章》的合法性。不久前因"约翰献土"而成为约翰王封君的教宗英诺森三世也支持约翰，颁布教谕宣布《大宪章》非法。[1]虽然贵族随后发动叛乱反抗，但终究不能改变1215年版《大宪章》在法理上已是"非法文件"这一事实。1216年约翰意外去世，幼主亨利三世继位，《大宪章》的命运迎来转机。1216年与1217年两次重新签署的《大宪章》为小国王争取到了国内贵族的支持，同时新版《大宪章》大量删减1215年版中的"革命性"内容，也使它相对容易得到国王认可。但此时国王尚在幼年期，未经其亲自签署的文件至少在"永久性"方面是有缺陷

---

[1] 教宗对约翰王及《大宪章》的态度变化，参看蔺志强《约翰献土：中古英国王权与罗马教廷关系管窥》，《暨南学报》（哲学社会科学版）2017年第8期，第72—73页。

的。1225年，为换取贵族对征收动产税的支持，[①]已部分亲政的亨利三世再次重签《大宪章》。这一版本内容接近1216年版与1217年版，但也有变化之处。更重要的是，这一版本的《大宪章》成为最终确定的版本。此后历代对《大宪章》的重申和确认，都是基于1225年版。因此可以说，1215年版《大宪章》可以看作动荡年代激进派贵族的改革要求，但在当时并无真正推行的基础。1225年版《大宪章》虽然也长期被国王故意漠视，但它的内容从未被正式否认。

值得注意的是，这四个版本的《大宪章》虽然在内容上有延续，但在法理上并无继承关系。每次都是颁发一份新特许状，新版本都未提及之前的版本。之后数百年间历代国王在贵族要求下以利益交换为条件反复重新确认的《大宪章》，则全部是1225年版《大宪章》。而且在法律形式上，1225年之后都是要求对《大宪章》进行"确认"（confirm），而非重新颁发。[②]如爱德华一世1297年颁发的《大宪章》确认状，在核心内容上与1225年版《大宪章》几乎无差别。因而1225年版可以说是《大宪章》的最终确定版。

2. 中古后期英格兰只知《大宪章》1225年版而不知1215年版。

我们今天看到的《大宪章》、普通人理解的《大宪章》，乃至学术界有关讨论的对象，可以说都是1215年版《大宪章》。然而中古后期人们提到《大宪章》，指的却主要是1225年版。也就是说，不只在法理上1225年版才是正式版，而且在中古时代的历史实践中，发挥影响的也主要是1225年版《大宪章》。近代以来学术界和民间以1215年版为基础讨论与研究《大宪章》，是一个不应忽视的错位。

[①] 1223年即位的法王路易八世不断威胁英王的大陆领地普瓦图与加斯科尼，亨利三世急需资金反制。1225年的动产税筹集到4万镑，帮助英国人成功收复了加斯科尼。David Carpenter, *The Struggle for Mastery*, London: Penguin Books Ltd., 2003, p.138.

[②] 有关中世纪对《大宪章》的确认情况，参看许明杰《中世纪晚期英格兰议会政治中的大宪章与王权》，《世界历史》2020年第5期，第93—109页。

《大宪章》1225年版译注

在《大宪章》颁布后，由于几个版本都曾大量下发到各地，所以1215年版和其他几个版本的条款都有提及，甚至各版本内容混淆的情况也不少见。① 但是随着时间的推移，特别是随着1225年版《大宪章》的多次确认，其他版本的《大宪章》逐渐淡出人们的视野。比如，中古后期的英格兰法律界基本上不知道1215年版《大宪章》的内容。即使少数人知道约翰王签署的文件，也称之为"拉尼米德法令"，而不会与《大宪章》混为一谈。据学者统计，1268—1535年的《案例年鉴》中，有120处提到《大宪章》，但没有一处将它与约翰王关联。② 中世纪后期律师会馆讲座笔记中透露出有些律师或多或少知道约翰王与贵族的争斗，以及约翰王签署的特许状，但并未将之等同于《大宪章》。一位律师会馆的教授称，约翰王被迫签署书面法律，其子亨利三世自愿认可这部法律，而亨利三世之子爱德华一世国王确认了其父亲的《大宪章》，使它成为一部法令，得到议会的通过。③ 1558年律师会馆讲座的一位教授还声称自己见过1215年签署的"拉尼米德法令"，发现它在很多地方与《大宪章》不同。他注意到该法令包括涉及贵族25人委员会的保证条款（即1215年版第61条）等，不过后来约翰王得到教皇对此让步的赦免，然后就去世了。④ 即使是17世纪"复活"《大宪章》的科克法官，因为他复原约翰王《大宪章》依据的是13世纪编年史家马修·帕里斯的《大编年史》，所以也跟着犯了同样的错误，把亨利三世1225年版的《大宪章》混淆于约翰王版。真正把今日所见1215年版《大宪章》条文发表的，是1759年的威廉·布莱克斯通。此外，中古后期英国没有统一的法典，每一位律师都有自己的法令集作为参考。在14、

---

① J. C. Holt, *Magna Carta*, 3rd ed., Cambridge: Cambridge University Press, 2015, p.4; David Carpenter, *Magna Carta*, London: Penguin Books, 2015, pp.432-434.

② David J. Seipp, "Magna Carta in the Late Middle Ages", *William & Mary Bill of Rights Journal*, Vol. 25, 2016, p.665.

③ Margaret McGlynn ed., *The Rights and Liberties of the English Church: Readings from the Pre-reformation Inns of Court*, London: Selden Society, 2015, p.82.

④ Sir John Baker ed., *Selected Readings and Commentaries on Magna Carta: 1400–1604*, London: Selden Society, 2015, pp.366-367.

15世纪保存至今的数百部法令集中，除个别例外，绝大多数以1225年版《大宪章》或1297年确认版为起始。①由此可见，19世纪以来以1215年版63条《大宪章》为研究立论的主要基础虽有其道理，但无论从法理还是历史的角度看都不乏可能导致误读误解之处，值得注意。

3.《大宪章》1225年版在性质、内容上与1215年版颇为不同。

众所周知《大宪章》1225年版删减了1215年版的很多条款，但实际上除了"删减"，还有很多修改与增补的内容。具体而言，1225年版与1215年版的文字内容完全相同的条款有6条（第2、4、10、11、17、18条）；有个别语法性的词语修改，实质内容相同的条款有6条（第15、22—25、34条）；内容有实质性删除、修改和增补的条款有20条（第1、3、5—9、12、14、16、19—21、26—31、33条）；完全新增的条款有5条（第13、32、35、36、37条）。1215年版63条条款中完全删除的有23条（第10、11、12、14、15、25、27、44、45、48—53、55—59、61—63条）；此外两份文件序言与结尾也有很大不同。比照这些增删变化，可以看到这两份文件的不同之处：

首先，在性质上，趋于"去政治化"，从一份强加于国王的"革命性"文件转变为一份保护封君封臣体制的法律文件。1215年版《大宪章》最激进的内容是其保证条款（第61条）对贵族25人委员会的有关规定。如果这些规定能够实施，英国可能在13世纪即已创立君主立宪制了。此外召开全国会议讨论税收（1215年版第14条）也颇为"先进"。但是，从1216年版开始，涉及25人委员会等对国王进行实质性限制以及创设新制度的条款就已全部删除。1215年版还有大量要求约翰王改正个人错误的规定，随着约翰王的死亡这些"临时性"内容已无必要。同时，1215年版序言强调《大宪章》是在教俗贵族"建议"之下颁发的，庞大的建议者名单列举在序言中，颇显被动之意。而1225年版则强调国王"出于自发及良好之意愿"赐予，教俗贵族作为见证人列举在文件之末，恢复了国王特许状的一般格式。虽然相关规定仍主要是以维

---

① David J. Seipp, "Magna Carta in the Late Middle Ages", pp.668–669.

护封君封臣制度的基本规则来保护贵族利益，但文件最后明确指出教俗贵族及"王国内的所有人"愿意以动产的1/15来回报相关特权的赐予。这不仅反映了国王在签发《大宪章》时的主动性，而且这也为以后《大宪章》的确认定下基调，即以同意征税来换取。

其次，在内容上，1225年版对封建规则提供了比1215版更严谨的表述与维护，在系统性和可操作性方面有很大提升。同时，新版在防止国王及其政府机构自上而下侵蚀贵族封建利益的同时，也在几条新增条款中体现了对自下而上破坏封建规则的行为的制约。有些内容实际上是对时代发展中出现的变革力量的抵抗（如封土转让与买卖等）。具体情况将在条文脚注中说明。

本译文使用的《大宪章》1225年版拉丁文版来自霍尔特所著《大宪章》的附录12，[①]这是目前已出版的最权威版本。他参照了《王国法令集》第一卷所收录版本（这个版本是基于达勒姆大教堂保存抄本转写而来）以及法国人贝芒1892年出版的《英格兰的自由大宪章》。本次汉译时参考的英文译本是《英国历史文献集》（第三卷，1189—1327年）的译文。[②]

《大宪章》1225年版一般被分为37条，再加上序言与结语。不过不同学者在条款划分时略有不同，汉译本以霍尔特版的划分为准。为与读者更熟悉的1215年版有所对照，将在注释中注明该条款相当于1215年版第几条。内文中的重要变化也在正文中标明（斜体表示增加或变化的内容），并在脚注中对删减和变化予以必要说明。[③]汉译时参考了现有的多个《大宪章》1215年版汉译

[①] J. C. Holt, *Magna Carta*, pp.420-428.

[②] H. Rothwell, ed., *English Historical Documents, 1189-1327*, London: Eyre & Spottiswoode, 1975, pp.341-346.

[③] 很多变化在1216、1217年版即已出现，在此仅对照1215年与1225年两个版本的变化，期间的演变过程不一一指出。关于四个版本之间依次增删演变的具体细节，参见 Richard Cassidy, *Versions of Magna Carta*（https:// magnacarta800th.com/papers/versions-of-the-magna-carta/）。菲斯·汤普逊标注了1225年版比（转下页）

本，包括译者本人曾提供的一个译本，[1]并对内容相近的条款中新发现的一些翻译不确之处进行了修正。不过《大宪章》内容所涉广泛，理解和翻译方面的问题肯定还有很多，祈求大家赐正。

二、译文

Henricus Dei gratia rex Anglie, dominus Hybernie, dux Normannie, Aquitanie et comes Andegavie, archiepiscopis, episcopis, abbatibus, *prioribus*, comitibus, baronibus, vicecomitibus, prepositis, ministris et omnibus ballivis et fidelibus *suis presentem cartam inspecturis* salutem.

亨利，受命于上帝之英格兰国王、爱尔兰宗主、诺曼底与阿奎丹公爵、安茹伯爵，向诸位大主教、主教、修道院长、小修道院长、伯爵、男爵、郡守、总管、差役，及将看到本特许状的所有官吏与忠实臣民致意。[2]

Sciatis quod nos, intuitu Dei et pro salute anime nostre et animarum antecessorum et successorum nostrorum, ad exaltationem sancte ecclesie et

---

（接上页）1215年版新增的内容，但未说明删减情况，见 Faith Thompson, *The First Century of Magna Carta*, Minnsapolis: The University of Minnesota, 1925, pp.108–112。

[1] 《1215年〈大宪章〉》，蔺志强译，见钱乘旦主编《英国史新探：中古英国社会与法》，北京大学出版社2018年版，第247—274页。

[2] 与1215年版相比，序言首段国王"亨利"取代"约翰"，增加"小修道院长"，在男爵后删去"政法官、森林官"（justiciariis, forestariis），增加"将看到本特许状的"。修道院长（abbas）与小修道院长（prior）是两种不同修道院的院长，互不统辖，因此增加以示严谨；政法官一词在《大宪章》多次出现，有时指代行王权的宰相，有时指王室法庭的法官，此处被删去也许是由于其作为中央政府官员的身份，这使他们并非《大宪章》传达的对象；森林官的删除则是因为1225年在颁布《大宪章》的同时也重新颁布了1217年颁布的《森林宪章》，与森林相关的条款已不在《大宪章》中。"将看到本特许状的"也是特许状的常用表达，更加严谨。

《大宪章》1225年版译注

emendationem regni nostri, *spontanea et bona voluntate nostra, dedimus et concessimus archiepiscopis, episcopis, abbatibus, prioribus, comitibus, baronibus et omnibus de regno nostro has libertates subscriptas tenendas in regno nostro Anglie in perpetuum.*

众应周知，因敬畏上帝，为朕本人及先祖后嗣之灵魂得享安宁，为使神圣教会之地位得以提升，并为使朕之王国革除积弊，朕已出于自发及良好之意愿，赐予大主教、主教、修道院长、小修道院长、伯爵、男爵及本王国所有人下列特权并在朕的英格兰王国永久享有。①

1. In primis concessimus Deo et hac presenti carta nostra confirmavimus pro nobis et heredibus nostris in perpetuum quod Anglicana ecclesia libera sit, et habeat *omnia* jura sua integra et libertates suas illesas.

Concessimus etiam omnibus liberis hominibus regni nostri pro nobis et heredibus nostris in perpetuum omnes libertates subscriptas, habendas et

---

① 与1215年版相比，序言第二段前半句有微小变化：先祖前删去"所有"，含义无甚变化；安宁后删去"为上帝的荣耀"（ad honorem Dei），或因前面已提到"敬畏上帝"，避免重复。后半段的表述则与1215年版（包括1216年、1217年版）完全不同。之前三个版本都表达了在教俗贵族"建议之下"颁布的意思，并且把重要的参与者罗列在此，显示了特殊时期的非正常性。而1225年版强调出于国王的自发和善意而赐予特权，恢复了正常特许状的一般格式。此处有一个变化为一些史家所乐道，即相比于1215年版第1条称特权赐予"本王国的所有自由人"（omnibus liberis hominibus regni nostri），1225年版此处声称特权的享有者是教俗贵族"及本王国的所有人"。这些史家据此认为新版《大宪章》显著地扩大了受益者范围，惠及全体英格兰人见 J. C. Holt, *Magna Carta*, p.237; David Starkey, *Magna Carta: The True Story behind the Charter*, London: Hodder & Stoughton, 2016, p.161. 然而只要看看下面第1条仍然表述为"赐予本王国的所有自由人"，即可知上述说法为过度解读。事实上，《大宪章》多处很随意地提及"所有人"或"人"之类称呼，其所指并未超出大小贵族为主构成的"自由人"的范畴。另外，这里首次明确规定所赐特权"在朕的英格兰王国永久享有"，这可理解为对《大宪章》实施范围的限制和强调。考虑到当时英王仍有英格兰之外的其他领地，因而这一限制是应该格外注意的。

tenendas eis et heredibus suis de nobis et heredibus nostris *in perpetuum*.

1. 首先，朕已应许上帝，并以本特许状为朕及朕永久之继承人确认，英格兰教会应当自由，其所有权利应完整无损，其各项特权应不受侵犯。

此外，朕亦已为朕及朕永久之继承人，将下列所有特权赐予王国内所有自由人，由他们及其后继者从朕及朕永久之后继者处享有和保持。①

2. Si quis comitum vel baronum nostrorum sive aliorum tenencium de nobis in capite per servicium militare mortuus fuerit, et, cum decesserit, heres ejus plene etatis fuerit et relevium debeat, habeat hereditatem suam per antiquum relevium, scilicet heres vel heredes comitis de baronia comitis integra per centum libras, heres vel heredes baronis de baronia integra per centum libras, heres vel heredes militis de feodo militis integro per centum solidos ad plus; et qui minus debuerit minus det secundum antiquam consuetudinem feodorum.

2. 朕之伯爵或男爵，或其他以服军役而为朕之直属封臣者，如去世时有继承人业已成年，且有义务缴纳继承金，则其继承人按古老习惯缴纳继承金后即可获得其遗产。即：伯爵的一个或多个继承人缴纳 100 镑即可继承一个完整的伯爵领地；男爵的一个或多个继承人亦缴纳 100 镑即可继承一个男爵领地；骑士的一个或多个继承人最多缴纳 100 先令即可继承一个完整的骑士领地；其他领地较小者应根据古老的封建习惯相应少缴继承金。②

---

① 相比于1215年版第1条的变化首先是两个动词不再是1215年版的不定式（concessisse, confirmasse），因为序言部分已经是完整句子。另外是在权利之前增加"所有"（omnia）。另外，在中、英译文中，对于"永久"（in perpetuum）的修饰对象都有不同理解。1225年版第1条最后增加了一个"永久"，结合其三次出现的位置来看，应该是修饰继承人，因而以前译为"永久赐予"应不妥。本条更主要的变化在于，1215年版中关于赐予教会"选举特权"（libertatem electionum）的内容完全删除。

② 第2条内容与1215年版第2条完全一致。伯爵领地与男爵领地的继承金都是100镑，似乎不太合理，但直到1297年爱德华一世确认的《大宪章》才把一个男爵领地的继承金降至100马克。

3. Si autem heres alicujus talium fuerit infra etatem, dominus ejus non habeat custodiam ejus nec terre sue antequam homagium ejus ceperit; et, postquam talis heres fuerit in custodia, cum ad etatem pervenerit, scilicet viginti et unius anni, habeat hereditatem suam sine relevio et sine fine, ita tamen quod, si ipse, dum infra etatem fuerit, fiat miles, nichilominus terra remaneat in custodia dominorum suorum usque ad terminum predictum.

3. 任何此类（身故封臣的）继承人如未成年，其封君在接受其效忠之后才可行使监护权并接管其地产；此继承人接受监护之后，当其达到成年之时，即年满21岁时，应当不必缴纳继承金和产业转移税即获得其继承物；如果此人在未达成年时即受封骑士，其土地仍应由其领主监护直至达到上述期限。①

4. Custos terre hujusmodi heredis qui infra etatem fuerit non capiat de terra heredis nisi rationabiles exitus et rationabiles consuetudines et rationabilia servicia, et hoc sine destructione et vasto hominum vel rerum; et si nos commiserimus custodiam alicujus talis terre vicecomiti vel alicui alii qui de exitibus terre illius nobis debeat respondere, et ille destructionem de custodia fecerit vel vastum, nos ab illo capiemus emendam, et terra committetur duobus legalibus et discretis hominibus de feodo illo qui de exitibus nobis respondeant vel ei cui eos assignaverimus; et si dederimus vel vendiderimus alicui custodiam alicujus talis terre, et ille destructionem inde fecerit vel vastum, amittat ipsam

---

① 第3条内容与1215年版第3条一样，都是关于未成年继承人的监护权问题，但有几处重要的增补规定。1215年版仅规定这类"继承人如未成年，因而须接受监护，则在其成年后应当不必缴纳继承金和产业转移税即获得其遗产"。1225年版首先明确领主行使监护权之前要接受此继承人效忠，即与之建立封君封臣关系；其次明确21岁为成年年龄；最后还明确规定即使该继承人在21岁之前受封为骑士也不等于成年，仍要接受监护到21岁，最后一点显然保护了领主的权利。

custodiam et tradatur duobus legalibus et discretis hominibus de feodo illo qui similiter nobis respondeant, sicut predictum est.

4. 此类未成年继承人土地的监护人，只可从该监护领地获取合理之收益、合理之税费及合理之役务，且此类索取不得造成该领地人力与物力的伤害或浪费；如朕将此类领地的监护权委托于郡守或其他应就此类监护收入向朕负责之人，而此人造成该监护地的破坏或浪费，朕将向他收取补偿，并将该领地委托于两位来自该领地内的合法审慎之人，此二人将为该领地的监护收入向朕负责，或向朕指定之人负责；若朕赏赐或出售此类土地的监护权于某人，而此人致使该地遭受破坏或浪费，则该监护权将被剥夺并转托于两位来自该领地内的合法审慎之人，此二人将依上述相同方式向朕负责。①

5. Custos autem, quamdiu custodiam terre habuerit, sustentet domos, parcos, vivaria, stagna, molendina et cetera ad terram illam pertinencia de exitibus terre ejusdem, et reddat heredi, cum ad plenam etatem pervenerit, terram suam totam instauratam de carucis *et omnibus aliis rebus, ad minus secundum quod illam recepit. Hec omnia observentur de custodiis archiepiscopatuum, episcopatuum, abbatiarum, prioratuum, ecclesiarum et dignitatum vacancium que ad nos pertinent, excepto quod hujusmodi custodie vendi non debent.*

5. 此外，监护人在行使土地监护权期间，应使用该土地之收益维护房屋、园地、鱼塘、沟渠、磨坊及其他附属物；当继承人成年时，监护人应将全部领地归还继承人，且应至少按照接收时的数量置备好犁具和所有其他物品。上述所有事项应参照职位空缺的大主教区、主教区、修道院、小修道院、教堂以及

---

① 第4条对监护权的行使进行约束，文字与1215年版第4条完全一致。

其他与朕相关领地的监护方式执行，惟此类监护权不可出售。①

6. Heredes maritentur absque disparagatione.
6. 继承人可以被婚配，但对方身份不得低于该继承人。②

7. Vidua post mortem mariti sui statim et sine difficultate *aliqua* habeat maritagium *suum* et hereditatem suam, nec aliquid det pro dote sua vel pro maritagio suo vel *pro* hereditate sua, quam hereditatem maritus suus et ipsa tenuerunt die obitus ipsius mariti, et maneat *in capitali mesagio ipsius* mariti sui per quadraginta dies post *obitum ipsius mariti sui*, infra quos assignetur ei dos sua, *nisi prius ei fuerit assignata, vel nisi domus illa sit castrum; et si de castro recesserit, statim provideatur ei domus competens in qua possit honeste morari, quousque dos sua ei assignetur secundum quod predictum est; et habeat rationabile estoverium suum interim de communi. Assignetur autem ei pro dote sua tercia pars tocius terre mariti sui que sua fuit in vita sua, nisi de minori dotata fuerit ad hostium ecclesie.* Nulla vidua distringatur ad se maritandam, dum vivere voluerit sine marito, ita tamen quod securitatem faciet quod se non

---

① 第5条仍然是关于监护权的规定。1215年版第5条要求当继承人成年时，监护人应将全部领地归还继承人，且应"按照农时稼穑之需要，并在该土地收益所许可之合理范围内"（secundum quod tempus waynagii exiget et exitus terre racionabiliter poterunt sustinere）置备好犁队与其他农具。1225年版在此进行了增补说明，消除了这一规定的弹性和不确定性，要求配备的物资应至少与监护开始时一致，这样便具有了可操作性。同时，本条最后指出监护权的行使应参照国王对教会职位空缺领地及其他国王直属封臣领地实行监护的方式，进一步规制了对监护权的滥用。这一条进一步弱化了1215年版主要针对国王的意味。

② 第6条关于继承人的婚配权，显然仍为对领主监护期间行为的约束。1225年版删去了1215年版第6条的另一个限制："而且在继承人被婚配前应向其血缘亲族通告婚事。"（antequam contrahatur matrimonium, ostendatur propinquis de consanguinitate ipsius heredis） maritabit sine assensu nostro, si de nobis tenuerit, vel sine assensu domini sui, si de alio tenuerit.

7. 寡妇在其夫身故后，应立即不受任何妨碍地获得其嫁妆与遗产。寡妇获得其寡妇产、嫁妆以及其夫身故时双方共有的遗产，都不需缴纳任何费用。寡妇可在其夫身故后居留其夫正宅四十日，在此期限内其寡妇产应分配给她，除非寡妇产已经分配给她，或其夫宅为城堡；如她搬离城堡，应立即提供合适的居所供其体面地居住直至其寡妇产以上述规定分配予她，在此期间她应获得合理的补贴金。分配给她的寡妇产应当是其夫在世时所占有全部土地的三分之一，除非较少的份额已在教堂门前分配给她。寡妇如自愿孀居则不得被强迫改嫁，但寡妇如保有朕的土地，亦应保证未经朕同意不改嫁，保有其他领主土地的寡妇，应获得相应领主同意才可改嫁。①

8. Nos *vero vel* ballivi nostri non seisiemus terram aliquam nec redditum pro debito aliquo quamdiu catalla debitoris *presencia* sufficiant ad debitum reddendum *et ipse debitor paratus sit inde satisfacere*; nec plegii ipsius debitoris distringantur quamdiu ipse capitalis debitor sufficiat ad solutionem debiti; et, si capitalis debitor defecerit in solutione debiti, non habens unde *reddat, aut reddere nolit cum possit*, plegii respondeant *pro* debito; et, si voluerint, habeant terras et redditus debitoris *quousque* sit eis satisfactum de debito quod ante pro eo solverunt, nisi capitalis debitor monstraverit se *inde* esse quietum versus

---

① 第7条包括了1215年版的第7、8两条，涉及寡妇的权利。1215年版第7条前半部分得到保留，但增加了几个限定词（拉丁文斜体标出），含义并无实质差别。后半句则变化很大，1215年版仅规定"寡妇应在其夫身故后居留夫宅四十日，在此期限内其寡妇产应分配给她"（maneat in domo mariti sui per quadraginta dies post mortem ipsius, infra quos assignetur ei dos sua），1225年版则首先明确寡妇可"留居其夫正宅"40日，其次规定在两种情况下寡妇可以被要求搬离，但必须提供临时居所和补贴，再次，对寡妇产的数额进行了明确，即其夫产的三分之一，除非"在教堂门前"（即双方结婚时）另有约定。1215年版第8条则一字不改完全保留。

eosdem plegios.

8. 朕或朕的官吏将不会因任何债务而占有任何人的土地或地租收入，只要债务人的现有动产足以偿债且该债务人准备以之偿付债务；只要主要债务人有足够能力偿还债务，该债务的担保人亦不得被扣押财产；如主要债务人未偿还债务，也无力偿债，或虽有能力但不愿偿债，则担保人应当为该债务负责；如果愿意，担保人可占有债务人的土地和地租，直至足额补偿其所代偿的债务，除非主要债务人证明自己与这些担保人已两不相欠。①

9. Civitas London habeat omnes antiquas libertates et liberas consuetudines suas. Preterea volumus et concedimus quod omnes alie civitates, et burgi, et ville, *et barones de Quinque Portubus*, et omnes portus, habeant omnes libertates et liberas consuetudines suas.

9. 伦敦市应享有其所有古老特权与自由习惯。此外，朕亦愿意并准许所有其他城市、自治市、市镇、五港同盟的男爵们以及所有港口皆可保有各自的所有特权与自由习惯。②

---

① 第8条为1215年版第9条，是关于国王债权的规定。二者主体内容一致，但补充了几个必要的条件，考虑更加周全。

此条之后，1215年版第10、11、12条都被删除，其中第10、11条关于犹太人债权，第12条关于盾牌钱与协助金的征收。第12条有一个常被学者提及的规定，即除三种特殊情况外，"若无王国普遍认可"（nisi per commune consilium regni nostri），不得征收盾牌钱与协助金。这常被解释为无认可不纳税原则的起源，但是本条内容最终被删除这一事实不应忽视。

② 第9条为1215年版第13条，关于伦敦等城市的特权。1225年版删除了1215年版对伦敦特权"无论涉及水上或陆上"（tam per terras, quam per aquas）的强调，同时五港同盟男爵被特别列出。

此条之后，1215年版第14、15条都被删除，其中第14条规定了为获得对征收盾牌钱和协助金的"全国普遍认可"（commune consilium regni）而召开大会的召集方式。其规定类似于后来的议会召集令。第15条则把限制征收协助金的规定推广到"任何人"（alicui），不过实际上显然是针对拥有封臣或自由佃户的大小贵族。

外国制度史

10. Nullus distringatur ad faciendum majus servicium de feodo militis nec de alio libero tenemento quam inde debetur.

10. 任何人不得被强迫为骑士役领地或其他自由保有地服额外之役。①

11. Communia placita non sequantur curiam nostram, set teneantur in aliquo loco certo.

11. 普通诉讼不应追随朕的宫廷，而应在固定地点审理。②

12. Recognitiones de nova disseisina et de morte antecessoris non capiantur nisi in suis comitatibus, et hoc modo: nos, vel si extra regnum fuerimus, capitalis justiciarius noster, mittemus *justiciarios* per unumquemque comitatum *semel* in anno, *qui cum militibus comitatuum capiant in comitatibus assisas predictas. Et ea que in illo adventu suo in comitatu per justiciarios predictos ad dictas assisas capiendas missos terminari non possunt, per eosdem terminentur alibi in itinere suo; et ea que per eosdem propter difficultatem aliquorum articulorum terminari non possunt, referantur ad justiciarios nostros de banco et ibi terminentur.*

12. 土地新近侵占案、先人遗产占有案的审理应当在案发地所在郡进行，且程序如下：由朕，或者朕不在国内时由朕的宰相，每年一次向每郡派出法官，与该郡骑士一同在该郡审理上述案件。那些未能由上述派出处理此类案件的法官在该郡的此次巡回中审理完结的案件，应当由这些法官在他们于别处巡回时审理完结；那些因某些条文的困难而无法由这些法官审理完结的案件，应

---

① 第10条为1215年版第16条，规定不得要求任何人为其领地服额外之役。两版内容完全一致。
② 第11条为1215年版第17条，规定王室法庭中的普通诉讼法庭（即民事法庭）应在固定地点审理案件。两版内容完全一致。

《大宪章》1225 年版译注

提交至朕的王座法庭并在那里最终裁定。①

13. Assise de ultima presentatione semper capiantur coram justiciariis nostris de banco et ibi terminentur.

13. 最终圣职推荐权归属案应始终由王座法庭法官审理并在该法庭作出最终裁决。②

14. Liber homo non amercietur pro parvo delicto nisi secundum modum *ipsius* delicti, et pro magno delicto, secundum magnitudinem delicti, salvo contenemento suo; et mercator eodem modo salva mercandisa sua; et villanus

---

① 第 12 条合并了 1215 年版的第 18、19 两条，但同时又从第 18 条派生出 1225 年版的第 13 条。这几个条款涉及司法管辖权和巡回法庭的组织方式等，两版内容变化显著。首先，最终圣职推荐权归属案不再由巡回法庭在当地审理，而是在第 13 条单独规定应由王座法庭审理。其次，巡回法庭的开庭频度降低，组织方式也不同。1215 年版 18 条规定"每年四次向每郡派出两名法官，与郡内推选之四名骑士一同在郡法院开庭的既定时间与地点审理上述案件"（mittemus duos justiciarios per unum quemque comitatum per quatuor vices in anno, qui, cum quatuor militibus cujuslibet comitatus electis per comitatum, capiant in comitatu et in die et loco comitatus assisas predictas），1225 年版改为每年一次，派出法官数额不再限定，郡内骑士数额也不限定，且不再强调对骑士的推选，也不再要求在郡法庭的既定时间地点开庭。再次，对在既定时间未审结的案件，1215 年版第 19 条规定"法官与骑士等应根据遗留案件情况继续在当地审理直至完结"（tot milites et libere tenentes remaneant de illis qui interfuerint comitatui die illo, per quos possint judicia sufficenter fieri, secundum quod negocium fuerit majus vel minus），但 1225 年版改为：法官继续到别处巡回，未审结的案件跟随法官转移到该处审理，并且规定疑难案件应上交至王座法庭审理。这些变化显然是基于过去几年实践中发现的问题进行的调整，以使巡回法庭提高效率，而不会阻滞于一地。

② 第 13 条是新增的条款。如上所述，1215 年版第 18 条规定三种案件都在巡回法庭审理，但 1225 年版将最终圣职推荐权归属案的审理权提交于王座法庭，并且使王座法庭成为该类案件的终审法庭。

alterius quam noster eodem modo amercietur salvo wainagio suo, si inciderit in misericordiam nostram; et nulla predictarum misericordiarum ponatur nisi per sacramentum proborum *et legalium* hominum de visneto. Comites et barones non amercientur nisi per pares suos, et non nisi secundum modum delicti. *Nulla ecclesiastica persona amercietur secundum quantitatem beneficii sui ecclesiastici, set secundum laicum tenementum suum, et secundum quantitatem delicti.*

14. 自由人犯轻罪，罚金应与其罪行本身程度相当；犯重罪者亦应依其罪行程度收取罚金，但不应伤及其生计；商人适用同样处罚方式，但不应触及其货物；不属于朕的维兰如被朕的法庭判定有罪，其罚金收取方式亦然，但不应触及其农具。上述处罚皆须经正直守法的邻人宣誓证明才可判定。对伯爵与男爵之罚金须经其同级贵族誓证，且罚金应与罪行程度相当。教会人士不得被依据其教会薪俸数量处罚，而只能根据其世俗保有地的数量进行处罚，且罚金应于罪行程度相当。①

15. Nec villa, nec homo, distringatur facere pontes ad riparias nisi qui *ex antiquo et de jure facere debet.*

15. 任何村镇与个人不得被强迫在河岸修造桥梁，除非其自古且依法负有

---

① 第14条合并了1215年版的第20、21、22条。内容为关于各等级人士犯罪之后罚金的收取方式。有几处修订。首先明确关于维兰罚金的规定所指对象为不属于国王的维兰，这与当时农奴半自由的身份契合。对参与陪审的邻人的要求，在"正直"之外增加了"守法"。1215年版第21条关于伯爵与男爵的表述完全保留，而原第22条关于教士的规定为："教士犯罪时对其世俗保有地的罚金亦应按照上述他人之方法收取，且不得考虑其教会薪俸之多寡"（Nullus clericus amercietur de laico tenemento suo, nisi secundum modum aliorum predictorum, et non secundum quantitatem beneficii sui ecclesiastici）。修订后文字表述完全不同，不过反映的原则实质上是一致的。

修桥之责。①

16. *Nulla riparia decetero defendatur, nisi ille que fuerunt in defenso tempore regis Henrici avi nostri, per eadem loca et eosdem terminos sicut esse consueverunt tempore suo.*

16. 今后任何河岸不得被封闭，在朕祖父国王亨利的时代已经封闭者除外，但只能按照当时的方式在相同的地点和相同的时期封闭。②

17. *Nullus vicecomes, constabularius, coronatores vel alii ballivi nostri teneant placita corone nostre.*

17. 任何郡守、堡主、验尸官或其他王室地方官吏，均不得审理王座之诉。③

18. *Si aliquis tenens de nobis laicum feodum moriatur, et vicecomes vel ballivus noster ostendat litteras nostras patentes de summonitione nostra de debito quod defunctus nobis debuit, liceat vicecomiti vel ballivo nostro attachiare et inbreviare catalla defuncti inventa in laico feodo ad valenciam illius debiti per visum legalium hominum, ita tamen quod nichil inde amoveatur donec persolvatur nobis debitum quod clarum fuerit, et residuum relinquatur executoribus ad faciendum testamentum defuncti; et si nichil nobis debeatur*

---

① 第15条为1215年版第23条，有两处文字上的小修订：原 ab antiquo 改为 ex antiquo，debent 改为 debet。内容本身无变化。

② 第16条为1215年版第47条的一部分，但有较显著修订。原47条前半部分是关于取消新划的森林区，相关内容已转至《森林宪章》。后半部分1215年版仅表述为"朕即位之后所封闭为保护区的河岸，亦应立即取消"（ita fiat de ripariis que per nos tempore nostro posite sunt in defenso）。新版则把时限进一步提前，只承认亨利二世时代及之前封闭的河岸，且只能保持当时的方式。

③ 第17条为1215年版第24条，文字与内容均完全一致。

ab ipso, omnia catalla cedant defuncto, salvis uxori ipsius et pueris suis rationabilibus partibus suis.

18. 凡领受朕之世俗封地者身故时，朕之郡守或官吏可持朕之公函向该亡故者索取欠朕之债务，在合法人士见证以确保任何财产不被转移之前提下，郡守或官吏可扣押与登记身故者在该世俗领地的动产，数额以与债务相当为限，直至清偿债务；剩余动产应交予遗嘱执行人以满足身故者之遗愿；如身故者不欠朕债，则除为其寡妻遗子留下合理部分外，其所有动产皆应判归身故者。①

19. Nullus constabularius vel *ejus ballivus* capiat blada vel alia catalla alicujus *qui non sit de villa ubi castrum situm est*, nisi statim inde reddat denarios aut respectum inde habere possit de voluntate venditoris; *si autem de villa ipsa fuerit, infra quadraginta dies precium reddat.*

19. 堡主或其管家不得擅取非城堡所在村镇居民的谷物或其他动产，除非立即支付现款，或可获得出售者的谅解；但如出售者来自城堡所在村镇，则应在四十天内付款。②

20. Nullus constabularius distringat aliquem militem ad dandum denarios pro custodia castri, si *ipse eam* facere voluerit in propria persona sua, vel per

---

① 第18条为1215年版第26条，文字与内容均完全一致。2015年版第27条删除，内容涉及未立遗嘱的自由人遗产分配问题。

② 第19条为1215年版第28条，关于堡主采买粮食物资的规定。1215年版原表述为："堡主或朕之其他官吏，不得擅取任何人的谷物或其他物产，除非立即支付现款，或可获得出售者（对赊欠货款的）同意"（Nullus constabularius, vel alius ballivus noster, capiat blada vel alia catalla alicujus, nisi statim inde reddat denarios, aut respectum inde habere possit de voluntate venditoris）。1225年版隐去"朕"，明确规范对象是堡主及其管家（而非国王的其他官吏），禁止擅取物资的地方也限制为城堡所在村镇之外，又规定从本地赊欠者，应在四十日内结清（1216年版曾规定为三周）。

alium probum hominem, si ipse eam facere non possit propter rationabilem causam, et, si nos duxerimus eum vel miserimus in exercitum, erit quietus de custodia secundum quantitatem temporis quo per nos fuerit in exercitu *de feodo pro quo fecit servicium in exercitu.*

20. 堡主不得强迫任何骑士以缴纳金钱代替守卫城堡的义务，如该骑士愿意亲自执行守卫，或因正当理由不能亲自执行但委托合适之人代为执行。若朕率领或派遣骑士参加军役，应根据其因封地而负有的军役义务中已服役时间之长短，减免其守卫城堡义务。①

21. Nullus vicecomes, vel ballivus noster, vel *alius* capiat equos vel carettas *alicujus* pro cariagio faciendo, *nisi reddat liberationem antiquitus statutam, scilicet pro caretta ad duos equos decem denarios per diem, et pro caretta ad tres equos quatuordecim denarios per diem. Nulla caretta dominica alicujus ecclesiastice persone vel militis vel alicujus domine capiatur per ballivos predictos.* Nec nos nec ballivi nostri *nec alii* capiemus alienum boscum ad castra vel alia agenda nostra, nisi per voluntatem *illius* cujus boscus ille fuerit.

21. 任何郡守、地方官吏或其他人，不得征用任何人的马匹或车辆作为运输之用，除非按照古老的惯例给予报偿，即：二马一车，每天十便士；三马一车，每天十四便士。任何教会人士、骑士或任何女领主的自营地车辆均不得被上述地方官吏征用。朕、朕之官吏或其他人将不会强取他人木材，以供建筑城堡或其他事务，除非得到木材所有者本人的同意。②

---

① 第20条为1215年版第29条，关于骑士军役中的守卫城堡任务。首先是一处文字修订，1215年版中的 si facere voluerit custodiam illam 改为 si ipse eam facere voluerit。另外一处主要的变化是明确了对计算军役数量的依据，即因封地而负有的军役义务。

② 第21条合并了1215年版第30、31条，关于征用马匹车辆。两版在文字与内容上均有较大调整。首先征用对象1215年版为"任何自由人"（alicujus liberi（转下页）

22. Nos non tenebimus terras *eorum* qui convicti fuerint de felonia, nisi per unum annum et unum diem; et tunc reddantur terre dominis feodorum.

22. 朕扣留重罪既决犯之土地以一年零一日为限，期满后这些土地将交还其原领主。①

23. Omnes kidelli decetero deponantur penitus *per Tamisiam et Medeweiam* et per totam Angliam, nisi per costeram maris.

23. 泰晤士河、米得威河及全英格兰各地河流上的所有鱼梁今后须彻底拆除，沿海岸所建者除外。②

24. Breve quod vocatur 'Precipe' decetero non fiat alicui de aliquo tenemento, unde liber homo perdat curiam suam.

24. 称为"强制转移令"的令状今后不得再因任何土地占有问题向任何人颁发，以免自由人因此丧失其法庭。③

25. Una mensura vini sit per totum regnum nostrum, et una mensura

---

（接上页）hominis），1225 年版改为"任何人"；其次，1215 年版的让步条件是"除非出于该自由人自愿"（nisi de voluntate ipsius liberi hominis），1225 年版则非常细致地给出了具体的补偿条件；再次、新增对几种领主的"自营地车辆"不得被征用的规定；最后，1215 年第 31 条主语为朕或朕之官吏 Nec nos nec ballivi nostri，1225 年此处增加"或其他任何人"，也是使这一规定不只针对国王的反映。

① 第 22 条为 1215 年版第 32 条，关于国王扣押重罪犯土地的规定。除 illorum 改为 eorum，两版文字与内容完全一致。
② 第 23 条为 1215 年版第 33 条，关于拆除河流上的鱼梁。1215 年版的 de Tamisia et de Medewaye 改为 per Tamisiam et Medeweiam。此外两版文字与内容都一致。
③ 第 24 条为 1215 年版第 34 条，关于土地案件令状的签发。1215 年版的 amittere possit 改为 perdat。此外两版文字与内容都一致。

cervisie, et una mensura bladi, scilicet quarterium London', et una latitudo pannorum tinctorum et russettorum et haubergettorum, scilicet due ulne infra listas; de ponderibus vero sit ut de mensuris.

35. 朕之王国全境将使用统一的葡萄酒、啤酒与谷物计量单位，即伦敦夸脱；亦将设立染色布、土布、锁子甲布标准宽度，即两边之间宽两厄尔；重量单位亦将有统一标准。①

26. Nichil detur decetero pro brevi inquisitionis *ab eo qui inquisitionem petit* de vita vel membris, set gratis concedatur et non negetur.

26. 今后颁发死亡或受伤调查令状时，提起该调查申请者不须付出任何东西，而应免费颁发，并不得拒绝。②

27. Si aliquis teneat de nobis per feodifirmam vel soccagium, vel per burgagium, et de alio terram teneat per servicium militare, nos non habebimus custodiam heredis nec terre sue que est de feodo alterius, occasione illius feodifirme, vel soccagii, vel burgagii, nec habebimus custodiam illius feodifirme vel soccagii vel burgagii, nisi ipsa feodifirma debeat servicium militare. Nos non habebimus custodiam heredis *nec* terre alicujus quam tenet de alio per servicium militare, occasione alicujus parve serjanterie quam tenet de nobis per servicium reddendi nobis cultellos, vel sagittas, vel hujusmodi.

27. 任何人以永久租佃保有、农役保有或市镇农役保有方式保有朕之土地，同时又以骑士役保有他人土地时，朕将不以其与朕之上述诸关系为由而强

---

① 第 25 条为 1215 年版第 35 条，关于统一度量衡。1215 年版的 autem 改为 vero。此外两版文字与内容都一致。

② 第 26 条为 1215 年版第 36 条，关于死亡或受伤调查令状的颁发。1215 年版强调任何东西都不须"被给出或被拿走"（detur vel capiatur），1225 年版删去了"被拿走"。此外增加了对颁发对象的说明，即提出调查申请者。

行对其继承人及其所保有之他人土地主张监护权。朕亦不会对以永久租佃保有、农役保有或市镇农役保有朕之土地者主张监护权,除非其永久租佃保有地负有骑士役义务。任何人以提供刀剑、弓箭或类似物品之义务而成为朕的小侍君役保有者,朕亦不会对其继承人和其以骑士役所保有之他人土地主张监护权。①

28. Nullus ballivus ponat decetero aliquem ad legem *manifestam vel ad juramentum* simplici loquela sua, sine testibus fidelibus ad hoc inductis.

28. 任何官吏今后若无专门召集的可靠证人见证,不得仅凭其一己之言使任何人接受决斗审判或以誓涤罪。②

29. Nullus liber homo *decetero* capiatur vel inprisonetur aut disseisiatur

---

① 第27条为1215年版第37条,规定非骑士役领地不得主张监护权。唯一的修订是1215年版的vel改为nec(斜体标出),原来的继承人"或"土地,变为继承人"和"土地。其他部分无变化。

② 第28条为1215年版第38条。本条长期被解释为反映无证据不审判的原则,事实上从1225年版的修订来看,这一理解有偏差。1215年版表述为"任何官吏今后若无专门召集的可靠证人见证,不得仅凭一己之言使任何人接受审判"(Nullus ballivus ponat de cetero aliquem ad legem simplici loquela sua, sine testibus fidelibus ad hoc inductis)。看似可以作以上解读。但1225年版在ad legem后加上manifestam vel ad juramentum,明确了本条所指。根据布莱克斯通的解释,此处所指的是两种审判方式,ad legem manifestam指决斗裁决(wager of battel),而ad juramentum指以誓涤罪(wager of law)。Sir William Blackstone, *Commentaries on the Laws of England*, Vol. 3, Oxford: Oxford University Press, 2016, p.227;另参见James B. Thayer, "The Older Modes of Trial", *Harvard Law Review*, Vol. 5, 1891, p.65。依此看法,本条是特指让被告接受神裁审判。后面"专门召集的可靠证人见证",也应指这种审判中邻人参与的见证仪式,而非现代意义上的提供证言或证据。

还有学者认为此条文字有所省略,sua指的是原告。所以并非仅凭官吏的一己之言,而是仅凭原告的一己之言(让被告接受神裁审判)。William Forsyth, *History of Trial by Jury*, London, 1852, p.130.

de aliquo libero tenemento suo vel libertatibus vel liberis consuetudinibus suis, aut utlagetur, aut *exulet*, aut aliquo alio modo destruatur, nec super eum ibimus, nec super eum mittemus, nisi per legale judicium parium suorum, *vel* per legem terre. Nulli vendemus, nulli negabimus aut differemus rectum vel justiciam.

29. 任何自由人，如未经其同侪合法审判，或未依据本国法律合法审判，今后皆不得被逮捕或监禁，或被剥夺其持有的任何自由领有地或特权或自由习惯，或被剥夺法律权益、流放，或以任何其他方式加以伤害，朕亦不可亲自或派人针对其采取行动。朕将不向任何人出售权利或正义，亦将不拒绝或延搁任何人的权利或正义。①

30. Omnes mercatores, *nisi publice antea prohibiti fuerint*, habeant salvum et securum exire de Anglia, et venire in Angliam, et morari, et ire per Angliam tam per terram quam per aquam ad emendum vel vendendum sine omnibus *toltis malis* per antiquas et rectas consuetudines, preterquam in tempore gwerre, et si sint de terra contra nos gwerrina; et si tales inveniantur in terra nostra in principio gwerre, attachientur sine dampno corporum vel rerum, donec sciatur a nobis vel a capitali justiciario nostro quomodo mercatores terre nostre tractentur, qui tunc invenientur in terra contra nos gwerrina; et si nostri salvi sint ibi, alii salvi sint in terra nostra.

30. 所有商人，除非之前已被公开禁止，都可以安全地经由水陆道路离开或进入英格兰，以及在英格兰各处居住或旅行以经营买卖，无须缴纳任何苛捐杂税，遵循古老而正当的惯例即可，惟战时来自与朕敌对国者另当别论。若开战初期发现敌国商人在朕之王国，应先行扣留，但不得使其身体与财物受损，

---

① 第29条合并了1215年版第39、40条，关于未经审判不得刑罚的原则。本条的几处文字修订中，最主要的是剥夺（disseisiatur）一词之后增加了剥夺内容的说明，即"其持有的任何自由领有地或特权或自由习惯"。这一补充也有助于理解《大宪章》中自由人的指涉范围。

直至朕或朕之宰相获知本国商人在敌国所受待遇：如本国商人在敌国安全，则其商人在本国亦将安全。①

31. Si quis tenuerit de aliqua escaeta, sicut de honore Wallingefordie, *Bolonie, Notingeham*', Lancastrie, vel de *aliis* que sunt in manu nostra, et *sint* baronie, et obierit, heres ejus non det aliud relevium nec faciat nobis aliud servicium quam faceret baroni, si *ipsa* esset inmanu baronis; et nos eodem modo eam tenebimus quo baro eam tenuit; nec nos, occasione talis baronie vel escaete, habebimus aliquam escaetam vel custodiam aliquorum hominum nostrorum, nisi alibi tenuerit de nobis in capite ille qui tenuit baroniam vel escaetam.

31. 任何人如从复归封地如沃林福德、布洛涅、诺丁汉、兰开斯特诸地，或其他在朕手中的复归男爵领地保有土地，当其身故时，其继承人不应缴纳比该领地在原贵族手中时更多的继承金，亦不应向朕提供比该领地在原贵族手中时其向原贵族所提供更多的役务；朕将以原贵族保有该领地的同样方式持有该复归领地。朕亦将不会以此类男爵领地或复归地为由，向朕的任何人主张复归权或监护权，除非这些持有男爵领地或复归地者在别处以直领地方式领有朕的土地。②

---

① 第30条为1215年版第41条，关于商人在英格兰的出入境与经商自由，以及对于战时敌国商人的处理方式。本条除 malis toltis 词序调换之外，另一个变化是句首在"所有商人"后，新增了一个条件"除非之前已被公开禁止"。这使本条表述更加严谨。

1215年版第42条完全删除，该条规定本国商人的出入境自由。可能因为上一条已可涵盖，故删除。

② 第31条为1215年版第43条，关于复归领地的监护权问题。1225年版的变化，首先是调换了诺丁汉与布洛涅的顺序，不知何故。其次在本条末尾新增了一种情况的规定，即国王不能以贵族从国王处领有复归地为由，向该贵族主张监护权或复归权。与前面多条相关规定一样，这些条款清理了多种封建土地领有制并存情况下有关领主权的灰色地带，维护了贵族的利益。

1215年版第44条删除。该条规范森林法庭的司法管辖权范围，移入《森林宪章》。

（转下页）

32. Nullus liber homo decetero det amplius alicui vel vendat de terra sua quam ut de residuo terre sue possit sufficienter fieri domino feodi servicium ei debitum quod pertinet ad feodum illud.

32. 今后任何自由人向任何人赠予或出售其领地不得超过限度，即剩余部分必须足以向该领地领主履行该领地的全部义务。①

33. Omnes patroni abbatiarum qui habent cartas regum Anglie de *advocatione*, vel antiquam tenuram *vel possessionem*, habeant earum custodiam cum vacaverint, sicut habere debent, *et sicut supra declaratum est*.

33. 所有修道院之恩主，如有英格兰历朝国王所颁特许状表明其拥有圣职推荐权，或有长期保有或占有该地之证据，当该修道院教职空缺时，当以应有方式对之行使监护权，并遵循上文之相关规定。②

（接上页）1215年版第45条删除。该条规定国王将仅任命熟知本国法律并愿意严格遵守者担任法官、堡主、郡守及其他官吏。这是对约翰王重用和滥用外国人的反制，1225年时已无意义，故删除。

① 第32条为新增条款。这一新规范首现于1217年版。本条反映了封建领有制在13世纪的新发展及领主为保卫其利益所作的努力。封建领地可以转赠或出售，但封建义务并不自动跟随转让，仍由原领有者负担。因此上级领主要求其佃户自留足够的份额的土地以完成封建义务。《大宪章》维护"旧制度"可见一斑。

② 第33条为1215年版第46条，关于修道院圣职空缺时的监护权问题。1215年版表述为"所有创立修道院之贵族，如有英格兰历朝国王所颁之相关特许状，或有长期保有该地之证据，当修道院教职空缺时，当以应有方式对之行使监护权"（Omnes barones qui fundaverunt abbacias, unde habent cartas regum Anglie, vel antiquam tenuram, habeant earum custodiam cum vacaverint, sicut habere debent）。1225年版首先明确这些贵族为修道院"恩主"，并明确他们须持有"表明其拥有圣职推荐权"的特许状，同时增加长期"占有"这一条件，最后鉴于以"应有方式"有太大解释空间，且前面条款已有多处就监护权建立新规，因此新增"并遵循上文之相关规定"。

本条之后，1215年版的大量内容被删除，其中： （转下页）

外国制度史

34. Nullus capiatur vel imprisonetur propter appellum femine de morte alterius quam viri sui.

34. 不得因妇女指控杀人而逮捕或监禁任何人，除非死者为其丈夫。[1]

35. Nullus comitatus decetero teneatur, nisi de mense in mensem; et, ubi major terminus esse solebat, major sit. Nec aliquis vicecomes vel ballivus faciat turnum suum per hundredum nisi bis in anno et non nisi in loco debito et consueto, videlicet semel post Pascha et iterum post festum sancti Michaelis. Et visus de franco plegio tunc fiat ad illum terminum sancti Michaelis sine occasione, ita scilicet quod quilibet habeat libertates suas quas habuit et habere consuevit tempore regis Henrici avi nostri, vel quas postea perquisivit. Fiat autem visus de franco plegio sic, videlicet quod pax nostra teneatur, et

---

（接上页）1215年版第47条前半部关于森林区的内容被删除，后半部关于河岸的封闭，前移并增补内容为1225年版第16条。

　　1215年版第48条，关于调查并革除地方管理中的各种陈规恶习。针对约翰王，已无必要，故删。

　　1215年版第49条，关于交还英格兰人交给约翰王的人质与特许状。针对约翰王，已无必要，故删。

　　1215年版第50、51条，关于驱逐大陆雇佣兵等。针对约翰王，已无必要，故删。

　　1215年版第52、53、55、56、57、58、59条，关于归还"未经同侪合法审判而被朕没收或剥夺土地、城堡、特权或权利"，以及森林区撤留问题、监护领地去留问题、修道院监护权归属等问题的解决，及免除一切不公正不合法的收费与罚金，归还威尔士贵族土地、特权、人质等，归还苏格兰国王人质与特权等，都针对约翰王，已无必要，故删。这些条款中提到的25位贵族委员会裁决等制度性约束也同时废止。

[1] 第34条为1215年版第54条，关于妇女指控杀人不得采纳。在两版中本条仅差一个字，1215年版的nec改为vel，条款内容实无变化。当然，条款所反映的女性地位低下、法权不完整的处境也无变化。

quod tethinga integra sit sicut esse consuevit, et quod vicecomes non querat occasiones, et quod contentus sit eo quod vicecomes habere consuevit de visu suo faciendo tempore regis Henrici avi nostri.

35. 今后，郡法庭开庭不可超过每月一次，如某地向来开庭间隔更久，则应依更久的间隔开庭。任何郡守或地方官吏之百户区巡查应为一年两次，即复活节后和米迦勒节之后，且只可前往惯常应去之处。十户联保调查应在米迦勒节期间不扰民地进行，即应不触及任何人在朕祖父亨利王时代即已享有且惯于享有的特权，或在亨利王时代之后获得的特权。十户联保调查应如此进行，即国王的和平应得到维持，十户区应被维护完好如前，郡守不应借机敛财，而应满足于朕祖父亨利王时代郡守巡查所得之收益。①

36. Non liceat alicui decetero dare terram suam alicui domui religiose, ita quod eam resumat tenendam de eadem domo, nec liceat alicui domui religiose terram alicujus sic accipere quod tradat illam ei a quo ipsam recepit tenendam. Si quis autem decetero terram suam alicui domui religiose sic dederit, et super hoc convincatur, donum suum penitus cassetur, et terra illa domino suo illius feodi incurratur.

36. 今后任何人不得将其土地赠予任何修道院然后再以该修道院佃户身份领回该地，任何修道院也不得接受任何人的土地以使其作为佃户重新领回该地。今后任何人如以此方式赠予任何修道院土地且此行为确凿无疑，则其赠予应被宣布彻底无效，该土地亦应由其领主没收。②

---

① 第35条为新增，内容为规范郡守在地方的权力运作方式。郡法庭、郡守的百户巡查、十户联保调查都被要求限制频度或降低对地方的侵扰程度。
② 第36条为新增，禁止土地领有者将土地捐赠修道院再以修道院佃户身份重新领有。这种行为目的是规避原有的封建义务，显然伤害了其上级领主的利益，也破坏了封建秩序，因而在《大宪章》中明令禁止。

37. Scutagium decetero capiatur sicut capi solebat tempore regis Henrici avi nostri.

37. 今后盾牌钱应以朕祖父亨利王时代之既有方式收取。①

Et salve sint archiepiscopis, episcopis, abbatibus, prioribus, templariis, hospitalariis, comitibus, baronibus, et omnibus aliis tam ecclesiasticis quam secularibus personis libertates et libere consuetudines quas prius habuerunt.

大主教、主教、修道院长、小修道院长、圣殿骑士团、医院骑士团、伯爵、男爵以及所有其他教会及世俗人士从前享有之特权与自由习惯，皆应予以保留。②

Omnes autem istas consuetudines predictas et libertates quas concessimus in regno nostro tenendas quantum ad nos pertinet erga nostros, omnes de regno nostro tam clerici quam laici observent quantum ad se pertinet erga suos.

上述所有习惯与特权，朕已赐予在本王国推行以规范朕与封臣的关系，本王国的所有人，不论教士还是俗人，在涉及他们与其封臣的关系时，也应同样遵守。③

---

① 第37条为新增，规定盾牌钱的征收方式应以亨利二世时代为准。如前指出，1215年版关于盾牌钱和协助金征收的规定在第12条，新版删除，所以本条是1225年版唯一提到盾牌钱之处。可以看出，其征收方式与1215年版的规定有很大差别，一是并未说明亨利二世时代如何征收，留下了解释空间，二是把1215年版只限三种情况可以征收以及必须得到"王国普遍认可"的规定全部规避。

习惯上将1225年版《大宪章》划分为37条，到此不再新增条款。可以有两种理解，一种是以下内容都属于第37条；一种是以下内容属于结语部分。也有学者继续划分至39条。

② 本段文字为新增，有学者将之归于第37条。从内容看它与37条并无联系，更应该视为总结性条款。

③ 本段文字与1215年版第60条完全相同。有学者将之划为第38条。这也是总结性条款，把《大宪章》有关规定的约束对象推广到整个王国的封君封臣关系当中。

《大宪章》1225 年版译注

Pro hac autem concessione et donatione libertatum istarum et aliarum libertatum contentarum in carta nostra de libertatibus foreste, archiepiscopi, episcopi, abbates, priores, comites, barones, milites, libere tenentes, et omnes de regno nostro dederunt nobis quintam decimam partem omnium mobilium suorum. Concessimus etiam eisdem pro nobis et heredibus nostris quod nec nos nec heredes nostri aliquid perquiremus per quod libertates in hac carta contente infringantur vel infirmentur; et, si de aliquo aliquid contra hoc perquisitum fuerit, nichil valeat et pro nullo habeatur.

为回报上述特权以及朕颁发之《森林区特权宪章》所述其他特权的赐予与馈赠，大主教、主教、修道院长、小修道院长、伯爵、男爵、骑士、自由地产保有人以及本王国之所有人已向朕献出其所有动产的十五分之一。朕亦为朕及朕之后继者向其保证，朕与朕之后继者将不会谋取任何手段以侵犯或削弱本宪章所述之特权，即使从任何人处获得此类手段，亦为无效且无用。①

Hiis testibus domino Stephano Cantuariensi archiepiscopo, Eustachio Londoniensi, Jocelino Bathoniensi, Petro Wintoniensi, Hugoni Lincolniensi, Ricardo Sarrisberiensi, Benedicto Roffensi, Willelmo Wigorniensi, Johanne Eliensi, Hugone Herefordiensi, Radulpho Cicestrensi, Willelmo Exoniensi episcopis, abbate sancti Albani, abbate sancti Edmundi, abbate de Bello, abbate

---

① 本段文字都为新增，有学者划为第 39 条。内容上前半部分明确了此次颁发《大宪章》的交换条件，即全国各阶层同意征收一次动产税。后半部分为保证条款，国王承诺不会谋求废止或削弱《大宪章》。这与被完全删除的 1215 年版《大宪章》保证条款（第 61 条）相比，有本质性的不同。1215 年版的第 61 条可以说是《大宪章》最具革命性的条款，它以 500 多个词荣膺最长条款，细致阐明了 25 人委员会的权力与工作机制，使国王处于贵族的制度性约束之下。如果付诸实施，将直接把英国带入贵族寡头统治。然而它的迅速废止也说明当时并不具备这种政治变革的基础。而此处的保证则变为书面承诺，并没有纠错和惩罚的制度性约束。

437

外国制度史

sancti Augustini Cantuariensis, abbate de Eveshamia, abbate de Westmonasterio, abbate de Burgo sancti Petri, abbate Radingensi, abbate Abbendoniensi, abbate de Maumeburia, abbate de Winchecumba, abbate de Hida, abbate de Certeseia, abbate de Sireburnia, abbate de Cerne, abbate de Abotebiria, abbate de Middletonia, abbate de Seleby, abbate de Wyteby, abbate de Cirencestria, Huberto de Burgo justiciario, Ranulfo comite Cestrie et Lincolnie, Willelmo comite Sarrisberie, Willelmo comite Warennie, Gilberto de Clara comite Gloucestrie et Hertfordie, Willelmo de Ferrariis comite Derbeie, Willelmo deMandevilla comite Essexie, Hugone le Bigod comite Norfolcie, Willelmo comite Aubemarle, Hunfrido comite Herefordie, Johanne constabulario Cestrie, Roberto de Ros, Roberto filio Walteri, Roberto de Veteri ponte, Willielmo Brigwerre, Ricardo de Munfichet, Petro filio Herberti, Matheo filio Herberti, Willielmo de Albiniaco, Roberto Gresley, Reginaldo de Brahus, Johanne de Munemutha, Johanne filio Alani, Hugone de Mortuomari, Waltero de Bellocampo, Willielmo de sancto Johanne, Petro deMalalacu, Briano de Insula, Thoma deMuletonia, Ricardo de Argentein', Gaufrido de Nevilla, Willielmo Mauduit, Johanne de Baalun.

Datum apud Westmonasterium undecimo die februarii anno regni nostri nono.

以下为见证人：坎特伯雷大主教斯蒂芬、伦敦主教尤斯塔斯、巴斯主教乔瑟琳、温切斯特主教彼得、林肯主教休、索尔兹伯里主教理查、罗切斯特主教本尼迪克、伍斯特主教威廉、伊利主教约翰、赫里福德主教休、奇切斯特主教拉杜尔夫与埃克塞特主教威廉；圣阿尔本修道院院长、伯里圣埃德蒙兹修道院院长、战役修道院院长、坎特伯雷圣奥古斯丁修道院院长、伊夫舍姆修道院院长、威斯敏斯特修道院院长、彼得伯勒修道院院长、雷丁修道院院长、阿宾顿修道院院长、马姆斯伯里修道院院长、温奇科姆修道院院长、海德修道院院长、切特希修道院院长、谢伯恩修道院院长、塞尔纳修道院院长、阿伯茨伯里修道院院长、米尔顿修道院院长、塞尔比修道院院长、惠特比修道院院长、赛伦塞斯特修道院院长；宰相休·德伯格、切斯特与林肯伯爵拉努尔夫、索尔兹伯里伯爵威廉、沃伦伯爵威廉、格罗斯特与赫特福德伯爵吉尔伯特·德卡莱尔、德比伯爵威廉·德费勒斯、埃塞克斯伯爵威廉·德曼德维尔、诺福克伯爵休·勒比格德、奥玛莱伯爵威廉、赫里福德伯爵亨弗里德；切斯特警长约翰、罗伯特·德罗斯、沃尔特之子罗伯特、罗伯特·德维庞特、威廉·布鲁尔、理查德·德蒙菲切特、赫伯特之子彼得、赫伯特之子马修、威廉·德奥本尼、罗伯特·格雷利、雷金纳德·德布劳斯、蒙茅斯的约翰、艾伦之子约翰、休·德莫蒂默、沃尔特·德博尚、圣约翰的威廉、彼得·德莫莱、布赖恩·德莱尔、莫尔顿的托马斯、理查德·德阿让迪恩、杰弗里·德内维尔、威廉·莫杜伊特、约翰·德巴伦。

本朝第 9 年 2 月 11 日签署于威斯敏斯特。①

---

① 最后为见证人名单和文件签署的时间与地点。与 1215 年版列于序言部分的众多建议者不同，本版名单虽然也包括众多当时的教俗显贵，但他们仅为特许状的见证人，并未强调他们对所赐内容有何贡献。这也恢复了正常特许状的格式。还有一个差别也引起讨论，即 1215 年版最后写明"由朕亲手授予"（Data per manum nostram），1216 年版"由教宗使节与彭布鲁克伯爵威廉·马歇尔亲手授予"（Datum per manus predictorum domini legati et Willelmi Mariscalli comitis Penbrocie），但本版只有时间地点，并未指出由谁授予。

英国历史中的《大宪章》

施诚（首都师范大学历史文化学院）

2015年3月13日—9月1日，英国图书馆以"《大宪章》：法律、自由和遗产"的主题举办展览，纪念《大宪章》颁布800周年。《大宪章》（Magna Carta，来自拉丁语），也被称为"自由大宪章"，是英国约翰王于1215年6月15日在温莎附近的兰尼米德签署的一份文件。它由坎特伯雷大主教起草，目的是使约翰王与叛乱贵族之间达成和解。它承诺保护教会权利，保证贵族不被非法拘禁，它还限制国王向贵族征收的各种封建协助金。自从1215年约翰王签署《大宪章》之后的一个世纪里，它的各种版本的抄本超过1 000份。迄今保存下来的中世纪抄本超过100件，其中包括1215年《大宪章》原始文本，被分别保存在大英图书馆（2份）、林肯主教堂、索尔兹伯里主教堂。它们是用羽毛管笔书写的拉丁文，有国王的大玉玺署印。

一、《大宪章》产生的历史背景

《大宪章》是约翰王（1199—1216年在位）国内外政策的产物。首先，约翰王因连年对外战争耗资巨大而滥用权力向贵族征收封建捐税是根本原因。英国安茹王朝（也译为"金雀花王朝"）与法国卡佩王朝（一译加佩王朝）长期进行争夺欧陆领地的斗争。1154年，英国亨利二世登上英国王位，建立安茹王朝。通过继承，他还以法国国王封臣的身份拥有阿奎丹（一译阿基坦）公爵领地和诺曼底公爵领地，于是英法之间围绕这些领地的保卫和收复展开了长期斗争。1199年，约翰王继位，他的紧迫任务之一也是保卫安茹王朝在法国的领地。从1202年起，约翰王几乎连年在欧陆征战，初期取得了一些胜利。但到 1206 年，法国收复了大部分领地，约翰王只控制了阿奎丹。连年战争使约翰王的财政十分吃紧。安茹王朝国王的主要收入来源是：第一，来自他们个人的土地，即所谓"王室领地"（royal demesne）上的地租，这些土地分布在全国各郡，每年由各地郡守征收并上缴给国王的财政署（Exchequer）。自"诺曼征服"以来，随着国王不断分封贵族，王室领地的收入就不断减少。约翰王竭力榨取它，年均所得大约 26 000 英镑。① 第二，来自税收。1207 年，约翰王创立一种新的税收——征收全国臣民的动产税，获得 57 421 英镑。② 第三，国王作为全国最高封君的财政特权收入。如司法罚金、法庭收费、出售城市自治特许权、监护权带来的收入等，其中盾牌钱（Scutage，也译为"免役钱"）是约翰王常用的敛财手段。根据英国的封君封臣制度，国王的直接封臣（也称"总佃户"）应该根据其所占有的骑士领（knight's fee）数量，每年为国王提供相应数量的骑士为国王义务服役 40 天。随着英国封建社会的发展，服役骑士的人数不断下降，威廉一世时期骑士大约为 5 000 人，亨利二世时期欠国王军役的骑士领约 5 000 个，还有候补骑士近 6 500 人。③ 每当国王召集贵族服役时，所有不亲身服役的骑士，都必须向国王缴纳盾牌钱。按照维持 1 名骑士 1 天的开支为 8 便士计算，盾牌钱的标准是 2 马克 / 骑士领。虽然总佃户每年都欠国王 40 天军役，但国王不能每年征收盾牌钱，只有当他发动战争并召集封建骑士军役时才能征收。约翰王之前三位国王（亨利一世、亨利二世和理查一世）共征收过 11 次。约翰王在位十七年，就征收了 11 次盾牌钱，且常常违背封建习惯，在没有战役的情况下征收，被臣民认为是"贪得无厌、敲诈勒索的

---

① James H. Ramsay, *A History of the Revenues of the Kings of England, 1066–1399*, Volume.1, Oxford: Clarendon Press, 1925, pp.234, 274; S. K. Mitchell, *Studies in Taxation under John and Henry III*, Yale University Press, 1914, p.16.
② J. H. Ramsay, *A History of the Revenues of the Kings of England, 1066–1399*, p.245.
③ B. Lyon, *A Constitutional and Legal History of Medieval England*, New York: W.W. Norton Company, 1980, p.161.

财迷"①。盾牌钱是引发贵族对约翰王统治极其不满的重要因素。

其次,约翰王与教会之间的矛盾是《大宪章》产生的另一个重要原因。1205年,约翰王最信任的顾问、坎特伯雷大主教休伯特·瓦尔特去世。罗马教宗英诺森三世推荐选举斯蒂芬·朗顿继任,但约翰王拒绝。1208年英诺森三世发布"禁令",禁止英国人接受圣餐礼、埋葬在宗教墓地;次年,他甚至宣布革除约翰王的教籍,直到1213年约翰王承认教宗为英国的最高封君才被恢复。

最后,《大宪章》的导火索是1214年布汶战役失败及其引起的贵族反抗。1214年,约翰王率领一支雇佣兵到欧陆,企图恢复丧失的法国领地。但是该战役以约翰王失败告终,英国在法国的领地几乎丧失殆尽,约翰王由此被称为"失地王"。

1215年1月,约翰在伦敦召集了贵族大会议,讨论即将进行的改革问题。5月,北部和东部的贵族宣布放弃对约翰王的效忠誓言,选举罗伯特·菲兹·瓦尔特作为他们的首领。他们还占领了伦敦。约翰王别无选择,只得与贵族谈判。1215年6月,双方相会于温莎附近的兰尼米德(Runnymede)。6月,叛乱贵族呈递"贵族宪章"(Articles of the Barons)给约翰王,要求改革,其中7条来自所谓"未名的自由宪章"(the Unknown Charter of Liberties)。6月15日,约翰王同意由坎特伯雷大主教斯蒂芬·朗顿起草的"自由大宪章",后来被称为"大宪章",19日,叛乱贵族与约翰王和解,他们重新宣誓效忠约翰王。约翰王随即下令誊写副本,颁发全国。

---

① William Sharp McKechnie, *Magna Carta*, second edition, Glasgow: James Maclehose and Sons Publisher, 1914, p.74.

二、《大宪章》的内容

1215年《大宪章》一共63条。[①] 其条款基本按照教会权利、财政、司法、行政、王室森林的顺序排列。第1条就是关于保护权利的内容:"首先,本宪章为我们和我们的后代永远确认,英国教会自由,它的权利不会被削弱,它的自由不会受到阻碍;我们愿意遵守以上规定;显然,在我们与贵族发生争吵前,我们已经自愿地授予、现在通过宪章确认对英国教会极其重要的选举自由,而且得到教皇英诺森三世的确认;我们和我们的后代将永远虔诚地遵守下列各项自由条款。"直接涉及贵族与国王封建财政义务的条款达14条(即第2、3、4、5、6、7、8、12、14、15、16、26、29、37条),其中第12条规定,"不经全国同意,(国王)不许征收盾牌钱和协助金,除了国王的赎金、王太子被封为骑士、公主出嫁这三种协助金之外,而且协助金的数量要合理……"第14条进一步规定,"为了取得全国同意征收协助金(除了上述三种外)或盾牌钱,我们应当分别致信召集大主教、主教、修道院长、伯爵、男爵,此外,我们还通过郡守和各郡司法官集体召集总佃户于规定时间和地点,共同协商……"这两条是后来英国税收"不经同意不得征税"原则的渊源。涉及司法的内容包括13条(即第17、18、19、20、21、22、24、28、34、38、39、40、45条)。其中最著名的第39条规定,"任何自由人不得被逮捕、囚禁、被剥夺财产、被宣布不受法律保护、被流放或遭受其他任何形式的损害,我们将不会袭击他或者派遣任何人袭击他,除非他经过同身份的人或者王国的法律的合法审判"。这一条赋予自由人生命、财产的合法权利和得到公正司法审判的权利。有关行政的内容比较庞杂,达25条(即第9、10、11、23、25、30、

[①] 1759年,威廉·布莱克斯通爵士(Sir William Blackstone)出版《英国法律评论》(*Commentaries on the Laws of England*),首次对《大宪章》的条文进行编号,这些编号使用至今。

外国制度史

31、32、33、35、36、41、42、43、46、49、50、51、52、54、55、56、57、58、59条），包括统一全国度量衡、外国商人在英国自由出入和经商活动、驱除外国官吏和雇佣兵、与威尔士和苏格兰的关系等。关于王室森林的管理和司法只有4条（即第44、47、48、53条）。[①]1215年《大宪章》规定了英国贵族享有一定的政治权利与自由，保障了教会的权利，改革了部分司法，限制了国王及王室官员的一些权力。但是，"自由人"仅仅包括中世纪英国少数人口。大多数人是被称为"维兰"的非自由农民，他们只能通过自己领主的法庭寻求公正的司法。

1215年《大宪章》中的一些内容不是空穴来风，它的先驱是亨利一世颁布的《加冕誓词》或《自由宪章》。亨利一世是威廉一世（"征服者"威廉）和王后"弗兰德尔的马蒂尔德"的幼子，从小受到良好的教育，能够阅读和写作拉丁文，了解一些英国法律和自然史知识。他从父亲那里继承了5 000英镑银币，但是没有封地。亨利后来用3 000英镑从其兄弟诺曼底的罗伯特那里购买了一块土地。[②]1096年，罗伯特离开诺曼底参加第一次十字军，英国国王威廉二世（鲁弗斯）乘机占领诺曼底，亨利宣誓效忠鲁弗斯。1100年，鲁弗斯狩猎时被杀。当时罗伯特又在东方，所以亨利宣布继承英国王位。但是亨利面临三个问题：第一，贵族们拒绝承认他；第二，教会也反对他，特别是坎特伯雷大主教安瑟伦；第三，盎格鲁-撒克逊人也不接受他。亨利被迫向教会妥协，与安瑟伦和解。他还娶苏格兰国王马尔科姆三世之女、盎格鲁-苏格兰王位继承者伊迪斯，从而取悦了盎格鲁-撒克逊人。伊迪斯改名为"诺曼的玛蒂尔达"。为了安抚其他贵族，确保王位，1130年，亨利一世颁布了《加冕誓词》，其内容如下：

英国国王亨利向萨姆逊主教、乌尔索·德·阿贝托特主教、法国和英国的

[①] Harry Rothwell, ed., *English Historical Document 1189–1327,* Oxford: Oxford University Press, 1975, pp.316–324.

[②] http://www.britannia.com/history/docs/charter.html.

忠诚贵族们、沃切斯特主教致意。本文件于 1100 年在伦敦塔的诺曼小教堂里颁布。

　　1. 亨利一世托上帝宏福,被加冕为英国国王,将不会在主教或修道院长去世时没收或者出售教会的任何财产,直到新的教职人员被任命为这些财产的继承者为止。我将结束英国境内各种压迫行为。

　　2. 如果我的伯爵或贵族去世,他的继承人将不会被强迫购买他们继承的财产,而是按照法律或习惯继承。

　　3. 任何伯爵或贵族的女儿订婚或其他女性亲属出嫁前都必须首先与我协商,但是我不会阻扰任何精心挑选的婚姻。任何希望再婚的寡妇必须与我协商,但是我会遵守她们的直系亲属、伯爵和贵族的意愿。我不允许她嫁给我的敌人。

　　4. 任何贵族的遗孀的亡夫遗产都不能被剥夺,她将被允许根据自己的意愿再婚,只要她以合法的方式保持身份的完整性。

　　5. 忏悔者爱德华一世时期被城市和郡夺取的铸币权从此收归国王。

　　6. 我将免除欠我兄弟的所有债务和罪行,除了那些通过继承而合法获得的之外。

　　7. 如果贵族因为身体虚弱而把金钱或其他财产分配给继承人,那么这是被允许的,只要这些继承人被登记了。以武力强迫身体孱弱的贵族赠送的礼物不能执行。

　　8. 如果贵族犯罪,那么他不必像我父亲和兄弟统治时期那样向国王缴纳罚金,但是必须像我父亲统治之前那样按照习惯和法律接受处罚,并作出相应的赔偿。任何犯有背叛或其他重罪的人都必须作出适当赔偿。

　　9. 我将赦免继位前的所有谋杀罪犯。此后,所有谋杀罪犯必须接受国王的司法审判。

　　10. 经过全体贵族同意,我将继续占有我父亲时代的所有森林。

　　11. 那些履行了军役义务和战马的骑士无需再交纳粮食或其他农产品给我。

　　12. 我将带给并维持全国的和平。

13. 我将恢复"忏悔者爱德华"的法律，以及我父亲根据贵族的建议而引入的赔偿。

14. 任何在我父亲死后从我那里获得的财产必须立即归还，但不征收罚金。如果不归还，我将征收沉重的罚金。

见证人：伦敦主教马留斯、温切斯特主教候选人威廉、赫尔福德主教杰拉尔德；亨利、西蒙、瓦尔特·吉华德、罗伯特·德·孟福尔、罗杰儿、比格特等伯爵；管家欧多、哈默之子罗伯特、罗伯特·马雷特等。于伦敦、我的加冕仪式上颁布。致礼。①

亨利一世《加冕誓词》中的第 1 条保护教会权利，第 2、3、4 条关于贵族与国王之间封建财政义务的关系等，基本被 1215 年《大宪章》继承下来了。

三、英国历史中的《大宪章》

在 1215 年后的岁月里，《大宪章》被历代国王多次增删内容而重新颁布。并非所有这些让步和承诺都会被后代国王所信守。事实上，《大宪章》的历史在很大程度上就是国王不信守其条款的历史。中世纪后来的历代国王多次确认《大宪章》的条款，但是《大宪章》再也没有像 1215 年版本那样的抄本流传。

1215 年 6 月，约翰王虽然同意《大宪章》的各条款，贵族们重续了他们的效忠誓言，但是这种解决结果并未长久。约翰王派使节前往英国最高封君罗马教廷，请求罗马教宗英诺森三世废除这个宪章。结果，贵族们拒绝交出伦敦给约翰王，除非《大宪章》的条款得到实施。教宗英诺森三世也被《大宪章》的条款所警醒，于 1215 年 8 月 24 日颁布"教宗通谕"，称《大宪章》为"非法的、不公正的、有害于王权的，是英国人民的耻辱"，并宣布《大宪章》"永

---

① David C. Douglas, general editor, *English Historical Documents*, Volume 2, second edition, London: Routledge, 1981, pp.432-434.

远无效"。[①]1215年9月,约翰王与贵族之间的内战爆发。约翰王调集了一支雇佣军,贵族则宣布放弃效忠誓言,并邀请法国王子路易接受英国王位。1216年,路易率军入侵英国,同年10月18日,约翰王因腹泻而去世,而当时他与贵族的内战仍在进行。

约翰王临终前任命了由13名贵族组成的摄政委员会辅佐其子亨利,并且指定英国最著名的骑士威廉·马歇尔作为亨利的监护人。保王派领袖决定立即为亨利加冕,以确保他的王位。1216年10月28日,亨利加冕,称为"亨利三世"。年幼的国王继承了一个困境:英国一半多领土被叛乱贵族占据,他父王的大多数欧陆领地被法国收回。但是,他也得到一些重要贵族的支持,并且通过向教宗宣誓效忠而得到他的支持。教宗霍诺留(Honorius)宣布亨利是教宗的附庸和被监护人,教宗特使全权负责保护亨利和英国。作为附加条件,年幼的亨利宣布参加十字军,以期得到罗马教宗的特别保护。但是对保王派来说,反对贵族叛乱的战争不太顺利,亨利三世及其摄政们正在考虑撤退到爱尔兰。幸运的是,法国路易王子和英国的叛乱贵族也无法取得更多进展:路易无法成为英国国王,因为英国教会和罗马教廷都支持亨利三世。为了争取更多的叛乱贵族,亨利三世不仅承诺归还叛乱贵族被没收的土地,而且重新颁布《大宪章》。

1217年,路易王子再次率领法军入侵英国,但被亨利三世的军队击败,许多跟随路易的英国叛乱贵族被俘处死。路易被迫与亨利三世谈判,宣布放弃对英国王位的要求,作为交换条件,亨利三世承诺归还英国叛乱贵族的土地,不开除他们的教籍,并重颁《大宪章》,并首次颁布了《森林宪章》(Charter of the Forest)。为了与同时颁布的《森林宪章》区别,1217年《大宪章》获得了拉丁语"Magna Carta"的名字。1216年和1217年重颁的《大宪章》与1215年的《大宪章》相比,内容有所增删。1215年版中反对外国人担任英国官职的强硬措辞被悄悄删除了,因为亨利三世身边不少能干的辅佐官员是外国

---

① http://www.bl.uk/magna-carta/articles/magna-carta-people-and-society.

人。管理"王室先买权"①的条款保留了；关于贵族遗孀权利和追偿债务的条款也做了大量细微修改。1217年重颁的《大宪章》中新增的条款是摧毁内战期间建立起来的贵族城堡；还严格规定了郡守主持法庭的次数；关于滥用权力追溯到亨利二世和理查一世时期的承诺被撤除了。为什么1216年、1217年重颁的《大宪章》能增删其内容呢？主要是因为颁布的目的发生了改变，虽然这两次重颁都处于内战之中，但是《大宪章》不再是贵族们强加给国王的和平条约，而是国王为了证明自己愿意根据全国同意的原则治理国家。《大宪章》从妥协文本变成了善意的保证。《大宪章》的抄本分发到各郡，在郡守的法庭上当众宣读。

1225年重新颁布的《大宪章》在英国历史上具有重大的意义。首先，1225年重颁的《大宪章》从1215年版的63条减少为39条。其中完全相同或者个别字句进行了修改的条款为18条（即第2、9、13、16、17、23、24、32、33、34、35、36、37、38、41、46、54条）；重大修改的条款为12条（即第1、3、5、6、7、18、19、26、28、29、30、43条）；完全删除的条款为20条（即第8、10、11、12、14、15、22、25、27、31、42、44、45、47、48、49、50、51、52、53条）；完全新增加了5条（第16、32、35、36、37条）；第20和21条合并为一条，第39和第40条合并为一条。其次，重颁《大宪章》首次与国王的征税联系起来。1224年，法国路易八世入侵英国在欧陆的领地加斯科尼。亨利三世在那里的守军不堪一击。1225年，为了增派军队到加斯科尼，贵族大会议批准亨利三世征税"全国臣民全部动产的1/15税收"，计40 000英镑。作为交换，贵族们要求亨利三世再次颁布被修改了的《大宪章》和《森林宪章》。亨利三世宣称他"自愿地"重颁，并且用大玉玺予以确认，从而使《大宪章》和《森林宪章》比以前的版本更具有真实性。此后，国王以"自由"的让步来换取征税变成常态。13、14世纪，英国"宪政"

---

① 王室先买权是指王室指定的官吏拥有在全国任何市场以低于市场价格优先购买生活物资的权利，但这项权利经常被滥用。

的原则是，国王只有同意改革政府才有权向臣民征税。如 1237 年 1 月，《大宪章》和《森林宪章》再次确认，国王再次被同意征税。再次，《大宪章》的各个版本开始广泛流传，法庭上也经常引用它的条款，贵族们开始以《大宪章》的内容为蓝本给自己的佃农（维兰）提供自由章程。1242 年，为了对法战争，亨利三世要求向全国征税，但是遭到贵族大会议的拒绝，理由是此前批准的税收并未带来良好的统治，"因为国王得到 1/13 动产税之后从未遵守自由大宪章，反而比以前更压迫他的臣民"①。13 世纪 50、60 年代，亨利三世及其长子爱德华与叛乱贵族西门·德·孟福尔进行长期战争期间，《大宪章》仍然是政治争辩的焦点。1265 年上半年，孟福尔处于权力顶峰，他不仅强迫亨利三世和爱德华王子发誓遵守 1264 年为他们制定的宪法，而且要求亨利三世确认《大宪章》和《森林宪章》。亨利三世统治期间（1216—1272 年），平均每五年左右就确认或者重颁一次《大宪章》。到亨利三世去世时，《大宪章》已经变成了英国的政治常识，它的意义已经深入英国每个识字者的心中。最后，由于《大宪章》第 1 条就承诺保护英国教会的"自由和权利"，所以它得到了英国教会的保护。英国教区的教堂成为用方言宣读《大宪章》的地方。1225 年和 1237 年重颁《大宪章》时都声明，如果有人违背，那么将被革除教籍。1253 年，亨利三世重颁《大宪章》时再次重申这个规定。

《大宪章》的标准版本最终由爱德华一世（1272—1307 年在位）确定下来。他的统治以长期战争闻名，虽然他的战争比其祖父和父亲都更成功，但是耗费巨大。1294 年，为了与法国和苏格兰作战，爱德华一世面临空前的财政压力，于是他要求连续四年征收动产税（城市 1/10、乡村 1/15），提高羊毛关税，对全国教士征收一半收入税，以筹集 20 万英镑，用于支付战争开支。并且擅自提高羊毛出口关税。② 这引起了全国教俗贵族和臣民的强烈反对。1297

---

① Dan Jones, *Magna Carta, The Making and Legacy of the Great Charter*, Head of Zeus Publisher, 2014, p.80.
② Michael Prestwich, *War, Politics and Finance under Edward I*, London: Faber and Faber Publisher, 1972, p.179.

外国制度史

年10月,留在国内监政的王太子爱德华召集议会,部分议会成员"同意"国王连年征税要求。但是议会要求重新确立1225年修改后的《大宪章》和《森林宪章》,在海外作战的爱德华一世也表示同意。然而议会要求增加一些新条款,王太子不敢同意。最终这些新增条款单独形成一个文件,即《宪章确认书》。它包括6条承诺。其中第1条要求爱德华一世必须遵守"经过全国同意"并且被他父亲亨利三世确认的《大宪章》和《森林宪章》;第3条规定,《大宪章》和《森林宪章》必须送往全国各地的主教堂,"每年当众宣读两次"。《宪章确认书》中最重要的是第5条,规定有争论的税收将不构成以后征税的先例。第6条规定,"不经全国同意和为了全国的利益",国王不得征收全国动产税或出口关税。这实际上就把1215年《大宪章》第12、14条关于征收协助金和盾牌钱需要征得贵族同意延伸到新的税种,尽管这两条从1216年重颁的《大宪章》中就被删除了。但是《宪章确认书》留下了两个没有明确阐述的问题:首先,谁构成"全国"?虽然除了教俗大贵族之外,骑士和市民似乎也被包括在内。其次,通过什么手段"全国"才能正式表示"同意"(征税)。由于议会当时还没有代表全国表示同意的权力,所以国王仍然可以从其他形式的会议(如贵族大会议、贵族小会议等)取得同意征税。爱德华一世用信件也确认这些新增条款。他的信件随着《大宪章》和《森林宪章》以及《宪章确认书》颁行全国,这标志着《大宪章》和《森林宪章》成了英国第一个议会成文立法。[1]1300年,爱德华一世最后一次重颁《大宪章》。[2]自从爱德华一世起,英国议会的第一件事情经常是公开宣读和重新确认《大宪章》,议会也经常向国王索取对《大宪章》的重新确认。

爱德华二世(1307—1327年在位)和理查二世(1377—1399年在位)时期,《大宪章》为贵族们限制王权提供了榜样。爱德华三世(1327—1377年在

---

[1] Ralph V. Turner, *Magna Carta through the Ages*, Pearson Education Limited, 2003, pp.104-105.

[2] Dan Jones, *Magna Carta, The Making and Legacy of the Great Charter*, p.82.

位)的漫长统治期间,议会制定6个议会立法,其中1354年议会立法明确阐述了《大宪章》中承诺的"正当法律程序"。

约克王朝的亨利六世(1422—1461年、1470—1471年在位)时期,1423年重新确认了《大宪章》,并且议会立法将《大宪章》中"任何自由人"都不得被拒绝正常的法律程序,明确改为"无论什么等级或条件的人"都不得被拒绝正常的法律程序。[1]《大宪章》的法律保护关系终于延伸到全体英国居民。到15世纪早期,《大宪章》被重新确认了40多次。[2]15世纪中期以后,《大宪章》在英国政治生活中不再占据重要地位。但是它仍然是培养律师的教材,而且由于活字印刷术的发明,识字人数的增加,它的流传更加广泛。

都铎王朝(1485—1603年)对《大宪章》的解释发生了逆转。亨利七世(1485—1509年在位)从"玫瑰战争"(1455—1485年)中夺取王位,他和其子亨利八世都大力宣传王权的合法性,宣布任何反对王权的叛乱都是非法的。在与罗马教廷的争论中,亨利八世要求全国臣民应当优先支持国王。由于其基本内容与16世纪的政治气氛不相符,所以《大宪章》基本被忽略了。[3]但到16世纪末,英国兴起古物研究热。这些好古者不仅"发现"了许多古代英国的习惯和法律,甚至认为英国16世纪议会的起源可追溯到那个时期。他们还认为1066年"诺曼征服"废除了这些习惯和法律,而1215年《大宪章》恢复了它们。弗兰西斯·培根认为,1215年《大宪章》第39条是16世纪陪审制度和司法程序的基础。但现代史学家论证,这些说法都是错误的。[4]

斯图亚特王朝时期,《大宪章》变成了越来越重要的政治文献。詹姆斯一世(1603—1625年在位)和查理一世(1625—1649年在位)都宣扬"君权神授",反对者多次引用《大宪章》来挑战他们的君主制,他们声称《大宪章》

---

[1] Ralph V. Turner, *Magna Carta through the Ages*, pp.112-113.
[2] Ralph V. Turner, *Magna Carta through the Ages*, p.3.
[3] Dan Jones, *Magna Carta, The Making and Legacy of the Great Charter*, p.82.
[4] http://en.wikipedia.org/wiki/Magna_Carta.

是英国"古代宪法"的关键组成部分,承认和保护每个英国人的自由。在法庭和议会带头反对斯图亚特国王的爱德华·科克爵士敦促议会重申《大宪章》,1628年,他起草了以《大宪章》作为序言的《权利请愿书》。[1]查理一世最初不同意《权利请愿书》,坚决拒绝确认《大宪章》。1640年,英国陷入内战,1649年查理一世被处死。在此后的共和国时期,"护国公"克伦威尔虽然承认对自己权力的一些限制,但是他也蔑视《大宪章》。

詹姆斯二世被废除和1688—1689年议会的最高权力期间,许多人认为"光荣革命"是1215年事件的重演,是英国历史上贵族再次反叛"约翰王"。詹姆斯二世(1685—1688年在位)的女儿玛丽(1689—1694年在位)和女婿奥兰治的威廉(1689—1702年在位)继位以及《权利宣言》的颁布,都被议会当作《大宪章》的再次实施,它对英国历史的影响达到顶峰。[2]

随着18世纪初英国议会权力至上原则的确立,汉诺威王朝(1714—1901年)历代国王逐渐退出政府事务,《大宪章》丧失了它作为英国"根本法律"、位于议会法之上的特殊地位,人民期望议会捍卫他们的自由。到19世纪末,议会立法几乎取代《大宪章》的所有条款。

《大宪章》在英国历史中的历程表明,它的条款和内容与现实联系越少,人们越是对它尊敬有加。第二次世界大战期间,1215年版《大宪章》的林肯主教堂抄本被保存在美国的"诺克斯堡";2007年12月,一份1297年版《大宪章》在纽约拍卖到2 130万美元。[3]《大宪章》没有任何条款提到或者企图改善今人所说的"民主",1215年反对约翰王的那些富有和自私自利的英国贵族根本不知道民主为何物。但2014年,英国首相戴维·卡梅伦在一次演说中承诺,联合王国每个学生必须学习《大宪章》,"这个宪章的现存抄本也许褪

---

[1] Ralph V. Turner, *Magna Carta through the Ages*, p.3.
[2] Ralph V. Turner, *Magna Carta through the Ages*, p.4.
[3] Dan Jones, *Magna Carta, The Making and Legacy of the Great Charter*, p.86.

色了,但是它的原则一如既往地光芒四射,它们铺平了缔造不列颠的民主、平等、尊重和法律的道路"。① 然而事实可能正好相反,《大宪章》许多古老抄本都被保存得很好,而它的大多数原则被废弃了,它的条款与民主、平等和尊重没有任何关系。

---

① Dan Jones, *Magna Carta, The Making and Legacy of the Great Charter*, p.88.

英国诺曼王朝的西部边疆政策与早期威尔士边区

汪鹏(河北师范大学历史文化学院)

威尔士边区(Welsh Marches)位于英格兰和威尔士相交的边境地带。该地区延续数百年,由为数众多的边境领主(Marcher Lords)控制,地域范围变动不定。在中世纪英格兰王国的政治框架内,威尔士边区是一个特殊的组成部分。大小边境领主皆声称拥有"边境特许权"(Marcher Liberty),借以和中央王权保持距离,维系一定的独立性。西方学界受美国学者特纳为代表的边疆学派兴起的影响,越来越重视边疆问题,也开始将边疆研究向近代以前的时段推进。目前对威尔士边区的研究已有相当的基础,也形成了一些较为明显的学术理路,如传统的"王权本位"与"地方本位"的交替、不列颠总体史视角的考察,以及正在推进中的个案细化研究趋势。在边区起源的问题上,仍然存在不小的争议。孰是孰非,史家各执一词。总体来看,多集中于威廉一世一朝。[1] 目前国内学者对此问题的关注较少,多在中古英国贵族史和王权史的讨论中偶有涉及。有鉴于此,本文从诺曼王朝边疆政策的延续性方面来讨论威尔士边区的形成,并对边区早期呈现的共性作相应分析。

---

[1] 代表性研究主要有:William Rees, *South Wales and the March 1284–1415: A Social and Agrarian Study*, Oxford: Oxford University Press, 1924; J.G. Edwards, "The Normans and the Welsh March", *Proceedings of the British Academy*, Vol.42(1956), pp.155–177; R.R.Davies, *Lordship and Society in the March of Wales, 1282–1400*, Oxford: Oxford University Press, 1978; Brock W. Holden, *Lords of the Central Marches, English Aristocracy and Frontier Society, 1087–1265*, Oxford: Oxford University Press, 2008; Max. Lieberman, *The Medieval March of Wales, The Creation and Perception of a Frontier, 1066–1283*, Cambridge: Cambridge University Press, 2010。

英国诺曼王朝的西部边疆政策与早期威尔士边区

一、威廉一世和西境三藩[①]的设立

　　1066年圣诞节，威廉公爵在威斯敏斯特加冕为英格兰国王，是为诺曼王朝的威廉一世（1066—1087年在位）。诺曼人携大胜余威席卷英格兰，数年间迅速地完成了对整个英格兰的征服。此即为英国历史上著名的诺曼征服。现在威廉一世的首要目标是稳定新近被征服的英格兰地区，牢固确立起诺曼人对这片新土地的控制。英格兰潜在的抵抗力量以往常常被低估了，[②] 威廉虽然成功登位，但其统治基础仍然薄弱，需要小心翼翼地维护和巩固诺曼人和英格兰人之间脆弱的平衡。这种平衡"随时可能被入侵的威尔士人所打破"[③]。虽然数年前哈罗德对威尔士人取得了决定性的胜利，但这种胜利并非意味着英格兰对威尔士征服的完成。他所取得的成功"不过是把威尔士问题从国家安全层面的威胁降低到仅仅是旧时边境不稳的局面"[④]。但当英格兰国内叛乱贵族与威尔士王公联手时，这种威胁就变得逐渐严重。在1067—1069年的叛乱中，反叛贵族都不同程度地得到威尔士的支持，就像他们在1055年所作的一样。有人甚至评论说："很可能威尔士人和英格兰人的联合，是当时所面临的最紧迫的危险。"[⑤] 这样的估计有夸大其词之嫌，毕竟1070年前后，北部边境苏格兰问题和大陆地区曼恩反叛的问题明显更为严重，而且"每一边的事件立刻就会引起

[①] 本文用以简称威廉一世沿英格兰-威尔士边境分封的三位伯爵和他们的领地，分别是切斯特、什鲁斯伯里和赫里福德。

[②] R. Glover, "English Warfare in 1066", *The English Historical Review*, Vol.67, No.262(Jan., 1952), pp.1–18.

[③] Robert Bartlett, *England under the Norman and Angevin Kings, 1075–1225*, Oxford: Clarendon Press, 2000, p.69.

[④] John Edward Lloyd, *A History of Wales, From the Earliest Times to the Edwardian Conquest*, Vol.II, London: Longman, 1911, p.372.

[⑤] F.M. Stenton, *William the Conqueror and the Rule of the Normans*, New York: Knickerbocker Press, 1908, p.428.

另一边的回应"①。逐渐成年的法王菲利普一世也是威廉越来越危险的敌人。但不可否认的是，威尔士确实是距离英格兰腹心之地最接近的威胁。在血腥镇压了北方的叛乱和骚动后，威廉一世转而率军向西，大约在1070年深冬离开约克前往切斯特。面对威尔士边境紧张的局势，威廉一世采取果断措施，沿着威尔士边界自北向南相继设置了三个伯爵领地，分别是切斯特伯爵领（Earldom of Chester）、什鲁斯伯里伯爵领（Earldom of Shrewsbury）和赫里福德伯爵领（Earldom of Hereford），专职防御威尔士侵扰并伺机征伐，授以便宜行事之大权。短期看来，这种政策取得了相当的成效。威尔士边境局势逐渐稳定，并趋向于对诺曼人有利。

我们所讨论的威尔士边区，与西境三藩的设立有着直接的关系。诺曼征服之前的英格兰，其实已经存在后来边境领主的原型。1063年英格兰对威尔士的进攻就由地处西部边疆的威塞克斯伯爵哈罗德所领导，因为他"对赫里福德领地和边境防御负有责任"②。在这一点上，他的职责与后来的诺曼同行如出一辙。威廉一世创立的三大西境伯爵领，自北向南分别控制了三条进入威尔士的主要通道。英王分派伯爵专司戍守征伐，成为诺曼人蚕食威尔士的三个中心。威尔士边区正是在西境三藩的拓殖和征服过程中逐渐成形。史家认为，三个领地"每个都有独特的征服历史"③。学界也通常把威尔士边区划分为北部、中部和南部分别加以讨论，但事实上，在边境诸侯初登其位时，就可以看到"边境诸领呈现出一些共同的特点"④。英王分封的三个西境伯爵领都位于边陲要地，各自地位或有不同，但都有重要的守土卫国之责。

在威廉一世的边境部署中，切斯特处于核心地位。这可能是出于切斯特所

---

① David C. Douglas, *William the Conqueror, the Norman Impact upon England*, California: University of California Press, 1967, p.228.
② David Walker, *Medieval Wales*, Cambridge: Cambridge University Press, 1990, p.18.
③ Frank Barlow, *The Feudal Kingdom of England, 1042–1216*, London: Longman, 1999, p.130.
④ David Walker, *Medieval Wales*, p.26.

在的重要战略地位。切斯特郡是距离英格兰腹心地区最近的北部边郡，控制着重要的迪河口，同时沿着海岸平原可以深入到鲁德兰（Rhuddlan）和安格西岛等北威尔士地区。无论是攻入威尔士还是凭河据守，切斯特都是地区中心。劳埃德以为，诺曼人以切斯特为中心，沿着威尔士北部海岸地区的行动，是此时"对威尔士人独立最危险的恐吓"[①]。与切斯特隔海相望的是距离不远的苏格兰西南部海岸以及爱尔兰。在诺曼征服之后的一段时期内，切斯特不仅是对威尔士进行征服的前沿，还要面对苏格兰人、丹麦人和爱尔兰人等来自海上的威胁。盎格鲁－撒克逊时代切斯特的西境应当包括奥法墙以东的整个迪河河口地区，旧时为麦西亚人所占据。但11世纪中期格里菲斯崛起后，以鲁德兰为基地，占据了迪河以西的所有土地。《末日审判书》中关于这一地区提及"爱德华国王授予格里菲斯国王迪河以外的全部土地"，史家认为这"大约是对既成事实的认可"。[②]后虽收回了失地，但威尔士人侵掠的痕迹直至1086年依然存在。切斯特伯爵最初是一位弗莱明人葛博得（Gherbod），由于其人很快殁于大陆，几乎没有什么影响，所以一般以阿夫郎舍的休（Hugh of Avranches）为首任诺曼彻斯特伯爵（1071—1101年在位）。休是威廉一世的宫廷要人，与也是公爵家族的亲族，并且参与了黑斯廷斯的定国之战，深得王室信任。最初两代切斯特伯爵也维持了他们对诺曼王权的忠诚，并由此逐渐形成了威尔士边区乃至英格兰王国至关重要的封建领主。

中部的什鲁斯伯里伯爵领地是当代学者所着力研究之处。[③]麦克斯·莱伯

[①] John Edward Lloyd, *A History of Wales, From the Earliest Times to the Edwardian Conquest*, Vol.II, p.381.

[②] H.C.Darby, "The Marches of Wales in 1086", *Transactions of the Institute of British Geographers*, Vol. 11, No. 3(April, 1986), pp.259–278.

[③] 最近的专题研究，参见 Brock W. Holden, *Lords of the Central Marches, English Aristocracy and Frontier Society, 1087–1265*；Max Lieberman, *The Medieval March of Wales, The Creation and Perception of a Frontier, 1066–1283*。

曼主张,"威尔士边区最早指的就是什罗普郡和波伊斯王国的边境地带"①。他的看法不无道理。而早在20世纪初,著名史家斯坦顿就指出,从边境地区的战略形势来看,罗杰领地的位置比其南部的赫里福德领地更为重要。他还进一步给出了自己的分析:"通向伦敦、斯坦福德乃至更东边的大路,和通向切斯特以及更北部的大路,两者在跨越塞文河之前交汇于什鲁斯伯里,使这里成为整个中世纪中部威尔士地区的咽喉。"②该领地直接面对中部威尔士波伊斯王国山区彪悍的山民,沿边峡谷和沟壑地形较多,边境的争夺十分激烈。1086年全国性的调查中,只有三个领地拥有伯爵称号,其中就包括切斯特和什鲁斯伯里。③但由于深处内地,背靠王国腹地,专司防御威尔士,南北还有两大伯爵领为依靠,故其面临的危险不如切斯特,因而重要性也不及后者。什鲁斯伯里伯爵蒙哥马利的罗杰,也是威廉一世的亲属、密友和重臣。罗杰是诺曼底贵族世家贝莱姆家族(House of Belleme)的成员,在1066年似乎没有随诺曼公爵出征,而是留守诺曼底帮助公爵镇守本土。④约1071年,继受封阿伦德尔和奇切斯特之后,他被任命为什鲁斯伯里伯爵(1071—1094年在位),负责镇守威尔士边境中段。⑤罗杰对威廉一世的忠诚无可挑剔,他是王廷要人,同时也很好地履行了自己的御敌拓边重任。

赫里福德伯爵领地处东南威尔士,是征服前威塞克斯伯爵领的一部分。这

---

① Max Lieberman, *The Medieval March of Wales, The Creation and Perception of a Frontier, 1066–1283*, p.252.
② F.M. Stenton, *William the Conqueror and the Rule of the Normans*, pp.427-428.
③ William Stubbs, *The Constitutional History of England: In Its Origin and Development*, Vol.I, Oxford: Clarendon Press, 1926, p.389.
④ Bradford B. Broughton, *Dictionary of Medieval Knighthood and Chivalry, People, Places, and Event*, New York: Greenwood Press, 1988, p.62.
⑤ 关于此伯爵领的设置时间,西方学界有不同的讨论,如斯坦顿认为是1069年,斯塔布斯认为在1075年叛乱之前,劳埃德认为在1074年12月,布劳顿也认为在1074年。此处采用维塔利斯编年史中的说法,即1071年。可参考John Le Patourel, *The Norman Empire*, Oxford: Oxford University Press, 1976, p.41.

是威廉一世在威尔士边境地区设封的第一个伯爵领。大约在他加冕为王之后两个月（约1067年2月），赫里福德伯爵领就被建立起来。如前所述，该地一直处于威尔士人的袭扰之下，甚至1066年之后也依然严重。编年史记载了1067年"'野蛮的'埃德里克和威尔士人以敌对的态度，向赫里福德的城堡驻军作战，给他们造成许多伤害"①。第二年还有哈罗德的儿子们携爱尔兰雇佣军骚扰英格兰西南海岸布里斯托尔一带的记录。敌人"前往萨默塞特，在那里登陆。国王的常侍埃德诺斯与他们作战，就地阵亡，双方各有许多优秀人士战死"②。沃克在谈及此处时提出了一个假说：也许有一个额外的因素影响了威廉，"即威廉十分在意1066年之前哈罗德伯爵在威尔士边境扮演的重要角色，因而他热切地盼望能在第二个人身上继续出现"③。沃克没有进一步说明，但沿着他的思路，我们似乎可以得到一个推论，即威廉一世试图通过在威尔士边境地区获得一次巨大的军事胜利，或者至少是不输于先王哈罗德的远征，以期积累威望而使狐疑未定的英格兰民众归心。当这份功勋的建立者并非新王而仅是新王御封的一位大臣时，新王的荣耀和武功更是不言而喻，王国内部的不稳定地区当可"传檄而定"。后来英格兰的迅速臣服也表明，边境上的恰当举措对内部的稳定应当具有非常重要的意义。威廉·菲兹·奥斯本（约1020—1071年）为赫里福德伯爵领的首任伯爵（1067—1071年在位）。这是一位在诺曼征服的年代同样耀眼的人物。威廉伯爵同样与王室关系密切，他是国王的亲戚和密友，同时身为辅政重臣、宫廷总管。在诺曼征服后，他与罗杰等人一样名列最富有的大贵族之首，也是国王最信任也最能干的封臣之一。同时，威廉·菲兹·奥斯本还富于个人魅力，对国王忠心耿耿，精力充沛、勇武善战且御下宽厚。1071年2月，威廉伯爵在弗兰德斯的一场战役中不幸阵亡。继任者是威廉的次子布勒特伊的罗杰（Roger de Breteuil）。罗杰继承了其父的赫里福德伯爵称

---

① 《盎格鲁-撒克逊编年史》，寿纪瑜译，商务印书馆2011年版，第225页。
② 《盎格鲁-撒克逊编年史》，寿纪瑜译，第227页。
③ David Walker, *Medieval Wales*, p.21.

外国制度史

号和所有英格兰的领地。但是罗杰既没有其父的能力，也没有继承父亲对王室的忠诚。1075年，罗杰举兵叛乱，旋即失败。罗杰受到终身监禁，威廉·菲兹·奥斯本苦心经营的家族势力顷刻崩溃，所有领地都被没收，附从罗杰叛乱的贵族和骑士一概同罪。王室并没有任命新的赫里福德伯爵，而是撤销了赫里福德伯爵领。那些赫里福德伯爵曾经的封臣，在《末日审判书》中成为了国王的总封臣。①

随着西境三藩的建立，诺曼人"很快由防御转向进攻，并且攻入了威尔士腹地"②。他们在威尔士人的土地上建立了大大小小的领地，并以这些边境领地为基础进行防御或谋求进一步的扩张。威尔士人虽然被边境领主所阻隔，但依然有足够的能力对英格兰边郡构成相当的威胁，特别是在后者内地叛乱的情况下更是如此。总体而言，威廉一世的西境政策是较为成功的。以西境三藩为首的大小诺曼边境封建主，较好地执行了戍边守战之重任。除了赫里福德二代伯爵轻率的叛乱以外，无论边境局势如何，早期的边境领主足以牵制威尔士人，维持王国西部边疆的稳定。

二、威廉二世和亨利一世时期的西境政策

自1087年至1135年，诺曼王朝相继由威廉二世（Rufus，1087—1100年在位）和亨利一世（1100—1135年在位）统治。编年史家常常把威廉·鲁弗斯与亨利一世的统治作为比较对象，认为前者是粗鲁无行的暴君，违背了英格兰的传统，压迫教会和贫民，而亨利一世却被塑造为秩序与和平的保护者，两位君主的统治高下自明。但就王国的西境政策来看，鲁弗斯朝和亨利朝并未对威廉一世定下的基调作出重大调整，而是延续了诺曼西境政策的大体框架，分封信臣充实边区，只是在封建政治框架内作出了适时的调整，最重要的是什鲁

---

① David Walker, *Medieval Wales*, p.22.
② Robert Bartlett, *England under the Norman and Angevin Kings, 1075–1225*, p.69.

斯伯里伯爵领的撤销和充实边境领主群体。

1088年罗伯特和威廉二世争夺王位时，什鲁斯伯里伯爵罗杰起初拥护罗伯特，起兵加入反抗王军的阵营。他是巴约主教奥多之下公爵派的第二人。有编年史记载，罗杰的军队中还有威尔士人服役，并且让伍斯特郡只剩下一片焦土。[1]当时几乎所有威廉一世时代的重臣和勇武善战的贵族都倒向了公爵一方，威廉二世发现自己除了切斯特伯爵休等少数大贵族以外，几乎无可依靠。国王立刻采取了紧急措施，通过减免税务和授予特权等方式征集了大批忠实的部属，但实力仍然不及公爵派。威廉二世选择了罗杰作为突破点。编年史记载了国王对什鲁斯伯里伯爵的劝说。

有一天威廉·鲁弗斯和罗杰·德·蒙哥马利一起骑行。威廉对罗杰说道，如果罗杰和其他那些由父王留给他的扈从们希望的话，他自愿离开这个王国。如果他们这样选择，他们就可以随心所欲地拿走整个王国的钱财、土地，可以随意处理王国的事务；因为使威廉成为国王的那个权威，同样也使他们成为了伯爵，只要他们不质疑父王的抉择。而如果父王错爱了自己的儿子，那必定也错爱了他们。[2]

国王表达了贵族的特权和王权实为一体的原则，双方的根本利益是一致的。罗杰是反叛贵族阵营的中坚力量，在这次谈话之后迅速地倒戈到王军的阵营，立刻改变了双方的实力对比。王军此时对叛党占据了绝对优势。编年史说罗杰"本来是第一个响应巴约主教反叛密谋的贵族，现在转而成为第一位幡然悔悟者"[3]。初代三藩对诺曼王权保有的极大认同和依属感。而在这种臣服和依

---

[1] Roger of Wendover, *Flowers of History*, trans., by J. A. Giles, London: Henry G. Bohn, 1849, Vol.I, p.357.

[2] Roger of Wendover, *Flowers of History*, trans., by J. A. Giles, Vol.I, p.358. 在温多弗的罗杰记录的原文后，马修·帕里斯做了一份补充转述，基本意思未变，但语气上截然不同。马修·帕里斯的记录中，威廉·鲁弗斯更为强硬，例如保证这些反对他的贵族不会被视为叛国，但如果贵族们胆敢做他要求以外的事，那他保证这些反叛者必遭惩罚。可参考本条引书 p.358。

[3] Roger of Wendover, *Flowers of History*, trans., by J. A. Giles, Vol.I, p.357.

属中，威廉一世与封疆重臣们个人之间所建立的亲密联系至关重要。在罗杰的支持下，威廉二世很快平息了叛乱，稳定了新王的统治。

1094年，罗杰·蒙哥马利去世，依当时通行的继承法则，其长子罗伯特·贝莱姆继承了贝莱姆家族在诺曼底的领地，次子休继承了其父在英格兰的绝大部分封地、在威尔士征服的土地和什鲁斯伯里伯爵的称号。休是典型的诺曼征服后第一代元老后裔，傲慢、自大、目中无人。1095年他卷入了反叛威廉二世的阴谋，被迫向国王缴纳沉重的罚金才得以保留封地和爵位。和父亲不同，休几乎从不出现在王廷供职。这和威廉二世的政策有关，也可能是1095年的事件留下的阴影，但年轻的伯爵似乎无意继承父亲在英格兰的巨大权势。在休短暂的数年伯爵生涯中，最关心的就是攻取威尔士人的土地，建立贝莱姆-蒙哥马利家族的边境王国。1098年，休在与切斯特盟军远征安格尔西岛时战死沙场，而且没有留下继承人。向威廉二世交纳了2 000英镑继承金（relief）之后，①蒙哥马利家族的边境领地由罗杰的长子、休的长兄贝莱姆的罗伯特（Robert de Bellême，约1056—1130年）所继承。在法国大陆的领地，加上英格兰的边境领地和什鲁斯伯里等诸多封地，使第三代什鲁斯伯里伯爵几乎成为诺曼-英格兰王国中最富有和强势的贵族。但这同时也对王室的统治带来了巨大的隐患。在1101年至1106年亨利一世和其长兄争夺王位的内战中，罗伯特因他庞大的大陆领地而站在了公爵的一边，并且成为诺曼底公爵再征服英格兰最强力的臂助，最终走向了亨利一世的对立面。罗伯特的兄弟彭布洛克的阿努尔夫和罗杰也站在哥哥一边共同对抗王权。这种冲突和蒙哥马利家族庞大的势力引起了王室深深的忌惮和提防。亨利一世通过收买分化罗伯特在英格兰的家臣和其威尔士的盟友，逐步削弱了蒙哥马利家族的势力。当亨利一世击败了长兄最终稳固了自己的地位后，战败的什鲁斯伯里伯爵也被他投入监牢终身监禁。亨利一世甚至还列举了罗伯特·贝莱姆的45项叛国大罪，并

---

① Bradford B. Broughton, *Dictionary of Medieval Knighthood and Chivalry, People, Places, and Event*, p.63.

在王廷对其公开审判。①蒙哥马利家族三代以来在威尔士边境所拓殖和控制的大片边境领地和其他郡的封地都被王室没收。终诺曼一朝，什鲁斯伯爵领再未重建。

1100年威廉二世去世之后，亨利一世继位。他是诺曼王朝一位雄才大略的君主，为了巩固王权的基础，结束自征服者死后几十年的王位纷争和贵族离心的乱局，他摒弃了其兄采取的不得人心的"弃旧擢新"的政略，转而采取"擢新保旧"的新政策。②在对待直接影响英格兰腹地稳定的西境问题上，亨利一世吸取了蒙哥马利家族的教训，提拔诸多"新人"来排挤和取代逐渐势大的初代边境领主。菲兹阿兰家族（FizAlan）和莱斯特兰奇家族（Le Strange）就是亨利一世大力提拔的"新人"代表，用以取代因叛乱而被没收领地的蒙哥马利家族镇守什鲁斯伯里，成为新的封疆大员。这两个家族在大陆的领地也同样属于诺曼底的布列塔尼边地，并且都属于亨利一世本人的世袭领地。布兰·菲兹·康特（Brian fitz Count）是布列塔尼一个贵族家族的私生子，同时也是亨利一世最信任的密友之一。亨利一世把布兰封在了威尔士边区中南部的阿伯加文尼、贝克斯（Berks）等地。③提拔这样出身相对较低，且为王室直属的边境家族"新人"来填补蒙哥马利家族覆灭后威尔士边境中部地区的空白，是作为对威尔士边区那些已经拓殖扩张相当时间的早期边境领主的平衡之策。而用来平衡旧边境领主的"新人"，此时依然主要是来自王国其他的边境地区。

另一类充实到边境领主队伍的封建主以克莱尔家族（Clare）为代表。克莱尔家族和菲兹阿兰、莱斯特兰奇家族完全不同。这是一个资历深厚，参与了诺曼征服的古老诺曼贵族家族，而且还属于和诺曼底公爵联系最为紧密的贵族群体。起初，克莱尔家族并非威尔士边境领主的成员，他们的封地在平坦丰腴

---

① Bradford B. Broughton, *Dictionary of Medieval Knighthood and Chivalry, People, Places, and Event*, p.64.
② 参见孟广林《英国封建王权论稿——从诺曼征服到大宪章》，第103—104页。
③ David Crouch, *The Inage of Aristocracy in Britain, 1000–1300*, London: Routledge, 1992, p.74.

的英格兰东南部。数个世纪以来，他们逐渐在威尔士南部拓展了自己家族的势力。12世纪早期，除了原本的克莱尔和汤布里奇地区和其在诺曼底的原地产以外，克莱尔家族还在南威尔士拥有了大片领地。当亨利一世击败了蒙哥马利家族的叛乱之后，他没收了蒙哥马利家族在威尔士西南锡尔迪领地，将之封给了"勇敢、闻名遐迩、强大的国王挚友"，且秉持道义的吉尔伯特。《亲王编年史》记录了亨利一世对吉尔伯特的嘱托。

  国王对他（指吉尔伯特）说："汝一直以来皆向朕求取一块不列颠人的土地，如今朕就将布莱登之子卡德根的土地赐予汝。去吧！夺取它！"吉尔伯特欣然接受，于是与他的伙伴们协商之后，召集了一支军队前往锡尔迪，占领了那里，并且在那里修筑了两座城堡。①

  军事史家莫里斯认为这表明，没有国王的许可，一位领主不能随意在边境上进行征服，而"一旦获得准许，他就完全获得了自主权"②。这种看法不无道理。但毕竟克莱尔家族是属于"空降派"，其家族根基并不在边区，此时的克莱尔家族并不能被称为边境领主。锡尔迪地区最初是由罗杰·蒙哥马利的幼子阿努尔夫的军事远征所获取的成果，没有王室的参与和支援。王室仅是默认其为蒙哥马利家族的领地。而当蒙哥马利家族覆灭之后，这块领地迅速被威尔士人夺回。亨利一世此时的做法，与其说是许可一位领主征服边境上不驯的野蛮人，不如视为继威廉一世分封三藩之后在威尔士边境的又一次封藩。从材料和当时的事实来看，锡尔迪地区并非牢固地掌握在王室手中，可以由国王按照传统的封建习惯封赐臣，而是一种"慷他人之慨"的做法，仍需要克莱尔家族自行去征服。吉尔伯特"一直以来"都向王室要求拥有不列颠人的土地，在当时的语境下即威尔士的土地。而威尔士边区那些边境领主，尤其是西境三藩中蒙哥马利家族和罗杰·菲兹奥斯本家族的覆灭，正为这些野心勃勃的后来者让出

---

① John Williams ab Ithel ed., *Chronicle of the Princes*, London: Longman, 1860, p.105.
② John E. Morris, *The Welsh Wars of Edward I, A Contribution to Mediaeval Military History, Based on Original Documents*, Oxford: Clarendon Press, 1901, p.12.

了位置。前文已经谈及，威尔士边区中部什鲁斯伯里的边境地带，已由菲兹阿兰和莱斯特兰奇家族所补充，而西南部的空白正是由克莱尔家族所填补。吉尔伯特被安置在锡尔迪和彭布洛克。他的弟弟沃尔特这一分支则被王室用来填补威河西岸格温特地区的空白。

三、早期威尔士边区的王权主导性

当前西方学界秉承戴维斯教授的研究理路，把相对和平、材料丰富起来的14世纪作为观察和研究边区的最优时段。如他所言，"正是在14世纪，（边区）这些融合的标志才逐渐消失，无论起源如何，此时所有的边境领地才开始呈现出共同的特征"[①]。这样的看法有其根据，但难免也会对11和12世纪威尔士边区所呈现的一些特征重视不足。由于各边境领的设立背景、封建主来源和所负职责的相似，早期威尔士边区已有一些共性可供讨论，其中最明显的即为诺曼王权的主导性。

从诺曼王朝威尔士边区的发展实际来看，这块特殊地区的形成，与三代诺曼国王具有鲜明继承性的西境政策有着直接的关系。为达到稳定王国西部边陲的目的，打击和压制一些尾大不掉的大边境领主，拉拢和扶持部分中小边境领主，始终将其控制在英王为核心的封建政治框架内，是历代英王惯用的羁縻和制衡手段。威廉一世时设立的西境三藩中，赫里福德和什鲁斯伯里因为自身的政治立场或个人野心走到了王室的对立面而遭打压。这类情况主要影响着早期边境领主中那些势力强大的"第一梯队"家族的兴衰，他们或者因为自身强大的实力而引来王室的觊觎和猜忌，或者由于和国王政治立场的对立而招致打压。对次级领主或是仅仅据有一小块地产的一些边境领主而言，与王室的矛盾相对较少。相反，王权的支持和信任是他们在边区这个混乱不安的地带立足乃至发展的重要支撑。前文已述，国王会适时提拔一些来自王国其他地区的自己

---

① R. R. Davies, *Lordship and Society in the March of Wales, 1282–1400*, p.33.

外国制度史

的亲信或密友前往边区，以加强王权在边区的影响力。这部分群体大都来自国王继位之前自己的封地，与国王个人的联系十分紧密。菲兹阿兰家族和莱斯特兰奇家族皆为典型。

视边境领主与威尔士王公力量对比情况的变化，诺曼诸王也会适时直接介入边区和威尔士事务，甚至亲自领兵出征以展示王权在此地区的最高主导权。威廉一世1081年侵入了南威尔士，尽管这次行动更像是一种炫耀武力和军事游行；威廉二世在位时两次进攻威尔士，分别在1095年和1097年；亨利一世也在1114年和1121年两次直接出兵威尔士。边境诸领的封建性，是其权力的根源。[①] 表现在形式上，即西境三藩都由威廉王分封，由王的封臣领有。而渐次成立的早期各边境领地，也大多由三位伯爵再分封而形成。[②] 这是封君封臣原则的具象化。军事封土制在威尔士边区得到了最典型的体现。梅特兰的说法很值得参考，他指出"直属封臣从国王那里获得的权利，同样也是其下属封臣从他们那里获得的权利"[③]。从诺曼征服开始，"一切土地皆保有自国王"。"如果封建主义仅仅就这种保有的法律理论而言，那么可以说在所有的欧洲国家中，英格兰是封建化最为彻底的一个。每一寸土地都被纳入封建化之中。"[④] 当然，梅氏提出的是在法理层面上的彻底封建化，实际上，"每一寸土地"是否都在封建化的范畴之内，颇有可讨论之处。但无论边境诸侯行使的权力多么具

[①] 关于英国封建主义和王权性质等重要问题，可参考马克垚先生在《英国封建社会研究》中的归纳和孟广林先生之《英国封建王权论稿》。近年来国内关于英国地方自治制度的研究，出现了对中古英格兰王权与地方特权领地关系的探讨，比较重要的有蔺志强《中古英国政府对地方特权的政策初探》，《中山大学学报》（社会科学版）2010年第3期。

[②] 南部赫里福德领地存在时间较短，如前所述，1075年后大部分伯爵的封臣都成为王室的总封臣，继续领有原领地。格拉摩根和格温特地区的最后被征服，则是威廉二世之后由新进入该地的诺曼封建主逐渐完成。

[③] F.W.Maitland, *The Constitutional History of England*, Cambridge: Cambridge University Press, 1919, p.160.

[④] F.W.Maitland, *The Constitutional History of England*, p.156.

有"独立性"或"类王权"的特色，其权力根源从法理上说，的确都来自王权的分封，也都不同程度地受到王权的制约，因为这是"由国王来决定哪种头衔拥有哪种权力"[①]。1086年的索尔兹伯里誓约，威廉一世要求其总封臣和在王国全境拥有封地的大小领主皆向国王宣誓效忠，更是在封建法的范围内强化了王权对封建主的控制和影响。对传统的或"原生态"的根植于法兰克王国的封建主义来说，索尔兹伯里誓约是一种异化。借用麦克法兰的术语（当然不是他所强调的以合同制取代封臣制那样的特定含义）来说，这似乎也是一定程度上的"变态封建主义"。西境三藩作为威廉一世的直属封臣，并因身处边地权力更大，即使索尔兹伯里誓约对其约束有限，也仍然需要对其封君威廉一世效忠。虽然在王室衰微时期，如斯蒂芬王时代，边境领主的独立性有所增强，但在王权强大之时，如威廉一世、亨利一世在位时，王室对边区的直接控制也会呈现加强的趋势。如戴维斯所言，"当地的征服和拓殖活动由边境领主来完成，但涉及威尔士本土王公的总体战略关系和英格兰王国的根本安全问题，却是由王室来斟酌的"[②]。

[①] F. M. Stenton, *The First Century of English Feudalism 1066–1166*, Oxford: Clarendon Press, 1932, p.227.

[②] R. R. Davies, "Kings, Lords and Liberties in the March of Wales, 1066–1272", *Transactions of the Royal Historical Society*, Vol. 29(December, 1979), pp.41–61.

《亨利五世行止》及其史学价值

温灏雷(四川师范大学历史文化与旅游学院)

近年来,随着国内学界对中世纪英格兰历史的研究不断深化,档案、编年史等之前被学界利用较少的史料也逐渐引起学者的重视。[1] 而事实上,除了档案和编年史这类史料外,仍有颇具价值的其他类型史料有待学者们进一步予以关注,例如笔者在对西方学者研究中古后期的学术成果进行梳理时,发现由同时代的佚名作者所著《亨利五世行止》(原书名为 *Gesta Henrici Quinti*)[2] 一书的史料价值,由于作者记载了亲历的亨利五世时期镇压异端、赴法国远征及得胜归来的全过程,而得到了学界的普遍认可,长期以来作为研究英法百年战争,尤其是阿金库尔战役和这一时期欧洲外交的重要史料。鉴于目前学术界对这一重要史料的认识尚有待进一步加深,[3] 本文即拟以西方学者的研究基础,对《亨利五世行止》一书所反映的历史背景,以及西方学界对这一史料的认识和利用加以评介。以期通过对这一珍贵历史文本的剖析,助力国内学界对中古后期英格兰君主政治的研究向纵深方向迈进。

---

[1] 参见金德宁《中世纪英格兰王室档案的认识与利用——以十三世纪的中书省卷轴为例》,《古代文明》2018年第1期;孙逸凡、何平《中世纪的时间观念与英国编年史的发展》,《甘肃社会科学》2016年第1期。

[2] F. Taylor and J. S. Roskell, ed., *Gesta Henrici Quinti*, Oxford: Oxford University Press, 1975.

[3] 学者邹薇在其《14、15世纪英国修道院编年史的写作特点及演变趋向》(《四川大学学报》(哲学社会科学版)2009年第1期)一文的引言部分提到了本文重点关注的《亨利五世行止》一书,但并未对这本书的内容及其学术价值进行深入讨论。

一、亨利五世与《亨利五世行止》

　　亨利五世是中古英国兰开斯特王朝的第二位君主（1413—1422年在位），也是兰开斯特王朝乃至中古后期英国国王中声望最高的一位。诚如文献学家戈兰斯登[①]所言："没有哪一位中世纪英国国王能（像亨利五世这样）有这么多文字记载其功绩。"[②]虽然亨利五世在位统治仅九年，但在他统治期间取得的阿金库尔大捷（Battle of Agincourt）、征服诺曼底公爵领（duchy of Normandy）、占领巴黎直至与法国人签订《特鲁瓦条约》（Treaty of Troyes），其子亨利六世未来能够同时继承英、法两国王位等一系列令人瞩目的成就，亨利五世日后成为大批传记作家和诗人们颂扬的模范君主。尽管国内学界近年来对中古后期英格兰王国历史的研究已取得较多成果，但对于本文涉及的亨利五世个人及其统治时期的相关史实的介绍仍然是空白。有鉴于此，笔者将首先对英王亨利五世统治时期及其继位之前的历史进行梳理，以便于理解《亨利五世行止》所反映的亨利五世统治初期及其首次对法国作战的历史背景。

　　亨利五世出生于1386年，其父兰开斯特家族的亨利·博林布鲁克（Henry Bolingbroke），时为德比伯爵（Earl of Derby）。在1399年所谓"兰开斯特宪政革命"后，亨利·博林布鲁克夺取了王位，加冕成为兰开斯特王朝首位君主，而其子亨利王子则随后不久即被确立为王位继承人，并受封为威尔士亲王（Prince of Wales）、康沃尔公爵（Duke of Cornwall）和切斯特伯爵（Earl of Chester），在一个月内，亨利王子又被加封阿基坦公爵（Duke of Aquitaine）和

[①] 安托尼娅·戈兰斯登（Antonia Gransden）是当代英国中世纪史学史学家，曾任教于英国曼彻斯特大学，代表作有：*Historical Writing in England*, 2 Vols., London: Routledge Company, 1974 & 1982; *Legends, Traditions, and History in Medieval England*, London: Hambledon Press, 1992，等等。

[②] Antonia Gransden, *Historical Writing in England*, Vol. 2, New York: Routledge, 2010, p.196.

兰开斯特公爵（Duke of Lancaster）。这使得亨利王子在初出茅庐之际就获得了管理领地和参与朝政的宝贵经验。

新王朝建立之后相继经历了1403年亨利四世之前的盟友诺森伯兰伯爵（Earl of Northumberland）父子叛乱和1405年、1408年两次北方边区叛乱活动的考验，而在这期间，亨利王子辖制的威尔士地区则于1400年9月爆发了以欧文·戈兰道尔（Owain Glyndwr）为首的叛乱。戈兰道尔本为威尔士地区的一名土著首领，他与邻近地主的土地纠纷迅速升级为谋求威尔士独立于英格兰王国的叛乱战争，并且苏格兰和法国也在暗中为分裂战争提供帮助。在复杂的局势下，亨利王子被委以重任，在威尔士复杂的山区地形中率军艰苦奋战长达近三年时间。在威尔士叛乱期间，亨利王子不仅经历了为期六周的围攻康威城（Conway）战役，而且还遭遇了补给车队被威尔士人劫掠，以及心腹之人叛变等兵家常事。① 这样的实战经验为亨利王子日后的远征法国事业奠定了基础。

尽管威尔士的战事一直到1406年都未能彻底了结，但此时的亨利四世不仅身体状况欠佳，而且议会对他的不信任也与日俱增：1406年6月当国王出席议会时，议长约翰·迪普陶夫特爵士（Sir John Tiptoft）借机在致辞中刻意地颂扬亨利王子："上帝赐予他一颗善良的心……以及一个特别重要的美德：愿意听从旁人的建议"，而且相信亨利王子"真诚、谦虚地乐于与御前会议（royal council）商议政事，并且能顺应御前会议的建议和议会的法令……完全不会强硬地施加自己的意志"。② 在这次议会上还通过了一项法案，其中确认在亨利四世去世后，王位应当由亨利王子继承。③ 自此，亨利王子逐渐把持了国王御前会议的最高权威，这也是他在继承王位之前首次获得的直接参与王国中央政府的日常决策和管理工作的机会。

---

① Anne Curry, *Henry V: From Playboy Prince to Warrior King*, London: Penguin UK, 2016, pp.13-14.
② Ame Curry, *Henry V: From Playboy Prince to Warrior King*, p.18.
③ Ame Curry, *Henry V: From Playboy Prince to Warrior King*, p.19.

正当亨利王子着手推动逐步控制王国内府的巨额花销，恢复刚刚经历战乱的北方地区社会秩序时，异端罗拉德派在王国内部的活动开始逐步升温。其中颇具代表性的事件，即 1410 年 3 月伍斯特主教（Bishop of Worcester）判定罗拉德派信徒约翰·巴德比（John Badby）为异端，并将其处以火刑的判例，这在中世纪英格兰是较为罕见的。此外，在 1414 年 1 月，即亨利五世统治的第二年初，发生了罗拉德分子约翰·奥德卡索（John Oldcastle）在主显节前夜（Twelfth Night）的庆典活动期间，让叛乱分子伪装成剧团的演职人员渗透到国王身边，企图将国王及其兄弟们全部杀死的阴谋事件。所幸在谋刺事件之前，有两名歹徒提前泄露了风声，而国王在得知情报后行动迅速，一举破获了这起行刺案件。尽管主谋奥德卡索直到 1417 年 11 月才被逮捕，但国王亨利对罗拉德派的态度已经变为严厉镇压。在 1414 年春季于莱斯特（Leicester）召开的议会上颁布了《罗拉德分子惩治法令》（Statute of Lollords），支持教会对异端的纠问。而《亨利五世行止》的开篇第一章所记载的，正是对奥德卡索叛乱的记叙和评判。

在外交领域，亨利在王子时期和登基之后的路线是一以贯之的。始于爱德华三世时期的英法"百年战争"在理查德二世和亨利四世时期处于低潮，其原因既有国王个人的性格使然，也有国内政局动荡的因素。而亨利王子在逐步掌握国王御前会议的权威后，即开始积极执行联合勃艮第公爵约翰（John, Duke of Burgundy）打击阿玛格纳克派（Armagnacs）的策略，积极利用法国人的内战来谋得渔翁之利。时任法国国王查理六世（Charles VI）因受精神疾病的困扰长期不能正常履职，使得法国王权羸弱。而地方诸侯们则逐渐形成了以勃艮第公爵约翰和奥尔良公爵为首的两大派别，为争夺最高统治权展开激烈斗争。其中 1407 年勃艮第公爵在巴黎公然刺杀奥尔良公爵的事件使局势进一步恶化，奥尔良公爵的继承人查理（Charles）则与其岳父阿玛格纳克公爵结盟共同讨伐勃艮第公爵，其所代表的政治势力亦被史家称为阿玛格纳克派。然而亨利五世与勃艮第公爵的所谓"联盟"也是一波三折，期间勃艮第派与阿玛格纳克派屡战屡和，对英格兰的态度也随着两派关系的改善和恶化而起伏不定。在《亨

外国制度史

利五世行止》中,作者曾多次指责法国人是"两面人",时常出尔反尔,继而留下了法国人等于"两面人"的印象,其产生的背景与这一段历史是一脉相承的。

包含《亨利五世行止》内容的现存手稿共有两份,均保存在大英博物馆(British Museum),其索引编号分别为 Cotton MS. Julius E IV 和 Sloane MS. 1776, ff. 50-72。本文依据的《亨利五世行止》文本为牛津大学出版社 1975 年出版的,由文献学家泰勒(F. Taylor)和罗斯凯尔(J. S. Roskell)编订并翻译为现代英语的版本。[1] 史家哈瑞斯(G. L. Harriss)称赞该版本的编辑和翻译"准确、敏锐和流畅堪比戏剧文本……让我们对已经比较熟悉的文本的认识更加深刻了"。[2]

由于缺乏直接证据,20 世纪以来西方学者对《亨利五世行止》一书作者身份的认识经历了曲折的过程:1902 年,英国文献学家维利(J. H. Wylie)率先证伪了长期以来人们认为编年史家托马斯·沃尔辛汉(Thomas Walsingham)是其作者的传统观点,并提出托马斯·厄姆海姆(Thomas Elmham)才是《亨利五世行止》的作者;文献学家金斯福德(C. L. Kingsford)随后采纳了维利的考证,由此厄姆海姆的作者身份获得学界的广泛认同。但在 1937 年,文献学家加尔布莱斯(V. H. Galbraith)开始质疑厄姆海姆是《亨利五世行止》作者的真实性,但并未深究。直至 1970 年,当代英国著名文献学家泰勒和罗斯凯尔经过对《亨利五世行止》文本的细致考察后认为,厄姆海姆并非该书的实际作者,而是另有其人。泰勒和罗斯凯尔并没有像前辈们那样找出一位"新人"来顶替"旧人",而是采取了模糊处理的方法,用一些身份特征来勾勒这位作者的形象:他是一名王家教士(royal chaplain),曾随军前往法国亲历围攻哈弗勒(Harfleur)和阿金库尔战役,非常熟悉国王内府(royal household)的日常运作以及国王祈

---

[1] F. Taylor and J. S. Roskell ed., *Gesta Henrici Quinti*, Oxford: Oxford University Press, 1975.

[2] G. L. Harriss, "Review of *Gesta Henrici Quinti* by Frank Taylor and John S. Roskell", *The English Historical Review*, Vol. 92, No. 364 (Jul., 1977), pp.648-649.

祷堂（royal chapel）的仪式等。① 进入 21 世纪，史家麦克哈迪在对国王祈祷堂的构成以及王家教士的选任进行深入考察后，结合《亨利五世行止》文本中的相关线索进一步提出，担任过亨利五世忏悔师（confessor）的斯蒂芬·帕特灵顿（Stephen Patrington）更有可能是《亨利五世行止》一书的原作者。② 麦克哈迪认为，从个人身份上来看，作为忏悔师的帕特灵顿无疑是国王祈祷堂的重要成员，而且他与国王所属的兰开斯特家族关系源远流长，并曾在牛津大学接受过神学方面的高等教育，这满足了作者在写作动机和文笔上的要求，而且与前辈学者们对作者身份的推测相符；此外，《亨利五世行止》中对《圣经·旧约》部分的引用高达 32 处，而《圣经·新约》仅引用了 8 处，这符合帕特灵顿作为卡迈尔派（Carmelite）修士对《圣经·旧约》的重视，也符合兰开斯特家族自冈特的约翰以来一直选用卡迈尔派修士为忏悔师的习惯。然而，麦克哈迪对于《亨利五世行止》作者身份的探究并没有给这个问题盖棺定论，正如作者所言："这里的进步仅仅是提供了一个人选，而这个人选我们之前从未关注过。"③

随着中国学者对中世纪英国史的研究不断深化，在一些最新的研究成果中，"行止"类史料也进入了史学史研究者的关注范畴，尤其是对于"行止"（Gesta）体裁发展历程及其与一般传记（Vita）的区别有了更深刻的认识。Gesta 为拉丁语中性名词 Gestum 的复数形式，意为"行止、功绩"，"中古早期帝王传记所使用的名称主要是'Gesta'，与古典传记不同；古典传记专门的术语是 Vita，这个体裁在中古早期成为圣徒传的专用名称，由复数变为单数。因为所有圣徒都过着同样的宗教生活"。④ 而到了中古后期，"行止"的传主则多为教俗领袖人物。由于作者群体以教会人士为主，因此这类作品的写作受圣

---

① J. S. Roskell and F. Taylor, "The Authorship And Purpose Of the *Gesta Henrici Quinti*: I", *Bulletin of the John Rylands Library*, No. 54 (1), 1971, p.223.
② 参见 Gwilym Dodd ed., *Henry V: New Interpretations*, York: York Medieval Press 2013. pp.131-156。
③ Gwilym Dodd ed., *Henry V: New Interpretations*, p.154.
④ 王晴佳、李隆国：《外国史学史》，第 100 页。

徒传的影响颇为深刻，其特征是时常以传主对待教会的态度为依据进行褒贬。有学者就此中肯地指出："这种评价方法在'以成败论英雄'的世俗是非标准之外增加了宗教的标准，有利于从新的角度评价历史人物，也警告君王不要一意孤行。"① 前辈学者已经从史学史综述的角度概括了"行止"类史书的若干特征，有鉴于此，笔者将以《亨利五世行止》为例从更细致的角度对其内容进行介绍和概括，并在此基础上对其史学价值进行初步探讨。

二、《亨利五世行止》主体内容评析

《亨利五世行止》正文部分共有25个章节，详细记述了亨利五世在统治初期（1413—1416年）镇压罗拉德异端、在法国攻占哈弗勒并赢得阿金库尔战役之胜利，以及与神圣罗马帝国皇帝西吉斯蒙德（Sigismund）和勃艮第公爵约翰之间的外交活动。以1413年亨利五世在西敏寺（Westminster）加冕为开端，作者用三个章节的篇幅讲述了新国王登基之初面临的国内外政治危机。首先，在王国内部，异端罗拉德分子企图推翻现存的教俗秩序，并谋害国王。"他的一位最亲密的朋友，也是内府（household）中最重要的成员，约翰·奥德卡索爵士（Sir John Oldcastle）成了他的敌人"，他"受到了威克里夫（Wycliff）的思想毒害……他成了暴动民众的首领，恶毒的疾病严重地感染了英国的各个地区……虽然受到了国王斥责，他不应复活这些歹毒之恶……但是这个煽动叛乱的人，始终不能从他那顽固而又该死的异端信仰中回心转意"；② 当国王念其旧情推迟他的火刑行刑期，希望他认真悔过时，奥德卡索却"挣脱了枷锁……破窗而逃"③，并在次年策划了暗杀国王的行动，但因计划提前败露而未能得手。其追随者们大多落网并受到审判和处罚，但奥德卡索仍然在逃，成为

---

① 王晴佳、李隆国：《外国史学史》，第142页。
② *Gesta Henrici Quinti*, p.7.
③ *Gesta Henrici Quinti*, p.7.

一大安全隐患。其次，在国王集结远征军的港口南安普顿，发生了史称"南安普顿阴谋"（Southampton Plot）的刺杀国王未遂事件。据作者的记述，剑桥伯爵理查德（Richard, Earl of Cambridge）、马奇伯爵莫蒂默（Mortimer, Earl of March）和托马斯·格雷（Thomas Grey）等主谋"以残忍、疯狂的兽性，被权力欲望腐蚀，拿了令人作呕的法国人给予的贿赂和承诺……不仅意欲阻止即将开拔的远征，更意图制造弑君之灾难"[①]。亨利五世又一次提前获悉了消息，将剑桥伯爵等主犯以叛逆罪名迅速处决。但是这两起阴谋事件的平息并不意味着国内局势已经平稳，正如作者所说："许多誓死效忠国王的人仍然希望国王能放弃他决心要渡海的计划，不仅因为可能还有类似的叛逆罪行尚未得以铲除，而且在海外已经有流言说由未被捕的奥德卡索谋划的另一起叛乱将在国王远征期间爆发。"[②] 但是最终，国王仍然坚持按原计划出海作战，未受到流言的影响。再次，向法国人讨回公道的和平谈判已经陷入僵局，国王亨利的合法继承权正受到法国人的严重侵犯，而且不动武不足以解决这个问题，是"迫使"亨利五世采取武力进行征伐的重要缘由。"我们派出的使者为了永久的和平不懈努力地（与法国人）谈判。但这是徒劳的。因为法王……为贪婪地保全自己，不惜损害英格兰君主权利，坚决否认英王及其贵族们在法国的合法继承权……虽然国王曾为和平而让步，但最终并没有得到他应有的权利。"[③] 为此，国王不得不开战。

在接下来的三个章节中，作者以纪实的手法详细描述了英军在亨利五世指挥下围攻哈弗勒并占领城镇的全过程。首先，从登陆地点的选择到严明军纪，亨利五世都做了非常细致的安排。"舰队在距哈弗勒三英里处的一座小渔村下锚，但在国王登陆之前，谁也不许抢先"，因为"鲁莽的英国人很难预见威胁，抢先登陆的兵士们……容易过早地暴露国王的行踪"。[④] 在陆续将军需物资运

---

① *Gesta Henrici Quinti*, p.19.
② *Gesta Henrici Quinti*, p.21.
③ *Gesta Henrici Quinti*, p.15.
④ *Gesta Henrici Quinti*, p.23.

外国制度史

至陆上后，亨利五世再次重申军纪，要求"不准再对民居纵火，严禁奸淫猥亵妇女，侮辱教士，以及对其他非战斗人员的残害行为，违者处死"[1]。随后，作者还使用了不小的篇幅着重介绍了哈弗勒城的地理风貌和城防工事，其记载之可靠性也得到了现代史家的高度认可，"它所描述的登陆地点以及哈弗勒的自然景观，都是极为清晰，足够精确的"[2]。据作者的描述，哈弗勒城位于塞纳河的入海口北侧，另有一条淡水河名为勒扎德（Lezarde）穿城而过。从哈弗勒沿着塞纳河一直逆流而上，可以直达诺曼底公爵领的首府鲁昂（Rouen）和法国首都巴黎，因此其战略地位极为重要。哈弗勒市民利用城内的河道修建了暗渠和涵洞，以渠中水流推动磨坊碾磨谷物，为市民提供食物；涵洞位于城墙下方，设有可以自由开闭的水闸。沿着这条水路可以从城内抵达塞纳河口，进入英吉利海峡。而城镇的另一侧，则有两道用于防御的干涸壕沟，其中内侧的一道"深不见底"[3]，其宽度亦足够拖延敌人的进攻。壕沟内侧是哈弗勒的城墙，其多边形的设计使其易守难攻。城墙拐角处配有高耸的瞭望塔楼和其他防御工事，共有三个城门可以自由进出，但是城门外均有护城河环绕。在各城门处还建有碉楼，"其坚固程度是城防工事中最高的，建筑规模也是最大的，与城墙连为一体"[4]。作者还介绍了这种城防工事是如何修筑的："把厚实的树干牢牢地钉在四周，首尾相接，环环相扣，紧紧地绑在一起；其内部用木材、泥土和硬木填充空穴，制成凹处以吸收攻城器械的冲力，还有带窥孔，垛口的小型炮塔，配备了火炮，以及投射器，弓弩和其他武器。"[5]

对于战争过程，作者以生动的笔法刻画出战局的紧张和残酷。国王"即使在睡觉期间也不会紧闭双眼。不仅如此，他日夜保持着清醒，直到已经将

---

[1] *Gesta Henrici Quinti*, p.27.
[2] *Gesta Henrici Quinti*, pp.xxxiii–xxxiv.
[3] *Gesta Henrici Quinti*, p.29.
[4] *Gesta Henrici Quinti*, p.29.
[5] *Gesta Henrici Quinti*, p.29.

攻城使用的器械和火炮都准备妥当，运至足够靠近城墙的位置"[1]；在火炮阵地前方，筑有防卫工事和护卫屏障；工事两旁挖掘了防护沟，挖出的泥土浇在柴捆上，可用于保护火炮和攻城器械；卫兵日夜轮岗守卫营地，以防偷袭；负责守营的卫兵还要日夜挖掘通向城墙碉楼的坑道。亨利五世试图以挖掘地道逐步逼近城墙的战术减少伤亡，但受守城炮火的阻滞，历经三次努力均告失败；国王和克拉伦斯公爵还分别准备了 10 英尺长的柴捆，用于填塞城外的壕沟以利通行。但城内守军在发现进攻者的意图后，即以火药和其他助燃物点燃柴捆，阻滞攻城者前进。而但英军炮火猛烈，"就在几天之内，在狂暴的弹丸石头打击之下，碉楼大部分被摧毁，而敌人从城墙和塔楼上射出的弹丸，则疲软无力……甚至远在城镇中心的最漂亮的建筑物，要么被完全摧毁，要么摇摇欲坠，要么梁柱碎裂，（他们）遭受的损失极为严重"[2]。而哈弗勒市民的抵抗在作者看来也是可歌可泣的："我不希望在褒扬敌人的方面保持彻底的沉默"[3]，"他们聪明地使用了火炮、投石机和其他器械，从碉楼、城墙和塔楼里射击，尽其所能地造成我方伤亡……无论我们的炮火在白天毁坏了多少城墙、碉楼或者塔楼，一到夜晚，他们就会暗中修补碉楼和城墙……他们还迅速地用陶土、泥巴和粪这些东西夯实在城内道路上，因为它们能够吸收炸裂的石头碎片，减少人员伤亡"[4]。作者还表示，"被围攻者能抵挡住我们进攻而采取的最明智办法也不过如此；为了自身的安全，他们已经尽力了"[5]。

对于阿金库尔战役的生动记述是《亨利五世行止》得到史家普遍青睐的主要原因，而作者则以三个章节的篇幅详述了这场战争发生的全过程。在占领哈弗勒之后，亨利五世力排众议，决心向北前往英国在大陆的据点加莱寻求补给。但此时的英军饱受痢疾的折磨，"因病造成的伤亡要远多于战死的

---

[1] *Gesta Henrici Quinti*, p.37.
[2] *Gesta Henrici Quinti*, p.39.
[3] *Gesta Henrici Quinti*, p.39.
[4] *Gesta Henrici Quinti*, p.39.
[5] *Gesta Henrici Quinti*, p.41.

人"①。除去留守哈弗勒和业已逃亡的兵士外，能够随国王亨利作战的仅剩下不到 6 000 人。②虽然御前会议的大部分成员在得到法国人正在增兵的消息后，普遍不支持国王的进军计划，但是国王仍然坚持行动，因为他"依靠神的恩典，他的主张是正义的，他的思考是虔诚的，他认为胜利与否不取决于军队的规模"③。亨利下令出征者备足八天行程的军需物资，并于10月8日出发；同时，国王还下令禁止焚烧借住的民居，不准携带除饮食和行军必备物资之外的其他物件，不准掳掠那些没有叛乱罪行的普通民众。④亨利五世还派出一名使者，与前守军首领高科特一同前往法王长子处送去口信。亨利表示法国方面应当"对人类鲜血的流淌感到愧疚，促使他承认亨利国王的合法权益，这样亨利国王就不会发动更惨烈的战争，从而与法国达成和解"⑤，但是这并未得到法国王长子的回应。于是亨利五世决心继续前进，前往英国在距离此地100英里以外的据点加莱。

正由于亨利五世决心前往加莱，才使得阿金库尔战役在途中爆发成为可能，但前往加莱的道路注定是危机四伏的，不仅有索姆河的"天险"，更有法国人的围追堵截。1415年10月24日，英军经历重重困难之后先后渡过索姆河（River of Somme）和剑河（River of Swords），随后在河岸的山顶上望见了已经在那里安营扎寨的意图与英军决战的大批法军，"他们的数量之大，我们无法与之匹敌……就像数不尽的成群飞过的蝗虫"⑥。法军也在关注着英军的动向，并扼住了通往加莱的必经之路。这一夜下了一整夜大暴雨，地面非常泥泞。第二天，即10月25日，法军在拂晓时就列好了阵形，这块地方叫阿金库尔田野（field of Agincourt）。法军骑兵有数百人之多，下马作战的贵族们组

---

① *Gesta Henrici Quinti*, p.59.
② *Gesta Henrici Quinti*, p.59.
③ *Gesta Henrici Quinti*, p.61.
④ *Gesta Henrici Quinti*, p.61.
⑤ *Gesta Henrici Quinti*, p.57.
⑥ *Gesta Henrici Quinti*, p.77.

成了"尖矛的森林，数不清的头盔闪耀着光……粗略地估计他们要比我们的总人数多出 30 倍"[1]。国王亨利在举行完弥撒之后也准备开战。他任命约克公爵（Duke of York）为殿后和右翼指挥官，卡莫伊斯爵士（Lord of Camoys）为左翼指挥，国王自己率先锋队在前方。国王把弓箭手"像楔子一样安插在各条战线之间，并命令他们在面前打好尖木地桩，以对付敌人骑兵的冲锋"[2]。但是法军并不急于发动进攻，而是按兵不动，整个白天的大部分时间，双方都没前进一步，"他们想用饥饿战胜我们，而不是靠剑"[3]。于是国王亨利决定主动进攻，并安排后勤人员和辎重向后方撤退，以免其落入法军手中。而就在这时，法军也开始蠢蠢欲动，四处打望，意图随时进攻。于是最终形成的阵势，是双方前锋部队相向而行，"他朝着敌人前进，而敌人也向着他前进"[4]。正处于战场后方的作者还提到了自己身处的环境："在那时，战斗持续的时间很长，我，此时正在写作的人，当时还骑着马，位于前线的后方营地，与其他教士一起向神展现我们谦卑的灵魂"[5]，"我们神职人员也是义勇军的一部分，目睹着战争的我们，面对主座之神大声地呼喊，而神或许记得我们，记得英格兰的国王，当惨烈的伤亡威胁我们时，它以无上的慷慨输送给我们力量；对来自我们英格兰的大量祈祷和哀求，神并不是漫不经心的；正是借助神送的力量，我们的战士很快就重获了力量，大胆杀敌，向敌人步步紧逼，直到恢复了战前的阵地为止"[6]；"当敌人做好进攻准备时，位于侧翼的骑兵开始发起冲锋，奔向我军两翼的弓箭手。但是依神的旨意，他们很快就被迫撤回，因为箭如雨下"[7]，加上插在地上的尖木桩阻挡了骑兵的冲锋，让法军骑兵损失不小。位于法军骑兵及

---

[1] *Gesta Henrici Quinti*, p.81.
[2] *Gesta Henrici Quinti*, p.83.
[3] *Gesta Henrici Quinti*, p.83.
[4] *Gesta Henrici Quinti*, p.85.
[5] *Gesta Henrici Quinti*, p.85.
[6] *Gesta Henrici Quinti*, p.89.
[7] *Gesta Henrici Quinti*, p.87.

外国制度史

其侧翼后方的投石机也进行了第一轮射击，但是造成的伤亡极为有限。"随后的战斗达到了白热化的地步，我军的弓箭手拾起敌人射来的箭，又把它们射向敌军。待到所有的箭都耗尽时，弓箭手们用随手抓到的斧子、棍棒和剑、矛，面向敌人继续战斗。"[1] 法国人在战场的怯懦更印证了作者的自信。"在之前任何一部编年史或者历史记载中都少见，即使是最健壮的战士，都未曾让对手如此狼狈，如此绝望，如此怯懦，如此丧失了男子气概。他们难以控制自己恐惧和颤抖，据说军中的部分人，虽然出身高贵，却也在那一日里不下十次地表示要投降。"[2]

在阿金库尔的战斗行将结束之际，作者描述了战场的惨烈场景，并仍然强调这样的残忍乃是神的意志，意图惩罚违背神命的法国人。"神实际上是要以另一轮更大的打击要他们毁灭，毫无挽回的机会。在交战之初倒下死去的人，引发了后方士兵的恐慌和无序，使得活人也跌在死人堆上，而其他人又将其践踏至死；结果，在主要的三处交战点都有一个这样的尸堆，其高度已经有一人多高"；"历经两三个小时的混战，他们的前锋队已经千疮百孔，残余的还在继续战斗"。[3] 而且法军后方的大批殿后部队正在聚集，摆开阵势，企图对英军进攻。在此情况下，国王亨利下令除了个别像奥尔良公爵和波旁公爵这样的重要俘虏外，其他俘虏全部杀掉，以免再战期间生乱。但是排好阵形的法军在看到英军向他们前进后，竟然丢弃了载有给养和箭、矛、弓的马车和辎重，离开了战场。"那一刻，在神的意志下，人们方才拥有的那股力量完全消失了，战场的严酷就此告终，我们得胜的人回到营地，穿过大量堆成小丘的尸堆，这现实反映的是曾与神同在的大批骁勇善战的勇士们，就这样死在我们的手中，这与我们所希望的背道而驰，他们就这样从这个世界离开，对于他们自己的国家荣耀来说是一文不值……正如我所相信的，无论是多么铁石心肠的人，倘若他

---

[1] *Gesta Henrici Quinti*, p.89.
[2] *Gesta Henrici Quinti*, p.91.
[3] *Gesta Henrici Quinti*, p.91.

目睹这么多基督徒的伤痛与死亡,一定会在泪水和悲伤中难以自拔。"①

1415年11月23日由伦敦市长、市政会成员以及近两万多伦敦市民为迎接大获全胜的国王亨利五世凯旋而举行了盛大的欢迎仪式。在《亨利五世行止》中对于这次欢迎仪式的记载尤为精彩:"伦敦桥……高耸的顶部,有一座象征是进入这座城市司法管辖区的雕塑,其尺寸巨大,令人称奇;它手持巨斧,像一名战士,俯视着国王和众人,也像一名看守,城市的钥匙挂在他左手持的节杖上。在它的右侧是一尊女性塑像,大小相当,披着猩红色的斗篷,以及女性饰品,看上去是一对夫妻,他们身着盛装以渴求的表情迎接领主的到来。各处都挂着王室纹章的旗帜,号手吹响号角。"②向前行至吊桥处,"可以看到它的四角都有高耸的柱子,像一座炮塔,其实是木质结构,其精巧程度不亚于一件艺术品。其外侧裹的是绘着白色大理石纹和绿色墨玉纹的亚麻布,看上去就像是石质的一样。柱顶画着一只羚羊,脖子上挂着华丽的王室纹章图案;另一根柱顶画着一只站立的狮子,其右爪在半空中抓着一根权杖"③。除了这些建筑上的装饰外,还有盛装的人群:"数不清的男童,打扮成各等级天使的模样,全身都是白色服饰,脸上闪着金光,背后的翅膀也闪着金光……他们在国王的必经之路上,用甜美的嗓音共同歌唱。"④同时,"在一顶遮阳篷下的白发苍苍的先知们(prophets),穿着助祭士的服装,披着金色斗篷,包着金色和猩红色的头巾。当国王经过时,他们放飞奉献给上帝的雀鸟,有些小鸟落在国王的胸前和肩上,有些在国王头顶盘旋着。先知们共同吟唱的是嘉许赞美诗(psalm of approbation)"⑤。在市中心的十字街头,"遮阳篷下的是上了岁数的老年人,他们的人数与先知相当,身着统一服装,耶稣十二门徒的名字和十二位英格兰国王的名字以及殉道士和忏悔者的名字写在他们胸前,腰上系着

---

① *Gesta Henrici Quinti*, p.93.
② *Gesta Henrici Quinti*, p.103.
③ *Gesta Henrici Quinti*, p.105.
④ *Gesta Henrici Quinti*, p.105.
⑤ *Gesta Henrici Quinti*, p.107.

金质腰带,手中拿着国王权杖,头戴王冠,沿着国王行进的方向,口中吟唱着赞美诗"①。这里还有一座木质"城堡",其外表装饰华丽,披着彩色亚麻布,看起来像是用白色大理石和墨绿色的玉石修建的一样。城堡的塔楼、立柱和堡垒分立两侧,人们骑马通过两道拱门。穿过"城堡","可以看到一支由美丽年轻的少女组成的合唱队,她们穿着象征贞洁的白色衣服,一边敲着小手鼓,一边跳舞歌唱,就像是欢迎刚刚杀死巨人歌利亚(这个角色适合由傲慢的法国佬饰演)的大卫归来那样"②,"街道两旁的窗户里都挤满了人……他们身着盛装,没人记得在伦敦曾有过一次比这样的欢迎仪式更盛大或者更隆重的了"③,而"国王自己,披着一件紫色的长袍,一路前行着,他没有骄傲和炫耀,没有带着壮观的近卫队和大批扈从,而是以冷峻的面容,和矫健的步伐,身边陪同的只有几个他最信任的内府成员,其他的骑士、公爵等都是他从法国带来的俘虏。从他低调的举止风度,稳重的步伐中似乎可以看出,国王正在沉思某个问题,他在感激神,他把荣耀献给神,而不是俗世的某个人"④。

英王亨利五世与皇帝西吉斯蒙德之间的关系,在《亨利五世行止》的作者看来是极为意气相投的。据书中描述,当国王在坎特伯雷收到贝德福德公爵约翰(John, Duck of Bedford)发来的战斗捷报时,立即与皇帝分享了这份喜悦,国王和皇帝"在所有人眼中,像亲生兄弟般心怀着对彼此胜利的期待"⑤。当皇帝和他的扈从们离开坎特伯雷时,他们不假思索地吟诵出对英格兰民族的赞美:"再见了,对你们光辉的胜利备感欣喜,噢,这欢乐的英格兰。你如天使般的纯良,和对耶稣的虔诚赞颂,一定会得到神的保佑。我要把这配得上的赞美献给你。"⑥皇帝一行对英格兰自发的赞美,也引发了英格兰人对帝国及其统

---

① *Gesta Henrici Quinti*, p.107.
② *Gesta Henrici Quinti*, p.111.
③ *Gesta Henrici Quinti*, p.115.
④ *Gesta Henrici Quinti*, p.115.
⑤ *Gesta Henrici Quinti*, p.151.
⑥ *Gesta Henrici Quinti*, p.157.

治者的好感："他们对我们的喜爱和尊重增长了不少，而我们对他们亦然。"①而当亨利五世步皇帝的后尘前往加莱参加与勃艮第公爵的会晤时，作者又提到："皇帝在早晨即得知国王将要到来，他在海岸边期盼了许久，希望尽快看到那张热切盼望的脸。等到国王已经下船，步步靠近皇帝时，两人都按捺不住极大的喜悦，奔跑着投入彼此的怀抱。但是当一同穿过城镇时，反而相互以适于皇帝地位的礼节相待，显示皇帝的至高地位。"②

三、解读《亨利五世行止》：政治宣传与修史传统的结晶

自英格兰上古时代起，盎格鲁-撒克逊人就有为国王写传记的历史编纂学传统。由谢波恩主教阿瑟尔（Asser, Bishop of Sherborne）撰写的《国王阿尔弗雷德传》（*Life of King Alfred*）中记述了国王率军击败丹麦人的功绩以及文化上的革新成就。阿尔弗雷德的孙子埃塞尔斯坦（Athelstan）也有一部记述其英雄传奇的传记。但是这些早期国王传记在诺曼征服时期未能幸存下来，而受到欧洲大陆浪漫文学手法影响的文风开始影响诺曼征服之后的英格兰历史写作。作者们热衷于将国王描绘为"骑士英雄"，而且喜爱以战争场景为铺陈，将国王置于军队的指挥核心。而且这样以浪漫手法著史的作者群体正是所谓世俗教士（secularclerks），他们受到资助人的庇护，为领主服务，因为领主的态度对他们的职业生涯影响极大。随诺曼征服一同进入英格兰的除了浪漫写作手法外，还有一种史学编纂流派对英格兰产生了深远影响，即"国王的行止"（*Gesta Regum*）。这一类的作品数量很多，如马姆斯伯里的威廉（William of Malmesbury）的 *Gesta Regum*，以及冠以彼得堡的本尼迪克特（Benedict of Peterborough）之名的《亨利二世行止》（*Gesta Henrici II*）。这些作品的最典型特征，是"受到浪漫文学的影响……他们把骑士价值纳入其中，目的是把国

---

① *Gesta Henrici Quinti*, p.157.
② *Gesta Henrici Quinti*, p.157.

王们写成英雄"①。戈兰斯登认为,"国王的行止"尤其注重颂扬"作为军队首领的国王""热爱战争的国王",这样的国王形象主要用于政治宣传,目的是鼓动为战争做准备。②

在15世纪创作并且有不止一份抄本流传至今的亨利五世传记就有三部:分别是佚名作者所著《亨利五世行止》、托马斯·厄姆海姆所著《亨利五世之书》(Liber Metricus de Henrico Quinto)以及来自意大利的人文主义者提图斯·李维乌斯·弗茹维希(Titus Livius Frulovisi)受命于格罗斯特公爵汉弗莱(Humphrey, Duke of Gloucester)创作的《亨利五世传》(Vita Henrici Quinti)。此后,刻画亨利五世英雄君主形象的多个历史文本历经多次传抄,在16世纪又成为戏剧大师莎士比亚著名历史剧《亨利五世》的创作素材。戏剧的力量使亨利五世在西方世界成为家喻户晓的历史人物,而亨利五世在英国历史上亦因之成为"民族英雄"的化身,被政治家用于鼓舞和团结民心,唤起主战情绪。③在这三部以亨利五世为主要对象的最早一批传记中,唯有《亨利五世行止》一书的史料价值无出其右。不仅因为《亨利五世行止》对历史细节的记录翔实、可靠,而且史家金斯福德在对此书进行细密考证后认为,几乎所有流传至今描写围攻哈弗勒战役、阿金库尔大捷的英方史书(包括编年史和传记作品)都或多或少地从《亨利五世行止》中借用了相关历史细节的记述。④由此可见《亨利五世行止》的史料价值,尤其是在研究阿金库尔战役方面是无与伦比的。

---

① Antonia Gransden, "Propaganda in English Medieval Historiography", *Journal of Medieval History,* 1 (1975), pp.363-382.

② Antonia Gransden, "Propaganda in English Medieval Historiography", pp.363-382.

③ 参见 Antonia Gransden, *Historical Writing in England*, Vol. 2, p.197. 作者在文中指出提图斯·李维乌斯·弗茹维希所著的拉丁文亨利五世传记在16世纪被译为英文,目的是为了"鼓励亨利八世对法作战"。

④ Charles Lethbridge Kingsford, *English Historical Literature in the Fifteenth Century*, Oxford: Oxford University Press, 1913, pp.46-49.

据戈兰斯登考证,《亨利五世行止》成书年代约在1416年11月20日至1417年7月之间。① 这一时期正处于英王亨利五世在第一次对法作战(始于1415年8月)结束后和第二次对法作战(始于1417年8月)启动的间隔期。对于这段"间隔期",史家欧曼(Allmand)概括道:"虽然没有1415年的精彩场面,但是1416年绝非平淡无奇的年月。"② 英格兰人在1415年攻陷哈弗勒并留下驻军,并在阿金库尔战役中重创法军。参战的法国贵族伤亡惨重,其中法国军事最高指挥官(constable of France)查尔斯·达伯特(Charles d'Albret)的阵亡,使其职位由"一位心存不满,长期与勃艮第公爵为敌,而且笃信应当坚持激进抗英政策的主要人物"③ 伯纳德·阿马格纳克接任。以此为标志,法国人开启了阿金库尔战役之后的反攻。

1416年3月爆发的"法尔曼村事件"(Valmont event)使英格兰人意识到如果不进一步采取措施,则哈弗勒的桥头堡地位将受到法国人的严重威胁。1416年1月起,法国人即动用了海上力量,联合热那亚同盟的舰只仿效英格兰人进攻的办法先期对哈弗勒完成了海上封锁。3月初,英军驻守哈弗勒的军事长官多塞特伯爵托马斯·博福特(Thomas Beaufort, Earl of Dorset)为缓解城内军需粮草的短缺问题,决定率军前往哈弗勒周边村庄进行扫荡和劫掠。当行至距哈弗勒城东北方向约30英里处的法尔曼村附近时,英军与阿马格纳克率领的法军爆发了一场遭遇战,据史家估计,这场爆发在午后或傍晚的战争使双方损失都比较惨重,④ 而《亨利五世行止》中却对英格兰一方的伤亡情况三缄其口:"法方使者的意图让伯爵认识到他不应以卵击石,而是唯有率军集体投降这一条路可走,否则会将将士们置于被俘虏和被刀剑砍死的危险之中;如果

---

① 参见 Antonia Gransden, *Historical Writing in England*, Vol. 2, NY: Routledge, 2010, p.195; J. S. Roskell and F. Taylor, "The Authorship And Purpose of the *Gesta Henrici Quinti*: I", *Bulletin of the John Rylands Library*, No. 54 (1), 1971。
② Christopher Allmand, *Henry V*, New Haven: Yale University Press, 1997, p.102
③ Christopher Allmand, *Henry V*, p.102
④ Christopher Allmand, *Henry V*, p.103

外国制度史

投降的话尚可留有一条生路，法国人将从每名俘虏那里根据其头衔或者级别收取相应的赎金，这样就可以放他们回家，不必动武……伯爵对这些懦夫式的愚蠢条件嗤之以鼻，他回复道自己完全无法屈尊领受这份可耻的引诱……敌人或许意识到他们在近战中的损失，或许是想以饥饿而不是刀剑更轻易地战胜我们，因此打消了再次进攻的想法。"① 虽然早在1415年，亨利五世就指示五港同盟②的渔夫前往诺曼底海域捕鱼，为哈弗勒守军提供鲜鱼作为食物，随后又指令另两艘船只装载啤酒和火炮以及其他武器运往哈弗勒，但是在"法尔曼村事件"发生一个月后，多塞特伯爵于1416年4月14日致信亨利五世的御前会议，催促其成员迅速采取救援行动，向哈弗勒守军运送急需的大量肉、面粉和淡水以及用于城防的武器装备。③ 为缓解哈弗勒在外海和陆上的军事压力，亨利五世不得不迅速派出信使前往各地要求骑士和扈从们做好服役准备。

与此同时，神圣罗马帝国皇帝西吉斯蒙德的造访打乱了亨利五世解围哈弗勒的计划，但也为亨利五世夺回法国王位继承权提供了新的希望。这一时期的西欧正处于"教会大分裂"（Great Schism）时期的紧张局势中。皇帝西

---

① F. Taylor and J. S. Roskell, ed., *Gesta Henrici Quinti*, p.117
② 五港同盟（Cinque Ports）是中世纪英格兰位于肯特（Kent）和苏塞克斯（Sussex）地区的多个沿海城镇组成的自治港口同盟。它最初组建是为了军事防御和商贸往来。其中"Cinque"原为诺曼法语词，本意为"五个港口"，分别是：黑斯廷斯（Hastings）、新罗姆尼（New Romney）、海斯（Hythe）、多佛（Dover）和桑德威奇（Sandwich）。13世纪末新罗姆尼在经历风暴的蹂躏和淤积困扰之后，其郊区拉伊（Rye）取而代之成为后来的五港之一。同盟中除了五大港口之外亦包括其他小型城镇。五港同盟初建于诺曼王朝时期，在13—14世纪之交进入繁盛期。同盟的海军为王室服役，并由此获得城市自治权等特权。14世纪中期以后，五港同盟受港口淤塞和经济形势的变动的影响日渐衰落。如今五港同盟仍然存在，但主要保留仪式性功能。参见陈伟平《论中世纪五港同盟的兴衰及其历史影响》，华东师范大学硕士学位论文，2010年；K. M. E. Murray, *The Constitutional History of the Cinque Ports*, Manchester: Manchester University Press, 1935。
③ 转引自 Christopher Allmand, *Henry V*, New Haven: Yale University Press, 1997, pp.103-104。

吉斯蒙德致力于以召开公会议的形式，在康斯坦茨（Constance）举行大公会议（1414—1418年），联合西欧各主要教俗政治势力以研究解决三位教宗并立的局面。西吉斯蒙德于1416年3月1日抵达巴黎意图与法王的御前会议斡旋当前英法之间的和平议题，但未获成功。① 由此，西吉斯蒙德将目光投向海峡对岸，于5月1日在多佛（Dover）登陆英格兰。据史料记载，西吉斯蒙德的随行人员有大约1 000人，阵容庞大；而且西吉斯蒙德本人讲究排场，好大喜功，在为期四个月的访英行程期间开销巨大。在此期间，皇帝的花销均由英王亨利五世负责筹措资金予以解决。② 而为了隆重地迎接西吉斯蒙德，亨利五世甚至在哈弗勒军情紧急的态势下决定让他的弟弟、贝德福德公爵约翰替代他率领集结的扈从、骑士和弓箭手从南安普顿出发前去解围。③ 亨利五世的投入收获了回报：西吉斯蒙德在英格兰期间不仅在温莎（Windsor）接受了英格兰国王授予的"嘉德骑士"封号，而且收下了象征着兰开斯特家族的"双S领饰"（SS Collar）；更重要的是，皇帝于1416年8月15日在坎特伯雷与亨利五世签订了一份针对法国人的军事性攻防协定。后来，在康斯坦茨大公会议举行期间，西吉斯蒙德特意身着嘉德骑士的长袍，并佩戴亨利五世赠予他的"双S领饰"出席了周日的"大礼弥撒"（High Mass）④，加上《坎特伯雷协约》的对外公布，无疑在国际舞台上公开了皇帝偏向英格兰的态度，为在西欧世界提振英格兰的国家地位打下了基础，也为进一步在国际舆论中伸张亨利五世对法国王位的继承权提供了机会。

---

① 据法国编年史家Morosin, *Chronique* 中记载，西吉斯蒙德在法国期间表现出的"笨拙，铺张浪费，耽于各种娱乐活动"让法国人对其产生了厌恶；同时西吉斯蒙德认为法国人自身的派系斗争十分激烈，此时尚无暇顾及处理英国人的入侵，自己受到了法国人的冷落。参见 Christopher Allmand, *Henry V*, p.104。
② 转引自 Christopher Allmand, *Henry V*, p.105.
③ Christopher Allmand, *Henry V*, p.107.
④ 参见 M. Creighton, *A History of the Papacy from the Great Schism to the Sack of Rome*, London: 1907-1911, 6 Vols., ii, pp.66-67，转引自 Gransden Antonia, *Historical Writing in England*, Vol. 2, p.203。

外国制度史

正如前文对《亨利五世行止》内容的分析所示，作者刻意地描写皇帝西吉斯蒙德与国王亨利五世之间"史无前例的信任和爱"并非空穴来风，其原因在于本书的创作直接服务于当时鼓动骑士服役和筹措战备资金，号召国内教俗人士全力支持正在进行的对法作战，其目的是进行政治宣传。

在中世纪的英格兰，为服务政治宣传而创作的文本并非新生事物。史家戈兰斯登即认定，在中世纪英格兰，首次大范围地利用历史编纂而为政治服务的做法，肇始于爱德华一世（1272—1307年在位）时期。1291年，在谋求对苏格兰统治地位的前期，爱德华一世曾致信给各大修道院，要求僧侣们在其修道院所著编年史中搜寻能够支持他获得对苏格兰统治权的"历史依据"。在获得了有利的"历史依据"后，爱德华不仅让它在官方档案中成为"事实"，而且还将其塞入了1301年写给教宗博尼法斯八世的信件中，并把几封"请愿者"的"臣服信件"复制若干份后送至各大修道院，进入了其各自的编年史中。[①]15世纪初，国王亨利四世为合法化其篡位政变，亦授意教士们编纂了一部罢黜理查德二世的"记录"，即所谓的《记录与过程》(Record and Process)。经学者考证，这份"记录"后来不仅进入了议会卷档 (Parliament Rolls)，[②]而且其多份复本也被送至各大修道院，而后"编年史家们汲取了其中的精髓，将其融会贯通在各自的作品中"[③]。

而《亨利五世行止》，这样一部诞生于战备阶段，为现实政治服务，颂扬国王的英雄形象并合法化其对法作战的理由，鼓吹皇帝西吉斯蒙德与国王亲密友谊的作品，其浓烈的政治宣传意味是不言自明的："这是一份杰出的政治宣

[①] Antonia Gransden, "Propaganda in English Medieval Historiography", *Journal of Medieval History*, 1 (1975), pp.363-382.

[②] M. V. Clarke and V. H. Galbraith. "The Deposition of Richard II", *Bulletin of the John Rvland's library,* No. 14 (1), 1930, pp.125-155.

[③] Antonia Gransden, "Propaganda in English Medieval Historiography", pp.363-382.

传品，其写作意图就是为了合法化国王的形象及其政策。"①虽然《亨利五世行止》中以大量篇幅刻画西吉斯蒙德与亨利之间的"友谊"，但是有学者认为这种友谊的"亲密无间"仍然是有底线的。

学者欧曼提到，皇帝西吉斯蒙德在多佛登陆之际，亨利五世的幼弟、多佛总督（Constable of Dover）、格罗斯特公爵汉弗莱（Humphrey, Duke of Gloucester）曾前去迎接他。按照巴尔特家族的传统，汉弗莱拔出剑，趟着海水靠近皇帝所乘的船，要求他宣誓不会在英格兰境内行使皇帝权力，否则将被拒绝由此登陆英格兰。②由此不难看出，服务于政治宣传的历史体裁作品在中古时期的英格兰并不鲜见，而且其影响力不仅限于当时的历史条件，而是通过渗透进编年史和档案，从而留下更持久深刻的印记。

综上所述，作为历史文献的《亨利五世行止》本身包含了多元价值，从当下研究者眼中的一份记录战争过程和细节的文献，到创作当时为募集兵员、资金和国际支持的政治宣传，再到长时段视野下中古史学史的一个重要组成部分，都能在这一份篇幅不长的文本中得以体现。对《亨利五世行止》内容的剖析，以及对其文本形成历史的追溯，也凸显出对历史细节的研究无论在纵向的深度还是横向上的广度都有广阔的空间值得挖掘。这种对于历史"背后"的历史的解读既是"层累的历史"对历史研究者提出的挑战，也是对历史研究"求真"价值更高层次的螺旋上升式回归。

---

① J. S. Roskell and F. Taylor, "The Authorship And Purpose of the *Gesta Henrici Quinti*: I", pp.428-464.
② 参见 Christopher Allmand, *Henry V*, p.106. 对于汉弗莱涉水拔剑迫使皇帝宣誓的故事来自16世纪初英文译本的提图斯·李维乌斯所著亨利五世传记。这个译本除翻译原作者所著内容外，还增加了不少失传的回忆录和传记，其中大部分来自第四代奥蒙德伯爵（Earl of Ormonde）詹姆斯·巴尔特（James Butler）。巴尔特热爱历史，曾参加过亨利五世亲自指挥的1415年阿金库尔战役和1418年围攻鲁昂战役，参见 Antonia Gransden, *Historical Writing in England*, Vol. 2, pp.217-218.

活着的传统与传统的遗迹
——西欧"封建"概念与现代史学的"事实"寻求

荆腾(首都师范大学历史学院)

一

1976年,在一篇题为《封建主义与资本主义起源》的文章中,英国历史学家罗德尼·希尔顿提出一个简短到难以让人留意的想法:关于"封建"概念的界定,有必要了解至晚自17世纪以降的"历史学家"所发展出来的历史考证方法。①

作为西方学界关于资本主义起源的两次论战的主要参与者,希尔顿在1976年增订出版的《封建主义向资本主义的过渡》文集中将上述文章改成了文集的导言,文后还附了一篇短文,内容是"封建"概念在西方学界所具有的不同含

---

① Rodney Hilton, "Introduction" (Originally published under the title "Feudalism and the Origins of Capitalism", *History Workshop*, No. 1 [Spring, 1976]), in *The Transition from Feudalism to Capitalism*, London: Verso Editions, 1982 (First published in 1976), p.12.
"封建"可以单纯指代封土制,也可以作为"封建制"或"封建主义"的简称,本文所用为后者。在现代史学的研究叙述中,"封建"问题并非仅仅局限于欧洲,但本文的讨论仅局限于以"西欧"为中心的欧洲"封建"。另外,在中文语境中谈论以"西欧"为中心的欧洲"封建"概念史,同时还涉及一个并非不重要的问题,即"feudalism"一词的汉语对译问题,本文权且接受通常译法,对这一问题不作讨论。关于"feudalism"一词的汉语翻译,参见侯建新《"封建":世界史中的一个概念错位》,刘新成主编《全球史评论》第一辑,商务印书馆2008年版,第336—348页。

义；到了第二次论战，他又以一篇《封建主义危机》列入了《布兰纳争论》的文集。很明显，相比较其他参与讨论的学者，希尔顿似乎更加关注"封建"问题及其概念的界定，他在"布兰纳争论"中曾明确提出，明智地讨论一种制度问题，首先要对这种制度的定义达成一致。[1] 不过，希尔顿的关注和想法在这种讨论中多少有些离题，以至于并没有得到太多针对性的回应；即便是他本人也没有对这个长期困扰中世纪研究者的棘手问题投入太多的精力。

众所周知，就在"布兰纳争论"发端的前两年，英国的伊丽莎白·布朗以那篇《一种专制的建构：封建制与中世纪欧洲历史学家》掀起了对"封建"概念的"话语权势"及其滥用的检讨和批判；[2] 二十年之后，伴随着另一位英国学者苏珊·雷诺兹在《封土与封臣》中对经典"封建"概念进行的颠覆性解构，[3] 无论是寻找"封建"的"替代物"，[4] 还是声称"没有封建主义的中世纪"[5]，"封建"概念与基于这一概念的史学研究叙述，都已经逐渐沦为了鲜有人愿意问津的议题。[6] 希尔顿去世五年之后，《过去与现在》杂志依然会用纪念前者的机

---

[1] Rodney Hilton, "A Crisis of Feudalism", in T. Aston and C. Phipin, ed., *The Brenner Debate*, Cambridge: Cambridge University Press, 1990 (First published in 1985), p.120.

[2] E. Brown, "The Tyranny of a Construct: Feudalism and Historians of Medieval Europe", *American Historical Review*, Vol. 79, No. 4 (Oct., 1974), pp.1063-1088；参见黄春高《"封建主义"的解构与未来》，李猛编《韦伯：法律与价值》，上海人民出版社2001年版，第411—413页。

[3] Susan Reynolds, *Fiefs and Vassals: The Medieval Evidence Reinterpreted*, Oxford University Press, 1994, p.2；参见黄春高《有关封建主义研究的新动向》，《世界历史》1999年第5期。

[4] Lester Little and Barbara Rosenwein, "Feudalism and Its Alternatives", in idem ed., *Debating the Middle Ages*, Blackwell Publisher, 1998, pp.107-110.

[5] Susan Reynolds, *The Middle Ages without Feudalism*, Ashgate Variorum, 2012.

[6] 参见 Fredric L. Cheyette, "Introduction", in *Lordship and Community in Medieval Europe*, Fredric L. Cheyette ed., New York: Holt, Rinehart, and Winston Inc., 1968, pp.4-10.

会，重提封建主义向资本主义过渡的议题，[1]但希尔顿本人关注的"封建"定义问题看起来已经很难被人重新提起。

然而，在所谓的"后雷诺兹时代"[2]，无论与"封建"概念相关的议题是否还值得关注，史学终究是一门寻求"事实"的学问，只要我们仍然需要审视和改进史学所寻求的"事实"，以及史学寻求"事实"的方式，我们就不能完全无视现代史学对于"封建"概念的争议，以及这种争议背后的史学论证方式。在这种意义上，希尔顿认为探究某种史学史是界定"封建"概念必须要走的一步，实际上始终是一个并不过时的想法。

二

事实上，希尔顿的想法虽然在他本人所深耕的研究领域并没有获得太多的回应，但至晚自20世纪50年代开始就不乏其他领域的学者从"封建"的相关议题中追溯了现代史学观念的渊源，比如英国思想史家波考克所写的《古代宪法与封建法》[3]，以及后来美国史学史研究者唐纳德·凯利在《现代历史学术的基础》[4]等著作中的相关探讨。这些都为我们思考希尔顿所希冀的问题提供了颇多有价值的线索，尽管其初衷并非是要界定"封建"概念的史学定义。

波考克、凯利等人的探讨虽各有侧重，但现代史学的核心特征都被不约而同地指向了对于各种社会制度问题的强调，也就是说，制度史（history of

---

[1] 参见黄春高《分化与突破：14—16世纪英国农民经济》，北京大学出版社2011年版，第2页。

[2] 参见黄春高《"封建主义"的解构与未来》，李猛编《韦伯：法律与价值》，第420—425页。

[3] J. Pocock, *The Ancient Constitution and the Feudal Law*, New York: W. W. Norton & Company, Inc., 1976.

[4] Donald Kelley, *Foundations of Modern Historical Scholarship: Language, Law, and History in the French Renaissance*, New York and London: Columbia University Press, 1970.

institutions）被认为是现代史学的核心范式。[1] 这个结论是否有失偏颇姑且不论，但现代史学关于"封建"概念的各种叙述类型，以及布朗、雷诺兹以降的各种争论，是否在实质上都是囿于这种范式，的确是一个值得审视的问题。

从关于"封建"概念的叙述史和争论史来看，"封建"的概念定义在现代史学中主要分化出三种概念类型，即狭义封建概念、布洛赫的《封建社会》所代表的广义封建概念，以及基于等级所有制和等级所有制依附关系，并由此构成一种经济生产制度的马克思主义封建概念。从具体的描述对象来看，现代史学在"封建"概念的问题上所提出的这三种含义界定，虽然分别着眼于"封土封臣制"所构成的法政组织、将下层民众的依附关系纳入"封建"关系的社会组织，以及等级所有制和等级所有制依附关系所构成的经济生产制度，[2]但其本质，都是将"封建制"的概念含义，预设成某种确定的制度体系或制度形态。[3] 也就

---

[1] J. Pocock, *The Ancient Constitution and the Feudal Law*, pp.1-2; Donald R. Kelley, "Ancient Verses on New Ideas: Legal Tradition and the French Historical School", *History and Theory,* Vol. 26, No. 3(Oct., 1987), p.319.

[2] 关于三大封建概念的区分和介绍，参见侯树栋《论三大封建主义概念》，《北京师范大学学报》（社会科学版）2008年第6期。狭义封建概念在比利时史学家冈绍夫所著的《封建制度》（一译《何为封建主义》）(*Qu'est-ce Que La Féodalité*) 中有着极为经典的表述，见 F. Ganshof, *Feudalism*, trans., Philip Grierson, New York: Harper & Row Publishers, 1964, pp. xv-xvi. 关于广义封建概念的一般内容，详见〔法〕马克·布洛赫《封建社会》上下卷，张绪山等译，商务印书馆2004年版，第33、387、438、704—705页：封建主义作为一种以特殊性质的人类关系为标志的社会组织，"我们这里尝试进行的，是对一种社会组织结构以及把它联为一体的各项原则进行剖析并做出解释"。对于马克思主义封建理论的基本界定，参见《马克思恩格斯文集》第1卷，人民出版社2009年版，第522—523、578页。

[3] 美国史学家斯蒂芬森在谈到"封建"概念的界定时强调，"我们所做的任何界定都必须基于我们对实际制度的了解"；切耶特也认为，关于封建制的最好界定应该使大量的证据与中世纪制度相一致，因此，在切耶特这里，对历史证据的编排同样以制度性的预设为前提。Carl Stephenson, "Origin and Significance of Feudalism", in Bryce Lyon ed., *Mediaeval Institutions, Selected Essays*, New York: Cornell University Press, 1967, p.216; Fredric Cheyette, "Some Notations on Mr. Hollister's 'Irony'", *Journal of British Studies*, Vol. 5, No.1(Nov., 1965), p.4.

是说，在这个意义上，现代史学叙述中的"封建"概念实质上只有一种界定，即制度史形态的"封建"概念，而布朗和雷诺兹检讨的对象根本上也是这样的"封建"概念。

布朗关于"封建"概念的讨论主要是针对"封建"概念在历史研究和教学中的"专制性"滥用，因为这种滥用严重影响了人们对历史复杂性的深入理解。因此，她通过举证那些避免使用"封建"话语的研究著作，希望人们尽量严格限制或避免这一统括性的概念，也就是说，布朗并未从根本上反对"封建"话语本身，而是强调历史研究在这一话语使用中应有的谨慎态度。布朗的这种检讨，事实上首先触及了制度史形态的"封建"概念在面对历史复杂性时所产生的一种局限，即通过重构某种社会制度，我们是否就能够充分地把握具体而复杂的历史事实？因为布朗对"封建"概念的质疑首先就在于后者无法对充分而全面地理解历史起到有益的作用。

一般来讲，现代史学的技艺目标是寻求"确定的事实"，而最确定的事实必然是具体的事实。因此，历史学家唯有从具体的"事实"出发，根据具体的事实证据重构某种事实联系，才能建立理解历史的根基。但另一方面，对"确定事实"的寻求并非仅仅满足于对具体事实的把握，而是试图通过把握具体的"确定事实"，寻求对历史的普遍理解，这样，同时具有具体确定性和相对系统性的制度史模式似乎就成为必然的预设。然而，"封建"话语的专制性滥用似乎已经表明，对"确定事实"的系统理解存在着某种悖谬，因为"确定事实"在概念上的普遍化运用，恰恰会背离历史具体的确定性。遗憾的是，布朗的检讨没能提出这一问题，而是最终回到了"封土"意义上的狭义"封建"。在这个意义上，布朗检讨的目的仍然属于现代史学对"确定"事实的寻求和把握，因而本质上默认了制度史形态的"封建"概念在现代史学叙述中当然的有效性。

与布朗相比，雷诺兹的激进之处在于从根本上否定16世纪以来贯穿所有"封建"叙述的经典封建论。在后者看来，作为经典封建论基础的封土封臣制实际上是12世纪以后的学院法学家的"创造物"，在此之前的历史文献中，并没有与经典封建概念有关的明确记述；所谓的"封建"概念，实质上是16、17世纪法学家在"创造"的封土封臣基础上虚构的产物，其表达的内容并不符合中世纪以来的整个历史。①不容否认，雷诺兹卓有成效地重新挖掘了掩藏在经典封建论之下的历史复杂性。但正如她自己所说，这种"颠覆性"论断的基础是对中世纪史料证据和通行的"封建"话语所进行的严格比较。②因此，就这一点而言，雷诺兹的旨趣同样属于现代史学寻求"确定事实"的路径，因而并没有在根本上突破制度史形态的"封建"叙述方式。雷诺兹的批判无非是通过寻求更为"确定"的事实而否定了经典封建论，其实质不过是通过否定经典制度史形态的封建论而否定了封建本身。在这个意义上，雷诺兹的批判其实凸显了一个更为根本性的问题：制度史形态的封建论是否就是我们理解"封建"的当然形式？

　　对于这个问题，雷诺兹并没有意识到，或者确切地说，这不是她的问题。她只是着眼于"确定事实"，反复强调普遍的"封建"概念与具体史料之间的龃龉之处。③对雷诺兹而言，真正有效的事实概念应该和那个被"创造"出来的"事实"一样，始终是一种具有普遍有效性的结构性事实；这就提出了另一个关乎现代史学本身的根本性问题："事实"是否应该是具有结构性和普遍性的"确定"？如果是这样，历史学的研究应该是基于何种性质的"事实"？是活着的传统，还是传统留下的事实性遗迹？毕竟，雷诺兹没有回答一些与此并非毫不相关的关键问题，即12世纪以降的法学家何以"创造"封建？这种"创造"在中世纪法学层面的运用能否与现代史学意义上的"虚构"混为一谈？"封建"的"创造"对12世纪以降的法学家而言，是"活着的传统"还是"传统的遗迹"？这些问题关系到如何理解"封建"概念的"虚构"，对此，我们需要回头理解现代史学确立"封建"的历史。

---

① Susan Reynolds, *Fiefs and Vassals*, pp.5–10.
② Susan Reynolds, *Fiefs and Vassals*, p.14.
③ Susan Reynolds, *Fiefs and Vassals*, p.13.

三

事实上，在雷诺兹之前，并非没有学者注意到"封建"概念在现代史学叙述中所存在的问题。英国史家梅特兰在关于英格兰"宪政"史的讲稿中就曾指出，中世纪并没有听说过所谓的封建"体制"，该"体制"实际上是一种"回想"或"事后反思"的产物，诞生于民族君主制业已建立的环境中。[1]梅特兰的观点立足于思考英格兰的封建问题，但这种界定对于理解"封建"概念仍然具有相当重要的意义。与此不同，一些当代学者在封建编史学问题上，往往会像波考克所说的那样，将"封建"进入现代学术研究的视野界定为"发现封建制"。鉴于研究主旨的差异，这两种说法其实都有一定的道理，然而，似乎只有弄清楚"回想者"和"发现者"才能深入理解这两种界定的含义，从而进一步理解现代史学确立"封建"的历史。

许多讨论封建编史学的论述基本上都会从中世纪晚期和现代早期的法学家入手，因为法学家是"封建"问题最早的研究者，而"封建"最初也只是关于封土法权的"封建法"问题。此外，也有一些论述会顺带提到古文物学者，但很少有较为深入的介绍。斯特雷耶在《封建制度》那本小册子中曾明确讲到，最初使用"封建"术语的是17世纪的法学家和古文物学者。[2]雷诺兹在回顾封建编史学问题时也提到了古文物学者对"封土"概念的误解影响了后人对"封建"概念的界定。[3]另外一个不容忽视的现象是，16世纪以来的许多现代早期

---

[1] F. Maitland, *The Constitutional History of England*, Cambridge: Cambridge University Press, 1920, pp.141–142；参见 Eric Voegelin, *The Middle Ages to Aquinas*, Columbia and London: University of Missouri Press, 1997. pp.117–118。

[2] Joseph Strayer, *Feudalism*, Princeton: D. Van Nostrand Company, Inc., 1965, p.11.

[3] Susan Reynolds, *Fiefs and Vassals*, p.5.

法学家至少在研究方法和观念上受到了古文物学的深刻影响。[1] 因此，古文物学与法学一样，也是影响封建编史学的一个相当重要的因素。在这个意义上，法学和古文物学之间复杂而微妙的关系，就成为理解"封建"的"回想者"和"发现者"的关键。

对于封建编史学的考察，学界一般会上溯至 12 世纪伦巴第法学家编订的《封土卷集》(Libri Feodorum)。[2] 该卷集一般被公认为最早的"封建法"汇编，其中集有制定法、法庭判决和各个时期的习惯，但并没有出现"封建"这样的词语。[3] 据说传到 13 世纪的博洛尼亚时，该汇编才形成最终的形式。[4] 博洛尼亚是当时法学研究的重镇，在 13 世纪罗马法复兴的背景下，雨果利努斯(Hugolinus)、阿库修斯(Accursius)等注释法学家也将《封土卷集》增补到罗马法及其注释体系之中，使其成为罗马遗产而确立了它在罗马民法当中的地位。[5] 到 14 世纪，以巴尔杜斯(Baldus de Ubaldis)为代表的评注法学派又根

---

[1] Arnaldo Momigliano, "Ancient History and the Antiquarian", *Journal of the Warburg and Courtauld Institutes*, Vol. 13, No. 3/4 (1950), p.296.

[2] 最初的编订者可能是尼格尔(Gerardus Niger)和奥托(Obertus de Orto)，参见 J. Pocock, *The Ancient Constitution and the Feudal Law*, p.84。

[3] 关于"封建"的词源问题，学界一般将"封建的"这一形容词与中世纪的 *feodalis* 或 *feudum* 等拉丁词语联系在一起，有的研究则把该词与古法兰克语 *fēhu-ôd* (cattle-owned)联系起来。不过，现代史学叙述中的"封建制"一词主要源于法语 *féodalité*，该词的出现可追溯到 1515 年，但使用不多，直到 17 世纪才较为普遍，1762 年时得到法国官方辞书的正式认可。参见〔法〕马克·布洛赫《封建社会》上下卷，张绪山等译，第 27 页; Otto Hintze, "The Nature of Feudalism", in *Lordship and Community in Medieval Europe*, p.26; J. Mackrell, *The Attack on "Feudalism" in Eighteenth Century France*, London and New York: Routledge & Kegan Paul, 2007, pp.5-6。

[4] 关于该汇编的编订整理过程，参见〔英〕梅特兰等著《欧陆法律史概览事件，渊源，人物及运动》，屈文生等译，上海人民出版社 2008 年版，第 60—61 页。

[5] Kathleen Davis, *Periodization and Sovereignty: How Ideas of Feudalism and Secularization Govern the Politics of Time*, Philadelphia: University of Pennsylvania Press, 2008, p.27.

据罗马法原则，对"封建法"进行了扩展性的解释。

评注法学派和注释法学派一样，多致力于延续罗马法体现的帝国权威，但相比之下，评注法学派更加强调罗马法经典和现实之间的兼容与结合，因而也更加关注如何将罗马法及其法律原则适用于中世纪晚期的复杂现实。然而，不管评注法学派在何种程度上承认法律的现实效用和经验基础，罗马法的"普世理性"原则始终居于首要的权威地位。因此，对于评注法学家而言，法律评注的核心目的，就是要将维护帝国权威的"古代法律"（ius antiquum）确立为符合14世纪现实的"现代惯例"（usus modernus）或"活着的法律"（living law），而实现这一目的的主要方法便是根据罗马法原则，对各种地方法令和习惯进行创造性的类比解释，其中，巴尔杜斯所撰的《封土习俗解释》（Super usibus feudorum interpretatio）就是评注法学派在"封建法"方面的代表。

对于"封建法"问题，巴尔杜斯明确承认，含混杂乱的《封土卷集》并不符合罗马法的特征，但即使如此，他仍然认为，通过民法学者在罗马法框架内的某种创造性评注，"封建法"依然可以作为罗马遗产而具有普遍真实的有效性。[①] 因此，从巴尔杜斯对"封建法"的处理方式来看，"封建法"确实可以被雷诺兹视为中世纪晚期法学研究的"创造"。然而，单纯从现代史学看待史料的视角出发，并不能在根本上理解这种"创造"的性质，因为评注法学家并不是现代史学家，他们的目的在于确立某种事关实际事务的治理权威和绝对典范，而不是搜集和考究历史研究的资料。[②] 在这个意义上，评注法学派所"创造"的"封建法"首先是一种"活着的传统"，而不是"中世纪实践长期存在

---

① Donald Kelley, "De Origine Feudorum: The Beginnings of an Historical Problem", *Speculum*, Vol. 39, No 2 (Apr., 1964), pp.217; Donald Kelley, *The Human Measure: Social Thought in the Western Legal Tradition*, Cambridge, Massachusetts: Harvard University Press, 1990, pp.121-122, 130, 132, 137, 140-143; Joseph Canning, *Ideas of Power in the Late Middle Ages*, Cambridge: Cambridge University Press, 2011, pp.135-136.

② Eric Voegelin, *The Middle Ages to Aquinas*, p.169.

的明确证据"。①

当然，评注法学派对"封建法"的处理终究是一种"创造"，所以早在15世纪的时候就遭到了人们的诟病，而其中最激烈的批评者，恰恰是对"封建法"研究贡献最大的法学人文主义者。②法学人文主义者主要是法兰西的法学家，在他们看来，"唯利是图"的评注法学家对法律的创造性解释，实质上是对罗马法纯粹性的玷污。③因此，法学人文主义者针对性地提出了自己的处理方案：回归法律的原初文本，考察包括《封土卷集》在内的所有法律的"真实性"。事实上，评注法学家并没有完全忽视法律的"真实性"，比如巴尔杜斯在评注"封建法"时，关注的首要问题就是《封土卷集》的"真实性"。只不过，这种"真实性"基于罗马法原则和效用原则，本质上是一种法律权威意义上的"真实"，而不是法律文本原初的"真实"；但法学人文主义者恰恰认为，确定法律的"真实性"，关键就在于恢复和重新理解法律语言的原初含义，而实现这一目的的首要方法，就是运用新的语文学技艺来处理法律的原初文本。④

早期法学人文主义的著名代表有法兰西的比代（Guillaume Budé）和德意志的查修斯（Ulrich Zasius），他们与评注法学派一样，多以罗马传统作为法律研究的典范，因而在"封建法"问题上，他们也大多致力于运用新的语文学技艺，将封土语言古典化，从而重新确立古典与封建之间的延续性。这种延续性的确立以确切理解罗马法语言和"封建法"语言的含义为前提，因为只有以此为基础，"封建法"与罗马法的确切关系才能得到明确的界定。然而，若要实现这一目的，就不可能仅仅局限于法律语言层面的语文学批评，而是需要重

---

① Kathleen Davis, *Periodization and Sovereignty*, p.28.
② 法学人文主义者与评注法学派之间的分歧首先涉及中世纪晚期和现代早期帝国与民族王权之间的权力争执，但限于篇幅和主题，本文只关注这种政治争执背后的方法论战。关于法学人文主义与评注法学派之间在政治观念层面的分歧，参见 Donald Kelley, *Foundations of Modern Historical Scholarship*, chap., VII.
③ Donald Kelley, "De Origine Feudorum", p.208; *The Human Measure*, pp.130-132.
④ Donald Kelley, *The Human Measure*, pp.187-189, 196; "De Origine Feudorum", pp.209, 211, 213-214.

构罗马法背后的古代世界图景。[1] 因此，以比代为代表的大多数法学人文主义者都开始在法律研究中突破单纯的法律文本范围，强调重构古代政制和生活的必要性。[2] 在这种状况下，考察古代的"历史"就逐渐成为法学人文主义者研究法律的必要方案。

不过，"历史"进入法学的研究，很快就给早期法学人文主义者的研究造成了困扰。早期法学人文主义者致力于确立古典与封建、"古代"与"现代"之间的延续性，但以寻求"真实"为目的的"历史"重构越是"真确"，人们就会愈加明确地意识到，古代的历史图景依赖于无数不可再生的"事实"，仅属于与"现在"无关的"过去"。如果是这样的话，罗马法和古典化的"封建法"无疑就成为了"过去"的遗迹，而不再作为"活着的传统"，具有面向"现在"的权威。[3] 这种困扰最终加剧了"封建法"方面的一个关键问题：封建法究竟是古代的还是晚近的。对于这一问题，大多数被称为法国封建论者的后一代法学人文主义者，明确否定了早期法学人文主义者将封土语言古典化的努力，转而立足于本土传统的习俗来重塑古今之间的延续性。[4]

与早期法学人文主义者相比，法国封建论者更加关注"国家"制度和习俗的完整性，而不是单纯的语文学批评。因此，法国封建论者要比早期法学人文主义者更加注重法律文本之外的材料，因而也更加重视法律研究的历史基础。法国封建论者的主要代表有迪穆兰（Charles Dumoulin）和奥特蒙（François Hotman），前者于1539年发表的《论封土》（De fiefs）是第一部全面论述"封

---

[1] Donald Kelley, "De Origine Feudorum", p.217; J. G. A. Pocock, *The Ancient Constitution and the Feudal Law*, pp.4–10.

[2] Peter Stein, *Roman Law in European History*, Cambridge: Cambridge University Press, 1999, pp.76–77; Kathleen Davis, *Periodization and Sovereignty*, p.35.

[3] J. Pocock, *The Ancient Constitution and the Feudal Law*, pp.4–10; Julian Franklin, *Jean Bodin and the Sixteenth-Century Revolution in The Methodology of Law and History*, New York and London: Columbia University Press, 1963, p.27.

[4] Donald Kelley, "De Origine Feudorum", pp.211–212, 217, 220–221; *Foundations of Modern Historical Scholarship*, pp.190–209.

建法"问题的专门性论著，该著不仅标志着"封建法"研究开始走向真正的成熟，同时也标志着"封建法"的研究开始转向"封建制"的历史研究。

在"封建法"问题上，迪穆兰在《巴黎习俗评注》(Commentarii in Parisienses consuetudines)中明确认为，"封建法既不是来自法学家，也不是源自古代的罗马皇帝，而是源于习俗"。在凯利看来，这种主张对于"制度的历史研究"有着极其重要的意义，因为这种观点意味着法律已经不再被理解为抽象理性或有意模仿的表达，而是被理解为特定习俗逐步发展的过程。① 换句话说，法律已被确立为历史的产物。凯利的这一洞见可以说相当敏锐，但也不无夸大之嫌。在迪穆兰时代，严格意义上的法学，仍然只是有着系统文本的罗马法学，对习俗的考察只能是对历史的考察，在这个意义上，立足于习俗的法律研究的确可以被视为"制度的历史研究"。但事实上，迪穆兰所说的"法律"仍然特指源于本土传统而非古典罗马法的"封建法"，② 它并不意味着所有法律都是习俗或历史的产物。不过，鉴于罗马法在早期法学人文主义者那里的"历史化"，迪穆兰的观点仍然预示了整个法律研究的"历史化"观念，这种观念最终在博杜安（François Baudouin）所撰写的《普遍历史及其与法学结合的方法》(De institutione historiae universae et eius cum jurisprudential coniunctione)中，第一次被作为方法论原则而得到了全面的界定："法律典籍是历史的产物，历史遗产则发展出法律的典籍"，因此，"历史研究必须立足于法律的坚实基础，而法学研究也必须与历史相结合"。③ 博杜安的著作出版于1561年，到1566年，博丹在《轻松理解历史的方法》(Methodus ad facile historiarum cognitionem)中阐述了"普遍法律的主要部分隐含于历史之中"

---

① Donald Kelley, *Foundations of Modern Historical Scholarship*, pp.185, 189–191.
② 关于迪穆兰对"封建法"起源的界定，参见 Kathleen Davis, *Periodization and Sovereignty*, pp.36–38; Donald Kelley, *Foundations of Modern Historical Scholarship*, pp.190–193, 202–203。
③ Donald Kelley, "De Origine Feudorum", p.209; *Foundations of Modern Historical Scholarship*, chap., V.

的普遍历史观念，不久之后，作为封建论者的奥特蒙也在《反特里伯尼安》（*Antitribonian*）当中明确提出了所有法律和秩序都必须基于国家历史性现实的观点。①很显然，16世纪后半期以后，法律研究的普遍历史意识已经得到相对普遍的确立。

不过相比之下，博杜安的界定仍然有着更为特殊的意义，因为他不仅认为法学研究必须与历史相结合，而且还由此衍生出一个极为重要的问题：历史研究为何必须立足于法律的坚实基础？

四

在凯利看来，作为法律问题的"封建法"研究在16世纪60年代之后，已经通过法学家帕斯基（Estienne Pasquier）等人的著作而进入了主流历史学的领域。②但事实上，当时人们对于这类著作是否可以被视为合格的历史学著作，存在着截然不同的看法。比如帕斯基的《法兰西研究》（*Recherches de la France*）出版之前，他的不少好友就认为，这部大量引注原始材料的著作，很难算得上一部合格的历史著作，因为在他们看来，真正的史著应该是古典史书或王室编年史那样的著作；但对于另外一些热衷古代法律、习俗等古物的读者而言，这种"研究"却是难得的破冰之作。③这种评价上的差异其实反映了人们对于"历史"的不同看法，即"历史"是否应该运用原始材料来"研究"法律、习俗等古物。这个问题涉及西方历史学的传统与变革，在这个方面，意大

---

① Julian Franklin, *Jean Bodin and the Sixteenth-Century Revolution in The Methodology of Law and History*, pp.46–49, 67–79; Donald Kelley, *The Human Measure*, p.196; J. Pocock, *The Ancient Constitution and the Feudal Law*, pp.11–14.

② Donald Kelley, "De Origine Feudorum", p.213.

③ George Huppert, *The Idea of Perfect History: Historical Erudition and Historical Philosophy in Renaissance France*, Urbana: University of Illinois Press, 1970, pp.32–35.

利史家莫米利亚诺的研究有着相当重要的指导意义。

对于西方历史学的研究传统，莫米利亚诺最重要的贡献是对古文物学传统与现代西方史学兴起之间的关系所作出的基本界定。[1]在莫米利亚诺看来，现代史学兴起之前，历史学与古文物学在古典领域一直存在着相对明晰的界限，前者主要是以编年的方式叙述政治方面的言辞与人事，后者则是以系统化的方式收集和描述法律、习俗等具体事实。古文物学在文艺复兴时代重新兴起之后，一直到17世纪下半叶，古典领域的历史学和史学家主要限于古代历史著作和史学家，"现代人"只作古文物学的修补工作，而没有资格作古典历史撰述，更无资格称为历史学家。不过在非古典和后古典领域，历史学和古文物学的界限并不明显，因为中世纪以降的欧洲诸民族王室史和地方史并不存在古典史书这样的标准性权威，而且中世纪领域的普通历史撰述所依据的材料和方法也类似于古文物学的博学研究。[2]波考克认为莫米利亚诺稍微夸大了非古典和后古典领域的历史学与古文物学的亲近程度。[3]这种看法不无道理。大体上，此时的历史书写可以被称为博学类史著，它在内容上不同于古文物学，而是类似于古典史书的主题，即事件和战争；但在编撰形式上却类似于古文物学，因不区分何者重要何者不重要而显得漫无目的。[4]

很显然，按照这样的线索，"封建法"等中世纪的法律和习俗不可能被纳入古典史书和中世纪的王室编年史，而是应该属于古文物学和法学的范畴。法学家作为"封建法"的最早研究者已是无可争议的事实，但事实上，大多数法学家，特别是比代以降的法学人文主义者，同时也是古文物学者或古文物爱好

---

[1] Peter Müller, "Momigliano, Antiquarianism, and the Cultural Science", in idem ed., *Momigliano and Antiquarianism: Foundations of the Modern Cultural Science*, Toronto: University of Toronto Press, 2007, p.3.

[2] Arnaldo Momigliano, "Ancient History and the Antiquarian", pp.286-293.

[3] J. Pocock, *The Ancient Constitution and the Feudal Law*, p.29, note 1.

[4] J. Mackrell, *The Attack on "Feudalism"*, pp.17-20.

者。①一方面，法学人文主义者所强调的语文学与古文物学本身不可区分；另一方面，"古文物学者"作为"带着重塑古代生活的观点来研究古代物品、风俗和制度的人"，本身又与法学人文主义者重构古代历史图景的方案相一致。②不过，其中最为重要的却是法学人文主义者回到本源、寻求"真实"的理念与古文物学之间的紧密关系。古文物学着眼于原始档案、铭文、法令和各类古物所展现的事实证据，这类不同于古典文献的材料对于后来的法国封建论者而言，有着相当重要的意义，因为这类新材料恰恰为他们寻找最"真实"的本土传统，提供了最"确定"的原始证据。

在中世纪领域，法学人文主义者——特别是法国封建论者——能够通过古文物材料重构历史图景的另一个主要因素就是中世纪缺乏古典史书那样的经典文献，这种状况随着法律历史研究的展开而日益引起了人们的不满，因为在不少法学家看来，中世纪混沌散乱的编年史和圣徒传本身就是原始材料，甚至很大程度上还不如法令、档案等古物材料。因此，是否以及如何撰写一部可以和古典史书相比的中世纪"信史"就逐渐成为一个重要的问题。③可以说，对帕斯基著作的不同评价，体现的正是这样的问题。它一方面表明，古文物学的主题和方法并没有被完全接受为历史著述；但另一方面也表明，运用原始材料，将"历史研究立足于法律的坚实基础"才能撰写出可靠而准确的"信史"，已经作为一种历史研究意识而初露端倪。

帕斯基的著作在 1560 年出版之后，曾在大约三十年后再版，不久之后，政治与宗教的对立氛围中就兴起了历史怀疑论和考证之风，人们开始质疑"看待事件带有偏向"的传统史学。④ 17 世纪历史怀疑论的一个主要代表是喜欢数

---

① 〔意〕莫米利亚诺：《现代史学的古典基础》，冯洁音译，华东师范大学出版社 2009 年版，第 94 页；Peter Burke, "From Antiquarianism to Anthropology", in *Momigliano and Antiquarianism*, p.236; George Huppert, *The Idea of Perfect History*, p.33。
② 〔意〕莫米利亚诺：《现代史学的古典基础》，冯洁音译，第 93 页。
③ George Huppert, *The Idea of Perfect History*, pp.30–32。
④ 〔意〕莫米利亚诺：《现代史学的古典基础》，冯洁音译，第 95 页。

学和物理学之准确性和可靠性的笛卡尔,他认为史书里的故事即便再忠实也"不能尽如全貌""每每会同传奇里的侠客一样陷于浮夸"。[1]但正如有些学者所说,笛卡尔将历史学家和历史小说视为一类,事实上意味着史书的不准确性主要不是源于证据的扭曲,而是源于历史叙事本身的不可靠性,也就是说,笛卡尔针对的主要是当时的古典史书和漫无目的的博学类叙事史。[2]因此,在考证之风和笛卡尔的怀疑中,传统史学的危机不仅表现为方法上危机,而且还体现为叙述主题的危机。

不过,历史学并没有屈从于危机,而是通过纳入古文物学的材料和主题,重塑了新的历史学研究。当然,这个过程并非一蹴而就。从现实来看,古典史书的经典地位仍然在相当长的时期内支配着古典历史的研究,但在中世纪领域,对"封建法"等问题的研究却最早推进了历史学的重塑。[3]因此,在史学实践层面,法国的博学家布兰维利耶(Henri de Boulainvilliers)不仅在国家制度层面,第一次将"封建法"最终确立为现代史学意义上的"封建"概念,从而开启了以社会现象为基础的一种新的历史划分体系;而且还在更为普遍意义上,对17、18世纪的历史学变革作出了最初的说明:史学不应该仅仅局限于传统历史的叙述主题,而是应该扩展到整个社会文化的研究。[4]布兰维利耶的史学实践和史学界定实质上预示了整个现代史学的基本范式。在他去世后不

---

[1] 〔法〕笛卡尔:《谈谈方法》,王太庆译,商务印书馆2014年版,第6—7页。
[2] J. Mackrell, *The Attack on "Feudalism"*, p.19.
[3] J. Mackrell, *The Attack on "Feudalism"*, pp.46–47; Arnaldo Momigliano, "Introduction to the *Griechische Kulturgeschichte* by Jacob Burckhardt", in G. Bowersock and T. Cornell, ed., *Studies on Modern Scholarship*, trans., T. Cornell, California: University of California Press, 1994, p.45.
[4] 〔法〕马克·布洛赫:《封建社会》上下卷,张绪山等译,第27—29页;Vincent Buranelli, "The Historical and Political Thought of Boulainvilliers", *Journal of the History of Ideas*, Vol. 18, No. 4 (Oct., 1957), pp.475, 477。关于布兰维利耶对"封建制"的研究,详见 Harold Ellis, *Boulainvilliers and the French Monarchy: Aristocratic Politics in Early Eighteenth-Century France*, Ithaca and London: Cornell University Press, 1988, pp.31–56。

久，作为法律史和古文物学爱好者的维柯，[①]就在自己的《新科学》当中，明确地表述和确立了现代史学的核心观念和基本定位。

五

维柯的"新科学"基于一种莱布尼茨式的区分：抽象普遍的真（true）和特殊具体的确定（certain）。前者所属的自然世界由笛卡尔的"普遍数学"原则所支配，后者是习俗、法律等人造事实所构成的世界，属于历史学家的固有领域，只能根据特定的技艺规则，由历史的方式来处理。因此，在维柯看来，关于人类世界的哲学首先是基于"确定事实"的哲学，在人文世界，只有关注"确定事实"的历史学家才是真正的哲学家。这不仅意味着"民政社会"的领域只能以历史的方式来处理，而且更重要的是，法律、习俗等"确定事实"所构成的制度性事实成为了历史理解的根本视域。[②]

很显然，面对17世纪以来"普遍数学"原则对历史的贬斥，维柯试图在哲学的高度，将历史扩展为依据特定技艺规则来处理的综合性制度文明史，从而以此来恢复历史的尊严，换句话说，他试图用基于"确定事实"的"普遍历史"与立足于精确性的"普遍数学"领域相竞争。但正如克莱因所说，维柯的"普遍历史"观念本身就是"普遍数学"观念的衍生物。[③]作为古文物学的爱

[①] 维柯《新科学》的卷首对各种古物的说明即已表明，其研究思想基于某种形式的古文物学和法律史研究。〔意〕维柯：《新科学》，朱光潜译，商务印书馆1989年版，第4—37页；参见〔英〕以赛亚·伯林《启蒙的三个批评者》，马寅卯等译，译林出版社2014年版，第30页。

[②] 〔德〕克莱因：《历史与自由技艺》，《雅各布·克莱因思想史文集》，张卜天译，湖南科学技术出版社2015年版，第127—130页；〔英〕维柯：《新科学》，朱光潜译，第一卷第四部分。在维柯这里，关于"民政社会"的研究主要就是对"人类制度史"的研究。

[③] 〔德〕克莱因：《历史与自由技艺》，《雅各布·克莱因思想史文集》，张卜天译，第129页。

活着的传统与传统的遗迹

好者,维柯将法律、制度等"确定事实"确立为历史理解的根本范畴,实质上就是将古文物学所关注的传统遗迹确立为历史理解的根本范畴。但就像莫米利亚诺所说,"伽利略这个名字总是会同古文物学者联系在一起",因为古文物学者笃信,"引用金属总比引用作家要安全得多"。[①]因此,在维柯这里,以"普遍历史"为核心观念的历史,不仅是综合性的制度文明史,而且唯一可以寻求的合法"事实",就是立足于传统遗迹的"确定事实",因为只有这样的事实才可以和"普遍数学"领域的精确性相竞争。

不过,维柯的"新科学"究竟在何种意义上真正确立了现代史学的核心观念,仍然需要进一步的说明。在克莱因看来,维柯的新科学导致了"对过去的'他样性'着迷",即"发现"或"重构"与"现在"不同的"过去",而在波考克看来,将"过去"视为独立的研究领域,恰恰是现代史学的标志。[②]然而,理解这一标志的关键,仍然在于理解现代史学的"事实"观念,因为"过去"之所以不同,根本上就在于古物遗迹彼此相异的具体个体性,决定了在此基础上构成的"确定事实"不可能与"现在"相同;也只有在这个基础上,我们才能理解,为什么将古文物学的主题纳入历史研究范围是现代史学的另一个重要标志,为什么将一切人事文明视为"确定事实"所构成的历史视域的产物,不仅意味着对人事文明的理解,只能通过物质遗迹和材料所重构的制度来历史地审视,同时也意味着人本身作为历史的产物,必然会打破"我们生活于其中的看不见的传统纽带"。[③]这些问题看似与"封建法"的研究传统没有直接的关系,但实际上却决定了我们最终如何理解"封建"的"回想者"和"发现者"。毕竟,维柯区分"普遍历史"与"普遍数学"领域,从而确立现代史学的核心观念,恰恰与14世纪以来"封建法"研究的整个故事线索一脉相承。

---

① 〔英〕莫米利亚诺:《现代史学的古典基础》,冯洁音译,第74—75、95页。
② 〔德〕克莱因:《历史与自由技艺》,《雅各布·克莱因思想史文集》,张卜天译,第129—130页;J. Pocock, *The Ancient Constitution and the Feudal Law*, p.5。
③ 〔德〕克莱因:《历史与自由技艺》,《雅各布·克莱因思想史文集》,张卜天译,第130页。

我们说过，在评注法学家那里，"封建法"被确立为"活着的传统"，实质上是基于罗马法的"普世理性"原则，但在法学人文主义兴起之后，法律作为"活着的传统"，本质上却是立足于运用原始材料，寻求"确定事实"的历史原则，这种原则不可避免地把罗马法所体现的古典世界贬黜到"过去"之后，转而开始诉诸本土的"封建法"和习俗来重塑"活着的传统"。然而，就像维柯最终确立的现代历史观念所造成的后果一样，如果"封建法"只能在"确定事实"所构成的制度性历史视域中获得理解，那么"封建法"就只能作为某段历史的产物。在这个意义上，同样作为历史产物的法学家就只能打破与"封建法"的传统纽带，使扩展为"封建制"的"封建法"不可避免地成为"传统的遗迹"。

因此，如果说"封建法"作为"活着的传统"是基于12世纪以来法律研究的回想性总结，意在树立或反对当下治理的权威，那么"封建"的历史作为一种被"发现"的"过去"则是16世纪以来法学人文主义的研究结果。当然，至少在法国大革命宣布废除"旧制度"之前，"封建"的"发现"仍然因现实的纠葛而有着"事后反思"的回想性意义，因为"发现封建制"本身源于回想性的"事后反思"。然而，不管这种回想性的反思在18、19世纪产生了怎样的政治争论，"封建"这一"理性沉睡时孕育出的怪物"，伴随着"罗马"所隐喻的"普遍理性"标准和清醒而严酷的现实感所隐含的"普遍历史"之间的观念纠葛，[1]最终作为现代史学意义上的一种制度史形态的历史概念而获得了广泛的传播。

但历史的诡谲之处在于，立足于原始材料所"发现"的"封建"在中世纪领域最早推进了现代史学的确立之后，最终却被现代史学以同样的原始材料贬斥为历史的"虚构"。这种诡谲的结果似乎表明，"封建"概念在现代史学中的叙述困境，或许就是现代史学本身的困境。如果是这样的话，问题就不仅仅是

---

[1] J. Mackrell, *The Attack on "Feudalism"*, p.1；参见〔德〕弗里德里希·梅尼克《历史主义的兴起》，陆月宏译，译林出版社2010年版，第105—106、158—161页。

现代制度史形态的"封建"概念是否就是我们理解"封建"的当然形式,而是现代史学单纯立足于"确定事实",进而重构制度性历史视域的普遍历史方式,是否应该是我们理解历史的必然形式。这似乎是作为现代史学家的雷诺兹更加难以回答的问题。

六

"封建"概念在现代史学叙述中的困境,意味着相关领域的史学研究论述需要在放弃"封建"概念与重新寻找另一种可能合理的定义方式之间作出一种选择和决断。日本西洋经济史家高桥幸八郎曾在参与"多布－斯威奇争论"所引发的封建主义向资本主义过渡的讨论中指出,多布的研究与斯威奇的批评都是从关于"封建"概念的一般界定开始的,这不仅仅是术语概念问题,同时也涉及"历史的分析方法"。[①] 高桥幸八郎虽然并没有像希尔顿那样,敏锐地指出"封建"概念的界定与17世纪前后的史学史之间所存在的关联,但对于"历史分析方法"的强调,仍然在某种程度上指向了问题的关键所在:"封建"概念在现代史学叙述中的困境如果说本质上是源于现代史学将可实证的"确定事实"作为前提与基础的历史分析方式,那么面对困境的关键,恰恰就在于能否重新深入和拣选历史主体的"事实"关系,同时审视现代史学寻求"事实"的分析方式与技艺观念。这或许比放弃或选择一种概念更加富有挑战。

---

① H. K. Takahashi, "A Contribution to the Discussion", p.30.

福蒂斯丘与英法封建君主制比较

徐浩（中国人民大学历史学院）

以往认为，西欧（以法国为例）封建君主制经历过三个发展阶段：从割据君主制、等级君主制再到专制君主制（后来通常译为绝对君主制，类似概念还有新君主制和绝对主义等）。应该说，英国和法国的封建君主制具有某些相似性。[①] 不过，英国是否像法国一样存在过专制君主制，或者说两国专制君主制是否基本相同，仍是值得讨论的问题。本文拟结合福蒂斯丘对英法封建君主制的比较谈谈自己的看法，不当之处望方家指正。

一、福蒂斯丘其人

约翰·福蒂斯丘爵士（Sir John Fortescue，约 1394—约 1476 年）是 15 世纪英国法学家和政治理论家，生平不详，且矛盾之处颇多。据说，他出生在德文郡（一说萨默塞特郡）的诺里斯（Norris），死于格洛斯特郡的艾布灵顿（Ebrington）。他曾就读于牛津大学的埃克塞特学院，受到许多德文郡乡绅家族的青睐，被选为塔维斯托克（Tavistock，1421—1425 年）、托特纳斯（Totnes，1426—1432 年）、普利普顿埃尔勒（Plympton Erle，1429 年）和威尔特郡（Wiltshire，1437 年）的议会议员。1420 年前福蒂斯丘成为林肯律师公会（Lincoln's Inn）成员，在兰开斯特王朝国王亨利六世统治期间（1422—1471 年）他曾三次被任命为林肯律师公会主官（governor）。1438 年福蒂斯丘

[①] 〔法〕查理·V. 朗格索瓦：《要关注英法历史的比较》，莫玉梅译，《经济社会史评论》2020 年第 1 期。

成为高级律师（serjeant-at-law），1441年被任命为御前律师（king's sergeant at law），1442年升为王座法庭首席法官（chief justice of the king's bench），不久受封爵士。福蒂斯丘曾在17个郡和市镇做过35任法官，接受过70多个巡回法庭审判的委任状，参加御前会议，审理王座法庭的上诉案件。[①]

玫瑰战争爆发时，福蒂斯丘采取与王座法庭同侪不同的态度，站在了兰开斯特王朝一边。1461年兰开斯特军在约克郡的陶顿（Towton）战败后，约克家族的爱德华四世（1461—1483年在位）宣布为王，在其即位后召开的第一届议会中对福蒂斯丘处以叛国罪。在此期间，福蒂斯丘与亨利六世及王后玛格丽特等流亡苏格兰，并成为流亡政府的御前大臣（Lord Chancellor，又称大法官）。在苏格兰期间，他撰写了一系列支持兰开斯特家族的小册子，包括《关于约克家族的头衔》《为兰开斯特家族的权利辩护》和《论自然法的属性》等。1464年前，约克王朝一方始终处于上风。因此，1463—1471年福蒂斯丘跟随王后玛格丽特和爱德华王子流亡法国，过着窘迫生活。在法国流亡期间，他担任爱德华王子的老师。为教导王子，1468—1471年福蒂斯丘撰写了《英格兰法律礼赞》。[②]

1470年沃里克伯爵加入兰开斯特一方，驱逐了爱德华四世，兰开斯特王朝短暂复辟。在法国流亡多年的福蒂斯丘和王室得以返回英国。但时隔不久，爱德华四世领兵回国，并最终于1471年在格罗斯特郡的图克斯伯里（Tewkesbury）战役中战胜兰开斯特军，爱德华王子阵亡，福蒂斯丘和王后玛格丽特被俘，亨利六世（在同年稍早的巴尼特战役中被俘后囚于伦敦塔）死于

[①] *The Encyclopedia Britannica*, Thirteenth Edition, London: The Encyclopedia Britannica Company, Ltd., 1926, p.678; *The Encyclopedia Americana*, New York: American Corporation, 1956, p.514;〔英〕约翰·福蒂斯丘爵士:《论英格兰的法律与政制》，袁瑜琤译，北京大学出版社2008年版，导论，第4页。也有学者认为，福蒂斯丘生于德文郡，见 H. J. Randall, "Sir John Fortescue", *Journal of the Society of Comparative Legislation*, Vol. 16, No. 2 (1916), p.249。

[②] 〔英〕约翰·福蒂斯丘爵士:《论英格兰的法律与政制》，袁瑜琤译，导论，第5页。

狱中，兰开斯特王朝灭亡。被俘期间，福蒂斯丘写下《关于从苏格兰寄出的诸种文字的声明》，撤回了反对约克王朝继位的论证，向爱德华四世投降，获得赦免，成为御前会议成员（member of the King's Council），并向爱德华四世献上《论英格兰的政制》的修订本。[①]

应该说，福蒂斯丘的成就与英国律师职业的形成和玫瑰战争密切相关。14—15世纪英国律师职业已经形成，职业律师（professional lawyers）处于律师职业的中下层，包含主官、出庭律师（barristers）和学徒（students）三个等级。位于该职业顶端的是高级律师和法官，只有高级律师才有资格成为法官，因而国王在任命王座法庭法官前需要先让其成为高级律师。高级律师与法官属于大家认可的公职，经常被传唤去担任巡回法官，出席议会，处理上议院收到的申诉，回答议会和御前会议提出的问题，受聘为御前律师等等。不同的职业律师拥有各自的公会，后者如高级律师公会（the Serjeants's Inns）、出庭律师公会（the Inns of Court），后者包括林肯公会（Lincoln's Inn）、内殿公会（Inner Temple）、中殿（Middle Temple）和格雷公会（Gray's Inn）四大出庭律师公会以及预备律师公会（the Inns of Chancery）等，承担着英国的普通法教育和律师行业管理的任务。[②] 梅特兰认为，使英格兰有别于其他国家的差别，即中世纪的英格兰有教授英格兰法的法院，这就是律师公会。任何机构组织都不及律师公会那样具有鲜明的英格兰特征，他甚至主张，中世纪英格兰的特质不是议会，因为在其他地方同样能找到；也不是陪审团的审判，因为这种制度在法国是被逐渐压制下去的。"但是律师公会和那里的年鉴则是我们在其他地方无法找到的。"[③] 随着时间的推进，律师公会发展成为中世纪英国的法律教育

[①] 〔英〕威廉·塞尔·霍尔斯沃斯：《英国法的塑造者》，陈锐等译，法律出版社2018年版，第60—70页。

[②] 〔英〕威廉·塞尔·霍尔斯沃斯：《英国法的塑造者》，陈锐等译，第59页。关于英国律师职业的早期历史，参见〔英〕保罗·布兰德《英格兰律师职业的起源》，李红海译，北京大学出版社2009年版。

[③] 〔英〕弗雷德里克·威廉·梅特兰等：《英格兰法与文艺复兴》，易继明、（转下页）

体制，它的存在成为英国法在中世纪继续发展的前提条件。应该说，14—15世纪英国律师职业的形成，奠定了福蒂斯丘从林肯律师公会成员到王座法庭首席法官的成长之路。

玫瑰战争则为福蒂斯丘从王座法庭首席法官转变为政治理论家提供了机遇。毫无疑问，福蒂斯丘因其作品闻名于世，他的政治理论著作三部曲之所以能享有权威之誉，原因在于其不仅直接参与了中央与地方的司法审判，跻身于御前会议和议会，而且还在玫瑰战争期间经历了较长时期的政治流亡，有条件从特定角度审视英国政体的总体特征。霍尔斯沃斯认为，如果没有玫瑰战争，以及在这场战争中选边站队，福蒂斯丘很可能会和这个时期的大多数法律人一样，主要从事一些常规的司法审判工作。从这个意义上说，"他的流亡经历使他成了一名政治思想家。福特斯丘利用闲暇时间，对自己的国家及法律的状况进行了反思，并将反思结果表达在自己的著作中，他的这些著作在英国宪政史上有着持久的影响"[①]。总之，玫瑰战争使福蒂斯丘从一位法学家转变为政治理论家，从而使普通法从专业研究扩展到政体问题。他有关政体分类和比较的论述，对当今认识英法封建君主制的异同仍不无启发，是"宪政"史研究的一笔宝贵财富。

二、福蒂斯丘对英法封建君主制类型的比较

福蒂斯丘政治理论的核心观点是将中世纪晚期英国的混合君主制概括为"政治且王室统治"（dominion political and royal），此说在英国"宪政"思想史上产生了深远的影响。应该说，"政治且王室的统治"这一概念为福蒂斯丘所创，最早出现在其政治理论著作三部曲的第一部《论自然法的属性》之中。

（接上页）杜颖译，北京大学出版社2012年版，第63—64、68、69页。西欧中世纪大学只教授罗马法和教会法，直到文艺复兴和启蒙运动都是如此；因而在英国以外的其他西欧国家，民族法教育中断数世纪之久。

① 〔英〕威廉·塞尔·霍尔斯沃斯：《英国法的塑造者》，陈锐等译，第70页。

作者旨在讨论王位继承问题，认为王位继承只能通过自然法来解决，因而在该书第一部分对自然法进行了讨论，内容涉及王权的起源、类型、异同、历史演变和法律理论等主题。[①] 对于王权的类型，据福蒂斯丘考证，中世纪神学家曾使用过"王室统治"和"政治统治"的概念。例如托马斯·阿奎那在给塞浦路斯王国国王撰写的《论君主政治》中提到了诸种政府，尤其就他关心的事说到了王室（royal）统治和政治（political）统治。此外，罗马的吉尔斯（Giles of Rome，1243—1316年）的同名著作在涉及统治问题时也写道："那根据自己制定的法律和自己的意志和喜好而成为首脑的人，就是王室统治的首脑；那根据公民业已确立的法律统治公民的人，就是政治统治的首脑。"尽管阿奎那和吉尔斯均提到了王室统治和政治统治的概念，但是"政治且王室的统治"这一特别的组合词，并未出现在他们的作品中。[②]

然而，福蒂斯丘却认为，在"王室统治"和"政治统治"之外，"还有第三种的统治，它的尊严和荣誉不低于那两种统治，它被称为'政治且王室的'（political and royal）"。福蒂斯丘之所以提出"政治且王室的统治"，是由于没有纯粹的"政治统治"。虽然在英格兰不经三个等级的同意，王不制定法律，也不向他们的臣民强征捐税；但"这统治却不可以称为政治的，这就是说，它不是许多人的统治。——没有哪里可以施行纯粹政治的统治，但是，它也不当被称呼为王室的统治"。[③] 由此可见，激发福蒂斯丘提出"政治且王室统治"理论的灵感来自英格兰。柯瑞思认为，正是由于福蒂斯丘对英格兰的政治机制非常了解，才使他提出"政治且王室"的理论，那是一种有关"宪政"或有限

---

① S. B. Chrimes, "Sir John Fortescue and His Theory of Dominion", *Transactions of the Royal Historical Society*, Vol. 17 (1934), p.124.

② J. H. Burns, "Fortescue and the Political Theory of Dominium", *Historical Journal*, 28, 4 (1985), p.779. 这里的塞浦路斯王国指中世纪中晚期建立于塞浦路斯岛上的一个十字军国家，存续时间为1192—1489年，其统治者是法国的吕西尼昂家族。

③ 〔英〕约翰·福蒂斯丘爵士：《论自然法的属性》节选，见氏著《论英格兰的法律与政制》，袁瑜琤译，附录1，第163—164页。

君主制的理论。没有哪一位政治理论作家曾设想过这种形式的政府,但福蒂斯丘需要这样一种理论,以涵括他所了解的英国政体,为此他进行了如此整合。① 应该说,"政治且王室统治"在历史上不是一种典型的政体类型,例如王政时代的罗马和实行王制以后的以色列人实行"王室统治",罗马共和国和王制以前的以色列人则实行"政治统治",罗马帝国时期只有屋大维和少数罗马皇帝实行"政治且王室统治",这意味着其他罗马皇帝实行"王室统治"。② 在此书中,福蒂斯丘主要讨论的是君主制,因而将"王室统治"和"政治且王室统治"作为两种最重要的政体类型,分别表示君主独治和君民共治,成为后来福蒂斯丘政治理论的核心内容。

在其政治理论著作三部曲的第二部《英格兰法律礼赞》中,福蒂斯丘集中阐发了上述两种君主制的理论。该书是福蒂斯丘在法国流亡期间为教育爱德华王子而作,以两人对话的形式写成,旨在向未来国王传授统治这个国家的法律。对话的起因是,在看到爱德华王子把全部精力都用于军事训练时,这位御前大臣决意让他明白,国王的职责不仅是通过武力抵御外侮,还要依靠法律维护公平正义。为此他引述了查士丁尼在《法学阶梯》"前言"中的开篇所言:"帝国之君不单应当佩带武器,还要佩带法律,如此,他就可以公益地统治,不论在和平时期还是战争时期。"③ 当时英格兰大学的法学院教授罗马法(民法),而律师公会则传授英格兰法,因而选择研读民法还是英格兰法成为王子向司法大臣首先请教的问题。福蒂斯丘认为政体类型决定着法律良恶,为此他

---

① S.B. Chrimes, *English Constitutional Ideas in the Fifteenth Century*, Cambridge: Cambridge University Press, 1936, p.318.
② 〔英〕约翰·福蒂斯丘爵士:《论自然法的属性》节选,见氏著《论英格兰的法律与政制》,袁瑜琤译,附录1,第164—166页。
③ 〔英〕约翰·福蒂斯丘爵士:《英格兰法律礼赞》,见氏著《论英格兰的法律与政制》,袁瑜琤译,第32—33页;〔罗马〕查士丁尼:《法学总论——法学阶梯》,张企泰译,商务印书馆1995年版,第1页,该书中这段话的译文为:"皇帝的威严光荣不但依靠兵器,而且需用法律来巩固,这样,无论在战时或平时,总是可以将国家治理得很好。"

外国制度史

向王子系统阐述了他的两种统治理论。福蒂斯丘以法兰西与英格兰作为两种政体的代表,解释了"王室统治"与"政治且王室统治"的区别,此外他还比较了英格兰的普通法与罗马的民法,在此过程中他介绍了英格兰的律师公会、法律教育以及律师职业的等级问题,这在同类著作中属于最早的说明。[1] 在该书中,福蒂斯丘不断重申英格兰王国不是"王室统治",流亡法国的经历给了他一个通过比较的方法阐释其理论的机会:"王者所喜之事,便有法律效力"这句罗马法的格言适用于法国,但"英格兰的法律不允许那等箴言,因为那土地上的王不是仅仅凭借王室的权力来统治他的人民,还要凭借政治的权力"。[2] 那么何谓"王室统治"和"政治且王室统治"？福蒂斯丘认为,在"王室统治"下,国王可以用他自己制定的法律统治其臣民,因而可以无需他们同意就将各种负担强加在他们头上,如同处置自己的财产那样；相反,在"政治且王室统治"下,国王不能用未经民众同意的法律来统治他们,因此未经他们同意国王也不能向臣民征税。诚如他所说的那样:

> ……英格兰的王不能随心所欲地改变他的王国的法律,这道理是,为施行对王国臣民的统治,他的政府不单是王室的(royal),也是政治的(political)。假使他对他们实施统治所凭借的权威是纯粹王室的,他就可以改变王国的法律,并且可以不用咨询他们而向他们征缴捐税和别的费用；这正是民法体系的法律所代表的那种统治方式,它们宣称"王者所喜之事,便有法律效力"。一个王用政治的方式来统治臣民,那情形就要相去甚远,这道理是,不经他的臣民赞同,他就不能凭借自己来改变他们的法律,也不能用怪异的课税名目向不情愿的人民加税；如此来说,接受他们自己喜欢的法律的统治,那人民便自由享有他们的财货,不论是他们自

---

[1] 〔英〕威廉·塞尔·霍尔斯沃斯:《英国法的塑造者》,陈锐等译,第70页。
[2] 〔英〕约翰·福蒂斯丘爵士:《英格兰法律礼赞》,见氏著《论英格兰的法律与政制》,袁瑜琤译,第81—82页。

己的王,还是别的什么,都不能掠夺他们。那生活在仅仅凭借王室权力实施统治的王之下的人民,也可以获取这样的快乐,只要那王不至堕落到一个暴君。①

不过,福蒂斯丘仍认为贤人政治是不可靠的,因为"那统御人民之人恰是此等人物的事却不常见"。在这方面,他完全服膺阿奎那有关统治者需要依法而治的观点。阿奎那曾在前述的《论君主政制》中设想了一个王国:"那王国要设计得它的王不可以专横地任意统治他的人民;这样的王国,只有在王室权力叫政治之法律约束起来之时,才能实现。"②不过,在受到罗马法影响较大的国家做到这一点也绝非易事,因为中世纪法令与罗马法在王权概念的界定上存在根本区别。萨拜因主张,尽管罗马法律人的政体理论也认为皇帝的法定权力源自罗马人民,但同时又认为,人民"权力的让与是永久性的;在皇帝被授予权力以后,他所意愿的便都具有了法律的效力。然而,中世纪的理论则认为国王和他的臣民需要持续的合作,因为这两者都是法律所属于的那个王国中的'机构'。这种区分在部分上可以经由这两种法律概念所发展起来的两个社会之间所存在的巨大差别来解释"③。相对而言,英国(也包括北欧国家)比西欧其他国家对罗马法继受较少,④因而受人民权力"永久性让与"的罗马法王权概念毒害尚浅,国王与人民"持续合作"的日耳曼王权概念占了上风,从而有助于限制王权。

---

① 〔英〕约翰·福蒂斯丘爵士:《英格兰法律礼赞》,见氏著《论英格兰的法律与政制》,袁瑜琤译,第47—48页。
② 〔英〕约翰·福蒂斯丘爵士:《英格兰法律礼赞》,见氏著《论英格兰的法律与政制》,袁瑜琤译,第48页。
③ 〔美〕乔治·萨拜因:《政治学说史》,邓正来译,上海人民出版社2010年版,第258页。
④ 参见〔英〕保罗·维诺格拉多夫《中世纪欧洲的罗马法》,钟云龙译,中国政法大学出版社2010年版,第2—5讲;〔英〕梅特兰等著《欧陆法律史概览:事件,渊源,人物及运动》,屈文生等译,第2、3、6、8编中有关罗马法的章节。

《论英格兰的政制》是福蒂斯丘政治理论著作三部曲中的最后一部，即使是在兰加斯特家族走上穷途末路和他与爱德华四世修好之后，福蒂斯丘仍然坚持这一理论，究其原因，梅特兰的解释是："我相信这是当时普遍接受的理论。"[1]该书第一章的标题为"'王室的统治'和'政治且王室的统治'之间的区别"，福特斯丘对此概念作了最后一次定义：有两种类型的王国，其中一个的统治称为"王室的统治"，另一个统治称为"政治且王室的统治"。"它们的区别在于，第一个王可以凭借他自己制定的那等法律来统治他的人民，故此，只要他自己愿意，他可以向他们征敛税银和别的赋役，而无需他们的同意。第二个王只能凭借人民同意的那种法律统治他们，故此，没有他们的同意，他就不能向他们征缴赋税。"人民被政治且王室的权力统治要优于纯粹王室权力的统治，实施政治且王室统治的君主不能自由坠入专制暴政，而实施纯粹王室权力统治的君主则可能如此，这归根结底取决于采用君民"持续合作"还是人民权力"永久性让与"的王权概念。那么，为什么会出现"王室的"和"政治且王室的"这两类不同的统治，福特斯丘对此解释道："因为前一个王国开始于君主的力量，并凭借于君主的力量，后者则开始于同一君主之下的人民的渴望和联合。"[2]换言之，统治方式决定了政体类型，国王独断专行必然导致"王室的统治"，国王的权力受到限制则会产生"政治且王室的统治"。

那么，"王室统治"和"政治且王室统治"究竟是什么政体？福蒂斯丘本人没有直接给出答案。西方学者又是如何看待福蒂斯丘的"王室统治"和"政治且王室统治"的呢？事实上，《论英格兰的政制》出版后书名的变化提供了最早的启示。该书原手稿的题目可能是《论英格兰的政制》，1714年第一次出版时改为《绝对君主制和有限君主制的区别》（简称《论君主制》），1885出版

---

[1]〔英〕F.W.梅特兰：《英格兰宪政史》，李红海译，中国政法大学出版社2010年版，第129页。

[2]〔英〕约翰·福蒂斯丘爵士：《论英格兰的政制》，见氏著《论英格兰的法律与政制》，袁瑜峥译，第117、122页。

时又改为《论英格兰的政制，又称绝对君主制与有限君主制的区别》。① 由此可见，18—19 世纪的西方学者主张，英法封建君主制并不相同，法国属于绝对君主制（absolute monarchy），英国则为有限君主制（limited monarchy）。此后，主张英国实行有限君主制的学者还大有人在。例如梅特兰主张，无论约克王朝还是都铎王朝都未走上绝对君主制的道路，因为"无论爱德华（四世）的行为多么独断，他并未从理论上宣称自己要高于法律；亨利七世可以说也是这样的。整个都铎王朝时期所面临的危险并非国王要宣称上述专制的原则，而是那个俯首帖耳的议会让他想要什么就能得到什么。现在通常说爱德华四世开始了'新的专制'（the New monarchy，应译为新君主制。——引者），这其中有丰富的含义——但早先所确立的对王权的法律限制却依然存在"②。柯瑞思也主张，福蒂斯丘提出的"政治且王室的"理论是一种有关"宪政"或有限君主制的理论，③ 而英国无疑是这种政体的代表。

　　晚近以来，有些西方学者承认都铎王朝也开始了与法国类似的进程，但仍主张英法绝对主义发展迥异。例如英国马克思主义史学家佩里·安德森坚称英国经历了"最虚弱、最短命的绝对主义"，"当法国成为西欧最强大的绝对主义国家的发祥地时，无论从哪个角度看，英国都经历了一种非常特殊的和日渐收缩的绝对主义统治。"④ 造成英法绝对主义差异的原因是复杂的，但关键在于英国资产阶级无法与绝对主义携手并进。都铎王朝时期随着庄园自营地出租、圈地运动和修道院地产拍卖，乡绅阶层日益壮大。"但是，乡绅的政治影响和经

---

① John Fortescue, John Fortescue Aland, ed., *The Difference between an Absolute and Limited Monarchy: As It More Particularly Regards the English Constitution*, London: John Fortescue Aland, 1714; John Fortescue, Charles Plummer, ed., *The Governance of England, other Called the Difference between an Absolute and a Limited Monarchy*, Oxford: Clarendon Press, 1885.
② 〔英〕F.W. 梅特兰:《英格兰宪政史》，李红海译，第 129 页。
③ S. B. Chrimes, *English Constitutional Ideas in the Fifteenth Century*, p.318.
④ 〔英〕佩里·安德森:《绝对主义国家的系谱》，刘北成、龚晓庄译，上海人民出版社 2001 年版，第 113 页。

济繁荣显然已经成为强化王权的绊脚石。"不仅如此，在斯图亚特王朝时期，商业化的乡绅、资本主义化的城市、平民化的手工业者和自耕农还要置它（绝对主义。——引者）于死地，"它们是超越绝对主义的推动力。英国绝对主义在进入成熟期之前就被资产阶级革命腰斩了。"①

三、福蒂斯丘对英法封建君主制统治结果的比较

除了政体类型外，福蒂斯丘还比较了英法封建君主制的统治结果：一是纯粹王室之政府的结果，如法兰西王统治他的臣民的政府；另一是王室且政治之政府的实际效果，就如同英格兰王统治他的臣民的政府。这里所说的统治结果主要包括人民的赋税负担和生活状况。

在《英格兰法律礼赞》中，福蒂斯丘对英法两种类型君主制统治下人民的赋税负担分别进行了比较。第35章题为"法兰西王国纯粹王室政府产生的邪恶之事"，福蒂斯丘认为法王给他王国内富饶的乡村和城市带来沉重负担。国王让臣民养活那土地上穿了铠甲的人，还有他们的马匹。这些人虽然在一个村庄里驻扎一两个月，但却不偿付自己和马匹的消费。更糟糕的是，他们每光顾一个村庄和城镇，都要驱遣那里的居民端出酒和肉，以及别的东西。但有不周，居民就要在棍棒之下号呼转徙，风火筹办。在耗尽一个村庄的粮食、柴火和马匹饲料后，这伙人就赶到另一个村庄，用同样的方式糟蹋一番，却不付一个便士。在那国度，每一村庄和城镇都是如此，无一幸免。那王还实行食盐专卖，老百姓必须从王那里用王高兴的价钱买盐。再进一步，在那王国，所有居民每年都要把他酿造的酒的四分之一进贡给王。所有村庄和城镇都要向王缴纳被摊派的巨款，用作士兵的饷银。每一个村庄还要供养至少两个弓箭手，为他们准备行头，听候国王调遣。所有这些之外，每一个村庄每年还要再摊派别的

---

① 〔英〕佩里·安德森：《绝对主义国家的系谱》，刘北成、龚晓庄译，第127、140页。

贡赋，供王享用，无一年得免。①

由于法国王室之政府擅自制定法律和横征暴敛，致使人民生活在贫困之中。"那人民被这些以及别的不幸折磨得筋疲力尽，他们的苦难并非无足道也。他们每天喝凉水，除了重大节日，不能尝到别的饮品。他们穿着麻袋片一般的帆布斗篷或者短褐。他们不用羊毛线，除非那最廉价的，并且只用在斗篷下的衬衫上，他们不穿长筒袜，除非那不过膝盖的，腿的剩余部分裸露在外。他们的女人光着脚，除非是在节日里；男人女人都不吃肉，除非是咸猪油，他们就往他们喝的汤里放进一星儿点。他们不品尝别的肉，不论是烤的还是煮熟的，除非偶尔有为贵族和商人宰杀的动物的头和下水。"②

相反，英国"王室且政治的统治"则是另一番景象。《英格兰法律礼赞》第36章题为"英格兰王国政治且王室的政府产生的善良之事"，福蒂斯丘在此谈到英国人民的赋税负担受到限制："不经议会代表的王国全体上下的认可或同意，王也不能向他的臣民征收各种赋税，特别津贴或者施加别的任何负担，或是改变他们的法律，或者是制定新法。"由于实行"宪政"统治，限制了任意剥削，英国人民生活相对富足。"他们不是喝白水，除非有时出于虔诚或是忏悔之心而戒绝别的饮料。他们吃充足的各种肉和鱼，那在他们的土地上并不稀罕。他们穿着上等的羊毛布料，每一个房间都有阔气的寝具（这也是羊毛做成，就如别的陈设那样），并富有家居物品和耕用器具，富有所有的生活必需品，这和他们的门第所享有的安宁幸福生活相称。"③

在《论英格兰的政制》第三章"在此揭示'王室的法律'的成果和'政治且王室的法律'的成果"中，福蒂斯丘再次对比了法国和英国人民的赋税负担和生活处境。他认为，虽然法兰西王凭借王室的权力统治人民，但在圣路易及其以前的国王，都不曾未经三级会议的同意就征缴任何税银或别的赋役，并且

---

① 〔英〕约翰·福蒂斯丘爵士：《论英格兰的法律与政制》，袁瑜琤译，第82—83页。
② 〔英〕约翰·福蒂斯丘爵士：《论英格兰的法律与政制》，袁瑜琤译，第84页。
③ 〔英〕约翰·福蒂斯丘爵士：《论英格兰的法律与政制》，袁瑜琤译，第85—86页。

他的许多继任者都遵循这模式。百年战争爆发后，法兰西王开支增加，"他就不经三级会议的同意，而单方面征缴税银和别的赋役"①。马克·布洛赫也赞同福蒂斯丘的看法，认为中世纪末到大革命前，法国人民受到国家和领主的双重重压，而"他们（指国家官员）不理解在现时代门口已经被福蒂斯丘隐约发现的这种反常情况的危险：一个农民承担的国家捐税越来越多，而他向领主所尽旧的义务负担并未被取消，甚至也没有得到足够的减轻"②。不仅如此，在百年战争后很长时期，法国赋税仍一直明显高于英国。佩里·安德森认为，由于没有建立常备军的必要，英国的税收水平一直不算太高，在17世纪初也许只有法国税收的三分之一到四分之一，落在农民肩上的负担就更轻了。③

由于法兰西王从百年战争起每年都要向法国人民强加这般负担，并且这负担已如此沉重，平民们又被搜刮如此彻底，因而他们几乎就没有了生路。"他们喝凉水，吃苹果就着裸麦做的黑面包，他们不吃肉，偶尔吃一点咸猪肉或被贵族、商人抛弃的动物的头和内脏。他们的外衣是帆布片做的，只有里面的夹袄是羊毛的。他们的长筒袜也是帆布的，长不过膝。他们的妻儿打着赤脚。……他们为了活下去就被迫寻找活路，在土地里翻找营生。他们的本性因此败坏，走路蹩脚，羸弱无力，不能打仗，也不能捍卫他们的王国。他们没有武器，也没有购买武器的钱币。结果是，实实在在，他们生存在最是贫困可怜的处境，而他们又居住在世上最是肥沃的一个王国。"④相反，英国是一个岛国，没有法国那样广袤的领土。虽然如此，"统治这土地的法律却是比较善良的，这人民因此就不是那般贫困，他们也没有受到那般伤害，他们倒是很富

---

① 〔英〕约翰·福蒂斯丘爵士：《论英格兰的政制》，见氏著《论英格兰的法律与政制》，袁瑜琤译，第123页。
② 〔法〕马克·布洛赫：《法国农村史》，余中先等译，商务印书馆1991年版，第154页。
③ 〔英〕佩里·安德森：《绝对主义国家的系谱》，刘北成、龚晓庄译，第137页。
④ 〔英〕约翰·福蒂斯丘爵士：《论英格兰的政制》，见氏著《论英格兰的法律与政制》，袁瑜琤译，第124页。译文略有改动。

裕，拥有维持自然本性所需的所有物事"。由此，"这就是'政治且王室的法律'所结果实，我们就生活在这法律之下。到此，我已经揭示了两种法律所结的果实。'凭着他们的果子，就可以认出他们来'"。① 值得注意的是，福蒂斯丘并不认为他在 15 世纪中叶描述的富庶而自由的英国是一个新生事物，他认为英格兰的现状来自一套综合原因，其中包括优渥的自然条件、有限君主制、普通法，这使他相信英格兰的与众不同是古已有之。②

福蒂斯丘对英法人民生活水平的比较是否真实准确，16 世纪德国人和英国人的类似观察也在一定程度上佐证了他的看法。16 世纪 90 年代德国法学家保罗·亨茨纳（Paul Hentzner, 1558—1623 年）在访问英国后评论道，和法国的同等人相比，英格兰居民消费面包较少，消费肉食较多，而且喜欢在饮料中加很多的糖。更有甚者，他们的床上铺着花毯，即使农夫也不例外。他们的房屋一般是两层楼，装有玻璃窗的房屋在这里屡见不鲜。另一个德国人亨利·迈斯特（Henry Meister）在一篇访英游记中也宣称，尽管英格兰雇工比法国雇工穿得更好，吃得更好，住得更好，他却工作得更轻松。只要你考虑到英格兰农业雇工的工资更高，饮食更好，因此更有力气和积极性完成自己的工作，你对我的说法就不会太过怀疑了。英国伦敦主教约翰·埃尔默（John Aylmer, 1521—1594 年）在玛丽女王统治期间曾被放逐欧洲，期间访问过意大利、法国和德国。他认为，与英国相比，欧陆国家的生活水平较为贫困，呼吁人们警惕天主教和欧陆专制主义的危险。③

当然，福蒂斯丘把中世纪末法国与英国人民生活水平的差距完全归咎于国家赋税负担也有可议之处。实际上，法国农业落后于英国也是重要原因之一。中世纪晚期以来，英国农业的进步明显加快，人口出生率下降；而法国则刚好

---

① 〔英〕约翰·福蒂斯丘爵士：《论英格兰的政制》，见氏著《论英格兰的法律与政制》，袁瑜琤译，第 125 页。
② 〔英〕艾伦·麦克法兰：《现代世界的诞生》，管可秾译，世纪出版集团 2014 年版，第 81 页。
③ 转引自〔英〕艾伦·麦克法兰《现代世界的诞生》，管可秾译，第 76—77、82 页。

相反，人口增长快于农业的进步。有鉴于此，两国食品供求的不同致使英国在14世纪下半叶已经告别糊口经济（即维生经济），进入温饱阶段；而在法国等绝大多数西欧国家，该进程则要推迟到早期现代（16—18世纪）以后。[①] 从这个意义上说，英、法两国人民的赋税负担只不过是加速或延缓了他们告别糊口经济的过程。

四、结论

综上所述，君主制的类型及其结果是福蒂斯丘政治理论思考的核心问题。福蒂斯丘的经历使他成为提出"政治且王室"理论并对比英法封建君主制的不二人选。他的"政治且王室统治"概念的灵感来自英国，这表明那里实行的是一种有限君主制。福蒂斯丘通过亲身经历感受到法国国王不经协商或同意制定法律和征收赋税，单纯依靠王室权力进行统治。他用英法两国人民不同境遇的事实表明，"政治且王室统治"优于单纯的"王室统治"，前者在很大程度上限制了王权，迫使国王依法而治，与民生息，藏富于民。应该说，两种君主制在很大程度上根源于日耳曼法和罗马法有关王权概念的尖锐对立。尽管英法两国都来自日耳曼人，植根于日耳曼法，但两次文艺复兴对双方法律造成不同影响。12世纪文艺复兴和意大利文艺复兴时英国继受罗马法较少，来源于习惯法的普通法拥有至高无上的地位，致使英国的绝对君主制发展薄弱，中世纪以来的有限君主制最终转变为早期现代的立宪君主制。相反，12世纪文艺复兴和意大利文艺复兴时法国继受较多的罗马法，"王者所喜之事，便有法律效力"的罗马法格言侵蚀了日耳曼习惯法的共同同意原则，导致其建立起西欧最强大的绝对君主制。由于资产阶级和贵族力量相对弱小，法国无法从绝对君主制转变为立宪君主制，这种"旧制度"最终只有被共和制彻底淘汰。

[①] 徐浩：《告别糊口经济——中世纪欧洲食品供求关系研究》，《史学月刊》2021年第2期。

15 世纪后期英国王朝鼎革中的献策

——约翰·福蒂斯丘政治学说解析[*]

朱文旭（中国人民大学历史学院）

约翰·福蒂斯丘爵士是 15 世纪英国最重要的政治思想家、理解中古后期英国政治的关键人物。西方学界对其政治思想关注较多，相关阐释可以大致划分为"宪政预设""修正学派"和新趋势。"宪政"解读早在 17 世纪已有端倪，内殿法学院的约翰·福蒂斯丘·阿兰德（John Fortescue Aland, 1670—1764 年）将"政治的和君主的统治"[①]对应为"有限王权"[②]，以贴近时人的理解。19 世纪中期，威廉·斯塔布斯（William Stubbs, 1825—1901 年）和查尔斯·普卢默（Charles Plummer）为福氏的政治思想奠定了辉格基调。这种解读建立在"美化"兰开斯特王朝和对封建君主制到"新君主制"让渡的错误理解之上。斯塔布斯把 1399 年英国王位的非正常继承夸张为"兰开斯特宪政实验"。[③]普卢默认为"1399 年革命和 1688 年光荣革命类似……兰开斯特王朝是政治自

---

[*] 本文为国家建设高水平大学公派研究生项目（项目号：202006360189）成果之一。

[①] 福氏将其时代的政制划分作"王家统治"（dominium regale）、"政治的统治"（dominium politicum）与"政治的和君主的统治"（dominium politicum et regale）三种，国内学者对此已有基本的辨析。孟广林：《试论福特斯鸠的"有限君权"说》，《世界历史》2008 年第 1 期。

[②] John Fortescue Aland, *The Difference Between Absolute And Limited Monarchy, As It More Particularly Regards the England Constitution*, London: Printed by W. Bowyer in White Fryars, 1714.

[③] William Stubbs, *The Constitutional History of England: In Its Origin And Development*, Vol. III, Oxford: The Clarendon Press, 1930, pp.240-245.

由（political liberty）的一个重要时期，理论上达到了中世纪的巅峰"[1]。他们将福氏所处时代涂抹上"宪政"色彩，后者的学说因而颇具"宪政"意蕴。斯塔布斯高呼"福氏的写作阐释了英格兰的宪政，由兰开斯特王朝开启并实践过的宪政"，其革除弊政的举措"除选定御前会议议员的方式和人数外，已在亨利四世、亨利五世治下实践"[2]。普卢默主张福氏预言了此后百余年英格兰政制，且"有意或无意地为'新君主制'铺平了道路"[3]。线性进步的辉格叙事进而把持学界，成为长期不可逾越的经典。

20世纪上半叶，学者们开始注重辨析福氏学说的核心观念以解读其思想。麦基文（C. H. McIlwain）认为福氏主张的"治权"（dominium）是"对同一事物或者人行使的、具有等级结构的权利或权力"，国王同各级贵族行使的"监管"别无二致。[4] 克莱姆斯和汉森（Donald W. Hanson）等人承袭了这一路径。克莱姆斯提出，"福蒂斯丘作为该世纪唯一杰出的政治思想家，其言说的对象是王权而非国家"。福氏所谓"政治的和君主的统治"源于古典作家和对英格兰现实政治的思考，没有"宪政"的意味，本质上是对15世纪英格兰政治乌托邦般的描绘。[5] 汉森则将福氏的政治纳入到"双重权威"（doublemajesty）[6]的叙事。

---

[1] Sir John Fortescue, *The Governance of England: Otherwise Called The Difference Between an Absolute and Limited Monarchy*, Charles Plummer, ed., London: Oxford University Press, 1926, Introduction, pp.1–3.

[2] William Stubbs, *The Constitutional History of England*, Vol. III, pp.247, 252.

[3] Sir John Fortescue, *The Governance of England*, Charles Plummer, ed., Preface, p. viii.

[4] Charles Howard McIlwain, *The Growth of Political Thought in the West: From the Greek to the End of Middle Ages*, New York: The Macmillan Company, 1959, first published in 1932, pp.355–357.

[5] S. B. Chrimes, "Sir John Fortescue and His Theory of Dominion", *Transactions of the Royal Historical Society*, Vol.17 (1934), pp.117–147.

[6] Donald W. Hanson, *From Kingdom to Commonwealth, The Development of Civic Consciousness in English Political Thought*, Cambridge, Massachusetts: Harvard University Press, 1970, pp.217–240. 朱文旭：《中古英国政治史之"双重权威"学理模式辨析》，《天府新论》2020年第3期，第51—60页。

近年来,"麦克法兰学派"(School of McFarlane)、"重新评估15世纪"和"历史语境主义"(historical contexts)等多股学术潮流[1]推动了相关研究的深入。凯莉认为福氏用修辞去创造激发、改善、促成和评判社会秩序。[2]凯克维奇提出福氏旨在辅佐英王强化统治,避免重蹈王政混乱的覆辙。[3]"《英国法律颂》和《英格兰的统治方式》是崛起的乡绅阶层作为法律、经济和行政专业人员在政治生活中的经验和总结。"[4]至此,对福氏学说的"宪政"解读已然消融了。

然而,福氏并不是一名纯粹的政治思想家,他的学说还涵盖自然法、英格兰普通法、中古后期英格兰弊政对策等诸多层面,国内学界对此尚未系统考察。[5]

---

[1] 对福氏政治思想的解读并不是线性前进的,"辉格解释模式"依旧不时左右着学者们的理解。三种趋势可见卡朋特、罗斯玛里和昆廷·斯金纳等学者的论述。Christine Carpenter, *The War of the Roses, Political and the Constitution in England, c. 1437–1509*, Cambridge University Press, 1997, pp.6-16; Rosemary Horrox, ed. *Fifteenth-Century Attitudes, Perceptions of Society in Late Medieval England*, Cambridge University Press, 2008, Introduction, p.1; Quentin Skinner, "Meaning and Understanding in the History of Ideas", *History and Theory*, Vol, 8, No. 3 (1969), pp.3-53; Quentin Skinner, "Motives, Intentions and the Interpretation of Texts", *New Literary History*, Winter, Vol. 3, No. 2 (1972), pp.393-408.

[2] M. R. L. L. Kelly, "Sir John Fortescue and the Political Dominium, The People, the Common Weal, and the King", in D. J. Galligan, ed., *Constitution and the Classic, Patterns of Constitutional Though from Fortescue to Bentham*, Oxford University Press, 2014, pp.57-58.

[3] Margaret Kekewich, general ed., *The Politics of Fifteenth Century England: John Vale's Book*, Alan Sutton Publishing Ltd., 1995, Preface, pp. ix-x.

[4] Margaret Kekewich, *Sir John Fortescue and the Governance of England*, Woodbridge: The Boydell Press, 2018, p.270.

[5] 国内业已有相关成果,其典型者有孟广林《试论福特斯鸠的"有限君权"说》,《世界历史》2008年第1期;李筠《福蒂斯丘论英国宪政》,《政治思想史》2016年第1期;胡琦《法制与王权:中世纪英国法制观念的嬗变及其内在逻辑——以索尔兹伯里的约翰、布拉克顿和约翰·福蒂斯丘为中心》,《天府新论》2019年第1期;等等。

有鉴于此，本文将聚焦其政治学说（包括政治思想和实践）考察如下问题：第一，解读对福氏影响深远的流亡实践和转向"贰臣"的动因；第二，基于福氏政体学说的"矛盾"，理解其政治思想的核心诉求；第三，透过福氏革除弊政的举措，反思兰开斯特王朝的政治。最终帮助我们妥洽地定位他的学说，加深对中古后期英格兰政治的理解。

一、福蒂斯丘与兰开斯特王朝鼎革

政治思想家所处的时代和他的实践是其思想的源头活水，明晰其活动的时代基本特征并准确地把握对他产生重大影响的历史事件与个人经历，是理解政治思想家学说的基础。福蒂斯丘生活在"从约翰王到英国革命之间最为动荡的时代"，曾深刻地参与到了英格兰的政治运作，经历了"从普通的王家法官到显赫的朝廷臣僚，从致力于复辟兰开斯特王朝的忠臣到效忠于约克新王朝的'贰臣'"的转变。[①] 欲解读福氏的政治思想，无法回避带给他极大触动的玫瑰战争，这其中以福氏的流亡实践和转而效忠新朝的动因尤为关键。

1461年6月，福蒂斯丘追随玛格丽特王后流亡苏格兰，跻身政权核心。担任王座法庭大法官多年，福氏大多充当国王的高级奴仆，长时间徘徊在国王、大贵族和内廷构成的政治体系边缘。[②] 出逃后不久，他便接受了大中书令（Lord Chancellor）的任命，成为流亡朝廷的核心人物。他的流亡实践涵盖为兰开斯特作政治宣传、教导储君和外交活动等；同时，也正是这段流亡使他有机会亲自观察法国，进而同英格兰政治对比、总结，形成其政治学说的主体。

福氏的流亡实践展开有：第一，协助流亡政府作政治舆论宣传写作。流亡

[①] 国内外学者已对福蒂斯丘的早年多有着墨，此处不再赘述。孟广林：《英国"宪政王权"论稿：从〈大宪章〉到"玫瑰战争"》，第305—309页。

[②] 学者大都认为福蒂斯丘作为王座法庭大法官身居高位，但凯克维奇认为出身导致他长期充当王政高级奴仆，没能深刻地参与政治。Margaret Kekewich, *Sir John Fortescue and the Governance of England*, pp.52–53, 60–61.

苏格兰期间（1461年夏—1463年6月），福蒂斯丘针对英格兰王位继承问题，即约克王权的合法性展开讨论，相继完成多篇政论文。[1]他多次公开挑战爱德华四世政权合法性，一再重申亨利六世的正当性。[2]1463年9月，福蒂斯丘随女王等人撤退到法国圣米耶附近的科厄城堡（Castle of Koeur），在这里创作了《论自然法的原理》[3]。第二，福蒂斯丘担负起教导王子的重任。1468—1470年，他完成《英国法律颂》，肯定英格兰普通法的优越和实用性，并引导爱德华王子体悟"善政"与统治的艺术。第三，承担了对法外交工作。福氏曾多次造访巴黎，起草了四份递交法国宫廷的备忘录，约定双方利益交换细则。1470年7月，他陪同玛格丽特王后、爱德华王子一道，协助达成《昂热协定》（Anger Agreement）。1471年5月4日，缺乏实战经验的爱德华王子同萨默塞特公爵率军在特沃克斯伯里（Tewkesbury）迎战爱德华四世，王子在溃败中丧生，王后同福蒂斯丘相继被俘，沦为阶下囚。

盛传将被执行绞刑的福蒂斯丘，凭借《有关在苏格兰发表的某些作品的声明》获得了谅解，向昔日仇敌爱德华四世俯首称臣，为后者奉上辅佐其治国理政的《英格兰的统治方式》。克莱蒙勋爵认为，爱德华四世怜悯福蒂斯丘年岁已高、不再具有威胁性，还希望借助他的宣传以彻底否定兰开斯特的合法性，

---

[1] 主要有《论马奇伯爵爱德华的合法性》（*De Titulo Edwardi Comitis Marchie*，拉丁文/完整）、《论约克家族的合法性》（*Of the Title of the House of York*，英语/残篇）、《为兰开斯特家族的合法性辩护》（*Defensio Juris Domus Lancastrie*，拉丁语/残篇）和《对约克王权的回应》（*A Defence of the House of Lancaster: Otherwise Called A Replication to the Claim of Duke of York*，英文/完整）。Sir John Fortescue, *The Governance of England*, Charles Plummer, ed., p.74; Margaret Kekewich, *Sir John Fortescue and the Governance of England*, p.160.

[2] Margaret Kekewich, *Sir John Fortescue and the Governance of England*, Appendix I, pp.271-275.

[3] Sir John Fortescue, *The Governance of England*, Charles Plummer, ed., p.78; Paul E. Gill, "Politics and Propaganda in Fifteenth-Century England: The Polemical Writings of Sir John Fortescue", *Speculum*, Vol. 46, No. 1 (1971), pp.333-347; Margaret Kekewich, *Sir John Fortescue and the Governance of England*, pp.176-178.

外国制度史

才赦免了他。① 对福蒂斯丘来说，归顺新朝有个人秉性、现实因素和政治诉求等多重因素。

首先，福蒂斯丘本性务实，这突出表现在他的地产安排。1450年1月2日，福蒂斯丘代表他的女儿莫德②同罗伯特·科波特爵士（Sir Robert Corbet）的幼子（父子同名）订立婚约。双方商定：罗伯特11—21岁期间，享有其父持有的诺福克郡的小唐纳姆庄园（Manors of Little Downham）大部分收入；福蒂斯丘监护该庄园并有权支取用度。婚约如若取消，福蒂斯丘将取得近300马克的收入。③ 类似的是，第二次圣阿班斯战役爆发前两周，他紧急宣布其名下地产已经是寡妇产，以确保其财产的安全。④

其次，福蒂斯丘对兰开斯特家族的希望落空。1470年10月，亨利六世复辟，约克大主教乔治·内维尔（George Neville，约1432—1476年）官复原职，任大中书令；这正是福蒂斯丘在流亡朝廷中的职位。福氏曾在信件中流露不满："（现任大中书令）不会再凭借运气取得封授，还将失去官职、不再担任英王的代理人，丢掉世俗之中持有的财产。"⑤ 再者，爱德华王子殒命阵中、亨利六世去世，预示着兰开斯特家族复辟无望。

最后，挺立英王，协助其施行善政是他长久以来的政治抱负。他先后创作

---

① Sir John Fortescue, *The Work of Sir John Fortescue*, Thomas Fortescue, Lord Clermont ed., London: Printed for Private Disteribution, 1869, pp. xxxvi-xl.
② 福蒂斯丘第一任妻子是伊丽莎白·拜特（Elizabeth Brytte），1427年她去世时尚未成年，没有子嗣。之后，他和伊莎贝拉·杰米斯（Isabella Jamys）育有马丁（Martin）、莫德（Maud）等三名子女。
③ Devon Record Office, Reference: 1262M/FS/1.
④ Cora L. Scofield, "Sir John Fortescue in February 1461", *The English Historical Review*, Vol. 27, No. 106 (1912), p.322.
⑤ 《威尔士王子爱德华致沃里克公爵书》（*Articles Sent by Edward, Prince of Wales, to the Earl Warwick*）。旨在辅佐亨利六世重建秩序，要求御前会议限制亨利六世无节制的封授，当尽力维持一个低花销、人数少的内廷。Margaret Kekewich, general ed., *The Politics of Fifteenth Century England: John Vale's Book*, p.224.

两本《君王镜鉴》(Mirror for Princes)[①]书籍，分别上呈兰开斯特的爱德华王子和约克王朝的爱德华四世；在比较英法之政制的基础上，凸显英格兰"政治的和君主的统治"之优越性，为英王的统治提供了细致的参照。所以，为兰开斯特家族摇旗呐喊、斡旋奔走多年的福蒂斯丘，会在复辟希望破灭后，转而效忠新朝。

上述考察表明，福氏曾先后效忠于兰开斯特王朝和约克王朝，深谙此时王政运作，亲历了玫瑰战争的血腥和王朝鼎革的沧桑，也曾亲自观察和体验过法国政制，这些经历成为他思考英格兰治乱兴衰的实践源泉。同时，他也没有盲目地倒向兰开斯特家族或约克家族，而是依据时势追随于心目中的统治者左右。这正是理解其政治思想的基础。

二、福氏政治思想的"自相抵牾"与核心意蕴

福氏的政体理论已有学者梳理，[②]但对他的政治思想的解读仍有待加深，其学说中的"自相抵牾"，或是"矛盾"是可靠的切入点。既往研究者大都注意到了福氏文字中的"矛盾"，并将之归因"社会环境的转变和其漫长的职业生涯，他的自利、年老、不规范引用和后人传抄"[③]；从而忽略了书写表述矛盾背后所蕴含的巨大张力。这里将聚焦其作品的"矛盾"，发掘其成因，继而把握其政治思想的核心意蕴。

三种政体的划分和英、法政制比较是福氏政治思想的中心议题，"自相抵牾"亦萌发于此。福蒂斯丘在《论自然法的原理》中提出三种政制的划

[①] Jean-Philippe Genet, *Four English Political Tracts of the Later Middle Ages*, London: University College London Press, 1977, p. ix; Margaret Kekewich, *Books of Advice for Princes in Fifteenth Century England with Particular Reference to Period 1450–1485*, Ph. D. Thesis, Open University, 1987.

[②] 孟广林：《试论福特斯鸠的"有限君权"说》，《世界历史》2008年第1期。

[③] Margaret Kekewich, *Sir John Fortescue and the Governance of England*, p.259.

分，[1]并将"政治的和君主的统治"和"王家政治"（dominium regale）分别和英、法两国政制对应。[2]他试图证明那些施行"政治的和君主的统治"的君主并不逊色于"王家政治"的国王，他们拥有同等的权力和自由（potentiae et libertatis）。[3]事实上，两种类型的君主和法律，其权力、效力并不一致，尤其是在处理"民众尚未认同或不认同的事"之时。这是福氏学说中的第一处"矛盾"。

福蒂斯丘为此进行了一些补缀。首先，他巧妙地进行了概念偷换。他写道："没有王国显贵（chief man）的同意，靠着政治的方式统治的国王不能修订法律。"[4]理论上，本该取得民众认同方可的法律执行，现在却悄然转换成为国王同"显贵"商定的产物。其次，他引入了"罪"（sin）的理念进行修补。"要知道犯罪的能力不属于权力，而是一种危险的无能和奴役，就像失明或忽视美德（virtue）的能力一般。犯'罪'并不是权力或自由，就像人变老或腐朽一般；犯'罪'的人不能被称作拥有绝对的权力，如死人不能称为人一般。"[5]此外，王家政治的君主往往还会沦为暴君。最后，他提出"政治的和君主的统治"下的法律更加良善。"王家律法"治下的法兰西，作为"世界上最肥沃的国家"，其人民衣衫褴褛、食不果腹，担负着沉重的劳役；这些苦难的

---

[1] "王家统治"即国王的意愿就是法律，他不用取得民众的同意，如上帝一般统治；"政治的统治"优于前者，是靠着众人的智慧和商议形成的政府；"政治的和君主的统治"兼具上述两种政制之优点，国王依据经民众同意的法律治理。Sir John Fortescue, *The Work of Sir John Fortescue*, Thomas Fortescue, Lord Clermont ed., pp.205-207.

[2] Sir John Fortescue, *De Laudibus Legum Anglie*, S. B. Chirmes, ed., pp.24-33; Sir John Fortescue, *The Governance of England*, Charles Plummer, ed., pp.109-118.

[3] Sir John Fortescue, *The Work of Sir John Fortescue*, Thomas Fortescue, Lord Clermont ed., pp.216-218.

[4] Sir John Fortescue, *The Work of Sir John Fortescue*, Thomas Fortescue, Lord Clermont ed., pp.86, 216.

[5] Sir John Fortescue, *The Work of Sir John Fortescue*, Thomas Fortescue, Lord Clermont ed., pp.87, 216-217.

民众无力保家卫国。英格兰虽为岛国,却在"政治的和君主的律法"治下结出了良善的果实,这里的人民富裕,他们生活富足、孔武有力。①

这种张力在他运用"政治有机体"(Body Politic)嵌套英格兰政制时依然存在,此为其学说中第二处"矛盾"。福蒂斯丘在《英国法律颂》第 13 章中引入了"政治有机体"概念,并将英王、民众和法律纳入这个隐喻。②"当一个族群(people)欲建立其政治实体时,一个统治者是必需的,他在王国中是国王(regendo/king)。如自然之体由胚胎长成、由头颅发号施令一般;这王国由民众而来,成长为一个神秘之体,像头颅般进行统治。""哲人亚里士多德有言,心脏是生命之源,血液蕴于其中、输送全身,各处由此苏醒生长。政治之体亦如此,人民的意愿是其生命之源;合乎人民利益的政治筹谋,由心脏输送至'头颅'和各部,政治之体也因此焕发。"③"法律好似自然身体上的神经(nervi)④,人们借着律法成为一个民族,就像自然身体通过神经维系起来,神秘之体通过法律建构并维系。"⑤"如同自然身体的头颅不能改变它的神经,不能拒绝正常的身体机能和血液的给养。王作为政治有机体的首脑,也不能随意改变法律,违背他人意愿或是剥夺他们的财物。"⑥

福氏的有机体隐喻中,民众的意愿成为国王权力的来源,如血液般从心脏流淌至头颅,国王为实现"公共福祉"(utilitas publicum)而治。法治成为

---

① Sir John Fortescue, *The Governance of England,* Charles Plummer, ed., pp.113–116.
② Sir John Fortescue, *De Laudibus Legum Anglie*, S. B. Chirmes, ed., pp.30–33.
③ Sir John Fortescue, *De Laudibus Legum Anglie*, S. B. Chirmes, ed., p.31.
④ 克莱姆斯和谢利·洛克伍德对"nervi"一词的翻译有着不同的意见:克莱姆斯将其翻译为"神经"(nerves),洛克伍德主张应当译作"肌腱"(sinews)。依次可见 Sir John Fortescue, *De Laudibus Legum Anglie*, S. B. Chirmes, ed., p.31; Sir John Fortescue, *On the Law and Governance of England*, Shelley Lockwood, tran., ed., Cambridge University Press, 1997, p.21。笔者以为,福蒂斯丘尤其强调意志在政治形体中的作用,因而维持"神经"的译法。
⑤ Sir John Fortescue, *De Laudibus Legum Anglie*, S. B. Chirmes, ed., p.31.
⑥ Sir John Fortescue, *De Laudibus Legum Anglie*, S. B. Chirmes, ed., pp.31–33.

全体共有、协商之事，它包含着整个政治体的意愿、商讨与赞同，缺失国王的意志也不能进行。民众在建构政治有机体的过程中，没有让渡所有的权利，他们的意图反映在诸如议会和御前会议等代议机构之中，政府成为一个公共事业。① 经典的有机体隐喻帮助福氏进行理论建构，也有力地钳制了他的思考。

福蒂斯丘建构的有机体有预设不当、过度拔高和限定读者等局限性。第一，为了回避国王作为有机体头颅却不能随心所欲的诘问，他声称国王拥有不会犯罪的"天使属性"（character angelicus），其统治目的和民众意愿同为"公共福祉"（bonum commune）；预设了以贵族为主体的代议机构同民众的意愿具有一致性。第二，神秘之体的普遍性和英格兰政制的独特性难以弥合。有机体隐喻不是福蒂斯丘的独创，② 这种神学政治理论在15世纪西欧基督教国家较为常见，巴黎大学校长让·热尔松（Jean Gerson, 1363—1429年）同样热衷法兰西神秘之体。③ 福氏借此凸显的英格兰政制、王权的独特性值得商榷。第三，福氏的这番论述旨在供兰开斯特的爱德华王子阅读。《英国法律颂》意在教育储君。面对尚且年幼的爱德华王子，他在这里讨论的英王，很大程度上是理想的。这也解释了他为什么在归降约克家族的爱德华四世后，进献《英格兰的统治方式》，将更多笔墨投注于实践之中。④

强行对等英法两种政体中的国王和机械地运用政治有机体隐喻对照英格兰政治现实是福氏的政治思想最突出的矛盾。造成此种冲突的主因有二：其一，时代话语的深刻印记。福氏的政治思想发轫于"自上而下的神权政府理论

---

① Sir John Fortescue, *On the Law and Governance of England*, Introduction, p. xxix.
② 福蒂斯丘有机体隐喻的来源有圣经、亚里士多德和索尔兹伯里的约翰等几种说法。A. D. Harvey, *Body Political: Political Metaphor and Political Violence*, Cambridge Scholar Publishing, 2007, pp.18-24; Ellis Sandoz, Sir John Fortescue, "Securing Liberty through Law", in *The Politics of Truth and Other Untimely Essays: The Crisis of Civic Consciousness*, University of Missouri Press, 1999.
③ Ernst W. Kantororwicz, *The King's Two Bodies: A Study in Medieval Political Theology*, Princeton University Press, 1957, pp.218-220.
④ Sir John Fortescue, *On the Law and Governance of England*, pp.92-123.

同自下而上人民政府理论"①的角逐之中。他的政治思想一定程度上是"上流向"和"下流向"两种取径裹挟下的产物。他没有彻底地倒向其中一方，而是结合其时复杂的政治现实予以糅合。他吸收托马斯主义（Thomism）的给养，大胆地援引亚里士多德的作品，将民众视作国王的权力来源。但他也没能跳出基督教的划定的范式，论证多源于圣经，为"王家政治"在英格兰的施行留有余地。②其二，对王权的暧昧态度。福氏在比较英法政制和处理有机体隐喻时，不断强调英格兰王权的"有限性"，以凸显英格兰政制之于法国的优越性。然而，他深谙英国王权羸弱、经济上困窘，以至于难以驾驭桀骜不驯的"超级臣属"，这导致了中古后期英格兰政局动荡。所以，他渴望重建王政，呼唤强有力且物质基础雄厚的英王。这激发了其政治思想中难以调和的"矛盾"。可以说，福氏的政治思想是他运用中世纪晚期思想话语，针对英国内外形势，诉求明君和针砭时弊的产物。

三、福氏的献策与中古后期英格兰政治

福氏被誉为"第一位以现实政治作为自己写作对象的中世纪思想家"，他的学说关切其时代的政治现实，是认识中古后期英格兰政治不可或缺的一面镜子。福氏晚年写作的《英格兰的统治方式》是其漫长政治生涯的总结，依据他所见弊政、兼与法国类比后，为重建英格兰王政献策。透过福氏聚焦的问题及

---

① 理论出自中世纪史名家沃尔特·厄尔曼（Water Ullmann, 1910—1983 年）。他认为中世纪西欧政治思想发展的趋势可以用"上帝膏立国王"的神权式"下流向"和"民众选举国王"的人民式"上流向"，这两种趋势的此消彼长来概述。Water Ullmann, *A History of Political Thought: The Middle Ages*, Harmondsworth: Penguin Books Press, 1965.

② 这一判断可在《英国法律颂》第 13 章,《论自然法的原理》第 6、10、22—27 章,《英格兰的统治方式》第 3—5 章找到支撑。依次见 Sir John Fortescue, *On the Law and Governance of England*, pp.20-23; Sir John Fortescue, *De Laudibus Legum Anglie*, pp.195-196, 200-201, 213-220。

其对策，或能更深刻地解读中世纪晚期英格兰政治。

总的来说，他建议通过划定英王收支、要求羁勒臣属和改组御前会议（King's Council）以重塑王权。福氏将英王的支出区分为：包括为维持其身份的内廷（Household）支出、王庭官员薪水、苏格兰边境和加莱的军费等常规用度；以及外交、犒赏、个人消费和行使君王御敌治民责任的非常规支出。为了满足如此庞大的支出和维持王室的富足，王国内的大贵族、庄园领主和领主自营地是一个可靠的收入来源，不应过分搜刮民众。同时，当避免随意封授、将犒赏限定在领受者生命周期内以维持君权财富。他旗帜鲜明地反对贵族坐大、痛陈其危害："当臣属如君主般强大，他便会觊觎并攫取君权。人们往往为这犒赏所动，盲目追随；编年史上布满了这等事件。我们的国家近来也有这样的事情发生。"最后，他建议选任兼备德行和智慧的俗人和僧侣各12人常任，英王每年选取教俗贵族各4人，共同构成御前会议，协助英王施政。①

福氏提出的这些举措，直指中世纪后期英格兰政治的积弊。国王的财政问题、"超级臣属"的过度膨胀和英王的治理能力不足都在这一时期的历史中找到支撑。其中，福氏将财政问题视作英格兰动乱的根源，防止权贵坐大、改组御前会议和民众税收等问题也大都围绕着经济因素展开："（如若）英格兰各级贵族所拥有的生计（livelihood）同王的一样多，这是有失妥当的，对王也是非常危险的……谁能发放更多的金钱和犒赏，人们就会跟随谁，编年史上写满了这样的事情。"②中世纪政治史名家卡朋特指出："他相信金钱是当时英格兰混乱无序的政制问题之根源。作为15世纪政治生活的指南，（他的判断）毋庸置疑。"③

诚如福氏所言，财政问题是中世纪晚期英王无法回避的难题。"君权"（crown）收入不足常常伴随着兰开斯特王朝，尤其危及亨利六世的统治。税

---

① Sir John Fortescue, *On the Law and Governance of England*, pp.94–117.
② Sir John Fortescue, *On the Law and Governance of England*, pp.100–101.
③ Christine Carpenter, *Locality and Polity: A Study of Warwickshire Landed Society, 1401–1499*, Cambridge University Press, 1992, p.6.

收锐减和王室借贷最终导致兰开斯特政府在1450年破产，这无疑是它被推翻的原因之一。[1] 对于兰开斯特君主而言，封建收入、君权的世袭资源（crown's hereditary resources）、税收是最主要的收入来源，到15世纪时，前两项"充其量只能满足其国内开支"[2]；税收几乎是英王收入的四分之三之多[3]。但这种巨大的收入往往诉诸战争需要，和英王作为"战士"的天职捆绑在一起，建立在英王和王国共同体的共识之上。这种税收体制提供战争经费的同时，也有效地阻碍了中世纪英王将征税扩展到和平时期，或拓宽征税对象。[4] 所以，亨利五世能够募集资金发动对外战争，即便在漫长的"幼主期"（minority, 1422—1437年），"战争的号召力减弱……同时土地退化和羊毛出口的急剧削减带来了税基减少，税收依旧维持了在法国近二十五年的防御战"。伴随着1453年对外战争的结束，亨利六世失掉了重要的收入来源。收入不足的英王转向了借贷，"三个爱德华时期，英王已经开始向意大利的银行家族借贷……但兰开斯特王朝时期，英王向男爵、主教、商人、骑士、从骑士，甚至市镇文职人员借贷，每年高达成千上万镑"[5]。财政困窘最终让亨利六世成为"这片土地上最贫困的领主"[6]。

福氏对兰开斯特王朝财政危机的认识是深刻的、符合史实的，他的对策颇有针对性；如若将中古后期英格兰政局动荡仅归因于经济动因则略显片面。15

---

[1] G. L. Harriss, "Political Society and the Growth of Government in Late Medieval England", *Past and Present*, No. 138 (1993), p.40.

[2] G. L. Harriss, "Political Society and the Growth of Government in Late Medieval England", p.44.

[3] 据麦克法兰统计，1336—1453年，英王超过四分之三的收入来源于直接和间接税的征收。K. B. Mcfarlane, *England in the Fifteenth Century, Collected Essays*, The Hambledon Press, 1981, pp.142-143.

[4] G. L. Harriss, "Political Society and the Growth of Government in Late Medieval England", pp.40-43.

[5] K. B. Mcfarlane, "Loan to the Lancastrian King: The Problem of Inducement", *The Cambridge Historical Journal*, Vol. 47, No. 1 (1947), pp.51-68.

[6] Sir John Fortescue, *On the Law and Governance of England*, p.92.

世纪的英格兰，王权在神性、公共和个人领域全面溃败，贵族坐大以致混乱不断，其根源在于封建制度对于国王个人的高度依赖。即便福蒂斯丘竭尽全力为英王进谏，甚至提出以"国王的会议"为中心的制度设计，但这所有的一切都建立在"政治神秘体必有一头颅"的基础之上。福蒂斯丘无法冲破时代和制度赋予的枷锁，所以他的政治思想充满了"自相抵牾"的意味，其实践前景自然是晦暗不明。

四、结语

福蒂斯丘目睹了剧烈王朝鼎革后，放弃了对兰开斯特家族盲目的忠诚，转而将自己在漫长政治生涯中所见所思，融汇在15世纪的政治话语之中，上呈新王。其政治思想中难以处理的两对矛盾——两种政体对应的君王权力、政治有机体头颅与民众意愿间难以调和的冲突，一定程度上皆源于无法合理地革除神授的个人统治者造成的弊政。15世纪下半叶短短的五十年，英格兰国王六次易主，五次透过血腥的暴力方式实现。"即使王位频繁易主，但王权的必要性从未被质疑，其理论根基亦未曾改变。"[1]而所谓的将国王个人和王位区分开来的"有限君权"（Limited Monarchy）理论也无力应对这种局面。[2]即便如此，福氏的思考也对随后的英格兰政制颇有启发。学者们曾一度误将福蒂斯丘的政治思想视作"新君主制"的源泉，如今书籍史的研究提出爱德华四世和亨利七世并没有机会阅读到福氏的作品；[3]但他们改善王室财政、羁勒贵族和拔擢新人，则从侧面印证了福氏面对中古后期政治乱局思考和献策的合理性。

---

[1] G. L. Harriss, "The King and His Subjects", in *Fifteenth-Century Attitudes, Perceptions of Society in Late Medieval England*, Rosemary Horrox, ed., Cambridge University Press, 2008, p.13.

[2] 孟广林：《试论福特斯鸠的"有限君权"说》，《世界历史》2008年第1期。

[3] Margaret Kekewich, *Sir John Fortescue and the Governance of England*, pp.236-237.

永恒的在场

——但丁《神曲》在文艺复兴时期的多元接受路径

周施廷(中国人民大学历史学院)

在但丁逝世七百年后,《神曲》仍然被视为意大利的文学经典,这与其在文艺复兴时期的多元接受历程有紧密联系。瑞士文化史家雅各布·布克哈特曾经说过:"在14世纪来临之后,但丁便把所有其他诗人抛在了身后。"[1]然而,作为流放诗人的但丁在《神曲》成书之前已经逝世,人们对作品的总体认知,主要来自于十四五世纪人文主义者对它的关注和阐释。人文主义者通过构建物质形态和语义形态两条相互呼应的接受路径,开创了文艺复兴时期文本传承的一个典型案例。

但丁的接受史,在21世纪成为学界备受关注的话题之一,大体上可分为三条研究路径。第一,但丁在《神曲》中对维吉尔的接受。多位学者从文本分析的角度,探讨但丁在《神曲》中对《埃涅阿斯纪》的借用与改写,譬如加拿大学者马西莫·韦尔迪基奥(Massimo Verdicchio)撰写的论文《但丁和维吉尔笔下的愤怒和想象》。[2]第二,文艺复兴时期的文本接受。牛津大学中世纪研究专家西蒙·吉尔森(Simon Gilson)在2018年出版的著作《意大利文艺复兴时期的但丁阅读:佛罗伦萨、威尼斯和"神圣诗人"》,探析人文主义者对但丁作品的阅读、引用和摹仿。[3]第三,近现代以后的文本接受。德国学者

---

[1] Jacob Burckhardt, *Die Cultur der Renaissance in Italien*, Basel: Schweighauser, 1860, p.155.
[2] 参见 Massimo Verdicchio, "Anger and Imagination in Dante and Virgil", *Italica*, Vol. 95, No. 4 (Winter, 2018), pp.535-550。
[3] 参见 Simon Gilson, *Reading Dante in Renaissance Italy: Florence, Venice and the "Divine Poet"*, Cambridge: Cambridge University Press, 2018。

弗朗西斯卡·迈尔（Franziska Meier）编写了《1800年后的但丁接受史》，英国约克大学的尼克·哈弗里（Nick Havely）教授出版了《十九世纪的但丁》和《长十九世纪的但丁》两部论文集。[1]由此可见，学者们在文本比较和文本接受上都做了细致研究，然而对作品存续方面的关注则不够充分。

近年来，得益于数字人文技术的出现，《神曲》的研究材料在广度和深度上都有极大的拓展。在抄本方面，意大利但丁协会（Società Dantesca Italiana）建立"但丁在线"（Dante Online）网站，提供《神曲》抄本目录和33份数字化版本。[2]在印刷本方面，英国圣安德鲁大学安德鲁·佩蒂格里（Andrew Pettegree）教授建立"通用短标题目录"（Universal Short Title Catalogue）数据库，收录来自8 500个图书馆、档案馆和博物馆的印刷出版物信息，可供查询《神曲》在文艺复兴时期的出版数据。[3]在评注本方面，普林斯顿大学但丁研究专家罗伯特·霍兰德（Robert Hollander）建立"达特茂斯但丁计划"（Dartmouth Dante Project）数据库，收集了近七百年来超过75个《神曲》评注文本。[4]因此，本文将借助这些数字人文资源，从作品存续的角度，梳理《神曲》在文艺复兴时期的传播过程，继而考察人文主义者的多元接受路径。

一、试读与成书：早期的传播历程

《神曲》在但丁在世时尚未成书，据同时代相关记载显示，但丁的朋友们曾阅读过《神曲》的部分内容。目前可追溯的第一位"试读者"是弗兰西

---

[1] 参见 Franziska Meier (Hrsg.), *Dante-Rezeption nach 1800*, Würzburg: Königshausen & Neumann, 2018; Nick Havely (ed.), *Dante in the Nineteenth Century*, New York: Peter Land, 2011; Aida Audeh and Nick Havey (eds.), *Dante in the Long Nineteenth Century*, New York: Oxford University Press, 2012.

[2] http://www.danteonline.it/italiano/home_ita.asp.

[3] https://www.ustc.ac.uk/.

[4] https://dante.dartmouth.edu.

斯科·达·巴尔贝里诺（Francesco da Barberino）。巴尔贝里诺出生在佛罗伦萨，和但丁一样都是古典学者布鲁托·拉蒂尼（Brunetto Latini）的学生。他继承了拉蒂尼的写作风格，著有一部百科全书式的伦理学作品《爱的文献》（Documenti d'Amore），于1313年完成。① 全书分为三个部分，在第二部分"通俗文学"中，巴尔贝里诺提及但丁《神曲》中包含《地狱篇》。② 由于但丁是在1306年开始动笔撰写《地狱篇》，③ 所以很可能他曾经把部分内容告诉过巴尔贝里诺，一般学者也认为，《地狱篇》在1317年前以独立篇章的形式在博洛尼亚流传。④

埃里希·奥尔巴赫指出，博洛尼亚是意大利最早接受普鲁旺斯诗歌（Provenzalische Dichtung）的地区之一，普鲁旺斯诗歌由弗里德里希二世（Friedrich II）的宫廷带入意大利南部之后，迅速传播开来，在亚平宁半岛上掀起现代意义上的第一次文学运动。作为运动的第一批参与者，但丁和其他意大利诗人之间以诗学为纽带，建立起了紧密又神秘的伙伴关系。⑤ 他们的小团体"甜蜜新风格"（Dolce Stil Novo）成员包括：圭多·圭尼泽利（Guido Guinizelli）、圭多·卡瓦尔康蒂（Guido Cavalcanti）、齐诺·达·皮斯托亚（Cino da Pistoia）和但丁。但丁在《炼狱篇》第24歌中曾借卢卡诗人波纳君塔（Bonagiunta）之口，对他们的团体作以下评价："那吟出新韵诗的人，开

---

① 参见 Dante Gabriel Rossetti, *Dante and His Circle: With the Italian Poets Preceding Him, Vol. III*, London: Ellis and White, 1874, pp.263-265。

② 参见 Justin Steinberg, *Accounting for Dante: Urban Readers and Writers in Late Medieval Italy*, Notre Dame: University of Notre Dame Press, 2007, p.59。

③ 参见 Giorgio Inglese, *Vita di Dante: una biografia possibile*, Roma: Carocci editore, 2015, pp.92-98。

④ 学者们的依据是，在博洛尼亚政府的一份写于1317年的文件上，发现有一位托斯卡纳公证人抄写过《地狱篇》的部分内容。参见 Catherine Keen, "Dante's Fortuna: An Overview of Canon Formation and National Contexts", in Giulia Gaimari (ed.), *Ethics, Politics and Justice in Dante*, London: UCL Press, 2019, p.132。

⑤ Erich Auerbach, *Dante als Dichter der irdischen Welt*, Berlin: Walter de Gruyter, 2001, p.35。

头是：'懂得爱情真谛的少女少妇们啊……现在我看到症结了，为什么'公证人'、吉托内（Guittone）和我，总是无法拥有那甜美新风格。"①其中公证人指的是贾科莫·达·伦蒂尼（Giacomo da Lentini），伦蒂尼、吉托内和波纳君塔都是西西里派诗人，与但丁所属的佛罗伦萨派虽然在风格上存在一定差异，但是他们创作的情感却是互通的。意大利各地的诗人，通过诗歌在13世纪下半叶紧紧地联系在一起。这种亲密关系，让流放中的但丁感到一种强烈的归属感，因而在《神曲》中也多次提到他的诗人朋友。②

另一位重要的试读者是维罗纳领主坎格兰德·德拉·斯卡拉（Cangrande Della Scala），他也是《神曲·天堂篇》的受题献者。③据薄伽丘在《但丁传》（*Trattatello in laude di Dante*）中记载，但丁在完成《天堂篇》的部分内容后，会首先把稿件寄给坎格兰德过目。"这是但丁的习惯，在完成六到八首歌之后，在其他人看到之前，他会把它们寄给他最尊敬的坎格兰德，然后没有看过的人，可以再向但丁请求一份抄本。"④虽然无法确定但丁是在何时养成这个习惯，但研究者告诉我们，坎格兰德自1312年12月起出任维罗纳的帝国长官，是但丁在流放期间最重要的保护人之一。在坎格兰德的保护下，但丁于1312

---

① "Purgatorio XXIV. 50-57", in Dante Alighieri, *Purgatorio*, trans. Jean Hollander and Robert Hollander, New York: Anchor Books, 2004, p.530. 文中所引《神曲》中译文，均在朱维基译本（上海译文出版社2007年版）的基础上改写。

② 圭多·圭尼泽利在《炼狱篇》第11歌和第26歌出现，圭多·卡瓦尔康蒂在《地狱篇》第10歌和《炼狱篇》第11歌被提及。参见 "Purgatorio XI. 97-99, XXVI. 92-99", in Dante Alighieri, *Purgatorio*, pp.236, 580; "Inferno X. 52-72", in Dante Alighieri, *Inferno*, trans. Robert Hollander and Jean Hollander, New York: Anchor Books, 2002, pp.186-188; "Purgatoria XI. 97-99", in Dante Alighieri, *Purgatorio*, p.236。

③ Peter Dronke, *Dante and Medieval Latin Traditions*, Cambridge: Cambridge University Press, 1986, p.1.

④ Giovanni Boccaccio, "Trattatello in laude di Dante", in Giovanni Boccaccio, *Opere in Versi,* Rome: Istituto della Enciclopedia Italiana, 2004, pp.633-634.

年至 1318 年一直居住在坎格兰德的维罗纳宫廷里。[1] 或许是从这时候开始，坎格兰德成了《天堂篇》的第一位读者。[2]

但丁曾经对坎格兰德述说过他写作《神曲》的构思。在去世前的最后一封信件《致坎格兰德信》(*Epistola* XIII) 中，他介绍了《神曲》的整体框架和写作要旨，写作时间是在 1317 年至 1320 年。[3] 在信中，但丁作了以下描述：

> 《神曲》的形式是双重的，一是作品的形式 (forma tractatus)，二是处理的形式 (forma tractandi)。作品的形式是三卷本，按照内容划分为三层结构。第一个层面是把整部作品分为三首颂歌。第二个层面是把每首歌分成三个乐章。第三个层面是把每个乐章划分成三个押韵单位。处理的形式是诗意的、虚构的、描述性的、离题的、发散性的，与此同时还是确定性的、分裂性的、自证性的、不可能的和例证性的。这部作品的标题是"但丁·阿利吉耶里的喜剧从这里开始"。[4]

介绍完《神曲》的主体结构之后，但丁告诉坎格兰德，"喜剧"(comedia) 的词源含义包括了"乡村"(comos) 和"歌曲"(oda)，因此，它的意思是"乡间歌曲"，不同于其他叙事和悲剧，"喜剧是一种诗意的叙事"。[5] 接下来，但丁谈到《神曲》三部曲各自的主旨：因为《地狱篇》是第一部，所以开端是

---

[1] 参见 Michael Caesar, *Dante: The Critical Heritage*, London: Routledge, 1989, p.89。

[2] 《神曲》写作时间分为三个阶段，《地狱篇》是在 1304—1308 年或者 1306—1308 年，《炼狱篇》是在 1308—1312 年，《天堂篇》是在 1316—1321 年。所以，《天堂篇》的写作时间跨度与但丁在维罗纳居住的时间吻合。参见 Robert Hollander, *Dante: A Life in Works*, New Haven: Yale University Press, 2001, p.91。

[3] 参见 Richard Lansing (ed.), *The Dante Encyclopedia*, London: Routledge, 2010, p.26。

[4] Dante Alighieri, *Das Schreiben an Cangrande della Scala, Lateinisch-Deutsch*, Hamburg: Felix Meiner Verlag, 1993, S. 10—12.

[5] Dante Alighieri, *Das Schreiben an Cangrande della Scala, Lateinisch-Deutsch*, S. 12.

可怕、散发着令人掩鼻的气味；因为以《天堂篇》为终结，所以结尾是美好愉悦的。在语言方面是易懂和谦卑的，这是一部用俗语写成的作品，连女性都能看懂。① 在信中，但丁也表达了自己要将《天堂篇》献给坎格兰德的意图，"我发现没有比《神曲》中以'天堂'为题的颂歌更加适合您高贵的地位，因此，我将它题献给您"②。由此印证了坎格兰德是《天堂篇》第一位读者的观点。③

《神曲》是在但丁逝世之后由他的两个儿子汇集成书的。按照佛罗伦萨法律的规定，但丁在1315年被判处流放之后，他的儿子也必须跟随他一同离开。④ 据薄伽丘描述，雅各布（Jacopo）和皮耶罗（Pietro）在父亲离世后，从他房间的墙壁里找到了《天堂篇》的最后13歌：

> 他们发现那里有一张草席盖在了墙壁上面，当他们小心翼翼揭开草席之后，发现了一个他们两人从来没有看到过的小洞。在那里，他们发现了一些手稿，所有的手稿都因为墙壁的湿气发霉了，由于稿件发霉的缘故，他们在那里逗留了一会儿，小心地清除掉手稿上的霉雾，然后，他们阅读了这些手稿，发现这就是他们一直在寻找的那13歌的手稿。⑤

至此，《神曲》全本由两人持有。据19世纪学者皮埃尔·德西德里奥·帕

---

① Dante Alighieri, *Das Schreiben an Cangrande della Scala, Lateinisch-Deutsch*, S. 12-14.
② Dante Alighieri, *Das Schreiben an Cangrande della Scala, Lateinisch-Deutsch*, S. 6.
③ 但丁在《天堂篇》第17歌中称赞坎格兰德的行为极为高尚，他的声誉无人能及，即使他的敌人也不得不称颂他的伟大。参见 "Paradiso XVII. 76-87", in Dante Alighieri, *Paradiso*, (trans.) Robert Hollander and Jean Hollander, New York: Anchor Books, 2008, p.458。
④ 但丁是在缺席的情况下于1315年11月6日被处以流放，他的儿子们也包括在法令之内。参见 Barbara Reynolds, *Dante: The Poet, the Political Thinker, the Man*, New York: I. B. Tauris, 2006, p.327。
⑤ 薄伽丘：《但丁传》，〔意〕薄伽丘、布鲁尼：《但丁传》，周施廷译，广西师范大学出版社2008年版，第80—81页。

索里尼（Pier Desiderio Pasolini）考证，"雅各布·阿利吉耶里的作品中显示，在但丁逝世八个月后左右，《神曲》完整成书，他的儿子和弟子们感觉到但丁死而复生了"[1]。不久之后，雅各布成为第一位《神曲》评注本的撰写者。[2] 他在但丁逝世后开始动笔，作品取名为《但丁〈地狱篇〉评注》（1322年）。[3] 这份评注仅对《地狱篇》进行了解释，写作的语言为意大利语。

随后，雅各布在1322年4月将《神曲》的抄本和他撰写的《评注》一并献给拉文纳前领主小圭多·达·波伦塔（Guido Novello da Polenta），波伦塔是但丁生前最后的赞助人。此时，波伦塔刚出任博洛尼亚长官，或许是这个原因，《神曲》从拉文纳传播到博洛尼亚。[4] 由于流放者但丁的名声尚未恢复，连同他的儿子们也都没有选择返回故乡佛罗伦萨居住。因此，雅各布写作的目的主要有两点：一是给缺乏哲学训练的人们提供阅读指引。由于《神曲》文本的复杂性和晦涩性，他的评注可以帮助一般读者把握和理解诗歌的内容和寓意。二是争取为已逝的父亲恢复名誉。雅各布在《评注》的序言中说明自己是但丁"最小的儿子"，他的父亲是一名"声名远扬的哲学家"，而《神曲》是一部"献给世界的新的、普遍的成果"。[5] 雅各布的《评注》在博洛尼亚受到热烈的欢迎和高度的评价，也从此开启了《神曲》评注本的传统。此外，他将正文按照三韵体（terza rima）为单位划分、与分析段落相结合的评注方式，也

---

[1] 参见 Sherry Rouch, *Speaking Spirits: Ventriloquizing the Dead in Renaissance Italy*, Toronto: University of Toronto Press, 2015, p.72。

[2] 在撰写《评注》之前，雅各布曾经写作过两份分析《神曲》结构的文章，然后才决定只对《地狱篇》评注。参见 "Jacopo di Dante", in Richard Lansing (ed.), *The Dante Encyclopedia*, p.533。

[3] 参见 Jacopo Alighieri, *Chiose alla cantica dell'Inferno de Dante Alighieri*, Firenze: R. Bemporad, 1915。

[4] 参见 Jane Chance, *Medieval Mythography,* Volume 3: The Emergence of Italian Humanism, Eugene: Wipf and Stock, 2000, pp.51-52。

[5] Jacopo Alighieri, *Chiose alla cantica dell'Inferno de Dante Alighieri*, p.21.

成为后续《神曲》评注本的主要格式之一。[①]

人文主义者对但丁的接受状况，受到佛罗伦萨政治、经济和社会因素的影响。在1328年，佛罗伦萨经过数年来一系列的政治改革，终于建立起稳定的共和政体[②]。据史家乔凡尼·维兰尼（Giovanni Villani, 1276—1348年）在《佛罗伦萨编年史》（*Nuova Cronica*）中记载，佛罗伦萨在14世纪30年代进入高速发展阶段，"男孩和女孩的识字人数为8 000至10 000人，会使用算盘计算的儿童人数为1 000至1 200人，四所语法和逻辑学校的学生有550至600人"[③]。另外，城市里的银行数量达到80所，还有300名商人在外地经商，城市外部地区也都处于佛罗伦萨的控制之下。[④] 政治和经济上的良好形态，带动了文化领域的全面发展。然而，随着城里贫富悬殊的状况越发严重，突如其来的财富也引发了人们深层的忧虑，而但丁早在《地狱篇》第16歌中就向佛罗伦萨人民发出警告："暴发户和突来的财富，佛罗伦萨哟，在你里面产生了你已经为之流泪的骄傲和奢侈。"[⑤] 但丁对现实事务的思考，强烈地触动了商人们的神经，他抓住了佛罗伦萨文化中最敏感而又脆弱的核心：眼前的政治稳定和经济富庶，是短暂而又易逝的，它无法带来民族和国家的统一，无法结束亚平宁半岛上分裂的局面，即使是伟大的诗人但丁，也无法走上回家的道路。

---

① 参见 Anna Pegoretti, "Early Reception until 1481", in Zygmunt G. Baransk, Simon Gilson (eds.), *The Cambridge Companion to Dante's Commedia*, Cambridge: Cambridge University Press, 2019, p.246。

② Marvin B. Becker, "The Republican City State in Florence: An Inquiry into Its Origin and Survival (1280-1434)", *Speculum* Vol. 35, No. 1 (Jan., 1960), p.45。

③ Giovanni Villani, "Libro Undecimo, Capitolo XCIII", in Giovanni Villani, *Istorie Fiorentine di Giovanni Villani*, Milano: Nicolò Bettoni e Comp., 1834, p.442。

④ 参见 Giovanni Villani, "Libro Undecimo, Capitolo XCIII", p.442。

⑤ "Inferno XVI, 73-75", in Dante Alighieri, *Inferno*, pp.298-299.

二、抄本与印刷本：物质形态的变迁

《神曲》物质形态的转变以 15 世纪 60 年代为界，划分为抄本和印刷本两个阶段。在抄本时代，人文主义者参与文本载体的制作、传播和保存，为后续的印刷时代奠定基础。抄本的文本样式和分布范围，说明《神曲》在 14 世纪上半叶已经初具发展为经典文本的趋势。在《神曲》原件已经遗失的情况下，米兰特里乌尔齐亚图书馆（Biblioteca dell'Archivio storica e Trivulziana）收藏的抄本"MS Trivulziano 1080"成为最早的版本之一。[①] 该抄本于 1337 年由弗朗西斯科·迪·赛尔·纳尔多（Francesco di Ser Nardo）在佛罗伦萨抄制而成。此外，巴尔贝里诺一般被认为是《神曲》早期传播最关键的人物之一，他在佛罗伦萨建立的作坊生产了上百份《神曲》抄本。[②] 这些抄本统称为"百册版"（Officina del Cento），在字体、大小和页面设计上十分规范精致，带有典型的 14 世纪下半叶佛罗伦萨多明我修会的手稿样式。[③]

据"但丁在线"数据库显示，现存的《神曲》抄本数量共有 827 份，制作时间是在 14—15 世纪，分布在 120 个城市。[④] 按照收藏数量排列的话，这些城市包括：佛罗伦萨（263 份）、梵蒂冈（70 份）、米兰（38 份）、巴黎（38 份）、罗马（36 份）和威尼斯（34 份）。其中佛罗伦萨的洛伦佐图书馆（Biblioteca Medicea Laurenziana）是全世界收藏《神曲》抄本最多的地方，

---

① Milano, Archivio storico civico e Biblioteca Trivulziana, Trivulzio, Triv.1080, https://manus.iccu.sbn.it//opac_SchedaScheda.php?ID=50142.

② 参见 Simon Gilson, *Dante and Renaissance Florence*, Cambridge: Cambridge University Press, 2005, pp.7-8.

③ 参见 K. P. Clarke, "Sotto la quala rubica: 'Pre-reading the' Commedia", *Dante Studies*, No. 133 (2015), p.148.

④ 参见 Tutti i Manoscritti della Commedia, http://www.danteonline.it/italiano/codici_indice.htm.

共有132份。有学者指出,《神曲》的抄本在14世纪下半叶已经超出意大利半岛,传播范围相当广阔,所及之处一直延伸至英格兰的剑桥。① 下面以佛罗伦萨洛伦佐图书馆所藏的抄本"Pluteo 90 sup.125"(后称"普卢泰奥本")来说明14世纪抄本的基本状况。

"普卢泰奥本"由巴尔贝里诺在14世纪中期抄写完成,大小为37.5×27.5厘米,全本由三部分组成。第一部分是《地狱篇》的6页残片(1r-6v);第二部分是《神曲》三部曲(7r-80v),《地狱篇》的范围为第12—34歌,《炼狱篇》的范围为第2—33歌,《天堂篇》的范围为第1—9歌、第21—33歌。第三部分是波爱修的《哲学的慰藉》(83r-101r)。页面分为两栏,每页抄写行数为39行,大写首字母为红蓝双色金底"叶饰字体"(foliate),分段首字母带有水印,三韵体的大写字母和首字母染有黄色。② 巴尔贝里诺作坊制作抄本样式:页面对开和大量留白,说明他的目标客户是有购买力的富裕阶级,然而,人文主义者制作的"自用"抄本,有一些在大小和设计上都采用了简化处理。

人文主义者薄伽丘一共制作了四份抄本,三份由他本人持有,一份赠送给了彼特拉克。③ 由他亲自抄写的《神曲》抄本亦藏在洛伦佐图书馆,编号为"Riccardiano 1035"。④ 该抄本是薄伽丘在1363—1365年按照手中抄本制作的第二份抄本。原因是他把前一份抄本在1351—1353年送给了彼特拉克,

---

① 参见 Anna Pegoretti, "Early Reception until 1481", p.250。
② Pluteo 90 sup.125, http://www.danteonline.it/italiano/codici_frames/codici_nav.asp?img=147/Img/001r。
③ 薄伽丘在14世纪40年代从那不勒斯来到佛罗伦萨之后,便大力推广但丁作品,此时佛罗伦萨也发展成为《神曲》抄本的制作中心。参见 Annalisa Cipollone, "A Text in Exile: Dante's Divine Comedy", in Carlo Caruso (ed.), *The Life of Texts: Evidence in Textual Production, Transmission and Reception*, London: Bloomsbury Academic, 2019, p.103。
④ "Riccardiano 1035", http://www.danteonline.it/italiano/codici_frames/codici.asp?idcod=321.

这份抄本现藏于梵蒂冈图书馆，编号为"Vaticano Latino 3199"（后称"梵蒂冈本"）。①

薄伽丘决定将《神曲》抄本送给彼特拉克的原因是，后者在一封信件中表示自己"不曾拥有但丁的任何作品"，而且在谈论但丁的时候，隐去他的名字，称呼但丁为"由于诗歌风格而广受欢迎，但写作的方式有待质疑，我们的老乡"②。为了让彼特拉克读到《神曲》的原文，从而改变对但丁的看法，薄伽丘将自己的抄本寄给了他。

彼特拉克持有的"梵蒂冈本"随后发展成为印刷本的底稿。该抄本在他逝世后由女婿弗朗西斯卡洛·达·布洛萨诺（Francescuolo da Brossano）继承，在维斯康蒂（Visconti）家族、贝尔纳多·本博（Bernardo Bembo）和彼德罗·本博（Pietro Bembo）手中流传后，③彼德罗·本博在此基础上新制作了一份抄本"Vat. Lat. 3197"，④然后再将该抄本交给威尼斯著名印刷商阿尔都斯·马努提乌斯（Aldus Manutius），最后在1502年以"但丁的三韵诗"（Le terze rime di Dante）为题整理后出版。⑤

通过比较33份抄本⑥可以发现，十四五世纪的《神曲》抄本具有以下三个特点。第一，缮写者分为两类。他们的身份为专业缮写者或人文主义者，前

---

① "Vat.lat.3199", https://digi.vatlib.it/view/MSS_Vat.lat.3199.
② Francesco Petrarca, "Fam. XXI, 15", in Francesco Petrarca, *Rerum familiarium libri XVII-XXIV*, Baltimore: The Johns Hopkins University Press, 1985, pp.202-203.
③ 参见 Giancarlo Breschi, "Il ms. Vaticano latino 3199 tra Boccaccio e Petrarca", in *Studi di filologia italiana*, Vol. 72, Firenze, Le Lettere, 2014, pp.95-118。
④ "Vat.lat.3197", https://digi.vatlib.it/view/MSS_Vat.lat.3197.
⑤ 参见 Deborah Parker, *Commentary and Ideology: Dante in the Renaissance*, Durham: Duke University Press, 1993, p.137。
⑥ 33份抄本来自以下地区：日内瓦的科隆（1份）、科尔托纳（1份）、佛罗伦萨（23份）、伊莫拉（1份）、米兰（2份）、佩鲁贾（1份）、皮亚琴察（1份）、皮斯托亚（1份）、圣达尼埃莱（1份）。其中23份是14世纪抄本，10份是15世纪抄本。参见 Manoscritti della Commedia visionabili, http://www.danteonline.it/italiano/codici_indice.htm。

者的抄本风格明显,长于绘制插图,更为华丽精美。后者的抄本大多与巴尔贝里诺本的风格颇为接近,版面非常简洁,仅有大写花体红蓝两色首字母,以黑色墨水书写正文,没有作者肖像或叙事性插图。第二,抄本上没有署名。大部分抄本上没有留下缮写者的信息,其中仅有 10 份抄本的缮写者身份是明确的,他们为:罗慕洛·洛多维奇(Romolo Lodovici)、菲利波·维拉尼(Filippo Villani)、巴尔贝里诺(2 份)、切塔尔多(Giovanni Ciatini da Certaldo)、加尔瓦诺(Maestro Galvano)(2 份)、薄伽丘、瓜尔迪(Guido di ser Francesco Ghuardi)、安东尼奥·达·费尔莫(Antonio da Fermo)。[1]第三,正文和评注结合。十四五世纪的抄本有正文本和评注本两种。前者为单栏或双栏设计,后者的版面采用镶嵌式风格,分为内外两圈。内圈为正文,按照三韵体首字母大写排列书写,外圈为评注,按照左右两栏分布,抄写者有时身兼评注者,有时分为两人。譬如佛罗伦萨里卡迪图书馆(Biblioteca Riccardiana)所藏的"Riccardiano 1005"抄本,缮写者为加尔瓦诺,评注者为雅各布·德拉·拉纳(Jacopo della Lana)。[2]

佛罗伦萨在抄本制作上领先于其他城市,然而在印刷出版上却出现了截然相反的情况。印刷术在 15 世纪下半叶传入意大利,[3]多个城市都在拥有技术后开始制作《神曲》的印刷本。福利尼奥(Foligno)、曼图亚和威尼斯三个城市 1472 年同年出版《神曲》,其中第一份《神曲》印刷本是由印刷商约翰·纽麦斯特(Johann Neumeister)在福利尼奥制作完成,而佛罗伦萨的第一本印刷本直到 1481 年才出现,远远落后于其他意大利城市。在文艺复兴时期,《神曲》的印刷本共有 20 个版本,出版地为:威尼斯(9 版)、佛罗伦萨(3 版)、那不

---

[1] 关于缮写者和其他人员的身份信息,查阅自 *Enciclopedia Italiana di Scienze, Lettere ed Arti*, https://www.treccani.it/。

[2] "Riccardiano 1005", http://www.danteonline.it/italiano/codici_frames/codici.asp?idcod=302。

[3] 参见 Theodore Low De Vinne, *The Invention of Printing*, London: F. Hart & Company, 1877, p.500。

勒斯（2 版）、布雷西亚（1 版）、布尔戈斯（1 版）、福利尼奥（1 版）、曼图亚（1 版）、米兰（1 版），里昂（1 版）具体出版状况请见下表：

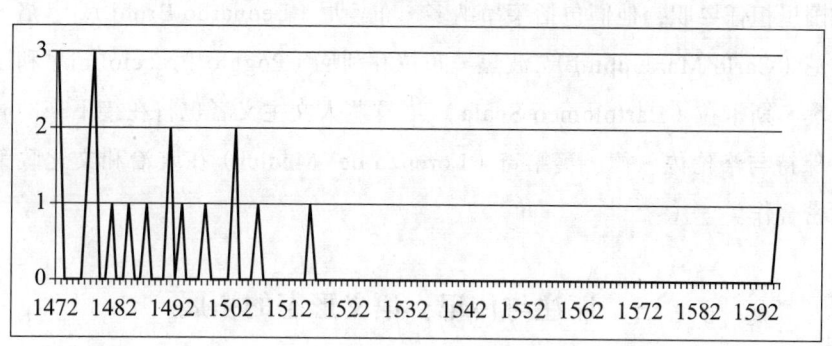

表1 《神曲》出版状况表（1472—1595年）[①]

从表中可见，《神曲》在15世纪下半叶迎来了一段出版热潮，仅在威尼斯一地，便出版了9版《神曲》。然而，进入16世纪之后，《神曲》的出版数量大幅度减少，在长达一个世纪的时间里，只出版过5个版本的《神曲》。

如果要对15世纪下半叶的出版热潮进行解释的话，原因有两点：一是与人文主义者对《神曲》在语义形态上的接受存在紧密联系；二是美第奇家族在佛罗伦萨实行的文化保护政策，有效地推进了人文主义的平稳发展。首先，当薄伽丘在1373年10月至1374年1月期间，为佛罗伦萨民众公开讲述《地狱篇》的前17首歌后，《神曲》在文学、诗学、神学以及道德教化上的重要价值，已经为意大利人民所普遍认可。[②] 佛罗伦萨以外地区的人文主义者不仅亲自前往聆听薄伽丘的讲解，[③] 同时他们也将在接下来的时间里为《神曲》撰写传记和评注，发展出一条独特的以副文本为载体的接受路径。其次，柯西莫·德·美第奇（Cosimo de' Medici）于1444年在佛罗伦萨的圣马可修道院

[①] 参见 Universal Short Title Catalogue, https://www.ustc.ac.uk/。
[②] 参见 Deborah Parker, *Commentary and Ideology: Dante in the Renaissance*, p.175。
[③] 参见 Louis M. La Favia, "Benvenuto da Imola's Dependence on Boccaccio's Studies on Dante", *Dante Studies*, No. 93 (1975), pp.161-175。

外国制度史

（San Marco）建立意大利最大的公共图书馆，他购入的400份手稿，对文艺复兴运动的发展起到了决定性的奠基作用，而美第奇家族与人文主义者之间的关系也变得越发紧密。柯西莫运用他的影响力，协助多位人文主义者在佛罗伦萨共和国里担任要职，他们包括莱昂纳多·布鲁尼（Leonardo Bruni）、卡洛·马苏皮尼（Carlo Marsuppini）、波焦·布拉乔利尼（Poggio Bracciolini）和巴托洛梅奥·斯卡拉（Bartolomeo Scala）。[1] 这些人文主义者也将在接下来的时间里，保持与洛伦佐·德·美第奇（Lorenzo de'Medici）在政治和文化政策上的紧密合作。

三、评注与传记：语义形态的拓展

从《神曲》正文本衍生而来的副文本，分为评注和传记两种，它们与正文本之间存在着并生关系。因为副文本在诞生之后，会作为后续正文本版本的序言或附件一同出版。人文主义者撰写的副文本，大多完成于15世纪下半叶之前，贯穿了抄本时代和印刷时代。这些作品一方面为《神曲》的存续和传播起了关键性的推动作用，另一方面也构建了但丁研究和《神曲》文本研究的基本体系，同时它们也由于《神曲》的出版而得以在十四五世纪重新复活。这些副文本，按照写作目的可分为三类，第一类是为但丁的流放平反。薄伽丘撰写的《但丁传》是第一部但丁传记，初稿写于1351—1355年，后曾两度修改，最后完成于1370年左右。[2] 薄伽丘写作的目的，是要以同时代人的身份，为伟大诗人但丁的俗语写作正名，同时详细介绍他的生平和流放，以及对他没有得到佛罗伦萨公平对待表示惋惜。薄伽丘的这部作品没有单独出版过，而是在

---

[1] Mark Jurdjevic, "Civic Humanism and the Rise of the Medici", *Renaissance Quarterly*, Vol. 52, No. 4 (Winter, 1999), pp.1011-1012.

[2] 参见 Elsa Filosa, "To Praise Dante, To Please Petrarch, Trattatello in laude di Dante", in Victoria Kirkham (ed.), *Boccaccio: A Critical Guide to the Complete Works*, Chicago: University of Chicago Press, 2013, p.213。

1477年附加在《神曲》正文之前，作为序言合并出版。①这种编纂方式，曾经在抄本时期出现过。那不勒斯大学马克·库尔西（Marco Cursi）教授表示，在托莱多藏本"Biblioteca Capitular, ms. 104.6"中，有过薄伽丘《但丁传》作为但丁作品序言（1r-27r）的安排，该藏本制作于1350—1360年左右。在薄伽丘抄写的手稿"Codex Chigiano L.V.176"中，也出现了类似的处理，薄伽丘将自己撰写的《但丁传》置于但丁的《新生》《神曲》《论俗语》之前作为序言，该抄本的制作时间为1360—1363年之间。②因此，薄伽丘的《但丁传》在意义形态的层面上，成为人们认识但丁的第一个步骤，在进入正文本之前，让读者获得对但丁作为意大利民族诗人的身份的明确认识和接受。

美国犹太裔历史学家汉斯·巴伦（Hans Baron）表示，进入15世纪之后，市民人文主义者有意识地对但丁的形象作部分修正。③不同于薄伽丘在《但丁传》对但丁爱情和写作方面的着力描述，布鲁尼在他于1436年撰写的《但丁传》中，转为强调但丁维护共和国团结的公民身份。他指出，拉丁哲学家如西塞罗、瓦罗和塞涅卡，都在共和国的政府里担任职位，"所有的哲学家都异口同声地说，男人，是社会动物。丈夫和妻子组成了人类第一个联盟，正因为这种联盟如滚雪球般不断增加，才是城市的形成有了可能"④。巴伦认为，人文主义者对但丁的平反与西塞罗的复兴密切相关，因为强调公民责任的西塞罗对重建佛罗伦萨的秩序大有裨益。⑤从14世纪下半叶开始，佛罗伦萨先后与米兰、

---

① 参见 Dante Alighieri, *La Commedia*, Venezia: Vindelinus de Spira, 1477。

② 参见 Marco Cursi, "Boccaccio Between Dante and Petrarch: Manuscripts, Marginalia, Drawings", *Heliotropia*, Vol. 14 (2017), pp.11-46。

③ Hans Baron, *In Search of Florentine Civic Humanism,* Volume 1: *Essays on the Transition from Medieval to Modern Thought*, Princeton: Princeton University Press, 1988, pp.18-19.

④ Leonardo Bruni Aretino, "Vita di Dante", in *Opere di Dante Alighieri*, Venezia: A. Zatta, 1757, p. iii；译文来自布鲁尼《但丁传》，〔意〕薄伽丘、布鲁尼：《但丁传》，周施廷译，第104页。

⑤ Hans Baron, *In Search of Florentine Civic Humanism,* Volume 1: *Essays on the Transition from Medieval to Modern Thought*, p.20.

外国制度史

那不勒斯和卢卡爆发军事冲突，虽然最后佛罗伦萨都取得了胜利，但连年战争也让共和统治接连遭遇危机，正如马基雅维利在《佛罗伦萨史》中所言："在1381年至1434年的统治政权，进行了这么多场战争，如果城市能够保持团结的话，将会取得更大胜利。"①

第二类副文本是为但丁的回归造势。佛罗伦萨对但丁态度的转变，与市政府两次试图取回但丁的遗骸的失败有关，也有赖于人文主义者在14世纪末期至15世纪的大力推动。在薄伽丘为但丁的声名平反之后，佛罗伦萨政府逐渐意识将但丁树立为城市文化中心形象的重要性。佛罗伦萨第一秘书厅长官和人文主义者莱昂纳多·布鲁尼，代表城市执政团在1429年2月1日写信给拉文纳统治者奥斯塔西奥·达·波伦塔（Ostasio da Polenta），要求取回但丁的遗骸。虽然他的请求遭到拒绝，但是布鲁尼的举动意味着但丁已经被人文主义者接受。②第二次请求发生在1475年，佛罗伦萨统治者洛伦佐·德·美第奇再次向拉文纳要求取回但丁的遗骸。虽然也遭到拒绝，然而两次请求的接连失败，激发了佛罗伦萨人民要以文化运动的方式，将但丁永远留在家乡的决心。人文主义者纷纷投入复兴但丁的运动，撰写传记性质的作品，譬如安东尼奥·马内蒂（Antonio Manetti）在1440年撰写了《但丁传》（Vita Dantis）③，斐奇诺（Marsilio Ficino）撰写了《赞美但丁》（Ad Dantem gratulatio），后者与克里斯托弗·兰迪诺（Cristoforo Landino）撰写的《神曲》评注，一起作为

---

① Niccolò Machiavelli, *Istorie Fiorentine*, Firenze: Tipografia Le Monnier, 1857, p.174.

② 参见 Guy P. Raffa, *Dante's Bones: How a Poet Invented Italy*, Cambridge: Harvard University Press, 2020, p.47。

③ 马内蒂在《但丁传》中，将但丁逝世归咎于威尼斯。他表示，是由于威尼斯向拉文纳领主小圭多·达·波伦塔宣战，于是波伦塔派出但丁作为代表，前往与威尼斯人谈判，可惜无功而返。最后，但丁在回程中由于任务失败，导致心情压抑突然生病，在抵达拉文纳几天之后便去世了。参见 Giannozzo Manetti, "Vita Dantis", in Giannozzo Manetti, *Biographical Writings*, Cambridge: Harvard Unviersity Press, 2003, pp.60-61。

副文本，与正文本合并成集在 1481 年 8 月 30 日于佛罗伦萨出版。①

第三类副文本是为但丁的《神曲》作评注。《神曲》是第一部获得评注的当代作品，以往学者"评注"或者"解经"的对象通常是古代宗教或神话典籍；到了文艺复兴时期，由于《神曲》文本自身的神秘性与复杂性，人文主义者也试图用解经法来理解但丁的诗歌和考察其创作意图。②但丁的阐释者常以一种较为审慎的态度书写评注，他们既继承了前人的分析方法，也更为清晰地认识到自己的评注将同《神曲》一道流传。普遍采用的评注风格可分为两类，一是引文和评注相结合，即三行原文加分析段落，分析段落的长度往往远超原文；二是以篇章为单位的整体分析，不再对原文加以引用。评注风格的变化，或许与《神曲》抄本的编纂存在一定关系，前一种体裁常见于 14 世纪早期的抄本，而在《神曲》全文整理成书之后，接下来的阐释者便停止了引用原文的习惯。

从 1322 年至 1570 年，一共诞生了 32 份《神曲》评注（见表 2）。人文主义者的评注范围分为部分或全文，有些学者仅评注了《地狱篇》（10 位）或《炼狱篇》（1 位）。评述时使用的语言有意大利语（66%）和拉丁语（34%），

---

① 参见 Dante Alighieri, Christophorus Landinus, Christophorus, Marsilius Ficinus, *La Commedia, mit Kommentar, Einführung und Vorreden von Christophorus Landinus. Mit Würdigung Dantes in lat. und ital. Sprache von Marsilius Ficinus. Mit 19 Kupferstichen von Baccio Baldini nach Zeichnungen von Sandro Botticelli,* 30 August 1481, https://daten.digitale-sammlungen.de/~db/0003/bsb00036946/images/index.html。

② 中世纪的"释经法"（Exegesis）主要采用哲罗姆（Jerome）的诠释理论。他在《反鲁菲努》（*Contra Rufinum*）中对评注的功能作以下定义："阐释者要说明作者的立意，要以简单的语言传递作者隐蔽的想法，并在引用前人评论时加以审视作出判读。"雅各布·阿利吉耶里在《但丁〈地狱篇〉评注》中，沿用了哲罗姆的解经法为阐释原则。他在序言中表示，自己将从"寓意"（*allegorica*）的角度对《神曲》文本展开分析。雅各布的寓意分析角度奠定了解析《神曲》文本的主要路径，也为后来的人文主义者继承和发展。参见 St. Jerome, "The Apology against the Books of Rufinus", in *Dogmatic and Polemical Works*, trans. John N. Hritzu, Washington, D. C.: The Catholic University of America Press, 2013, p.79; Jacopo Alighieri, *Chiose alla cantica dell'Inferno de Dante Alighieri*, p.44。

两种语言使用频率在 14 世纪大致均等，从 15 世纪中期开始，评注时皆使用意大利语。评注者来自拉文纳、博洛尼亚、比萨、米兰、佛罗伦萨、那不勒斯和威尼斯等地，说明《神曲》已经成为意大利人文主义者普遍关注的研究对象。其中格拉齐奥洛·班巴利奥利（Graziolo Bambaglioli）是第一位用拉丁语为《神曲》评注的作者（仅《地狱篇》），作品完成于 1324 年。作为博洛尼亚的执政官，顶着前后三任教皇对但丁的谴责，班巴利奥利在评注中对但丁给予高度评价和赞美，起到了重要的澄清作用。[①]

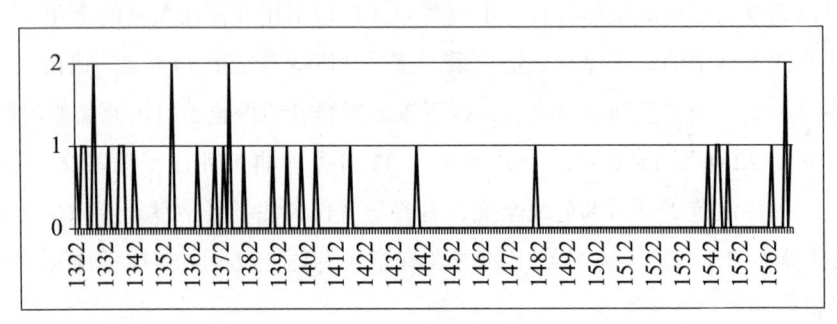

表 2 《神曲》评注本状况表（1322—1570 年）[②]

从表 2 可见，14 世纪的评注本数量明显超过 15 世纪和 16 世纪，总数多达 19 份，15 世纪和 16 世纪的数量分别为 5 份和 8 份。结合成书过程和抄本分布可以看到，《神曲》在 14 世纪早期或以部分流传，或以全书流传，流传的范围甚广，早期大多在佛罗伦萨以外地区，博洛尼亚是其中一个主要研究中心，学者们对《神曲》的推崇和解读，一方面起到了为但丁正名的作用，另一方面也为《神曲》回归佛罗伦萨奠定了基础。值得一提的是，来自博洛尼亚的雅各布·德拉·拉纳是第一位对《神曲》全本评注的学者，而他用意大利语撰写的评注，后来被翻译成拉丁语，在牛津大学的博德利图书馆（Bodleian

---

① 参见 Guy P. Raffa, *Dante's Bones: How a Poet Invented Italy*, p.37。
② 作者在写作时有一定时间跨度，以整部作品完成的最后时间为准。表格内容参见 http://dantelab.dartmouth.edu/commentaries。

Library）和巴黎国家图书馆（Bibliothèque Nationale de France）分别藏有1349年和1351年两份拉丁译文抄本，说明此时不同文化程度的阅读人群都对《神曲》的解读充满兴趣。[1]

另一个关注点，是人文主义者的身份问题。14—16世纪的评注者如弗朗西斯科·达·布蒂（Francesco da Buti）、菲利波·维拉尼、兰迪诺、皮耶·弗朗西斯科·吉姆布拉里（Pier Francesco Giambullari）、圭尼福尔托·德利·巴尔吉吉（Guiniforto delli Bargigi）都拥有教师身份，他们分别在比萨大学（Università di Pisa）、佛罗伦萨学校（Studio Fiorentino）和帕维亚大学（Università di Pavia）等校任教。这种情况符合普林斯顿大学安东尼·格拉夫顿（Anthony Grafton）对评注者的分析。他认为文艺复兴时期评注的发展过程存在两种范式：早期人文主义者会在课堂上逐字逐行讲解文本，最后其见解会以"笔记"（recollectae）的方式保存下来；后期则发展出修订与出版相结合的独立文体，注释既可单独也可与文本合并出版。[2]因此，人文主义对《神曲》的评注，大多来自他们早年的备课笔记，譬如兰迪诺撰写的第一份正式出版的《神曲》评注（1481年），便是来源于他在1462—1463年的授课内容。[3]

到了16世纪，《神曲》的文体研究正式成为人们关注的焦点，彼得罗·本博注意到但丁对拉丁语的有效改造，他的研究角度也成为后世评注者学习的范本。本博在《俗语论》中指出，但丁使用的托斯卡纳方言体系中缺少许多专业词汇，无法用来表达他在写作《神曲》时所要谈论的文化、哲学和神学等复杂主题。为了补充和丰富俗语中缺少的词汇，但丁将拉丁语与俗语二者融合后创

---

[1] 参见 John Aitken Carlyle, *Dante's Divine Comedy: The Inferno*, London: Chapman and Hall, 1849, p. xxv。

[2] 参见 A. Grafteon, "On the Scholarship of Politian and its Context", *Journal of the Warburg and Courtauld Institutes*, Vol. 40 (1977), p.152。

[3] 参见 Arthur Field, "Cristoforo Landino's First Lectures on Dante", *Renaissance Quarterly*, Vol. 39, No. 1 (Spring, 1986), pp.16-48。

造出新的词语。① 因此,《神曲》比传统俗语作品的语言更加优美、词汇丰富,表达手法多样,大大提高了文字的表现力和作品整体的感染力,成为一部运载着新思想和新文化的"混合文体"作品。在本博之后,《神曲》评注者贝尔纳迪诺·达尼埃洛(Bernardino Daniello)表示,但丁是在融合古典、圣经和俗语三种文体的基础上进行创作的,引用过的作家包括:古罗马诗人维吉尔、贺拉斯、西塞罗、塞涅卡、卢坎、斯塔提乌斯和奥维德,中世纪神学家奥古斯丁和阿奎那,古希腊哲学家亚里士多德、柏拉图和波爱修。② 对语言的关注,也与此时古典著作的俗语译本出版热潮有关。③ 当时意大利各地的学院都致力于推广俗语,认为必须打破拉丁语在科学和哲学领域的专属地位,让俗语成为使用广泛的出版语言。④ 在翻译古典作品的过程中,人们也进一步意识到必须借用古典语法才能将知识从一种语言搬运到另一种语言,而但丁正是走在新文体运动最前列的发起者。

结 语

《神曲》的存续,有赖于人文主义者在但丁逝世后的积极推动。由物质形态和语义形态两条路径交织而成的复兴进程,构成了多维度的复调关系,彼此

---

① Pietro Bembo, *Prose della volgar lingua*, Torino: Einaudi, 1966, p.87.
② Simon Gilson, *Reading Dante in Renaissance Italy: Florence, Venice and the "Divine Poet"*, pp.175-208; Deborah Parker, "Bernardino Daniello and the Commentary Tradition", *Dante Studies*, No. 106 (1988), pp.111-121.
③ Brian Richardson, "The Social Transmission of Translations in Renaissance Italy: Strategies of Dedication", in Andrea Rizzi (ed.), *Trust and Proof: Translators in Renaissance Print Culture*, Leiden: Brill, 2018, pp.13-32.
④ Richard S. Samuels, "Benedetto Varchi, the Accademia degli Infiammati, and the Origins of the Italian Academic Movement", *Renaissance Quarterly*, Vol. 29, No. 4 (Winter, 1976), pp.599-634; George Sarton, *The Appreciation of Ancient and Medieval Science During the Renaissance (1450-1600)*, Philadelphia: University of Pennsylvania Press, 2016.

间交叠推进，一同将但丁塑造为历史、文学和文化三重意义上的民族象征。流放，并不是第一次降临在阿利吉耶里家族。在《地狱篇》第 10 歌中，但丁与路人法里纳塔有过一场谈话：

> 我，愿意顺从，并不隐瞒，
> 就对他完全说了出来；
> 他便把眉头略略抬起，
> 接着说道："他们猛烈地反对我，
> 反对我的祖先，反对我的党派；
> 因此我把他们驱逐了两次。"①

但丁的祖先由于是圭尔夫党人，曾被眼前的吉柏林党人逐出城外。② 但丁用答话"就是他们被赶出去了，他们两次都从各方回来"③，搭建起两个并列对立场景之间富有生气的转换。按照奥尔巴赫的分析，但丁的诗句"开头是那样强而有力，掷地有声，气势宏大"④。通过灵活地运用富于戏剧性的崇高文体，但丁将人世间的悲喜无常，以世俗语言中没有的修辞手法加以处理，最后轻柔地用"动词—主语—状语"的串联结构带出因果意义。⑤ 此前俗语中不曾存在过的自我意识，也通过"我以为"（credo che）、"我自己"（da me stesso）这样的句子传递出来，从而表达出他内心的力量和深度。⑥ "回来"，或许是但丁

---

① "Inferno X. 43-48", in Dante Alighieri, *Inferno*, p.186.
② Randolph Starn, *Contrary Commonwealth: The Theme of Exile in Medieval and Renaissance Italy*, Berkeley: University of California Press, 1982, p.35.
③ "Inferno X. 49-51", in Dante Alighieri, *Inferno*, p.186.
④ 参见 Erich Auerbach, "Farinata und Cavalcante", in Erich Auerbach, *Mimesis: Dargestellte Wirklichkeit in der abendländischen Literastur*, Tübingen: A. Francké A. G., 2015, S. 172。
⑤ Erich Auerbach, "Farinata und Cavalcante", S. 172.
⑥ Erich Auerbach, "Farinata und Cavalcante", S. 175-176.

向读者展示的真实愿望。

  对流放诗人但丁和《神曲》的认识，历经三个阶段完成了从知识性到文学性的转化。第一个阶段是14世纪初期到中期，以俗语写成的《神曲》向不谙拉丁语的普通民众，用高雅的笔调提供了大量文化和古典知识，这也是薄伽丘推崇但丁的主要原因之一。第二个阶段是14世纪晚期至15世纪上半叶，但丁的个人魅力和爱国诗人形象得到人们的赞赏，并引发作品的关注热潮。第三个阶段发生在15世纪下半叶至16世纪，美第奇家族对诗人但丁的态度提高了人文主义者研究《神曲》的兴趣。他们在整理和评注但丁作品的过程中，注意到《神曲》中有效调和古典、圣经和俗语三种文体，而正是这种混合文体，让俗语得以摆脱中世纪早期粗糙幼稚的摹仿借用，从而达到作为高等文体的文学的要求，完成了《神曲》从俗语知识著作到俗语诗学经典的文本再定位。[1] 由此，但丁得以成为20世纪诗人和文学批评家T. S. 艾略特所谓的"现代语言中最具有普遍意义的诗人"[2]。作为一部摹仿现实的诗作，《神曲》以拯救之名，将道德、自然和历史三个体系融合于一部作品中，构建起统领人间秩序的道德宇宙观。尘世，不过是永恒的闪现，每一个走入永恒帷幕的灵魂，都将在尘世间的舞台再现。人文主义者的多元接受路径，最终同《神曲》空前丰富的内容和形式相匹配，为这部作品的流传和阐释提供了合适的文本基础。

（本文原刊于《文艺研究》2021年第11期）

---

[1] Cecil Grayson, "Dante and Renaissance", in Richard Lansing (ed.), *Dante: The Critical Complex*, New York: Routledge, 2003, p.88.

[2] T. S. Elliot, "Dante (1929)", *Selected Essays*, London: Faber and Faber Limited, 1948, p.238.

英国的"胡焕庸线"是怎样变化的？
——历史上英格兰经济的板块化演变

刘景华（天津师范大学历史文化学院）

在近代英国崛起的进程中，英格兰经济的板块化演变是个非常突出的现象。世界上主要国家似乎都有这种经济板块化趋向。如法国，自中世纪以来就有南北之分，以巴黎为中心的法国北方无论工商业还是农业都相对发达，而南方较为落后。在意大利，其北部和中部城市工商业和国际贸易发达，是中世纪欧洲最为先进的地区，而亚平宁半岛南部以及西西里岛则以农业为主，经济相对落后，这种格局今天还有明显痕迹。德国的中世纪里，西部莱茵河沿岸、北部汉萨同盟地区、南德意志地区城市工商业和经济各成体系，都有自身的内循环系统和外循环方向，相互间的交往却不太多。近现代美国在经济上也有东北部、南部、中西部、西部等板块。日本有关东、关西等板块。现阶段中国经济也有东部、东北、中部、西部四大板块。虽然板块化不一定是一国经济发展的必然规律，但这种现象普遍出现足应引起重视，其后必定隐藏着多种关联因素，如区位、资源、气候、土壤、交通等条件的作用，经济发展梯度性的规律等。经济的板块化发展或演变反映了此类关联，体现着经济总趋向下的局部变异。

自中世纪迄今英格兰经济的板块化演变大约经历了四个阶段。阶段性变化反映着英格兰经济的状况和走向，与英国经济不断转型存在着较大的互动性。

一、中世纪英国的"胡焕庸线"

中世纪（500—1500年）是英国（英格兰）经济板块化的原初阶段。中世纪英国在经济上只能属于欧洲的三流国家。在这个较长时段，意大利和佛兰德尔在经济上是欧洲的一流国家或地区，法国和德国可算二流。英国纬度较高，农业生产条件不太好；远离国际贸易中心区，城市及工商业也不很发达，越往北经济水平越低。英国的经济史家曾对中世纪英国经济画了一条线。这条线颇类似于中国地理学家胡焕庸画的那条"胡焕庸线"，即从中国东北黑龙江的瑷珲（黑河）到西南云南的腾冲。这条线画出时是20世纪30年代，那时中国人口的96%居于线的东部，西部人口很少，经济也非常落后，而西部的国土面积实际上占全国的57%，东部只有43%。新中国建立以后特别是改革开放以来，中国无论东部还是西部经济社会都有了极大发展，但这条线似乎没有多大改变，仅西边的人口比重略多了点，达到了6%，而经济活动、人口流动（如春运）、信息流动（如网络）仍主要在东部。中世纪英国可以画的这条经济上的"胡焕庸线"，是从英格兰东偏北的沃什湾（The Wash）附近波士顿，直到英格兰西南部的布里斯托尔湾，由此可把英格兰经济分成两块。①

也有经济史家将1500年的英国划分为五个经济区域。② 其中处在线之东南的三个多区域，即东南区、东盎格利亚和西南区，另加东密德兰的北安普顿；线之西北大致包括密德兰和北方区。以伦敦为中心的东南区农业经济比较发达，气候土壤条件较好，生产上是农牧混合经济，工商业也居于领先地位。这一地区除伦敦这个中心外，还包括了所谓近畿诸郡（Home Counties），即肯特、苏塞克斯、萨里、汉普、亨廷顿、白金汉、牛津、赫特福德、贝德福德和伯克郡等，以及埃塞克斯郡和剑桥郡各一部分。东盎格利亚包括诺福克、萨福克两郡，以及剑桥郡和埃塞克斯郡的各一部分。这一地区农业经济水平较高，

---

① 网络上也有人为英国画了条地理版的胡焕庸线，但不是以人口密度和经济水平划分，这条虚拟的线把大不列颠岛划分为低地和高地区域，右边为低地，左边为高地。曼彻斯特位于高地部分，伦敦位于低地部分。https://tieba.baidu.com/p/5972707078?red_tag=1913152263。访问日期：2021年12月20日。

② Peter Clark ed., *The Cambridge Urban History of Britain*, Vol.2: 1540-1800, Cambridge University Press, 2008, pp.131-132.

工商业和对外贸易也有较多发展。西南区包括格罗斯特、萨默塞特、多塞特、威尔特、德文和康沃尔等郡，盛产羊毛等原料，1500年左右成了乡村毛纺业最兴旺的地区。密德兰区主要是农牧业，有莱斯特、拉特兰、德比、诺丁汉、林肯、伍斯特、沃里克和斯塔福德等郡，以及沿威尔士边境的赫里福德郡、什罗普郡。只有北安普顿处于线之东南。北方区包括兰开夏、坎伯兰郡、切郡、威斯特摩兰、约克郡、达勒姆郡、诺森伯兰郡等。

线之西北地区土质条件较差，不适合于农耕，因此农业种植经济极为落后，以畜牧业为主，而且畜牧业水平也不如东南部，因此无论农业还是畜牧业，线西北都比东南要差。故而线西北的北方11郡，虽然其总面积（48 997平方公里）要占英格兰总面积（130 281平方公里）的三分之一多（37.6%），但1290年时仅占全英格兰耕作面积的不到四分之一（24.6%），[1] 这还未论及北方的农业单产量低于线东南。从人口来说，线西北17郡所占英格兰总人口比例1086年为27.61%，1290年为37.07%，1377年为37.65%，[2] 而17个郡的总面积为64 329平方公里，占英格兰总面积差不多一半。线西北农业以牧业为主，最大的羊毛产区密德兰跨线存在，另一大羊毛产区威尔士边区也处于线之西北。但其畜牧水平总体上比东南区低，如优质羊毛主要产于线之东南的科茨沃兹山区以及萨默塞特郡。[3] 所以中世纪英国出口羊毛时，主要来源还是线之东南区所产羊毛。中世纪盛期，英国羊毛一年对外出口大约是三万多大包

---

[1] 该11郡为：柴郡、坎伯兰郡、德比郡、达勒姆郡、兰开郡、诺森伯兰郡、诺丁汉郡、什罗普郡、斯塔福德郡、威斯特摩兰郡和约克郡。参见Stephen Broadberry, Bruce M. S. Campbell, Alexander Klein, Mark Overton and Bas van Leeuwen, *British Economic Growth, 1270–1870,* Cambridge: Cambridge University Press, 2015, p.88。

[2] 除前述11郡外，还应加上西密德兰区的沃里克郡、伍斯特郡和赫里福德郡，东密德兰区的林肯郡、拉特兰郡和莱斯特郡。Stephen Broadberry el., *British Economic Growth, 1270–1870,* pp.23–24.

[3] 〔英〕马丁·吉尔伯特：《英国历史地图》，王玉菡译，中国青年出版社2009年版，第31页。

外国制度史

(sack)，一包羊毛约为164公斤，看起来好像总量比较小，但此时英国人口仅为300万上下，平均每100人出口一包多羊毛，算下来人平出口羊毛达1.5—2公斤，这个量也不算小。中世纪英国羊毛的主要出口港也在线东南，线西北仅约克郡有一个较大的赫尔港，但羊毛出口量不大。

  城市发展也偏向东南，政治中心、文化中心、宗教中心也在东南。早在罗马不列颠时期大约20个城市中，约三分之二位于线之东南，三分之一在线之西北。[①] 中世纪英国工商业发展基本集中在"胡焕庸线"以东以南地区；线西北与外界的经济来往和商业贸易相对较少。如线西北只有约克、诺丁汉、林肯和贝弗利发展了毛纺业，成立了织工行会；线西北犹太人放贷者居住地只有约克和林肯两个城市，[②] 说明能接受贷款发展业务的工商业者很少。14世纪，线西北的毛纺业城市仍只有里彭、哈利法克斯和约克，出口羊毛港口为纽卡斯尔、哈特尔浦和赫尔。[③] 即使中世纪晚期英国呢绒业有较大发展，也主要以线东南为产地。呢绒出口量表明了这一点。1366年米迦勒节至1368年米迦勒节之间，英国各港口出口呢绒总量14 593匹，其中线西北仅有赫尔一城出口呢绒1 431匹，约占10%；1377年米迦勒节至1380年米迦勒节间英国出口呢绒总量为15 449匹，线西北2个港口赫尔和纽卡斯尔仅占1 442匹，不到10%；1392年米迦勒节至1395年米迦勒节间出口呢绒总量43 072匹，线西北2个港口仅出口4 337匹，略超10%。[④] 1470年线西北有12个郡出口呢绒，总量为7 708匹（其中约克郡为4 972匹），占英国呢绒出口总量39 345匹的19.6%，比14世纪末有一些提升。[⑤] 线西北的城市发展比较缓慢，城市人口

[①] D. M. Palliser ed., *The Cambridge Urban History of Britain,* Vol.1: 600–1540, Cambridge Histories Online @ Cambridge University Press, 2008, p.20.

[②] 〔英〕马丁·吉尔伯特：《英国历史地图》，王玉菡译，第26页。

[③] 〔英〕马丁·吉尔伯特：《英国历史地图》，王玉菡译，第31页。

[④] H. L. Gray, "The Production and Exportation of English Woollens in the Fourteenth Century", *The English Historical Review,* Vol. 39, No.153 (1924), pp.13–35.

[⑤] Herbert Heaton, *The Yorkshire Woollen and Worsted Industries,* Oxford: Clarendon Press, 1920, p.85.

少，1377年上交人头税的前15个城市中，只有3个城市处于线之西北，即约克、纽卡斯尔和林肯。[①] 即使到了15世纪晚期，线之西北从事国际贸易的城市仍属凤毛麟角。1478—1482年，英国15个主要港口贸易总额1 431 158英镑，线西北仅列入2个港口，仅占4.52%，其中纽卡斯尔2 063镑，占0.15%；赫尔港62 567镑，占4.37%。[②] 北部最大城市约克，主要因为要与苏格兰对峙，作为英格兰国王经常要去的前哨阵地，同时又是大主教驻地，所以曾是英国第二大城市。靠线的还有个考文垂，但始终没有超过10 000人。即使到了16世纪早年，线西北的城市发展也无大的起色。在1523—1527年的世俗补助税征收中，线西北有8个城市（即考文垂、约克、伍斯特、林肯、赫里福德、赫尔和施鲁什伯利）进入前26名之列，征税总额加起来为2 432英镑，不及伦敦一城（16 675英镑）的六分之一。[③] 当然，线西北工商业亦非一无是处，发展最好的城市之一要数赫尔港口，该城大商人威廉·德·拉·波尔（William de la Pale），曾一次性借钱18 500英镑给国王爱德华三世，其子在理查二世时成为萨福克伯爵（Earl of Suffolk）。1450年前后比较活跃的萨福克公爵，是这个大商人的后裔。[④]

宗教文化方面。大学（牛津、剑桥）和公学（如温切斯特公学）都位于线之东南。[⑤] 中世纪英国城市中，拥有4个托钵修院的，线东南为12个，线西北仅3个（纽卡斯尔、约克、林肯）。[⑥] 只有大主教一南一北，即坎特伯雷大主教和约克大主教。

---

① D. M. Palliser ed., *The Cambridge Urban History of Britain,* Vol.1: 600–1540, pp.758–759.
② D. M. Palliser ed., *The Cambridge Urban History of Britain,* Vol.1: 600–1540, p.477.
③ W. G. Hoskins, *Provincial England: essays in social and economic history,* London: 1963, p.70.
④ C. Knight & P. Smith, *The Popular History of England,* Vol.2: From A.D.1377 to 1547, London: 1879, Chapter 7.
⑤〔英〕马丁·吉尔伯特：《英国历史地图》，王玉菡译，第31页。
⑥ Norman Pounds, *The Medieval City,* Westport: Greenwood Press, 2005, p.95.

二、16、17世纪偏倚伦敦的英国经济体系

16、17世纪是英国在经济上初步崛起的时期。从英国经济发展总趋势看，一方面这时英国与欧洲的国际贸易、大西洋贸易联系密切，受益良多；另一方面英国逐渐整合成了一个统一的国内市场体系和民族经济体系。不过这个体系完全是以伦敦为核心的，它成了全国人员流动和物资流动的中心。它是国内市场商品的集散中心，同时也是进出口中心，货物要到伦敦集中再运出去，进口的东西也大多先到伦敦来，然后再分发到全国各地去。因此伦敦是英国国内市场体系与国际贸易体系相连接的枢纽点。总的来说，正在逐步形成的英国经济体系是向心型的、偏倚伦敦的经济体系。

伦敦是英国对外贸易主要窗口。它依靠国王的特许而垄断了呢绒出口权。地方所产的出口呢绒，必须先运到伦敦，再从伦敦出口。哪怕是沿海口岸，也要先从海路运到伦敦。地方港口则衰落了。16、17世纪英国毛纺业最发达的两个地区呢绒产品都先往伦敦送。一个是西南部乡村毛纺业，生产供出口的优质宽幅呢。国王亨利八世一次出巡时，路上碰到一大队车辆载着呢绒赶往伦敦，那就是伯克郡纽伯里大呢绒商约翰·温奇库姆工场的产品，亨利八世连连惊呼："纽伯里的小约翰这家伙比我还富有！"[①] 另一个是东盎格利亚新呢绒生产区。17世纪基本上是这样，伦敦占了出口的80%以上。17世纪除呢绒外的其他商品出口增加较快，伦敦也不例外。如17世纪中叶，伦敦出口谷物占全国的40%。[②] 1601年伦敦出口的其他商品价值为12万多英镑，1640年

---

① 〔法〕保尔·芒图：《十八世纪产业革命》，杨人楩等译，商务印书馆1983年版，第18页。
② L. W. Moffit, *England on the eve of the Industrial Revolution,* New York: 1925, p.86.

将近69.5万英镑，① 几乎增长了五倍。1660年和1669年，伦敦的出口占英国出口总值的49.7%，1699—1701年，伦敦出口还占英国出口总值的43.7%。② 伦敦也是主要进口口岸，进口比例达全国的70%—80%。16世纪后期，伦敦进口货物总额占全国的2/3至3/4，有时甚至比例更大。③ 1660年和1669年，伦敦的进口占英国进口总值的79.4%，1699—1701年这三年，伦敦进口仍占英国进口总值的79.7%。④ 货物从伦敦上岸后，从陆路海路分发到全国各地。如1628年一年中，伦敦发运了1 001船货物到全国66个港口。⑤ 伦敦还是国际贸易线上的转运中心。如1640年伦敦所转运的货物价值相当于除呢绒外所有出口品价值之和。⑥ 进口商品还在伦敦就地加工或不加工而再出口。1700年，经由伦敦再出口的商品如烟草、糖、胡椒粉、亚麻、白棉布及丝织品等，占伦敦出口贸易总额的38%。⑦ 伦敦是英国国际贸易商人的大本营，各个国际贸易特许公司的国内总部多设于伦敦，国际商路上到处都可看到伦敦转运商人的身影。国际贸易利润回流到国内时，也主要是流回伦敦。外资流入也集中在伦敦，如17世纪晚期英格兰银行成立时一半以上资本来自荷兰人和犹太人。伦敦作为英国海洋贸易港口，17世纪还成了世界上最大的海上保险中心。由于业务量大和航海技术进步快（意味着海难减少），伦敦海上保险的价格在17

---

① F. J. Fisher, "London's Export Trade in the Early Seventeenth Century", *The Economic History Review,* 2nd series, Vol.3, No. 2 (1950), p.153.

② R. Davis, "English Foreign Trade 1660–1700", *The Economic History Review,* 2nd series, Vol.7, No. 2 (1954), p.160.

③ C. G. A. Clay, *Economic Expansion and Social Change: England 1500–1700*, New York: Cambridge University Press, 1984, p.200; R. Davis, "English Foreign Trade 1660–1700", p.160.

④ R. Davis, "English Foreign Trade 1660–1700", p.160.

⑤ T. S. Willan, *Inland Trade, Studies in English Internal Trade in the Sixteenth and Seventeenth Centuries,* Manchester University Press, 1976, p.101.

⑥ F. J. Fisher, "'London's Export Trade in the Early Seventeenth Century", p.154.

⑦ Peter Clark ed., *The Cambridge Urban History of Britain,* Vol.2, Cambridge: Cambridge University Press, 2000, p.321.

世纪里下降了一半多,有的甚至下降了75%,被视为海上保险的价格革命。①

伦敦是国内商品的主要集散地,国内贸易体系都向着伦敦这个核心。从1581年至1711年,伦敦贸易量占全国的80%左右。流往伦敦的商品,除伦敦人消费一部分外,更多的是再发往国内各地。17世纪初,伦敦市政会议员有一半是国内贸易商人。

这一时期,英国成长为民族国家,作为首都的伦敦聚集着越来越多的人口。故而16、17世纪伦敦人口膨胀性增长,两百年里增加了十倍。1510年为5万人,恢复到中世纪最高水平,占全国人口2%;1570年约10万人,占全国2.5%;1600年约20万人,占4.4%;1650年约40万人,占7.8%;1700年57.5万人,占10%左右。伦敦与国内第二大城市人口之比的首位度提高更快:1500年5倍于第二大城市诺里奇,1550年9倍于第二大城市布里斯托尔,1600年18倍于第二大城市诺里奇;1650年20倍于第二大城市诺里奇;1700年20倍于第二大城市诺里奇。②1544年交补助税,伦敦30倍于第二大城市诺里奇,等于所有城镇交税之和。伦敦这种畸形膨胀当时人就已注意到。16世纪末法国人在一场与英国人的辩论中说:"在你们英格兰的国土上,除了伦敦,其他没有一个地方称得上城市。"③17世纪初国王詹姆士一世说,伦敦真像一个佝偻小儿的硕大的头。④18世纪伦敦成为欧洲第一城,繁忙而富有。时人云:"你若厌倦伦敦也就是厌倦了生活,因为伦敦提供了所有的生活。"⑤伦敦的繁

---

① Adrian Leonard, "The Pricing Revolution in Marine Insurance", *The Journal of Economic History,* Vol.73, No.2(2013), pp.571-572.

② D. C. Douglas, *English Historical Documents*, Vol.4, London: 1969, pp.995-996; R. A. Butlin and R. A. Dodgshon, *A Historical Geography of England and Wales,* London: 1978, p.191.

③ E. A. Wrigley, "A Simple Model of London's Importance in Changing English Society and Economy 1650-1750", *Past and Present,* No.37(1967), pp.44-70.

④ J. P. Cooper, *The New Cambridge Modern History,* Vol.4, Cambridge: Cambridge University Press, 1971, p.72.

⑤ C. M. Cipolla, *Before the Industrial Revolution, European Society and Economy 1000-1700,* London: Routledge, 2007, pp.212-213.

荣和膨胀发展不但得益于大西洋国际贸易的兴起，也在于它攫取了全英格兰的财富。如1480—1660年伦敦的172任市长中，158任来自全国各地；1605个重要商人中，92%左右是外地迁来的。[①] 他们在地方上积累的财富当然也带到伦敦来了。

总之，16、17世纪的英国经济体系，实际上是向着伦敦这个核心的。这一向心型模式在后来岁月中还留有痕迹。如到了铁路时代，几乎所有的干线铁路都朝着伦敦修，铁路像蜘蛛网从伦敦向四周伸展出去。哪怕是从英格兰西北去东边，也常常要从伦敦转车，而不是直接通车。现在的伦敦有十大始发火车站，有些火车站都靠在一起，如金斯克罗斯站、圣潘克罗斯站和尤斯顿站。这个经济体系当然主要是肥了伦敦，其他地方还是落后。总之，16、17世纪英国经济水平就像一把张开的雨伞，或像一面斜坡，伦敦好比伞尖或坡顶，离伦敦越远经济水平越低。虽然那条"胡焕庸线"模糊了，但英国经济东南（伦敦及附近）好于西北（离伦敦远）的旧格局没多大改变。

三、18—20世纪英格兰经济两极和三大板块

英格兰这一经济格局开始真正改变是18世纪初即工业革命前。原因主要在于线的西北涌现了三大乡村工业区。一是以曼彻斯特为中心的兰开夏纺织区。兰开夏纺织区包括了毛纺、麻纺，还有后来作为工业革命先锋的棉纺业。棉纺业在曼彻斯特的发展有偶然性。那是16世纪末尼德兰革命的时候，几个安特卫普棉纺工匠移民逃难到曼彻斯特，在那里慢慢发展起棉纺业。曼彻斯特附近并不产棉花，因此最初的棉纺业还是依靠引进印度棉花作原料，后来主要靠美洲的棉花种植园输送。第二个是以利兹为中心的毛纺区，18世纪成为英国最大的毛纺织区。英格兰东部和南部原有两个乡村毛纺区，但西南部毛纺区在17世纪中期开始衰落，东盎格利亚毛纺区在18世纪也走向衰落，毛纺业中

---

① G. D. Ramsey, *Tudor Economic Problem*, London: 1963, p.110.

心转移到约克郡以利兹为中心的西莱丁区,许多毛织工匠还从东盎格利亚迁移到西莱丁。第三个重要的乡村工业区是以伯明翰、达德利为中心的"黑乡"地区,主要兴起铁制品如铁钉铁针等工业。这三个乡村工业区后来都成了工业革命的发源地。除此之外,毗邻还有三个规模较小的乡村工业区,即以纽卡斯尔为中心的达勒姆采煤工业区,以设菲尔德为中心的约克郡南区即"哈兰郡"五金工业区,包含德比郡、诺丁汉郡西部和莱斯特郡北部在内的东密德兰纺织区。由此构成英格兰西部和北部乡村工业带,形成了北方的工业发展一极。这一地带蓬勃发展的乡村工业,成为作为工业革命发祥地的雄厚的生产基础,并在西面通过利物浦港口、西南面通过布里斯托尔港口、东面通过赫尔港口,直接与国际市场相连接。

英国近代城市化最早也开始于这一新的经济极。这里兴起许多工业城镇,有的成长为大城市,仅次于伦敦的英格兰五大工商业城市即曼彻斯特、伯明翰、利物浦、利兹和设菲尔德都兴起于这一区域。此外纽卡斯尔、布拉德福、哈利法克斯、伍尔夫汉普顿,以及东密德兰几个老郡城诺丁汉、德比、莱斯特也成为新兴工业中心(见表1)。

表1 16—18世纪五大新工商业城市的人口增长[①]

城市	年代	人口	年代	人口	年代	人口	年代	人口
伯明翰	1520	1 000	1603	2 000—3 000	1770	30 804	1801	73 000

---

① John Patten, *English Towns 1500–1700*, Folkstone (UK): Dawson Archon Books, 1978, pp.103, 106, 109; L.W. Moffit, *England on the Eve of the Industrial Revolution*, pp.140-141; C. M. Law, "Local Censuses in the 18th Century", *Population Studies*, Vol.23, No.1 (1969), pp.87-100; Irene Hardill, *The Rise of the English Regions? Regions and Cities*, London, Taylor & Francis Routledge, 2006, p.122;〔英〕马丁·吉尔伯特:《英国历史地图》,王玉菡译,第75页;〔英〕G. 巴勒克劳夫、R. 奥弗里主编:《泰晤士世界历史》,毛昭晰、杨巨平等译,新世界出版社、希望出版社2011年版,第201页。

续表

城市	年代	人口	年代	人口	年代	人口	年代	人口
利兹	1550	3 000	1626	5 000—6 000	1775	17 117	1801	53 000
利物浦	1565	700	1642	2 000—2 500	1773	34 407	1800	82 000
曼彻斯特	1550	2 000	1700	5 000	1773	36 250	1801	84 000
设菲尔德			1736	14 105			1801	46 000

而在南面，从18世纪起，伦敦主要发展第三产业，即商业、服务业、工艺、国际贸易、金融业等部门。伦敦与国际贸易和世界市场的联系比较紧密，它的国际化比较强。这是服务业一极。由于伦敦对周边的吸附力太强，辐射能力太强，以致在它100英里（160公里）内的英格兰东部、中部和南部再无工商大城市。

而南北两极之间的广大中间地区，后来就基本上演变成商品化农业区，供应这两极即西北的工业区和东南的第三产业区。即使是这一地带原有的两个乡村毛纺业区，也都变成了商品化农业区，反而是地广人稀。以伦敦及附近的服务业区为一极，西北部的工业区为另一极，两极竞相发展，中间还有为两极服务的商品化农业区，这就基本上改变了英格兰经济发展的偏倚状态。英格兰三大经济板块格局从18世纪一直持续到20世纪七八十年代。以往的"胡焕庸线"也因此真正消失了。

英格兰经济形成了南北凸起、中间凹塌的局面。19世纪中期工业革命基本完成时，若以地均财富水平衡量，排名前十的各郡基本上属于这两个南北区域。出于平衡需要，19世纪后期英国还兴起过"工业南下"运动，在中间农业区发展以农产品为原料的消费工业。

表2 14—19世纪英格兰相关郡地均财富水平排名[1]

地区	郡名	1332	1453	1503	1636	1660	1693	1803	1843
东南区	伦敦（密德尔塞克斯）	2	1	1	1	1	1	1	1
	萨里郡	22	23	22	18	15	2	2	3
	肯特郡	9	11	13	14	4	9	11	6
西北工业区	兰开夏	37	35	35	36	35	35	3	2
	沃里克郡	16	10	17	19	20	12	5	4
	斯塔福德郡	27	28	29	32	33	30	16	5
	伍斯特郡	26	26	26	16	13	14	7	7
	柴郡	…	…	…	32	32	28	9	9
	莱斯特郡	18	18	18	7	18	15	6	10
西南	萨默塞特郡	23	15	16	9	10	13	4	8

表2显示，英格兰39个郡中，排名前十的郡有九个处在这两个区域。西北工业区甚至完全颠倒了排位：兰开夏，排名从1693年第35位上升到1843年第2位；斯塔福德郡（伯明翰所在郡）从1660年第33位上升到1843年第5位；沃里克郡（考文垂所在郡）从1660年第20位上升到1843年第4位；柴郡从1660年第32位上升到1843年第9位。南北在经济水平上基本上构成了平衡。即使是面积庞大、包括了西莱丁毛纺区也包括了东莱丁、北莱丁大面积农场和牧场的约克郡，也从17世纪排第34位，升到了1843年的第20位。反观那些中世纪时期农牧业经济发达、地均财富排位靠前的郡区，工业革命后

---

[1] 根据 E. J. Buckatzsch, "The Geographical Distribution of Wealth in England, 1086–1843", *The Economic History Review*, 2nd series, Vol.3, No. 2 (1950), pp.180–202 中的图表数据重新制表。

大大落伍了。如牛津郡从1334年排第1位，降到了1843年的第15位，诺福克郡从1334年的第3位，降到1843年的第27位，贝德福德郡从1334年的第4位，降到1843年的第26位，伯克郡从1334年的第7位，降到1843年的第18位。①

四、20世纪末英格兰北部的产业空心化及转型

到20世纪末又出现了新的变化：全球化带来的资本外流，产业外移，使得从曼彻斯特到伯明翰到利兹这些西北部老工业区，与美国的铁锈区相似，出现产业空心化现象，到处是废弃的厂房，工作岗位减少了，居民收入大大降低，生活水平下降，甚至还不如中间地带的农村。21世纪初英格兰各区域人均GDP指数明显地反映了这一现象（见表3）。

表3　2004年英格兰各区域人均GDP指数（以英格兰为100）②

区域	面积（平方公里）	所包含的郡（按中世纪区）	人口（百万）	人均GDP指数
伦敦	1 572		7.4	156.2
东北区	1 857	诺森伯兰、达勒姆	2.5	76.1
西北区	14 106	兰开夏、切郡、威斯特摩兰、坎伯兰	6.8	89.9
约克郡	15 408	包括亨伯尔	5.0	86.2
东密德兰	15 697	林肯、诺丁汉、德比、北安普顿、莱斯特、拉特兰	4.3	91.7
西密德兰	12 998	斯塔福德、沃里克、伍斯特、赫里福德、什罗普	5.3	90.3

① E. J. Buckatzsch, "The Geographical Distribution of Wealth in England, 1086–1843", pp.180–202.
② Irene Hardill, *The Rise of the English Regions? Regions and Cities*, pp.105–106.

续表

区域	面积（平方公里）	所包含的郡（按中世纪区）	人口（百万）	人均GDP指数
东部区	19 110	诺福克、萨福克、埃塞克斯、剑桥、赫特福德、亨廷顿	5.5	96.2
东南区	19 069	肯特、苏塞克斯、萨里、伯克、牛津、汉普、白金汉	8.1	109.9
西南区	23 837	德文、威尔特、格罗斯特、康沃尔、多塞特、萨默塞特	5.0	89.0
全英格兰	130 281		50.81	100.00

从表3可以看到，西部和北部最重要的三个工业区（西北区、约克郡和西密德兰）人均GDP指数，都低于全英格兰平均指数（100），曼彻斯特、利物浦所在的西北区（89.9）、伯明翰所在的西密德兰（90.3），不到伦敦（156.2）的六成；也低于东部（96.2）和东南部（109.9）。西密德兰甚至还不如以农业区面貌呈现的东密德兰（91.7）。

中间地带有的农村发展了乡村旅游业。如科茨沃兹山区，旅游业从20世纪后期成为该地的经济新增长点，21世纪更成为这里的第一大经济部门，每年接待国内外一日游旅客3 800万人，创造收入1.3亿英镑，是英国非城市地区经济增速最快的地方。居民收入远高于西北工业区伯明翰、曼彻斯特、利物浦、利兹等大工商业城市。据英国伯克莱银行2007年报告的数据，科茨沃兹户均收入为60 800英镑，是排名前20位中伦敦之外的两个地区之一。① 西北部经济又处于低水平了，"胡焕庸线"似有反转趋势，变回到16、17世纪的局面。

西北区主要城市也力图在经济上转型，然而各有千秋。利物浦向文化、旅

---

① "Cotswolds History and Heritage"，www.cotswolds.info/. 访问日期：2015年12月4日。

游等方面转型,但受到挫折。2004年它申报世界文化遗产成功后,其开发项目、开发计划在遗产地一带持续推进,损害了遗产地的原真性和完整性。笔者游览时见到,它为吸引游客而过度开发老船坞区,在海关大楼前侧修建一座后现代外形的博物馆,割裂了港区视觉天际线,其世界文化遗产"利物浦海上商城"2021年7月被联合国教科文组织除名。[①] 伯明翰则向商业(2004年建成了当时欧洲最大的商业零售中心"公牛铃")、旅游(开发英格兰运河网中心资源)、体育(曾有五支足球队踢过英超)等方面转型,比较成功。曼彻斯特向体育产业等方面转型,如涌现两个著名的足球俱乐部即曼联队、曼城队。设菲尔德向体育产业转型,成为全英第一个国家体育城市,利用优越地理位置举办大型赛事;也向文化创意产业转型,其著名的文化产业区聚集了众多类型的创意产业,如音乐、电台、电影、电视、新媒体、摄影、设计、传统工艺创作和表演艺术等,影响较大。

西北又一次衰落了。衰落了就怪罪全球化,怪罪欧盟东扩、东欧移民进入,更不要说接纳中东难民了,这样就滋生了反全球化的思想倾向。2016年脱欧公投,西北区是脱欧的主要得票区,这里也是主张脱欧的工党的传统势力范围。最近还传出英格兰北部闹独立的声音,国名取"诺森布里亚",还成立了"北方独立党"。伦敦人则不主张脱欧,伦敦居民的国际化很强,他们和欧盟的联系密切。

英国"胡焕庸线"的变动史有如一部浓缩的英国经济变迁史。它反映着英国经济总体的不断发展和转型,也反映了其国内经济同外部世界之关联;在一定程度上,它又强化、固化或改变着英国既有的经济方向和趋势,并有限度地影响和改变其政治文化态势。

[①] 《人民日报》2021年7月23日第16版。

私人法权的介入：中世纪英格兰的城镇化

谢丰斋（天津师范大学历史文化学院）

直到 11 世纪以前，英格兰还处在"以乡村为中心"的时代。[①]然而，进入 11—13 世纪，整个社会便大步跨入到围绕"城镇"运行的时代，并且，城乡之间迅速分离，"城"变成了商品消费的中心和商品流通的集散地，"乡"则变成了城的商业腹地，城乡之间"共生互动"的局面形成。[②]关于城镇化兴起的原因，学术界的主流观点一直将之归因于这个时期西欧内部存在的"大垦荒"和外部出现的东西方贸易。[③]20 世纪 80、90 年代，理查德·布里特纳尔（Richard Britnell）正式提出了"中世纪商业化"的学说，认为中世纪盛期的英国经济存在着货币化、商业化和城镇化的趋势。[④]2011 年，马克·白利（Mark Bailey）在纪念布里特纳尔时还强调："在对大型的、具有重大影响力的城镇所主导的城市史的研究过去几十年之后，历史学家终于认识到了中世纪英格兰小城镇所扮演的角色的重要性。理查德·布里特纳尔在促成这一变化方面发挥了重要影响。他的第一份出版物已经考虑到了埃塞克斯郡小集镇威赛姆的建立及其早期发展，其后来发表的有关商业化的权威性论文和著作又对 12、

[①] G. Davies, "Early Medieval 'Rural Centres' and West Norfolk: A Growing Picture of Diversity, Complexity, and Changing Lifestyles." *Medieval Archaeology*, Vol. 54 (2010), p.89.

[②] 刘景华：《中世纪西欧城市与城乡关系的转型》，《世界历史》2017 年第 6 期。

[③] 谢丰斋：《长途贸易论与内部根源论》，《史学理论研究》2002 年第 3 期。

[④] R. H. Britnell & B. M. S. Campbell, eds., *A Commericialising Economy: England 1086 to c.1300*, Manchester and New York: Manchester University Press, 1994, pp.9-19.

私人法权的介入：中世纪英格兰的城镇化

13世纪的小城镇、市场和集市的扩张进行了系统性的描述。"[1]那么，问题出现了。中世纪英格兰的城镇化是否是仅仅因为经济的迅猛发展即商业化的到来造成的呢？英格兰又为什么会出现如此之多的小城镇呢？而小城镇，甚至微型城镇在中世纪的地位又为什么会变得如此重要呢？显然，关于英格兰城镇化的起因问题，必定还有经济之外的因素存在。笔者的考察发现，英格兰地方领主所拥有的私人法权对中世纪的城镇化，尤其对中世纪的小城镇化有着不可估量的推动作用。正是因为有私人法权存在，英格兰境内才诞生了如此众多的小微城镇。实际上，小微城镇的大量出现才是中世纪城镇化的主要组成部分。

一、什么是领主的"私人法权"？

在讨论城镇化以前，我们首先要明确一个法律上的概念，即"法权"。所谓"法权"，是指法律所赋予的权利，而封建法权便是指封建时代的法律或封建惯例所赋予的权利。那么，什么是封建时代领主的"私人法权"呢？要想从根本上弄清这个问题，需要作一个世界史范围的宏观比较。

中世纪时期，世界各地都还处在以土地为生产资料和生活资料主要来源的时代，土地的领有者或者是地主，或者是领主。领主与地主的区别在于，地主仅拥有大片的土地，并不拥有劳动者的人身；而领主则不仅拥有土地，还同时拥有劳动者的人身。不过，就领主来说，英国或西欧的领主与世界其他地区可能存在的领主又有不同。西欧领主通过"契约"获得了普遍的、得到法律认可的授权，这种权利是合法的、公开的，属于社会的显性权利，不带有任何私密性。领主可以通过这种权利在领地范围内开展任何自己愿意从事的事业，这种权利包括土地权、司法权和可能的政治权利等，因此，西欧领地具有明显的自

---

[1] Mark Bailey, "Self-Government in the Small Towns of Late Medieval England", in Ben Dodds, Christian D. Liddy, eds., *Commercial Activity, Markets and Entrepreneurs in the Middle Ages*, England & Wales: Boydell & Brewer Publishers, 2011, p.107.

治性和独立性；由此也带来了领地与领地之间必然产生的竞争性。这种分封制度和私人权利是我们在世界其他地区所难以看到的。这里，我们不妨就此问题作一个属于前近代的世界范围的比较。

先看中国与西欧的区别。西欧的领地分封不同于中国西周时期的土地分封制度。西周的分封制建立在"宗法制"的基础之上，"胙土分茅"，[1] 即分封的目的是封建诸侯，"以藩屏周"，形成对"天子"的拱卫和保护。其分封制的基础不是"契约"，而是"血缘"；而由血缘引申出来的私人权利属于道德上的义务，而不是法律上的权利。

再看日本与西欧的区别。西欧的领地分封也不同于日本前近代的"幕藩体制"。13世纪时，日本的幕藩体制代替了以天皇为核心的国家体制，分封制开始确立，"藩"就是一个又一个的大领地。不过，日本虽然没有中国的宗法制度，但幕府—藩—武士之间的关系是私密性的，藩受到幕府的严密控制，藩与藩之间不能有任何引起幕府怀疑的联络；而武士作为藩的"御家人"，虽位居四大阶层（"士、农、工、商"）之首，却"不能拥有领地和农奴"。[2] 因此，日本领主在法律上根本谈不上拥有任何合法的、公开的私人法权。

三看中亚、西亚地区与西欧的区别。西欧的领地分封亦有别于中亚和西亚地区在前近代所存在的"扎吉达尔制度"。这种制度也是通过"契约"建立起来的领地分封制度，但其分封的规则常常是"三年一更换"，以避免长期滞留形成割据。因此，中亚、西亚地区的领主也没有西欧领主那样的有法律作保障的稳定的私人法权，封君、封臣之间存在着高度的不信任。

四看印度与西欧的区别。西欧的领地分封亦有别于印度在前近代所存在的"扎吉达尔制度"和"柴明达尔制度"。"柴明达尔制度"是指印度土邦王公的土地分封。由于印度是一个"种姓制"（Caste System）社会，其现存的一切

---

[1] 〔明〕王錂：《春芜记·庆寿》："分茅胙土，赖周天子宠绥；右拂左紫，凭项庄王余烈。"

[2] 〔美〕鲁思·本尼迪克特：《菊与刀》，吕万和等译，商务印书馆2005年版，第44页。

都被神圣化或程式化了,人们把一切可能的变化都看成是既定的程序和义务,因此,分封在印度也是一种程序化的存在,尽管封君、封臣之间可能有"契约"牵线搭桥,但领主的私人权利也已经被程式化了,法律在其中实际上起不了大的作用。

最后看拜占庭即东罗马与西欧的区别。西欧的领地分封同样不同于拜占庭的"普洛尼亚制度"。普洛尼亚制度从 10 世纪开始施行,它是一种监领制度,监领主是官吏,官吏的官俸不是从中央的朝廷支取,而是从监领地的租金中支出,实际上是官僚制的变种。监领地不是官吏的私人领地,待官吏任职期满后,监领地就要被朝廷收回。因此,拜占庭的监领制度实际上只有一种表面上的分封制度,领主的私人法权自然无从谈起。

通过以上比较可以看到,真正的契约性分封实际上仅仅存在于封建时代的西欧。诚如制度学派所指出:东方包括穆斯林世界的制度是偏向于集体主义的,而西方拉丁世界的制度则是倾向于个人主义的。[①] 正是基于这一点,中国清朝末年,严复在翻译《天演论》时,没有将"feudalism"直接译成人们所熟悉的"封建主义",而是音译为"佛特主义"。看来,严复至少已经感知到了西欧封建与中国封建的不同。

那么,西欧领主所具有的私人法权到底是一种什么样的权利呢?我们认为,从根本上讲,这是一种被契约所承认的"主体权利"(Subject Right)。[②] 契约是一种"普世"现象,原是指甲乙双方通过相互协商所达成的一项正式协议,但是,西欧社会的不同在于,这里出现了放之整个社会而皆准的"契约精神",整个社会就是一种契约式社会,正如中国是宗法式社会而印度是种姓式社会一样。上自国王、下至平民乃至依附民,都被普遍纳入到契约链当中。因此,契约关系在西欧至少表现出以下三方面的特征:其一,广泛的"延展

---

① 〔美〕阿夫纳·格雷夫:《大裂变:中世纪贸易制度比较与西方的兴起》,郑江淮等译,中信出版社 2009 年版,第 200 页。
② 参见侯建新《"主体权利":欧洲文明的核心概念》,侯建新《资本主义起源新论》,生活·读书·新知三联书店 2014 年版。

性"。契约关系不仅存在于自由民当中，还可能被延伸到依附民当中。13世纪的法学家亨利·布雷克顿（Henry Brackton）表示："维兰"只是相对于他的领主而言是不自由的，但他可以起诉其领主之外的任何人。[1]其二，普遍的"流动性"。马克·布洛赫说："附庸的臣服是一种名副其实的契约，而且是双向契约。如果领主不履行诺言，他便丧失其享有的权利。"[2]也就是说，封君的优势地位是流动的和暂时的，而不是永久的；封臣也可能随时变成封君，"只要有领地，一个国王甚至乐意做他臣子的封臣"[3]。其三，无限的"叠加性"。例如，在英王爱德华一世统治时期，"罗杰持有罗伯特在亨廷顿郡的土地，罗伯特持有理查德的土地，理查德持有阿兰的土地，阿兰持有威廉的土地，威廉持有吉尔伯特的土地，吉尔伯特持有戴沃吉尔的土地，戴沃吉尔持有苏格兰国王的土地，苏格兰国王持有英格兰国王的土地"[4]。所以，在中世纪的西欧，实际上很难在一块土地上找到一个确定不变的主人，封君—封臣关系处在不断的变动当中，很容易被淡化。

因此，西欧的封君—封臣关系不是我们在世界其他地区经常所看到的"统治式"关系，而只是一种临时的近似"兄弟式"的关系。它不是一方对另一方的单向度的、垂直式的控制，而是双方在自愿基础上达成的关于权利和义务的相互担当，而且"不论哪一方的权利，都是人应享有的权利"[5]。这种权利的拥

---

[1] Paul R. Hyams. *King, Lords and Peasants in Medieval England,* Oxford: Clarendon Press, 1980, p.95.

[2] Marc Bloch, *Feudal Society: Social Classes and Political Organiztaion,* Vol. 2, London: Routledge, 2005, p.172.

[3] 文聘元：《中世纪的故事》，上海社会科学出版社2009年版，第11页。国王接受领地时，不会向臣子行臣服礼，见〔法〕费提埃《法国卡佩诸王》，第80页，转见马克垚《西欧封建经济形态研究》，人民出版社2001年版，第119页。

[4] F. Pollock and F. W. Maitland, *The History of English Law before the Time of Edward I,* Vol. II, Cambridge: Cambridge University Press, 1978, p.233.

[5] 侯建新：《"主体权利"：欧洲文明的核心概念》，侯建新：《资本主义起源新论》，第173页。

私人法权的介入：中世纪英格兰的城镇化

有实际上是对王权的分割，是对国王所享有的统一法权的分割。领主把领地看成是自己的"家国"（family's country），①可以合法地拥有领地上的一切，包括对领地的控制、管理和经营，等等。但是，这种权利又不是僵化的或固定不变的，因长子继承制和一夫一妻制的存在，很可能因继嗣问题而不断出现变更，这又是领主的私事；而上层领主包括国王在内，一旦危害到封臣的利益，让封臣感到难以忍受，封臣又有明确的反抗的权利。1214年，"无地王"约翰危害到了英格兰贵族集团的利益，贵族便联合起来，武力反抗国王，强迫约翰在1215年签订了《自由大宪章》，规定国王在没有得到贵族同意的情况下不得侵占贵族的利益。我们说，这样的权利便是包括英格兰在内的西欧贵族的"主体权利"，即贵族或领主的私人法权。当然，将这种权利落到实处便包括"特许状"授权的"私人财产权利"。

正因为地方领主有这样的权利存在，故而中世纪盛期英格兰的城镇化主要表现为小微城镇化。因为地方领主有权按照自己的意愿在自己的领地上自由设立自己认为合适的小微城镇；那些被称作"城市"的大城镇的营建，一般不在他们的能力承受范围之内，因其需要有更多的财力给予支持，可能只有国王或大领主才能够担当；而小微城镇的自由设立则属于地方领主普遍享有的权利。

二、小微城镇化是中世纪城镇化的主体

应该看到，中世纪英格兰的城镇化主要不是旧的城镇规模的进一步扩张，而是新的小微城镇的大量生成。这是11—13世纪英格兰城镇化的主要特征。

中世纪早期，"城"的概念在英格兰还是"军事要塞"或"主教驻节地"。史学界一般称之为"城的前核心模式"（pre-urban nucleus' model），主要表现为"政治、防卫和宗教地点"，它提供"安全、商品和服务市场"，同时也是"商业、社

---

① Chris Given-Wilson, *The English Noility in The Later Middle Ages*, New York: Loutledge, 1996, pp.160-161.

外国制度史

会与邪教的定期聚集点",多为"大教堂和牧师会堂"。①"城"的大量生成集中出现在1066年"诺曼底征服"至1348年"黑死病"爆发之间的近三百多年间,史学界把这个时间段称之为英国城镇兴起的"黄金时代"。②据坎贝尔估计,1300年前后,英格兰出现的城镇的数量差不多接近1600年即近代早期的水平。③

关于这个时间段英格兰城镇化的构成,研究者的结论曾不断翻新。20世纪60年代,贝雷斯福德(M. W. Beresford)的研究显示:1180—1310年,英格兰城市增加的数量比同等时段的1050—1180年多得多。④至20世纪80年代,波尔顿(J. C. Bolton)的估计认为:从1086年的《末日统计调查》到14世纪的前1/4世纪,英格兰的城市数量增加了一倍。他发现,1296—1336年的"赞助金税册"已经将226个地点作为"市镇"(boroughs)来对待,这个数字加上柴郡、达勒姆拥有的城市和"五港口"(the Cunque),还有领地上新开辟的"种植地"(Plantations),英格兰应该拥有大约300个城市。⑤至20世纪90年代,希尔顿依据1377年的《人头税卷档》(the Poll Roll)提供的资料研究发现,14世纪后期,英格兰的首都伦敦拥有45 000—50 000个居民;而居民在8 000—15 000的城市有4座;5 000—8 000居民的城市有8座;2 000—5 000人口城市有27座;除这些城市之外,英格兰还有大约500个集

---

① John Blair, *Small Towns 600–1270*, 引自 *the Early Middle Ages 600–1300* (Part II), Edited by D. M. Palliser (University of Leeds), Cambriedge: Cambridge University Press, 2000, pp 245。

② J. Thirsk, general ed. *Agrarian History of England and Wales*, V. 4, Cambridge: Cambridge University Press, 1967, p.467.

③ B. M. S. Campbell, et al, *A Medieval Capital and its Grain Supply: Agrarian Production and Distribution in the London Region c.1300*, 1993, p.11; 引自 R. H. Britnill, *The Commercialisation of English Society, 1000–1500*, 2nd editon., Manchester and New York: Manchester University Press, 1996, p.25。

④ M. W. Beresford, *New Towns in the Middle Ages*, Lutterworth [Leicestershire]: Tynron Press, 1967, p.330.

⑤ J. C. Bolton, *The Medieval English Economy, 1150–1500*, London: J M Dent & Sons Ltd; New York: Rowman & Littlefield Totowa, 1980, p.120−121.

镇，每个城镇的人口在 500—2 000 人之间。① 这个统计数字比波尔顿的估计扩大了一倍。此后的研究成果越来越多地显示，希尔顿的统计受到支持。如保尔·M. 豪亨伯格认为：1086 年英格兰有 111 座城，1300 年上升到了大约 550 座；其中，英格兰 480 座，威尔士 70 座。② 近些年来，布里特纳尔的研究又指出：11 世纪时，英格兰只有伦敦是人口超过 10 000 人的城市，城市人口不到总人口的 1%；到 13 世纪末，这样的城市增加到了 14—16 座，其城市人口超过了总人口的 5%。③ 其统计的根据是 14 世纪时被保留下来的温切斯特城的税册。1300 年时，温切斯特城有居民 10 000—12 000 人。然后根据王室税册中的税单的排名，特别是相对于温切斯特城的前后位置，再估算出其他城市的人口。④ 据布里特纳尔推算，13 世纪时，英格兰拥有 100 座人口超过 2 000 人的城市，其总人口超过 600 万人，其中约 37 万人住在 15 个人口超过 10 000 人的大城市；约 12 万人住在 35 个次一级的中心城市；另有约 12 万人住在 50 个更次一级的中心城市。⑤ 与此同时，昂温（Tim Unwin）和波斯特尔（David Postles）还建

---

① R. H. Hilton, "Towns in English Medieval Society", in R. Holt and G. Rosser, *The English Medieval Town, A Reader in* English Urban History, *1200–1540*, London and New York; Longman, 1990, p.22.

② Paul M. Hohenberg, *The Making of Urban Europe 1000–1950*, Cambridge, Massachusetts and London: Harvard University Press, 1985, p.55.

③ R. H. Britnell, "Commercialisation and Economic Develoment in England, 1000–1300", in R. H. Britnell & B. M. S. Campbell, eds., *A Commericialising Economy, England 1086 to c.1300*, p.10.

④ R. H. Britnell, "Commercialisation and Economic Develoment in England, 1000–1300", p.10.

⑤ R. H. Britnell, "Commercialisation and Economic Develoment in England, 1000–1300", p.10. 这里的"城市"（urban）概念是相对于"乡村"（rural）概念的对立面而言的。城市包括"城"（town）和"市"（market）两部分，英文写作 city。"城镇"属于城市与乡村之间的过渡类型，英文写作 town。中世纪是一个农业社会，城市还处在形成之中，故多从"城镇"的角度来理解非农村地区。城镇的最低级形式是集镇（market town），最高级形式就是城市了。英格兰关于"城"的形成有一个明确的法律上的"市民"（burgher）授权。

构了中世纪的"市场圈理论"(Market circle theory)。他们认为，中世纪盛期英格兰已存在两种类型的市镇，一种"仅满足小范围的严格说来属于地方性人群的需要"；另一种则是"大的地区贸易的轴心"。① 詹姆士·马斯切尔据此所作的进一步研究发现：在13世纪出现的大约600个城镇中，50个是"存在某类商人阶级"的中心地城镇，"其销售者是商人，购买者是市民消费者"；在其余550个小城镇当中，"购买者是商人，销售者是农民"。②

我们看到，所有这些研究最终指向的结论便是：英格兰在这个时期所出现的城镇化主要是小城镇化，小城镇才是中世纪城镇兴起的主体部分。近年来，戴尔的研究已承认：1300年时，英格兰拥有不足2 000人的小城镇数量达600个以上。这些小城镇聚集了很多工匠和商人，距离周围农村只有10—20英里。它们构成了城市"金字塔"的基础部分。③ 在全部统计到的大约600座城市中，人口高于2 000人的城市不足50个，而人口处于2 000人的小城镇则多达550个，小城镇所占比例占城镇总数的90%。其实，这样的研究结果与英格兰以外的整个西欧的城镇化结构是完全一致的。我们看庞兹对1330年北欧城市等级的统计（见下表）。

1330年北欧的城市等级 ④

城市规模	城市数量	总人口
特大型 （25 000人以上）	9	330 000

---

① 参见 T. Unwin, "Rural Marketing in Medieval Nottinghamshire", in *Journal of Historical Geography*, Vol. 7, No. 3 (1981), pp.231−251.

② R. H. Britnell, "Review to *Merchants, Peasants and Markets: Inland Trade in Mmedieval England, 1150–1350*", in *The Economic History Review*, Vol. 52, No. 2 (1999), p.362.

③ C, Dyer, *Making a Living in the Middle Ages, The People of Britain, 850–1520*, New Haven, London: Yale University Press, 2002, p.190.

④ N. J. Pounds,. *An Historical Geography of Eruope, 450 B. C. –1330 A. D.*, Cambridge: Cambridge University Press, 1973, p.358. 这里的"城市"概念是相对于"乡村"概念而言的。

续表

城市规模	城市数量	总人口
大型（10 000—25 000）	38	570 000
中型（2 000—10 000）	220	1 100 000
小型（2 000 以下）	3 000	2 250 000
总数	3 267	4 250 000

这个统计显示：在统计到的全部 3 267 座城镇中，2 000 人口以下的小型城镇计 3 000 座，其比例也占到了统计城市总数的 90% 以上。另据庞兹研究，1330 年不足 2 000 人的城市在法国占 75%，在德国占 90%，在瑞士占 95%。[1]

然而，更深入的研究显示：2 000 人这个数字对英格兰的小城镇规模来说还是太高了，应该继续往下压缩，500 人可能更合适。希尔顿说过：中世纪英格兰"给我们留下了大约 500 个 500—2 000 人的集镇。这很可能包含了英国一半的城市人口"[2]。其实，英格兰的小集镇市民人数常常在 500 人以下。例如，德文郡的南绥尔城（South Zeal）建于 1264 年，1315 年时只有 20 个市民，[3] 连一个撮尔村落都比不上。另据 1377 年人头税卷档统计，在德文郡统计到的全部 20 座纳税城市中，市民不足 2 000 人的城市就有 18 座，而不足 1 000 人的城市也有 16 座。在这 16 座城市当中，只有托特尼斯（Totnes）和克雷迪顿（Crediton）分别拥有市民 540 人和 534 人，余者皆在 500 人以下；其中奥克

---

[1] N. J. G. Pounds, *An Historical Geography of Europe, 450 B. C.–A. D.1330*, Cambridge: Cambridge University Press, 1973, p.358.

[2] Rodney Hilton, *Towns in Societies Medieval England*, London: Cambridge University Press, 1982, p.9.

[3] M. W. Beresford, *New Towns in the Middle Ages*, p.426.

汉普顿（Okehampton）和利德福德（Lydford）的市民甚至不到100人。[1] 也就是说，在德文郡的全部20座纳税城市中，70%不足500个市民。这样看来，用2 000人的"小城镇"作为中世纪城镇化的主体也是严重"夸大"了，准确地说应该是市民不足500人的"微型城镇"才是中世纪城镇化的真正主体。W. G. 霍普金斯在其《英格兰景观的形成》一书中对中世纪的城镇有这样的描述，他说："当时英格兰的'城镇'规模很小，跟村庄也很难区分开，唯一显著的不同大概是它们周围有一圈防御土墙环绕（或半环绕），正如我们在多塞特郡的韦勒姆和德文郡的利德福德所见的。"[2] 阿斯蒂尔（G. G. Astill）也说："那时的小镇可能还没有连续不断的临街建筑。相反，我们应该把它看得更像一个村庄，房子星罗棋布地分布在大片土地上。"[3] 因此，中世纪英格兰的城镇化实际上是"小微城镇化"。

其实，在小微城镇大批兴起的同时，英格兰的乡村小市场也在同步增生。据艾伦·埃弗里特（Alan Everitt）研究，1300年前后，英格兰小市场数量的增加呈爆发趋势。[4] 当时，诺福克郡有130个小市场，格罗斯特郡有53个，兰开夏郡仅特许状授权的市场和集市就不少于85个，另有50个"自然形成"的市场。[5] 而同时期的格罗斯特、沃里克、莱斯特和诺丁汉等中部各郡在这个时期分别拥有30、25、29和18个乡村市场；[6] 达比郡有28个地点存在市

---

[1] M. Kowaleski, *Local Markets and Regional Trade in Medieval Exeter*, Cambridge, New York and Cambridge University Press, 1995, p.71.

[2] 〔英〕W. G. 霍斯金斯:《英格兰景观的形成》，梅雪芹、刘梦菲译，商务印书馆2018年版，第84页，译文略改。

[3] G. G. Astill, *Archaeology and The Smaller Medieval Town*, London: Cambridge University Press, 1985, p.48.

[4] A. Everitt, "The Marketing of Agricultural Produce, 1500–1640", in J. Thirsk, general ed., *Agrarian History of England and Wales*, V. 4, Cambridge: Cambridge University Press, 1967, pp.466–592.

[5] J. Thirsk, general ed., *Agrarian History of England and Wales*, p.469.

[6] R. Holt & G. Rosser, eds., *The Medieval Town, A Reader in England Urban History 1200–1540*, pp.21–22.

场，其中 24 个地点还各有 1 个集市；① 德文郡在 1349 年以前有 108 个"可辨认"的市场。② 1981 年，布里特纳尔对英格兰新增市场的数量作了一个整理，结果显示：从 1200 年至 1349 年，在统计到的 21 个郡境内（覆盖英格兰 55% 的区域），共新建了 329 个市场。其中，1250—1275 年的二十五年间是新增市场的爆发期，新设市场 214 个，占全部新增市场数的 52%。③ 1991 年，法默（D. Farmer）给出的结论是：1200—1349 年，英格兰新创建的市场翻了 3 倍，④ 至 1300 年时，有超过 1 200 个小市场，平均大约每 5—6 个村庄有 1 个市场。⑤ 这样的市场化趋势无疑超出了当时人们实际生活的需求。13 世纪的英格兰法学家亨利·布雷克顿曾警告说：相邻地区的市场，其相互之间的距离不要小于 $6\frac{2}{3}$ 英里，否则会因过分拥挤而导致衰败。⑥ 这个距离是这样计算出来的：按当时人们一天的行程 20 英里计，完成一次交易分三个时段："去程""回程"和"交易"，20 除以 3 等于 $6\frac{2}{3}$。⑦ 布雷克顿的警告明显释放出这样一个信号：小市场的设立已经处于饱和，甚至"过剩"状态。艾伦·埃弗里特也表示中世纪盛期英格兰小市场的数量比近代早期还要多得多。⑧ 而到 16 世纪仍在发挥作用的市场则是于中世纪较早时间建立的，大多数消亡的市场都是在中世纪较晚时间设立的。以德文郡为例，1200 年前建立的市场有 95% 延续到近代早期，

---

① E. Miller & Hatcher, *Medieval England: Rural Society and Economic Change 1086–1348*, London and New York: Longman, 1978, p.77.

② M. Kowaleski, *Local Markets and Regional Trade in Medieval Exeter*, p.42.

③ R. H. Britnell, "The Prolliferation of Markets in England, 1200–1349", *The Economic History Review*, 2nd ser., V. 34 (1981), p.210, table.

④ D. Farmer, "Marketing the Produce of the Countryside, 1200–1500", in E. Miller & Hatcher, eds., *The Agrarian History of England and Wales*, V. 3: c.1348–1500, Cambridge: Cambridge University Press, 1991, p.331.

⑤ R. Mortimer, *Angevin England 1154–1258*, Oxford: Blackwell, 1994, p.175.

⑥ R. H. Britnell, *The Commercialisation of English Society, 1000–1500*, p.83.

⑦ H. C. Darby, ed., *A New History Geography of England before 1600*, Cambridge; New York: Cambridge University Press, 1973, pp.116–118.

⑧ A. Everitt, "The Marketing of Agricultural Produce, 1500–1640", pp.466–592.

外国制度史

而1200—1349年建立的市场只有30%持续下来了；就集市来说，1220年以前建立的集市有65%保留到15世纪，而1349年以前建立的集市只有大约39%保存到15世纪。①存活率大约每隔半个世纪递减一个档次。②出现这种情况的原因在于部分市场是虚设的，一些市场虽然被授予了特许状，却从来没有走向实施便中途夭折了，因此，我们需要把特许状授权的市场与实际发挥作用的市场区别开来。不管怎么说，13世纪的领主对于建立地方小市场有"一种盲目的乐观主义热情"③。

实际上，小集镇与小市场之间的差距只有一步之遥，小集镇是小市场的升级版。一个"交易地点"（market place）一旦出现了"市场社区"（market community），一座"小集镇"（small market town）就诞生了。④小集镇大多集中分布在"中心地"城镇周围。例如，赛伦塞斯特（Cirencester）是南柯茨沃孜（Cotswolds）高原的羊毛交易中心，泰晤士河与塞汶河均从这里穿流而过，该城周围便很快出现了一组"小集镇群落"。该城往东去往泰晤士河上游方向有：费尔福德（Fairford）、勒克莱多（Lechlade）；往南去往布里斯托尔方向有：明津汉普顿（Minchinhampton）、泰特伯里（Tetbury）、马什菲尔德（Marshfield）、奇平索德伯里（Chipping Sodbury）、沃里克（Warwick）、霍斯利（Horsley）；往西北去往格罗斯特方向有：比斯利（Bisley）、佩恩斯维克（Painswick）；往北和东北方向有：诺斯利奇（Northleach）、伯福德（Burford）（牛津附近）和"荒原上的斯托"（Stow-on-the-Wold）。这些卫星小镇一开始并没有"城"的迹象，只是经特许状授权的交易地点，但是经领主授予"市民

---

① M. Kowaleski, *Local Markets and Regional Trade in Medieval Exeter*, p.50, note 31.
② R. H. Britnell, "The Prolliferation of Markets in England, 1200-1349", pp.219-220.
③ R. H. Hilton, "Medidval Market Towns and Simple Commodity Production", *Past and Present*, N. 109 (1985), p.9.
④ Searle, ed., *Chronic le of Battle Abbey*, pp.50-59, 76, 引自 R. H. Britnell, *The Commercialisation of English Society, 1000-1500*, p.24.

权"或"市民租佃"之后,便具备了"城"的资格。① 考文垂(Coventry)周围也出现了同样的情况。当时的考文垂是西密德兰北部的羊毛交易中心,13世纪时,围绕考文垂周围沿"艾温河谷"至"伯明翰高原"一带便出现了一组拱卫考文垂的"小集镇星座",总计约25个。正因为如此,考文垂的发展很快超过了郡城伍斯特、沃里克及旧城温什科姆(Winchcombe)、德罗伊特维奇(Droitwich)等。②

至此,我们可以对中世纪英格兰的城镇化布局作一个总体展示:首都伦敦是最大的中心地城市,它吸引了全英格兰的物流;伦敦以下的高级中心地城市有约克、布里斯托尔、考文垂、诺里奇等,它们吸引了大区级的物流;更次一级的中心地城市或中等城市则是各郡的郡城和地区性的贸易中心如伊普斯维奇等,它们吸引了郡或地方性的物流;位于这些中心地城镇以下的商业网点便是分布在众多领地上的大批的小集镇,它们联结着散布在英格兰各地的难以数计的庄园和乡村,其数量无疑超过了当时经济生活的实际需要。布里特纳尔说,进入13世纪50年代以后,英格兰乡村"已经被商业网点布满了"。③ 不仅如此,英格兰的商业网点与西欧其他地区一样,还一直延伸到海外,与西欧大陆的商业网点广泛联结起来,形成了一个中世纪世纪的西欧商业化社会。

三、城镇化出现的经济因素:"商业化"

中世纪的英格兰为什么会出现"城镇化"这一趋势呢?传统观点总是将其与经济的商业化联系在一起。这个观点认为,中世纪盛期英格兰封建经济的商业化是其城镇化出现的最直接的原因。

---

① R. H. Hilton, *A Medieval Society: The West Midlands at the End of the Thirteenth Century*, 2nd, Cambridge: Cambridge University Press, 1983, p.170.
② R. H. Hilton, "Lords, Burgesses and Hucksters", *Past and Present*, N. 97 (1982), p.5.
③ R. H. Britnell, *The Commercialisation of English Society, 1000–1500*, p.82.

外国制度史

  商业化最初无疑起源于农产品价格的大幅上涨。早在 19 世纪中后期，英国现代史学家开始注意到，进入 12 世纪 60 年代以后，英格兰农产品的价格出现了突然上涨的趋势。1866 年，英国学者索纳尔多·罗杰斯（Sonaldo Rogers）首先触摸到这个历史节点，他说：1260 年之后，英格兰庄园账目中存在着很多有关"价格上涨"的证据。[①]1908 年，詹姆斯·拉姆齐爵士（Sir James Ramsey）的研究又注意到：自 1200 年以来至亨利三世去世，英格兰的物价"一直稳定地持续上升"。[②]1914 年，米切尔（S. K. Mitchell）根据拉姆齐提供的实例得出结论："大约在 1190—1250 年，英格兰农产品的价格持续上升，但速度可能还比较慢。"[③]1915 年，N. S. B. 格拉斯在研究英格兰谷物市场时也同样注意到：13 世纪时，英格兰所有农产品的价格都在上涨，他认为价格增长"与地方市场的演变密不可分"。他还对亨利二世至爱德华一世时期英格兰酒的价格上涨作了整理和分析。[④]至 1927 年，贝弗里奇爵士（Lord Beveridge）对中世纪英格兰的物价上涨作了专门的"编年上和种类上的"统计；其后，普尔（A. L. Poole）于 1940 年、法默博士于 1956—1958 年利用王室卷档和温切斯特主教地产的庄园账目，分别对中世纪的物价上涨情况建立了统计表。统计显示：英格兰的谷物、牲畜和其他商品的价格在 1180—1220 年增长了 1—2 倍，1220 年以后仍继续上升，1260 年以后才逐渐持

[①] J. E. T. Rogers, *A History of Agriculture and Price of England: From the Year after the Oxford Parliament (1259) to the Commencement of the Continental War (1793)*, V. 1, Oxford: Clarendon Press, 1866-1902, pp.i and ii.

[②] Sir James Ramsay, *The Dawn of the Constitution*, London: S. Sonnenschein & Co., Ltd., 1908, p.301.

[③] S. K. Mitchell, *Studies in Taxation under John and Henry III*, Yale Historical Publications, Studies ii, New Haven, 1914, p.2.

[④] N. S. B. Gras, *The Evolution of the English Corn Market*, Harvard Economic Studies, xviii, Cambridge: Harvard University Press, 1918, p.42.

平；①13世纪初是通货膨胀最剧烈的年份，仅十年时间，英格兰小麦和牲畜价格就翻了一番。②1987年，波斯坦（M. M. Postan）以每隔二十年为一个周期，对1160—1339年英格兰的小麦价格进行了系统整理，结果显示：一夸脱小麦的价格从1160年的1.89先令增长到1319年的6.27先令，价格上涨了两倍以上。③

价格上涨带来的直接后果便是土地经营的改变，一种出于商业目的而从事的经营形式开始出现。④亨利·皮朗（H. Pirenne）把这种经营方式称为"商业资本主义"。他说："从商业资本主义在12世纪发展的气势和相对速度来看，拿它与19世纪的工业革命相比拟，并无夸张之处。"⑤以"十字军东征"为转折点，英格兰的领地经营开始走向商业化。"东征"出现以前，领地主要以"租贷"经营为主，领主出租庄园或直领地以获得足够的租金；东征之后，领地变成了由领主直接掌控的农产品生产基地。波尔顿（J. C. Bolton）在《中世纪英格兰经济》一书中说："领主……或收取租金，或将农民劳役折算转换成货币支付，二者选其一……从诺曼底征服到1180年之前，这种方式一直占上风。"⑥哈维的研究也认为："12世纪时，大地产的所有者通常把土地出租给农民以获

---

① W. H. Beveridge, "The Yield and Price of Corn in the Middle Ages", *The Economic Journal,* Vol. 37, Issue sup., 1 (1927), pp.162–166; A. L. Poole, "Live Stock Prices in the Twelfth Century", *The English Historical Review,* Vol. 55, No. 218 (1940), pp.284–295; D. L. Farmer, "Some Price Fluctuation in Angevin England", *The Economic History Review,* 2nd, ser., Vol. 9, No.1 (1956), pp.34–43. 引自 P. D. A. Harvey, "The English Inflation of 1180–1220", *Past and Present,* No. 61 (1973), p.3。
② R. Mortimer, *Angevin England 1154–1258,* Oxford: Blackwell, 1994, pp.153–155.
③ M. M. Postan ed., *The Cambridge Economic History of Europe,* VII, Cambridge: Cambridge University Press, 1987, p.215.
④ 〔美〕阿夫纳·格雷夫：《大裂变——中世纪贸易制度比较与西方的兴起》，郑江淮等译，第16页。
⑤ 〔比〕亨利·皮朗：《中世纪欧洲经济社会史》，乐文译，第44页。
⑥ J. C. Bolton, *The Medieval English Economy, 1150–1500,* p.40.

取利润，农民支付约定的地租或农产品。"① 这些租赁主要包括三种形式，即"封建租佃""出租庄园"或"农民租佃"。② 这个时期，领主的注意力并没有放在领地经营上，而是放在为国王或封君服军役上。然而，进入12世纪60年代以后，农产品的价格上涨使经营领地变得有利可图，加上亨利二世的军事改革（"盾牌钱"的实施）使骑士退出军役，贵族阶层开始纷纷投身到领地经营当中。他们开始把更多的土地，尤其是新垦的土地变成直领地（demesne），直接用于生产性经营。据科斯敏斯基（M. Kosmisky）统计，1279年，亨丁顿、剑桥、贝德福德、伯克汉姆、牛津和渥维克等中部各郡，有三分之一的耕地变成了领主的直领地。③ 近些年来，坎贝尔（B. M. S. Campbell）的研究亦显示，伦敦城周围三分之一的耕地也变成了直领地。④ 因此，13世纪时，英格兰的大地产出现了"从出租庄园到经营直领地的转化"⑤。英格兰的领地或庄园不再是自然经济单位，而是在一定程度上变成了一个商品经济单位，庄园农业的很大一部分变成了"实业"（entrepreneur）。

英格兰庄园生产的商品化比重普遍加大，尤其是在中部和东南部地区，因土质条件优越，谷物种植和销售更是成为庄园生产的主要部分。比如，在伍斯特主教地产上，1066—1212年，谷物的销售收入从年均250英镑增至350英镑；至13世纪60年代末，又增至600英镑；至1290—1313年，更增至1 200英镑。在伊利主教（the Bishobic of Ely）地产上，1298—1299

---

① P. D. A. Harvey, "The English Inflation of 1180–1220", *Past and Present*, No. 61 (1973), p.4.

② J. C. Bolton, *The Medieval English Economy, 1150–1500,* pp.38–39.

③ M. Kosmisky, *Studies in the Agrarian History of England in the Thirteenth Century,* Cambridge and New York and Oakleigh: Cambridge University Press, 1995, pp.90–91.

④ B. M. S. Campbell, et al., *A Medieval Capital and its Grain Supply: Agrarian Production and Distribution in the London Region c.1300*;. in R. H. Britnell & B. M. S. Campbell, eds., *A Commericialising Economy, England 1086 to c.1300*, p.20.

⑤ P. D. A. Harvey, "The English Inflation of 1180–1220", p.4.

年的全年收入是3 500英镑，其中来自地租的收入约1 700英镑，来自封建法权的收入约400英镑，来自农产品销售的收入达1 400英镑，销售收入约占总收入的40%。① 在世俗大领主约翰·恩格（John Engaine）地产上，1297年，其现金收入的53%来自地租，3%来自领主权收益，41%来自直营地的销售收入；在马歇尔伯爵（the Earl of Marshal）所属17个庄园上，1295—1296年的岁入统计显示，其平均收入的33%来自地租，16%来自领主权收益，53%来自直营地的销售所得。② 坎贝尔提供的"FTC地产账目数据库"显示：1288—1315年，在伦敦周边10个郡所属的大地产上，扣除种子、饲料和人员消耗，谷物销售约占净收成的50%。③ 从全国范围看，英格兰小麦的70.0%、大麦的39.6%、燕麦的34.3%都是用来销售的。④ 畜牧业等非农产品是销售收入的第二大来源。1208—1209年温切斯特主教地产的簿记显示，其畜产品的销售收入相当于该年谷物销售收入的三分之二。⑤ 在林肯伯爵地产上，用于销售的产品还有来自克里德宁-阿尔托夫兹（Cridling Altofts）的木材、来自斯凯尔（Scales）的海煤和来自惠特基夫特（Whitgift）的泥炭及草皮。在塞文汉普顿（Sevenhampton）的地产上，则有大量的苹果和苹果酒用于销售。⑥

在商品化经营的刺激下，英格兰和整个西欧的旧的领地面貌发生了重大

---

① E. Miller & Hatcher, *Medieval England-Rural Society and Economic Change 1086–1348*, pp.201–203.

② E. Miller & Hatcher, *Medieval England-Rural Society and Economic Change 1086–1348*, pp.203, 205.

③ Campbell, B. M. S., *English Seigniorial Agriculture 1250–1450*, New York: Cambridge University Press, 2000. p.204.

④ W. Abel, *Agricultural Fluctuations in England*, 3th edition, trans. by Olive Ordish. New York: St. Martin's Press, 1980, p.6.

⑤ E. Miller, *Medieval England: Towns, Commerce and Crafts 1086–1348*, London and New York: Longman, 1995, p.149.

⑥ E. Miller, *Medieval England: Towns, Commerce and Crafts 1086–1348*, p.148.

改变，尤其以英格兰的变化更加剧烈。因为除商品化的推动之外，亨利二世的军事改革又把英格兰的贵族进一步推向经济领域，很多骑士领主由此转变成了富有商业头脑的"经济人"。13世纪的一则小品——《小鲁西达留斯》(Little Lucidarius)写道：经营小地产的条顿骑士团（the Teutonic Knights）成员"竟在法庭上讨论小麦、奶酪、鸡蛋和小乳猪的价格，为他们母牛的产奶量或收成的好坏而高谈阔论"①。这个时期的《田庄总管的职责》也告诫：领主和总管要密切关注羊毛的价格，"羊毛应该论包或以一只羊一次所剪的毛为单位出售……怎样卖收益最大、好处最多就怎样卖"②。因此，现代研究者认为，中世纪盛期的英格兰领地上已经出现了"一种接近资本主义性质的农场经营"③，领主差不多就是中世纪的"土地资本家"或"农业资本家"。④

而商业化带来的重要结果必然是城镇化。因为商业化要求领主将生产出来的大量农产品作为商品卖出去，而以城镇为中心的非农业人口是乡村剩余农产品的主要消费者。没有一个相对高比例的城镇化，就没有一个相对高比例的商品化或商业化。商业化的过程必然催生城镇化的到来。在城镇起源问题上，学术界曾普遍存在这样一种看法：生产的发展导致贸易的兴盛，使商人和手工业者聚集到一起，由此带来新城镇的产生。⑤因为农业发展起来以后，剩余农产品增多，导致人口数量上升，部分农业人口便从庄园中分离出来，开始从事独

---

① W. Abel, *Agricultural Fluctuations in England*, 3th edition, p.6.
② 〔英〕伊·拉蒙德、W·坎宁安编：《亨莱的田庄管理》，高小斯译，商务印书馆1995年版，第98、97、75页。
③ M. M. Postan, "The Rise of a Money Economy", *The Economic History Review*, Vol. 14, No. 2 (1944), p.128.
④ 〔英〕约翰·克拉潘：《简明不列颠经济史》，范定九、王祖廉译，上海译文出版社1980年版，第150、151页。
⑤ J. W. 汤普逊总结了七家关于早期城市的起源学说，包括"公社"起源说、庄园起源说、"市场法"起源说、免除权起源说、卫戍起源说、加洛林王朝地方制度起源说、德意志行会起源说等。见〔美〕汤普逊《中世纪经济社会史》（下册），耿淡如译，商务印书馆1984年版，第409—413页。

立的手工业，社会劳动分工扩大，交换必然增多，内外贸易开始普遍开展起来，在商人和手工业者聚集的地点便形成集市。以集市为基础，再一步步发育为城市。这样的趋势被看成是西欧城市兴起的一般规律。而在这种状况下形成的城市，商人和手工业者在其中发挥着主导性的作用，特别是商人发挥的作用更大。亨利·皮朗的"长途贸易论"描述：先是商人、主要是从事长途贸易的职业商人聚集在交通要道、教堂或城堡周围，为教俗两界的大贵族提供商品服务，同时也吸引周围地区的消费者；于是，在旧的城堡周围慢慢兴起了一个"商业性郊区"。为了从整体上满足商业活动的需要，一些配套的手工业行业和服务性行业也相继发展起来，从而使这个"郊区"的经济功能日益增强，最后逐渐形成了一个以工商业为主导的新兴市镇。[①] 关于这样兴起的市镇，希尔顿把它看成是"有机"（organic）形成的城镇。实际上，很多"中心地"城镇是通过这个路径建成的。[②] 这就是关于商业化带来城镇化的基本理念和构想。

当然，从长时段看，城镇化出现以后，又会进一步带动或加快整个经济的商业化，因此，从相互促进的角度看，城镇化与商业化又可以看作是同一历史进程的不同方面，二者不可分割。

四、城镇化出现的法律因素："私人法权"

"商业化带来城镇化"这个现象固然好理解，但新的问题是：英格兰为什么会出现数量如此众多的小微城镇呢？这其中的原因又在哪里呢？难道这些小微城镇都是因为商业化这个经济因素带来的吗？实际情况并非如此！正如前文所说，"地方领主权"的存在才对小微城镇的大批兴起发挥了至关重要的助推作用。

[①] 〔比〕亨利·皮朗：《中世纪的城市》，陈国梁译，商务印书馆1983年版，第66—103页。

[②] R. H. Hilton, "Medieval Market Towns and Simple Commodity Production", p.13.

外国制度史

　　我们看到，在英格兰，除了"有机"形成的城镇之外，还有很多人为"种植"（planted）的城镇存在，而这样形成的城镇常常被研究者忽视了。希尔顿说："我们必须加上相当数量的领主城市……在这里，没有任何意义来区分世俗领主或教会领主。后者（正如圣埃德蒙兹伯里所证明的那样）可以像任何一位男爵那样，独尊大权。"①实际上，领主型城镇（seigneur borough）或"种植"起来的城镇才是中世纪英格兰城镇化的主体。

　　这样形成的城镇在规模上多属于小微城镇或集镇（market town），它们的出现在很大程度上是领主运用私人法权所产生的结果，是领主个人意志的产物。其形成的一般规则是：在领主的私人领地上，领主先运用封建主义体制所赋予的私人法权选定一个他认为合适的地点作为"城址"，尽管这个地点可能并不具备造城的先决条件，如不具备一定规模的人口或缺乏必要的专业性劳动分工等，但是，领主可以通过向王室申领一张特许状，使之先具有城之"名"，再求城之"实"。例如，"艾汶河上的斯特拉福德"（Stratford-upon-Avon）就是这样一个例子。1182年，伍斯特主教约翰·德·科坦斯（John de Coutances）从王室申领了一张市场特许状，开始在该地点设立市场。1196年，他又通过圈地使该地点享有"市民权"（burghal privileges）。1252年，这个地点便发展成为一个拥有大约300个"市民"（burgage tenants）的核心城镇，也是伍斯特郡最著名的小镇之一。②再如奇平开普顿（Chippinh Campden）也是这样一个例子。1173年，西密德兰的领主休·德·贡纳维尔（Hugh de Gonneville）申领了一张市场特许状，开始在该地点建城，至13世纪时，该城镇即发展成为南柯茨沃孜高原最重要的羊毛贸易中心之一。③

　　当然，这样形成的城与"有机"形成的城不同，完全是一种"投机"行

---

① R. H. Hilton, *Towns in Societies Medieval England,* p.9.
② E. M. Carus-Wilson, "The First Half-Century of the Borough of Stratford-upon-Avon", *The Economic History Review,* 2nd ser., Vol. 18, No. 1 (1965), pp.49–50.
③ E. Miller & Hatcher, *Medieval England: Rural Society and Economic Change 1086–1348,* p.72.

为。西方学者称之为"风险投资"(venture)。领主可以在划定的地点先建造一些房屋、摊位、桥梁、道路等设施,然后招徕商人和移民前来,并授予移民以"市民权"或给予"市民租佃",这样,一座新城在没有多少经济推力的背景下就诞生了。近年来的考古发掘证实:英格兰在中世纪出现的许多城镇,无论是"作为一个整体,还是作为一个片断",都不是"成长起来的",而是"被规划出来的"。① 苏珊·雷诺兹说:在"我们所知的大部分新城镇当中,其初创似乎均来源于领主的进取心。领主先建立市场,设置适合经商者使用的小块租佃地和交易场地,给可能到来并定居下来的人提供优惠条件"②。

而且这样形成的城无疑会在领主与领主之间造成很大的竞争。例如,在剑桥郡和哈福德郡交界的一个地方,有一座由哈福德郡罗伊斯顿修建的奥古斯丁派小修院,该地点有一条从伦敦通往斯坦福的"北方大道"通过,属于商业要冲之一。1189年,小修院的主持申领了一张设立市场的特许权,开始拓宽道路,吸引过往商人,从此一座小镇便在该地点出现了。由于商业旺盛,时过不久,附近的圣殿骑士团也在相邻领地的另一个地点建立了一座城镇,并讽刺性地命名为"巴尔达克"(Baldac),意即"城市奇迹"。到了1247年,另一位相邻领地的领主巴尔德温·德·夫里维尼也将其所属的一个村庄卡克斯顿迁移到这里,在取得市场权之后,又将该村市变成了集镇。这样,在方圆几英里的范围内,一时间就出现了三座小镇。其竞争程度由此可见一斑。③ 此外,领主只要个人愿意,可以在其领地范围内无限制地造城。例如,1200—1255年间,温切斯特主教一人就建造了六座城。④ 再如康威尔伯爵,1296年时,他

---

① D. Palliser, "On the Earlier Origins of English Towns", *British Archaeology*, No. 24 (1997), May, 1997.
② Susan Reynolds, *An Intriduction to the History of English Medieval Towns,* Oxford: Clarendon Press, 1977, p.53.
③ R. Mortimer, *Angevin England 1154–1258*, p.175.
④ E. Miller & Hatcher, *Medieval England: Rural Society and Economic Change 1086–1348*, p.73.

外国制度史

一人领有的城市就包括：埃塞克塞郡的"新港"（Newport）、威尔特郡的威尔顿（Wilton）、萨姆塞特郡的伊尔切斯特（Ilchester）、苏塞克斯郡的奇尔切斯特（Chilchester）、哈福德郡的伯克汉姆克斯提德（Berkhamxted）、拉特兰郡的奥克汉姆（Oakham）、亨廷顿郡的"格拉顿的新城"、约克郡的布劳布里奇（Boroughbridge）、德文郡的布拉德宁赫（Bradninch）、利德福德和康威尔郡的亭特哥尔（Tintagel）、凯里尔的赫尔斯顿（Helston-in-Kerrier）、萨尔塔什（Saltash）、朗塞斯顿（Launceston）等。[1] 据统计，13世纪时，英格兰私人领主建造的城占到了全部城的数量的85%，[2] 大大超过了有机形成的城或王室建造的城。当然，领主建造城的方式也在模仿有机形成的城，并制定相应的市镇法规。例如，1160—1251年，布拉邦特公爵（Duke of Brabant）先后在贝兹、库格尔堡、代弗尔、库瑞尔、麦奇特姆等多个地点建造新市镇，但均按照"鲁汶（Louvain）城的先例"制定宪章，使他们具有"明显的自由劳动"的性质。[3]

领主之所以要进行这样的风险投资无疑是为了获得更大的经济利益。在商品经济快速发展的年代，除了从领地本身获得农业经营的收益之外，建造市镇是领主获得更多利益的重要途径。例如，他可以从市镇收取高额的"租金"（firma）。伯克郡的市镇海威科姆（High Wycombe）在1226年被艾伦·巴西特（Alan Bassett）授予"完全自由市"以后，该镇每年须向巴萨特交纳30英镑的"租金"。[4] 德罗伊特维奇在13世纪被授予"自由市"时，每年须向国王上缴100英镑的"租金"。[5] 除租金之外，领主还可以每年从市镇获取以下收益。其一，商人过境或入境须向领主交付"通行税"；其二，城市法庭的收益

---

[1] E. Miller, *Medieval England: Towns, Commerce and Crafts, 1086–1348*, p.287.

[2] Hilton, R. H., *English and French Towns in Feudal Society*, p.34.

[3] 〔比〕亨利·皮朗：《中世纪欧洲经济社会史》，乐文译，第65、66页。

[4] R. H. Hilton, *English and French Towns in Feudal Society*, Cambridge; New York; Oakleigh: Cambridge University Press, 1992, p.40.

[5] R. H. Hilton, *A Medieval Society: The West Midlands at the End of the Thirteenth Century*, p.176.

归领主；其三，市镇的各项建筑设施，如房产、地产、仓库、码头和摊位等的出租，收益归领主。当时，城市地皮的年租额为每1/4英亩12便士，相当于农用地租的4倍。①1286—1287年，德文伯爵所属小城蒂渥顿给领主带来的年收益是14英镑11先令又91/4便士，其中4英镑1先令来自租金，3英镑12先令又8便士来自罚金和城市法庭收益，1英镑5先令又13/4便士来自集市通行税，5英镑13先令来自税收。另一座小城拉汶索罗德，其1260年的年收益是6英镑，1270年的年收益是12英镑，1271年是26英镑，1287年是39英镑，1291年为48英镑，1307年达68英镑。②所以，建造市镇这项"风险投资"对领主来说是非常值得的。

正因为私人领主积极参与小微城镇的建设，故而12、13世纪时，英格兰出现了大规模的建造小微城镇的历史热潮。③

五、中英古代城镇兴起的不同路径

从11—13世纪英格兰城镇化的进程和模式当中，我们看到，中、英古代城镇化的路径存在着很大的不同。英格兰的城镇化主要依靠领主的私人法权来实现，而中国古代的城镇化则主要依靠国家统一的政治权力来实施；英格兰城镇的兴起主要是在领地这个小共同体的范围内来进行，而中国城镇的产生则是在国家这个超大共同体的范围内来展开；英格兰城镇化的主体部分是小微集镇，其建城的目的是领主为了获取更大的经济收益，而中国的城镇规模则视行政区划的级别不同，而有不同等级的规模，其建城的目的是通过不同级别的行政管理最终实现统一的行政治理。

---

① N. Saul, ed. *The Oxford Illustrated Hstory of Medieval England*, Oxford; New York: Oxford University Press, 1997, p.148.
② J. C. Bolton, *The Medieval English Economy, 1150–1500*, p.122.
③ 毕道村：《论中古西欧垦荒运动的主要动因》，《湖北师范学院学报》（哲学社会科学版）1993年第1期。

外国制度史

在中国古代，城市主要是作为政治中心而存在的。它们分别是县衙、府衙、省会乃至国家首都的所在地，是不同级别的国家行政管理中心。在需要设立城池时，经济问题或商品交换问题不是城池设立首先需要考虑的要素，政治治理问题才是必须考虑的第一要素，城市供给理论上可以由大一统的国家通过系统化的经济组织来统一调配，比如通过建造运河或驿道等来满足。当然，中国历史上的城市功能的政治性也不是一成不变的，尤其在进入宋朝以后，中国东南部地区亦出现了很多经济性的或政治性不强的市镇，这些市镇的经济力量很雄强，但是却始终不能作为中国古代城镇的典范而存在。因为作为一个大一统的社会，中国需要的是"政通人和"，经济型城镇是不能高登大雅之堂的。在城乡关系方面，中国城乡关系的基本格局是单向度的，乡对城始终是一种单向度的"赋税流入"，[①]而不是西欧式的"互动共存"。

英格兰或西欧中世纪的"城"更多是作为经济中心而存在的。正如布拉德·德·朗所说："欧洲的城市并不是地主消费或领土管理的中心。我们可以用欧洲城市的规模作为商业繁荣的指标，因为典型的后古典主义欧洲城市主要是一个商业中心，而不是官僚机构、行政机构或土地领主的消费中心。"[②]在市镇建立时，地方领主的私人法权发挥着主导性的作用。这样建造的城虽然具有独立性，却不可避免地带来了相互之间竞争。因为城的建造都是对"收益点"的捕获，相邻的领地或领主都在瞄准这个收益点，领地甲可以在这个点建造市镇，领地乙或领地丙为什么不能在靠近这个收益点的另一个地点建造市镇呢？于是，在差不多同一个地域范围内就可能同时出现数个及多个市镇。所以，中世纪西欧的城镇兴起会出现"超常"的情况，很多所谓的新兴市镇实际上是多余的，超出了人们实际生活的需要。英格兰或西欧小市场的设立也存在着同样

---

① 吴承明：《论明代国内市场和商人资本》，吴承明：《中国资本主义与国内市场》，中国社会科学出版社1985年版，第219页。

② J. Bradford De Long & Andrei Shleifer, "Princes and Merchants: European City Growth before The Industrial Revolution", The Journal of Law & Economics, Vol. 36, No. 2 (1993), p.675.

的情况，其数量也超出了人们正常生活的需求。[①] 从这个角度看，中世纪英格兰或西欧的城镇化是"非正常的"。因为其城与城之间总是存在着你死我活的竞争。城镇 A 总是在想办法打击相邻的城镇 B，极力阻断对方可以获取利益的规则和条件，破坏对方的商业环境。因此，中世纪西欧的"城"的生存受到了很大的挑战，基本上只能依赖直属的乡，二者互动共生。乡是城的农业腹地，为城提供生活的粮食及生产的原材料，城为乡销售其多余的农产品，并为乡提供其所需要的外来产品。中世纪的西欧或英格兰由此出现了一个带有竞争性的商业化的网络状社会。而同时期的中国则是一个追求"政通人和""天下一家"的趋向稳态的社会，城不过是自然形成的众多乡的一个节点。

总之，从中、英两国古代城镇化的路径比较当中，我们看到，中国大一统社会是趋向"和谐"的，而英格兰或西欧的分封制社会则是导向"竞争"的。这就是中西方"和"与"争"、"合"与"分"的差异。我们今天所熟悉的"竞争"这个概念，并不是源于资本主义制度出现以后的近代，而是在资本主义制度出现以前的中世纪就出现了。竞争带来了中世纪西欧的城镇化和商业化。也许正因为如此，马克斯·韦伯在评价欧洲文明时，曾经特别指出欧洲文明有三大特征："城市性""沿海性"和"奴隶性"。[②] 这个论断除了值得欧洲古典文明的研究者思考之外，也值得欧洲中世纪文明的研究者进一步思考。

（本文原刊于《世界历史》2021 年第 1 期，略改。）

[①] 谢丰斋：《论中世纪盛期英国"村市"的超常发展》，《史学月刊》2010 年第 9 期。市场问题其实反映的也是城镇问题。

[②] 转引自辜正坤《从中西文明比较看中国崛起及战略思考》，《科学中国人》2003 年第 7 期；另见辜正坤《中西文化比较导论》，北京大学出版社 2007 年版，第 215 页。

略论德意志中世纪市民的生长[*]

王亚平（天津师范大学欧洲文明研究院）

中世纪的城市是德国中世纪史学界经久不衰的研究课题，早在20世纪20年代，德国历史学家就很重视对德意志城市史的研究，出版了一系列专著。50年代，德国著名的法学家和法学史家、科隆大学教授汉斯·普拉尼茨出版了《中世纪德意志城市。从罗马时期到行会的斗争》[①]。这部至今仍享有很高学术盛誉的著作较为全面地论述了德意志城市自产生至中世纪中期的结构和形态，作为日耳曼法律史的专家普拉尼茨着重从法学史的角度阐释了城市市民的状态以及城市的法律地位。与普拉尼茨同时代的波恩大学首位女教授埃迪特·恩嫩的《欧洲城市的早期历史》[②]则把对中世纪城市的研究范围扩大到了德国之外的地区，此后她又出版了《欧洲中世纪城市》[③]。在此之后，德国许多历史学家都对中世纪城市产生了极大的兴趣，城市史研究领域有了一个高潮期，学者们从多个角度考察德意志中世纪的城市，例如：明斯特大学海因茨·施托普教授的《城市性质的研究》[④]，其中讨论了城市的起源、城市法、城市的社会等各个方面的问题。德国著名的历史学家戈尔德·特伦巴赫是在"二战"期间远离纳粹且又能在大学从事历史教学和研究的少数历史学家之一，他从1944年起

---

[*] 本文为国家社会科学基金2019年度重点项目"德国中世纪经济社会史"（项目号：19ASS001）的阶段性成果。

[①] Hans Planitz, *Die deutsche Stadt im Mittelalter, Von der Römezeit bis zu den Zunfkämpfen*, Graz: Göhlau, 1954.

[②] Edith Ennen, *Frühgeschichte der europäischen Stadt*, Bonn: Röhrscheide, Nachdruck, 1981.

[③] Edith Ennen, *Die europäische Stadt*, Göttingen: Vandenhoeck & Ruprecht, 1972.

[④] Heinz Stoob, *Forschung zur Städtewesen*, Köln-Wien: Böhlau, 1970.

任职弗莱堡大学,在那里创立了以中世纪德意志政教关系为研究重点的弗莱堡学派(Freiburge Schule),他在德语区历史学界的学术声望几乎与兰克比肩,20世纪七八十年代,特伦巴赫的学生遍布德国大多数学校。这个学派的贝伦特·施文馁柯尔佩教授把对城市的研究引入这个领域,他的专著《至主教授职权结束时期的王权与城市》[1]使他在城市研究的领域中占有重要的一席之地。

80年代中期,康斯坦茨中世纪史研究会[2]召开了有关行会和同业公会的研讨会,会后出版了文集《同业公会和行会》[3],施文馁柯尔佩担任了这个文集的主编,文集收录的论文较为详尽地概述了至中世纪中期欧洲的商业和手工业,论述了行会和同业公会的地理分布,讨论了行会和同业公会的概念、术语,阐释了行会和同业公会的社会结构以及各个地区的行会和同业公会,等等。80年代之后,城市史研究的视角更为宽阔,不再仅局限于城市的起源、城市法等方面。维也纳大学教授费尔迪南德·奥普勒的《12世纪的城市和帝国》[4]无疑是把城市和德意志帝国的关系放在了12世纪文艺复兴这一特定的历史背景下。创建于1969年的比勒菲尔德大学是德国最年轻的大学,历史系从建立之初就批评德国历史学的传统,以法国年鉴学派为参考,借鉴了社会学的研究方法,创立了以结构史学为方法论的比勒菲尔德学派(Bielefelde Schule)。比勒菲尔德学派主要是以近现代的社会史为研究的重点,比勒菲尔德大学的乌尔里

---

[1] Berent Schwineköper, *Königtum und Städte bis zum Ende des Investiturstreits*, Sigmaringen: Thorbecke, 1977.

[2] 康斯坦茨中世纪史研究会(Konstanzer Arbeitskreis für mittelalterliche Geschichte)是德国历史学界非常重要的一个专门研究中世纪的机构,创建于1951年,该研究会每年召开一次专题研讨会,以当时的研究热点为主题,邀请在这方面有建树的学者参加,会后出版《报告与研究》(*Vorträge und Forschungen*),是该研究机构的系列文集,每一卷都由该研究专题领域的知名教授担任主编,从1952年至2021年已经出版了92卷,此外还有61卷特刊、13部纪念德国知名历史学家的文集。最早一期关于城市研究的是1958年的《欧洲城市起源研究》,至1975年再版了4次;最新一期的是2021年的《中世纪的行会。时间概念和规划策略》。

[3] Berent Schwineköper(hrsg.), *Gilden und Zunfte*, Sigmaringen: Thorbecke, 1985.

[4] Ferdinand Opll, *Stadt und Reich im 12. Jahrhundert*, Wien·Köln: Böhlau, 1986.

希·梅尔教授在其《人和市民。中世纪晚期神学家、哲学家、法学家思想中的城市》[1]中把结构史学的方法论应用到了城市史的研究中。

纵观研究城市史的德国学者有两个显著的特点，其一是早期的尤其是在20世纪70年代前后的学者大多都有法学的学术背景或者就是法学史学家，其二是他们中间相当一部分人的第二个学术身份是档案学家。例如，波恩大学的首位女教授恩嫩曾长期担任波恩市档案馆的馆长，弗莱堡学派的施文馁柯尔佩教授先后在柏林普鲁士国家档案馆、弗莱堡城市档案馆工作过。因此，德意志城市史的研究有两个较为鲜明的特点，一是注重从法学的角度进行考察，例如对城市特许权的研究，对城市法以及对行会法的研究；二是注重城市档案的运用。直至今日，这些研究成果仍然是学习和研究城市史必读的经典。相比之下，从经济的角度以及社会的角度探究城市问题的专著和论文数量似乎略有逊色。

市民阶层是在中世纪中期社会经济结构逐渐演变过程中形成的一个新的社会群体，它的形成、发展和演变自然是与社会经济结构的演变密切相关，但同时它的生长也需要三个重要的因素，即：法律意义的自由、完全的个人财产以及城市法的制定。也正是这三个要素使市民成为社会经济结构演变的引领者，政治结构变革中举足轻重的政治力量，是推进社会意识形态改变的主导者。笔者这篇拙文谈不上是对中世纪城市史的研究，仅是在读了德国学者的相关书籍和论文后对市民这个社会阶层的一点认识和粗浅的看法。

一、从"集市人"到"市民"

在西欧中世纪早期的文献中，"市民"（civitatis）这个词出现得比较晚，它是在中世纪城市复兴的过程中逐渐显现出来，主要是用于区别社会中的其他

---

[1] Ulrich Meier, *Mensch und Bürger. Die Stadt im Denken spätmittelalterlicher Theologen, Philosophen und Juristen*, München: Oldenbourg, 1994.

群体的。①在西欧中世纪的社会中没有哪个地区城市的兴起和建立与贸易,尤其是远程贸易有着如此密切的联系,即使是在罗马时期遗留下来的城市,诸如:科隆、美因茨、特里尔、乌尔姆这些大主教的驻节地的城市也都得益于远程贸易得以在中世纪有了极大的发展。

欧洲中部和西部地区都有着丰富的水系资源,有多条可以通航的河流。由于陆路运输成本要远高于水路,因此早在罗马帝国时期水路运输较为活跃,在可航行的河流沿岸形成了一系列的城市;奥古斯都统治时期,罗马帝国所占领的地区则更不断地都市化,"罗马帝国是一个希腊城市、罗马城市和外省城市的结合体"②。3世纪,罗马帝国危机日趋严重,庇护制催生的大地产制侵蚀了城市生长和繁荣的因素,日耳曼人的武装大迁徙虽然致使大多数罗马城市在动乱中衰敝,但是并没有完全消亡。随着日耳曼大迁徙的结束以及法兰克王国的建立,农业生产的恢复,在今天南法、中法的高卢地区的马赛、那旁、阿利斯、奥尔良、波尔多、纳博讷等罗马帝国时期的城市在一定程度上已经逐渐地恢复了罗马帝国时期的贸易,直到9世纪,阿拉伯人的扩张切断了南部高卢城市与拜占庭的贸易通道,掌握了地中海地区的制海权,不仅如此,阿拉伯人还夺取了科西嘉、撒丁和西西里,在北非海岸建立港口,控制了地中海的贸易,西地中海地区的海上贸易几乎处于一种停滞的状态,马赛、阿尔勒等沿海城市的商业逐渐萧条。③另一方面,西法兰克王国所在的高卢地区,封建制度起步比较早,发展得也比较充分,自给自足的庄园制体制阻碍了商贸的发展。

西法兰克地区贸易的衰落似乎为东法兰克地区的商路的进一步活跃提供了机遇。阿拉伯人控制了地中海和北海的制海权后,以莱茵河为中枢的内陆河流

---

① Ulrich Meier, *Mensch und Bürger. Die Stadt im Denken spätermittelalterlicher Theologen, Philosophen und Juristen*, München: Oldenbourg, 1994, S. 32ff.

② 〔美〕M. 罗斯托夫采夫:《罗马帝国经济社会史》上卷,马雍、厉以宁译,商务印书馆1985年版,第194页。

③ 〔法〕乔治·杜比主编:《法国史》上卷,吕一民等译,商务印书馆2010年版,第305页。

域地区的商贸活动并没有因此受到巨大的影响，那些位于莱茵河、多瑙河、美因河沿岸的罗马帝国时期的主教驻节地的城堡或城镇，例如：巴塞尔、斯特拉斯堡、施派尔、沃尔姆斯、美因茨、科隆、乌特勒支等，以及王室行宫的城市波恩、科布伦茨、威斯巴登、安德纳赫等，或因其宗教的或因政治的影响存留下来，也都为商贸活动提供了安定的因素，正如马克思和恩格斯所说的，那个时期的贸易活动，"取决于现有的交通工具的情况，取决于由政治关系所决定的沿途社会治安状况（大家知道，整个中世纪，商人都是结成武装商队行动的）以及取决于交往所及地区内由相应的文明程度所决定的需求的发展程度"[①]。然而尽管如此，这些城市中原有的古典城市生活的印记还是完全消失了，古典城市中的市民的经济活动和社会活动也都不复存在。而且在这个时期文献中出现的 civis 一词仅仅是指居住在这里的居民；与此同时，在这个时期的史料文献中出现了"集市人"（mercatores）这一新的词汇。

集市人是指那些聚集在主教驻节地、城堡或者城镇附近从事商业活动或者手工业生产的人们，他们居住在被称为"维克"（-wik）的区域内。-wik（或 -wiek，-wyk，等等）是 9 世纪前后在低地德国的文献中出现在某个地名后面加的词尾，意为在这个地区内的用标记界限围起来的空间区域，在今天的德国很多城市地名中仍然可以看到这个词的变音或者变体，例如今天地处北德意志的 Brauschweig（布伦瑞克）就是从 9 世纪的 Bronswiek 这个地名演变而来。在今天德国北部地区，类似有这样变体的城市名字很多，这里不一一列举。维克不是天然形成的，而是由王宫贵族或者主教、大主教在其所居住的城堡或者城镇附近划定的一个居住范围，按照马尔克的习俗用明显的标记圈围起来。居住在维克里的商贾受到国王以及主教给予的司法权的保护，同时也给予他们一定的特许权，诸如：迁徙自由、从事商业活动的自由，等等。在 10 世

[①] 马克思、恩格斯：《费尔巴哈》，《马克思恩格斯选集》第 1 卷，人民出版社 1972 年版，第 59 页。

纪的史料文献中，这些人被称为"集市人"。①

维克中的集市人不仅仅只是商人，还包括手工业者。维克的地理位置，以及手工业产品的销售性质都吸引着手工业者迁徙至此，居住在集市的周围，829年在国王虔诚者路德维希的一份文件中就提到，一些手工业者迁居到了沃尔姆斯的维克。②然而这些手工业者与从事商业活动的人不一样，他们依然是封建主的依附者，他们不受国王司法审判权的保护，没有迁徙的自由，没有对手工作坊的支配权，没有自己的生产工具，而是用领主的工具加工领主提供的原材料，在领主的许可下出售生产的手工产品，收益归领主所有。他们不享受国王司法审判权的保护，必须为领主服劳役，缴纳各种具有封建义务的赋税，而不向集市的领主缴纳赋税。11世纪初，维克的领主开始拒绝那些不为其缴纳集市税的、有人身依附关系的手工业者进入集市从事经济活动。1023年，沃尔姆斯的大主教布尔夏德明确宣布，在城市中居住的手工业者必须要脱离其领主，有自己的作坊，成为在经济上完全独立的手工业者，承担集市人应该承担的纳税义务，只有这样才可以享有与商人同样的特许权。这一规定很快就在德意志的其他城市中普遍实施。③1107年、1109年，德意志的皇帝海因里希五世在先后给予列日市和马斯特里赫特市的特许权中规定，在城市里独立居住的手工业者应该被视为是具有公共意义的集市人。④1101年，海因里希四世皇帝在给施派尔市自由的特许权中强调，尽管那些独立居住的手工业者的人身是不自由的，但这个特许权对他们同样有效，他们同样置身于皇帝的司法权保护之下，因为只有那些真正居住在封建主庄园中的手工业者才具有依附身份，才

---

① Ernst Pitz, *Wirtschafts- und Sozialgeschichte Deutschlands im Mittelalter*, Wiesbaden: Steine, 1979, S. 60-65.

② Rolf Sprandel, Handel und Gewerber von 6-11 Jahrhundert, in Berent Schwineköper(hrsg.), *Gilden und Zunfte*, Sigmaringen: Thorbecke, 1985, S. 28.

③ Lorenz Weinrich, L., *Quellen zur deutschen Verfassungs-, Wirtschafts- und Sozialgeschichte bis 1250*, Darmstadt: Wiss.Buchges, 1977, S. 29.

④ 参见 Hans Planitz, *Die deutsche Stadt im Mittelalter, Von der Römezeit bis zu den Zunfkämpfen*, Graz: Göhlau, 1954, S. 100ff.

受庄园法的约束。

维克的中心是集市（mercatus），无论是从事商业活动的还是从事手工业生产的人们（artifices）都居住在集市的周围，即使是在今天，在一些古老的德国城市中仍然可以看到中世纪早期城市格局的特征：城市的中心是市场，围绕市场的是商铺以及手工作坊。在集市周围居住的商人和手工业者不从事与农业生产直接相关的经济活动，抑或说，他们的经济活动与土地没有直接的关系。生活在自给自足的原始农业经济社会的手工业者和商人的生活必需品并不是直接源自于自身的经济活动，手工业者是为他人生产产品，商人则是把贩运的商品出售给王室和教会，这两者的经济活动通过集市紧密地联系在一起，逐渐地把集市人融合在同一空间，构成了一个新的社会群体——"市民"（Bürger）。根据德国历史学家的研究，"市民"这个词源自于罗马帝国晚期的"burgus"，指的是在一个封闭性空间中共同居住的人群，最先赋予这个词新意的是在1120年，弗莱堡的领主把在集市周围定居下来的所有居民都被称为burgensis[①]，他们集中居住的维克的区域也在扩大，是一个较为封闭的、独立的stat（Stelle）。12世纪之后的史料中，以-wik结尾的地名或者变体，或者逐渐消失，取而代之的是stat。从词源学的角度来看，stat的原意是指一个有着明确边界的居民区，随着中世纪商业活动的日益活跃，墙垣的建筑，居住在其内居民与墙外居民的法律地位和社会地位的差异越来越明显，stat发展成为中世纪的Stadt——城市。

有关西欧中世纪城市的概念一直是学者们讨论的热点问题，慕尼黑大学的经济史学教授弗里德里希·吕特格在综合学者们的观点后得出这样的结论：首先，中世纪城市是一个"较大的"而且是"封闭性较强"的居民区；抑或可以这样说，相对于原有的村庄或者马尔克等居民点而言，居民们较为集中地居住在墙垣之内；其次，城市还有特别的法权——城市法；再次，城市有不同于农

[①] Friedrich Lütge, *Deutsche Sozial- und Wirtschaftsgeschichte*, Berlin: Springer, 1976, S. 141f.

村的经济功能,即手工业和商业。① 德意志中世纪城市的法权是通过王权给予的特许权获得的,城市是在王权的司法审判权的保护下复苏或者建立起来的,一是因为维克大多都位于王室或者领地上,二是商业贸易活动能为王室带来很大的经济利益,保障商路的安全,在重要的陆路和水路设立关卡都是出于王室的经济利益。地方诸侯也都效仿王室在自己的领地兴建城市,给予城市各种特许权。城市获得的特许权决定其隶属关系,或者说是城市的类型,即:帝国城市(Reichstadt)、邦国城市(Landstadt)、主教城市(Bischofsstadt),以及13世纪之后通过城市自治运动获得完全自由的自由城市(freihe Stadt)。

中世纪城市兴起的经济基础是农业的发展,抑或说城市是第二次大拓荒运动中的产物,这已经是不争的史实,学界对此有过很多的论述,这里不再赘述。笔者在这里要强调的是,德国在12世纪以后兴起的城市远多于英国和法国,这不仅仅是因为德意志有利于商业活动的地理环境,更重要的在于城市市民生长的三个主要要素,即:市民的自由、个人财产的确立以及城市法的制定。这些要素在德意志东进运动的过程中得到充分的生长。

德意志王国是以东法兰克王国为基础上建立起来的,东法兰克王国是法兰克帝国后征服的地区,在这一地区封建采邑制没有得到充分的发展,日耳曼人的马尔克制度较好地留存下来,在农村中习惯法广为盛行,其中一个重要的因素是"自由"。"自由"在不同的历史时期有不同的含义和内容。对日耳曼人来说,享有"自由"权利的都是属于一定的部族和亲族,能得到族长、家长或首领的保护和恩惠。可见,"自由"和"保护"紧密相关。德意志王国承袭了日耳曼人的这个传统,在王室的大领地内,或在王国的边境地区,或在重要的交通要道和要塞周围有着一些受国王司法权保护的自由人,他们承担着对领地的防御义务,并由此获得一块份地,享有完全的用益权(Nutzungsrecht),并且享有完全的世袭承租权(freie Erbleihe),只需交纳固定的数额不高的息金,即"世俗什一税",这些人被称为"国王的自由人"。然而,他们必须履行不能

---

① Friedrich Lütge, *Deutsche Sozial- und Wirtschaftsgeschichte*, S. 139ff.

外国制度史

迁徙的义务（Schollenpflicht），否则将失去国王司法权的保护，沦为其他封建主的依附农，德国历史学家包斯勒称他们为"不自由的自由人"[①]。

从10世纪起，法国在克吕尼修道院改革运动的引领下开启了自中世纪以来的第二次大拓荒运动，在德意志王国，拓荒的一个主要内容是君主和诸侯以马尔克的组织形式持续地、有组织地向东部斯拉夫人居住的地区拓荒移民，德国历史学家称之为"东进运动"（Ostbewegng）。在持续了长达几个世纪的东进运动的过程中，君主和诸侯按照马尔克的习俗给予迁徙至此地的农民宅地、园地和份地，新拓荒地区的农民在东进运动中有了一定的自由，成为"拓荒自由人"，当时流行的"拓荒使人自由"（Rodung macht frei）是对那个时期农民法律身份的转变的一种写照。[②] 因此，在英国的或者是法国的庄园制度充分发展的时期，"在莱茵河东岸，却还存在着相当多的自由农民"[③]。有着自由身份的农民有了自由流动的可能，不仅是向垦荒的地区流动，而且也有了从农村向维克流动的可能，新的居民扩大了维克的规模，在11世纪的历史文献中Stadt取代了以-wik为结尾的地名，含有出售商品意义的forum（市场）一词取代了原来的mercatus（市集）；burgenses（城里人）、urban（城市居民）、civies（市民）等词汇越来越多地在史料文献中出现，此消彼长，mercatores（集市人）逐渐地在史料文献中消失。[④] 然而，市民作为一个阶层的成长则需要一定的社会条件，首要的就是"自由"。

[①] Karl Bosl, *Frühformen der Gesellschaft im mittelalterlichen Europa*, München-Wien: Oldenbourg, 1964, S.185.

[②] 参见Hans. K. Schulze, „Rodungsfeiheit und Königfreiheit", in *Historische Zeitschrift*, 219（1974），S.529-550。

[③] 恩格斯：《马尔克》，《马克思恩格斯全集》第19卷，人民出版社1972年版，第363页。

[④] Edith Ennen, *Frühgeschichte der europäischen Stadt*, Bonn: Röhrscheide, 1981, S.179ff.

二、市民的自由

中世纪城市市民成长的第一要素是自由，抑或可以这样说，德国中世纪城市的自由是市民阶层形成和成长不可或缺的先决条件。

在中世纪中期的社会中，市民（civis civitatis）这个词是一个新的概念，抑或说是用于区别其他社会群体的一个新的社会群体。[1]这个新的社会群体的出现在于11世纪以来农业经济的发展。农业发展的直接结果是活跃了贸易、促进了手工业，这两者逐渐成为社会经济结构中不可或缺的重要元素。与农业经济活动不同的是，手工业者和商人的经济活动与土地没有直接的联系，又因为对原材料以及销售产品的需要而相对地集中。另一个不应忽视的是，商业和手工业越来越成为王室、教会以及诸侯不可缺少的经济因素，以墙垣的形式将居住在内的居民保护起来，以保障在那个历史时期具有特殊性质经济活动的正常进行。"市民意味着居住在墙内居民的自由"（Civitas autem dicitur libertas sive habitantium im(munitas)，这是13世纪的编年史家对"市民"这个概念所作的说明。[2]

市民的自由是相对于农民的人身依附而言。所谓的"人身依附"是西欧中世纪封建制度的一个重要特征，是经营土地的方式决定的。在中世纪的西欧社会中，"土地几乎是资本的唯一源泉"[3]。法兰克王国早期，国王以分封土地的形式确定了王权与贵族之间的采邑关系，确立了封建的政治机制。7世纪开始的恢复农业生产的第一次大拓荒运动完成了庄园制的封建经济结构，改变了土

---

[1] Ulrich Meier, *Mensch und Bürger. Die Stadt im Denken spätermittelalterlicher Theologen, Philosophen und Juristen*, S. 32-34.

[2] Ulrich Meier, *Mensch und Bürger. Die Stadt im Denken spätermittelalterlicher Theologen, Philosophen und Juristen*, S.10f.

[3] 〔法〕P. 布瓦松纳：《中世纪欧洲生活和劳动（五至十五世纪）》，潘源来译，商务印书馆1985年版，第67页。

外国制度史

地的所有关系，把对土地的用益权从所有权中分离出来。用益权是一种对物的实体享有使用的权利和收益的权利，这是罗马人提出的一个法律概念，[①]按照罗马人的用益权的概念，土地的占有者并不完全享有对土地的用益权；另一方面，土地的所有者和用益者也不一定就享有自主耕种土地的权利。然而，中世纪土地的用益权又被附加了封建义务和保护的原则，土地的用益权增强了人身的依附性。再者，这个历史时期广为盛行的三圃制的耕种方式也极大地制约着"自由"，或者更确切地说是对土地的耕种方式有很大的制约。首先，中世纪早期和中期的土地通常是长条形的地块，以份地的形式相互交叉地进行分配；因此，这就使三圃制的耕种方式只能以村庄为单位实施。其次，在长条形地块上进行的轮作制，把农民局限在同一个村庄中，无论是依附农民还是自由农民都不能，也无法脱离或者违背村庄对耕地做出的决定，否则会冒歉收的巨大风险。德国研究乡村史的著名历史学家巴德对此做过深入的研究，他认为从耕种的方式这个意义上来说，村庄是一个法律的区域，一个治安的区域，生活在其中的人无论是有自由身份还是依附身份都必须服从村庄的法律，耕种什么、是否休耕都是由村民大会决定的，属于法律的范畴，因为中世纪的村庄就是由耕地和公共土地构成的。[②]

与农业生产相比较而言，手工业者和商人在经济活动中则具有相当大的自由度，城市市民的自由主要是指城市中经济活动的自由。商业和手工业活动的活跃需要同时也给予经营者极大的自由，自由地决定生产什么、出售什么。为保证城市的经济活动，君主以及诸侯给予市民特许权，其中最重要的内容是保证他们在经济活动中的自由，首先是迁徙自由和从事商业活动的自由，"只要他们承担了纳税和缴租的义务，并且以年金的形式缴纳婚姻税和死亡税，那么

[①] 〔意〕彼德罗·彭梵得：《罗马法教科书》，黄风译，中国政法大学出版社2005年版，第195页。
[②] Karl Siegfried Bader, *Das mittelalterliche Dorf als Friedens-und Rechtsbereich*, Weimar: Böhlau, 1957, S. 38f.

他们就能根据自己的能力劳动，享用劳动的成果"①。975年奥托二世给予马格德堡商人的特许权、1003年康拉德二世给予玛瑙堡商人的特许权中都明确规定，商人有从事商业活动的自由、迁徙自由，还明确为商人规定了其应该缴纳赋税的额度。为保证他们能实际享有这些权利，将其置于国王的司法审判权的保护之下，给予他们不服从地方司法审判权的豁免权。②

"自由"是居住在围墙内的市民最重要的法律特点。即使是依然依附于领主的手工业者同样也享有特许权，③因为中世纪市民的自由并不是个人的自由，正如法国年鉴学派的著名学者布罗代尔所说的："中世纪的自由一般是指团体的自由，实际上指的是保护这一集团或那一集团，这一利益或那一利益的公民权或特权。"④ 在中世纪德意志地区广为流传的"城市的空气使人自由"这句政治谚语，也非常形象和明确地说明了，作为一个团体的城市与农村中各个团体的区别，城市的自由解除了采邑制和庄园制建立的人身依附关系。1120年的弗莱堡的城市法中规定，如果一个领主想要否定一个在城市居住的人的法律地位，指证其是他的 servus（农奴），想要将其召回的话，那么这个领主就必须要找到七个与此人有血亲关系的证人，在公爵那里宣誓予以证明才能将其索回。然而，实际上这对于领主来说几乎很难做得到。⑤

给予市民自由的特许权极大地促进了西欧中世纪城市的发展，历任国王在颁布的特许权中都承认了城市中市民的人身自由。不仅是在中世纪城市

---

① Bernhard Diestelkamp, „Freiheit der Bürger-Freiheit der Stadt", in Johannes Fried, (hrsg), *Die Abendländische Freiheit vom 10. zum 14. Jahrhundert. Der Wirkungszusammenhang von Idee und Wirklichkeit im europäischen Vergleich* Sigmaringen: Thorbecke, 1991, S. 487.

② Friedrich Keutgen, *Urkunde zur städtischen Verfassungsgeschichte*, Berlin: Felber, 1901, S.71, 76.

③ Edith Ennen, *Frühgeschichte der europäischen Stadt*, S. 182.

④〔法〕费尔南·布罗代尔：《文明史纲》，肖昶等译，第297页。

⑤ Heinrich Mitteis, „Über den Rechtsgrund des Satzes Stadtluft macht frei", in Erika Kunz (hrsg.), *Festschrift Edmund E. Stengel*, Münster: Böhlau, 1952, S. 348.

外国制度史

的发展过程中,即使是在整个中世纪社会的进程中,在每一次大的社会运动中,自由始终是一个被提及、不能被忽视的内容,无论是在修道院改革运动中,还是在城市自治运动中,以及在近代早期的宗教改革和此后的启蒙运动中,自由都是不可或缺的一个重要内容,尽管各个历史时期提出的自由的内涵不尽相同。布罗代尔曾经这样评价西欧历史上的自由:"实际上,这些自由是彼此相互形成威胁的,一个自由限制另一个,而且后来从属于又一个新的对手。这一过程从来就不是平安无事的,不过它是解释欧洲进步之因的秘密之一。"①

三、完全的个人财产

市民在经济活动中获得的自由的特许权,给予他们自由选择从事经济活动的内容、方式,使他们有了积累财富的可能和途径,从而有了积累完全的"个人财产"(private Eigentum)的可能,这是市民成长的第二个要素。

完全的"个人财产"是领地制经济体制中的一个新的因素,并且得到了封建领主的认可。1023年,沃尔姆斯市的大主教就明确地规定,在城市中居住的职业手工业者必须脱离其领主,有自己的作坊,在经济上完全独立,要承担市民应该缴纳的捐税,同时也有权享有给予城市居民的特许权,受到国王司法权的保护。② 无可否认,领地制是一种财产的私人占有制度,但是领地制的土地几乎并不是完全的"个人财产",因为它含有政治的因素。德国研究农村社会史的学者巴德尔把领地看作是一个社会的共同体,在领地制的经济体制中,土地虽然是领主所有的,但又因为被封授而赋予了新的法律因素,土地被赋予了使用权(Nutzen)和获益(Nießen)的权利,即:用益权,土地的所有权和

---

① 〔法〕费尔南·布罗代尔:《文明史纲》,肖昶等译,第297页。
② Lorenz Weinrich, L., *Quellen zur deutschen Verfassungs-, Wirtschafts- und Sozialgeschichte bis 1250*, S. 29.

用益权几乎是被分割开的,这就使得财产的概念较为模糊,庄园里的农民在共同的使用和获益的基础上结成了社会的共同体。① 在中世纪这种土地制度中,地产的使用权(Nutzung)代替了所有权(Eigentum),② 而且相对于土地的所有权,用益权似乎更具有实际的意义;所以,在领地制和庄园制的农业经济体系中,几乎不存在完全的个人财产的概念。

在中世纪的城市里,手工业者和商人的财产是完全意义上的个人所有,所有权和用益权是一体的。在 15 世纪以后的城市法律文献中,持有财产被看作是人的自由状态(libera potestas),因为财产的所有者不仅有权拥有财产,而且还有权使用(uti)和消费(abuti)这个财产。③ 这也从一个方面逐渐地决定了城市社会与农村社会的区别,尽管城市的市民依然是生活在封建领地的体制内,但因为他们置身于国王的司法权之下,以此摆脱了地方封建主对其商业和手工业经济活动的掌控,减小或者避免了对其完全个人财产的侵害。在城市自治运动中,市民与作为城市领主的封建主之间的矛盾焦点主要表现在财产方面,市民要求的自由也是与保护个人的财产密切相关的。④1074 年科隆市民反对城市领主的起因是,科隆的大主教强行征用属于商人个人所有的、已经装满了货物的商船,商人们则以作为自由人享有的权利对此进行抗争,由此引发了科隆市民的大起义。⑤ 科隆市民的起义并不是一件偶发的历史事件,11 世纪晚

---

① Karl Siegfried Bader, *Dorfgenossenschaft und Dorfgemeinde*, Köln Graz, 1962. S.3-29.

② Karl Siegfried Bader, *Rechtsformen und Schichten der Liegenschaftsnutzung im mittelalterlichen Dorf*, Wien Köln Graz: Böhlau, 1973, S. 6f.

③ Dietmar Willoweit, „Dominiu und Properietas, Zur Entwicklung des Eigengtumsbegriffs in der mittelalterlichen und neuzeitlichen Rechtswissenshanft", in *Historisches Jahrbuch*, 94 (1974). S.148f.

④ Georg Droege, „*Der Einfluß der mittelalterlichen Freiheitsbewegung auf die frühe Stadt*", in Helmut Jaeger, (hrsg) *Civitatum Communitas. Studien zum europäischen Städtewesen* I, Köln, 1984, Bd. 1, S. 56-70.

⑤ Hans Planitz, *Die deutsche Stadt im Mittelalter*, S. 99.

外国制度史

期以后,在德国多个城市都发生了类似科隆市民与城市领主间的冲突,保护市民的个人财产是12世纪在各地发生的城市自治运动中的一个重要内容。德国学者弗尔迪南德曾这样评价科隆的市民起义:"1074年的起义虽然是一个瞬间的事件,但是它不仅反映了科隆商人的经济实力,而且也表明了早期城市历史中非常重要的社会问题。主教授职权之争期间政治上的不稳定为市民第一次展现他们的政治作用创造了条件。"[1] 正是出于这样的政治目的,德意志皇朝施陶芬家族为保证其在政治中心地区的政治优势,在德意志西南地区以及图林根、埃尔萨斯等地区有目的地新建立了许多帝国城市(Reichsstadt),赋予这些城市政治的和经济方面的重要意义。这些城市都直接隶属皇帝(国王),所有居住在城市里的居民,无论是商人还是手工业者都是在皇帝的司法权保护下的自由市民。自亨利五世执政时期起,皇帝给予城市的特许权不再标注"城市权"(Stadtrecht),而是标注"市民权"(das Recht der Bürger)。[2]

研究城市史的德国学者普兰尼茨认为,城市复兴之初的目的之一是保护商业,并以此为目的收取商人的捐税,增加王室的收入来源,[3] 为此,国王和诸侯通过给予市民修筑城墙的特许权给予其保护,墙垣是区别城乡居民法律地位的一个标志,也是市民生长的一个重要标志。墙垣里的市民虽然有着个体的自由,有着个人的财产,但并不是个体的存在,而是自发地联合为一个社会的共同体——商人的行会(Zunft)和手工业者的同业公会(Gilde)。

德国历史学家迪尔歇尔对中世纪的行会进行了较为深入的研究,他认为行会和同业公会是按照日耳曼习惯法结成的一种誓约共同体(Eidgenossenschaft),结成这种共同体的先决条件是,加入其中的每个成员首先必须在法律上具有自由的身份,其次要有个人的财产(商铺或者手工作坊),他们以誓约作为缔结

---

[1] Ferdinand Opll, *Stadt und Reich im 12. Jahrhundert*, Wien Köln: Böhlau, 1986, S.95.
[2] Hans Planitz, *Die deutsche Stadt im Mittelalter*, S.198ff.
[3] Hans Planitz, *Die deutsche Stadt im Mittelalter*, S.47f.

共同体的依据。① 行会作为城市中个人联合结成的共同体与采邑制结合的个人联合体不同，在这个联合体中没有人身依附关系，加入行会的誓约不是面对个人的，而是面对这个联合体所有成员的，行会中的成员都是平等的。加入者必须遵守通过誓约相互订立的契约，恩格斯说："只有能够自由地支配自身、行动和财产并且彼此处于平等地位的人们才能缔结契约。"② 契约把生活在城市空间里的市民们有序地组织和管理起来，正如美国学者德沃金所说的："如果一群人事先通过契约约定，他们之间的争议将通过一个特定的方式来解决，那么那个契约的存在的事实就是当争议真的出现时它应该按契约规定的方式解决争议的一个有力的理由。"③ 对共同体的誓约保证了市民享有的自由，因为"只有把自由作为一种法律的现象与一个共同体、一个法律制度、与治安和统治联系起来，分析具体的共同体、划分了界限的法律制度和特定的统治关系范围内的发展才更有意义。"④ 在行会和同业公会自治的基础上城市也走向了自治。德国历史学家施托普在对西欧中世纪多个城市进行深入研究后得出这样的结论，城市在实现自治的过程中一般都经历三个步骤：首先，以誓约为依据建立的市民共同体，即行会和同业公会；其次，市民共同体逐渐地提出参与城市管理的要求，在参与管理城市事务的过程中建立了城市的市政机构——市议会，市议会具有防卫、司法和管理等方面的职能；最后，城市之间建立了联盟。⑤ 德国历

---

① Gerhard Dilcher, „Die genossengschaftliche Struktur von Gilden und Zünfte", in Berent Schwineköper(hrsg), *Gilden und Zünfte*, S.102f.

② 恩格斯:《家庭、私有制和国家的起源》，《马克思恩格斯选集》第 4 卷，人民出版社 1972 年版，第 76 页。

③ 〔美〕罗纳德·德沃金:《认真对待权利》，信春鹰等译，中国大百科全书出版社 1998 年版，第 203 页。

④ Bernhard Diestelkamp, „Freiheit der Bürger-Freiheit der Stadt", in Johannes Fried (hrsg.), *Die abendländliche Freiheit vom 10 zum 14. Jahrhundert: der Wirkungszusammenhang von Idee und Wirklichkeit im europäischen Vergleich*, Sigmaringen: Thorbecke, 1991, S. 493.

⑤ Heinz Stoob, *Forschung zur Städtewesen*, Köln-Wien: Böhlau, 1970, S.52f.

史学家恩嫩也认为，与中世纪其他社会组织机制一样，在这个联合体内有着审判权和关于赔偿的审判权，是一个自治的共同体，[①] 正是从这个自治的共同体中发展出了自治的城市。1150年前后，在莱茵河下游地区，很多城市都先后都有了独立的市政机构。城市自治的一个重要的内容是城市法的制定。

四、城市法

市民成长的第三个要素是城市有了自己的法律——城市法。城市市民的个人财产以及享有自由的特许权使其成为一个新的不同于庄园的社会群体，但保证这个社会群体在封建的经济和政治体制中生长并发展壮大的则必须有法律的保障。德国城市史学家伊森曼就认为，最初的城市市民依然受封建领主法权的制约，只有当市民获得了自由（libertates）、公正（iustitiae）和权利（iura）后才能联合起来组成议会，才能从乡村的法律中游离出来。[②] 所谓的城市法就是在城市设立和发展的过程中，在城市领主一再强调和重申的特许权的基础上发展而来的，抑或说是市民通过特许权获得的自由"法律化"，这是城市兴起的重要一步。德国经济史学家科普伦茨更明确地说："城市兴起的过程就是产生议会宪法、建立市政府的第一个高潮期。"[③]

城市法的初期形态更确切地说是行会法的延伸。行会是中世纪城市中重要的社会机制，行会是一个自发的社会组织，"常常是以个人或家庭为基础"；行会也可以说是一个"作为有特权的家族的自我发展群体"；[④] 行会还是一个自治

[①] Edith Ennen, *Frühgeschichte der europäischen Stadt,* S. 167.
[②] Eberhard Isenmann, *Die deutschen Stadt im Spätmittelalter 1250–1500*, Stuttgart: Ulmer, 1988, S.78.
[③] Hermann Kellenbenz, *Deutsche Wirtschaftsgeschichte.Von den Anfängen zum Ende des 18. Jahrhundert*, München: Beck, 1977, Bd. 1, S.89.
[④] 〔英〕M. M. 波斯坦等主编：《剑桥欧洲经济史》第三卷：中世纪的经济组织和经济政策，周荣国、张金秀译，第196、205页。

的团体，是按照日耳曼人的习俗结成的誓约团体，它不依附任何权力，行会成员的意志就是法律。①马克思和恩格斯总结了行会产生的历史原因："不断流入城市的逃亡农奴的竞争；乡村反对城市的连年不断的战争，以及由此产生的组织城市武装力量的必要性；共同占有某种手艺而形成的联系；在公共场所出卖自己的商品（当时的手工业者同时也是商人）的必要和与此相联的禁止外人进入公共场所的规定；各手工业行业间利益的对立；保护辛苦学来的手艺的必要；全国性的封建组织，——所有这些都是各行各业的手艺人联合为行会的原因。"②早期城市法的内容通常是以商人和手工业者的行会和同业公会制定的法律为基础，这是因为城市以商贸和出售手工业产品为主要经济活动，因此商法与行会法成为城市法的内容顺理成章。

19世纪末、20世纪初期，德国法学史家奥托·吉尔克在其四卷本的巨作《德意志同业协会法》中，从物权和中世纪社会的协作与合作关系的角度对行会进行了深入的分析。他认为，在800—1200年的封建时代，与庄园法和采邑法相关的地产关系使各种法律关系具体化，虽然领地和服役的原则排斥了古老的自由和民众的联合，但仍然在很小的范围内保存了协作者之间以及合法合作之间的平等因素。这个原则既扎根于行会中，同时也构成了城市自由的最初形态，在中世纪的城市制度中，这个原则转变为统治的原则，把团体的物权和行会的个性密切结合实现了一个比较高的统一。③20世纪中期，迪尔歇尔对吉尔克的理论提出了批评，认为他没有从社会结构的角度对行会进行深入的分析，因为中世纪行会这样的社会组织并不是一种二分的关系，而是包括物和属地在内的辩证关系。④迪尔歇尔在论述行会和同业公会的社会结构时强调，行

---

① Gerhart Dilcher, „Die genossenschaftliche Struktur von Gilden und Zünften", in Berent Schwineköper(hrsg), *Gilden und Zünfte*, S.102f.
② 马克思、恩格斯：《费尔巴哈》，《马克思恩格斯选集》第1卷，第57页。
③ Otto von Kierke, *Das deutsche Genossenschaftsrecht*, Darmstadt: Wiss, Buchgemeinschaft, Nachdruck, 1954, Bd.1, S. 296f, 358.
④ Gerhard Dilcher, „Die genossengschaftliche Struktur von Gilden und Zünfte", S.77f.

外国制度史

会实际上是在城市这个地域范围内居民的共同体（cives nostri），是一种通过有组织的团体和具有法律效力的规则（come et advocatus moster）建立起来的邻里关系，个人联合的关系同样被嵌入在这个共同体中，共同体中的每个成员都有义务遵守共同体的规则，违犯者要被驱除出这个共同体。[1]德国著名的女历史学家恩嫩也强调，在行会这个共同体内调解成员之间关系依据的是在商人间约定成俗的习俗，所涉及的主要是商人们之间的债务关系、举证的方式以及有关婚姻等方面的问题；另一方面，行会坚决禁止以决斗的方式处理成员内部的纠纷，法庭的职能是监督：监督赔偿金的支付，不服从裁决的成员则要驱逐出行会。[2]正是行会制定的规定"为法律和习俗的形成及维持买方和卖方之间的合法关系的管理程序带来了更多正式的审议"[3]。行会法的各种条例渗入到城市法中，在行会的这种法庭形式的基础上有了城市的法庭，城市法以及城市的法庭又通过王权给予的特许权得到承认和合法化。

能够保证城市法切实实施的是城市法庭，城市法庭使市民规避了由封建领主或者主教、大主教控制的庄园法庭和教会法庭。市民最早是以陪审的身份参与法庭审判，1103年科隆的城市法庭上第一次有了市民陪审员。此后，陪审员的职能有所扩大，不仅仅只参与法庭的审判而且还逐渐提出了参与对城市管理的要求。[4]陪审团是一个由居住在城市中的市民推选出来的市民代表组成的誓约团体。12世纪上半叶科隆的城市法规定，市民共同选出这个城市里的法官、陪审员和法警，实施赔偿的审判权以及寻找负责各种事务的警察，全体成员根据钟声履行他们在各部门的职责，管理城市的费用由全体居民共同分

---

[1] Gerhard Dilcher, „Die genossengschaftliche Struktur von Gilden und Zünfte", S.84f.
[2] Edith Ennen, *Frühgeschichte der europäischen Stadt,* S.166f.
[3] 〔英〕M. M. 波斯坦等主编：《剑桥欧洲经济史》第三卷：中世纪的经济组织和经济政策，周荣国、张金秀译，第197页。
[4] Fritz Rörig, *Die europäische Stadt und die Kultur des Bürgertum im Mittelalter*, Göttingen: Vandenhoeck & Ruprecht, 1955, S.49.

摊。①科隆市的陪审团不仅是一个司法机构,而且还是一个由行会中的上层结成的"富人兄弟会"(Richerzeche),富人兄弟会的成员不仅参与法庭的审判,调解市民之间的纠纷,而且还定期举行大会,商议并决定对市民的税收、城墙的维护、城市的防御等各项事务。正是通过这些权利在市民中划分了不同的阶层,富裕市民称为城市的贵族,②弗尔迪南德把这个联合会称为"市民的机构",从这个机构中衍生出了城市议会,在城市议会中推举出市长,由他执行市议会作出的各项决议,主持市议会的日常事务。③美国学者诺思说:"新市镇发展了自己具有行政和保护职能的政府,因而它们必须逐渐形成一套法律来裁决因这些新情况而引起的争端。"④《马格德堡法》(Magdeburger Recht)的产生就是如此。

德国东进运动初期,德意志皇帝奥托一世为向东部地区扩张势力,在易北河流域地区设立了大主教区,并以一所修道院为基础建立了大主教驻节地——马格德堡。马格德堡位于易北河东岸,是与东方进行远程贸易的重商之地,在其建立之初奥托一世就给予来往于此的犹太商人特许权,将他们置于皇帝的司法权的保护之下,奥托二世时期则把这个特许权扩大到马格德堡的所有商人。进入11世纪,马格德堡的商人与城市领主大主教之间的矛盾冲突不断加剧,这一斗争又与德意志皇帝与教会大贵族的斗争紧密地交织在一起。1025年,康拉德二世皇帝再次重申了奥托二世给予马格德堡市民的特许权。⑤在此后的年代里,城市的统治权以及司法审判权几易其主,但市民与城市领主的斗争从未停止,一些法规也以习惯法的形式留存下来。1188年,马格德堡市的

---

① Hans Planitz, *Die deutsche Stadt im Mittelalter*, S.104.
② Edith Ennen, *Die europäische Stadt des Mittelalters*, Göttingen: Vandenhoeck & Ruprecht ²1979, S.202f.
③ Ferdinand Opll, *Stadt und Reich im 12. Jahrhundert*, S. 98.
④ 〔美〕道格拉斯·诺思、罗伯斯·托马斯:《西方世界的兴起》,厉以平等译,华夏出版社1999年版,第18页。
⑤ Berent Schwineköper, *Königtum und Städte bis zum Ende des Investiturstreits*, Sigmaringen: Thorbecke 1977, S.59f, 64.

外国制度史

大主教维希曼在给予该城城市法庭特许权中规定，准许该市的法庭把在这个地区盛行已久的习惯法规范后用文字记录下来，即《马格德堡法》。这是中世纪德意志帝国境内的第一部成文的城市习惯法汇编。这部法律汇编不仅规定了法庭的诉讼程序，而且还包括了规范商人行商、财产的继承、市民的婚姻以及有关刑事案件审判等诸多方面的内容。[1]《马格德堡法》具有很强的实用性和普遍性，这是因为中世纪各个地区城市不论兴起的时间早晚、规模的大小，也不论隶属于哪一个领地，都有着以商业和手工业为经济主体的相同特质，城市法不具有庄园法那样的多样性。位于德意志帝国的北部的勃兰登堡伯爵领地、波希米亚、普鲁士、图林根、萨克森、西里西亚、波莫瑞、摩拉维亚和劳齐茨等地区的80余座城市很快就都把《马格德堡法》作为自己城市的法律。[2] 城市法的普及使缔结城市同盟有了可能，这也是12世纪之后，在德意志先后出现了莱茵城市同盟、施瓦本城市同盟、汉萨城市同盟的一个重要原因。

城市法中包含了比特许权更多的内容，它不仅取消了城墙内封建土地制度所规定的人身依附身份，极大地限制甚或完全取消了城市领主的各种封建特权，保证了市民在社会经济活动中享有的权利，才使以市民阶层为主体从事的商品经济在社会经济结构中所占的比重越来越大。英国学者斯蒂芬森在分析英国城市起源时认为，市民的权利"是一种市民身份和法律身份，是一种以共同体成员身份为依托的生活方式"[3]。可以这样说，城市自从复兴的那一刻起就一直在为维护自己的权利而斗争，从而产生了中世纪特有的独立的城市法。伯尔曼在阐述城市法时，强调了城市的法律意识，他认为："如果没有城市法律意

---

[1] Ferdinand Opll, *Stadt und Reich im 12. Jahrhundert*, S.113f.
[2] Hans Reichard, *Die deutschen Stadtrechte des Mittelalters in ihrer geograghischen, politischen und wirtschaftlichen Begrüdungen*, Berlin: Sittenfeld, 1930, S.76ff.
[3] Carl Stephenson, *Borough and Town: A Study of Urban Origins in England*, Cambridge: Mass.,: Acad., 1933, p.143.

识和一种城市法律体系,那就根本无法想象欧洲城市和城镇的产生。"① 正是因为城市有了法律意识,有了不同于庄园、王室和教会的法律体系,城市才会成为拥有自我意识、自我决定的社团联合体,城市才会是市民快速生长的栖息之地。

市民阶层的快速成长,成为中世纪社会中一股新的政治力量,这在主教授职权之争中已经明显地显现出来。11世纪初期,亨利四世年幼登基,摄政的科隆大主教和美因茨大主教借机扩大大主教区的势力范围,各大公爵、伯爵也趁机瓜分王室领地。亨利四世亲政后推行的收回政策极大地触动了教俗贵族的经济利益,他们与教皇格里高利七世结成联盟,在主教授职权的争斗中迫使亨利四世不得不向教皇和教俗贵族妥协,但处于危难中的王权获得市民阶层的支持,得以扭转危局,自此德意志的政治格局开始发生了变化。市民不仅在社会经济领域中的作用日益不可缺少,而且在政治上的影响力也日益不可忽视。

---

① 〔美〕哈罗德.J.伯尔曼:《法律与革命——西方法律传统的形成》,贺卫方等译,中国大百科出版社1993年版,第441页。

托马斯·莫尔《乌托邦》：一个哲学的国度

刘城（首都师范大学历史学院）

托马斯·莫尔（Thomas More，约1478—1535年）一生中最为杰出的著作《乌托邦》于1516年12月在鲁汶印制第一版，次年在巴黎印制第二版。这部著作的成功，确立了莫尔作为人文主义著作家的地位，他也因此被称为"政治哲学家"。

"乌托邦"（Utopia）是莫尔创造的一个词语，意为"乌有之地"。《乌托邦》[①]一书的全称"关于一个最好的国度，关于新发现的乌托邦岛屿"，表达了"乌托邦"作为"幸福与幸运之地"的寓意。莫尔将乌托邦的地理位置设定在"新世界"的一个岛屿，这是大航海行动衍生的概念。莫尔还塑造了一位大航海时代的传奇人物拉斐尔·希斯洛德——乌托邦的信息来源与讲述者。拉斐尔出生在大航海行动的发起之地葡萄牙，"为了前往遥远的国度增长见识，跟随亚美利哥·韦斯普奇三次航海远游"，访问过乌托邦所在岛屿（原书第12页。余同）。虽然拉斐尔·希斯洛德是虚构的人物，《乌托邦》表达的思想却是莫尔的政治意向与治国理念的真实呈现。

一、广义的哲学理念与普遍的哲学教育

乌托邦是一个经历过民智开启的文明之地：征服阿布拉克萨岛并且将之更

[①] 本文中的引文出自 Susan Bruce (edited), *Oxford World's Classics: Thomas More Utopia, Francis Bacon New Atlantis, Henry Neville the Isle of Pines*, Oxford: Oxford University Press, 1999。

托马斯·莫尔《乌托邦》：一个哲学的国度

名为"乌托邦"的国王乌托帕斯，将岛上"粗暴、野蛮的居民改变成为具有良好教养、懂人文学术、待人彬彬有礼的优秀完美之人"（第 50 页）。开启民智的手段是实施全民教育，把读书学习纳入乌托邦人的生活方式。

乌托邦的共有经济为全民教育提供了物质基础，仓廪足然后知学习。乌托邦人"并非像累死累活的牲畜那样，从早至晚忙于持续不断的劳作"，而是每日有充裕的时间用于智识开拓。乌托邦设定了全民统一奉行的、类似修道生活的时间节奏：一昼夜划分为 24 小时，其中 6 个小时用于劳作，8 个小时用于睡眠；在劳动、休息、娱乐之余的时间，乌托邦人"依从个人兴趣用于学习"（第 58 页）。乌托邦社会保持有"一个庄严的习俗，每日凌晨举行公共演讲"。这是一个学术研讨的场合，由"专职从事学术之人"主讲，普通民众虽然未做强制要求，但是从事各种行业的男女"成群结队，依照各人的爱好选择听取这个或者那个演讲"（第 58 页）。

乌托邦的教育分为两个层级：全民教育与精英教育。每一位社会成员接受的教育内容基本相同，但是在密度与深度上有区别。普通民众接受普及型的知识教育，精英阶层接受研究型的学术教育，由此形成体力劳作者与智识精英两个社会等级。

智识精英经历过"选士养士"制度的筛选与修炼，是智力超群、学养深厚之人。一部分"专注力强、才智超群、天资适宜学术之人"，在孩童时期被甄选出来，作为有潜力的智识精英施以学术教育。成年男女中的优秀者，经过荐举之后亦有机会增补进入智识精英的行列。乌托邦对于智识精英在学术与道德方面有强制要求，未达到预期标准的候选人，淘汰之后退回到体力劳作者行列。在智识与道德方面始终表现优秀之人，"免除一切体力劳动，专注于学术"，传承乌托邦的价值观与学术水准，并且承担起为公众服务的责任。（第 114 页）

乌托邦人对传统学术存有浓厚兴趣，学习"音乐、逻辑、算术、几何，在这些领域的造诣几乎赶得上古代哲学家"（第 75 页）。乌托邦人"对于星辰的轨迹、天体的运行极为熟悉。他们巧于设计各式仪器，用于精确地观测太阳和月亮，以及目力所及一切星象的运行与位置"。乌托邦人学会了观测气象，"预知降雨、刮风之类的暴风雨动向"。关于"潮涨潮落，大海的含盐量，天体与世界的起源和性质"，乌托邦人的某些观点与古代哲学家相同，但是也提出了全新的解释。（第 75 页）

乌托邦人"收藏有普鲁塔克的作品，也欣赏琉善的快乐诙谐"。乌托邦人吟诵诗词歌赋，阿里斯托芬、荷马、欧里庇得斯、索福克勒斯的作品，都保存有"阿尔都斯小字印刷文本"。乌托邦人阅读历史，修昔底德、希罗多德撰写的史学著作都存书在册。乌托邦人学习医学，希波克拉底、伽伦的著作都在他们的阅读范围之内。拉斐尔在第四次航海远行时，为乌托邦人带去了柏拉图、亚里士多德的著作，还有泰奥弗拉斯托斯的植物学著作、赫利奥斯与斯科里德斯编写的辞典。（第 86—88 页）

莫尔推崇古典希腊哲学，认为优秀的哲学存在于柏拉图与亚里士多德的著述之中。对于希腊哲学的热爱，也传导给了《乌托邦》塑造的人物。拉斐尔并非仅仅是"帕利努鲁斯式的水手"，也是《荷马史诗》中"英勇善战、足智多谋的奥德修斯国王"，也是"哲学家柏拉图这位古代智慧的化身"。希腊语是学习古典哲学的必备语言，拉斐尔"虽然学会了拉丁语言，但是在希腊语言的造诣方面更加渊博精深，比学习拉丁语言投入的精力更多，因为他全身心地投入到哲学的学习之中"（第 12 页）。乌托邦人"轻而易举学会了希腊字母，词语发音清晰，背诵记忆迅速，并且能够准确无误地复述"，"在不到三年的时间里，他们掌握了希腊语言，可以流畅地阅读名家作品"。（第 86 页）莫尔并不否定罗马文明的价值，成就于罗马时代的历史学家与诗人也得到了他的赞许。然而在莫尔心目中，希腊著述的重要性占据第一位，拉丁著述的重要性位列第二。

莫尔奉行广义的"哲学"理念，将一切学术都纳入"哲学"的范畴，不同学术之间只有自然哲学、政治哲学、伦理哲学之类的区分。依照莫尔的理念，乌托邦是一个哲学的国度，乌托邦的成员都是哲学家。乌托帕斯这位"声名远播、永垂千古"的国王，在"乌托邦"创建伊始将一个"没有哲学"的蛮荒之地，发展成为一个"哲学之城"。（第 127 页）哲学不仅用来提升乌托邦人的智识与道德水准，塑造正直善良的人格，而且提供治国之道。莫尔持有"哲学治国"的理念：如果哲学家成为国王，或者国王致力于哲学研习，"由此可以带来完美的幸福快乐"（第 34 页）。

二、乌托邦价值体系的核心：理性

在乌托邦社会运行规则的纵深之处，是以"理性"为核心的价值体系。"理性"的思想动力来自古典希腊哲学，尤其是柏拉图的《理想国》。乌托邦是人工设计的社会，"接受什么、拒绝什么，都是遵循理性的尺度，理性极大地点燃了人们内心对于神的热爱与崇拜"（第 77 页）。莫尔在哲学的理性之中加入了从宗教中提取的原则，堪称"哲学宗教"。哲学宗教是理性的加强版，"没有这些原则，……理性既软弱又不完善"。宗教原则的基本内容是"灵魂不死"：如果在尘世生活中践行美德与善行，就可以在未来获得"用理性加以验证"的酬报。（第 76 页）

私有财产作为传统社会赖以存在的基本支撑，是乌托邦首先拒绝的因素。"在无岛之地创建了一个岛屿"的乌托帕斯国王，"极为厌恶世间的财富"，因而"任何地方都没有一样东西是私产，他们每隔十年用抽签方式调换居家房屋"。（第 54 页）乌托邦实行财产共有制度，一切物质与设施在居民中间按需分配。与私有财产一起被拒绝的是门阀世族的社会地位，乌托邦不存在财富与门第的世袭继承。

消灭了私有财产之后，法律对于社会的规范作用微乎其微。罗马人发展起完备的法律，用于保护私有财产。莫尔对于罗马人的治国之道秉持批评的立场："每天制定许多新法律，依然不足以使每一个人伸张并且捍卫自己的财产免于他人的侵犯"，大量涉及财产的"法律纠纷每日出现，从未止息"。（第 44 页）在乌托邦，"一切物质由公共享有，每个人都获得充裕的生活所需"，"贤明并且以圣洁自律的乌托邦人，无需法律就可以使一切充足有序，唯有美德是无价之宝"。莫尔明确提出，"对于那些享有同等数量财富与日用品的人们，无需为他们制定法律，而且他们也拒绝法律"。（第 44 页）

当法律的强制作用失去效力以后,人的行为依靠理性加以规范。乌托邦人的生活完美地诠释了莫尔的理念,相信美好的生活由理性主导。人与人之间的交往以友谊、和平之类的美德作为行动准则,人们之间互利互惠互爱,构建起密切和谐的家庭关系与社会关系,管理者无需采取法律的强制手段即可以使各类组织形成有机体。

与全新的经济制度共生共存的,是乌托邦人的价值观。当生存所需得到保障之后,物质的追求就失去了动力,乌托邦人将精神的快乐视为第一追求。智识的成就与正直诚实的美德,是决定一个人政治地位与社会地位的唯一评价标准。在乌托邦人看来,身体的快乐并非真正的快乐,掷骰游戏、鹰犬狩猎,都是"愚蠢的快乐"。"在桌子上长时间投掷骰子"不仅浪费时间,而且"令人厌烦"。"聆听猎犬狂吠咆哮","最为低级、最为恶劣"。"当你满怀欣喜地期待一场屠杀、期待着将野兽撕成碎片的时候,你本应当由于目睹单纯无辜的野兔被猎犬杀害而策动怜悯之心,因为这是弱小者面对强大者,胆小者面对残暴者,无辜者面对残酷无情者"。(第80—81页)

三、理想与现实之间:关于"圈地"的批判

莫尔关于理想社会的建构并非凭空设想,而是以现实的关怀为前提。《乌托邦》对圈地引发的社会弊端展开激烈批判:贪婪的土地所有者渴望从羊毛产业中获取超额收入,通过圈占土地而实现从粮食种植向牧羊业的转换,形成了对于农民生计的剥夺。"贵族、乡绅、圣洁的修道院长们,不再满足于一年一次的岁入,……也不再满足于无利可图的闲散生活。"他们"把土地全都圈占成为牧场,推倒房屋、拆毁村镇,除了用作羊圈的教堂之外没有留下任何站立的建筑"。失去衣食来源的农民由此而陷入赤贫状态,除却乞讨与盗窃之外别无生路。"你们的羊不再是温顺的小型食兽,……而是变成了大型的吞食者。它们是如此狂野,吃光吞尽种田人。它们消耗、摧毁、侵占成片的田地、房屋、村镇。"世代耕种土地的农民"被驱赶出熟悉的祖屋,难以找到歇息的地

方，……只能以偷盗为生，却因此而被处死"。（第22页）马克思在《资本论》中，将发生在英格兰的"圈地"界定为资本原始积累的方式之一，莫尔也因为《资本论》关于"羊吃人"言论的引用而成为资本原始积累最初的批判者。作为人文主义学者，莫尔的批判停留在悲天悯人的现象层面，并未达及资本主义生产的理论高度。

面对圈地引发的流离失所人口，莫尔认为政府的举措不仅于事无补，反而造成更大的伤害：法庭以绞刑惩治偷盗者，"超越了法律的公正性，对共同体造成了伤害"。"如此恐怖的死刑惩治，难以阻止那些无以为食之人从事偷盗"，"如若拥有其他的谋生办法，没有人无奈之下铤而走险，先是偷盗然后赴死"。莫尔提出：应对圈地弊端的有效办法不是严刑峻法，而是根除私有财产制度。"只要私有财产制度存续，大多数人就难以避免陷入赤贫的悲惨境地。"（第18—19页）正是在批判私有财产制度的基础之上，莫尔为乌托邦设计出"共同劳动，共同享有劳动产品"的经济制度，借此实现哲学治国的理想。然而莫尔关于共有经济只是提出了简单的设想，缺少系统的理论构建。马克思的科学社会主义理论产生之后，研究者回望历史，将莫尔的设想定义为"乌托邦社会主义"，以此作为科学社会主义的历史渊源之一。

莫尔在《乌托邦》中表达的哲学治国理念，借鉴了柏拉图"公民教育的理性目标"，更是16世纪新时代的产物。大航海行动的探险精神，造就了远离旧制度的新世界——乌托邦岛屿。文艺复兴的人文环境，促成了将广义的哲学理念用于社会运行的规划。资本原始积累引发的社会弊端，成就了以共有经济作为哲学国度物质基础的思考。莫尔以新时代的思想风貌尝试"托古改制"，对于乌托邦的构建"极大地超越了"古典学者。一封以安特卫普人文学者彼得·贾尔斯的名义书写的信件，论及《乌托邦》一书的价值：对于社会结构与日常生活"有细致入微的描述，有巧妙的构图呈现，阅读者对此有亲临其境、眼见为实的感觉"（第124页）。

（本文原刊于《光明日报》2021年9月13日，收录本书时有改动）

16世纪德意志诸侯领地国家的发展

朱孝远（北京大学历史学系）

1500年时，德意志政治分裂，皇权衰微，市民阶级无法与德意志君主结盟。在诸侯势力强大的地方，出现了变采邑制、领主制为诸侯领地国家的政治发展；在诸侯势力较弱、城市和农民社区较为发展成熟的地区，则出现了市民与农民的横向联合，期望通过革命自下而上地建立人民共和国。

关于诸侯领地国家的性质，学术界存在着截然相反的两种看法。一种看法认为：诸侯国家属封建性质，强化诸侯国家，就是强化了封建主义。另一种看法认为：诸侯的领地国家是近代国家。因为德意志诸侯林立、国家无法统一，并无可能建立起像英国、法国那样的近代国家，只能在某些诸侯的领地里，建立其中央集权制的政府。这种看法，近年来在西方学者的论著中得到普遍认可。[1]尽管视诸侯领地国家为近代国家的看法相当流行，[2]笔者却认为这一观点是需要加以商榷的。

一、诸侯领地国家的兴起

领地国家，简言之，是诸侯在其领地上进行改革，废除了诸侯领地采邑

---

[1] 比如，参见 Peter Blickle, "Alternatives to Feudalism Based on the Early Modern State: The Constitution of Territorial Assemblies", in Peter Blickle, *The Revolution of 1525: The German Peasants War from a New Perspective*, tran. by Thomas A. Brady, Jr. and H. C. Erik Midelfort, Baltimore: Johns Hopkins Unevisity Press, 1981。

[2] 比如，参见 Peter Blickle, *The Revolution of 1525: The German Peasants' War from a New Perspective*; Peter Blickle, *From the Communal Reformation to the Revolution of the Common Man*, trans. by Beat Kumin, Leiden, Boston and Koln: Brill, 1998。

制，建立起中央集权化的诸侯国家。诸侯具有完善的官僚体系，统一的司法、税收制度，与传统意义上诸侯封建采邑显得不同。世袭的诸侯领地国家是从中世纪家长制诸侯采邑演化而来的。它以国土的不可分割、由受过教育的官僚组成的臣工队伍以及诸侯与国民间的协商为标志。在采邑制时代，"只要国土、权力处于世袭的封建血统财产关系中，那么，根据日耳曼分散继承的规则和1231年颁布的关于采邑和职位继承的命令，家长制下的国土和权力就会被分割。传统与法令相结合成为传统，以致在1356年颁布的《黄金诏书》中，只有选帝侯的国土才能够得到豁免"[1]。领地国家建立后，采邑变成了国家的土地，诸侯的权利成了国家的权力，领土和权力就不能再被分割。1500年时，较大的领地国家在近奥地利、维尔茨堡、安斯巴赫、萨尔茨堡、维腾堡和蒂罗尔等地兴起，上莱茵、上士瓦本和法兰克尼亚的公爵、伯爵领地上这种国家也有所发展，只是规模较小，诸侯与臣民间的协商机制也不完善。

诸侯建立领地国家需要克服三大障碍，帝国的、地方贵族的和民众的。这并不是一件容易的事情。如果德意志是统一的，中央政权完善，地方管理有效，诸侯绝无可能建立独立的领地国家。但是，16世纪时德意志政治分裂，这给诸侯割地为王提供了机会。当时的德意志，2 500多个独立权力体林立，大贵族著名的有奥地利大公、美因茨、特里尔、科隆、莱茵普法尔茨伯爵、萨克森-维腾堡公爵、勃兰登堡边侯六大选帝侯，以及百余个伯爵、70个高级教士（主教或修道院长）、60多座帝国城市，还有2 000多个皇帝直辖的帝国骑士，占据了约250万平方英里的国土。[2] 这为诸侯领地国家的兴起提供了机会。

如果市民与君主结盟成功，德意志诸侯也无可能建立国家。但是，市民与德意志君主的结盟却流于失败。市民曾经有过与皇帝结盟的愿望，但皇帝只

---

[1] Thomas A. Brady, Jr., *German Histories in the Age of Reformations, 1400–1650*, Cambridge, New York: Cambridge University Press, 2009, p.99.

[2] Hajo Holborn, *A History of Modern Germany: The Reformation*, Princeton, New Jersey: Princeton University Press, 1982, p.39.

外国制度史

想掠夺城市的财富，并无建立统一的民族国家的打算。皇帝马克西米利安一世（1493—1519年在位）曾大肆向城市借款，用于他在欧洲的争霸战争。1518年，皇帝以在奥地利开矿和销售食品为抵押，以长期贷款的方式，从投资者那里获得300万古尔盾；他从富格尔家族银行那里获得的借贷平均占到其年收入的四分之一。1519年在他逝世时，所欠下的债务高达几百万古尔盾，包括从各城市政府那里借贷来的10多万古尔盾：斯特拉斯堡和纽伦堡各2.5万古尔盾；巴塞尔1.55万古尔盾；奥格斯堡、弗莱堡各0.8万—0.9万古尔盾；以及向施佩耶尔、沃姆斯、科隆、乌尔姆等城市借贷来的数额较小的债务。皇帝还欠下奥格斯堡的富格尔家族130万古尔盾，欠鲍姆加特尼（Paumgartner）公司23万古尔盾。[1] 此外，帝国城市还承担了20%—25%的帝国税务，尤其是帝国强制征收的财产税（The Common Penny，1495年）。又如：为了进行意大利战争，马克西米利安一世要求1507年的康斯坦茨帝国议会批准他征税24万古尔盾，但议会只给了他12万古尔盾，少于他所要求的一半。遭此挫折后，皇帝即命令纽伦堡、奥格斯堡、拉文斯堡、梅明根派企业派代表至他所在的乌尔姆，命令来者给予他一笔8万古尔盾的贷款，否则就将在法庭上起诉他们。大部分的企业代表拒绝了皇帝，只有纽伦堡的代表答应给皇帝一笔礼金，因为害怕皇帝置其于与犹太人相同的位置。[2] 皇帝搜刮民脂民膏用于对外战争，完全不顾市民的利益，最终导致结盟关系的破裂。宗教改革运动兴起后，大部分帝国城市转向与皇帝对立的新教，不仅是对皇帝的公开不满，也是城市企图摆脱帝国盘剥、寻求自我发展的尝试。

如果皇帝是强大的，诸侯必然也无机可乘。但是，德意志的中央皇权却日趋衰微。德意志的版图萎缩就是证据。马克西米利安一世统治时期，西北部，奥地利家族对瓦洛依（Valois）家族的取代，造成了弱化德意志、强化尼

---

[1] 参见 Walter Holbling, "Maximilian I. und sein Verhaltuis", *Ph.D dissertation, Graz*, 1970, 174-181, 187-197; Thomas A. Brady, Jr., *Turning Swiss Cities and Empire 1450–1550*, Cambridge University Press, 1985, p.82。

[2] Thomas A. Brady, Jr., *Turning Swiss Cities and Empire 1450–1550*, pp.82-83。

德兰的结果；东北部，条顿骑士团在德意志的殖民区、辖区逐渐转入了波兰之手；南部，帝国在意大利的权威逐年衰弱；1499年的士瓦本战争，最终导致瑞士脱离帝国，形成新兴的瑞士联邦。1497年，选帝侯美因茨的伯贝特霍尔德发出了这样的感慨："眼看帝国逐日衰败，真不知道它还将衰弱到何等地步？再这样下去，我们只好眼睁睁地看到外国人闯进我们国家，用铁棒统治我们。"①

如果地方贵族势力强大，诸侯建立领地国家也不可能。黑死病之后农业秩序危机，领主制、庄园制、农奴制趋于瓦解，地方贵族势力锐减，这为诸侯削弱地方贵族提供了机会。彼得·布瑞克指出："至少从15世纪早期以来，在领主与农民关系中可以看到一种新的发展，从领主的角度来看或许可以毫不隐讳地称之为'领地化运动'。从外部，领主通过交换或购买庄园地产、农民、政治权力来完成集中土地的过程；从内部，通过消灭诸侯与农民之间的贵族、教会领主这些中介力量，不同程度的人身依附也被消除了，成了统一的领地诸侯的属民，最高统治权也产生或者复活了。"②

诸侯国家在萨克森、巴伐利亚、蒂罗尔等地相继兴起，与这些地方诸侯力量强大、农民社区发展相对较弱有关。德意志的诸侯是拥有自治权的特权阶层。从14世纪起，诸侯们开始在自己的国家内建立中央集权化的政府。诸侯领地政府在萨克森、巴伐利亚、蒂罗尔等地相继兴起，其力量来自对大量土地的控制，对地方贵族的领主宗主权，对寺院的管理权的掌控，拥有的雇佣军以及对全领地司法大权的掌握。对于领地财产和资源的高度控制，不仅使国家政府的权力高度集中，也使国家有了比较完善的政府机构。重要诸侯的强弱状况，可以根据某一特定时期向帝国缴纳的一次税额来加以估算。第一等实力强大的当属奥地利大公和勃艮第公爵，他们各自要向帝国缴纳900古尔盾的国

---

① Thomas A. Brady, Jr., *The Politics of the Reformation in Germany Jacob Sturm (1489–1553) of Strasbourg*, New Jersey: Humanities Press, p.9.

② Peter Blickle, *The Revolution of 1525: The German Peasants' War from a New Perspective*, p.83.

税。其次，是美因茨、特里尔、科隆、莱茵普法尔茨伯爵、萨克森－维腾堡公爵、勃兰登堡边侯六大选帝侯以及巴伐利亚公爵、维腾贝格公爵、勒尔拉赫公爵和黑森伯爵，他们缴纳的税金是600古尔盾。萨克森－德莱斯顿公爵、帕墨拉尼亚公爵、犹力克－可莱维公爵、勃兰登堡－库尔姆巴赫边侯、马登堡大主教、萨尔茨堡大主教和维尔茨堡主教属于第三等的地方实力派，每年缴纳的税金是500古尔盾。依此类推，其他缴纳税金的诸侯从450—100古尔盾不等。值得注意的是，在缴纳100—300古尔盾的显贵中，世俗诸侯已经不多，却有13位主教和26位修道院长跻身其中。缴纳税金低于100古尔盾的有三位世俗诸侯、四十位修道院长及百余个在自己领地里享有王权的伯爵。与此相比，城市的实力不可低估。例如：科隆、纽伦堡和乌尔姆每年缴纳的税金数额为600古尔盾，与六位选帝侯缴纳税金的数额相同。斯特拉斯堡、吕贝克两城稍逊，每年向帝国缴纳550古尔盾。奥格斯堡、法兰克福、梅斯缴纳的税金是500古尔盾。此外，缴纳300古尔盾的城市有10个，缴纳高于100古尔盾税金的城市有40个，只有少数城市缴纳的税金低于100古尔盾。①

像近奥地利、维尔茨堡、萨尔茨堡、蒂罗尔那样的大邦，是"由诸侯和等级会议统治的国家，在其领地议会中拥有一种解决许多内部冲突的机构"②。领地议会的参加者有地方贵族、教会代表、城市代表，在有些地方如蒂罗尔，还有农民代表。作为一种政府的机构，议会批准来自诸侯和政府的提案，也起着协调与平衡诸侯与其他贵族关系的作用。在征税问题上，也需要得到议会的批准和认可。从某种意义上说，领地议会既是协调统治阶级内部关系的机构，又是协调统治者与被统治者关系的机构，但是归根结底，还是大小统治者们的联席会议。它的主要作用有三：一是平衡诸侯与贵族之间的利益分配，诸侯不得完全不顾及贵族的利益而专横行事；二是应付突发事件，如在战争来临或出现

---

① Hajo Holborn, *A History of Modern Germany: The Reformation*, p.39.
② Peter Blickle, *The Revolution of 1525: The German Peasants' War from a New Perspective*, p.176.

领地内的人民造反时，统治阶级就通过议会获得统治集团的合作，对外迎战或镇压人民起义；三是在遇到重大问题或制订重要政策时要听取来自各个阶层的反应，尽管经过诸侯、政府精英们的细密安排，诸侯的需要常常最后能够得到满足。领地议会的建立是对领主附庸制度的一种否定，但却起到了维持和巩固诸侯与地方贵族的联盟的作用。

诸侯之下的地方贵族，也是独立的自治政治实体。诸侯不能随意侵犯地方贵族的利益。但是，诸侯领地国家的建立打破了这一限制，其手段是向地方贵族借钱。例如：16世纪上半叶，黑森伯爵领地筹集到的钱款有100万古尔盾；1514年，巴伐利亚则筹集到75万古尔盾；1476年，巴拉丁选帝侯管区筹集到50万古尔盾；勃兰登堡-安斯巴赫-库姆巴赫地区筹集到的款项更是逐年递增：从1515年的25万古尔盾跃至1542年的70万古尔盾。这些钱款中的很大部分来自于向地方贵族的借贷：在维腾贝格占了80%；在巴拉丁占了24%；在勃兰登堡占了50%。作为回报，高级贵族把地产或职位抵押给地方贵族。例如：1450年，维尔茨堡主教管区几乎把所有的城镇和城堡都抵押给了地方贵族；不久，在科隆大主教管区，为得到一笔60万古尔盾的贷款，竟把绝大部分地方政府和地方法院的职位都抵押给了贵族。[①] 通过借贷，诸侯不仅强化了自己，也大大削弱了地方贵族，使其不得不依附于诸侯的统治。

在德意志，教会已经高度组织化。例如：德意志被划分为美因茨、科隆、特里尔、萨尔茨堡、贝桑松、不莱梅、马格德堡、布拉格里加九个大主教区，其下各辖若干个主教区。诚然，这种庞大的教会体系甚至连同它的复杂性都阻止世俗权威对它的掌控，因为任何一个诸侯，甚至皇帝，要想凭借一己之力来对抗这个庞大的教会，都是不可能成功的。但是，这里还存在着另外一种可能性，即各地的诸侯分别在自己领地内接管教会。这一举措，直接导致了教会与诸侯之间的正面冲突。

---

① Tom Scott, *Society and Economy in Germany 1300–1600*, Hampshire and New York: Palgrave, 2002, p.162.

外国制度史

路德改教以后，关闭修道院，没收修道院地产，取消罗马教廷的神圣性（因为基督徒的领袖是基督），由世俗政府来执掌包括宗教在内的世俗事务，自然给予了诸侯建立国家的便利，使诸侯在与教会的博弈中占了上风。德累斯顿技术大学萨克森历史和近代早期历史教授巴拉斯克（Karlheinz Blaschke）指出："领地国家要兴起，势必要与领地内所有的领主和其他竞争对手相抗争，以实现创建统一的、领土最大化的国家的目标。实现这一目标的传统手段是仇杀、战争、购买或婚姻。然而，宗教改革却为领地国家的扩张提供了另外一种无须付出生命或土地的手段，即把教会的土地世俗化。"[1] 这促成了诸侯利用宗教改革来建立领地国家的"诸侯的宗教改革"。

诸侯宗教改革并非是要改变宗教，而是要夺取教会的权力和财产，突出表现为信奉新教诸侯和信奉天主教的诸侯，在夺取教会财产方面具有惊人的相似性。例如：萨克森家族一直想夺取迈森、梅泽堡和瑙姆堡三个主教区的领地，即便是信奉天主教的萨克森公爵乔治也是如此。这个目标在16世纪后半叶终于有了突破。1559年，迈森被迫把占自己领土一半的斯多尔本地区与萨克森的米尔堡区交换，但他只得到了米尔堡区的地主权，而没有获得对该地区的"主权"。1581年，他辞去了主教职位，而他剩余的、在乌尔岑和米尔格恩的主教领地也被并入了萨克森领地。1545年，梅泽堡大教堂的牧师会说服萨克森诸侯奥古斯特担任主教区的管理人，萨克森家族自此控制了梅泽堡主教区。继1547年至1561年几任天主教主教后，其时已是选帝侯的奥古斯特，乘着原主教逝世之机，提名自己年仅八岁的儿子亚历山大，继任了主教区的管理人。梅泽堡从此并入了萨克森领地。对于迈森，萨克森家族运用同样的方式，1542年由选帝侯任命了一位福音派牧师担任主教。他于1547年因为查理五世在米尔堡的胜利不得不去职，但是，在继任主教于1564年逝世后，该主教区及其

---

[1] Karlheinz Blaschke, "The Reformation and the Rise of the Territorial State", in James D. Tracy, ed., *Luther and the Modern State in Germany,* Kirksville, Missouri: Sixteenth Century Journal Publishers, Inc. 1986, p.62.

领地就不可避免地落入了萨克森诸侯的手里。① 这说明诸侯吞并修道院的土地是一个既定的、长期的计划，路德改教只是成为其夺取修道院土地的借口，这才是所谓的"诸侯的宗教改革"的实质。

诸侯要把采邑转变为国家土地，关键的一个步骤是把自己的领地和地方贵族的领地转变为行政区。通常的做法是，通过购买、兼并等方法，诸侯把地方贵族的领地转化成了自己的领地，然后再把它转变为行政区。作为中央政府的派出机构，行政区政府的权威要高过地方领主。随着诸侯对地方领主土地的不断蚕食，由政府控制的区域越来越大，地方领主管辖的土地则越来越小。结果不难想象，政府的势力四处蔓延，而政府的法律也成为了维持各地社会秩序统一的保障。

例如：蒂罗尔是南部德意志一个大的诸侯国。1525年时它的统治者是斐迪南大公，他是皇帝查理五世的兄弟。斐迪南大公的政府由政务院、财政部、司法部等组成，各个部门都通过雇佣的官吏进行管理。下设各级地方政府，由公爵的亲信来执掌权力。庞大的政府机构和雇佣军要求巨额财政拨款，斐迪南大公就通过政府法令征收赋税。蒂罗尔因为是公爵的直辖领地，被置于严密的控制之下。罗马法和领地政府的控制向农村渗透，破坏了农村原有的古法和村社自治制度。在司法问题上，蒂罗尔的政府地方法庭大约有60%相当腐败，因为法官和法庭的日常开支是从办案的罚金中提取的。②

领地国家与诸侯采邑相比，具有很多新的特点。统领领地国家的是领地政府，执掌权力的是领取薪俸的官吏，这样，政府的公权力就在一定程度上取代了领主附庸关系的私权力，打击和削弱了地方贵族的各种封建特权。政府与臣民关系的确立，使任何人都要受到政府法律的约束。这样，领主附庸之间私相授受的封建契约就几乎成为废纸，不难看到诸侯权力增加、地方贵族权势瓦解

---

① Karlheinz Blaschke, "The Reformation and the Rise of the Territorial State", pp.62–63.
② Peter Blickle, *The Revolution of 1525: The German Peasants' War from a New Perspective*, p. 81.

的事实。这是统治阶级内部关系的一次大调整。

二、领地国家的治理

诸侯领地国家的特点是中央集权化，即在中央层面建立领地政府，在地方层面建立地方政府，在此基础上建立起政府与臣民的关系，进而使国家内所有的阶层都听命于政府。在领地政府面前，领主与附庸之间私相授受的契约成为废纸。购买、兼并地方贵族的领地，再把它转变为行政区，是诸侯变采邑制度为国家领土而采取的重要举措。作为中央政府的派出机构，区政府的权威要高过地方领主。随着政府管控面积的不断增加，地方领主土地被不断蚕食，导致的直接后果是领地国家出现，采邑制、附庸制瓦解。

诸侯领地国家建立后，由知识精英组成的政府官吏成为国家的核心。他们大多受过法律学或人文学的训练，熟悉政府管理，政府的专业性得到大幅度提升。政府官吏领取的是政府工资，从而摆脱了对封建关系的依附。一般来说，人员是可以经常替换的，但官员职位设置却是固定的，教育部促成了政府与中世纪的领主附庸制度相分离。这些官吏有时握有很大权力。例如：萨克森选帝侯智者弗里德里希（Frederick the Wise, 1486—1525）是马丁·路德的保护人，但一生从不面见路德，一切都是由他的朝臣乔治·斯帕拉丁（George Spalatin）代为转达。[1] 知识精英在维护诸侯利益的同时，也把自己的政治、社会诉求写入了政府文件。结果，领主权力开始转变为由知识精英参与制定的法律和法令。新兴知识分子的政治参与，也可以视为统治阶级内部关系出现的一种新变化。

当采邑转化为领地国家后，政府制定的法律、法令成为国家行政的主要依据。各个领地国家都忙于制定自己的领地法律，这在 15 世纪中叶时达到高潮。

---

[1] Eric W. Gritsch, "Luther & State: Post-Reformation Ramifications", in James D. Tracy, ed., *Luther and the Modern State in Germany*, Kirksville, Missouri: Sixteenth Century Journal Publishers, Inc., 1986, p.47.

16 世纪德意志诸侯领地国家的发展

图林根是在 1446 年，巴伐利亚是在 15 世纪 40 年代，下巴伐利亚是在 1474 年，萨克森是在 1482 年，符腾堡和巴登是在 1595 年，黑森是在 1497 年和 1500 年。布雷迪教授告诉我们，领地法令（Landesordnung）一词在 1489 年至 1499 年期间开始流行并在文件中出现。这意味着一种改变："在传统的意义上，一个地区是以语言和习俗来定义的，而不是根据诸侯的权威来定义的。例如士瓦本和法兰克尼亚这样的具有历史意义的实体，都是指拥有众多领主却只有一块土地的地区。然而，领地法令的出现，却意味着新的'领地'取代了旧的'地区'，同时习俗也让位给新的'规约'。这两种变化，其基础都是诸侯的权威，因为这种权威的缘故，地区就变成了领地和习惯法。"[①]

领地政府开始向属民征税，这激化了诸侯与民众的矛盾。例如：财产税是一项重要的发明，以家庭财产确定征税额，地方贵族也需要缴纳，这为诸侯提供了充足的财源。领地政府还要求人们支付更多的税，包括了关税、领地税、军事税等，在各个地区征集的标准和额度很不一致。征税需要领地议会的批准，而议会中的各个等级总是希望把税收限制在最低的限度。然而，等级会议也必须时时满足诸侯的要求。布瑞克告诉我们：领地税在阿尔都很普遍，但在士瓦本的大部分地区却没有征收这种税。从表面上这种税征收的分量并不重，仅为收入的 0.5%。然而有时可能高达到整个领地现金收入的 40%。军事税在整个士瓦本都征收，但遇到人民强有力的抵制。士瓦本同盟 1519 年对符腾堡的乌尔里希公爵用兵时征集的军事税高达一个农场每月半个弗罗林。据非常保守的估计，平均一个农场的军事税每年是一个弗罗林。[②] 1525 年，在法兰克尼亚，领地税占了个人财产的 5%—10%，[③] 在上士瓦本，农民向政府和地主交纳的各种租税达到他们收入的一半左右，超出了可以忍受的限度。但从整个南

---

① Thomas A. Brady, Jr., *German Histories in the Age of Reformations, 1400–1650*, p.100.
② Peter Blickle, *The Revolution of 1525: The German Peasants' War from a New Perspective*, pp. 42–44.
③ Peter Blickle, *The Revolution of 1525: The German Peasants' War from a New Perspective*, p.79.

部德意志的情况来看，1525年时农民缴纳给地主和领地诸侯的租税，大约为他们的收入的30%。[1]

诸侯领主与政府统治者的双重身份未必具有合法性。诸侯以采邑领主的身份而行管理政府之事，并且以政府的名义征税，这就有了"一权两用"的僭越。如何处理原封建契约中的义务和权利，是一个很纠结的问题。在地方贵族看来，诸侯只不过是发明了一种新的巧妙工具，既剥夺了他们传统的特权，又剥夺了他们的财产。诸侯方面，尽管能够以附庸无法履行义务来加以驳斥，但其实并没有找到一种合理的解释。结果，诸侯只得让步，把自己的权力（如地方政府的管理权、地方法院的司法权）抵押给了贵族。

诸侯对教会财产、权力的剥夺激起教会的反抗。在诸侯领地国家内还存在着教会和修道院及其所拥有的财产、司法权。因为教会、修道院的权力来自于另外一个系统，诸侯的势力并不那么容易渗透。这些宗教机构要么直属于罗马教廷，要么隶属于某个主教，其权力难以剥夺。这些宗教机构是诸侯国家中的"国中之国"，往往会同地方贵族联合，起来反对诸侯领地政府，制造了很多的麻烦。

名目繁多的赋税激化了诸侯与人民的矛盾。农民不仅要向地方领主缴纳地租，向教会缴纳什一税，而且还要承担政府的各种赋税。布瑞克告诉我们："除了财产税外，诸侯还增加了消费税，消费税有时候甚至取代了财产税。在教会领地上要征收圣职授受税（consecration taxes）。在整个南部德意志还要向士瓦本同盟缴纳圣职授受税。最后，但绝不是最少的，是为了与土耳其的战争所征收的帝国税，它对15世纪晚期及16世纪早期的重要性只能从16世纪晚期国家发展的重大影响中粗略地推断出来。"[2]

由此可见，诸侯领地国家的建立，既牵涉到当时统治阶级内部关系的调整，也牵涉到了统治阶级与民众的阶级关系的调整。

---

[1] Peter Blickle, *The Revolution of 1525: The German Peasants' War from a New Perspective,* pp.88-89.

[2] Peter Blickle, *The Revolution of 1525: The German Peasants' War from a New Perspective,* p.79.

三、领地国家的性质

诸侯领地国家的性质，学术界一直存在着争论。布瑞克认为这种国家就是近代早期国家，"意味着这样的国家将解除该领土上的封君封臣的封建关系，为它们自己追求一种立法上的垄断权，同时在封建经济之外开辟新的收入来源"[①]。对这种观点，笔者曾在《关于德意志宗教改革强化世俗政府问题的一些分析》一文中提出过不同看法。理由有四：首先，诸侯领地国家不是完整的国家。它维护的是地方诸侯的利益，而不是德意志国家的利益，诸侯也没有建立统一的德意志民族国家的愿望。其次，诸侯领地国家不是与市民阶级结盟的产物，缺乏近代国家必备的民族、民主基础。事实上，它是靠掠夺民众的财富来扩张自己利益的。再次，诸侯在建立领地政府时，通过向地方领主（中小贵族）借贷并授予他们地方政府的管辖权作为还报，这种做法，绝非近代国家所为。最后，不顾公共利益，增强对民众的压迫，这破坏了农村经济秩序，激起了农民起义。因此，与其说诸侯的国家是"近代早期国家"，毋宁说是封建政治向近代政治转化中的半封建、半近代的地方政权，正好符合过渡时期德意志政治机构逐步转型的特点。[②] 现在，笔者还要增加四条，进一步说明诸侯国家不是近代国家。

其一，诸侯国家是一种地方割据势力。尽管在其辖区内实现了中央集权化，但就德意志整个国家而言，它却是阻碍德意志统一的一种力量，无法称其为对封建主义的一种取代。事实上，诸侯国家的力量越强，建立统一民族国家也就越加困难。国家作为地方割据势力的性质并没有改变。

其二，国家维护的是诸侯的利益，而不是民众利益，缺乏近代国家具有的

[①] Peter Blickle, *The Revolution of 1525: The German Peasants' War from a New Perspective*, p.78.

[②] 朱孝远：《关于德意志宗教改革强化世俗政府问题的一些分析》，《历史教学》2012年9月下半月刊。

外国制度史

在一定程度上代表民意的功能，这在诸侯参与镇压1525年革命中表现得最为典型。1525年时南部德意志各派政治势力角逐激烈，却没有形成可支配一切、控制整个地区的单一政治权威。在士瓦本的黑森林和莱希河与康斯坦茨湖之间，自由城市、修道院、伯爵领地、地方贵族、骑士之间的力量平衡是通过各种同盟来实现的，主要就是士瓦本同盟。在哈布斯堡王朝的奥地利区则比较统一，权力集中在哈布斯堡王朝奥地利领地及其控制的低地同盟手中。然而，当1525年革命风暴席卷南部德意志时，上述政治势力立即作出反应：以农民起义军和城市中的下层平民为一方，构成了"普通人的大革命"；以哈布斯堡王朝、诸侯、地方贵族为另一方，形成了一个镇压人民的反革命同盟。在镇压德意志农民战争一事上，皇帝、诸侯、地方贵族表现出惊人的一致性，说明诸侯的国家远不是代表公共利益或民众意愿的近代国家。皇帝查理五世在致同盟军统帅特鲁赫泽斯的信中这样说："因为你的高贵的、卓越的、勇敢的表现，因为你在整个德意志民族的法律受到攻击濒临毁灭之际恢复和捍卫了神圣的、基督教的令人赞美的法律、法令和良好的制度，我们向你表示我们诚挚的、由衷的感谢。"① 可见，认为起义中皇帝没有反对农民、农民也没有反对皇帝的看法，也不是事实。

其三，诸侯与城市不是结盟关系，而是诸侯伺机兼并城市的关系。诸侯早有图谋在士瓦本、法兰克尼亚地区发展的计划，一位巴伐利亚的律师1519年写道："一些选帝侯在法兰克福聚集筹划帝国选举和其他事项。他们可能会选举出一个皇帝，然后，在符腾堡的支持下，反对纽伦堡。一些市民则不智地说要倒向瑞士，而这很可能会发生。"② 很显然，诸侯要乘皇帝势力还没有完全控制南德意志、城市还没有建立起南部城市联邦之前，控制住南部德意志。为此，诸侯加强了对士瓦本同盟的渗透，把城市同盟变成了诸侯同盟。士瓦本同

---

① Peter Blickle, *The Revolution of 1525: The German Peasants' War from a New Perspective*, p.163.
② Thomas A. Brady, Jr., *Turning Swiss Cities and Empire 1450–1550*, p. 38.

盟建立于 1488 年，拥有一支强大的雇佣军。乌尔姆城、纽伦堡、奥格斯堡都是同盟的重要成员。另一方面，它也是平衡帝国与南部城市势力的工具，表现在同盟必须不时从帝国那儿得到新的委任状延期，才能够继续存在。同盟原来只有两个议会，一是由帝国城市和自由城市组成的城市议会，另一个是由上士瓦本地方贵族、部分骑士组成的贵族议会。

其四，诸侯势力强大直接导致了对民众的镇压。1500 年后，诸侯势力逐渐增强，可以士瓦本同盟为例。诸侯单独成立了诸侯议会，而城市在同盟中的分量也因此从原来的二分之一降为了三分之一。[①] 1525 年时，诸侯议会中包括了皇帝查理五世、斐迪南大公（作为符腾堡的诸侯）、美因茨大主教、五个南部德意志的主教、六个来自于维特斯巴赫的诸侯，卡西米尔侯爵和黑森州的领主。[②] 这些人领导了士瓦本同盟，在 1525 年农民战争大规模爆发后，他们联合地方贵族镇压德意志起义者，也就不足为怪了。

可见，诸侯领地国家的建立，主要是统治阶级内部政治权力的再分配。与封建采邑制相比，诸侯领地国家具有进步性。诸侯领地国家的特点是中央集权化，通过建立领地政府和确立政府与臣民关系，使领地内的各个阶层都听命于政府。在领地政府面前，领主附庸间私相授受的契约几乎成为废纸，诸侯权力越是增加，地方贵族的势力越是瓦解。

另一方面，领地国家又不是英国、法国式的近代民族国家。它只是诸侯权力的一种扩展，不带有政治民主化、国家主权化、民族国家化的内容。德意志的诸侯领地国家，因此并不是一种类似于英法的缩小版的近代国家，反而是地方势力通过集权强化自己的一种手段。这种国家加强了对人民的压迫，更无法被视为反映民意、代表民族、强化德意志主权的近代民族国家。

[①] Thomas A. Brady, Jr., *Turning Swiss Cities and Empire 1450–1550*, p.53.
[②] Thomas A. Brady, Jr., *Turning Swiss Cities and Empire 1450–1550*, p.189.

"和谐政治"：弗里德里希二世及18世纪普鲁士的开明专制

徐健（北京大学历史学系）

在欧洲政治体制的演变中，开明专制并非具有普遍性的历史阶段，而是绝对君主制的一个变体，是一种特殊类型的政制形式，一般指18世纪中后期，因君主受启蒙思想影响而产生的统治形态。它只在某些国家获得了典型意义，如约瑟夫二世和玛丽亚·特丽莎在位时期的奥地利、叶卡捷琳娜女皇统治下的俄罗斯以及弗里德里希二世执政时期的普鲁士等。[①]

据德里克·比尔斯的考证，"开明专制"（Enlightened Absolutism）一词被制造、被明确提出，是在1758年的一份《文学通讯》中。作者格里姆写道："的确，没有什么政府能比由一位公正、机警、开明和仁慈的专制君主所领导的政府更完美的了。"1767年，格里姆再次表述："一个积极、机警、智慧、坚定的开明专制君主的统治，是所有政制中最可取和最完美的……我强烈地热爱这种专制君主。"[②]本文无意考察该词产生的准确时间，而是关注它的实际内容。作为一种政制形态，开明专制产生的条件是什么？如果我们以弗里德里希二世（又称弗里德里希大王，1740—1786年在位）的普鲁士为研究对象，那么还要追问，它如何体现格里姆所称道的"完美性"？它的存在是否影响了普鲁士的政治文化？最后，对于现代世界的政治发展，普鲁士又提供了何种经验

[①] 根据英国学者芬纳列出的清单，开明君主还应包括那不勒斯的查理三世、葡萄牙的约瑟夫一世、托斯卡纳的利奥波德一世和瑞典的古斯塔夫三世。参见〔英〕塞缪尔·E.芬纳《统治史》（卷三），马百亮译，华东师范大学出版社2014年版，第409—410页。

[②]〔英〕马克·戈尔迪、罗伯特·沃克勒主编：《剑桥十八世纪政治思想史》，刘北成等译，商务印书馆2017年版，第500页。

"和谐政治"：弗里德里希二世及 18 世纪普鲁士的开明专制

或方案？这些问题将是本文思考和研究的重点。

一

既然开明专制是绝对君主制的特殊形态，首先要分析绝对君主制产生的前提。对此，恩格斯解释道："那时互相斗争的各阶级达到了这样势均力敌的地步，以致国家权力作为表面上的调停人而暂时得到了对于两个阶级的某种独立性。十七世纪和十八世纪的专制君主制，就是这样，它使贵族和市民等级彼此保持平衡。"① 德国社会学家埃利亚斯也透过社会结构考察绝对君主制的发生，认为它是 16 世纪以来新兴工商业阶层和传统贵族之间力量盛衰达成某种"均衡"之后，君权在两个阶层斗争的夹缝中掌握仲裁权，并通过"权力垄断"包括控制国家军事力量、行政力量和财政经济等，来巩固其政治地位而产生的一种统治形式。② 当然，在实际的政治生活中，这个利益团体较量的过程远比理论分析要复杂。以君权为代表的国家能否有效掌控政权，建立强大国家，除了君主个人的野心和能力，还要取决于各种不同变量的交叉组合。在美国学者弗朗西斯·福山看来，除了内部阶级关系的结构，还有外部军事压力和征税能力、国际谷物价格、宗教和思想、统治者和民众接受变量的方式等。③ 国家和抵抗团体之间互动的结果则会产生不同类型的专制制度。有的强大如俄罗斯，有的弱小如法国和西班牙，也有的会形成负责制政府，如英国和丹麦。而普鲁士，福山认为，君主政体发展出了强大的现代专制国家，普鲁士是强大国家的典型。

普鲁士国家的强大首先体现在它的行政能力和军事能力上。从 17 世纪中

---

① 恩格斯：《家庭、私有制和国家的起源》，第 168 页。
② 〔德〕诺贝特·埃利亚斯：《文明的进程：文明的社会起源和心理起源的研究》，袁志英译，生活·读书·新知三联书店 1999 年版，第 10—14 页。
③ 〔美〕弗朗西斯·福山：《政治秩序的起源：从前人类时代到法国大革命》，毛俊杰译，广西师范大学出版社 2012 年版，第 321 页。

期的威廉大选帝侯开始，经过几任君王励精图治，一个世纪后，建立了一个按功能、以非人格化标准进行招聘和晋升而组织起来的理性的官僚机构，以及一个讲究效率、遵守法制、受严格道德约束的官僚队伍。它也有一支训练有素、有较强作战能力、以服从为天职的军队。因此，在与地方各种利益团体的抗争中君主逐渐掌握主动。当然，国家权力的牢固并不是依靠向传统势力全面夺权而获得的，而是依赖将地方等级势力纳入官僚系统和军队系统，赋予其垄断特权，使它成为中央政府的中坚力量。在普鲁士，贵族与市民之间的平衡实际上并不存在，传统贵族容克凌驾市民之上，一边倒地支配国家与社会，但在佩里·安德森看来，他们却"比欧洲其他贵族更浑然不觉地同自己的国家保持着一致。官僚机构和农村自治在这种傻瓜乐园里异乎寻常地和谐"[①]，也因而使之包含了巨大的扩张潜力。

一般来说，"开明专制"只能出现在强大国家中，君主大权在握可以推动有效变革。于是，人们通常会渴望开明君主，这与柏拉图在《理想国》中表达的政治理想——让"哲学王"来统治——意思相当。18世纪，"哲学王"的概念再度流行。在德意志的思想语境中，莱布尼茨曾说，君主政体的目的是让一位拥有杰出智慧和美德的英雄进行统治。他的后继者克里斯蒂安·沃尔夫则更清楚地表明，任何一位国王，只要他有一些哲学的训练和能力，就能成为一位更好的统治者。[②]可见，除了拥有绝对的意志或权力，人们更要求君主接受哲学的熏陶，具备完美的品行和确凿的智慧。如果说早期学者们只是借古典理想寄予现实世界的君王，那么晚些时候的康德则为古典时期的"哲学王"概念奠定了新时代的基调，这个时代被他称为"启蒙的时代""弗里德里希的世纪"。对"开明专制"，康德是这样概括的："只有自己已经启蒙、不惧幽灵，并且手中握有一支庞大而训练有素的军队来确保公共安全的统治者，才敢说一个共和

[①] 〔英〕佩里·安德森：《绝对主义国家的系谱》，刘北成、龚晓庄译，第277页。
[②] 〔英〕马克·戈尔迪、罗伯特·沃克勒主编：《剑桥十八世纪政治思想史》，刘北成等译，第480页。

"和谐政治"：弗里德里希二世及 18 世纪普鲁士的开明专制

国不敢说的话：可以争辩，随便说多少，随便说什么，但是必须服从！"[①]康德相信，在理性的法则下，公民有完全的思想自由和表达自由，并形成公共舆论。但是强迫理性来发号施令是不合时宜的，因为真理是相对的，人们的行为方式和习惯会有差异，不同的宗教和社会阶层之间会发生冲突，在发生怀疑时要允许辩论，但应该由君主来引导并作出最后的裁决。

建立新的国家形态当然不是哲学家的任务，国家已然存在，"开明专制"的理论只能在现存国家的体制中，注入新的思想，并赋予国家以新的功能。然而理论上讲，"开明君主"可以不依赖于任何制度规范，而是凭借个人的道德品行和自我约束。虽然君主可以做到公正、开明，但难免会犯错，君主的意志不能完全避免与臣民的意志相抵牾。因此，现实中的"开明君主"即便可能存在，也是非常少见，或者往往成为"仅一代的明君"。18 世纪的学者们表达过这样的忧虑，历史经验也证明了这一政体的局限性。不过，普鲁士的情况有其特点。"弗里德里希的世纪"之所以能够出现，除去君主个人纯粹的"性格和态度"外，普鲁士的"开明专制"在实践中还诉诸一个重要原则，即制度规范，韦伯称之为"法典化常规"，包括官僚制度的常规化和合理化以及司法体制的完善等等。前者是君主推行"开明"统治不可或缺且行之有效的执行工具，后者则是推动系列改革能够不偏离轨道，且避免个人专权的前提和保障。弗里德里希二世的普鲁士因此成为欧洲"开明专制"的典范，而国王本人则是"开明君主"的楷模。

二

对君主个人的剖析有助于进一步理解开明专制的特性。开明君主"性格与态度"的形成来自于启蒙时代开启的认知方式。它包含两方面的内容：君主的

[①] 〔英〕马克·戈尔迪、罗伯特·沃克勒主编：《剑桥十八世纪政治思想史》，刘北成等译，第 494 页。

思想信念和自我身份认同。前者来自他所接受的教育、对待历史的态度，也可以是个人生活体验、对事物的观察和思考，与制度类型无关；后者则指君主与国家的关系，即君主在国家中的角色定位。当然，在这两方面的内容中，国家利益是重要关切。

弗里德里希二世自幼年始接受法国式教育，少年时代在家庭教师帮助下编纂过一套启蒙思想文库，收入了约翰·洛克、皮埃尔·贝尔（Pierre Bayle）、伏尔泰等的作品。他酷爱读书和写作，著作多达33卷，其中不乏佳作。弗里德里希与孟德斯鸠未曾谋面，却有神交，他的很多政论作品都是模仿后者撰写而成。达朗贝尔称其为"哲学王"，伏尔泰将其比作恺撒、奥古斯都、马克·奥勒留、维吉尔、普林尼和柏拉图等，[①] 国王本人在与友人的通信中也往往以"哲人"自诩。

作为"哲人"，对现实政治中的非人道因素，弗里德里希表示不齿。他反对马基雅维利主义，1740年登基前出版了《论马基雅维利〈君主论〉及历史和政治笔记》，简称《反马基雅维利》。在这本小册子中，他比照《君主论》，针锋相对地逐条批驳马基雅维利的观点，要求君主实行正直、审慎和人道的政策。他曾在给友人的信中说，他批判的意图是要表明，无限制的野心、叛逆、不忠和谋杀都违背了君主的真正利益，唯有完善的政策，无论从道德和审慎的观点来看，都是良好且恰当的。《反马基雅维利》后来被视为弗里德里希施政哲学的宣言。但这种"完善的政策"具体是什么，当时并不清晰。

受启蒙思想的浸润，弗里德里希大王展现了他的宽容形象，首先是宗教的宽容，其次是言论宽松。麦考莱说，他是"一个没有怕惧、没有信仰、没有慈悲的人"[②]。公务之余跟文人学者相聚时，国王"以人们所知道的一切宗教的妄诞，来做谈话的主点，故对于基督教国家所敬重的教义和名义，也大胆来

[①] 〔英〕塞缪尔·E.芬纳：《统治史》（卷三），马百亮译，第418页。
[②] 〔英〕托马斯·麦考莱：《腓特烈大王》，傅勤家译，商务印书馆1938年版，第17页。

讨论，这样甚至使习闻英法自由思想的团体的人，也免不了要大吃一惊"①。但是，对宗教的批判并不影响弗里德里希崇尚宗教的宽容。"没有一个国家，它的公民会有相同的宗教思想，他们完全不同，有不同的教派……宽容对于社会来说是优点，宽容建立了这个社会，宽容也是国家幸福的源泉。在宗教信仰自由的地方，人们平静安康，而有宗教迫害的地方，则会引发血腥的、长久的、毁灭性的内战。"②在登基的前一年，他写下了《反思罗马帝国的衰落》，认为东罗马的湮灭应归咎于宗教冲突。③

对言论的态度也是如此，尽管国王要求"服从"，但很谨慎，也不敢随意让媒体"闭嘴"。柏林新闻检查官居然会抱怨无事可做。1759年，当出版商尼柯莱（Nicolai）请负责审查哲学书籍的检查官禁止出版一本哲学著作时，检查官的回答令人吃惊，"还有人要求禁书？已经很多年没有人给我提这样的建议了"④。不过，对于弗里德里希时期的"言论自由"，也有不同声音。莱辛的论断广为引用："别跟我说在柏林有什么思想和出版自由，它只有人们随心所欲讽刺和攻击宗教的自由——这种自由很多诚实的人都羞于启齿。但是，就让大家去写点关于柏林的东西吧，让他去吐槽一下宫廷里那帮乌合之众的真面目吧，去支持臣民的权利，去大声反对专制主义，就像今天的法国和丹麦那样。这样，你就会发现，到目前为止，究竟哪个国家是欧洲最具奴性的。"⑤实际上，国王更多的是允许在宗教问题上的批判，而对政治性的期刊专栏管控是坚决的，甚至还会监管来自国外的批评。这体现了普鲁士"开明专制"的复

---

① 〔英〕托马斯·麦考莱：《腓特烈大王》，傅勤家译，第46—47页。
② Henri Brunschwig, *Enlightenment and Romanticism in Eighteenth Century Prussia*, Chicago: 1974, p.10.
③ Detlef Merten, *Rechtsstaatliche Anfaenge im Zeitalter Friedrich des Groessen*, Berlin: Duncker & Humblot, 2012, p.75.
④ C.B.A.Behrens, *Society, Government, and the Enlightenment*, N.Y.: Harper & Row, 1985, pp.184-185.
⑤ F.Kopitzsch(hrsg.), *Aufklaerung, Absolutismus und Buergertum in Deutschland*, Munich: Nymphenburger Verlaghand-lung, 1976, p.334.

杂性。

弗里德里希二世对君主的道德品行要求很高。在1777年的《政治遗嘱》中，国王为后继者定下了戒律，但实则是对自己任职期间形象的刻画。"不能耽于奢侈和放荡，不能在随从面前趾高气昂，不能对穷苦人、智力低下者傲慢无礼。不能混迹于游手好闲者之中，否则会作恶。不能沉迷女色，否则将堕落为情妇和宠臣的工具。"[1]他对君主道德准则的表述显然是反思了法国王室的种种劣迹而发出的警世良言。在这方面，孟德斯鸠的《波斯人信札》为他提供了批评的蓝本，该书尖锐批判了法国旧制度下卖官鬻爵、情妇干政、司法腐败、议会无权、管理不善、财政丑闻、大臣专权等种种弊端。

对君主的职责，弗里德里希二世有强烈的意识，这得益于其父弗里德里希·威廉一世的教诲。"统治者在世上的荣誉是事必躬亲。"这样的训诫对充满忤逆的儿子来说依然是至理名言。同样在那份《政治遗嘱》中，弗里德里希二世说，君主的职责是为臣民服务，它包括"维护法律，保障正义，全力抵制道德败坏，捍卫国家安全"。当然，君主还应"认真督促土地开发，为人民供应充足的食物，鼓励企业生产，促进商业流通"。[2]为此，他必须具备丰富知识，要深入了解本国资源条件以及人民的个性特点。弗里德里希二世的勤勉是尽人皆知的，连惯于尖锐批评的莱辛也揶揄道："我嫉恶欧洲所有的统治君主，然唯有普鲁士国王例外，这个人用他的行动表明，国王头衔是一种光荣的苦役。"

对社会进行道德治理被认为是统治者最重要的职责。"君主要扬善抑恶，奖善惩恶，鄙弃一切不光彩的行为，唾弃那些不知悔改的人。品德败坏的有钱人不应该得到褒奖，否则会误导公众，以为仅靠钱财就可以获得社会地位。如此，人的贪欲就会失控、泛滥，随之而来的会是以各种恶劣手段对财富的争夺。腐败迅速孳生，社会风气也会因此堕落。炫富的人受到尊重，而真才实干

---

[1] Friedrich II, "Regierungsformen und Herrscherpflichten" (1777), http://germanhistorydocs.ghi-dc.org/sub_document.cfm?document_id=3549.

[2] Friedrich II, "Regierungsformen und Herrscherpflichten" (1777).

和品行端正的人则受到排挤。为了防止国民性格的堕落，君主要珍视有德行者，而远离有财无德之人。"①

其实，弗里德里希二世对自我的认知和克制，来源于他对君主与国家关系的定位。除了老国王弗里德里希·威廉一世治理社会和政治事务的经验，克里斯蒂安·沃尔夫的国家思想也对他产生了影响。沃尔夫的人品颇受非议，但他的哲学思想在德意志新教地区很有市场。弗里德里希二世赏识他，并封之为男爵。沃尔夫推崇"契约理论"，相信人民可以将自己的权利交给国家以确保安全，从而臻于人性的完美和普遍的善。他的《政治学》（或称《关于人的社会生活的理性思考》，最后一版出版于1736年）实则就是一本"君王指南"，按作者自己的话说，"是想为君王在地球上建立一个完全的福利国家奠定基础"②。弗里德里希接受了沃尔夫的思想，在当王储时，就已经与他父亲所代表的"君权神授"的绝对国家观决裂，而与以开明专制为特征的国家-君主二元统治联系在一起。在1738年《关于欧洲政治形势》及后来的许多文章中他都表达了对"社会契约论"的认同。在《政府形式》的开篇中，他称"公民同意将权利赋予他们当中的杰出者，由他为他们提供服务"。君主不再是"国家的化身"，而是"国家制度"的一部分，是国家大厦的基石，代表制度站在国家身后，是国家首脑或"国家第一公仆"，并应以其忠诚、智慧和无私建立一个"完全的福利国家"。

国王甚至以一种全新的政治符号来传达新理念。在登基时拒绝加冕仪式，因为王冠是君权统治的象征，与理性国家无涉。他反对在柏林宫廷的隐居生活，用东弗里斯兰的王室遗产在波茨坦建造"桑苏西"（Sanssouci，又称"无忧宫"），这是私人而非国家的建筑，不是"北方的凡尔赛"，而是"桑苏西哲人"及其朋友们的缪斯宫。在波茨坦展现的是"桑苏西的灵魂"，国家的"政治灵魂"则在柏林。两者泾渭分明。在1769年私人遗嘱中，弗里德里希告诫

---

① Friedrich II, "Regierungsformen und Herrscherpflichten" (1777).
② C.B.A.Behrens, *Society, Government, and the Enlightenment*, p.178.

家人,"要为国家幸福和国家利益牺牲个人利益"[1]。德国宪制史家胡巴奇对此给予了中肯评价:"作为自己的行动指南,弗里德里希与其说是受到启蒙思想的影响,不如说是受到以一种开明方式所理解的国家利益的影响。"[2]

三

国家利益植根于君主的头脑中,在实践中体现为君主对权力的约束,而这必须依靠制度建设。在这一点上,弗里德里希没有继承沃尔夫的衣钵,后者没有为国家追求公民福利设置任何限制,比那个时代欧洲的其他思想家更赞成专制。弗里德里希二世的首席大臣赫兹贝格(Hertzberg)公爵在赞美国王时说,"自由和受约束的君主"是开明专制的完美形态。[3] 这里,他说的受约束包括普鲁士司法与王权的某种分离以及等级议会的咨询作用,此外,还包括官僚机构在一定程度上的独立性。弗里德里希在位46年,为建立和巩固新政体保证了足够时间,并为普鲁士留下了一个成文的法律体系——《普鲁士国家法典》。[4]

关于君主制和官僚制的关系问题,非常复杂和微妙。它包含两个层面:一是工具性,即君主和官僚作为工具,承担不同的政治功能,君主是国家最高行政首脑,官僚是国家公务员(有别于绝对君主制下"国王的臣仆"),他们共同管理国家。二是系统性,"运行良好的政府必须像哲学体系一样有个一以贯之的系统。……这样的系统只能源自同一个大脑,那就是君主"[5]。弗里德里希二世经常直言不讳地表达对官僚机构特别是大臣们的不信任,批评后者作为拿薪

---

[1] Detlef Merten, *Rechtsstaatliche Anfaenge im Zeitalter Friedrich des Groessen*, p.101.
[2] 〔英〕塞缪尔·E. 芬纳:《统治史》(卷三),马百亮译,第422页。
[3] Henri Brunschwig, *Enlightenment and Romanticism in Eighteenth Century Prussia*, p.17.
[4] 又称弗里德里希国家"基本法",英文缩写ALR,国王在位时开始编纂,于1794年颁布。
[5] Friedrich II, "Regierungsformen und Herrscherpflichten" (1777).

"和谐政治":弗里德里希二世及18世纪普鲁士的开明专制

水的雇员,缺乏总体纲领和系统管理,国家幸福无关大臣们痛痒,政府部门在执行政策时敷衍草率。每人都有自己的想法,自己的算盘,岗位的更替往往使后人推翻前人方案,而制定的新政又总是前后矛盾。① 弗里德里希二世自认为君主可以克服官僚体系的机械性及官僚主义的弊端,协调各方一致,朝同一目标努力,即人民的福祉和国力的强盛。

为此,国王一方面加强政府机构的制度性建设,使政府运作受到精细常规的制约,逐步实现韦伯所说的"常规化""合理化"。1748年5月20日颁布的《政府条例》被视为普鲁士行政史上最具独特性的文件。② 条文对部门事务分割和责任安排的精细程度表明国王是个地道的务实派而绝非空谈家,其作用是敦促官员工作时既要脚踏实地又要灵活机敏。同时,针对官僚本身,国王建立"品行表"和"业绩考评"制,推行监察(Fiscal)制度,制约官员行为。1770年又全面引入考试制度,通过严格考试和培训选拔晋升官员,推动官僚队伍的"专业化""职业化",在保证忠诚廉洁的同时提高他们的业务水准,为"开明专制"国家的经济和社会改革打造得心应手的工具。另一方面,国王本人则在尊重"公共法"及条理缜密的管理程序的前提下,掌握着最大程度上的行动自由和决策自由。在弗里德里希统治下的普鲁士,与国王的公开对抗几乎不存在。③

但是,在"开明专制"政体中,君主行使权力的空间到底有多大是受质疑的。为摆脱柏林政府的牵制,弗里德里希在波茨坦设立"内阁",经常绕开总执行局直接发号施令,削减了政府的权力,实行"个人"统治。但君主的特

---

① Friedrich II, "Regierungsformen und Herrscherpflichten" (1777).
② Walther Hubatsch, *Friedrich der Grosse und die preussische Verwaltung*, Koeln and Berlin: H.Grotesche Verlagsbuchhandlung, 1973, p.149.
③ 也有个别官员公开犯上。总执行局官员乌尔西努斯对弗里德里希的商业政策提出温和批评,以贪污罪被送进监狱。参见 Walter L. Dorn, "The Prussian Bureaucracy in the 18th Century", in *Political Science Quarterly* Vol.XLVI, No.3 (Sept., 1931), p.415。

殊地位、超官僚的权力和自主性必须与普遍规则共存。赫兹贝格公爵在《政府形式》中写道："自由政府是最好的政府形式。行政权和立法权集于君主一身，但君主应该尊重基本法或各种固有法规及各项保障公民财产的制度，没有紧急状况或实际需要不得随意更改，否则将破坏行政管理的准确、快捷和公正。"[1]而且事实上，在弗里德里希二世时期，君主的实际权力还是被总执行局的官僚们分割或削弱了。从消极方面说，罗森贝格认为，他们可以通过操纵信息和采用其他的"破坏"行动来"阻挠和歪曲"国王的意志。[2]而从积极意义上说，高级官僚们以其责任意识和良好素养，往往向国王诤言，提出反对意见。海尼茨（Heinitz）男爵，弗里德里希二世的一位重臣，在与国王观点相左时，这样写道：他的职责是服从，但入职誓言驱使他作为一个普通人而不是大臣，说他应该说的话。[3]制度规范下的官僚具有一定独立性。弗里德里希执政后期，除了政治官员，官员解职逐渐引入法律程序，并在此后写进了《普鲁士国家法典》。法典第十部分有条文称，"不经评估和法律程序不得免除官员职务"[4]，君主解职权受到削弱。其实，在很大程度上，繁忙的君主在日常工作中发现自己也只不过是文件处理机上的一个齿轮，是政府的"最高行政长官"。弗里德里希每天签署至少 12 份内阁令，[5]18 世纪 70 年代，每年 170 件。而据统计，从 1728 年至 1795 年，这类指令多达 30 万—40 万件。[6]弗里德里希的治理方式

---

[1] Henri Brunschwig, *Enlightenment and Romanticism in Eighteenth Century Prussia*, p.18.

[2] Hans Rosenberg, *Bureaucracy, Aristocracy, and Autorcracy: The Prussian Experience, 1600–1815,* Boston: Beacon Press, 1966, p.193.

[3] Henri Brunschwig, *Enlightenment and Romanticism in Eighteenth Century Prussia*, p.19.

[4] 参见 *Allgemeines Landrecht fuer die Preussischen Staaten,* IV, Zehnter Teil. http:// germanhistorydocs.ghi- dc.org/ sub_document.cfm?document_id=3550。

[5] 也有说 30—40 个的。参见 Walter L. Dorn, "The Prussian Bureaucracy in the 18th Century", in *Political Science Quarterly* Vol.XLVI, No.3 (Sept., 1931), p.415。

[6] Walther Hubatsch, *Friedrich der Grosse und die preussische Verwaltung*, p.223.

"和谐政治"：弗里德里希二世及18世纪普鲁士的开明专制

实际上为他身后的"官僚专制主义"代替"开明专制主义"开辟了道路。[1]

除了遵守官僚体制的规则，国王并不完全否定等级议会的重要性。在没有宪制制衡的情况下，由有影响的社会阶层——地方贵族——分享部分政治权力也是限制君权专制的重要手段。以奥托·辛策为代表的普鲁士宪制解释派认为，1740年弗里德里希二世登基时，省等级议会不再参议国事，绝对君主制达到顶峰。但后来的修正学派却以材料充分证实，新国王逐渐改变了前任的做法。1754年以后，等级议会三年召开一次，七年战争后又恢复每年定期举行。批准预算是等级议会的权力，而参与立法，虽然受到限制，仍然是受到欢迎的，只要它与立法者的意图保持一致，它所代表的地方或社团利益与国家的整体利益相符。[2] 弗里德里希改变了其前任一味强调中央官僚权力、排斥和打压地方贵族、征税不与各省等级议会商议的"粗暴""专横"作风，在其推行的"开明政治"中同时倚重那些生活在等级秩序中，其生涯取决于声望和权力的等级贵族，试图在讲究理性和效率的工具国家和等级的传统社会秩序之间建立力量的平衡。因此，在胡孚通（Hufton）等人看来，普鲁士"可怕的专制是有其名无其实"[3]。不难理解，在弗里德里希二世的时代，绝对王权经过几代人的建设已经巩固，君主自信，政治统治关系完全可以尊重传统习俗和法律制度，尊重等级的权利和责任，并借助它来实现社会稳定。《普鲁士国家法典》在确立国家利益的同时，也强调了等级的重要性。而传统的等级制度，在辛策看

---

[1] 对"官僚专制主义"和"开明专制主义"，汉斯·罗森贝格有明确区分。参见 Hans Rosenberg, *Bureaucracy, Aristocracy, and Autorcracy: The Prussian Experience, 1600–1815*, pp.202–210。

[2] Guenter Birtsch, "Der preussische Hochabsolutismus und die Staende", in Peter Baumgart(hrsg.), *Staendetum und Staatsbildung in Brandenburg-Preussen,* Berlin: 1983, S.389–400。

[3] O Hufton, *Europe: Privilege and Protest, 1730–1789*, London: 1980, p.219。

来，则是现代代议制的基础。①

司法清明是绝对王权通向开明理性国家的重要前提，它同样受到弗里德里希的关注。国王对司法的理解得益于孟德斯鸠，而制定司法政策又受助于大法官科塞奇（v.Cocceji）。国王模仿孟德斯鸠《论法的精神》，于1749年写下《论法的理性》，讨论法律问题。1752年的《政治遗嘱》中，国王将司法问题置于国家财务、军务和政务之首。1772年在私人遗嘱中，又将"国家第一法官"的角色视为君主的首要之职。在科塞奇帮助下，弗里德里希致力于司法改革，基本消除"以司法名义做各种坏事"的法律腐败现象，诸如办案拖沓、诉讼费昂贵、卖官鬻爵、滥用酷刑等，建立新的法律秩序。

同样受《波斯人信札》及《论法的精神》中对土耳其政体解释的影响，弗里德里希认识到与司法保持必要距离、行政权力不干预司法进而与司法分离的意义，因为土耳其苏丹对权力的诉求被孟德斯鸠打上了"东方专制主义"的污名，给国王留下了深刻印象。1749年普鲁士颁布《行政条例》，明确划分行政与司法的界限，国王表示不再以行政插手司法程序。此后，国王又不断发布指示，"一切按法律来办""必须让法律来治理"。在1777年《政治遗嘱》中，他也表达了同样看法：让法律说话，国王的职责只为法律护航。早年，还是亲王的弗里德里希在《反马基雅维利》中，把司法权纳入行政统治的计划之中，而现在，作为国王的弗里德里希，却只剩下对司法干涉的追忆了。

当然，在"开明专制"时期，国王对司法的理解并未脱离专制国家的范畴，行政仍然优先于司法，弗里德里希是站在行政权力的顶端看待司法公正和以法治国的，司法并未从行政权中分离出来，否则无法解释1779年发生的"司法灾难"——著名的"磨坊主阿诺尔德案件"。因为对法官的猜疑，也是要打击法官的桀骜不驯，国王最终插手该案的审理，尽管这已不是第一次，但却

---

① 辛策认为，议会制是从君主制中产生的。在整体国家中，君主代表国家，等级则代表多元利益，但也必须存在于整体国家中。君主与等级议会的双重性是代议制的基础。参见 Otto Hintz, "Typologie der staendischen Verfassungen des Abendlandes", in Gerhard Oestreich(hrsg.), *Staat und Verfassung,* Goettingen: 1970, S.140-149。

"和谐政治"：弗里德里希二世及18世纪普鲁士的开明专制

是最后一次。

"开明君主"弗里德里希在位期间对"分权"所作的努力，至少释放出一个信号，即普鲁士要成为一个"法治国家"，而普鲁士的法官们在王位前所表现出的勇气以及知识水准在欧洲也是出了名的。[①] 1739年司法领域率先推行的考试制度为普鲁士司法队伍的专业化发展作出了贡献，他们所代表的司法权威则成为制约王权的重要因素。

四

弗里德里希二世的"开明专制"重视国家的整体利益，为人民谋幸福被视为君主的神圣使命。在践行这一原则时，普鲁士专制政体诉诸一套政府管理学说——"官房学"（Kammeralwissenschaft），它类似于18世纪欧洲通行的"重商主义"，但又有所不同。其学科体系呈复数形态，包含了经济学、财政学和政治学，而只有政治学（当时称"治安学"，后来演变为国家学或政府管理学）才是这一体系的基础。该学说源于有机体隐喻的社会概念。在这里，社会被描述成一个有机体，虽然各个部分相异但却共同地、和谐地运转。而国家行政管理的最终目的则是促进和实现这种和谐运转。"官房学"代表贝克曼（Johann Beckmann）表述得很生动："农人、手工业者和商人在交易时关注各自利益。治安学指导他们如何实现整体国家的最佳利益。……国家是人类制造的最大机器，其中有不计其数的大大小小的轮子，要使它们相互啮合。"[②]

[①] 1730年"卡特案"的审理，法官们表现出独立性，拒绝弗里德里希·威廉一世判处卡特死刑的指令，坚持判以终身监禁，尽管卡特最终被绞死，但案件审理中，法官们毫不含糊地表达了自己的意志。此事在欧洲引起很大反响。而1779年的"阿诺尔德案"，法官们表现得更为固执，在国王的一再干预下维持原判，震怒的弗里德里希二世惩罚了三位主审官，一位被开除公职并监禁一年，另两位则被罚款。

[②] David F. Lindenfeld, *The Practical Imagination: The German Sciences of State in the 19th Century*, Chicago: University of Chicago Press, 1997, p.33.

"官房学"关注国家和人的活动之间的互动关系,具体体现为以下几个方面:首先,重视国家土地开发,使自然荒芜状态的土地能够满足人类的生存目的。土地开发包括"外在开发",如清理林地、灌溉、疏通河渠、修路建桥、城镇卫生和照明等;而"内在开发"则指维持和增加人口。其次,通过农业耕种、林业保护、矿藏开采等活动增加土地产出,提高生产水平;同时,推进制造业和手工业发展,促进贸易和商品流通。再次,公民的道德治理,包括对民众宗教生活、学校教育和个人品行的监督和指导,也包括杜绝不良社会现象如懒惰和乞讨等。最后则是国家安全以及治安法的制定和实施。

尽管这套学说强调中央权力的集中、干预和计划性,以及税收、财政的重要性,但并不否定个体的经济和社会活动。相反,两者相辅相成,所谓"国家利益与人民利益是相应的"[1]。"官房学"的另一代表人物尤斯梯(Johann H.Justi)就认为,"个人自由是幸福必不可少的条件。自由、财产保障、贸易繁荣,使人人能够通过各自的营生获得舒适生活,这些才是国家和人民的福祉所依"[2]。所以,国家不应该为了统治者的利益竭泽而渔,私人生产领域的繁荣才是实现财政盈余的手段。财富不仅包括物品,也指人的一切技能,也就是人自身。当时,尤斯梯及贝克曼等人并未强烈意识到公共领域和私人领域间的内在张力,而是自信通过国家力量能够维系两者间的平衡。1760年,尤斯梯离开维也纳赴柏林,接受普鲁士的聘任,担任矿山总监,为普鲁士的矿山开发、农业经济和对外贸易提供了发展方案,而由他撰写的教科书如《经济学》《财政学》《行政学》等一版再版,在普鲁士官员中产生了影响。1770年,弗里德里希的顾问们把"官房学"纳入司法和行政官员的必修科目,专门用于在大学课堂上培养和训练未来的政府官员。因为与英、法等国的重商主义不同,普鲁士经济和管理体系的运转,起主要作用的不是商人,而是负责执行计划经济的

---

[1] Matthew Levinger, *Enlightened Nationalism: The Transformation of Prussian Political Culture 1806-1848*, N.Y.: Oxford University Press, 2000, p.26.

[2] David F. Lindenfeld, *The Practical Imagination: The German Sciences of State in the 19th. Century*, p.25.

"和谐政治"：弗里德里希二世及18世纪普鲁士的开明专制

政府官员。

"官房学"在1750年后的弗里德里希二世时期得到迅速发展，随之而来的则是国家经济的繁荣。国王为农民减轻劳役、赋税，提供贷款和谷物，招募移民和开垦新土地；发展工商业，设立并亲自领导工商业部、军事经济部、林业部和矿山开采部，通过津贴、补偿、特权、垄断等手段为工业发展创造条件。18世纪末，普鲁士工业初具规模，以西里西亚、柏林等为中心形成了纺织、冶金和采矿等工业基地。1740—1786年，王室年度财政收入从700万增加到2 300万塔勒，增加了2倍，而财政节余从1 000万增加到5 400万，增加了3倍多。弗里德里希统治末年，普鲁士总人口从250万增加到540万，翻了一番。[1]英国经济史家汉德森不无夸张地认为，在18世纪下半叶，而不是19世纪，就可以看到普鲁士工业革命的起源了。布隆施维希甚至提出，普鲁士是"国家资本主义的发源地"，这个国家的工业由许多小企业组成，其生产能力由国家操控，国家是大银行家、大买家，但与此同时，企业也是通过自由市场来运作的。[2]

国家福祉和制度规范，前者是治国理念，后者是治国手段，弗里德里希二世通过这两个原则践行着"开明政治"。关于这个政制，时人有过高度评价。1789年9月25日，老弗里茨[3]去世三年后，柏林约阿希姆斯塔尔王家学院为新君弗里德里希·威廉二世庆生，布卢恩（F.L.Brunn）教授致演讲词，主题为"普鲁士是欧洲最幸福的国家"[4]。他阐释说，幸福是人民在物质上享受富足而非温饱；是良好的制度，君主与人民有共同利益，官员忠诚，税收适度，人

---

[1] 〔英〕佩里·安德森：《绝对主义国家的系谱》，刘北成、龚晓庄译，第268页。

[2] Henri Brunschwig, *Enlightenment and Romanticism in Eighteenth Century Prussia*, pp.45-47.

[3] 民间流传的对弗里德里希的昵称，表达对国王的情感。

[4] "Der Preussische Staat, der Gluecklichest unter allen in Europa"，参见 *Berlinische Journal fuer Aufklaerung, 1789*, V.5, 104-161. http://ds.ub.uni-bielefeld.de/viewer/image/1921381_005/105/LOG_0017/。

外国制度史

民拥有天赋权利；是没有统治枷锁，没有不宽容和对思想的钳制……是艺术和科学得到繁荣，启蒙不受压制。在一个特定的政治场合表达感想，其言未必客观，但至少以布卢恩为代表的普鲁士人相信，即使自己的国家不够完美也一定比他国要强。事实上，在弗里德里希统治的后期，开明专制体制内的核心矛盾已经显现。一方面，"绝对君主制"达到鼎盛，中央权力集中，政府运转良好，王权得到捍卫。另一方面，新思想开始产生，王权统治的历史合法性受到挑战，旧社会的等级秩序遭受质疑。在解决这些问题时，普鲁士"开明专制"给出了一个方案：政治上，切断"君权神授"的传统思维逻辑，以"国家主权"替代君主权威，并使君主制与民主制在国家利益上找到契合点；社会领域，则在保留传统等级制度的前提下，以法律为尊，引入新的平等观念和个人自由。《普鲁士国家法典》的出台是这个制度成型的标志，它的基本理念如托克维尔所言，"模仿了法国1791年宪法中的人权宣言，但本质上又完好保存了传统社会的等级特权"。它是新旧观念的杂合，因此托克维尔称其为"怪胎"。不过，在马修·列文格看来这却是"和谐政治"的表达。所谓"和谐政治"指创建了某种"公共精神"，淡化社会等级差异，承认利益的一致性，在全体普鲁士人中推动"有机的（或有组织的）团结"，目的是解决开明专制体制内的核心矛盾。[1]

对于18世纪弗里德里希的"开明专制"，不同的历史时期、不同的历史学家会有不同的评判。[2] 但是，它在短时期内实现了普鲁士成为欧洲强国的目标，

---

[1] 参见 Matthew Levinger, *Enlightened Nationalism: The Transformation of Prussian Political Culture 1806-1848*, Oxford: 2000, p.20。"和谐政治"的概念是作者借用了 Loyd E. Lee, *The Politics of Harmony: Civil Service, Liberalism, and Social Reform in Baden, 1800-1850* 一书的书名。

[2] 对普鲁士的"开明专制"，也有学者进行日常史研究，探讨在"国家福利""共同利益"之下，在普鲁士成为欧洲大国之时，普通臣民的生活状况，他们的健康程度、居住环境、工作条件、卫生条件、消费开支等。在关注领袖和精英人物的同时，更关注小人物的实际生活。在看到成绩的同时，更看到问题的存在。参见 Dieter Sinn, *Der Alltag in Preussen*, Frank-furt/M：Societaets Verlag, 1991。

"和谐政治": 弗里德里希二世及18世纪普鲁士的开明专制

并且,如列文格所言,为普鲁士的转型时期培养了一种政治文化,并对19世纪普鲁士的制度演变产生了重要影响。尽管它并未阻止弗里德里希身后普鲁士社会、政治及道德危机的发生,也不能抵抗拿破仑冲击之下君主制国家的失败,但至少在一定意义上,使得普鲁士在转型期避免了跳跃与革命,实现了平稳的进步。

(本文原刊于《求是学刊》2018年第1期,略改。)

论豪斯霍费尔的地缘政治说

李维（北京大学历史学系）

豪斯霍费尔的地缘政治说是德国 20 世纪上半叶的国家安全论。该学说首先注重国际格局的整体变化，强调了"一战"后世界各国依托自身大陆建立"空间集团"的国际政治新特点。豪斯霍费尔由此提出，德国应建立"欧亚区域"战略同盟，通过大陆经济自给抗击英、美海上封锁，挑战西方霸权。地缘政治说为纳粹的"欧洲新秩序"设想提供了国际化的注解，但从未在希特勒的对外重大决策中发挥直接的、决定性的影响。本文第一部分介绍地缘政治说产生的历史背景和豪斯霍费尔的"大陆空间集团"思想。第二部分说明豪斯霍费尔为纳粹的"欧洲新秩序"设想提供了地缘政治理论基础。第三部分论述豪斯霍费尔的帝国主义"空间"观及与纳粹侵略计划的关系。

一、豪斯霍费尔"大陆空间集团"思想

豪斯霍费尔是德国地缘政治说（Geopolitik）的主要代表人物。他的学说形成于第一次世界大战前，酝酿于战中，成熟于战后，是实用性很强、能够指导政治实践的国家安全论。该学说不孤立地考察德国与邻国的关系，而首先注重国际格局的整体变化，并根据地理和空间的原则，确定德国潜在的战略合作伙伴。针对战败、赔款、割地的残酷现实，豪斯霍费尔倡导，德国必须拥有全球化的战略眼光，特别要注重"一战"后世界各国依托自身大陆建立"空间集团"的国际政治新特点。

1869 年 8 月 27 日，卡尔·恩斯特·豪斯霍费尔在慕尼黑出生。其父马克思·豪斯霍费尔是大学国民经济学教授。1887 年豪斯霍费尔高级中学毕业后，

在巴伐利亚军队服役。1903年被召入总参谋部，继而在战争科学院教授战争史。1908—1910年作为军事观察员被派往日本。后因健康原因退出军界。"一战"前获哲学博士学位。1921年任慕尼黑大学名誉教授。从1924年起开始出版《地缘政治杂志》。1933年获正式教授职位。1934—1937年任德国学术院委员。1938—1941年任外国德侨协会主席。[1]

地缘政治说以地理学为基础，是研究政治空间、组织及其结构的政治地理学说。它主要考察政治行为的地理局限。[2] 豪斯霍费尔的地缘政治说建立在德国地理学家弗里德里希·拉策尔（1844—1904年）及瑞典历史学家鲁道夫·基耶伦的研究基础上。拉策尔曾任莱比锡大学教授，主要著作有《人类地理学》《人类文化学》《政治地理学》等。他着重强调了自然地理环境对人，特别是对国家的影响。基耶伦在他的国家学说中第一次使用了"地缘政治"的概念。他强调了国家的"空间本质"。与拉策尔和基耶伦相比，豪斯霍费尔的学说拥有以下特点：一、实用性。拉策尔生活的年代是俾斯麦帝国的鼎盛时期，因而他构建的是学术性极强和具有普遍意义的地理政治学说。而豪斯霍费尔时刻关注着战败德国的命运，他的学说不仅是科学理论，还是指导政治家的行为艺术准则，具有鲜明的时代感。二、综合研究。与基耶伦的地缘政治历史论相比，豪斯霍费尔的学说涉及地理、历史、经济、国家科学、社会学等多学科。三、豪斯霍费尔注重德国和亚洲、太平洋地区国家的关系。在派驻日本期间，他曾游历印度、俄罗斯、中国及朝鲜等地。这段经历对于他建立放眼世界的德国地缘政治说起到了重要作用。

豪斯霍费尔创建、传播地缘政治说的动机是，用科学知识为德国探索一条摆脱《凡尔赛条约》桎梏、重返世界大国舞台的道路。1919年6月28日德国

---

[1] HERMANN WEIß (Hg.), *Personen Lexikon 1933–1945*, Wien: 2003, S. 187–188.
[2] KARL HAUSHOFER, ERICH OBST, HERMANN LAUTENSACH, OTTO MAUL, „Über die historische Entwicklung des Begriffs Geopolitik", in KARL HAUSHOFER, ERICH OBST, HERMANN LAUTENSACH, OTTO MAUL, **Bausteine zur Geopolitik**, Berlin: 1928, S.27.

全权代表在凡尔赛的镜厅签署了标志帝国战败的《凡尔赛条约》。根据这个条约德国失去了13.5%的领土、700万人口，还几乎丧失了全部的殖民地、商船、海外关系及国外财产。另外《凡尔赛条约》还带有苛刻的裁军、赔款条款。令德国感到特别不公的是，一、德国及其盟友必须承担全部战争责任及损失。二、《凡尔赛条约》推行民族自决的原则，在德国周围成立一系列小国，却不允许苏台德和奥地利根据这一原则并入德意志帝国。[1]豪斯霍费尔痛恨《凡尔赛条约》。在他的眼中，所谓的民族自决不过是西方盟国上演的扶植傀儡小国的把戏，以此达到在政治、经济上围剿、窒息并最终支解德意志帝国的目的。豪斯霍费尔不接受《凡尔赛条约》强加给德国的失败命运。他相信，德国凭借着人口、地理、经济和文化优势必将再度崛起。他主张用地缘政治知识武装德国民众，开阔他们的视野，因为：

"德国战后的年轻一代缺乏宽广的思路。他们不能进行大陆范围的整体思考，也不了解世界上其他海洋民族的生存状况。'一战'后的德国人丧失了海上活动能力，也丧失了海外关系。他们待在陆地上的狭小空间里，眼界受到限制，心灵也变得狭窄了。"[2]

豪斯霍费尔认为，德国人应该放眼世界，把世界看成一个统一体，[3]德国必须从全球的战略高度探寻再次崛起的道路。德国人，特别是年轻一代，不仅要了解自身所处的大陆，更要了解对手，了解海洋。尤其要注意英帝国、美国、日本及荷兰等海上列强对海洋优势地理位置的运用。

豪斯霍费尔的"大陆空间集团"思想是其地缘政治说的重要内容。20世纪60年代，德国汉堡史学家弗里茨·菲舍尔研究了威廉德国的战争目标，强

---

[1] Vgl. PETER KRÜGER, *Versailles - Deutsche Außenpolitik zwischen Revisionismus und Friedenssicherung*, München: 1986, S. 9–45.

[2] KARL HAUSHOFER, „**Apologie der deutschen Geopolitik**", 2.11.1945, in HANS-ADOLF JACOBSEN, *Karl Haushofer - Leben und Werk*, Band 1: **Lebensweg 1869–1946 und ausgewählte Texte zur Geopolitik**, Boppard am Rhein, 1979, S. 639.

[3] KARL HAUSHOFER, *Weltpolitik von heute*, Berlin: 1934, S. 20.

调了德国对"一战"的战争责任。①他的研究在德国引起很大争议。史学家赫尔穆特·瓦格纳指出，菲舍尔的研究有意忽视了德意志帝国独霸欧洲的野心与建立世界均势意图之间的联系。②同样我们认为，研究豪斯霍费尔为德国设计的"欧亚大陆区域"蓝图，不能忽视他对国际关系的整体认识。从地缘政治的角度出发，豪斯霍费尔认为，"一战"后的世界格局主要呈现以下基本新特征：

第一，欧洲的衰落。20世纪前四百年的人类历史是以欧洲文明的扩张为主要特征的。然而，这一切在第一次世界大战中戛然而止。1919年9月施本格勒出版了《西方的衰落》一书，在这本书中，他从文明与文化冲突的角度预言了欧洲作为一个文化有机体的衰落。③同样，豪斯霍费尔也从地缘政治的角度表达了对欧洲前途的担忧，欧洲政治由集中走向分散。"一战"后，欧洲形成了35个独立国家，其中16个国家人口不到1 000万。欧洲大陆上增添了7 000公里的新边界。④豪斯霍费尔特别注意到，这种现象不仅限于像德国这样的战败国，"在这方面，人口众多、空间巨大的英帝国也不例外。在20年代，它逐步变成了一个松散的集团国家组织，英国在上述国家中的特权消失了"。⑤由于苏联及其亚洲领土的影响扩大，豪斯霍费尔眼中的欧洲大陆东部边界已从乌拉尔山和高加索退缩到派普斯湖和德涅斯特河黑海入海口一线，大致

---

① Vgl. F. FISCHER, *Griff nach der Weltmacht – Die Kriegszielpolitik des kaiserlichen Deutschland 1914–1918*, Düsseldorf: 1961; F. FISCHER, *Krieg der Illusionen – Die deutsche Politik von 1911 bis 1914*, Düsseldorf: 1969.

② HELMUT WAGNER, „Der Kontinentalismus als außenpolitische Doktrin der USA und ihre historischen Analogien in Europa", in *Aus Politik und Zeitgeschichte*, B23/70, S. 35.

③ OSWALD SPENGLER, *Der Untergang des Abendlands*, München: 1981.

④ „Aufbau der deutschen Wirtschaft", 9. Juli 1940, Bundesarchiv R 43II / 311, Bl. 44.

⑤ KARL HAUSHOFER, „Die weltpolitische Machtverlagerung seit 1914 und die internationalen Fronten der Pan-Ideen. Fernziele der Großmächte", in KARL HAUSHOFER, KURT TRAMPLER (Hg.), *Deutschlands Weg an der Zeitwende*, München: 1931, S. 209.

外国制度史

向西移动了1 500公里。[1]另外，他还看到，亚洲的民族独立运动动摇了荷兰、英国和法国的殖民统治，欧洲的国际地位正在下降。

第二，美苏超级大国的崛起。早在第一次世界大战期间，德国政治家弗里德里希·瑙曼就指出：伦敦、纽约和莫斯科会成为战后世界的中心。[2]他当时已经认识到地域辽阔的美国和俄罗斯在政治、经济方面的巨大潜力。豪斯霍费尔在战后持"英帝国衰落、美苏崛起"的观点。他称美、苏超级大国具有最统一、最强大的国家空间本质。美国拥有1 000万平方公里的土地，1.45亿人口。苏联拥有2 300万平方公里土地，占地球总面积的1/6，人口1.48亿。不仅如此，双方都试图最大限度地利用地缘特点，发挥全球范围的影响力。苏联雄踞欧亚大陆，面向东方推行"泛亚主义"，通过大陆优势争夺世界霸权。美国是超级海上帝国，面向西方推行"泛太平洋主义"，通过海洋优势来称霸世界。[3]豪斯霍费尔认为，地缘优势决定了美苏在未来世界中的支配地位，也决定了它们长期战略目标冲突的不可调和性。不仅如此，意识形态的对立使地缘政治带来的两极分化更明显了：

"苏联具有欧亚和泛亚的强权思想，代表集体主义的政治文化，是实现社会主义经济思想的革命先锋。美国具有泛美和泛太平洋的强权思想，代表个人主义的政治文化，是推行个人主义和资本主义经济主张的奋斗者。"[4]

第三，大陆空间集团的形成。"大空间"学说在德国现代外交思想史中占有重要地位。它预言世界范围内诸个"大空间"的崛起，其目的是反对西方的

---

[1] KARL HAUSHOFER, „**Die weltpolitische Machtverlagerung seit 1914 und die internationalen Fronten der Pan-Ideen. Fernziele der Großmächte**", in KARL HAUSHOFER, KURT TRAMPLER (Hg.), *Deutschlands Weg an der Zeitwende*, München: 1931, S. 209.

[2] FRIEDRICH NAUMANN, *Mitteleuropa*, Berlin: 1915, S. 165.

[3] KARL HAUSHOFER, „**Die weltpolitische Machtverlagerung seit 1914 und die internationalen Fronten der Pan-Ideen. Fernziele der Großmächte**", a. a. O., S. 210.

[4] KARL HAUSHOFER, „**Die weltpolitische Machtverlagerung seit 1914 und die internationalen Fronten der Pan-Ideen. Fernziele der Großmächte**", a. a. O., S. 222.

权威统治，推进世界多极化。在纳粹时期，它起到了为希特勒的侵略政策辩护的作用。① 除地缘政治说外，在1945年以前较有影响的"大空间"学说还有：维尔纳·戴茨的种族大空间说和法学家卡尔·施米特的国际法大空间说。② 豪斯霍费尔认为，大陆地缘因素在"一战"后的国际政治重组中发挥着重要作用，在英、美、苏新老霸权交替的过程中，世界形成了若干"大陆空间集团"：第一集团是老牌海上殖民列强。它们依托大陆，渐渐形成了一个利益共同体。出于军事经济的考虑，法国加强了与北非大陆殖民地的联系。西班牙、葡萄牙、荷兰和比利时龟缩在欧洲大陆的半岛上；前英帝国的自治领加拿大、澳大利亚、新西兰、南非组成第二集团，它们盘踞在各自的大陆上，要求更多的独立权利。处在英国舰队威胁下的斯堪的纳维亚半岛和波罗的海沿岸的广阔地区也在寻求摆脱英国的统治；第三集团是南美的ABC国家，即阿根廷、巴西和智利。它们联合墨西哥、乌拉圭和巴拉圭与北美大陆抗衡；第四集团是崛起中的日本。它以朝鲜半岛为跳板，窥视整个东亚大陆；第五集团是东亚、南亚的人口大国中国、印度；第六集团是近东和巴尔干地区；第七集团是意大利及其在欧洲大陆的势力范围；第八集团是德国和它的"中欧"势力范围。③ 在他看来，尽管有些地区的动向在短时间内还不会直接影响到"中欧"的形势，但德国必须拥有全局观念，应该在世界政治的统一体中考察自身的利益。④

"大陆空间集团"观不仅反映了"一战"后欧洲衰落、美苏待起的战后新格局，还预示了依托大陆空间、推动世界向多极化发展的可能性。它是豪斯霍费尔"欧亚大陆区域"战略构想的重要思想前提。

---

① Dazu vgl. LOTHAR GRUCHMANN, *Nationalsozialistische Grossraumordnung*, Stuttgart: 1962, S. 51-66.
② Dazu vgl. WERNER DAITZ, *Der Weg zur völkischen Wirtschaft: Ausgewählte Reden und Aufsätze von Werner Daitz, Teil II. Deutschlands Wirtschaftsordnung und die europäische Grossraumwirtschaft*, München: 1938; KARL SCHMITT, *Völkerrechtliche Großraumordnung mit Interventionsverbot für raumfremde Mächte*, Berlin: 1941.
③ KARL HAUSHOFER, *Weltpolitik von heute*, a. a. O., S. 20.
④ KARL HAUSHOFER, *Weltpolitik von heute*, a. a. O., S. 20.

二、豪斯霍费尔的"欧亚大陆区域"战略构想

纳粹"新秩序"的目标不仅限于废除《凡尔赛条约》，恢复德国在"一战"前的国际地位，[①]而是夺取"东方生存空间"[②]，进而建立"大空间"[③]，并最终确立世界范围内的霸权统治。豪斯霍费尔为"新秩序"中的"经济大空间"设想提供了地缘政治理论基础。他认为，只有建立以德、苏、日为核心的"欧亚大陆区域"同盟，德国才能真正实现军事经济长期安全、自给的目标，并最终战胜西方世界。

在20世纪，经济愈发成为国际政治、军事斗争中的统治性力量。经济为大国霸权统治奠定物质基础，反之，政治霸权集中表现在对物质财富的控制方面。在纳粹看来，与西方世界的较量在很大程度上是军事经济的较量，而"大陆大空间"在保障战时经济安全方面具有决定性的意义。希特勒上台后不久，即通过"四年计划"建立国内自给的战时经济体制，积极备战，准备武力修改《凡尔赛条约》。[④]但纳粹从未放弃"经济大空间"的战略构想，尽管党、政府及经济界对于"大空间"的地理范围和组成方式有不同认识。[⑤]纳粹军事政论一直关注邻国加大军事经济纵深的规划。诸如，法国计划将部分飞机制造业移至北非；波兰准备在南部的维斯瓦河－萨恩河流域兴建军工企业；捷克斯洛伐

[①] ADOLF HITLER, *Mein Kampf*, München: 1942, S. 742.
[②] *Hitlers Zweites Buch*, Stuttgart: 1961, S. 159.
[③] LOTHAR GRUCHMANN, *Nationalsozialistische Grossraumordnung*, a. a. O., S. 32.
[④] DIETER PETZINA, *Autarkiepolitik im Dritten Reich: Der Nationalsozialistische Vierjahresplan*, Stuttgart: 1968, S. 48–53.
[⑤] ECKART TEICHERT, *Autarkie und Großraumwirtschaft in Deutschland 1930–1939*, München: 1984, S. 265.

克在其盟国罗马尼亚筹建二线国防工业。① 纳粹特别注意到"大陆大空间"在加强军事经济自给方面的特殊作用。鼓吹战争经济的《四年计划》杂志还为此转载了日本经济学家寇诺有关通过侵略中国改善本国经济状况的文章：

"日本必须养活庞大的人口，这个艰巨的任务只能通过扩大和加强工业发展来完成。在这方面，日本有三条路：提高进口、增加产量和开发新经济空间。现在可以把日本和中国北部的'满洲国'看成一个统一的经济地区。"

纳粹用羡慕的眼光注视着日本在中国的武力扩张：

"日本在中国成功地进行了军事行动，取得了积极的成果。这对其经济发展特别有利。日本有望获取太平洋的霸权。在日本，人们把经济独立，或更准确地说，百分之百的军事经济安全看成是这一切的绝对前提条件。"②

1939年9月"二战"爆发。至1940年夏，德军征服了整个西欧大陆。纳粹认为建立"大空间经济"的时机已经来临。6月22日，德国与法国在巴黎以北的贡比涅森林签署了停战协议。就在同一天，负责战时经济"四年计划"的陆军大元帅戈林正式委托帝国经济部部长、帝国银行行长丰克重组战后大陆欧洲经济。③丰克在7月22日召开的帝国部长会议上称，一个由德国领导下的、统一的"大空间经济"是"新秩序"的最终目标。④1940年7月25日，丰克在有关"新秩序"的对外讲话中提到，在战后世界将形成欧洲、俄罗斯、

---

① Das wehrwirtschaftliche Streben nach „**Raumtiefe**", in *Der Vierjahresplan: Zeitschrift für Nationalsozialistische Wirtschaftspolitik: Amtliche Mitteilungen des Beauftragten für den Vierjahresplan Ministerpräsident Generalfeldmarschall Göring*, Jahrgang 2, Januar 1938, Berlin, S. 29.

② „**Die japanische Expansion im Zeichen des industriellen Rohstoffbedarfs**", in *Der Vierjahresplan*, Jahrgang 2, September 1938, Berlin, S. 605.

③ „Göring an Reichswirtschaftsminister Funk vom 22. Juli 1940", in Bundesarchiv R 43II/311, Bl. 43–44.

④ GERHART HASS, WOLFGANG SCHUMANN (Hg.), *Anatomie der Aggression. Neue Dokumente zu den Kriegszielen des faschistischen deutschen Imperialismus im Zweiten Weltkrieg*, Berlin: 1972, S. 68.

外国制度史

美国、南美、东亚几个大经济区域。① 丰克的讲话在西方世界引起了很大震动，被视为纳粹"欧洲经济新秩序"的半官方蓝图。1941年6月13日，丰克又在维也纳的东南欧协会作了题为"新欧洲的大空间经济"的讲话。②

维尔纳·戴茨是纳粹"大空间经济"学说的奠基人。他于1939年10月成立了"欧洲经济计划与大空间经济协会"，为战后德国重组欧洲经济做思想、政策准备。③ 他断言，英国海军和英镑统治下的自由世界经济必然崩溃，战后世界将由以下几个独立的大空间经济区域组成，即：美洲大陆的美元区、东亚大陆的日元区、欧亚大陆的卢布区和大陆欧洲的马克区。④ 但从与戴茨的通信联系看，豪斯霍费尔并不关心所谓"欧洲经济"的种族、社会意识形态及国家干预经济的问题。⑤ 他关注的是"新秩序"的根本战略目标，即实现德国军事经济在欧洲大陆的自给，以及由此带来的世界政治结构的根本性改变。至1940年前后，豪斯霍费尔逐步完善了他的"欧亚大陆区域"战略构想。

建立自给自足的大陆经济是德意志强国的必由之路。豪斯霍费尔认为，每个国家都有发展、壮大自身的特殊道路。一个国家是否成为世界大国，首先取决于这个国家称雄世界的意志。文化、政治、经济的因素都在其次。在他眼中，当时人口众多、幅员辽阔的弱国中国、印度就是很好的例子：

---

① Vgl. **Funks Rede am 25. Juli, Sonderdruck aus dem „Südost-Echo"**, Folge 30, 26. Juli 1940, in: Bundesarchiv R 43II/311, Bl. 56-58.

② „**Reichsminister über Großraumwirtschaft im neuen Europa**", in Bundesarchiv R 43II/311, Bl.73-75.

③ „**Gesellschaft für Europäische Wirtschaftsplanung und Großraumwirtschaft E.V.**", in Bundesarchiv R 43II/311, Bl. 15.

④ Werner Daitz, „**Denkschrift zur Errichtung eines Reichskommissariats für Großraumwirtschaft, 31.5.1940**", in HANS WERNER NEULEN, *Europa und das 3. Reich*: Einigungsbestrebungen im deutschen Machtbereich 1939-45, München: 1987, S. 72.

⑤ „**Werner Daitz an Karl Haushofer, Lübeck, 10. März 1932**", in HANS-ADOLF JACOBSEN, *Karl Haushofer - Leben und Werk*, **Band 2: Ausgewählter Schriftwechsel 1917–1946**, Boppard am Rhein: 1979, S. 125.

"值得注意的是，幅员辽阔、人口众多并不构成强国的决定因素。在这方面，巴西、中国和印度都是很好的例子。日本进入大国的行列表明，国际地位的攀升与从属雅利安种族和信奉基督教也没有必然的联系。同样，宪法的形式也不是最重要的。大国的国家形式可以是多样化的。例如俄罗斯的沙皇制、英国的议会制、法国的中央集权制和美国的联邦制。"①

此外，一国的地理位置是不可忽视的重要因素。在壮大自身的过程中，每个国家都应该寻找、发挥自己的地缘优势。豪斯霍费尔认为，世界上基本存在着两种不同的地理位置及相应的地缘特征，它们在大国争霸中起到了重要作用：

"海洋有利于贸易，大陆有利于军事力量的发展。列强的地理位置和它们外在的地缘特征基本是吻合的。英国和俄罗斯在这方面的特征最明显。法国和德国居于中间位置……"②

豪斯霍费尔主张，德国应该把力量集中在大陆。德国所处的地理位置决定了它建立大陆自给经济的必然性。为了说明大陆地缘优势并不逊于海洋地缘优势，他甚至提到，就是英国这样的海上强国有时也不得不依赖大陆来加强它的统治地位，1940年英国远征军在挪威纳尔维克登陆就是最好的证明。③

德国及其"中欧"势力范围不能实现经济长期自给，无法和超级大国抗衡。豪斯霍费尔认为，法、德在欧洲大陆的斗争是不可调和的。这决定了它们只能借助有限的势力范围成为地区性力量，而不能真正统一欧洲大陆。"一战"后法国一度成为德国人眼中的"绝对的领导力量"，因为"它在欧洲大陆已经没有对手了"。④事实上，与战败的德国相比，法国在人口、经济和结构方面

---

① KARL HAUSHOFER, *Die Großmächte vor und nach dem Weltkrieg*, Leipzig: 1930, S. 311.
② KARL HAUSHOFER, *Die Großmächte vor und nach dem Weltkrieg*, S. 312.
③ KARL HAUSHOFER, *Wehr-Geopolitik*, Berlin: 1941, S. 77.
④ OSWALD SPENGLER, „Frankreich und Europa", in OSWALD SPENGLER, *Reden und Aufsätze*, München: 1937, S. 80.

仍处劣势。在外交领域,直至第二次世界大战爆发,法国也未能成功地建立"欧洲大陆体系"。[1] 豪斯霍费尔称法国的"欧洲"为"小欧洲",其政治、经济、军事规模根本不能和美、苏的全球性力量相比。同样,他认为,德国的势力范围仅限于德语或受德语影响的"中欧"地区,也无法实现"大欧洲"的方案。在他的眼中,"一战"以前的"中欧"包括荷兰、瑞士、德意志第二帝国、奥匈双元帝国、罗马尼亚,[2] 也就是莱茵河、多瑙河及维斯瓦河流域的广大地区。[3] "中欧"经济的特点是,煤、铁资源丰富,但远不能满足军事经济长期自给的需要。因此,德国必须寻找更大、更强的地缘政治伙伴,并以此跻身世界大国行列。

只有通过"欧亚大陆区域"经济自给,德国才能战胜英国的海上封锁政策。对豪斯霍费尔来说,"一战"前的英帝国是"庞然巨物"。它的商业利益和军事力量通过海洋延伸到全世界。早在1908年英国就开始制订海上封锁计划,目标是,用饥饿政策使德国的工业和经济瘫痪。[4] 到1916年底,英国成功地实施该计划。[5] 结果是,德国将有限的食品和原材料储备用于军事领域,并由此引发社会紧张局势,这加速了德意志帝国的垮台。[6] 基于"一战"的亲身经历,豪斯霍费尔把英国的封锁政策喻为"巨蟒政策":"巨蟒政策这几个字,让我们刻骨铭心。这是一幅可怕的景象,一条令人窒息的巨蟒,它长时间地缠绕

---

[1] R. POEDEVIN, J. BARIETY, *Frankreich und Deutschland - Die Geschichte ihrer Beziehungen 1815–1975*, München: 1982, S. 321.

[2] KARL HAUSHOFER, *Weltpolitik von heute*, a. a. O., S. 77.

[3] KARL HAUSHOFER, „Grundlage, Wesen und Ziele der Geopolitik," in KARL HAUSHOFER, ERICH OBST, HERMANN LAUTENSACH, OTTO MAUL, *Bausteine zur Geopolitik*, a. a. O., S. 44.

[4] MARION C. SINEY, *The Allied Blockade of Germany 1914–1916*, Ann Arbor: 1957, S. 16.

[5] AVNER OFFER, *The First World War: An Agrarian Interpretation*, Oxford: 1989, S. 406.

[6] AVNER OFFER, *The First World War: An Agrarian Interpretation*, S. 256.

在其他生命体上，直至其粉身碎骨，窒息而死。"① "二战"爆发后，豪斯霍费尔强化了大陆经济自给的意识。他认为，只有依靠"欧亚大陆区域经济"的规模，德国才能彻底战胜西方世界的海上封锁："直达青岛的欧亚铁路可以把德国、俄国和东亚连成一体。在世界上，只有这个联合体可以对抗英国和美国的封锁政策，即便是它们联手，也无济于事。"② 豪斯霍费尔的观点是有人口、地理面积及物质资源方面的计算根据的。英国伦敦基辛斯当代档案的统计数据表明，联合后的德、苏军事经济资源只能对抗英国或美国一家，如果没有整个东亚大陆和日本的加盟，盎格鲁-撒克逊人的海上封锁将无敌于世界。③

为形成这样一个欧亚战略同盟，豪斯霍费尔主张，纳粹德国应该放弃"一战"前帝国时期的海外殖民政策，特别是彻底放弃德国在中国山东的殖民地："如果某次国际会议给我们这样一个机会，即德国可以拿回胶州的殖民地，我会对元首说，不，我们寻求其他的补偿方式。"④ 他认为，德国在制定外交战略时，不应注重一城一地的得失，而应在世界格局中考虑自身的长远利益。索取胶州殖民地必然引发德、日在东亚大陆的冲突，无益于欧亚大陆地缘战略的实施。在他看来，胶州半岛不是德国在太平洋地区扩张的桥头堡，而是欧亚大陆

---

① KARL HAUSHOFER, *Der Kontinentalblock: Mitteleuropa-Euroasien-Japan*, München: 1941, S.4.

② AVNER OFFER, *The First World War: An Agrarian Interpretation*, S.6.

③ 英帝国占全球人口 26%；地理面积 28%，且分散在全球五大洲；拥有全球 20% 的谷物收成；25% 的棉花；10% 的羊毛；15% 的电；25% 的煤；10% 的铁；30% 的锰；30% 的铜；40% 的锡；45% 的铅；35% 的锌；60% 的黄金；90% 的镍；60% 的橡胶。美利坚帝国占全球人口 7%；地理面积 7%；拥有全球 10% 的谷物收成；50% 的棉花；10% 的羊毛；30% 的电；35% 的煤；20% 的铁；20% 的铅；30% 的锌；10% 的黄金；10% 的钾盐；60% 的汽油。俄国和德国占全球人口 11%；地理面积 16%；拥有全球 30% 的谷物收成；10% 的棉花；10% 的羊毛；10% 的电；20% 的煤；25% 的铁；60% 的锰；10% 的铜；5% 的铅；15% 的黄金；10% 的镍；10% 的汽油和 60% 的钾盐。Vgl. Bundesarchiv R 3/1509, Bl. 38-41.

④ KARL HAUSHOFER, *Der Kontinentalblock: Mitteleuropa-Euroasien-Japan*, a. a. O., S.29.

经济区域的东部边界。[①] 也只有依靠如此庞大的"经济大空间",德国才有可能在与西方的战争中拥有足够的军事经济纵深,并最终实现长期自给的目标。

在"一战"前自由经济和海洋贸易的鼎盛时期,美国人马汉逐渐完善了西方的海权思想。他认为,在国际战争中,凡是掌握制海权的一方,必将是最后的胜利者。[②] 在 20 世纪 20、30 年代,爆发了全球性的经济危机,自由世界经济解体,海洋贸易萎缩。正是在这样的历史大背景下,豪斯霍费尔逐步完善了德国的陆权思想。针对海权优越论,他强调陆权是国际政治、军事斗争的决胜因素,并为纳粹指出了雄踞欧亚大陆,建设自给经济,推动世界政治、经济向多极演变,并最终夺取世界霸权的宏大战略。在这个意义上,他称"欧亚大陆区域联合"是"世界政治的转折点"。[③]

三、帝国主义"空间"观与纳粹战争计划

豪斯霍费尔既不是持"泛欧"论的和平主义者,也不是笃信民族社会主义的战争犯。他的"欧亚大陆区域"构想虽然回避了欧洲内部民族国家间的矛盾冲突,但依旧摆脱不了帝国主义"空间"观的本质。在推翻《凡尔赛条约》、建立统一的大德意志民族国家的扩张战略方面,他与纳粹政权的看法是基本一致的。

在其"二战"后的供词中,豪斯霍费尔通过以下方面把自己描绘成一个和平主义者。

其一,德国的地缘政治说为欧洲及世界和平服务。现代和平主义发展于 19 世纪,在第一次世界大战后对国际政治产生了积极的影响。严格意义上的

---

① KARL HAUSHOFER, *Der Kontinentalblock: Mitteleuropa-Euroasien-Japan*, a. a. O., S.29.
② 参见〔美〕艾·塞·马汉《海军战略》,蔡鸿幹、田常吉译,商务印书馆 1996 年版。
③ KARL HAUSHOFER, *Der Kontinentalblock: Mitteleuropa-Euroasien-Japan*, a. a. O., S. 3.

和平主义者反对一切目的、一切形式的战争。1924年在柏林举行的国际和平主义者大会上，大部分与会者反对自由理想高于和平理想的主张。① 豪斯霍费尔显然不是这样的和平主义者。他理解的自由首先是德意志民族国家统一、独立的自由，这是和平的前提条件。尽管他也承认其他欧洲少数民族的自治权利。豪斯霍费尔对此申辩道：如果不具备民族平等的思想，他就不会应奥地利、捷克、匈牙利、爱沙尼亚等欧洲小国政府的官方之邀，在维也纳、布尔诺、奥尔木茨、布达佩斯以及雷瓦尔就欧洲局势发表演讲。如果不具备世界和平的思想，他也不会出访英国、意大利、瑞士和葡萄牙的文化机构，在牛津、罗马、日内瓦和里斯本就世界政治发表演说。②

其二，地缘政治说具有"泛欧"的和解精神。奥地利人库登霍夫·卡莱基提倡欧洲，特别是法德和解的精神。在政治上，他主张建立"欧洲合众国"，在经济上，主张取消欧洲内部关税，建立统一的欧洲大市场。③ 卡莱基的"泛欧"学说被德国史学界视为当今欧洲一体化的现代思想起源。④ 豪斯霍费尔称，他与各国支持"泛欧"运动的政治家保持了良好的关系，例如德国外长施特雷泽曼、大使舒伦堡；奥地利首相塞佩尔、文化部长斯尔比克；捷克总统马扎伊克；法国外长白里安；另外还有俄罗斯和罗马尼亚的知名人士。他认为，只有这些人真正懂得地缘政治论的精神。通过这些倡导欧洲和解的名人，豪斯霍费尔把地缘政治说和库登霍夫·卡莱基的"泛欧"精神联系在一起。

其三，地缘政治说不是纳粹的战争学说。豪斯霍费尔认为，纳粹不懂地缘政治，他们只是断章取义，为我所用。1925年6月纳粹党埃耶出版社出版了希特勒的《我的奋斗》。该书后来被翻译成16种文字，总发行量超过1 000万

---

① RICHARD COUDENHOVE-KALERGI, *Ein Leben für Europa*, Köln: 1966, S. 131.
② KARL HAUSHOFER, *Apologie der deutschen Geopolitik*, 2.11.1945, a. a. O., S. 645.
③ Dazu vgl. RICHARD N. COUDENHOVE-KALERGI, *Pan-Europa*, Wien: 1924.
④ JÜRGEN ELVERT, *Mitteleuropa! Deutsche Pläne zur europäischen Neuordnung (1919–1945)*, Stuttgart: 1999, S. 7.

册。[1] 豪斯霍费尔对此书评价甚低，"它像当时众多昙花一现的政治宣传手册一样，没什么特别之处"。[2] 他认为，这本书和地缘政治学说没什么关系，也不具备科学著作的写作风格。豪斯霍费尔与"元首"的副手赫斯的友谊始于第一次世界大战期间。在纳粹党成立之前，赫斯已开始跟随他学习地缘政治。为了表明地缘政治说超然于法西斯国家的战争政策之外，豪斯霍费尔还特别强调，在纳粹上台后，该学说不仅在德国、意大利、日本、匈牙利及罗马尼亚受到关注，就是在瑞典、挪威、梵蒂冈、中国、英国和法国也保持了影响。[3]

事实上，豪斯霍费尔拥有帝国主义的"空间"观，梦想建立统一的大德意志民族国家，并赞同纳粹的扩张政策，在1941年夏苏德战争爆发前，地缘政治学说的主要观点与希特勒的对外战略是基本一致的。

豪斯霍费尔的地缘政治说是希特勒垂涎"东方生存空间"的重要思想基础。啤酒馆暴动失败后，希特勒在1924年4月1日被慕尼黑人民法庭判处五年徒刑，并于同年12月提前释放。在兰茨贝格服刑期间，希特勒撰写了《我的奋斗》。为此他参阅了豪斯霍费尔的地缘政治著作。在赫斯的介绍下，豪斯霍费尔曾多次到兰茨贝格监狱拜访希特勒，总共进行了22小时的谈话。[4] 豪斯霍费尔向希特勒阐述了战后世界格局的变化，以及德国获取欧洲大陆生存空间在国际政治、军事斗争中的重要战略意义。希特勒将其与纳粹种族主义、社会达尔文主义的意识形态结合起来，发展了向东夺取生存空间，建立大陆殖民帝国，进而与英、美对峙并最终称霸世界的战略构想。

地缘政治说是赫斯赴英秘密和谈的重要理论依据。1941年5月10日，在苏德战争即将爆发之际，赫斯单人驾机飞往汉米尔顿勋爵在苏格兰的庄园，他

---

[1] Dazu vgl. WERNER MASER, *Hitlers Mein Kampf*, München: 1966.
[2] KARL HAUSHOFER, *Apologie der deutschen Geopolitik*, 2.11.1945, a. a. O., S. 645.
[3] KARL HAUSHOFER, *Apologie der deutschen Geopolitik*, 2.11.1945, a. a. O., S. 640.
[4] K. PÄTZOLD, M. WEIßBECKER, *Rudolf Heß – Der Mann an Hitlers Seite*, Leipzig: 2003, S. 57.

想以此向英国人传达希特勒和平谈判的"诚意"。地缘政治论是这项"和平使命"的重要依据,即英、德可以根据自身地缘优势平分天下。豪斯霍费尔认为,一个大陆和岛屿和平共处的欧洲可以保证白人对世界的永久统治。他的学生赫斯也相信"伟大大陆国家德国和伟大海上国家英国的联合能保证他们对全世界的统治"[1]。早在1940年赫斯就派豪斯霍费尔和英国进行秘密接触,商谈缔结和约的可能性。在1941年5月赫斯给英国人带去的条件中随处可见地缘政治说的影响,诸如,英国放手让德国在欧洲大陆建立势力范围,德国则保证英国的海外殖民利益,并许诺放弃原有的亚洲殖民地等。[2]但赫斯低估了英国抵抗到底的决心。在"和平使命"失败后,他在盟国的监狱里开始了长达46年的囚禁生涯。在纳粹德国,戈培尔气急败坏地称豪斯霍费尔是邪恶的幽灵,是赫斯出走的幕后策划者,是他让赫斯整日生活在一种精神妄想的状态中。[3]豪斯霍费尔的政治命运急转直下,国家秘密警察开始对他拘押、审讯。

豪斯霍费尔的政治目标是把欧洲大陆的德意志人统一起来,建立完整的民族国家。为此他不惜拥护帝国主义的扩张政策。在针对德侨的工作方面,豪斯霍费尔不仅为纳粹政权提供理论咨询,还利用自身的社会影响提供政治支持。纳粹上台后,成立了德意志民族委员会,由豪斯霍费尔出任主席。[4]1938—

---

[1] 〔德〕亨·埃伯利、马·乌尔:《希特勒档案》,朱刘华、韩梅译,金城出版社2005年版,第99页。

[2] Dazu vgl. „**Stenographische Niederschrift der Unterredung von Lordkanzler John Simon und Ivone Kirkpatrick am 9. Juni 1941**", in K. PÄTZOLD, M. WEIßBECKER, *Rudolf Heß – Der Mann an Hitlers Seite*, a. a. O., S. 453-454.

[3] JOSEPH GOEBBELS, *Tagebücher*, **Band 4: 1940–1942**, München: 1992, S. 1573-1574.

[4] "一战"的重要结果是奥匈帝国的解体和德意志帝国版图的萎缩。这导致1 000多万德意志人变成了"客居"国外的"外国人"。早在魏玛时期,德国就有形形色色的组织和机构,从事联络、保护境外德意志人的工作。其中影响最大的就是外国德侨协会,它拥有200万会员,3 000多个地区性组织。豪斯霍费尔曾为其提供过咨询服务。Dazu vgl. HANS-ADOLF JACOBSEN, *Nationalsozialistische Außenpolitik 1933–1938*, Berlin: 1968.

1941年间，豪斯霍费尔还任外国德侨协会主席。他支持南蒂罗尔的德意志人，也赞同苏台德德语区的回归。在对法关系方面，豪斯霍费尔持强硬立场。与法国和解对他来说无异于痴人说梦。① 在挑战英美世界方面，他把日本视为德国的榜样，对日本在东亚大陆的武力扩张感到欢欣鼓舞。②

虽然豪斯霍费尔有帝国主义的"空间"观，但他不信奉民族社会主义，也从未参与制订纳粹的战争计划。在与希特勒、赫斯这样的平民"革命家"交往时，他总保持着上层社会知识精英特有的"矜持"。豪斯霍费尔持白人中心论，但没有反犹、灭犹的极端种族主义思想。他的妻子是"半犹太人"，其公民权利在纳粹德国受到制约。通过地缘政治说，豪斯霍费尔和全世界的各色人种交往，他同中国青岛地缘政治协会及耶路撒冷大学的学者长期保持书信往来。不像希特勒，豪斯霍费尔既没有建立大日耳曼帝国的狂想，也没有奴役斯拉夫民族、开发东欧殖民地的社会达尔文主义、种族主义的主张。他的帝国主义武力兼并观仅限于德意志人地区。在其"欧亚大陆区域"设想中，地缘政治的因素超越了意识形态因素。与德、意、日法西斯轴心关系相比，他称以德、苏、日为核心的欧亚大陆同盟是"更高层次"的战略结盟。③ 豪斯霍费尔从未进入过纳粹的决策层，也没有参与其侵略阴谋。他未把《慕尼黑协定》和《苏德互不侵犯条约》当作权宜之计，而是天真地认为，它们会为德国和欧洲带来持久的和平。在与希特勒就入侵捷克的问题发生激烈争吵后，豪斯霍费尔受到"元首"的冷落，两人再也没有单独见过面。

1944年秋，盟军向德国边界迅速挺进。纳粹准备顽抗到底，叫嚣："要么挺住，要么灭亡。"1945年3月希特勒在所谓的"内洛"命令中重申在德境内实行焦土政策，制造"文明沙漠"④。就在纳粹政权垂死挣扎的紧急关头，豪斯

---

① RAINER MATERN, *Karl Haushofer und seine Geopolitik in den Jahren der Weimarer Republik und des Dritten Reiches*, Karlsruhe: 1978, S. 89-90.
② KARL HAUSHOFER, *Geopolitik des Pazifischen Ozeans*, Berlin: 1924, S. 162.
③ KARL HAUSHOFER, *Japan baut sein Reich*, Berlin: 1941, S. 320.
④ JOACHIM FEST, *Der Untergang*, Berlin: 2002, S. 148.

霍费尔却表示不同意希特勒的极端选择："要么通过德国的胜利来拯救欧洲，要么德国和欧洲走向彻底的灭亡，我可不同意这样的观点。"[1] 他认为，战败的命运已无法挽回，德国主宰欧洲大陆的梦想破灭了。他预言，战后的德国和欧洲将被美、苏两极世界瓜分。无论是美国还是苏联，都会按照各自政治标准清算纳粹分子，并尽可能地掠夺欧洲的物质财富。此时的豪斯霍费尔不再把日本作为德国的榜样，反而认同历史上中国人口和文化的力量：

"成吉思汗对付不了中国，中国在政治和经济遭到重创后，显示了人口和文化的力量。这些被征服的人们对执政者进行文化宣传，铁木真的孙子在中国做了皇帝，从而被同化，也毁坏了他祖父开创的霸业。要是野蛮的力量能够摧毁世界的话，这个世界早就变成不毛之地了。事实上，文化的繁衍显示了强大的生命力。"[2]

豪斯霍费尔寄希望于德意志民族的人口繁衍及文化再生的力量，并相信，纳粹政权战败、垮台不会使德意志民族消亡。

作为一名有社会影响力的学者，豪斯霍费尔为纳粹描绘了德意志帝国复兴的战略蓝图，指出了建立"欧亚大陆区域空间"对于德国重返世界大国舞台的必要性。但纳粹党高层视地缘政治说为纳粹世界观的怀疑论。他们认为这种理论过分强调了地理条件的作用，从而忽视了种族及其精神的决定因素，是"地理唯物主义"和"环境决定论"。[3] 因卷入谋杀希特勒的7·20事件，他的儿子阿尔布雷希特·豪斯霍费尔于战争结束前夜被党卫军枪杀。然而，这一切并未使豪斯霍费尔在战后逃脱参与纳粹侵略罪行的指责，他于1945年6月被美

---

[1] KARL HAUSHOFER, „Gedanken eines Optimisten", in HANS-ADOLF JACOBSEN, *Karl Haushofer - Leben und Werk*, Band 1: **Lebensweg 1869–1946 und ausgewählte Texte zur Geopolitik**, a. a. O., S. 634.

[2] KARL HAUSHOFER, „**Gedanken eines Optimisten**", in HANS-ADOLF JACOBSEN, *Karl Haushofer - Leben und Werk*, Band 1: **Lebensweg 1869–1946 und ausgewählte Texte zur Geopolitik**, a. a. O., S. 638.

[3] ERST HAIGER, AMELIE IHERING, CARL FRIEDRICH VON WEIZSÄCKER, *Albrecht Haushofer*, München: 1999, S. 57.

国人关进监狱，次年1月被剥夺教职。纽伦堡法庭在取证过程中并未发现其参与制订纳粹战争计划的证据。1946年3月豪斯霍费尔和妻子自杀身亡。

余 论

豪斯霍费尔的学说是德国20世纪上半叶的国家安全论。它为纳粹的"欧洲新秩序"设想提供了地缘政治理论基础，但从未在希特勒的对外重大决策中发挥直接的、决定性的影响。与其说豪斯霍费尔指导了纳粹的侵略实践，不如说他为纳粹意识形态中的"生存空间"构想提供了国际化的注解。地缘政治说强调了地理、空间因素对国家安全的影响，揭示了"欧亚大陆区域"经济自给对德国抗击英、美海上封锁，挑战西方霸权的重大战略意义。该学说中的一些观点并没有随着时代的变迁和政治的变幻而迅速消逝，它们依旧在战后德国的欧洲思想中发挥着重要作用：A. 20世纪以来的国际政治已经发展成为一个统一体，德国的命运与它紧密地联系在一起。德国的发展速度和方向是和国际政治、经济互动的结果。B. 英、美通过海洋统治世界，俄罗斯凭借大陆争夺霸权。这三者拥有全球性的力量。C. 德国必须依靠更大的组织、空间提升国际竞争力。D. 作为整体的欧洲区域经济对德国具有深远的战略意义。

在豪斯霍费尔死后六十年，世界格局发生了诸多重大改变。他在20世纪20、30年代预言的美、苏超级大国对峙已经成为过眼云烟。苏东解体，美国成为独一无二的世界超级大国。1990年统一的德国成为欧洲民主大家庭中的一员。在政治方面，今日的德国和欧盟与纳粹的"新欧洲"分属两个根本不同的时代。由于豪斯霍费尔拥护纳粹统一大德意志民族国家的帝国主义侵略政策，他的学说在战后一度被指责为沙文主义、军国主义、帝国主义的战争学说，在德国遭到禁止。20世纪70年代以来，德国学界再次关注豪斯霍费尔的地缘政治说，但多属思想史研究范畴。在今日德国，没有哪一个严肃的学者或政治家愿意用"地缘政治"这个词汇来为自己的学术观点或政见作注解。作为特定的时代语言，"地缘政治"的名称在战后德国的公共生活中基本消失了。

然而,地缘因素的的确确在当今的国际政治理论与实践中静悄悄地发挥着作用。德国学者注意到,地缘政治说正在回归:在布热津斯基的美国国家安全理论中,意识形态宣传再次让位于"轴心""势力范围""权力真空""桥头堡"等地缘政治概念。[1]德国在战后接受西方民主政体的同时,努力通过欧洲经济一体化推动世界向多极方向发展。随着欧盟的建立和东扩,作为一个整体的欧洲在今天的国际舞台上发挥着越来越重要的作用。然而,大陆地缘因素究竟能在多大程度上超越欧洲狭隘的民族国家政治,还有待于时间的检验。

---

[1] JÜRGEN OSTERHAMMER, „Raumbeziehungen. Internationale Geschichte, Geopolitik und historische Geographie," in WILFRIED LOTH, JÜRGEN OSTERHAMMEL (Hg.), *Internationale Geschichte: Themen–Ergebnisse–Aussichten*, Oldenbourg: 2000, S. 298.

中西比较

中西历史比较研究是否可行？
——由刑罚的宽免说到"专制主义中央集权"的可疑

彭小瑜（北京大学历史系）

对中西历史进行比较研究是一项极其困难的学术工作，学者们对其可行性和方法论尚未给出清楚系统的说明。比较史学是否可以成为像比较文学和比较法学这样为学界所公认的成熟学科，还有待学者们的研究实践来证明。以中西法制史上刑罚的宽免为例，本文的第一部分讨论了历史研究的对观方法，说明对观或对照在某些个案研究中会有拓宽视野和思路的作用。本文的第二和第三部分就中国古代历史研究中流行的"专制主义中央集权"概念提出疑问，并借助社会科学学者观察问题的视角考察了中外历史上的政治大一统观念，指出另一种可行的同时又是宏观的历史比较研究可以是超越时间和空间局限的社会科学研究。至少，这样一种宏观的思维将会帮助我们突破一些陈旧和可能错误的思维框架。

我个人经常觉得历史比较研究难以进行，但是实际上也做一点这方面的思考，也不能逃避这种思维范式。需要明确理顺的问题是，比较研究是否可行，是否可以和传统历史学范式衔接。长期以来，比较方法在法学和文学研究中的合法性是学者所公认的。这似乎说明，只有比较对象之间可以借鉴和移植，比较研究才可能具有良好的操作性，才可以比较，或者说具有可比性。可能我们需要更细致地注意比较方法类型的区别和估量。社会学和政治学等学科所提供的社会科学方法则可能为更加宏观的历史比较研究提供依托。[1]

---

[1] 我在《史学月刊》2005 年第 1 期发表这篇文章的时候，对历史学的比较研究方法是怀疑的。我现在仍然犹豫。但是正如我在文章里面已经谈到、现在（转下页）

中西比较

一、微观的对照：由法律思想史说起

在历史学领域，比较方法有时的确有困难和令人困惑的一面。我们可以从时间、地域、原因和方式这四个方面进行考察。从这四个方面看，历史比较研究似乎只是一种对观或对照。在这里，为了说明问题，我使用了法律思想史上的一个重要观念和一个有趣案例。

在中西法律思想史上都可以见到论证刑罚合理性、有用性以及局限性的论述，但是这些相似的观念所涉及的时代、社会，论理的逻辑和实施的方式又是完全不同的。

《新唐书·刑法志》："古之为国者，议事以制，不为刑辟，惧民之知争端也。后世作为刑书，惟恐不备，俾民之知所避也。其为法虽殊，而用心则一，盖皆欲民之无犯也。然未知夫导之以德、齐之以礼，而可使民迁善远罪而不自知也。"类似的思想在各部《刑法志》当中都可以见到。在肯定刑罚有用性和正当性的同时，我们的古人也深深怀疑着严刑峻法的功效，认为良好的道德风尚和安定的社会秩序是不可能仅凭法律的手段来获得的。在12世纪的西欧，具有代表性和开创性的教会法作品——格兰西的《教会法汇要》——也流露出同样的情怀。

中古西欧教会法肯定国家刑罚的合理性和有用性。国家法律对谋杀、投毒和扰乱公共秩序罪的惩罚是死刑。政府官员如果依法处死罪犯，就没有违

（接上页）觉得需要进一步强调的态度是，如果我们处在社会学、人类学和政治学等社会科学研究与历史学研究的交叉领域，如果我们需要借鉴社会科学的方法，那么历史学者在研究中采用中外古今宏观的"比较"视野就会比较稳健可靠。社会科学研究所使用的范例往往不受时空的约束，天然具有比较研究的性质。将社会科学方法和视野引入历史研究以及由此发生的跨学科研究，通常并不被看作是历史比较研究，而实际上可能是历史比较研究最适合的路径。所发表原文语句错漏和观点表述不够准确或者不够透彻的地方，我也尽力在此改正和改进。也就是说，这个文本可以算是一个对原文进行了多处修改的修订版。

背"不得杀人"的诫命。① 格兰西分析说,当奥古斯丁写信请求罗马帝国官员赦免犯有谋杀罪的两名异端分子时,并没有否认国家执法的权力。② 但是教会法比世俗法要温和宽容。当教会怀抱仁慈之心干预时,即使是最坏的异端分子也不一定非要依据世俗法处以死刑。害怕受罚,所以人们停止作恶。但是害怕受罚的心理不足以改造恶人为好人,把他培养成好人还要依靠教育和关怀。保罗的新生是恶人从善的典型例证。基督将保罗打翻在地,令他惧怕,又让他去爱。保罗成为传播福音最勤奋的使徒。③

在第23案例第6问题中,格兰西承认,引发对惩罚的恐惧有助于纠正谬误的牧民工作。但是他同时又引用《圣经》来说明,"爱里没有惧怕;爱既完全,就把惧怕除去,因为惧怕里含着刑罚;惧怕的人在爱里未得完全"④。有的人因为害怕受惩罚而不情愿地停止作恶,勉强地去做好事。假如恶人永久地停留在这种状态,刑罚就失去了强制他们从善的功用。格兰西对此解释道,刑罚可以使恶人逐渐厌恶原本因为害怕惩罚而不再继续的恶习,逐渐喜好日益熟习的善事和美德。⑤ 所以,教会的法规足以制止邪恶,并迫使坏人思索他们受罚的原因,但法规本身不足以引导他们达到信仰的境界。他们若没有真心地、自由地爱上帝,就不会真正地被改造成好人。

类似的对刑罚的保留态度在中国古代的法律思想中比比皆是,但是中世纪西欧的教会法学家所关注的重点是人的灵魂拯救。而中国古代的法学家所特别关注的是天下的太平,在制定、解释和应用法律的时候受到家庭伦理道德的深

---

① C. 23, q. 5, d. p. c. 48. 这段评注里的"圣人"(viri sancti)是指《旧约》中的人物和《新约》中的使徒。格兰西以他们的事迹说明,具有合法权威的国家官吏有职责以包括死刑在内的刑罚处分罪犯。参见 D. 50, d. p. c. 12; C. 11, q. 3, c. 56; C. 23, q. 4, c. 51; et C. 35, q. 1, d. p. c. 1. 关于此处的注释体例,请参见拙著《教会法研究》,商务印书馆2003年版,第78—79页。
② C. 23, q. 5, c. 1, et d. p. c. 49.
③ C. 23, q. 4, cc. 37-38; q. 6, cc. 1 et 3.
④ 《约翰一书》,第4章第18节。
⑤ C. 23, q. 6, d. p. c. 4.

中西比较

刻影响。

格兰西知道死刑在一定条件下是必要的,但仍然视之为国家律法严酷的一种表现。这种立场表明了他对这一刑罚的保留态度。在第23案例第5问题的结尾,他提到奥古斯丁为即将被处死的杀人犯写信求情,希望借此说明:教会在承认国家权威的同时,会出于宗教的动机对世俗法庭施加影响。[1] 就像奥古斯丁在他的上述求情信中说的,他之所以不希望以血来偿还被杀神父的性命,是因为杀人的两名异端分子在接受比较温和的惩罚后有可能悔改,保全他们的生命是为了治愈他们灵魂上的毒疮。[2] 在教会看来,依照国家法律应该被处死的罪犯并不一定都要被处死。原因是,教会力图帮助世人获得精神的福祉、永恒的拯救,因而在某些场合出面请求世俗法庭减轻刑罚,以促使罪犯改邪归正、增进信仰。

在评论宽免死刑的案件时,《旧唐书·刑法志》和《新唐书·刑法志》的处理既透露出中西法律思想的极大不同,也表明在处理类似问题的时候,不同的法律体系会作出相似或者相同的反应。换言之,法律思想和制度具有相当程度的可借鉴性和可移植性。

《旧唐书·刑法志》说,元和六年(811年)九月,"富平县人梁悦,为父杀仇人秦果,投县请罪。敕:'复仇杀人,固有彝典。以其申冤请罪,视死如归,自诣公门,发于天性。志在殉节,本无求生之心,宁失不经,特从减死之法。宜决一百,配流循州。'"作者接着引用了韩愈的《复仇议》对此案件以及唐宪宗的处置加以评论。韩愈认为,礼教提倡孝道,子报父仇,《春秋》和《礼记》等古代经典都说不可加罪,但是"徵法令则杀人者死。礼、法二事,皆王教之端,有此异同,必资论辩,宜令都省集议闻奏者"。韩愈在原则上承认,出于孝心为报父仇杀人者是可以赦免死刑的。但是他对这种法外施恩的处置进行了限制,指出,国家依法处死者的儿子是不可采取报复行动的,如果他

---

[1] C. 23, q. 5, c. 4.
[2] C. 23, q. 5, c. 1.

报复杀人,也要像他父亲那样被处死。子报父仇如果是发生在百姓之间,为复仇杀人者根据情况可以被赦免。即使如此,这样的决定国家不是可以轻易作出的,需要朝廷官员和皇帝认真调查、议论和斟酌。《新唐书·刑法志》记载太和六年(832年)的另一涉及孝道的杀人案的判决。"兴平县民上官兴以醉杀人而逃,闻械其父,乃自归。"官员们对是否应该对上官减死有不同意见,而唐文宗认为他的行为"近于义",免其死,"杖流灵州"。《新唐书》的作者指责文宗纵容罪犯,认为"刚强非不仁,而柔弱仁之贼也"。

韩愈提出"复仇之名虽同,而事各异"。因此他认为对案件的处理要针对具体情况作出不同的决定。这与格兰西的审慎态度是一致的。后者在别处更加明确地提出,法律的应用要根据时间、地点、当事人和案情的不同而不同。[①] 对法律的此种态度显然在中西之间是可以借鉴和移植的。比较法学之意义就在于此。

但是前述对死刑宽免问题的中西两种不同议论也表明,看似相同的现象(赦免原本应该依法处死的罪犯)的背后是完全不同的思想和思维方法,来自于完全不同的历史文化语境。

格兰西之论说犯有死罪者在某些情况下可以免死的思路,无疑受到基督教非暴力主义原则的影响,他对教会以及国家刑罚的肯定始终是有保留的。他还考虑到罪犯个人的灵魂拯救问题。在末世论的层面上,他同样赞同奥古斯丁对刑罚的看法:人世间的法律是不可能达成完全的公平和正义的。否则还要末日的审判做什么?基督教的仁慈,在这个意义上,是对人和社会的局限性的一种认可,不仅是一种道德上的谦卑,而且成为西方法律中反对法律条文主义的传统的重要渊源。而中国古代对刑法宽严的讨论似乎更多地是世俗统治方法的切磋和权衡,是为了更有效地防止百姓作乱,"使民迁善远罪",从而达到天下大治的目的,"致治之美,几乎三代之盛时"。也就是说,所仔细考虑的只是人世间的权力和秩序。

---

① D. 29, cc. 1–3.

中西比较

我们在这里所作的比较，应该说只是一种对观或对照，提示我们注意到中西法律思想和制度的不同。这些异同所揭示的问题，不借助对观或对照的方法也可以认识到，不过比较的思路显然有助于开阔视野和思路。西方现代的法律体系仍然在中世纪教会法提出的一系列原则的影响之下，在我们的法治建设中了解西方的法律传统，继承我们自己的法律遗产以及批判其中的糟粕显然是必要的。由对观或对照入手，比较研究的终点却是借鉴和移植。

二、宏观的思索：大一统封建政治的幻影

比较方法是否可以超越在法学和文学领域已经成功的借鉴和移植的模式？譬如，在对封建大一统问题的讨论中，我们的学者一般都是认为，从秦始皇到清朝皇帝，中国历来是统一的君主专制帝国，建立有专制主义的中央集权统治。这一沿袭已久的观点其实是大可商榷的。民主化和以相当程度的中央集权为特征的高效率政府管理是政治现代化的两个主要方面，二者相辅相成。在人类历史上，真正有效率的中央集权政府要到近现代才出现，其稳定形态是民主政府。在西方要到中世纪晚期，经过"专制王权"这一过渡环节以及近代的革命，逐渐形成成熟的中央集权的民族国家。下面我想从政治社会学的理论视角来粗略观察一下中西方历史，并借此说明，说古代中国长期是专制主义中央集权国家的看法不一定是准确的。

也就是说，社会学对国家功能的探讨似乎为比较不同文明的历史提供了新的路径。宏观一些的历史比较研究看来需要引入社会科学的新方法和新思路。

传统的"东方专制主义"观点认为，专制君主的统治是古代东方历史的特点。魏特夫等人的"东方专制主义"观点还包括东方君主拥有中央集权权力的意思。魏特夫心目中的东方专制是中央集权的专制统治。他曾经说到古代东方的君主国是一部强有力的国家机器，专制君主掌了水利、土地和手工业这些当时的经济命脉，建立了发达的官僚机构和有效率的交通系统（道路、驿站），垄断军事力量的指挥权，通过户籍制度保证国家财政收入，从而在广阔的地域

内实行有效的统治。① 马克斯·韦伯虽然不使用"东方专制主义"和"亚细亚社会"这类术语，但也曾经说过，东方的君主控制了军队和官僚机构，而西方君主起先并无这种权力，因此东方的城市成为中央政府严密统治下的政治、军事中心，而西方中世纪城市市民拥有自治权、有独立发展的机会。② 晚近的社会学学者则对古代社会作出了不同的分析。他们认为，世界各国各地区的传统政治，东西方的传统政治，都属于"前现代"政治，即非现代化的政治。他们通过比较研究和功能分析探讨了东西方传统政治相同的属性。在他们看来，无论是古代东方的君主专制政体，还是古罗马帝国和西欧封建王权，虽然有种种差别，但都没有真正实现强有力的中央集权。在这些政府（帝王和他们的官僚）和被统治的臣民之间存在有各种形式的地方权贵势力这一中介环节，政府机关在帝王驻地之外的其他地区很难直接统治民众，古罗马贵族、中国的乡绅、印度的村社领袖和西欧中世纪的封君封臣，都充当了这种中介环节角色。③ 换言之，在传统社会一般是没有有效中央集权的，地方分权和不同程度的自治是普遍现象。古代东方专制君主的统治与有效中央集权逻辑上没有必然联系，在实践中也完全不可能建立接近现代意义的有效"中央集权"。

索撒尔说得好，前现代国家，包括东西方古代的大帝国，在意识形态的层面上可以是统一的、高度中央集权的。而在政治权力运作的层面，中央权力与地方自治在不同地区和不同时期是以多种方式结合的，譬如具体的、实际的行政管理可能主要是各地自理的，不受中央太多牵制。对古代政治制度的分析重心需要更多关注统治权力在分散和地方化情况下的维持和运作，而不是用现代

---

① K. A. Wittfogel, *Oriental Despotism: A Comparative Study of Total Power*, New Haven: Yale University Press, 1957, chapters 2–3.

② M. Weber, *Economy and Society: An Outline of Interpretive Sociology*, New York: Bedminster Press, 1968, pp.1212–1262.

③ R. Bendix, ed., *State and Society*, Berkeley: University of California Press, 1973, p.71.

中西比较

国家中央权力能够有效集中的情况去想象古代政治。[1] 在政治理论上，"地方百里而可以王"被否定了，代之以"陛下并有天下"。在西欧，从罗马帝国形成到近代民主国家兴起，大一统帝国一直是政治学说中或强或弱的基调之一。也就是说，前现代政治文化在说明政治统治正当性的时候，着力鼓吹在行政管理上并未真正实现的大一统（中央集权）的观念。大一统中央集权观念在传统社会长盛不衰，并且成为前现代政治文化的核心，是因为统治阶级实现其统治的需要，——传统政治不仅有赖于在当时条件下比中央政府更有效率的地方自治，也离不开中央政府的领导协调作用以及中央政府与地方社会之间的良性互动，尽管在行政管理的意义上中央集权在很大程度上难以实现。国家不等于集中营，政治统治意味着"正当的权威"，意味着群众必须愿意承认现存的政治统治是正当合法的。没有被统治者自愿的顺从和驯服的行为，任何正常的政治统治都是不可能的，任何国家都不免瓦解。传统社会政治文化的特点，或者说古代政治最成功的方面之一，恰恰就是通过极力肯定大一统中央集权的正当性来强化政治统治本身的正当性。

过去，我们在研究古代政治时常常把历史现代化，有意无意地将人们对于近代民族国家的思考套用于古代社会，例如认为，秦的中央集权也和近代的中央集权一样，是生产、商业和交通发展以及各地区经济联系加强的结果。实际上，和近代的中央集权相比，传统的"中央集权"具有完全不同的机制，并不意味着经济上的联成一体为中央集权奠定了基础，也不意味着行政事务、政府职能和官僚制度的高度发展。我们早就应该明确地意识到，传统国家活动是很有限的，中央对地方的控制的效率在整体上偏低，在多数情况下很低，大量事务要靠地方自治来处理。古代的中央集权往往只以一种不发达的形态存在，而与此同时，人们普遍地在意识形态上重视和大力肯定大一统的政治文化传统。

中西传统政治文化较少论证"封建"或其他政治权力分散现象的正当性，

---

[1] A. W. Southall, *Alur Society: A Study in Processes and Types of Domination*, Cambridge: W. Heffer & Sons, 1956, pp.253–263.

总是强调诸侯和其他地方势力应该听命于中央，履行对中央的义务。贾谊因为诸侯强大、反侧难制而痛哭，为朝廷奉蛮夷、轻重倒置而流涕。中世纪西欧的国王加冕礼即使在王权最衰落的时候也在理论上肯定国王的最高政治地位。有趣的是，王夫之责怪贾谊"众建诸侯而少其力"的办法阴损，认为他害怕诸侯之祸完全是多虑，无烦痛哭，因为大一统的格局大势已定，封建割据不复成气候（《读通鉴论》卷二，十五）。但是，如果以现代政治学和社会学的角度看，用现代政治统治的标准来看，汉代以及后来其他中国古代王朝所实行的"中央集权"并不是有效的政府管理。

　　大一统的神话有其重要的功用，可以使统治者与被统治者之间的不平等关系得以确认。对早期国家的研究表明，许多原始的国家也有被加以神化的大一统外壳，那里的统治者深深迷恋大一统的思想，而这些大一统观念往往明确具有压迫和剥削民众的意图，被用来说明统治者压迫和剥削的合理性。中央集权在这里基本上是行政管理中徒具外表的形式，是形而上学的信条，但又是政治统治重要的组成部分。古代柬埔寨的吴哥王朝（802—1431年）是一个氏族部落关系还有很多残余的国家，建立在国王和他的氏族对其他部落和氏族的征服和统治的基础上，起初统治者与被统治者之间经常发生血腥的冲突，国家所代表的秩序得不到广泛的承认。后来国王借动德瓦拉贾崇拜（一种起源于印度的男性生殖力崇拜）和其他宗教迷信，把自己打扮成超然于氏族和部落之上的全国最高统治者，声称自己是"世界之王"，成功地稳定了对全国各地被征服者的统治。[①] 非洲乌干达的国家安科莱（建立于18世纪前半叶）也是这种情况。[②] 在非洲的早期国家，各地区之间的交往是很困难的，各地的地方领袖本来很容易独立，可是他们对独立没有兴趣，他们拼命追求在名分上君临"全国"的地位，他们之间经常发生的流血争斗加强了向中央集权发展的趋势。为

[①] J. M. Claessen and P. Skalník, ed., *The Early State*, The Hague: Mouton, 1978, chapter 5, pp.111-130.

[②] J. M. Claessen and P. Skalník, ed., *The Early State*, chapter 6, pp.131-150.

中西比较

什么会如此？乔治·巴朗迪埃对非洲卢旺达王国大一统观念的解释提供了一个很好的答案。他说，在处于早期发展阶段的国家，一小撮占统治地位的人为了取得他们对民众统治的正当性，以宗教迷信的方式将其统治置于一个边际含糊不清的领域；在观念上，这一统治不仅在地域上、职能上无限制，甚至扩展到自然界，以致统治者的形象同自然神的形象混同起来。①

三、仅仅提出问题：古代中国"专制主义中央集权"质疑

是否可以说古代中国自秦以后就有"一个强有力的中央政府呢"？完满解答这个问题既不是本文的目的，也不是在这样一篇谈理论的短文中可能做到的。我在这里仅仅是想指出，对长期流行的、认为秦统一以后的中国政治"中央集权"的观点，我们确实可以提出不少疑点。

钱穆先生在比较罗马和秦汉时有一段话十分精彩，我读后印象很深，但是并不觉得准确，也不敢苟同。他这样谈到罗马帝国和秦汉帝国："罗马如于一室中悬巨灯，光耀四壁；秦、汉则室之四周，遍悬诸灯，交射互映；故罗马碎其巨灯，全室即暗，秦、汉则灯不俱坏光不全绝。因此罗马民族震铄于一时，而中国文化则辉映于千古。"②事实上，罗马文化在中世纪西欧和拜占庭都得到相当程度的保存和继承。如若就政治统治而言，罗马和秦汉都有中央难以控制地方的问题，两地的政治结构都有点像"一室中悬巨灯，光耀四壁"。14世纪阿拉伯的思想家伊本·赫勒敦曾经指出古代史上一个普遍现象，任何帝王都只能统治国内的一个有限的地区，而无力管辖边远地区的事务，"一个王朝在它的中心地带比在边地要强大得多，它越是在地域上扩展其统治，它就越虚弱"。③

---

① G. Balandier, *Political Anthropology*, London: Allen Lane, 1970, pp.145–147.
② 钱穆:《国史大纲》上册，商务印书馆 1996 年版，引论，第 14 页。
③ 转引自 G. Balandier, *Political Anthropology*, p.137。

我们历来将西周封建看成是中央集权的对立物。如果中央集权是指政府机关实际的行政活动，这一看法当然是对的。但是西周政治文化对周天子一统天下的正当性作了充分肯定，"溥天之下，莫非王土"这八个字就足以证明。可不可以说，在"仪礼"的层次上西周是大一统中央集权的。这一笔政治文化遗产不可小看。说先秦文人对中央集权的鼓吹是由当时局势的感召而引起的，未必不对；但西周政治文化的熏陶，也一定是重要的原因。

战国以后皇帝和他的中央政府在统治活动中受到的限制可以大致罗列四个方面。其一，郡县制的地方政府只设置到县一级，再往下就无朝廷命官了。里胥之流，严格地说不是官吏。除去赋税、徭役和重大刑事案件，其他事务皆由"三老、里有司、伍长"按地方上的习俗办理。国家公权在相当程度上施展不开，百姓"但闻啬夫，不知郡县"（《后汉书·爰延传》。而且"里胥者，皆乡县豪吏，族系相依"（《唐语林·政事上》），地方官感到不怎么好对付。其二，地方上的暴豪之徒恣意妄为。"布衣为任侠，行权，以睚眦杀人"（《史记·游侠列传》）。西欧中世纪的私人豪强以封君封臣的纽带与国王联合，取得合法的统治权力。中国古代"游侠"一类的豪强常受朝廷严厉打击，所谓"强本弱末，以制天下"，反映出社会控制的水平其实是低下的。其三，由于文化背景的差异，朝廷很难用对待汉民的社会控制方式对待少数民族。少数民族首领得到朝廷给的封号和赏赐，其原有风俗习惯、名分制度不强改之。陈寅恪先生说河北藩镇与中央政府的问题，"其核心实属种族文化之关系也"，即文化问题造成的政治问题。① 其四，地方政府权轻。宋代"卅县之权太轻"，地方手中无兵无权，在外敌入侵时无力支撑。过分的中央集权脱离当时社会条件，最终反而使国力疲弱。观察上述四个方面的情况，中国古代大帝国的面貌看起来和罗马帝国，和中世纪西欧封建国家接近了许多。应该跳出过分强调"大一统"的旧框框，深入研究古代中国地方自治的机制。倘能如此，也许会有新的而又令人信服的发现。一味强调秦帝国及以后诸帝国在行政管理上的中央集权，系统

---

① 陈寅恪：《唐代政治史述论稿》，生活·读书·新知三联书店1956年版，第28页。

中西比较

忽视古代大帝国中央集权受限制的一面，至少是不全面、不准确的。

　　古代中国的政治文化对大一统中央集权正当性的肯定，比起中央集权在国家地方和基层管理中的贯彻和实现，要完全、彻底得多，对整个中国封建文化有深刻的影响。中国政治文化的最大特点是借助以"孝"为核心的道德伦理维护前现代化的统治权威，除去非常的情况，孝亲与忠君是互为表里的。而忠君的根本是承认大一统的正当性，所谓"天无二日，民无二王"（《孟子·方章上》）。所以，回到我们在文章开头谈到的刑罚宽免问题，在西方，为了灵魂的拯救而赦免死刑犯；在古代中国，为报父仇杀人者被宣扬孝道的国家从轻发落，而提倡孝道的政治原因则是建立在政治大一统观念基础上的皇帝统治的正当性。然而这种索撒尔所谓"仪礼"层面上的、得到意识形态认可的至高权力并不说明有效率的中央集权在行政层面上的存在和实行。

　　王夫之和钱穆所没有强调的是，仅仅依靠古代中国的皇权至上和大一统观念以及与之匹配的官僚制度，中央政府在政府管理的层面上并不能够对各地进行有效的统治。在现实的政治生活中，古代帝王对整个国家和社会的有效统治要困难和复杂得多，会涉及朝廷和地方社会之间头绪繁多和全方位的互动关系。晚近西方社会学家的政治历史比较研究，他们对前现代国家特征的分析，应该提醒我们，秦汉以来的"专制主义中央集权统治"有可能是一个非历史的不准确观念。至少，我们应该对之进行审慎的重新估计和解读。

　　如果说，历史比较研究可行，我所赞成的，一是比较微观的具有借鉴和移植意义的范式研究，类似于比较法学和比较文学。另一种可行的同时又是宏观的比较，恐怕就是超越时间和空间局限的历史社会学或历史政治学研究，如前所述。至少，这样一种宏观的思维将会帮助我们突破一些陈旧和可能错误的思维框架，比如混淆前现代国家和现代国家、混淆大一统现实和大一统观念的古代中国"专制主义中央集权"论。至少，我们历史教科书中的这一类疑点是到了需要澄清和进行更加精确表述的时候了。

比较史学的发展与演变

夏继果（首都师范大学历史学院）

王文生（夏威夷大学历史系）

19世纪以来，比较史学不断发展，在历史学研究中发挥了重要作用。在这一过程中，比较史学也不断遭到非议和批评。20世纪下半叶以来，随着全球史学的兴起，比较史学发生了重大变化，与互动研究的结合成为重要特色。

一、比较史的兴起及其所遭受的非议

用比较法进行学术研究有着悠久的传统。被称为社会学之父的孔德（Auguste Comte，1798—1857年）最早指出比较对探索社会规律的重要意义。他认为获取实证知识的方式有四种：观察法、实验法、比较法和历史法。马克斯·韦伯（1864—1920年）是把比较法具体用于学术研究的先驱。他一生致力于考察世界诸宗教的经济伦理观，从比较的角度，探讨世界各主要民族的精神文化气质与该民族的社会经济发展之间的内在关系。马克·布洛赫也是比较研究非常重要的倡导者，并进一步发展了此方法，用以考察社会制度的差异及成因。在他看来，历史学的功能在于"建立研究对象之间的解释性联系"，而比较就是建立这种联系的最根本方法。1928年，布洛赫在第六届国际历史科学大会上宣讲的论文中第一次对比较法进行了理论性和系统性的说明。他以英、法、德的农奴制为例，探讨了历史比较的逻辑路径：其一，以问题的建构为中心，"文件就像证人一样，大部分证人只有在交叉诘问的时候才会吐露真言，真正的难点在于提出正确的问题，这就是比较对历史学家最有价值的地方……"；其二，寻找并解释比较对象之间的相互影响；其三，最为重要的是

中西比较

究因稽理，也就是探求历史演化的深层次规律和趋势及其背后的因果关系。[①]

在以上学者的影响下，比较法在各学科领域都得到了广泛的运用，其中以比较史学、历史社会学和文明研究最为成功。20世纪下半叶，各学科的学者对林林总总的比较研究进一步分类，总结出所谓的两分法、三分法、四分法。两分法关注两种基本的比较，其一是对不同的研究对象进行比较，来加深对这些个案的认识，或者比较同一对象在不同时期的情况，简单地说，这种比较就是总结不同对象的特点或者同一对象在不同时期的特征；其二是考察几个研究对象中共同存在的运转模式，在此基础上形成一个总体性概括。三分法其实是把上述第二种比较进一步分类。一是通过比较发现导致一个结果的变量，例如要厘清是什么导致了社会革命，可以选择法国、俄罗斯和中国这几个单位进行比较，寻找共同的导致革命的一个或多个变量。二是先形成一个普遍性的结论，然后用多个例子予以证明。[②]

尽管比较研究应用广泛，但学界对它一直存有批评和争论。在历史学领域，随着全球史的兴起以及学者们对互动的关注，比较史日益受到非议，主要集中在以下方面。第一，比较史把考察对象当成同质化的实体或者界限清晰的"密闭单位"，从而忽略其内部差别和外部影响。比如它经常受制于以民族认同为基础的现代国家框架。[③] 第二，不重视研究单位（帝国、民族国家、城市）之间的互动，没有把它们放入交通、贸易和文化交流的网络中，甚至有意回避这种互动，因为太多的联系会使比较变得复杂化。结果是比较对象经常

[①] Marc Bloch, "A Contribution towards a Comparative History of European Societies", in Marc Bloch, *Land and Work in Mediaeval Europe: Selected Papers by Marc Bloch,* trans. J. E. Anderson, Berkeley, CA: University of California Press, 1967, pp.48, 44–81; Mark Bloch, *The Historian's Craft*, New York: Vintage, 1962, p.10.

[②] Diego Olstein, *Thinking History Globally*, Basingstoke, New York: Palgrave Macmillan, 2015, pp.68-73。鉴于四分法非常复杂，此处暂不予以介绍。

[③] Philippa Levine, "Is Comparative History Possible?", *History and Theory*, Vol. 53, No. 3 (October, 2014), p.332.

被"独立自主的假象"(fiction of autonomy)所遮蔽。① 第三，比较有时是为了刻意证明什么而进行的，其框架设计往往带有很强的目的性，把其中一方视为标准，与之偏离的其他个案则被当作异常。这种比较研究不仅有失偏颇而且危害很大，典型例证就是各种以西方为中心的解释模式，譬如"欧洲奇迹论"(European Miracle)②、"欧洲例外论"(European Exceptionalism)以及迈克·亚达斯在《有争议的霸权：第一次世界大战与亚非对文明使命论的抨击》一文中所考察的"文明使命论"(Civilizing Mission)③。它们都强调欧洲走向工业化和现代化的独特道路，并以此反衬其他地区的落后和失败，从而为殖民扩张提供合理解释。④

二、学者们的应对

面对非议，学者们采用了各种各样的应对方式。埃利加·古尔德和桑贾伊·苏布拉马尼亚姆有意绕开了比较方法，前者推崇"缠结"(entangled)史，而后者钟意"关联"(connected)史。然而，虽然这些替代路径宣称不采用比较方法，实际上却反映了许多当代比较史学家所坚持的理念。在迈克尔·维尔纳和本尼迪克特·齐默曼看来，比较史与缠结史、关联史"同属于

---

① 〔德〕塞巴斯蒂安·康拉德：《全球史是什么》，杜宪兵译，中信出版集团 2018 年版，第 34—35 页。

② 关于"欧洲奇迹论"，最典型的著作是 E. L. Jones, *The European Miracle: Environments, Economies and Geopolitics in the History of Europe and Asia*, 3nd edn., Cambridge; New York: Cambridge University Press, 2003。

③ Michael Adas, "Contested Hegemony: The Great War and the Afro-Asian Assault on the Civilizing Mission Ideology", *Journal of World History*, Vol. 15, No. 1 (Mar., 2004), pp.31-63.

④ 参见 Barbara Weinstein, "The World is your Archive? The Challenges of World History as a Field of Research", in Douglas Northrop, ed., *A Companion to World History*, Chichester: Blackwell Publishing Ltd., 2012, p.68;〔德〕塞巴斯蒂安·康拉德：《全球史是什么》，杜宪兵译，第 35 页。

中西比较

'关系型'方法（"relational" approaches），它用比较方法和迁移研究……考察不同历史构成形态之间的相互联系"[1]。的确如此，这些所谓跨越边界的解释模式在不同程度上都建立在隐形比较（hidden comparison）的基础上，因为其历史分期、区域划分，以及对流通过程和扩散影响的确认都是比较分析的结果。

　　与这种消极地绕开比较史的尝试相比，更多的研究者承认其方法论价值并为其辩护。在菲利帕·莱文看来，尽管比较史与国别史曾经密切相关，但以简单的方式将两者捆绑起来的传统研究现在已不多见，不应以此作为质疑所有比较史的理由；相反，比较史对打破国别史在历史学中的支配地位有积极意义。[2] 奥尔斯坦对此作了进一步解释。与密闭单位的史学与跨越边界的史学都不同，比较史对研究对象的处理代表了一个过渡和折中，因为既然是比较，就至少需要有两个这样的密闭单位，探讨其异同和联系本身就是一种跨界的认识，这样一来"比较史就成功地把'边界闭合与边界跨越'这种史学研究的二元对立转变为一个连续统一体"。在比较史的影响下，历史社会学通常涉及三个以上的民族国家单位，而文明研究把很多民族国家聚拢起来建构一个更大的单位——文明。海洋史和世界体系研究进一步超越了文明的边界，最大的研究单位则来自全球史、世界史和大历史（Big History）。这么说来，通过推动从闭合向跨界的转变，比较方法不仅体现了历史学的包罗万象，也架起了通往全球性思维的桥梁。[3] 康拉德也认为，比较法的好处显而易见：它使我们离开单个的个案，开启与不同历史轨迹和经验的对话；它还迫使历史学家提出明确的问题，采用以问题为导向的研究；它迫使研究者超越简单的描述，在历史研究中进行深入的分析；最后，对于极少与外界交流的个案，特别是跨时代的研究

---

[1] Michael Werner and Bénédicte Zimmermann, "Beyond Comparison: Histoire Croisée and the Challenge of Reflexivity", *History and Theory*, 45, No. 1 (2006), p.31.
[2] Philippa Levine, "Is Comparative History Possible?", p.334.
[3] Diego Olstein, *Thinking History Globally*, pp.87-89.

比较史学的发展与演变

对象，比较法是一个有效的工具，例如，我们可以比较最早的城市文明，从公元前三千纪的美索不达米亚，经埃及的希拉孔波利斯、印度河领域的哈拉巴和摩亨佐-达罗，到两千年后的第一批玛雅城市。这种研究可以探讨让城市如雨后春笋般出现的那些共同要素。①

与此同时，学者们继续对比较研究方法进行探讨，其中美国历史社会学家查尔斯·蒂利（Charles Tilly）的研究尤其值得关注。他在专著《宏大结构、长期历程、巨观比较》中由易到难阐释了四种比较方法：个性化（individualizing）、普遍化（universalizing）、差异发现（variation-finding）和系统涵括（encompassing）。个性化比较是为了"突出每一个案例的独特性"，而普遍化比较旨在证明"与某种现象相关的所有案例都遵循同一规则"，也就是解释这一现象的普遍模式；至于差异发现式比较，它"通过分析不同案例的系统差异来厘清某一共同现象背后质与量变化的规律"；最为复杂的当属系统涵括式比较，它把各考察对象"放在同一系统属于自己的位置上，然后解释它们与整个系统的不同关系是如何决定其自身特征的"，这跟伊曼纽尔·沃勒斯坦的世界体系论有些相似。②换言之，第四种比较法考察多个相互联系的实体，它们同属于一个整体体系，此方法的目标是比较各对象在体系中的不同位置如何影响它们自身以及与其他部分的联系。举例来说，长期以来，墨西哥是美国廉价劳动力和廉价商品的供应者，后者则是前者最大的移民接收国和最大的贸易伙伴之一，在这种语境下需要思考的问题是：这样的国际分工如何影响两个邻国的发展及相互关系？显然，在系统涵括方法中，比较和互动结合得最好，也最有解释力，所以它非常适合用于全球研究。

从以上分析可以看出，尽管比较史学有种种局限性，③但是就研究方法本

---

① 〔德〕塞巴斯蒂安·康拉德：《全球史是什么》，杜宪兵译，第34页。
② Charles Tilly, *Big Structures, Large Processes, Huge Comparisons*, New York: Russell Sage, 1984, pp.82-83.
③ 菲利帕·莱文认为最困扰比较路径的问题是决定论、"普世"主义和例外主义。参见 Philippa Levine, "Is Comparative History Possible?", pp.341-343。

身而言,把互动研究与比较研究对立起来是有失公允的。对历史学者来说,比较是最基本的思维方式和研究方法之一,没有人可以弃之不用。几乎所有的历史分析和评价都建立在某种比较判断的基础上(譬如变与不变、个性与共性等),宏观研究尤为如此。正是在这个意义上,奥尔斯坦说"一切历史知识都是比较性知识",马克·布洛赫更是声称一切历史都是比较史。①

三、全球史与比较研究

其实,从全球史的发展历程来看,比较研究与互动研究本来就有着千丝万缕的联系。许多最成功的全球史著作都属于比较研究,从该领域的奠基之作《西方的兴起》到引发巨大反响的《大分流》皆是如此。前者由威廉·麦克尼尔所著,1963年出版,所关注的中心问题是文明间的平衡、失衡及其所导致的社会变革。它所涉及的主要是中华、印度、中东和西方文明,每个文明都是实体,因此,该书在大多时候所采用的是比较研究法。如麦克尼尔本人1995年所言,在撰写《西方的兴起》的时候,"我试图说明欧亚大陆不同文明之间自有历史起就开始了互动……以此来修正汤因比的观点",但其实"我完全是在汤因比的阴影下强调这样一些事例",关注的焦点仍然是"不同文明的独立发展史"。②

然而,全球史在发展的过程中,其研究方法经历了从比较研究到互动研究的转变。20世纪70年代,由于世界体系论的问世,关注联系的研究方法开始受到全球史学者青睐,到90年代,互动研究似乎一统天下,成为与比较研究互相排斥的方法。如果说前者是全球史的宠儿,那借用普拉桑南·帕塔萨拉蒂

---

① Diego Olstein, *Thinking History Globally*, p.88; Chris Lorenz, "Comparative Historiography: Problems and Perspectives", *History and Theory*, Vol. 38, No. 1 (1999), p.28.
② 〔美〕威廉·H.麦克尼尔:《变动中的世界历史形态》,夏继果、〔美〕杰里·H.本特利编:《全球史读本》,北京大学出版社2010年版,第10—11页。

的说法，后者"就是个可怜的养子"①。麦克尼尔父子的《人类之网》就诞生在这一时期，该书所关注的不再是密闭的文明，而是跨越边界的网络，关联与互动成为核心主题。

需要强调的是，进入21世纪以来，越来越多的全球史学者认识到兼顾互动和比较的必要性，比较研究也日益出现全球史转向。我们认为完全可以双管齐下并将两方面的研究有机结合起来，其方式可分为以下几种情况。

第一，把被比较的单位放入从地区到全球的多重背景中，注重它们与各自环境和外部因素以及整体体系的纠葛互动。这与蒂利的系统涵括式比较非常相似，运用此方法最成功的著作之一是彭慕兰的《大分流》。该书对18—19世纪亚欧大陆两端的经济发展进行了交叉对比。② 任何有意义的比较都需要设定既可控又具备可比性的考察单位，国家之间因种种原因（比如内部的巨大差异）并不一定是合适的选择，所以作者特意挑选了两大经济核心区域——中国最繁荣的长江三角洲和欧洲最先进的英格兰——进行对比，二者就各方面的指标来说（土地面积、人口数量、经济活力等）都较为接近。彭慕兰认为，从基本相似点出发进行系统性、交互式比较，可以更好地发现东西方历史发展的深层差异并解释其分道扬镳的原因。具体来说，他从各自的视角和标准来评价对方，不仅思考长江三角洲为什么没能像英格兰那样走上工业化，同样也探究后者何以摆脱前现代世界经济的结构宿命（马尔萨斯人口危机），换言之，为什么英格兰没有变成江南？这一标新立异的反转追问打破了欧洲中心论的传统假设，也避免因采用单一标准和"普世"发展模式而落入历史决定论的陷阱，这是全书的一大亮点，也是其方法论的关键所在。问题导向的推陈出新在布洛赫所说的交叉诘问中得以产生，这充分显示了借由比较来建构问题的魅力。《大

---

① Prasannan Parthasarathi, "Comparison in Global History", in Maxine Berg, ed., *Writing the History of the Global, Challenges for the Twenty-First Century*, Oxford: Oxford University Press, 2013, p.69.

② 这一交叉比较的方法由〔美〕王国斌在《转变的中国：历史变迁与欧洲经验的局限》（李伯重、连玲玲译，江苏人民出版社2008版）一书中首先提出。

中西比较

分流》的另外一个特色同样值得关注，即它把每个单位与各自的社会、政治、经济大背景以及全球体系联系起来。作者认为，欧洲的工业化起飞有一系列相互交织的内外因素在起作用，例如丰富而便利的煤，海上贸易与殖民扩张的联合，商人与政府的结合，非洲黑奴和美洲资源，等等。因此，大分流不是西方内生现代性的体现，它只能在超越欧洲的交互作用体系中才能得到解释。概而言之，在交叉比较与全球互动的高度结合中，历史发展的偶然性和多样性得以充分体现。

其实，全球史的开拓者之一马歇尔·霍奇森（1922—1968年）很早就在思考如何把比较与互动协调起来。他在"不同时代和区域历史比较的条件"一文中尤其强调考察比较对象与各自环境之间关系的重要性。霍奇森举例说，维京人和波利尼西亚人同时进行海上开拓和殖民，但他们与各自环境的联系是非常不同的。维京人的活动是亚欧非大陆历史的一部分，在评价其海上活动及其最终结果时，不能忽视他们与这个广阔世界在技术、贸易甚至政治方面的密切联系。在扩张的过程中，维京人逐渐皈依基督教，其扩张动机也随之发生变化，最终结果是他们融入亚欧非相互依存的网络之中。与维京人的拓殖相比较，波利尼西亚人则是孤立的探索者，其历史影响自然要小得多。[1]

第二，被比较对象之间至少有一定程度的直接联系。菲利帕·莱文明确指出，近来的历史研究"细致入微且以地方研究为基础，此外还整体观照了元历史以外的诸多内容，譬如网络、交换、地方、协作等，这些做法在某种程度上规避了比较史领域早期研究中那些曾被诟病的问题"[2]。以近年来颇受国际史学界青睐的比较帝国史研究为例。在传统的帝国研究中，学者们特别强调奥斯曼帝国之于欧洲的特殊性，但当今学者日益超越这种传统想象，认识到它与欧洲

---

[1] Marshal Hodgson, "Conditions of Historical Comparison among Ages and Regions", in Edmund Burke III, ed., *Rethinking World History: Essays on Europe, Islam, and World History*, Cambridge: Harvard University Press, 1993, p.269; Diego Olstein, *Thinking History Globally*, pp.90-91.

[2] Philippa Levine, "Is Comparative History Possible?", p.335.

间的相互影响,"奥斯曼帝国是一种复杂且不断变化的权力形态,其帝国架构与思想意识形态先是遇到了更为抽象的早期现代主权国家的思想理念,继而面临民族主义以及其他帝国的竞争,之后又有殖民主义者的争论";基于这种认识,他们聚焦于那些真实历史进程得以发生的"中间地带"——"这里不是想象的真空地带,而是各种势力、人物和地区之间的竞技场";在此基础上深刻认识"源于地理位置、历史发展、人口组成,或各种各样的突发事件与危机的帝国独特性"。[1]

第三,比较不同国家和地区对于同样大背景的反应有何异同。换言之,我们可以在具体的场景中研究外部因素与本地因素的互动,也可以进一步比较受到同样外部因素影响的不同场景,思考其中呈现出的共性与差异。19世纪中期,由于欧洲国家四处插手,世界各地区间陷入越来越深刻、越来越具有竞争性的接触。在这种背景下,世界各地出现了不同程度的危机及其所导致的社会变革,其中包括:中国的太平天国运动及其引发的内战、克里米亚战争、印度各阶层人民发起的反英斗争、在拉丁美洲发生的试图灭绝巴拉圭民族的战争、美国内战、非洲南部黑人与白人争夺定居点的战争、后拿破仑时代的欧洲协调危机以及欧洲国家(意大利、德国、西班牙、塞尔维亚等)实现统一的一系列战争。所有这些我们耳熟能详的战争都反映出区域性权力和稳定出现了危机,各地应对危机的措施各异,反映了各自不同的发展轨迹。但也表现出一些共同之处,一则都努力恢复秩序,重建国家,二则都实践了自我变革,自我提高的战略,即"师夷长技以制夷"。[2] 理查德·霍洛维茨的"19世纪国际法与中国、暹罗及奥斯曼帝国的国家转型"一文可谓此类研究的典范之作。它比较清朝、暹罗及奥斯曼帝国接受欧洲民族国家模式的过程,并分析了它们如何努力适应

---

[1] Alan Mikhail, Christine M. Philliou, "The Ottoman Empire and the Imperial Turn", *Comparative Studies in Society and History*, Vol. 54, No. 4 (Oct., 2012) p.743.
[2] 〔美〕迈克尔·盖耶、查尔斯·布莱特:《全球化时代的世界历史》,夏继果、〔美〕杰里·H.本特利编:《全球史读本》,第186—187页。

中西比较

国际法对领土主权的界定和对民族认同的设想。①

下面再以帝国史研究为例进一步说明。帝国是一种大规模的政治实体，它把许多地域和民族控制在一个至高无上的权力之下。对内帝国不仅要加强与统治地区及其人口的联系，还要对这种联系拥有最高解释权；对外它不断与别的政治实体发生碰撞，力图将其征服占有。因此，帝国的成长建立在地区之间、大陆之间甚至全球联系的基础上，帝国是一个覆盖广阔地区的重要力量。我们可以沿着这种思路，从联系互动的角度开展帝国史研究。然而，如果在此基础上加入比较的视角，帝国史研究将会得到深化。我们可以看到，帝国治理绝对不是简单的自上而下的强迫行为，权力的流动不是单向度的，其中必然涉及各个层面的对话，例如殖民者和"母国"政府之间、殖民者和被殖民者之间、不同类型的殖民者之间、被殖民者之间、不同政府之间的对话。就帝国统治本身而言，各种各样的比较始终是存在的，诸如我们是否比竞争对手做得更好？我们所统治的不同人群能为我们做什么？他们有什么我们想要的？有什么我们所没有的？而就被统治地区来说，其能动性也有各种展现。19世纪末的昆士兰州和20世纪初新成立的澳大利亚联邦，都试图获取当地的殖民地，以创建一个幅员辽阔的太平洋帝国，与其说该帝国源自"母邦"英国，毋宁说它更具有当地特色。为了理解这些试图扩大澳大利亚影响力的做法，"需要借助比较框架审视这些做法的操作过程，考察别处是否也有类似做法，以及这些做法在各地的接受情况"。②

第四，比较跨文化传播过程中同一主体（包括物品和思想文化）传播到不同地区后与当地社会的具体结合及其影响。本特利在"世界历史上的文化交

---

① Richard Horowitz, "International Law and State Transformation in China, Siam, and the Ottoman Empire during the Nineteenth Century", *Journal of World History*, Vol. 15, No. 4 (Dec., 2004), pp.445-486.

② Philippa Levine, "Is Comparative History Possible?", p.339.

流"一文中强调"文化交流"的两个层面。①其一为科学、技术、意识形态、教育、哲学宗教等传统的传播，我们认为这个层面上的文化交流是传统意义上从 A 地到 B 地的流动，是对现象的描述。其二为"不同社会的代表和不同传统的支持者互相间频繁交流时所发生的调适和其他反应"，我们认为这个层面的文化交流丰富多彩，可以进行具体深入的研究，而引入比较的视角，则更能推进这一研究。董少新在《对全球史的几点思考》一文中表达了类似的观点："跨文化传播并非仅仅表现为空间的转移，更为重要的是在传播过程中或传播完成以后的变异和反响。"例如，欧洲天主教圣母像在 16 世纪以后传遍世界各地，在不同地区圣母形象会发生不同的变化，将这些变化背后的文化原因加以比较，并用全球史的广阔视野进行综合分析，便有可能获得对圣母像的全面而立体的认识。②自 1776 年美国《独立宣言》问世以来，在世界的不同国家和地区，已有一百多种类似的《独立宣言》问世。大卫·阿米蒂奇的专著《独立宣言：一种全球史》就比较了美国《独立宣言》在世界主要地区的传播，特别是在此过程中不同地区对它所作的具体改变。③

如前文所述，布洛赫早在 1928 年就强调"寻找并解释比较对象之间的相互影响"：比较研究要具备最大的历史解释力，那些被选定为考察对象的社会之间应该拥有重要的历史关联性，可以是诸如语言、制度、认识论的文化共同性，也可以是长时间范围内的持续联系和交流。④这样看来，互动在一定程度上是题中应有之义。然而，比较史学后来的发展在一定程度上偏离了布洛赫的

---

① 〔美〕杰里·H. 本特利：《世界历史上的文化交流》，刘新成主编：《全球史评论》第五辑，中国社会科学出版社 2012 年版，第 32 页。
② 董少新：《对全球史的几点思考》，《澳门理工学报》2014 年第 3 期，第 202 页。
③ 参见〔美〕大卫·阿米蒂奇《独立宣言：一种全球史》，孙岳译，商务印书馆 2014 年版。
④ Marc Bloch, "A Contribution towards a Comparative History of European Societies", pp.46-48.

中西比较

愿望。令人欣喜的是，当今越来越多的历史学家把比较和互动结合起来，正如彭慕兰和西格尔所说，不同考察对象的"相互联系及其加入大体系所造成的后果，都已成为比较研究的组成部分"[①]。从前述四种结合方式来看，前两者体现了互动研究对比较研究的贡献，后两者则是比较研究对互动研究的提升。在今天全球史研究不断深入发展的形势下，布洛赫的愿望正在变成现实。

[①] Kenneth Pomeranz and Daniel A.Segal, "World History: Departures and Variations", in Douglas Northrop, ed., *A Companion to World History*, Wiley-Blackwell, 2012, p.25.

当代中国史学界的中西历史比较研究述略

刘林海(北京师范大学历史学院)

近代以来,随着中国与西方的接触与交流日渐频繁,从比较的角度观察中西历史和文明也逐渐成为中国学术界的一个重要议题,并有几次较为集中的讨论。1949年以后,比较研究曾一度沉寂。十一届三中全会以后,学术研究重新步入正轨,中西比较也迅速升温。1978年6月,吴于廑提出从世界历史的全局出发,进行多方位多角度的比较研究,以便编写一部新的、具有特色的世界史。[1]为此他还在武汉大学成立十五、十六世纪世界史研究室,开展比较研究。[2]1981年,周谷城发表《中外历史的比较研究》一文,积极肯定了比较研究的作用。[3]此后,许多学者相继提倡用比较的方法探讨宏观的历史发展规律,进一步认识历史的统一性与多样性的关系。[4]这种思路也引起中国史工作者的关注,有些学者提出用比较的研究方法解决中国史的某些问题。[5]

在中国学术界的共同努力下,中西历史比较研究在20世纪八九十年代迎来了又一个高潮,并得到持续发展,在历史比较、史学比较和比较理论等方面

---

[1] 吴于廑:《关于编纂世界史的意见》,武汉大学历史系编:《史学论文集》第一集,1978年版。
[2] 先后出版《十五十六世纪东西方历史初学集》三编,分别由武汉大学出版社(1985年、1990年)和湖南出版社(1993年)出版。
[3] 周谷城:《中外历史的比较研究》,《光明日报》1981年3月24日。
[4] 丁伟志:《马克思主义与宏观历史研究》,《人民日报》1981年8月25日;丁伟志:《历史是多样性的统一》,《历史研究》1983年第2期;朱寰:《世界历史与比较研究之我见》,《历史研究》1994年第1期。
[5] 林甘泉、田人隆、李祖德等编:《中国古代史分期讨论五十年》,上海人民出版社1982年版,第434—436页。

都有许多专论问世，取得了令人瞩目的成绩。[①]本文拟结合相关文献，从历史、史学和理论比较三个方面，对改革开放以来关注较为集中的一些重要问题进行初步梳理。

一、历史比较

在20世纪80年代文化热的影响下，中西文明及文化的异同是比较研究的重点。《史学理论研究》1993年第1期刊登了"中西文化比较研究"的专题讨论。此外，还有一些专题论文集或专著。[②]这些著作以文明或文化为出发点，从多角度对中西文明或文化进行宏观或微观、直接或间接的比较。

刘家和结合德国著名学者雅斯贝斯的轴心文明理论，对古代希腊、中国、印度文明的特点作了分析。公元前6世纪，在希腊、中国、印度分别出现了泰

[①] 相关研究梳理，主要有：童超：《近年来历史比较研究综述》，《中国史研究动态》1983年第3期；蔡克骄：《比较史学在中国的发展和前景》，《温州师范学院学报》1988年第2期；范达人：《当今中国史坛上的比较研究"热"综述》，范达人：《当代比较史学》，北京大学出版社1990年版，第99—113页；侯建新：《历史比较研究概述》，陈启能主编：《建国以来世界史研究概述》，社会科学文献出版社1991年版，第80—110页；蒋大椿、李洪岩：《解放以来的历史比较方法研究》，《近代史研究》1993年第2期；张越：《中西史学比较研究的开展与深化》，《史学理论与史学史学刊》2006年卷；李勇：《20世纪80年代以来国内中西史学比较研究回顾》，《史学理论与史学史学刊》2006年卷；郑先兴：《改革开放以来中西史学比较的理论研究》，《南都学刊》2010年第4期；陈新：《二十世纪以来中西史学理论比较史研究》，《清华大学学报》（哲学社会科学版）2010年第6期。国外学术界关于中西比较研究的情况，参见刘林海《从二分到跨文化比较——西方的中西历史及史学比较述论》，《史学史研究》2006年第3期。

[②] 如中国文化书院编的《中外文化比较研究》（生活·读书·新知三联书店1988年版）、刘家和的《古代中国与世界——一个古史研究者的思考》（武汉出版社1995年版）、彭顺生的《中西古代文明史比较研究》（中国华侨出版社1996年版）、魏光奇的《中西文化观念比较》（首都师范大学出版社2000年版）、左飚编的《冲突·互补·共存：中西文化对比研究》（上海外语教育出版社2009年版）等。

勒斯、孔子、释迦牟尼等思想家，人类的精神开始觉醒，世界进入轴心文明时代，人类历史在思想领域发生重大的变化。受各自历史传统的影响，轴心时代形成的分别以希腊、中国和印度为主体的三大文明不但奠定了后来世界文明发展的重要格局，而且对各自的历史发展产生了重要影响。三大文明在天人关系上形成不同的传统，印度为宗教传统，希腊为科学研究的传统，中国为人文的传统；就人与人的关系而言，印度佛教主张无差别的平等，古希腊展示出人类平等中的内在矛盾（公民非公民、自由人奴隶），中国则是现实的有差别的礼与无差别的仁的统一。在人性理论方面，印度将之理解为宗教的动物（佛性），希腊理解为政治的动物，中国理解为伦理的动物。这次觉醒表现出来的特点对于各自历史和文化的发展产生了巨大的影响。[①] 中华文明与西方文明都是人类社会的横向交往与纵向交往相互作用的结果，但是二者的发展特点有所不同。西方文明是一种断裂式的发展，始终未能形成统一的文明主体，其文明的主体经过了变异；中华文明虽有阶段之分，但未曾断裂，由于形成了多元一体并以统一国家为基本载体的中华民族，文明的主体并无根本改变，因而在发展上呈现出连续性之内的断裂。[②] 中国古代文明的这种特点是与其政治和文化史（语言文字和学术自身）上的连续性密不可分的。政治史上的连续性是文化史上连续性的保证。这种现象是古代世界其他社会所没有的。[③] 中西历史及文明在政

[①] 刘家和：《论古代的人类精神觉醒》，《北京师范大学学报》（社会科学版）1989年第5期。

[②] 刘家和：《关于历史发展的连续性与统一性问题——对黑格尔曲解中国历史特点的驳论》，《北京师范大学学报》（社会科学版）2009年第1期。更多论述见刘家和《历史、史学与思想：在世界史背景下对于中国古代历史文化的思考》，北京师范大学出版社2006年版。

[③] 刘家和：《古代中国与世界——一个古史研究者的思考》，第473—523页。关于其学术思想，参见蒋重跃《结构·张力·历史——刘家和先生学术思想述要》，《高校理论战线》2007年第1期；邹兆臣《在中外历史文化长河中徜徉——访刘家和教授》，《史学月刊》2007年第2期；张越、何佳岭《史学·史学理论及史学史·比较史学——访刘家和教授》，《山东社会科学》2007年第5期；王大庆《谈刘家和先生的历史比较思想》，《史学理论研究》2008年第1期。

中西比较

治、民族及文化结构等发面有巨大的差异，对各自道路产生了巨大影响。中国虽然经历了魏晋时期的危机，但保持了连续性，最后重新走向统一，迎来了一个发展的新高峰。西方的古典文明则没有度过罗马帝国的危机，随着西部帝国的灭亡，文明的形态发生了重大变化，步入了另一个发展的轨道。①

庞卓恒对中西文化进行比较，指出了双方的特点。如中国的生产生活方式为协作性的、西方为竞争性的，中国的社会是"天子－子民社会"，西方是"城邦－帝国社会"和"领主－附庸社会"，中西方的价值观念同中有异，异中有同。中国传统主导价值观念是尚和，西方传统主导价值观念是尚争。近代以来，随着东西方交流的加深，这两种价值观念逐渐趋于交融，相互取长补短。②

更多的研究集中在中西政治、经济、社会、思想文化等方面，出发点还是中西历史发展的异同问题，其中政治经济方面的比较较多。

日知对中西古典历史的演化进行了深入的比较。他认为，中西古典文明可以分为两大阶段，城邦到帝国，这是双方的共同之处。但中国在具体的过程上与古代希腊不同。中国历史上不存在所谓的西方黑暗时代，也不存在所谓的两千多年的封建专制主义。魏特夫的东方专制主义是歪曲，先秦时代的封建翻译有误。③胡钟达对古代中国与希腊政治制度进行了比较。他认为，从城邦到帝国，不断出现专制王权是一般性的规律。中国和希腊在早期阶段，二者的王权处于同一水平，自秦统一和希腊城邦自由独立的结束发生变化。中国由封建王权发展为专制王权（战国），再到秦统一的大一统专制皇权。希腊则是军事民主制发展为共和，再到以雅典为代表的民主政治。发生分歧的原因则与各自经

---

① 刘家和、刘林海：《3—6世纪中西历史及文明比较研究》，《北京师范大学学报》（社会科学版）2019年第5期。
② 庞卓恒：《论中西文化的历史比较》，《贵州文史丛刊》1991年第3期；庞卓恒：《中西古文明比较》，《社会科学战线》2001年第4期；庞卓恒：《尚和与尚争——中西传统文化主导价值歧异和现代交融趋势》，《社会科学战线》2008年第2期；侯树栋：《庞卓恒先生的历史比较研究理论和实践》，《史学月刊》2006年第4期。
③ 日知：《中西古代文明千年史》，吉林文史出版社1997年版；日知：《中西古典学引论》，东北师范大学出版社1999年版。

济形态有关，中国为自然经济，希腊则有比较发达的商品经济（虽然在本质上也属自然经济），因而形成民主政治，是历史发展随机性的表现。①

马克垚从奴隶来源、从事农业生产的奴隶、奴隶制占主导问题、奴隶的法律地位四个方面，对罗马帝国和汉代的奴隶制进行了比较，认为双方在本质上是一致的，体现了奴隶制社会的一般特点。此外，他还对汉朝和罗马的战争与战略进行了比较，认为，罗马的战争是侵略型的扩张战争，战争是生存之道，中国的战争是防守型的统一战争，其核心是仁义之师。②胡庆钧、廖学盛的《早期奴隶制社会比较研究》通过研究中国商代、希腊荷马时代、罗马王政时代、恺撒及塔西佗时代的日耳曼人社会状况，认为它们是早期奴隶制时代，并非如摩尔根所谓的是氏族社会后期的英雄时代。③梁作檊在改革开放前就开展比较研究，从政治、经济、社会、阶级、思想文化、宗教等方面，全面比较了罗马帝国和汉晋帝国形成、发展和灭亡的历史及其影响，论证了古代奴隶制社会发展的一般规律及特点，为古史比较研究作出了开创性贡献。④易宁探讨了罗马帝国与汉帝国的同中之异。如秦汉是在统一的基础上形成的，而罗马是通过强力征服形成的；这种区别源于帝国内部结构的不同，深层次的原因则在于双方不同的历史文化传统。⑤

古代中国与西方的不同不仅体现在政治制度上，而且反映在政治思想中。蒋重跃对韩非、印度和古代希腊的政治思想进行了比较。⑥有学者指出，与古希腊罗马相比，先秦政治思想具有深层次的局限，是中国古代社会发展缓慢、

---

① 胡钟达：《古典时代中国希腊政治制度的比较研究》，《内蒙古大学学报》1996年第6期；胡钟达：《胡钟达史学论文集》，内蒙古大学出版社1997年版。
② 马克垚：《罗马与汉代奴隶制比较研究》，《历史研究》1981年第3期；马克垚：《汉朝和罗马：战争与战略的比较》，北京大学出版社2020年版。
③ 胡庆钧、廖学盛：《早期奴隶制社会比较研究》，中国社会科学出版社1996年版。
④ 梁作檊：《罗马帝国与汉晋帝国衰亡史》，广东高等教育出版社1997年版。
⑤ 易宁：《秦汉的统一与罗马的征服》，《求是学刊》2006年第6期；易宁：《关于古代帝国形成过程的几点思考》，《河北学刊》2006年第3期；易宁：《秦汉郡县制、罗马行省制与古代中西文明的特点》，《求是学刊》2007年第3期。
⑥ 蒋重跃：《韩非子政治思想研究》，北京师范大学出版社2000年版。

中西比较

长期停滞不前的重要原因之一。因为这些思想只产生了单一的君主制政治体制，只有君主制理论。[1]在各种关于思想的比较中，人物比较占很大比重，尤其是梭伦、苏格拉底、柏拉图等与先秦诸子的比较，不胜枚举。

政治层面的不同与经济形态等关系密切。受西方近代以来的理论和观点的影响，自然经济占据主体地位，商品经济不发达被视为中国长期处于专制体制的经济基础，重农抑商则是显著特点；与此相反，古代希腊尤其是雅典民主政治体制的盛行，是由于其发达的商品经济主体地位。晏绍祥探讨了古代中西经济发展的异同及原因，认为西方的重商与中国的抑商形成鲜明的对比。[2]杨师群认为，秦汉以前的中国与希腊罗马在工商业方面虽然历程相似，但双方的内质迥异颇多，对未来发展的影响完全不同，西方的工商业传统有力地促进了近代资本主义的发展，中国则一直挣扎在抑制工商业文化传统中，难见商品经济的曙光。[3]

也有学者提出不同看法。启良认为，中西古代在重农抑商方面并无本质的区别，在这方面希腊罗马也不例外。古代社会抑商的原因有相同之处，也有不同的原因。"各自不同的历史原因和政治目的，即古代希腊罗马抑商的主要目的是防止社会奢化，防止公民两极分化，以保障城邦国家的社会基础——小农的广泛存在，利在全体公民大众。而古代中国是出于大一统政目的，为的是加强中央集权，维护至尊王权。"在具体措施上，西方更多是道义上和政治上的，中国则还采取经济手段限制和打击商人。[4]王大庆通过梳理和分析古代中国与古代希腊的经济思想中共同存在的"本"（农业）与"末"观念及其内涵，探讨了其在各自历史传统中产生的经济、社会和思想根源，以明确双方的同中有异、异中有同的特点。[5]

---

[1] 杨师群：《论先秦政治思想的主要局限与影响——与古代希腊罗马政治思想比较研究》，《学术月刊》1996年第7期。
[2] 晏绍祥：《梭伦与商鞅经济改革的比较研究》，《社会科学战线》1993年第4期。
[3] 杨师群：《两周秦汉与古希腊罗马的工商业比较》，《江西社会科学》2009年第4期。
[4] 启良：《古代中西方抑商问题的比较研究》，《世界历史》1988年第3期。
[5] 王大庆：《本与末——古代中国与古代希腊经济思想比较研究》，商务印书馆2006年版。

中西古代历史的不同特点体现在某些方面,还是全面的?虽然大多数学者认为在一般的规律上有一致性,但中西之间的差异是全方位的,体现在政治、经济、社会、思想文化等多个方面,中西之间是两种不同的体制和道路,如西方是商业文明,民主传统发达,重视个体自由;而中国是农业文明,专制传统深厚,无个人自由。这种理解不但成为古代希腊罗马与中国的比较的重要前提,而且成为理解和认识中国和西方历史的一般出发点。这非常明显地体现在中西封建问题的比较中。

可以说,中西封建问题的比较是改革开放以来中国史学界用力最多的课题之一。一方面,这个问题是社会史论战以来关于中国社会性质争论的延续;另一方面,也是改革开放以来中国知识界在新形势下探寻中国落后于西方的原因,并寻求国家强盛道路的理论尝试。1982年10月,中国世界中世纪史研究会第四届年会的中心议题就是东西封建社会的比较研究。会议主要探讨了东西方封建社会劳动者的生产和生活状况及其对封建社会延续时间长短的影响,东西方封建土地制度的差别,中国、日本、印度同欧洲封建城市的不同特点及其与资本主义萌芽的关系,东西方封建诸国阶级关系和政权形态的不同,东西方封建社会文化和宗教的不同特点及其影响。[1] 1985年5月天津的"中外封建社会劳动者生产生活状况比较研究讨论会"的主题是关于劳动者生产生活史比较研究的理论和方法;[2]1985年10月广州的"东西方封建社会政治制度比较研究"讨论会,围绕封建君主专制的类型和共性、性质和作用、宗教与封建君主制关系等展开讨论。[3]

从已有成果来看,关于中西封建制的比较研究一般分为两大类,一类侧重求异,一类是侧重求同。求异者认为,中西社会在许多结构上是不

---

[1] 《"东西方封建社会比较研究"讨论会在昆明举行》,《文史哲》1983年第1期。
[2] 《中外封建社会劳动者生产状况比较研究讨论会概述》,《历史研究》1985年第5期。会后出版了论文集《中外封建社会劳动者状况比较研究论文集》,南开大学出版社1989年版。
[3] 沈之兴、文彬:《东西方封建社会政治制度比较研究学术讨论会在广州举行》,《世界史研究动态》1986年第1期。

中西比较

同的，因而决定了它们发展上的差异性，尤其是未来的方向和结果；求同者则认为，中西社会在本质结构上是相同的，发展的不同只是阶段或程度的差异。论争主要围绕封建社会诸问题展开，主要问题有：封建社会的形成[①]，中国封建社会长期延续的原因[②]，封建土地所有制[③]，经济结构[④]，赋

---

① 熊家利：《中西封建社会形成的宏观比较》，《湖南师范大学社会科学学报》1990年第6期。

② 主要著述有：金观涛、刘青峰：《中国历史上封建社会的结构：一个超稳定系统》，《贵阳师范学院学报》1980年第1、2期；刘昶：《试论封建社会长期延续的原因》，《上海师范学院学报》1980年第4期；王守稼：《评〈试论封建社会长期延续的原因〉的若干观点》，《中国史研究》1981年第3期；刘修明：《中国封建社会的典型性与长期延续原因》，《历史研究》1981年第6期；程洪：《关于中国封建社会长期延续的原因》，《复旦大学学报》1981年第4期；李春辉、王俊文：《从世界史的角度看中国封建社会的长期性》，《求索》1981年第2期；李桂海：《从控制论角度看中国封建社会政治制度结构的僵化》，《西北大学学报》1982年第2期；康健文：《历史研究中的非马克思主义倾向》，《贵阳师范学院学报》1981年第4期；吴筑星、林建曾：《让什么光照进历史科学领域》，《贵阳师范学院学报》1981年第4期；庞卓恒：《西欧封建社会延续较短的根本原因》，《历史研究》1983年第1期和《中国封建社会延续时间较长的根本原因》，《天津师范大学学报》1983年第3期；黄敏兰：《中西封建社会结构比较研究》，《社会科学》1985年第10期；李孔怀：《关于中国封建社会长期延续原因讨论述评》，《复旦学报》（社会科学版）1982年第3期；何平：《全球视野下的中国与欧洲的比较研究》，《史学理论研究》2006年第6期。

③ 主要著述有：尹曲：《试论西欧封建制度的特点》，《吉林大学学报》1979年第3期；熊家利：《试论西欧封建社会发展的动力——兼谈与中国封建社会的区别与特点》，《湖南师范学院学报》1979年第4期；胡如雷：《中国封建社会形态研究》，生活·读书·新知三联书店1979年版；吴泰：《论唐宋文献中的"庄园"》，《历史学》1979年第4期。

④ 主要著述有：陈平：《单一小农经济结构是我国两千年来的动乱贫困、闭关自守的病根》，《学习与探索》1979年第4期；吴于廑：《世界历史上的农本与重商》，《历史研究》1984年第1期；周广远：《经济结构与英国封建主义向资本主义过渡的关系》，《世界历史》1982年第1期；毕道村：《中西封建社会农业剩余流向初探》，《世界历史》1998年第1期；杨师群：《中世纪中西方社会经济结构之比较》，《学术月刊》2000年第9期；杨师群：《中国传统自耕农产权问题的考察——与西欧中世纪农民的比较研究》，《学术月刊》2003年第8期；侯建新：《现代化第一基石：农民个人力量增长与中世纪晚期社会变迁》，天津社会科学院出版社1991年版；侯建新：《社会（转下页）

税[1]，中西封建城市[2]，政治制度[3]，人口问题[4]，农民战争[5]等。虽然问题各有不

（接上页）转型时期的西欧与中国》，济南出版社2001年版；侯建新：《农民、市场与社会变迁：冀中11村透视并与英国乡村比较》，社会科学文献出版社2002年版；徐浩：《农民经济的历史变迁：中英乡村社会区域发展比较》，社会科学文献出版社2002年版。

[1] 主要著述有：顾銮斋：《中西中古社会赋税结构演变的比较研究》，《世界历史》2003年第4期；顾銮斋：《从比较中探寻中国中古社会赋税基本理论》，《史学理论研究》2005年第4期；顾銮斋：《由所有权形态看中英中古赋税基本理论的差异》《文史哲》2005年第4期；黄敏兰：《从"家天下论"看中国皇帝天经地义的征赋役权——兼与西方赋税理论的比较》，《华东师范大学学报》（哲学社会科学版）2007年第1期。

[2] 主要著述有：赵建民：《试论中国与西欧的封建城市问题——剖析中国封建社会解体缓慢的主要原因》，《社会科学》1983年第4期；沈定平：《试论中国与西欧的封建城市问题》，《社会科学》1983年第4期；傅筑夫：《中国古代城市在国民经济中的地位和作用》，《中国经济史论丛》（上册），生活·读书·新知三联书店1980年版；穆正平：《略论中世纪西欧城市的若干特点及其在促进封建制度解体过程中的作用》，《天津师范学院学报》1982年第4期；陈兆璋：《中世纪西欧的城市、市民与资本主义的产生——兼探中国封建社会迟滞发展问题的问题》，中国世界中世纪史研究会理事会编：《中国世界中世纪史研究会首届年会学术论文集》，青海人民出版社1982年版；郑如霖：《略论英国中世纪城市的特点与作用》，《华南师范大学学报》1984年第1期；张鸿雁：《与西欧中世纪城市比较——春秋战国城市在兴起过程中的特点》，《沈阳师范学院学报》1983年第4期；毕道村：《论中西封建城市产生的不同原因的关键》，《社会科学》1985年第10期；萧国亮：《封建社会后期中西专制主义国家商业政策的比较研究》，《北京师范学院学报》1986年第1期；杨师群：《宋代城镇工商阶层述论：与西欧中世纪城市市民的比较研究》，《中国社会经济史研究》1997年第1期；顾銮斋：《中西封建社会城市地位与市民权利的比较分析》，《世界历史》1997年第5期。

[3] 主要著述有：庞卓恒：《中西封建专制制度的比较研究》，《历史研究》1981年第2期；庞卓恒：《封建社会历史比较研究的几个问题》，《历史研究》1985年第1期；熊家利：《两种不同的封建专制主义》，《湖南师范学院学报》1980年第3期；《略论英国君主专制制度的特点——兼谈中国封建君主专制制度问题》，《华南师范大学学报》1984年第2期；胡玉堂：《中世纪西欧的政权、教权与封建制度》，《历史研究》1981年第5期。尹曲、李德志：《试论英国都铎王朝君主专制的特征》，《史学集刊》1983年第4期；孟广林：《中西封建君主制中的"法治"与"人治"》，《史学理论研究》2008年第3期。

[4] 王渊明：《中西封建社会人口发展的异同及其对社会历史的影响》，《浙江社会科学》1995年第6期。

[5] 熊家利：《中西封建社会农民战争之比较》，《湖南师范大学社会科学学报》1996年第3期。

中西比较

同，但落点基本在于中国为何长期停留在封建社会，而没有像西方那样产生资本主义，进而走上强国之路。一般说来无论求同还是求异，都直接或间接与这个大的主题有关系。[1] 在大多数学者从求异的角度认识东西方历史时，还有一部分学者从求同的角度对历史的共性进行探讨。求同比较涉及的问题各异，但在立意上除与时代大主题密切相关外，还有从学科建设角度破除西方各种偏见的成分，即中西历史发展都遵循一般规律，既反对西方特例论，又反对中国社会特例的观点。

朱寰主编的《亚欧封建经济形态比较研究》一书，以中国、日本、英国、俄国的封建社会为研究对象，从土地国有制、封建土地所有制、封建地产的经营、农民的身份、封建农民经济、农村公社、封建城市、中世纪的工商业、中世纪城市居民等九个方面进行比较，揭示了它们历史的异同。[2]

马克垚对中西封建社会进行了长期比较，出版了系列成果，堪称典范。他认为，从社会经济形态角度看，封建社会具有普遍性，中西封建社会的结构在本质上是相同的，双方没有本质差异，都有导向资本主义的可能性。中西社会后来发展的不同，只是速度不同，而非道路不同，方向不同。[3] 他在《中国和西欧封建制度比较研究》中，从五个方面集中阐述了这种观点。他认为封建时代的中国和西欧，都以农业为其主要经济部门，农业生产力水平并无本质的不同，生产的发展异常迟缓，甚至时常处于停止状态；农业劳动者主要是农民，小生产是当时基本的经济成分，本质上都是自然经济；封建统治阶级都是封建地主，虽然中国的封建主阶级与西欧的封建领主有很多不同，但都垄断大量土地，剥削劳动农民。东西方城市有些差异，如西欧的城市有自治权，市民阶层力量较强大，但它同样是封建经济的一个组成部分，不是一开始就反封建的，与中国的城市没有质的区别；从政治结构上看，中国的封建君权也同西欧的一

---

[1] 毕道村:《论中西封建历史比较研究的中心环节》,《中国史研究》1994 年第 1 期。
[2] 朱寰主编:《亚欧封建经济形态比较研究》,东北师范大学出版社 1996 年版。
[3] 马克垚:《资本主义起源理论问题的探讨》,《历史研究》1994 年第 1 期。

样受到各种限制,并非无限集权。因此,中西封建社会还是同的多。[1] 此后的《英国封建社会研究》(1992年)又进一步阐述了前资本主义社会的中西方社会结构基本相同的观点。他主编的《中西封建社会比较研究》一书深化了《中国和西欧封建制度比较研究》的基本观点,从农业、城市、封建政权、社会四个大方面,对中西历史进行比较。[2] 该书虽然不完全是求同比较研究,但在许多大问题上都是从反驳东方专制主义及其各种变种角度出发的,如经济类型、民主、城市及城乡关系、资本主义萌芽、王权等问题,所得出的结论基本是一致的,即东西方封建社会本质上是一致的,差异只是程度上的。诚如作者所言:"原来认为是差别很大的东西方,其实有许多相同的、相似的。"[3] 其《封建经济政治概论》则是对封建社会新认识的结晶,从封建经济的一些原理和封建政权的结构两大方面进行深入比较,以探求同中之异。[4]《古代专制制度考察》则比较分析了中国、希腊、罗马、西欧和俄国历史上的专制主义,以便"摆脱东方主义的羁绊而认识到的专制主义",对中外学界存在的"东方主义"错误认识,即西方民主,东方专制的观点进行清算。专制制度具有共同性,各国的专制都是具体历史环境的产物,特点各异,如西欧的专制国家中央集权比较薄弱,俄国是贵族专制主义,中国可谓精致的专制主义,不能作优劣的比较。[5]

与封建社会诸问题密不可分的是资本主义萌芽问题。诚如有学者所言,这个问题实际是从另一个角度探讨中国封建社会长期延续的原因,即中国虽然出现了资本主义萌芽,为什么没有像西方那样走上资本主义道路。[6] 中国资本主

---

[1] 马克垚:《中国和西欧封建制度比较研究》,《北京大学学报》(哲学社会科学版)1991年第2期。
[2] 马克垚主编:《中西封建社会比较研究》,学林出版社1997年版。
[3] 马克垚主编:《中西封建社会比较研究》,序言。
[4] 马克垚:《封建经济政治概论》,人民出版社2010年版。
[5] 马克垚:《古代专制制度考察》,北京大学出版社2017年版,序言。
[6] 许涤新、吴承明:《中国资本主义发展史》第一卷:中国资本主义的萌芽,人民出版社1985年版,第673页。

中西比较

义萌芽问题曾经引起中国史学界的广泛关注,至今仍是关注的重点。[①] 国内主流的观点是,中国在明朝出现了资本主义萌芽,当时中国的发展水平与西欧在同一个起跑线上,甚至超过西欧。但从15、16世纪开始,西欧后来居上,远远超过中国。中国资本主义萌芽始终没有形成大的规模,没有像西方那样走上资本主义道路。围绕这个命题,史学界展开了研究和争论。从比较视角的相关探讨,对于进一步认识这个问题,具有较大的启发意义。

首先,如果该命题正确,中国资本主义萌芽没有发展起来的原因何在?在众多的原因探讨中,戚国淦从比较角度的认识颇具代表性。他认为,16世纪中英"两国在政治上都实行专制制度,但在君权、机构、用人、施政诸方面,颇为不同"。而差异之处则在不同的历史条件和不同的经济基础,英国资本主义已经有所发展,实行奖励商业的政策,"在近代化道路上一步步地前进";而中国的资本主义尚处在萌芽状态,在重农抑商政策下,"在通往近代化的道路上是停步不前的"。[②] 其次,这个说法对不对?有学者认为,15、16世纪在世界历史上的影响似乎被抬得太高了。研究表明,东西方在18世纪以前基本处在同一水平,中国只是在工业革命以后才落后于欧洲。[③] 罗荣渠从东西方航海

---

① 主要著述有:中国人民大学历史教研室编:《中国资本主义萌芽问题讨论集》,生活·读书·新知三联书店1957年版;南京大学历史系中国古代史研究室编:《中国资本主义萌芽问题讨论集:续集》,生活·读书·新知三联书店1960年版;南京大学历史系明清史研究室编:《明清资本主义萌芽研究论文集》,上海人民出版社1981年版;南京大学历史系明清史研究室编:《中国资本主义萌芽问题论文集》,江苏人民出版社1983年版;李文治:《明清时代的农业资本主义萌芽问题》,中国社会科学出版社1983年版;许涤新、吴承明:《中国资本主义发展史》第一卷:中国资本主义的萌芽;田居俭主编:《中国资本主义萌芽》,巴蜀书社1987年版;冯兴盛:《中国和西欧资本主义萌芽的比较研究》,《宁夏大学学报》(社会科学版)1988年第2期;郝侠君等:《中西500年比较》(修订本),工人出版社1996年版,上卷,第一、第二章;曹守亮:《比较方法与中国资本主义萌芽问题研究——与杨世群先生商榷》,《浙江社会科学》2006年第1期。
② 戚国淦:《十六世纪中英政治制度比较》,《历史研究》1987年第4期。
③ 马克垚:《资本主义起源理论问题的探讨》,《历史研究》1994年第1期;马克垚:《从比较中探索古代世界史结构》,《文明比较研究》2000年第1期;马克垚:《前(转下页)

的角度对这个问题提出自己的看法。他认为,如果从硬件来看,郑和下西洋是时代最高水平,远超过哥伦布等人的航行。但从软件上来看,则大不相同。郑和失去了扮演哥伦布或达·伽马角色的可能性,关键不在资本主义萌芽,而在直接的政治权力。在从封建主义向资本主义大转变的自发进程中,国家作为有组织的政治力量对发展的选择起着重要作用。中西王权结构的不同决定了它们所支持的远洋航行的不同导向。所谓15、16世纪中西的发展"站在同一起跑线上",西方后来居上的说法是把"中国历史削足适履纳入西方历史发展轨道。……当时中国和西欧并不在同一条轨道上前进,也就没有什么同一起跑线"。[1]持类似观点的还有经济学家顾准。他早在改革开放之前的研究中就断然否定中国出现资本主义萌芽的可能性,因为古代中国和希腊属于两种不同的文明形态,有根本性的差异;史官文化中历史主义是中国文化的优点;资本主义是希腊罗马文明的产物,不可能在中国出现,中国没有西方的那种城市及市民阶级。[2]最后,这个命题是否成立?一些学者则从学术史等角度进行反思,质疑中国资本主义萌芽问题自身的合法性。他们认为这是一个假问题或伪命题,受意识形态和政治等因素的影响过大。此外,中西社会发展是否有共同的规律,也很难确定。[3]

（接上页）工业社会中西经济周期性升降的比较研究》,《历史研究》2004年第2期。
[1] 罗荣渠:《15世纪中西航海发展取向的对比与思索》,《历史研究》1992年第1期。
[2] 顾准:《顾准文集》,贵州人民出版社1994年版,第310—330页。
[3] 李伯重:《资本主义萌芽情节》,《读书》1996年第8期;李伯重:《资本主义萌芽研究与现代中国史学》,《历史研究》2002年第2期;王学典:《20世纪中国史学评论》,山东人民出版社2002年版,第168页;仲伟民:《资本主义萌芽问题研究的学术史回顾与反思》,《学术界》2003年第4期;赵晓华:《中国资本主义萌芽的学术研究与论争》,百花洲文艺出版社2004年版;杨师群:《明清城镇不存在资本主义萌芽——与中世纪西欧城市的比较研究》,《浙江社会科学》2005年第1期;杨师群:《再论明清资本主义萌芽是伪问题——答曹守亮先生》,《浙江社会科学》2006年第4期。

二、史学比较

与历史层面的比较相比,史学层面的比较起步较晚。整体而言,史学层面的比较涉及面也比较广,其中既有一般性的宏观比较,也有针对史家、史作乃至具体思想等专论。

1984年,王晴佳撰文指出,欧洲古代史学基本以求真和道德教化功能为主,历史学与伦理道德相关联是欧洲史学的一个特征,中世纪史学的特征是历史学与宗教密切结合。中国史学自产生起,就具有历史与政治结合的倾向。中国在史官制度和实际的数量及种类等方面,都优于西方。二者的共同之处在于,内容都是政治和军事,并重视史料的考订和批判工作。2004年,他进一步提出,从西方历史哲学和儒学的角度来说,在宗教观念对史学思想的影响、政治和社会思想的影响、系统逻辑影响等三方面,中西史学都显著不同。[1]

胡逢祥比较了中西史学的源起。他认为,中西方古代史学差异出现于文字产生之后。中国出现了独特的史官记事制度,并不断严密化,对中国史学及传统产生了十分深远的影响,希腊则没有。这种差异为中西史学的形成提供了不同的基础。中国保留下来许多材料,希腊的材料相对较少。史学的不同起源与二者早期国家统治集团的构成有关。中国的"巫师"逐渐变成官职,在政权中发挥重要作用,其神学性不断减弱,进而演变成史官文化,形成重人事的入世主义传统。古希腊的历史知识传播者在政权中并不占有重要地位,祭司从事世俗之外的宗教活动,并不重视世俗事务的记载。这种局面的形成与各自的文化观念及生活习俗有关。中国和希腊史学也有一定的共性,如都是在公元前6—前5世纪形成的,具有现世主义特征等。[2] 他还梳理了中西史学的特点。中国

---

[1] 王晴佳:《中国和欧洲古代史学比较试析》,《社会科学》1984年第8期;伊格尔斯、王晴佳:《中西史学思想之比较——以西方历史哲学与儒学为中心》,《学术研究》2004年第5期。

[2] 胡逢祥:《中西史学缘起比较论》,《史学理论研究》1992年第4期。

古代史学传统上官修和私修并存，私家修史与官方修史之间存在一种张力，各有优势，相互补充，奠定了中国传统史学在世界上的地位。西方古代史学则没有形成官私并行的两大系统，一直以私家撰修为主。中国史学依附于以儒家为主体的封建经学，西方史学后来则以基督教思想为依据。这种特点的形成与史学的意识形态特征、起源及特点有关。中国古代史学与中国古代文明发展的历程相一致，呈现出自然演进的趋势；相反，西方史学则更多呈现出大起大落的破坏和重建。①

马雪萍分析了中西古代史学的发展途径。她认为，希罗多德和孔子是中西古代史学的真正创始人。《历史》和《春秋》分别奠定了后来中西史学的基础，二者在进一步的发展中却有巨大差异。罗马史学没有超越希腊史学，呈现出退缩趋势。随着帝国危机加深，史学发生变化，向中世纪史学过渡。中国秦汉史学则持续发展，出现了司马迁和班固等杰出史家，中国古代史学达到一个新高度，确立了后世撰史的范式。这种差异的产生，"既与史学本身的发展有关，又与具体的社会历史环境和文化传统有关"。西方的历史出现断裂，造成文明的中断。中国虽有战乱与动荡，但保持了连续。西方古典史学"最终被基督教史学所取代，其历史思想也经历了从神本主义到人本主义再到神本主义的曲折道路"。中国古代也有类似的经历，但"并没有形成根深蒂固的宗教传统，……始终未能掩盖史学中的人本主义思想的光辉"。中西古代史学虽然有不同之处，但也有相似之处，即历史思维都是人本主义的，都注重史料批判，都具有经世致用的特点，史家同样面临着史学的事实判断和价值判断的矛盾，尽管在取向、处理方式及最终结果等方面不一样。②

刘家和通过对比古代中国、希腊、印度的史学，提出中国和希腊的史学

---

① 胡逢祥：《试论中西古代史学演变的不同途径与特点》，《学术月刊》1997年第9期。
② 马雪萍：《中西古代史学发展途径的异同》，《史学理论研究》1993年第3、4期；马雪萍：《中西古代史学：历史编纂理论与方法的比较》，《史学理论研究》1995年第3期；马雪萍：《中西古代史学：事实判断与价值判断的冲突与协调》，《人文杂志》1995年第4期。

中西比较

都经历了与神话传说等不分而逐渐走向独立的过程,希罗多德、修昔底德的著作和中国的《春秋》是标志。印度史学则没有完成独立。但在发展过程中,史学在中国和希腊学术中的地位却有很大不同。史学在中国传统学术中具有重要地位,仅次于经学,而在希腊却很低。这是因为,中国的史学是人文主义加反实质主义(历史的),而希腊的则是实质主义的、反历史的。①中西史学特点的不同还使中国形成发达的历史理性,在变化、运动的存在中把握真理。西方则有发达的逻辑理性,在永恒、静止中把握真理。②中西理性的结构不同,逻辑理性在西方占主导地位,中国占主导地位的则是历史理性。这种结构性差异是中西思维不同的原因所在,也是文明之别的关键,最终的源头可以追溯到语言。③西方史学中并无中国意义上的"通史"。西方的"普世史"传统是实质主义的,而中国的通史是反实质主义的,其精神在于通古今之变。④王成军指出,希腊"普世史"的实质主义是表面,司马迁的通变精神深入到内部,能认识本质。⑤

乔治忠分析了中国与西方古代史学的异同及其理论启示。中西古代史学具有相通的基本理念,在直笔意识和求真观念、社会功能等都无本质区别。中西史学发生和发展的根本区别在于"中国具有纳入政权机制的官方史学,因而形成官方、私家史学的双轨发展,而西方始终以私家史学为主导,中西史学从

---

① 刘家和:《史学在中国传统学术中的地位》,刘家和:《史学、经学与思想:在世界史背景下对于中国古代历史文化的思考》,第 70—89 页。
② 刘家和:《论历史理性在古代中国的发生》,《史学理论研究》2003 年第 2 期。
③ 刘家和:《理性的结构:比较中西思维的根本异同》,《北京师范大学学报》(社会科学版)2020 年第 3 期。
④ 刘家和:《论通史》,《史学史研究》2002 年第 4 期。相关论述亦参见刘家和主编《中西古代历史、史学与理论比较研究》,北京师范大学出版社 2013 年版,第二编、第三编专论部分;亦可参阅刘家和《史苑学步——史学及理论探研》,北京大学出版社 2019 年版。
⑤ 王成军:《"普世史"与〈史记〉通史观念之比较》,《江苏社会科学》2006 年第 1 期。

古至今的不同特点,根源皆在于此"。中国的历史意识和理性思维,产生于周初官方的"殷鉴"理念,对中国文化特征的形成有不可忽视的影响。希腊"商业比较发达,社会分工较明显,神权的统治比较松弛,政治上形成民主体制等等社会条件,产生了一批人身与思想皆比较自由的脑力劳动者。理性思维的产生,学术的发展,都表现为私家文化的性质"。史学领域一直是私家为主,无组织状态是其显著标志。基督教史学仍然是私家之学,在运行机制上与希腊罗马大致相同。中国官方史学影响了中国整个史学的运行机制,在本源上是融历史观念与政治思想于一体的"政治历史观"。①

徐浩指出,20世纪前,中西史学理论结构的发展呈现出明显的非平衡性,这表现在共时性和历史性两个方面。西方形成了完整的内容体系,而中国侧重本体论和方法论,忽视认识论,西方经历了从本体论向认识论、方法论的转移,推动了史学现代化的发展,中国则没有此经历,因而制约了史学近代化的发展。②

史家、史作等是比较研究重点。希罗多德、修昔底德、波利比乌斯、李维、塔西佗、普鲁塔克等史家及其作品,经常被用来与孔子、司马迁、班固等及其著作比较。杨俊明认为,作为东西史学的第一人,希罗多德和司马迁都强调历史的道德垂训作用,具有平等的民族观、进步的政治思想和朴素的唯物主义思想等。他们同时在史学上垂范后世,前者为西方的记叙体,后者为中国的纪传体,都把世界作为研究对象,注重史料的考订和批判工作,最早运用历史比较法等。③易宁从天人关系与历史进程等方面比较了司马迁与波利比乌斯的史学思想。二者都认为天源于人自利的行动和欲望中,但又高于人的意志。司马迁注重在变化中考察历史的进程,注重揭示"通"与"变"的关系;而波利

---

① 乔治忠:《中国与西方古代史学的异同及其理论启示》,《学术研究》2007年第11期。
② 徐浩:《史学理论结构的非平衡发展——西方和古代中国的比较》,《史学理论研究》2005年第1期。
③ 杨俊明:《"史学之父"希罗多德与司马迁之比较研究》,《求索》1991年第6期。

比乌则注重横向空间的展示,其认识历史进程的基点是静止不变的。[1]他们分别代表了"普世史"和通史两种不同的史学传统,前者是从不变的基点来认识历史的变化,后者则注重从变化中认识相对不变的东西,从相对不变的东西中认识历史变化的规律。[2]王成军对中西古代传记史学的异同进行了详细比较,分析了其异同。他认为,普鲁塔克和司马迁在人物传记中有历史比较。前者是异中求同,处在道德史学的范畴;后者则进一步同中求异,超越道德史学层面,步入探求规律的境界。[3]王东认为,中国的史传并不独立,体现出强烈的非人格倾向,与古典希腊以人文主义精神为特征的独立的个人传记形成鲜明对比。[4]

三、比较理论与方法研究

20世纪后半期,欧美学界的历史比较研究一度高涨,学者们在对具体历史问题进行比较的同时,还较多地探讨了比较的理论问题,有些学者甚至提出要建立比较史学的分支学科。受西方影响,中国史学界也对比较的理论问题展开讨论。在过去的三十多年里,这方面的论著数量可观,分别涉及比较研究的

---

[1] 易宁:《论司马迁与波利比乌的历史思想》,《北京师范大学学报》(社会科学版)2001年第2期。
[2] 易宁:《古代中国的通史与西方的普世史观念》,《求是学刊》2012年第6期。
[3] 王成军:《论司马迁与普鲁塔克人物传记中的历史比较》,《北京师范大学学报》(社会科学版)2006年第6期;王成军:《中西传记史学的产生及趋向之比较》,《史学理论研究》2009年第3期;王成军:《司马迁与古希腊罗马史学观念之比较》,《人文杂志》2005年第5期;王成军:《司马迁与普鲁塔克传记观念之比较》,《史学史研究》2009年第3期;王成军:《中西古典史学的对话:司马迁与普鲁塔克传记史学观念之比较》,中国社会科学出版社2009年版。
[4] 王东:《中国史传的编修理论与实践——兼论中西史学精神的差异》,《史学理论研究》1993年第2期。

定义、分类、方法、功能、可比性、局限性等问题。①

虽然中国史学界对比较理论的关注较多，但在定义方面还没有一致的意见。比较史学、史学比较、比较历史、历史比较、历史比较研究、比较历史研究等说法都有，对"历史"和"史学"有加以区分的，也有不加区分的。范达人认为，比较史学区别于历史的比较研究，后者是一种方法，它包括实践层次和方法论层次。"从广义上说，比较史学应是指对历史上的事物或概念，包括事件、人物、思潮和学派等等，通过各种方式进行比较，判断其异同，分析其缘由，从而寻求其共同规律和特殊规律。"②庞卓恒提出，"'比较史学'应是指从事历史比较研究的一套理论和方法体系"，"历史比较研究"则"应是指运用某种理论和方法对各种历史现象的异同及其原因进行实证的比较研究的实践。它包括对各种历史现象进行实践系列上的前后阶段的纵向异同比较（又称历时性比较或垂直比较），或空间系列上的同一阶段的横向异同比较（又称共时性

---

① 一般而言，20世纪80年代以后出版的历史学通论性质的著作里面大都有专门的章节介绍比较史学的理论和方法，本文不再列出。专门论（译）著主要有：范达人：《略论历史的比较研究》，《北京大学学报》（哲社版）1982年第3期；范达人：《历史比较研究刍议》，《历史教学问题》1984年第6期、1985年第1期；范达人：《关于历史比较研究的几个问题》，《浙江学刊》1986年第5期；范达人：《当代比较史学》，北京大学出版社1990年版；范达人、易孟醇：《比较史学》，湖南出版社1991年版；庞卓恒：《比较史学》，中国文化书院1987年版；庞卓恒：《历史运动的层次和历史比较研究的层次》，《历史研究》1985年第5期；庞卓恒：《历史的统一性、多样性与历史的比较研究》，《天津社会科学》1985年第1期；庞卓恒：《察同察异求规律：比较史学的追求》，《史学月刊》2005年第1期；绍云：《历史比较研究的理论依据与局限性》，《光明日报》1983年12月28日；蒋大椿、李洪岩：《解放以来的历史比较方法研究》，《近代史研究》1993年第2期；侯力、奇光：《论中西历史比较研究的应用理论和方法》，《湖南师范大学学报》1988年第1期；赵吉惠：《略论比较历史学的几个问题》，《人文杂志》1986年第2期；刘家和、陈新：《历史比较初论：比较研究的一般逻辑》，《北京师范大学学报》2005年第5期；项观奇编：《历史比较研究法》，山东教育出版社1986年版；何平：《比较史学的理论方法和实践》，《史学理论研究》2004年第4期。
② 范达人、易孟醇：《比较史学》，第6页。

中西比较

比较或水平比较)"。[①]赵吉惠认为,"历史比较研究是通过对不同时间、不同空间条件的复杂历史现象进行对比研究,分析异同、评论得失、发现本质,从而探寻历史共同规律和特殊规律的史学方法"[②]。

因为分类的标准不同,学者们对于比较的类型也有不同看法。主要的分法有:纵向的历时性和横向的共时性比较;历史类型性比较、历史渊源的比较、国家之间相互影响的比较;时间比较、空间比较、性质比较;横向比较、纵向比较、宏观比较、微观比较;静态比较、动态比较;同上求同、同上求异、异上求同、异上求异、同上求异同、异上求异同。还有学者提出多类型说,认为比较要根据现实情况而定,具有多种类型。

比较研究的目的和功能如何?观察异同、探索历史发展的一般规律、认识历史发展的统一性和多样性,是比较研究的功能之所在。刘家和指出,历史比较研究的功能在于"明同异"。同异是历史比较赖以实现的前提,无异之同不具有比较的条件,无同之异也不具备比较研究的条件。有相同,才能比其异同;有相异,才能比其同异。通过横向的共时性比较和纵向的历时性比较,分别说明不同国家、民族、社会集团等之间在同一历史时期中的同异,以及同一国家、民族、社会集团之间等在不同历史时期中的同异;前者说历史的时代特点,后者说历史的发展趋势。[③]比较研究的"明同异"不是一次性的,而是不断推进的,要经过感性(异)、知性(异中之同)理性(同中之异)三个阶段。[④]庞卓恒提出历史运动的层次与比较研究的层次问题,比较在于察同察异求规律。[⑤]

[①] 庞卓恒、李学智、吴英:《史学概论》,高等教育出版社2006年版,第271页。
[②] 赵吉惠:《略论比较历史学的几个问题》,《人文杂志》1986年第2期。
[③] 刘家和:《历史的比较研究与世界历史》,《北京师范大学学报》(社会科学版)1996年第5期。
[④] 刘家和:《〈罗马帝国与汉晋帝国衰亡史〉序》,梁作檠:《罗马帝国与汉晋帝国衰之史》,第2—3页。
[⑤] 庞卓恒:《历史运动的层次和历史比较研究的层次》,《历史研究》1985年第5期;庞卓恒:《察同察异求规律:比较史学的追求》,《史学月刊》2005年第1期。

对中国的世界史学界而言，历史比较还有一个直接目标，那就是服务于中国世界史学科建设的需要。这一点在 20 世纪 80 年代以来一直非常突出。在过去的三十多年里，中国世界史学界一直在探索构建中国特色的世界历史体系，而比较研究被普遍视为实现这个目标的重要途径和方法之一。在这些方面，周谷城、林志纯（日知）、吴于廑、刘家和、马克垚等史学家都进行了诸多探索。吴于廑在研读马克思主义理论的基础上，提出了从分散到整体的世界历史的理论。刘家和提出，世界历史是人类纵横交往的产物，是一与多的关系。它既是由多而一的历史，同时又是一中含多的历史。世界历史不是地区、国别史，不是地区、国别史的总集或汇纂，但又不能不以地区、国别史为基础。双方是"大一"与"小一"的关系。比较研究的"辨异同"在方法上既是世界历史的"明一多"的必要条件（具体到抽象，舍异取同），又是充分条件（由抽象再到具体，存同取异）。比较的研究可以说明该世界历史为什么是那样的，它将如何发展。① 朱寰认为，"有意识有计划地正确开展历史的比较研究，对于世界历史科学来说，尤为必要"，比较可以找到人类社会发展的共同规律和特殊规律（不同地区）。② 马克垚提出，比较研究在于"探寻真正世界性的历史的普遍规律"③，而正确的历史发展规律的获得是破除欧洲中心论、建立中国世界史体系的基础和前提。比较是破旧立新的重要途径。④

不同的历史现象是否可以进行比较？大多数学者认为，历史的比较在一定的范围内是成立的、可以操作的，关键在于可比性原则。范达人认为，可比性原则是比较的无条件性与条件性、绝对性与相对性的辩证统一。赵吉惠认

---

① 刘家和：《历史的比较研究与世界历史》，《北京师范大学学报》（社会科学版）1996 年第 5 期。
② 朱寰：《世界历史与历史比较研究之我见》，《历史研究》1994 年第 1 期。
③ 马克垚：《漫谈史学比较研究》，《历史教学》1998 年第 1 期；邹兆臣：《历史比较：探寻真正世界性的历史普遍规律——一个中国历史学家的历史比较观》，《安徽师范大学学报》（人文社会科学版）2006 年第 1 期。
④ 马克垚：《困境与反思：欧洲中心论的破除与世界史的创立》，《历史研究》2006 年第 3 期。

为，社会历史现象之间的关系是比较研究的客观基础和条件，比较的可行性在于同类的历史现象。刘家和通过分析当代西方分析哲学与科学哲学思想中有关"不可公度性"的讨论，为历史比较提供了理论基础。他提出，历史比较遵循一般比较研究的逻辑，是不可公度性与可公度性的统一；比较研究中，不能由比较对象之间局部要素的可公度性推导出整体的可公度性；比较对象的可公度性与不可公度性随着比较者设定的比较范围或概念层次而变化；没有比较就没有认识；事物的本质并非外在于比较者的客观存在，而有赖于比较者的理论构想；比较研究意在形成新的认同，保持差异是比较研究成为一种创造性活动的源泉。[1]

比较的方法和作用是显而易见的，但也有限度。受研究者的视角、对象、目的、方法等影响，其局限也是十分明显的，因此，要把握好分寸，不能扩大化、泛化。为此，学者们提出了不少积极建议。如：要把握好可比性原则；[2] 避免简单肤浅的历史类比；必须遵循科学的学术规范与理论，充分借鉴优秀成果，遵循辩证比较理论，以个案研究为出发点；在理清现象的基础上深入比较。[3] 要重视中西史学比较研究中的社会学视野[4]，处理好一系列关系[5]。

四、结语

中国的历史比较研究已经走过了一个多世纪的历程，为中国近现代发展道路探索和学科体系建设作出了积极的贡献。如果说新中国成立之前比较重在服

---

[1] 刘家和、陈新：《历史比较初论：比较研究的一般逻辑》，《北京师范大学学报》2005年第5期。
[2] 赵之恒、侯树栋：《试论比较史学方法的价值及运用原则》，《内蒙古大学学报》（哲学社会科学版）1994年第1期。
[3] 孟广林：《中西历史比较的规范与理路》，《史学月刊》2005年第1期。
[4] 于沛：《重视中西史学比较中的社会学视野问题》，《史学理论研究》2003年第3期。
[5] 熊家利：《建设有中国特色的比较史学》，《湖南师范大学社会科学学报》1992年第6期。

务道路探索的话，新中国成立后立足学科建设的色彩则不断加重，这个特点在改革开放后更加明显，成就也更突出。第一，研究范围大大拓宽。从历史层面进入到史学、历史理论等方面，而对于比较研究的一般理论问题，也有较多探讨。从中可以看出，中国的历史比较研究已步入新的发展阶段，自觉程度不断提高。第二，研究深度不断提高。多数研究已超越简单的比较，已由感性阶段进入知性阶段，辨析异中之同或者同中有异，试图对中西历史的大问题作综合系统的深层次探讨。对中西历史发展的统一性与多样性的认识也更加深入。第三，比较研究的作用有所扩展。作为破旧立新的重要工具，比较研究不但对破除偏见、反驳错误论断，如东方专制主义、欧洲中心论等十分关键，而且在中国世界史体系的探索中作用巨大。随着时代和学术研究的发展，比较研究"求真"的一面越来越受到重视，以往简单的优劣判断定势也逐渐让位于平等意义上的对比。

虽然如此，中国的历史比较研究还是在理论与实践方面有很大的提升空间，需要从业者长期坚持不懈的共同努力，为中国特色的历史学三大体系建设贡献力量。

"国家之大"与"地方之积"：
中古中国和早期近代英格兰的比较研究

杜勇涛（俄克拉荷马州立大学历史系）

前现代的中国史与英国史本是两个相距甚远各成体系的研究领域，但是在最近的几十年间二者（在英语学术界）却都经历了一个非常相似的过程，即地方史的兴起。在英国史领域，众多研究都铎－斯图亚特王朝史的学者自20世纪60年代以来便开始致力于具体到一个郡的研究。其背后的动因，主要是为了验证（更确切地说是试图推翻）很多关于17世纪英国内战起源的宏大理论，尤其是所谓"乡绅兴起，挑战王权"这样略带经济决定论色彩的观点。[①] 中国史领域里的地方史兴起于20世纪70年代，是海外汉学"在中国发现历史"运动的一个有机的组成部分。具体来说，学者们的目标是要挑战所谓中国传统社会在现代西方文明到来之前"停滞不动"的成说；其方法则是试图在中国社会内部寻找"变"的因素并以此来解释近代中国的各种和西方的到来恰好同时发生的历史巨变。[②] 在这个前提下，学者们开始关注中国内部各地之间的差异和变化，从而逐渐修正了一个被学术界接受多年的重要预设，即统治明清中国的乡绅士大夫并不是一个简单划一并且保守顽固的社会阶层，而是一个因时、因

[①] Ann Huges, "Local History and the Origins of the Civil War", in Richard Cust and Ann Hughes eds., *Conflict in Early Stuart England*, New York: 1989, pp.224-253, here 224.

[②] Paul Cohen, *Discovering History in China: American Historical Writing on Recent Chinese Past*, New York: 1984, p.162.

"国家之大"与"地方之积":中古中国和早期近代英格兰的比较研究

地、因具体情况而不同的"地方精英"的聚合体。①可见在两个领域内,地方史的兴起在最初都是出于方法论上的考量,将"地方"视为学术创新的"实验场",从而推翻一个宏大的理论或者讲述一个不同的故事。

但是地方史引起的创新很快地在两个领域内都突破了方法论上的尝试,并引出了关于两国统治阶层的"地方性"的重大发现。在英国史界,由艾伦·埃弗里特(Alan Everitt)领头,约翰·莫里尔(John Morrill)以及其他学者跟进,地方史学者提出了"乡郡共同体"(country community)的理论,即到1640年之前,各郡乡绅对于其乡郡的认同与忠诚已经大到足以和其对国家的认同与忠诚相抗衡。用埃弗里特的话说,就是"在爱国与爱乡之间出现了巨大的断裂;在其面前,原先的所有社会分合都显得微不足道"②。约翰·莫里尔更是直接将英国内战称为"地方的叛乱"③。在中国史领域,地方史的研究最初由明清史学者启其端。但是从80年代开始宋史学者加入到这个运动以后,很快就提出了所谓士大夫"地方转向"理论。这个理论由罗伯特·M.哈特韦尔(Robert M. Hartwell)首倡,后经罗伯特·海姆斯(Robert P. Hymes)等人阐发充实。其大致观点是说在唐宋变革时期形成的新型的士大夫阶层在南宋期间完成了一个根本转变,即他们在治家、从政等方面都开始具有深刻的地方性。用海姆斯的话说就是南宋以后的士大夫"在联姻、日常生活、思考问题以及行为方式等方面都以地方为出发点"④。哈特韦尔和海姆斯都指出,士大夫阶层在

---

① Joseph Esherick and Mary Rankin, "Introduction", in Joseph Esherick and Mary Rankin, eds., *Chinese Local Elites and Patterns of Domination,* Berkeley: 1990, pp.1-23, here 11.
② Alan Averitt, *The Local Community and the Great Rebellion,* London: 1969, pp.7-8.
③ John Morrill, *Revolt of the Provinces: The People of England and the Tragedies of War, 1630-1650,* London: 1976.
④ Robert P. Hymes, "Introduction", in Robert P. Hymes and Konrad Schirokauer eds., *Ordering the World Approaches to State and Society in Sung Dynasty China,* Berkeley: 1993. 依照哈特韦尔和海姆斯的分析,北宋仍有一个以全国为主要舞台的政治精英阶层。但是到了南宋该阶层和以地方为导向的乡绅阶层融合为一。(转下页)

中西比较

南宋完成的这个"地方转向"一直影响到整个明清时期。[①] 后来许多学者的研究也都证实了这个论断。换言之，南宋以后的士大夫虽然不仅仅是"地方的"士大夫，但却具有深刻的地方性。

这两例地方主义的兴起也具有类似的政治背景，即国家权力的扩张。[②] 两者都经历了国家更深入地介入地方社会、地方豪强式微并且无法再挑战朝廷这样的过程。但是这种在中英历史上平行出现的地方主义并非仅仅是一句"地方抵抗中央"所能穷尽，因为所谓"地方"并非是在国家力量侵入之前就在那里"已然存在"。伴随着国家力量的兴起及其触角伸入地方社会，在中国和英国都

（接上页）见 Robert M. Hartwell, "Demographic, Political, and Social Transformations of China, 750-1550", *Harvard Journal of Asiatic Studies*, 42, No. 2 (1982); Robert P. Hymes, *Statemen and Gentlemen: The Elite of Fu-chou, Chiang-hsi, in Northern and Southern Sung,* Cambridge: 1986。后来，海姆斯又对此进行进一步的澄清，指出南北宋之间的变化并非"一个阶层把另一个阶层吞没"，而是"统治精英在策略上作为整体的大调整"。为阐明此意，海姆斯认为可以想象士大夫在整个宋代都在参与两个"概念上清晰可分"的文化系统，一个是以朝廷为中心，另一个以士大夫为中心。整体来说，南宋期间后者变得越来越重要，也越来越直白。这样，南宋的地方主义可以理解为以士大夫为中心的文化扩张而导致的后果。见 Robert P. Hymes, "Sung Society and Social Change", in *The Cambridge History of China,* Volume 5, Part 2, ed. John W. Chaffee and Denis Crispin Twitchett, Cambridge: 2018, pp.526-664, here 27-37。有关"地方转向"一词，见 Peter Kees Bol, "The 'Localist Turn' and 'Local Identity' in Later Imperial China", *Late Imperial China*, Vol. 24, No. 2 (2003)。

① Robert P. Hymes, *Statemen and Gentlemen: The Elite of Fu-chou, Chiang-hsi, in Northern and Southern Sung*, p.216.

② 南宋经历了一个国家退却的过程。这在南宋地方主义的兴起中肯定起了重要作用。但是此退却之所以看起来像退却，只是相对于北宋而言。整体上看，宋代及宋以后的国家无论在权力集中方面还是在对基层社会的渗透方面都比宋以前的时代强很多。见 Robert P. Hymes, "Sung Society and Social Change", pp.639-649。都铎时期的英格兰虽然比宋代中国小很多，但就其作为自主独立的政权而言，后者确有可比之处。这种英格兰国家主权至上的观念最清晰明确的表现，当属国会 1532 年的一份宣言，其中讲到，"This realm of England is an empire"。因为"empire"意涵至大无外的政治权威，此句不妨翻译为"此域英伦，无上之尊"。见 *The Ecclesiastical Appeals Act,* 1532 (24 Hen 8 c 12)。

"国家之大"与"地方之积"：中古中国和早期近代英格兰的比较研究

出现了一个明显的"地方形成"的过程，具体体现于地方认同的表达和地方特性的阐述等方面。比如中国的方志，作为一种以某一地方为主题、主要由地方士人编撰、以当地人为主要读者的文献，是明清时期士大夫表达其地方认同和阐明本地特色的重要渠道。但方志作为一种出版物的最后定型正是在南宋；方志的成熟也构成了南宋士大夫"地方转向"的一部分。[1] 在英国，学界基本公认"郡"作为一个地方政治和社会单元是在 16 世纪末 17 世纪初伴随着"郡"作为国家行政司法机关的重要性增强，以及乡绅更多地参与一郡境内的公共事务，才最终形成。这个过程的前提条件，当然就是王权的扩张和贵族的式微。[2]

这里我们看到的情形不同于众所周知的国家政权的强大导致民族意识的兴起，而是国家政权的加强和地方意识的兴起相辅相成，齐头并进。这种情形提示我们，对于像中古中国或近代早期英格兰这样的相比较而言领土清晰、朝廷有力的政治体来说，在其形成过程中，国家和地方之间的关系并不总是围绕着控制和反控制展开。在这样的政治体系中，政治精英阶层如果想要在新的政治环境中生存下去，就不可避免地要对自身作一些"位置"的调整，从而使得自己在整体与部分之间，在远近、取舍、进退之间都能够游刃有余。举例说明：宋代以前中国当然存在地方意识；宋代以后的地方意识不同之处在于它和一个高度集中但又广泛深入到地方社会基层的选拔制度（即科举）并存。[3] 也就是

---

[1] James M. Hargett, "Song Dynasty Local Gazetteers and Their Place in the History of Difangzhi Writing", *Harvard Journal of Asiatic Studies*, Vol. 56, No. 2 (1996); Peter K. Bol, "The Rise of Local History: History, Geography, and Culture in Southern Song and Yuan Wuzhou", *Harvard Journal of Asiatic Studies*, Vol. 61, No. 1 (2001); Joseph Dennis, *Writing, Publishing, and Reading Local Gazetteers in Imperial China, 1100–1700,* Cambridge, MA.: 2015.

[2] J. S. Morrill, "The Religious Context of the English Civil War", in *Transactions of the Royal Historical Society*, Fifth Series, Vol. 34 (1984), pp.155–178, particularly 157–158. 有关英国内战前贵族的衰落，参见 Lawrence Stone, *The Crisis of Aristocracy 1558–1641,* London: 1967。

[3] Robert P. Hymes, *Statesmen and Gentlemen: The Elite of Fu-chou, Chiang-hsi, in Northern and Southern Sung,* p.216.

中西比较

说各地的士大夫正是在他们和朝廷以及全国的士大夫文化之间的关系达到空前紧密的时候，选择了"地方转向"。① 同样，埃弗里特等学者也指出，在英国内战前的一百年间，其实英国人对乡郡的地方认同感和他们对英格兰的民族认同感其实都在增强。②

本文要探讨的正是这个国家和地方同时成长的过程；而中英两国相距万里却经历相似的事实，尤其值得关注。在中国，和这个过程大致对应的历史时期，我想应该是唐末至晚明的所谓"中古时期"（Middle Period）。对于这个时期的人口、社会、政治转型，学界早有认识，但是"中古时期"这个名称尚未像"晚期帝国"一样被广泛采用。③ 在英国这一边，都铎－斯图亚特王朝一般被称为"早期近代"，而"早期近代"这一概念则早已经是标准的断代术语。把"中古中国"和"早期近代英格兰"这样一对看起来似乎不沾边的历史时期放在一起比较，完全是为了考察国家和地方之间的互动：二者都不是王朝国家

---

① 有关科举制度在联结地方士大夫和整个士大夫文化方面的作用，见 Peter K. Bol, "The Sung Examination System and the Shih", *Asiamajor Asia Major*, Vol. 3, No. 2 (1990)。一般而言，在一个地方社会里是否允许某个考生参加科举考试的权利由该地现有的士大夫掌管。

② Alan Milner Everitt, *Change in the Provinces: The Seventeenth Century*, Leicester, 1972, p.47. 参见 Peter Clark, *English Provincial Society from the Reformation to the Revolution: Religion, Politics and Society in Kent 1500–1640*, Hassoks: Harvester Press, 1977。克拉克（Clark）阐述了肯特郡明晰的"郡"观念形成之后王和郡的关系如何相应得以重构。John M. Adrian, *Local Negotiations of English Nationhood, 1570–1680* (Basingstoke [U.K.]: 2011) 是另外一项关于此问题的详细研究。

③ "中古时期"概念在具体研究中的使用，参见 Peter Bol, "Geography and Culture: The Middle-Period Discourse on the Zhongguo - the Central Country", in *Space and Cultural Fields: Spatial Images, Practices and Social Production,* edited by Huang Ying-kuei; Taipei: Center for Chinese Studies, 2009, pp.61-106；又见 Ronald Egan, "The Controversy over Music and 'Sadness' and Changing Conceptions of the Qing in Middle Period China", *Harvard Journal of Asiatic Studies*, Vol. 57, No. 1 (1997), pp.5-66。有关中国中古时期整体而言的重大转变的讨论，见 Robert M. Hartwell, "Demographic, Political, and Social Transformations of China, 750–1550"。

的肇始时期,也都不是郡县体制的肇始时期;但二者都呈现出在国家政权壮大并将其触角深入地方社会的背景下,大批的地方精英人物广泛地参与到国家体系中来的过程。①

中央集权的地域国家的兴起早已被认作"近代早期世界史"(Early Modern World)中诸多文明与社会的重要的共同经历之一。② 本文所作的比较研究意在彰显一个此前未被关注的问题,即新兴地域国家内部的国家与地方关系,及其在不同文明中的表现。在中国史和英国史两个领域内地方史学者已有的成果基础上,我们可以让两者对话,并从各自的角度观照对方。下面的比较将集中于三个方面:国家的制度建设如何领先并塑造了地方认同的形成;政治精英如何看待地方与国家的关系;地方精英如何理解和表述地方的个性和地方利益。总的来说,二者在前两项比较中大体趋同,在后一项的比较中则昭然异路。

一、国家的建立和地方的建立

日本史学者大卫·豪威尔(David L. Howell)在论述江户时代日本民族意识之形成的时候,提出过一个"制度先于认同"的重要观点,即国家制度的存在为身份认同提供基础也设立框架,而身份认同大体上在这个基础之上和框架

---

① 有关12世纪以来英格兰国家形成的研究,见约瑟夫·斯特雷耶(Joseph Strayer)的名著:*On The Medieval Origins of the Modern State*, Princeton, 1970。
② Shmuel N. Eisenstadt and Wolfang Schluchter, "Introduction: Paths to Early Modernities: A Comparative View", *Daedalus*, Vol. 127, No. 3 (Summer, 1998), pp.1-18; Jack A. Goldstone, "The Problem of the 'Early Modern' World", *Journal of the Economic and Social History of the Orient*, Vol. 41, No. 3 (1998). 在中国史研究领域"早期近代"一词多被用于晚明和清代。但是如果我们考虑早期近代欧洲的主要社会政治变化诸如商业化,官僚制,民族国家的产生等,那么中国的早期近代其实更应该被用在宋代。这一点日本京都学派学者早有论述。不再赘述。有关"早期近代"一词在中国历史上的应用的讨论,见 Lynn A. Struve, ed. *The Qing Formation in World-Historical Time*, Cambridge, MA.,: 2004, 尤其是其中由伊夫林·罗斯基(Evelyn Rawski)和彼得·珀杜(Peter Purdue)执笔的章节。

之内展开。①中英地方认同的形成过程都能够印证这个说法。两者都是先有国家确立地方的地理范围和地方精英对政治和公共事务的参与模式，而地方精英则进而阐发本地的特点和个性。虽然地方认同的发生经常导致地方同国家的冲突，但是这些冲突也在国家划定的框架内展开。在这个意义上，国家所立的制度是基础，离开它根本谈不上地方。毕竟地方作为地方的存在，只是相对于更大的地理政治单元而言，是其整体中的一部分。所以全国规模的政权建设往往导致地方意识的兴起，也算是情理之中。②

1. 国家先于地方

中古中国士大夫"地方转向"的制度基础发生于唐宋之间朝廷对郡县制度进行的重大调整。在朝廷和州县之间的层面（"道"和"路"），一度半世袭、半割据状态的节度使被消除。通过地方权力的分割和互相制衡，中央得以确保其控制。再往下，直接临民的州县是地方体系的焦点所在。③宋代第一次实现了朝廷对州县官任命的完全控制，从而使州县官真正成为朝廷的代表。而州县的所有收入在理论上讲也都变成朝廷的收入。朝廷和地方的关系，用宋代吕中的话说，就是"朝廷以一纸下郡县，如身使臂，如臂使指，无有留难，而天下之势一矣"④。经过这些调整，宋代的地方制度基本上排除了从体制内篡夺朝纲的可能性。⑤事实上宋代以后直到19世纪后期，地方大员也从未对朝廷的权

---

① David L. Howell, *Geographies of Identity in Nineteenth-Century Japan*, Berkeley: 2005.
② 约翰·阿德里安（John M. Adrian）关于英国都铎时期地方意识的研究中也提到这一点。但是他的着眼点，即"地方认同和国家认同并不冲突"，略有保守。本文所要强调的正是国家和地方关系中更为积极的一方面，即不仅是"不冲突"，而且更是互相需要。见 John M. Adrian, *Lacal Negotiations of English Nationhood, 1570–1680*, p. 25。
③ 有关州县各自的职责，见 Ruth Mostern, *"Dividing the Realm in Order to Govern": The Spatial Organization of the Song State, 960–1276*, Cambridge, MA.: 2011, pp.38–47. 人口增长后来导致了地方行政的重心由府向县的转移。到北宋末年，形势已然是1207个县代替了原先的306个州/府成为地方治理的核心所在。见 Robert M. Hartwell, "Demographic, Political, and Social Transformations of China, 750–1550", pp.395–96。
④ 《宋史纪事本末》卷2《授兵权》。
⑤ Winston W. Lo, *An Introduction to the Civil Service of Sung China: With Emphasis on Its Personnel Administration*, Honolulu: 1987, p.215.

"国家之大"与"地方之积":中古中国和早期近代英格兰的比较研究

威形成过真正的威胁。

在国家体系以外,自南北朝到隋唐世代把持高位的大族被一种新型的、社会基础更广、流动性更强的士绅精英所取代。对于宋代以后的士绅阶层来说,入仕比家世更能保障其社会地位。[1] 士绅阶层的兴起一般被归因于科举在选官过程中重要性的大幅度增加。从宋代开始科举深入到县,将这些新型精英和王朝国家紧紧联结起来。[2] 因为他们的社会地位(在很大程度上也包括物质利益)依赖朝廷,所以这些新型政治精英既无愿望也无能力和朝廷对抗。[3] 这样一来,宋代的朝廷不光驯服了地方政府也驯服了地方社会。对于全国来说,强大的朝廷保证了政治上的统一;对于各个地方来说,脱离整体而独立存在的可能性几近于零。地方从此只能作为整体之一部分而存在,作为被上级支配的下级行政单位而存在。地方也就是在此意义上成为被中央所定义的"地方"。

同时,正当每一个地方都被更严格地定义为整体之一部分的时候,各地之间的界限却因另外一些制度性的安排变得更清晰了。这当中包括财政税收,也包括科举。宋代的州县在财政上都各自单立。州/府是会计单位,在税额、簿记、审计等方面各自单独和中央发生关系。所以每个州/府的财政局面都与众不同,而州/府与州/府之间在收入和支出方面则存在巨大差异。所以宋代有"以一地之

---

[1] Rebert P. Hymes, *Statesmen and Gentlemen: The Elite of Fu-chou, Chiang-hsi, in Northern and Sorthern Sung*, p.3.

[2] E. A. Kracke, *Civil Service in Early Sung China, 960–1067, with Particular Emphasis on the Development of Controlled Sponsorship to Foster Administrative Responsibility*, Cambridge, MA.: 1953.

[3] 有关世家大族解体所产生的政治后果,见 Konan Naito, *Gaikatsuteki to So Jidai Kan*, Tokyo: 2006。有关科举考试及其对地方社会的渗透,见 Thomas Lee, "The Social Significance of the Quota System in Sung Civil Service Examinations", in *The Journal of the Institute of Chinese Studies of the Chinese University of Hong Kong*, 13 (1982); John Chafee, *The Thorny Gates of Learning in Sung China: A Social History of Examination*, Cambridge, UK: 1985; Benjamin A. Elman, *A Cultural History of Civil Examinations in Late Imperial China*, Berkeley: 2000.

中西比较

资供一地之费"的说法。[1] 州/府下面的县，在财政上基本上也是自负盈亏。[2]

科举考试对地方社会的穿透，尤其是从11世纪开始实施的各州/府考生员额制度，也更加明确了各地之间的界限。因为每个州/府能够送到中央参加全国考试（省试）的名额是固定的，备考就成了每个州/府内部的竞争。同时因为这个名额也是有限的，各州/府难免在本府名额多少的问题上互相竞争。[3] 如此，不同州/府的考生在科举考试的路上实际上沿着各不相同的轨道进取。不管是本州/府内的竞争（州试）还是在更高一级的竞争，都把考生和本州/府紧密地联结在一起。

宋代的这些制度和政策，略经修改后都在以后各朝得以保留。比如明代税收定额更固定化，科举员额具体到县。因此，从国家权力的空间分配这个角度来看，每个地方都被更紧地绑成一体，但各地间的界限却也被划分得更明显了。以此为背景，士绅阶层的"地方转向"也不奇怪，因为他们自身的地方性也像他们生活于其中的地方一样，已经被朝廷定义了。制度上的设置使得他们注定和本州/府的其他士绅分享朝廷的荣恩，也分担对朝廷的税负。同样，方志作为士绅表达地方认同感的最主要出版物主要集中在州/府和县也不奇怪，因为不管在税负还是在科举方面的定额，都是具体到州/府和县。州/府和县作为士绅的"乡郡"和"乡邑"，首先是由朝廷勾勒构建起来的。

英格兰的郡虽然可以追溯到诺曼征服之前，但是直到13世纪一系列的制度变化之后，郡才开始成为乡绅们的身份认同感的一部分。[4] 比如在涉及地产

---

[1] 此格言中"地"本意为道，但久而久之，归于府，见包伟民《宋代地方财政史研究》，上海古籍出版社2001年版。

[2] 路内各府或府内各县间的调剂理论上可能出现但是实际上因为簿记、交通运输等等方面的限制很少出现。这方面的讨论具体可见王盛铎《两宋财政史》和包伟民《宋代地方财政史研究》。

[3] Thomas Lee, "The Social Significance of the Quota System in Sung Civil Service Examinations", p.308.

[4] Christine Carpenter, "Gentry and Community in Medieval England", in *Journal of British Studies*, Vol. 33, No. 4 (Oct., 1994), pp.340–380, particularly 375–376.

纠纷的案件中有所谓巡回大陪审团（Grand Assize）制度，由骑士组成评审团参与王室法庭的审判。但是明确规定参加陪审团的骑士必须来自纠纷事件发生的当地。此处虽未明文要求，但却暗含"本郡"之义；所以导致许多骑士在与案件有关的过程中以"某郡某某"自称。① 郡法庭在这方面影响更大。一郡之中最重要的行政功能，诸如郡内地产信息的收集与保存、接收与处理国王的令状等等，都在郡法庭进行。针对13世纪的情况，梅特兰曾经说过"郡其实就是郡法庭"，并且"郡不只是一片土或一个行政区，它是一群有组织的人，一个社会共同体（communitas）"。②《牛津条例》（1258年）规定担任郡守者必须在该郡拥有地产，也印证了乡绅阶层正在兴起的郡域观念。

13世纪后期，随着郡成为议会的基础以及郡内各种皇家委员会的增加，上述趋势得以加强。到了14世纪，郡内社会的诉求多在郡法庭上收集然后在国会提出，而诉求多以"某某郡众人向我王恳求……"或"某某郡全体认为……"等方式表述。这种表述每做一遍无疑就是郡意识又一遍的加强。③ 但是，变态封建主义（Bastard Feudalism）的盛行则对乡绅的本郡认同感形成障碍，因为投靠一个贵族比参与郡中事务更能给人带来实惠和安全感。④ 克里斯汀·卡彭特（Christine Carpenter）对15世纪沃里克（Warwickshire）有产阶层的研究发现该郡"多数时候四分五裂，郡中的一区往往和邻郡的一区之间有更强的认同感"。卡彭特对"郡意识"如此微弱的解释是通郡绅士极少在意郡政府或受其影响，而只有这种来自郡政府并涉及全郡的影响才有可能慢慢培育

---

① 如果被争议的地产临近郡界，争议双方可以要求陪审团成员从两郡选出。但是即便如此，"郡"的概念在此也很突出。见 Peter R. Coss, *The Origins of the English Gentry*, Cambridge, UK: 2005, p.208。

② Frederick Pollock and Frederic William Maitland, *The History of English Law before the Times of Edward I*. Vol. 1, Cambridge, UK: 1895, pp.520–521.

③ J. R. Maddicott, "The County Community and the Making of Public Opinion in Fourteenth-Century England", in *Transactions of the Royal Historical Society*, Fifth Series, Vol. 28 (1978), pp.27–43.

④ R.L. Storey, *The End of the House of Lancaster*, London: 1966, pp.20–28.

中西比较

出郡意识"。[①]

真正实质性的变化从都铎朝的中央集权以后才开始。地方上跋扈的贵族或被消灭或被驯服。王权通过主动和各郡重要的乡绅建立关系来进入地方社会，并在很多情况下用围绕王权的关系网取代了原先由地方豪强为中心的关系网。另一方面，国王也利用星室法庭让乡绅们时时感受到王权的杀伐之威。如此种种，都铎朝很快便在全国树立了一种观念，即最高忠诚归于国王、最终正义来自国王。在制度层面，覆盖全郡的各种皇家委员会大增。其中最重要的当属郡治安委员会，其重要性渐渐超过郡守和郡法庭成为一郡的行政司法中心。而从地方乡绅中任命的治安法官也人数大增，在大多数郡都达到几十人、上百人。这些治安法官热情极高，在没有报酬的情况下承担着本郡的主要日常治理工作。同时，各郡内从中世纪盛期遗留下来的一些传统的社会活动或者政治活动的中心，比如贵族的家臣系统、修道院、自治城市等稳步衰落。这些都有助于"郡"最终成长为一个边界清晰、包罗万象、实实在在的政治经济实体。

这整个体系能够运转，是因为对乡绅来说"为王前驱"是一件极其光荣的事情。而这些为国王办理地方事务的乡绅人数大增，也意味着他们更频繁地聚会，更多地讨论本郡公共事务，并向朝廷表达其诉求。像一年四次的四季裁判所，一年两次的巡回法庭等都成了乡绅们聚会议政的场所。[②]在这过程中，"郡"成了人们摆平过节、解决争端、赢得（或丧失）荣誉的重要舞台。[③]所以毫不奇怪，英国类似于中国方志的出版物名曰"郡书"者（county chorography），也在16世纪出现，17世纪达到繁盛。[④]

[①] Christine Carpenter, *Locality and Polity: A Study of Warwickshire Landed Society, 1401–1499*, Cambridge, UK: 1992, p.33.

[②] Felicity Heal and Clive Holmes, *The Gentry in England and Wales, 1500–1700*, London: Macmillan, 1994, pp.196–98.

[③] John Morrill, "The Religious Context of the English Civil War", p.158.

[④] 这方面的例书可见 Richard Carew, *The Survey of Cornwall*, London: 1602; William Dugdale, *The Antiquities of Warwickshire*, 1656。

"国家之大"与"地方之积":中古中国和早期近代英格兰的比较研究

相对于中国,近代早期英格兰的地方行政系统没有那么层阶完备,其郡政府也没有像中国的州县衙门那样明确的建筑标识。中国中古时期的地方政府在现代人看来其实已经很小了,严重依靠乡绅在各方面的通力合作才能完成治理。而英格兰的地方政府则比中国的还要小,还要更依赖乡绅的无偿参与。但是两者地方意识生发却是遵循相同路径:中央政府把地方上对朝廷有威胁的势力都消除以后,直接和地方社会里原有的中层势力对接。这些地方社会中间阶层既无力量也无愿望挑战中央权威,而他们的地方意识则在中央设定的"地方"框架内日渐成长起来。

2. 地方认同:标注与感知

朝廷权力扩张在地方所成就的当然首先是个标注出来的地方。而乡绅在此标注出来的框架内的在地活动——比如构建自己的社会网络、阐述本地的特色以及抒发自己的自豪感等等——才真正创造出感同身受的地方认同。为了展示这个过程,此处在中英各选一地具体分析乡绅的在地活动如何将一个本来属于朝廷的行政区变成一个与朝廷有别的、属于乡绅自己的社会实体。

在中国以江南徽州府为例。徽州在明代属南直隶,以15世纪末期的驿路里程计,距南京陆路650里。[1] 其边界、名称、级别和属县在南宋开始前夕的1121年就已经确定下来并保持到20世纪中期。[2] 徽州府第一部府志《新安志》由本府出身的士人罗愿(1136—1184)于1175年独立完成。这也在一定程度上印证了南宋士大夫的"地方转向"。罗愿很清楚地认识到自己的著作跟以前的志书都不一样。他在自序中写道:

> 自上世九州之志与三坟五典,皆号为帝王遗书;而禹贡职方氏孔子定之以为经。若直抄取计簿以为书,凡吏之善书者足以次之矣;其施于事者亦状若直据令申以为治,则凡吏之勿害者足以听之矣。盖世常以此为无事

---

[1] 弘治《徽州府志》卷1《疆域》。
[2] 《新安志》卷1。

中西比较

乎儒，而儒亦卒不可废于世也。①

可见在罗愿看来，以前的志书都不过是衙门的"工作手册"，其读者也无过于照章办事的官吏。与此相反，他自己的志书则是由士大夫写给士大夫看的，秉承了圣王先师的"经世"精神。这样的自信，只有在地方自觉意识兴起的前提下才有可能。书中有一处讲到南北朝时的徽州先贤程灵洗：

> 壮士之出身用武以立功显名于时者世常有之，然能使其乡百世思之者鲜矣。中古以来相矜以权利，有啮臂而去其亲，为间而焚其孥，临陈而欺其友，苟取一切，不顾所厚。其威则伸于敌矣，而不见信于族党。其位则列于朝矣，而不见誉于州里。激扬人主之前，矜视同列，得志富贵矣。而不可以见故乡之父老，先世之丘墓往。往随宦留止，不能复还，使其子孙为羁人于四方。数世之后燕秦楚越矣，而况能使其乡百世思之者哉？若吾州程公则不然。②

此处徽州"地方"被赋予道德判断的最后发言权，而徽州以外的四方与朝廷则被当作功名利禄之场。比罗愿稍晚的方岳（1199—1262年）在论到与自己基本同时代的乡贤程泌（1164—1242年）时则说得更彻底：

> 圣有大训，言忠信行笃敬，虽蛮貊之邦行矣。言不忠信行不笃敬，虽州里行乎哉？然而行于蛮貊者易，行于州里者难。独何与？州里得之于其常，蛮貊得之于其暂。暂者易勉而常者难持也。士固有冠冕佩玉天下之通贵，而不为乡士大夫所齿者矣。月旦之评其可畏如此。故士之所以修其身者，愈近则愈难事容。可以欺天下而不可以欺妇子也。夫子之所以圣，不

---

① 《新安志》，序。
② 罗愿：《鄂州小集》卷3《程仪同庙记》，中华书局1985年版。

"国家之大"与"地方之积":中古中国和早期近代英格兰的比较研究

过乡党一书,而所谓治国平天下者无余蕴矣。①

此类地方主义的言行说明,徽州士大夫不仅看到了自身与朝廷作为政治力量的区别,也看到了地方与天下作为社会空间的区别。他们显然在从自己的角度定义徽州,从而使其变得不仅仅是被国家行政区划所界定的一个行政单位,而是徽人自己的"乡郡"。

与表达地方自觉的言论同时发生的是各种由乡绅士大夫发起的地方事业,比如修建社仓、书院、乡贤祠等。这些事业也多被史家引为"地方转向"的证据。而这些士大夫地方主义的事业当中最重要的则是宗族建设,就是以同姓族群为单位,加强同宗之间的联系,促进族群认同,确保本族在乡郡之内的地位名望。海姆斯称之为"宗族导向",也有人称之为士大夫地方主义的核心策略。②

对于士大夫乡绅来说,宗族建设之所以重要,是因为宋代以后最主要的向上社会流动通道(即科举)存在无法根除的偶然性。在这种情况下按照道学家们所拟定的方法,本着收族敬祖的原则将同宗子弟组织起来,是保证本族在一地之内地位声望的最好办法。此外如果能够将族内的各种资源归总一处用于文教,更是使得同宗子弟在科举中胜算最大化的唯一途径。在徽州,南宋以后的几百年内,宗族活动日渐兴盛,几乎浸透了全部社会生活。这些活动不仅包括建造宗祠、族产(尤其是墓地)诉讼等,也包括各族之间在象征性资源方面的竞争,比如编撰族谱和族人文集之类。如果有名人为这些族谱和文集写序,则更有光彩。所以经常会有一些宗族在编撰过程中走火入魔般地拉扯名人作序。这类宗族间的文化竞争在宋元时期的江西抚州也经常出现。海姆斯对此有很精妙的解释:族群意识从前是私事,现在则变成了公开领域内讨论、评介并宣扬

---

① 方岳:《新安文献志》卷13《休宁县修学记》,黄山书社2004年版。
② 此类活动的记载,见弘治《徽州府志》卷5。关于"宗族导向"概念,见 Robert P. Hymes, "Marriage, Descent Groups, and the Localist Strategy in Sung and Yuan Fu-Chou", in *Kinship Organization in Late Imperial China*, ed. Patricia Buckley Ebrey and James Watson, Berkeley: 1986, p.114.

745

中西比较

的事情。① 在徽州，竞争尤其激烈，而其最明显的标志则是通过编纂《新安大族志》之类的氏族志对本地大族进行排名。②

但是大族之间的竞争非但没有将地方的社会空间撕裂，反而令其更加坚固了。中古徽州（以及整个中国）宗族大体是以村为活动范围。这在现存的徽州氏族志中表现得很清楚：所有宗族都通过"居住地名＋族姓"的方式来标示，而这个居住地名一般情况下都是村级地名。③ 而宋明间的徽州士人对此也有很明确的意识，并且深以为荣。比如程敏政（程本人自诩谱学高手，对宗族活动也非常投入）曾言：

> 吾乡巨姓必标其所居之地以自名其不地者不问可知其为下姓也。盖姓必以地。则君子有所据而联姻，小人有所依而获庇。④

这种对"族"与"地"之间的关联的高调处理不禁使人想起魏晋南北朝时期豪族的"郡望"。两者都以地名来标志一族的声望，但中古豪族的声望多为全国范围内的声望，其地名为郡名，其声望地位得到政府的承认，并且是和入

---

① Robert P. Hymes, "Marriage, Descent Group, and the Localist Strategy in Sung and Yuan Fuchou", p.126.
② 最早的综合性氏族记录是元代陈栎的《新安大族志》。明末徽州有续修者或仿其意重修者，例如郑佐《实录新安世家》、程尚宽《新安名族志》、曹嗣宣《新安休宁名族志》。
③ 帕特里夏·巴克利·埃布里（Patricia Buckley Ebrey）认为宋代以后的族谱有"在地"聚族的导向。与此对应，宗族活动一般倾向于在有限的地理空间里展开，比如强调对居地迁移、始迁祖、和葬址的记载（以便实地祭祀）。见 Patricia Buckley Ebrey, "The Early Stages in the Development of Descent Group Organization", in *Kinship Organization in Late Imperial China* ed. Patricia Buckley Ebrey and James Watson Berkeley CA: 1986, p.45。郭琦涛的研究也发现徽州宗族的活动范围基本上和居住地所在的村重合，见 Qitao Guo, *Ritual Opera and Mercantile Lineage: The Confucian Transformation of Popular Culture in Late Imperial Huizhou*, Stanford: 2005, pp.21–24。
④ 程敏政：《篁墩文集》卷22《古林黄氏族谱》。

"国家之大"与"地方之积":中古中国和早期近代英格兰的比较研究

仕特权直接有关。而徽州宗族的声望为在徽州一地之内的声望,与政府无关,也不牵涉入仕特权,并且其地名为村名。如果套用固有的词汇,我们不妨称之为"村望"。

对于程敏政来说"村望"是徽州大族在联姻结盟等"地方政治"中的重要的象征性资源。值得注意的是所有这些"政治",不管是为此付出的心思还是成功后在声望方面的收获,都在"徽州"这个地方"舞台"上展开。所以虽然大族的立足之处是"村",其瞩目之处则是郡县这样的"地方"。在宗族活动的过程中,"村"被整合进郡县这样的"地方"社会空间,而"地方"则成为包含了许多"村"的一个整体。如果借用马克斯·韦伯以来常用的一个比喻,即"人是生活在由他自己织出的一张网上,他对事物的理解亦由这张网规定",我们可以说徽州士人的宗族活动就是他们织网的行为,而徽州作为一个"地方"就是他们织出的网。[1]

要使得宗族活动保持活力,这网必须能够给予人们足够的象征性的回报从而使人们在宗族建设中有持续的孜孜不倦的热情,否则他们必将迁居到其他的"舞台"上,比如像唐代豪门一样聚集在京城附近。所以徽州作为一个"地方"必须是一个能够自立的社会空间。而《新安大族志》这样的给全郡大族排名的行为则证明徽州也确实有这个能力。与唐以前的官修氏族志覆盖全国不同,徽州的这类大族志中只管本郡,不及其他。其编纂指导思想一般是收录越多越好,所收大族一律以迁入徽州的时间先后顺序排名。所以一个宗族只要居地在徽,就有资格被收录;在徽时间越久,其排名就越靠前。[2]虽然在实际操作中未必能够严格遵行,但这个编纂思想背后的理念则是各族只在徽州"地方"范围内进行相互间的比较,"地方"以外的涉及国家的因素诸如仕宦科举成就则

---

[1] Clifford Geertz, *The Interpretation of Cultures*, New York: Basic Books, 1973, p.5.
[2] 见 Harriet T. Zurndorfer, *Change and Continuity in Chinese Local History: The Development of Hui-Chou Prefecture 800 to 1800*, Leiden: 1989, p.44。这种排名方式也许只是要表明编撰者的中立性。有的编撰者也确实声明了这种立场。但是即便如此也可以见得徽州士人在心中将徽州想象为各族共享的社会空间。

中西比较

于此无涉。换言之，"地方"将"天下"搁置，自己成为象征性资源的掌管者。

在英格兰以肯特郡为例。肯特郡毗邻伦敦，被称为伦敦"近畿郡"（Home Counties）之一，有类明代中国"南直隶""北直隶"之谓。肯特境内有坎特伯雷大主教；英吉利海峡东岸持有英王特许状的"五港同盟"（Cinque Ports）中的数个港口城市也坐落在郡境以内。这种特区林立的状况使得肯特郡在都铎朝之前显得支离破碎，郡共同体的意识也很淡漠。相反郡内某些以小镇或者教区为单位举行的市政活动和宗教仪式却更能让人们有认同感和归属感。[1]

变化在16世纪早期沃尔西执政时期（1513—1529年）开始发生。郡内最大的地主白金汉公爵被消灭，其地产则被用来赏赐和培植国王的亲信。其他地方豪强胆敢畜养扈从自重的，则以星室法庭处置之。这样一来，王权在肯特郡得以彰显。沃尔西抛开原先的郡守制，开始以治安委员会为中心建造新的郡政体系。到沃尔西失势之前，从乡绅中任命的在地治安法官已经高达50个。克伦威尔执政时代（1529—1540年），王权的进一步增长更加无法阻挡。政府借着宗教改革的大潮，不但将教会的机构、财产、人员统统收为己有，甚至尝试过以布道的方式控制郡人的内心信仰。

像宗教改革这样的巨变之所以未曾在肯特郡引起政治动荡，大概要归功于沃尔西时代所建立，又经克伦威尔时代加宽加固的郡内政治网络。这个网络有一套清晰的权威层级和领导链，从最基层的教区到郡一直到王庭。它掌握大量资源，如土地、王权等，并且通过共同的新教信仰获得意识形态上的团结。但它能够把全郡的激进乡绅联为一体也依靠了郡内盘根错节的家族关系。比如信奉新教的威廉·霍特（William Hawte）家族势力包括了霍特的四个女婿，其中之一便是克伦威尔的亲信小托马斯·怀亚特爵士（1521—1554年）。[2] 除了关注宗教改革事务，这些结成紧密联系的乡绅也致力于郡内其他事业的改进。

---

[1] Peter Clark, *English Provincial Society from the Reformation to the Revolution: Religion, Politics and Society in Kent 1500–1640*, p.24.

[2] Peter Clark, *English Provincial Society from the Reformation to the Revolution: Religion, Politics and Society in Kent 1500–1640*, p.52.

"国家之大"与"地方之积":中古中国和早期近代英格兰的比较研究

这个蓬勃兴起的肯特郡社会在玛丽女王时代政策逆转、压制新教的情况下遇到了一次真正的挑战。重压之下的新教徒在小托马斯·怀亚特爵士领导下于1554年甚至发动叛乱。但是玛丽女王的早逝让肯特郡避免了政治上更大的动荡和社会肌理的彻底撕裂。到了伊丽莎白女王时代,朝廷上领导有力,新教转危为安;在宗族政策上也实现了跟旧教的和解。这样到了16世纪下半期肯特郡内在宗教政治诸问题上都能够做到稳妥解决。一个郡共同体的基础已然牢牢建立。

在宗族方面,除了1588年西班牙入侵前夕的一段紧张时期之外,天主教几乎从来没有对主流社会形成真正的威胁。清教徒也大都比较温和,从而能够被国教会容纳,并经常参与当时方兴未艾的社会和教会改造运动,比如反对懒惰、反对迷信、反对安息日寻欢作乐、反对保留任何与罗马教皇有关的物件等。在政治方面,全郡范围内的行政整合稳步前进。所有14个拥有特别令状的自由市都逐步被同化:郡里的乡绅们在这些城市里担任重要的公职(比如文书等),也作为他们的代表参加国会。庄园法庭的权力和管辖范围不断被日益扩张的郡机关(尤其是郡治安委员会)接管。郡内各种委员会也越来越从司法审判向行政管理倾斜。当然,郡治安法官的人数持续增长:1594年达到96个,到17世纪初詹姆斯登基之后达到110个。四季法庭则不仅成为重要的郡政府机关,也成为全郡头面人物有意识的集会场所。[1]

在这个更加整合的郡社会里,乡绅的作用随处可见。几乎每一个村庄都有一个骑士一年四季或在村内或在离村不远处居住。[2] 到16世纪末,平均每四个村庄就要一个在地的治安法官,一方面掌管基层教区的日常事务,另一方面也和郡政府沟通。[3] 随着领主权的日渐消亡,这些乡绅用以确保他们在

---

[1] Clark, *English Provincial Society from the Reformation to the Revolution: Religion, Politics and Society in Kent 1500–1640*, pp.116, 144.

[2] Clark, *English Provincial Society from the Reformation to the Revolution: Religion, Politics and Society in Kent 1500–1640*, p.123.

[3] Clark, *English Provincial Society from the Reformation to the Revolution: Religion, Politics and Society in Kent 1500–1640*, p.145.

中西比较

郡内的地位和权力的方法已然改变。现在他们依赖的是同宗关系、王廷的赏识和重用，或者以治安法官的身份对公共事务的参与等。曾因写作《君权论》（*Patriarcha*）一书而被视为约翰·洛克的主要论敌的罗伯特·菲尔默爵士（Sir Robert Filmer，1588—1653 年），其经历就很能说明问题。菲尔默通过其母亲的家族，和郡内的大族诸如斯格特家族、怀亚特家族、迪格斯家族都有密切联系。1629 年他继承其父成为一家之长的时候，生活在他家里的除了他自己的妻子儿女之外还有好几个兄弟姐妹甚至叔辈姑辈好几人。他的一个兄弟在朝廷作御前侍卫（Esquire of His Majesty's Body）。到内战爆发前夕他已经在郡内担任了七年的民兵队长，并在郡城梅德斯通担任四季法庭的法官。[1]

同徽州士人一样，肯特的乡绅也将他们的乡郡与国家作明确区分。早在亨利八世时期，托马斯·怀亚特爵士（1503—1542 年）——就是前文提到的发动叛乱的小托马斯·怀亚特爵士之父，也是诗人、廷臣并且被很多人认作安·博林（Ann Boleyn）的情人——就在其诗作《我亲爱的约翰·波因茨》（Mine Own John Poynz）当中抒发其离开王廷回到家乡时的轻松与自由：

But here I am in Kent and Christendom（回到肯特，神之国度）
Among the Muses where I read and rhyme（轻吟高唱，漫卷诗书）

到 1576 年威廉·兰帕德（William Lambarde）写出肯特郡也是英格兰第一部方志（即所谓"郡书"）《肯特一览》的时候，一个由乡绅主导的肯特郡认同感应该说已经成熟了。和徽州的方志一样，兰帕德在书中罗列了本郡所有的贵族和乡绅家族，以郡为框架将他们按姓氏字母顺序排列，全不考虑他们在朝廷上收获的荣誉和名号。[2] 兰帕德以后肯特郡的乡绅们继续编撰郡书和宗谱，

---

[1] Peter Laslett, "Sir Robert Filmer: The Man Versus the Whig Myth", *The William and Mary Quarterly*, Vol. 5, No. 4 (1948).

[2] William Lambarde, *Perambulation of Kent*, London: 1826, pp.58-63.

并且越编越厚。到 17 世纪中期，肯特的姓氏录已经发展成卷帙浩繁并带有插图的关于本郡大族及其来龙去脉和相互关系的大全书。①

从伊丽莎白晚期开始，生机勃勃的肯特认同感也在各个不同领域与环境中显现。比如乡绅子弟上大学的时候多愿雇用本郡人员做辅导员；大学里的结社多以郡划线；如果想当律师则见习期必不可少，而大律师带徒弟基本上都是选本郡子弟，很多情况下干脆就是世交之家的子弟。②甚至在弗吉尼亚殖民地，肯特郡的移民之间团结非常紧密。若移民弗吉尼亚的肯特青年结婚，按照彼得·拉斯莱特（Peter Laslett）的说法，他娶一个肯特郡邻家女孩的几率不会低于他的仍留在肯特郡的兄弟。③

16 世纪肯特郡留下的资料显然比 12 世纪徽州留下的多些。所以我们对于肯特郡地方社区形成的初始阶段就知道的比徽州多些。另一方面，徽州的宗族组织，因为中国祖先崇拜的传统，显然比肯特更发达。但是两地发展的机制以及发展过程中体现的主旋律是相近的：都是从国家设立的地方行政框架中生发出来；都有盘根错节的大族结成的网；网络中的大族都会努力维持一地的社会秩序和自己的社会地位，也都愿意为国家效力，但是在这过程中却都清楚地知道乡郡和国家毕竟不是一回事。

二、作为地方之积的国家：整体与部分的平衡

像徽州和肯特这样的地方在各自的环境中都不可能单独出现。如果我们同意上述国家权力扩张过程奠定地方形成的制度基础，而地方社会和地方认同则

---

① Clark, *English Provincial Society from the Reformation to the Revolution: Religion, Politics and Society in Kent 1500–1640*, p.218.
② Clark, *English Provincial Society from the Reformation to the Revolution: Religion, Politics and Society in Kent 1500–1640*, p.206.
③ Peter Laslett, "The Gentry of Kent in 1640", in *The Cambridge Historical Journal*, Vol. 9. No. 2 (1948), pp.148–164.

中西比较

在此框架内生成这样的说法，则我们必须同时承认，地方是成群出现的。这就和民族国家必然成群出现是同样的道理。（不管是"单独的地方"还是"单独的国家"，因为不承认有"同辈"事物存在，必然将自己想象成"天下"。）所以，要更全面地理解作为地理空间中的一个实体的"地方"，我们又必须考察一地与他地的关系，以及"作为部分的地方"与"作为整体的国家"的关系。为了行文方便，我把有关一个国家的所有这些地理空间关系的总和称为"空间秩序"。王朝国家纵然强大却也无法垄断地方定义权的事实，以及地方成群出现的必然性，决定了此处探讨的中英两国在空间秩序上都存在一种微妙的平衡：整体不可能吞没部分，而只能是部分的聚合体；部分无力挣脱整体，从而注定只能作为整体中的"一砖一瓦"而存在，但是即使这样的一砖一瓦，也有其不可化约的尊严，因为它从来就不仅仅是国家在地方的行政机器。

要理解这种部分／整体间的平衡，最重要的史料莫过于专以地方为主题的文献，即中国的方志和英国的郡书。这些文献大体上可以说是"地方所关，地方所作，地方所享"。它们本身的存在就是一种关于地方独特性和个体性的声明。但是此类文献中各书的书名本身所印证的，却又不仅仅是该书所要描写的一个地方，而是同时隐含了该地在全国地方行政体系中所处的位置，也就是说它隐含了全体。比如《徽州府志》和《瓦维克郡古事纪》都表明书中所述是关于明代的一个府或英格兰的一个郡。理查德·赫尔格森（Richard Helgerson）对于此类文献体裁有过精彩评论："在这里，独特性和个体性不断地提醒人们注意的，正是它们置身其中的并从中获得意义的整体，虽然其独特性和个体性是通过高扬自己与整体的不同而获得。"[1] 不管是方志还是郡书，其内容都是按类编排，而这些类目在全国范围内则大同小异，比如方志里面税额、科举方面

---

[1] Richard Helgerson, *Forms of Nationhood: The Elizabethan Writing of England*, Chicago: 1992, p.138.

"国家之大"与"地方之积":中古中国和早期近代英格兰的比较研究

的信息,郡书里面地形、土壤、主要商品等信息。[1] 类目的共同性指向整体,并为跨地域的比较提供方便;但是每部志书所载具体内容则指向特殊性,使得每个地方都与众不同。随着时间的流逝和这些文献的积累,每一个地方都会获得越来越多的关于其特殊性的记载,从而变得越来越个性清晰;而全国的整体作为这些地方的聚合体,则会变得越来越内容丰富。

中英两国的志书作者们对于蕴含在志书中的整体和个体之间的辩证关系都理解得很清楚。在中国,类似"天下之大州县之积"的话经常出现在方志中,并且常常伴随着"州县皆治则天下无不治"这样的说法。兰帕德在其所著第一部英格兰郡书中也表达了类似看法。他说:"(希望)有人在别的郡也做同样的郡书。如果大家都做到了,到最后我们通过合力就可以呈现一部完美的英格兰地志,甚至英格兰本身。"[2]

另有一种和方志/郡书相关的但却专讲国家整体地理的志书体裁。在中国这叫总志。《四库全书总目提要》将其宗旨定义为"总志,大一统也",[3] 毫不奇怪,自从唐宋时代总志成形之处,朝廷便经常提倡、赞助,甚至直接组织总志的编撰。总志的最大特点是其总括性,即它涵盖了官僚体制所管理下的所有地方,有时甚至包括一些方外之地。多数总志章节对应省府州县,所以读起来就像是方志的集成。以《大明一统志》为例,每个省占据数章篇幅,章内每个府单成一节,县则是节下再分节。从全书结构看,全国的所有地方都通过地方行政系统组合为一个金字塔形的层阶结构:县上接府,府上接省,省上接京。但对各平行单位之间的联系则未置一词。

---

[1] 有英国方志的基本情况,可参考 John Adrian, *Local Negotiations*, pp.34-49。方志的规范化标准化并非简单的行政力量干预的结果,但中国各朝政府确实在规范方志体例方面做过很多努力。中国的方志在具体编制过程中所表现出的体例上的多样性和灵活性正好说明方志编撰作为一个领域有其自己的脉动节拍,并不能全为朝廷所控制。

[2] William Lambarde, *Perambulation* (1596), sig. L14^v, cited by Richard Helgerson, *Forms of Nationhood*, p.138.

[3] 《四库全书总目》卷68。

中西比较

但是总志编撰中以朝廷为中心的导向从一开始便在士大夫私修总志中被打折扣。最早的私修总志可以追溯到北宋，但是在南宋（也就是方志最后定型的时期），才开始快速发展。[①] 到了晚明的一百年间，私修总志达到高潮。其数量远超官修总志，在一定程度上使得朝廷在总志编撰与出版领域里变得无足轻重。如果将历代私修和官修总志作一比较，则可以明显地看到一方面私修总志接受了官修总志的章节结构，也把全国的省府州县呈现为一个以朝廷为中心的金字塔结构；另一方面它们也采纳了一些有可能导致读者对朝廷权威的合法性产生质疑的观点。

宋代私修总志里就有人用"历代疆域图"之类的方法呈现一个超越王朝体系的地理实体。从这种观点看，当下的"本朝"对整个疆域的统治就显得只是一时之事。到晚明，这种超王朝的观点变得更加直白，也更加频繁地出现在私修总志中。比如吴国甫《今古舆地图》采用双色套印技术，将大明疆域同历代疆域一一叠印，形成对照。60套双色叠印地图将疆域变化从上古传说时代直到当下的明代全部托出。虽然作者强调"古之天下即今之天下"，但是读者看到的却是与"天下之不变"形成鲜明对照的"朝代之不永"。[②]

英国以全国为主题的地理文献包括各郡地图集和以文字描述为主的国家总志两种体裁。第一部各郡地图总集由克里斯托弗·塞克斯顿（Christopher Sexton）在1579年编撰，名曰《英格兰及威尔士分郡地图集》（*Atlas of the Counties of England and Wales*）。其出版时间较兰帕德出版第一部郡书稍晚。该书各章对应各郡，正好体现国家为地方之积的理念。第一部国家总志是威廉·哈里森（William Harrison）的《英格兰纪略》（*Description of England*），

[①] 私修总志的兴起说明士大夫的地方主义倾向绝非和他们的全局意识不相容。有关私修总志的研究，可参考 Yongtao Du, "Literati and Spatial Order: A Preliminary Study of Late Ming Comprehensive Gazetteers", *Ming Studies*, 2012, pp.16–43.

[②] 吴国辅：《今古舆地图》，序。有关宋代私修总志，见 Peter K. Bol, "Geography and Culture: The Middle-Period Discourse on the Zhongguo–the Central Country", pp.61–106。

"国家之大"与"地方之积":中古中国和早期近代英格兰的比较研究

于 1577 年出版,其中包括一章名曰"英格兰分郡情况大略"①。但是真正为国家总志这种体裁创下规制的则是威廉·卡姆登(William Camden)在 1586 年出版的《不列颠志》(Britannia)。此后出版的各种总志,比如约翰·斯皮德(John Speed)著《不列颠帝国大观》(Theatre of the Empire of Britain, 1610 年),和迈克尔·德雷顿(Michael Drayton)著《分郡不列颠》(Poly-Olbion, 1613 年),都以《不列颠志》为模本,以郡为章,分章讲述全国整体。②

总的来说,到 17 世纪时英国上下普遍接受国家乃为各郡之积这个观点。这和我们在中国的总志中看到的看法基本一致。中国总志中所见的比较复杂的地方行政层级结构在英国总志中看不到。这个差异在另一种体裁——地名总录——里面,有更清楚的表现。比如威廉·哈里森的《英格兰纪略》中有一章就是把所有能够往国会派代表的"地方",包括郡和拥有特许状的城市,都一一罗列。1653 年内战之后议会通过的《政府章程》(the Instrument of Government)后来被称为英国历史上唯一的一部成文宪法,因为它为建立新政权提供了指导性纲领。其中第 10 条规定了各郡各城向国会选送议员的人数配额,因此也提供了一个地名总录。这两部地名总录中地名排列都以地名首字字母为序,这和中国总志中的金字塔形结构当然有很明显的区别。但是这个区别可以用英国地方行政系统的相对简单来解释。就其编撰基本方针——涵盖全国所有地方——而言,英国的总志和中国的总志大体相同。

朝廷在总志的编撰出版过程中影响式微这种现象,在英国的总志里也能见到。塞克斯顿的《英格兰及威尔士分郡地图集》由英王资助。伊丽莎白女王的画像赫然印在卷首页,王室徽章则出现在书中每一幅地图上,并且占据显著位置。但是此后总志领域里的皇家赞助逐渐减少,封面上和书内的皇家徽章印

---

① William Harrison, *The Description of England*, Ithaca, NY: 1968.
② 文字描述和地图描述有时会重合。比如卡姆登在其《不列颠志》一书中采用了一系列塞克斯顿地图集中的地图。约翰·诺登(John Norden)未完成的 *Speculum Britanniae*(第一部出版于 1593 年)原计划也是要把分郡地图合在一起并赋予新的综述。

记也越来越小。到了詹姆斯时代，王室的赞助几乎完全被私人的赞助和商业运作模式取代。出资赞助的人员里面包括律师、乡绅、伦敦的商人、廷臣，当然还有出版商。基本上都是根据市场需求决定赞助与否。占据了卡姆登《不列颠志》封面的不是女王画像，而是不列颠地图。德雷顿的《分郡不列颠》则采用一个女神形象作为不列颠的象征，但是女神身披的长袍却是一幅不列颠地图。17世纪之交国家总志编撰出版中的这些变化向人们传递着一个清晰的信号，即人们对超越王朝之上的"斯土"的忠诚已经渐渐取代了对王朝本身的忠诚。当时很多人其实已经把总志出版当成了一项危险系数颇高的政治活动。不列颠和王室在伊丽莎白女王时代基本上是二而一的关系，到了斯图亚特朝却开始互相分离甚至成为对立的两端。[1]

三、地方的个性

在总志中呼之欲出的这种新型的对英格兰国家地理的想象，虽然淡化了国王的中心地位，但并没有代之以国家的整体形象。相反，在这些总志中最显眼的是各郡的个性。对整体中之个体的推崇似乎成了英格兰全国总志（甚至郡书）编撰中的主导思想。以 Poly-Olbion 为例，因为"Olbion"本为不列颠古名，该书书名在其前加上表示"众多"含义的前缀"Poly-"，则明显带有高扬地域个性的意思。（套用中文格式，书名不妨译为《分郡不列颠》。）书中内容则主要讨论不列颠各郡如何从一开始各自作为独立王国延续至今成为诸郡的不同路径。各类郡书则多强调自己如何与他郡不同，尤其是通过描述自己独特的地方风俗。以兰帕德所著《肯特郡志》（Perambulation of Kent）为例，作者讲诺曼征服时期本郡如何不失尊严地与征服者威廉成功议和，从而成为"英格兰各郡中唯一得以保留自己传统权益者"。接下来作者讲述肯特郡内各地的特点，

---

[1] Richard Helgerson, *Forms of Nationhood: The Elizabethan Writing of England*, p.131.

并在书末着力讲述肯特最为独特的"诸子继承制"（gavelkind）。正是这种对地方独特性毫不掩饰的推崇，将英国与中国区别开来。

从徽州士大夫的角度看，肯特乡绅们对本地风俗之独特性的颂赞会显得非常幼稚。中国古文中"俗"带有"未经雅化熏陶"的含义，甚至常与"低下"联系在一起。这和儒家士大夫传统上所追求的"如琢如磨"道德修养过程颇有差距。先秦著作中有时也讲到地方特性，强调的是一地之"气"对民风的影响。① 但自秦汉政治一统以来，一地之"气"多被认为是偏狭之气，它所造就的民间文化则是"俗"文化，需要被帝国王朝所代表的"雅"文化所归化。②

南宋时期的徽州士人在谈到徽州时也曾强调其由于山川土壤河流等自然条件所造就的民风，比如罗愿在《新安志》中所说的山高水急，故而士人适合做谏官，山限水隔，故而男子耐劳女人守节等。但是这种描述显然离士君子的理想还有很大差距，并且过多强调这种未经"琢磨"的民风也会导致徽州士大夫跟"普世性"的士大夫文化之间的隔阂。他们最初之所以这样强调大概是以为它的士人圈在宋室南渡后才生发出来，且士人多以入仕见称。《新安志》对此有确切描述：

> 自汉世……其人自昔特多以材力保捍乡土为称。其后寖有文士。黄巢之乱，中原衣冠避地保于此。后或去或留，俗益向文雅。宋兴则名臣辈出。③

---

① 罗尔·斯特克斯（Roel Sterckx）的研究表明先秦时期这种观念表现为一种很常见的自然观，即一地的人和动物都会被该地的"气"所感染。其影响导致的结果之一便是人们普遍认为向一地神灵祭献的"牲"必须是同一地所产，而某地人文特色也用该地特有的地气来解释。见 Roel Sterckx, *The Animal and the Daemon in Early China*, Albany, NY: 2002, 103。
② 见余英时《汉代循吏与文化传播》，收入氏著《士与中国文化》，上海人民出版社1987年版。又见 Mark Edward Lewis, *The Construction of Space in Early China*, Albany, NY: 2006, pp.192–212。
③ 罗愿：《新安志》卷1《风俗》。

中西比较

换言之，这个士文化圈本身初生不久，并无什么过人之处。而颂扬水土风俗则更容易彰显徽州的独特之处。在南宋士人方兴未艾地对"地方"的关注之中，它显然更容易地满足了一种需求。另一方面，南宋徽州士人通过入仕，又能保证自己的"士大夫"身份安然无忧。在此情况下，高扬一下土俗并无大害。

但是随着宋—元—明朝代更迭、国运隆衰以及徽州内部的社会文化变迁，徽州士大夫关于徽州之独特性的论说发生了很大的变化。元初数十年间，因为科举入仕之途基本被堵死，徽州士人的士大夫身份及其同"普世"的士大夫文化的联接只能靠儒学来维系。同时儒学内部道学一系渐居统治地位。由于道学集大成的朱熹祖籍在徽州，道学在徽州的影响尤其深远。这些大多数未能入仕的徽州士大夫于是开始强调徽州与程朱一系道学的特殊关系，并为此专门发明了"新安理学"一词作为徽州的标志。元代朝廷在14世纪初恢复儒学与科举，并将道学立为儒学正统，当然使得"新安理学"这个标签对于徽州士大夫更有吸引力。[1] 到了元明之际，把徽州同理学正宗相提并论在当地士大夫中已经很普遍。于是"东南邹鲁"作为徽州的标签被发明出来。至少到1502年的时候，这个标签已经在府志中被正式采用了。[2]

到明代中期，徽州的士大夫为其乡郡又增加了一个标签，这就是宗族。这个标签之所以能够成为可能，一方面因为宗族组织和宗族活动在全国的重要性日渐增加，另一方面也因为宗族文化在徽州的高度发展。作为一种社会组织，宗族既体现也增强儒家的各种价值观念，比如敬祖、重礼、和谐等。但同时作为士大夫地方主义的核心策略，宗族导向也和道学家们所主张的自下而上地经世致用的思想契合。因此自宋代以后，宗族建设和道学运动很快合流，并从道学家著作里面得到大量理论支持和操作指导。几乎所有徽州道学学者都是非常

---

[1] Benjamin A. Elman, *A Cultural History of Civil Examination in Late Imperial China*, pp. 25–38.
[2] 弘治《徽州府志》卷1《风俗》。

投入的宗族活动家。宗族组织和活动因此浸透于徽州社会生活当中，而士大夫对于徽州宗族文化的赞扬也随处可见。到了1566年，一部新版的府志正式将宗族林立作为徽州的一个标识。①

如果将徽州的形象建设作长时段的考察，则可发现一个越来越强调"普世"价值，并由此将徽州置于天下之中的模式。道学是"行之天下"的"普世"之学，而宗族建设则是所有士君子都应该践行的"正路"。如此，徽州的独特性就并非表现为它的与众不同之处，而是表现为它在全天下都致力于其中的事业上比别的地方做得更好，是"领跑者"或者"羊群里的领头羊"。其独特性通过共同性而呈现出来。因此，地方主义的言论和活动虽然将徽州同朝廷区分开来，但最终又将它同朝廷所代表的天下捆在一起。②鉴于儒家的"普世"精神，这个"分而又合"的过程也不奇怪。朱熹本人在论述宗族建设的意义时就说得清楚："敬宗受族之义由一家而达之一国，天下所以使之相维而不散越者。"③程敏政对此则有更透彻的论述：

> 族之有谱，非徒以录名讳备考实而已。一家之礼乐实击焉。世降俗漓，而知其为重者鲜矣。孔子曰乐乐其所自生，而礼反其所自始。谱之作，其缘于斯乎？又曰乐者为同，礼者为异。同则相亲，异则相敬。故曰礼乐之说关乎人情矣。夫谱成而族之位奠秩然彪分，可谓异矣。异而后有敬，曰此诸父也，此诸兄也，不敢忽也。谱行而族之情睦，熙然春洽，可谓同矣。同而后有亲曰，此当爱也，此当恤也，不敢鳌也。一家之礼乐既兴，推之一乡可知也，进而推之邦国可知也。④

---

① 嘉靖《徽州府志》卷22。
② 道学和宗族都受国家保护和提倡。有关保护族产的法律最晚在11世纪就有了。见 Patricia Ebrey, "The Early Stages in the Development of Descent Group Organization", p.42；徐杨杰《宋明家族制度史论》，中华书局1995年版，第91—97页。
③ 朱熹：《新安汪氏重修八公谱》卷1《藏溪汪氏族谱序》。
④ 程敏政：《黄墩文集》卷34《休宁流塘詹氏家谱序》。

中西比较

徽州士人的这种"普世"抱负如果和肯特乡绅对本郡风俗所作的全心全意的颂扬和捍卫相比，就显得尤其显著了。兰帕德对于肯特的诸子继承制有如下说法：

> 此风与此土密不可分，即使田土受之于王，亦无改成规。土地不管转手几次，最终还依土俗论例。
>
> ……
>
> 所有人都一致认为诸子继承制度乃为根本原则，适用于阖郡各类田土。若要改变，除经国会立法外，别无他途。所以有所谓"在肯特郡诸子继承制就是王法"之说。[1]

可见对于兰帕德来说，这个肯特特有之风俗，因为它不折不扣地属于该地并且将肯特与其他地方分别开来而显得重要。其如何起源，如何得以维护，如何影响社会生活等都不在话下。肯特的风俗，则在肯特就有不可争议的普泛性。

徽州士大夫"喻特性于共性"的方法在中国并非绝无仅有。包弼德在浙江婺州发现有婺州士大夫基于婺州道学传统的类似说法。[2] 很多地方志中对本地科举成就的高调宣传大概也可以归入此类。肯特乡绅对本郡独特之处的寸步不让的持守在英国也不少见。郡书中常见有关本郡特许权绝不容侵犯的宣言，或者对郡内古已有之的特殊权力津津乐道。这类内容如此之多以至于赫尔格森称之为郡书的"本色"。[3] 所有这些都说明中国和英国对于地方的个性有不同的理解：前者更重视个性中的共性，后者更注重共性中的个性。毋庸置疑，不管英国和中国，任何一地作为一个社会性的存在必然有内部的利益纷争。但是徽

---

[1] Willian Lambarde, *Perambulation of Kent*, London: 1826, pp.484–485. 尽管兰帕德承认国会的法案可能会改变它，但这里的重点显然是强调这种习俗的独特性。

[2] Peter K. Bol, "The Rise of Local History: History, Geography, and Culture in Southern Song and Yuan Wuzhou".

[3] Richard Helgerson, *Forms of Nationhood: The Elizabethan Writing of England,* p.137.

"国家之大"与"地方之积"：中古中国和早期近代英格兰的比较研究

州的士大夫只能把这个地方社会想象成一个道义的和礼乐的共同体，并且是一个"普世"的礼乐道德最能得以发扬光大传之久远的共同体。而英国的乡绅则毫无顾忌地将其地方社会理解为利益共同体。这种区别不禁令人想起士大夫读书入仕兼济天下的理想，以及孟子对士大夫所作的"无恒产而有恒心者唯士为能"的经典定义。17世纪以后的英国郡书编撰更加流行，并且书中往往充斥着大量有关地产和宗族的记录，可以说郡书已然成为一郡乡绅作为地主和家长的自我记述。① 彼得·拉斯莱特曾经以肯特乡绅为例对这种地方文史热做过精妙评论。他说乡绅们对地方文史的研究不只是为学术而学术的研究，"而是他们对自身生存环境所作的反思，而这种反思则归根到底是出于他们对于自己的土地所有权以及当下政治形式的关注，这个看法应该可以用在所有英国乡绅身上"②。

结　语

本文对比了英国和中国地方形成的过程，发现二者在国家权力扩张导致地方形成这一机制方面基本相似，并且导致了基本相似空间秩序；但是二者对地方的个性理解则呈现差异。最后值得探讨的是这个差异在政治上有可能导致的重大后果。中国士大夫把自己的乡郡跟"普世"秩序联系起来的努力，同时也会使它依赖后者而存在，而不是成为自为的，有自己内在价值的存在。弗雷德里克·韦克曼（Frederick Wakeman）在研究明清鼎革之际江阴县抗清自保的事件时对于中国"地方"在意识形态上的贫困有过深入分析。在他看来，因为中国士大夫的士人身份是由"普世"的雅文化（即儒家）定义，并且他们对于"地方风俗"的负面评价根深蒂固，所以士人的地方主义无法为政治上的忠

---

① Richard Helgerson, *Forms of Nationhood: The Elizabethan Writing of England*, pp.133-135.
② Peter Laslett, "The Gentry of Kent in 1640", *Cambridge Historical Journal*, Vol. 9, No. 2 (1948).

中西比较

诚提供支持。后者只能附着于王朝（dynasty）。[1] 日本学者岸本美绪对明清之际的"风俗观"的研究得出相同结论：地方的独特性从来不具有无法化约的价值，而只是"普世"价值的晴雨表，而且多数情况下是国家或士大夫教化、改造的对象。[2]

而在 17 世纪的英格兰，因为乡绅对自己物质利益的毫不掩饰的捍卫，郡成了"郡的共和国"（county commonwealths）[3]。它时常会与王朝分庭抗礼，要求人们对其效忠。不管我们对 R.H. 托尼（R.H. Tawney）关于乡绅兴起导致内战的著名论断持何种态度，不可否认的是到内战前夕，对自己财产和财产权的关注占据了当时政治思想的中心地位。[4] 而这种关注则很有可能变成所谓的

---

[1] Frederick Wakeman, "Localism and Loyalism during the Ching Corquest of Kiangnan: The Tragedy of Chiangyin", in Frederick Wakeman, Jr., and Carolyn Grant (eds.), *Conflict and Control in late Imperial China*, Berkeldy: University of California Press, 1975, pp.68-73.

[2] Kishimoto Mio, "'Fengsu' to Jidaikan—Minmatsu Shinsho no keiseironsha kara mita So, Gen, Minsho" (Chinese history in "fengsu" perspective: the Song-Yuan-Ming transition and statecraft discourse in the sixteenth century) (paper presented to the Song-Yuan-Ming Transition in Chinese History Conference, Lake Arrowhead, Calif. June, 1997, 5-11.), cited in Duara Prasenjit, *Sovereignty and Authenticity: Manchukuo and the East Asian Modern*, Rowman & Littlefield Publishers, 2004, p.200.

[3] "郡的共和国"一词由刘易斯·伯恩斯坦·纳米尔（Lewis Burnstein Namier）所造，后被 A. 埃弗里特（A. Everitt）引用。见 A. Everitt, "Country, County and Town: Patterns of Regional Evolution", in *England Transactions of the Royal Historical Society*, Fifth Series, Vol. 29 (1979), pp.79-108。此处所列关于郡内社会变化的一系列表现，也取自 A. Everitt, "Country, County and Town: Patterns of Regional Evolution"。

[4] R. H. Tawney, "The Rise of the Gentry, 1558-1640", *The Economic History Review*, Vol. 11, No.1 (1941); "Harrington's Interpretation of His Age: Read 14 May 1941", *Proceedings of the British Academy*, 27 (1941); H. R. Trevor-Roper, *The Gentry, 1540-1640*, London: 1953. 有关乡绅的财产权观念，见 C. B. Macpherson, *The Political Theory of Possessive Individualism: Hobbes to Locke* Oxford: 1964; Ellen Wood, *Liberty and Property: Social History of Western Political Thought from Renaissance to Enlightenment*, Verso: 2012。

"国家之大"与"地方之积":中古中国和早期近代英格兰的比较研究

"文化框架"(cultural framework),框定此后各地面对王权暴政时进行反抗的方式,并最终导致"地方的叛乱"。

在英国内战爆发前几十年的政治动荡中,各地不断发生向斯图亚特王朝请愿的事件,其法理依据就是国王违背了普通法所保障的国王臣民应有的权益。当时多数人并不敢想象与王决裂。但当议会里的激进分子最终把英国拖进内战时,多数郡仍选择中立,一直等到最后不能再等的时候才极不情愿地在国王或议会之间选择一方加入。但即使加入了,也常常不愿和别的郡携手行动。[①] 在有些情况下,比如肯特郡,地方领导层甚至不许本郡民兵出境御敌。虽然肯特郡名义上算是议会阵营,但却拒绝为议会阵营的生死斗争尽全力。1647年,全郡绅士为抗捐上书议会陈情,其中说到"不管是谁也不能对我们的财产乱征捐税"[②]。在战事最紧要的1644—1645年,就连议会阵营的重要支持者东部联盟(Eastern Association)各郡,其地方领袖们也说出"王国安危,无关吾辈"(the safety of the kingdom is not our work)这样的话来。[③]

这样的群体性言论与行为大概不会发生在中国地方社会的精英层里。我们不禁要问这是否和中国士人对地方的想象方式有关。当他们将"地方"想象成"天下"的缩写时,就很难让一个"地方"遗世独立。与"天下"的联接削弱了,而不是加强了地方的独立性。相反,英国的地方社会几乎不尽情理地站在"地方立场"上。在现实生活中英国的"地方"当然在很多方面需要本地以外的地方,但在对自身的想象中,它似乎不需要本地以外的任何其他地方。17世纪早期弥漫于英国社会中并曾对英国革命推波助澜的一个思潮就是将"朝廷"(Court)与"家国"(Country)区别并对立起来。依劳伦斯·斯通(Lawrence Stone),17世纪的英国人说到"我的家国"(my country)时,他们所指的实际上就是"我的乡郡"(my county),而"家国"话语所蕴含的各

---

① J.S. Morrill, "The Religious Context of the English Civil War".
② Alan Everitt, *The Community of Kent and the Great Rebellion*, Leicester University Press, 1966, p.239.
③ Alan Everitt, *The Community of Kent and the Great Rebellion*, p.9.

中西比较

种理念之一就是"足不出本郡"。① 在中国政治思想传统中，这种以一郡代一国的观念实难生存。即便是对"封建"精神信奉最深者如顾炎武，恐怕也讲不出乡绅可以单单为一郡之私而不顾天下兴亡的话。② 现代以前中国的国家常被称作"天下"，并且和实际上已知的天下也相差无几。这样一个"中央之国"的威严当然只有朝廷可以领受。像英国那样以一郡之微竟能和国家分庭抗礼的事情，大概是超出中国士大夫想象之外的。③

近代早期的英国乡绅当然有其国家关怀和"普世"关怀。中国的士大夫毫无疑问也有其真切的乡土关怀。此文也许可以用一个开放性的问题作结，即是否英国近代早期对"地方"的近乎狭隘的理解，反而导致了它的强大的地方自治传统。或者，从中国的角度，是否中国各个地方对"普世"的社会和道德秩序所作的内化，实际上赋予了中国的整体一种特殊的坚韧性？明清两朝重要思想家的只言片语对此也许能够提供一点点线索，比如顾炎武对"亡国"与"亡天下"的区分，或者章学诚所作的地方为天下之"具体而微"的比喻。这些似乎都预兆着梁启超在戊戌变法前夕感到"国亡无日"时候所作的亡国之后重新复国的设想，即只要有一省（比如湖南）健在，则国仍可以复。④

---

① Lawrence Stone, *The Causes of the English Revolution*, p.106.
② Min Tu-Ki, *National Polity and Local Power: The Transformation of Late Imperial China*. ed. Philip Kuhn and Timothy Brook, Cambridge MA: 1989.
③ John King Fairbank, and Ch'en Ta-Tuan, eds., *The Chines World Order: Traditional China's Foreign Relations* Cambridge: Harvard University Press, 1968, pp.1-2.
④ 顾炎武:《日知录》卷13；章学诚:《方志立三书议》，见《文史通义》卷6；梁启超:《戊戌政变记》卷8。

构建具有中国特色的全球史

刘新成（首都师范大学历史学院）

全球史是20世纪下半叶以来流行于世界史坛的一种提倡从全球整体出发审视人类历史活动的史学理论与实践。目前，在全球范围内，越来越多的高校和中学开设了全球史课程，许多大学还成立了全球史研究机构，欧美亚三大洲均建立了全球史洲级学会。20世纪90年代以来，五年一度的国际历史科学大会亦多次以全球史作为会议的专题或主题。

全球史的最大突破是从学理上颠覆了世界史学界根深蒂固的"西方中心论"。16世纪前后，欧洲殖民者通过征服与扩张成为人类中最先认识和接触自然地理意义上的"世界"的人，因而"天然"拥有解读世界及其历史的"优先权"。为使其经济和领土扩张合法化，他们极力利用这种特权创制"普世"性话语，在此后的不同时代，或以上帝福音的传播者自居，或以文明的化身自命，或以现代化的标杆自诩。不管是使用什么名目，在这个话语体系中，欧洲/西方总是代表人类社会发展的方向，代表世界历史的创造者，而其他民族和群体只能扮演追随者的角色。更为可悲的是，西方长年的文化侵略还造成"记忆的殖民化"，许多非西方民族也自觉或不自觉地接受了欧洲/西方的这种世界历史观，以致欧洲/西方中心论在全球的世界历史学界长期弥漫，即或政治上受到批判，在学理上也不曾遭遇真正的挑战。但全球史彻底颠覆了这一理论的根基。全球史学者指出，必须把西方从其自视的世界历史认识主体的位置上拉下来，将其还原为认识对象，若以全球视野观照西方，它也只是普通一员。全球史对欧洲/西方中心论的批判或许还有许多不足之处，但不可否认，这一批判是有力的、有学理性的，不仅动摇了欧洲/西方中心论的根基，而且对建立世界历史学新的价值观具有积极的启发意义。

中西比较

全球史的内容非常丰富，所涉猎的范围极为宽广。宏观如从宇宙大爆炸说起的"大历史"，微观细致到某种生活器皿的跨文化传播。与传统世界史比较，全球史更加注重不同单位间的互动关系，互动成为叙事的关键词，被视为促进各人类群体社会发展，并使世界从分散逐渐走向一体的推动力。全球史的叙事特点总体来说即"空间转向"，从纵向进步观向横向比较观转移，聚焦点从民族国家向其他空间单位转移，叙事从单向度向多向度转移。这样，全球史将富有新意的"空间思考"注入世界历史学，提出历史的空间"流动性"；其"互动"思想首次把人类社会群体的"集体学习"能力即"外在记忆系统"纳入历史发展动力。凡此种种，都将为深化世界历史研究产生非常积极的影响。

当然，全球史是后现代思潮的产物，像其他后现代学术表现一样，其批判性大于建设性。它对西方的世界历史学传统进行尖锐的批评，但并没有建立一个新世界史阐释体系取而代之。正因为如此，全球史所追求的"叙事客观性""文明平等性"就成为无所依托的空谈。以"比较法"为例，要想取得全球史学者鼓吹的那种理想效果，事实上是十分困难的。比较项太宏观，难免大而无当；比较项过于微观，如某种饮食习惯的比较等，虽然具体，但有多大意义值得怀疑。况且，历史学不可能脱离意识形态属性，全球史学者的立场必然限制其"客观性"。比如在帝国研究方面，有些西方学者把近代殖民主义者所建立的帝国也定义为"互动平台"，这就完全抹杀了帝国主义侵略史与殖民地半殖民地国家人民血泪史的区别，将宗主国的黑暗统治彻底"洗白"。至于有些国家的全球史学者（不限于西方），在"全球视野"幌子下，怀着某种政治目的"重构"国别史或地区史，那就另当别论，更值得警惕了。

大多数全球史学家都有比较强烈的现实关怀。面对20世纪后期全球化理论研究主要在经济学、社会学和政治学界蓬勃开展而历史学竟然缺位的局面，全球史学家痛感失责。他们指出，由任何一个学科单独构筑全球化理论都必然是片面的、短视的和误导的，因为它没有全局观和现场感，而这一重大缺陷只能由历史学来弥补。他们呼吁，甚至以宣言的形式号召史学家行动起来，把握好史学发展的这一"天赐良机"，结合全球化现实开展全球史研究，从史学角度分析全球化的起源和机理，打开全球化理论研究的新局面，向世人充分展示史学的独特价值。

全球史既带给我们启示，也给我们提出了挑战。无论从全球史国际发展的现状来说，还是就当代中国日益走近世界舞台中央并须承担起大国责任而言，或从世界面临百年未有之大变局来看，当代的中国世界史学者都必须意识到，并必须承担起祖国和时代赋予的光荣而艰巨的使命。

首先，全球史的创新有待中国学者实现。已有西方学者自承，全球史所追求的文化平等理想，如果仅靠他们自身，不管付出多少努力也无法实现，因为他们为其生活体验、教育经历和话语环境所限，写不出来完全非西方立场的东西。迄今在西方较有创新性的全球史杰作往往出自研究印度史、中国史的专家之手，这也从另一角度说明，全球史的发展多么需要非西方史学家的参与。遗憾的是，我国目前还少有全球史力作。这与中国这一具有悠久史学传统的国度极不相称，也与当今中国的大国地位极不相称。近代以来中国经历了百年屈辱，中国的世界史学者因之更有责任突破西方话语体系，重新书写世界史。

其次，中国编纂世界通史的优势有待进一步发挥。中国的全球史是马克思主义的全球史，而正是马克思创立了全球经济一体化系经济发展的自然过程的理论，强调了交往在其中所发挥的重要作用。早期具有全球史视野的大家如布罗代尔、沃勒斯坦、霍布斯鲍姆等人，或者是马克思主义者，或者熟稔马克思主义理论，其原因就在于此。当代中国世界史学者具有深厚的马克思主义理论基础，这是一个先天优势。中国学者要发挥自己的优势，谨记恩格斯的教导："我们的理论是发展着的理论，而不是必须背得烂熟并机械地加以重复的教条"；"即使只是在一个单独的历史事例上发展唯物主义的观点，也是一项要求多年冷静钻研的科学工作……只说空话是无济于事的，只有靠大量的、批判地审查过的、充分地掌握了的历史资料，才能解决这样的任务"，中国的世界历史学者完全可以大有作为。

再次，"全球史发展规律"有待中国学者深入探寻。即以"互动—融合"一说为例。"互动"是全球史的核心理念之一，几乎所有全球史学者都高度认同:互动导致人类各群体间理解加深、相似性加强、融合的可能性加大。事实果真如此吗?对这个问题的回答,不仅关乎历史真相,而且影响对当前世界局势的认识与应对。无论从历史上看,还是着眼于当下现实,世界各地之间的联系和互动若以长时段来测量,确有逐步加强的趋势,但是并非每一次"加强"都带来理解与和谐。欧洲在哈布斯堡王朝瓦解之后,一些小型的、高度商业化和军事化的民族国家组成了一个体系,体系内部各个部分的确极具相似性。但当这个充满竞争性的体系四处寻找新的商业机会,在18世纪中叶至19世纪中叶"催生"一个新的、真正全球性的体系的时候,它给世界带来了剧烈震荡,新的体系内部存在远非昔日可比的更大的社会和区域差异。这说明地区间的密切交往并没有导致一个统一的世界;体系形成后产生的经济增长也没有带来一个更加平等的世界。那么,我们究竟应该否定"互动—融合"的总趋势,还是承认在这个总趋势下会出现暂时的"波动"和"逆转"?如果存在"波动"与"逆转",其原因是什么?是否有周期?这些问题都需要深入探讨,基于中国的历史遭遇和现实需要,中国学者尤应重视这方面的研究。

最后,"全球性的全球史"有待中国学者构建。社会科学的特点之一,是因其概念、理论、话语不断循环往复于研究对象而会"自反性地"重构和改变研究对象,在今天这个交往日益紧密的"地球村"里,这一特点尤其鲜明。为了我们生活的世界更加和平和美好,人文社会科学研究者有必要加强塑造未来的意识。时值全球史勃兴于世界各地的今天,我们有理由组织全球史学家的跨国对话,研究在不同国情下、从不同学术角度,何以对全球史产生共同的兴趣。通过讨论,进一步厘清全球史研究的目的和责任,交换新时代对人类命运的思考,在不回避思想交锋的前提下,在为逐步接近一部全球的、兼容的、完整的全球史的共同努力中,加深彼此理解,为营造更加包容的世界氛围尽一分力量。这是中国史学家为打造和谐世界应尽的责任,也是一个旨在构建人类命运共同体的国家的学者应有的襟怀与气魄。

马克垚先生之学术

马克垚先生的一个特殊"现象"

陈志强（南开大学历史学院）

马克垚先生是吾辈尊敬的老师，他虽然自1952年便进入北大历史系，至今没有"挪过窝儿"，但是与南开大学早有密切关系，这段故事现下似乎很多人都不清楚，因此这里要提一提。1956年夏，马克垚先生毕业留校，在世界古代史教研室任教，后随著名史学家齐思和先生学习世界中古史，我猜想所谓"学习"不过是齐先生助手的另一种说法。这个猜想是有根据的，因为不久，南开大学世界古代史特别是中世纪史课程无人能够胜任主讲教师重任，青年马老师便开始了在南开大学的任教经历。对北大历史系和南开历史系都十分了解的郑天挺先生运筹帷幄，从北大历史系请齐思和教授来南开大学讲授这门课。作为齐先生的助手，年轻（24岁上下）的马克垚老师便每周陪同齐老先生来天津市南郊的南开大学上课，后来老先生不堪旅途劳顿，将上课的主讲任务交给了马克垚老师。尽管一学期十余周的课程不算多，但那是从北京西北角的北大到北京站，再乘坐绿皮火车晃悠到天津站，从乱糟糟的天津东站乘坐公共汽车，到八里台汽车总站。那个时候的天津市绝非今天年轻人能够想象的落后，南开大学周边除了大片大片的农田就是接二连三的水泡子，坑坑洼洼的泥土路穿插其间，一直伸展到整个南开大学唯一的主道大中路。说这些主要为的是将读者拉入历史场景，在"晴天一身土，雨天满腿泥"的行人中，每周都能看到行色匆匆的马克垚老师，以那时的"中国速度"，没有半天是到不了南开大学的。根据时间推算，我们南开大学如今八九十岁的老师们当时还是本科生，有很多是听过马克垚老师讲课的，也应该算是马克垚先生的"学生"了，而我们则更是马先生的学生。马先生从来不提这段"学术辈分"很高的往事，但我作为先生的门外弟子，每次拜见先生，总是不自觉地联想起旧事，免不得感叹岁月如梭，如今的马先生已是鲐背之年的老者。

我本人除了听过马克垚先生的多次学术演讲和会议发言外，主要还是通过阅读马克垚先生的著作来学习其学术思想。毫无疑问，马先生不属于那种著述等身的学者，但他的每一作品都散发着浓重的学术气息和专家的深刻思考。正是在阅读马先生的作品中，我无意间发现了一个特殊的"现象"，即他几乎没有写过学术自传、人生回忆、治学总结、文化畅谈、时事评述等专业之外的东西，这在学界是少见的，或可称之为"马克垚现象"。关于马先生的道德文章特别是学术成就，早就有其功成名就的众多弟子们在他们的文章中总结凝练，我这里只是谈谈本人偶然发现的这个特殊现象。

马克垚先生最初的学术方向在英国史，自本科毕业次年的1957年，他正式发表《1926年英国总罢工中右派劳工领袖的叛卖》后，至今不改初衷。他31岁时发表《英国盎格鲁撒克逊时期国王赏赐土地的问题》，1986年在《历史研究》上发表了中英宪法史比较研究成果，直到1992年先生60岁时出版了专题著作《英国封建社会研究》，后者是先生一生研究英国史的总结。但是，先生并未就此结束其与英国史的缘分，2016年，因此书入选"北京社科精品文库"再版时，先生对它精心修订，增补了诸多新的学术研究成果和心得。无论在同年出版的自选集还是2020年出版的《学史余瀋》中，关于中世纪英国农民生活状况的估算和为许多后生撰写的英国史论著的序言，都反映出先生对于英国史更深的学术见解。可见，马克垚先生一生钟情于英国史研究，从青年时代到老年时期都没有放松这一专业研究，都在这个领域中深耕。这种一生严谨治学，克服学术生涯诸多困难，始终坚持英国史研究的专业精神实在是吾辈的榜样。

从英国史研究深入到欧洲封建制度研究，是马克垚先生学术专长拓展出的又一个领域，在这个领域中，先生博览群书，形成了自成体系的学术观点和思想理论，取得了更广泛的学术影响。先生自1964年在《历史研究》上发表《关于封建土地所有制形式讨论中的几个问题》以来，在这一专题研究方面的深入探讨是建立在对国内外相关理论的兴起和发展进行彻底调查梳理基础上的，他提出的思想见解始终走在我国世界史学界的前沿。笔者为了解决盘绕在脑海里关于"封建化"的这一难题，一直认真阅读的封建理论研究专著就是《西欧封建经济形态研究》一书和傅筑夫的《中国封建社会经济史》，马先生的这部作品后于 2009 年入选"新中国六十年特辑"而再版。事实上，马先生对封建主义理论的全面研究还涉及"亚细亚生产方式"的理论争论、马克思主义经典作家对古代东方社会的理论研讨、中古世界普遍存在的小农经济和地主经济理论、中古世界"超经济强制"性现象等等丰富的内容，明确提出了包括中国文明、伊斯兰文化和欧洲文明在内的世界性封建社会模式的理论。直到晚年，马克垚先生也没有放弃相关的研究，而是更加注重归纳总结人类历史中的封建社会发展规律，只不过相比其早先注重封建社会发展多样性、特殊性，更加侧重于单一性、共同性而已。他不断思考，长期恪守专业研究，晚年还在不断发表"新认识"和"再认识"。可见，耄耋鲐背之年的马先生对这一理论问题一直在思索、一直在探究，所述所论透射出更加睿智的思想魅力，其视野更为宽广，见解更为深邃。也许是这些专业性极强的学术研究占据了先生的时间和精力，使得他没有多余空闲去舞弄刀笔，于闲暇间优哉游哉地写写自传生平，或如闲云野鹤般地畅谈教书治学心得，这可是当下很多学人自诩功成名就、努力攀登寓公地位的必行之举。但笔者大胆揣度，"马克垚现象"可能还是因为先生一生为人平和、谦虚谨慎使然。

记不清具体是在哪一年的武汉大学世界史学科会议上，马克垚先生谈到对比研究的艰难，笔者印象最深的是先生明确提示青年人不要搞对比研究，因为熟知对比一方面的历史就很难，遑论两方面都要懂，青年学者的知识储备不足以支撑其对比研究。显然，这是先生的真心话，是他在对比研究中得到的启示。事实上，马克垚先生在世界史对比研究中取得了公认的成就，且不论中年时期先生发表在《历史研究》上的《罗马和汉代奴隶制比较研究》，也不说 1986 年发表在同一刊物上的《中英宪法史上的一个共同问题》，就以先生参编和主编的《亚欧封建经济形态比较研究》（1996 年）和《中西封建社会比较研究》（1997 年）两部重要著作来看，先生在对比研究方面的努力是贯穿始终的，其明证就是2017年问世的《古代专制制度考察》和2020年出版的《罗马与汉朝》一书。后者酝酿始于1981年，最终成书则到了2020年，时长将近40年。在这漫长的学术生涯中，先生在其他专业方向领域持续取得成果的基础上，在对比研究方面，视野不断扩大，研究所及不仅有中国与其他国家之间封建主义的对比，更有亚洲和欧洲封建主义的对比。笔者不敢断言学界同人都赞同先生在中西对比研究中的结论，但是其提倡中国史的研究方式与西方史家的研究方式相互借鉴，特别是在社会史研究方面更加用力的主张是得到公认的。一个人的学术生命是有限的，卓有成就的学者大多是在专业化道路上坚持不懈、持之以恒前行的人。笔者特别感慨，近年来不少学人轻易放弃专业方向，转而在陌生的领域发表"高论"，甚至不齿于成为许多网络文化奇谈怪论的发轫者和领军人物。想想看，在某一专业领域成为"高手"何其难哉，需要其本人在适当的环境保护下作出何种艰苦奋斗，才能成才。特别是那些基础扎实，见多识广，思想敏锐，文笔老到的学者，轻易放弃本专业，不搞"专业"了，变身为搞"文化"的能人，实在是社会资源的浪费。可惜了！我们确实应该向马克垚先生学习，终生在专业化道路上深耕。

马克垚先生在终生追求学术完美的同时，还有一个其矢志不渝的事业便是教书育人。先生自1956年毕业留校任教后不久，便入历史系世界古代史教研室，师从齐思和先生学习世界中古史，直到晚年，其在世界中古史教学中的努力都是有迹可查的。笔者近年来虽然受聘北京大学历史系讲授拜占庭史，但是无缘细考先生教学业绩，仅从其参与的几部重要教材可以说明问题。根据马克垚先生学术年谱，1961—1962年，先生便参加了周一良、吴于廑主编的著名的《世界通史》写作，主要担负其中齐思和先生主编的《上古部分》两河流域部分的编写。这部教材是"文革"以前我国世界史教材的经典之作，我们这一届恢复高考后第一届高校历史系本科生使用的就是该教材。笔者至今还珍藏着舍不得丢弃的重要原因还在于，参与此书编写的都是我国世界史的大家，其学术上的严谨性空前绝后。大约十年后，马克垚先生又于1971—1973年，参加了北京大学历史系世界史教师编写的《简明世界史》的讨论、编写与修改，其中"古代部分"之中古史的一些章节是先生完成的。该书于1974年发行后，立即受到学界欢迎，至少在我们就读本科生时期，也成为我们人人必备的参考书，其受欢迎的程度可以从它先后于1974年、1975—1976年和1979年的多次印刷发行中得到证明。随着马克垚先生教书育人事业的发展，先生从参编升任为主编，于1989主编并撰写了《世界历史·中古部分》，1994年更成为著名的吴（于廑）、齐（世荣）本六卷《世界史》中古部分的主编（之一），这部教材在同时期众多世界史教材中脱颖而出，在全国高校世界史教学中使用度最高。为了在世界史教材体例上有所突破，北京大学历史系于2004年出版了《世界文明史》，马克垚先生出任该书的总主编，为完善全书一直操劳到2016年修订再版。其中可圈可点的理论创新便是突破"欧洲中心论"，其主要学术观点后来被翻译为德文，收入素以严谨著称的德国学者的文集（Stern, F. Osterhammel, J.(Hrsg) , *Moderne Historiker: Klassische Texte von Voltaire bis zur Gegenwart*, Munchen; C.H.Belk, 2011）。笔者无意也没有能力全面总结马克垚先生的学术成就，只是想说明，在教书育人事业中，先生保持其在治学中的毅力，直到耄耋之年还在为本科教学努力着，堪称吾辈的榜样。至少对于笔者这样还没到"古稀之年"便脱离了本科教学第一线的"小老年"教师而言，真是无比汗颜。

行文至此，笔者深深地为马克垚先生毕生坚守治学初衷，始终保持旺盛的专业精神而折服。"马克垚现象"体现的是老一代学者自觉的职业道德，是一以贯之的学术热情，是出于本性的谦虚谨慎，是中国优良学术传统的体现。笔者期待，在未来的岁月里，马先生能为后学留下其一生治学经验的珍贵回忆，能够帮助中青年学人远离浮躁的世风，在专业化道路上继续前行。

马克垚先生封建经济史研究的理论建构

顾銮斋（山东大学历史文化学院）

马克垚先生的自选集——《困学苦思集》[1]近由首都师范大学出版社以"北京社科名家文库"出版。自选集一书在手，即可集中阅读他的代表作，而他的《西欧封建经济形态研究》《英国封建社会研究》《封建经济政治概论》[2]等专著又伸手可及，因而可以在阅读过程中比较、综合。这次集中阅读，真切感受了先生的大家气象。

先生的学问包罗宏富，为了深入理解他的理论建构，本文将考察范围集中于他的封建经济史研究，拟从以下几个方面进行认识。

一、视野

学界多认为，先生的研究方向是欧洲封建经济史，因而他一向以外国史史学家的身份称誉学林，很少有人知道他对中国封建经济史、中国封建社会史也有广泛、深入的研究，因为他的论著大多是在中国史的背景下进行的隐性比较，用他自己的话说是以中国史的眼光研究世界史，特别是在那些限定于西欧封建经济史的论著中，很少见到中国史的内容。像这样，隐性比较一旦成为基本方法，所谓中国封建经济史的背景也就获得了与欧洲封建经济史相当的视野。而当将中国封建经济史和西欧封建经济史在一个平面上对比展开时，视野

---

[1] 马克垚：《困学苦思集——马克垚自选集》，首都师范大学出版社2016年版。
[2] 马克垚：《西欧封建经济形态研究》，人民出版社1985、2001年版；中国大百科全书出版社2009年版。马克垚：《英国封建社会研究》，北京大学出版社1992、2005年版。马克垚：《封建经济政治概论》，人民出版社2010年版。

的壮阔感也就显现出来。《西欧封建经济形态研究》等著作以及众多的论文，都是在这种隐性比较中撰写发表的。还应指出，除了中国封建经济史，他对南亚、中东地区的封建经济史也有一定的研究和认识。①而他构建封建经济学的依托对象，即包括这些地区的经济史。

在具体的研究过程中，先生不是单刀直入，直奔问题本身，而是首先考察和研究相关学科的学术史。对历史学家来说，封建经济史研究首先是历史研究，所以学术史首先是史学史。而17、18世纪以来，封建主义主要是一个法学概念，所谓封土制、封臣制、庄园、农奴、公社、城市等概念，以至于整个学术话语体系，都是17—19世纪的西方学者从法学定义入手概括、建立的，②所以法学史对封建经济史研究的重要性不言而喻。同时，经济史属于历史范畴，也属于经济范畴，因此经济学史对于封建经济史研究也必不可少。这样，封建经济史研究便包括了史学史、法学史、经济学史等内容，涉及史学、法学和经济学等学科。而如果学术史仅指史学史，在今天的学术界或无可称道，但包括了法学史和经济学史后就不同了。法学史、经济学史与法学理论、经济学理论密不可分，研究西欧封建经济史，既需要一定的法学知识和理论，也需要一定的经济学知识和理论，以及一定的高等数学、统计学和概率论等知识和理论。这对于非专业特别是人文学者而言，难度是可想而知的。先生的视野一方面突破了专业局限、跨越了学科鸿沟，扩展到法学、经济学等非历史学领域；另一方面又直抵学术史纵深，进入17、18世纪的欧美苏等国家和地区的学术殿堂，从而使他的视野纵横拓展，形成了立体的结构。

由于封建经济史研究涉及领域多，具有跨学科特点，这一研究也应包含法学家和经济学家的封建经济史研究。也就是说，严格意义上的法学家和经济学家的封建经济史研究，在本学科外，还应包括对历史学和史学史的了解和研

---

① 参阅马克垚《如何认识封建生产方式的共同规律》，《历史研究》1979年第9期。
② 马克垚：《西欧封建经济形态研究》，第61—64页；马克垚：《英国封建社会研究》，第171—174页。

究。这就要求法学家和经济学家也有相应的历史学和史学史的视野。但实际情况似非如此。我们读过一些经济学家关于封建经济史的著作,无不感到经济学特点鲜明突出,历史学或史学史素养则明显不足,因而缺乏历史感。至于有没有法学学者和经济学学者读过先生的论著以及他们是否也有与我们同样的感受,当然不得而知。但依据先生对这两个学科或领域相关知识的掌握,以及他的论著对相关理论方法的阐释和研究来估计,应该较少存在这样的情况。

二、问题

那么,在西欧封建经济史领域,先生主要思考和提出了哪些问题呢?

先生具有勤于思考、善于思考的特点和提出问题的敏感意识。他在充分利用开阔的学术视野以及对学术前沿的熟稔,在长期研读欧美和苏联史学家的论著,潜心研究西欧封建经济的史学史、法学史和经济学史的基础上,提出了关于西欧封建经济史研究的诸多问题,统而言之,即"重新认识西欧封建社会"。①

在笔者看来,先生的封建经济史研究可分为几个层次,重新认识西欧封建社会可认为是第二个层次的问题。这是一个面对国内外学术界提出来的极富挑战性的大题目,是一个涵盖交织着众多原创性题目、而一个题目又包括多个问题的大系统。它在向国际学术界特别是那些驰名国际史坛的史学大家质问:应该怎样认识西欧的封建社会?封建制度的概念为什么将生产力、经济基础等因素排斥在外?西欧封建制度为什么是一个法学概念?何以必须用法学方法进行研究?应该怎样认识西欧的封建化?封建化为什么要以农村公社为起点?西欧资本主义萌芽究竟是怎样产生的?古典经济学、边际主义经济学和制度经济学究竟是不是封建经济得力的、合适的分析工具?应该怎样建立封建社会的政治

---

① 马克垚:《西欧封建经济形态研究》,序言,第 1—5 页;《英国封建社会研究》,序言,第 1—3 页。

经济学？……所谓重新认识，是指全面检讨已经形成的知识理论体系，对研究对象进行全方位、多角度的重新考察和研究。显然，这些问题基本上覆盖了西欧封建经济史领域。正是这些问题，构成了"重新认识西欧封建社会"的大系统，使他的西欧封建经济史研究呈现着突出的问题气质。

在重新认识西欧封建社会的层次上，先生提出和探讨了众多在我们看来属于中等层次的问题，这里以资本主义起源为例，进一步认识他的问题意识。

在国内外学术界，资本主义起源问题早已成为历史学领域的显学。20世纪50年代，欧美学术界即掀起了对这一问题讨论的第一次高潮。70、80年代，又形成了第二次高潮。在国内，50年代以来一直进行着中国资本主义萌芽的讨论。80、90年代，随着中国改革开放的深入，这一讨论再次掀起热潮。由于资本主义的起源理论涉及如何认识中西封建制度的基本特征、中国封建社会的长期延续、中国资本主义萌芽、五种生产方式的理论体系、封建城市、小农经济、自然经济、商品经济等当时学术界高度关注的问题，所以激发了人们的浓厚兴趣。由于讨论的问题正属于先生的研究领域，于是在前述广阔的视野和相关学术史研究的基础上，他以《资本主义起源理论问题的探讨》[①]一文向学界展示了他的问题和思考。之所以选择这篇文章作为范例，是因为在笔者看来，这是一篇几乎由问题组成的论文，对资本主义起源本身并未展开研究，给出结论，而且最终仍以问题结尾。这样的论文，无疑更有助于认识先生的问题意识。

文章纵论20世纪50年代以迄90年代中期即这篇文章撰写时的学术史，其中包括欧美学者关于资本主义起源的大讨论和中国学者关于中国资本主义萌芽的大讨论，涉及的学者多达数十人。先生认为，这些学者的理论观点虽然影响很大，但也存在缺陷和不足。以资本主义起源的两条道路而知名的多布、希尔顿等人的内部起源说和斯威齐的长途贸易说，以新人口论而驰名国际学术界的波斯坦、拉杜里、哈切尔等人的人口历史动力论或人口起源说，都是以单一原因探索资本主义起源。而布伦纳主要思考农民的产权问题，诺斯主要思考领

---

① 马克垚:《资本主义起源理论问题的检讨》，《历史研究》1994年第1期。

主的产权问题，两者看问题的角度虽然不同，却都是从产权上探索资本主义的起源，也是由单一原因进行研究。在先生看来，资本主义起源是一个错综复杂、涉及广博的问题，仅由单一原因进行研究很难得到令人满意的解决。而如果由此深入下去，及于经济结构，则会涉及很多问题，例如，为什么同是西欧国家，起源的道路却不同，而且发展速度殊异？伊懋可研究中国资本主义起源问题，以高技术平衡陷阱来解释中国宋代经济的停滞，但先生认为，这一理论在本质上仍然是一种人口论，只是加上了制约技术进步这一曲折。针对国外学者大多认为中国经济虽有发展，仍然难以建立资本主义的结论，先生主张应以比较方法进行研究。国外虽已有学者用这一方法研究中国的资本主义起源，例如马克斯·韦伯的《新教伦理与资本主义精神》，但这些研究存在很大缺陷。在先生看来，作为那个时代欧洲的著名学者，韦伯的自大心理遮蔽了他的视线和眼界，纵然有合适的方法，也难以超脱文明的偏见和由此而产生的理论偏颇。他与同时代西方大多数学者一样，认为西方就是世界，就是历史，没有历史的东方自然发展不出西方的资本主义。所以韦伯的比较方法并没有解决上述学者留下的问题。琼斯也用比较方法研究中国资本主义起源，但与韦伯不同，琼斯是从环境、人口、经济、政治等方面进行比较，他虽然肯定了东方发展的可能性，却仍然认为东方不能发展出资本主义。在先生看来，琼斯的比较只是把各种因素松散地罗列出来，并没有形成系统，因而没有找到发展的根本原因。而且他偏重地理环境的解释。地理环境对资本主义起源当然有影响，但绝不会产生重要影响，因而使他无法认识发展的真相。沃勒斯坦的《现代世界体系》也对中国和西欧进行了比较，但在分析欧洲核心地区英国和荷兰的资本主义起源时，他仍然强调了国际贸易的作用，与斯威齐无别。而关于中国资本主义萌芽，仍然采取习见的说法，并没有大的突破。综合看来，这些比较都"浮于表面"，因此先生提出了从社会经济、政治结构进行比较的设想，特别是集中在小农经济和商品经济两种结构上，以此来揭示东西方历史的差异。学界大多认为，小农经济和商品经济是资本主义的重要起点，可是法国比英国农民更早摆脱了农奴制的羁绊，为什么英国产生了资本主义萌芽，法国却没有？而且到18世纪仍有大量小农存在？这里当然存在一个产权问题，可是，小农经济是因为产权牢固不容易分化吗？为什么人们都在强调产权对起源的意义呢？黄宗智先生以恰亚诺夫的理论研究华北小农经济的变迁，提出了"内卷化"的理论，力图以此证明分化不出资本主义因素。可是"内卷化"并非中国独有的现象，波斯坦的新人口论同样证明英国小农也存在这一现象，希尔顿称之为小农经济的"自杀循环"。这是否是现代化技术改造以前小农经济的习见的现象呢？而就中国而言，幅员辽阔且各地发展不平衡，是不是直到新中国成立前仍然没有摆脱"内卷"的状态？关于小农经济中农业和手工业的结合，国内学者有很多研究成果，可是在工业革命之前，西方国家也存在同样现象，所以有西方学者称这种现象为原工业化。他们认为，有的原工业化可以导致资本主义，有的则不能；有的原工业化地区的工业后来衰落了，为别的地区所取代。由小农经济分化而至资本主义因素产生，中西并无不同，有的快，有的慢。英国快，法国慢；中国比英国慢，与法国比则慢得不很严重。而小农经济只是社会的一部分，还应结合地主经济、城市经济、国家政权等因素进行研究，而不能"攻其一点，不及其余"。与资本主义起源相关的另一个因素是商业。西方学者过分强调它对资本主义起源的作用，皮朗即认为，欧洲在12世纪已经存在资本主义，布罗代尔甚至指出，直到18世纪，资本主义仍然主要存在于商业而不是工业。吴承明对中国和英国封建社会的市场进行了细致的研究，并进行了分类。希尔顿也对英国封建社会的市场进行了研究，也进行了分类。希尔顿的研究证明，两者有共同之处。但是吴承明却认为，西方的乡村是农业的，城市是工商业的，这种划分显然过于绝对，以至于将乡村的手工业和商业全然掩盖了，因而无法解释原工业化问题。在这里，还应提出商业资本的流向和官僚、地主、商人三位一体的问题，在先生看来，这些现象在中西封建社会都存在共性，不宜进行过分的区别。

《资本主义起源理论问题的探讨》一文视野极为开阔，显示了先生的治学特点。在笔者看来，文章的价值还在于它充分反映了先生敏感的问题意识。面对上述大家和他们的论著，学界通常作出的反应是它们的方法、视角、观点和理论的新颖，继而是引用、模仿、追随，甚至不乏盲目崇拜。先生则不同，他以问题的形式质疑了众家学说，指出了它们的缺陷与不足，同样以问题的形式指明了解决资本主义起源理论问题的途径和出路。既然以单一原因探讨资本主义起源的方法不能服人，我们是否需要进行多种因素的分析，从经济、政治、社会以致意识形态诸结构的运动及其相互影响来进行探讨呢？既然西方资本主义的兴起并非一帆风顺，意大利、西班牙、葡萄牙、英格兰依次经过了萌芽、夭折、衰落和发展，那么，中国作为一个大国，发展不平衡，资本主义萌芽是否也必然经过几多曲折或反复呢？

一般来说，学术问题都是在学术积累的基础上，借助学科知识和理论潜心思考而提出来的。就先生而言，即如自选集所说，首先是闭门苦读，"困学苦思"，潜心研究西欧封建经济的史学史、法学史和经济学史，当这种自身的研修达到一定程度，问题的提出也就水到渠成了。

三、方法

综览先生的论著可见，他所使用的方法主要是比较方法，既用以提出问题，也用以解决问题。在学科分类上，除了历史学方法，他还借鉴和使用了法学方法和经济学方法。此外，他还特别注重学术史的考察和梳理，这不仅为了尽可能全面地掌握西方相关学术研究的现状，正确理解和认识西方学者的观点，也在于准确把握法学方法和经济学方法的内涵和意义。所以，学术史考察也成为先生封建经济史研究方法的重要特点。

先生对比较方法的使用，早在青年时代已经开始。他在1964年发表的《关于封建土地所有制形式讨论中的几个问题》[①]一文，即是用的比较方法。所以他的很多论著都是用比较方法撰写的。自选集即辑录了比较研究的部分论

---

① 马克垚:《关于封建土地所有制形式讨论中的几个问题》，《历史研究》1964年第2期。

文,包括《如何认识封建生产方式的共同规律》《罗马和汉代奴隶制比较研究》《中英宪法史上的一个共同问题》等。在笔者看来,这些论文都是比较史学的范文,所以发表后都获得了良好的反响。比较研究的专著可以举出他的《封建经济政治概论》和他主持、主编的国家社科基金重点项目的结项成果《中西封建社会比较研究》等。其实,他的一些看似没有比较或比较不多的著作,也是用比较方法撰写成的,如《西欧封建经济形态研究》和《英国封建社会研究》等。这里涉及比较研究的形式或分类问题。

从形式上看,先生的比较研究可分为两种:一是显性比较。上述论文使用的方法即为典型的显性比较。如果以国家为比较单位,那么,这些成果或为一对一比较,如《中英宪法史上的一个共同问题》;或一对多比较,如《如何认识封建生产方式的共同规律》;或多对多比较,如将中国作为基本单位与西欧国家包括英、法、德进行比较。

二是隐性比较。前已论及,隐性比较是指仅将比较的一方诉诸文字,而将另一方隐于文本之后。但实际上,这些隐藏的对象未曾一刻淡出作者的视域。先生一向重视隐性比较的意义,他的"以中国史的眼光研究世界史"的主张,即表达和肯定了隐性比较的功用。这是他研究西欧封建经济史多年经验的总结,也是他使用隐性比较方法实践的结晶。他的关于西欧封建经济史的许多论文和著作,即都是基于对中国封建社会史的认识而提出来的问题,研究过程却仅仅呈现西欧历史的信息,求同论异都是如此。而既然是比较,就一定是双向的,所以这里也暗含了可以用世界史的眼光研究中国史的意思,只要西欧封建社会史的历史知识和理论积累到一定程度,就可以在西欧封建社会认识的基础上提出中国封建社会史的问题并进行研究。事实上,先生关于中国史的一些认识,如中国史学家观察、研究问题大都以王朝为中心,缺乏对社会史的抽象和概括,就是在西欧历史的观照下形成的,这正是隐性比较的意义。

无论是显性比较还是隐性比较,都是学术研究的得力工具。可以说,这些工具的使用贯穿了先生的整个研究过程。在这一过程中,比较方法首先用来提出问题。前文考察了他的学术视野，这当然是提出问题的重要条件，但在很多情况下，仅有开阔的视野是不够的，还必须具备一定的方法。在视野开阔的条件下，通过一定的方法，才能提出新的、有价值的问题。所以，方法是提出问题的必要工具。他的很多论文，问题的提出和题目的选定都是通过比较方法完成的。他的一些看似没有比较的论著，问题的提出和题目的选定在某种意义上也是通过比较方法完成的。

问题的提出主要依靠比较方法，问题的解决同样主要依靠比较方法。自选集辑录的大多数论文和《封建经济政治概论》《中西封建社会比较研究》等专著自不例外，《西欧封建经济形态研究》也是如此。这部著作是他的比较研究的宏大计划的一部分。早在20世纪60年代亚细亚生产方式的大讨论中，他已萌生了这一想法，即根据世界各主要国家和民族的历史，综合比较前资本主义社会的共同特征。这包括两方面内容，一是深入亚、非、拉地区的古代社会，总结其发展的共同规律；二是将西欧学术史上形成的概念、定义与历史实际进行比较，看它们是否符合科学的抽象，是否反映西欧的历史实际。在此基础上，再进行综合比较。《西欧封建经济形态研究》正是这一计划的成果之一，是在中国封建社会史的比照下撰写完成的隐性比较的专著。他的另一部著作《英国封建社会研究》，也是在比较中完成的。这部著作本来就是《西欧封建经济形态研究》的补充，只是因为题目庞大，难以细论，又因为英国的资料相对集中，才独立成书，所以也必然以隐性比较作为它的基本方法。综览先生的成果可见，大多数论著都是通过比较方法完成的，而且其中的很多问题，除了用比较方法，可能就无法得到解决。

但是，比较研究的难度是显而易见的。与一般历史研究不同，它首先必须解决研究对象的可比性问题，搜集和分析具有共性的不同事项和材料，继而对两个或多个研究对象分别进行考察分析，综合归纳，形成结论。比较研究的思考过程仅在比较的环节上，即可能需要几个或多个反复。而且通常情况下，形成的结论还需要得到验证，即将形成的观点回过来比照各研究对象，以不致使得出的结论与其中的对象脱节、游离或矛盾。在这一点上，法国学者布洛赫提出了一个概念，称"假说验证的逻辑"。这是一个解释性的假说，一经进入验证的过程，问题的复杂性便顿然加剧，此时再与普通研究相比较，就会真切感受到比较研究的难度了。但是，比较研究的主要难度似还不在这里，而在于这些环节之外的劳作，笔者将它称为"学习性"劳作。既然为中西比较，总不能只写中国和英国，至少要涉及法国、德国、意大利等主要国家。而这些国家的历史对比较研究者来说很可能不属于他的研究方向或领域，由此即可以想见"学习性"劳作的繁重。先生曾结合自己的切身体验谈了比较研究的难度："历史的比较研究是一项十分困难的工作。一个国家、一个社会、一个事件，还往往不易搞清楚，何况要把两方面都搞清而作比较。还因为中外历史研究方法多有不同，要拿这个和西方社会来比较，有时因为概念不同，观点不一，似乎无法比较，弄不好就是东拉西扯、胡乱比附。"在谈到"中西封建社会发展比较研究"时，先生说："本书的设想是谈中西封建社会的发展比较，问题的中心就是要比出：中国为什么到明清之际发展落后？中国为什么没有发展出资本主义？但我们深感这个问题并不容易解决，所以就把题目定得小了一些，即只是从中西封建社会内部的一些结构、形态方面着手，作其发展的比较，而结构则不外是经济、政治、社会诸方面。但这几方面我们也不能进行全面的研究，只能在这些结构的内部，选择一些较小的、我们又熟悉的题目，进行比较。"[①]

除了比较方法，先生的封建经济史研究还一直重视其他学科方法的借鉴和使用，特别是经济学方法和法学方法。传统经济史的研究方法一般比较单一。做历史学研究的使用历史学方法，做经济学研究的使用经济学方法，做法学研究的使用法学方法。这样的研究当然有它的好处，即通常比较细腻，但细则细矣，却导致了眼界或视野的狭窄。除了本学科的方法，其他方法一般很少使用。而在自己的研究领域之外，也一般不去涉及或很少涉及。先生则不同，他很早就认识到了经济学方法和法学方法对西欧封建经济史研究的重要性，所以

---

① 马克垚主编：《中西封建社会比较研究》，学林出版社1997年版，导言，第3页。

马克垚先生之学术

他的学术视野除了学术史，还包含方法的借鉴和使用。从先生的研究中受到启发，我们可以把西欧封建经济史研究看作一个综合学科方向，它融历史学、经济学和法学三个学科于一体，不宜割裂。可是传统经济史研究却大多忽略了这种内在的规定性，以至于史学家、法学家和经济学家各行其是，彼此鲜有往来，很少借鉴，在方法上各形成了自己的短板，多将他方庞大的学术资源和研究成果束之高阁，这就大大局限了经济史的研究。

此外，先生还特别重视学术史的考察和研究，他的许多作品都以很长的篇幅追溯相关概念和理论的起源和演变，这成为他的研究成果的突出特点。《西欧封建经济形态研究》中的封建化一章，即详细梳理了欧美苏学术史。由于封建制度是一法学概念，他便深入梳理、研究了西方学术史中的罗马派和日耳曼派之争，研究了魏慈、洛特、贝洛夫、梅特兰、亨茨、顾朗日、道普什、布连威叶、孟德斯鸠、布洛赫、冈绍夫以及当代欧美俄封建学术史的法学理论和方法。[1] 追溯学术史的目的当然在于掌握学术界的研究动态，了解西方学者研究了什么问题，研究到怎样的程度，以及正确理解和认识他们的观点；另一方面即为了考察和借鉴不同学科的研究方法。而不去考察学术史或考察深度不够，就难以了解封建主义的法学概念，掌握西方学者关于封建经济史研究的理论和方法。从这个意义上讲，学术史的考察和梳理是准确把握相关学科研究方法的重要工具。今天，学术史回顾或梳理已经成为人文社会科学研究的基本要求，大到一本著作，小至一篇文章，包括硕士、博士论文，大多有学术史回顾和研究现状综述。但在20世纪80、90年代，像先生这样花大气力考察和研究学术史的情况的确比较少见。

与把西欧封建经济史研究看作一个综合学科方向相适应，我们将先生笔下的学术史称为学术史综合，因为他把历史学、经济学、法学等相关学科的研究成果尽可能纳入了考察的视野，以将这些学科的方法并用。而我们所以提出学术史综合的概念，意在区别先生的研究方法与传统学术中历史学家、经济

---

[1] 马克垚：《西欧封建经济形态研究》，第61—70页。

学家和法学家在各自领域的研究方法之不同。这首先表现为学术史梳理的不同。后者的学术史通常限于各自领域相关成果和理论观点的概述和评论，而先生则是对史学史、经济学史和法学史的综合考察。《封建经济政治概论》即集中研究了封建经济原理，考察了封建经济学的起始和演变，探讨了经济人、边际主义、古典经济学、劳动价值论、制度经济学等问题。[①] 这种考察不只是一个量的区别，当以法学和经济学理论方法进行研究的时候，这种区别也就凸显出来。

既然西欧封建经济史研究是一个历史学、经济学、法学三相结合的综合学科方向，它的内在规定性便决定了从事这一学科研究的学者除了接受历史学训练外，还应该接受经济学和法学的训练，而只论这样的训练有多么艰难。先生在自己的研究过程中即努力弥补在法学、经济学方面的不足，在劳动价值论、边际主义经济学、制度经济学等理论方法上付出了巨大劳动。正是这种付出，为他后来的一系列文章和《封建经济政治概论》一书的撰写奠定了基础。当然，在西欧之外，包括中国封建经济史，学术史上的封建主义不是或不一定是法学概念，学者自不必去研习法学，掌握法学理论和方法，但研习经济学，特别是西方经济学却是必要的，否则其研究就难以深入，而且，难以充分利用经济学家的研究成果。理论研究如此，我们的学科建设、课程设计、研究生培养等封建经济史研究的前期或基础工作是否也应该从中受到启发，参考这种理论开展工作？这是否可以看作先生的研究方法长期实践的潜在的副产品呢？

无论是比较方法的运用，还是法学、经济学方法的借鉴，难度都是显而易见的。但如上文所论，欲对封建经济史进行富有成效的研究，就必须采用这些方法，也许正是这种难度，才体现出这些方法在西欧封建经济史研究中的价值。

---

① 马克垚:《封建经济政治概论》，第 1—19 页。

马克垚先生之学术

四、识见

在学术上,识见是指在一定的专业知识和基本理论的背景下针对研究对象所提出的问题、形成的见解和取得的认识。可以说,在其他条件不变的情况下,有什么样的识见就有什么样的学问,识见的高下决定着研究的层次。那么,先生关于封建经济史研究具有怎样的识见呢?我们可以通过两类案例进行认识。

一类是基于常见问题的探讨而形成的识见。这类识见的形成也需要一定的视野,这对同行学者来说,大体上都可以具备,所以很多论著都在证明、使用相似的观点或结论。有的学者则不同,他们常在看似定论的问题上提出新的疑问,形成新的观点,因而具有与众不同的识见。先生的许多文章即是针对看似定论的研究提出和证明了不同的观点或结论,令人耳目一新。与前沿性识见的前瞻性相比,这种识见更多表现为观点的新颖。

20世纪70年代末和80年代,国内学术界围绕中国封建社会的基本特点和长期延续问题掀起了一场大规模的讨论。由于问题的另一面是指欧洲封建社会具有怎样的特点,为什么短期延续,很多世界史学者也参加了讨论。这场讨论涉及了很多问题,如封建化、传统文化、农村公社、小农经济、封建城市、资本主义萌芽等,以至于发表的文章和出版的专著难计其数。正是在这场讨论中,有的学者将欧洲的封建化进行了概括,将之表述为农民的农奴化、土地的庄园化和政治的多元化。[①] 前已论及,苏联学者之所以持这种观点,是因为他们以西欧为模板并受了西方日耳曼派观点的影响,因此以农村公社为起点建构了封建化理论。中国学者的概括正是接受苏联学者的理论并在西方学者的影响下作出的。论著一经发表,即引起了学界的竞相引用,欧洲封建化的概念遂呈定论之势。正是在这样的背景下,先生提出了应如何理解西欧"封建化"的问

---

① 刘昶:《试论中国封建社会长期延续的原因》,《历史研究》1981年第2期。

题,①以一篇富有影响的论文吸引了学术界的关注。

先生以很长的篇幅梳理了欧美和苏联学术界关于这一问题的学术史,认为,所谓封建化完成时的土地庄园化和农民农奴化都是有限的,指出,9世纪西欧各地仍然存在大量自由地,这些土地并未纳入领主庄园和封建阶梯。查理曼的很多诏令都提到了独立农民。10世纪下半叶,克吕尼附近的瓦兰吉小村,仍有很多小农保持独立地位,有些甚至还积极购买土地以扩大自己的面积。文献之所以少见独立农民的资料,是因为这些资料都是关于庄园的记录,并不记载与之无关的农民。而且事实上,很多庄园都只是村庄的一部分,有的庄园土地则分散在几个村子中,那些非庄园的地区并不受庄园的制约,因此不见于庄园记录。研究表明,法兰克王国的面积约有150万平方公里,而教俗贵族地产约不过几百万公顷,面积非常有限。所谓法兰克封建化完成时绝大部分农民变成了农奴,所谓农奴都缴纳人头税、结婚税和遗产继承税,主要是布洛赫的结论,这些结论已为"二战"后的研究所否定。中国学者关于封建化的概括正是受了"二战"之前的苏联学者和西方学者的影响,并没有反映新的研究成果。先生的论文与其他学者的论著在视野上没有多大不同,在外延上,都涉及了庄园化和农奴化,但在深度上则显然不同,表现在识见上自然要显得新颖独到,从而修正了中国学术界对西欧封建化的认识。

需要说明,那时的中国开放不久,学术界刚刚呼吸到新鲜空气,学者们肩负着时代的使命,满腔热情地接纳国外的理论和方法,以用于中国历史问题的研究。正是在这样的背景下,继"应如何理解西欧封建化的问题"之后,先生针对小农经济、封建城市、资本主义萌芽等国内外学术界的学术热点,又提出了很多问题,并相应推出了多篇富有影响的论文,以至于美国著名学者詹姆士·马尔登认为,他的研究将会促进人们重新思考中世纪的欧洲农业问题,促进人们反思城市和市民在近代史发展中的作用。

---

① 马克垚:《应如何理解西欧"封建化"的问题》,《历史研究》1982年第4期;马克垚:《西欧封建经济形态研究》,第61—82页。

马克垚先生之学术

关于西欧封建城市的性质与资本主义起源的关系问题，很多学者进行了研究，这些研究虽然存在差别，如有的认为这些城市是非封建的，有的认为是外于封建的，有的认为是资本主义的，但无不认为它们是封建社会的异己力量。由于这一观点在当时获得了很大影响，学术界便以此认识西欧封建城市，并用以解释欧洲的资本主义萌芽，同时也以此认识中国的封建城市，认为它的性质与西欧相反，是封建的，是封建社会的重要组成部分。也正因为如此，中国没有产生资本主义萌芽，自然不会形成资本主义社会。这看上去似乎顺理成章，但先生持有不同看法。他的《西欧封建城市初论》[1]一文从城市的定义入手，依次分析了城市的兴起、自治、市民的概念等问题，最后得出结论，西欧封建城市是西欧封建社会的集体封土，与封建领地具有相同性质。而无论西欧还是中国，城市都是封建社会的固有产物，其性质都是封建的。客观地讲，经过多代人的研究，城市问题已经不是新的研究领域，更谈不上学术前沿，但论文使用的材料，论证的观点却新颖别致，从而展现了先生的另一种识见。这种识见既不同于中国学者，也不同于皮朗、波斯坦等西方史家，见解独到，为学界称道。

小农经济是中国学术史上的古老话题，围绕这一话题，学术界形成了很多成说。先生从封建社会发展规律的高度着眼，针对这些成说或"定论"提出了自己的意见，这主要见于他的《从小农经济说到封建社会的发展规律》[2]一文。由于文章涉及问题太多，这里难以面面俱到，而仅就土地买卖、土地兼并，以及小农经济本身等问题谈一下笔者的认识。学术界一直认为，中国封建社会实行地主制经济，西欧封建社会实行领主制经济；地主制经济剥削佃农，领主制经济剥削农奴；地主制经济盛行土地买卖，存在严重的土地兼并，领主制经济则不存在土地买卖，也不存在土地兼并问题。土地买卖是中国封建土地制度的

---

[1] 马克垚：《西欧封建城市初论》，《历史研究》1985年第1期；参阅马克垚《西欧封建经济形态研究》，第281—323页；马克垚《英国封建社会研究》，第216—236页。

[2] 马克垚：《从小农经济说到封建社会的发展规律》，《中国史研究》1983年第1期。

重要特征,土地买卖必然引起土地兼并,进而引发周期性经济危机,从而导致中国封建社会的盛衰交替和长期延续。而西欧封建社会土地不能买卖,所以没有形成这种现象。针对这些"定论",先生提出了自己的意见。他认为,讨论土地关系,必须区分经济事实和法律形式。经济发展有自身的规律,而土地买卖是一种经济行为,不会因为法律规定不能买卖就不出现买卖现象。关于西欧封建社会不存在土地买卖的问题,传统观点只注意了封建法的规定,却忽略了经济事实,且将法律规定误作经济事实而推演出西欧封建社会的特征。事实上,中国存在土地买卖,西欧也存在土地买卖,只是在封建社会初期土地买卖现象相对少见或遗存记录较少,但随着商品经济的发展,土地买卖日趋频繁,逐渐成为封建经济的常态。所以,土地买卖、土地兼并,是封建社会的普遍现象,无论中国、东方,还是西欧、西方都是如此。但在西欧封建社会,土地买卖并没有导致土地集中,也没有形成周期性经济危机,所以用土地买卖和土地兼并来推演中国封建社会盛衰交替的运行规律可能存在问题。就小农经济本身而言,传统学术一向认为其具有落后性、脆弱性、易分化的特点,中国封建社会之所以盛衰交替、周期性动荡,其根源即在于小农经济的这些特点。对此,先生持有不同观点,他认为,小农经济是符合封建社会生产力发展要求的基本经济形式,笼统地认为小农经济是落后的生产关系是不恰当的;小农的经济力量虽然弱小单薄,但并非学者们所说的那样脆弱;而所谓小农易于分化,也是一种缺乏证明、脱离实际的推测。地主剥削、土地兼并、商品经济、天灾人祸以及人口压力等因素当然会促使小农经济发生变化甚至产生恶劣影响,但在这些因素发生作用促使小农破产的同时,也有一些因素在产生积极影响,帮助小农重建、巩固和发展,如生产力提高、开垦生荒、政府扶持、农民起义、流入城市、转变行业等。这些因素可以抑制、削弱甚至抵消导致小农破产的因素。从这个意义上讲,封建社会的小农经济是相对稳固的。正因为相对稳固,才构成了封建社会的基本经济形式。而且,造成小农破产的残暴统治、天灾人祸等并不具有规律性特征。而中国封建经济是如何发展的,现在也许只能看到一些表象,真正的发展过程很可能还没有描述出来。以先生的分析和结论审视这些

马克垚先生之学术

成说和定论感到，它们虽也以比较方法进行研究，但视野不够开阔，资料来源有限，且深受教科书影响，因而对西欧封建社会的了解还比较肤浅，结论或观点不够准确。但正是这些成说，长期统治中国学术界，直至先生的文章刊出，局面才有所改变。由于观点新颖，识见独到，文章一经发表，即引起了国际学术界的关注，并很快被译为韩文，收入梁必承编《革命前中国的农业和农民运动》①一书。

一类是基于学术视野的拓展而形成的识见。先生研究了文艺复兴特别是启蒙运动以来的欧洲封建学术史。他特别肯定19世纪的欧洲史研究，认为，在启蒙史学的基础上，19世纪的研究取得了重大成就，我们今天关于欧洲中世纪史的基本知识即主要来自19世纪的史学家。但是，19世纪的欧洲史学在继承启蒙学者研究成果的同时，也继承了他们的研究方法，这就是仍然从法学上研究封建制度，认为封建制度是一种法律制度、一种政治制度。而此时，西方学术界关于封建制度的研究已经形成了自己的传统，以至于20世纪的史学家仍主要将欧洲封建制度视为一种法律制度、政治制度。布洛赫的欧洲封建社会的概念虽已触及经济内容，但仍然主要持这样的认识，冈绍夫更据此将封建制度界定于10—12世纪的罗亚尔河和莱茵河之间。②先生发现，欧洲史学家和他们的论著大多将生产力和经济基础的地位和作用忽略了，而这，正是封建社会作为一个独立社会形态的基本依据。

在考察西方学术史的同时，先生也考察了苏联关于欧洲封建制研究的学术史。苏联学者以马克思主义理论为指导，当然不会认同西方学者的观点。他们对西方学者的理论进行了批判和改造，将封建社会视为人类历史发展的一个必经阶段、一种独立的经济形态。但是，先生发现，苏联学者在对西方学者批判改造的同时，也吸收了他们一些不合理的因素，关于欧洲封建社会的形成，苏联学者即基本上持日耳曼派的观点。他们认为，世界各地的封建制度虽因各自

---

① 梁必承编：《革命前中国的农业和农民运动》，首尔：韩翼出版社1991年版。
② 马克垚：《西欧封建经济形态研究》，第61—64页。

的历史条件不同而各具特点,但封建制度起源的具体内容是基本相同的,这就是农村公社的解体、自由农民的农奴化和大土地所有制的形成。在先生看来,这一理论存在重大缺陷,它忽略了奴隶制的基础和罗马帝国晚期封建因素的萌芽,而将农村公社视为封建化的起点。可是,农村公社是原始社会解体的产物,在奴隶社会仅以残余的形式而存在(个别国家和地区除外),绝不会构成封建社会形成的主要因素。苏联学者一方面承认奴隶社会与封建社会的相承关系,另一方面又坚持封建制度产生于农村公社是世界各地封建制度起源的共同规律,这就陷入了难以调和的矛盾。更有甚者,他们以西欧为范本建立封建化始于农村公社的理论,然后再用以比附世界各地的封建制度,削足适履,其结果,是按着他们的尺度肢解了历史。[1]

我国中古史研究正是在照搬苏联史学的基础上建立起来的。这种照搬在我国中古史学几乎处在空白的情况下是起了积极作用的,但也造成了消极影响,我们对西欧封建社会的许多错误认识,追根溯源,都与此相关。直到今天,我们的理论方法仍然没有摆脱苏联的影响。先生的西欧封建经济史研究突破了苏联中古史学意识形态的壁垒,把视野从马克思主义史学扩展到西方资产阶级史学领域,力求直接认识封建社会的原貌。在他看来,西方学者虽有得天独厚的条件,但由于在方法论上存在某些问题,提出的一些概念和形成的一些结论缺乏科学性,缺乏普遍意义,难以描述人类历史的共同规律。苏联学者虽然实现了方法论的革命,但由于受西方学者的影响,以及自身的片面性、局限性和僵化的教条主义思维模式,在西欧中古史研究的许多重大理论问题上也形成了错误的结论。而中国学者,应该发挥自己的优势,在中国封建社会史的背景或比照下研究欧洲封建社会史,这样就可以提出他们不能提出的问题,建立他们难以建立的理论,并最终形成自己的体系。在他看来,西方学术界对本土封建史的研究虽已有三百多年的历史,但即使以迄今发掘的资料衡量,他们的认识水平也不能令人满意。西欧封建社会在许多重大方面还不是目前所认识的面貌。

---

[1] 马克垚:《西欧封建经济形态研究》,第70—78页。

正是基于这样的识见，先生发出了"重新认识西欧封建社会"的呼声。显然，这一呼声不只是面对七八十年代的中国学术界，而且也面对帮助中国建立马克思主义史学（包括封建史学）并确有深入研究的苏联老大哥，特别是面对封建社会史研究已有悠久历史的欧美学术界。可以想象，在当时国际国内的学术背景和历史条件下，这需要多么宽阔的视野、多么果敢的胆识。

研读先生的论著可见，他的识见主要得益于四方面条件，即视野的开阔、学术史的梳理、史料的掌握和方法的选择。正因为具备了这些条件，他发出了"重新认识西欧封建社会"的呼声，对西欧封建经济形态进行了全面而深入的研究。

五、理论

在上述"视野""问题""方法""识见"的基础上，先生的封建经济史研究构建了自己的理论。这方面，我们可以通过突破欧洲中心论、构建封建经济学和探索封建社会发展规律等案例进行认识。

欧洲中心论是以欧洲或西方为中心认识世界历史的理论。随着欧洲中心论的形成，一套以欧洲人根据自己的历史经验和认识概括而创造的话语随之传播开来，久之，便形成了欧洲人的话语霸权。由于没有其他理论可供借鉴，无论是西方学者，还是东方学者，只要编写世界史，就只能借用这一话语。东方诸国必须通过"东方主义"来认识世界和自身；而要书写自己的世界历史，就必须接受欧洲中心论的控制。汉学主义也一样，很多中国人接受了这种中国观，同样用以观察自己的历史，由此形成了文化上的无意识。即使是西方人，也难以摆脱欧洲中心论的制约。"二战"之后，西方学术界对世界史的认识水平和编写思想都有了提高和改进，部分学者认识到，以欧洲中心论来撰写的世界史绝不是真正的世界史，由此便开始了突破欧洲中心论的漫长历程。直到今天，即使是以破除欧洲中心论为己任的"全球史"，也没有摆脱欧洲中心论的影响，斯塔夫里阿诺斯、麦克尼尔如此，巴勒克拉夫、沃勒斯坦也如此。由此，即可见突破欧洲中心论的难度。

关于欧洲中心论的解构与突破，先生是国内学界较早思考这一问题的学者之一。早在20世纪80年代初，他就已经表达了自己的见解，并且发出了"重新认识西欧封建社会"的呼声。学术界对欧洲中心论的一般批评，主要是指它以欧洲为中心编纂世界史，以偏概全，忽略了亚非拉等应有的历史地位。先生的研究则是在批评这种编纂理念的同时，直接揭示欧洲本土历史书写存在的问题，这对于欧洲中心论来说无疑具有更强的解构意义。而基于自己的专业研究和对欧洲中心论的长期思考，先生集中探讨了如何打破欧洲中心论、书写世界史的问题。新世纪初年，中国学术界围绕这一问题掀起了热烈的讨论，先生遂以自己的思考参与讨论，引起了强烈反响。

欧洲中心论是西方学者在漫长的世界史书写过程中形成的。先生考察了世界史的多方面内容：环境、生态、家庭、人口、社会、政治、过渡、转型等，发现欧洲中心论的影响无处不在，且根深蒂固，其主干则如同人的骨骼，隐藏在世界历史的肌体之中，以至于我们研究封建化问题、封建社会的城市问题、资本主义萌芽问题等，都不得不以欧洲为模板。前论苏联十卷本《世界通史》以农村公社作为封建化的起点，即是欧洲中心论在封建经济史研究中的典型表现。面对这一局面，先生深入考察了17、18世纪以来的西方封建学术史，以图理清欧洲中心论的经络，找出问题的症结，突破它的束缚和控制。他之所以将南亚、中亚以及远东地区纳入研究范围，即是为了给予这些地区和国家以应有的历史地位，从而削弱欧洲中心论的影响。从这个意义上讲，小自封建化等具体问题，大至封建经济学的建立和封建社会发展规律的探索，他所做的大量研究，都是为了突破或摆脱欧洲中心论的桎梏。

但在先生看来，上述问题还都相对容易解决，难点在于资本主义生产方式建立之后的工业化和现代化理论的创建。因为历史研究只能从既定的史实出发，而这个史实即是第三世界国家都没有实现或完成工业化和现代化，因此研究这些国家的现代化缺乏依据，只能用完成了工业化的欧洲模式与未完成工业化的非欧洲国家进行比较。这就难以形成完整的理论，且仍然以欧洲的经验评说亚洲的事实。我们现在只有欧洲中心论这一种历史理论，这种理论从自由、民主、平等、法治等概念，到人类历史的线性发展观、现代化理论等，都是西方历史的产物。我们既缺乏从本土历史文化资源建立的理论，也缺乏从自身看世界的理论和模式。这样，在工业化和现代化的道路上，就无法说明在向西方学习之前我们自己的有别于西方的工业化道路，所以无法摆脱欧洲中心论。另外，非西方国家虽然历史悠久，但对各自历史的研究还很不充分，迄今为止，还没有形成自己的体系。基于以上原因，我们目前还很难建立起自己的历史理论。

可是，欧洲人在创造这一理论时，对非欧洲人和他们的历史并没有多少了解，以至于黑格尔认为非欧洲人没有历史。即使后来了解了非欧洲人也有历史时，仍然认为他们发展不出资本主义，实现不了现代化。我们遵从的谱系，正是这些西方人创造的话语，因此都以西方为正统，以西方标准衡量世界各国，而不是相反。像这样，即使找到了症结所在，问题仍然难以解决。

使用别人的理论却又想突破这种理论，这就决定了它的难度。那么，怎样才能突破或摆脱欧洲中心论呢？答案应该清楚了，这就是我们必须根据自己的历史文化建立自己的理论，只有创建了自己的理论，才能够写出没有欧洲中心论的世界史。而考虑到工业化和现代化的难点，这可能需要较长的时间。现在的有利条件是，部分西方学者已经认识到欧洲中心论的不合理，只要两方联手，就有可能突破欧洲中心论的控制，写出没有欧洲中心论的世界史。

先生的上述观点引发了国内外学术界的广泛讨论。在国内，《光明日报》曾发表多篇论文予以说明和评论。在国外，主要论点则被德国学者译出，与伏尔泰、布罗代尔、麦克尼尔等人的论点一起，收入论文集出版。

欧洲中心论是一个庞大的、根深蒂固的理论体系，对人文社会科学学科而言，破除极具难度，这是学界的共识。但对学者个人来说，情况则可能有所不同。因为学者的研究都是专题，如果把整个学科视为一个广阔的平面，那么，这个专题不过是其中的一个小点。在这一前提下，在对欧洲中心论进行深入认识的基础上，学者就可以针对欧洲中心论某一层次的某一部位或节点进行解构，这就具有了一定的突破意义。据笔者考察所见，先生的理论建构正是利用了这一有利条件。他所研究的区域和时段是西欧中世纪，研究的专题是封建经济形态。正是借助这一条件，他便直抵欧洲封建经济的深处，检索、分析那些为欧洲中心论所背离或曲解的资料，对其进行直接的解构。而综览先生的学术历程可见，他的研究在某种意义上说是从思考、认识欧洲中心论起始，继而发表论著对欧洲中心论进行解构，以此为基础建构自己的封建经济学，进而探索和认识封建社会的发展规律。本小题的前半部分，主要阐明了先生对欧洲中心论的思考和认识，而这种思考和认识早在改革开放前就已经开始了。正是在此基础上，先生建构了自己的封建经济学，而建构的过程，仍然从解构和突破作为欧洲中心论一个组成部分的西方封建经济学的现有理论开始。

为了充分认识已有的封建经济学的概念和理论，先生仔细考察了文艺复兴以来特别是18、19世纪的西方学术史，深入研究了古典经济学、边际主义经济学、制度经济学等概念和理论，他感到，这些理论对封建经济的很多问题并不是适宜的解决工具。为此，他进一步研究了桑巴特、斯密、李嘉图、布罗代尔、诺斯等相关经济学家和经济史家是如何提出这些概念和理论的。结果他认识到，所谓封建主义经济学，是西方学者依据欧洲的封建社会创建的，存在理论缺陷，也不适合其他地区的封建社会。以边际主义理论为例，它实际上是一个数学概念，主要运用微积分方法观察经济问题，解释和说明经济事物的变量关系。由于自身的理论缺陷，创建以来曾受到很多经济学家和经济史家的批评。但也必须承认，边际主义经济学的影响是广泛而深远的，西欧中古经济史的很多研究成果即得自它的计算方法，因此要实现封建经济学的突破与创新，就必须深入反思边际主义的理论和方法，补正它的缺陷和错误，建构新的封建经济学。

可是，要了解和掌握这些概念和理论却非易事，对于大多数经济史学者特别是以历史学方法研究经济史的学者来说尤其如此，一般到此也就止步了。先生则不同，他有一种穷理尽性的执着，难度越大，兴趣越浓，探幽索微，究元决疑，直至问题的解决。既然古典经济学、边际主义经济学等理论仅限于欧洲封建社会，且即使在欧洲，也在某种程度上脱离实际，那么，就应该在对欧洲进行更深入研究的同时，扩大视野，从更广阔的区域进行考察，创建一种符合封建社会实际的新的理论。于是，先生的学术之旅由华入欧，回经伊斯兰世界，进入南亚，之后再返回华夏大地，考察了欧亚大陆各主要地区的封建社会。可是，经济学是经济史学科最高层次的理论，封建经济学一旦创建成功，即成为封建经济史研究的理论依据或研究工具。显然，这是一项艰巨的任务，与理解和掌握西方封建经济学的相关概念和理论不可同日而语。因为仅有智商是不够的，还必须具备创建封建经济学的基本条件或素养，如一定的经济学和数学的专业基础。而我们的学者，不说先生这一代，从建国到现在，有多少学者真正接受过经济学和高等数学的训练？为了掌握经济学以及经济学所需要的数学方法，先生付出了艰苦、巨大的努力，并在充分了解和掌握西方经济史概念和理论的基础上，将西欧、东欧、中国、印度、阿拉伯等前资本主义国家的经济状况进行了比较和综合，最终建立了自己的封建经济学。而受视野的局限，西方经济学家提出的劳动价值论、边际主义等理论，很难适于亚洲大陆的封建国家，而且，也只是在一定程度上符合本土封建社会的实际。

先生的封建经济学的核心内容可以概括为四个方面，即二元经济、管制与短缺、谋生与谋利、发展与进步。二元经济是指自然经济和商品经济的并存，前者为主，后者居次。传统观点认为，无论地主经济还是小农经济，都是一种自然经济。但经过长期细致的考察研究，先生发现，即使是最原始最完备的地主经济，也不能做到绝对自给自足，总有一些多余产品卖出和一些生活用品买入，而且还要进行一定的商品生产。自然经济与商品经济的比重也不是固定不变的，而是随经济发展与历史条件的变化而变化。地主经济如此，小农经济也如此。管制与短缺是指封建经济从来没有脱离国家政治和政府政策的管制，但由于生产力低下，劳动产出很难满足民众消费，时时出现短缺现象。既然是短缺经济，对于大多数民众来说，劳动当然就是为了糊口，为了谋生。而商品经济的运行与发展，又决定了谋利群体的存在，决定了商人以及特定时期富商的不可或缺。但封建经济无论怎样落后或原始，发展过程怎样蹒跚坎坷，基本趋势还是在发展，而发展，就意味着进步，如果把视线放长些，就会看到这种进步的清晰的踪迹。

这样，先生的封建经济学首先弥补了边际主义理论的缺陷。作为一种经济学理论，边际主义在广度上只涉及欧洲封建经济的部分内容，这造成了它的体系中许多重大历史现象的缺位；而由于对历史过程缺乏全面、细致的考察，关于许多重大历史问题的认识也缺乏客观的基础。自然经济、政府管制、劳作谋生原本是封建社会的基本状态，但在边际主义体系中却没有得到应有的关注，先生则赋予它们一定的地位，这就弥补了边际主义的缺陷。其次，修正了它的一些错误。边际主义是在古典经济学自由竞争市场的假定前提下提出来的，原本即具有主观臆断色彩，而受资本主义自由竞争的影响，它又对封建社会的自由竞争作了进一步夸大。事实上，封建经济虽非不存在竞争，但远没有它描述得那样突出，且受到很多非市场因素的干扰。而以商品经济和以与谋生并立的谋利予以描述，无疑更加符合封建社会的实际。此外，边际主义以孤立的个人立论，从消费而不是生产出发分析人们的经济关系和经济活动，强调心理和意志对经济活动的决定作用。心理活动对经济运行当然有一定影响，但不是绝对的，更无法构成经济发展的动力。这些，在先生的封建经济学中都得到了补正。显然，如果没有开阔的视野，没有对西方经济学理论方法的深入了解和研究，就无法发现和弥补它们的缺陷，纠正它们的错误。而不去弥补它们的缺陷、纠正它们的错误，也就无法建立适用于欧亚大陆的封建经济学理论。

先生的封建经济学实际上也是关于封建社会发展规律的探索与概括，它旨在证明，无论哪个国家哪个民族，只要处在封建社会的历史阶段，都必然出现类似的现象。具体说来，世界上各大文明区域封建社会的发展具有共同规律，这表现为在生产力水平和经济条件大致相同的情况下，各文明区域的政治、经济、社会等结构和历史发展趋势也大致相同，主要表现为重大历史现象和主要历史阶段存在一致或相似性。例如，罗马与中国汉代都存在奴隶制，罗马奴隶制自有它的典型之处，但也存在不典型的地方，汉代奴隶制也是如此，两相比较，极其相似。西方封建王权受限，形成了"王在法下"的现象，中国皇权也非无限，亦受礼法、习惯和官僚体制等因素的限制，存在"王在法下"的现象。中国有专制制度，西方也有专制制度。西方有资本主义萌芽，东方也有资本主义萌芽，中国之所以没有建立资本主义制度是因为历史发展道路的曲折所致，如果把视线放长些，则可以看到类似之处。在下一个层级上，西方有封建庄园，东方也有封建庄园。西方封建庄园的典型性经历代学者的研究已得到归纳、抽象和概括，东方的封建庄园则因研究很不充分，尚未进入这一层面。东方城市受王权控制，西方城市因封建割据而有自治现象，随着王权的加强也受王权控制。西方的一些社会史现象已经得到历代学者的抽象和概括，中国史学界则因为一向做王朝史研究，还没有作出相应的概括。如果情况相反，或随着中国学者对封建社会史抽象和概括的加强，这类共同现象必然大量增加，从而强化对封建社会共同规律的认识。

当然，讨论封建社会的发展规律必然涉及封建制度的差异问题。比如有学者认为，封建社会来自西语 feudalism 的翻译，原意是指一种政治结构，由自上而下分封所致。中国在西周时实行过分封，与西欧封建有相似之处。但秦朝建立郡县制后，便不再有封建之制，为什么还要称封建社会？须知，先生并非不承认这种差异，但他的封建社会的概念主要指一种社会经济结构，这一结构的主要特征是在特定生产力的基础上，封建依附关系盛行，大土地和小生产结合，主要表现为地主对农民的剥削。这样的社会经济结构无疑是中国中古社会的基本结构，在世界中古史上无疑也普遍存在，因而揭示了人类历史在封建时代的发展规律。只是需要说明，这一发展规律所蕴含的共性与各文明区域的特性共存，或寓于这些特性之中，建立在历史发展的多样性的基础之上，这在先生的论著中也多有涉及。

在方法上，除了上文所说诸方法，先生也一直倚重历史学的传统方法，即个案分析和实证研究。无论是解决新问题，提出新观点，还是驳正旧理论，资料引用和案例分析都非常具体、细致、详明。体系的建构需要扎实的个案分析和实证研究，如果缺乏个案和实证，所谓体系就缺乏基础，甚至沦为无源之水、无本之木。但在这里，我们必须强调个案分析和实证研究的定位，它们只是建立体系、探寻规律所需要的途径和材料，如同筑建一栋房子，个案与实证只能作为砖石之用，房子才是最终目标。其次，便是借鉴和使用数学方法。对此先生有清晰的认识，他的封建经济学的建立即使用了数学方法。而在国内经济史领域，无论是经济学家，还是历史学家，大多局限于各自的领域，使用各自的方法。国外经济史研究虽然有异，基本情况也大致类似。这当然不是说不用历史学或经济学、数学方法就不能做经济史研究，当然可以做，但视野肯定受限，高度肯定不足。

先生这一代学者是在马克思主义理论的熏陶下成长成熟、成名成家的，用他自己的话说，是"学马列出身的"。他后来之所以执着于封建经济学的建立和封建社会发展规律的探讨和研究，与此不无关系。可以说从年轻时起，他已经确定了这一研究方向或基本目标。而今天，受后现代主义史学"微观化""碎片化"的影响，学术界风行微观研究，且将过去的研究贬称为"宏大叙事"，以至于放眼期刊发表的文章，让人有一种历史学变成史料学的感觉。但是，先生并没有为时风所扰，淡定自如，仍然对历史发展规律的探索咬定青山，这就显得更为难能可贵。需要指出，当"宏大叙事"被描述为一种历史学的时代特征的时候，它便具有了以偏概全的嫌疑。事实上，中国传统史学即使在以阶级斗争为纲的年代，也从来不乏微观研究，换句话说，时下风行的微观史学名义上是后现代史学影响的结果，实际上仍然传承了传统史学的文脉，很难说是今天的创新。而先生关于封建经济学的建构和历史发展规律的探寻也正是建立在微观研究、个案研究的基础之上。这一点，当代史学的趋向与先生的研究并无不同。问题在于，微观研究、个案研究的目的并非要人沉迷于微观与碎片，迷途而不返，而是为了概念的总结，认识的提升，为了由点到面，从小到大，由低及高，综合历史过程，建构历史科学，逐级上升，由微观经中观而至宏观，即将浩如烟海、堆积如山的个案、实证材料进行抽象化、概念化、理论化和体系化。否则，历史研究或历史学科就会成为一个没有架构、没有体系、没有高度的侏儒，甚至难以称得上为学科。正是从这种意义上说，我们赞同先生的研究：高低有致，宏微并臻。当代史学应该从先生对建立封建经济学

马克垚先生之学术

体系和探寻封建社会发展规律的坚持与执着、从老一辈历史学家的"宏大叙事"中汲取有益的启示。

通过与西方封建经济学比较，我们认识了先生封建经济史研究的理论高度。需要说明，在先生的体系中，高度与广度是相辅相成、密不可分的。广度为高度提供素材和案例，视野越宽，研究对象越广，获得的素材和案例就越多。高度为广度提供概括与架构，层级越高，覆盖范围越广，理论适宜度也就越高。如前所论，先生的研究覆盖了欧亚大陆的主要封建国家，而西欧封建经济学理论则仅局限于欧洲本土。高度是指封建经济史的最高理论层次，先生的封建经济学与边际主义经济学等同属封建经济史最高层次的理论。但先生的封建经济学是从欧亚大陆封建社会的实际出发，在广度的基础上建立的，西方封建经济学则不仅在一定程度上脱离了本土封建社会的实际，而且缺乏广度的基础，因此造成了一些错误认识，这就必然影响它们的学术价值，从而进一步凸显先生的理论高度。理论高度如此，学术价值也就显而易见了。从封建经济史研究的进程看，它建构了封建经济史研究的高端理论，这就不仅深化并推进了封建经济史的研究，而且为封建经济史研究的进一步发展创造了条件。相对于欧洲中心论而言，它不仅揭示了西方封建史学的不足与缺陷，而且指明了其中的许多错误，这对于欧洲中心论便具有重要的解构与突破意义。

一项新的理论或学说的创立需要经受时间的考验。就先生的封建经济学和封建社会的发展规律来说，目标是否已经实现，首先要接受实践的检验，听取同行的评判。而就先生本人而言，因结论形成未久，随着研究的深入和拓展，还可能需要进一步改进和完善。但无论如何，这是一项高端理论建构，特别是在经济史研究的学术地平线上审视这一建构，它的高度自然也就显现出来。

同自然科学成果一样，历史学以至各人文学科的成果也存在转化问题。可以认为，这个转化过程由史学家本人的理论观点起始，经学界共识而转化为学科知识，其中的一部分还可能转化为文化常识。先生的许多成果即已经历和正在经历这样的过程。他当年的许多观点，如封建主义、封建化、小农经济、封建城市、农村公社、封建庄园等概念，特别是关于西欧封建经济形态、欧亚封建社会形态的基本认识，经过时间的检验，已经部分地转化为学界共识和学科常识，有些已经写入了大学世界史教材。有的成果如封建经济学理论，则因刚刚创建和面世还有待验证和转化。历史学家的成果转化不仅意味着自己的理论观点得到了学术界的肯定，更意味着开始纳入人文社会科学理论的建构系统，融入思想文化的长河。从这样的角度认识先生的研究，也许更能体现它的意义。

（本文在《马克垚的封建经济史研究》[《清华大学学报》2019年第1期]和《马克垚封建经济史研究的理论高度》[《光明日报》2017年12月25日]两文的基础上修改而成）

政治史研究的新贡献
——读马克垚先生的新著《古代专制制度考察》

孟广林（中国人民大学历史学院）

新近出版的《古代专制制度考察》[1]，是马克垚先生在长期学术积累基础上撰著的一部力作。该著以其新的理路辨章学术，考镜源流，通过对诸多理论、史实的精致分析与辩证比较，不仅廓清了西方"东方主义"和中国人"西方观"的思想影响，而且对东西方"专制制度"做了全面深刻的诠释。这一政治史研究的新贡献，值得学术界予以高度关注。

一

在前现代（传统）政治史领域，曾经一度盛行西方人的东西方两极划分、截然对立的学理模式，认定西方承续的是法治、民主传统，因而其王权是"有限王权"；而包括中国在内的东方则是人治、独裁传统，由此而滋生不受限制的"专制主义"王权。《古代专制制度考察》一著的学术要旨，乃是要在解构这种学理模式的基础上，对东西方的专制制度尽可能作出接近于历史实际的解读，力图建构政治史研究的新范式。为此，该著首先对西方人的"东方主义"和中国人的"西方观"的来龙去脉进行系统梳理与有力解析，力图廓清外来及本土衍生的政治观念对人们认知东西方政治史所附加与叠加的影响，确保相关问题的研究牢固地定位于学术探究的轨道之上。

有关学术史显示，西方人的上述学理模式并非纯粹学术研究的结果，而是

---

[1] 马克垚：《古代专制制度考察》，北京大学出版社2017年版。

近代以来"西力东渐"在西方学术界所滋长的"东方主义"话语霸权的产物,带有十分鲜明的"西方中心"论的烙印。在"戊戌"尤其是"五四"启蒙运动中,中国知识界在为"救亡图存"而急切反思与批判传统时,对这一学理模式几乎予以全盘吸纳与阐发。到20世纪80年代,这一思想取向又因对"文革"及历史上的"封建专制主义传统"的批判而再度浮现。这样的文化氛围,无疑深刻影响了国内学界对东西方传统政治史尤其是中国古代政治的研究。对西方人的上述学理模式,国内史学界曾予以不少批驳。[①]20世纪末,国内学者对魏特夫"东方专制主义"之定论的批判就堪称典型。然而,这类批判是局部的、点面的,并未在世界范围内对其"专制主义"理论进行系统的解构。同时,这类批判多聚焦在魏特夫的"地理环境决定"论之上,且仍旧以"中国君主专制"这一"既定"的制度模型来展开讨论。例如,有学者指出,魏特夫的"治水理论"不足以解释中国古代政治史,中国古代君主专制的建构与强化,固然有多重因素,但最主要原因是"经济必然性",即作为封建社会形态主要经济基础的小农经济。[②] 显然,这类批判固然彰显出一定的学术理性,但并未从总体上对西方人的学理模式予以根本性的颠覆,也就不可能消除这一模式对中国学者学术"潜意识"的长期影响。因此,致力于对中国"君主专制"样本的阐发仍旧是中国史领域的学术主流,而且形成了比较知名的"王权主义学派"。[③]

---

① 周自强:《从古代中国看〈东方专制主义〉的谬误》,《史学理论研究》1993年第4期;林甘泉:《怎样看待魏特夫的〈东方专制主义〉?》,《史学理论研究》1995年第1期;王敦书、谢霖:《对马克思亚细亚生产方式理论实质的曲解——魏特夫的"东方专制主义"》,《史学理论研究》1995年第2期;李祖德、陈启能编:《评魏特夫的〈东方专制主义〉》,中国社会科学出版社1997年版。此外,在不少关于亚细亚生产方式的论著中,也包含一些这样的批判。
② 李祖德、陈启能编:《评魏特夫的〈东方专制主义〉》,第210页。
③ 参见李振宏《中国政治思想史研究中的王权主义学派》,《文史哲》2013年第4期;刘泽华、李振宏《关于"王权主义学派"问题的对话》,《南国学术》2014年第3期;方克立《学派与学术——关于"王权主义学派"及其思想的争鸣》,《天津社会科学》2015年第2期。

与之相应，国内中西政治史的比较研究则流行"求异"的理路，也从不同层面自觉不自觉地认同西方的这一学理模式。

另一方面，在国外史学界，尽管西方的"东方主义"论风头渐弱，但其流风余韵绵延不绝，将东西方两极划分、截然对立的学理模式仍不时浮现，甚至在21世纪初隐约可见。美国著名史家W.M.斯伯尔曼算是一个典型。在他看来，作为过去两千年中最普遍、最持久的一个人统治国家的君主制度，由于历史基础和文化背景的差异，表现为"不同的王权模式"，即"中国的君主专制"（Chinese Absolutism）、"日本的象征主义"（Japanese Symbolism）、美洲和撒哈拉以南非洲的"无文献记录的王权"（Monarchy without Manuscripts）、拜占庭和穆斯林地区的"神权政治的王权"（Theocratic Monarchy）和"欧洲的畸形物"（European Anomaly）等诸种类型。在此类型划分的基础上，斯氏还从专制皇权与"有限王权"的角度进行中西比较。斯氏指出，对于16世纪开始出现的所谓欧洲"绝对君主制"（absolute monarchy），18世纪英国辉格派曾据此断定"欧洲的政治生活正在堕落为'东方专制主义'的牺牲品，蒙受绝对君主专制的灾难"。但实际上，将17、18世纪的西欧贴上"君主专制之时代"的标签也是错误的，议会等级和法律的力量仍然存在，君主并非能够完全像东方的君主那样个人独裁。斯伯尔曼的这种学术认知，与其先辈一样也浸染着"西方中心"论的思想。在他看来，在过去两千年中，有关各种王权模式中的一个"基本问题"，就是"在制度的专制主义形式和它的受限制的或'宪政主义'的替换物之间的紧张关系"。正是中世纪后期萌发的对君权的"牢固的宪政主义限制"，使西方王权这个"欧洲的畸形物"在引导社会现代化的过程中扮演重要角色，而其他地区的君主制都不具备这种活力，最终只得屈从于西方。[1]

针对上述学术态势，《古代专制制度考察》并未直接切入制度的史实论证与比较，而是高屋建瓴，以睿智的眼光首先对"东方主义与中国人的西方观"

---

[1] W.M. Spellman, *Monarchies 1000–2000,* London: 2001, Introduction, pp.3–6.

予以系统梳理与澄清，以之为学术研究扫清多年沉淀的思想障碍。该著指出，西方人的"东方主义"（也可称之为东方专制主义）的东方，"本来主要是指阿拉伯世界而言，包括中古的阿拉伯帝国，后来的奥斯曼帝国和莫卧儿帝国等，东方主义的赖以形成的材料，许多都是阿拉伯世界的"。地处远东的中国，18世纪还一度被认为是"文明昌盛的国度"，到了19世纪后，随着西方殖民主义的侵略，"中国也逐渐被包括进东方的范围"。在殖民主义的话语中，"东方被认为是落后、停滞、野蛮的代表，而西方是文明、进步、自由，是世界的未来"[①]。为了对之予以阐证，该著对西方的"东方主义"的来龙去脉进行溯流探源的考察，从如下几方面论证了这一概念的萌发、扩散与建构过程。

其一，西方"东方主义"在古代、中世纪的源头。古希腊人并没有东西方的文明概念和地理概念。过去认为希腊是西方文明的源头，就认为希腊属于"西方"，"这其实是一个错误的认识"。从地理上说，古代希腊不只是现在的希腊半岛，而是以爱琴海为中心、横跨欧亚两洲的一片区域"。而希腊人使用的欧罗巴和亚细亚这两个地理名词，和现在的欧洲、亚洲"意义完全不同"。此外，这一区域的人自称是希腊人（Hellas），区域之外的人称之为barbarians，后者被译为蛮人，"但是这一名词起初并没有我国'蛮夷'那样的贬义，只是把希腊人和非希腊人区别开来"。同时，"古希腊人对后来被称之为东方代表的波斯，并没有什么恶意和贬义"。真正对波斯进行针砭的则是亚里士多德。亚氏在《政治学》一著中，不仅对欧罗巴人的"自由"和合理政体予以夸耀，而且对蛮族人更多的"奴性"及其国王的"全都类似于僭主的权力"加以针砭。这些说法反映了希腊人经过与波斯的长期战争而"在自我意识中产生的相对于东方（以波斯为代表）的优越感"，由此而"成为以后西方产生'东方主义''东方专制主义'的重要源泉"。古罗马时，oriens一词意指日出，后来引申为方位的东方，不久又逐渐形成用oriental和occidental指东、西方的说法，并以之来分别指讲拉丁语的西部帝国和讲希腊语的东部帝国，"和现在的东西

---

① 马克垚:《古代专制制度考察》，第1页。

方概念不同",至于亚细亚则是罗马帝国的一个行省。①到了中世纪,虽然基督教统治整个欧洲,却沿用以基督教指西方、东正教指东方的用法,"西方具有了宗教、文化上的意义"。同时阿拉伯帝国的兴起与繁盛,引发了落后的西欧在宗教旗帜下对阿拉伯人的十字军东征,埋下了"西欧视伊斯兰为敌人的根源",阿拉伯的学术文化虽然对西欧多有积极影响,但并未化解西方的敌对情绪。

其二,从中世纪向近代过渡时期西方"东方主义"的萌发。在16、17世纪,西欧社会有了进步,且爆发了文艺复兴。在学习古典文化时,也继承了过去对"东方"的不正确看法,。另一方面,西欧人对迅速崛起的伊斯兰教的奥斯曼帝国的对抗,以及新航路开辟后,西欧人在对非洲、美洲的落后民族的奴役中,"更强化了自己的优越观念"。所有这些,都促使"东方主义"萌发。此时,欧洲人自我的身份意识增强,"视东方(以奥斯曼土耳其为代表)为落后"。不过,由于西欧各国开始摆脱封建割据而加强王权,许多西方思想家如马基雅维里、博丹、霍布斯等一反古典文化的"共和"政治传统而"赞扬专制主义"。在论述国家主权时,博丹将君主分为"王制君主"和"专制君主",认为前者尊重臣民的自由和财产,而土耳其那样的君主属于后者,是臣民人身和财产的主人。这样的看法"表示了西欧人对东方的歧视"。尽管如此,霍布斯、维科等人并不认为专制主义是东方特有的,而是一种普遍的、在东方与西欧都有的历史现象。②

其三,18世纪以来"东方主义"的形成。从这一世纪开始,经过工业革命洗礼的西方,以大工业生产出的坚船利炮,把东方乃至非洲、美洲都纳入了自己的殖民势力范围。同时,"以启蒙运动为标志,欧洲人完成了自我认识的最后目标,给出了自造的谱系,即西方经历了希腊罗马、中世纪、文艺复兴、启蒙运动、工业革命、政治民主制的进步过程,而其他民族都是落后、愚

---

① 马克垚:《古代专制制度考察》,第2—3页。
② 马克垚:《古代专制制度考察》,第6—7页。

昧的",只有接受西方人的教化和训导,才能获得历史的发展。[①]不过,18世纪初,传教士对中华帝国文明的"半真半假"的介绍,曾使西欧人曾宣扬中国的"开明君主"来规劝本国国王实行开明统治。但这只是一个插曲。不久,西方人开始了"东方主义"的理论建构。孟德斯鸠认定在包括土耳其、波斯、印度、中国等在内的亚洲,实行的是以恐怖为统治原则的君主专制政体,君主意志就是法律,也是全国土地的所有者和臣民财产的继承者。黑格尔则"从哲学上对亚洲的奴役和欧洲的自由做了总结",宣称从一开始东方只有专制君主一个人是"自由"的。密尔、琼斯等人则从经济学的角度指出"东方主义"的特点,如土地国有、个人财产权利缺乏、政府掌握巨大的灌溉工程、社会发展停滞不前等,由此,"东方主义就取得了最后的完成形态"。[②]到了20世纪,魏特夫《东方专制主义》一著断定,兴修大型灌溉工程构成东方专制主义的基础。由此出发,用水利社会的中心、边缘、次边缘三个领域,"把世界上所有非西欧国家,都包括在这一范畴之中",这一冷战时期带有政治色彩的著作,成为"东方专制主义的集大成之作"。[③]

在清晰揭示西方的"东方专制主义"的缘起与形成之后,《古代专制制度考察》进而对其主要内容作了精要概括:东方盛行没有个人私人财产的土地国有制与农村公社,没有自治城市,君主又有不受限制的绝对权力,臣民普遍受到奴役,社会停滞落后,无法依靠自身力量取得社会进步,等等。该著指出,这些内容包蕴着"欧洲中心"论的理论,"并没有多少实证的科学的证明",且浸润了西方人的政治傲慢与话语霸权,是难以成立的。

值得注意的是,《古代专制制度考察》还对中国人的"西方观"的流变作了理性审视,期以从中管窥西方的"东方主义"对中国知识界思想的浸润与影响。在该著看来,中国古代盛行"华夷之辨",视自己为处于中心的天朝大国,

---

[①] 马克垚:《古代专制制度考察》,第7页。
[②] 马克垚:《古代专制制度考察》,第8页。
[③] 马克垚:《古代专制制度考察》,第8页。

将周边族群与国家看作是蛮夷,但在实际交往中"不得不承认和强大的敌国是一种平等关系,甚至是向人家称臣"。明清时期,西力东渐渐显苗头,但由于"华夷之辨"观念浸淫日久,使中国人误以为"西洋乃是一国",不能正确了解西方。自近代开始,落后挨打的局面,使中国"从原来的自我中心转变为对西方的'崇拜'",[①]接受了西方人为自身历史建构的谱系。这一将西方视为先进、发展、理性等代表的"西方观",必然"呈现东方主义的表象",这是因为要向已经近代化的西方学习,"必然受到西方的影响和控制",在西方话语霸权的支配下,"逐渐落到以人家的是非为是非的地步",至今仍不时显现。[②]时下所谓的"汉学主义"其实也是"一种西方中心的知识系统",是中国人"自我东方化"的表现。[③]所有这些,都必须在中国人建构自己的认识体系时予以清理和剔除。

通过上述对西方之"东方主义"神话与中国人的"西方观"进行深层次的力透纸背的解构,《古代专制制度研究》强调,中国学者要进行专制制度的深入研究,就必须对西方人带有极度偏见的"东方主义"进行清算,同时也需破解在外来"东方主义"影响下形成的、反映了"自我东方化"的中国人的"西方观",方能沿着尽可能接近历史本身的学术理路去探索。

二

通过对"东方主义"神话及其影响的正本清源式的清理,《古代专制制度研究》破除观念的"层累"所营造的认知障碍,对前现代时期东西方专制制度展开深入研究。在政治史饱受史学新潮冲击后局部复苏的学术态势下,这一具有开拓性的研究弥足珍贵。

[①] 马克垚:《古代专制制度考察》,第10页。
[②] 马克垚:《古代专制制度考察》,第17页。
[③] 马克垚:《古代专制制度考察》,第1、17页。

众所周知，20世纪后期以来史学研究的转向，让曾经是"显学"的政治史面临消退的境地。宏观的、多维度的"全球史"以及"文明史""环境史"研究的勃兴，与社会史研讨的日益升温及其细节化、琐碎化的趋势，在很大程度上弱化了政治史研究。在日益盛行的宏大历史叙事与微观史学之交相"夹击"下，包括政治史在内的传统史学研究一度趋冷，在史学同仁中陷于颇为"落伍""保守"的尴尬状态。在西方，有史家就抱怨道，"社会史完全抛弃了政治、权力和意识形态"，而"短期历史……更成为众多人眼中唯一的史学正路"[1]。在国内，有学者甚至不无忧虑地指出，政治史迅速被社会史等新兴学科所吞噬和肢解，最终沦落成为边缘学门。[2] 在此情况下，政治史的研究一度趋冷，进展迟缓，那种东西方政治史两极划分、截然对立的学理模式当然也就依然故我地大行其道。

事实上，持续涌动的史学新潮，没有也不可能埋汰包括政治史在内的传统史学研究的价值。诸如"全球史"之类的"普世"关切与宏大叙事，都不足以掩盖各地区、国家在发展层次、文化传统、经济样式、政治体制上所存在的差异及其各自所面临的诸多问题，更何况还有诸多西方遗留下来的"后殖民主义"问题，如国家间的领土争端与利益冲突、大国与弱国间的霸权与反霸权斗争等，这些差异性和问题使得各个民族的发展诉求与道路不同，脱离于此，就难以科学认知全球性问题。也正因为如此，地区、国别史仍旧受到一些史家的重视，而东西方的文明冲突也日益引起学术界的关切。旅美阿拉伯学者萨伊德在《东方学》一书中，就不屑于整体考量的"新世界史"观，而是致力于解构西方殖民主义的"东方主义"的理论模式，破解其话语霸权，探求"东方"真实的历史身份。[3] 同样，社会史的诸多探究固然开拓了史家视野，加重了历史

---

[1] 〔美〕乔古尔迪、〔英〕大卫·阿米蒂奇:《历史学宣言》，孙岳译，格致出版社、上海人民出版社2017年版，第95页。

[2] 杨念群:《为什么要重提"政治史"研究?》，《历史研究》2004年第4期。

[3] 〔美〕爱德华·W.萨义德:《东方学》，王宇根译，生活·读书·新知三联书店2009年版。

马克垚先生之学术

研究的厚度，但如果脱离政治史的参照，则必定陷入饾饤琐碎的、趣味化的歧途，不可能探究到历史发展的轨迹及其根源。这是因为在不同社会类型的形成与发展中，政治对于经济样式、阶层划分、社会生活、思想文化有着整体驾驭的关键作用。在前现代时期，欧亚大陆都经历了不同君主制之统治的漫长历程，从而对各民族的政治文化传统、行为方式、文化心理，进而对他们的历史进程有着不可低估的影响。美国政治史家本迪克斯就指出，"从有史记载开始，国王就统治着人类社会。通过王权的统治，政治传统被构建起来并影响着当今人类"。王权统治的制度模式使每个国家的文化和社会的结构基本定型，难以改变，"为了理解现代世界，就必须考虑到一个民族的传统实践。日本、俄国、德国和英国的社会一直是大相径庭的，而它们的政治传统的形成有助于解释这些差异"。[①] 也正因为如此，西方的新马克思主义史家不仅强调政治史研究对社会史的意义，而且提倡用唯物史观的阶级分析法来进行相关考量。佩里·安德森就强调，在当今，尽管史学的理念、方法正在发生变化，但十分有必要重提历史唯物主义的一个基本原理：阶级之间的斗争最终是在社会的政治层面——而不是在经济或文化的层面——得到解决。换言之，只要阶级存在，国家的形成和瓦解即是生产关系重大变迁的标志。因此，"自上向下看的历史（history from above）——阶级统治的复杂机制的历史，其重要性不亚于自下向上看的历史（history from below）。实际上，没有前者，后者最终只是片面的历史（即使是较重要的一面）"[②]。而在国内，中国史领域的学者再次对政治史予以关注并由此而出现争论。阎步克就对质疑古代"中国皇权专制"的新观点，作了较为细致的论辩，提出"集权君主制"的概念。[③] 杨念群认为"政治"

---

① Reinhard Bendix, *Kings or People: Power and the Mandate to Rule*, Los Angeles: University of California Press, 1978, p.3.
② 〔英〕佩里·安德森：《绝对主义国家的系谱》，刘北成、龚晓庄译，前言，第5—6页。
③ 阎步克：《政体类型学视角中的"中国专制主义"问题》，《北京大学学报》（哲学社会科学版）2012年第6期。

具有在跨地区意义上的整合之作用,主张把"政治"当作一种相对独立的运转机制进行再研究,同时指出,近代以来的复杂情况使得"政治史"要想真正得到复兴,必须借鉴其他研究特别是社会史的学术取向。[1] 杨天宏认为,政治史研究可以克服社会史研究所带来的"碎片化"弊端,他强调,民国史研究可以通过走"以政治史为纲"的路线来整合其他专门史或系列史的研究,因为"全部民国史都是政治史",应该以政治史为"纲"来研究其他各种历史现象。[2]

正是基于对政治史特定学术价值的清醒认知,多年来,不少政治史家在史学研究的急剧转向中不改初衷,仍旧积极倡导政治史研究,而且对这个领域中似成定论的重大问题予以重新解读,甚至在新史学思潮中吸取学术营养,力图开拓出新政治史的研究范式。

在西方,解构以往历史阐释中"政治神话",构成了政治史领域的新的学术景观。在过去,由于某种文化观念或政治思潮的影响,也由于偏执地从"民族本位"或现实需要出发,不少西方人曾将现实与历史机械地搭配起来,对前现代的政治史作出不少带有偏见和谬误,甚至建构出有悖于历史实际的"政治神话"。例如,在19世纪末以英国著名家斯塔布斯为代表的"牛津学派"(School of Oxford)在探讨中世纪英国政治史的过程中所建构的"王在法下"论、"议会主权"论,堪称对史学界深有影响的"宪政神话"。[3] 但这一论断不久就遭到史学界的质疑与批评。有人就指出,这一"辉格解释模式",完全以"当下"作为尺度去裁量历史,以便"编写出能够确认现实甚至美化现实的故事"。[4] "二战"后,不少英国史家更是通过大量的细致考察,对这一"宪政神

---

[1] 杨念群:《为什么要重提"政治史"研究?》,《历史研究》2004年第4期。

[2] 杨天宏:《政治史在民国史研究中的位置》,《南京大学学报》(哲学、人文科学、社会科学版)2013年第1期。

[3] 请参阅孟广林《"王在法下"的浪漫想象:中世纪英国"法治传统"再认识》,《中国社会科学》2014年第4期。

[4] 〔英〕赫伯特·巴特菲尔德:《历史的辉格解释》,张岳明、刘北成译,商务印书馆2012年版,序言,第10、21、22页。

话"作了有力解构,[①] 其中"麦克法兰学派"(School of McFarlane)所做贡献最为突出。该学派创始人著名史家麦克法兰在批判"辉格解释模式"时,提倡对作为政治活动主体的人的考察。他指出,"制度是由人的动能而产生、发展、改变和衰落的,它们的生命就是创建了它们的那些人的生命"[②]。只有研究人与人的实际政治活动,才能揭示制度的实际属性、权威与功能。正是基于这一新的理路,麦氏多层次、多角度地考察了"变态封建主义"(Bastard Feudalism)与大贵族"超级臣属"崛起、内战频仍、王朝鼎革的内在联系,开启了中世纪英国"宪政"史的研究转向。

无独有偶,从20世纪80年代开始,中国史学界对中国古代君主专制的定论也逐渐予以质疑。日知指出,中国先秦时代不存在着"专制主义"。自秦汉开始,"东方专制主义"的概念是否适用于中国同样值得推敲,因为儒家"礼"制及其政治伦理、日益发达的官僚行政制度、外戚、宦官势力与某些政治集团,在某些特定时期仍对皇权形成限制。[③] 针对"明清时期皇权专制发展到顶峰"的说法,祝总斌通过细致分析指出,随着官僚机构日益严密,中国君主所受的限制就越大,明清时期皇权专制处于严重弱化的态势,"君主专制权力,不是逐渐加强,而是逐渐削弱"。[④] 邓小南在谈及宋代政治时强调,所谓"君主独裁政治",并非皇帝个人享有绝对权力的政治状态,而是以中央集权官僚制为基础、事实上受到制约的政治体制。[⑤] 侯旭东更基于概念的溯源指出,"专制主义"概念源于西方,并于19世纪末后则经由日本舶来,为中国知识界所接受。由此,将中国古代看作是皇帝独裁的"专制政体"的定论"成为大陆中

---

① 请参见孟广林《英国"宪政王权"论稿:从〈大宪章〉到"玫瑰战争"》第一章,人民出版社2017年版。
② K.B..McFarlane, *The Nobility of Later Medieval England,* Oxford: Clarendon Press, 1973, p.280.
③ 日知:《中西古典学引论》,第365—369页。
④ 祝总斌:《试论我国封建君主专制权力发展的总趋势——附论古代的人治与法治》,《北京大学学报》(哲学社会科学版)1988第2期。
⑤ 《邓小南谈对宋史的再认识》,见"上海书评",澎湃新闻2016年12月16日。

国史理论概括的基本观点之一"。不过,"此一论断并非科学研究的结果"。①

半个多世纪以来,尽管中外史家诸多的"拨乱反正"推动了政治史研究的复苏与挺进,但相关研究几乎都局限在单个国家、王朝,这类局部、层次上的开拓创新,并未对西方人的那种将东西方传统政治史两极划分、截然对立的学理模式进行整体、全面的解构。正是在这样的学术背景下,《古代专制制度研究》的问世,尤为引人瞩目。

早在20世纪70年代末,马克垚先生在检视所谓"亚细亚生产方式"问题时,就注重思考古代东方社会的性质,并对西方人历史叙事中的"西方中心"论予以质疑。在随后数十年的治学历程中,他在深入研究西欧封建经济史的基础上,以宏阔的视野展开中西封建政治史的比较研究,成为其时国内政治史研究的有力推动者。②这一过程始终蕴含着马先生破除对西方史学的"路径依赖"、建构新的研究范式的学术理想。在他看来,我们使用的历史研究的概念、方法大都来自西方,其中既包含着西方人对东方历史认知的诸多谬误,也包含着西方人对自身历史的不少偏见,需要对之予以重新审视,切勿在比较中误入西方人"预设"的学术陷阱。政治史的比较,也不能仅仅停留在制度形态的层面,而需将制度与其"实际运转的情况"结合起来考察。③同时,他还强调,世界历史的发展并非不同社会模式或历史道路的简单组合与机械拼缀,而应该是多样性与统一性的有机整合。历史研究不能仅仅满足于对社会模式的证立与分类,而应该进一步在纷繁复杂、千差万别的社会模式中去探讨世界历史发展的共同的必然的规律。这就需要对亚非乃至拉美广大地区的古史进行研究,总结其规律性;同时也需对西方人建构的西欧历史的概念、定义、规则重新进行考察,看其是否符合具体的历史实际。在双方都取得重要成果的基础上,逐步

---

① 侯旭东:《中国古代专制说的知识考古》,《近代史研究》2008年第4期。
② 请参见马克垚《中英宪法史上的一个共同问题》,《历史研究》1986年第4期。此外,马先生在《英国封建社会研究》《封建经济政治概论》等论著中,对英国、西欧的封建政治史有十分精辟的论析。
③ 马克垚:《政治史杂谈》,《河南大学学报》(社会科学版)2002年第2期。

马克垚先生之学术

综合比较，求得双方共同的特征与规律，"建立封建社会的政治经济学理论体系"[①]，甚至"建立前资本主义诸形态的政治经济学"[②]。

正是依据上述学术理路，《古代专制制度研究》在破解西方的"东方主义"及其影响的基础上，对前现代时期的专制制度进行跨地区、国别的综合考察。迄今为止，由于知识结构和学术畛域的限制，中外史学界对传统政治史的研究，要么局限在西方，要么局限在中国，几乎都聚焦在某个地区、某个国家、某个王朝的领域内，而对其中的政治权威、政治制度、政治思想作"个案"的考量。这些研究虽然取得不少成果，但对前现代时期主要政治形态及其演进，不可能有宏观的全局鸟瞰、趋势性的整体把握与规律性的总结。与此不同，《古代专制制度研究》以宏阔的历史视野，将自古至今欧亚大陆的诸多国家的专制制度的缘起、建构、发展与演进作细致的分别考察与比较式的综合考察，不仅涵盖了古希腊、罗马的城邦与帝国、西欧诸封建国家、近代西欧"新君主制"、俄罗斯沙皇帝国，而且涉及中国古代诸多封建王朝。而在考察过程中，该著对建构东西方专制制度的许多要素，如权力合法性、君权理论、君权的支撑力量与制度的设计及其运作等都有深入探讨，其间不乏微观的辨析。同时，该著更进行诸多纵向与横向的比较研究尤其是中西历史比较，期以从整体上把握专制制度发展的总体脉络与流变趋势，揭示前现代时期人类主要政治形态多样性与统一性的历史规律。在研究过程中，该著摆脱诸多传统学术观点的困扰，就专制制度的诸重大问题，提出一系列学术创见，这从如下诸主要方面得以观之。

其一是对专制制度本身的诠释。在这一问题上，《古代专制制度研究》突破"东方主义"的羁绊，从君主制入手来进行分析。在该著看来，专制主义是指"一种政体，一种政治组织，或者说是一种国家体制"，其特征是名义上君主一人统治，享有最高权力，建构了有效的国家的官僚机器、军队、财政系

---

① 马克垚主编：《中西封建社会比较研究》，导言，第4页。
② 马克垚：《西欧封建经济形态研究》，人民出版社1985年版，序言，第2页。

统，民众作为"编户齐民"而直接受政府的统治。而在运作的过程中，"专制主义不是无限王权，而是有限王权，虽然它在各个国家受到的限制不同，但大致上都受到法律的限制、习俗的限制、官僚机构的限制、各种社会力量的限制，特别是人民反抗力量的限制"，所以它不能随意所为[1]。基于这样的认知，该著精辟指出，在历史上，只有在极其特殊的情况下才会出现几乎不受约束、限制的统治者的"绝对权力"，但这和政体没有关系，君主制、共和制、城邦制甚至是民主制、民主集中制下，都会产生这一现象，但应被"称之为个人独裁，而不是一种政体"[2]。该著对君主实际权威限度的明晰界定，对政体形式与统治者非常态的政治行为的区分，无疑是富有学术理性的精辟之论。

其二是对君权与法律的关系作辩证的理性分析。在这一问题上，《古代专制制度研究》批驳了西方人强调王权受法律限制的"王权契约"论，认定这一旨在证明西方民主起源的论断，其实是近代以来"西欧政治理论中的一个虚构""是西方个人主义、自由主义思想影响下的产物"。同时该著指出，东方和西方的专制王权一样也都受到法律的限制，这在中国古代表现为作为"自然法"的"礼"对皇权的限制。[3]在充分论证的基础上，该著强调，"其实古代国家，法律远没有我们现在认识的那么重要，法治国家、法律面前人人平等观念，都是近代以来逐渐形成的"，西方人用现代法制观念去图解古代历史，无非是为了"证明他们的古代如何法制化"。但事实证明，无论东方和西方国家，专制君主都受到习惯、前王之法、自己创立之法等的约束。[4]在论及这一问题时，该著还深入剖析了私人财产与法律的关系。以往的"东方专制主义"论者惯于强调古代东方各国没有土地私有制，有的甚至以马克思的个别论断来佐证，把有无土地私有制看作是东西方的一大区别。该著通过深入分析指出，自国家产生后，就"有了土地属于国家，即土地国有的概念"，又由于大多国家

---

[1] 马克垚：《古代专制制度考察》，序言，第3页。
[2] 马克垚：《古代专制制度考察》，第41页。
[3] 马克垚：《古代专制制度考察》，第41—43页。
[4] 马克垚：《古代专制制度考察》，第216—218页。

在形成时就产生了国家的代表国王,"土地国有也就被认为是土地王有"。不过,由于这一制度并不回答土地财产归谁所有的问题,因而"土地国有不是一种土地所有制形式",也就"不是一种财产权利",而"只是附着在土地财产上的政治附属物",古代各国都存在,只不过表现形式不同,但"大体都意味着国王(国家)对广大土地的控制权和部分土地的收益权"。与此同时,各国存在各类公社土地所有制,还发展起来土地私有制,国家对之仍然拥有相同的权力,"很难说有排他性的土地私有权",那种声称只有东方社会才存在土地国有制的说法,其实是"东方专制主义"的"伪造"。[①] 该著进而指出,私有财产及其相应的观念,是随着商品经济的发达而产生、发展起来的,中国古代也有发达的私人财产权利与相应的法律,不过东西方的专制君主都时常践踏法律而掠夺臣民财产。用私有财产权利强弱与所谓的"法治"来"区分东西方专制主义",是不能成立的。[②] 这些问题的论证,彰显了该著对"法律"与君权之关系的科学认知、对古代国家土地制度的本质与私人财产权利之关系的深刻洞察。

其三是对专制制度予以历史主义的客观评价。在制度优劣的价值评判上,针对借现代民主而否定专制主义尤其是以此贬低东方历史的做法,《古代专制制度研究》坚持历史主义的标准,给予专制主义以合理的历史定位。一方面,该著从生产力水平、社会管理的角度论述了"专制主义统治在古代有其存在的必然性",指出专制主义的剥削压迫人民的"狰狞面孔"与肆意妄为对臣民的"极大危害";[③] 另一方面,该著也认定,在古代特定的社会条件下,"专制主义是一种进步",在维护政治统一与社会安定、推动社会经济发展和技术发明,促进文化教育繁荣与组织大规模公共工程的兴修上,都显示了历史的进步性。[④] 如果以现代的政治价值标准去苛求,"以现代民主、人权等思想评论古

[①] 马克垚:《古代专制制度考察》,第211页。
[②] 马克垚:《古代专制制度考察》,第212页。
[③] 马克垚:《古代专制制度考察》,第45页。
[④] 马克垚:《古代专制制度考察》,第40页。

代，就犯了非历史主义的错误"①。该著的这一富有历史感的辩证见解，对那种"以今度古"、臆断历史的做法无疑是一有力回应。

其四是对各国专制主义的特点进行总结。从作为一种国家体制的专制主义概念出发，该著通过对权力基础、权威演进、权力运作等方面的深入研究，提出了罗马"掠夺专制主义"、西欧"封建专制主义"、俄国"贵族专制主义"、中国"精致专制主义"等概念，②力图彰显各国专制制度建构与运作的基本特征。这些概念或许还需要作进一步的精确界定，能否为史学界接受也需要经过时间的检验，但它们都是通过认真细致的考量而形成，比较清晰地浓缩了这几个东西方国家专制体制的基本特点，这无疑将有力促进史学界的相关思考。

毋庸讳言，《古代专制制度考察》所建构的"一家之言"，也有需作进一步探讨、完善之处。中外学术史证明，仅凭史家一己之力，要在大跨度的时间和空间研究某一专门的历史现象并建构新的研究范式，殊非易事，瑕疵、纰漏在所难免。汤因比的三卷本的《历史研究》，沃勒斯坦的四卷本的《现代世界体系》，乃至马克斯·韦伯的两卷本的《经济与社会》，诸如此类的经典性的学术名著，抛开其对具体问题的学术理解不说，但就其中论证、表述而言，就存有诸多不足、失当乃至缺陷。个人精力、认知的有限性与历史现象的纷繁性与模糊性，必定让史家在这类研究中力不从心而难以周全。《古代专制制度考察》自然也不例外。例如，该著为了从历史时段上消除学界对中西社会历史差异的认知，似将西欧的近代开端标注在 18 世纪。这一观点当然有着自身的历史依据与理论逻辑，但相关的说明未免笼统。该著认定，"直到 18 世纪，英、法都是封建主义的统治，这就是其专制王权的基础"③，但对于这一论断中所涉及的近代之初英国政治史变迁，却未作进一步充分诠释。此外，由于贯穿求同的比较路径，该著在君主制比较时，对中国和西方君权体制结构与君权实施限度的

---

① 马克垚:《古代专制制度考察》，第 40、45 页。
② 马克垚:《古代专制制度考察》，第 40、45 页。
  马克垚:《古代专制制度考察》，第 43—45 页。
③ 马克垚:《古代专制制度考察》，第 151 页。

差异性，似未作足够的解读。尽管这些对该著而言只是白璧微瑕，但的确是值得史学界在这一领域中进一步探究的重要问题。

总之，综观全书就不难看出，作为一部具有重要学术价值的专著，《古代专制制度考察》对前现代时期东西方专制制度所作的跨地区、跨国别的比较考察，涉及的历史空间之广与历史时段之长，都是以往史家未曾尝试过的，这在中外史学界堪称"拓荒"之举。而在探讨的过程中，该著以精湛的学术理论和史实论证，不仅有力戳穿了多年来浸淫学界的西方人的"东方主义"神话，解构了其东西方两极划分、截然对立之学理模式，而且对各主要国家和地区的专制制度的各自特征与共同属性提出了富有真知灼见的诠释，力求将制度的创设、变迁与制度的运作有机整合起来考量，进而揭示前现代时期东西方传统政治史发展演进的多样性与统一性的历史规律。为此，我们有理由相信，该著所作出的学术新贡献，在日后将逐渐发酵出特有的示范效应，推动史学界政治史研究的不断深入拓展。

（本文原刊于《史学理论研究》2019年第1期，现又做了修订）

化"主义"为"制度"

——读马克垚先生《古代专制制度考察》

黄春高（北京大学历史学系）

马克垚先生的《古代专制制度考察》（下文略写为《考察》）出版数年，已经引起国内学界的较大关注。①先生于耄耋之年，笔耕不辍完成此书，令人既感且佩。做此书评，为先生九秩大寿而贺。

化"主义"为"制度"

读《考察》一书，最为直接和突出的体会是，马克垚先生把一个常见的观念史问题，转化为制度史问题，即把专制主义转化为专制制度。

如我们所知，中外学界对问题的讨论，几乎都集中于作为一个观念的东方专制主义。学者们所做的研究，大体上是在思想史或者观念史范畴的展开。②

---

① 马克垚：《古代专制制度考察》，北京大学出版社2017年版。已经发表的书评数篇，分别从不同的角度对该书展开了讨论。参见李增洪《历史叙述中的话语权——读马克垚先生〈古代专制制度考察〉》，《经济社会史评论》2017年第4期；孟广林《政治史研究的新贡献——读〈古代专制制度考察〉》，《史学理论研究》2019年第1期。
② 孔令平：《"东方专制主义"概念的演变》，《史学月刊》1983年第2期；施治生、郭方：《"东方专制主义"概念的历史考察》，《史学理论研究》1993年第3期；常保国：《西方历史语境中的"东方专制主义"》，《政治学研究》2009年第5期；侯旭东：《中国古代专制说的知识考古》，《近代史研究》2008年第4期；阎步克：《政体类型学视角中的"中国专制主义"问题》，《北京大学学报》（哲学社会科学版）2012年第6期；李猛：《孟德斯鸠论礼与"东方专制主义"》，《天津社（转下页）

东方专制主义作为一个观念，其内涵和外延虽然在不断变化，但无论是从政治思想史、观念史以及更为纯粹的历史本身来看，强调的都是东方的专制特征，即权力集中于君主一人之手，臣民为君主的奴隶。[①] 在当下崇尚民主和自由的政治文化中，带有集权和奴役特征的专制主义自然属于另类存在，属于该被谴责和批判的对象。甚至可以说，专制主义作为一个感情色彩极其浓烈的语词，已经被污名化了。[②]

马克垚先生的研究，虽是从对专制主义这一概念的关注开始，但理解和路径有本质的不同。《考察》中这样定义："这里说的专制主义是指一种政体，一种政治组织形式，或者说是一种国家体制。这种政体应该有下列特征：一是在这些国家里，名义上由君主一人进行统治，君主享有最高权力；二是已经形成相对独立于宫廷的官僚机器，能够进行有效的管理；三是建立了由国家（君

（接上页）会科学》2013 年第 1 期。Maurice Meisner, "The Despotism of Concepts: Wittfogel and Marx on China", *The China Quarterly,* Vol. 16 (Oct. – Dec., 1963), pp.99-111; Franco Venturi, "Oriental Despotism", *Journal of the History of Ideas,* Vol. 24, No. 1 (Jan. – Mar., 1963), pp.133-142; D. Chao, "Despotism in Ancient China: A Comparative Study of the Political Thought of Confucius and Montesquieu", *The Indian Journal of Political Science,* Vol. 49, No. 2 (April – June 1988), pp.175-189; Roger Boesche, "Fearing Monarchs and Merchants: Montesquieu's Two Theories of Despotism", *The Western Political Quarterly*, Vol. 43, No. 4 (Dec., 1990), pp.741-761; Nader Naderi, "European Absolutism VS. Oriental Despotism: A Comparison and Critique", *Michigan Sociological Review,* No. 8 (Fall, 1994), pp.48-65; Michael Curtis, *Orientalism and Islam: European Thinkers on Oriental Despotism in the Middle East and India,* New York: Cambridge University Press, 2009.

① 关于奴隶的说法，从亚里士多德而来，一直延续至今。参见阎步克《政体类型学视角中的"中国专制主义"问题》，《北京大学学报》（哲学社会科学版）2012 年第 6 期。

② 事实上，对该词的使用早已经超出了学界本身，而变成了大众的共同认知。Melvin Richter, "The Concept of Despotism and l'abus des mots", *Contributions to the History of Concepts,* Vol. 3, No. 1 (2007), pp.5-22。

主）指挥的军队，成为保卫国家和进行扩张的有力工具；四是形成了有效的财政系统，以支持官僚与军队的存在与运转；五是人民不受地方贵族、地主的控制，由政府直接管理广大的'编户齐民'。"[1]

关于这一定义，有几点值得注意。首先，马克垚先生使用的是"专制主义"一词，而非"东方专制主义"。这就从出发点上显示了与其他人的不同，把特指的东方式的专制主义表述为更普遍性的专制主义。其次，马克垚先生将"专制主义"理解为一种政体、组织形式或者国家体制。这一认识，可以表述为将"主义"转变为"制度"。[2] 这一转换和替代，在方法论上变意识形态的东西为制度性的历史事物。马先生的方法，使专制成为一个中性的用语，一个可以摆脱情感左右，进行历史分析的用语。李猛教授称其为一种历史分析的工具。在马先生笔下，专制主义不再背负那些为世人谴责的东西，而是成为一个常态性的制度存在。除了批判和谴责，还有更中性的历史描述和分析。正是从这里，专制主义一词开始去污名化。

再次，马克垚先生的研究走向了政治制度史。主义属于思想观念，制度更多地属于历史。主义虽然也可在历史范畴讨论，却更多地要到思想的宝库中探寻。制度中虽不免也有思想，却主要在历史发展的进程中展现。马先生的专制制度定义，让我们看到一整套的制度构成，从君主到官僚，到军队，到财政，到人民。自然地，关于专制主义的历史，就演变为君主的历史，官僚制度的历史，军队的历史，财政系统的历史，臣民百姓的历史等。这些具体而可把握的历史，就替代了思想观念的主义本身。

马克垚先生化"主义"为"制度"，体现了他们那一代人的制度史倾向。马先生20世纪50年代毕业后从事世界史研究，制度史也是他一以贯之的研究领域。例如，马先生研讨过包括土地制度、奴隶制度、农奴制度、庄园制度、

---

[1] 马克垚：《古代专制制度考察》，第40页。
[2] 《考察》一书的书名在对应的英文选择上，"专制制度"表述为"autocratic system"，这就与 despotism 一词有了根本的区分。

行会制度、法律制度等在内的相关制度史。在制度史研究中，马先生所研究的对象有一些可以直接表述为制度，有一些则与制度存在一定的距离。为此，马先生通常会把那些非制度的存在，尤其是观念之类的东西，转化为制度。最为典型的是在关于中世纪政治制度、法律制度的研究中，马先生把"王在法下"这样的观念，转化为可以更好操作的制度，如政治制度、法律制度等。[①] 由此可见，马先生转化观念为制度的方法，是其驾轻就熟的处理方式。

从"制度"的特殊性寻找普遍性

《考察》一书的主体内容是描述和分析世界古代历史中的专制制度。具体而言，包括古代希腊、罗马、中世纪欧洲、俄罗斯、中国等国家和地区的专制制度。

《考察》一书的第二章为"古代城邦国家"。马克垚先生所做的工作，是比较希腊城邦与中国春秋时期的城邦的国家政治特征。马先生认为，希腊城邦的民主特征被夸大，而中国城邦的民主特征则被忽视。坦白地讲，从结构上这一章似乎难以归类，因为此章并没有直接论及专制制度。然而马先生旨在强调，在西方和东方历史最早期的阶段并没有本质的差异，即不能认定此时的东方为专制制度。因此，这一章可以视为论述专制制度历史的前提，即否定西方学界关于东方专制主义的历史基础。

关于罗马，马克垚先生认为罗马专制主义皇权的建立经历了元首制和君主制两个阶段。在此之前的共和制时期，不能称为专制时期。马先生认为，在元首制时期，元首已经具有君主的特征，甚至被称为专制君主。尤其是罗马法律所赋予的权力，让元首可以为所欲为。从戴克里先统治时期开始，君主制度得以形成。罗马皇帝不再是元首，即第一公民，而是君主，被称为主人和神，皇

[①] 参见马克垚《封建经济政治概论》，人民出版社 2010 年版；马克垚《困学苦思集——马克垚自选集》，首都师范大学出版社 2016 年版。

帝被神化。从史书来看，罗马皇帝大多具有个人独裁的特征。马先生认为，罗马帝国的专制皇权，属于一种人命王权。因此，皇帝的独裁不是绝对的。皇帝的统治需要官僚体系来维系。除了作为最高统治者的皇帝之外，马先生更以一章的篇幅来考察帝国的组织，包括政治组织中的中央和地方的官僚机构行政机构，帝国军队，以及作为一级行政机构的城市，经济财政和税收，等等。这里，还要把第六章关于罗马法的部分前移过来，即从法律制度层面来理解罗马专制制度。在这样的考察中，马先生对罗马帝国的专制制度特征进行了提炼和概括，他称之为掠夺型的专制制度。这一掠夺型特征，以皇帝作为代表，以军队作为扩张掠夺的工具，以社会经济的发展，尤其是财政税收为保障。

关于中世纪西欧，马克垚先生从罗马法说起，一直讨论到中世纪法律。马先生对中世纪西欧的法律类型做了介绍，如封建法、城市法、商法、庄园法、王室法等。而关于西欧专制主义的讨论，重点在于王权。马先生认为，在西欧封建主义时期，英法两国的王权其实已经具有专制的特征，尽管还不明显。当时的传统从罗马来看，是王权无限，从日耳曼来看是王权有限。但是，这种法律有限的理论，与历史实际并不完全契合。在封建主义的君主制下，君主以个人的名义进行统治，具有神圣的光环。君主是上帝在人间的代理人，具有神性。事实上，没有任何人在国王之上。因此，诸如威廉一世、亨利二世等人，在此时代被称为专制主义君主。不过，马先生认为，专制主义在西欧的形成和发展，开始于16世纪。在法国为旧制度时期，在英国为都铎、斯图亚特时期。此时，又被称为"绝对主义"时期。此时，国王具有绝对的权威。并且有专属于王权的机构来实现其权威，如中央的国家机关，立法和司法机构，财政和税收机构，尤其是常备军。另外还有议会或者三级会议。尤其值得注意的是，此时关于专制主义的理论逐渐成形，虽然各派学者观点各异，但对于西欧国家专制的特征还是有所认识的。

关于西欧两个时段的专制主义问题，马克垚先生做了透彻的分析。不过，有两点可能需要进一步讨论。其一，封建主义、绝对主义与专制制度的关系。马先生称呼西欧的专制为封建专制主义，并且特别指出，此封建为狭义的。那么,如何理解绝对主义时期的专制问题呢?如我们所知,旧制度时期的封建主义,早已经超越了狭义封建的范畴,走向了广义的社会。马先生自己也专门有一章来讨论社会。因此,如果接受狭义的封建主义的专制主义说,那么,只有第一阶段有部分地区可以符合此概念。但是,在这一阶段中,所谓的专制主义似乎还处于萌芽状态。甚至,从狭义封建主义本身来看,它与专制存在诸多抵牾。即未必可以称为封建主义的专制主义。如果强调绝对主义时期的专制特征是典型,那么,它离封建的距离又显得相当遥远。其二,如何从社会角度来说明专制特征?马先生对贵族、市民、农民等社会阶层进行了描述和分析,也试图揭示这些阶层与国王的关系。之所以要讨论社会,是因为有观点认为,专制制度下,臣民都是君主的奴隶,没有自由。我理解,马先生试图对此做出回应,但问题并没有得到解决。在罗马时期,君主与其臣民的关系不能表述为主与奴,在中世纪似乎也不能如此表述。中世纪真正可以称为主奴关系的,就是庄园领主与其农奴。所以,问题是,从中世纪社会尤其是君主与臣民的关系来看,是否可以称其为专制?

关于俄罗斯,马克垚先生描述和分析了其专制主义形成和发展的历程。从伊凡三世开始,到彼得大帝确立专制统治。马先生认为,彼得的统治为军事官僚专制主义,即依靠强大的军事力量和官僚机构,专制皇权对全国的政治、经济、思想以及人民日常生活习惯都进行规定和管制。叶卡捷琳娜统治的时期,表现出一种开明专制的特征,以法律和贵族参与来实现对国家的控制。从马先生的描述中可以看到,俄罗斯的官僚机构、军事制度、财政和税收制度都有相当的发展。对于俄罗斯社会的分析,是马先生此章非常出彩的地方,尤其是关于俄罗斯贵族和农民、城市等社会状况的分析,很好地揭示了俄罗斯的贵族专制主义特征。

马克垚先生的讨论有几点值得注意。其一,俄罗斯被西方乃至俄罗斯民族自身都看作专制的典型。其特征与中世纪欧洲以及罗马帝国都有不同。最为突出的是其绝对的专制,以及贵族社会对民众的警察乃至恐怖统治。正是在这里,马先生关于专制的理解与大众的理解有了合拍之处。我们似乎可以看到,在马先生的主观意识里，只有此种类型的专制，才可以称为真正的专制。其他类型，最多只是某种君主制度。事实上，马先生也明确认为，有一个从君主制走向专制制度的过程。其二，马先生的几个用语，不是很统一，例如称呼彼得的统治为军事官僚专制主义，又提到他为绝对专制，叶卡捷琳娜的统治为开明专制，当然还有贵族专制主义。这几个术语之间的区别何在？还值得进一步讨论。

关于中国古代专制皇权的考察，马克垚先生讨论到专制思想，贵族与官僚，财政与税收，军事制度等。这与马先生前面几章的框架大体类似，都是通过对这些制度的考察来分析理解专制皇权的特征。不过，关于中国部分，马先生的处理也有不同。例如，关于中国古代皇权中的君主本身，马先生将其放置到结论的比较中来讨论。另外，没有专门讨论中国古代社会。这样的处理，或许是因为中国历史多为人所熟知，故只撷取几个关键问题来讨论。总之，马先生认为，中国古代官僚制度及其他制度的完备，致使其专制制度呈现出精致的特征。关于中国，马先生所做的工作，有几点值得注意。其一，马先生的重点在于弱化中国古代专制的专制特征。换言之，在这部分，马先生强调的是，皇帝的权力并不是无限的，而是受到制度的制约。这与前面几章的处理很不同。我们的问题是，如何评价制度对于君主权力的作用。其二，这部分没有社会的考察，不知如何能够说明君主与臣民的关系。

总之，马克垚先生化"主义"为"制度"，几乎重写了东西方政治史。在西方"宪政"叙事之外，搭建起一个全新的专制叙事模式。马先生所做的几个国家地区的专制制度的考察，简洁而有力地分析了它们各自的特点。马先生认为，古代罗马属于掠夺专制主义，中世纪西欧属于封建专制主义，俄罗斯属于贵族专制主义，中国属于精致的专制主义。这些都属于非常具体的制度史研究，包括君主制度、官僚制度、财政税收制度、军事制度以及社会制度等。不过，指出各自特点，并非马先生的目的所在。在特殊性背后寻求普遍性，才是此书的鹄的。在关于特殊制度差异、特殊制度的形式不同的研究中，马先生所要寻求的正是所有的专制主义的本质特征。特殊性只是形式，普遍性才是根本。最后的小结部分，对专制王权做了结论性的分析。主要讨论了皇权，君主权力是否受限以及财政与军队等。在结论中，马先生认为，专制主义是古代世界的普遍存在。"我们可以说，君主制政体是古代世界各国普遍存在的政体形式。城邦制只是一种短时间的存在，它们后来也发展为君主制。君主制要发展为专制主义政体，在各国有不同的时间和条件，其表现形式也各不相同。中国的专制主义政体历史悠久，组织复杂精致，堪称世界专制主义政体的典范；其他国家的专制主义政体也各具特色。他们都具有历史上存在的合理性。"（《考察》，第229页）因此，本书可以称为对于专制制度普遍性的考察。在比较研究中，从特殊性中寻求普遍性。

反对以现代观念认识"制度"

马克垚先生的研究化观念为制度，呈现出古代专制制度的普遍性特征。在我看来，这一普遍性的寻求，其实就是回到历史本身，回到历史语境中去认识和理解专制制度。马先生说过："以现代民主、人权等思想评论古代，就犯了非历史主义的错误。"（《考察》，第45页）《考察》一书所要批评的，正是在专制主义这一问题上学界所犯的"非历史主义的错误"，即以现代政治形式来理解历史中的专制制度，以现代政治道德来理解历史上的专制道德，以现代政治文化来理解历史中的专制文化，以现代权力理解历史中的专制权力。

《考察》一书认为，不能以现代政治形式来理解专制制度。如我们所知，强调民主，言必称民主，是当下的现实。正如戴维·赫尔德所言，民主使现代政治生活具有了一种"合法性的"味道。当代世界至少三分之二的国家和地区实行的是民主制度。[①] 民主政治似乎成为政治发展的终极。这也是福山所说的"历史的终结"。当今学界无论东西，都在高唱民主之歌。甚至可以说，民

[①] 〔美〕戴维·赫尔德:《民主的模式》，燕继荣等译，中央编译出版社1998年版，第4页。

主成为一种政治正确。表现在历史研究中,深挖民主政治的根源,就成为一种支配。这当然不是历史的全部。正如马克垚先生在第二章所证明的,民主政治也是在有限时间里的有限人的有限实践。在历史中,所谓民主政治,从未成为多数,更不用说主导。即使在民主发源地的希腊,除了所谓的雅典民主政治,更有斯巴达式的政治形式。当然,还有僭主政治、寡头政治等类型。希腊之外的古代国家和地区,埃及和两河流域的政治形式,都与所谓的民主距离甚远。古代罗马,最为民主的时期是贵族共和制度,也非典型的民主政治;后来更是演变为君主制度。中国古代城邦,如马先生所证明的有民主的因素却也难称民主政治。这就是历史:民主政治一直是少数,甚至根本没有成长起来。即使以现代民主政治的观念来看待历史,历史中的民主也只是某种点缀的存在;如果不以现代观念看历史,则所谓民主与否并无多少意义。因此,讲述希腊人的历史,纯粹以雅典的所谓民主作为典型,是有意或者无意忽略了斯巴达等城邦政治的特征。讲罗马人的历史,更不知其民主何在。讲中世纪欧洲,只说"宪政"或者自治,亦是选精华去糟粕的方式。

《考察》一书强调,不能以现代道德来理解专制制度的道德。如我们所知,现代政治从未远离道德,或者说现代政治有其伴生的现代道德。这种道德从现代性出发,崇尚自由、个性、权利、自主,于是赋予现代政治许多的道德要素与内涵。正是在现代道德的支配下,对于政治的价值判断随之而产生。民主政治成为现代政治道德的宠儿,专制制度则成了被批判和贬抑的对象。对集权、威权、专制强权、独裁等政治形式的攻击和批判,在当代社会是一种近乎公理式的存在。文人学者把当代威权的恐怖性毁灭性渲染到了极致。马克垚先生的研究证明,不能以现代政治道德来理解历史上的政治道德。历史上的政治从来就是与道德纠缠在一起的,这在中外似乎并无本质的不同。西方自柏拉图、亚里士多德以来,到基督教的政治主张,西亚伊斯兰世界关于神权政治的论述,中国关于天子君王政治的关注,实际上都有政治道德性的诉求。马先生认为,政治道德都有其时空限制,在历史上发生的政治从来就是与历史上的道德相伴随。评判任一政治,适用的都应该是当时的道德。因此,他认为专制制度在历史中发挥了其应有的作用，甚至认为专制主义是一种进步：社会比较安定，人民生活比较稳定对各行业发展有促进，对文化教育等行业有推动，容易办成一些大事如大工程等（《考察》，第40页）。这些进步特征，反映了当时人的基本诉求，也是统治者"向臣民证明自己存在的合法性，以建立使大家服从的理由"（《考察》，第215页）。马先生的研究证明，在历史上的诸多专制主义时期，个体权利、民主、自由等政治主张并不在道德认可的范畴。在传统道德下，君主血统的高贵和传承、君主王位的神授、君主个体的美德以及信仰虔诚等要素，才是民众关注的重点所在。或者说，古代社会的道德主张的都是统治权力的顺从和服从，甚至是崇拜。历史上批判僭主暴君者甚多，批判君主制者极少。因此，用现代道德去评判历史中的专制主义，显然也存在着时空倒置错误。

《考察》一书证明，不能以现代政治权力伦理来理解历史中的专制权力。马克垚先生认为，古代专制制度在历史中的存在，几乎都可以表述为合法的权力。它是王权、君权，或者教权、神权，是合法性权力。专制制度所行使的权力，无论是君王的敕令，还是法律的颁行，甚或意识形态的鼓吹，都是权力合法性的体现。这种权力合法性的起源可能是多样的，但最终都在历史上形成了为大众所接受的权力形式。因此，不能将专制权力等同于暴力。事实上，在几乎所有的专制制度下的历史中，不被认可和接受的从来都是极少数的暴君，是那些过度消费权力合法性的统治者。

至于权力是否受限的问题，马克垚先生从君主与法律的关系、君主与贵族的关系以及君主与官僚制度的关系等方面进行讨论。马先生的研究揭示了两个方面的事实真相。一个方面是，所谓的专制权力也受到限制，所谓的民主权力也有其绝对性。另一个方面则是，受限制的权力并不等同于善的权力，不受限制的权力并不等同于恶的权力。专制制度作为历史上最为典型的存在，它的权力行使，尽管可能是专横的，乃至粗暴暴烈的，并不是反自然的或者反社会的，反历史的。只有少数时期，专制制度才被看作是不可接受的存在。这就是专制制度的异化，或者说专制制度被破坏之时。在专制制度下，不受限制的权力确实取得过许多伟大的历史成就。从功利主义来看，其成效远比受限制的权力大。这正是马先生指出的专制主义进步性。换言之，对权力是否受限，该不该受限，不能以现代价值来判断理解，而应该从历史中来理解。

清算"东方主义"及"自我东方化"

《考察》一书的第一章"东方主义与中国人的西方观"，既是马克垚先生探讨专制制度的起点，也是归宿。马先生说："对专制主义的研究，在中国还有一个重要的问题，就是需要对'东方主义'也进行清算。"（《考察》，序言，第1页）马先生所言的清算东方主义，包括两个层次。一是，清算东方主义对于东方历史文化的支配性认识或者建构；一是，清算中国人的自我东方化。

首先，清算东方主义其实就是批判西方或者欧洲中心论。从萨义德的"东方主义"概念出发，[1] 所谓东方专制主义属于西方话语权的体现。马克垚先生数十年来的学术研究，在政治、法律、经济、社会等多个范畴，都在批判欧洲中心论。在马先生既往的研究和《考察》一书中，均证明西方并非特殊，在前近代社会世界历史具有统一性。近年来，马先生的反思从欧洲中心论走向东方主义。这是萨义德的理论对马先生产生的直接影响，同时也是马先生理论反思的升华。从研究成果来看，马先生所做的工作事实上与萨义德学说早已暗合，并非简单地借用萨义德的学说。1978年，马先生讨论马克思关于古代东方社会的文章，就是对西方经典作家理解东方的反思。[2] 1979年关于封建生产方式的文章，也对西方学者的观点做了批评。[3] 这些文章，关注点都在于西方学者对东方认识的错误与不足。

---

[1] 〔美〕爱德华·W.萨义德：《东方学》，王宇根译，生活·读书·新知三联书店2007年版。萨义德的书名，最初译为"东方主义"（《东方主义》，王志弘等译，新北：立绪出版社1999年版），后来为东方学所取代。

[2] 马克垚：《学习马恩论古代东方社会的几点体会》，《北京大学学报》（哲学社会科学版）1978年第2期。

[3] 马克垚：《如何认识封建生产方式的共同规律》，《历史研究》1979年第3期。

马克垚先生之学术

其次，马克垚先生主张清算东方人的"自我东方化"(《考察》，第17页)。在马先生看来，所谓的自我东方化，就是在思想和方法上，以西方人的标准为标准，以西方人的是非为是非，自觉或者不自觉地接受西方人的话语权而不能自拔。"中国人看待自己的文化时，不管是赞扬自己还是贬低自己，其标准也仍然是西方的，所以汉学主义是一种西方中心的知识系统。"(《考察》，第1页)这是非常敏锐的观察和深入的思考。正是在这里，马先生对东方主义的反思与萨义德的东方主义有根本的不同。为此，马先生呼吁："现在，是我们应该自觉起来，脱却东方主义的羁绊，努力建立我们自己的认识体系的时候了。"(《考察》，第17页)当然，马先生不只有口头的呼吁，更在实践上以对专制制度的历史考察来清算东方主义。在我看来，马先生的清算方法最终落到东西方历史的统一性问题上。在马先生看来，东西方各有其特殊性，更有其普遍性。① 或者说，马先生对古代专制制度普遍性的寻求，真正脱却了东方主义特殊性的羁绊。

甚至可以说，正是从历史的统一性出发，马克垚先生的研究初步建构起前资本主义的政治学。② 概而言之，马先生的前资本主义政治学包括如下一些要素和特征。其一，政体形式为君主制。政治权力都是专制的，即君主一人统治。前资本主义政治几乎都是王朝政治。马先生曾经指出："封建时代的王权，无论中国与西欧，都主要是一种君主制。"③ 其二，君主专制不是无限的权力，而是有限的权力。君主专制不是一人能够统治，君主专制是一种集体的统治。其三，君主专制在常态下是有利于社会进步和发展的，只有在被破坏时才

---

① 马克垚：《从小农经济说到封建社会发展的规律》，《中国史研究》1983年第1期；马克垚：《中国和西欧封建制度比较研究》，《北京大学学报》(哲学社会科学版)1991年第2期；马克垚：《从比较中探索封建社会的运动规律》，《北大史学》，1993年版；马克垚：《论地主经济》，《世界历史》2002年第1期；马克垚：《论封建社会的农业生产力》，《北大史学》2003年版。

② 对于马先生建构前资本主义政治经济学的学术研究，学界关注得较多的是经济学方面。我以为，不能忽视马先生在建构政治学上的努力和成果。

③ 马克垚：《封建经济政治概论》，序言，第1—4页。

走向极端的暴虐的形态。其四，政治受经济基础支配，即政治受生产力水平支配。前资本主义时代的生产力水平决定了君主专制制度是最为常见的存在。其五，前资本主义政治学属于嵌入的政治学，政治范畴中嵌入了其他的要素，如经济、军事、社会、宗教等。

结　语

马克垚先生的著作《考察》，从批判东方主义出发来重新考察古代专制制度，在许多方面发前人所未发或者不敢发，这在当下学界属于"革命性"的成果。马先生的著作化观念为制度，从而对专制主义这一习见的观念进行了制度性的考察。马先生从观念入手，又逐渐远离观念，最终把专制主义的历史建设为一种制度史，这是了不起的贡献。从马先生的著作出版开始，专制制度不再是一个充满负面情感色彩的语词，或者具有污名化特征的观念，而是一个更具有中性色彩的历史术语和历史制度。不仅如此，马先生还初步建构起前资本主义的政治学。

不过，从建构前资本主义政治学而言，有关概念可能需要进一步辨析，尤其是君主制与专制制度之间的关系需要再讨论。据我理解，马克垚先生在著作中君主制与专制制度似乎可以互换。一方面，马先生认为存在从君主制到专制制度的两个阶段，即君主制是一个阶段，专制君主制属于另一个阶段。另一方面，马先生又认为专制制度可以表述为君主制度。马先生在书中所揭示的专制制度特性，其实更主要地表现为君主制度的特性。至于人们所习惯理解的专制，诸如暴虐、残忍、专权、奴役大众等特征，在《考察》一书中没有特别明确的呈现。

因此，从古代专制制度考察而言，马克垚先生已然解决了不少理论及历史问题。从推进国内世界史研究尤其是建立自己的认知体系而言，马先生则为后来者提出了引人深思的问题。从这一意义来看，马先生一直是学术的先行者和领路人。

马克垚著述编年

1956 年

毕业于北京大学历史系，留校到世界史教研室任教。

1958 年

《1926年英国总罢工中右派劳工领袖的叛卖》，刊于《北大史学论丛》，由高等教育出版社出版。

1959 年

入北京大学历史系世界古代史教研室，师从齐思和先生学习世界中古史。

1961—1962 年

参加周一良、吴于廑主编的《世界通史》中齐思和先生主编的《上古部分》的编写，写成其中两河流域部分内容（初稿）。

1963 年

《英国盎格鲁－撒克逊时期国王赏赐土地的问题》，刊于《北京大学学报》1963 年第 1 期。

1964 年

《关于封建土地所有制形式讨论中的几个问题》，刊于《历史研究》1964年第 2 期，开始探索历史研究中经济基础与法律形式的关系。

1971—1973 年

参加北京大学历史系世界史同仁编写的《简明世界史》的讨论、编写与修改，主要写作其中《古代部分》中古史的一些章节，该书于 1974 年印刷发行：北京大学历史系简明世界史编写组，《简明世界史》（三卷本），人民出版社，1974；1975—1976 年还广泛征求意见后再次修改，并编写《简明世界史地图》，于 1979 年印刷发行。

编写《简明世界史》时，检索到 20 世纪 60—70 年代国外报刊讨论亚细亚生产方式的文章，1973 年写成《关于亚细亚生产方式讨论简介》一文，1977 年刊于我系办的《外国史学动态》，第一期（内部发行）上。

1978 年

根据研习亚细亚生产方式讨论中的认识，写成《学习马、恩论古代东方社会的几点体会》，刊于《北京大学学报》1978 年第 2 期。

1979 年

《如何认识封建生产方式的共同规律》，刊于《历史研究》1979 年第 2 期，开始摸索世界各国封建生产方式的异同。

1981 年

《罗马和汉代奴隶制比较研究》，刊于《历史研究》1981 年第 3 期，开始历史比较研究的尝试。

1983 年

《从小农经济说到封建社会发展的规律》，刊于《中国史研究》1983 年第 1 期，并收入《中国封建社会经济结构研究》，由中国社会科学出版社 1985 年出版；后被译为韩文，收入梁必承编《革命前中国的农业和农民运动》，由首尔韩翼出版社 1991 年出版。

1985 年

《西欧封建经济形态研究》，由人民出版社出版，2001 年再版。

1986 年

《中英宪法史上的一个共同问题》，刊于《历史研究》1986 年第 4 期。

1989 年

主编《世界历史·中古部分》，由北京大学出版社出版，编写其中第一、三、五、六、十、十三章。

1990 年

Asian and European Feudalism: Three Studies in Comparative History, East Asian Institute, University of Copenhagen, 1990，这是 1989—1990 年在丹麦哥

本哈根大学访问时所做演讲，后集为一册出版。

1992 年

《英国封建社会研究》，由北京大学出版社出版，2005 年修订再版。

1994 年

《资本主义起源理论问题的检讨》，刊于《历史研究》1994 年第 1 期。

主编《世界史·古代史编·下卷》（合作），由高等教育出版社出版，本书为吴于廑、齐世荣主编的六卷本《世界史》中的中古部分，本人所写为第六、十、十二章部分内容。

1996 年

参编《亚欧封建经济形态比较研究》，由东北师范大学出版社出版，此书主要在 20 世纪 80 年代酝酿、讨论、写作，完成后搁置很久，终得出版。朱寰主编，参加者四人，各写四分之一内容。

1997 年

《关于封建社会的一些新认识》，刊于《历史研究》1997 年第 1 期。

主编《中西封建社会比较研究》，由学林出版社出版，本书讨论、写作于 1992—1996 年，本人撰写导论及各编概述。

2002 年

《论地主经济》，刊于《世界历史》2002 年第 1 期。

"Feudalism in China and India: A Comparative Study", *India and Far East: Culture and Society*, edited by N. N. Vohra, Shipra Publications, Delhi, India, 2002。这是 2001 年参加"印度国际中心"组织的讨论会所做发言稿。

2004 年

主编《世界文明史》，两卷本，由北京大学出版社出版。本人撰写导言和第四、七、十章，第十一章第一节。2016 年修订再版。

2005 年

《论超经济强制》，刊于《史学月刊》2005 年第 2 期。

2006 年

《困境与反思:"欧洲中心论"的破除与世界史的创立》,刊于《历史研究》2006 年第 3 期。主要论点被译为德文,收录 Stern, F. Osterhammel, J. (Hrsg), *Moderne Historiker: Klassische Texte von Voltaire bis zur Gegenwart*, Munchen; C. H. Belk, 2011。

2009 年

《西欧封建经济形态研究》,由中国大百科全书出版社出版,因入选"中国文库"第四辑——"新中国六十年特辑"再版。

2010 年

《封建经济政治概论》,由人民出版社出版。

2012 年

《论家国一体问题》,刊于《史学理论研究》2012 年第 2 期。

2016 年

《困学苦思集——马克垚自选集》,由首都师范大学出版社出版,入选"北京社科名家文库",自选改革开放以来重要论文 22 篇。

《英国封建社会研究》,由北京大学出版社出版,入选"北京社科精品文库"修订再版。

2017 年

《古代专制制度考察》,由北京大学出版社出版。

2018 年

《"西欧奴隶制向封建制过渡"的再认识》,刊于《经济社会史评论》2018 年第 3 期。

2019 年

《70 年砥砺前行的中国世界史学科》,刊于《历史研究》2019 年第 4 期。

2022 年

《古代世界各国向海洋发展的比较(上、下)》,刊于《经济社会史评论》2022 年第 2、3 期。